Fleischer/Koch/Schmolke
Gesellschaftsrecht im Spiegel großer Debatten

ZGR-Sonderheft 27

ZEITSCHRIFT FÜR UNTERNEHMENS- UND GESELLSCHAFTSRECHT

Begründet von
Marcus Lutter und Herbert Wiedemann

Herausgegeben von
Alfred Bergmann, Manfred Born, Ingo Drescher, Holger Fleischer, Stephan Harbarth, Jens Koch, Gerd Krieger, Hanno Merkt, Dörte Poelzig, Christoph Teichmann, Jochen Vetter, Marc-Philippe Weller, Hartmut Wicke

Sonderheft 27

DE GRUYTER

Gesellschaftsrecht im Spiegel großer Debatten

Herausgegeben von
Holger Fleischer, Jens Koch und Klaus Ulrich Schmolke

DE GRUYTER

Prof. Dr. Dr. h.c. Dr. h.c. *Holger Fleischer*, LL.M. (Michigan), Dipl.-Kfm., Max-Planck-Institut für ausländisches und internationales Privatrecht, Hamburg

Prof. Dr. *Jens Koch*, Geschäftsführender Direktor des Instituts für Arbeits- und Wirtschaftsrecht (Abteilung Gesellschaftsrecht) an der Universität zu Köln

Prof. Dr. *Klaus Ulrich Schmolke*, LL.M. (NYU), Inhaber des Lehrstuhls für Bürgerliches Recht, Handels- und Wirtschaftsrecht, Rechtsvergleichung an der Johannes Gutenberg-Universität Mainz

Zitiervorschlag: *Fleischer,* in Fleischer/Koch/Schmolke (Hrsg.), Gesellschaftsrecht im Spiegel großer Debatten, S. 2.

ISBN 978-3-11-138831-1
e-ISBN (PDF) 978-3-11-139558-6
e-ISBN (EPUB) 978-3-11-139560-9

Library of Congress Control Number: 2024937840

Bibliografische Information der Deutschen Nationalbibliothek
Die Deutsche Nationalbibliothek verzeichnet diese Publikation in der Deutschen Nationalbibliografie; detaillierte bibliografische Daten sind im Internet über http://dnb.dnb.de abrufbar.

© 2024 Walter de Gruyter GmbH, Berlin/Boston

www.degruyter.com

Inhalt

Vorwort —— IX

Holger Fleischer
Große Debatten im Gesellschaftsrecht: Eine Forschungsskizze —— 1

Holger Fleischer
§ 1 Fiktionstheorie versus Theorie der realen Verbandspersönlichkeit im internationalen Diskurs —— 31

Holger Fleischer
§ 2 Shareholder Value versus Stakeholder Value – eine Jahrhundertdebatte und kein Ende? —— 71

Johannes W. Flume
§ 3 Rechtsnatur der Gesamthand —— 115

Dirk Verse
§ 4 Der Aufsichtsrat im Spiegel der Reformdebatten —— 147

Marc-Philippe Weller/Markus Lieberknecht
§ 5 Internationales Gesellschaftsrecht: Sitztheorie versus Gründungstheorie – eine zeitlose Grundsatzdebatte —— 203

Alexander Schall
§ 6 Die Kapitaldebatte —— 231

Stefan Korch
§ 7 Angemessene Abfindung: Ertragswert versus Börsenkurs —— 253

Christoph Teichmann
§ 8 Unternehmerische Mitbestimmung der Arbeitnehmer —— 281

Walter Bayer
§ 9 Aktienrechtliche Satzungsstrenge —— 333

Holger Fleischer
§ 10 Kämpfe und Kontroversen um das Konzernrecht —— 369

Susanne Kalss/Julia Nicolussi
§ 11 One Share – One Vote oder Mehrstimmrechtsaktien —— 431

Lars Leuschner
§ 12 Vereinsklassenabgrenzung —— 463

Jan Lieder/Raphael Hilser
§ 13 Typengesetzlichkeit und atypische Rechtsformen —— 499

Klaus Ulrich Schmolke
§ 14 Das Prinzip der beschränkten Gesellschafterhaftung – Ein Streifzug durch die Debatten- und Argumentationsgeschichte —— 533

Jens Koch
§ 15 ESG – Zündstufen zum Megatrend —— 589

Philipp Maximilian Holle
§ 16 Missbräuchliche Anfechtungsklagen —— 615

Dörte Poelzig
§ 17 Organhaftung – Ein ständiges Ringen zwischen Verschärfung und Begrenzung —— 673

Klaus Ulrich Schmolke
§ 18 Hinauskündigungs- und Abfindungsklauseln im Personengesellschafts- und GmbH-Recht – Ein Pas de deux zwischen Rechtsprechung und Schrifttum —— 699

Patrick C. Leyens
§ 19 Deutscher Corporate Governance Kodex: Für und Wider —— 751

Rafael Harnos
§ 20 Mitgliedschaftliche Treuepflicht zwischen Sittlichkeit, Rechtsethik und rechtsökonomischem Utilitarismus —— 791

Eckart Bueren
§ 21 Short-termism —— 861

Verzeichnis der Autorinnen und Autoren —— 923

Vorwort

Große Debatten sind keine Randphänomene, sondern Gravitationszentren des Gesellschaftsrechts. Sie haben in Geschichte und Gegenwart ganz wesentlich zu seiner Fortentwicklung beigetragen. Als eigener Forschungsgegenstand sind sie dagegen noch weithin Entdeckungsland. Sie genauer zu studieren, verspricht neue Einblicke in das Proprium des Faches, seinen Traditionshaushalt und seine Dogmen sowie seine Denkleistungen und seine diskursive Dynamik.

Der vorliegende Band unternimmt den Versuch, eine „Kartographie der Kontroversen" im Gesellschaftsrecht zu erstellen und diese in einen größeren Kontext einzuordnen. Nach einem Einführungskapitel laden 21 Beiträge dazu ein, sich einen vertieften Eindruck von der gesellschaftsrechtlichen Debattenfülle zu verschaffen. Die Auswahl der Themen trägt unweigerlich subjektive Züge. Angestrebt wird eine gesunde Mischung, die klassische und aktuelle Kontroversen ebenso einschließt wie rechtsdogmatische, rechtstheoretische und rechtspolitische Auseinandersetzungen. Versammelt sind Streitfragen aus dem Aktien-, GmbH-, Personengesellschafts- und Vereinsrecht. Manche Debatten beschränken sich auf den deutschen Rechtsraum, während andere im Ausland eine Fortsetzung erfahren oder von vornherein international geprägt sind.

An der Entstehung dieses Buches haben viele Personen mitgewirkt. Wir danken zuvörderst allen Autorinnen und Autoren sehr herzlich für ihre bereichernden Beiträge. Tatkräftig geholfen haben uns bei der Herstellung in Hamburg Ina Freisleben und auf Seiten des Verlages Leon Schmalöer.

Hamburg, Köln und Mainz, im März 2024
Holger Fleischer
Jens Koch
Klaus Ulrich Schmolke

Holger Fleischer
Große Debatten im Gesellschaftsrecht: Eine Forschungsskizze

I.	Einführung —— **1**	
II.	Erkenntnispotenziale der wissenschaftlichen Debattenforschung —— **3**	
	1. Marksteine der Fachentwicklung —— **3**	
	2. Bestandteile des Traditionshaushalts —— **4**	
	3. Spiegel der Dogmen- und Ideengeschichte —— **5**	
	4. Motor des wissenschaftlichen Fortschritts —— **6**	
III.	Eine kleine Chronik großer gesellschaftsrechtlicher Debatten —— **7**	
	1. Generationsthemen —— **7**	
	2. Ewigkeitsthemen —— **9**	
IV.	Anfang und Ende der Debatten —— **11**	
	1. Initialzündungen —— **11**	
	2. Debattenschluss —— **13**	
V.	Debattenverläufe und Theorienbildungen —— **16**	
VI.	Debattenschwerpunkte —— **17**	
	1. Rechtsdogmatik —— **17**	
	2. Rechtsethik —— **17**	
	3. Rechtspolitik —— **18**	
VII.	Debattenteilnehmer, Diskussionsforen und Diskurskultur —— **19**	
	1. Debattenteilnehmer —— **19**	
	2. Diskussionsforen —— **21**	
	3. Diskurskultur —— **22**	
VIII.	Debatten auf nationaler und internationaler Ebene —— **23**	
	1. Nationale Idiosynkrasien —— **23**	
	2. Transnationale Rechtsgespräche —— **25**	
IX.	Schluss —— **29**	

I. Einführung

Wer tiefer in das Gesellschaftsrecht und dessen Fachkultur eintauchen möchte, dem bieten sich verschiedene Zugänge. Man kann sich eingehender mit den bevorzugten

---

Anmerkung: Dieser Beitrag ist zuerst in JZ 2023, 365 erschienen. Er stand am Anfang des Forschungsprogramms und ist für die Zwecke dieses Einführungskapitels geringfügig umgearbeitet worden.

https://doi.org/10.1515/9783111395586-002

Forschungsthemen und -methoden auseinandersetzen,[1] die maßgebenden Protagonisten und ihr Zusammenwirken in Augenschein nehmen[2] oder die Entwicklung der Gesellschaftsrechtswissenschaft in bestimmten Epochen nachzeichnen.[3] Denkbar ist außerdem, sich den *grands arrêts* des Faches zu widmen[4] oder die großen Meisterwerke der Kautelarpraxis zu inspizieren.[5]

Ein weiterer Schlüssel zum besseren Verständnis liegt darin, sich mit den großen Debatten des Gesellschaftsrechts aus Geschichte und Gegenwart vertraut zu machen. Diesen aussichtsreichen Zugang wählt ein neues Forschungsvorhaben, das hier im Anschluss an eine erste Fallstudie[6] entfaltet wird. Angeregt durch zwei schmale Sammelbände zum englischen Recht,[7] werden Kampfplätze des deutschen Gesellschaftsrechts in rund zwanzig Kapiteln vorgestellt und in einen größeren Kontext eingeordnet. Eine solche „Kartographie der Kontroversen"[8] lässt sowohl für Novizen als auch für Kenner des Faches wertvolle Einsichten erwarten: Sie verspricht tiefe Einblicke in das Proprium des Gesellschaftsrechts, seinen Traditionshaushalt und seine Dogmen sowie seine Denkleistungen und seine Diskurskultur.

Der folgende Forschungsaufriss erläutert zunächst die Erkenntnispotenziale der wissenschaftlichen Kontroversenforschung für alle Fachbereiche (II.). Sodann bietet er zur ersten Orientierung eine kleine Chronik großer gesellschaftsrechtlicher Debatten (III.), gefolgt von Beobachtungen zu ihrem Beginn und Ende (IV.) sowie zur Theorienbildung im Verlaufe der Debatten (V.). Anschließend werden wichtige Auseinandersetzungen im Gesellschaftsrecht nach ihren Schwerpunkten aufgefächert (VI.), bevor es um Debattenteilnehmer, Diskussionsforen und Diskurskultur geht (VII.). Schließlich wird untersucht, welche gesellschaftsrechtlichen Diskurse rein national und welche auch international geprägt waren und sind (VIII.).

---

[1] Näher zu den Themen und methodischen Zugriffen aller gesellschaftsrechtlichen Habilitationsschriften *Fleischer*, ZGR 2022, 191; speziell zur Methodenlehre im Gesellschaftsrecht *Mülbert*, AcP 214 (2014), 188.
[2] Vgl. *Vogt/Fleischer/Kalss* (Hrsg.), Protagonisten im Gesellschaftsrecht, 2020.
[3] Anregend *Kübler*, in Simon (Hrsg.), Rechtswissenschaft in der Bonner Republik, 1994, S. 364 (Wirtschaftsrecht); *Thiessen*, in Duve/Ruppert (Hrsg.), Rechtswissenschaft in der Berliner Republik, 2018, S. 608 (Handels- und Gesellschaftsrecht); *Tröger*, ebenda, S. 664 (Kapitalmarktrecht).
[4] Vgl. *Fleischer/Thiessen* (Hrsg.), Gesellschaftsrechts-Geschichten, 2018; mit didaktischem Zuschnitt *Lieder/Bialluch*, Handels- und Gesellschaftsrecht in 100 Leitentscheidungen, 2022.
[5] Vgl. *Fleischer/Mock* (Hrsg.), Große Gesellschaftsverträge aus Geschichte und Gegenwart, 2021.
[6] Vgl. *Fleischer*, RabelsZ 87 (2023), 5.
[7] Vgl. *Johnston/Talbot*, Great Debates in Commercial and Corporate Law, 2020; *Talbot*, Great Debates in Company Law, 2014.
[8] *Latour*, in Liebert/Weitze (Hrsg.), Kontroversen als Schlüssel zur Wissenschaft?, 2006, S. 195.

II. Erkenntnispotenziale der wissenschaftlichen Debattenforschung

Große Debatten bilden in vielen Disziplinen Gravitations- und Aufmerksamkeitszentren der *scientific community*. Sie haben daher in jüngerer Zeit nicht nur in den Natur-, sondern auch in den Geistes-, Kultur- und Sozialwissenschaften das Interesse der Wissenschaftsforschung auf sich gezogen.[9] Hiervon zeugen eine Reihe von Sammelbänden zu prominenten Fachkontroversen aus Geschichte[10] und Philosophie[11], Soziologie[12] und Literaturwissenschaft.[13] Ihre Lektüre lenkt den Blick auf die Erkenntnispotenziale der wissenschaftlichen Kontroversenforschung.

1. Marksteine der Fachentwicklung

Große Debatten führen geradewegs hinein in die jeweilige Disziplingeschichte. In manchen Fächern gelten sie sogar als identitätsstiftend.[14] Dies dürfte zwar für das

---

9 Vgl. etwa *Liebert/Weitze*, in Liebert/Weitze (Fn. 8), S. 12: „Wir sind der Ansicht – und das ist der Ausgangspunkt dieses Buches –, dass Kontroversen wesentlich zum Wissen über Wissenschaft gehören, dass sie in der Wissenschaft eine derart zentrale Rolle spielen, dass sie nachgerade ein Schlüssel zur Wissenschaft sein können."; populärwissenschaftlich *Hellman*, Great Feuds in Science, 1998; *ders.*, Great Feuds in Mathematics, 2006.
10 Vgl. *Elvert/Krauß* (Hrsg.), Historische Debatten und Kontroversen im 19. und 20. Jahrhundert, 2003; *Große Kracht*, Die zankende Zunft. Historische Kontroversen in Deutschland nach 1945, 2005; *Lehmann* (Hrsg.), Historikerkontroversen, 2000; *Sahrow/Jessen/Große Kracht*, Zeitgeschichte als Streitgeschichte. Große Kontroversen nach 1945, 2003; *The Rohr Jewish Learning Institute*, Große Debatten in jüdischer Geschichte, 2018.
11 Vgl. *Flasch*, Kampfplätze der Philosophie. Große Kontroversen von Augustin bis Voltaire, 2. Aufl. 2009; *Gesang/Schälike* (Hrsg.), Die großen Kontroversen der Rechtsphilosophie, 2011; s. auch *Dascal*, Gottfried Wilhelm Leibniz: The Art of Controversies, 2008.
12 Vgl. *Kneer/Moebius*, Soziologische Kontroversen, 2010.
13 Vgl. *Klausnitzer/Spoerhase*, Kontroversen in der Literaturtheorie/Literaturtheorie in der Kontroverse, 2007.
14 So *Kneer/Moebius*, in Kneer/Moebius (Fn. 12), S. 8: „Wir sind der Auffassung, dass die Soziologie ihre (im Übrigen durchaus wechselnde) Identität wenngleich nicht ausschließlich, aber doch in einem nicht unbeträchtlichen Maße einer Reihe grundlagentheoretischer Konflikte und weitreichender Methodendebatten verdankt."; ferner *Niethammer*, Merkur 43/1 (1989), S. 73: „Wegen dieser Doppelrolle als wissenschaftliche Erforschung der Überlieferung und als Vorbeter in öffentlichen Diskursen sind die Kontroversen in der Historie konstitutiv und nicht wie in anderen Wissenschaften nur akzidentiell, nämlich auf die Stimulierung und Integration von Innovationen und auf die Ehre der Zunftgenossen bezogen." in gewisser Hinsicht auch *Elvert*, in Elvert/Krauß (Fn. 10), S. 9: „In diesem Band geht es um die Bedeutung von historischen Debatten und Kontroversen für die

Gesellschaftsrecht übertrieben sein, das seine disziplinäre Identität – wie die meisten anderen juristischen Teildisziplinen – wesentlich dem gesetzlichen Regelungsrahmen verdankt. Zumindest bilden seine innerdisziplinären Debatten aber Fixpunkte der Fachentwicklung. An ihnen lässt sich der Werdegang des Gesellschaftsrechts gut nachverfolgen. Man kann im Zeitraffer beobachten, auf welchen Wegen (und Umwegen) die disziplinären Wissensbestände erarbeitet wurden und an welchen Forschungsfragen das Gesellschaftsrecht seine heutige Gestalt gewonnen hat. Eine solche Längsschnittbetrachtung schafft zugleich die Grundlage für eine kritische Selbstreflexion und aktuelle Standortbestimmung.[15]

2. Bestandteile des Traditionshaushalts

Außerdem gehören große Debatten zum Traditionshaushalt einer jeden Disziplin. Sie zu rekonstruieren und zu kartographieren, erfüllt eine wichtige Dokumentations- und Speicherfunktion und vermeidet so dauerhafte Wissensverluste.[16] Ein Kompendium gesellschaftsrechtlicher Grundsatzdebatten aus Geschichte und Gegenwart führt jüngere Forscher an überkommene Denktraditionen heran[17] und bewahrt sie vor dem Irrtum, etwas als neu auszugeben, was längst bekannt und in der Vergangenheit bereits ausgiebig diskutiert worden ist. Aber auch erfahrene Wissenschaftler können hieraus Nutzen ziehen, weil altehrwürdige Auseinandersetzungen bei abermaligem Studium häufig in einem neuen Licht erscheinen[18] – ganz so wie die Lektüre des „Faust" oder des „Zauberberg" mit 17 und 70 Jahren

---

historische Erkenntnis im engeren wissenschaftlichen und im weiteren öffentlichen Sinn. Er will an die Tradition der wissenschaftlichen Debatten und Kontroversen insgesamt erinnern, die die Geschichte der Geschichtswissenschaft spätestens seit Ranke geprägt haben."
15 Eingehend zur Selbstreflexion im Gesellschaftsrecht zuletzt *Fleischer*, ZGR 2022, 466.
16 Zu Beispielen für Wissensverluste in der benachbarten Betriebswirtschaftslehre *Brockhoff*, Betriebswirtschaftslehre in Wissenschaft und Geschichte, 5. Aufl. 2017, S. 41 f.
17 Allgemein dazu auch *Dascal*, in Liebert/Weitze (Fn. 8), S. 19, 36 f.: „Darüber hinaus muss man die angehenden Wissenschaftler zumindest mit den wichtigsten Kontroversen vertraut machen, die in ihrem jeweiligen Feld in Geschichte und Gegenwart ausgetragen wurden."
18 Vgl. zur „potentially creative function of re-reading the classics" aus soziologischer Sicht *Merton*, Social Theory and Social Structure, 1968, S. 37: „For just as new knowledge has a retroactive effect in helping us to recognize anticipations and adumbrations in earlier work, so changes in current sociological knowledge, problems and foci of attention enable us to find *new* ideas in a work we had read before. The new context of recent developments in our own intellectual life or in the discipline itself brings into prominence ideas or hints of ideas that escaped notice in an earlier reading."

unterschiedlich wirkt.[19] Ein Caveat ist bei allem berechtigten Traditionsbewusstsein freilich angezeigt: Belesenheit und Gelehrsamkeit dürfen die eigene wissenschaftliche Originalität nicht hemmen[20] und spätere Generationen zu keiner unkritischen Verklärung von Klassikertexten verleiten.[21]

3. Spiegel der Dogmen- und Ideengeschichte

Des Weiteren fördert eine intensivere Beschäftigung mit großen Debatten das Verständnis für die Dogmen- und Ideengeschichte des betreffenden Faches. Dies tut gerade im Gesellschaftsrecht Not, wo derartige Überlegungen bisher eine kümmerliche Randexistenz fristen.[22] In der alles dominierenden Kommentarliteratur findet sich für sie kein rechter Platz und die großen Lehrbücher, die sich hierum lange verdient gemacht haben,[23] bilden wohl eine aussterbende Spezies. Demgegenüber ist ein Sammelband über Grundsatzdebatten des Faches der ideale Ort, um den historischen, theoretischen und ökonomischen Hintergrund gesellschaftsrechtlicher Hauptströmungen auszuleuchten. Gerade durch die scharfkantige Gegenüberstellung rivalisierender Erklärungsansätze und Denkrichtungen – die „agonalen Diskursformationen"[24] – treten dogmatische Divergenzen und materielle Wertungsunterschiede deutlicher hervor. Überdies hilft eine gründlichere Spurensuche dabei, intellektuelle Kontinuitäten und Diskontinuitäten in der Geschichte

---

19 Beispiel in Anlehnung an *Merton* (Fn. 18), S. 37: „Just as the *Song of Songs* is different when it is read at age 17 and at age 70, so Weber's *Wirtschaft und Gesellschaft* or Durkheim's *Suicide* or Simmel's *Soziologie* differ when they are read at different times."
20 Näher *Merton* (Fn. 18), S. 30 ff. unter der Zwischenüberschrift „Erudition Versus Originality".
21 Vgl. nochmals *Merton* (Fn. 18), S. 30: „uncritical reverence toward almost any statement made by illustrious ancestors".
22 Zu diesem Befund bereits *Fleischer*, ZGR 2018, 703, 704: „Gesellschaftsrechtliche Veröffentlichungen kreisen gewöhnlich um einzelne Gesetzesvorschriften oder Gerichtsentscheidungen. Dies leuchtet unmittelbar ein, weil unser Fach seit jeher von der Beschäftigung mit praktischen Problemen lebt. Gleichwohl lohnt auch hier eine Reflexion über theoretische Denkfiguren, selbst wenn sich aus ihr keine unmittelbaren Antworten auf Fragen des gesellschaftsrechtlichen Tagesgeschäfts ergeben."; eindrucksvoll jüngst aber *Bueren*, Short-termism im Aktien- und Kapitalmarktrecht, 2022, S. 4: „Die vorliegende Arbeit schließt diese Lücke in der Grundlagenforschung, indem sie die Kontroverse um kurzfristige Orientierung und damit um den Schutz der Funktionsfähigkeit der Aktiengesellschaft als eine der ‚great debates in company law' erstmals gesamthaft rechts- und ideengeschichtlich, rechtsvergleichend und rechtsökonomisch ausleuchtet."
23 Für eine Würdigung dieser Literaturgattung im deutschen Gesellschaftsrecht *Fleischer*, in Willoweit (Hrsg.), Rechtswissenschaft und Rechtsliteratur im 20. Jahrhundert, 2007, S. 485, 493 f.
24 *Kneer/Moebius* (Fn. 14), S. 8.

des Gesellschaftsrechts auszumachen sowie dogmatische Wiederentdeckungen und Vorentdeckungen[25] zu erkennen.

4. Motor des wissenschaftlichen Fortschritts

Schließlich gelten innerwissenschaftliche Debatten in der Tradition *Karl Raimund Poppers*[26] als Motor des wissenschaftlichen Fortschritts.[27] In seinem fallibilistischen Wissenschaftsmodell spielen kritische Auseinandersetzungen innerhalb der *scientific community* eine zentrale Rolle im Prüfungsprozess wissenschaftlichen Wissens. Neue Behauptungen und Hypothesen werden in einem „freundlich-feindlichen Wettbewerb zwischen den Wissenschaftlern"[28] auf die Probe gestellt. Inwieweit sich dieses lineare Fortschrittsdenken in den Naturwissenschaften auf die Rechtswissenschaft im Allgemeinen und das Gesellschaftsrecht im Besonderen übertragen lässt, harrt noch einer gründlicheren Aufarbeitung.[29] Jedenfalls in der Rechtsdogmatik halten prominente Literaturstimmen Fortschritte aber für möglich.[30] Im Gesellschaftsrecht denkt man zunächst an die Ausreifungsprozesse von Grundkategorien wie der Anerkennung der juristischen Person.[31] Das Eintauchen in diese und andere Debatten verspricht weiteren Aufschluss über ihren Beitrag zur Fortentwicklung unseres Faches und zu seinen wichtigsten Denkleistungen.

---

25 Begriffe: *Merton* (Fn. 18), S. 9: „Rediscovery and Prediscovery".
26 Grundlegend *Popper*, Logik der Forschung, 1. Aufl. 1935, 11. Aufl. 2005.
27 Im vorliegenden Zusammenhang *Hamp*, Der praktische Sinn in wissenschaftlichen Diskussionen, 2017, S. 14; *Kneer/Moebius* (Fn. 14), S. 8 f.
28 *Popper/Lorenz/Kreuzer*, Die Zukunft ist offen: das Altenberger Gespräch, mit den Texten des Popper Symposiums, 1985, S. 51.
29 Ansätze bei *Fleischer*, FS Henssler, 2023, S. 859 in Abgrenzung zu juristischen Erfindungen, Entdeckungen und Innovationen; die Frage aufwerfend, sie aber letztlich offenlassend *Saliger*, in Hilgendorf/Schulze-Fielitz (Hrsg.), Selbstreflexion der Rechtswissenschaft, 2. Aufl. 2021, S. 119, 120: „Unabhängig vom Fortschrittsoptimismus oder -skeptizismus vermeidet der folgende Beitrag eine Explikation der Fragestellung unter der Fortschrittsidee. Das hat seinen Grund darin, dass jede Rede von Fortschritt den Bezug auf ein Bewertungskriterium voraussetzt, das unter Kontingenzdruck geraten kann."
30 So *Alexy*, Theorie der juristischen Argumentation, 1978, S. 328; ausführlicher aus strafrechtlicher Sicht *Burkhardt*, in Eser/Hassemer/Burkhardt (Hrsg.), Die deutsche Strafrechtswissenschaft vor der Jahrtausendwende, 2000, S. 111, 124 ff.; *Müller-Dietz*, in Jung (Hrsg.), Perspektiven der Strafrechtsentwicklung, 1996, S. 31.
31 Zur Rechtskategorie „Juristische Person" als Schöpfung von Doktrin und Gesetzgebung im 19. und 20. Jahrhundert *Ranieri*, Liber Amicorum Portale, 2019, S. 109 ff. m.w.N.

III. Eine kleine Chronik großer gesellschaftsrechtlicher Debatten

Einen ersten Eindruck von der gesellschaftsrechtlichen Debattenfülle vermittelt eine diachronische Stoffdurchsicht. Allerdings ist eine Aufarbeitung aller Grundsatzdebatten aus Geschichte und Gegenwart in einem Sammelband weder möglich noch sinnvoll. Stattdessen muss eine verständige Auswahl getroffen werden, die unweigerlich subjektive Züge trägt. Auch für eine Chronik des Gesellschaftsrechts gilt das Diktum vom Konstruktionscharakter der Geschichte. Angestrebt wird eine gesunde Mischung, die klassische und aktuelle Kontroversen ebenso einschließt wie rechtsdogmatische, rechtstheoretische und rechtspolitische Auseinandersetzungen sowie Streitfragen aus dem Aktien-, GmbH-, Personengesellschafts- und Vereinsrecht. Ausgespart bleiben manche Debatten um berühmte Gerichtsentscheidungen, die schon anderwärts behandelt wurden.[32] Terminologisch und sachlich wird nicht weiter zwischen Auseinandersetzungen, Diskussionen, Disputen und Kontroversen unterschieden;[33] vielmehr werden diese Begriffe austauschbar verwendet.

1. Generationsthemen

Jede Generation von Gesellschaftsrechtlern, so hört man häufig, hat ihre eigenen Aufgaben. Dies spiegelt sich auch in der Chronologie der großen Fachdebatten wider. In der goldenen Generation großer Gesellschaftsrechtler, die in den 1960er Jahren erste Lehrstühle erhielten, drehte sich nach ihren Selbstzeugnissen vieles um die Einbeziehung des Konzerns in das Gesellschaftsrecht,[34] beflügelt durch die weltweit erste Konzernrechtskodifikation im Aktiengesetz von 1965.[35] Es folgte in

---

32 Vgl. die einzelnen Kapitel in *Fleischer/Thiessen* (Fn. 4).
33 Für eine Unterteilung in drei ideale Haupttypen (Diskussion, Disput, Kontroverse) *Dascal* (Fn. 17), S. 19, 24 ff.
34 Vgl. *Zöllner*, in Canaris u. a. (Hrsg.), Gedächtnisreden auf Alfred Hueck, 1976, S. 17, 22; *Wiedemann*, Die Unternehmensgruppe im Privatrecht, 1988, S. 10: „Die sachliche und systematische Einbeziehung der Unternehmensgruppe in das Gesellschaftsrecht – eine Aufgabe unserer Generation – ist nicht weniger einschneidend als der zu Beginn der Neuzeit vollzogene Schritt vom Einzelkaufmann zum Personenverband."
35 Vgl. dazu – nicht ohne Stolz – *Geßler*, JBl 1966, 169, 179: „Diese Regelung hat in der aktienrechtlichen Gesetzgebung der Welt kein Vorbild. Sie dürfte als die reformerische Tat des deutschen AktG. von 1965 anzusehen sein."

den 1970er Jahren das rechtspolitische Ringen um das Unternehmensrecht[36] und die unternehmerische Mitbestimmung sowie die dogmatische Durchdringung des Mitbestimmungsgesetzes von 1976 in der Aufsatz- und Kommentarliteratur.

Während der 1980er Jahre haben sich führende Köpfe vor allem der System- und Prinzipienbildung verschrieben,[37] indem sie aus dem ungeordneten Nebeneinander verstreuter Einzelgesetze aus ganz unterschiedlichen Epochen einen zuverlässigen Kanon allgemeiner Lehren herausgearbeitet haben.[38] Thematisch kreisen wichtige Debatten um das krisennahe Gesellschafts- und Unternehmensrecht[39] sowie um das Recht eigenkapitalersetzender Gesellschafterleistungen[40]. Seit der zweiten Hälfte der 1990er Jahre rückten zusehends Fragen der Organpflichten und Organhaftung von Vorstands- und Aufsichtsratsmitgliedern in das Zentrum der Fachdebatten und avancierten zu Lieblingsthemen unzähliger Dissertationen und Habilitationen.

Im ersten Jahrzehnt des neuen Millenniums warteten gleich drei große Aufgaben auf die personell kräftig angewachsene Baby-Boomer-Generation der Gesellschaftsrechtler[41]: Spätestens mit dem Deutschen Corporate Governance Kodex von 2002 setzten breitflächige Diskussionen zu guter Unternehmensführung und -überwachung vor allem in börsennotierten Gesellschaften ein. Parallel dazu beanspruchte die Verzahnung von Gesellschafts- und Kapitalmarktrecht beträchtliche Aufmerksamkeit, zumal seit Inkrafttreten des WpÜG im Jahre 2002.[42] Schließlich nahm die Neuausrichtung des Internationalen Gesellschaftsrechts im Anschluss an die Rechtsprechung des EuGH einen prominenten Platz im fächerübergreifenden Diskurs zwischen Gesellschaftsrecht, Internationalem Privatrecht und Europarecht

---

36 Vgl. dazu BMJ (Hrsg.), Bericht über die Verhandlungen der Unternehmensrechtskommission, 1980. Diese Kommission tagte von 1972–1980.
37 Namentlich *Wiedemann*, Gesellschaftsrecht, Bd. I: Allgemeiner Teil, 1980; *K. Schmidt*, Gesellschaftsrecht, 1. Aufl. 1986, 4. Aufl. 2002.
38 Für eine Würdigung dieses enorm fruchtbaren Forschungsprogramms der „Institutionenbildung" bereits *Fleischer* (Fn. 23), S. 485, 493 f.
39 Vgl. etwa das Thema des 54. Deutschen Juristentags von 1982: „Sanierung von Unternehmen" sowie das Thema des 55. Deutschen Juristentages 1984 „Welche Maßnahmen empfehlen sich, insbesondere im Gesellschafts- und Kapitalmarktrecht, um die Eigenkapitalausstattung der Unternehmen langfristig zu verbessern?".
40 Zusammenfassend *Hommelhoff*, ZGR 1988, 460.
41 Zur Rekordzahl von 43 gesellschaftsrechtlichen Habilitationsschriften in der Zeit von 2000 bis 2009 *Fleischer*, ZGR 2022, 191, 197.
42 Dazu anlässlich des 40. Geburtstages des Aktiengesetzes von 1965 *Fleischer*, ZIP 2006, 451 unter der Überschrift „Das Aktiengesetz von 1965 und das neue Kapitalmarktrecht"; 10 Jahre später *Langenbucher*, in Fleischer/Koch/Kropff/Lutter (Hrsg.), 50 Jahre Aktiengesetz, 2016, S. 273 unter dem Titel „50 Jahre Aktiengesetz – Aktienrecht und Kapitalmarktrecht".

ein. Sie führte zugleich in Form eines Welleneffekts zu intensiven Reformdiskussionen um das System des festen Kapitals in AG und GmbH.

Die heutige Kohorte von Gesellschaftsrechtlern und – zunehmend auch – Gesellschaftsrechtlerinnen[43] – wird sich vor allem der wissenschaftlichen Begleitung der Nachhaltigkeitsdiskussion im ESG-Zeitalter annehmen und verstärkt über die fachspezifischen Auswirkungen von Digitalisierung und künstlicher Intelligenz nachdenken.

2. Ewigkeitsthemen

Neben den zeitlich begrenzten Debatten mit ihrem jeweiligen Vor- und Nachlauf[44] gibt es im Gesellschaftsrecht – wie allgemein in der Rechtswissenschaft[45] – Ewigkeitsdebatten, die sich durch die gesamte Geschichte des Faches hindurchziehen. Zu den „Dauerbrennern" gehört die Diskussion um das sog. Unternehmensinteresse.[46] Diese Denkfigur bildet seit mehr als einem Jahrhundert eine Projektionsfläche für alte und neue Problemlagen – vom „Unternehmen an sich" über die Stakeholder/Shareholder-Debatte bis hin zur Corporate Social Responsibility. Man mag das Unternehmensinteresse als „eine Art Ei des Kolumbus der Juristen"[47] verspotten oder als „eine die wahren Zusammenhänge verschleiernde Ideologie"[48] verdammen; es bleibt ein ständiger Wegbegleiter aktienrechtlicher Diskurse.[49]

Eine zweite Dauerdebatte drehte sich seit Inkrafttreten des BGB bis in die jüngste Zeit um die Rechtsnatur der Gesamthand. Nachdem der historische Gesetzgeber die dogmatische Fundierung dieser Rechtsfigur nicht als seine Aufgabe

---

43 Zum immer noch viel zu geringen Frauenanteil und den Habilitationsschriften von Gesellschaftsrechtlerinnen *Fleischer*, ZGR 2022, 191, 199 m.w.N.
44 Mit diesem Fokus für soziologische Kontroversen *Kneer/Moebius* (Fn. 14), S. 13.
45 Vgl. etwa *Loschelder*, in Gall/Willoweit (Hrsg.), Judaism, Christianity, and Islam in the Course of History, 2011, S. 197: „Es gibt in der Rechtswissenschaft ‚Ewigkeitsthemen', die immer wieder aufs Neue – auch mit Gewinn – fachlich diskutiert werden können [...]."
46 Gleichsinnig *Hommelhoff*, FS Lutter, 2000, S. 95, 103: „markiert in der Geschichte des deutschen Aktienrechts ein fundamentales, ein Jahrhundertproblem".
47 *Mertens*, AG 1990, 49, 54.
48 *Zöllner*, AG 2003, 2, 8.
49 So schon *Fleischer*, ZGR 2018, 703, 704; ferner (mit freilich zu kurzem Zeithorizont) *Fendt*, AG 2017, 99: „Bitte nicht schon wieder das Thema ‚Unternehmensinteresse'. Nach über 40 Jahren abstrakter und ermüdender Theoriedebatten über die oberste Handlungsmaxime von kapitalmarktorientierten Aktiengesellschaften könnten diese wahrlich zurückgefahren werden, würden nicht regelmäßig wiederkehrende Firmenturbulenzen und -skandale diese Thematik immer wieder neu beleben."

angesehen hatte,[50] tobte während des gesamten 20. Jahrhunderts ein Gelehrtenstreit um das richtige Verständnis der Gesamthand,[51] der mit der Zeit an Schärfe zunahm.[52] In einer Mischung aus Ehrfurcht und Ratlosigkeit sprach man von der Gesamthand als einem „unbekannten Wesen"[53], „Rätsel"[54], „Mysterienspiel"[55] oder gar „unergründlichen mysterium tremendum"[56].

Als weiterer gesellschaftsrechtlicher Wiedergänger entpuppen sich Mehrstimmrechtsaktien.[57] Art. 252 Abs. 1 Satz 4 HGB 1897 hatte sie als Aktien eigener Gattung ausdrücklich erlaubt; während der Weimarer Republik besaß ein Drittel aller börsennotierten Aktiengesellschaften zum Schutz vor Überfremdung Mehrstimmrechtsaktien, teils mit 500fachem Stimmrecht.[58] Das Aktiengesetz von 1937 erklärte dann Mehrstimmrechtsaktien in § 12 Abs. 2 Satz 1 grundsätzlich für unzulässig, doch konnte der Reichswirtschaftsminister nach § 12 Abs. 2 Satz 2 Ausnahmen zulassen, wenn das Wohl der Gesellschaft oder gesamtwirtschaftliche Belange es forderten.[59] Der Reformgesetzgeber des Aktiengesetzes von 1965 bestimmte in § 5 Abs. 1 EGAktG a.F., dass Mehrstimmrechte, die vor dem Inkrafttreten des Aktiengesetzes rechtmäßig geschaffen worden waren, aufrechterhalten blieben, bevor das KonTraG von 1998 in § 12 Abs. 2 AktG a.F. bündig anordnete: „Mehrstimmrechte sind unzulässig." Die nächste Volte ist mit dem Zukunftsfinanzierungsgesetz gerade erfolgt, das Mehrstimmrechtsaktien in § 135a AktG unter den dort genannten Voraussetzungen fortan wieder zulässt.[60]

Viertens hat das Phänomen der räuberischen Aktionäre Gesetzgeber, Rechtsprechung und Rechtswissenschaft zu verschiedenen Zeiten beschäftigt. Schon in

---

50 Vgl. Protokolle, in Mugdan (Hrsg.), Die gesammten Materialien zum BGB für das Deutsche Reich, 1899, Bd. II, S. 900, wonach „eine Stellungnahme zu der wissenschaftlichen Streitfrage über das Wesen der gesammten Hand zu vermeiden sei".
51 Monographische Aufarbeitung bei *Dieckmann*, Gesamthand und juristische Person, 2019; zuletzt *Wilhelm*, Das Recht der Gesamthand im 21. Jahrhundert, 2021.
52 Vgl. etwa *Altmeppen*, NZG 2020, 822; zuvor schon *Zöllner*, FS Kraft, 1998, S. 701.
53 *Ulmer*, AcP 198 (1998), 113.
54 *K. Schmidt*, AcP 205 (2005), 305, 312.
55 *Weber-Grellet*, AcP 182 (1982), 316.
56 *Schall*, FS Heidel, 2021, S. 155, 162.
57 Dazu *Mock/Mohamed*, NZG 2022, 1275: „Mehrstimmrechtsaktien sind ein Phänomen des Aktienrechts, das in der deutschen Rechtsgeschichte seit über 85 Jahren immer wieder diskutiert worden ist."; außerdem *Nicolussi*, AG 2022, 753.
58 Vgl. am Beispiel der Hamburger Hochbahn AG, die für die Stadt Hamburg eine Aktie mit 48.900 Stimmen vorsah, *Mock/Beckmann*, in Fleischer/Mock (Fn. 5), § 13, S. 641, 651 ff. m.w.N.
59 Vgl. am Beispiel der Siemens AG *Fleischer*, AG 2019, 481, 489.
60 BGBl. 2023 I Nr. 354; dazu etwa *Florstedt*, NZG 2024, 139; im Vorfeld schon *Mock/Mohamed*, NZG 2022, 1275 unter der Überschrift: „Goodbye One Share One Vote? – Welcome Dual-Class Shares?"; ferner *Casper*, ZHR 187 (2023), 5, 17 ff.

den Gesetzesmaterialien zur Aktienrechtsnovelle von 1884 liest man vorahnungsvoll, dass das Anfechtungsrecht ein „zweischneidiges Schwert" sei, „welches Schikanen und Erpressungen Tür und Tor öffne"[61]. Erfahrene Praktiker aus Unternehmen, Anwaltschaft und Gerichtsbarkeit haben dies zu Beginn des 20. Jahrhunderts bestätigt: *Julius Flechtheim* berichtete, das Recht der Anfechtung werde in einer sehr großen Zahl von Fällen dazu benutzt, um „erpresserisch"[62] gegen Aktiengesellschaften vorzugehen; *Max Hachenburg* notierte, es sei ein „offenes Geheimnis", dass Anfechtungsklagen „meist nur zur Erreichung anderer Zwecke erhoben werden"[63], und *Albert Pinner* bemerkte, „besonders bei den gewerbsmäßigen Generalversammlungs-Vertretern nährt das Handwerk den Mann"[64]. Die späteren Wellen missbräuchlicher Anfechtungsklagen seit den 1980er Jahren bis in die jüngste Zeit sowie die Reaktionen von Rechtsprechung und Gesetzgebung sind in der Literatur umfassend dokumentiert.[65]

IV. Anfang und Ende der Debatten

Beginn und Abschluss einer Debatte sind für die Wissenschaftsforschung besonders reizvoll, weil sie tiefe Einblicke in die Anatomie akademischer Kontroversen gewähren.

1. Initialzündungen

Im Gesellschaftsrecht beruht die Initialzündung für eine Debatte nicht selten auf einer aufsehenerregenden Gerichtsentscheidung: Das ARAG/Garmenbeck-Urteil des BGH von 1997[66] leitete die anhaltende Diskussion über die Organhaftung ein; der DAT/Altana-Beschluss des BVerfG von 1999[67] regte zu intensivem Nachdenken über die Bedeutung des Börsenkurses bei der Abfindungsbemessung an; das Centros-

---

61 Begründung zu dem Entwurf eines Gesetzes, betreffend die KGaA und AG, 1884, abgedruckt bei *Schubert/Hommelhoff*, Hundert Jahre modernes Aktienrecht, 1985, S. 467.
62 *Flechtheim*, FS Zitelmann, 1913, S. 1, 5.
63 *Hachenburg*, JW 1918, 16, 17.
64 *Pinner*, LZ 1914, 226, 229.
65 Vgl. etwa *Bayer*, in Fleischer/Koch/Kropff/Lutter (Fn. 42), S. 199, 203 ff.; monographisch *Mathieu*, Der Kampf des Rechts gegen erpresserische Aktionäre: Bestandsaufnahme, Kritik und Perspektiven, 2014.
66 BGHZ 135, 244.
67 BVerfGE 100, 289.

Urteil des EuGH von 1999[68] löste ungeahnte Diskussionsströme zum Internationalen Gesellschaftsrecht aus.

Gelegentlich ist auch der Gesetzgeber vorgeprescht, indem er Rechtsprechung und Rechtslehre vor die Aufgabe stellte, lose hingeworfenen und nur unvollständig durchdachten Figuren wie der Gesamthand oder dem faktischen Aktienrechtskonzern ein stabiles Fundament nachzuliefern. Weitere Diskussionen rankten und ranken sich um praktische Phänomene des Wirtschaftslebens, etwa um die kautelarjuristische Erfindung der GmbH & Co. KG oder sonstiger atypischer Organisationsformen sowie um das Unwesen der räuberischen Aktionäre.

Anders als etwa in der Geschichtswissenschaft haben sich Kontroversen nur vereinzelt an wissenschaftlichen Veröffentlichungen entzündet. Hier könnte man in erster Linie an *Walther Rathenaus* schmale Abhandlung „Vom Aktienwesen" aus dem Jahre 1917 denken,[69] die als historischer Ausgangspunkt[70] und intellektuelle Geburtsstunde der deutschen Shareholder/Stakeholder-Debatte gilt.[71] Später mag man an *Marcus Lutters* originelle, aber hochkontroverse Thesen über die Konzernverfassung denken, die von seinen Schülern weitergedacht wurden, aber in Rechtsprechung und Rechtslehre auch heftigen Widerspruch erfuhren.[72] Aus jüngerer Zeit kommt einem noch *Peter Mülberts* vielbeachtetes, wenn auch nicht uneingeschränkt geteiltes Plädoyer für eine stärker kapitalmarktorientierte Konzeption der Aktionärsrechte bei Bildung und Umbildung einer Unternehmensgruppe in den Sinn.[73]

---

[68] EuGH, 9.3.1999, Slg. 1999-I, 1459.
[69] *Rathenau*, Vom Aktienwesen. Eine geschäftliche Betrachtung, 1917; dazu etwa die Rezensionen von *Hachenburg*, JW 1918, 16 und *Passow*, Weltwirtschaftliches Archiv 12 (1918), 353; rückblickende Würdigung anlässlich des 100-jährigen Geburtstages des Werkes bei *Fleischer*, JZ 2017, 991.
[70] So *Fleischer*, ZGR 2018, 703, 704: „historischer Ausgangspunkt und *locus classicus*".
[71] In diesem Sinne *Gelter*, 7 N.Y.U. J.L. & Bus. 641, 683 (2011): „often seen as a defining moment for the German debate (i.e. comparable to the role of the Berle-Dodd debate in the US)"; ähnlich *Kuntz*, in Wells (Hrsg.), Research Handbook on the History of Corporate and Company Law, 2018, S. 205, 214: „commonly considered as the seminal work"; ferner *Jürgenmeyer*, Das Unternehmensinteresse, 1984, S. 51: „Die Diskussion um das Unternehmensinteresse hat ihren Anfang genommen im Rahmen der Diskussion um das Schlagwort vom ‚Unternehmen an sich'. Davor war, soweit ersichtlich, der Begriff ‚Unternehmensinteresse' nicht im Gebrauch."
[72] Eingehend dazu und zur konzernrechtlichen *Lutter*-Schule *Fleischer/Heinrich*, in Fleischer/Thiessen (Fn. 4), § 10, S. 345, 351 f. m.w.N.
[73] *Mülbert*, Aktiengesellschaft, Unternehmensgruppe und Kapitalmarkt, 1995.

2. Debattenschluss

Nicht minder interessant als der Anfang ist der Schluss einer Debatte. Allgemeine theoretische Reflexionen über die „Schließung" wissenschaftlicher Diskurse sind bisher rar geblieben.[74] Für die Naturwissenschaften unterscheidet ein vielbeachteter Beitrag zwischen drei verschiedenen Ausgängen: Lösung des Problems („resolution"), Schluss („closure") und Aufgabe („abandonment") der Debatte.[75] Im Gesellschaftsrecht, wie allgemein in der Rechtswissenschaft, lassen sich Kontroversen nur selten durch ein *experimentum crucis* oder empirische Evidenz klären. Stattdessen trifft man häufig auf ein säkulares Gegenstück zum christlichen Schluss der Debatte: „Roma locuta, causa finita" (*Abbé de Grécourt*).[76] Ein jedenfalls für die Praxis verbindliches Machtwort spricht hier nicht der Kirchenvater, sondern der BGH. Mitunter folgt seiner Grundsatzentscheidung eine Kodifizierung von Richterrecht auf dem Fuß.[77] Ein bekanntes Beispiel bildet die Jahrhundertdiskussion um die Rechtsnatur der Gesamthand, die der BGH durch seinen spektakulären Richterspruch zur Rechtsfähigkeit der Außen-GbR im Jahre 2001 beendete.[78] Der Reformgesetzgeber des MoPeG hat sich dem kürzlich durch Einführung des § 705 Abs. 2 BGB und Ausrangierung der Gesamthand angeschlossen.[79]

Nicht alle wissenschaftlichen Kontroversen enden mit Siegern und Besiegten, Gewinnern und Verlierern.[80] Zuweilen bleibt es – jedenfalls vorläufig – bei einem unbefriedigenden Unentschieden. Ein *case in point* ist die mit großem Aufwand geführte Auseinandersetzung um Stärken und Schwächen des gesetzlichen Kapitals als Gläubigerschutzinstrument.[81] Ausgelöst durch die Kritik des EuGH und seiner Generalanwälte am Mindestkapitalerfordernis[82] und weitreichende Vorschläge zur

---

74 Weiterführend etwa *Weingart*, Wissenschaftssoziologie, 2003, S. 62 ff. unter der Kapitelüberschrift „Soziale Faktoren in der Schließung wissenschaftlicher Diskurse".
75 Vgl. *McMullin*, in Engelhardt/Caplan (Hrsg.), Scientific Controversies: Case Studies in the Resolution and Closure of Disputes in Science and Technology, 1989, S. 49, 77 ff.
76 Dazu *Leggewie/Mühlleiter*, Die akademische Hintertreppe. Kleines Lexikon des wissenschaftlichen Kommunizierens, 2007, S. 163 f., Stichwort: Kontroversen.
77 Näher *Fleischer/Wedemann*, AcP 209 (2009), 597; monographisch *Benz*, symbiotische Gesellschaftsrechtsentwicklung, 2024.
78 BGHZ 146, 341.
79 Vgl. Begr. RegE MoPeG, BT-Drucks. 19/27635, S. 148; dazu *Fleischer*, DStR 2021, 430, 435.
80 Dazu, dass die Zuweisung des Sieger- bzw. Verliererstatus selbst wiederum perspektiven- und kontextabhängig ist, *Kneer/Moebius* (Fn. 12), S. 9.
81 Näher *Fleischer*, ZGR 2001, 1, 12 ff. m.w.N.: „argumentatives Patt".
82 Vgl. Generalanwalt *La Pergola*, der das Mindestkapital im Centros-Verfahren, Slg. 1999, I-1459 Rn. 21 als „idolum theatri" bezeichnete, und Generalanwalt *Alber*, der im Inspire-Art-Verfahren, Slg. 2003, I-10155 Rn. 141 ff. verneinte, dass das Mindestkapital zur Verwirklichung des Gläubigerschutzes geeignet sei.

Reform der unionsrechtlichen Kapitalrichtlinie,[83] hat man viel Energie darauf verwendet, die Überlegenheit der kontinentaleuropäischen bzw. der angelsächsischen Schutzkonzeption zu erweisen. Ein solcher Vergleich ganzer Gläubigerschutzsysteme („Makrovergleichung") ist konzeptionell nach wie vor mit kaum zu bewältigenden Schwierigkeiten verbunden.[84] Daher nimmt es nicht wunder, dass eine von der Europäischen Kommission in Auftrag gegebene Studie unter Kostengesichtspunkten keine eindeutige Präferenz für das bestehende oder ein alternatives Kapitalschutzsystem ergeben hat.[85]

Weiterhin gibt es Debatten, die in eine wissenschaftliche Sackgasse ausmünden: An ihrem Ende steht keine dogmatische oder rechtspolitische Neuerung, sondern ein Negativbefund, wenn auch nicht ganz ohne epistemischen Gewinn. So verhält es sich etwa mit dem ehrgeizigen Versuch, aus dem Institutionendenken ungeschriebene Schranken der Gestaltungsfreiheit im Gesellschaftsrecht zu entwickeln. Dieser methodische Ansatz war eine Zeit lang *en vogue* und inspirierte gleich drei Habilitationsschriften, die allesamt im Jahr 1970 erschienen[86] und jeweils zu ernüchternden Ergebnissen gelangten.[87] Dieser „desillusionierende Verlauf"[88] der Diskussion führte dazu, dass man die Lehre von der gesetzlichen Typengesetzlichkeit seither nicht mehr weiterverfolgt.[89] Sie war schon lange „überholt"[90], als ihr der BGH mit Anerkennung der GmbH & Co. KGaA den endgültigen Todesstoß versetzte.[91] Von wenigen Ausnahmen abgesehen, sind Grund-

---

83 Vgl. *Enriques/Macey*, 86 Cornell L. Rev. 1165 (2001); *Rickford*, EBLR 15 (2004), 919.
84 Näher *Fleischer*, in MHLS, GmbHG, 4. Aufl. 2023, Syst. Darst. 5 Rn. 82 ff.; für einen empirischen Vergleich der Insolvenzrechte in Frankreich, England und Deutschland *Davydenko/Franks*, Journal of Finance 63 (2008) 565.
85 Vgl. KPMG, Feasibility Study on an Alternative to the Capital Maintenance Regime Established by the Secondary Company Law Directive, 2008; dazu *Schruff/Lanfermann*, WPg 2008, 1099.
86 *Nitschke*, Die körperschaftlich strukturierte Personengesellschaft, 1970; *Teichmann*, Gestaltungsfreiheit in Gesellschaftsverträgen, 1970; *H.P. Westermann*, Vertragsfreiheit und Typengesetzlichkeit im Recht der Personengesellschaften, 1970.
87 Sammelrezensionen von *Duden*, ZGR 1973, 360; *Helm*, ZGR 1973, 478; *Schultze-v. Lasaulx*, ZfgG 21 (1971), 325.
88 *K. Schmidt* (Fn. 37), S. 119; gleichsinnig der Untertitel der Besprechung von *Schultze-v. Lasaulx*, ZfgG 21 (1971), 325: „Abschied von Illusionen".
89 Näher *Hey*, Freie Gestaltung von Gesellschaftsverträgen und ihre Schranken, 2004, S. 233 ff.; *Wiedemann*, Gesellschaftsrecht, Bd. II, 2004, S. 38 f.: „Die Theorie ist letztlich an der Unschärfe des Typusbegriffs gescheitert; auch kam sie für die bereits darüber hinweggegangene Kautelarpraxis zu spät. Man hat sich damit abgefunden, zwischen gesetzestypischen und atypischen Erscheinungsformen zu unterscheiden [...]."
90 *Graf*, Die Kapitalgesellschaft & Co. auf Aktien, 1993, S. 158.
91 Vgl. BGHZ 134, 392.

typenvermischungen und sonstige atypische Gestaltungen daher nicht unzulässig, sondern geradezu ein Charakteristikum des deutschen Rechts.[92]

In anderen Fällen sind große Debatten zum Erliegen gekommen, weil sie an praktischer Relevanz verloren haben. Ein Paradebeispiel bildet die Auseinandersetzung um die juristische Person. Von vielen lange Zeit mit großer „Gedankenschärfe, Konstruktionslust und Argumentationskraft"[93] ausgefochten, ist sie nach Inkrafttreten des BGB allmählich „abgeklungen"[94]. Noch schärfer urteilt rückblickend ein führender Rechtshistoriker: „Die Diskussion um das Wesen der juristischen Person in Deutschland hat am Anfang des 20. Jahrhunderts aufgehört. Sie ist nicht eigentlich abgeschlossen worden; man kann eher sagen, sie sei aufgegeben worden."[95] Ein Hauptgrund für das wachsende Desinteresse lag darin, dass der BGB-Gesetzgeber wesentliche Fragen zur juristischen Person geklärt und damit den theoretischen Diskussionsbedarf stark zurückgeschnitten hat.[96] In der gesellschaftsrechtlichen Gegenwartsliteratur haben die Darstellungen des Meinungsstreits den Charakter einer „Pflichtübung"[97] angenommen. Man betrachtet die große Theoriendebatte als ein „Kind des späten 19. und frühen 20. Jahrhunderts"[98].

Schließlich werden akademische Auseinandersetzungen zuweilen deshalb nicht weitergeführt, weil Veränderungen rechtspolitisch aussichtslos erscheinen. So verhält es sich etwa mit der unternehmerischen Mitbestimmung. Die weithin erstarrte Diskussion zeitigt zudem Fernwirkungen in angrenzenden Gebieten, weil sich die paritätische Mitbestimmung – wie in *Dostojewskis* „Dämonen" – als „elephant in the room"[99] erweist: ein Problem, das für viele klar erkennbar ist, aber von ihnen gleichwohl nicht thematisiert wird. Die unternehmerische Praxis reagiert mit Ausweichbewegungen hin zur SE und KGaA, die zuletzt beträchtliche Zuwachsraten verzeichneten.[100]

---

92 Vgl. *Fleischer*, FS Roth, 2015, S. 125, 131: „Kennzeichnend für das Tableau der Gesellschaftsformen in Deutschland ist schließlich, dass sich Typenkombinationen und Grundtypenvermischungen großer Beliebtheit erfreuen."
93 *Fögen*, SJZ 95 (1999), 393.
94 *Larenz*, Allgemeiner Teil des deutschen Bürgerlichen Rechts, 7. Aufl. 1989, S. 133.
95 *Coing*, Europäisches Privatrecht, Bd. II, 1989, S. 343.
96 Vgl. etwa *Planck*, Kommentar zum BGB, 4. Aufl., Bd. I, 1913, § 21, S. 55: „Die Ansichten über das Wesen und den Begriff der juristischen Person sind sehr verschieden. Ein näheres Eingehen auf diese Streitfrage ist zum Verständnis der Vorschriften des BGB nicht erforderlich."
97 *Flume*, Die juristische Person, 1983, S. 24.
98 *Wiedemann* (Fn. 37), S. 191.
99 *Teichmann*, FS Hopt, 2020, S. 1255.
100 Zu den Zahlen *Bayer/Lieder/Hoffmann*, GmbHR 2023, 705 Rn. 18.

V. Debattenverläufe und Theorienbildungen

Im Verlaufe vieler gesellschaftsrechtlicher Debatten werden die konkurrierenden Auffassungen zu „Theorien" ausgebaut oder jedenfalls als solche bezeichnet.[101] Typischerweise stehen sich zwei Theorien in scharfer Frontenstellung gegenüber: Fiktions- versus Realitätstheorie, Einheits- versus Trennungstheorie, Sitz- versus Gründungstheorie. Gelegentlich gesellt sich – nach einem verbreiteten Muster in der juristischen Theorienabfolge[102] – noch eine vermittelnde Ansicht hinzu. Auch für das Gesellschaftsrecht gilt aber grundsätzlich der alte Erfahrungssatz: „Bei vier Theorien je Problem scheint der juristische Diskurs eine Sättigungsgrenze zu erreichen. Mehr wird nur selten angeboten."[103] Eine Ausnahme hält die Durchgriffsdiskussion bereit, die ein wahres Gewimmel von Theorien hervorgebracht hat.[104] Bei den meisten Theorien handelt es sich um rechtsdogmatische Theorien aus einer gesellschaftsrechtlichen Binnensicht.[105] Ihre Prüfbarkeit mithilfe der Falsifikationsmethodik bereitet – anders als in den großen naturwissenschaftlichen Debatten – beträchtliche Schwierigkeiten.[106] Kritische Stimmen sehen insoweit unüberbrückbare Differenzen zu den empirischen Theorien,[107] während andere eine Überprüfung auf spezifisch rechtswissenschaftliche Art und Weise für möglich halten.[108] Eine endgültige Klärung hängt in der (Gesellschafts-)Rechtswissenschaft regelmäßig vom Konsens der Beteiligten oder einer akzeptierten autoritativen Anerkennung ab,[109] namentlich durch höchstrichterlichen Richterspruch.[110]

---

[101] Näher *Fleischer*, NZG 2023, 243.
[102] Allgemein zur Herausbildung vermittelnder Theorien *Pawlowski*, Methodenlehre für Juristen, 3. Aufl. 1999, Rn. 764
[103] *Rückert*, FS Wadle, 2008, S. 963, 964.
[104] Dazu Scholz/*Bitter*, GmbHG, 13. Aufl. 2022, § 13 Rn. 116: „Als Alternative ist eine Vielzahl verschiedener Durchgriffslehren entwickelt worden, deren Ordnung schwer fällt, weil bereits die Terminologie nicht einheitlich ist."
[105] Näher sogleich unter VI 1.
[106] Vgl. *Fleischer*, NZG 2023, 243, 244 f.; *Jansen*, ZEuP 2005, 750, 769 ff.
[107] In diesem Sinne etwa *Röhl/Röhl*, Allgemeine Rechtslehre, 3. Aufl. 2008, S. 164.
[108] Für einen „juristischen Falsifikationismus" *Canaris*, JZ 1993, 377, 386 f.
[109] So *Jansen*, ZEuP 2005, 750, 776.
[110] Dazu bereits oben im Text bei Fn. 76.

VI. Debattenschwerpunkte

In der Sache lassen sich große Debatten nach ihrem Gegenstand und ihrer Hauptstoßrichtung weiter auffächern.[111]

1. Rechtsdogmatik

Dogmatische Debatten nehmen im verbandsrechtlichen Diskurs breiten Raum ein. Dies dürfte nicht überraschen, musste das Gesellschaftsrecht als später Spross unter den Fächern des bürgerlichen Rechts doch erst jenen rechtsdogmatischen Reifeprozess durchlaufen, den das Kernzivilrecht seit seinen römischen Anfängen schon hinter sich gebracht hatte. Hierzu gehört die theoretische Durchdringung des rasch anwachsenden Stoffes in dem Bestreben, die innerdisziplinäre Begriffs-, System- und Prinzipienbildung voranzutreiben.[112] In diese Rubrik fallen etwa Diskussionen über die juristische Person und die Gesamthand, den Konzern und atypische Gesellschaftsformen.

2. Rechtsethik

Weniger dogmatisch und stärker rechtsethisch ausgerichtet sind Debatten, die sich um einen verbesserten Individual- und Minderheitsschutz drehen. In Übereinstimmung mit einem breiteren Trend zur Materialisierung des Privatrechts[113] könnte man von Materialisierungstendenzen im Gesellschaftsrecht sprechen.[114] Stellvertretend hierfür stehen langanhaltende Debatten zu Hinauskündigungs- und Abfindungsklauseln im Personengesellschafts- und GmbH-Recht, die von der Rechtsprechung am Maßstab des § 138 BGB gemessen werden.[115] Auch im Aktienrecht hat eine breite Literaturströmung einen „Durchbruch zur Verantwortungs-

---

111 Für ein anregendes Kontrastmodell aus der Geschichtswissenschaft *Niethammer*, Merkur 43/1 (1989), S. 73, 74 ff., der drei Grundtypen historischer Kontroversen unterscheidet: „Legendenkiller", „Horizontverschiebung" und „Arbeit am Mythos".
112 Näher *Fleischer*, in Engel/Schön (Hrsg.), Das Proprium der Rechtswissenschaft, 2007, S. 50, 55 ff.
113 Vgl. zum Schuldrecht etwa *Canaris*, AcP 200 (2000), 273; monographisch *Auer*, Materialisierung, Flexibilisierung, Richterfreiheit, 2005.
114 So die Begrifflichkeit bei *Windbichler*, FS Singer, 2021, S. 731.
115 Eingehend aufgearbeitet von *Schmolke*, Grenzen der Selbstbindung im Privatrecht, 2014, S. 534 ff., 557 ff.; zum aktuellen Stand *Fleischer*, WM 2024, 621.

ethik"[116] bei der Beurteilung von Mehrheits-/Minderheitskonflikten eingefordert und damit beim BGH Gehör gefunden: Sowohl im Kali-und-Salz-Urteil zur sachlichen Rechtfertigung beim Bezugsrechtsausschluss[117] als auch im Linotype- und im Girmes-Urteil zur horizontalen Treuepflicht zwischen Aktionären[118] hat der II. Zivilsenat rechtsethische Elemente in seine Spruchpraxis eingekreuzt. Gegenwärtig zeigen sich Bestrebungen zur „ethischen Fundierung oder Überformung des Gesellschaftsrechts"[119] in den Debatten um Corporate Social Responsibility, Corporate Purpose und ESG.[120] Der Deutsche Corporate Governance Kodex hat in seiner Präambel seit 2017 sogar das Leitbild des Ehrbaren Kaufmanns verankert.[121]

3. Rechtspolitik

Entgegen einem gerne gepflegten Selbstbild erschöpft sich das gelebte Gesellschaftsrecht keineswegs in der Bereitstellung eines neutralen Organisationsrahmens, sondern bezieht immer wieder – offen oder verdeckt, bewusst oder unbewusst – rechtspolitisch Position.[122] Es wundert daher nicht, dass auch manche Debatten in hohem Maße politisch aufgeladen sind. Das Paradebeispiel bildet die unternehmerische Mitbestimmung, deren Verbreiterung und Vertiefung durch das MitbestG 1976 zu einer wahren Gutachterschlacht vor dem BVerfG geführt hat: auf der einen Seite das „Frankfurter Gutachten" im Auftrag der Bundesregierung (*Kübler, Schmidt, Simitis*) und weitere Gutachten im Auftrag SPD-geführter Bundesländer (*Zweigert, Kappler*), auf der anderen Seite das „Kölner Gutachten" im Auftrag großer Aktiengesellschaften und der Arbeitgeberverbände (*Badura, Rittner, Rüthers*).[123] Hierbei handelt es sich um eine jener seltenen Fachkontroversen, die unter den Augen der Öffentlichkeit ausgetragen wurden. Anders etwa als die Geschichts-[124] ist die Gesellschaftsrechtswissenschaft zumeist keine *public science*. Eine weitere, stark rechts- und wirtschaftspolitisch konnotierte Debatte drehte sich um das Depotstimmrecht als Säule der „Bankenmacht" – eine Diskussion, die seit

---

116 *Wiedemann*, ZGR 1980, 147, 155.
117 BGHZ 71, 40; dazu *Lieder/Müller*, in Fleischer/Thiessen (Fn. 4), S. 293 ff.
118 BGHZ 103, 184; 129, 136; dazu *Schmolke*, in Fleischer/Thiessen (Fn. 4), S. 435 ff.
119 *Windbichler* (Fn. 114), S. 731.
120 Zusammenfassend *Koch*, AktG, 17. Aufl. 2023, § 76 Rn. 35 ff.
121 Kritisch dazu *Fleischer*, DB 2017, 2014.
122 Vgl. *Fleischer*, ZGR 2022, 466, 477; *Seibert*, in Vogt/Fleischer/Kalss (Hrsg.), Protagonisten des Gesellschaftsrechts, 2020, S. 169, 171.
123 Vgl. BVerfGE 50, 290, 303 ff., 310 ff.
124 Näher dazu *Trischler/Weitze*, in Liebert/Weitze (Fn. 8), S. 57, 69 ff. mit zahlreichen Beispielen.

der Aktienrechtsreform von 1965 nie ganz verstummt war und durch die Rolle der Deutschen Bank bei der Mammutfusion von Daimler-Benz/MBB im Jahre 1989 wieder neu entfacht wurde.[125] Auch sie schlug in der Öffentlichkeit hohe Wellen und führte Mitte der 1990er Jahre zu zahlreichen Gesetzesinitiativen.

VII. Debattenteilnehmer, Diskussionsforen und Diskurskultur

Mit Leben gefüllt werden gesellschaftsrechtliche Auseinandersetzungen durch die Debattenteilnehmer, die sich auf den großen Bühnen des Faches begegnen und dabei eine charakteristische Diskurskultur pflegen.

1. Debattenteilnehmer

In der hiesigen Tradition des Professorenrechts[126] spielten herausragende Gelehrte in den wichtigen Fachdebatten seit jeher eine führende Rolle. Erinnert sei nur an die Kontroverse um die Rechtsnatur der juristischen Person, in der sich mit *Friedrich Carl von Savigny* und *Otto von Gierke* zwei der berühmtesten Zivilrechtslehrer aller Zeiten einen intellektuellen Schlagabtausch lieferten. In der Gesamthandsdiskussion stammte der entscheidende Impuls von dem großen *Werner Flume*, dessen Gruppentheorie enorme Aufmerksamkeit erfuhr: „Das lag natürlich an der Aura des Urhebers, dessen selbstsicherer Duktus in der Argumentation bis heute den Leser in den Bann schlägt und Zweifler kleingeistig erscheinen ließ."[127] Zuvor hatte *Alfred Hueck* die gesellschaftsrechtliche Szenerie mit seinen Ansichten von den späten 1930er bis in die 1970er Jahre weithin beherrscht: „In seinem sechsten und siebten Lebensjahrzehnt ist er ohne das geringste Nachlassen seiner geistigen Kräfte unbestrittener Meister zweier großer Rechtsgebiete [= Arbeits- und Gesellschaftsrecht], und dies nicht nur in den Augen der Praxis, sondern auch der Wissenschaft. Ein solcher Rang wird selten erreicht, seltener ist er zweifelsfrei und noch seltener unangefochten."[128] Schon in der Folgegeneration sollte sich der Ein-

---

125 Eingehend dazu *J. Schmidt*, in Bayer (Hrsg.), Gesellschafts- und Kapitalmarktrecht in den Beratungen des Deutschen Juristentages, 2010, S. 489, 496 ff. m.w.N.
126 Dazu *Van Caenegem*, Judges, Legislators and Professors, Chapters in European Legal History, 1992, S. 67 ff.
127 *Schall*, FS Heidel, 2021, S. 155, 163.
128 *Zöllner* (Fn. 34), S. 17, 21.

fluss auf ein halbes Dutzend führender Köpfe verteilen und heute haben wir es – auch wegen der stark gewachsenen Zahl handels- und gesellschaftsrechtlicher Lehrstühle[129] – nicht mehr mit einem wissenschaftlichen Meinungsmonopol oder einem engen Oligopol, sondern längst mit einem veritablen Polypol zu tun.

Eine praktisch noch wichtigere Stimme als die Rechtswissenschaft haben die Richter des II. Zivilsenats des BGH. Sie entscheiden gleichsam als Schiedsrichter, wer in einer wissenschaftlichen Kontroverse den Lorbeerkranz erhält. Die Senatsvorsitzenden, in Fachkreisen zu allen Zeiten omnipräsente und öffentliche Figuren,[130] waren und sind sich ihrer großen Verantwortung wohlbewusst und nehmen keine Unfehlbarkeit für sich in Anspruch. Man könnte ihnen daher in den Mund legen, was *Justice Jackson* einmal für den Obersten Gerichtshof der Vereinigten Staaten bemerkte: „We are not final because we are infallible, but we are infallible only because we are final."[131] Einen Beleg dafür bilden Fälle der höchstrichterlichen Rechtsrückbildung, teils in alter, teils in neuer Senatsbesetzung.[132] Dagegen scheint die Revisionsbereitschaft der eigenen Position in der Rechtswissenschaft tendenziell geringer ausgeprägt. Insoweit fühlt man sich an das auf die Naturwissenschaften gemünzte Bonmot von *Max Planck* erinnert: „Eine neue wissenschaftliche Wahrheit pflegt sich nicht in der Weise durchzusetzen, daß ihre Gegner überzeugt werden und sich als belehrt erklären, sondern vielmehr dadurch, daß ihre Gegner allmählich aussterben."[133]

Zu den einflussreichen Debattanten zählen weiterhin herausragende Vertreter aus Anwaltschaft und Notariat. Sie tragen durch große kautelarjuristische Kunstfertigkeit und intime Kenntnisse des Wirtschaftslebens wesentlich zum gesellschaftsrechtlichen Fortschritt bei. In den rechtspolitischen Prozess bringen sie ihre Stimme vor allem durch den Handelsrechtsausschuss des Deutschen Anwaltvereins ein, der seit seiner Gründung im Jahre 1948 Gesetzesvorhaben auf dem Gebiet des Handels-, Gesellschafts- und Kapitalmarktrechts fachkundig kommentiert und initiiert.[134]

Als weiterer hocheinflussreicher Diskussionspartner kommt die Ministerialbürokratie hinzu. Die zuständigen Gesetzgebungsreferenten spielen in der

---

129 Zahlenmaterial bei *Gerstorfer/Thiessen*, Unternehmensrechtliche Lehrstühle in der Berliner Republik, Max Planck Institute for European Legal History, Research Paper Series, no. 2018–04.
130 Näher *Fleischer*, NZG 2019, 921, 923.
131 *Brown v. Allen*, 344 U.S. 443, 540 (1953).
132 Vgl. MüKoGmbHG/*Fleischer*, 4. Aufl. 2022, Einl. Rn. 132 ff.; monographisch *Weber*, Anlässe und Methoden der Rechtsrückbildung im Gesellschaftsrecht, 2003.
133 *Planck*, Wissenschaftliche Selbstbiographie, 1948, S. 22; eingehend *Carrier*, in Arnswald/Schütz (Hrsg.), Rationalität und Irrationalität in den Wissenschaften, 2011, S. 79 ff.
134 Vgl. *Hoffmann-Becking* (Hrsg.), Stellungnahmen des Handelsrechtsausschusses des DAV, 2016.

Rechtspraxis eine „kaum zu überschätzende Rolle"[135], weil sie über enorme Expertise verfügen und engen Kontakt sowohl zu den Interessenverbänden wie zur Rechtswissenschaft halten.[136] Für die förmliche Gesetzgebung im Gesellschaftsrecht ist selbstverständlich der Deutsche Bundestag als oberstes Legislativorgan im Zusammenwirken mit dem Bundesrat verantwortlich.[137]

2. Diskussionsforen

Zu den wichtigsten Schauplätzen des Gesellschaftsrechts gehört traditionell der Deutsche Juristentag (DJT). In den mehr als 160 Jahren seines Bestehens hat er sich sehr häufig gesellschafts- und kapitalmarktrechtlicher Fragestellungen angenommen[138] und dabei eine beträchtliche Wirkkraft entfaltet.[139] Seine thematische Bandbreite reichte vom Ende des Konzessionserfordernisses bei Aktiengesellschaften (1869) über die Vereinheitlichung des deutschen und österreichischen GmbH-Rechts (1912, 1914) bis hin zur Reform der Organhaftung (2014) und des Personengesellschaftsrechts (2016). Verhandelt wurde außerdem etwa über die Sanierung von Unternehmen (1982), die Verbesserung ihrer Eigenkapitalausstattung (1984), das Depotstimmrecht der Banken (1996) und gleich mehrfach über das Konzernrecht (1957, 1992) sowie über den kapitalmarktrechtlichen Anlegerschutz (1884, 1976, 2002). Wissenschaftlich wertvoll sind insbesondere die sorgfältig vorbereiteten DJT-Gutachten, die vertiefenden Referate und die fachkundigen Verhandlungen.

Weitere Diskursplattformen bilden die jährlichen ZGR- bzw. ZHR-Symposien, die man von ihrer Bedeutung vielleicht am ehesten mit den Tagungen der Staatsrechtslehrervereinigung[140] vergleichen kann – freilich mit dem gewichtigen Unterschied, dass dort die Habilitation Zugangsvoraussetzung ist, während sich hier

---

135 *Mengel*, Gesetzgebung und Verfahren, 1997, S. 288; aufgegriffen von *Zimmermann*, RabelsZ 78 (2014), 315, 319.
136 Ausführlicher dazu bereits *Fleischer*, NZG 2019, 921, 923; vertiefend *Fleischer/Lemke*, NZG 2024, 371, 379 ff.
137 Näher *Hirte*, FS Heidel, 2021, S. 57, 58 ff.
138 Übersichten bei *Kübler*, FS 150 Jahre Juristentag, 2010, S. 155 (Handels-, Gesellschafts- und Wirtschaftsrecht); *Hoffmann-Becking*, ebenda, S. 185 (Aktien-, Konzern- und Kapitalmarktrecht).
139 Umfassend dazu *Bayer* (Fn. 125) mit der zutreffenden Beobachtung im Vorwort, S. 6: „Die Beiträge vermitteln somit in einem Zeitraffer über nahezu 150 Jahre einen signifikanten Ausschnitt der zentralen rechtspolitischen Fragestellungen auf dem Gebiet des deutschen Gesellschafts- und Kapitalmarktrechts."
140 Dazu *Schulze-Fielitz*, Die Wissenschaftskultur der Staatsrechtslehre im Spiegel der Geschichte ihrer Vereinigung, 2022.

Spitzenvertreter aller gesellschaftsrechtlichen Berufsgruppen treffen. Ein anderes, stark frequentiertes Stelldichein bilden die Jahrestagungen der Gesellschaftsrechtlichen Vereinigung.

3. Diskurskultur

Kennzeichnend für den „German Approach"[141] im Gesellschaftsrecht ist eine hochentwickelte Diskurskultur zwischen allen Beteiligten.[142] Kein Geringerer als *Robert Fischer*, ehedem Senatsvorsitzender und BGH-Präsident, hatte schon 1969 von dem „einzigartigen und vorzüglichen Zusammenwirken von Vertragspraxis, Rechtswissenschaft und Rechtsprechung"[143] bei der Fortbildung des Gesellschaftsrechts gesprochen. Ähnliche Einschätzungen sind von prominenten Literaturstimmen zu vernehmen.[144] Eine Detailuntersuchung zu den Regeln der Diskursstrukturierung (*Foucault:* „Formationsregeln"[145]) steht noch aus. Sie müsste neben den epistemischen auch den nichtepistemischen Fakten für den Debattenverlauf gebührende Aufmerksamkeit schenken.[146]

Verglichen mit der unerbittlichen Härte des sog. Historikerstreits[147] und anderen Grabenkämpfen in der „zankenden Zunft"[148] der Geschichtswissenschaft, verlaufen große Debatten im Gesellschaftsrecht ausgesprochen zivilisiert und ohne persönliche Anwürfe oder gar Kränkungen. Schrillere Töne sind selten, bleiben dafür aber umso länger im Ohr, wie *Lutters* Philippika gegen die Siemens/Nold-

---

141 Angelehnt an *Schönberger*, Der „German Approach". Die deutsche Staatsrechtslehre im Wissenschaftsvergleich, 2015.
142 Ausführlicher zu Folgendem und zu den diskursfördernden Elementen bereits *Fleischer*, NZG 2019, 921, 924.
143 *Fischer*, FS Kunze, 1969, S. 95.
144 Vgl. etwa *Wiedemann* (Fn. 89), S. 40: „Der in vielen Symposien und Fachtagungen ständig erneuerte und auf gegenseitiger Hochachtung beruhende Diskurs zwischen höchstrichterlicher Rechtsprechung und Fachwissenschaft ist ein Bestandteil der deutschsprachigen Rechtskultur seit der Einrichtung des Bundesoberhandelsgerichts."; zustimmend *Mülbert*, AcP 214 (2014), 188, 291.
145 *Foucault*, Archäologie des Wissens, 1988, S. 48 ff.
146 Instruktiv *McMullin* (Fn. 75), S. 49, 60: „Among the more obvious sorts of nonepistemic factors are personality traits (e.g. ambition, laziness, sensitivity to criticism, carelessness); institutional pressures (loss of research funding, changing university needs); political influences (e.g., tipping a controversy in favor of the side with stronger political backing); hostility between scientists, directed along national lines; 'chance' events (e.g., an unplanned meeting at a railroad station, a longtime friendship between two of the protagonists; the fact that someone trained at Cambridge rather than at Berkeley, death or illnesss of a major protagonist)."
147 Dokumentiert etwa bei *Große Kracht*, in ders. (Fn. 10), S. 91.
148 So der Buchtitel von *Große Kracht* (Fn. 10).

Entscheidung zum genehmigten Kapital[149] oder *Flumes* Polemik gegen das notorische Video-Urteil zum qualifiziert-faktischen Konzern[150]. Eine Erklärung für dieses harmonische Miteinander liegt wohl auch darin, dass die Gilde der Gesellschaftsrechtler eine vergleichsweise homogene Gruppe mit weithin übereinstimmenden Grundüberzeugungen bildet. Umso wichtiger ist es freilich, den fachinternen Diskursraum für Außenseitermeinungen offenzuhalten, gibt es doch ohne fundamentalen Widerspruch auch im Gesellschaftsrecht keinen intellektuellen Fortschritt.[151]

Durch die rechtspolitische Arena weht bis heute der Geist des rheinischen Kapitalismus (*modèle rhénan*)[152], der auf eine starke Sozialpartnerschaft und Konsensbildung zwischen allen Beteiligten im gesellschaftsrechtlichen Diskurs setzt. Er zeigt sich nicht zuletzt in der paritätischen Besetzung der großen Reformkommissionen von der Unternehmensrechtskommission (1972–1980) über die Regierungskommission Corporate Governance (2000–2001) bis hin zur Biedenkopf-Kommission zur Modernisierung der deutschen Unternehmensmitbestimmung (2005–2006).

VIII. Debatten auf nationaler und internationaler Ebene

In puncto Reichweite beschränken sich manche Debatten auf den deutschen Rechtsraum, während andere im Ausland eine Fortsetzung erfahren oder von vornherein international geprägt sind.

1. Nationale Idiosynkrasien

Rechtsvergleicher wissen, dass jede Jurisdiktion über Besonderheiten, Eigenarten und Pfadabhängigkeiten verfügt, die anderwärts Erstaunen oder gar Verwunderung

---

149 *Lutter*, JZ 1998, 50, 53: „Dieses Urteil ist ein Unglück. [...] Wahrlich, es ist ein Unglück, dieses Urteil."
150 *Flume*, DB 1992, 25, 27: „evidenter Bruch des GmbH-Rechts" in „Mißachtung des Art. 20 Abs. 3 GG"; vertiefend *ders.*, ZIP 1992, 817, 818: „Verfassungswidrigkeit des Video-Urteils"; beschwichtigend *Wiedemann*, DB 1993, 141, 151: „Man fürchtet vielleicht überhört zu werden, wenn man nicht einen Skandal beschreibt oder wenigstens den Verfassungsbruch feststellt."
151 Allgemein dazu *Popper*, Conjectures and Refutations: The Growth of Scientific Knowledge, 1963, S. 316.
152 Begriff: *Albert*, Kapitalismus contra Kapitalismus, 1992, S. 25.

hervorrufen.[153] Dazu gehört(e) im Personengesellschaftsrecht zuvörderst die Gesamthand als eine „Konstruktion der Germanistik"[154]. Ihrer möglichen Rezeption durch andere Rechtsordnungen standen von vornherein hohe Hürden entgegen: terminologisch, weil sich der Begriff nur schwer übersetzen lässt, und sachlich, weil sich der historische BGB-Gesetzgeber nur vage zu deren genauer Bedeutung geäußert hatte.[155] Im Ausland hat man die hiesige Grundsatzdebatte um das „Wesen" der Gesamthand daher kaum zur Kenntnis genommen. Die wenigen interessierten Fachkenner reagierten – je nach Temperament – schroff abweisend oder diplomatisch zurückhaltend. *Francesco Ferrara*, ein berühmter Rechtslehrer aus Pisa, mokierte sich in seiner Theorie der juristischen Person über die fehlende Abstraktionskraft des deutschen Rechts, das sich der Idee einer von ihren Gesellschaftern verselbständigten Wirkungseinheit verschlossen habe.[156] Der große französische Jurist *Raymond Saleilles* merkte an, dass die Gesamthand dem heimischen Geschäftsverkehr und seinen Gewohnheiten unbekannt sei und wegen der Einordnung der Personengesellschaften als juristische Personen jenseits des Rheins auch nicht benötigt werde.[157] Andere introvertiert deutsche Debatten im Personengesellschaftsrecht kreisen um die Publikums-KG, die ein steuerrechtlich induziertes Geschöpf der Kautelarpraxis darstellt,[158] sowie um die GmbH & Co. KG, die in den meisten Auslandsrechten zwar *de iure* zulässig, aber *de facto* nicht heimisch geworden ist.[159]

Im Aktienrecht gehört der Grundsatz der Satzungsstrenge gemäß § 23 Abs. 5 AktG zu den stilprägenden Elementen. Dieses starre gesetzliche Korsett, das man mit einer „eisernen Klammer"[160] verglichen hat, gilt gleichermaßen für börsennotierte und kapitalmarktferne Gesellschaften. International steht Deutschland mit

---

153 Für einen „kleinen Fremdenführer" durch die Charakteristika des deutschen Gesellschaftsrechts *Fleischer* (Fn. 92), S. 125; allgemein zum „Zoo der Gesellschaftsformen in Deutschland" *Fleischer*, ZIP 2023, 1505; speziell zum Aktienrecht *M. Ulmer*, Harmonisierungsschranken des Aktienrechts, 1998, der für Deutschland drei rechtskulturell tief verwurzelte Strukturelemente identifizierte: das duale Führungssystem von Vorstand und Aufsichtsrat (S. 17 ff.), die zwingende unternehmerische Mitbestimmung (S. 52 ff.) und die Sitztheorie im Internationalen Gesellschaftsrecht (S. 84 ff.).
154 *Seif*, ZRG (GA), 118 (2001), 302.
155 Dazu und zu Folgendem bereits *Fleischer*, NZG 2020, 601, 602 f.
156 Vgl. *Ferrara*, Teoria delle persone giuridiche, 2. Aufl. 1923, S. 45.
157 Vgl. *Saleilles*, De la personnalité juridique, 2. Aufl. 1922, S. 177 f.
158 Dazu und zur geringen Resonanz im Ausland *Fleischer*, NZG 2020, 601, 607 f.
159 Rechtsvergleichend *Fleischer/Wansleben*, GmbHR 2017, 633, 634 ff.
160 *Mertens*, ZGR 1994, 426.

dieser rigorosen Satzungsstrenge allein auf weiter Flur.[161] Infolgedessen findet die immer wieder aufflammende Diskussion um mehr Gestaltungsfreiheit zumindest für geschlossene Aktiengesellschaften[162] im Ausland keinen Widerhall. Eine reine Binnendebatte blieb auch die Diskussion um eine Eindämmung missbräuchlicher Anfechtungsklagen. Dies vermag kaum zu überraschen, wird doch die Bedeutung des Beschlussmängelrechts kontinentaleuropäischer Prägung in der angelsächsischen Welt häufig übersehen[163], während unsere Nachbarländer von der Plage räuberischer Aktionäre bisher verschont geblieben sind.[164] International ein Solitär ist außerdem das stark pfadabhängige[165] System der paritätischen Mitbestimmung, sodass die hiesige Diskussion anderwärts auf wenig Resonanz stößt. Wo dies ausnahmsweise doch geschieht, wie zuletzt in *Elizabeth Warrens* Accountable Capitalism Act und in *Bernie Sanders* Corporate Accountability and Democracy Plan, werden die rechtlichen, sozialen und institutionellen Unterschiede zwischen Deutschland und den Vereinigten Staaten verkannt.[166]

Weitere spezifisch deutsche Auseinandersetzungen dreh(t)en sich etwa im Vereinsrecht um das Nebenzweckprivileg[167] und im GmbH-Recht um die Regeln für eigenkapitalersetzende Gesellschafterleistungen,[168] auch wenn Österreich seit 2003 ein eigenes Eigenkapitalersatz-Gesetz kennt und US-amerikanisches Fallmaterial hilfreiche Testfragen für die Abgrenzung von Eigen- und Fremdkapital beisteuerte.[169]

2. Transnationale Rechtsgespräche

Andere Debatten hatten dagegen schon früh eine transnationale Dimension. Ein Paradebeispiel bildet der Theorienstreit um die Rechtsnatur der juristischen

---

161 Vgl. *Fleischer*, AcP 204 (2004), 502, 517: „Aus der Rechtsvergleichung wissen wir, daß die rigide Satzungsstrenge des § 23 Abs. 5 AktG international ein Solitär, aber gewiss kein Edelstein ist."
162 Vgl. etwa *Spindler*, AG 2008, 598, 600 ff.; im Anschluss an ein Urteil des österreichischen OGH für nicht börsennotierte Gesellschaften auch *Kalss/Fleischer*, AG 2013, 693, 699 ff.; eingehend *Bayer*, Gutachten E zum 67. Deutschen Juristentag 2008.
163 Näher *Fleischer*, AG 2012, 765, 768 ff.; *Gelter*, 37 Brooklyn J. Int. L. 843 (2012).
164 Rechtsvergleichend *Fleischer*, AG 2012, 765, 779: „Das Problem missbräuchlicher Anfechtungsklagen scheint eine ‚deutsche Krankheit' zu sein."
165 Zu den Ursprüngen des Mitbestimmungsgedankens in den Anfängen der Industrialisierung und seiner Verankerung in der Weimarer Reichsverfassung BVerfGE 50, 290, 294 m.w.N.
166 Näher *Dammann/Eidenmüller*, 2020 Colum. Bus. L. Rev. 870.
167 Vgl. etwa MüKoBGB/*Leuschner*, 9. Aufl. 2021, § 22 Rn. 51 f.
168 Vgl. etwa *Bitter* (Fn. 104), Anh. § 64 GmbHG Rn. 1 ff.
169 Näher *Fleischer*, Finanzplankredite und Eigenkapitalersatz im Gesellschaftsrecht, 1993, S. 117 ff.

Person.[170] Von ausländischen Studenten in Berlin, Bonn oder Heidelberg aufgeschnappt, fassten Fiktions- und Realitätstheorie nicht nur in Frankreich und Italien Fuß, sondern wurden im späten 19. und frühen 20. Jahrhundert auch in England und den Vereinigten Staaten rezipiert,[171] ja geradezu verschlungen.[172] Als intellektuelle Mittler wirkten für die Realitätstheorie in England *Frederic Maitland*, der bedeutendste Rechtshistoriker seiner Zeit, der Teile von *Gierkes* Genossenschaftstheorie übersetzt hatte,[173] und in den Vereinigten Staaten *Ernst Freund*, ein deutschstämmiger Jude und späterer Professor an der Chicago Law School.[174]

Jahrzehnte später ist die deutsche Debatte um die Typengesetzlichkeit im Gesellschaftsrecht vor allem von der romanischen Rechtslehre aufgegriffen worden. Wer etwa die großen Monographien von *Paolo Spada* zur „tipicità delle società" aus dem Jahre 1974[175] oder von *Luis Fernández de la Gándara* zur „atipicidad en derecho de sociedades" von 1977[176] zur Hand nimmt, dem begegnen im Text wie in den Fußnoten überall die Namen und Argumente der hiesigen Protagonisten.

Ein paneuropäisches Streitgespräch hat sich nach der Jahrtausendwende an der Leistungsfähigkeit des Kapitalschutzes kontinentaleuropäischer Prägung entzündet. Hierzulande als eine „Kulturleistung ersten Ranges"[177] gefeiert, rief man vor allem in England zum Sturz dieses Denkmals deutscher Gesellschaftsrechtskultur[178] auf, das 1976 für Aktiengesellschaften in der 2. Richtlinie unionsweit festgeschrieben wurde. Für Furore sorgte vor allem ein 2004 veröffentlichter Bericht einer interdisziplinären Forschergruppe um *Jonathan Rickford* zur Reform des Kapitalerhaltungsregimes in der Europäischen Union.[179] Er kam zu dem Schluss, das System des festen Kapitals sei teuer und überflüssig, und fand mit seiner For-

---

170 Dazu *Harris*, 63 Wash. & Lee L. Rev. 1421, 1425 (2006): „It was rare for legal discourse in that era to have such a dimension."
171 Eingehend dazu *Fleischer*, RabelsZ 87 (2023), 5, 20 ff.
172 Vgl. *Horwitz*, 88 W. Va. L. Rev. 173, 217 (1985): „Beginning in the 1890s and reaching a high point around 1920, there is a virtual obsession in the legal literature with the question of legal personality."
173 *Gierke*, Political Theories of the Middle Age, 1900, translated with an introduction by *Frederic W. Maitland*.
174 *Freund*, The Legal Nature of Corporations, 1897; dazu *Horwitz*, 88 W. Va. L. Rev. 173, 218 (1985): „Influenced by the work of Gierke on the nature of the corporation, Freund sought to translate Gierke's Hegelian analysis for a practical-minded and anti-metaphysical American Bar."
175 *Spada*, La tipicità delle società, 1974.
176 *De la Gandara*, La atipicidad en derecho de sociedades, 1977.
177 *Wiedemann* (Fn. 37), S. 588.
178 Grundlegend *Lutter*, Kapital, Sicherung der Kapitalaufbringung und Kapitalerhaltung in den Aktien- und GmbH-Rechten der EWG, 1964; für einen Rückblick auf dieses Werk *Fleischer*, ZIP 2020, 2478.
179 *Rickford* (Hrsg.), Reforming Capital, Report of the Interdisciplinary Group on Capital Maintenance, EBLR 2004, 919.

derung zur Abschaffung der 2. Richtlinie Gehör bei der britischen Regierung, die hierfür bei der Europäischen Kommission antichambrierte. Die Antwort aus Deutschland ließ nicht lange auf sich warten. Ein von *Marcus Lutter* kurzerhand ins Leben gerufener Arbeitskreis „Kapital in Europa" legte einen Sammelband von knapp 800 Seiten in deutscher und englischer Sprache vor.[180] Dessen Kernbotschaft lautete, dass eine Abschaffung des festen Kapitals jedenfalls so lange nicht angezeigt erscheine, wie Funktion und Leistungsfähigkeit alternativer Instrumente nicht sicher getestet seien.[181]

International gerungen wird seit mehr als einem Jahrhundert um den besten Anknüpfungspunkt im Gesellschaftskollisionsrecht. Um die Vorherrschaft konkurrieren fast überall zwei Theorien: die Sitztheorie (*real seat theory, théorie du siège réel*) und die Gründungstheorie (*incorporation theory, théorie du siège statutaire*). Sie wurden nicht in Deutschland ersonnen; die Gründungstheorie erblickte im England des 18. Jahrhunderts das Licht der Welt, die Sitztheorie im späten 19. Jahrhundert in Frankreich[182] und Belgien[183]. Im Gefolge der Centros-Rechtsprechung des EuGH sah sich die deutsche Rechtsprechung bekanntlich veranlasst, für Gesellschaften im Anwendungsbereich der Niederlassungsfreiheit von der seit jeher geltenden Sitztheorie[184] zur Gründungstheorie überzuschwenken.[185]

Wesentliche Impulse aus dem Ausland haben deutsche Debatten vor allem durch „legal transplants" angelsächsischer Herkunft erhalten.[186] Zu den bekanntesten Rechtsimporten aus den Vereinigten Staaten gehört die Figur des „piercing the corporate veil", die über vielbeachtete Qualifikationsschriften schon in der frühen Nachkriegszeit Eingang in den hiesigen Diskurs fand.[187] Als nicht minder wirkungsmächtig hat sich in der deutschen Organhaftungsdebatte seit den späten 1990er Jahren die Etablierung einer „business judgment rule" nach US-amerikanischem Vorbild durch Rechtsprechung[188] und Gesetzgeber[189] erwiesen. Am Muster

---

180 *Lutter* (Hrsg.), Das Kapital der Aktiengesellschaft in Europa, 2006.
181 So das Resümee von *Lutter,* in ders. (Fn. 180), S. 2, 6.
182 Grundlegend Cass. civ., 20.6.1870, S. 1870 I. 373.
183 Vgl. Artt. 128, 129 des belgischen Gesetzes über die Handelsgesellschaften von 1873.
184 RG JW 1904, 231.
185 BGHZ 154, 185; zur grundsätzlichen Beibehaltung der Sitztheorie gegenüber Gesellschaften aus Drittstaaten BGHZ 178, 192.
186 Näher *Fleischer,* NZG 2004, 1129; monographisch v. *Hein*, Die Rezeption US-amerikanischen Gesellschaftsrechts in Deutschland, 2008.
187 Vgl. etwa die am Max-Planck-Institut für ausländisches und internationales Privatrecht entstandenen Schriften von *Drobnig*, Haftungsdurchgriff bei Kapitalgesellschaften, 1959, und *Serick*, Rechtsform und Realität juristischer Personen, 1955.
188 Vgl. BGHZ 135, 244; vorbereitend *Hopt*, FS Mestmäcker, 1996, S. 909.
189 BGBl. 2005, I, 2802; dazu *Fleischer*, NJW 2005, 3525, 3527 f.

des britischen Cadbury Code von 1992 (seit 2010: UK Corporate Governance Code) mit seinem „comply or explain"-Mechanismus hat der Deutsche Corporate Governance Kodex Maß genommen, dessen Für und Wider seit seiner Einführung im Jahre 2002 leidenschaftlich erörtert wird.[190]

Zu den ubiquitär diskutierten Corporate-Governance-Themen gehört weiterhin der Systemvergleich zwischen dem monistischen *board-* oder Verwaltungsrats-Modell und dem dualistischen Organisationsmodell des deutschen Aktienrechts.[191] Neue Nahrung erhielt er durch das Statut der Europäischen Aktiengesellschaft von 2001,[192] dessen wohl größte Innovationsleistung darin besteht, die Ausgestaltung der Spitzenverfassung in die Hände des individuellen SE-Satzungsgebers zu legen.[193] Inzwischen hat die nationale und internationale Diskussion allerdings an Schwung verloren, weil die wesentlichen Argumente ausgetauscht sind und im Gesamtergebnis weithin Einvernehmen besteht, dass kein Modell dem anderen *a priori* überlegen ist.[194] Vielmehr zeichnen sich allenthalben konvergierende Entwicklungen ab: Innerhalb des monistischen Modells wird eine Funktionentrennung durch *executive* und *non-executive directors* nachgeahmt und eine Personentrennung zwischen Chief Executive Officer und Chairman of the Board empfohlen, innerhalb des dualistischen Modells strebt man nach einem engeren (Informations-)Austausch zwischen Vorstand und Aufsichtsrat.[195]

An ganz verschiedenen Orten und zu allen Zeiten haben sich schließlich geistige Auseinandersetzungen an der aktienrechtlichen Zielkonzeption entzündet: *Rathenau* gegen *Haussmann* in der Weimarer Republik, *Berle* gegen *Dodd* während der Großen Depression in den Vereinigten Staaten, *Schluep* gegen *Bär* in der Schweiz der 1950er Jahre.[196] Ihre Fortsetzung erfahren sie heute unter anderer Etikettierung in der international und interdisziplinär geführten Debatte um Corporate Purpose und ESG-Orientierung.[197] „Plus ça change, plus c'est la même chose."[198]

---

[190] Zuletzt zum 20. Geburtstag des Kodex *Koch*, AG 2022, 1; eingehend *Hopt/Leyens*, ZGR 2019, 929.
[191] Vgl. *Hopt/Leyens*, ECFR 2004, 135; *dies.*, in Afsharipour/Gelter (Hrsg.), Comparative Corporate Governance, 2021, S. 116.
[192] Näher *Fleischer*, AcP 204 (2004), 502, 521 ff.
[193] Für ein Optionsrecht *de lege ferenda* im Aktienrecht *Fleischer*, AcP 204 (2004), 502, 528; vorsichtiger *Koch* (Fn. 120), § 76 AktG Rn. 4.
[194] Vgl. *Fleischer*, AcP 204 (2004), 502, 527; *Leyens*, RabelsZ 67 (2003), 57, 96; *Teichmann*, ZGR 2001, 645, 675.
[195] Dazu bereits *Fleischer*, AcP 204 (2004), 502, 527 f.; aus jüngerer Zeit *Hopt*, ZGR 2019, 507, 517 ff.
[196] Näher *Fleischer*, in Hommelhoff/Hopt/v. Werder (Hrsg.), Handbuch Corporate Governance, 2. Aufl. 2009, S. 206 ff. m.w.N.
[197] Dazu etwa *Fleischer*, ECFR 2021, 161.
[198] *Karr*, Les Guêpes, 1848, S. vi.

IX. Schluss

Große Debatten bilden keine Randphänomene, sondern Gravitationszentren des Gesellschaftsrechts. Sie haben in Geschichte und Gegenwart ganz wesentlich zu seiner Fortentwicklung beigetragen. Als eigener Forschungsgegenstand sind sie dagegen noch weithin Entdeckungsland. Eine Reihe von Einzelstudien kann dazu beitragen, die prototypischen Merkmale gesellschaftsrechtlicher Auseinandersetzungen, ihre inhaltlichen und methodischen Schwerpunkte sowie ihre diskursive Dynamik zu erschließen. Zugleich lässt sich so ergründen, wie die Wissensbestände des Gesellschaftsrechts wachsen und sich verändern und welche Denkentwürfe, Konzepte und Theorien zu seinem Geisteshaushalt gehören.

Holger Fleischer

§ 1 Fiktionstheorie versus Theorie der realen Verbandspersönlichkeit im internationalen Diskurs

I. Gesellschaftsrecht im Spiegel großer Debatten —— 31
    1. Diskursanalysen im Gesellschaftsrecht —— 31
    2. Theorien über die juristische Person als Probierstein —— 33
II. Fiktionstheorie versus Theorie der realen Verbandspersönlichkeit im 19. Jahrhundert —— 34
    1. Friedrich Carl von Savigny und Otto von Gierke als Gegenspieler —— 34
        a) Originaltöne zur Fiktionstheorie —— 34
        b) Originaltöne zur Theorie realer Verbandspersönlichkeit —— 36
        c) Kontexte und Subtexte, Fehlinterpretationen und Missverständnisse —— 37
        d) Praktische Relevanz des Theorienstreits —— 40
    2. Ein vorläufiger Schlussstrich nach Einführung des BGB —— 42
        a) Die Position der BGB-Verfasser —— 42
        b) Desinteresse in der frühen Kommentar- und Lehrbuchliteratur —— 43
        c) „Pflichtübung" im heutigen Schrifttum —— 45
III. Fiktionstheorie versus Theorie der realen Verbandspersönlichkeit in rechtsvergleichender Perspektive —— 46
    1. Vereinigtes Königreich —— 46
    2. Vereinigte Staaten —— 49
    3. Frankreich —— 52
IV. Fiktionstheorie versus Theorie der realen Verbandspersönlichkeit im 21. Jahrhundert —— 53
    1. Bürgerlichrechtlicher Ehr- und Persönlichkeitsschutz von juristischen Personen —— 54
    2. Grundrechtsfähigkeit von juristischen Personen —— 56
    3. Strafrechtliche Verantwortlichkeit von juristischen Personen —— 59
    4. Deliktsrechtliche Verantwortlichkeit von juristischen Personen —— 61
    5. Soziale Verantwortung von juristischen Personen —— 63
V. Theorien über die juristische Person zwischen Obsoleszenz und Aktualität —— 65

Anmerkung: Dieser Beitrag ist zuerst in RabelsZ 87 (2023), 5 erschienen. Er bildete einen ersten Probierstein für die Forschungsreihe zu den großen Debatten im Gesellschaftsrecht.

I. Gesellschaftsrecht im Spiegel großer Debatten

1. Diskursanalysen im Gesellschaftsrecht

Diskursanalysen haben in der Wissenschaft eine lange Tradition. Man kann sie macht- und herrschaftskritisch anlegen wie in den Werken von *Michel Foucault*.[1] Man kann auch nach den prozeduralen Bedingungen für eine Beratschlagung von Problemen fragen, wie dies *Jürgen Habermas* in seiner Diskursethik unternimmt.[2] Hier wird für eine gesellschaftsrechtliche Diskursanalyse ein anderes, weniger ambitioniertes Ziel ausgegeben: Die einzelnen Beiträge in diesem Sammelband sollen die großen Debatten im deutschen Gesellschaftsrecht mitsamt ihren internationalen Bezügen nachzeichnen und in einen größeren Kontext einordnen.

Ein solches Forschungsprogramm verspricht in verschiedener Hinsicht neue Einsichten. Zunächst geht es um eine nicht zu unterschätzende Dokumentations- und Speicherfunktion: Überkommene Denktraditionen und Schulenstreite, die allmählich in Vergessenheit geraten, werden wieder ans Licht gehoben und auf ihre aktuelle Relevanz befragt. Damit verbindet sich ein vertieftes Eintauchen in die Dogmen- und Ideengeschichte, die im Gesellschaftsrecht bisher eine kümmerliche Randexistenz fristet. Hinter den prägenden Ideen lugen unweigerlich die kreativen Köpfe hervor, sodass sich ein schärferer Blick auf die Rolle der Gesellschaftsrechtswissenschaft im Wandel der Zeiten und rechtspolitischen Rahmenbedingungen eröffnet.[3] Aus den Mosaiksteinen der verstreuten Einzeldebatten entsteht hoffentlich ein Gesamtbild, das die größeren Entwicklungslinien und Evolutionsprozesse des Gesellschaftsrechts im 20. und 21. Jahrhundert – „The Trajectories of (Corporate Law) Scholarship"[4] – sichtbar macht. Im Lichte dessen lässt sich leichter abschätzen, welche Rolle der Zeitgeist in unserem Fach spielt und inwieweit kurzlebige Modethemen einander ablösen.[5] Ebenso deutlich wird vermutlich, dass es einen Fundus an Ewigkeitsthemen und klassischen Konfliktlagen gibt, die jede

---

[1] Vgl. mit Bezug zum Recht etwa *Foucault*, Die Wahrheit und die juristischen Formen, 2003.
[2] Vgl. *Habermas*, Erläuterungen zur Diskursethik, 1991.
[3] Anregend *Kübler*, in Simon (Hrsg.), Rechtswissenschaft in der Bonner Republik, 1994, S. 364 (Wirtschaftsrecht); *Thiessen*, in Duve/Ruppert (Hrsg.), Rechtswissenschaft in der Berliner Republik, 2018, S. 608 (Handels- und Gesellschaftsrecht); *Tröger*, ebenda, S. 664 (Kapitalmarktrecht).
[4] So mit ähnlicher Stoßrichtung der Titel der Cambridger Antrittsvorlesung von *Cheffins*, The Trajectories of (Corporate Law) Scholarship, 63 Cambridge L.J. 456 (2004).
[5] Allgemein dazu *K. Schmidt*, GS Theo Mayer-Maly, 2011, S. 423: „Intellektuelle Moden in Recht und Rechtswissenschaft: Ein Versuch über den Zeitgeist"; international: *Sunstein*, 99 Mich. L. Rev. 1251 (2001): „On Academic Fads and Fashion".

Generation von Gesellschaftsrechtlern aufs Neue beschäftigen. Schließlich lässt sich aus den gesammelten Diskursanalysen womöglich ein Gespür dafür gewinnen, welche Innovationsleistungen unsere Disziplin hervorgebracht hat[6] und ob es so etwas wie gesellschaftsrechtlichen Fortschritt gibt.

2. Theorien über die juristische Person als Probierstein

Es liegt nahe, die Tragfähigkeit des geschilderten Untersuchungskonzepts an einem konkreten Beispiel zu erproben. Einen idealen Probierstein bieten die Auseinandersetzungen um die Rechtsnatur der juristischen Person. Zum ersten handelt es sich um die *quaestio famosa* des deutschen Gesellschaftsrechts schlechthin,[7] über die sich zwei der berühmtesten Zivilrechtslehrer aller Zeiten – *Friedrich Carl von Savigny* und *Otto von Gierke* – einen intellektuellen Schlagabtausch geliefert haben, der bis heute im Kollektivgedächtnis des Faches präsent ist (II.). Zum zweiten beschränkt sich diese Debatte nicht auf das enge Geviert nationaler Dogmatik, sondern ist – auch wegen der großen Strahlkraft ihrer Protagonisten – auf andere Länder übergesprungen[8] und hat dort ebenfalls tiefe Spuren hinterlassen. Rückblickend spricht ein französischer Kollege von „une des plus belles controverses que le droit ait connu"[9] (III.). Zum dritten erlebt der Theorienstreit, nachdem er zu Beginn des 20. Jahrhunderts in Deutschland erlahmte oder sogar für obsolet erklärt wurde,[10] im neuen Millennium eine ungeahnte Renaissance. Sowohl bei Fragen zum bürgerlich-rechtlichen Persönlichkeitsschutz und zur Grundrechtsfähigkeit von juristischen Personen als auch bei ihrer straf- und deliktsrechtlichen Verantwortlichkeit sowie im Rahmen der Corporate Social Responsibility schimmern die altvertrauten Argumentationsmuster von Fiktions- und Realitätstheorie immer wieder durch (IV.). Nach eingehender Erörterung aller drei Entwicklungsstränge schließt der Beitrag mit einigen vorläufigen Überlegungen zu Theorien über die juristische Person zwischen Obsoleszenz und Aktualität (V.).

---

6 Für eine erste Annäherung *Fleischer*, FS Henssler, 2023, S. 859.
7 Dazu etwa *Bär*, in Historisch-kritischer Kommentar zum BGB, Bd. I, 2003, §§ 21–79 Rn. 10: „Die Frage der Rechtsnatur der juristischen Person führte im 19. Jh. zu erheblichen Kontroversen bei Philosophen und Juristen. Zeitweise standen diese Debatten sogar im Mittelpunkt der Diskussion um das Körperschafts- und Vereinsrecht."; *Raiser*, AcP 199 (1999), 104, 111: „Vor diesem Hintergrund hat das rechtsdogmatische Verständnis der juristischen Person, wie man weiß, die deutsche Rechtswissenschaft des 19. Jahrhunderts wie kein anderes Thema beschäftigt."
8 Dazu *Harris*, 63 Wash. & Lee L. Rev. 1421 (2006).
9 *Malaurie*, Défrenois 1990, art. 34 848, 1068, n° 1.
10 Vgl. etwa *Kübler/Assmann*, Gesellschaftsrecht, 6. Aufl. 2006, S. 33, allerdings mit dem Zusatz: „Das ist zumindest zweifelhaft."

II. Fiktionstheorie versus Theorie der realen Verbandspersönlichkeit im 19. Jahrhundert

In einem Vortrag in Oxford zur Rechtsnatur juristischer Personen bemerkte *Martin Wolff*, der ins englische Exil getriebene Handels-, Sachen- und Internationalprivatrechtler, im Jahre 1938 halb spöttisch: „On the continent the number of jurists who attempt to grapple with this problem is so large, that legal authors may be divided in two groups: those who have written on the nature of legal persons and those who have not yet done so."[11] Zu den Pionieren dieser Debatte im 19. Jahrhundert gehörten *Friedrich Carl von Savigny* (1779–1861)[12] und *Otto von Gierke* (1841–1921)[13], auch wenn der Begriff der juristischen oder – wie sie früher genannt wurde – moralischen Person schon länger im Umlauf war.[14]

1. Friedrich Carl von Savigny und Otto von Gierke als Gegenspieler

a) Originaltöne zur Fiktionstheorie

Als *locus classicus* der Fiktionstheorie gilt *Savignys* vielbesprochene[15] Ableitung im System des heutigen römischen Rechts aus dem Jahre 1840.[16] Zu Beginn des zweiten Bandes postuliert *Savigny* die allgemeine Rechtsfähigkeit des Menschen und begründet sie – im Gefolge der personalistischen Ethik *Kants*[17] – mit dessen freier

---

[11] *M. Wolff*, (1938) 54 L.Q.R. 494; dazu *Müller-Freienfels*, AcP 156 (1958), 522: „liebenswürdige Selbstverspottung".
[12] Zu ihm *Kleinheyer/Schröder*, Deutsche und Europäische Juristen aus neun Jahrhunderten, 6. Aufl. 2017, S. 380 ff. m.w.N.
[13] Zu ihm *Kleinheyer/Schröder* (Fn. 12), S. 154 ff. m.w.N.
[14] Zur Begriffsgeschichte *Lipp*, Quaderni fiorentini 11/12 (1982/83), Bd. I, S. 217 m.w.N.
[15] Vgl. mit Unterschieden im Einzelnen die Deutungen von *Diesselhorst*, Quaderni fiorentini 11/12 (1982/83), Bd. I, S. 319; *Flume*, FS Wieacker, 1978, S. 340; *Henkel*, Zur Theorie der juristischen Person im 19. Jahrhundert, 1973, S. 71 ff.; *Kiefner*, FS Harry Westermann, 1974, S. 263; *Wieacker*, FS Ernst Rudolf Huber, 1973, S. 339.
[16] Hervorgehoben auch von *Flume*, Die juristische Person, 1983, S. 1: „Die Theorie der juristischen Person nimmt für das gegenwärtige Bewußtsein ihren Anfang bei Savigny."; ähnlich *Wiedemann*, Gesellschaftsrecht, Bd. I, 1980, S. 192: „Ihre heute noch maßgebende Darstellung fand die Theorie bei Savigny."
[17] Näher dazu *Rückert*, in Rückert/Seinicke (Hrsg.), Methodik des Zivilrechts – von Savigny bis Teubner, 2. Aufl. 2012, S. 35, 61 Rn. 167 ff.; *Thomale*, in Gröschner/Kirsten/Lembcke (Hrsg.), Person und Rechtsperson, 2015, S. 175.

sittlicher Entfaltung: „Alles Recht ist vorhanden, um der sittlichen jedem einzelnen Menschen innewohnenden Freyheit willen. Darum muß der ursprüngliche Begriff der Person und des Rechtssubjects zusammenfallen mit dem Begriff des Menschen, und diese ursprüngliche Identität beider Begriffe läßt sich in folgender Formel ausdrücken: Jeder einzelne Mensch, und nur der einzelne Mensch, ist rechtsfähig."[18] Viele Seiten später entwickelt *Savigny* seine Theorie der juristischen Person und erkennt dieser ebenfalls Rechtsfähigkeit zu: „Die Rechtsfähigkeit wurde oben dargestellt als zusammenfallend mit dem Begriff des einzelnen Menschen. Wir betrachten sie jetzt als ausgedehnt auf künstliche durch bloße Fiction angenommene Subjecte. Ein solches Subject nennen wir eine juristische Person, d.h. eine Person, welche bloß zu juristischen Zwecken angenommen wird. In ihr finden wir einen Träger von Rechtsverhältnissen noch neben den einzelnen Menschen."[19]

Freilich sieht sich *Savigny* zu zwei Einschränkungen veranlasst: Erstens dürfe die künstliche Fähigkeit der juristischen Person nur auf die Verhältnisse des Privatrechts bezogen werden[20] und zweitens kämen innerhalb des Privatrechts nur die Vermögensverhältnisse in Betracht, nicht die Familie: „Das Vermögen ist seinem Wesen nach Machterweiterung, also Sicherung und Erhöhung der freien Tätigkeit. Dieses Verhältnis läßt sich ebensogut auf die juristische Person, wie auf den einzelnen Menschen anwenden."[21] Anschließend buchstabiert *Savigny* im Einzelnen aus, welche Rechtsverhältnisse bei juristischen Personen vorkommen könnten, um sodann zu resümieren: „Und nunmehr können wir den Begriff der juristischen Person noch näher dahin bestimmen: sie ist ein des Vermögens fähiges künstlich angenommenes Subject."[22]

In der Folge kommt *Savigny* auf die Arten der juristischen Personen zu sprechen und hebt namentlich die Corporationen hervor: „Das Wesen aller Corporationen besteht aber darin, daß das Subject der Rechte nicht in den einzelnen Mitgliedern (selbst nicht in allen Mitgliedern zusammengenommen) besteht, sondern in dem idealen Ganzen; eine einzelne, aber besonders wichtige Folge davon ist, daß durch den Wechsel einzelner, ja selbst aller, individuellen Mitglieder das Wesen und die Einheit der Corporation nicht afficirt wird."[23] Was die Entstehung juristischer Personen anbelangt, beharrt *Savigny* auf einer staatlichen Genehmigung: „Die Nothwendigkeit der Staatsgenehmigung zur Entstehung jeder juristischen Person hat, unabhängig von politischen Rücksichten, einen durchgreifenden juristischen

---

18 *Savigny*, System des heutigen römischen Rechts, Bd. II, 1840, § 60, S. 2.
19 *Savigny* (Fn. 18), § 85, S. 236.
20 Vgl. *Savigny* (Fn. 18), § 85, S. 236.
21 *Savigny* (Fn. 18), § 85, S. 238 f.
22 *Savigny* (Fn. 18), § 85, S. 239.
23 *Savigny* (Fn. 18), § 86, S. 243 f.

Grund. Der einzelne Mensch trägt seinen Anspruch auf Rechtsfähigkeit schon in seiner leiblichen Erscheinung mit sich. [...] Wird nun die natürliche Rechtsfähigkeit des einzelnen Menschen durch Fiction auf ein ideales Subject übertragen, so fehlt jede natürliche Beglaubigung gänzlich; nur der Wille der höchsten Gewalt kann dieselbe ersetzen, indem er künstliche Rechtssubjecte schafft, und wollte man dieselbe Macht der Privatwillkühr überlassen, so würde unvermeidlich die höchste Ungewißheit des Rechtszustandes entstehen, selbst abgesehen von dem großen Mißbrauch, der durch unredlichen Willen möglich wäre."[24]

In terminologischer Hinsicht tauscht *Savigny* den Begriff der moralischen gegen den der juristischen Person ein, um zu verdeutlichen, dass diese bar jeder Sittlichkeit sei: „Früher war sehr gewöhnlich der Name der moralischen Person, den ich aus zwey Gründen verwerfe: erstens weil er überhaupt nicht das Wesen des Begriffs berührt, der mit sittlichen Verhältnissen keinen Zusammenhang hat; zweytens weil jener Ausdruck eher dazu geeignet ist, unter den einzelnen Menschen den Gegensatz gegen die unmoralischen zu bezeichnen, so daß durch jenen Namen der Gedanke auf ein ganz anderes fremdartiges Gebilde hinüber geleitet wird."[25]

b) Originaltöne zur Theorie realer Verbandspersönlichkeit

Als Gegenentwurf zur romanistischen Fiktionstheorie entwickelten führende Vertreter der germanistischen Genossenschaftstheorie die Lehre von der realen Verbandspersönlichkeit. Wichtige Impulse stammten zunächst von *Georg Beseler*, der schon 1847 in Abrede stellte, dass juristische Personen nur durch den Staatswillen entstehen könnten, und auf die Möglichkeit einer „natürlichen Rechtsbildung" hinwies, die im „Associationsgeist der Deutschen" wurzele.[26] Sein Schüler *Otto von Gierke* baute diese Lehre in zahlreichen Veröffentlichungen weiter aus und sparte nicht mit Polemik gegenüber der Fiktionstheorie, der er vorhielt, die juristische Person als „eine erdichtete Einheit", „eine Schöpfung aus dem Nichts"[27] zu begreifen. Noch weiter zugespitzt: „Was soll in der Rechtswelt, die doch eine Welt des Realen ist, dieses blutlose Gespenst, was neben den leibhaftigen Menschen diese als Mensch ausstaffierte Vogelscheuche?"[28] Seinen eigenen Standpunkt fasste er wie folgt zusammen: „Den Kern der Genossenschaftstheorie bildet die von ihr dem

---

24 *Savigny* (Fn. 18), § 89, S. 277 f.
25 *Savigny* (Fn. 18), § 85, S. 240 f.
26 Vgl. *Beseler*, System des gemeinen deutschen Privatrechts, 1. Aufl. 1847, 2. Aufl. 1866, S. 235 ff.
27 *Gierke*, Das Wesen der menschlichen Verbände, 1902, S. 4.
28 *Gierke* (Fn. 27), S. 6.

Phantom der persona ficta entgegengestellte Auffassung der Körperschaft als *realer Gesammtperson*."[29] An anderer Stelle erläutert er: „Die Verbandsperson ist eine wirkliche und volle Person gleich der Einzelperson, jedoch im Gegensatze zu dieser eine zusammengesetzte Person."[30] Und weiter: „Die Verbandsperson ist rechtsfähig. Ihre Rechtsfähigkeit erstreckt sich gleich der der Einzelperson auf das öffentliche Recht und auf das Privatrecht, und beschränkt sich im Privatrecht nicht auf das Vermögensrecht. Doch ist sie nothwendig einerseits enger und andrerseits weiter als die der Einzelperson: enger, weil alle durch menschliche Individualität bedingten Rechte (z. B. Familienrechte) wegfallen; weiter, weil Rechte hinzutreten, die nur einem gesellschaftlichen Ganzen an seinen Gliedern zustehen können (z. B. Körperschaftsgewalt)."[31] Schließlich: „Die Verbandsperson ist auch handlungsfähig. Sie ist kein todtes Begriffsding, das der Vertretung durch andere Personen bedarf, sondern ein lebendiges Wesen, das als solches will und handelt. Freilich vermag sie sich in ihrer unsinnlichen Einheit nur durch Organe zu bethätigen, die aus einzelnen Menschen gebildet sind."[32]

Bei alledem stellt *Gierke* nicht in Abrede, dass der Staat grundsätzlich über die Entstehung juristischer Personen bestimmen könne: „Die Verbandsperson ist nur kraft Rechtssatzes Person. Sie ist so wenig wie die Einzelperson eine Schöpfung des objektiven Rechts, aber sie besteht so gut wie die Einzelperson nur insoweit, als das objektive Recht sie anerkennt. Das objektive Recht kann den Verbänden das Recht der Persönlichkeit beliebig gewähren oder versagen. Es kann aber hierbei nicht willkürlich verfahren, ohne mit der Rechtsidee in Widerspruch zu geraten."[33]

c) Kontexte und Subtexte, Fehlinterpretationen und Missverständnisse

Die Lektüre von Rechtstexten aus einer uns heute fernen Zeit und fremden Rechtsumgebung birgt die Gefahr von Missverständnissen und Überinterpretationen. Umso wichtiger ist es, Kontexte mitzuerkunden und Subtexte sichtbar zu machen.

Von Bedeutung ist zunächst, dass die Fiktionstheorie ihre maßgebliche Gestalt nicht am Beispiel der Aktiengesellschaft, sondern an Gemeinden, Städten und

---

29 *Gierke*, Die Genossenschaftstheorie und die deutsche Rechtsprechung, 1887, S. 5.
30 *Gierke*, Deutsches Privatrecht, Bd. I, 1895, S. 470.
31 *Gierke* (Fn. 30), S. 472.
32 *Gierke* (Fn. 30), S. 472.
33 *Gierke* (Fn. 30), S. 471.

Dörfern gewonnen hat,[34] die in ihrem privatrechtlichen Dasein juristische Personen waren und *Savigny* insoweit als Anschauungsmaterial dienten.[35] Die Aktiengesellschaft, die in Preußen 1838 für Eisenbahnunternehmen eingeführt worden war, bevor 1843 das allgemeine Aktiengesetz für Preußen folgte, wurde von *Savigny* im System des heutigen römischen Rechts mit keiner Silbe erwähnt.[36] Zu solchen „industriellen Korporationen" nahm er vielmehr erst 1853 im zweiten Band seines Obligationenrechts Stellung.[37] Ob er sie zu den juristischen Personen rechnete, ist bestritten.[38]

Weiterhin wurden der Fiktionstheorie im Zerrspiegel ihrer Kritiker zuweilen Aussagen zugeschrieben, die *Savignys* Anliegen nicht gerecht werden. Dies betrifft vor allem den Vorwurf, er leugne die faktische Existenz menschlicher Verbände. Richtig ist vielmehr, dass seine „Fiction" nicht mehr als eine – auf die Vermögensfähigkeit beschränkte – Rechtsfolgenverweisung darstellte.[39] Die Wirklichkeit menschlicher Zusammenschlüsse lag außerhalb seines Erkenntnisziels, den vom Recht anerkannten Geltungsrahmen für juristische Personen herauszuarbeiten[40]: „Es ist ein Unterschied, ob man sich für ein Phänomen nicht interessiert oder ob man seine Existenz leugnet."[41]

Umgekehrt wird *Gierke* häufig zu Unrecht vorgehalten, er vermenge rechtsdogmatische und rechtssoziologische Aspekte. Auch wenn er rechtspolitisch für ein Normativsystem kämpfte und in den Verbänden konzeptionell etwas Vorrechtliches, real Existierendes erblickte, zog er, wie die zitierten Werkstellen belegen, den „Machtanspruch des Gesetzes"[42] nicht in Zweifel.[43] In dieser Hinsicht lagen *Savigny*

---

34 Darauf hinweisend auch *Bär* (Fn. 7), §§ 29–79 BGB Rn. 13; *Diesselhorst* (Fn. 15), S. 319, 320 ff.; pointiert *Kiefner* (Fn. 15), S. 263, 264: „Eindruck der vorindustriellen Idylle".
35 Vgl. *Savigny* (Fn. 18), § 86, S. 245: „die größte und wichtigste unter allen juristischen Personen: der Fiscus, das heißt der Staat selbst, als Subject von privatrechtlichen Verhältnissen gedacht".
36 Dazu auch *Kiefner* (Fn. 15), S. 263: „Aus diesem Umstand ergibt sich jedenfalls mit Sicherheit, daß die Fiktionstheorie von *Savigny* nicht dazu erfunden worden ist, gerade die Aktiengesellschaft als juristische Person in das System des Privatrechts zu integrieren, obwohl es einer der Vorzüge dieser Theorie hätte sein können, dies von Anfang an zu ermöglichen."
37 *Savigny*, Obligationenrecht, Bd. II, 1853, S. 112 ff.; dazu auch *Diesselhorst* (Fn. 15), S. 319, 324 f.
38 Verneinend *Kiefner* (Fn. 15), S. 263, 267 ff.; bejahend *Flume* (Fn. 16), S. 28 mit Fn. 1.
39 Ähnlich mit Nuancierungen im Einzelnen *Coing*, Europäisches Privatrecht, Bd. II, 1989, S. 340; *Enneccerus/Nipperdey*, Allgemeiner Teil des Bürgerlichen Rechts, 1. Halbbd., 15. Aufl. 1959, § 103, S. 610 Fn. 6; *Wieacker* (Fn. 15), S. 339, 361; *Wiedemann* (Fn. 16), S. 193.
40 Vgl. *Flume* (Fn. 16), S. 4: „Die Frage nach der Realität dessen, dem die Eigenschaft ‚Juristische Person' zukommt, wird von Savigny gar nicht gestellt."
41 *Damler*, Konzerne und Moderne, 2016, S. 128.
42 *H.J. Wolff*, Juristische Person und Staatsperson, Bd. I, 1933, S. 62.
43 Wie hier *Flume* (Fn. 16), S. 12; *K. Schmidt*, Gesellschaftsrecht, 4. Aufl. 2002, S. 191.

und *Gierke*, Fiktions- und Realitätstheorie, also viel enger beisammen, als die herkömmliche Gegensatzbildung glauben macht.[44]

Zu Recht betonen prominente Literaturstimmen bis heute die eminent wichtige rechtspolitische Stoßrichtung der Genossenschaftstheorie.[45] *Beseler* und *Gierke* suchten das Misstrauen des politischen Establishments gegenüber privaten Assoziationen zu zerstreuen und strebten eine Stärkung der Vereins- und Verbandsautonomie an. *De lege ferenda* zielten sie mit ihrer politisch-liberalen Grundhaltung[46] auf eine Ablösung des Konzessionsprinzips durch ein System freier Körperschaftsbildung.[47] Unzulässig vereinfachend ist allerdings die antithetische Zuspitzung, die Germanisten und Vertreter der Realitätstheorie seien durchweg Anhänger der freien Körperschaftsbildung gewesen, die Romanisten und Vertreter der Fiktionstheorie dagegen durchweg deren Gegner.[48] Vielmehr verliefen die Fronten „quer durch die verschiedenen Lager"[49].

Über die rechtsdogmatische Wirkungsmacht von Genossenschafts- und Realitätstheorie gehen die Auffassungen auseinander: Während manche ihr allenfalls das bescheidene Verdienst zuschreiben, „die Wirklichkeit der Gebilde, welche juristische Personen sind, gegenüber den diese Wirklichkeit verneinenden Theorien bewußt gemacht zu haben"[50], betonen andere, dass „selten [...] ein Rechtsgebiet durch eine Theorie in einem solchen Umfang beeinflußt und verändert worden [ist] wie das Recht der juristischen Persönlichkeit durch die Genossenschaftstheorie"[51]. Gesellschaftsrechtlich hat sie sich nicht zuletzt um die dogmatische Ausformung der Verbandsbinnenordnung und die Figur der Mitgliedschaft verdient gemacht.[52]

---

44 Ähnlich *K. Schmidt* (Fn. 43), S. 188: „Insofern wird vielfach der Gegensatz zwischen diesen Theorien in ein zu scharfes Licht gerückt"; ferner *Kleindiek*, Deliktshaftung und juristische Person, 1997, S. 159: „Der Unterschied in den Konzeptionen Savignys und Gierkes liegt mithin nicht im ‚Ob' des staatlichen Einflusses bei der Anerkennung der Verbandspersönlichkeit, sondern im ‚Wie' der Einflußnahme."
45 Vgl. *K. Schmidt* (Fn. 43), S. 110; *Wiedemann* (Fn. 16), S. 194.
46 Zu *Beselers* politischem Wirken in der Nationalversammlung von 1848 und im Reichstag *Kleinheyer/Schröder* (Fn. 12), S. 55, 57.
47 Vgl. *Coing* (Fn. 39), S. 342 f.
48 Dies herausstellend anhand verschiedener Gegenbeispiele *Schröder*, Quaderni fiorentini 11/12 (1982), Bd. I, S. 399, 402.
49 *Mummenhoff*, Gründungssystem und Rechtsfähigkeit, 1979, S. 36.
50 *Flume* (Fn. 16), S. 18.
51 *Vormbaum*, Die Rechtsfähigkeit der Vereine im 19. Jahrhundert, 1976, S. 53; zustimmend *Schröder* (Fn. 48), S. 399, 401.
52 Treffend *Kleindiek* (Fn. 44), S. 166: „Gierkes fundamentale Bedeutung für das Verbandsrecht unserer Zeit ist angesichts dessen noch längst nicht ausgelotet."; ähnlich *Coing* (Fn. 39), S. 343: „erhebliche Verfeinerung des Körperschaftsrechts".

Der Vollständigkeit halber sei noch erwähnt, dass im 19. Jahrhundert neben den beiden vorgestellten eine Reihe weitere Theorien zur juristischen Person entwickelt wurden,[53] namentlich die sog. Zweckvermögenstheorie,[54] die auch später noch prominente Anhänger fand.[55]

d) Praktische Relevanz des Theorienstreits

In der Falllösungstechnik geschulte Juristen mögen zuletzt die ketzerische Frage nach der praktischen Relevanz des Theorienstreits aufwerfen. *Gierke* selbst weist den Verdacht einer reinen Professorendebatte weit von sich: „Handelt es sich nicht bloß um einen akademischen Schulstreit, dessen Austragung für ein rein juristisches Verständnis des Rechts nicht erforderlich und für dessen praktische Ausgestaltung und Handhabung bedeutungslos ist? Keineswegs! Der gesamte systematische Aufbau des Rechts, die Form und der Gehalt der wichtigsten Rechtsbegriffe und die Entscheidung zahlreicher sehr praktischer Einzelfragen hängen von der Konstruktion der Verbandspersönlichkeit ab."[56]

Große Unterschiede zwischen beiden Theorien zeigen sich etwa in der straf- und deliktsrechtlichen Verantwortlichkeit juristischer Personen. Hiervon ist später noch ausführlicher zu handeln.[57] Ein kleines, aber durchaus reizvolles Beispiel bildet die Frage nach dem Fortbestand einer Kapitalgesellschaft mit nur einem einzigen verbliebenen Gesellschafter.[58] Die Fiktionstheorie stand hier vor keinen großen Erklärungsnöten. Sie konnte sich historisch auf den Fortbestand der eingliedrigen *universitas* im römischen Recht berufen[59] und betrachtete daher auch die Einpersonen-Kapitalgesellschaft ohne Weiteres als juristische Person.[60] *Savigny* selbst hatte im System des heutigen römischen Rechts den Grundton vorgegeben: „Für die collegia insbesondere, das heißt für die willkührlichen Corporationen (§ 88) gilt die Regel, daß drey Mitglieder dazu erforderlich sind. Das hat jedoch le-

---

53 Umfassende Bestandsaufnahme bei *H.J. Wolff* (Fn. 42), S. 2 ff.
54 Grundlegend *Brinz*, Lehrbuch der Pandekten, Bd. I, 3. Aufl. 1884, §§ 59 ff.
55 Vgl. mit gewissen Modifizierungen *Enneccerus/Nipperdey* (Fn. 39), S. 610 Fn. 6: „Theorie der Zweckpersonifikation"; *Wiedemann* (Fn. 16), S. 196 ff.: „Theorie des organisierten Sondervermögens".
56 *Gierke* (Fn. 28), S. 26.
57 Vgl. unten IV 3 und 4.
58 Näher zu Folgendem bereits *Fleischer/Dubovitskaya* (Hrsg.), in Fleischer/Thiessen, Gesellschaftsrechts-Geschichten, 2018, § 4, S. 117, 122 ff.
59 D. 3,4,7,2: „[...] sed si universitas ad unum redit, magis admittitur posse eum convenire et conveniri, cum ius omnium in unum reccidirit et stet nomen universitatis."
60 So etwa *Puchta*, Pandekten, 12. Aufl. 1877, S. 45; *Windscheid*, Lehrbuch des Pandektenrechts, Bd. I, 1862, S. 136.

diglich den Sinn, daß sie nur unter der Voraussetzung einer solchen Zahl anfangen können; denn fortdauern kann jede einmal gegründete universitas auch in einem einzigen Mitglied."[61]

Demgegenüber hegte *Gierke* auf der Basis seiner Theorie realer Verbandspersönlichkeit konzeptionelle Vorbehalte gegen die Einstufung der Einpersonen-Kapitalgesellschaft als juristische Person. Nach seiner Ansicht beruhte die These von der Fortdauer der *universitas* auf einer anstaltlichen Auffassung der Körperschaft und konnte deshalb auf zeitgenössische Körperschaften nicht übertragen werden.[62] Vielmehr führe der „Wegfall der Personengesammtheit, welche den lebendigen Körper der Gesammtperson bildet"[63], zum Erlöschen der Körperschaft.[64] Keine Körperschaft könne nur mit einem Mitglied fortbestehen, weil das eine Mitglied „niemals eine Personengesammtheit mit einem gegen die Individualwillen rechtlich verselbstständigten Gemeinwillen bilden"[65] könne. Diese Sichtweise führte *Gierke* zu der Schlussfolgerung, dass eine AG mit nur einem Aktionär oder eine GmbH mit nur einem Gesellschafter als Rechtspersönlichkeit erlösche und vom Gericht von Amts wegen bzw. auf Antrag des Alleinaktionärs oder eines Gläubigers jederzeit aufgelöst werden könne.[66] Seine Fundamentalkritik an der juristischen Persönlichkeit der Einmann-Gesellschaft wirkte in den ersten Jahrzehnten des 20. Jahrhunderts nach. So liest man etwa in dem großen Handelsrechtslehrbuch des Basler Ordinarius *Karl Wieland* von 1921: „Wer die juristische Person im Sinne einer realen Gesamtperson versteht, für den hat mit Aufhören des Personenverbandes auch die Persönlichkeit ihr Ende erreicht."[67] Ähnlich argumentierte *Erich Feine* 1929, die Einpersonen-GmbH sei mit *Gierkes* Lehre nur dadurch in Einklang zu bringen, dass der Gesellschaft die „Eigenschaften der Körperschaft" beigelegt werden, die sie „tatsächlich nicht hat und nicht haben kann"[68].

In der Rechtspraxis trug *Savigny* in diesem Fall den Sieg davon. Für eine nach preußischem Recht errichtete bergrechtliche Gewerkschaft hatte das RG bereits 1888 entschieden, dass sie nicht aufgelöst wird, wenn sämtliche Kuxe auf einen

---

61 *Savigny* (Fn. 18), § 89, S. 275 f.
62 So *Gierke* (Fn. 29), S. 835 f.; ferner *ders.* (Fn. 30), S. 558, wonach „der Fortbestand einer Körperschaft mit einem einzigen Mitgliede nur durch Verwendung anstaltlicher Elemente zur Erhaltung der Verbandsperson als Anstaltsperson möglich" sei.
63 *Gierke* (Fn. 29), S. 833.
64 *Gierke* (Fn. 29), S. 833; *ders.* (Fn. 30), S. 557.
65 *Gierke* (Fn. 29), S. 835.
66 *Gierke* (Fn. 29), S. 839 mit Fn. 2; *ders.* (Fn. 30), S. 558 f. mit Fn. 14 (dort auch zur GmbH).
67 *Wieland*, Handelsrecht, Bd. I, 1921, S. 510.
68 *Feine*, in Ehrenberg (Hrsg.), Handbuch des gesamten Handelsrechts, Bd. III/3, Die GmbH, 1929, S. 435.

Gewerken übergehen.⁶⁹ Zur Begründung verwies sein I. Zivilsenat auf die schon erwähnte Digestenstelle zur römischen *universitas*.⁷⁰ Diese Spruchpraxis setzten RG und BGH später im Ergebnis fort.⁷¹

2. Ein vorläufiger Schlussstrich nach Einführung des BGB

a) Die Position der BGB-Verfasser

Bei den Vorbereitungen zum BGB sahen sich die Gesetzesverfasser vor die Aufgabe gestellt, der juristischen Person eine festere Gestalt zu verleihen und sie in das Zivilrechtssystem einzufügen. Im Allgemeinen Teil folgt sie den natürlichen Personen (Titel 1) auf dem Fuß (Titel 2), ihrerseits unterteilt in Vereine (§§ 21–78 BGB) und Stiftungen (§§ 79–88 BGB).⁷² Die Motive vermerken dazu einleitend, dass die Rechtsfigur der juristischen Person jedem nur einigermaßen entwickelten Recht unentbehrlich sei.⁷³ Ihre der Wissenschaft und Gesetzgebung geläufige Personifizierung entspreche der Vorstellungsweise des Lebens und diene zugleich der Technik des Rechts. Von weiteren dogmatischen Ausführungen sehen die Gesetzesmaterialien indes ausdrücklich ab: „Den Begriff der juristischen Person zu konstruieren und zu rechtfertigen ist Aufgabe der Wissenschaft."⁷⁴ Mithin hat das BGB keine der beiden konkurrierenden Theorien nobilitiert,⁷⁵ sondern einen pragmatischen Weg beschritten. Diese theoretische Abstinenz war damals nichts Außergewöhnliches;⁷⁶ ähnlich verfuhr man mit der Figur der Gesamthand.⁷⁷ Stattdessen konzentrierte sich der BGB-Gesetzgeber darauf, den „Inhalt der juris-

---

69 RGZ 23, 202, 203 f.
70 So RGZ 23, 202, 204.
71 Näher *Fleischer/Dubovitskaya* (Fn. 58), S. 117, 119 ff.
72 Vgl. Motive zu dem Entwurfe eines Bürgerlichen Gesetzbuches für das Deutsche Reich, Bd. I, 1888, S. 79: „Die juristischen Personen sind geschieden in Körperschaften [...] und Stiftungen [...]."
73 So Motive (Fn. 72), S. 78.
74 Motive (Fn. 72), S. 78.
75 Gleichsinnig *Flume* (Fn. 16), S. 20: „Das BGB enthält keine Theorie der juristischen Person und folgt auch keiner Theorie."; zustimmend *K. Schmidt*, Verbandszweck und Rechtsfähigkeit im Vereinsrecht, 1984, S. 5: „Besser läßt sich die Situation kaum charakterisieren."
76 Zur gängigen Praxis der Zweiten Kommission, dogmatische Konstruktionen offenzulassen, *Schulte-Nölke*, Das Reichsjustizamt und die Entstehung des Bürgerlichen Gesetzbuchs, 1995, S. 296 f.
77 Vgl. Protokolle, in Mugdan (Hrsg.), Die gesammten Materialien zum BGB für das Deutsche Reich, Bd. II, 1899, S. 900, wonach „eine Stellungnahme zu der wissenschaftlichen Streitfrage über das Wesen der gesammten Hand zu vermeiden sei".

tischen Persönlichkeit" festzustellen.[78] Danach besteht das Wesen der juristischen Persönlichkeit für das bürgerliche Recht darin, dass die an sich nur den natürlichen Personen zustehende Vermögensfähigkeit kraft positiver Satzung einem Personenvereine oder einem Vermögensinbegriffe beigelegt sei.[79]

In terminologischer Hinsicht zeigte sich der BGB-Gesetzgeber dagegen weniger zögerlich. Frühere Gesetze hatten den Ausdruck „juristische Person" vermieden und durch eine die Vermögensfähigkeit umschreibende Formel ersetzt.[80] So bestimmte § 17 Abs. 1 des Genossenschaftsgesetzes von 1889: „Die eingetragene Genossenschaft als solche hat selbständig ihre Rechte und Pflichten; sie kann Eigentum und andere dingliche Rechte an Grundstücken erwerben, vor Gericht klagen und verklagt werden." Gleichsinnig formulierte § 13 Abs. 1 des GmbH-Gesetzes von 1892.[81] Derartigen „Verdunkelungen"[82] trat das BGB entgegen, indem es in der Titelüberschrift vor § 21 – aber auch nur dort[83] – von juristischen Personen spricht.

b) Desinteresse in der frühen Kommentar- und Lehrbuchliteratur

Nach Inkrafttreten des BGB hat das Interesse an einer vertieften Auseinandersetzung mit der juristischen Person stark nachgelassen: Die noch kurz zuvor mit großer „Gedankenschärfe, Konstruktionslust und Argumentationskraft"[84] geführte Debatte ist allmählich „abgeklungen"[85]. Noch schärfer urteilt rückblickend der Rechtshistoriker *Helmut Coing*: „Die Diskussion um das Wesen der juristischen Person in Deutschland hat am Anfang des 20. Jahrhunderts aufgehört. Sie ist nicht eigentlich abgeschlossen worden; man kann eher sagen, sie sei aufgegeben worden."[86] Ein zeitgenössischer Beitrag sprach von „versteinerten Dogmen" in den Lehrbüchern.[87]

---

78 Motive (Fn. 72), S. 78.
79 So Motive (Fn. 72), S. 78.
80 Dazu auch *Coing* (Fn. 39), S. 344.
81 Eingehend dazu und zur ursprünglich umstrittenen Einordnung der GmbH als juristische Person MüKoGmbHG/*Fleischer*, 4. Aufl. 2022, Einl. Rn. 5 ff. m.w.N.
82 Motive (Fn. 72), S. 79.
83 Darauf hinweisend auch *Flume* (Fn. 16), S. 21.
84 *Fögen*, SJZ 95 (1999), 393.
85 *Larenz*, Allgemeiner Teil des deutschen Bürgerlichen Rechts, 7. Aufl. 1989, S. 133.
86 *Coing* (Fn. 39), S. 343.
87 *Nußbaum*, ArchBürgR 42 (1916), 136, 170: „Der Gegensatz zwischen Fiktions- und organischer Theorie tritt uns heute aus den Lehrbüchern in der Form versteinerter Dogmen gegenüber und läuft, rein logisch genommen, auf einen Wortstreit hinaus."

Die Gründe für das wachsende Desinteresse an theoretischer Vertiefung waren wohl doppelter Natur. Zum einen hat mit dem Bedeutungsverlust der historischen Rechtsschule die Bereitschaft abgenommen, aus dem Wesen eines Rechtsphänomens[88] Schlussfolgerungen für konkrete Einzelfragen abzuleiten.[89] Charakteristisch ist die ätzende Kritik des Romanisten *Fritz Schulz* an der „confused mass of absurd literature on the supposedly mysterious ‚essence' of legal persons"[90]. An die Stelle eines Rückgriffs auf Wesen, Rechtsnatur oder Begriff der juristischen Person sind differenzierende Denk- und Argumentationsansätze getreten.[91] Zum anderen und vor allem hat der BGB-Gesetzgeber wesentliche Fragen zur juristischen Person verbindlich geklärt und damit den theoretischen Diskussionsbedarf stark zurückgeschnitten.[92] Dies gilt namentlich für die Anerkennung der Rechts- und Deliktsfähigkeit der juristischen Person.[93] Für den alltäglichen Gebrauch hatte man damit ein zufriedenstellendes Arrangement gefunden; „der Ernst, mit dem die Banner der Theorien entrollt wurden, [war] einem pragmatischen common sense gewichen"[94], die „Wendung zum Gesetzespositivismus"[95] auch in der Rechtswissenschaft vollzogen. Stattdessen verlagerte sich die akademische Aufmerksamkeit fortan für mehr als ein Jahrhundert darauf, die Rechtsnatur der Gesamthand zu enträtseln – eine andere große Debatte im Gesellschaftsrecht, die bereits andernorts nachgezeichnet ist.[96]

---

[88] Vgl. nochmals den Titel der Rektoratsrede von v. *Gierke*, 1902: „Das Wesen der menschlichen Verbände".
[89] Vgl. Staudinger/*Coing*, BGB, 12. Aufl. 1978, Einl. zu §§ 21–80, Rn. 4.
[90] *Schulz*, Classical Roman Law, 1951, S. 87.
[91] Gleichsinniger Befund für die Personengesellschaft bei *Fleischer*, FS P. Bydlinski, 2022, S. 251.
[92] Vgl. etwa *Planck*, Kommentar zum BGB, Bd. I, 4. Aufl. 1913, § 21, S. 55: „Die Ansichten über das Wesen und den Begriff der juristischen Person sind sehr verschieden. Ein näheres Eingehen auf diese Streitfrage ist zum Verständnis der Vorschriften des BGB nicht erforderlich."; abw. *Oertmann*, Recht des Bürgerlichen Gesetzbuchs, Allgemeiner Teil, 3. Aufl. 1926, S. 64: „Die Stellungnahme zu dem hier besprochenen Problem ist nicht nur theoretisch wichtig, sondern auch zum Verständnis mancher praktischer Einzelfragen im Rechte der juristischen Person unerläßlich."
[93] Näher zur Deliktsfähigkeit unter IV 4.
[94] *Brecher*, FS A. Hueck, 1959, S. 233, 234.
[95] *Raiser*, AcP 199 (1999), 104, 116.
[96] Monographisch *Dieckmann*, Gesamthand und juristische Person, 2019; *F. Limbach*, Gesamthand und Gesellschaft: Geschichte einer Begegnung, 2016; eingehend und rechtsvergleichend auch *Fleischer*, in Fleischer (Hrsg.), Personengesellschaften im Rechtsvergleich, 2021, § 1 Rn. 222 ff.

c) „Pflichtübung" im heutigen Schrifttum

In der gesellschaftsrechtlichen Gegenwartsliteratur haben die Darstellungen des Meinungsstreits eher den Charakter einer „Pflichtübung"[97] angenommen. Man betrachtet die große Theoriedebatte als ein „Kind des späten 19. und frühen 20. Jahrhunderts" und ungeachtet ihrer historischen Verdienste als „abgeschlossen".[98] Ihr Ertrag für das Verständnis der Rechtsperson und die Lösung einzelner verbandsrechtlicher Fragen sei „nicht sehr reichhaltig"[99]; für die praktische Rechtsanwendung sei sie schlicht „unergiebig"[100]. Weil die juristische Person längst eine handhabbare Kategorie bilde, liege angesichts ihrer technischen Ausreifung kein Sinn mehr darin, die überkommenen Dogmen um ihrer selbst willen weiterzuschleppen.[101] Nur gelegentlich liest man abschwächend, dass die frühere Grundsatzdebatte für die vertiefte gedankliche Durchdringung des Gesellschaftsrechts auch heute noch aufschlussreich sein könne,[102] zumal das Hinterfragen von Rechtsfiguren zu den Grundanliegen der Rechtswissenschaft gehöre.[103]

---

97 *Flume* (Fn. 16), S. 24: „Das Referat über die Theorien wird in Lehrbüchern und Monographien mehr als Pflichtübung absolviert."
98 *Wiedemann* (Fn. 17), S. 191.
99 *Wiedemann* (Fn. 17), S. 191.
100 *Grüneberg/Ellenberger*, BGB, 83. Aufl. 2024, vor § 21 Rn. 1; ähnlich *Koch*, Gesellschaftsrecht, 13. Aufl. 2023, § 26 Rn. 14: „Für die Fallbearbeitung hat sie ihre Bedeutung indes verloren."; *Windbichler/Bachmann*, Gesellschaftsrecht, 25. Aufl. 2024, § 2 Rn. 22: „Für die praktische Rechtsanwendung folgt […] daraus wenig."
101 So *K. Schmidt* (Fn. 43) S. 187; ferner der Befund bei *Teubner*, KritV 1987, 61: „Die Suche nach dem ‚Wesen' der juristischen Person, die ganze Juristengenerationen faszinierte, haben die Juristen heute im tagtäglichen vertraulichen Umgang mit der ausgereiften Rechtsfigur stillschweigend aufgegeben."
102 So *Koch* (Fn. 100), § 26 Rn. 14.
103 In diesem Sinne *K. Schmidt* (Fn. 43), S. 187.

III. Fiktionstheorie versus Theorie der realen Verbandspersönlichkeit in rechtsvergleichender Perspektive

Zu den Besonderheiten der Theoriedebatte um die juristische Person gehört ihre transnationale Dimension,[104] die in der damaligen Zeit Seltenheitswert hatte.[105] Auf knappem Raum müssen wenige Kostproben reichen.

1. Vereinigtes Königreich

Das englische Privatrecht zeichnet sich seit jeher durch eine pragmatische, praxisnahe und fallorientierte Herangehensweise aus. Weiten Teilen der Juristenschaft erschien die Theoriedebatte um die Rechtsnatur der juristischen Person daher einigermaßen suspekt: „The question whether the personality is fictitious or real is no doubt an interesting philosophical speculation. [...] But these speculations are, for the most part, foreign to the province of the lawyer. [...] No doubt the lawyers still occasionally indulge in somewhat vague generalities as to the invisibility, immortality, and other non-natural qualities of this new entity. But they lay no great stress on them."[106] Angesichts dessen begnügte man sich lange mit der doppelten Feststellung von *Lord Chief Justice Edward Coke* aus dem Jahre 1612, eine *corporation* sei „invisible, immortal and rest[ing] only in intendment and consideration of the law"[107] und „the incorporation cannot be created without the King"[108]. Hierin mag man eine Frühform des Fiktions- und Konzessionsgedankens *avant la lettre* erblicken,[109] ohne dass beide in der Folgezeit aber eine tiefere Fundierung erfuhren.[110]

---

104 Dazu auch *Coing* (Fn. 39), S. 344: „Auch die für die juristische Person entwickelten verschiedenen Theorien sind im Ausland verfolgt und in manchen Ländern weitergeführt worden. Man kann sagen, daß die Diskussion in Deutschland zu einer europäischen Diskussion der Frage geführt hat."
105 Vgl. *Harris*, 63 Wash. & Lee L. Rev. 1421, 1425 (2006): „It was rare for legal discourse in that era to have such a dimension."
106 *Holdsworth*, A History of English Law, 3. Aufl. 1923, Vol. 9, S. 69 f.
107 *The Case of Sutton's Hospital* (1612) 77 ER 960, 973.
108 *The Case of Sutton's Hospital* (1612) 77 ER 960, 964 f.; eingehend *Watson*, (2019) 19 J. Corp. L. Stud. 137, 144: „the classical exposition of the *persona ficta* theory of the corporation in the common law".
109 Vgl. *Gerner-Beuerle/Schillig*, Comparative Company Law, 2019, S. 60: „There is first the fiction theory, combined with the concession theory.", mit dem weiteren Hinweis, dass beide Theorien gelegentlich auch separat behandelt würden.

Als im 19. Jahrhundert das Bedürfnis nach stärkerer theoretischer Reflexion wuchs, griff man auf kontinentaleuropäische Konzepte zurück.[111] *John Austin*, der in Bonn studiert hatte,[112] führte den Begriff „legal person" als Übersetzung von „juristische Person" in die englische Rechtsliteratur ein[113] und *Nathaniel Lindley* sprach in einer Übersetzung von *Thibauts* Pandektenwerk erstmals von „moral person".[114] *William Markby*, ein englischer Richter, ließ sich in einer Buchveröffentlichung aus dem Jahre 1871 von *Savignys* Einordnung der juristischen Person inspirieren und wandte sich gegen die rechtliche Behandlung von Banken oder Eisenbahngesellschaften, als seien sie gewöhnliche Menschen: „This is, of course, a pure fiction [...]. There is a fictitious or, as I prefer to call it, a juristical person (to distinguish it from a real person) to which all the rights are supposed to belong and upon whom all the duties and obligations are imposed."[115] Solchermaßen im englischen Recht angekommen, beherrschte die Fiktionstheorie bis zum Ende des 19. Jahrhunderts die Szene. Als höchstrichterliche Bestätigung wird häufig die *Salomon*-Entscheidung aus dem Jahre 1897 genannt,[116] in der *Lord Halsbury* in denkwürdigen Worten die rechtliche Selbständigkeit der *limited company* betonte.[117]

Ein gewisser Umschwung setzte um die Jahrhundertwende ein, als die Theorie der realen Verbandspersönlichkeit auch in England Fuß fasste. Maßgeblich dazu beigetragen hatte *Frederic Maitland*, der bedeutendste englische Rechtshistoriker

---

[110] Dazu etwa *Foster*, 48 Am. J. Comp. L. 573, 582 (2000): „It can hardly be called a theory, since it is limited to say what the law does, not why it does it, nor how it does it, nor whether it should do so, nor whether it should do it differently."

[111] Anschaulich *Stein*, Quaderni fiorentini 11/12 (1982/83), Bd. I, S. 503: „Legal personality is a classic example of the way in which English law manages to avoid theory as long as possible and then turns to contemporary continental doctrine when at last it needs a theoretical explanation of the institutions which it has developed pragmatically."

[112] Dazu *Vogenauer*, (2005) 64 Cambridge L.J. 481.

[113] *Austin*, Lectures on Jurisprudence, Abridged from the larger work for the use of students, by Robert Campbell, 1875, Lecture XII, S. 162: „Persons are divisible into two classes: physical or natural persons, and legal or fictitious persons."

[114] *Lindley*, An Introduction to the Study of Jurisprudence, Translation of Thibaut's System des Pandecten Rechts, 1855, § 113, S. 105: „Every association of persons possessing the right of forming out of its members, taken collectively, one single moral person, (corpus) is termed a corporation, universitas, collegium."

[115] *Markby*, Elements of Law, 1871, S. 60.

[116] So etwa *Stein* (Fn. 111), S. 503, 515: „most striking application of this idea"; kritisch aber *Foster*, 48 Am. J. Comp. L. 573, 582, 591 (2000).

[117] *Salomon v Salomon & Co.* [1897] A.C. 22, 31: „Either the limited company was a legal entity or it was not. If it was, the business belonged to it and not to Mr Salomon. If it was not, there was no person and no thing."; eingehend und rechtsvergleichend *Fleischer*, ZGR 2016, 36, 44 f.

seiner Zeit, der Teile von *Gierkes* Genossenschaftsrecht übersetzt hatte[118] und dessen Lehren in einer ausführlichen Einleitung erstmals der englischsprachigen Welt erläuterte[119], wie folgender Ausschnitt veranschaulicht: „[O]ur German Fellowship is no fiction, no symbol, no piece of the State's machinery, no collective name for individuals, but a living organism and a real person, with body and members and a will of its own. [...] It is not a fictitious person; it is a *Gesammtperson*, and its will is a *Gesammtwille*; it is a group-person, and its will is a group-will."[120] Inspiriert durch *Gierkes* Werk verfasste *Maitland* zwischen 1900 und 1904 eine Reihe von Aufsätzen, deren Titel einen Eindruck von der Reichweite seiner Problembehandlung vermitteln: „The Corporation Sole", „The Crown as Corporation", „The Unincorporate Body", „Moral Personality and Legal Personality" und „The Body Politic".[121] In *Maitlands* Gefolge übernahmen andere führende Juristen die Theorie realer Verbandspersönlichkeit, namentlich der einflussreiche *Frederick Pollock*.[122] Anders als in Deutschland spielte dabei das rechtspolitische Streben nach größerer Vereinigungsfreiheit keine Rolle, weil das Rechtsinstitut des *trust* seit jeher für vielerlei Assoziationsformen ohne staatliche Einmischung und Kontrolle zur Verfügung stand.[123]

Die Rechtsprechung maß dem Theorienstreit auch in der Folge keine übermäßige Bedeutung bei und stützte sich im konkreten Fall, wenn überhaupt, auf Begründungselemente bald der einen, bald der anderen Theorie.[124] Auch in der englischen Rechtswissenschaft schwand allmählich das Interesse an einer Klärung der Grundsatzfrage,[125] die man ohnehin weniger als eine gesellschaftsrechtliche, sondern vielmehr als eine rechtstheoretische Aufgabe begriff.[126] Der Rechtsphilo-

---

118 *Gierke*, Political Theories of the Middle Age, 1900, translated with an Introduction by *Frederic Maitland*.
119 Eingehend zu *Maitlands* Vermittlungsleistung *Harris*, 63 Wash. & Lee L. Rev. 1421, 1431 ff. (2006); *Horwitz*, 88 W. Va. L. Rev. 173, 185 (1985); *Watson*, (2019) 19 J. Corp. L. Stud. 137, 147.
120 *Maitland*, Translator's Introduction to Gierke (Fn. 118), xxvi.
121 *Maitland*, Selected Essays, 1936, S. 73, 104, 128, 223, 240.
122 *Pollock*, (1911) 27 L.Q.Rev. 219.
123 Vgl. *Foster*, 48 Am. J. Comp. L. 573, 582, 584 (2000).
124 Vgl. *Gerner-Beuerle/Schillig* (Fn. 109), S. 62: „The different theories appear as a set of ideas developed at different times and for various purposes. They are available for use if necessary and the English lawyer has no problem in relying soon on one, soon on the other theory as long as this furthers a reasonable outcome in the case at hand."
125 Vgl. *Gerner-Beuerle/Schillig* (Fn. 109), S. 62: „Thus, for long stretches of the twentieth-century fiction/concession, contract and real entity theory existed side-by-side in peaceful harmony without much academic interest in the debate."
126 Vgl. *Foster*, 48 Am. J. Comp. L. 573, 582, 587 (2000): „On the particular level, this is shown by such things as the categorization of company law theory as a jurisprudential, rather than a company law, topic [...]."

soph *H.L.A. Hart* erklärte die Debatte in seiner Oxforder Antrittsvorlesung von 1953 für tot.[127] Der Rechtshistoriker *Peter Stein* resümierte, dass englische Juristen an der Fiktionstheorie Klarheit und Kohärenz schätzten, während die in historischer Erfahrung wurzelnde Theorie realer Verbandspersönlichkeit besser zum *common law* passe und in mancher Hinsicht praktikablere Ergebnisse hervorbringe.[128] Ein aktuelles Lehrbuch spricht sich unter ausführlicher Auseinandersetzung mit anderen Theorien für die Fiktionstheorie aus[129], legt aber zugleich dar, dass die Theorien für die praktische Rechtsanwendung weiterhin keine streitentscheidende Bedeutung hätten.[130]

2. Vereinigte Staaten

In den Vereinigten Staaten dominierte während der ersten Hälfte des 19. Jahrhunderts eine Spielart der Fiktionstheorie, die zugleich auf die Notwendigkeit einer staatlichen Konzession hinwies.[131] Klassisch ist die Formulierung von *Chief Justice*

---

127 *Hart*, (1954) 70 L.Q.R. 37, 49 f.: „It is said by many that the juristic controversy over the nature of corporate personality is dead. If so we have a corpse and the opportunity to learn from its anatomy. Let us imagine an intelligent lawyer innocent of theories of corporate personality because he was educated in a legal Arcadia where rights and duties were ascribed only to individuals and all legal theory is banned. [...] On his return to Arcadia he would tell of the extension to corporate bodies of rules worked out for individuals and of the analogies followed and the adjustment of ordinary words involved in this extension. All this he would have to do and could do without mentioning fiction, collective names, abbreviations or brackets, or the *Gesammtperson* and the *Gesammtwille* of Realist theory."
128 So *Stein* (Fn. 111), S. 503, 519.
129 Vgl. *Mayson/French/Ryan*, Company Law, 37. Aufl. 2021, S. 129: „This book adopts what is often called the 'artificial-entity' theory of corporate personality, which is that incorporation creates an artificial separate person."
130 Vgl. *Mayson/French/Ryan* (Fn. 129), S. 137: „We have never noticed an instance of a judge or legislator saying that a case was being decided in a particular way, or an enactment was worded in a particular way, so as to be in accordance with one theory of corporate personality rather than another."
131 Dazu etwa *Mark*, 54 U. Chi. L. Rev. 1441, 1447 ff. (1987); für eine frühe Auseinandersetzung mit allen (nach seiner Zählung: sieben) Theorien zur Rechtsnatur der juristischen Person *Pound*, Jurisprudence, Bd. IV, 1959, S. 214 ff.; zum aktuellen Diskussionsstand *Chaffee*, 85 U. Cinn. L. Rev. 347, 348 f. (2017): „From the existing literature three prevailing essential theories of the corporation have emerged. First, the artificial entity theory, or concession theory as it is sometimes known, suggests that corporations are artificial entities that owe their existence completely to the government. Second, the real entity theory, which is also referred to as the natural entity theory, provides that each corporation has an identity and existence that is separate and independent from the state and individuals who organize, operate, and own it. Third, the aggregate theory, which is also known as

John Marshall in einem Richterspruch aus dem Jahre 1815: „A corporation is an artificial being, invisible, intangible and existing only in contemplation of law."[132] Mit dem Übergang zum Normativsystem gewann gegen Ende des 19. Jahrhunderts die Realitätstheorie an Zulauf bei einer bunten Schar von Personen, die teils romantisierende Vorstellungen von vorindustriellen Verbänden hegten, teils den vorherrschenden liberalen Individualismus ablehnten oder marxistischen Idealen anhingen.[133] Enormen Auftrieb erhielt sie durch *Gierkes* Schriften, die auch den Weg nach Amerika gefunden hatten. Als intellektueller Mittler wirkte der deutschstämmige Jude *Ernst Freund*,[134] der – zufällig in New York geboren – nach einem Jurastudium in Berlin und Heidelberg in die Neue Welt zog und später Professor an der neu gegründeten Chicago Law School wurde.[135] In seiner 1897 veröffentlichten Dissertation[136] machte er amerikanische Leser mit *Gierkes* Theorie vertraut und passte sie den dortigen Gegebenheiten an.[137] Anfang des 20. Jahrhunderts entwickelte sich die Beschäftigung mit der *legal personality* in den juristischen Blättern zu einer wahren Obsession,[138] die jedem Autor gleichsam ein Glaubensbekenntnis abverlangte,[139] und häufig in vollmundige Bekenntnisse zur Realitätstheorie mündete: „A corporation is an entity – not imaginary or fictitious, but real,

---

the nexus of contracts theory, suggests that corporations are merely collections of individuals tied together through the intersection of various obligations."

132 *Trustees of Dartmouth College v. Woodward*, 17 U.S. (4 Wheat.) 518, 636 (1819).
133 Näher *Horwitz*, 88 W. Va. L. Rev. 173, 180 (1985).
134 Dazu etwa *Bratton*, 26 J. Corp. L. 737, 743 mit Fn. 32 (2001): „In the United States, the theory's most prominent advocate was Ernst Freund."; *Horwitz*, 88 W. Va. L. Rev. 173, 218 ff. (1985); eher zurückhaltend *Harris*, 63 Wash. & Lee L. Rev. 1421, 1435 (2006): „Though Freund's book was familiar to contemporary scholars, and was cited by some of them, it is not too conjectural to say that Maitland's work was as influential in the United States as it was in Britain and more influential in the United States than Freund's book."; vermittelnd *Griffith*, 57 Wm. & Mary L. Rev. 2075, 2132 n. 273 (2016): „The real entity theory is identified principally with German legal academic Otto von Gierke whose influence spread through the work of Frederic William Maitland and Ernst Freund."
135 Biographische Informationen bei *Kraines*, The World and Ideas of Ernst Freund, 1974, S. 2.
136 *Freund*, The Legal Nature of Corporations, 1897.
137 Dazu *Horwitz*, 88 W. Va. L. Rev. 173, 218 (1985): „Influenced by the work of Gierke on the nature of the corporation, Freund sought to translate Gierke's Hegelian analysis for a practical-minded and anti-metaphysical American Bar."
138 So *Horwitz*, 88 W. Va. L. Rev. 173, 217 (1985): „Beginning in the 1890s and reaching a high point around 1920, there is a virtual obsession in the legal literature with the question of corporate personality."
139 Dazu *Machen*, 24 Harv. L. Rev. 253 (1910/11): „In the heated controversy thus engendered, it is difficult indeed for any American lawyer writing upon the subject of corporations to avoid declaring himself. If he endeavors to preserve silence, his failure to speak is attributed to cowardice, or to a lack of clearly defined convictions upon a fundamental question. He is not permitted to treat the whole controversy with indifference."

not artificial, but natural."¹⁴⁰ Ein vielbeachteter Aufsatz erläutert rückblickend die deregulatorischen Untertöne der Realitätstheorie, die zu einem ungehinderten Aufschwung von Big Business in der wirtschaftlichen Blütezeit der Vereinigten Staaten gegen Ende des 19. Jahrhunderts („Gilded Age") beigetragen habe.¹⁴¹

Erst in der zweiten Hälfte der 1920er Jahre verlor die Theorie realer Verbandspersönlichkeit rapide an Überzeugungskraft in einem intellektuellen Klima, das sich zunehmend dem pragmatischen Instrumentalismus verschrieb.¹⁴² Als richtungsweisend erwies sich ein Aufsatz von *John Dewey*, dem führenden amerikanischen Philosophen jener Zeit, der im Jahre 1926 zwei Argumente gegen übermäßiges Theoretisieren vortrug: Erstens sollten praktische Rechtsfragen nicht durch Deduktion aus irgendeiner Theorie zur juristischen Person abgeleitet werden, sondern durch eine sorgfältige Folgenbetrachtung, und zweitens sei jede dieser Theorien zur Begründung gegensätzlicher Ergebnisse eingesetzt worden.¹⁴³ Zwei weitere einflussreiche Aufsätze erläuterten unter dem Eindruck des aufkommenden *Legal Realism*¹⁴⁴ die Vergeblichkeit des Unterfangens, aus allgemeinen Konzepten zur juristischen Person auf die Lösung konkreter Rechtsprobleme zu schließen¹⁴⁵ – trefflich eingefangen in den Aufsatztiteln „The Endless Problem of Corporate Personality"¹⁴⁶ und „Corporate Entity as a Solvent of Legal Problems"¹⁴⁷. Es folgte eine 50-jährige Phase theoretischer Abstinenz in der US-amerikanischen Gesellschaftsrechtswissenschaft,¹⁴⁸ bis in den 1980er Jahren die wirkmächtige *nexus-of-contracts theory* ihren Siegeszug antrat.¹⁴⁹

---

140 *Machen*, 24 Harv. L. Rev. 253, 262 (1910/11).
141 Vgl. *Horwitz*, 88 W. Va. L. Rev. 173, 185 (1985): „The main effect of the natural entity theory of the business corporation was to legitimate large scale enterprise and to destroy any special basis for state regulation of the corporation that derived from its creation by the state."; zusammenfassend *Gerner-Beuerle/Schillig* (Fn. 109), S. 63: „deregulatory bias"; zustimmend *Phillips*, 21 Fla. St. U. L. Rev. 1061, 1087 (1994).
142 Allgemein dazu *Summers*, 66 Cornell L. Rev. 861 (1981).
143 Näher *Dewey*, 35 Yale L.J. 655 (1926). Zur enormen Bedeutung dieses Beitrags *Pollman*, 2011 Utah L. Rev. 1629, 1650: „Many commentators view John Dewey's 1926 Yale Law Journal article as having put an end to the corporate personhood debate."
144 Dazu *Mark*, 54 U. Chi. L. Rev. 1441, 1481 (1987): „The realist attack on conceptualism in legal thought simply displaced corporate theory. Corporations, a leading modern example of human association, were reduced to a bundle of interests recognized by the larger society."
145 Klassisch *Lochner v. New York*, 198 U.S. 45, 76 (1905) per *Justice Holmes*: „General propositions do not decide concrete cases."
146 *Radin*, 32 Colum. L. Rev. 643 (1932).
147 *Latty*, 34 Mich. L. Rev. 597 (1936).
148 Dazu *Phillips*, 21 Fla. St. U. L. Rev. 1061, 1070 (1994): „For roughly fifty years, this antitheoretical attitude dominated corporate scholarship in the United States."; gleichsinnig zuvor schon *Blumberg*,

3. Frankreich

Jenseits des Rheins hat der deutsche Theorienstreit lange Zeit wenig Aufmerksamkeit gefunden, weil der gedankliche Zugang zur Rechtsfähigkeit durch die berühmte *théorie du patrimoine* von *Aubry* und *Rau*[150] geprägt wurde:[151] Man schloss dort nicht wie in Deutschland von der Rechts- auf die Vermögensfähigkeit, sondern begriff die Rechtsfähigkeit einer Handelsgesellschaft umgekehrt als Rechtsfolge ihrer Vermögensautonomie. Dennoch war der Einfluss von *Savignys* Fiktionstheorie in der zweiten Hälfte des 19. Jahrhunderts auch in Frankreich deutlich spürbar.[152] Anschaulich zum Ausdruck kommt ihr Axiom, dass die originäre Rechtsfähigkeit nur dem Menschen zustehe, in dem Bonmot: „Je n'ai jamais déjeuné avec une personne morale."[153], das ein Spötter freilich nicht unwidersprochen ließ: „Moi non plus, mais je l'ai souvent vue payer l'addition."[154]

Zu Beginn des 20. Jahrhunderts mehrte sich die Kritik an der hergebrachten Lehre.[155] Führenden Professoren wie *Raymond Saleilles* und *François Geny* gelang es, unter ausdrücklicher Berufung auf die Lehren *Gierkes* die Realitätstheorie auch in Frankreich heimisch zu machen.[156] Im Gefolge einer einflussreichen Schrift von *Léon Michoud*[157] ist sie als *théorie de la realité technique* von der Rechtsprechung aufgegriffen worden. Ein Beispiel bildet der *grand arrêt* des Kassationshofs aus dem Jahre 1954 zur Anerkennung der Rechtsfähigkeit des Betriebsrats trotz Schweigens des Gesetzgebers.[158]

---

38 Am. J. Comp. L. Supp. 49, 51 (1990): „For half a century thereafter, the intensity of interest in the problem of corporate personality ebbed."
149 Vgl. etwa *Easterbrook/Fischel*, 89 Colum. L. Rev. 1416 (1989).
150 *Aubry/Rau*, Cours de droit français, d'après la méthode de Zachariae, Tome VI, 4. Aufl. 1873, § 53, S. 231.
151 Herausgearbeitet von *Ranieri*, Liber Amicorum Portale, 2019, S. 109, 163 f.
152 Rückblickend *Baruchel*, La personnalité morale en droit privé, 2004, Rn. 34: „Cette thèse sera reprise par la plupart des exégètes français du XIXe siècle."
153 *Jèze*, zitiert nach *Baruchel* (Fn. 152), Rn. 34 m.w.N.
154 *Soyer*, zitiert nach *Cozian/Viandier/Deboissy*, Droit des sociétés, 34. Aufl. 2021, Rn. 309.
155 Rückblickend *Bouchard*, La personnalité morale démythifiée, 1997, S. 168 ff.; für eine materialreiche Aufbereitung aller Theorien zur juristischen Person auch *Simonart*, La personnalité morale en droit privé comparé, 1995, S. 12 ff.
156 *Saleilles*, De la personnalité juridique, 2. Aufl. 1922.
157 *Michoud*, La théorie de la personnalité morale et son application en droit français, 1906.
158 Cass. 2ième civ., 28.1.1954, D. 1954, 217 = *Capitant/Terré/Lequette*, Les grands arrêts de la jurisprudence civile, 12. Aufl. 2007, S. 137: „La personnalité civile n'est pas une création de la loi; elle appartient, en principe, à tout groupement pourvu d'une possibilité d'expression collective pour la défense d'intérêts licites, dignes, par suite, d'être protégés."

Die aktuellen Lehrbücher referieren fast durchweg die konkurrierenden Theorien und ihre Protagonisten,[159] wenn auch nur als historische Reminiszenz.[160] Ganz überwiegend erblickt man in der *personnalité morale* einen rechtstechnischen Kunstgriff, der die gesellschaftsrechtliche Alltagsarbeit enorm erleichtert.[161] Die *personnalité morale* gilt mit anderen Worten als eine Antwort des Rechts auf praktische und juristische Bedürfnisse.[162]

IV. Fiktionstheorie versus Theorie der realen Verbandspersönlichkeit im 21. Jahrhundert

Nach den Verfallserscheinungen vor gut 100 Jahren erlebt die Grundsatzdebatte über die Rechtsnatur der juristischen Person seit einiger Zeit eine unverhoffte Wiederbelebung. Wesentliche Impulse stammen diesmal nicht von der als theorielastig geltenden deutschen Doktrin, sondern von Vertretern einer interdisziplinär interessierten und informierten englischen und US-amerikanischen Rechtswissenschaft. Hiervon zeugen zuletzt eine Gesamtdarstellung des englischen Gesellschaftsrechts aus der Feder von *Eva Micheler* von der London School of Economics durch die Linse der Theorie realer Verbandspersönlichkeit[163] und eine Dissertation von *Katherine Jackson* an der Columbia University in New York zur Autonomie der Korporation[164] sowie weitere Buch-[165] und Aufsatzpublikationen[166].

---

159 Vgl. *Cozian/Viandier/Deboissy* (Fn. 154), Rn. 310 ff.; *Germain/Magnier*, Les sociétés commerciales, 23. Aufl. 2022, Rn. 174; *Le Cannu/Dondero*, Droit des sociétés, 9. Aufl. 2022, Rn. 307; *Merle/Fauchon*, Sociétés commerciales, 25. Aufl. 2021, Rn. 96.
160 Vgl. *Merle/Fauchon* (Fn. 159), Rn. 96: „La question ne passionne plus guère les auteurs aujourd'hui."; zuvor schon *Simonart* (Fn. 155), S. 1 n° 1: „Le débat sur la personnalité morale semble clos aujourd'hui."
161 Vgl. *Le Cannu/Dondero* (Fn. 159), Rn. 307: „La doctrine la plus récente tend d'ailleurs à reduire la personnalité à un simple outil technique [...]."
162 So *Paillusseau*, JCP E 2019, 1224 n° 4.
163 *Micheler*, Company Law. A Real Entity Theory, 2021, S. 1 mit einem positiven und einem normativen Anspruch: „It will be shown in this book that a theory that conceives companies as vehicles for autonomous real entities that are characterized by their routines, procedures and culture explains company law as it stands at a positive level. The theory also helps to formulate normative recommendations guiding law reform and judicial decision-making."
164 *Jackson*, Corporate Autonomy: Law, Constitutional Democracy, and the Rights of Big Business, 2019; zu ihr etwa *Pistor*, RabelsZ 86 (2022), 327, 344 f.
165 Vgl. etwa *Kurki*, A Theory of Legal Personhood, 2019; *Orts*, Business Persons. A Legal Theory of the Firm, 2013, S. 9 ff. und passim; *Pollman/Thompson* (Hrsg.), Research Handbook on Corporate Purpose and Personhood, 2021; *Ripken*, Corporate Personhood, 2019.
166 Vgl. etwa *Padfield*, 19 Tennessee J. Bus. L. 415 (2017).

Auch in der in- und ausländischen Spruchpraxis blitzen immer wieder Bezugnahmen auf die oder Anleihen bei den konkurrierenden Lehren zur juristischen Person auf. Der folgende Streifzug durch älteres und jüngeres Fallmaterial veranschaulicht an ausgewählten Beispielen, wo Fiktions- oder Realitätstheorie bis in die Gegenwart hinein im rechtspraktischen Diskurs lebendig geblieben sind. Nicht auszuschließen ist, dass sie künftig auch bei der dogmatischen Bändigung der elektronischen Person[167] zum Einsatz kommen.[168]

1. Bürgerlichrechtlicher Ehr- und Persönlichkeitsschutz von juristischen Personen

Ein frühes Beispiel für die Beantwortung einer konkreten Einzelfrage unter Heranziehung der Realitätstheorie entstammt der schweizerischen Spruchpraxis. Geklagt hatte eine Aktiengesellschaft, die sich durch beleidigende Briefe in ihrem Persönlichkeitsrecht verletzt sah und gemäß Art. 55a OR a.F. (= Art. 49 OR) Anspruch auf Leistung einer Geldsumme als Genugtuung erhob. Zu einem *hard case* wurde dieser Fall dadurch, dass die beleidigenden Äußerungen des Beklagten nicht an die Öffentlichkeit gedrungen waren, sodass keine Kreditschädigung vorlag. Das Bundesgericht urteilte im Jahre 1905, dass eine juristische Person gleich einer physischen Person ein Recht auf Achtung ihrer Persönlichkeit habe.[169] Die Genugtuungsklage könnte „dem wirklich Verletzten, also der juristischen Person" nur verschlossen werden, wenn die juristische Person mit der früher herrschenden Lehre als fiktive Persönlichkeit anzusehen wäre.[170] Diese Theorie, so das Bundesgericht unter ausdrücklicher Berufung auf *Gierkes* Schriften, habe sich jedoch den Erscheinungen des Lebens gegenüber als nicht zureichend erwiesen und es sei daher an ihr nicht festzuhalten.[171] Süffisant kommentierte eine Literaturstimme im Rückblick: „So real wie in diesem Entscheid war die juristische Person noch nie. Man sieht sie förmlich vor sich als wirkliches, beseeltes, gekränktes Wesen."[172]

---

167 Allgemein dazu *Linke*, Die elektronische Person, MMR 2021, 200.
168 Vgl. auch *Kurki* (Fn. 165), S. 175 ff. unter der Kapitelüberschrift „The Legal Personhood of Artificial Intelligence".
169 Vgl. BGE 31 II 242, 246.
170 So BGE 31 II 242, 247.
171 BGE 31 II 242, 247; im Ergebnis zustimmend *Nobel*, FS Pedrazzini, 1990, S. 411, 424: „Der Persönlichkeitsschutz für juristische Personen ist nicht schwer zu verstehen, aber schwer zu begründen."
172 *Fögen*, SJZ 95 (1999), 393, 398.

Hierzulande wurde und wird der zivilrechtliche Ehr- und Persönlichkeitsschutz juristischer Personen ebenfalls diskutiert.[173] Auf dem Boden der Fiktionstheorie wäre er kaum begründbar, da sich die Rechtsfähigkeit einer juristischen Person nach *Savignys* Verständnis auf die Vermögensfähigkeit beschränkte.[174] Der BGH, der an sich der Fiktionstheorie zuneigt, ließ sich davon aber nicht beirren. Er entwickelte schrittweise einen Schutz der juristischen Person vor Ehrverletzungen und Herabsetzung ihres Ansehens, vor Verletzungen ihrer Geheim- und Privatsphäre sowie vor sonstigen Verletzungen ihres allgemeinen Persönlichkeitsrechts,[175] ohne dafür allerdings Anleihen bei *Gierke* zu nehmen, der den Verbänden schon früh „Persönlichkeitsrechte" zuerkannt hatte.[176] Eine schlüssige dogmatische Begründung für seine Rechtsprechungslinie blieb der BGH zunächst schuldig; später verwies er auf den verfassungsrechtlich gewährleisteten Persönlichkeitsschutz auch für juristische Personen.[177] Ob diese zivilrechtliche Spruchpraxis zum Verbandspersönlichkeitsrecht von Verfassungs wegen tatsächlich geboten ist, hat das BVerfG allerdings bisher offengelassen.[178]

Eine Ausdehnung des allgemeinen Persönlichkeitsrechts über natürliche Personen hinaus ist nach der BGH-Rechtsprechung freilich nur insoweit gerechtfertigt, als die juristische Person „aus ihrem Wesen als Zweckschöpfung des Rechts" und ihren Funktionen dieses Rechtsschutzes bedürfe.[179] Dies sei der Fall, wenn sie in ihrem sozialen Geltungsanspruch als Arbeitgeber oder als Wirtschaftsunternehmen betroffen werde.[180] Im Übrigen steht einer juristischen Person nach überwiegender Judikatur kein Anspruch auf Ersatz des immateriellen Schadens gemäß § 253 Abs. 2 BGB zu, weil sie kein eigenes Genugtuungsbedürfnis habe.[181] Im Datenschutzrecht

---

173 Eingehend *Klippel*, JZ 1988, 625; *Raiser*, FS Traub, 1994, S. 331; monographisch v. *Lilienfeld-Toal*, Das allgemeine Persönlichkeitsrecht juristischer Personen des Zivilrechts, 2003; rechtsvergleichend *Meissner*, Persönlichkeitsschutz juristischer Personen im deutschen und US-amerikanischen Recht, 1998.
174 Dazu auch *Klippel*, JZ 1988, 625, 629: „Die Konsequenz daraus ist, daß juristischen Personen keine Persönlichkeitsrechte zustehen können. *Savigny* selbst lehnte freilich die Anerkennung von Persönlichkeitsrechten ohnehin ab."
175 Vgl. BGH NJW 1975, 1882, 1884; BGHZ 78, 24, 25 f. (KG); aus dem Schrifttum MüKoGmbHG/*Merkt*, 4. Aufl. 2022, § 13 Rn. 36; abw. *Leßmann*, AcP 170 (1970), 266, 268 ff.
176 Vgl. *Gierke* (Fn. 29), S. 146 ff.
177 So BGHZ 81, 75, 78; 98, 94, 97.
178 Vgl. BVerfG NJW 2007, 2464, 2471: „Für das allgemeine Persönlichkeitsrecht lässt sich nicht allgemein angeben, ob es seinem Wesen nach auf juristische Personen anwendbar ist. Dies ist vielmehr für die verschiedenen Ausprägungen dieses Grundrechts differenziert zu beurteilen."
179 So BGHZ 98, 94, 97.
180 So BGH NJW 1975, 1882, 1884; NJW 1994, 1281, 1282.
181 Vgl. BGHZ 78, 24, 27 f.; OLG Stuttgart MDR 1979, 671 f.; zustimmend *Klippel*, JZ 1988, 625, 635; *Raiser*, AcP 199 (1999), 104, 143; abw. BGHZ 78, 274, 280 für einen religiösen Verein.

hat sich die DS-GVO ausweislich ihres 14. Erwägungsgrundes gegen einen besonderen Schutz juristischer Personen ausgesprochen,[182] doch besteht in Randbereichen nach wie vor Rechtsunsicherheit.[183]

2. Grundrechtsfähigkeit von juristischen Personen

Zahlreiche Bezüge zur klassischen gesellschaftsrechtlichen Theoriedebatte zeigen sich auch in der Frage der Grundrechtsfähigkeit juristischer Personen.[184] Sitz des Problems ist hierzulande Art. 19 Abs. 3 GG. Danach gelten die Grundrechte auch für inländische juristische Personen, soweit sie ihrem Wesen nach auf diese anwendbar sind. Diese Grundrechtserstreckungsnorm hat man in verfassungsrechtlicher Hinsicht als „Novum"[185] bezeichnet. Die Weimarer Reichsverfassung schwieg zu dieser Frage; im 19. Jahrhundert hatten die Verfassungsurkunden mancher süd- und mitteldeutschen Staaten der „Corporation" immerhin Beschwerde- und Petitionsrechte zuerkannt.[186] Im Lichte der Fiktionstheorie liegt die Bejahung einer Grundrechtsfähigkeit juristischer Personen eher fern,[187] während sie durch das Prisma der Theorie realer Verbandspersönlichkeit durchaus folgerichtig erscheint. *Gierke* selbst hat in einer Veröffentlichung von 1915 sogar ausdrücklich von „korporativen Grundrechten"[188] gesprochen und wird daher als „Wegbereiter der Grundrechtsfähigkeit juristischer Personen"[189] gefeiert.

---

182 Wörtlich heißt es dort: „Diese Verordnung gilt nicht für die Verarbeitung personenbezogener Daten juristischer Personen und insbesondere als juristische Personen gegründeter Unternehmen, einschließlich Name, Rechtsform oder Kontaktdaten der juristischen Person."
183 Näher *Gola*, in Gola/Heckelmann, DS-GVO, BDSG, 3. Aufl. 2022, Art. 4 DS-GVO Rn. 26 ff.
184 Dezidiert dazu auch *Kübler/Assmann*, Gesellschaftsrecht (Fn. 10), S. 33: „Wenn Art. 19 III GG anordnet, dass die Grundrechte auch für inländische juristische Personen gelten [...], dann hängt der Umfang dieser Geltung nicht zuletzt davon ab, ob man Gesellschaften (i.w.S.) für bloße Zweckschöpfungen oder aber für mit eigener Persönlichkeit und Dignität ausgestattete Wesenheiten hält."
185 *Isensee*, in Isensee/Kirchhof (Hrsg.), Handbuch des Staatsrechts, 3. Aufl., Bd. 9, 2011, § 199 Rn. 1.
186 Näher dazu *Remmert*, in Dürig/Herzog/Scholz, GG, Stand: August 2023, Art. 19 Abs. 3 Rn. 2 m.w.N.
187 Ebenso *Dreier*, in Gröschner/Kirsten/Lembcke (Hrsg.), Person und Rechtsperson, 2015, S. 323, 325: „Von dieser Position aus war der Weg zur Anerkennung einer allgemeinen Rechts- oder gar Grundrechtsfähigkeit juristischer Personen weitgehend versperrt."
188 *v. Gierke*, Die Grundbegriffe des Staatsrechts und die neuesten Staatsrechtstheorien, 1915, S. 118: „Hier wurzelt dann die Vorstellung individueller und korporativer Grundrechte oder Freiheitsrechte, die den Individuen und andren Verbänden eine gewisse Sphäre als ein vom Staatsverbande nicht nur nicht berührten, sondern auch für den Staat schlechthin unantastbaren Rechtsgebiet garantiren."

Aus gesellschaftsrechtlicher Sicht ist zur Deutung des Art. 19 Abs. 3 GG weiterhin bemerkenswert, dass die juristische Person nach ganz herrschender Auffassung um ihrer selbst willen und nicht lediglich als Treuhänderin oder Sachwalterin der Grundrechte ihrer Mitglieder Grundrechtsschutz genießt.[190] Relativiert wird dieser Grundbefund allerdings durch die vom BVerfG und Teilen der Lehre vertretene sog. Durchgriffstheorie, welche die Anwendbarkeit von Grundrechten mit der Idee eines personalen Substrats der juristischen Person in Verbindung bringt.[191] Eine vordringende Gegenauffassung in der Literatur hält dies für verfehlt und stellt stattdessen auf eine grundrechtstypische Gefährdungslage gegenüber einem Hoheitsträger ab.[192] Was die Anwendbarkeit bestimmter Grundrechte anbelangt, ist im Vorgriff auf die Ausführungen zur US-amerikanischen Judikatur festzuhalten, dass nach der Rechtsprechung des BVerfG die Kommunikationsgrundrechte des Art. 5 Abs. 1 GG auf juristische Personen anwendbar sind[193], außerdem die Religions- und Weltanschauungsfreiheit gemäß Art. 4 Abs. 1 und 2 GG, sofern die juristische Person zumindest auch eine religiöse oder weltanschauliche Zielsetzung verfolgt,[194] nicht aber die Gewissensfreiheit.[195]

Jenseits des Atlantiks ist der Grundrechtsstatus einer *corporation* seit einiger Zeit Gegenstand einer hitzigen verfassungsrechtlichen und gesellschaftspolitischen Debatte.[196] In einem aufsehenerregenden Urteil aus dem Jahre 2010, *Citizens United v. Federal Election Commission*[197], ging es um bundesgesetzliche Einschränkungen der Wahlkampffinanzierung für Korporationen. Geklagt hatte eine Non-Profit-Organisation, die eine politische Lobbygruppe mit einem Jahresbudget von 12 Mio. $ betrieb. Der US Supreme Court entschied mit 5:4 Richterstimmen, dass die von ihr geplante Finanzierung einer kritischen Dokumentation über *Hillary Clinton* als

---

189 *Dietmair*, Die juristische Grundrechtsperson des Art. 19 Abs. 3 GG im Licht der geschichtlichen Entwicklung, 1988, S. 64 ff.; s. auch *Baldegger*, Menschenrechtsschutz für juristische Personen in Deutschland, der Schweiz und den Vereinigten Staaten, 2017, S. 56 ff.
190 Vgl. etwa *Remmert* (Fn. 186) Art. 19 Abs. 3 GG Rn. 26 ff. m.w.N.
191 Vgl. BVerfGE 21, 362, 369; 68, 193, 205 f.
192 So etwa *Dreier* (Fn. 187), S. 323, 333 f. m.w.N.
193 Vgl. BVerfGE 113, 63, 76: Meinungs- und Pressefreiheit.
194 Vgl. BVerfG NJW 1990, 241; relativierend BVerfG NJW 2002, 1485: „Als juristische Person des privaten Rechts verfolgt die Bf. gewerbliche Ziele. Sie dient also nicht religiösen oder weltanschaulichen Zwecken und ist deshalb nicht Trägerin des Grundrechts der Religionsfreiheit. Gleichwohl ist dieses Grundrecht auch hier im Rahmen der Verhältnismäßigkeitsprüfung mit zu berücksichtigen."
195 Vgl. BVerfG NJW 1990, 241.
196 Vgl. *Cox/Hazen*, Business Organizations Law, 5. Aufl. 2020, § 1.4: „The Corporation and the Constitution".
197 130 S.Ct. 876 (2010).

politcal speech den Schutz des ersten Zusatzartikels (*First Amendment*) der Bundesverfassung genießt, der Einschränkungen der Rede- und Pressefreiheit verbietet, ohne die Grundrechtsträger zu nennen.[198] Dieser Schutz gehe nicht verloren, so die Richtermehrheit, nur weil es sich bei dem Kläger um eine *corporation* und nicht um eine natürliche Person handle.[199] In einem 50-seitigen Sondervotum hielt *Justice Stevens* dem entgegen, dass die Mehrheitsmeinung die Integrität demokratischer Wahlen gefährde, indem sie Verzerrungen durch mächtige Großunternehmen Vorschub leiste.[200] Zur weiteren Abstützung seiner Position griff er auf Begründungsmuster der Fiktionstheorie zurück: „It might also be added that corporations have no consciences, no beliefs, or feelings, no thoughts, no desires. Corporations help structure and facilitate the activities of human beings, to be sure, and their 'personhood' often serves as a useful legal fiction. But they are not themselves members of 'We the People' by whom and for whom our Constitution was established."[201]

Nicht minder hohe Wellen schlug ein zweites Urteil von 2014, *Burwell v. Hobby Lobby Stores*[202], das sich um die Glaubensfreiheit gewinnorientierter Kapitalgesellschaften drehte. Geklagt hatte unter anderem Hobby Lobby, ein als *close corporation* organisiertes Schreibwarenunternehmen mit 21.000 Arbeitnehmern, das von dem Selfmade-Milliardär *David Green*, einem evangelikalen Christen, kontrolliert wurde. Hobby Lobby lehnte aus religiösen Gründen eine von den Arbeitgebern zu finanzierende Bereitstellung von Verhütungsmitteln für deren Mitarbeiter ab und beantragte eine Befreiung von dieser Verpflichtung unter dem Religious Freedom Restoration Act (RFRA). Der Supreme Court entschied mit 5:4 Richterstimmen, dass der Begriff „person" in diesem Gesetz auch Korporationen umfasse: „As we will show, Congress provided protection for people like the Hahns and Greens by employing a familiar legal fiction: It included corporations within RFRA's definition of 'persons'. But it is important to keep in mind that the purpose of this fiction is to provide protection for human beings. A corporation is simply a form of organization used by human beings to achieve desired ends. An established body of law specifies the rights and obligations of the people (including shareholders, officers, and employees) who are associated with a corporation in one way or the

---

[198] Wörtlich heißt es dort: „Congress shall make no law respecting an establishment of religion or prohibiting the free exercise thereof, or abridging the freedom of speech, or the press, or the right of the people peaceably to assemble, and to petition the Government for a redress of grievances."
[199] *Citizens United v. Federal Election Commission*, 130 S.Ct. 876, 900 (2010) per *Justice Kennedy*.
[200] *Citizens United v. Federal Election Commission*, 130 S.Ct. 876, 900, 929 ff. (2010).
[201] *Citizens United v. Federal Election Commission*, 130 S.Ct. 876, 900, 972 (2010).
[202] 134 S.Ct. 2751 (2014); rechtsvergleichend eingeordnet von *Kingreen/Möslein*, JZ 2016, 57.

other."²⁰³ Das von *Justice Ginsburg* verfasste Minderheitsvotum hielt dem entgegen, die vom *First Amendment* gewährte freie Religionsausübung²⁰⁴ sei charakteristisch für natürliche und gerade nicht für juristische Personen. Zur Begründung berief sich *Ginsburg* zum einen auf *Chief Justice Marshalls* frühes Diktum, eine Korporation sei ein „artificial being, invisible, intangible, and existing only in contemplation of law", zum anderen auf *Justice Stevens'* Sondervotum in *Citizens United*, wonach Korporationen kein Gewissen, keinen Glauben und keine Gefühle hätten.²⁰⁵

Beide Entscheidungen haben eine wahre Literaturflut ausgelöst, die hier weder ausgewertet noch nachgewiesen werden kann.²⁰⁶ Es muss der Hinweis genügen, dass zahlreiche Stimmen mit dem US Supreme Court hart ins Gericht gehen²⁰⁷ und sich unter dem Banner „Corporations Are Not People" zu rechtspolitischem Protest versammeln,²⁰⁸ während ihnen eine nicht minder starke Fraktion entgegenruft: „Corporations are People Too".²⁰⁹

3. Strafrechtliche Verantwortlichkeit von juristischen Personen

Eine eigene Strafbarkeit juristischer Personen lag für *Savigny* jenseits des rechtlich Vorstellbaren: „Das Criminalrecht hat zu tun mit dem natürlichen Menschen als einem denkenden, wollenden, fühlenden Wesen. Die juristische Person aber ist kein solches, sondern nur ein Vermögen habendes Wesen, liegt also ganz außer dem Bereich des Criminalrechts."²¹⁰ Demgegenüber zog *Gierke* aus seinem Modell einer realen Verbandspersönlichkeit gegenteilige Schlüsse: Dass eine Bestrafung von Körperschaften an sich denkbar sei, könne nur ein einseitiger Doktrinarismus, der die Tatsachen der geschichtlichen Erfahrung willkürlich umdeute, in Abrede stellen.²¹¹ Er musste allerdings eingestehen, dass ihm das positive Recht in diesem

---

203 *Burwell v. Hobby Lobby Store*, 134 S.Ct. 2751, 2768 (2014) per *Justice Alito*.
204 Vgl. den Text in Fn. 198.
205 *Burwell v. Hobby Lobby Store*, 134 S.Ct. 2751, 2794 (2014).
206 Lesenswert aus gesellschaftsrechtlicher Sicht etwa *Macey/Strine*, 69 Vand. L. Rev. 639 (2016); *Avi-Yonah*, 2010 Wisconsin L. Rev. 999; alle m.w.N.
207 Kritisch aus demokratietheoretischer Sicht etwa *Jackson*, Corporate Autonomy (Fn. 164), S. 18 ff., 102 ff. in ausführlicher Auseinandersetzung mit der „concession theory, der „aggregation theory" und der „real entity theory"
208 Stellvertretend *Clements*, Corporations Are Not People. Reclaiming Democracy from Big Money and Global Corporations, 2014.
209 Stellvertretend *Greenfield*, Corporations Are People Too (And They Should Act Like it), 2018.
210 *Savigny* (Fn. 18), § 94, S. 312.
211 So *Gierke* (Fn. 29), S. 771 f.

Punkt die Gefolgschaft verweigerte.[212] Weder das PreußStGB 1851 noch das RStGB 1871 enthielten Bestimmungen über die Strafbarkeit von Verbänden. Folgerichtig berief sich das RG in einem Urteil von 1883 auf den allgemeinen Grundsatz, „daß strafrechtlich als Thäter nur eine physische Person, nicht eine fingierte Kollektiveinheit, wie die Gesellschaftsfirma"[213] in Betracht kommen könne. Hieran hat sich bis heute prinzipiell nichts geändert; nach wie vor gilt der Grundsatz *societas delinquere non potest*.[214] Juristischen Personen fehlt nach herkömmlicher Meinung die Handlungs-, Schuld- und Straffähigkeit.[215] Möglich sind nur, aber immerhin die Anordnung von Verfall und Einziehung (§§ 73 Abs. 3, 75 StGB) sowie die Verhängung von Verbandsgeldbußen (§ 30 OWiG). Jüngst ist die rechtspolitische Diskussion zur Einführung einer Verbandsstrafe in Deutschland aber neu entfacht worden.[216]

International geht der kriminalpolitische Trend in eine andere Richtung. Zwar hatte auch das *common law* eine Strafbarkeit der juristischen Person anfangs mangels freien Willens abgelehnt[217] und sich dabei zum Teil auf die Fiktionstheorie berufen[218]: „Did you ever expect a corporation to have a conscience, when it has no soul to be damned, and no body to be kicked?"[219] Hierüber setzte sich der US Supreme Court aber schon in einer Entscheidung aus dem Jahre 1909 hinweg.[220] In England haben die Gerichte diesen Schritt erst nach dem Zweiten Weltkrieg vollzogen[221] und zur Begründung die sog. *identification doctrine* entwickelt, nach der

---

212 Vgl. *Gierke* (Fn. 29), S. 776.
213 RGSt 16, 326, 327.
214 Vgl. BGHSt 3, 130; 12, 195.
215 Vgl. MüKoStGB/*Joecks/Scheinfeld*, 4. Aufl. 2020, vor § 25 Rn. 16 ff. m.w.N.
216 Vgl. *Joecks/Scheinfeld* (Fn. 215), vor § 25 StGB Rn. 18 ff. m.w.N.
217 Vgl. *Blackstone*, Commentaries on the Laws of England, Vol. 1, 1765, S. 476 f.: „Neither is it capable of suffering a traitor's or felon's punishment, for it is not liable to corporal penalties, nor to attainder, forfeiture, or corruption of blood. [...] Neither can it be committed to prison; for its existence, being ideal, no man can apprehend or arrest it."
218 Für die Vereinigten Staaten etwa *Khanna*, 109 Harv. L. Rev. 1477, 1490 (1996).
219 *Edward, First Baron Thurlow* (1731–1806), zitiert nach *Coffee*, „No Soul to Damn, No Body to Kick", 79 Mich. L. Rev. 386 (1981); aus englischer Sicht auch *Clarkson*, Kicking Corporate Bodies and Damning Their Souls, (1996) 59 Mod. L. Rev. 557.
220 *New York Central & Hudson River Railroad Co. v United States*, 212 U.S. 481, 494–495 (1909): „It is true that there are some crimes which, in their nature, cannot be committed by corporations. But there is a large class of offenses [...] wherein the crime consists in purposely doing the things prohibited by statute. In that class of crimes we see no good reason why corporations may not be held responsible for and charged with the knowledge and purposes of their agents, acting within the authority conferred upon them."; für einen vertiefenden Entwicklungsvergleich zwischen anglo-amerikanischem und deutschem Strafrecht *Dubber*, 16 New Crim. L. Rev. 203 (2013).
221 Vgl. *Tesco Supermarkets Ltd. v Nuttrass* [1972] A.C. 153.

bestimmte Individuen die juristische Person verkörpern.[222] Berühmtheit erlangt hat eine Formulierung von *Lord Denning* aus dem Jahre 1957: „A company may in many ways be likened to a human body. It has a brain and a nerve centre which controls what it does. It also has hands which hold the tools and act in accordance with directions from the centre."[223] Eine aktuelle Literaturstimme macht geltend, dass die Realitätstheorie die Strafbarkeit juristischer Personen zu erklären helfe,[224] und fügt zugleich hinzu, diese sei nicht zwingend mit dem verbreiteten Anthropomorphismus in der Spruchpraxis verknüpft.[225] Auf dem Kontinent hat sich Frankreich den angelsächsischen Vorbildern im Jahre 1994 angeschlossen und die Strafbarkeit der juristischen Person in Art. 121-2 des Code pénal[226] verankert.[227] Italien (2001), die Schweiz (2003) und Österreich (2006) sind dem inzwischen gefolgt.

4. Deliktsrechtliche Verantwortlichkeit von juristischen Personen

Auf dem Boden der Fiktionstheorie sah *Savigny* auch keine Legitimationsbasis für eine deliktsrechtliche Verantwortlichkeit juristischer Personen: „Denn jedes wahre Delict setzt dolus oder culpa voraus, mithin Gesinnung und Zurechnung, kann also bei juristischen Personen ebenso wenig angenommen werden als bei Unmündigen und Wahnsinnigen."[228] Außerdem war die juristische Person nach seinem Erklärungsmodell auch deshalb nicht für den Unrechtsverkehr konzipiert, weil Delikte außerhalb des ihr rechtlich zugestandenen Wirkungskreises lagen und damit *ultra-vires*-Akte darstellten. In dieser Hinsicht versagten *Savigny* aber selbst seine eigenen Parteigänger die Gefolgschaft. Große Romanisten wie *Dernburg* und *Windscheid* argumentierten, die Deliktsunfähigkeit der juristischen Person sei „unpraktisch"

---

222 Dazu *Lennard's Carrying Co. v Asiatic Petroleum Co.* [1915] A.C. 705; aus dem Schrifttum *Hannigan*, Company Law, 6. Aufl. 2021, Rn. 4–4 ff.
223 *Bolton v Graham* [1957] 1 QB 159, 173.
224 So *Micheler* (Fn. 163), S. 98: „In the context of corporate criminal liability, a theory that conceptualizes companies as real entities is helpful both at a positive and a normative level."
225 *Micheler* (Fn. 163), S. 100: „It is submitted that the assumption that real entity theory is necessarily connected with anthropomorphism is wrong and that it is possible to recognize real entities without assuming that they are like human bodies."
226 „Les personnes morales, à l'exclusion de l'État, sont responsables pénalement [...] dans les cas prévus par la loi et les règlements, des infractions commises, pour leur compte, par leurs organes ou représentants [...]."
227 Näher *Cozian/Viandier/Deboissy* (Fn. 154), Rn. 407 ff.; *Germain/Magnier* (Fn. 159), Rn. 200.
228 *Savigny* (Fn. 18), § 95, S. 317.

und widerspreche dem „Rechtsgefühl"[229]; der deliktischen Haftung könne sich die juristische Person „gerechterweise nicht entziehen"[230].

Für *Gierke* bildete die Frage der Deliktsfähigkeit der Verbände den „sichersten Prüfstein deutschrechtlicher oder römischrechtlicher Denkweise"[231]. Er begründete die korporative Deliktshaftung seinerseits mit Hilfe des Organgedankens: „Eine Gesammtperson begeht diejenigen schuldhaften Handlungen und Unterlassungen, welche ein verfassungsmäßiges Organ als solches innerhalb seiner Zuständigkeit begeht."[232] Das RG schwenkte nach einer wechselhaften Spruchpraxis mit zwei Urteilen zum gemeinen und preußischen Recht von 1892 und 1893 auf *Gierkes* Linie ein.[233] Mit der korporativen Zurechnungsvorschrift des § 31 BGB wurde die Haftung von juristischen Personen für unerlaubte Handlungen ihrer Organe „ganz allgemein verkündet"[234]. In der Literatur erblickt man darin vielfach einen Sieg von *Gierkes* Realitäts- und Organtheorie.[235] Die Gesetzesmaterialien vermieden allerdings eine ausdrückliche Parteinahme in diesem Grundsatzstreit und beriefen sich stattdessen auf „Zweckmäßigkeitsrücksichten" und „Verkehrsbedürfnisse"[236] sowie auf ein Vorteil-/Nachteil-Argument[237].

Im englischen *tort law* griff man früh auf die Figur der Gehilfenhaftung (*vicarious liability*) zurück,[238] ließ die Gesellschaft also für Delikte ihrer *agents* (mit-) haften und wies dies als Gebot der Gerechtigkeit aus.[239] Dieser Ansatz, der als Haftung für fremdes Verschulden Konflikte mit dem deliktsrechtlichen Verschuldensgrundsatz vermied, spielt wegen seines weiten Anwendungsbereichs bis heute

---

229 *Dernburg*, Pandekten, Bd. 1, 1884, S. 152, 154.
230 *Windscheid*, Lehrbuch des Pandektenrechts, Bd. 1, 5. Aufl. 1879, S. 159.
231 *Gierke* (Fn. 29), S. 743.
232 *Gierke* (Fn. 29), S. 758.
233 Vgl. RGZ 24, 141, 142; 31, 246, 249.
234 *v. Gierke*, Jherings Jb 35 (1896), 169, 242; gleichsinnig *Krüger*, Die Haftung der juristischen Personen aus unerlaubten Handlungen nach gemeinem Recht und Bürgerlichem Gesetzbuche, 1901, S. 34: „allgemein aufgestellt".
235 So etwa *Enneccerus/Nipperdey* (Fn. 39), S. 617 f.; *Raiser*, AcP 199 (1999), 104, 116; kritisch dazu aber *Schirmer*, Das Körperschaftsdelikt, 2015, S. 179 f.
236 Motive (Fn. 72), S. 102 f.
237 Vgl. Motive (Fn. 72), S. 103: „Zur Begründung dieser Haftbarmachung hat man mit Recht darauf verwiesen, daß, wenn die Körperschaft durch die Vertretung die Möglichkeit gewinne, im Rechtsverkehr handelnd aufzutreten, ihr auch angesonnen werden müsse, die Nachtheile zu tragen, welche die künstlich gewährte Vertretung mit sich bringe, ohne daß sie in der Lage sei, Dritte auf den häufig unergiebigen Weg der Belangung des Vertreters zu verweisen."
238 Vgl. *Micheler* (Fn. 163), S. 81.
239 Vgl. *Yarborough v Bank of England* (1812) 16 East 6.

eine zentrale Rolle.[240] Daneben hat sich eine unmittelbare Verantwortung (*direct liability*) der Gesellschaft für Delikte einer Person herausgebildet, „who is really the directing mind and will of the corporation, the very ego and the centre of the personality of the corporation"[241]. Dies dürfte sich weitgehend mit dem kontinentaleuropäischen Organbegriff decken. Ähnlich liegt es in den Vereinigten Staaten, wo die Unterscheidung zwischen Organmitgliedern und nachgeordneten Mitarbeitern vor allem bei der Verhängung von *punitive damages* gegen die Gesellschaft praktische Bedeutung erlangt.[242]

Wie in England bediente man sich auch in Frankreich mangels geeigneter Zurechnungsvorschrift zunächst der allgemeinen Gehilfenhaftung gemäß Art. 1384 Code civil a.F. (= Art. 1242 Code civil), wonach die juristische Person als Geschäftsherr (*commettant*) für Delikte ihres Geschäftsleiters (*préposé*) einzustehen hat.[243] Diese Begründung vermochte freilich nicht zu überzeugen,[244] sodass die Rechtsprechung im Jahre 1967 konstruktiv zu einer unmittelbaren Haftung (*responsabilité directe*) der juristischen Person überging.[245] Ein aktueller Reformvorschlag sieht eine Kodifizierung dieser Spruchpraxis vor.[246]

5. Soziale Verantwortung von juristischen Personen

Schließlich finden sich Begründungselemente der juristischen Theorien auch in der jüngeren Debatte zur sozialen Verantwortung von Unternehmen. So pflegt man hierzulande etwa die Zulässigkeit von Unternehmensspenden durch den Vorstand damit zu begründen, dass die Aktiengesellschaft eine eigenständige Akteurin mit fester Einbindung in die örtliche Gemeinschaft ist: „Sie dankt und grüßt, sie feiert Jubiläen und gratuliert anderen, sie äußert sich zu Plänen der Stadtgemeinde und zu Vorhaben staatlicher Instanzen, sie beteiligt sich an öffentlichen Sammlungen,

---

240 Vgl. *Gower/Davies*, Principles of Modern Company Law, 10. Aufl. 2016, Rn. 737; *Hannigan* (Fn. 222), Rn. 4–44.
241 *Lennard's Carrying Co. v. Asiatic Petroleum Co.* [1915] A.C. 705, 713.
242 Näher *Petrin*, 118 Penn State L. Rev. 1, 27 f. (2013); für ein Beispiel aus der Rechtsprechung *Cruz v. Homebase*, 99 Cal. Rptr. 2d. 435 (Cal. Ct. App. 2000).
243 Vgl. etwa Req., 30.7.1895, D. 1896.1.132.
244 Dazu *Germain/Magnier* (Fn. 159), Rn. 199: „La solution n'est pas bonne: il n'existe entre le représentant et la société aucun lien de subordination; l'organe ne peut pas être subordonné à la volonté qu'il exprime."
245 Vgl. Cass. civ., 17.7.1967, RTD civ. 1968, 149; rechtsvergleichend *Fleischer*, RIW 1999, 576 ff.
246 Wörtlich lautet der Textvorschlag: „La faute de la personne morale résulte de celles de ses organes ou d'un défaut d'organisation ou de fonctionnment."; dazu *Germain/Magnier* (Fn. 159), Rn. 199.

an gemeinschaftlichen Bildungsprojekten u. a.m."[247] Gleichsinnig hatte eine prominente Literaturstimme in offenkundiger Anlehnung an die Realitätstheorie schon vor 100 Jahren davon gesprochen, „daß die AG nicht nur in juristischer Hinsicht eine Person ist und ihre Stellung mitten im Kreise der Rechtsgenossen hat, sondern daß sie durch die Entfaltung ihrer Tätigkeit im wirtschaftlichen Leben auch in dieser Hinsicht gewissermaßen ein Mitglied der menschlichen Gemeinschaft geworden ist"[248]. Ein weiterer Zeitgenosse postulierte gar in größtmöglicher Distanz zur klassischen Fiktionstheorie eine „sittliche bzw. soziale Pflicht"[249] der juristischen Person, Gutes zu tun. Sachlich übereinstimmend betonen jüngere Stellungnahmen das legitime Bedürfnis der juristischen Person, sich als *good corporate citizen* darzustellen und ihre gesellschaftliche Akzeptanz durch mildtätige, politische oder kulturelle Zuwendungen zu fördern[250] – ein Argument, dass sich der BGH in einer strafrechtlichen Entscheidung aus dem Jahre 2001 zu eigen gemacht hat.[251] Über den Bereich der korporativen Philanthropie hinaus wirbt eine gerade erschienene Habilitationsschrift dafür, die Auseinandersetzung mit dem Wesen der juristischen Person wieder verstärkt aufzunehmen, um eine Pflicht zur Berücksichtigung von Nachhaltigkeitsbelangen aus dem Gesellschaftsrecht heraus zu begründen.[252]

Auch international dient die Realitätstheorie häufig als Legitimationsgrundlage für Corporate Social Responsibility (CSR)[253] und die Förderung von Stakeholder-Belangen[254]: „Corporations are people too"[255], titelt ein US-amerikanischer Zeitschriftenaufsatz und der Supreme Court of Canada hat die soeben schon erwähnte Idee aufgegriffen, dass Gesellschaften „good corporate citizens"[256] sein sollen. Ähnlich verweist ein führendes französisches Lehrbuch auf mögliche Relevanzge-

---

247 *Rittner*, FS Geßler, 1970, S. 139, 152.
248 Staub/*Pinner*, Kommentar zum HGB, 12. und 13. Aufl. 1926, § 312 HGB Rn. 12.
249 *Fischer*, in Ehrenberg (Hrsg.), Handbuch des gesamten Handelsrechts, Bd. III/1: Die Personenvereinigungen, S. 360.
250 Dazu *Fleischer*, AG 2001, 171, 175 m.w.N.
251 Vgl. BGH NJW 2002, 1585, 1586.
252 Vgl. *Mittwoch*, Nachhaltigkeit und Unternehmensrecht, 2022, S. 362: „Dennoch spielt die grundlegende – und teils in Vergessenheit geratene – Diskussion über das Wesen der Gesellschaft eine erhebliche Rolle auch für recht konkrete und aktuelle unternehmensrechtliche Einzelprobleme. Sie ist daher durchaus für die Frage von Bedeutung, ob und inwieweit das Gesellschaftsrecht Ansatzpunkte für die Begründung etwaiger Pflichten betreffend die nachhaltige Entwicklung durch Unternehmensrecht sein kann."
253 Vgl. etwa *Avi-Yonah*, 30 Del. J. Comp. L. 767, 813 ff. (2005).
254 Näher *Petrin*, 118 Penn State L. Rev. 1, 22 ff. (2013).
255 *Ripken*, 15 Fordham J. C. & Fin. L. 118 (2009).
256 *BCE Inc. v. 1976 Debentureholders* [2008] 3 S.C.R. 560 Rn. 66.

winne der Realitätstheorie im Zusammenhang mit CSR.[257] Demgegenüber bedienen sich CSR-Gegner aus dem rechtsökonomischen Lager bei der Fiktionstheorie: „Since it is a legal fiction, a corporation is incapable of having social or moral obligations much in the same way that inanimate objects are incapable of having these obligations."[258] Träger von sittlichen und rechtlichen Pflichten seien vielmehr die individuellen menschlichen Akteure innerhalb des Unternehmens.[259]

In dem Maße, in dem sich CSR von einer freiwilligen Übung zu einer gesetzlichen Pflicht wandelt, könnte man freilich auch daran denken, Fiktions- oder Konzessionstheorie als Begründungsbasis heranzuziehen.[260] Beide Theorien, so das im Schrifttum vorgebrachte Argument, betrachteten die juristische Person als ein Geschöpf des Gesetzgebers. Hieraus ergebe sich das Recht des Staates, sie so zu regulieren, wie es ihm angemessen erscheine.[261] Insbesondere könne der Staat als *quid pro quo* für das Privileg der Inkorporierung von juristischen Personen mehr soziales Engagement verlangen.

V. Theorien über die juristische Person zwischen Obsoleszenz und Aktualität

Wie Bücher haben auch juristische Theorien ihre Schicksale. Fiktions- und Realitätstheorie sind im 19. Jahrhundert in einem bestimmten rechtswissenschaftlichen, politischen und wirtschaftlichen Umfeld entstanden. Über ihre zeitbedingten Elemente und Zielsetzungen – die Konstruktion subjektiver Rechte von Körperschaften und den Kampf um die Vereinigungsfreiheit – ist die hiesige Gesellschaftsrechtswissenschaft längst hinweggegangen. Mit Inkrafttreten des BGB haben zentrale Konzepte wie die Rechts- und Deliktsfähigkeit juristischer Personen eine verbind-

---

257 Vgl. *Le Cannu/Dondero* (Fn. 159), Rn. 307: „On voit poindre cependant, avec notamment la responsabilité sociale des entreprises, et les progrès de l'éthique des sociétés, une tendance qui peut se servir d'une autre façon de la personnalité juridique."
258 *Fischel*, 35 Vand. L. Rev. 1259, 1273 (1982).
259 So *Bainbridge*, 19 Pepp. L. Rev. 971 mit Fn. 1 (1992).
260 In diese Richtung auch der Hinweis von *Micheler* (Fn. 163), S. 17: „The theory can nevertheless operate as a springboard for scholars advocating greater involvement of stakeholders. It can be used to support an argument in favour of mandatory rules of corporate social responsibility."; eingehend *Padfield*, 66 Okla. L. Rev. 327 (2014).
261 Vgl. *Padfield*, 6 Wm. & Mary Bus. L. Rev. 1, 4 (2015): „In light of this, I conclude that proponents of mandatory CSR should turn to corporate personality theory, particularly concession theory, to provide support for their agenda, and I point to the Supreme Court's 2010 *Citizens United* decision as an example of the current practical relevance of corporate personality theory."

liche Klärung erfahren. Dieser Siegeszug des Gesetzespositivismus und der allmähliche Niedergang pandektistischer Denkmuster hat den damaligen Bedarf an theoretischen Erklärungsmodellen enorm schrumpfen lassen.

Dessen ungeachtet sind im Laufe der Zeit neue Fragestellungen aufgetaucht, die der historische Gesetzgeber nicht bedacht oder nicht ausdrücklich geregelt hatte. Bei ihrer Beantwortung zeigen sich die totgesagten Theorien über Ländergrenzen hinweg wieder quicklebendig, sodass sich mancher Autor gar an ein *Horaz*-Zitat erinnert fühlt: „Treibst du sie auch mit der Mistgabel aus, sie kehren doch zurück."[262] Allerdings sind gewisse Veränderungen im methodischen Zugriff unverkennbar. Vor allem haben Anthropomorphismen trotz ihrer Eingängigkeit[263] allerorten an Überzeugungskraft verloren;[264] ihre Erklärungsgrenzen waren schon dem metaphernfreudigen *Gierke* durchaus bewusst.[265] Auch sind unmittelbare Ableitungen aus den widerstreitenden Theorien in begriffsjuristischer Manier zu Recht seltener geworden, weil sie zur Lösungsfindung wenig beitragen[266] und eher der Post-Hoc-Rationalisierung bestimmter Ergebnisse dienen.[267] Stattdessen spielen wertende Überlegungen eine größere Rolle, die bei dem spezifischen Sachproblem ansetzen[268] und konkretere Fragestellungen in den Blick nehmen[269]. Zusätzliches

---

262 *Geldart*, (1911) 27 L.Q.R. 90, 100: „Personam expellas furca, tamen usque recurret."; *Raiser*, AcP 199 (1999), 104, 131: „Naturam expellas furca, tamen usque recurret. Alle diese Ungereimtheiten besagen letztlich, daß die Rechtsfigur der juristischen Person anders als die herrschende Meinung glaubt nur scheinbar abschließend geklärt und zu einem rechtstechnischen Instrument ausgereift ist, dessen sich der heutige Jurist mit Selbstverständlichkeit bedienen kann."
263 Vgl. etwa *Ferran*, (2011) 127 L.Q.R. 239, 259: „too handy to give up".
264 Vgl. *Ripken* (Fn. 165), S. 37: „This organicist conception led to metaphysical speculations and anthropomorphist ideas about the corporate entity that were bizarre and unhelpful. [...] This anthropomorphism made little substantive sense when applied to corporate transactions."
265 Vgl. *Gierke* (Fn. 27), S. 13: „Ein Vergleich aber bleibt immer ein bloßes Hilfsmittel der Erkenntnis. Er kann verdeutlichen, aber nicht erklären. [...] Die organische Theorie hat sich von derartigen Ausschreitungen nicht freigehalten."
266 Dazu schon *Müller-Freienfels*, AcP 156 (1958), 522, 529: „Aus einem solchen Begriff lassen sich keine juristischen Urteile gewinnen. Er ist kein Ausgangspunkt rechtlicher Begründungen, sondern nur das Schlußergebnis induktiver Betrachtungen [...]."; aus den Vereinigten Staaten *Conard*, Corporations in Perspective, 1976, S. 420: „[T]he solution of most legal problems does not depend on the nature of the corporation."; aus England *Mayson/French/Ryan*, Company Law (Fn. 129), S. 137: „However, as has been suggested in the discussion of the theories, they are never complete explanations and none of them provides a basis from which company law can be deduced."
267 Zu dieser Gefahr auch *Ripken*, 15 Fordham J. C. & Fin. L. 118, 172 (2009): „There is a sense that judicial use of corporate legal personhood theories results in post-hoc-rationalizations for chosen outcomes and legal reasoning that is purely result-oriented."
268 Vgl. *K. Schmidt* (Fn. 75), S. 39 f.; ferner *Schirmer* (Fn. 235), S. 198 f.
269 Im vorliegenden Zusammenhang *Hart*, (1954) 70 L.Q.R. 37, 56: „If we put aside the question 'What is a corporation?' and ask instead 'Under what type of conditions does the law ascribe liabilities to

Anschauungsmaterial dafür bietet das hier aus Platzgründen ausgesparte Problem der Wissenszurechnung,[270] zu dem der BGH umstandslos anmerkt, dass sich die „Wissenszurechnung von Organvertretern juristischer Personen (einschließlich fiskalisch handelnder politischer Gemeinden) nicht mit logisch-begrifflicher Stringenz, sondern nur in wertender Betrachtung entscheiden [läßt]".[271]

Im Lichte dessen muss man sich von der Vorstellung verabschieden (falls sie denn je existierte), es handle sich bei den erörterten Lehren um *grand theories* mit allumfassenden Geltungsanspruch. Weder die Fiktions- noch die Realitätstheorie enthält den nomologischen Kern zur Lösung sämtlicher Rechtsprobleme rund um die juristische Person.[272] Gleichwohl ist dies kein Grund, sie kurzerhand in die gesellschaftsrechtliche Wolfsschlucht zu werfen[273], wie das im In- und Ausland verschiedentlich gefordert wird.[274] Vielmehr ergänzen sie sich in verschiedener Hinsicht und bieten komplementäre Erklärungsansätze.[275] Vielversprechender erscheinen daher Überlegungen, die konkurrierenden Lehren in einem integrativen

---

corporations? This is likely to clarify the actual working of a legal system and bring out the precise issues at stake when judges, who are supposed not to legislate, make some new extension to corporate bodies of rules worked out for individuals."
270 Monographisch *Buck*, Wissen und juristische Person, 2001, S. 208 ff. und passim in umfassender Auseinandersetzung mit der Fiktions- und der Organtheorie.
271 BGHZ 132, 30, 35; zuvor bereits BGHZ 109, 327, 331.
272 Gleichsinnig *Johnston/Talbot*, Great Debates in Commercial and Corporate Law, 2020, S. 158, 164: „[...] each of these attempts to explain the nature of the company has failed to universally convince."; *Ripken* (Fn. 165), S. 54: „There is no single theory of the corporation that will permanently and neatly solve the legal, moral, philosophical, political, and social issues that surround corporate activity."
273 Zur Umwidmung der Wolfsschlucht aus *Webers* Freischütz durch die Gesellschaftsrechtler in einen „juristischen Monsterfriedhof" *Koch*, Die Legal Judgment Rule: ein Fall für die Wolfsschlucht, FS Bergmann, 2018, S. 413.
274 Vgl. aus schweizerischer Sicht *Fögen*, SJZ 95 (1999), 393, 400: „Man sollte also den alten Theorienstreit um die juristische Person als das bezeichnen und als das begraben, was er einst war: Ein Streit um die Positivität des Rechts."; aus US-amerikanischer Perspektive *Mitchell*, 63 Wash. & Lee L. Rev. 1489 (2006): „What I am left with in the end is a nagging question as to why theory matters, let alone theorizing about a theory, at least outside of the sacred precincts of academia. And I am left with this question precisely because I believe that theory played very little role in the truly important developments of American corporate law."
275 Ähnlich *Blumberg*, 15 Del. J. Corp. L. 283, 295 (1990): „[Each theory] has some validity and contributes to a better understanding of the full dimensions of a remarkably fluctuating reality."; *Ripken* (Fn. 165), S. 21: „Although the various depictions of the corporation often seem to contradict each other, each one plays a complementary role in highlighting essential aspects of the multidimensional corporate person."; zum klassischen Theorienstreit bereits *Wieacker* (Fn. 15), S. 339, 372: „Diese Theorien waren also nicht, wie sie sich selbst verstanden und zuweilen noch heute verstanden werden, konkurrierende, sondern *komplementäre* Modelle."

Begründungsrahmen zusammenzuführen,[276] wie dies teilweise im englischen[277] und US-amerikanischen Schrifttum[278] erwogen wird.

Der zuweilen gegen die Theorien erhobene Vorwurf argumentativer Beliebigkeit und notorischer Unbestimmtheit geht in dieser Schärfe fehl.[279] Fiktions- bzw. Realitätstheorie bilden nach wie vor Projektionsflächen für bestimmte Denkweisen und setzen Positionslichter für normative Grundüberzeugungen: Erstere steht für eine individualistische Gesellschaftstheorie und methodologischen Individualismus, letztere für eine kollektivistische Weltsicht und holistisches Denken.[280] Darüber hinaus wird die Fiktionstheorie unverändert als eine mögliche Legitimationsgrundlage herangezogen, um korporativen Aktivitäten äußere Grenzen zu ziehen.[281] Weitere Reflexionen, was juristische Theorien im Allgemeinen und speziell im Gesellschaftsrecht zu leisten vermögen[282] und wie sie unser Denken beeinflussen,[283] sind aber vonnöten.[284]

---

276 Für einen Teilaspekt jüngst auch *Mittwoch* (Fn. 252), S. 371: „Aus Sicht des Nachhaltigkeitsdiskurses verdeutlicht die Auseinandersetzung mit den verschiedenen Wesenstheorien, wie wichtig ein integratives Verständnis der modernen Kapitalgesellschaft unter Inklusion aller genannten Ansätze ist."

277 Vgl. *Johnston/Talbot* (Fn. 272), S. 158, 164: „So understood, it is perhaps more plausible or readily arguable that the company is in a real-world sense 'simultaneously a legal fiction, a contractual network, and a real organisation'."

278 Vgl. *Blumberg*, 15 Del. J. Corp. L. 283, 295 (1990); *Ripken*, 15 Fordham J. C. & Fin. L. 118, 172 (2009): „the advantage of having multidimensional theories of the corporation"; aus Sicht der New-Private-Law-Bewegung auch *Miller*, in Gold (Hrsg.), The Oxford Handboook of the New Private Law, 2020, S. 341, 343: „Briefly, I claim that leading theories of the corporation share a telling flaw: each is *disintegrative*, promoting a reductionist and thus oversimplified representation of the corporation. By way of alternative, I describe and recommend an *integrative* approach."

279 Im Ergebnis ähnlich *Chaffee*, 85 U. Cinn. L. Rev. 347, 364 ff. (2017); *Ripken* (Fn. 165), S. 47 ff. mit der einleitenden Bemerkung: „To say that no one single theory can capture the full picture of the corporate person does not mean that we should abandon theorizing about the corporation and simply adopt the exclusively pragmatic instrumentalist approach advocated by John Dewey in 1926."

280 Vgl. *Horwitz*, 88 W. Va. L. Rev. 173, 181 (1985): „The artificial entity theory of the corporation [...] sought to retain the premises of what has been called 'methodological individualism', that is, the view that the only real starting point for political or legal theory is the individual. [...] On the other hand, it was the goal of the realists to show that groups, in fact, had an organic unity, that the group was greater than the mere sum of its parts."; *Raiser*, AcP 199 (1999), 104, 111: „Deren Kristallisationskern ist die Spannung zwischen individualistischer und kollektivistischer Gesellschaftstheorie.", mit einem anderen Ansatz auch *Teubner*, 36 Am. J. Comp. L. 130, 132 (1988): „If instead a system theory approach is chosen, the very distinction between individualism and collectivism becomes questionable. This theory neither reduces collective action to individual action nor vice versa, but interprets both as different forms of social attribution of action."

281 Dazu *Johnson*, 35 Seattle U. L. Rev. 1135, 1148 f. (2012).

282 Allgemein dazu *Dreier*, FS Helmut Schelsky, 1978, S. 103; *Canaris*, JZ 1993, 377; *Calliess/Köhler* (Hrsg.), Theorien im Recht – Theorien über das Recht, ARSP Beiheft 155 (2018).

In der Sache beschränkt sich die Gleichstellung juristischer und natürlicher Personen längst nicht mehr – wie noch in *Savignys* Ursprungskonzeption – auf die Vermögensfähigkeit, sondern geht weit darüber hinaus.[285] Prinzipiell stehen der juristischen Person heute alle rechtlichen Aktionsfelder offen.[286] Grundsätzliche Abstufungen im Sinne einer „Relativität der Rechtsfähigkeit", wie man sie früher einmal aus der Natur der juristischen Person als Zweckschöpfung hergeleitet hat,[287] sind heute überholt. Es bleiben nur (aber immerhin) bereichsspezifische Modulationen und normspezifische Zuweisungsgrenzen, wie etwa beim Verbandspersönlichkeitsrecht oder der Grundrechtsfähigkeit juristischer Personen.

Unter der Oberfläche der Theorien brodeln ähnlich wie im 19. Jahrhundert auch heute heftige rechtspolitische und ideologische Grabenkämpfe – freilich mit umgekehrter Stoßrichtung: Ging es früher vor allem um eine „Befreiung des Körperschaftswesens aus den Fesseln der Konzessions- und Privilegienwirtschaft"[288] und die rechtliche Anerkennung von Korporationen als Garanten der Freiheit gegenüber dem Staat, so wird in jüngerer Zeit die juristische Person in ihrer Eigenschaft als Rechtsträgerin mächtiger multinationaler Unternehmen als Bedrohung für eine freiheitliche Gesellschaft empfunden.[289] Zu grobschlächtig ist es hingegen, die ein-

---

283 Dazu etwa *Ripken* (Fn. 165), S. 48: „When the law endorses and promotes certain theories of the corporate entity, the law affects our perceptions of the corporation and nudges us to view in a particular light."
284 Zum bisherigen Einsatz als Legitimationsgrundlage und Beurteilungsmaßstab für bestimmte Rechtsregeln *Millon*, 1990 Duke L.J. 201, 241: „Legal theories differ from legal rules because legal theories set forth a positive or descriptive assertion about the world – an assertion about what corporations *are*. Normative implications are then said to follow from the positive assertion. [...] Particular theories of the corporation therefore provide a standard for evaluating actual or proposed legal rules. In other words, corporate theory can be used to legitimate or criticize corporate doctrine."; für einen Rundgang durch die Landschaft gesellschaftsrechtlicher Theorien nunmehr *Fleischer*, NZG 2023, 243.
285 Von einem „radikalen Wandel hinsichtlich des traditionellen vermögensrechtlichen Verständnisses der Kategorie der juristischen Person" spricht *Ranieri* (Fn. 151), S. 109, 206.
286 So auch *Raiser*, AcP 199 (1999), 104, 134: „Nur die prinzipiell vollständige Gleichstellung mit den natürlichen Personen ermöglicht die unbelastete Teilnahme juristischer Personen am Rechtsverkehr, [...] nur sie läßt deshalb die juristischen Personen zu vollwertigen Partnern des gesellschaftlichen und wirtschaftlichen Lebens werden."; ähnlich *K. Schmidt*, Verbandszweck (Fn. 75), S. 40 f.
287 So namentlich *Fabricius*, Relativität der Rechtsfähigkeit, 1963, S. 82 ff., 88 ff., vor allem für den Idealverein.
288 *Nußbaum*, ArchBürgR 42 (1916), 136, 171.
289 Vgl. aus US-amerikanischer Sicht nochmals Titel und Untertitel des Manifests von *Clements*, Corporations Are Not People. Reclaiming Democracy from Big Money and Global Corporations, 2014; aus deutscher Perspektive zum Theorienstreit über die Rechtsnatur der juristischen Person als politische Auseinandersetzung um den Einfluss intermediärer Gewalten, namentlich von Großunternehmen, *Ott*, Recht und Realität der Unternehmenskorporation, 1977, S. 43 ff., 85 ff.; zuvor schon

zelnen Theorien bestimmten politischen Lagern zuzuordnen, wie dies eine US-amerikanische Literaturstimme einmal unternommen hat.[290]

Insgesamt zeigen die vorgestellten Beispiele, dass das Ringen um die richtige Rolle der juristischen Person in Recht, Wirtschaft und Gesellschaft wieder in vollem Gange ist. Die konkurrierenden juristischen Theorien steuern dazu wertvolles Orientierungs- und Reflexionswissen bei. Sie bedürfen freilich mehr denn je einer Perspektivenerweiterung um Einsichten aus benachbarten Fächern.[291] Ganz in diesem Sinne hatte ein englischer Jurist, *William Martin Geldart*, selbst überzeugter Anhänger der Realitätstheorie, den Zeitgenossen in seiner Oxforder Antrittsvorlesung über die Frage der Rechtspersönlichkeit bereits vor über 100 Jahren ins Stammbuch geschrieben: „The question is at bottom not one on which law and legal conception have the only or the final voice: it is one which law shares with other sciences, political science, ethics, psychology, and metaphysics."[292]

Rupp-von-Brünneck, FS Adolph Arndt, 1969, S. 349, 357, wonach die Grundrechte „zur wirksamen Waffe für Interessenverbände und Großunternehmen werden, um ihre Machtpositionen gegen das öffentliche Interesse zu verteidigen und den Einzelnen mehr und mehr zurückzudrängen".

290 So *Coates*, 64 N.Y.U. L. Rev. 806, 809 n. 18 (1989): „Crudely characterized, the artificial entity theory best fits modern liberal or leftist views, the aggregate theory best fits libertarian, classical liberal or neo-conservative views, and the natural entity theory best fits moderate or traditional conservative views."; kritisch dazu *Mayson/French/Ryan*, Company Law (Fn. 129) 137: „[...] inaccuracy of the crude association of corporate law theories with political views [...]. In fact the natural-entity theory was once the favourite of both the left and the right."

291 Für einen multidisziplinären Zugriff der Sammelband von *Baars/Spicer* (Hrsg.), The Corporation – A Critical Multi-Disciplinary Handbook, 2017; aus soziologischer Sicht zuletzt *Meyer/Leixnering/Veldman* (Hrsg.), The Corporation. Rethinking the Iconic Form of Business Organization, 2022; aus politikwissenschaftlicher Perspektive *Singer*, The Form of the Firm. A Normative Political Theory of the Corporation, 2021; s. auch *Ripken*, Corporate Personhood (Fn. 165), S. 52 f.: „There is value in acknowledging the many facets of the corporation, as viewed through different disciplinary lenses, even though we know that various disciplinary theories are bound to matter in different ways for different issues over time."

292 *Geldart*, (1911) 27 LQR 90, 94; gleichsinnig *Ripken*, 15 Fordham J. C. & Fin. L. 118, 169 (2009): „The concept of the corporate person depends on a mass of legal and non-legal considerations: philosophical, moral, metaphysical, political, historical, sociological, psychological, theological and economic."

Holger Fleischer

§ 2 Shareholder Value versus Stakeholder Value – eine Jahrhundertdebatte und kein Ende?

I. Thema —— 71
II. Shareholder Value versus Stakeholder Value in Betriebswirtschaftslehre und Managementforschung —— 74
    1. Shareholder Value (*Milton Friedman* und *Alfred Rappaport*) —— 75
    2. Stakeholder Value (*Edward Freeman*) —— 78
    3. Zwischenergebnis —— 80
III. Shareholder Value versus Stakeholder Value im deutschen Aktienrecht —— 82
    1. *Rathenau* und die Lehre vom Unternehmen an sich (1917/1927) —— 82
    2. Gemeinwohlklausel in § 70 Abs. 1 des Aktiengesetzes von 1937 —— 84
    3. Verzicht auf eine konkrete Unternehmenszielbestimmung im Aktiengesetz von 1965 —— 86
    4. BGH-Rechtsprechung: Unternehmensinteresse als Kompass für das Vorstandshandeln —— 87
    5. Ambivalenter Argumentationswert des Mitbestimmungsgesetzes von 1976 —— 89
    6. Shareholder Value auf dem Vormarsch (1990er Jahre) —— 90
    7. Zurückschwingen des Pendels zur Stakeholder-Orientierung nach der Finanzkrise —— 91
    8. Gegenwärtiger Rechtsstand —— 92
        a) Aktuelles Meinungsbild —— 92
        b) Stellungnahme —— 94
    9. Zwischenergebnis —— 98
IV. Shareholder Value versus Stakeholder Value in ausländischen Rechtsordnungen —— 99
    1. Österreich —— 100
    2. Schweiz —— 101
    3. Vereinigtes Königreich —— 104
    4. Vereinigte Staaten —— 106
        a) Rechtsprechung und Gesetzgebung —— 106
        b) Rechtslehre —— 108
    5. Zwischenergebnis —— 110
V. Schluss —— 112

I. Thema

Die Frage nach den Zielvorgaben für das Vorstandshandeln gehört zu den aktienrechtlichen Jahrhundertproblemen.[1] An ihr haben sich zu allen Zeiten und an ganz

---

[1] Vgl. *Fleischer*, ZGR 2007, 500, 508; ebenso *Hommelhoff*, FS Lutter, 2000, S. 95, 103: „Dieser Interes-

verschiedenen Orten geistige Auseinandersetzungen entzündet, die heute zum Traditionsschatz des Gesellschaftsrechts zählen: *Walther Rathenau* gegen *Frederick Haussmann* in der Weimarer Republik,[2] *Adolf Berle* gegen *Merrick Dodd* während der Großen Depression in den Vereinigten Staaten,[3] *Walter Schluep* gegen *Rolf Bär* in der Schweiz der Nachkriegszeit.[4]

Mit dem aufkommenden Shareholder-Value-Ansatz in der Managementlehre während der zweiten Hälfte der 1980er Jahre und seinem Gegenentwurf, dem Stakeholder-Value-Konzept, gewann die altehrwürdige Debatte wieder an Lebendigkeit und wohl auch an rechtsökonomischer Rationalität[5] und Tiefenschärfe. Dabei schlug das Pendel bald in die eine, bald in die andere Richtung aus: Auf den weltweiten Siegeszug des Shareholder-Value-Denkens in den 1990er Jahren folgte sowohl nach den Bilanzskandalen um die Jahrtausendwende[6] wie nach der globalen Finanzmarktkrise von 2008[7] scharfe Kritik an dessen angeblicher Kurzfristorientierung.[8]

---

senwiderstreit, angereichert um die Frage nach möglichen eigenen Interessen der Aktiengesellschaft und ihres Unternehmens, markiert in der Geschichte des Aktienrechts ein fundamentales, ein Jahrhundertproblem […]."; aus anglo-amerikanischer Sicht *Cheffins*, 98 Wash. U. L. Rev. 1607, 1609 (2021): „A ‚Great Debate' about whether public companies exist to deliver returns for shareholders or in service of a broader constituency has been underway for decades."

2 Vgl. *Rathenau*, Vom Aktienwesen. Eine geschäftliche Betrachtung, 1917, S. 38 f. und passim; *Haussmann*, JW 1927, 370; näher unter III 1.

3 Vgl. *Berle*, 44 Harv. L. Rev. 1049 (1931); *Dodd*, 45 Harv. L. Rev. 1145 (1932); *Berle*, 45 Harv. L. Rev. 1365 (1932); näher unter IV 4.

4 Vgl. *Schluep*, Die wohlerworbenen Rechte des Aktionärs, 1955, S. 401; *Bär*, ZBJV 95 (1959), 369; *Schluep*, SAG 33 (1960/61), 137; näher unter IV 2.

5 Pointiert in der Rückschau *Hopt*, FS Wiedemann, 2002, S. 1013, 1019: „Dieses Thema war Gegenstand einer beängstigenden Menge dogmatischer und anderer Untersuchungen über die Interessenpluralität in der Aktienunternehmung. Manches davon erinnert den heutigen Leser an mittelalterliche Theologie."

6 Vgl. etwa den Aufsatztitel von *Bratton*, 76 Tul. L. Rev. 1275 (2002): „Enron and the Dark Side of Shareholder Value"; gleichsinnig *Dallas*, 76 Tul. L. Rev. 1406 (2002): „dark side of shareholder primacy".

7 Vgl. etwa *Bachmann*, AG 2011, 181, 186: „So wurde gerügt, dass es gerade das auf kurzfristige Renditen schielende Gewinnstreben der Anteilseigner war, welches die Gesellschaften zu immer riskanteren Geschäftsmodellen bewogen hatte. Dies führte zu der Forderung, als Absage auf den ‚shareholder value' die Festschreibung auf das Unternehmensinteresse, wie sie der Sache nach noch im AktG 1937 zu finden war, wieder in das AktG aufzunehmen."; ferner *Timm*, ZIP 2010, 2125, 2128.

8 Zusammenfassend *Macharzina/Wolf*, Unternehmensführung, 12. Aufl. 2023, S. 245: „Das Shareholder-Value-Konzept ist insbesondere aufgrund der jüngsten Wirtschafts- und Finanzmarktkrise zunehmend in die Kritik geraten."

Inzwischen hat es nach dem unaufhaltsamen Aufstieg des CSR-Gedankens[9] und des ESG-Konzepts[10] den Anschein, als trage das Stakeholder-Value-Modell dauerhaft den Sieg davon. In diesem Sinne könnte man etwa die vielbeachtete Erklärung des Business Roundtable, einem Zusammenschluss von 184 CEOs der größten US-amerikanischen Unternehmen, vom August 2019 zum „Purpose of a Corporation" verstehen.[11] Darin rücken die Verantwortlichen vom Primat des Shareholder Value ab und verpflichten sich, für alle Stakeholder einen Mehrwert zu schaffen.[12] Ähnlich formuliert es das Davos-Manifest 2020 des Weltwirtschaftsforums.[13] In einem größeren wirtschaftspolitischen Kontext wird der Stakeholder-Kapitalismus immer häufiger als erstrebenswerte Rahmenordnung und tragfähiges Zukunftsmodell ausgerufen.[14] Gleichwohl sollte man nicht den Fehler früherer Tage wiederholen, aus einer Zeit(geist)stimmung heraus vorschnell das Ende der Debatte auszurufen.[15] Prominente Literaturstimmen in den Vereinigten Staaten erblicken in der sog. Stakeholder-Governance ein leeres Versprechen und bezeichnen sie abschätzig als „Stakeholderism".[16] Zugleich weisen sie darauf hin, dass sich viele Unternehmen

---

9 Für einen Überblick *Fleischer*, AG 2017, 509.
10 Für einen Überblick *Koch*, AG 2023, 553; aus der Managementforschung *Edmans*, Financial Management 52 (2023), 3.
11 Business Roundtable, Statement on the Purpose of a Corporation, abrufbar unter BRT.org/Our-Commitment.
12 Vgl. Business Roundtable (Fn. 11): „Since 1978, Business Roundtable has issued periodically Principles of Corporate Governance that include language of a corporation. Each version of that document issued since 1997 has stated that corporations exist principally to serve their shareholders. It has become clear that this language on corporate purpose does not accurately describe the ways in which we and our fellow CEOs endeavor every day to create value for all our stakeholders, whose long-term interests are inseparable."
13 Weltwirtschaftsforum, Davos Manifest 2020, A: „Es ist die Aufgabe eines Unternehmens, alle Interessengruppen in die gemeinsame und nachhaltige Wertschöpfung einzubeziehen. Dabei dient ein Unternehmen nicht nur seinen Aktionären, sondern allen Interessengruppen – Mitarbeitern, Kunden, Lieferanten, dem lokalen Gemeinwesen und der Gesellschaft als Ganzen."
14 Monographisch *Schwab*, Stakeholder-Kapitalismus. Wie muss sich die globale Welt verändern, damit sie allen dient?, 2021.
15 So aber – mit umgekehrter Stoßrichtung zum sog. „shareholder-oriented model" – *Hansmann/Kraakman*, The End of History for Corporate Law, 89 Georgetown L.J. 439, 440 f. (2001): „The principal elements of this emerging consensus are that ultimate control over the corporation should rest with the shareholder class; the managers of the corporation should be charged with the obligation to manage the corporation in the interests of shareholders; other corporate constituencies, such as creditors, employees, suppliers and customers, should have their interest protected by contractual and regulatory means rather than through participation in the corporate governance [...]."
16 Vgl. den Aufsatztitel von *Bebchuk/Tallarita*, The Illusory Promise of Stakeholder Governance, 106 Cornell L. Rev. 91 (2020): „Stakeholderism, we conclude, is an inadequate and substantially counterproductive approach to addressing stakeholder concerns."

nicht an jene Prinzipien hielten, zu denen sie sich in der Business-Roundtable-Erklärung bekannt hätten.[17] Sie plädieren daher auch im ESG-Zeitalter für ein Festhalten am Shareholder-Value-Ansatz.[18]

Das vorliegende Kapitel unternimmt es, die verschiedenen Diskussionsfäden zu entwirren, die sich über Disziplin-, Zeit- und Ländergrenzen hinweg zu den Unternehmenszielen im Aktienrecht entsponnen haben: Wessen Interessen sind Aktiengesellschaften zu dienen bestimmt, wem schulden ihre Geschäftsleiter Rechenschaft? Zu Beginn geht es um die beiden konkurrierenden Positionen in Betriebswirtschaftslehre und Managementforschung, die der ganzen Debatte ihre plakativen Schlagwörter gegeben haben: Shareholder Value und Stakeholder Value (II.). Sodann werden die Entwicklungslinien und Wendungen zur Unternehmenszielbestimmung im deutschen Aktienrecht vom Ende des Ersten Weltkriegs bis in die Gegenwart nachgezeichnet (III.). Es folgt ein rechtsvergleichender Rundblick auf Unternehmenszielbestimmungen in ausgewählten ausländischen Rechtsordnungen (IV.). Schließlich wird eine Summe der verschiedenen Einzeldebatten gezogen (V.).

II. Shareholder Value versus Stakeholder Value in Betriebswirtschaftslehre und Managementforschung

Über Unternehmensziele wird in Betriebswirtschaftslehre und Managementforschung schon lange nachgedacht. In der deutschen Pionierarbeit von *Edmund Heinen* aus dem Jahre 1966 hieß es dazu: „Die Frage nach den Zielen unternehmerischer Betätigung zählt zu den bedeutsamsten und interessantesten Problemstellungen der Betriebswirtschaftslehre."[19] Heute enthalten gängige Lehrbücher zur Allgemeinen Betriebswirtschaftslehre durchweg einen eigenen Abschnitt zu Un-

---

[17] Vgl. *Bebchuk/Tallarita*, 75 Vand. L. Rev. 1031, 1033 (2022): „Overall, our findings support the view that the BRT Statement was mostly for show and that BRT Companies joining it did not intend or expect it to bring about any material changes in how they treat stakeholders."

[18] Monographisch jüngst *Bainbridge*, The Profit Motive. Defending Shareholder Value Maximization, 2023, S. 1 mit folgender Zielsetzung: „[...] my goal is to put forward an unabashed defense of the proposition that the purpose of the corporation is to sustainably maximize shareholder value over the long term. The book defends that proposition as both descriptively accurate and normatively appealing, arguing that shareholder value maximization is both what the law requires and what the law ought to require."

[19] *Heinen*, Grundlagen betriebswirtschaftlicher Entscheidungen. Das Zielsystem der Unternehmung, 1. Aufl. 1966, 3. Aufl. 1976, S. 17.

ternehmenszielen.[20] Hinzu kommt eine reichhaltige Spezialliteratur aus den Bereichen Managementforschung und Unternehmensführung.[21] In sämtlichen Werken findet sich die antithetische Gegenüberstellung von Shareholder Value und Stakeholder Value.[22]

1. Shareholder Value (*Milton Friedman* und *Alfred Rappaport*)

Traditionell wurde in der betriebswirtschaftlichen Zielforschung die langfristige Gewinnmaximierung als oberstes Unternehmensziel angesehen.[23] Danach verfolgt das Unternehmen allein ökonomische Ziele, während soziale und ökologische Belange dem rechtlichen Datenkranz zugewiesen werden.[24] Für deren Achtung soll die staatliche Gesetzgebung sorgen.[25] Auch Elemente des Shareholder-Value-Ansatzes und dessen Rechenkalkül waren in der deutschen Betriebswirtschaftslehre schon seit langem bekannt.[26] Sie spielten insbesondere in den Arbeiten von *Wilhelm Rieger*[27] und *Erich Kosiol*[28] zu pagatorischen und synthetischen Bilanztheorien eine Rolle. Allerdings unterschieden sich Begrifflichkeit und wissenschaftliche Stoßrichtung markant von dem heute geläufigen Shareholder-Value-Konzept.[29]

---

20 Vgl. etwa *Hutzschenreuther*, Allgemeine Betriebswirtschaftslehre, 7. Aufl. 2022, S. 49 ff.; *Schierenbeck/Wöhle*, Grundzüge der Betriebswirtschaftslehre, 19. Aufl. 2016, S. 71 ff.; *Thommen/Achleitner/Gilbert/Hachmeister/Jarchow/Kaiser*, Allgemeine Betriebswirtschaftslehre, 9. Aufl. 2020, S. 45 ff.; *Wöhe/Döring/Brösel*, Einführung in die Allgemeine Betriebswirtschaftslehre, 28. Aufl. 2023, S. 7 f., 50 ff.
21 Vgl. etwa *Macharzina/Wolf* (Fn. 8), S. 243 ff. m.w.N.; monographisch *Poeschl*, Strategische Unternehmensführung zwischen Shareholder-Value und Stakeholder-Value, 2013.
22 Vgl. etwa die Zwischenüberschrift von *Wöhe/Döring/Brösel* (Fn. 20), S. 7: „Stakeholder- versus Shareholderansatz".
23 Dazu *Heinen* (Fn. 19), S. 28 ff. unter der Zwischenüberschrift „Die Kritik der Gewinnmaximierung als Ausgangspunkt der Zielforschung".
24 Vgl. statt vieler *Wöhe/Döring/Brösel*, Einführung in die Allgemeine Betriebswirtschaftslehre, 27. Aufl. 2020, S. 65.
25 So *Wöhe/Döring/Brösel* (Fn. 20), S. 53.
26 Eingehend *Bühner*, FS Schweitzer, 1997, S. 28, 32 ff.; zusammenfassend *Brockhoff*, Betriebswirtschaftslehre in Wissenschaft und Geschichte, 6. Aufl. 2021, S. 41.
27 *Rieger*, Einführung in die Privatwirtschaftslehre, 1928.
28 *Kosiol*, Pagatorische Bilanz, 1976.
29 Vgl. *Brockhoff* (Fn. 26), S. 41: „Auch hier sind Sprache und Absicht der Darstellung andere als in späterer Zeit."; außerdem *Bühner* (Fn. 26), S. 28, 40: „Der Verdienst des Shareholder-Value-Ansatzes neuerer Prägung ist es, den Unternehmen konkrete Handlungsempfehlungen zur Wertsteigerung zu geben."

International hat die Leitidee der Gewinnmaximierung einen frühen Fürsprecher in der Person des späteren Nobelpreisträgers *Milton Friedman* von der Universität Chicago gefunden. Im Schlusssatz eines Essays in der New York Times von 1970 fasste er sein Credo wie folgt zusammen: „[In a free society], there is one and only one social responsibility of business – to use its resources and engage in activities designed to increase its profits so long as it stays within the rules of the game, which is to say, engages in open and free competition without deception or fraud."[30] Rückblickend haben prominente Stimmen diesen Beitrag als die intellektuelle Grundlage der Shareholder-Value-Revolution[31] und bahnbrechenden Wendepunkt in der Theorie des Gesellschaftsrechts[32] bezeichnet. Zuletzt hat aber eine nicht minder prominente Stimme dieser Deutung vehement widersprochen: „It strains credulity that an entire school of academic thought could have this sort of impact, let alone a single newspaper essay that was not even 3,000 words in length."[33]

In der Managementwelt erfuhr die Strategie einer aktionärsorientierten Unternehmensführung breite Aufmerksamkeit durch ein Buch von *Alfred Rappaport*, langjähriger Professor an der Kellogg School of Management der Northwestern University, aus dem Jahre 1986: „Creating Shareholder Value. The New Standard for Business Performance", dem ein gleichlautender Aufsatz aus dem Jahre 1981 vorausgegangen war.[34] In der Sache ging es *Rappaport* darum, die Werttreiber im Unternehmen zu identifizieren und darauf aufbauend jene Wachstumsstrategie auszuwählen, die den höchsten Wertzuwachs versprach. Als Messgröße zur Verwirklichung einer kapitalmarktorientierten Unternehmensführung zog er den Shareholder Value heran, errechnet aus der Summe der künftigen Free Cash-flows aus unternehmerischer Tätigkeit und abgezinst mit Hilfe der Capital-Asset-Pricing-

---

[30] *Friedman*, New York Times Magazine, 13.9.1970, S. 17. In der Mitte des Textes findet sich zur Verantwortung des angestellten Geschäftsleiters folgende Variation: „In a free-enterprise, private-property system, a corporate executive is an employee of the owners of the business. He has direct responsibility to his employers. That responsibility is to conduct the business in accordance with their desires, which generally will be to make as much money as possible while conforming to the basic rules of the society, both those embodied in law and those embodied in ethical custom."; rückblickende Würdigung in dem Sammelband von *Zingales/Kasperkevic/Schechter* (Hrsg.), Milton Friedman 50 Years Later, 2020.
[31] *Hart/Zingales*, 2 J.L. Fin. & Acct. 247, 248 (2017): „the intellectual foundation for the 'shareholder value' revolution".
[32] *Chen/Hanson*, 103 Mich. L. Rev. 1, 42 (2004): „a seminal turning point in corporate legal theory".
[33] *Cheffins*, 98 Wash. U. L. Rev. 1607, 1612 (2021) unter dem Titel: „Stop Blaming Milton Friedman!".
[34] *Rappaport*, Harvard Business Review 59 (1981), 139.

Methode (CAPM).[35] Dahinter steht die Überlegung, dass ein Unternehmen nur dann ökonomischen Wert (Economic Value Added) schafft, wenn seine Eigenkapitalrendite größer ist als der mit der CAPM-Methode bestimmte Zinssatz.[36] Eine solche wertorientierte, an den Interessen der Aktionäre ausgerichtete Unternehmensführung sollte den Unternehmen helfen, sich in dem weltweiten Wettbewerb um Eigenkapitalgeber zu behaupten, der in der zweiten Hälfte der 1980er Jahre mit fortschreitender Globalisierung an Intensität zunahm.[37]

Für die tägliche Praxis ist der Shareholder-Value-Ansatz von Unternehmensberatungsgesellschaften wie McKinsey[38] und Boston Consulting Group[39] mit Nuancierungen im Einzelnen fortentwickelt und weiter popularisiert worden.[40] Zahlreiche empirische Studien zu Unternehmenszielen haben in der Folgezeit die große Bedeutung der Shareholder-Value-Orientierung in der in- und ausländischen Unternehmensführung nachgewiesen.[41]

Zugleich ließ sich beobachten, dass das Shareholder-Value-Konzept in der breiteren Öffentlichkeit – sei es aus Unverständnis oder Böswilligkeit – immer häufiger verzerrt dargestellt wurde: Man hielt ihm vor, einer kurzfristigen Gewinnmaximierung zu Lasten aller anderen Anspruchsgruppen Vorschub zu leisten und nachhaltiges Wirtschaften zu vernachlässigen.[42] In der Ursprungsfassung von 1986 findet sich dafür keine Rezeptur; vielmehr empfahl *Rappaport* ausdrücklich eine nachhaltige Strategie, um die Forderungen der anderen Stakeholder-Gruppen erfüllen zu können.[43] Außerdem sollten sich Vergütungssysteme für Geschäftsleiter gerade nicht auf Erfolgskriterien stützen, die sich allein an einem einzelnen Jahresabschluss ausrichten.[44] Vor diesem Hintergrund sah sich *Rappaport* wiederholt veranlasst, sein Ursprungskonzept gegen eine verfälschte Wiedergabe zu verteidi-

---

35 Vgl. *Rappaport*, Creating Shareholder Value, The New Standard for Business Performance, 1986, S. 50 ff.
36 Vgl. *Macharzina/Wolf* (Fn. 8), S. 244.
37 Zum zeitlichen Kontext *Macharzina/Wolf* (Fn. 8), S. 245; speziell zum US-amerikanischen Umfeld S. 243: „Als Hauptursache für die verstärkt auftretende Diskussion um den Shareholder Value wird neben den speziellen Rahmenbedingungen des US-amerikanischen Kapitalmarkts vielfach die auf Corporate Raider zurückzuführende Zunahme von Akquisitionen und der damit in Verbindung stehende Druck der Anteilseigner auf das Top-Management angesehen."
38 *Copeland/Koller/Murrin*, Measuring and Managing the Value of Companies, 3. Aufl. 2000.
39 *Lewis*, Steigerung des Unternehmenswertes, 2. Aufl. 1995.
40 Zu den Gemeinsamkeiten und Unterschieden mit *Rappaports* Kapitalwertmethode *Bühler*, WiSt 1996, 392, 393 ff.
41 Für eine Zusammenstellung der wichtigsten Untersuchungen *Macharzina/Wolf* (Fn. 8), S. 246 f.
42 Dazu *Brockhoff* (Fn. 26), S. 87.
43 Vgl. *Rappaport* (Fn. 35), S. 12.
44 *Rappaport* (Fn. 35), S. 171 ff.

gen⁴⁵ – mit begrenztem Erfolg. Viele hatten einen „Prügelknaben mit Eigenschaften [gefunden], die fast jeder ablehnt, die aber nicht gemeint oder gefordert waren"⁴⁶. Damit ist freilich nicht gesagt, dass sich das Shareholder-Value-Konzept nicht aus anderen Gründen kritisieren ließe.⁴⁷ Wohl aber hatte sich die Debatte vom Ursprungskonzept seines Hauptautors entfernt.⁴⁸

2. Stakeholder Value (*Edward Freeman*)

Der Gegenentwurf zum Shareholder-Value-Denken, der Stakeholder-Value-Ansatz oder – wie es häufig verkürzt heißt – Stakeholder-Ansatz, verfügt ebenfalls über einen ehrwürdigen intellektuellen Stammbaum. Er reicht zurück bis zur Anreiz-Beitrags-Theorie von *Chester Barnard* aus dem Jahre 1938,⁴⁹ die von *Richard Cyert* und *James March* im Jahre 1963 zur sog. Koalitionstheorie weiterentwickelt wurde.⁵⁰ Danach hat ein Unternehmen keine von vornherein vorgegebenen, festen Ziele. Vielmehr verfügen nur Personen über eigenständige Ziele und Interessen,⁵¹ die sie durch ihr Mitwirken am Unternehmen erfüllt sehen möchten. Ihre divergierenden Individualziele werden in einem Verhandlungsprozess unter den Koalitionspart-

---

45 Vgl. etwa *Rappaport*, Financial Analysts Journal 61 (2005), 65, 72: „Many commentators point to the deliberately deceptive accounting practices of Enron, WorldCom, Adelphia Communications, and other recent business failures and contend that the underlying cause is management's infatuation with shareholder value. This claim fails to capture the essence of the shareholder-value approach. The actions taken by these companies added no value [...]. Shareholder value did not fail management; management failed shareholder value. Most CEOs champion the goal of maximizing shareholder value but without embracing the essential determinant of value-risk-adjusted, long-term cash-flows. Instead, they are obsessed with Wall Street's earning-expectation machine, and short-term share price."; ferner das Interview von *Rickens* nach der Finanzmarktkrise, Der Spiegel vom 5.2.2009 mit folgender Äußerung von *Rappaport*: „Die ursprüngliche Bedeutung von Shareholder-Value wurde regelrecht beiseitegestoßen und der Begriff von jenen gekapert, die keinerlei Interesse an der langfristigen Entwicklung von Unternehmen haben. Nämlich von Fondsmanagern und Vorständen, deren Entlohnung vor allem an der kurzfristigen Entwicklung der Aktienkurse hängt."
46 *Brockhoff*, BFuP 68 (2016), 633, 638.
47 So auch *Brockhoff*, BFuP 68 (2016), 633, 638.
48 Dazu *Brockhoff* (Fn. 26), S. 88: „Das Konzept löst sich vom Autor."
49 Grundlegend *Barnard*, The Functions of the Executive, 1938, S. 139 ff.; hieran anknüpfend *March/Simon*, Organizations, 1958, S. 83 ff.
50 *Cyert/March*, A Behavioral Theory of the Firm, 1. Aufl. 1963, S. 27: „Let us view the organization as a coalition. It is a coalition of individuals, some of them organized in subcoalitions."; deutsche Übersetzung: Eine verhaltenswissenschaftliche Theorie der Unternehmung, 2. Aufl. 1995, S. 29.
51 So *Cyert/March* (Fn. 50), S. 26: „1. People (i.e., individuals) have goals, collectivities of people do not."

nern (Anteilseignern, Arbeitnehmern, Fremdkapitalgebern etc.)[52] zu einem Ausgleich gebracht und als Organisations- oder Unternehmensziele verbindlich festgelegt.[53] Hierbei muss das Unternehmen darauf achten, langfristig ein Gleichgewicht zwischen Anreizen und Beiträgen eines jeden Koalitionspartners herzustellen, um seine Funktionsfähigkeit zu gewährleisten.[54]

Zu einer der wirkmächtigsten Theorien in der modernen Managementforschung ausgebaut wurden diese frühen Ansätze durch *Edward Freeman*, Professor an der Darden School of Business Administration der Universität Virginia. Sein Buch „Strategic Management: A Stakeholder Approach" aus dem Jahre 1984 lenkte den Blick darauf, dass es neben den Anteilseignerinteressen auch Interessen anderer Anspruchsgruppen gibt, die im Rahmen unternehmerischer Entscheidungsprozesse zu berücksichtigen sind. Der Sammelbegriff „Stakeholder" wurde dafür erstmals in einem internen Memorandum des Stanford Research Institute von 1963 verwendet.[55] Er ist bewusst in enger Anlehnung an den Ausdruck „Stockholder" geprägt worden. Nach *Freemans* Definition fällt unter den Begriff Stakeholder „any group or individual who can affect or is affected by the achievement of the organization's objectives"[56]. In Folgeveröffentlichungen legte *Freeman* Wert auf die Feststellung, dass es unmöglich sei, eine einheitliche Stakeholder-Theorie zu entwickeln, weshalb man besser von einer Metapher spreche, die von größter Wichtigkeit in einer Erzählung darüber sei, wie Menschen Werte schaffen.[57] Inzwischen hat sich die Stakeholder-Theorie unter *Freemans* ungebrochener Produktivität[58] zu einer veritablen Forschungstradition mit zahlreichen Einzelansätzen und Ausdifferenzierungen entwickelt,[59] für deren vollständige Erfassung es eines eigenen Handbuchs bedarf.[60]

---

52 *Cyert/March* (Fn. 50), S. 27: „In a business organization, the coalition members include managers, workers, stockholders, suppliers, customers, lawyers, tax collectors, regulatory agencies, etc."
53 Näher *Cyert/March* (Fn. 50), S. 29 ff. unter der Zwischenüberschrift „Formation of coalition objectives through bargaining."
54 Dazu aus der deutschen Lehrbuchliteratur *Hutzschenreuter* (Fn. 20), S. 57; *Schierenbeck/Wöhle* (Fn. 20), S. 71.
55 Darauf hinweisend *Freeman/Reed*, Stockholders and Stakeholders: A New Perspective on Corporate Governance, California Management Review 25 (1983), 88, 89.
56 *Freeman*, Strategic Management: A Stakeholder Approach, 1984, S. 46.
57 *Freeman*, in Näsi (Hrsg.), Understanding Stakeholder Theory, 1995, S. 35 ff., 39.
58 Jüngst *Freeman*, Selected Works on Stakeholder Theory and Business Ethics, 2023.
59 Vgl. etwa *Donaldson/Preston*, Academy of Management Review 20 (1995) (1) 85: „The stakeholder theory has been advanced and justified in the management literature on the basis of its descriptive accuracy, instrumental power, and normative validity. These three aspects of the theory, although interrelated, are quite distinct: they involve different types of evidence and argument and have different implications."
60 *Harrison/Barney/Freeman/Phillips* (Hrsg.), The Cambridge Handbook of Stakeholder Theory, 2019.

Die moderne Unternehmensführungslehre fasst Stakeholder mit ähnlichen Ansprüchen zu Stakeholdergruppen (Anspruchsgruppen) zusammen.[61] Dabei pflegt man interne (Eigenkapitalgeber, Arbeitnehmer, Management) und externe Anspruchsgruppen zu unterscheiden, wobei letztere nochmals in wirtschaftliche (Fremdkapitalgeber, Kunden, Lieferanten) und gesellschaftliche (Staat, Medien, Konsumentenschutzgruppen, Kirchen, Natur- und Umweltschutzgruppen) Stakeholder unterteilt werden.[62] Der aktive Umgang mit den verschiedenen Stakeholdern ist Gegenstand des Stakeholder-Managements.[63]

3. Zwischenergebnis

Wer nicht sofort auf die Gegensätze, sondern auf die Gemeinsamkeiten blickt, wird erkennen, dass die beiden konkurrierenden Ansätze in mancher Hinsicht gar nicht so verschieden sind.

Ein gemeinsamer Nenner besteht zum einen im Hinblick auf den Zeithorizont: Wie im Einzelnen dargelegt, verfolgt auch der richtig verstandene Shareholder-Value-Ansatz das Ziel, den Unternehmenswert langfristig zu steigern. Dies hat *Rappaport* in seiner Schrift über die Rettung des Kapitalismus vor dem Kurzfristdenken aus dem Jahre 2011 noch einmal eingehend begründet.[64] Auf der gleichen Linie liegen Äußerungen von *Michael Jensen*, einem der Vordenker der Prinzipal-Agenten-Theorie.[65] Es ist daher wenig glücklich, die Shareholder/Stakeholder-Debatte mit der Short-Termism-Diskussion zu vermengen.[66]

Zum anderen blendet auch der Shareholder-Value-Ansatz die Interessen anderer Anspruchsgruppen keineswegs aus. *Rappaport* spricht in seinem Grundlagenwerk von der wechselseitigen Abhängigkeit zwischen Anteilseignern und anderen Stakeholdern.[67] Daher sei es unabdingbar, dass beide Gruppen partnerschaftlich zusammenwirkten, um gemeinsam Werte zu schaffen.[68] Allerdings

---

[61] Vgl. *Thommen/Achleitner/Gilbert/Hachmeister/Jarchow/Kaiser* (Fn. 20), S. 14.
[62] Näher *Wöhe/Döring/Brösel* (Fn. 20), S. 50 mit einer entsprechenden Abbildung; ähnlich *Thommen/Achleitner/Gilbert/Hachmeister/Jarchow/Kaiser* (Fn. 20), S. 15.
[63] Dazu *Thommen/Achleitner/Gilbert/Hachmeister/Jarchow/Kaiser* (Fn. 20), S. 15.
[64] *Rappaport*, Saving Capitalism from Short-Termism: How to build long-term value and take back our financial future, 2011; zuletzt auch *Edmans*, Financial Management 52 (2023), 3, 4.
[65] Vgl. *Jensen*, Business Ethics Quarterly 12 (2002), 235, 236: „Value maximization states that managers should make all decisions so as to increase the total, long-run marked value of the firm."
[66] So auch *Bueren*, Short-termism im Aktien- und Kapitalmarktrecht, 2022, S. 159.
[67] Vgl. *Rappaport*, Creating Shareholder Value. The New Standard for Business Performance, 2. Aufl. 1998, S. 11.
[68] So *Rappaport* (Fn. 67), S. 7.

müsse das Unternehmen zuvörderst wettbewerbsfähig bleiben, um allen Stakeholdern dienen zu können: „In brief, a value-creating company benefits not only its shareholders but the value of all other stakeholder claims, while all stakeholders are vulnerable, when management fails to create shareholder value."[69] Ähnlich räumt *Jensen* ein, dass man von Stakeholder-Theoretikern viel über erfolgreiche Unternehmensführung und die Einbeziehung aller wesentlichen Anspruchsgruppen lernen könne.[70] Er spricht insoweit von „enlightened value maximization"[71]. Vor diesem Hintergrund halten es auch *Freeman* und seine Anhänger für angezeigt, die enge Stakeholder/Stockholder-Dichotomie zu überwinden.[72] Sie gehen sogar so weit, *Milton Friedman, Michael Jensen* und andere Ikonen des Shareholder-Value-Denkens als „instrumental stakeholder theorists"[73] zu bezeichnen. Mithin reichen die Gemeinsamkeiten weiter als vielfach angenommen.[74]

Gleichwohl bleiben gewisse Unterschiede. Die Vertreter des Shareholder-Value-Ansatzes betonen, dass es zur Erfolgsmessung eines eindeutigen objektiven Maßstabs bedürfe, für den nur der langfristige Marktwert in Betracht komme.[75] Demgegenüber heben die Stakeholder-Value-Vertreter hervor, dass die einseitige Betonung der Marktwertmaximierung dem komplexen Geflecht von Stakeholder-Beziehungen nicht gerecht werde und Fehlentwicklungen begünstige, die ihren Nutzen als Erfolgsmaßstab überwögen.[76] Treffend resümiert eine aktuelle gesellschaftsrechtliche Habilitationsschrift, dass beide Lager ein unterschiedliches Zu-

---

[69] *Rappaport* (Fn. 67), S. 7.
[70] In diesem Sinne *Jensen*, Business Ethics Quarterly 12 (2002), 235, 245: „We can learn from the stakeholder theorists how to lead managers and participants in an organization to think more generally and creatively about how the organization's policies treat all important constituencies of the firm. This includes not just financial markets, but employees, customers, suppliers, the community in which the organization exists, and so on."
[71] *Jensen*, Business Ethics Quarterly 12 (2002), 235: „Enlightened value maximization utilizes much of the structures of stakeholder theory but accepts maximization of the long-run value of the firm as the criterion for making the requisite tradeoffs among its stakeholders, and specifies long-term value maximization or value seeking as the form's objective."
[72] So ausdrücklich *Freeman/Harrison/Wicks/Parmar/de Colle*, Stakeholder Theory: The State of the Art, 2010, S. 3, 10: „move beyond the narrow, supposed stakeholder/stockholder dichotomy".
[73] *Freeman/Harrison/Wicks/Parmar/de Colle* (Fn. 72), S. 3, 14.
[74] Gleichsinnig *Bueren* (Fn. 66), S. 157: „Im Grunde waren (und sind) sich alle Diskutanten einig, dass die lange Frist maßgeblich ist und neben den Aktionären anderen Anspruchsgruppen wesentliche Bedeutung zukommt."
[75] Vgl. *Jensen*, Business Ethics Quarterly 12 (2002), 235, 238.
[76] *Freeman/Harrison/Wicks/Parmar/de Colle* (Fn. 72), S. 3, 13: „We do not believe that the complexity of management can be made so simple."

trauen in die Leistungsfähigkeit des Marktes und in die Loyalität der Manager hätten.[77]

III. Shareholder Value versus Stakeholder Value im deutschen Aktienrecht

„Nun sag', wie hast du's mit den Interessenträgern der Aktiengesellschaft?" Auf diese gesellschaftsrechtliche Gretchenfrage gaben Gesetzgebung, Rechtsprechung und Rechtslehre im Laufe des letzten Jahrhunderts wechselnde Antworten.

1. *Rathenau* und die Lehre vom Unternehmen an sich (1917/1927)

Als historischer Ausgangspunkt und *locus classicus* gilt *Walther Rathenaus* Abhandlung „Vom Aktienwesen. Eine geschäftliche Betrachtung" aus dem Jahre 1917.[78] Das Erscheinen dieser schmalen, nur 62 Seiten umfassenden Schrift hat man mit Recht als intellektuelle Geburtsstunde der deutschen Shareholder/Stakeholder-Debatte bezeichnet.[79] *Rathenau* wies darin eindringlich auf die gemeinwirtschaftliche Bedeutung von Großunternehmen hin: „[D]ie Großunternehmung ist heute überhaupt nicht mehr lediglich ein Gebilde privatrechtlicher Interessen, sie ist vielmehr, sowohl einzeln wie in ihrer Gesamtzahl, ein nationalwirtschaftlicher, der Gesamtheit angehöriger Faktor, der zwar aus seiner Herkunft, zu Recht oder zu Unrecht, noch die privatrechtlichen Züge des reinen Erwerbsunternehmens trägt, während er längst und in steigendem Maße öffentlichen Interessen dienstbar geworden ist und hierdurch sich ein neues Daseinsrecht geschaffen hat."[80]

---

77 So *Bueren* (Fn. 66), S. 158.
78 Rückblickende Würdigung anlässlich des 100-jährigen „Geburtstags" bei *Fleischer*, JZ 2017, 991.
79 In diesem Sinne *Gelter*, 7 N.Y.U. J.L. & Bus. 641, 683 (2011): „often seen as a defining moment for the German debate (i. e. comparable to the role of the Berle-Dodd debate in the US)"; ähnlich *Kuntz*, in Wells (Hrsg.), Research Handbook on the History of Corporate and Company Law, 2018, S. 205, 214: „commonly considered as the seminal work"; ferner *Jürgenmeyer*, Das Unternehmensinteresse, 1984, S. 51: „Die Diskussion um das Unternehmensinteresse hat ihren Anfang genommen im Rahmen der Diskussion um das Schlagwort vom ‚Unternehmen an sich'. Davor war, soweit ersichtlich, der Begriff ‚Unternehmensinteresse' nicht im Gebrauch."
80 *Rathenau*, Vom Aktienwesen. Eine geschäftliche Betrachtung, 1917, S. 38f.

Rathenaus Abhandlung wurde zwar verschiedentlich rezensiert,[81] erregte aber zunächst kein größeres Aufsehen, bis sie zehn Jahre später zum Opfer einer verhängnisvollen Fehldeutung wurde: Der Berliner Rechtsanwalt *Frederick (Fritz) Haussmann* hielt *Rathenau* in einem vielzitierten Aufsatz aus dem Jahre 1927 zu Unrecht vor, er strebe den Schutz des „Unternehmens an sich" gegenüber der Mehrheit in der Hauptversammlung an[82] – ein Begriff, der in *Rathenaus* Schrift selbst nirgends auftaucht. Diesen Schlagwortschatten vom „Unternehmen an sich" wurde *Rathenaus* Schrift fortan nicht mehr los, wie zwei jüngere dogmengeschichtliche Doktorarbeiten detailliert dokumentieren.[83] Er trug maßgeblich zu ihrer Diskreditierung bei: Gegen eine solchermaßen (miss)verstandene Lehre ließ sich in der Spätphase der Weimarer Republik wie nach dem Zweiten Weltkrieg leicht der Vorwurf der Ideologie[84] und inhaltlichen Beliebigkeit[85] erheben. Zutreffend resümiert ein Gesellschaftsrechtslehrbuch den heutigen Stand der Debatte mit den lapidaren Worten: „Die Rechtsordnung kennt und anerkennt kein ‚Unternehmen an sich'."[86] Indes richtet sich diese Kritik weniger gegen *Rathenaus* ursprüngliche Konzeption, sondern vielmehr gegen ihre Fehldeutung durch seine Kritiker: „Bekämpft wird das ‚Unternehmen an sich' in der von *Haussmann* erfundenen Gespenstergestalt."[87] *Rathenau* selbst ging es weniger um eine Verabsolutierung des Unternehmens, sondern vielmehr um den Schutz der Verwaltung vor

---

81 Vgl. *Hachenburg*, JW 1918, 16; *Passow*, Weltwirtschaftliches Archiv 12 (1918), 353.
82 Vgl. *Haussmann*, JW 1927, 370: „Die Ausführungen von Rathenau in seiner Schrift ‚Vom Aktienwesen' über die Bedeutung des Mehrheitsprinzips in der GenV der AktG. führen ihn über dieses hinaus zum Schutz des Unternehmens an sich gegenüber der Mehrheit in der GenV. Dies ist für Rathenau zugleich die Brücke, die ihn zur Fortentwicklung der AktG. im gemeinwirtschaftlichen Sinne leitet, und ihm damit die Möglichkeit gibt, das Gebilde der AktG. in seiner wirtschaftlichen Grundauffassung einzufügen."; s. auch *Haussmann*, Vom Aktienwesen und vom Aktienrecht, 1928, S. 27 ff.
83 Vgl. *Laux*, Die Lehre vom Unternehmen an sich. Walther Rathenau und die aktienrechtliche Diskussion in der Weimarer Republik, 1998; *Riechers*, Das „Unternehmen an sich". Die Entwicklung eines Begriffes in der Aktienrechtsdiskussion des 20. Jahrhunderts, 1996.
84 Vgl. *Mestmäcker*, Verwaltung, Konzerngewalt und Rechte der Aktionäre, 1958, S. 14: „Die Lehre vom verselbständigten Unternehmen, wie sie für die Beziehungen zwischen Aktionären und Verwaltung ausgebildet wurde, ist eine Ideologie, ein Versuch, die Machtansprüche der herrschenden Verwaltung zu legitimieren."
85 Vgl. *Zöllner*, Die Schranken mitgliedschaftlicher Stimmrechtsmacht bei den privatrechtlichen Personenverbänden, 1963, S. 67 f.; ferner *Nörr*, Zwischen den Mühlsteinen, 1988, S. 110 f.
86 *Kübler/Assmann*, Gesellschaftsrecht, 6. Aufl. 2006, S. 178 mit Fn. 40.
87 *Wiethölter*, Interessen und Organisation der Aktiengesellschaft im amerikanischen und deutschen Recht, 1961, S. 40.

spekulierenden Kleinaktionären und – wohl noch wichtiger – um die gemeinwirtschaftliche Verpflichtung von Großunternehmen.[88]

2. Gemeinwohlklausel in § 70 Abs. 1 des Aktiengesetzes von 1937

Von *Rathenau* und der Debatte um das „Unternehmen an sich" führte eine gedankliche Verbindungslinie zur aktienrechtlichen Reformdiskussion in der Spätphase der Weimarer Republik. Sie zeigte sich namentlich in dem Entwurf eines Aktiengesetzes von 1930, der im Anschluss an Entscheidungen des Reichsgerichts[89] den Sonderinteressen einzelner Aktionäre Grenzen zu ziehen versuchte: „Von diesem Gedanken ausgehend, erkennt der Entwurf den in der Rechtsprechung entwickelten Grundsatz als berechtigt an, dass die Interessen des Unternehmens als solchem ebenso schutzbedürftig sind wie das individuelle Interesse des einzelnen Aktionärs. Bei sachgemäßer Verwaltung des Unternehmens und richtiger Einstellung der einzelnen Aktionäre gibt es in Wahrheit einen Interessengegensatz zwischen dem Unternehmen und seinen Aktionären nicht."[90] Jeder Aktionär, so die Entwurfsbegründung weiter, müsse sich bewusst sein, dass die moderne Aktiengesellschaft nicht nur eine Form des individuellen Gewinnstrebens sei, sondern in verschiedenen Abstufungen auch den allgemeinen Interessen des Volkes zu dienen habe.[91] Im Rückblick hat man diese Entwurfsbegründung treffend als „Deklamationen, gegründet auf die Ideologie des ‚Unternehmens an sich'"[92] bezeichnet, die praktisch vorerst folgenlos blieben, weil die Einzelregelungen des Entwurfs von der späteren Gemeinwohlklausel noch nichts wussten.

Das dann schon unter nationalsozialistischer Herrschaft verabschiedete Aktiengesetz von 1937 griff den Gemeinwohlgedanken bereitwillig auf und gab ihm in § 70 Abs. 1 eine neue Gestalt:

---

88 Im Kern zutreffend *Flume*, FS Beitzke, 1979, S. 43, 46: „Rathenau ging es in der Schrift vornehmlich um die Stärkung der Verwaltung der AG und der Aktionärsmehrheit im Verhältnis zu den Minderheitsaktionären. Damit einher ging die Berücksichtigung des Gemeinwohls, die natürlich auch der Stärkung der Stellung der Verwaltung zukam."; aus dem zeitgenössischen Schrifttum bereits *Natter*, FS Pinner, 1932, S. 507, 553.
89 Grundlegend RGZ 107, 72 und 107, 202 aus dem Jahre 1923, in denen das RG das notorische *Hibernia*-Urteil aus dem Jahre 1908 („Mehrheit ist Mehrheit") aufgab.
90 *Reichsjustizministerium* (Hrsg.), Entwurf eines Gesetzes über Aktiengesellschaften und Kommanditgesellschaften auf Aktien, 1930, S. 94.
91 So *Reichsjustizministerium* (Fn. 90), S. 94.
92 *Flume* (Fn. 88), S. 43, 47.

„Der Vorstand hat unter eigener Verantwortung die Gesellschaft so zu leiten, wie das Wohl des Betriebs und seiner Gefolgschaft und der gemeine Nutzen von Volk und Reich es fordern."

Über diese Gemeinwohlklausel und ihre fehlende Bezugnahme auf die Aktionäre als maßgebliche Interessenträger[93] ist viel geschrieben worden[94], wobei sich zwei konkurrierende Narrative gegenüberstehen: Das eine betont stärker die geistige Kontinuität dieser Klausel mit dem Aktienrechtsdenken in der Weimarer Republik[95], das andere ihre Verwurzelung in der nationalsozialistischen Ideologie und ihre Übereinstimmung mit dem parteipolitischen Grundsatz der NSDAP „Gemeinnutz geht vor Eigennutz"[96]. Unter Durchsetzungsgesichtspunkten verdient Hervorhebung, dass die Wahrung der „Richtlinien" i. S. d. § 70 Abs. 1 AktG 1937 ausweislich der Gesetzesmaterialien zu den „Grundsätzen einer verantwortungsbewußten Wirtschaftsführung"[97] gehörte. Bei gröblichen Verstößen gegen diese Grundsätze ermächtigte § 288 Abs. 1 AktG 1937 das Reichswirtschaftsgericht, die Gesellschaft auf Antrag des Reichswirtschaftsministers aufzulösen – eine Sanktion, die freilich im Zusammenhang mit der Gemeinwohlklausel toter Buchstabe blieb.[98]

---

93 Dazu *Fleischer*, ZGR 2017, 411, 413 mit einem Hinweis darauf, dass die Amtliche Begründung ihnen immerhin einen Nebensatz widmet; ferner *Vagts*, 80 Harv. L. Rev. 23, 40 (1966): „One omission in section 70 is noteworthy – nothing was said about the shareholders!"
94 Zusammenfassend *Fleischer*, ZGR 2017, 411, 412f. m.w.N.
95 Aus zeitgenössischer Sicht *F.A. Mann*, J. Comp. Legis. & Int. L. 19 (1937), 220, 224ff.; rückblickend etwa *Riechers* (Fn. 83), S. 166f.
96 In diesem Sinne *Mertens*, NZR 29 (2007), 88, 92ff.; *Stolleis*, Gemeinwohlklauseln im nationalsozialistischen Recht, 1974, S. 76ff.; vermittelnd *Kuntz* (Fn. 79), S. 205, 219: „One might argue, however, that the common good and its protection had been a question debated in the Weimar Republic, just as the subordination of the corporation and its shareholders, most famously by Rathenau. For the Nazis, however, this clause was the means of transport of ideology into corporate law and enforcement of Nazi principles through state interference."
97 Amtl. Begr. zu §§ 70, 71 AktG 1937 bei *Klausing*, Gesetz über Aktiengesellschaften und Kommanditgesellschaften auf Aktien (Aktien-Gesetz) nebst Einführungsgesetz und „Amtlicher Begründung", 1937, S. 59.
98 Allgemein dazu *Riechers* (Fn. 83), S. 167: „besagte Gemeinwohlformel in § 70 AktG, deren praktische Bedeutung in der Folgezeit allerdings gegen Null tendierte"; ferner *Vagts*, 80 Harv. L. Rev. 23, 41 (1966): „Of case law, there is virtually nothing." Zum Genossenschaftsrecht mit gegenteiliger Stoßrichtung sogar RG JW 1938, 2019: „Wenn ein Vorstand über die ihm durch das Genossenschaftsstatut gezogenen Grenzen hinausgeht, um der Allgemeinheit zu dienen, so überschreitet er seine Geschäftsführungsbefugnis und verletzt damit die ihm der Genossenschaft gegenüber obliegende Pflicht zur Anwendung der Sorgfalt eines ordentlichen Geschäftsmannes."; zustimmend *Ruth*, JW 1938, 2020, 2021; ferner *Mestmäcker* (Fn. 84), S. 37: „Die angeführten Urteile lassen erkennen, in welch undurchdringliches Gestrüpp man gerät, wenn mit der Wahrnehmung öffentlicher Belange durch die Verwaltung der Aktiengesellschaften ernst gemacht wird."

3. Verzicht auf eine konkrete Unternehmenszielbestimmung im Aktiengesetz von 1965

Im Rahmen der großen Aktienrechtsreform von 1965 bestand eine der Aufgaben darin, eine neue Fassung für die NS-verdächtige Gemeinwohlklausel des § 70 Abs. 1 AktG 1937 zu finden.[99] Hierzu wogte die Diskussion im Laufe der Beratungen hin und her.[100] Der Referentenentwurf übernahm sie in einer bereinigten, erstmals auch die Aktionäre einbeziehenden Fassung:

> „Der Vorstand hat unter eigener Verantwortung die Gesellschaft so zu leiten, wie das Wohl des Unternehmens, seiner Arbeitnehmer und Aktionäre, sowie das Wohl der Allgemeinheit es erfordern."[101]

Demgegenüber hielt der Regierungsentwurf eine solche Klausel für entbehrlich: Dass der Vorstand bei seinen Maßnahmen die Belange der Aktionäre, der Arbeitnehmer und der Allgemeinheit zu berücksichtigen habe, verstehe sich von selbst und brauche deshalb nicht ausdrücklich im Gesetz bestimmt zu werden.[102] Im Bundestag ist in den Ausschussberatungen beantragt worden, vor § 76 AktG einen § 75a AktG einzufügen und in ihm zu bestimmen, dass die Gesellschaft das Unternehmen unter Berücksichtigung des Wohls seiner Arbeitnehmer, der Aktionäre und der Allgemeinheit zu betreiben hat.[103] Eine solche Ergänzung sei notwendig, um § 70 Abs. 1 AktG 1937 – wenn auch in abgewandelter Form – beizubehalten. Streiche man die Vorschrift, sei zu befürchten, dass die Gerichte dies dahin auslegten, dass der Vorstand nicht mehr wie bisher auch das öffentliche Wohl und das Wohl der Arbeitnehmer zu beachten habe.[104] Die Mehrheit im Rechts- und Wirtschaftsausschuss sprach sich jedoch gegen die beantragte Ergänzung aus. Sie teilte zwar die Auffassung, dass jede Aktiengesellschaft, auch wenn ihre Tätigkeit auf die Erzielung eines Gewinns gerichtet sei, sich in die Gesamtwirtschaft und die Interessen der Allgemeinheit einfügen müsse.[105] Die beantragte Klausel habe aber keine rechtliche Substanz. Bei ihrer Aufnahme in das Gesetz bestehe die Gefahr, dass ihr gleichwohl eine weitergehende Bedeutung beigemessen werde. Diese Gefahr bestehe umso

---

99 Rückblickend *Kropff*, in Fleischer/Koch/Kropff/Lutter, 50 Jahre Aktiengesetz, 2016, S. 1, 2 f.
100 Sorgfältig abschichtende Darstellungen des Gesetzgebungsverfahrens etwa bei *Rittner*, FS Geßler, 1971, S. 139, 142 ff.; *Schmidt-Leithoff*, Die Verantwortung der Unternehmensleitung, 1989, S. 31 ff.
101 § 71 Abs. 1 RefE 1958.
102 So Begr. RegE bei *Kropff*, AktG, 1965, S. 97.
103 Vgl. Ausschussbericht bei *Kropff* (Fn. 102), S. 97.
104 Vgl. Ausschussbericht bei *Kropff* (Fn. 102), S. 97.
105 Vgl. Ausschussbericht bei *Kropff* (Fn. 102), S. 97.

mehr, wenn aus der Reihenfolge der Aufzählung der Schluss gezogen werden würde, das zuerst genannte Wohl der Arbeitnehmer habe im Zweifel Vorrang vor dem Wohl der Aktionäre und diese beiden wiederum vor dem Wohl der Allgemeinheit.[106] Gesetz geworden ist damit die – kupierte – Vorgabe des § 76 Abs. 1 AktG:

> „Der Vorstand hat unter eigener Verantwortung die Gesellschaft zu leiten."

4. BGH-Rechtsprechung: Unternehmensinteresse als Kompass für das Vorstandshandeln

Mangels ausdrücklicher gesetzlicher Wegleitung standen Rechtsprechung und Rechtslehre vor der schwierigen Aufgabe, selbst Leitplanken für das Vorstandshandeln zu entwickeln. Einen Orientierungspunkt hierfür boten Entscheidungen des RG zum Schutz der Minderheitsaktionäre gegen den Missbrauch der Mehrheitsmacht aus dem Jahre 1923. Sie führten die Begriffe „Interesse der Gesellschaft"[107] und „Wohl der Gesellschaft"[108] ein und grenzten sie sachlich wie terminologisch gegen die „Sonderinteressen"[109] und „eigensüchtigen Interessen"[110] einzelner Aktionäre ab. Der BGH knüpfte hieran in seinem *Bayer*-Urteil aus dem Jahre 1975 zur Verschwiegenheitspflicht von Aufsichtsratsmitgliedern an: Das entscheidende Merkmal für die Beurteilung der Schweigepflicht gemäß §§ 93 Abs. 1 Satz 3, 116 AktG sei ein „objektives, nämlich das Bedürfnis der Geheimhaltung im Interesse des Unternehmens"[111]. Für Aufsichtsratsmitglieder der Aktionäre wie der Arbeitnehmer sei das „Interesse des Unternehmens maßgebend, das sich vielfach, aber nicht immer, mit den Interessen der im Aufsichtsrat repräsentierten Gruppen decken wird"[112]. Damit war ein Begriff geboren, der künftig auch für alle Vorstandsmitglieder eine normative Richtschnur bilden sollte: das Unternehmensinteresse.[113]

Seit dem *Bayer*-Urteil greift der BGH in ständiger Rechtsprechung auf die Vokabel des Unternehmensinteresses zurück. So judizierte er im Jahre 1980 bei der

---

106 So Ausschussbericht bei *Kropff* (Fn. 102), S. 97.
107 RGZ 107, 72, 75; 107, 202, 204.
108 RGZ 107, 72, 75; 107, 202, 204.
109 RGZ 107, 202, 204.
110 RGZ 107, 202, 204.
111 BGHZ 64, 325, 329 – Bayer.
112 BGHZ 64, 325, 332 – Bayer.
113 Vgl. den Titel der Monographie von *Schubert*, Das Unternehmensinteresse – Maßstab für die Organwalter der Aktiengesellschaft, 2020.

Auslegung einer Satzungsbestimmung zur Aufsichtsratswahl, deren qualifiziertes Mehrheitserfordernis setze nur voraus, dass rivalisierende Aktionärsgruppen bereit seien, Personalwünsche „im Interesse des Unternehmens bis zu einem gewissen Grade zurückzustellen"[114]. Zwei Jahre später formulierte er in seiner ersten Entscheidung zum MitbestG 1976, dass das Zweitstimmrecht des Aufsichtsratsvorsitzenden den Zweck verfolge, den Aufsichtsrat „im Unternehmensinteresse"[115] funktionstüchtig zu erhalten. In weiteren Urteilen zur Rechtfertigung eines Bezugsrechtsausschlusses durch Hauptversammlung oder Verwaltung sprach er ursprünglich vom „Gesellschaftsinteresse"[116], später verwandte er die Begriffe „Gesellschaftsinteresse"[117] und „Interesse des Unternehmens"[118] nebeneinander in ein und demselben Urteil. In der *Mannesmann*-Entscheidung von 2005 zu § 266 StGB hielt der BGH unter Hinweis auf das *ARAG/Garmenbeck*-Urteil zur Geltendmachung von Schadensersatzansprüchen der AG gegen den Vorstand[119] wörtlich fest: „Das Unternehmensinteresse ist bei unternehmerischen Entscheidungen als verbindliche Richtlinie anerkannt."[120]

Eine nähere Umschreibung oder gar eine Definition des Unternehmensinteresses hat die Rechtsprechung bisher stets vermieden. Zur Begründung führte ein ehemaliger Bundesrichter aus, dass sich der BGH nicht mit der Wertung abstrahierender Begriffe oder Institutionen aufhalte, sondern sofort die Interessen und Interessenten in den Blick nehme, die von den jeweiligen Maßnahmen betroffen seien oder berührt würden.[121] Es sei aber kein Geheimnis, dass der BGH – ganz im Sinne der Stakeholder-Theorie – Aktionäre, insbesondere die Minderheit, Gesellschaftsgläubiger, aber auch Arbeitnehmer und die öffentlichen Interessen im Auge habe.[122] Diese Interessen müssten je nach Entscheidungsgegenstand im Rahmen der gesetzlichen Regelung im Lichte der Grundrechte gewichtet werden.[123] Ein vor-

---

114 BGHZ 76, 191, 194 – Riegeler Bier.
115 BGHZ 83, 144, 149 – Dynamit Nobel; ferner BGHZ 83, 106, 121 – Siemens.
116 BGHZ 71, 40, 44 – Kali und Salz; näher dazu *Lieder/Müller*, in Fleischer/Thiessen (Hrsg.), Gesellschaftsrechts-Geschichten, 2018, § 8.
117 BGHZ 125, 239, 244 – Deutsche Bank; BGHZ 136, 133, 139 – Siemens/Nold.
118 BGHZ 125, 239, 249.
119 BGHZ 135, 244, 253, 255 f.: „Unternehmenswohl"; näher dazu *J. Koch*, in Fleischer/Thiessen (Fn. 116), § 14.
120 BGHSt 50, 331, 338; näher dazu *Kuntz*, in Fleischer/Thiessen (Fn. 116), § 18.
121 Vgl. *Henze*, BB 2000, 209, 212.
122 So *Henze*, BB 2000, 209, 212.
123 In diesem Sinne *Henze*, BB 2000, 209, 212 mit dem Zusatz: „Naturgemäß stehen dabei die Belange der (Minderheits-)Aktionäre und der Gesellschaftsgläubiger im Vordergrund [...]. In den Vordergrund treten können aber auch Arbeitnehmerbelange, wie sich gerade in den Entscheidungen zum Mitbestimmungsrecht gezeigt hat."

sichtiger Fingerzeig zugunsten der Berücksichtigungsfähigkeit des Gemeinwohls findet sich im *Schloss-Eller*-Urteil des BGH aus dem Jahre 2018: Der Vorstand dürfe ein unmittelbar nachteiliges Geschäft dann vornehmen, so heißt es dort, wenn hierdurch vernünftigerweise langfristige Vorteile zu erwarten seien.[124] In diesem Rahmen werde in der Literatur auch die Berücksichtigung von Gemeinwohlbelangen bei unternehmerischen Entscheidungen befürwortet.[125] Die Berücksichtigung solcher Belange, so der II. Zivilsenat, sei bei der Übernahme und Sanierung eines denkmalgeschützten Gebäudes durch eine kommunale Aktiengesellschaft von ihrer Alleinaktionärin, der Kommune, nicht ganz fernliegend.[126]

5. Ambivalenter Argumentationswert des Mitbestimmungsgesetzes von 1976

Die Einführung der paritätischen unternehmerischen Mitbestimmung hat seinerzeit „die wohl intensivste Diskussion zum Thema Unternehmensinteresse"[127] ausgelöst. Welcher Argumentationswert dem MitbestG 1976 in der Debatte um die Unternehmenszielbestimmung beizulegen ist, wurde und wird allerdings unterschiedlich beurteilt. Verschiedene Autoren erblicken in der paritätischen Mitbestimmung eine gesetzliche Verankerung der interessenpluralistischen Zielkonzeption.[128] Andere Stimmen betonten demgegenüber die Letztverbindlichkeit des erwerbswirtschaftlichen Zieles einer Aktiengesellschaft sowie die Ausrichtung der Verwaltung auf das Gesellschaftsinteresse.[129] Die Mitbestimmung auf Unternehmensebene habe daran nichts geändert, sondern den Grundsatz der langfristigen Gewinnoptimierung wegen des Zweitstimmrechts des Aufsichtsratsvorsitzenden sogar bekräftigt.[130] Das BVerfG hat eine Verfassungsbeschwerde gegen das MitbestG

---

124 Vgl. BGHZ 219, 193 Rn. 54.
125 So BGHZ 219, 193 Rn. 54.
126 BGHZ 219, 193 Rn. 54.
127 *Mülbert*, ZGR 1997, 129, 150; ähnlich *Flume* (Fn. 88), S. 43, 65: „Das Unternehmensinteresse spielt eine besondere Rolle in der Diskussion zur Mitbestimmung."
128 Vgl. etwa *Raiser*, FS R. Schmidt, 1976, S. 101, 114 ff.; *Reuter*, AcP 179 (1979), 509, 524; *Schilling*, ZHR 144 (1980), 136, 143; später auch *Hopt*, ZGR 1993, 534, 536; *Koch*, AktG, 17. Aufl. 2023, § 76 Rn. 30.
129 Vgl. *Wiedemann*, Gesellschaftsrecht, Bd. I, 1980, S. 338 f.
130 In diesem Sinne *Wiedemann*, Organverantwortung und Gesellschafterklagen in der Aktiengesellschaft, 1989, S. 36 f.; weitere Argumente bei *Birke*, Das Formalziel der Aktiengesellschaft, 2005, S. 174 ff.; *Jürgenmeyer* (Fn. 79), S. 68 ff.; *Paefgen*, Unternehmerische Entscheidungen und Rechtsbindung der Organe in der AG, 2002, S. 50 ff.; aus heutiger Sicht auch Grigoleit/*Grigoleit*, AktG, 2. Aufl. 2020, § 76 Rn. 21.

1976 im Jahre 1979 abgewiesen und dabei dem Letztentscheidungsrecht der Kapitalseite maßgebliche Bedeutung beigemessen.[131]

6. Shareholder Value auf dem Vormarsch (1990er Jahre)

Für neue Impulse in der deutschen Diskussion um das Unternehmensinteresse sorgten in den 1990er Jahren rechtsökonomisch inspirierte Beiträge zum Shareholder Value.[132] Anknüpfend an die Rekonzeptualisierung der Aktiengesellschaft als *nexus of contracts* im US-amerikanischen Schrifttum, betonten sie die herausgehobene Bedeutung der Anteilseignerinteressen im Rahmen der aktienrechtlichen Zielkonzeption.[133] Hiervon erhofften sie sich insbesondere eine zuverlässigere Richtschnur für das Vorstandshandeln als durch den notorisch unscharfen Begriff des Unternehmensinteresses.[134] Rückblickend spricht ein Zaungast aus der Soziologie von einem „contractual turn"[135] in der deutschen Aktienrechtswissenschaft. Dieser Meinungswandel, der mit einer Internationalisierung der Finanzmärkte und dem Vordringen der wertorientierten Unternehmensführung im Management einherging[136], ließ den Reformgesetzgeber nicht unbeeindruckt: Mit der erleichterten Möglichkeit zum Rückerwerb eigener Aktien (§ 71 Abs. 1 Nr. 8 AktG) und zur Durchführung von Aktienoptionsprogrammen für Führungskräfte (§ 192 Abs. 2 Nr. 3 AktG) durch das KonTraG von 1998[137] hat er sich nach verbreiteter Lesart dem

---

131 Vgl. BVerfGE 50, 290; dazu auch die Deutung von *Kuntz* (Fn. 79), S. 205, 231: „The theory of the corporation as a ‚thing in itself' as developed by Rathenau serves as the ideological basis expressly referred to by the German constitutional court in its 1979 decision."
132 Vgl. etwa *Mülbert*, ZGR 1997, 129; *Schilling*, BB 1997, 373; *R.H. Schmidt/Spindler*, FS Kübler, 1997, S. 515, 534 ff.; *Kübler*, FS Zöllner, 1998, S. 321; *Groh*, DB 2000, 2153, 2157 f.; *Fleischer*, in Hommelhoff/Hopt/v. Werder (Hrsg.), Handbuch Corporate Governance, 1. Aufl. 2003, S. 129; aus betriebswirtschaftlicher Sicht *v. Werder*, ZGR 1998, 69; *Kuhner*, ZGR 2004, 244.
133 So – leicht stilisierend – *Klages*, Socio-Economic Review 11 (2013), 159, 171: „[A] group of anglophile German law professors attacked the employee-oriented concept and advocated a strictly contractarian view of the corporation which puts greater emphasis on shareholders' interests."
134 Zur Kritik am Begriff des Unternehmensinteresses etwa *Zöllner*, AG 2000, 145, 146 f.; ähnlich schon *Rittner*, JZ 1980, 113, 117 mit Fn. 56; scharf ablehnend auch *Adams*, AG 1990, 243, 246 f.; kritisch ferner *Birke* (Fn. 130), S. 168 f.; *Fleischer*, AG 2001, 171, 177; *R.H. Schmidt/Spindler* (Fn. 132), S. 515, 545.
135 So die Überschrift des Beitrags von *Klages*, Socio-Economic Review 11 (2013), 159: „The contractual turn: how legal experts shaped corporate governance reforms in Germany".
136 Monographisch *Sander*, Die Erfindung des deutschen Kapitalismus: Shareholder Value und die deutsche Wirtschaftselite, 2012.
137 Gesetz zur Kontrolle und Transparenz im Unternehmensbereich vom 27.4.1998, BGBl. I, 786.

Shareholder-Value-Gedanken geöffnet[138], ja ihn sogar gefördert und legitimiert.[139] Ganz in diesem Sinne sprach der BGH in einer Leitentscheidung aus dem Jahre 2004 von der „in der Begründung des Regierungsentwurfs zum KonTraG hervorgehobene[n] Steuerungswirkung einer am ‚Shareholder-Value' orientierten Vergütung"[140]. Hinzu kam schließlich die erfolgreiche feindliche Übernahme von *Mannesmann* durch *Vodafone* im Jahre 2000, die den Eindruck erweckte, dass sich auch in Deutschland allmählich ein Markt für Unternehmenskontrolle etablierte.[141]

7. Zurückschwingen des Pendels zur Stakeholder-Orientierung nach der Finanzkrise

Eine tiefe Zäsur bildete dann die Finanzkrise von 2007/2008.[142] Tatsächliche oder vermeintliche Krisenursachen wie die Kurzfristorientierung der Unternehmensführung und das Short-Termism-Denken aktivistischer Aktionäre wurden undifferenziert[143] dem Shareholder-Value-Konzept angekreidet[144] und mündeten zum Teil in eine überschießende Kapitalismus-Kritik. Unter dem wachsenden Druck der Öffentlichkeit sah sich der deutsche Reformgesetzgeber daher veranlasst, durch das VorstAG von 2009[145] falsche Vergütungsanreize durch ein neues Nachhaltigkeits-

---

138 Vgl. Begr. RegE KonTraG, BT-Drucks. 13/9712, S. 13 und 23; *Ernst/Seibert/Stückert*, KonTraG, KapAEG, StückAG, EuroEG, 1998, S. 2; etwas vorsichtiger *Seibert*, AG 2002, 417, 419: „Das KonTraG stand unter der Wirkung dieser Doktrin [= Shareholder-Value-Doktrin]. Das Gesetz hat allerdings nicht die Wertsteigerung zu Gunsten der Aktionäre um ihrer selbst Willen als Ziel [...], sondern umgekehrt die Ausrichtung der Unternehmenspolitik und des Handelns der Organe auf den ‚Shareholder Value', besser: auf ‚Wertsteigerung' wurde benutzt, um die Unternehmen zum Wohl des ganzen – und damit natürlich auch aller Stakeholder – ertragsstärker und wettbewerbsfähiger zu machen."
139 So etwa die Einordnungen von *Fleischer*, ZIP 2006, 451, 454; *Knudsen*, 11 Eur. Law J. 507, 510 (2007); *Mülbert*, FS Röhricht, 2005, S. 421, 434 f.; ferner *Ulmer*, AcP 202 (2002), 143, 158 f.; vorsichtiger *Bueren* (Fn. 66), S. 351 f.; *Habersack/Schürnbrand*, in Bayer/Habersack (Hrsg.), Aktienrechts im Wandel, Bd. I, 2007, 17. Kap. Rn. 73 ff.
140 BGHZ 158, 122, 126 f.
141 Eingehend zu diesem Fall und seinen strafrechtlichen Folgen durch BGHSt 50, 331 *Kuntz* (Fn. 120).
142 Vgl. etwa *Habersack*, AcP 220 (2020), 594, 613: „Die Finanz- und Wirtschaftskrise hat sodann das Wiedererstarken des Stakeholder-Ansatzes beflügelt."
143 Näher zu dem komplexen Ursachenbündel für die Finanzkrise aus ökonomischer Sicht *Hellwig*, Gutachten E zum 68. Deutschen Juristentag 2010 m.w.N.
144 Kritisch dazu BeckOGK AktG/*Fleischer*, Stand: 1.7.2023, § 76 Rn. 41; ferner die Schrift von *Rappaport* (Fn. 64).
145 Gesetz zur Angemessenheit der Vorstandsvergütung, BGBl. I, S. 2509.

gebot in § 87 Abs. 1 Satz 2 AktG zu beseitigen.[146] Flankierend sandte die Regierungskommission Deutscher Corporate Governance Kodex weitere politische Signale gegen ein Shareholder-Value-Denken aus, indem sie noch in selben Jahr die Präambel des Deutschen Corporate Governance Kodex (DCGK) wie folgt änderte: „Der Kodex verdeutlicht die Verpflichtung von Vorstand und Aufsichtsrat, im Einklang mit den Prinzipien der Sozialen Marktwirtschaft für den Bestand des Unternehmens und seine nachhaltige Wertschöpfung zu sorgen (Unternehmensinteresse).“[147] Zugleich nahm Ziff. 4.1.1 DCGK das Stakeholder-Konzept erstmals ausdrücklich in die Umschreibung des Unternehmensinteresses auf: „Der Vorstand leitet das Unternehmen in eigener Verantwortung im Unternehmensinteresse, also unter Berücksichtigung der Belange der Aktionäre, seiner Arbeitnehmer und der sonstigen dem Unternehmen verbundenen Gruppen (Stakeholder) mit dem Ziel nachhaltiger Wertschöpfung.“[148] Ob sich die Regierungskommission mit dieser Formulierung noch im Rahmen ihrer Kompetenzen hielt, wird im Schrifttum teilweise bezweifelt.[149]

8. Gegenwärtiger Rechtsstand

a) Aktuelles Meinungsbild

Im Einklang mit der höchstrichterlichen Rechtsprechung versteht die wohl herrschende Lehre das Unternehmensinteresse im Sinne einer interessenpluralisti-

---

[146] Näher dazu *Fleischer* (Fn. 144), § 87 AktG Rn. 27; *Seibert*, FS Hüffer, 2010, S. 955, 969 f.
[147] Dazu v. *Werder*, in Kremer/Bachmann/Favoccia/v. Werder, Deutscher Corporate Governance Kodex, 9. Aufl. 2023, Rn. 19: „Unter dem Eindruck der faktischen Ausbreitung des Shareholder Value-Gedankens in der Unternehmenspraxis seit Ende der 1990er Jahre wie auch der Finanz- und Wirtschaftskrise ab 2007 hat die Kodexkommission es auf ihrer Sitzung am 18.6.2009 für angebracht gehalten, bereits an prominenter Stelle in der Präambel die Einbettung der Unternehmensführung in die Prinzipien der Sozialen Marktwirtschaft zu betonen und die oberste Leitmaxime für Vorstand und Aufsichtsrat zu thematisieren."
[148] Auch dazu v. *Werder* (Fn. 147), Rn. 22: „Der Kodex präzisiert das Unternehmensinteresse damit auf der Basis eines moderaten Stakeholder-Ansatzes, der in der Unternehmens- und der Managementtheorie als Alternative zum Shareholder-Ansatz der Unternehmensführung diskutiert wird."
[149] Etwa von *Windbichler*, Gesellschaftsrecht, 24. Aufl. 2017, § 27 Rn. 24: „Das geht über den Gesetzeswortlaut des § 76 hinaus und beschreibt eine vertretbare, jedoch nicht zwingende Auslegung. Die Formulierung im Indikativ, also als Wiedergabe des Gesetzes, geht über die Kompetenzen der Kodexkommission hinaus […].“; ähnlich *Windbichler/Bachmann*, Gesellschaftsrecht, 25. Aufl. 2024, § 29 Rn. 41.

schen Zielkonzeption.[150] Danach soll der Vorstand die widerstreitenden Interessen von Aktionären (Kapital), Arbeitnehmern (Arbeit) und Öffentlichkeit (Gemeinwohl) im Wege praktischer Konkordanz zu einem schonenden Ausgleich bringen, ohne an eine bestimmte Rangfolge gebunden zu sein.[151] Bei der Gewichtung der Interessen im Einzelfall wird ihm ein breites Ermessen zugebilligt.[152] Zur Begründung beruft sich diese Ansicht auf ein stillschweigendes Fortwirken der früheren Gemeinwohlklausel im Lichte der Gesetzesmaterialien zum AktG 1965.[153] Außerdem weist sie darauf hin, dass der Shareholder-Value-Ansatz eng mit dem Prinzipal-Agenten-Modell des anglo-amerikanischen Rechts einschließlich seiner monistischen Spitzenverfassung verbunden sei und sich nicht mit den hiesigen Strukturen vertrage.[154]

Entgegen einem häufig erweckten Eindruck haben aber längst nicht alle Kommentatoren einer vorrangigen Aktionärsorientierung abgeschworen. Vielmehr sprechen sich gleich sechs Kommentare[155] zusammen mit weiteren Literaturstimmen[156] im Rahmen des § 76 Abs. 1 AktG für ein moderates Shareholder-Value-Konzept aus. Danach kommt den Aktionärsinteressen im Konfliktfall ein prinzipieller Gewichtungsvorsprung vor den Belangen anderer Anspruchs- und Interessengruppen zu, ohne dass deren Belange gänzlich unberücksichtigt blieben.[157]

---

150 Vgl. *Cahn*, in Kölner Komm. AktG, 4. Aufl. 2023, § 76 Rn. 19 ff.; *Henze*, BB 2000, 212; *Hopt*, ZGR 1993, 534, 536; *Koch* (Fn. 128), § 76 AktG Rn. 30 ff.; *Kort*, in Großkomm. AktG, 5. Aufl. 2015, § 76 Rn. 39; *Seyfarth*, Vorstandsrecht, 2. Aufl. 2023, § 8 Rn. 10 f.; MüKoAktG/*Spindler*, 5. Aufl. 2023, § 76 Rn. 91.
151 So etwa *Cahn* (Fn. 150), § 76 AktG Rn. 23; *Koch* (Fn. 128), § 76 AktG Rn. 28 und 33.
152 Vgl. *Koch* (Fn. 128), § 76 AktG Rn. 33.
153 In diesem Sinne *Koch* (Fn. 128), § 76 AktG Rn. 30.
154 So *Koch* (Fn. 128), § 76 AktG Rn. 31; eingehend *Rittner/Dreher*, Deutsches und Europäisches Wirtschaftsrecht, 3. Aufl. 2008, § 9 Rn. 62 ff.
155 Vgl. *Bürgers*, in Bürgers/Körber/Lieder, AktG, 5. Aufl. 2022, § 76 Rn. 13; *Dauner-Lieb*, in Henssler/Strohn, Gesellschaftsrecht, 5. Aufl. 2021, § 76 AktG Rn. 11; *Fleischer* (Fn. 144), § 76 AktG Rn. 36 ff.; *Grigoleit* (Fn. 130), § 76 AktG Rn. 19 ff.; *Seibt*, in Schmidt/Lutter, AktG, 4. Aufl. 2020, § 76 Rn. 40 ff.; *Weber*, in Hölters/Weber, AktG, 4. Aufl. 2022, § 76 Rn. 22 ff.
156 Vgl. *Arnold*, Steuerung des Vorstandshandelns, 2007, S. 37 ff.; *Empt*, Corporate Social Responsibility – Das Ermessen des Managements zur Berücksichtigung von Nichtaktionärsinteressen im US-amerikanischen und deutschen Aktienrecht, 2004, S. 199 f.; *Groh*, DB 2000, 2153, 2158; *Harenberg*, KritV 2019, 393, 428; *Dörrwächter*, in Kubis/Tödtmann (Hrsg.), Arbeitshandbuch für Vorstandsmitglieder, 3. Aufl. 2022, § 4 Rn. 35; *Wiedemann* (Fn. 129), S. 338 f.; *Windbichler* (Fn. 149), § 27 Rn. 24; *Windbichler/Bachmann* (Fn. 149), § 29 Rn. 41; *Zöllner*, AG 2003, 2, 7 f.
157 Vgl. *Fleischer* (Fn. 144), § 76 AktG Rn. 37; *Seibt* (Fn. 155), § 76 AktG Rn. 40; *Weber* (Fn. 155), § 76 AktG Rn. 22.

b) Stellungnahme

Die besseren Gründe sprechen nach wie vor[158] für einen moderaten Shareholder-Value-Ansatz. Widerspruch verdient zunächst die Deutung der herrschenden Lehre, dass sich aus den Materialien zum Aktiengesetz von 1965 ein Fortgelten der Gemeinwohlklausel des § 70 Abs. 1 AktG ergebe. Vielmehr weisen die Äußerungen der eigentlichen Gesetzgebungsakteure,[159] der Abgeordneten im Rechtsausschuss und im Plenum des Deutsches Bundestages, eher in die entgegengesetzte Richtung – etwa, wenn es heißt, die von einzelnen Ausschussmitgliedern beantragte Einführung eines neuen § 75a AktG[160] habe keine rechtliche Substanz und keine rechtliche Bedeutung.[161] Ähnliches gilt für die protokollierten Äußerungen aus der Plenardebatte des Bundestages.[162] Angesichts dieses bestenfalls diffusen Befundes ist mit einer breiten Literaturmeinung festzuhalten, dass sich aus der Entstehungsgeschichte des § 76 Abs. 1 AktG gerade keine Vorprägung zugunsten einer pluralen Zielkonzeption mit gleichgewichtigen Interessen aller Anspruchsgruppen ableiten lässt.[163]

Zugunsten eines Gewichtungsvorsprungs der Aktionäre spricht demgegenüber schon im Ausgangspunkt der auf Gewinnerzielung ausgerichtete Gesellschaftszweck der Aktiengesellschaft. Falls die Satzung nicht ausnahmsweise etwas anderes vorsieht, prägt die Gewinnstrebigkeit auch den aktienrechtlichen Leitungsmaßstab.[164] Dies lässt durchaus Raum für die Berücksichtigung sozialer und ökonomischer Belange, sofern den Aktionärsinteressen hieraus kein Nachteil erwächst. In

---

158 Vgl. bereits *Fleischer*, in Hommelhoff/Hopt/v. Werder (Hrsg.), Handbuch Corporate Governance, 2. Aufl. 2009, S. 185, 190 ff.
159 Umfassend dazu der Sammelband von *Fleischer* (Hrsg.), Mysterium „Gesetzesmaterialien", 2013.
160 Vgl. den Text zu Fn. 103.
161 So die Ausschussbegründung bei *Kropff* (Fn. 102), S. 97.
162 Einzelnachweise und Ausdeutung bei *Empt* (Fn. 156), S. 129: „Ähnlich unklar sind die verfügbaren Äußerungen aus der Plenardebatte um § 72a [...]."
163 Wie hier *Geßler*, FS Reinhardt, 1972, S. 237, 242; *Rittner*, AG 1973, 113 ff.; *ders.*, FS Geßler, 1971, S. 139, 142; *Spindler* (Fn. 150), § 76 AktG Rn. 79; *Ulmer*, AcP 202 (2002), 143, 158 f.; *Wiedemann*, ZGR 1975, 385, 425 f.; *ders.*, ZGR 1980, 147, 161 f.; *Zöllner*, AG 2003, 2, 7; zugespitzt *Paefgen*, Struktur und Aufsichtsratsverfassung der mitbestimmten AG, 1982, S. 75: „‚Nichts' kann bei zusammenfassender Betrachtung mithin nur die Antwort auf die Frage lauten, was § 70 AktG 1937 für die Bestimmung der Rechtsstellung von Vorstand und Aufsichtsrat nach dem AktG 1965 hergibt."
164 Gleichsinnig *Grigoleit* (Fn. 130), § 76 AktG Rn. 21: „Im Gegensatz zur privatautonomen Verankerung des Gewinnziels im Verbandszweck entbehren aber die ‚sozialen' Elemente des sog. Unternehmensinteresses – im Hinblick auf ihre Einbeziehung in den Leitungsmaßstab – einer klaren gesetzlichen oder privatautonomen Basis."; ferner *Weber* (Fn. 155), § 76 AktG Rn. 22; aus schweizerischer Sicht auch *Fischer*, GesKR 2011, 1, 12 f.

Konflikt mit dem gesetzlichen Grundkonzept eines privatautonomen Aktionärszusammenschlusses zu Zwecken der Gewinnerzielung gerät dagegen ein Modell, dem zufolge der Vorstand Aktionärsinteressen im Rahmen seiner Ermessensentscheidung (nur) „angemessen zu berücksichtigen" hat.[165]

Der wesentliche Vorteil eines monistischen Leitungsmaßstabs liegt in seiner klaren Zielfunktion.[166] Er bietet daher aus einer Prinzipal-Agenten-Perspektive beträchtliche Kontrollkostenvorteile,[167] weil er die Messbarkeit des Erfolges erleichtert[168] und dadurch die diskretionären Handlungsspielräume des Managements verringert.[169] Demgegenüber weist das Stakeholder-Modell keine klare Zielhierarchie auf.[170] Weniger noch: Es bietet gar keinen Bewertungsmaßstab an[171] und wird damit zur Rechtfertigungsformel für ein nahezu beliebiges Vorstandshandeln:[172] Ein Diener vieler Herren ist am Ende aller ledig und niemandem mehr verantwortlich.[173] Hierin liegt eine Einladung zum eigennützigen Managerverhalten auf Kosten der Anteilseigner und anderer Anspruchsgruppen.[174] Diese kardinale Schwäche bleibt auch den Anhängern des Stakeholder-Value-Ansatzes nicht verborgen.[175] Sofern sie als Korrekturmechanismus auf eine „inhaltliche Ermes-

---

165 So aber *Koch* (Fn. 128), § 76 AktG Rn. 33.
166 Vgl. *Fleischer* (Fn. 144), § 76 AktG Rn. 34 m.w.N.
167 Vgl. *Easterbrook/Fischel*, The Economic Structure of Corporate Law, 1991, S. 38 f.
168 Vgl. *Birke* (Fn. 133), S. 130; *Fleischer* (Fn. 144), § 76 AktG Rn. 34.
169 Vgl. *Fleischer* (Fn. 144), § 76 AktG Rn. 34; *Kuhner*, ZGR 2004, 244, 254 f.
170 Vgl. *Bühner/Tuschke*, BFuP 1997, 499, 502; plastisch *Forstmoser*, FS Simon, 2005, S. 207, 218: „Das Kriterium ist ‚fuzzy'."; außerdem *Jensen*, Business Ethics Quarterly 12 (2002), 235, 242: „Stakeholder theory as stated by Freeman (1984) [...] contains no conceptual specification of how to make the tradeoffs among stakeholders that must be made. This makes the theory damaging to firms and to social welfare, and it also reveals a reason for its popularity."
171 Treffend die Zwischenüberschrift von *Bainbridge* (Fn. 18), S. 135: „Stakeholder Theory Needs Metrics but Offers None"; außerdem *Miller*, 77 Bus. Law. 773, 785 (2022): „[I]t is not that stakeholder theory fails to provide sufficiently determinate answers to how a board should make business decisions; it is that, for every business decision, the stakeholder model provides *no answers at all.* [...] Worse than insufficiently determinate, it is *radically indeterminate.*"
172 Vgl. *Bainbridge*, Corporation Law and Economics, 2002, S. 421 f.; *Tirole*, The Theory of Corporate Finnace, 2006, S. 59.
173 Vgl. *Fleischer*, AG 2001, 171, 177; zum „too many masters argument" bereits *Easterbrook/Fischel* (Fn. 167), S. 38; *Macey*, 21 Stetson L. Rev. 23, 31 ff. (1991).
174 Deutlich *Jensen*, Business Ethics Quarterly 12 (2002), 235, 242: „Therefore, stakeholder theory plays into the hands of self-interested managers allowing them to pursue their own interests at the expense of society and the firm's financial claimants. It allows managers and directors to invest into their favorite projects that destroy firm-value whatever they are (the environment, art, cities, medical research) without having to justify the value destruction."
175 Vgl. *Koch* (Fn. 128), § 76 AktG Rn. 33; *Kort*, AG 2012, 605, 608.

senskontrolle" durch die Gerichte setzen,[176] ist hiervon angesichts der beträchtlichen Spannbreite der Business Judgment Rule und den bekannten Durchsetzungsschwierigkeiten der Organhaftung im Ergebnis nicht viel zu erwarten. Ebenso wenig verfängt ihr Hinweis darauf, dass die Aktionäre ihrerseits divergierende Interessen hätten.[177] Zum einen sind die Interessen der verschiedenen Stakeholder weitaus heterogener als jene der Anteilseigner, und zwar nicht nur *zwischen* den verschiedenen Anspruchsgruppen, sondern auch *innerhalb* der jeweiligen Gruppe.[178] Zum anderen fällt die Heterogenität der Aktionärsinteressen nach dem sog. *Fisher*-Separationstheorem nicht entscheidend ins Gewicht, weil jeder einzelne Aktionär prinzipiell an einer höheren Dividendenausschüttung und einer Wertsteigerung seiner Anteile interessiert ist, kann er doch so seine individuellen Bedürfnisse (Konsumwünsche, philanthropische Neigungen etc.) besser befriedigen.[179]

Sofern schließlich vorgetragen wird, dass die Shareholder-Orientierung durch den Vormarsch des CSR-Gedankens weiter an Plausibilität verloren habe,[180] trifft dies, wenn überhaupt, nur auf den ersten Blick zu. Die europarechtlich induzierte CSR- und Nachhaltigkeits-Berichterstattung weist zwar unverkennbare *Nudging*-Tendenzen auf,[181] scheut aber vor einem unmittelbaren Eingriff in die aktienrechtliche Zielkonzeption zurück.[182] Rechtlich bleibt es bei bloßen Berichtspflichten. In der Sache spricht gegen ein breites CSR-Mandat des Vorstands zu Lasten der

---

176 So etwa *Koch* (Fn. 128), § 76 AktG Rn. 33: „Ausschöpfung der nicht zu unterschätzenden Möglichkeiten inhaltlicher Ermessenskontrolle".
177 Dazu *Cahn* (Fn. 150), § 76 AktG Rn. 21; *Koch* (Fn. 128), § 76 AktG Rn. 31.
178 Vgl. *Harenberg*, KritV 2019, 393, 418; ebenso zum US-amerikanischen Recht *Bainbridge* (Fn. 18), S. 136 mit dem erläuternden Zusatz: „Employees care about job security, their absolute compensation, their compensation relative to other employees, their benefits, diversity and inclusion, occupational safety, and so on. Within firms, different categories of employees will have different concerns. Overseas employees may have different concerns than domestic ones, for example. Gig employees will have different concerns than those with job security."
179 Erstmalige Beschreibung dieses Zusammenhangs mit Blick auf divergierende Zeitpräferenzen bei *Fisher*, The Theory of Interest, 1930, S. 125 ff. und 135 f.; weiterentwickelt im Kontext der Kapitalgesellschaft von *Hirshleifer*, Quarterly Journal of Economics 79 (1965), 509, 510, 514 ff.; außerdem *Farrell*, Economic Letters 19 (1985), 303; *Hansen/Lott*, Journal of Financial and Quantitative Analysis 31 (1996), 43; zuletzt *Fama*, European Financial Management 27 (2020), 189, 192 f.: „In a competitive system, a separation theorem holds. [...] Thus, it is optimal for firms to make decisions that max shareholder wealth and let consumer-investors allocate the wealth to achieve optimal consumption and portfolio allocations, including ESG exposures."
180 So *Koch* (Fn. 128), § 76 AktG Rn. 31 unter Hinweis auf *Simon*, Legitimation der CSR-Richtlinie in ihren Auswirkungen auf die Unternehmensverfassung, 2021, S. 129 ff.
181 Dazu *Fleischer*, AG 2017, 509, 522; *Schön*, ZfPW 2022, 207, 228 f.
182 Wie hier *Habersack*, AcP 220 (2020), 594, 628 f.; *Weber* (Fn. 155), § 76 AktG Rn. 22a.

Aktionärsinteressen außerdem, dass Manager zur Förderung von Gemeinwohlbelangen weder besonders legitimiert noch qualifiziert sind.[183] (Quasi-)politische Abwägungs- und Umverteilungsentscheidungen sollten nicht auf Unternehmensebene, sondern auf politischer Ebene entschieden werden.[184] Darauf hatte *Milton Friedman* schon früh hingewiesen und ergänzt, es sei nicht Aufgabe der Geschäftsleitung, fremdes Geld für Gemeinwohlbelange auszugeben: „The stockholders [...] could separately spend their own money on the particular action if they wished to do so."[185] Ein jüngerer Beitrag nennt dies in Anlehnung an *Fishers* Separationstheorem das *Friedmansche* Separationstheorem,[186] zieht dessen Gültigkeit aber jedenfalls für bestimmte Fälle in Frage.[187] Vorzugswürdig sei bei Berücksichtigung nicht-monetärer Aktionärsinteressen stattdessen ein Shareholder-Welfare-Ansatz.[188] Die Folge dieser Modifizierung wäre allerdings gleichsam eine Re-Heterogenisierung der Aktionärsinteressen,[189] die mit zwei grundlegenden Problemen zu kämpfen hätte. Zum einen müsste der Gesetzgeber Aktionärsvoten einführen, um deren nicht-monetäre Präferenzen zu ermitteln.[190] Zum anderen ist nach dem sog. *Arrow*-Paradoxon[191] eine sinnvolle Aggregation individueller Präferenzen unmöglich.[192] Demgegenüber bietet der Shareholder-Value-Ansatz eine eindimensio-

---

183 Vgl. *Fleischer* (Fn. 144), § 76 AktG Rn. 34; *Harenberg*, KritV 2019, 393, 435; eingehend *Libson*, 9 U.C.I.L. Rev. 699 (2019); ferner *Bainbridge* (Fn. 18), S. 149 unter der Überschrift „Stakeholder Capitalism Versus Democracy".
184 Vgl. *Fleischer* (Fn. 144), § 76 AktG Rn. 34; gleichsinnig *Grigoleit* (Fn. 130), § 76 AktG Rn. 23: „Die Anerkennung des pluralistischen Leitungsmaßstabs läuft darauf hinaus, dass Leitungsorgane und Gerichte ermächtigt werden, vermittels einer synkretistischen Formel und zu Lasten der Anleger eine Sozialgestaltung zu betreiben, für die gerade keine parlamentarische Legitimation zustandegekommen ist."
185 *Friedman* (Fn. 30), S. 17.
186 *Hart/Zingales*, 2 Journal of Law, Finance & Accounting 247, 249, 270 (2017).
187 *Hart/Zingales*, 2 Journal of Law Finance & Accounting 247, 248 ff. (2017).
188 So *Hart/Zingales*, 2 Journal of Law, Finance & Accounting 247 (2017) unter der Überschrift „Companies should maximize shareholder welfare not market value".
189 Treffend *Harenberg*, KritV 2019, 393, 435.
190 Dies vorschlagend denn auch *Hart/Zingales*, 2 Journal of Law, Finance & Accounting 247, 270 f. (2017), ohne darauf aber näher einzugehen; Analyse zum deutschen Aktienrecht bei *Harenberg*, KritV 2019, 435 ff.
191 *Arrow*, Journal of Political Economy 58 (1950), 328.
192 Dazu *Fama*, European Financial Management 27 (2020), 189, 193: „Thus, unlike wealth, welfare has multiple dimensions (for example, E and S and G), and tastes for different dimensions vary across shareholders. [...] As a result, maximizing shareholder welfare can run into the crippling implications of Arrow's (1950) impossibility theorem."; darauf hinweisend auch *Hart/Zingales*, 2 Journal of Law, Finance & Accounting 247, 270 f. (2017).

nale Alternative mit weitaus geringeren Koordinationskosten.[193] Er ist zwar nicht vollkommen, wohl aber eine *second-best*-Lösung.[194]

9. Zwischenergebnis

Im Laufe der Zeit haben sich die konkurrierenden Lehrmeinungen einander angenähert.[195] Die Anhänger des aktienrechtlichen Stakeholder-Value-Ansatzes erkennen an, dass der Vorstand im Rahmen des § 76 Abs. 1 AktG zur Verfolgung von Gemeinwohlinteressen zwar berechtigt, aber keineswegs verpflichtet ist.[196] Außerdem gestehen sie zu, dass auch im Rahmen einer interessenpluralen Zielkonzeption Raum für die Umsetzung des Shareholder-Value-Gedankens im Sinne einer tendenziellen Aufwertung der Aktionärsinteressen bleibt.[197] Umgekehrt stellen die Vertreter des moderaten Shareholder-Value-Konzepts nicht in Abrede, dass der Vorstand in breitem Umfang Nichtaktionärsinteressen verfolgen darf, sofern dies im wohlverstandenen Aktionärsinteresse liegt.[198] Dies gilt sowohl für klassische Unternehmensspenden wie für die Unterstützung der Arbeitnehmer (übertarifliche Zulagen, Altersversorgung, Belegschaftsaktien, Schaffung von Sozialeinrichtungen) und die Förderung von Allgemeinwohl- oder Verbraucherschutzbelangen (freiwillige Einhaltung höherer Umweltschutz- oder Produktsicherheitsstandards).[199] Auch die stärkere Rücksichtnahme auf ESG-Belange kann und wird immer häufiger im Interesse der Aktionäre liegen, soweit sie in eine Gesamtstrategie zur Erhöhung des Unternehmenswerts eingebettet ist.[200]

---

[193] *Fama*, European Financial Management 27 (2020), 189, 193: „The max shareholder wealth rule is a one-dimension alternative with lower contract costs than max shareholder welfare."
[194] In diesem Sinne schon *Fleischer* (Fn. 158), S. 185, 193 f.: „Daß es sich dabei angesichts mancher Schwächen des shareholder-value-Konzepts um eine zweitbeste Lösung handelt, soll freilich nicht verschwiegen werden."; ferner *Harenberg*, KritV 2019, 393, 435 mit Fn. 261; früh schon *Tirole* (Fn. 172), S. 61: „While incentive and control considerations plead in favour of shareholder value and against social responsibility, shareholder-value maximization is, of course, very much a second-best mandate."
[195] Dazu schon *Fleischer* (Fn. 158), S. 185, 197 f.
[196] Vgl. *Habersack*, AcP 220 (2020), 594, 627 ff.; *Spindler* (Fn. 150), § 76 AktG Rn. 79.
[197] So *Koch* (Fn. 128), § 76 AktG Rn. 33; ähnlich *Spindler* (Fn. 150), § 76 AktG Rn. 96.
[198] So *Fleischer* (Fn. 144), § 76 AktG Rn. 52; *Grigoleit* (Fn. 130), § 76 AktG Rn. 20; *Weber* (Fn. 155), § 76 AktG Rn. 22b.
[199] Näher *Fleischer* (Fn. 144), § 76 AktG Rn. 52 m.w.N.
[200] Ähnlich *Weber* (Fn. 155), § 76 AktG Rn. 22a; aus schweizerischer Sicht auch *Fischer*, GesKR 2021, 1, 10.

Die verbleibenden Unterschiede sind zwar nicht marginal, aber in ihren praktischen Auswirkungen überschaubar.[201] Kontrovers diskutiert wird namentlich, ob der Vorstand Gemeinwohlbelange nur im Hinblick auf eine potentielle Wertsteigerung für das Unternehmen verfolgen darf: „Wer ein strenges Shareholder-Value-Konzept verfolgt, wird auf konkrete Quantifizierbarkeit der mit gemeinwohlorientiertem Verhalten verbundenen Vorteile für die Gesellschaft bestehen,[202] wer ein moderates Shareholder-Value-Konzept verfolgt und in diesem Rahmen einen prinzipiellen Gewichtungsvorsprung der Aktionärsinteressen betont, wird pauschal auf ökonomische Rechtfertigung der Gemeinwohlförderung bestehen,[203] und wer der Lehre vom Unternehmensinteresse folgt, wird auf die Darlegung positiver Auswirkungen verzichten, dem Vorstand ein weitreichendes Ermessen zubilligen und dieses im Wesentlichen durch die Pflicht begrenzen, für die dauerhafte Rentabilität des Unternehmens zu sorgen[204]."[205]

IV. Shareholder Value versus Stakeholder Value in ausländischen Rechtsordnungen

Die Grundsatzdebatte um die normative Richtschnur für das Geschäftsleiterhandeln wird nicht nur in Deutschland, sondern auch anderwärts mit großer Leidenschaft geführt. Dies veranschaulichen die folgenden Miniaturen zur Rechtslage in Österreich, der Schweiz, im Vereinigten Königreich und in den Vereinigten Staaten.[206] Diese Liste ließe sich mühelos verlängern.[207]

---

201 Vgl. *Fleischer* (Fn. 144), § 76 AktG Rn. 32, 38; für ähnliche Einschätzungen *Habersack*, AcP 220 (2022), 594, 662; *Hopt*, ZGR 2000, 779, 799; *Koch* (Fn. 128), § 76 AktG Rn. 29; *Spindler* (Fn. 150), § 76 AktG Rn. 96: „Der praktische Stellenwert der diskutierten normativen Leitlinien hinsichtlich der Vorstandstätigkeit selbst und der Ausfüllung der Sorgfaltsanforderungen ist daher nicht allzu hoch zu veranschlagen."; *Weber* (Fn. 155), § 76 AktG Rn. 21: „In der Praxis besteht daher im Ergebnis eine weitgehende Übereinstimmung zwischen dem an einer langfristigen Unternehmensrentabilität orientierten Shareholder-Value-Konzept und dem Konzept gleichgewichtiger Stakeholder-Interessen der herrschenden Meinung."
202 So *Mülbert*, AG 2009, 766, 772f.
203 So *Fleischer* (Fn. 144), § 76 AktG Rn. 54; *Grigoleit* (Fn. 130), § 76 AktG Rn. 20.
204 So *Habersack/Schürnbrand* (Fn. 139), 17. Kap. Rn. 75; *Vetter*, ZGR 2018, 338, 347f.
205 *Habersack*, AcP 220 (2020), 594, 643f.
206 Zum Folgenden bereits, aber durchgehend aktualisiert, *Fleischer*, ZGR 2017, 411, 415ff.
207 Zu Frankreich etwa *Cozian/Viandier/Deboissy*, Droit des sociétés, 35. Aufl. 2022, Rn. 186 und 641ff. m.w.N. zum „intérêt social"; zu Italien *Sanfilippo*, in Cian (Hrsg.), Diritto delle società, 2020, S. 505 m.w.N. zum „interesse sociale".

1. Österreich

In Österreich beschloss der Nationalrat im März 1965 das Bundesgesetz über die Aktiengesellschaften, das zeitgleich mit dem deutschen Aktiengesetz am 1. Januar 1966 in Kraft trat.[208] Bis dahin hatte auch dort das deutsche Aktiengesetz von 1937 gegolten, das 1938 für neugegründete und ein Jahr später für bestehende Aktiengesellschaften eingeführt worden war.[209] Vorbereitungen zur Austrifizierung dieses Gesetzes hatte das österreichische Ministerium für Justiz schon Mitte der fünfziger Jahre in die Wege geleitet. Anders als in Deutschland entschied man sich von Anfang an dafür, nur die notwendigsten Anpassungen des Aktienrechts vorzunehmen.[210] Hierzu gehörte eine Neufassung der Spitzenbestimmung des Vorstandsrechts in § 70 Abs. 1 öAktG 1965[211], die seither lautet:

> „Der Vorstand hat unter eigener Verantwortung die Gesellschaft so zu leiten, wie das Wohl des Unternehmens unter Berücksichtigung der Interessen der Aktionäre und der Arbeitnehmer sowie des öffentlichen Interesses es erfordert."

Dabei hat sich der österreichische Reformgesetzgeber wohl von den – letztlich nicht Gesetz gewordenen – Vorschlägen im Rahmen der deutschen Reformdebatte inspirieren lassen.[212] Ein genauerer Vergleich der verschiedenen Versionen zeigt allerdings auch, dass er die inhaltlichen Akzente in mancher Hinsicht verschoben hat: § 70 Abs. 1 öAktG statuiert einen Vorrang des Unternehmenswohls, während die Interessen der Aktionäre, der Arbeitnehmer und der Öffentlichkeit nur „zu berücksichtigen" sind.[213] Gegenüber der Vorgängerfassung wurde und wird diese Zielveränderung als großer Schritt in Richtung Aktionärsinteressen verstanden, weil die Verfolgung des Unternehmenswohls – von Übernahme- und Verschmel-

---

208 Zu allen Einzelheiten *Kastner*, JBl 1965, 392 ff.
209 Näher dazu *Kalss/Burger/Eckert*, Die Entwicklung des österreichischen Aktienrechts, 2003, S. 328 ff.
210 Vgl. *Kastner*, ÖBA 1962, 16, 22 f.; *ders.*, ÖJZ 1964, 24; *ders.*, JBl 1965, 392, 393.
211 Erste Überlegungen hierzu bei *Kastner*, JBl 1954, 577, 579: „Sicherlich war es verfehlt, hier der Aktionäre gar nicht zu gedenken."; *ders.*, JBl 1956, 217; zum weiteren Diskussionsverlauf *Kalss/Burger/Eckert* (Fn. 209), S. 338 f.
212 So auch die Vermutung von *P. Doralt/M. Doralt*, in Kalss/Frotz/Schörghofer (Hrsg.), Handbuch für den Vorstand, 2017, § 2 Rn. 24 mit Fn. 16: „Die österreichische Formulierung dürfte daher, historisch gesehen, in Deutschland erfunden worden sein."
213 Dazu namentlich *Kastner*, FS Schmitz, 1967, S. 82, 85; aus heutiger Sicht *Kalss*, in Kalss/Frotz/Schörghofer (Fn. 212), § 12 Rn. 28: „Das Wohl des Unternehmens ist vorrangig. Gegenüber den übrigen genannten Interessen besteht ein Verhältnis der Subordination."; *Nowotny*, in Doralt/Nowotny/Kalss, AktG, 3. Aufl. 2021, § 70 Rn. 15.

zungssituationen abgesehen – auch im gleichmäßigen Interesse aller Anteilseigner liege.[214]

In der bisherigen Rechtspraxis hat § 70 Abs. 1 öAktG nur eine geringe Rolle gespielt,[215] auch wenn seine Zielvorgaben nach herrschender Lehre normative Wirkung entfalten.[216] Die Interessen von Aktionären, Arbeitnehmern und Öffentlichkeit stehen grundsätzlich auf einer Ebene.[217] Für das öffentliche Interesse kommt es auf die Bedeutung des Unternehmens und seine Tätigkeit im volkswirtschaftlichen Gefüge an.[218] Seine Berücksichtigung wird auch als historischer Ausdruck der ursprünglichen Konzessionspflicht der Aktiengesellschaft im Rahmen von Volks- und Marktwirtschaft verstanden.[219] Allerdings hat sich die Sicherung des Allgemeinwohls als bloßes Unterziel der Verfolgung des Unternehmenswohls unterzuordnen.[220] Daher spricht man auch von einem „gemäßigten Stakeholder-Ansatz"[221].

2. Schweiz

In der Schweiz hat sich die rechtswissenschaftliche Debatte an Art. 717 Abs. 1 OR entzündet, der sich auf eine deutungsoffene Generalklausel beschränkt:

> „Die Mitglieder des Verwaltungsrates sowie Dritte, die mit der Geschäftsführung befasst sind, müssen ihre Aufgaben mit aller Sorgfalt erfüllen und die Interessen der Gesellschaft in guten Treuen wahren."

Über Inhalt und Bezugsgruppen des Gesellschaftsinteresses wird in Wissenschaft und Spruchpraxis seit Jahrzehnten gestritten, ohne dass sich einvernehmliche Ergebnisse abzeichnen.[222] Die gegensätzlichen Standpunkte prallten schon früh in

---

214 So ausdrücklich *P. Doralt/M. Doralt* (Fn. 212), § 2 Rn. 30; ferner *Nowotny* (Fn. 213), § 70 AktG Rn. 15.
215 Vgl. *P. Doralt/M. Doralt* (Fn. 212), § 2 Rn. 25 unter Hinweis auf Vorstandsentscheidungen in staatsnahen Aktiengesellschaften; näher *Kalss* (Fn. 213), § 12 Rn. 26 ff.
216 Vgl. *Strasser*, in Jabornegg/Strasser, AktG, 5. Aufl. 2010, § 70 Rn. 18.
217 So *Nowotny* (Fn. 213), § 70 AktG Rn. 15.
218 Vgl. *Nowotny* (Fn. 213), § 70 AktG Rn. 15; *Strasser* (Fn. 216), § 70 AktG Rn. 28.
219 So *Kalss* (Fn. 213), § 12 Rn. 36; *Kalss/Burger/Eckert* (Fn. 209), S. 243.
220 Vgl. *Eckert/Schopper*, in Eckert/Schopper, AktG-ON, 2021, § 70 Rn. 14; *Kalss* (Fn. 213), § 12 Rn. 36; *Nowotny* (Fn. 213), § 70 AktG Rn. 35.
221 So *Kalss*, in Kalss/Nowotny/Schauer, Österreichisches Gesellschaftsrecht, 2. Aufl. 2017, Rn. 3/432; *Reich-Rohrwig*, in Artmann/Karollus, AktG, 2018, § 70 AktG Rn. 98.
222 Vgl. etwa *Meier-Schatz*, ZSR 121 (2002), I. Hbd., 291, 292: „Das Ergebnis ist ernüchternd. Eine einheitliche Position konnte nicht erarbeitet werden."; zuletzt *Fischer*, GesKR 2021, 1, 12 ff.; mono-

einer berühmten Auseinandersetzung zwischen *Walter Schluep*, später Professor in St. Gallen, Bern und Zürich, und *Rolf Bär*, später Ordinarius in Bern, aufeinander.[223] Als zentralen Wertmaßstab zur Konfliktbewältigung im Aktienrecht erkor *Schluep* in seiner Doktorarbeit das Unternehmensinteresse, das nach seinen Vorstellungen die Belange aller unmittelbar oder mittelbar an der Unternehmensgemeinschaft Beteiligten einschließt.[224] Demgegenüber stellte *Bär* in seinem Gegenentwurf auf den typischen Gesellschaftszweck und die Figur des typischen Aktionärs als Richtschnur ab.[225] Rückblickend hebt ein Beobachter hervor, dass die beiden Positionen – wie die gegenwärtige Shareholder/Stakeholder-Debatte – mehr gemeinsam gehabt hätten als auf den ersten Blick erkennbar.[226]

Die Rechtsprechung hat bislang eine endgültige Positionierung in diesem Spannungsfeld vermieden;[227] einzelne Entscheide des Bundesgerichts betonen in Insolvenznähe die Wahrung der Gläubigerinteressen,[228] gelegentlich auch Arbeitnehmerbelange[229]. In einem Entscheid aus dem Jahre 2000 scheint das Gericht einen Ausgleich zwischen der Shareholder-Value-Lehre und dem Stakeholder-Value-Ansatz anzustreben.[230] Das Recht des Aktionärs auf gewinnorientiertes Handeln sei jedoch keineswegs im Sinn einer kurzfristigen Gewinnstrebigkeit zu verstehen.[231]

---

graphisch *Drenhaus*, Das Gesellschaftsinteresse im Schweizer Aktienrecht, 2015, S. 33 ff. und passim; *Lambert*, Das Gesellschaftsinteresse als Verhaltensmaxime des Verwaltungsrates der Aktiengesellschaft, 1992, S. 28 ff. und passim; *Sommer*, Die Treuepflicht des Verwaltungsrats gemäß Art. 717 Abs. 1 OR, 2011, S. 36 ff. und passim.

223 Rückblickend *Wohlmann*, FS Bär, 1998, S. 415 unter der Überschrift „'Typischer Aktionär' und ‚shareholder value'"; für einen knappen Hinweise darauf auch *Fischer*, GesKR 2021, 1, 2 mit Fn. 8.

224 Vgl. *Schluep*, Die wohlerworbenen Rechte des Aktionärs, 1955, S. 401: „Die dauernde Sicherung des gewinnbringenden Unternehmens liegt im Interesse sowohl der Aktionäre – der gegenwärtigen wie der zukünftigen – als auch im Interesse der Gesellschaft, ja sogar im Interesse der Allgemeinheit: der Volkswirtschaft, der Gläubiger, der Arbeitnehmer."

225 Vgl. *Bär*, ZBJV 95 (1959), 369 ff.; darauf erwidernd *Schluep*, SAG 33 (1960/61), 137 ff.; im Weiteren *Bär*, ZSR 85 (1966), II. Hbd., 321, 514: „Typisch ist es für eine AG (…), wenn die ‚anonymen' Gesellschafter von der Gesellschaft nichts anderes erwarten als Anlage und Ertrag."

226 So *Forstmoser*, in Zäch et al. (Hrsg.), Individuum und Verband, Festgabe zum Schweizerischen Juristentag, 2006, S. 55, 72 f.

227 BGE 95 II 157, wo die Auffassung *Bärs* abgelehnt wird, ohne der Theorie *Schlueps* beizutreten. Zusammenfassend *Fischer*, GesKR 2021, 1, 13: „In der Rechtsprechung gibt es nur wenig zu der Thematik und die entsprechenden Fundstellen beinhalten keine klare Stellungnahme. […] In der Summe lässt die Rechtsprechung einen grossen Interpretationsspielraum zu und ist nicht sehr aussagekräftig."

228 BGE 105 II 128; monographisch *Bühlmann*, Gläubiger als Stakeholder im Gesellschaftsrecht, 2015.

229 BGE 72 II 306.

230 BGE 126 III 266.

Die nach wie vor herrschende Lehre geht vom Primat des Aktionärsinteresses aus.[232] Danach sind Verwaltungsrat und Geschäftsleitung zur nachhaltigen Steigerung des Unternehmenswerts und damit des Shareholder Value verpflichtet.[233] Allerdings gewinnt der Stakeholder-Ansatz inzwischen auch in der Schweiz an Boden.[234] Der Swiss Code of Best Practice for Corporate Governance steht in seiner jüngsten Fassung von 2023 noch immer auf dem Boden des Shareholder-Value-Konzepts, bemüht sich aber durch Betonung des Nachhaltigkeitsgedankens um eine stärker vermittelnde Position:

> „Eine gute Corporate Governance dient folglich dem Ziel des nachhaltigen Unternehmensinteresses. Sie ist wesentliche Voraussetzung für den unternehmerischen Erfolg und die nachhaltige Steigerung des Unternehmenswerts. Eine nachhaltige Steigerung des Unternehmenswerts ist nicht nur im Interesse der Aktionärinnen und Aktionäre als wirtschaftliche Eigentümerinnen und Eigentümer bzw. risikokapitalgebende Gesellschaft, sondern auch im Interesse der übrigen Anspruchsgruppen."[235]

---

[231] Dazu BGE 100 II 393: „Dieses Recht des Aktionärs wird indessen nicht durch das weitgehende Ermessen der Gesellschaft, welche neben der Gewinnerzielung auch andere Interessen (z.B. Existenzsicherung der Arbeitnehmer, Investitionen) wahrzunehmen hat, eingeschränkt. Der einzelne Aktionär muß sich demnach damit abfinden, daß die Gesellschaft (nach dem Willen der Mehrheit der Aktionäre) aus sachlichen Gründen eine Gesellschaftspolitik betreibt, die nur auf lange Sicht gewinnbringend ist."

[232] Vgl. *Fischer*, GesKR 2021, 1, 13 ff.; *Fische/Watter*, NZZ vom 10.9.2019, 10; *von der Crone*, Aktienrecht, 2. Aufl. 2020, S. 19 ff.; *Häusermann*, GesKR 2017, 495 ff.; *Daeniker*, SZW 2016, 434, 436; *Schenker*, SZW 2017, 635, 643 f.; *Watter/Rohde*, in Zäch et al. (Fn. 226), S. 329, 337 f.; *Watter/Roth Pellanda*, in Basler Kommentar OR, Bd. II, 5. Aufl. 2016, Art. 717 Rn. 16 und 37 ff.

[233] Vgl. *Fischer*, GesKR 2021, 1, 12; *Watter/Roth Pellanda* (Fn. 232), Art. 717 OR Rn. 37.

[234] Vgl. *Meier-Hayoz/Forstmoser/Sethe*, Schweizerisches Gesellschaftsrecht, 12. Aufl. 2018, § 2 Rn. 77: „Es mehren sich die Bekenntnisse zum Stakeholder-Value-Denken, das eine Beachtung der Interessen *aller* Beteiligten [...] postuliert."; relativierend § 10 Rn. 268: „In der Unternehmensrealität gehen aber die beiden Zielsetzungen in aller Regel Hand in Hand."; § 10 Rn. 269: „Eine Harmonisierung lässt sich jedenfalls dann erreichen, wenn man auf das uralte Konzept zurückgreift, wonach Unternehmen so zu führen sind, dass sie langfristig und nachhaltig Erfolg haben."; vermittelnd *Böckli*, Schweizer Aktienrecht, 5. Aufl. 2022, § 9 Rn. 757: „Eine unternehmerisch tätige Aktiengesellschaft ist keineswegs ausschließlich ein Durchlauferhitzer für Aktionäre, und zwar weder wirtschaftlich noch rechtlich."; § 9 Rn. 758: „Doch hat noch niemand gezeigt, dass den Interessen der Stakeholder auf lange Frist besser gedient ist als durch eine kraftvoll umgesetzte, nachhaltige, auf das mittel- und langfristige Gedeihen des Unternehmens ausgerichtete Geschäftspolitik, welche gewinnstrebig ist und dabei sowohl die Rechtsordnung einhält wie auch auf die Anspruchsgruppen achtet."

[235] Swiss Code of Best Practice for Corporate Governance, 2023, Präambel.

Einzelne Vorschläge zur Reform des Art. 717 Abs. 1 OR sind im Rahmen der jüngsten Schweizer Aktienrechtsrevision nicht aufgegriffen worden.[236] Der Bundesrat vermochte insoweit keinen gesetzgeberischen Handlungsbedarf zu erkennen.[237]

3. Vereinigtes Königreich

Das englische *common law* hat die Direktoren einer *company* seit jeher angehalten, ihr Verwaltungshandeln am Interesse der Gesellschaft auszurichten.[238] Unter den „interests of the company" verstanden die Gerichte durchweg die Aktionärsinteressen; streitig war allein, ob dazu neben den gegenwärtigen auch die zukünftigen Anteilseigner gehören.[239] Abgemildert wurde die Aktionärsorientierung lediglich durch s. 309 Companies Act 1985, der eine Berücksichtigung von Arbeitnehmerinteressen verlangte, und eine Rechtsprechungslinie, die in Insolvenznähe die Gläubigerinteressen aufwertete[240]. Eine weitergehende Begünstigung anderer Bezugsgruppen setzte stets einen greifbaren Vorteil für die Gesellschaft voraus.[241]

Im Zuge der Gesellschaftsrechtsreform von 2006 entschied sich der Gesetzgeber für eine Kodifizierung der Unternehmenszielbestimmung.[242] Eine vom Wirtschaftsministerium eingesetzte Expertenkommission hatte sich in ihrem Abschlussbericht für einen Vorrang der Anteilseignerinteressen (*shareholder supremacy*) und gegen ein interessenpluralistisches Zielkonzept (*pluralist approach*) ausgesprochen.[243] Ausschlaggebend dafür war die Erwägung, dass letzteres den Direktoren zu große Handlungsfreiheit eröffne[244] und die Belange anderer Be-

---

236 Dazu *Fischer*, GesKR 2021, 114 m.w.N.
237 Vgl. Botschaft des Bundesrates zur Änderung des Obligationenrechts (Aktienrechts) vom 23.11.2016, BBl. 2017, 339, 440.
238 Vgl. *Gower/Davies/Worthington/Hare*, Principles of Modern Company Law, 11. Aufl. 2021, Rn. 10–026.
239 Befürwortend *Brady v Brady* (1987) 3 BCC 535, 552; ablehnend *Greenhalgh v Arderne Cinemas Ltd* [1951] Ch 286, 291.
240 Vgl. *West Mercia Safetywear Ltd v Dodd* (1988) BCLC 250.
241 Als Standardreferenz gilt *Hutton v West Cork Ry.* (1883) 23 Ch. D. 673: „The law does not say that there are to be no cakes and ale, but that there are to be no cakes and ale except such as are required for the benefit of the company."
242 Vgl. *Mayson/French/Ryan*, Company Law, 37. Aufl. 2021, S. 456 f.
243 Vgl. Department of Trade and Industry, Modern Company Law for a Competitive Economy, Final Report, Juli 2001, Rn. 1.23 f.
244 Vgl. Department of Trade and Industry (Fn. 243), Rn. 1.17: „From a practical point of view, to redefine the directors' responsibilities in terms of the stakeholders would mean identifying all the various stakeholder groups; and deciding the nature and extent of the directors' responsibility to each. The result would be that the directors were not effectively accountable to anyone since there

zugsgruppen besser durch Vorschriften des Arbeits-, Umwelt-, Wettbewerbs- und Kartellrechts geschützt werden könnten.[245] Zugleich hob die Expertenkommission allerdings hervor, dass eine *company* die gesellschaftlichen Auswirkungen ihres Handelns nicht außer Acht lassen dürfe (sog. *enlightened shareholder value approach*).[246] Beide Überlegungen fanden ihren Niederschlag in s. 172(1) des Companies Act 2006 (CA).

> „A director of a company must act in the way he considers, in good faith, would be most likely to promote the success of the company for the benefit of its members as a whole, and in doing so have regard (amongst other matters) to —
> (a) the likely consequences of any decision in the long term,
> (b) the interests of the company's employees,
> (c) the need to foster the company's business relationships with suppliers, customers and others,
> (d) the impact of the company's operations on the community and the environment,
> (e) the desirability of the company maintaining a reputation for high standards of business conduct, and
> (f) the need to act fairly as between members of the company."

Vielen Beobachtern zufolge hat diese Bestimmung das Verhalten der Direktoren gegenüber Stakeholdern nicht nennenswert verändert.[247] Der neue Ansatz unterscheide sich trotz gegenteiliger Bekundungen nur wenig vom bisherigen Shareholder-Value-Ansatz.[248] Insbesondere dürften Stakeholder-Interessen nur insoweit berücksichtigt werden, als dies zugleich der Förderung des Gesellschaftswohls im Interesse der Aktionärsgesamtheit diene.[249] Seit 2019 muss der jährliche Strate-

---

would be no clear yardstick for their performance. This is a recipe neither for good governance nor for corporate success."
245 Vgl. Department of Trade and Industry, Modern Company Law for a Competitive Economy, Developing the Framework, März 2000, Rn. 3.24.
246 Vgl. Department of Trade and Industry (Fn. 243), Rn. 1.23; *Gower/Davies/Worthington/Hare* (Fn. 238), Rn. 10–027.
247 In diesem Sinne etwa *Williams*, 35 UNSW L.J. 360, 362 (2012): „It is argued here that ESV does not represent any substantive change in the approach of UK company law to stakeholders, and as such the model of the UK Companies Act is of doubtful usefulness to other jurisdictions in seeking to enhance social responsibility in their company law."; ferner *Re West Coast Capital Ltd* [2008] CSOH 72: „[S. 172 did] little more than set out the pre-existing law".
248 So ausdrücklich *Keay*, 29 Sydney L. Rev. 577, 579 (2007); für eine Nuancierung *LRH Services Ltd (In Liquidation) v. Trew* [2018] EWHC 600 (ch) at [29] (*HH Judge David Cooke*): „It is to be noted that the requirement [in s. 172] is to promote the success of the company for the benefit of its members, not to promote the interests of the members directly, which may be a different thing."
249 Dazu etwa *Gower/Davies/Worthington/Hare* (Fn. 238), Rn. 10–027: „However, it is crucial to note that the interests of the non-shareholder groups are to be given consideration by the directors only to the extent that it is desirable to do so in order to promote the success of the company for the

giebericht großer Gesellschaften gemäß s. 414C CA immerhin darüber unterrichten, wie die Belange der in s. 171 CA genannten Bezugsgruppen berücksichtigt worden sind.

Noch keinen Niederschlag in der Gesetzgebung gefunden haben bisher Vorschläge eines ambitionierten Forschungsprogramms der *British Academy* zur „Future of the Corporation". Sie sind maßgeblich vorangetrieben worden durch *Colin Mayer*, langjähriger Professor an der Saïd Business School der Universität Oxford, der in seinen Publikationen mit besonderer Schärfe gegen den Shareholder-Value-Gedanken im Allgemeinen und die *Friedman*-Doktrin im Besonderen zu Felde zieht.[250] Als Alternative empfiehlt der unter *Mayers* Vorsitz formulierte Abschlussbericht der British Academy die Festschreibung eines Corporate Purpose in der Gesellschaftssatzung.[251]

4. Vereinigte Staaten

a) Rechtsprechung und Gesetzgebung

Als erster Referenzpunkt und maßgebliche Bezugsautorität gilt in den Vereinigten Staaten bis heute die Entscheidung des Michigan Supreme Court zwischen *Henry Ford* und den *Dodge*-Brüdern aus dem Jahre 1919.[252] Sie bekannte sich mit deutlichen Worten zum Primat der Anteilseignerinteressen:

---

benefit of its members as a whole. The non-shareholder interests do not have an independent value in the directors' decision-making, as they would have under a pluralist approach."

[250] Vgl. etwa *Mayer*, Prosperity, 2018, S. 9: „The problem with the Friedman view is that it is hopelessly naïve. It is based on a conception of the world that produces simple elegant models that simply do not hold in practice. It fails to understand what motivates people, what makes for good business and what regulation is capable of achieving. [...] [The Friedman view] does not work, has never worked, and will never work."; kritisch dazu *Davies*, in Enriques/Strampelli (Hrsg.), Board-Shareholder Dialogue: Policy Debate, Legal Constraints and Best Practices, 2024 (im Erscheinen); zuvor schon *Fleischer*, ECFR 2021, 161, 182 ff.

[251] The British Academy, Policy & Practice for Purposeful Business. The final report of the Future of the Corporation programme, 2021, S. 20: „Governments put purpose at the heart of company law and the fiduciary responsibility of directors. More specifically, it is proposed that: Company law emphasises duties of directors to determine and implement company purposes; governments publish guidance on how companies can incorporate purpose in their legal form, for example in their articles of association."

[252] *Dodge v. Ford Motor Co.*, 170 N.W. 668 (Mich. 1919); dazu etwa *Bainbridge* (Fn. 18), S. 27 ff.; *Henderson*, in Ramseyer (Hrsg.), Corporate Law Stories, 2009, S. 37; *Stout*, in Macey (Hrsg.), Iconic Cases in Corporate Law, 2008, S. 1.

„A business corporation is organized and carried on primarily for the profit of the stockholders. The powers of the directors are to be employed for that end. The discretion of directors is to be exercised in the choice of means to attain that end, and does not extend to a change in the end itself, to the reduction of profits, or to the nondistribution of profits among stockholders in order to devote them to other purposes."[253]

Die nachfolgende Spruchpraxis hat zwar Aufwendungen der Direktoren für soziale oder wohltätige Zweck in einem angemessenen Umfang gebilligt,[254] aber in Bundesstaaten ohne gesetzliche Unternehmenszielbestimmung (sog. „common law jurisdictions") nach wie vor an dem Shareholder-Primacy-Ansatz festgehalten.[255] Nach der eBay-Entscheidung des Delaware Court of Chancery von 2010 obliegt den Direktoren eine Verpflichtung, „to promote the value of the company for the benefit of its shareholders"[256]. Als gesetzliche Reaktion auf die mächtige Bugwelle feindlicher Übernahmen in den 1980er Jahren haben allerdings zahlreiche Bundesstaaten (sog. „stakeholder jurisdictions") *corporate constituency statutes* eingeführt, nach denen die Direktoren bei ihrer Entscheidungsfindung neben den Aktionärsinteressen auch die Belange anderer Bezugsgruppen berücksichtigen können oder müssen.[257] Damit gibt es im US-amerikanischen Gesellschaftsrecht hinsichtlich der Unternehmenszielbestimmung ein zweispuriges System, welches das *American Law Institute* in seinem Entwurf für ein Restatement of the Law of Corporate Governance aus dem Jahre 2022 in § 2.01 wie folgt zusammenfasst:

„(a) The objective of a corporation is to enhance the economic value of the corporation, within the boundaries of the law;
(1) in common-law jurisdictions: for the benefit of the corporation's shareholders. In doing so, a corporation may consider:
(a) the interests of the corporation's employees;
(b) the desirability of fostering the corporation's business relationships with suppliers, customers, and others;

---

253 *Dodge v. Ford Motor Co.*, 170 N.W. 668, 684 (Mich. 1919).
254 Vgl. etwa *A.P. Smith Manufacturing Company v. Barlow*, 98 A.2d 581 (N.J. 1953).
255 Vgl. im übernahmerechtlichen Kontext etwa *Revlon, Inc. v. MacAndrews & Forbes Holding, Inc.*, 506 A.2d 173, 182 (Del. 1986): „[C]oncern for non-stockholder interest is inappropriate when an auction among active bidders is in progress."; für eine weitere Rechtsprechungsanalyse *Bainbridge* (Fn. 18), S. 56 ff.
256 *Ebay Domestic Holdings, Inc. v. Newmark*, 16. A.3d 1, 35 (Del. Ch. 2010) mit der weiteren Erläuterung: „Directors of a for-profit Delaware corporation cannot deploy a [policy] to defend a business strategy that openly eschews stockholder wealth maximization – at least not consistently with the directors' fiduciary duties under Delaware law."
257 Näher *Cox/Hazen*, Business Organizations Law, 5. Aufl. 2020, S. 108 ff.; rechtsvergleichend *Empt* (Fn. 156), S. 97 ff.; beide m.w.N.

>   (c) the impact of the corporation's operations on the community and the environment; and
>   (d) ethical considerations related to the responsible conduct of business;
> (2) in stakeholder jurisdictions: for the benefit of the corporation's shareholders and/or, to the extent permitted by state law, for the benefit of employees, suppliers, customers, communities, or any other constituencies.
> (b) A corporation, in the conduct of its business, may devote a reasonable amount of resources to public-welfare, humanitarian, educational, and philanthropic purposes, whether or not doing so enhances the economic value of the corporation."[258]

Die offiziösen Erläuterungen der Berichterstatter heben hervor, dass sich ein Corporate Purpose im Sinne der neueren Managementforschung sowohl mit dem Shareholder-Primacy- als auch mit dem Stakeholder-Ansatz vertrage, ohne dass er von dem einen oder anderen vorgeschrieben werde.[259]

b) Rechtslehre

Parallel zu den gerade skizzierten Entwicklungen in Rechtsprechung und Gesetzgebung ist der Fragenkreis auch im Schrifttum über Jahrzehnte hinweg kontrovers diskutiert worden. Den Anfang machte eine heute legendäre Debatte zwischen *Adolph Berle* und *Merrick Dodd* aus den frühen 1930er Jahren. *Berle*, Professor an der Columbia Law School, hatte in einem berühmten Buch zusammen mit *Gardiner Means* auf das Auseinanderfallen von Eigentum und Verfügungsgewalt in der Publikumsaktiengesellschaft mit breitem Streubesitz hingewiesen.[260] Um die dadurch entstehenden Ermessensspielräume des Managements einzuschränken, erklärte er die Direktoren zu Treuhändern des Aktionärsvermögens und verpflichtete sie im Einklang mit der Entscheidung *Ford v. Dodge Motor Company*, stets und ausschließlich im Interesse der Anteilseigner zu handeln.[261] Heftigen Widerspruch erfuhr er von *Dodd*, Professor an der Harvard Law School. Unter dem Eindruck der Großen Depression[262] hielt dieser die alleinige Ausrichtung des Gesellschaftsrechts

---

[258] American Law Institute, Restatement of the Law of Corporate Governance, 2022; § 2.01; zur höchst einflussreichen Vorgängerfassung von 1994 *Cox/Hazen* (Fn. 257), S. 110 ff. m.w.N.
[259] American Law Institute (Fn. 258), Reporters' Notes, 4. Corporate Purpose.
[260] *Berle/Means*, The Modern Corporation and Private Property, 1932.
[261] *Berle*, 44 Harv. L. Rev. 1049 (1931) unter der Überschrift „Corporate Powers as Powers in Trust".
[262] Dazu *Bainbridge* (Fn. 18), S. 39: „Recall the historical context of the debate. In 1932, communism had ruled the Soviet Union for almost 15 years, Mussolini's fascists had been in power for a decade, and Hitler had forced Paul von Hindenburg into a runoff in the German presidential election and the Nazi had become the largest party in the Reichstag. At home in the United States, the Depression was

auf die Anteilseignerinteressen für verfehlt und argumentierte, dass das kapitalistische System nur überleben könne, wenn es den Schutz von Arbeitnehmern und anderen Bezugsgruppen als seine Aufgabe begreife.[263] In der sozialen Wirklichkeit seien Aktiengesellschaften eigenständige Institutionen, die mit Hilfe ihrer Manager als „guardians of all the interests which the corporation affects"[264] ihrer gesellschaftlichen Verantwortlichkeit gerecht werden müssten.[265] *Berle* kritisierte diese Konzeption in seiner Replik als unpraktikabel und warnte vor einer unkontrollierbaren Macht des Managements.[266] Wenig bekannt sind zwei spätere Äußerungen der Protagonisten. *Dodd* räumte im Jahre 1942 ein, dass die New-Deal-Gesetzgebung zum Schutz der Arbeitnehmer auf andere Weise dazu beigetragen habe, jene Ziele zu erreichen, die er mit Hilfe weiter ausgreifender Direktorenpflichten anvisiert hatte.[267] Umgekehrt konzedierte *Berle* im Jahre 1954 unter Hinweis auf die großzügigere Beurteilung von Unternehmensspenden durch die Gerichte, dass die weitere Rechtsentwicklung der Auffassung von *Dodd* gefolgt sei,[268] ohne freilich von seinem eigenen Standpunkt abzurücken.

Mit dem Siegeszug der *law & economics*-Bewegung seit den späten 1970er Jahren dominierte im Schrifttum lange Zeit der Shareholder-Value-Ansatz.[269] Ein erster Gegenangriff auf dessen Bastionen durch die „Progressive School of Corporate Law" in der zweiten Hälfte der 1990er Jahre[270] drang nicht durch. Größere Beachtung fand ein gutes Jahrzehnt später eine Generalabrechnung von *Lynn Stout* mit dem „Shareholder Value Myth"[271]. Verteidigt wird der hergebrachte Primat der Anteilseignerinteressen neuerdings in einer Buchveröffentlichung von *Stephen Bainbridge* mit dem sprechenden Titel „The Profit Motive: Defending Shareholder Value Maximization"[272]. Zahlreiche weitere Veröffentlichungen aus jüngerer und jüngster

---

in its third year, unemployment reached 24 percent, and the Bonus Army had marched on Washington."

263 *Dodd*, 45 Harv. L. Rev. 1145, 1149 (1932) unter dem Titel „For Whom are Corporate Managers Trustees?".
264 *Dodd*, 45 Harv. L. Rev. 1145, 1157 (1932).
265 *Dodd*, 45 Harv. L. Rev. 1145, 1161 (1932).
266 *Berle*, 45 Harv. L. Rev. 1365, 1367 f. (1932).
267 *Dodd*, Book Review, 9 U. Chi. L. Rev. 538, 546 f. (1942).
268 *Berle*, The 20th Century Capitalist Revolution, 1954, S. 169.
269 Vgl. etwa *Easterbrook/Fischel* (Fn. 167), S. 35 ff.; *Bainbridge* (Fn. 172), S. 410 ff.; *Kraakman/Armour/Davies et al.*, The Anatomy of Corporate Law, 3. Aufl. 2017, S. 22 ff.
270 Namentlich *Mitchell*, Corporate irresponsibility – America's newest export, 2001; zuvor schon *ders.* (Hrsg.) Progressive corporate law, 1995.
271 *Stout*, The Shareholder Value Myth: How Putting Shareholders First Harms Investors, Corporations, and the Public, 2012.
272 *Bainbridge* (Fn. 18).

Zeit widmen sich dem Fragenkreis unter dem Gesichtspunkt des Corporate Purpose,[273] der freilich mit der Unternehmenszielbestimmung nicht identisch ist.[274]

5. Zwischenergebnis

Die in- und ausländischen Unternehmenszielbestimmungen weisen in Ausgestaltung und Akzentsetzung eine beträchtliche Variationsbreite auf. Dies beginnt bei der Frage, ob als maßgeblicher Bezugspunkt das Gesellschaftsinteresse oder das Unternehmensinteresse genannt werden – letzteres schiebt „den Polarstern des Organverhaltens etwas nach links"[275]. Die Unterschiede setzen sich bei der gesetzgeberischen Entscheidung darüber fort, ob zwischen den relevanten Bezugsgruppen ein Rangverhältnis besteht: S. 172(1) CA stellt den Nutzen der Aktionäre in den Vordergrund, bei dessen Verfolgung („in doing so") auch Nichtaktionärsinteressen zu berücksichtigen sind; § 70 Abs. 1 öAktG geht von einer prinzipiellen Gleichstufigkeit der Interessen von Aktionären, Arbeitnehmern und Öffentlichkeit aus; § 70 Abs. 1 AktG 1937 räumte zwar nicht nach seinem Wortlaut, wohl aber nach verbreiteter Lesart im Schrifttum dem Gemeinwohl den Vorrang ein.[276] Divergenzen gibt es ferner bei der Frage, ob die Verwaltung Nichtaktionärsinteressen berücksichtigen kann („may consider", „shall be entitled to consider"), wie in den meisten US-amerikanischen „stakeholder jurisdictions", oder berücksichtigen muss („must have regard to"), wie im Vereinigten Königreich und nach herrschender Meinung in Deutschland und Österreich. Darüber hinaus werden als relevante Bezugsgruppen zum Teil nur Aktionäre, Arbeitnehmer und Allgemeinheit genannt, nicht aber Gesellschaftsgläubiger; zum Teil werden auch Zulieferer, Kunden, Gläubiger und pensionierte Beschäftigte einbezogen. Gelegentlich findet der Zeithorizont für das Verwaltungshandeln Erwähnung, wobei bald auf eine Lang- und Kurzfristperspektive („long and short term"), bald auf die wahrscheinlichen Auswirkungen einer Entscheidung auf lange Sicht („likely consequences in the long run"), bald auf das Ziel „nachhaltiger Wertschöpfung" abgestellt wird.

Allen Regelungsunterschieden zum Trotz hat die Einführung gesetzlicher Unternehmenszielbestimmungen in keiner der untersuchten Rechtsordnungen zu

---

273 Vgl. etwa *Rock*, 76 Bus. Law. 363 (2021).
274 Vgl. *Fleischer*, ZIP 2021, 5, 11 ff.; *Kuntz*, ZHR 186 (2022), 652, 677 ff.
275 *Wiedemann*, Organverantwortung und Gesellschafterklagen in der Aktiengesellschaft, 1989, S. 32.
276 Vgl. etwa *Danielcik*, AktG, 1937, § 70 AktG Rn. 6: „Bei Differenzen zwischen dem gemeinen Nutz und den Augenblicksinteressen der AG. muß sich der Vorstand im Sinne des gemeinen Nutzes entscheiden."

großen Veränderungen geführt und kaum Gerichtsentscheidungen hervorgebracht.[277] Hierfür gibt es im Wesentlichen zwei Gründe: Zum einen verfügen die Geschäftsleiter allerorten über einen breiten Entscheidungsspielraum bei der Abwägung von Aktionärs- und Nichtaktionärsinteressen. Dieser Ermessenskorridor wird hierzulande durch den gemischt objektiv-subjektiven Standard des § 93 Abs. 1 Satz 2 AktG, in den Vereinigten Staaten durch die richterrechtliche *business judgment rule* und im Vereinigten Königreich durch die Formulierung von s. 172(1) CA aus Direktorensicht („in the way he considers, in good faith") noch verbreitert, so dass einer haftungsrechtlichen Inanspruchnahme außerordentlich hohe Hürden entgegenstehen. Zum anderen – und vielleicht noch wichtiger – bestehen die Geschäftsleiterpflichten zur Berücksichtigung von Nichtaktionärsinteressen nur gegenüber der Gesellschaft und können daher von den Stakeholdern nicht eingeklagt werden. Dies erscheint hierzulande so selbstverständlich, dass es im Schrifttum nur selten Erwähnung findet.[278] Englische Literaturstimmen haben das für s. 172(1) CA deutlich ausgesprochen[279]; schon früher wurde s. 309 CA 1985, der eine Berücksichtigung von Arbeitnehmerinteressen verlangte, eine „lame duck provision"[280] genannt. Auch in den Vereinigten Staaten haben die Gerichte Nichtaktionären grundsätzlich kein eigenes Klagerecht (*standing*) zur Durchsetzung der *constituency statutes* eingeräumt, so dass die anfangs von manchen befürchtete Klagewelle bis heute ausgeblieben ist.[281] Dass eine Stakeholder-Orientierung der Direktorenpflichten ohne entsprechende Durchsetzungsmechanismen ein „zahnloses Ideal"[282] bleiben würde, welches dem Management eine enorme Machtfülle verschafft, hatte *Berle* in seiner Entgegnung auf *Dodd* bereits 1932 klar erkannt.[283] Die stattdessen klageberechtigten

---

277 Vgl. *Fleischer*, ZGR 2017, 411, 423.
278 Vgl. *Fleischer*, ZGR 2017, 411, 423 f.; ders., AG 2017, 509, 513 f.
279 Vgl. *Keay/Zhang*, ECFR 2011, 445, 470: „As it is only the shareholders who are able to take action for any breach of section 172 [...] the other constituencies who are mentioned in section 172(1), such as employees, have no right of recourse to the courts if there is a breach. Consequently, if a constituency mentioned in section 172(1) believes that the directors, in breach of section 172, have not had regards to its interests, they can do nothing about it, from a legal perspective."
280 *Keay/Zhang*, ECFR 2011, 445, 470 unter Hinweis auf *Parkinson*, Corporate Power and Responsibility, 1993, S. 82 f. und 100.
281 Näher *Geczy/Jeffers/Musto/Tucker*, 5 Harv. Bus. L. Rev. 73, 114 (2015): „First, constituency statutes did not open litigation floodgates as some critics cautioned. [...] Additionally, because no standing was granted to new third parties, there was a limited pool of potential plaintiffs to bring challenges under these statutes."
282 *Davis*, 13 Can.-US L.J. 7, 18 (1988): „Thus, Berle's objection to Dodd's thesis was not a concern for the preservation of the profit-maximization standard *per se*, but rather the fear that, if ‚reformed', it would be replaced by a toothless ideal, with the likely result being simply an expansion of management's unfettered discretion."
283 Vgl. *Berle*, 45 Harv. L. Rev. 1365, 1367 f. (1932).

Gesellschaftsorgane (Aufsichtsrat bzw. *board*) und Aktionäre zeigten bisher wenig Neigung, für eine Durchsetzung von Nichtaktionärsinteressen zu sorgen.[284]

V. Schluss

Cui bono? Die Frage nach der Zielfunktion der Aktiengesellschaft zieht seit Jahrzehnten Juristen und Ökonomen, Managementforscher und Wirtschaftsethiker in ihren Bann. Diesen fächerübergreifenden Großdiskurs auch nur mit groben Pinselstrichen nachzuzeichnen, übersteigt die Kräfte eines einzelnen Wissenschaftlers.

Konzentriert man sich auf das Gesellschaftsrecht, so fällt zunächst auf, dass die Debatten um Shareholder Value und Stakeholder Value überwiegend national grundiert und nicht frei von Pfadabhängigkeiten sind. Ein echtes transnationales Rechtsgespräch hat sich erst vergleichsweise spät entwickelt. Fast überall lassen sich im Laufe der Zeit Wellenbewegungen beobachten, die bald dem einen, bald dem anderen Lager Auftrieb geben. Verantwortlich hierfür sind oft Veränderungen der wirtschaftlichen und politischen „Großwetterlage": der Erste Weltkrieg, die Depression in den 1930er Jahren, die zunehmende Globalisierung und Finanzialisierung[285] sowie die Deregulierung der Kapitalmärkte gegen Ende der 1990er Jahre und die Finanzmarktkrise von 2008.

Ins Auge sticht weiter, dass die Initialzündung der Debatten häufig nicht von Gerichtsentscheidungen oder Gesetzesreformen ausging, sondern von Schlüsselveröffentlichungen namhafter Wissenschaftler bzw. „Public Intellectuals" wie *Walther Rathenau*. Daher rührt vielleicht auch der Hang zum jahrzehntelangen Durchleiden der theoretischen Kontroversen um Gesellschafts- und Unternehmensinteresse,[286] wie er sonst nur der deutschen Dogmatik nachgesagt wird.[287] Damit einher gehen ideologische Zuspitzungen, die nicht selten auf falschen Zuschreibungen beruhen, etwa die deutsche Phantomdebatte über das Unternehmen an sich oder die Verdrehungen von *Rappaports* Shareholder-Value-Ansatz.

---

284 Vgl. für England *Keay*, Board Accountability in Corporate Governance, 2015, S. 130.
285 Dazu etwa *Berghoff*, Historische Zeitschrift 308 (2019), 364, 373: „Der Begriff ‚Finanzialisierung' beschreibt nicht nur die wachsende Rolle von Finanzinstitutionen, sondern auch einen Megatrend der übrigen Wirtschaft. Für die Industrie ist die Umorientierung von der Logik der Produktion zu derjenigen der Finanzwirtschaft gemeint. Unternehmen wurden – beginnend in den USA der 1970er Jahre – zunehmend als variable Portfolios und weniger als integrierte Einheiten verstanden. Die Interessen der Aktionäre sollten gegenüber denen aller anderen Stakeholder-Gruppen im Vordergrund stehen."
286 Vgl. *Fleischer*, NZG 2018, 241, 246.
287 Allgemein dazu *Kötz*, Undogmatisches, 2005, S. 137.

Im auffälligen Gegensatz zu den imposanten theoretischen Gedankengebäuden von Shareholder Value und Stakeholder Value steht ihr geringer Einfluss auf die Lösung konkreter Sachfragen.[288] Selbst dort, wo die unterschiedlichen Interessen mit unverminderter Heftigkeit aufeinanderprallen, liegen die konkurrierenden Lehrmeinungen in ihren rechtlichen Ergebnissen enger beisammen, als es auf den ersten Blick scheinen mag.[289] Außer Streit steht heute, dass der Vorstand für den dauerhaften unternehmerischen Erfolg neben den Anteilseignerinteressen der Perspektiverweiterung auch die Interessen aller anderen Anspruchsgruppen berücksichtigen muss; sonst wird er früher oder später scheitern. Gestritten wird nur über seltene Grenzfälle, in denen er zur Förderung von Stakeholder-Interessen erklärtermaßen Kosten in Kauf nimmt, denen keine Steigerung des Unternehmenswerts gegenübersteht.[290] Im angelsächsischen Schrifttum spricht man anschaulich von sog. *confessional cases*.[291] Es bleiben allerdings Nuancierungen in psychologischer Hinsicht.[292] Zudem steht die Frage im Raum, ob es um der angestrebten Ergebnisse willen klüger ist, Vorstandsmitglieder auf ihr soziales Gewissen einzuschwören oder sie auf das übergeordnete Ziel langfristiger Gewinnoptimierung zu verpflichten.[293]

Ein Ende der Debatte zeichnet sich auch nach mehr als einem Jahrhundert nicht ab. Vielmehr wird sie zusehend mit der noch weiter ausgreifenden Metadiskussion um das Wohl und Wehe einer kapitalistisch organisierten Wirtschaftsordnung verwoben. Zusätzliche Impulse gehen gesellschaftsrechtlich von Rechtsformneuschöpfungen wie der US-amerikanischen Benefit Corporation aus, die Gemeinwohlförderung und Gewinnorientierung miteinander in Einklang bringen wollen.[294]

---

288 Vgl. *Fleischer* (Fn. 144), § 76 AktG Rn. 56 f.; ähnlich aus schweizerischer Sicht *Forstmoser*, FS Simon, 2005, S. 207, 219: „Bei näherem Zusehen entpuppt sich aber, dass die Gegensätze nicht so groß sind, wie angesichts der erbitterten Grabenkämpfe zu erwarten wäre."
289 Vgl. *Hopt*, GesRZ 2002, Sonderheft Corporate Governance, S. 4, 5: „Das will nicht besagen, daß die erwähnte, vor allem im deutschen Aktienrecht bändefüllende Diskussion überflüssig ist, aber ihre praktischen Auswirkungen sind begrenzt."
290 Wie hier mit Blick auf das schweizerische Recht *von der Crone* (Fn. 232), S. 13; ähnlich aus ökonomischer Sicht *Tirole* (Fn. 172), S. 57 f.
291 Dazu etwa *Bainbridge* (Fn. 18), S. 46: „Dodge is the leading example of what have been called confessional cases, in which the dominant manager 'admits that he is treating an interest other than stockholder wealth as an end in itself, rather than as an instrument to stockholder wealth'.", unter Berufung auf *Strine*, 50 Wake Forest L. Rev. 761, 776 f. (2015).
292 Vgl. *Bainbridge* (Fn. 172), S. 422; *Fleischer* (Fn. 158), S. 185, 198.
293 Dazu *Fleischer* (Fn. 158), S. 185, 198; ferner *Harenberg*, KritV 2019, 393, 445.
294 Eingehend zuletzt *Fleischer*, AG 2023, 1.

Johannes W. Flume

§ 3 Rechtsnatur der Gesamthand

I. Das Ende des Gesamthandprinzips? —— **115**
    1. *Modell I.:* Die „traditionelle Auffassung" des Gesamthandprinzips als Vermögenszuordnungsprinzip —— **118**
    2. *Modell II.:* Rechtsfähige Gesamthandgesellschaften —— **122**
    3. Gesamthand(gesellschaft) post MoPeG —— **124**
II. Gesamthand als „germanisches" Rechtsprinzip? —— **126**
III. Warum eine binäre Unternehmensträgerordnung? —— **128**
IV. Von der *societas* zum modernen Recht der offenen Handelsgesellschaft —— **132**
    1. Societas —— **133**
    2. Offene Handelsgesellschaft —— **135**
    3. „Kollektive Personeneinheit" und *conjuncta manus* —— **139**
V. Vielheit *vers.* Einheit —— **142**
VI. Schluss —— **145**

I. Das Ende des Gesamthandprinzips?

Nach den Ausführungen in den Gesetzesmaterialien des MoPeG hat das „Gesamthandsprinzip […] jedenfalls auf dem Gebiet des Gesellschaftsrechts ausgedient"[1], indem die §§ 718, 719 BGB 1900 zugunsten des nun geltenden § 713 BGB entfallen sind. Beiträge, Rechte und Verbindlichkeiten sind nicht mehr „gemeinschaftliches Vermögen der *Gesellschafter*" (§ 718 Abs. 1 BGB 1900), sondern nunmehr „Vermögen der *Gesellschaft*" (§ 713 BGB). Zudem können fortan Gesellschaftsanteile ohne die Zustimmung der anderen Gesellschafter nicht übertragen werden (§ 711 Abs. 1 S. 1 BGB) – die Regelung über die „gesamthänderische Bindung" in § 719 BGB 1900 wurde hingegen restlos gestrichen.

Anmerkung: *Johannes W. Flume* ist Universitätsprofessor am Fachbereich Privatrecht der Paris Lodron Universität Salzburg. Die angefügten Nachweise können keineswegs Anspruch auf Vollständigkeit erheben. Denn schon *Martin Wolff* hatte im Kontext der Debatte um die juristische Person den folgenden berühmten Ausspruch gewählt, der sich aber auch sinngemäß auf die Personengesellschaften anwenden lässt: „On the Continent the number of jurists who attempt to grapple with this problem is so large that legal authors may be divided into two groups: those who have written on the legal nature persons, and those who have not yet done so." (Law Quart. Rev. 54 (1938), 494). Ältere Beiträge, die nicht auf Anhieb zu finden sind, werden zur besseren Orientierung mit dem Volltitel zitiert.

1 BT-Drs. 19/27635, 104; siehe davor *BMJV*, Mauracher Entwurf für ein Gesetz zur Modernisierung des Personengesellschaftsrechts, April 2020, S. 86.

An die Reformschritte anknüpfend werden recht unterschiedliche Konsequenzen gezogen, ja sogar zum Teil radikale Systemwechsel propagiert.[2] Aus dem breiten Spektrum der Stellungnahmen sollen hier ein paar Kostproben genügen: Für *Holger Altmeppen* ist die „Abschaffung des Gesamthandsprinzips für alle Personengesellschaften [...] jedenfalls überflüssig, wenn nicht sogar ein grober Fehler"[3]. *Alexander Schall* fasst den Mauracher Entwurf als überschießend auf, weil „die Gesamthand als Prinzip der Vermögenszuordnung in der Personengesellschaft abgeschafft [wurde]"[4]. *Holger Fleischer* will hingegen dem Standpunkt des Entwurfs beipflichten.[5] Nach *Jan Thiessen* ist die Entwicklung aufgrund der Strukturentscheidungen des Gesetzgebers „für Gierke tragisch oder wenigstens tragikomisch, wird er hier doch zum Opfer seines posthumen rechtspolitischen Erfolgs"[6]. In eine ähnliche Richtung gehen die Ausführungen *Gregor Bachmanns*, demzufolge sich das MoPeG „von der Vorstellung, rechtsfähige Personengesellschaften seien Gesamthandsgemeinschaften, verabschiedet"[7] hat, auch wenn er Personengesellschaften nicht als juristische Personen verstanden wissen will. Geradezu als Gegenpol zu den genannten Stimmen lässt sich *Karsten Schmidt* anführen, der darauf verweist, dass die „vom Entwurf formulierten Zuweisungsregeln" nichts anderes erkennen ließen als „das von *Werner Flume* vor fast fünfzig Jahren in ZHR 136 (1972), 177 so folgenreich vorgetragene Modell der rechtsfähigen Gesamthandsgesellschaft"[8].

Es gibt aber auch ganz anders lautende Deutungen. Geradezu erstaunlich ist der Ansatz von *Christina Escher-Weingart*, die eine Art Krypto-Gesamthandlehre alter Prägung vertritt.[9] Nach ihr soll man von „einer neuen Form der derivativen Rechtsfähigkeit sprechen"[10] können. Es soll sich jedoch bei den rechtsfähigen Per-

---

2 Für eine prägnante und kurze Zusammenfassung, vgl. *Carsten Schäfer*, in: ders., Das neue Personengesellschaftsrecht, 2022, § 1 Rn. 15 u. *Christian Armbrüster*, in: C. Schäfer, Das neue Personengesellschaftsrecht, 2022, § 3 Rn. 43 ff.; zur vergleichbar gelagerten Diskussion in Österreich, vgl. *Eveline Artmann*, in: dies., UGB, 3. Aufl., 2019, § 105 Rz. 9.
3 *Holger Altmeppen*, NZG 2020, 822 (die Kritik war noch bezogen auf den sog. Mauracher Entwurf).
4 *Alexander Schall*, ZIP 2020, 1443, 1447.
5 *Holger Fleischer*, Annäherungen an den Mauracher Entwurf für ein Gesetz zur Modernisierung des Personengesellschaftsrechts, in: Modernisierung des Personengesellschaftsrechts, ZGR-Sonderheft 23, 2021, 22.
6 *Jan Thiessen*, ZEuP 2021, 892, 893 f.
7 *Gregor Bachmann*, in: FS Henssler, 2023, S. 770, 783; vgl. davor auch *ders.*, in: FS Karsten Schmidt, Bd. I, 2019, S. 49 ff.
8 *Karsten Schmidt*, ZHR 185 (2021), 16, 28; davor kürzer *ders.*, ZHR 177 (2013), 712, 721 f.; dem folgend *Carsten Schäfer*, in: ders., Das neue Personengesellschaftsrecht, 2022, § 1 Rn. 15; ähnlich *Habersack*, ZGR 2020, 539, 548 f.; *Alexander Wilhelm*, Das Recht der Gesamthand im 21. Jahrhundert, 2023, S. 116 f.
9 *Christina Escher-Weingart*, WM 2022, 2297 ff.
10 *Christina Escher-Weingart*, WM 2022, 2297, 2306; eindringliche Kritik hieran bei *Gregor Bachmann*, in: FS Henssler, 2023, S. 770, 782.

sonengesellschaften „nicht viel" geändert haben. Die Ausführungen enden mit der im Jahr 2024 nicht mehr vertretbaren Einschätzung: „Es bleibt aber bei der Stellung der Gesellschafter [sic!] als die tragenden Rechtssubjekte."[11] Schließlich gibt es auch diejenigen Stimmen, wie zuletzt besonders nachdrücklich von *Peter Kindler*[12] vorgebracht, die sich vor dem Hintergrund des „Abschieds von der Gesamthand"[13] für den bereits erwähnten Systemwechsel aussprechen und entgegen der herrschenden Lehre[14] rechtsfähige Personengesellschaften zu juristischen Personen deklarieren wollen.

Hat nun das Gesamthandprinzip im Gesellschaftsrecht „ausgedient"; sind wir am Ende der Geschichte jenes gern als mystisch-germanisch hochstilisierten Rechtsprinzips angekommen? So vielfältig und vielgestaltig die Konturen des Gesamthandprinzips in Gegenwart und Vergangenheit auch heute noch sein mögen[15], so lassen sich doch Grundmuster erkennen, die *Franz Wieacker* in einer brieflichen Antwort auf die Übersendung eines Dedikationsexemplars der „Personengesellschaft" von *Werner Flume* im Jahr 1978 an diesen wie folgt formuliert hatte:

> „Bei der Lektüre Ihrer Polemik gegen die Auffassung der Gesamthand als einer Art der Zuordnung von Sondervermögen zu mehreren (die auch meine ist[16]), wird mir immer klarer, daß man Gesamthand (unter stärkstem germanistischem Einfluß[)] zweierlei nennt: nämlich einmal die Art der Personenverb[i]ndung selbst (zwischen Gesellschaftern, Ehegatten) und anderseits die Art der Zuordnung von Vermögen an diese Personenverbindung[. D]iese Ambiguität kommt auch darin zum Ausdruck, daß man bald von Gesamthand<u>prinzip</u> usf. spricht und bald von Gesamthand<u>berechtigung</u> und schließlich vom Handeln mit gesamter Hand (der

---

11 *Christina Escher-Weingart*, WM 2022, 2297, 2306. Ähnlich will *Andreas Dieckmann* (Gesamthand und juristische Person, 2019) auf der Grundlage einer historisch nicht tragfähigen, angeblichen Neuinterpretation der Schriften Gierkes zeigen, dass für *Gierke* Gesamthandgesellschaften keine Rechtssubjekte seien (vgl. dazu auch die milderen, aber auch kritischen Anmerkungen in der Rezension von *Francis Limbach*, NZR 2020, 155 ff.) und anders als die heutige Gruppenlehre nicht ein Rechtssubjekt sei.
12 *Peter Kindler*, ZfPW 2022, 409 ff.; zuvor *ders.*, ZHR 185 (2021), 598 ff.
13 *Peter Kindler*, ZfPW 2022, 409, 412: „Die GbR als eine Gesamthandsgemeinschaft endet mit Ablauf des 31.12.2023."
14 Dazu prägnant und knapp *Jens Koch/Rafael Harnos*, in: Koch, Personengesellschaftsrecht, 2024, § 705 Rn. 88 m.w.N.; *Christian Armbrüster*, in: C. Schäfer, Das neue Personengesellschaftsrecht, 2022, § 3 Rn. 46; ablehnend auch *Gregor Bachmann*, in: FS Lindacher, 2017, 23, 35.
15 Dazu einführend *Susanne Lepsius*, Art. „Gesamthand", in: Handwörterbuch zur deutschen Rechtsgeschichte, 2. Aufl., Bd. II, 10. Lfg. (2009), Sp. 264–269; ausführlich *Francis Limbach*, Gesamthand und Gesellschaft, 2016, *passim*.
16 Vgl. dazu *Franz Wieacker*, Rezension zu Gerhard Buchda, Geschichte der deutschen Gesamthandlehre, KritVierteljSchr. für Gesetzgebung und Rechtswissenschaft N. F. 31 (1941), 174 ff. = Kleine juristische Schriften. Eine Sammlung zivilrechtlicher Beiträge aus den Jahren 1932 bis 1986, 1988, S. 299 ff.

ursprünglichen Wortbedeutung). Wenn man dies bedenkt, wird man nicht gegen Sie auf die Barrikaden gehen, wenn Sie gegen die Interpretation von Gesamthandsberechtig[u]ng als Weise der Zuordnung von Sondervermögen an mehrere Personen zu Felde ziehen, sondern ruhig antwortet: eben beides. Freilich folgt daraus, daß der Begriff nicht zu den klarsten gehört – wie ebenso die Art germanischer Figuren ist."[17]

Bei allen Unklarheiten über die Gesamthand lassen sich zumindest für das deutsche Gesellschaftsrecht des 20. und 21. Jahrhunderts mit voller Klarheit zwei konträre Grundmodelle unterscheiden, deren Kenntnis, wie unter I. 3. noch zu zeigen sein wird, auch für das heutige Recht noch von Bedeutung ist.[18]

1. *Modell I.*: Die „traditionelle Auffassung" des Gesamthandprinzips als Vermögenszuordnungsprinzip

Nach der ursprünglichen, im 20. Jahrhundert zunächst dominierenden Vorstellung – BGHZ 146, 341, 344 spricht von der „traditionellen Auffassung" – war das Gesamthandprinzip als Vermögenszuordnungsprinzip mit spezifischen schuldrechtlichen und sachenrechtlichen Wirkungen ausgestattet, das jedoch nicht zu einer Etablierung eines eigenen Rechtssubjekts neben den Personen der Gesellschafter geführt hat.[19] Dieses Konzept wurde vom BGB kommend argumentativ auf das HGB

---

[17] Maschinenschriftlicher Brief von *Franz Wieacker* (Göttingen, den 5. Februar 1978, Prinzenstraße 21) an *Werner Flume* (im Besitz des Verf.) (Hervorh. wie im Original).
[18] Apriorisch will *Gerhard Buchda* (Geschichte und Kritik der deutschen Gesamthandlehre, 1936, S. 265 f.) das Gesamthandprinzip auf das „Prinzip des rechtsgeschäftlichen Handelns" beschränken. Diese Feststellung hat keine Basis (krit. auch *Karsten Schmidt*, Gesellschaftsrecht, 4. Aufl., 2002, § 8, S. 196 Fn. 69) und geht an der eigentlich geführten Sachdiskussion vorbei.
[19] Eine genaue Rechtsprechungsanalyse der Judikatur des Reichsgerichts sowie des Bundesgerichtshofs im 20. Jahrhundert kann hier nicht geleistet werden, vgl. jedoch RG, Urt. v. 18.6.1901, VII. 144/01, Nr. 2, in: Schubert/Glöckner (Hrsg.), Nachschlagewerk des Reichsgerichts, Gesetzgebung des Deutschen Reichs, Bd. V, 2009, S. 206: „Die offene Handelsgesellschaft ist keine juristische Person; die Gesellschafter sind Eigentümer der für die Gesellschaft erworbenen Gegenstände. Nur die Organe der Gesellschaft können aber darüber im Ganzen oder über reelle oder ideelle Teile verfügen. Bei Verfügungen über das Gesellschaftseigentum, welche von den Organen der Gesellschaft mit einem der Gesellschafter vorgenommen werden, steht der letztere als Dritter der Gesellschaft gegenüber."; RGZ 56, 430, 432 (zur OHG); BGHZ 34, 293, 296. Aus der Literatur: *Karl Geiler*, in: Düringer/Hachenburg, Bd. II/1: Allgemeine Einleitung: Das Gesellschaftsrecht des bürgerlichen Rechts, 3. Aufl., 1932, Anm. 6 ff.; Sodann für die zweite Hälfte des 20. Jahrhunderts: Vgl. *Ulrich Huber*, Vermögensanteil, Kapitalanteil und Gesellschaftsanteil an Personengesellschaften des HandelsR, 1970 (anders dann aber *ders.*, in: FS Lutter, 2000, S. 107 ff.); *Joachim Schulze-Osterloh*, Das Prinzip der gesamthänderischen Bindung, 1972; *Herbert Buchner*, AcP 169 (1969), 483 ff.; danach insb. zu den letzten

ausgebreitet. Über die Verweisnorm des § 105 Abs. 2 HGB 1900 meinte man argumentieren zu können, dass wenn schon die GbR nicht rechtsfähig sei, die ja nun die Grundform darstellen, sollten auch die Personenhandelsgesellschaften des HGB – OHG und KG – nicht rechtsfähig sein.[20] § 124 HGB 1900 wurde in diesem Modell als firmenrechtliche Vorschrift kleingeredet und als Anknüpfungspunkt für die Annahme einer eigenen Rechtssubjektivität der OHG aus dem Weg geräumt.[21]

Um die Konstruktion und Wirkungsweise dieses Modells nachvollziehen zu können, müssen drei Grundelemente zusammenführen werden: (i) Gesamt*hand*forderung, (ii) Gesamt*hand*schuld und (iii) Gesamt*hand*eigentum. Auf schuldrechtlicher Ebene zeigt sich die Komplexität und teils auch schon die fehlende Praktikabilität, Rechtsbeziehungen über die gesamthänderische Bindung der Gesellschafter abzuwickeln. Wenn auch Einzelfragen strittig geblieben sind, lassen sich die Grundfragen bei *Ludwig Enneccerus*[22] und *Andreas von Tuhr*[23] nachvollziehen. Die Art und Weise der Zuordnung von Schuldverhältnissen an die gesamthänderisch gebundene Gesellschaft lässt sich gut im Gegensatz zur Gesamtgläubigerschaft erklären. Während nämlich bei der Gesamtgläubigerschaft jedem Gläubiger auf der Grundlage eines selbständigen Schuldverhältnisses eine eigene Forderung zusteht (sog. Mehrheitstheorie[24]), besteht bei der Gesamthand nur ein

---

„neoklassischen Vorstößen" (*Barbara Dauner-Lieb*): *Wolfgang Zöllner*, in: FS Kraft, 1998, S. 791 ff.; ders., in: FS Gernhuber, 1993, S. 563 ff.; *Götz Hueck*, in: FS Zöllner, 1998, S. 275 ff.
20 Vgl. *Ulrich Huber*, Vermögensanteil, Kapitalanteil und Geschäftsanteil an Personengesellschaften des Handelsrechts, 1970, S. 12 f. m.w.N. (der für seinen Standpunkt irreführend auf *Gierke* verweist).
21 Vgl. exemplarisch *Ulrich Huber*, Vermögensanteil, Kapitalanteil und Geschäftsanteil an Personengesellschaften des Handelsrechts, 1970, S. 13: „Die Personenhandelsgesellschaft ist also genauso wenig rechtsfähig wie ihre Grundform, die bürgerlich-rechtliche Gesellschaft. Daran ändert auch die Vorschrift des § 124 Abs. 1 HGB nichts. Die Vorschrift bestimmt zwar, dass die Offene Handelsgesellschaft [...] ‚unter ihrer Firma Rechte erwerben und Verbindlichkeiten eingehen, vor Gericht klagen und verklagt werden' kann. Denn die ‚Firma' ist eben, wie sich aus § 105 Abs. 1 HGB ergibt, die gemeinschaftliche Firma der *Gesellschafter*; die Vorschrift besagt also, daß die *Gesellschafter* unter gemeinsamem Namen Rechte erwerben und Verbindlichkeiten eingehen können, nicht daß die Gesellschaft als solche rechtsfähig sein soll." (Hervorh. wie im Original).
22 Lehrbuch des Bürgerlichen Rechts, Erster Band, erste Abteilung: Einleitung, Allgemeiner Teil, 1921, § 69 2., S. 168; Erster Band, zweite Abteilung: Recht der Schuldverhältnisse, 1920, § 312, S. 258 ff.; sodann wiederzufinden in *Ludwig Enneccerus/Hans Carl Nipperdey*, Allgemeiner Teil des Bürgerlichen Rechts, Erster Halbband, 1959, § 76 II. 2, S. 448; sowie in *Ludwig Enneccerus/Heinrich Lehmann*, Recht der Schuldverhältnisse, 1958, § 89, S. 356 ff.
23 Allgemeiner Teil des Schweizerischen Obligationenrechts, Zweiter Halbband, 1925, § 89 V., S. 678 ff.
24 *Ulrich Noack*, in Staudinger (2005) § 428 Rn. 3; ausführlich *Wilhelm Rütten*, Mehrheit von Gläubigern, 1989, S. 154 ff.

Schuldverhältnis, „nur *eine* Forderung mit [zumindest] zwei Subjekten"[25]. Daraus ergeben sich weitere Konsequenzen, die *von Tuhr* prägnant für das Schweizer Obligationenrecht beschrieben hat, die jedoch auch gleichermaßen für das deutsche Recht passen:

> „Die Einheitlichkeit der gemeinsamen Forderung zeigt sich daran, daß über sie nur einheitlich verfügt werden kann, und zwar muß die Verfügung grundsätzlich von allen Teilhabern der Gesamthand ausgehen oder von einer zur Vertretung sämtlicher Teilhaber ermächtigten Person. Das gilt für Abtretung, Erlaß, Kündigung der Forderung und insbesondere auch für die Entgegennahme der Erfüllung: der Schuldner einer Gesamthandsforderung wird nur dadurch frei, daß er an alle Teilhaber gemeinsam oder an einen gemeinsamen Vertreter leistet. Ferner zeigt sich die Einheitlichkeit der gemeinsamen Forderung darin, daß die Klage von allen Teilhabern gemeinsam erhoben werden muß und daß die gemeinsame Forderung nicht mit einer Schuld des einen oder des anderen Teilhabers verrechnet werden kann (auch nicht zu einem dem Anteil eines Teilhabers entsprechenden Betrag), sondern nur mit solchen Schulden der Teilhaber, für welche das Gesamthandsvermögen haftet."[26]

Die Gesamthandschulden sind gewissermaßen spiegelbildlich zu den Gesamthandforderungen angeordnet. Sie werden von *Enneccerus* als „diejenigen Schulden [bezeichnet], für welche die an einem Gesellschaftsvermögen Beteiligten mit dem gemeinschaftlichen Vermögen haften"[27]. Instruktiv beschreibt er sodann als Spezifika der Gesamthandschulden die folgenden Merkmale:

> 1. Sie richten sich nicht gegen die einzelnen Gesamthänder als einzelne, sondern nur gegen alle zusammen.
> 2. Daher kann der Gläubiger nur alle zusammen verklagen oder mahnen, nur allen zusammen kündigen, wie auch sie ihm nur gemeinsam kündigen können. Eine Zwangsvollstreckung in das gemeinschaftliche Vermögen setzt einen gegen alle Schuldner vollstreckbaren Schuldtitel voraus, ZPO §§ 736, 747. [...]
> 3. Eine Gesamthandschuld ist aber nur vorhanden, sofern es sich um die Befriedigung aus dem Sondervermögen handelt, ZPO § 736, BG §§ 2059 Abs. 2, 1459 Abs. 1.
> 4. Oft aber sind die Beteiligten außerdem als Einzelpersonen, wir sagen ganz zutreffend „persönlich", verpflichtet. [Fn.: So die Gesellschafter für Vertragsschulden (von etwaigen besonderen Vereinbarungen mit den Gläubigern abgesehen), § 427. (...)].[28] Diese persönliche

---

25 *Andreas von Tuhr*, SchuldR AT, § 89 V., S. 679 (Hervorh. wie im Original).
26 *Andreas von Tuhr*, SchuldR AT, § 89 V., S. 679.
27 *Ludwig Enneccerus*, SchuldR, § 313 III., S. 260.
28 Nachdem § 642 I.-E. („Ist von den Gesellschaftern, sei es in Person, sei es durch Vertreter, mit einem Dritten ein Rechtsgeschäft geschlossen, so werden sie gegenüber dem Dritten im Zweifel zu gleichen Antheilen berechtigt und verpflichtet.") gestrichen worden war, und keine spezialgesetzliche Haftungsnorm bzw. Haftungserstreckungsnorm existierte, ging man davon aus, dass auf die allgemeine Norm des § 427 BGB abzustellen sei (vgl. dazu *Susanne Lepsius*, in: HKK, III/2, 2013, §§ 705–740 Rn. 130). Abweichend von diesem Konzept vertrat etwa *Karl Geiler* die Ansicht, dass sich

Verpflichtung wird aber nicht nach den Regeln der gesamten Hand beurteilt, sondern ist je nach den in Betracht kommenden allgemeinen oder besonderen Vorschriften bald Gesamtschuld [Fn.: So in der Regel bei Gesellschaftern, §§ 427, 431 (...)], bald Teilschuld [Fn.: So bei den Gesellschaftern, wenn mit Gläubigern Teilhaftung vereinbart ist (§ 427)].[29]

Die Konstruktion des sog. Gesamthandeigentums im Sinne der „traditionellen Auffassung", das selbst im BGB nicht eigens weiter ausgeformt ist, ist schon wesentlich schwerer zu fassen, da die relevante zeitgenössische Literatur kurz und teils auch recht kryptisch war und ist.[30] Das verwundert auch nicht weiter, handelt es sich bei der Abgrenzung und Konstruktion des Gesamthandeigentums zum Miteigentum um eine der umstrittensten Fragen bei den Beratungen der GbR, die mit der nebulösen Vorschrift des § 719 Abs. 1 BGB 1900 endete.[31] Wird bereits ein Schuldverhältnis einheitlich den Gesamthändern zugeordnet, so liegt es gedanklich eigentlich nahe, auch das Gesamthandeigentum als ungeteiltes Eigentum einheitlich den Gesamthändern bzw Gesellschaftern zuzuordnen. Das wurde freilich im Rückschluss auf § 719 Abs. 1 BGB 1900 anders gesehen und von einem „Eigentumsanteil"[32] des Genossen gesprochen und nicht zuletzt auch „Anteile der Gesellschafter an dem Gesellschaftsvermögen"[33] angenommen, ohne dass freilich eine Quote bestimmt werden oder eine Methode zur Bestimmung einer Quote sich durchsetzen hätte

---

die persönliche Haftung des Gesellschafters aus den allgemeinen Grundsätzen ergebe, da sich die Haftung „wie bei jeder anderen physischen Person" stets auch auf das gesamte Vermögen erstrecke, wenn natürliche Personen im Rechtsverkehr agieren, und der Gesellschafter demnach „grundsätzlich mit allem Vermögen" hafte (in: Düringer/Hachenburg, Bd. II/1: Allgemeine Einleitung: Das Gesellschaftsrecht des bürgerlichen Rechts, 3. Aufl., 1932, Anm. 137). Mit der Behandlung rechtsgeschäftlicher Verbindlichkeiten war freilich noch nicht die lange umstrittene – hier nicht weiter zu vertiefende – Streitfrage der Haftung des Gesellschaftsvermögens für deliktisches Handeln des geschäftsführenden Gesellschafters einerseits und der wesentlich kritischer gesehenen Haftung der Gesellschafter für fremdes Delikt andererseits adressiert (ablehnend *Karl Geiler*, in: Düringer/Hachenburg, Bd. II/1: Allgemeine Einleitung: Das Gesellschaftsrecht des bürgerlichen Rechts, 3. Aufl., 1932, Anm. 141; dazu dann später *Holger Altmeppen*, NJW 1996, 1017 ff.; *ders.*, NJW 2003, 1553 ff.).

29 *Ludwig Enneccerus*, SchuldR, § 313 III. 1.–4., S. 260 f.
30 Siehe etwa *Martin Wolff*, Lehrbuch des Bürgerlichen Rechts, Zweiter Band, erste Abteilung: Das Sachenrecht, Vierte Bearbeitung, 1921, § 88 II., S. 286 f.; sodann wiederzufinden in *Martin Wolff/Ludwig Raiser*, Sachenrecht, Ein Lehrbuch, 1957, § 88 II., S. 353 f.; *Hans Josef Wieling*, Sachenrecht, Bd. I, Sachen, Besitz und Rechte an beweglichen Sachen, 1990, § 8 III. 1. f., S. 268 f.; ausführlich jedoch *Otto von Gierke*, Deutsches Privatrecht, Zweiter Band, Sachenrecht, 1905, § 122, S. 375 ff.
31 Vgl. dazu *Benno Mugdan*, Die gesamten Materialien zum Bürgerlichen Gesetzbuch für das Dt. Reich, Bd. II: Recht der Schuldverhältnisse, 1899, S. 990.
32 So *Martin Wolff*, SaR, § 88 II., S. 286.
33 *Bernhard Windscheid/Theodor Kipp*, Lehrbuch des Pandektenrechts, Zweiter Band, 9. Aufl., 1906, § 407 Anh. 2), S. 790.

können.³⁴ Denn die Diskussion um eine „Quote" war sachenrechtlich mehr eine Scheindebatte, da allgemein akzeptiert war, dass der einzelne Gesamthänder nicht über „seinen Anteil" verfügen konnte, sondern nur gemeinsam verfügt werden konnte.³⁵

Weitere Details sind hier nicht von Interesse. Auffällig bleibt jedoch, dass der Umgang von Dritten mit dem Konglomerat der rechtlich einzeln zu adressierenden Gesamthänder sehr mühsam und auch fehleranfällig sein kann, da der Dritte als Schuldner wie auch als Gläubiger stets mit der Mehrheit der in gesamthänderischen Beziehungen stehenden Personen zu tun hat und nicht mit einem (gebündelten) Subjekt.

2. *Modell II.*: Rechtsfähige Gesamthandgesellschaften

Ausgehend von den Arbeiten *Otto von Gierkes*³⁶ – der wiederrum, was gerne übersehen wird, auf den Arbeiten der Handelsrechtswissenschaft des 19. Jahrhundert aufbaut (dazu unter IV. 3.) – wurde die Idee einer rechtsfähigen Gesamthandgesellschaft von *Werner Flume*³⁷ etabliert, von der Literatur³⁸ rezipiert und

---

34 Vgl. *Karl Geiler*, in: Düringer/Hachenburg, Bd. II/1: Allgemeine Einleitung: Das Gesellschaftsrecht des bürgerlichen Rechts, 3. Aufl., 1932, Anm. 21 m.w.N. und 156.

35 Vgl. die Nachweise in Fn. 24.

36 Um den Gedankengang *Otto von Gierkes* nachzuvollziehen, sind eine Vielzahl von Werken zu konsultieren, vgl. Das deutsche Genossenschaftsrecht, Erster Band, Rechtsgeschichte der deutschen Genossenschaft, 1868, S. 981 ff.; Das deutsche Genossenschaftsrecht, Zweiter Band, Geschichte des deutschen Körperschaftsbegriffs, 1873, S. 923 ff. u. insb. 956; Die Genossenschaftstheorie und die deutsche Rechtsprechung, 1887, S. 339 ff. (allgemeine Ausführungen), 435 ff. (speziell zu den Handelsgesellschaften); Personengemeinschaften und Vermögensinbegriff in dem Entwurfe eines Bürgerlichen Gesetzbuches für das Deutsche Reich, in: Bekker/Fischer, Beiträge zur Erläuterung und Beurteilung des Entwurfes eines Bürgerlichen Gesetzbuchs für das deutsche Reich, 1889; Der Entwurf des neuen Handelsgesetzbuches, ZHR 45 (1896), 441 ff.; Handelsgesellschaftsrecht und bürgerliches Recht, ArchBürgR 19 (1901), 114 ff.; Deutsches Privatrecht, Zweite Abteilung, dritter Teil, erster Band, Allgemeiner Teil und Personenrecht, 1895, § 80, S. 663 (zu den allgemeinen Grundsätzen); Deutsches Privatrecht, Zweite Abteilung, dritter Teil, dritter Band, Schuldrecht, 1917, § 209, S. 829 ff. (zur GbR); Grundzüge des Privatrechts, § 12, S. 448 f. u. Grundzüge des Handelsrechts, §§ 33 ff., S. 928 ff. (zu den Personenhandelsgesellschaften), §§ 44 ff., S. 944 ff. (zu den Kapitalgesellschaften [AG, KGaA und GmbH]; *Gierke* spricht von „Kapitalgenossenschaften"), in: Holzendorff/Kohler, Encyklopädie der Rechtswissenschaft, Erster Band, 1904.

37 ZHR 136 (1972), 177 ff.; *ders.*, in: FG Hengeler, 1972, S. 76 ff.; *ders.*, in: FS Reinhard, 1972, S. 223 ff.; *ders.*, in: FS Knur, 1972, S. 125 ff.; *ders.*, Allgemeiner Teil des bürgerlichen Rechts, Erster Band, Erster Teil, Die Personengesellschaft, 1977.

38 Genannt seien hier – freilich mit teils ganz unterschiedlichen Schwerpunktsetzungen – *Karsten Schmidt*, GesR, § 8 III., S. 196 ff. (und frühere Auflagen); *Peter Ulmer*, in: MünchKomm-BGB, 3. Aufl.,

verfeinert und sodann bekanntlich von BGHZ 146, 341 ARGE Weißes-Ross in das geltende Recht implementiert.[39] Verwirklicht wurde damit die Idee einer vertraglich geschaffenen Rechtsträgerschaft. A, B und C können als „Gruppe", als GbR, als Rechtsträger im Rechtsverkehr auftreten. Verträge werden nicht mit A, B und C in ihrer gesamthänderischen Bindung abgeschlossen – diese Bindung gibt es nicht und sie wäre nur nach der „traditionellen Auffassung" denkbar, nach der *ein* Vertrag mit einer *Mehrzahl von Personen* abgeschlossen werden kann –, sondern mit der GbR als Rechtssubjekt. Aufgrund dieses Modells werden sämtliche Beilagen, Rechte und Verbindlichkeiten nicht „gemeinschaftliches Vermögen der *Gesellschafter*", sondern Vermögen der *Gesellschaft*. Über die Berechtigung der Lehre *Werner Flumes*[40] sowie des mittlerweile legendär gewordenen Urteils BGHZ 146, 341 ist viel Lob[41] und weniger Kritik geäußert worden und teils auch (vergebens) die Verfassung bemüht[42] worden. Nüchtern mag man feststellen, dass der BGH die von der 2. Kommission offengelassene Frage nach dem „Wesen der gesamten Hand"[43] entschieden hat und zugleich aber auch rechtsfortbildend tätig war, da man das BGB fortan – insbesondere die §§ 718, 738 BGB 1900 – anders lesen musste.[44] Mit *Werner Flume* lässt sich zudem auch argumentieren, dass die Gruppenlehre die in § 718 Abs 1 BGB angelegte Unklarheit und Widersprüchlichkeit aufgelöst hat, indem dort einerseits vom „gemeinschaftlichen Vermögen der Gesellschafter" und anderseits im Klammerzusatz vom „Gesellschaftsvermögen" die Rede ist und man den Klammerzusatz als Beleg für den (unvollständigen) konzeptionellen „Übergang zur Gesamthands-

---

1997, § 705 Rn. 130 ff. (und frühere Auflagen seit 1980); *ders.*, AcP 198 (1998), 113 ff.; *Walther Hadding*, in: Soergel, 11. Aufl., 1985, § 718 Rn. 3 (und weitere Auflagen); *Rudolf Reinhard*, Gesellschaftsrecht, 1973, Rn. 39 f.; *Arndt Teichmann*, AcP 179 (1979), 476, 480 f.; *Lutz Aderhold*, Das Schuldmodell der BGB-Gesellschaft, 1981; *Habersack*, JuS 1990, 179 ff.; *Peter Reiff*, Die Haftungsverfassung nichtrechtsfähiger unternehmenstragender Verbände, 1996; *Barbara Dauner-Lieb*, Die BGB-Gesellschaft im System der Personengesellschaften, in: Die Reform des Handelsstandes und der Personengesellschaften, 1999, S. 95 ff., Peter *Mülbert*, AcP 199 (1999), 39 ff.; *Johannes Wertenbruch*, Die Haftung von Gesellschaften und Gesellschaftsanteilen in der Zwangsvollstreckung, 2000.
39 Für eine kurze und prägnante Zusammenfassung vgl. *Sonja Meier*, in: HKK, Bd. III/2, 2007, §§ 420–432/I Rn. 18 f.
40 Dazu – aus Anlass des 100. Geburtstages *Werner Flumes* – ausführlich *Karsten Schmidt*, AcP 209 (2009), 181 ff.
41 Vgl. statt Vieler nur *Karsten Schmidt*, NJW 2001, 993 ff.; *Walther Hadding*, ZGR 2001, 714 ff.
42 *Claus-Wilhelm Canaris*, ZGR 2004, 69 ff.; dagegen *Holger Altmeppen*, NJW 2004, 1563 ff.; s. ferner *Marc-Philippe Weller*, in: FS G.H. Roth, 2011, S. 881 ff.
43 *Benno Mugdan*, Bd. II, S. 990.
44 Anders jedoch *Jan Wilhelm*, Sachenrecht, 5. Aufl., 2016, Rn. 180, nach dem sich die „Gruppenlehre" auch mit dem Wortlaut des § 718 Abs. 1 BGB 1900 vereinbaren lasse.

gesellschaft" durch die zweite Kommission deutet.[45] Haftungsrechtlich wurde schließlich nicht mehr an § 427 BGB angeknüpft, sondern in Ablehnung der von manchen von Anfang an als „Verlegenheitslösung"[46] oder „Provisorium"[47] bezeichneten sog. Doppelverpflichtungslehre das Akzessorietätsmodell in Analogie zu § 128 HGB als maßgeblich akzeptiert.[48] Mit § 721 BGB hat der MoPeG-Gesetzgeber sodann erstmals – anders als der BGB-Gesetzgeber von 1900[49] – eine eigenständige Haftungsnorm etabliert, die Frage der Haftungsverfassung des GbR nun adressiert.[50]

3. Gesamthand(gesellschaft) post MoPeG

Die notwendigerweise knappe Gegenüberstellung beider Modelle ist auch hilfreich für die Bewertung der gegenwärtig geführten Debatte um – je nach Perspektive – das „Ende der Gesamthand" oder das „vermeintliche Ende der Gesamthand(gesellschaft)". Der Gesetzgeber des MoPeG trifft ins Schwarze, wenn während den Beratungen ausgeführt wurde, dass auf der Grundlage der Rechtsprechung des BGH und der damit 2021 geltenden Rechtslage die §§ 718, 719, 738 BGB 1900 „die Grundlage für das historisch überholte Gesamthandsprinzip"[51] bildeten. Weiter heißt es: „Mit Anerkennung der Rechtsfähigkeit der Gesellschaft ist das Gesamthandprinzip unter dem Gesichtspunkt der Vermögenstrennung entbehrlich geworden und hat sich folglich der dogmatische Ausgangspunkt von § 718 BGB überholt."[52] Mit diesen Ausführungen erteilte der Gesetzgeber der „traditionellen Auffassung" eine Absage und es wird der Normtext des BGB an die durch BGHZ 146, 341 bereits vollzogene Änderung der Rechtslage angepasst.[53] Oder anders formuliert: Der Gesetzgeber verabschiedet das an die Person der Gesellschafter anknüpfende Gesamthandprinzip (= Modell I.) und implementiert nun die Idee einer rechtsfähigen Gesamthandgesellschaft à la *Gierke - Flume* (= Modell II.), indem der Normtext des BGB an

---

45 *Werner Flume*, Allgemeiner Teil des Bürgerlichen Rechts I/1: Die Personengesellschaft, 1977, § 5 III. aE, S. 74.
46 *Karsten Schmidt*, Gesellschaft bürgerlichen Rechts, in: Gutachten und Vorschläge zur Überarbeitung des Schuldrechts III, 1983, S. 476.
47 *Karsten Schmidt*, in: FS Fleck, 1988, S. 271, 284.
48 BGHZ 146, 341, 358.
49 Vgl. oben Fn. 25.
50 Dazu *Mathias Habersack*, in: C. Schäfer, Das neue Personengesellschaftsrecht, 2022, § 4 Rn. 27 f.
51 BT-Drs. 19/27635, 148.
52 BT-Drs. 19/27635, 148.
53 In diesem Sinne auch *Karsten Schmidt*, ZHR 185 (2021), 16, 28; im Ergebnis wohl auch *Holger Altmeppen*, NZG 2020, 822; *Gregor Bachmann*, FS Henssler, 2023, S. 769, 778, 783.

die durch die Rechtsprechung gewandelte Rechtslage angepasst wird. Hier kommt nun der Clou: Mit dem Hinweis, dass Modell I. „ausgedient" habe und der Gesetzestext nunmehr nach Modell II. ausgestaltet sei, sagt der Gesetzgeber sicherlich nicht, dass es Gesamthand*gesellschaften* – oder rechtsfähige Personengesellschaften – als dogmatische Figuren nicht mehr geben soll, sondern er zeichnet die Rechtsfortbildung nach und legitimiert sie nachträglich.[54] All diejenigen Stimmen in der Literatur, die den „Abschied von der Gesamthand" in den Gesetzesmaterialien als argumentativen Ausgangspunkt für den Abgesang auf die *Gesamthandgesellschaften* oder sogar für die Qualifizierung als juristische Person nutzen[55], gehen fehl, da sie den in diesem Punkt unmissverständlichen Willen des Gesetzgebers missdeuten. Das MoPeG ist für *Gierke* somit, um im Bilde von *Jan Thiessen* zu sprechen, kein „tragisches oder wenigstens tragikomisches" Ereignis, sondern vielmehr Ausdruck des späten rechtspolitischen Sieges oder – man weiß nie, wie die Entwicklung weitergehen wird – des vorerst bestehenden Erfolgs der Idee der Rechtssubjektivität der Gesamthandgesellschaften. Als letzte Bastion der Gesamthandlehre klassischer Prägung verbleiben damit nur noch die Vermögensgemeinschaften (Gütergemeinschaften und Erbengemeinschaften), solange man bei ihnen an der fehlenden Rechtsfähigkeit und dem Prinzip der vermögensrechtlichen gesamthänderischen Bindung der Ehegatten bzw. Erben festhalten möchte.

---

[54] *Gregor Bachmann* will drei Modelle bzw. Deutungsmuster unterscheiden (FS Henssler, 2023, S. 769, 777): Nach dem von ihm als Modell 1. bezeichneten Auffassung wurde zu Beginn des 20. Jahrhunderts das Vermögen sowohl der Gesellschaft als auch den Gesellschaftern zugeordnet („doppelte Vermögenszuordnung"). Als Modell 2. wird die Gruppenlehre unterschieden. Durch das MoPeG wurde das von *Bachmann* als Modell 3. bezeichnete System eingeführt: „[D]as Vermögen wird allein der Gesellschaft zugeordnet, die damit aufhört, Gesamthandsgemeinschaft zu sein" (a.a.O. 777). Diese Differenzierung überzeugt mich nicht, da zwischen den Modellen 2. und 3. kein Unterschied besteht und zudem nach dem traditionellen Verständnis der Gesamthand keine doppelte Zuordnung des Vermögens erfolgt, sondern nur eine Zuordnung des Vermögens zu den Gesellschaftern. Klarstellend ist zudem darauf hinzuweisen, dass es sich bei den rechtsfähigen Personengesellschaften natürlich nicht um Gesamthands*gemeinschaften* (vgl. *Gregor Bachmann*, in: FS K. Schmidt, Bd. I., 2019, S. 49, 63) im Sinne des traditionellen Verständnisses, wohl aber um Gesamthand*gesellschaften* im Sinne des Verständnisses à la *Gierke - Flume* handelt. Man sollte es bei einer zweifachen Unterscheidung belassen und zwischen der traditionellen Auffassung des Gesamthandprinzips als Vermögenszuordnungsprinzip einerseits und den rechtsfähigen Gesamthandgesellschaften anderseits unterscheiden.

[55] BT-Drs. 19/27635, 103, 106 hält klar an der Trennung zwischen Personengesellschaften und juristischen Personen fest.

II. Gesamthand als „germanisches" Rechtsprinzip?

Mit den vorangestellten Schilderungen ist bislang freilich nur bruchstückhaft die Dogmengeschichte, im Sinne dieses Bandes, die Debatte um die Gesamthand, geschildert worden. Spätestens seit den Arbeiten von *Gerhard Buchda*[56] und in jüngerer Zeit von *Susanne Lepsius*[57] und insbesondere *Francis Limbach*, der die „gesellschaftsrechtliche ‚Gesamthand' [als] die historisierende Fassade einer in verschiedenen Epochen zusammengefassten Konstruktion"[58] bezeichnet, wurden die so oft beschworenen deutschrechtlichen Wurzeln des Gesamthandprinzip historisch aufgearbeitet – mit teils ernüchterndem oder auch negativem Befund. Das hat Geschichte. *Max Weber* hatte in seiner „Geschichte der Handelsgesellschaft im Mittelalter" (1889) die Frage bewusst offengelassen.[59] „Richtiger scheint es zu sein", hatte davor der Handelsrechtler *Karl Heinrich Ludwig Brinkmann*[60] in seinem Lehrbuch 1853 eingewandt, „sich von allen Bestrebungen, unsere Handelsgewerbegesellschaften in die eine oder andere römische oder deutsche Form zu bringen, los zu sagen und frei zu halten". Und bei *Werner Flume* findet sich schließlich der Hinweis, dass die Gesamthand nicht nur eine Rechtsfigur des germanischen Rechts, sondern auch der prominenteste Beispielsfall „für die Geltung des Gesamthandprinzips im römischen Recht [...] der populus Romanus"[61] sei. Der heutige Gesellschaftsrechtsdogmatiker mag sich daher fragen, ob die „Gesamthand" auf tönernen Füßen steht, wenn doch ihre „germanischen" Wurzeln so vage sind und damit auch die Gesamthandgesellschaft in das Reich der Mythen und Sagen in die rechtsrheinischen Wälder zu verbannen ist. Spöttisch könnte man dem die Frage entgegenhalten, seit wann sich die geltende Dogmatik um die historische Legitimation von Rechtsprinzipen und -instituten kümmere und es eines Nachweises im Quellenbestand des Mittelalters und der frühen Neuzeit bedürfe. Sooft sich auch *Otto von Gierke* auf „Prinzipien des germanischen Rechts" als Anknüpfungspunkt und Legitimationsanker[62] für seine rechtspolitischen Forderungen und seine Auseinan-

---

56 Geschichte und Kritik der deutschen Gesamthandlehre, 1936; vgl. dazu bereits Fn. 17.
57 In: HKK, III/2, 2013, §§ 705–740 Rn. 61 ff.
58 Gesamthand und Gesellschaft, 2016, S. 407.
59 *Max Weber*, Zur Geschichte der Handelsgesellschaften im Mittelalter, Schriften 1889–1894, in: Gerhard Dilcher/Susanne Lepsius (Hrsg.), Max Weber, Gesamtausgabe, Bd. I/1, 2008, S. 331.
60 Lehrbuch des Handelsrechts, 1853, § 36, S. 125 ff. (vollendet von *Wilhelm Endemann*).
61 *Werner Flume*, AT I/1, § 4 III., S. 62 unter Verweis auf *Max Kaser*, Das Römische Privatrecht, Erster Abschnitt, 2. Aufl., 1971, § 72, S. 302 ff.
62 Ich danke *Jan Thiessen* für die Heranführung an diesen Gedanken.

dersetzung mit der Pandektistik des 19. Jahrhunderts berufen hat, so hat auch er sich in den vielen, kaum zu überblickenden Werken[63] an der *lex lata* abgearbeitet. Zudem darf nicht vergessen werden, dass *Gierke* nicht monokausal wirkungsmächtig auf die Entwicklung des Gesellschaftsrecht im 19. Jahrhundert war. Vielmehr war er Teil einer äußerst schöpferisch tätigen und diskursiven Handelsrechtswissenschaft, die im Zeitalter der Handelsrechtskodifikation des ADHGB erstmals intensiv, sowohl rechtshistorisch als auch breit rechtsvergleichend informiert, um die Frage der Rechtsnatur der Handelsgesellschaften gerungen hat.[64] Gerade das heutige Personengesellschaftsrecht, wie auch natürlich das Kapitalgesellschaftsrecht, die früher bekanntlich noch im ADHGB vereinigt waren, lassen sich als historisch gewachsene Rechtsprodukte dieser Zeit verstehen, was manchmal in Vergessenheit gerät, da das BGB in der Literatur des 20. Jahrhunderts zu sehr als „Stunde Null" für die Frage der Ordnung der Rechtsträgerschaft verstanden wird. Einen guten Eindruck des Ringens um das „Wesen der Handelsgesellschaft" erhält man bei *Otto von Gierke* in seinem 1904 für die *Holtzendorff/Kohler'sche* Encyclopädie der Rechtswissenschaft verfassten Beitrag.[65] Dort heißt es:

„Während die ältere Jurisprudenz das rechtliche Wesen der Handelsgesellschaften nicht scharf ins Auge faßte, vielmehr auf sie die nach Bedürfnis zurechtgestutzten allgemeinen Begriffe des Gesellschaftsrechts anwandte, schlug die neuere Theorie weit auseinander führende Wege ein. Die romantisierende Richtung (bes. *Thöl, Gerber, v. Hahn*) machte Ernst mit der Zugrundelegung des rein Obligationen rechtlichen Begriffes der römischen societas und behalf sich mit allerlei den Kern nicht berührenden Modifikationen. Mehr und mehr jedoch sprang sie bei der A.G. zur römischen universitas über. Vollem Gegensatze hierzu führte eine spezifisch handelsrechtliche Richtung nach französischem Vorbild bei jeder Handelsgesellschaft den Begriff einer besonderen gesellschaftlichen Persönlichkeit durch (so *Schiebe, Randa, Endemann, v. Völderndorff, Eccius, Kohler*). Von anderer Seite her suchte man das Wesen der Handelsgesellschaften in erster Linie aus der Struktur des Gesellschaftsvermögens als Zweckvermögen oder Sondervermögen zu erklären (so *Kuntze, Dietzel, Rösler, Bekker*, zum Teil auch *Laband*). Die Erneuerer der germanistischen Verbandsauffassung (zuerst *Beseler* und *Bluntschli*) führten die deutschrechtlichen Begriffe der gesamten Hand und der Genossenschaft in das Handelsrecht ein und brachen endlich der Auffassung Bahn, daß die Handelsgesellschaften teils Gesellschaft, teils Körperschaften, allein in dem einen Falle Gesellschaften mit einer durch die gesamte Hand vermittelten Personeneinheit, in dem anderen Falle Körperschaften mit einer durch die Genossenschaften bewirkten sonderrechtlichen Beteiligung der Mitglieder seien. Auf diese Weise wahrten sie sämtlichen Handelsgesellschaften das ge-

---

63 Vgl. oben die Nachweise in Fn. 33.
64 Dazu umfassenden *Johannes W. Flume*, CLH 2 (2014), 46 ff.
65 Siehe aber auch davor das lesenswerte *literature review* von *Johannes Emil Kuntze*, Prinzip und System der Handelsgesellschaften, ZHR 6 (1863), 177, 189–194; ferner *Georg Beseler*, System des gemeinen deutschen Privatrechts, Zweite Abtheilung: Die Spezialrechte mit Einschluß des Ständerechts, 1885, § 229, S. 1034 f.

meinsame Merkmal der personenrechtlichen Gemeinschaft und machten es verständlich, wie hier trotz des begrifflichen Gegensatzes Gesellschaften und Körperschaften im Leben sich einander nähern und nicht unter einem Gattungsnamen zusammengefasst, sondern auch mit ähnlichen Mitteln stufenweise aufgebaut werden können."[66]

Wenn wir heute im 21. Jahrhundert um die Berechtigung der Gesamthandgesellschaften, also um die Berechtigung der rechtsfähigen Gesellschaften diskutieren, so geht es um die Grundsatzfrage nach der systematischen Ordnung und der prinzipiellen Unterteilung der Rechtssubjekte im Gesellschaftsrecht. Seit einem Beitrag von *Thomas Raiser*[67] ist ein dogmatischer Rechtsformkonservatismus heute (wieder) in Mode, nach dem für unser Gesellschaftsrecht angeblich eine binäre Ordnung von natürlichen und juristischen Personen vorgegeben sei.[68] Demgegenüber geht die herrschende Meinung[69] im deutschen Gesellschaftsrecht von einer trinären Ordnung aus, so wie sie in § 14 Abs 1 BGB festgehalten ist: Es existieren natürliche und juristische Personen sowie rechtsfähige Personengesellschaften.

III. Warum eine binäre Unternehmensträgerordnung?

Seit (spätestens) Anfang des 19. Jahrhunderts lassen sich Ansätze in der Literatur nachweisen[70], die immer und immer wieder versucht haben, die Personengesellschaften – oder wie man vielfach auch gesagt hat, die Handelsgesellschaften – als juristische Personen zu qualifizieren und vielfach auch nur in dieser binären Ordnung zu denken.[71] Woher kommt das? Schaut man in die Pandektenlehrbücher

---

66 *Otto von Gierke*, Grundzüge des Handelsrechts, in: Holtzendorff/Kohler, Encyklopädie der Rechtswissenschaft, Erster Band, 1904, § 33 3., S. 929 f.
67 AcP 194 (1994) 495 ff.; *ders.*, AcP 199 (1999), 104 ff.; *Niklas Cordes*, JZ 1998, 545 ff.; *Stefan Klingbeil*, AcP 217 (2017), 848, 871 ff.; *Peter Kindler*, ZfPW 2022, 409 ff.; zuvor *ders.*, ZHR 185 (2021), 598 ff.; sympathisierend *Karsten Schmidt*, AcP 209 (2009), 181, 201; testend zuvor *ders.*, Zur Stellung der oHG im System der Handelsgesellschaften, 1972, S. 71 f.; die Unterschiede jedoch wieder betonend *ders.*, ZIP 2014, 493, 497 ff.
68 *Tabea Bauermeister/Tony Grobe*, ZGR 2022, 733 ff. wollen sogar auf die binäre Trennung verzichten und nur noch zwischen Rechtssubjekten und Rechtsobjekten unterscheiden.
69 *Jens Koch/Rafael Harnos*, in: Koch, Personengesellschaftsrecht (2024) § 705 Rn. 88 m.w.N.; *Christian Armbrüster*, in: C. Schäfer, Das neue Personengesellschaftsrecht, 2022, § 3 Rn. 46.
70 Für die erste Hälfte des 19. Jahrhunderts, s. *Francis Limbach*, Gesamthand und Gesellschaft, 2016, S. 108 ff.
71 Vehement hiergegen *Levin Golschmidt*, Der Entwurf eines Handelsgesetzbuchs für die Preußischen Staaten, Kritische Zeitschrift für die gesammte Rechtswissenschaft 4 (1857), 188 f. m.w.N.

und danach in die Lehrbücher des Allgemeinen Teils des BGB, so kann man sich des Gefühls nicht erwehren, dass die Personengesellschaften „keinen Platz" im System haben, und es bedufte der Arbeit *Werner Flumes*, um diesen einen Platz im Allgemeinen Teil zuzuweisen.[72] Die Personengesellschaften – das wird man sicherlich sagen können – waren in der systematischen Ordnung des Zivilrechts unterrepräsentiert, zumal die vielen kursierenden angeblichen „Mythen" und „Mysterienspiele"[73] der Verbreitung einer gefestigten und konsentierten Vorstellung entgegenstanden. Wirkungsmächtig scheint zudem auch ein nicht offen kommuniziertes, verbreitetes apriorisches Verständnis zu sein, tradiert durch die Ordnung konventioneller Lehrbücher, nach dem es in der „Natur der Sache" liege, lediglich zwischen natürlichen und juristischen Personen zu differenzieren.[74] Das soll hier nicht als Polemik missverstanden werden, sondern als der Versuch der Frage nachzugehen, warum es auch heute noch so starke Beharrungskräfte gegen die Idee einer vertraglich geschaffenen Rechtsträgerschaft gibt – A und B können auf dem Tübinger Marktplatz vertraglich ein neues Rechtssubjekt erschaffen und die GbR kann sodann mit D kontrahieren –, die zur dogmatischen Vereinfachung der Mehrpersonalität im Privatrecht geführt hat, und rechtsfähige Rechtsträger, neben den natürlichen Personen, stets in die Schablone der juristischen Person gepresst werden müssen und meist auch nur anerkannt werden, wenn sie ein formelles Verfahren durchlaufen haben, sei es nach dem historischen Konzessionssystem oder dem heute geläufigen System der Normativbestimmungen. Eine solche Vorstellung ist nicht aus der Luft gegriffen, sondern lässt sich bis tief ins 19. Jahrhundert zurückverfolgen. So finden sich in einem Gutachten der Berliner Kaufmannschaft aus dem Jahr 1830 im thematischen Zusammenhang mit der Frage der Versubjektivierung der Firma zur juristischen Person wie auch der Frage der Erwerberhaftung bei Firmenfortführung – ein Themenkomplex, der uns hier nicht weiter interessieren soll[75] – die folgenden bemerkenswerten Ausführungen:

> „Eine juristische Person, d.h. eine solche, die durch eine juristische Fiction zum Subject von Rechten und Unverbindlichkeiten geschaffen ist, wird aber nach allgemeinen Rechtsgrund-

---

72 *Werner Flume*, AT I/1, Vorwort, S. VIII.: „Das Recht der Personengesellschaften wird in diesem Buch als dem Allgemeinen Teil des bürgerlichen Rechts zugehörig behandelt. Daraus ergibt sich, daß auch die Einzelfragen als solche des Allgemeinen Teils gesehen werden. Es geht um die Grundlegung des Rechts der Personengesellschaft als Gesamthandgesellschaft."; dazu auch insb. *Karsten Schmidt*, AcP 209 (2009), 182 ff.; ferner *Jan Thiessen*, in: FS Karsten Schmidt, Bd. II, 2019, S. 485 ff.
73 In Anspielung an *Heinrich Weber-Grellet*, Die Gesamthand – ein Mysterienspiel?, AcP 182 (1982), 316 ff.
74 Vgl. zwischen den beiden Polen der natürlichen Person einerseits und der juristischen Person anderseits oszillierend *Franz Bydlinski*, in: FS Peter Doralt, 2004, S. 77 ff.
75 Dazu *Johannes W. Flume*, Vermögenstransfer und Haftung, 2008, S. 91 ff.

sätzen nur dann statuirt, wo der Staat und die Gesetze dieselben ausdrücklich für ein solches Rechtssubject erklären und anerkennen. Ist dies nicht der Fall, so bleibt es, wenn von einer Vereinigung mehrerer einzelnen, welchen gemeinschaftlich Rechte zustehen und Verbindlichkeiten obliegen, die Rede ist, daß diese mehrere Personen als Einzelne lediglich nach verhältnismäßigen Antheilen als berechtigt und verpflichtet anzusehen sind, und es kann den einzelnen Staatsbürgern die Befugnis nicht beigelegt werden, durch eine bloß willkührliche Benennung, eigne juristische Personen zu schaffen, um diese zu Rechtssubjecten zu machen. Alles dies darf mit Zuverlässigkeit aus den Vorschriften §. 11–16. Titel 6. Theil II. des Allgem. Landrechts[76] gefolgert werden, denn es kann nach dem Inhalte derselben nicht im mindesten zweifelhaft seyn, daß Handlungsgesellschaften keineswegs eine moralische Person, eine Corporation bilden, woraus denn weiter folgt, daß sie auch nicht als Sub- und Objecte von Rechten und Verbindlichkeiten anzusehen sind, und hiervon ist wiederrum die Folgerung unzertrennlich, daß in dem Uebergange von Firmen keine Vermögens-Successionen gefunden werden können. In der That würden, nähme man das Gegentheil – was einige Theoretiker versucht haben – an, solche gewichtige, aber zugleich offenbar widerrechtliche und unnatürliche Verhältnisse entstehen, daß die Staatsbürger auf das Aeußerste gefährdet werden müßten. Denn legt man den Begriff einer juristischen Person den Handlungsgesellschaften zum Grunde, so muß man auch nach bekannten Grundsätzen und aller logischen Consequenz weiter folgen:

daß die Handeltreibenden, welche sich zu einer Gesellschaft verbunden und einen Fonds zusammengebracht haben, über diesen hinaus nicht haften, daß sie durch den Austritt aus der Gesellschaft und Herausgabe des Fonds von allen Ansprüchen Dritter frei werden; daß sie rücksichtlich des Inhalts ihrer Verträge, der Aufnahme neuer, des Ausscheidens alter Mitglieder, der Auflösung ihrer Gesellschaft u. s. w., der Oberaufsicht, Kenntnißnahme und Controlle des Staats unterworfen seyen, daß neue Inhaber einer Firma zugleich alle Schulden, wie alles Vermögen der frühern Gesellschaft von selbst, ohne weitere Willenserklärung, als eine aus dem Gesetz selbst entspringende Folge überkämen u. s. w.

was alles unmöglich statuirt werden darf, niemals statuirt worden ist, und in der That sowohl jedem Vertrauen als jeder Freiheit völlig verderblich seyn müßte."[77]

Gesetzgeberisch standen einmal die Dinge auf der Kippe.[78] Denn nach Art. 86 Preuß-E von 1857 wurden sowohl die offene Handelsgesellschaft, die stille Gesellschaft (damit war die KG gemeint) als auch die Aktiengesellschaft als „Handelsgesellschaft" bezeichnet und sämtliche Handelsgesellschaften, in Anlehnung an die französische Jurisprudenz und einen viel beachteten Aufsatz des Richters am preußischen

---

76 Zum Gesellschaftsrecht Preußens im ALR *Theodor Baums*, Gesetz über die Aktiengesellschaft für die königlich preußischen Staaten vom 9. November 1843, 1981, S. 12 ff.; ferner *Ernst Heymann*, Das friederizianische Handelsrecht, 1929.
77 *Eduard Gans*, Beiträge zur Revision der Preußischen Gesetzgebung, 1830–1832, S. 55 f. (Einschub wie im Original); auch angeführt von *Levin Goldschmidt*, Kritische Zeitschrift für die gesammte Rechtswissenschaft 4 (1857), 187 f.
78 Dazu auch *Holger Fleischer*, in: MünchKomm-HGB, 5. Auf., 2022, Vor § 195 Rn. 142 ff.

Obertribunal, *W. Gelpcke*[79], als juristische Personen klassifiziert.[80] In Art. 87 Preuß-E war bestimmt: „Jede Handelsgesellschaft *als solche* hat selbstständig ihre Rechte und Pflichten und ihr besonderes Vermögen; sie kann vor Gericht klagen und verklagt werden; sie kann auf ihren Namen Grundstücke und Forderungen erwerben."[81] Die Bestimmung war von Beginn an bei den Beratungen umstritten und wurde sodann im Zuge der Beratungen vollständig gestrichen.[82] Der Zusatz „als solche" findet sich dann bei der AG in Art. 213 AHDGB – „Die Aktiengesellschaft als solche hat selbstständig ihre Rechte und Pflichten" –, während er bei der OHG in Art. 111 ADHGB weggelassen wurde. Damit war klar, dass die OHG – im Gegensatz zur AG[83] – in jedem Fall nicht als juristische Person angesehen wurde.[84] *Levin Goldschmidt* bringt dies im Beilagenheft zur ZHR 3 (1860) wie folgt auf den Punkt:

> „Man hat ferner anerkannt, daß die verschiedenen Grundformen der Handelsgesellschaften durchaus verschiedenen leitenden Prinzipien unterliegen, daß insbesondere die aus der französischen Doktrin hergenommene Auffassung derselben als juristische Person jedenfalls für die offene und für die Kommanditgesellschaft nicht zutreffe."[85]

Bei der OHG hingegen gingen die Kommissionmitglieder davon aus, dass im Zusammenhang mit dem späteren Art. 111 ADHGB die „Eigenthümer der auf den Namen der Firma eingetragenen Grundstücke [...] immer die einzelnen Gesell-

---

79 Die Handels-Gesellschaft als juristische (moralische) Person, Zeitschrift für Handelsrecht mit Hinblick auf die Handelsrechts-Praxis in Preußen und auf die Grundsätze des Königlichen Ober-Tribunals zu Berlin in Handelssachen, Heft 2 (1852), 3 ff.; dazu auch insb. *Ernst Immanuel Bekker*, Zweckvermögen, insbesondere Peculium, Handelsvermögen und Aktiengesellschaft, ZHR 4 (1861), 499, 540–542.
80 Vgl. Entwurf eines Handelsgesetzbuchs für die Preussischen Staaten, Nebst Motiven, Zweiter Theil, 1857, S. 47; drastische Kritik bei *Levin Goldschmidt*, Kritische Zeitschrift für die gesammte Rechtswissenschaft, 4 (1857), 173 ff., 186 ff.
81 Hervorh. hinzugefügt.
82 Vgl. *Johannes Lutz*, Protokolle der Kommission zur Berathung eines allgemeinen deutschen Handelsgesetzbuches, I. Theil, 1858, S. 161, 276.
83 Dazu nur *Jakob Friedrich Behrend*, Lehrbuch des Handelsrechts, Erster Band, Abtheilung II., 1896, § 96 III., S. 698.
84 *Johannes Emil Kuntze*, ZHR 6 (1863), 177, 214; „Die Firma repräsentiert zwar ein abgesondertes Vermögen, aber dieses bleibt immer abhängig von der Persönlichkeit der Gesammthänder, sie ist daher gleich dem peculium nur relativ selbständig, und demgemäß hat das H.G.B. mit der vorzüglichen Takte das bedeutsame Wort ‚selbstständig' welches bei der Bestimmung der Persönlichkeit der Aktienvereine (Art. 213) gesetzt ist, in Betreff der offenen Handelsgesellschaft weggelassen (Art. 111)." S. ferner *Johannes Wertenbruch*, Die Haftung von Gesellschaften, S. 9 f.
85 *Levin Goldschmidt*, Gutachten über den Entwurf eines Deutschen Handelsgesetzbuchs nach den Beschlüssen zweiter Lesung, Beilagenheft zur Zeitschrift für das gesammte Handelsrecht, Bd. III, 1860, S. 48.

schafter"[86] seien.[87] Mehr wurde an dieser Stelle in der Kommission im Jahr 1857 nicht diskutiert, was auch nicht wundert, findet sich doch die Idee der Personengesellschaft als „kollektive Personeneinheit" erstmals u.A. „nur" im bereits erwähnten Handelsrechtslehrbuch von *Karl Heinrich Ludwig Brinkmann*[88] aus dem Jahr 1853 und sodann bei *Johannes Emil Kuntze* in der ZHR 6 (1863), 178 ff.

IV. Von der *societas* zum modernen Recht der offenen Handelsgesellschaft

Im 19. Jahrhundert wurde die Qualifizierung der OHG und der KG als juristische Personen ganz überwiegend abgelehnt.[89] Zugleich wurde die offene Handelsgesellschaft bei *Levin Goldschmidt*[90], *Johannes Emil Kuntze*[91], *Wilhelm Endemann*[92], *Johann Caspar Bluntschli* und *Felix Dahn*[93] sowie nicht zuletzt *Max Weber*[94] in der Abgrenzung zur römischen *societas* als ein Geschöpf der mittelalterlichen Handelspraxis, vornehmlich der norditalienischen Städte dargestellt. Es wird ein Transformationsprozess von der nach innen gerichteten *societas* als reinem Obligationsverhältnis – *Endemann* bezeichnet sie plastisch als „reine Berechnungsobligation"[95] – zur offenen Handelsgesellschaft, die im Rechtsverkehr unter der Firma auftritt, beschrieben. „Societas und offene Handelsgesellschaft"[96] ist zudem der Ausgangspunkt des „Erstlingswerks"[97] *Max Webers*, in dem er vor die Klammer gezogen rechtsdogmatisch *societas* und OHG gegenübergestellt und somit den Boden für die darauffolgende historisch-kritische Auseinandersetzung mit der „Ge-

---

86 *Johannes Lutz*, Protokolle I, S. 278.
87 Zu den unterschiedlichen Interpretationen in der Gegenwart, vgl. *Francis Limbach*, Gesamthand und Gesellschaft, S. 135 f.; *Sonja Meier*, Gesamthand, 2010, S. 77; *Johannes Wertenbruch*, Die Haftung von Gesellschaften, S. 49.
88 Lehrbuch des Handelsrechts, 1853, § 36, S. 125 ff. (vollendet von *Wilhelm Endemann*).
89 Dazu *Francis Limbach*, Gesamthand und Gesellschaft, S. 145 mit ausführlichen Nachweisen in Fn. 831.
90 Kritische Zeitschrift für die gesammte Rechtswissenschaft 4 (1857), 190.
91 ZHR 6 (1863), 177, 183 ff.
92 Das Deutsche Handelsrecht, 1865, § 33, S. 154 ff.; § 34, S. 160 ff.
93 Deutsches Privatrecht, 3. Aufl., 1864, § 137 S. 386 f.
94 Geschichte der Handelsgesellschaften, MWG I/1, S. 144 ff.
95 *Wilhelm Endemann*, HR, 1865, § 33 I., S. 155.
96 So die Unterüberschrift bei *Max Weber*, Geschichte der Handelsgesellschaften, MWG I/1, S. 144.
97 Dazu *Gerhard Dilcher*, in: MWG I/1, S. VII.; *Georg Christ*, in: Müller/Sigmund (Hrsg.), Max Weber Handbuch, 2014, S. 157 ff.

schichte der Handelsgesellschaften im Mittelalter" bereitet.[98] Diese Gedanken nachzuzeichnen ist auch für die gegenwärtige Debatte von Gewinn, da gezeigt werden kann, wie die mittelalterliche Handelsrechtspraxis mit dem Sondervermögen, der Firma und der Solidarhaftung – dies sind die drei zentralen von *Weber*[99] hervorgehobenen Merkmale – die wesentlichen dogmatischen Bausteine etabliert hat, um das Problem der Mehrpersonalität im Rechtsverkehr, das gemeinsame Handeln von Kaufleuten im Handelsverkehr, konstruktiv zu bewältigen.

1. Societas

Die *societas* wird als ausschließliches obligatorisches Verhältnis zwischen den Gesellschaftern beschrieben.[100] Nach Außen tritt sie nicht in Erscheinung: „Dritte kann die Sozietät, als lediglich ein Komplex obligatorischer Beziehungen unter den socii, nichts angehen, – ein Geschäft, welches ein socius auf Rechnung der Sozietät mit dritten eingeht, unterscheidet sich in seinen Wirkungen in keiner Weise von irgendeinem auf private Rechnung abgeschlossenen Geschäft; sind Geschäfte, welche auf Rechnung der Sozietät gehen, von Verlust begleitet, so ist dies nach außen lediglich Verlust desjenigen, welcher das Geschäft schloß [...]."[101] Und ganz ähnlich lautet es bei *Wilhelm Endemann:* „Die Sozietät war nicht Rechtssubject. Wer mit einem Gesellschafter Verträge schloß, kontrahierte nur mit diesem persönlich."[102] Oder bei *Bluntschli* und *Dahn* heißt es: „Im dem Verkehre mit dritten Personen handelte nicht die Gesellschaft, und wurde auch nicht obligiert, weder als Gläubiger noch als Schuldner. Es handelt immer nur ein einzelnes Individuum. Auf die Ei-

---

98 Umfassend zur Entstehung und Wirkung des Werks, *Susanne Lepsius*, MWG I/1, S. 1 ff.; s. auch die zeitgenössische Rezension von *Max Pappenheim*, ZHR 37 (1890), 255 ff.; zu *Webers* Bedeutung für die Bestimmung der Wechselwirkung von Kapitalismus und Privatrecht *Johannes W. Flume*, JZ 75 (2020), 594 ff.
99 Geschichte der Handelsgesellschaften, MWG I/1, S. 144 ff., 244, 312.
100 Das Recht der römischen societas wird hier aus der Perspektive *Max Webers* und der handelsrechtlichen Autoren des 19. Jahrhunderts geschildert. Für Darstellungen aus der Romanistik, vgl. *Fritz Schulz*, Roman Classical Law, 1951, Rn. 146, 944 ff.; *Reinhard Zimmermann*, Law of Obligation, Roman Foundations of the Civilian Traditions, 1990, S. 451 ff.; *Franz-Stefan Meissel*, Societas, Struktur und Typenvielfalt des römischen Gesellschaftsvertrags, 2004; *Jens Peter Meincke*, in: FS Maier-Reimer, 2010, S. 443 ff.; *Max Kaser/Rolf Knütel/Sebastian Lohsse*, Römisches Recht, Ein Studienbuch, 22. Aufl., 2021, § 54, S. 329 ff.; siehe auch Perspektive des Gesellschaftsrechts historisch-komparativ *Holger Fleischer*, JZ 2019, 53 ff.
101 *Max Weber*, Geschichte der Handelsgesellschaften, MWG I/1, S. 146; siehe auch *Wilhelm Endemann*, HR, 1865, § 33 I., S. 155
102 *Wilhelm Endemann*, HR, 1865, § 34 A. I., S. 161

genschaften desselben als Gesellschafter kam dabei nichts an; denn diese Eigenschaften hatten nur eine Bedeutung in seinem Verhältnisz zu den übrigen Gesellschaftern, für dritte Personen keine."[103] Und bei *Johannes Emil Kuntze* lesen wird schließlich: „die societas war ein obligatorisches Band, in welchem die Selbstständigkeit der socii und die Getrenntheit ihrer Vermögenssphären durchaus unangetastet blieb"[104].

Im Innenverhältnis müssen die *socii* durch Arbeitskraft oder Kapital den Sozietätszweck fördern und es sind pro rata Verbindlichkeiten und Auslagen auszugleichen bzw. Erträge einzuzahlen.[105] Die aus den für die *societas* abgeschlossenen Geschäften „erworbenen dinglichen Rechte" sind zu „kommunizieren"[106], sodass Miteigentum der anderen *socii* begründet werden kann. Es kann, muss jedoch nicht eine gemeinsame Kasse eingerichtet werden:[107]

> „Es kann wünschenswert sein, verfügbare Barmittel in einer arca communis [Geldkiste, gemeinsame Kasse], Sozietätskasse, niederzulegen, die Einkünfte aus den für Sozietätszwecke geschlossenen Geschäften usw. zunächst in sie fließen zu lassen. Aus ihr ist dann der socius, welcher aus dergleichen Geschäften Zahlungen zu leisten hat, die Mittel dazu zu entnehmen befugt wie verpflichtet. Ihr Inhalt steht im anteilsweisen Eigentum der socii, dient im übrigen nur der Vereinfachung der Abrechnung und der Ersparung jedesmaliger anteilsweiser Zahlungen; die Quote des darin befindlichen Barvorrates ist ein Vermögensstück des socius wie andere auch, dem Zugriff seiner Gläubiger regelmäßig ohne weiteres unterworfen."

Festhalten lässt sich zudem, dass kein eigenständiges Societätsvermögen bestand, sondern nur Gegenstände, die aufgrund der „Kommunikation" oder Einzahlung in die arca communis im Miteigentum standen. Zwingend war der dingliche Erwerb im Miteigentum aber allemal nicht.

---

103 *Johann Caspar Bluntschli/Felix Dahn*, Dtsch. PR, § 137, S. 386.
104 *Johannes Emil Kuntze*, ZHR 6 (1863), 177, 210.
105 *Max Weber*, Geschichte der Handelsgesellschaften, MWG I/1, S. 145; *Wilhelm Endemann*, HR, 1865, § 33 B. I., S. 155.
106 Welche Rechtskonstruktion *Max Weber* mit der kurzen Erwähnung des „kommunizieren", des *communicare* (zur Verwendung in den römischen Quellen, vgl. *Franz-Stefan Meissel*, Societas, 2003, S. 239 f.) vor Augen hat – auch genannt bei *Wilhelm Endemann*, HR, 1865, § 33 B. I., S. 155 – lässt sich nicht eindeutig sagen. Nach *Meissel* lässt sich für die *societas omnium bonorum* kein Automatismus des Miteigentumserwerbs nachweisen, sondern nur eine „gesellschaftsrechtlich begründete Vergemeinschaftungspflicht", die auch durch die *actio pro socio* durchsetzbar war (Societas, 2003, S. 237 ff., 310; so auch *Johann Caspar Bluntschli/Felix Dahn*, Dtsch. PR, § 137, S. 387).
107 *Max Weber*, Geschichte der Handelsgesellschaften, MWG I/1, S. 145; *Wilhelm Endemann*, HR, 1865, § 33 B. I., S. 155.

2. Offene Handelsgesellschaft

Für *Weber* sind die drei wesentlichen Bausteine für die Etablierung eines modernen Rechts der Offenen Handelsgesellschaft (i) die Etablierung eines Sondervermögens, (ii) Firma und (iii) Solidarhaftung. Während heutzutage für die Personengesellschaften die persönliche Gesellschafterhaftung als das besondere Unterscheidungsmerkmal zu den Kapitalgesellschaften erscheint und auch im 19. Jahrhundert die persönliche unbeschränkte Haftung dafür herangezogen wurde, um die Erhöhung der Kreditfähigkeit der OHG zu erklären[108], spielt die Solidarhaftung für die Erklärung der Wirkungsweise der Offenen Handelsgesellschaft bei *Weber* nur eine untergeordnete Rolle. Ihn interessiert vorrangig die konzeptionelle Entwicklung der Trennung eines Sondervermögens der Gesellschaft von den Privatvermögen der Gesellschafter.[109] *Weber* erklärt das Konzept eines verselbstständigten Gesamtvermögens anhand der Art und Weise, wie kontrahiert wird. Der wesentliche Unterschied zwischen der römischen *societas* und der Offenen Handelsgesellschaft besteht im Ausgangspunkt darin, dass nicht mehr nur mit einem nach außen tretenden *socius* kontrahiert wird, der als solcher auch regelmäßig nicht erkenntlich sein wird, sondern es treten – gebündelt durch die Firma – sämtliche Gesellschafter in Erscheinung.

> „Diejenigen Geschäfte, welche ein nach Maßgabe des Gesellschaftsvertrages dazu berechtigter socius für Rechnung ‚der Gesellschaft' abschließt, ergreifen alle Gesellschafter ohne weiteres in gleicher Weise. Ein dritter, wenn aus solchen Geschäften verpflichtet, muß sich gefallen lassen, daß auch ein anderer socius, als sein Kontrahent, sie ‚für die Gesellschaft' gegen ihn auf den vollen Betrag geltend macht, er kann umgekehrt als Berechtigter sie außer gegen seinen Kontrahenten auch gegen die anderen socii in solidum und daneben auch gegen ‚die Gesellschaft', d. h. zu Lasten des Gesellschaftsvermögens, geltend machen."[110]

Indem unter der Firma gehandelt wird, wird das Gesellschaftsvermögen belastet und die Gesellschafter haften nur solidarisch. Der Gesellschafter erscheint dabei als *duplex persona*, indem er einerseits als Gesellschafter und anderseits als Privatperson agieren kann.[111] Es wird getrennt zwischen einerseits dem Sondervermögen

---

108 *Levin Goldschmidt*, Kritische Zeitschrift für die gesammte Rechtswissenschaft 4 (1857), 173, 191; *Wilhelm Endemann*, HR, 1865, § 33 III., S. 159.
109 *Max Weber*, Geschichte der Handelsgesellschaften, MWG I/1, S. 145; s. auch die kurze Ausführung in *ders.*, Wirtschaftsgeschichte, Abriss der universalen Sozial- und Wirtschaftsgeschichte, 1924, S. 202.
110 *Max Weber*, Geschichte der Handelsgesellschaften, MWG I/1, S. 147.
111 *Max Weber*, Geschichte der Handelsgesellschaften, MWG I/1, S. 327 ff.; dazu auch *Reinhard Salman*, Die duplex persona im Handels-, See- und Wechselrecht, ZHR 41 (1893), 365 ff.

der Gesellschaft und anderseits dem Privatvermögen der Gesellschafter, die beide dem Haftungszugriff der Gläubiger offenstehen, jedoch getrennt voneinander bestehen.

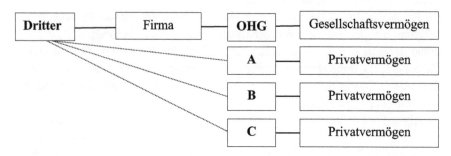

Abildung 1.: *Max Webers* Deutung der Konstruktion des „modernen Rechts der offenen Handelsgesellschaft".

Die Funktionsweise des Gesellschaftsvermögens erschließt *Weber* vorrangig aus einer vollstreckungsrechtlichen Perspektive.[112] Die im Gesellschaftsvermögen als Sondervermögen versammelten dingliche Rechte stehen nicht im Miteigentum wie bei der römischen *societas*, sondern über sie kann nur gemäß den im Gesellschaftsvertrag und dem „*Societätsrecht*"[113] – das ist für *Weber* ein Sammelbegriff für das die Gesellschaft bindende Recht – vorgesehenen Regeln verfügt werden. Es besteht eine klare Trennung zwischen dem Sondervermögen einerseits und dem Privatvermögen der Gesellschafter andererseits. Die „Teilrechte" der Gesellschafter am Gesellschaftsvermögen sind „solange die Gesellschaft dauert, nicht unmittelbar wirksam"[114]. Die Privatgläubiger der Gesellschafter haben exekutionsrechtlich keinen unmittelbaren Zugriff auf die Gegenstände des Gesellschaftsvermögens. Denn dieses wird nur durch die Gesellschaftsschulden belastet, auf das wiederum die Gesellschaftsgläubiger exekutionsrechtlichen „direkten Zugriff"[115] haben. Nur im Fall der Auseinandersetzung fällt das um die Verbindlichkeiten bereinigte Vermögen an die Gesellschafter zurück. Zusammenfassend stellt *Weber* sodann fest:

> „Aus der arca communis ist ein Sondervermögen, das ‚Gesellschaftsvermögen', geworden, es ist nun ein geeignetes Objekt für Zwangsvollstreckung und Konkurs, überhaupt eine Grundlage für alle sonstigen, von einem Vermögen versehenen rechtlichen Funktionen vorhanden und es

---

112 Dazu auch *Susanne Lepsius*, MWG I/1, S. 43.
113 *Max Weber*, Geschichte der Handelsgesellschaften, MWG I/1, S. 148 (Hervorh. wie im Original).
114 *Max Weber*, Geschichte der Handelsgesellschaften, MWG I/1, S. 148.
115 *Max Weber*, Geschichte der Handelsgesellschaften, MWG I/1, S. 148.

ist das Bestehen von Rechten und Verbindlichkeiten zwischen diesem Vermögen und den einzelnen socii begrifflich nicht ausgeschlossen."[116]

Einen Beleg für eine solche Trennung findet *Weber* in den Statuten von Modena (1327) und Arezzo (1580).[117] Wurde gemeinsam eine *bottega* [Laden, Geschäft] oder ein *stacio* [Bude, Werkstatt] betrieben, so war aufgrund des „Kontrahierens im gemeinsamen Laden" zu entscheiden, ob etwas als Privatgeschäft oder aber als „Societätskontrakt" zu gelten hatte und wer im zweiteren Fall die mithaftenden Gesellschafter waren.[118] Da der „Handelsverkehr im großen [keinen] Laden" kannte, wurde nach den Statuten von Modena danach entschieden, „ob die Geschäfte ‚pro societate' geschlossen worden waren oder nicht".[119] *Weber* stellt sodann fest:

„Also die unter dem *Namen* der Sozietät geschlossenen Kontrakte belasten die Sozietät. Hier also war der gemeinsame Name der Gesellschaft an die Stelle der gemeinsamen taberna getreten. Es lag nahe, dies Merkmal auch für die Frage, wer als socius zu gelten habe, zu verwerten. Und dies ist geschehen. Wie vor der taberna, dem Geschäftslokal des Kleingewerbetreibenden, der Ladenschild die Namen der Inhaber trug und der dritte Kontrahent im allgemeinen annehmen durfte, daß derjenige, dessen Namen darauf aushing (cujus nomen ‚expenditur'), zu den socii in unserm Sinn gehörte, so schuf sich der Großhandel in der Firma, dem gemeinsamen Namen der Handelsgesellschafter, sozusagen einen ideellen Ladenschild. Wie nur die nomine societatis geschlossenen Kontrakte Sozietätsgeschäfte sind, so ist nur der persönlich haftende socius, auf dessen Namen die Kontrakte geschlossen werden, der mit in der Firma steht (auch dies heißt noch später, in den Dezisionen Rota Genuensis und den Statuten von Genua von 1588/89 [vgl. den Schluß] ‚cujus nomen expenditur')."[120]

Die *nomine societate* geschlossenen Verträge – die „Societätskontrakte" – belasten das Sondervermögen, während derjenige, der durch die (Kollektiv-)Firma ausgewiesen ist – *cujus nomen expenditur* – solidarisch haftet.[121] Die Haftungskoordi-

---

116 *Max Weber*, Geschichte der Handelsgesellschaften, MWG I/1, S. 148. In der an den oben zitierten Satz anschließenden Fußnote verweist *Weber* auf ROHG 5, 204, 206. Nach dem ROHG sind auch im Konkurs sowohl des Gesellschafters als auch der Gesellschaft, Privatvermögen und Gesellschaftsvermögen als zwei zu unterscheidende Konkursmassen zu trennen. „Die Forderung eines Gesellschafters an die Gesellschaft bildet in einem solchen Falle ein *Activum* der Concursmasse des *ersteren*, dagegen ein *Passivum* der Concursmasse der *Gesellschaft* und umgekehrt." (a.a.O., 206; Hervorh. wie im Original).
117 *Max Weber*, Geschichte der Handelsgesellschaften, MWG I/1, S. 247 f.
118 *Max Weber*, Geschichte der Handelsgesellschaften, MWG I/1, S. 247; dazu auch *Susanne Lepsius*, in: HKK, III/2, 2013, §§ 705–740 Rz. 29.
119 *Max Weber*, Geschichte der Handelsgesellschaften, MWG I/1, S. 247 f.; siehe auch S. 324 f.
120 *Max Weber*, Geschichte der Handelsgesellschaften, MWG I/1, S. 248 (Hervorh. wie im Original).
121 Dazu auch *Max Weber* Geschichte der Handelsgesellschaften, MWG I/1, S. 325.

nation zwischen Gesellschaftsvermögen und Privatvermögen erfolgt durch die Firma.[122] Wird unter der Firma kontrahiert, so wird damit das Gesellschaftsvermögen belastet und die Solidarhaftung ist eine Art Anhängsel, indem die mit der Firma in Verbindung stehenden Gesellschafter auch mit dem Privatvermögen haften. *Weber* umschreibt die Funktion der Firma in großartiger Art und Weise, indem er darauf verweist, dass „sie nur eine Art praktische Beviloquenz [darstelle], denn sie dient nur zur Zusammenfassung der auf Rechnung ‚der Gesellschaft' im obigen Sinne laufenden Vermögensbeziehungen"[123].

Was die Frage der Rechtsnatur der Offenen Handelsgesellschaft anbelangt, ist *Weber* – wir befinden uns Ende der 1890er Jahre, viele der maßgeblichen Streitschriften zum Thema waren bereits erschienen – erstaunlich zurückhaltend. Nach *Weber* könne man aus dem von ihm ausgewerteten Material keine entscheidenden Rückschlüsse ziehen, ob die Offene Handelsgesellschaft auf dem Prinzip der gesamten Hand aufbaue oder nicht; vielmehr bedürfe es gesonderter Betrachtungen.[124] Wie später die traditionelle Auffassung von der Gesamthand im 20. Jahrhundert[125] ist seine Anschauung geprägt durch die Orientierung an der Betrachtung des Sondervermögens bzw. des Gesellschaftsvermögens. Der Umgang mit dem Thema ist zudem, so ist man geneigt zu sagen, handelsrechtlich-pragmatisch. *Weber* reflektiert freilich auch das Grundproblem, ob man, wenn man ein Sondervermögen annimmt, auch über ein möglicherweise damit in Beziehung stehendes Subjekt nachdenken muss.[126] Sein Umgang mit dieser Frage ist handelsrechtlich-pragmatisch, indem er auf die Firma verweist. Durch die Firma wird auf die bereits beschriebene Weise die Haftung zwischen Sondervermögen und Privatvermögen der Gesellschaft koordiniert. Auch sieht *Weber*, dass „[i]n der Anschauungsweise des Geschäftsverkehrs die Firma [...] leicht eine Art von Persönlichkeit"[127] erwirbt, indem man bildhaft von „der" Firma, „dem" Geschäft spricht; eine juristische Konsequenz hieraus zu ziehen lehnt er jedoch ab. Es spricht mehr dafür, dass *Weber* die Offene Handelsgesellschaft als durch die Mehrheit der verbundenen Gesellschafter konstituierte, jedoch im Außenverhältnis praktisch unter einem Namen

---

122 Glasklar wird die Idee der Trennung der „Handlungssphäre" und „Privatsphäre" des Kaufmanns bereits bei *Johannes Emil Kuntze*, ZHR 6 (1863), 177, 197 ff. beschrieben. Auf S. 199 lautet es plastisch: „Das Wesentliche ist uns geblieben: der abgesonderte Güterkomplex, der Handlungsfond, womit die Unternehmung ausgestattet ist, und wodurch die separata oeconomia des Kaufmanns ihre reele Basis erhält."
123 *Max Weber*, Geschichte der Handelsgesellschaften, MWG I/1, S. 149.
124 *Max Weber*, Geschichte der Handelsgesellschaften, MWG I/1, S. 316 f.
125 Dazu *Werner Flume*, AT I./1, § § 4 I., S. 50 ff.
126 *Max Weber*, Geschichte der Handelsgesellschaften, MWG I/1, S. 149 f.
127 *Max Weber*, Geschichte der Handelsgesellschaften, MWG I/1, S. 149.

auftretende Gesellschaft auffasst. Interessant ist dabei allemal, dass er die auf eine Entscheidung der Rota von Genua zurückgehende Qualifizierung der Handelsgesellschaft als „corpus mysticum" – der gesamte berühmte Passus lautet: „quia societas est corpus mysticum ex pluribus nominibus conflatum" – als juristische Person einordnet, jedoch auch ablehnt.[128] „Die Darstellung der Sozietät als einer aus mehreren ‚nomina' zusammengesetzten Person zeigt, daß die Personifikation der Firma das Mittel zur Konstruktion der selbständigen Existenz der Gesellschaft war."[129] Festhalten lässt sich: *Weber* will keine juristische Person annehmen und setzt auch in diesem Punkt handelsrechtlich-pragmatisch auf die Wirkung der Firma. Was die Entscheidung der Rota anbelangt, ist fraglich, ob der Fall nicht wesentlicher simpler zu lösen gewesen wäre. Der Entscheidung lag eine Konstellation zugrunde, die wir heutzutage unter § 28 HGB fassen würden, wobei die Haftungserstreckung auf den neuen Gesellschafter bereits auf der Grundlage der Weiterverwendung und Zeichnung mit der Firma – vorher: *Ioan. August Italiano Gambarotta* nachher: *Fran. et Io. August Italiano Gambarotta* – begründbar gewesen wäre.[130] Und zuletzt ist zu fragen: Muss der *corpus mysticum* uns wirklich auf die Idee der juristischen Person bringen? Oder muss man nicht vielmehr den Ausspruch – „quia societas est corpus mysticum ex pluribus nominibus conflatum" – als Aufforderung ansehen, nach der rechten dogmatischen Konstruktion zu suchen, durch die der mystische Körper, der aus mehreren Personen besteht, erklärbar wird?

3. „Kollektive Personeneinheit" und *conjuncta manus*

Bei *Max Weber* nimmt die Auseinandersetzung mit der Firma einen breiten Raum ein. Sie stellt, wie bereits erwähnt, eine „Art praktische Breviloquenz" der Vermögensbeziehungen dar.[131] In Abgrenzung zum Privatgeschäft des einzelnen Gesellschafters unter eigenem Namen wird durch das Kontrahieren unter der Firma das Sondervermögen belastet und die solidarische Haftung sämtlicher durch die Firma ausgewiesenen Gesellschafter begründet. Es bleibt – ganz so wie bei der traditionellen Auffassung der Gesamthand im 20. Jahrhundert – bei einer rein

---

128 *Max Weber*, Geschichte der Handelsgesellschaften, MWG I/1, S. 149; so auch die Einordnung von *Joseph Unger*, Personengesammtheit und offene Handelsgesellschaft, JheringsJb 25 (1887), 239, 252 Fn. 23.
129 *Max Weber*, Geschichte der Handelsgesellschaften, MWG I/1, S. 317; vgl. auch S. 327.
130 Für eine ausführliche Wiedergabe der Entscheidung s. *Ralf Mehr*, Societas und universitas, Römischrechtliche Institute im Unternehmensgesellschaftsrecht vor 1800, 2008, S. 295 f.
131 *Max Weber*, Geschichte der Handelsgesellschaften, MWG I/1, S. 149.

vermögensrechtlichen Betrachtung der Offenen Handelsgesellschaft und eine Auseinandersetzung mit der Gesamthandlehre findet nicht statt. Selbstverständlich werden andere Lehrmeinungen auch schon einmal ignoriert, in diesem besonderen Fall ist es inhaltlich jedoch erstaunlich. Denn bereits Mitte des 19. Jahrhunderts hatten *Brinkmann* und *Kuntze* in Fortentwicklung des Gedankens der Repräsentation der Gesellschafter durch die Kollektivfirma die Idee der rechtsfähigen Personengesellschaft entwickelt, indem die nach außen durch die Firma geeint auftretenden Gesellschafter als „Ganzes"[132], als „Rechtsubjekt"[133] aufgefasst werden.

Man reibt sich die Augen, mit welcher Präzision der Handelsrechtler *Karl Heinrich Ludwig Brinkmann* (1809–1855) in seinem 1852 in Heidelberg abgeschlossenen Lehrbuch – unter der bereits erwähnten Zurückweisung des Erfordernisses, das Gesellschaftsrecht in dieser Frage unter eine „römische oder deutsche Form zu bringen" – die Dinge durchdrungen und die Rechtsnatur der Offenen Handelsgesellschaft, die er als „Kollektivgesellschaft" bezeichnet, erläutert hat.

> „Sie ist eine kollektive Personeneinheit, in welcher die Einzelnen innen nur der Gesammtheit gegenüber in Betracht kommen, und nach außen hin unter einem Kollektivnamen (der Firma [...]) ein Ganzes bilden. Diese tritt auf nach außen hin als solches und als Rechtsubjekt in der kollektiven Einheit der Gesellschafter und nicht getrennt von diesen. Die Rechtsfähigkeit und Handlungsfähigkeit, welche mit dem Begriffe des einzelnen Menschen zusammen fallen, fallen auch zusammen mit dem Begriffe der Kollektivperson, und diejenigen, welche diese bilden, erscheinen nach außen hin als Glieder derselben mit solidarischer Haftung für deren Verbindlichkeiten."[134]

Das Vermögen der Gesellschaft beschreibt *Brinkmann* als von demjenigen der Privatvermögen der Gesellschafter getrennt. Entscheidend ist dabei, dass „der Einzelne als solcher nach außen hin keine intellektuellen Antheile am Gesellschaftsvermögen hat"[135]. Und zur Wirkung des Handelns der Gesellschafter im Außenverhältnis lernen wir Folgendes:

> „Eigenthümlich ist es der Kollektivgesellschaft, daß jeder einzelne Gesellschafter als solcher unter der Firma die Gesellschaft vorstellt, wenn ihm nicht die Befugniß dazu ausdrücklich und öffentlich entzogen worden ist. Jeder Gesellschafter, der als solcher – vorausgesetzt, daß ihm nicht das Recht, die Gesellschaft zu repräsentieren, entzogen worden ist – unter der Firma innerhalb der Sphäre des Gewerbebetriebes der Gesellschaft und nicht in seiner von der Gesellschaft getrennten Persönlichkeit handelt, berechtigt und verpflichtet *die Gesellschaft*. Die

---

132 *Karl Heinrich Ludwig Brinkmann*, HR, 1853, § 36, S. 126.
133 *Johannes Emil Kuntze*, ZHR 6 (1863), 177, 211; der Beitrag von *Kuntze* wird von *Max Weber* (Geschichte der Handelsgesellschaften, MWG I/1, S. 330) kurz erwähnt.
134 *Karl Heinrich Ludwig Brinkmann*, HR, 1853, § 36, S. 126 f. (Hervorh. wie im Original).
135 *Karl Heinrich Ludwig Brinkmann*, HR, 1853, § 36, S. 127 f.

> Gesellschafter in ihrer von der Gesellschaft getrennten Persönlichkeit berechtigt er nicht; er verpflichtet jedoch die nach außen erscheinenden Gesellschafter in so fern, als der einzelne *für die Verbindlichkeit der Gesellschaft* solidarisch haftet."[136]

Die fabelhaften Ausführungen *Brinkmanns* sind, so weit gesehen, kaum rezipiert worden.[137] Das mag daran liegen, das *Wilhelm Endemann* in der Folgeauflage aus dem Jahr 1865 die entsprechenden Passagen nicht fortgeführt hat und er auch schwankte, ob er sich der Idee der Einheit oder der der Vielheit anschließen möchte.[138]

Bei *Johannes Emil Kuntze* in ZHR 6 (1863) 177, 208 ff. wird die Offene Handelsgesellschaft – auch er bedient sich des Ausdrucks „Kollektivgesellschaft" – erstmals mit dem „Prinzip der conjuncta manus" in Beziehung gesetzt und historisch verortet.[139]

> „Die conjuncta manus ist nicht bloß eine äußerliche, durch die Gemeinsamkeit des Objekts gegebene, sondern eine subjektive persönliche Einheit und zwar eine die Person an sich und unmittelbar ergreifende Einheit, folglich eine solche Vereinigung, wodurch die Vereinigten als *Ein Rechtssubjekt* in Ansehung des oder der betreffenden Rechtsverhältnisse erscheinen. Diese Einheit ist eine elementäre und hat mit dem Obligationenrecht an sich gar nichts zu thun; [...]"[140]

In der *conjuncta manus* sei ein „Organisationsprinzip" angelegt, „welches allen diesen Rechtsbildungen zugrunde lag, dass eine „Einheit geschaffen werde" und „die Verkettung der Personen gegeben sei"[141]. Die Verkettung wird sodann wie folgt umschrieben:

> „[D]er Germane sah in der Familie nicht zuerst die einzelne Person, sondern das Ganze, das Haus, den ungetheilten Organismus, und verstand die Genossen nur als Glieder des Körpers; so auch, wo nur immer eine Mehrheit von Personen sich rechtlich verband, erblickte man zuerst

---

136 *Karl Heinrich Ludwig Brinkmann*, HR, 1853, § 36, S. 127 (Hervorh. wie im Original).
137 Vor dem Hintergrund der Ausführungen *Brinkmanns* ist die Feststellung *Limbachs* zu relativieren, dass aufgrund des sogleich zu schildernden Beitrags *Kuntzes* aus dem Jahr 1863 die „Geburtsstunde der modernen Gesamthandtheorie [...] zeitlich präzise bestimmt werden kann" (Gesamthand und Gesellschaft, 2016, S. 288). Auch wenn *Brinkmann* sich gerade nicht auf die Figur der Gesamthand stützt, war funktional das Konzept der rechtsfähigen Personengesellschaft bei ihm vollständig durchdacht und formuliert.
138 Vgl. *Wilhelm Endemann*, HR, 1865, § 35, S. 166 ff., § 38, S. 180 ff.
139 Dazu ausführlich *Francis Limbach*, Gesamthand und Gesellschaft, 2016, S. 288 ff.
140 *Johannes Emil Kuntze*, ZHR 6 (1863), 177, 211 (Hervorh. wie im Original).
141 *Johannes Emil Kuntze*, ZHR 6 (1863), 177, 209.

immer das Einheitliche, das Ganze des Verbandes, in welchem man die Einzelnen unterschiedslos aufgehen ließ; dieselben galten im Umkreis ihrer Verbindung als *Eine Person* [...]"[142].

Der in Anschauung der Familie dargestellte Verkettungsgedanke wird sodann auf die Kollektivfirma bezogen, indem die Firma ursprünglich nicht nur Ausdruck der Vermögensseparierung sei, sondern gerade die Zusammenfassung aller Gesellschafter beschreiben sollte und man synonym zur Firma auch vom Haus sprechen könne:

„Die mehrern Gesellschafter bilden ein Haus, haben Einen Handelsnamen, stehen wie eine Person da; es sind mehrere Inhaber, aber ein Etablissement."[143]

V. Vielheit *vers.* Einheit

Die Lehre von der „kollektiven Personeneinheit"[144], von der Gesamthand als „kollektive Einheit"[145], oder von der „Gruppe"[146] als Gesamhandgesellschaft darf von sich behaupten, in der Dogmengeschichte der Personengesellschaft zu einer essenziell wichtigen Perspektiverweiterung geführt zu haben. Erst vor dem Hintergrund dieser Lehre lässt sich vortrefflich darüber streiten, ob der *corpus mysticus* der Personengesellschaft aus der *Vielheit* der Gesellschafter besteht und keine eigenständige Entität existiert, ja auch der Gebrauch des Wortes Personengesellschaft damit juristisch irreführend ist, oder aber die Personengesellschaft als *Einheit*, als Rechtssubjekt, im Rechtsverkehr auftritt.

Der besondere Charme der uns historisch überlieferten Lehre von den Gesamthandgesellschaften besteht darin, dass sie die passende dogmatische Begründung für die kaufmännische Ansicht findet, die Kollektivfirma sei das eigentlich handelnde Subjekt, indem man „mit" der Firma kontrahiere.[147] Natürlich, die Firma ist rechtlich in der heutigen Anschauung der besondere handelsrechtliche Name eines Unternehmensträgers.[148] Sie ist aber zugleich, wie *Otto von Gierke* anmerkt, „das formale Mittel, das die Handelsgesellschaft befähigt, sich als rechts- und

---

142 *Johannes Emil Kuntze*, ZHR 6 (1863), 177, 209.
143 *Johannes Emil Kuntze*, ZHR 6 (1863), 177, 212.
144 *Karl Heinrich Ludwig Brinkmann*, HR, 1853, § 36, S. 126.
145 Vgl. uA. mit Variationen *Otto von Gierke*, Das deutsche Genossenschaftsrecht, Bd. I, § 69 B., S. 1008; ders., Die Genossenschaftstheorie und die deutsche Rechtsprechung, 1887, S. 437; ders., ArchBürgR 19 (1901), 114, 118.
146 *Werner Flume*, AT I./1., § 4 II., S. 56.
147 Dazu *Max Weber*, Geschichte der Handelsgesellschaften, MWG I/1, S. 149 f.
148 *Johannes W. Flume*, DB 2008, 2011 ff.

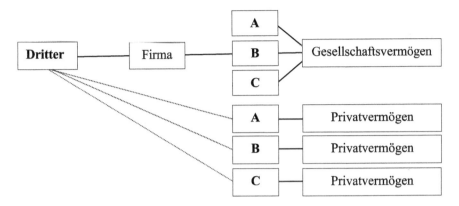

Abbildung 2: *Vielheit* oder die Personengesellschaften nach der „traditionelle Auffassung" des Gesamthandprinzips als Vermögenszuordnungsprinzip.

handlungsfähige Einheit in den Verkehr zu begeben".[149] Indem nun die „Gruppe" der Gesellschafter als „Organisationseinheit"[150], als am Rechtsverkehr teilnehmend konzipiert wird, wird eine elegante und auch praktisch bestechende Lösung für die Bewältigung der Mehrpersonalität im Recht geschaffen.

---

149 *Otto von Gierke*, ArchBürgR 19 (1901), 114, 121. *Susanne Lepsius* sieht es unter einer historisch-kritischen Perspektive als „mehr als fragwürdig" an, dass sich BGHZ 146, 341 als valides Argument auf die *Gierke*-Zitate zu den Handelsgesellschaften aus dem 19. Jahrhundert stützen kann, da diese ja nicht auf das GbR-Recht des BGB bezogen waren (*Susanne Lepsius*, in: HKK, III/2, 2013, §§ 705–740 Rz. 38). Zudem wird durch eine verkürzte Ausführung des Texts aus dem dritten Band des deutschen Privatrechts aus dem Jahr 1917 insinuiert, *Gierke* würde die Rechtsfähigkeit der GbR verneinen. Das Gegenteil ist der Fall. Zwischen GbR und OHG besteht das rechtspraktische Problem, dass für die GbR keine Firma zur Verfügung steht. Bereits in ArchBürgR 19 (1901), 114, 121 f. ist zu lesen: „Eigenthum oder dingliches Recht, das einer Handelsgesellschaft zusteht, wird im Grundbuch auf den Namen der Firma, Eigenthum oder dingliches Recht, das einer Gesellschaft des bürgerlichen Rechts zusteht, auf die Namen aller Gesellschafter eingetragen. Da im ersten Falle die Art der Gesellschaft, im zweiten Falle das für die Gemeinschaft maßgebende Rechtsverhältniß vermerkt wird, dort also das Dasein einer berechtigten Personenmehrheit, hier die Anknüpfung des Rechtes an eine Personeneinheit aus dem Grundbuch erhellt, *ist in beiden Fällen durch die Eintragung an sich das gleiche Verhältnis einer Rechtssubjektivität zu gesammter Hand öffentlich bekundet und grundbuchrechtlich gesichert.*" (Hervorh. hinzugefügt). In dritten Band des Deutschen Privatrechts (S. 841) findet sich zudem in der von *Lepsius* wörtlich zitierten Passage der nachfolgende Satz: „Allein eine Dritten gegenüber wirksame Personeneinheit eignet auch ihr." Da es bei der GbR keine Firma gibt, muss man sich bei der GbR mit den Namen der Gesellschafter behelfen. Das ändert aber nichts an der Rechtskonstruktion. Die Bedenken sind sind somit unbegründet.
150 *Werner Flume*, AT I./1., § 4 II., S. 56.

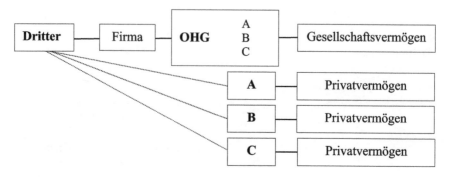

Abbildung 3.: *Einheit* oder die rechtsfähige Personengesellschaften nach der Lehre der Gesamthandgesellschaft.

Die Personengesellschaft wird hierdurch *unter* ihrer Firma rechtsfähig. Wie praktisch und vereinfachend diese Lösung ist und wie unpraktikabel das Gegenmodell war, wird deutlich – was viel zu selten thematisiert wurde –, wenn man sich mit der Funktionsweise der Gesamthandforderung, Gesamthandschuld und der ohnehin umstrittenen Natur des Gesamthandeigentums beschäftigt (vgl. oben unter I.1.).

Um die Idee rechtsfähiger Personengesellschaften zu erfassen, muss man sich freilich mit dem Konzept einer vertraglich etablierten Rechtsträgerschaft anfreunden. Dem verschließen sich diejenige Stimmen, die apriorisch vom Standpunkt des dogmatischen Rechtsformkonservatismus ausgehen, nach der von einer binären Rechtsträgerordnung von natürlichen und juristischen Personen auszugehen sei. Dem entspricht jedoch nicht das geltende Recht, so wie es nun novelliert durch das MoPeG im BGB und HGB besteht.

Rechtsfähige Personengesellschaften können im Gegensatz zur juristischen Person ad hoc erschaffen werden und ihre Existenz – wiederum im Gegensatz zur juristischen Person – beruht auf den Personen der Gesellschafter. Denn bei der Außen-(GbR), OHG und KG existieren – unabhängig von einer Registereintragung –, sobald sie „mit Zustimmung sämtlicher Gesellschafter am Rechtsverkehr teilnimmt", Rechtsträger (§§ 705 Abs. 2, 719 Abs. 1 BGB, § 123 Abs 1 S. 2 HGB).[151] Es handelt sich also um ausschließlich auf vertraglicher Basis konstituierte Rechtsträger, die nicht auf einem konstitutiv wirkenden Akt einer Registereintragung beruhen und auch nicht einem System der Erfüllung von Normativbedingungen unterstehen. Die gesellschaftsvertragliche Verbundenheit der Gesellschafter zur

---

151 Vgl. nur *Carsten Schäfer*, in: MünchKomm-BGB, 9. Aufl., 2024, § 719 Rn. 3f.; *Markus Roth*, in: Hopt, HGB, 43. Aufl., 2024, § 123 Rn. 9ff.; a.A. *Phillipp Ceesay*, in: Koch, Personengesellschaftsrecht (2024) § 719 BGB Rn. 10 u. § 123 HGB Rn. 14.

„Gruppe", zur Personengesellschaft, ist schließlich auch der entscheidende Gesichtspunkt, um den Bestand und die Wandelbarkeit der rechtsfähigen Personengesellschaft zu erklären, die so gerade nicht bei der juristischen Person besteht, da diese unabhängig von ihren Mitgliedern existieren kann. Denn nur bei den rechtsfähigen Personengesellschaften existieren das Anwachsungsprinzip (§ 712 BGB), das Verbot des Erwerbs eigener Anteile (§ 711 Abs 1 S. 2 BGB), der Vermögensübergang auf den letzten verbleibenden Gesellschafter im Wege der Universalsukzession (§ 712a BGB) und das Prinzip der Selbstorganschaft.[152] Nichts anderes hatte auch schon *Kuntze* erklärt, dass die Handelsgesellschaften „immer abhängig von der Persönlichkeit der Gesammthänder" bleiben, „und demgemäß hat das H.G.B. mit vorzüglichem Takte das bedeutsame Wort ‚selbstständig' welches bei der Bestimmung der Persönlichkeit der Aktienvereine (Art. 213) gesetzt ist, in Betreff der offenen Handelsgesellschaft weggelassen (Art. 111)"[153].

VI. Schluss

Zu Beginn dieses Beitrags wurde darauf verwiesen, dass nach den Ausführungen in den Gesetzesmaterialien zum MoPeG das „Gesamthandsprinzip [...] jedenfalls auf dem Gebiet des Gesellschaftsrechts ausgedient"[154] habe. Dem kann vollen Herzens zugestimmt werden, wenn man nur den richtigen Bezugspunkt dieser Aussage wählt, wie es der MoPeG-Gesetzgeber aber getan hat. Nicht das Konzept der Gesamthandgesellschaft hat ausgedient, sondern die traditionelle Auffassung, nach der das Gesamthandprinzip als Vermögenszuordnungsprinzip verstanden wurde. Die zukünftige Praxis wird aber aller Voraussicht nach bald schon den Begriff der Gesamthandgesellschaft ad acta legen und nur noch von den rechtsfähigen Personengesellschaften sprechen. Mit *Gierke* mag man 2024 sagen: „Der unsägliche, männer[und frauen]mordende Streit scheint geschlichtet."[155] Wird es dabei bleiben? *Max Weber* hat in *Wissenschaft als Beruf* Kunst und Wissenschaft gegenübergestellt und festgehalten, dass für ihn die Kunst etwas Bleibendes sei und es bei dieser auch keinen Fortschritt gebe, während es das Ziel der Wissenschaft sei, „überboten" zu werden:

---

152 *Jens Koch/Rafael Harnos*, in: Koch, Personengesellschaftsrecht (2024) § 705 Rn. 90; *Wertenbruch*, in: FS Henssler, 2023, S. 1319 ff.; *ders.*, JZ 2023, 78 ff.; *ders.*, in: FS Seibert, 2019, S. 1089 ff.; *Gregor Bachmann*, in: FS Lindacher, 2017, 23, 35.
153 *Johannes Emil Kuntze*, ZHR 6 (1863), 177, 214 f.
154 BT-Drs. 19/27635, 104; siehe davor *BMJV*, Mauracher Entwurf für ein Gesetz zur Modernisierung des Personengesellschaftsrechts, April 2020, S. 86.
155 *Otto von Gierke*, ArchBürgR 19 (1901), 114, 116.

„Jeder von uns dagegen in der Wissenschaft weiß, daß das, was er gearbeitet hat, in 10, 20, 50 Jahren veraltet ist. Das ist das Schicksal, ja: das ist der Sinn der Arbeit der Wissenschaft, dem sie, in ganz spezifischem Sinne gegenüber allen anderen Kulturelementen, für die es sonst noch gilt, unterworfen und hingegeben ist: jede wissenschaftliche ‚Erfüllung' bedeutet neue ‚Fragen' und will ‚überboten' werden und veralten. Damit hat sich jeder abzufinden, der der Wissenschaft dienen will."[156]

Ohne Zweifel wird die Auseinandersetzung und das Ringen um die Erfassung der Rechtsträgerschaft im Zivil- und Unternehmensrecht weitergehen und es wird sicherlich auch weiterhin Versuche geben, die Personengesellschaften zu juristischen Personen umzudeuten oder auch einen (gesetzgeberischen) Systemwechsel zu erzwingen. Gegen eine solche literarische Auseinandersetzung ist nichts einzuwenden, sie sollte jedoch in Kenntnis der Lehre von der Gesamthandgesellschaft erfolgen, die im deutschen Gesellschaftsrecht seit Mitte des 19. Jahrhunderts das Fundament für die Etablierung der gegenwärtigen tertiären Ordnung der Unternehmensträgerschaft begründet hat.[157]

---

[156] *Max Weber*, Wissenschaft als Beruf, 1919, S. 14.
[157] Vgl. zur Bedeutung und Wichtigkeit einer historisch-komparativ fundierten Handelsrechtswissenschaft *Levin Goldschmidt*, ZHR 28 (1882) 441, 449 f. (Anmerkungen im Rahmen einer Rezension zu einem Werk *Heinrich Thöls*).

Dirk Verse

§ 4 Der Aufsichtsrat im Spiegel der Reformdebatten

I. Einführung und Themenbegrenzung —— 148
II. Die Grundentscheidung für das dualistische System heutiger Prägung —— 150
   1. Entwicklungslinien von 1870 bis in die Weimarer Zeit —— 150
      a) Aktienrechtsnovelle 1870: Pflicht-Aufsichtsrat als Ersatz für die frühere Staatsaufsicht —— 150
      b) Nachjustierung durch die Aktienrechtsnovelle 1884 —— 153
      c) Aber: (noch) kein Geschäftsführungsverbot des Aufsichtsrats —— 155
      d) Vom HGB 1900 zur Reformdiskussion in der Weimarer Republik —— 158
      e) Die Notverordnung 1931: Rückbesinnung auf die Überwachungsaufgabe —— 160
   2. Das Aktiengesetz von 1937 als entscheidende Weichenstellung —— 163
      a) Einführung des Geschäftsführungsverbots für den Aufsichtsrat —— 163
      b) Hintergründe —— 164
         aa) „Führerprinzip" —— 164
         bb) Sachargumente —— 166
      c) Flankierende Regelungen zum Geschäftsführungsverbot (Zustimmungsvorbehalte, Abberufung des Vorstands nur aus wichtigem Grund) —— 168
      d) Weitere Änderungen —— 169
   3. Bestätigung und Weiterentwicklung durch das Aktiengesetz von 1965 —— 170
      a) Beibehaltung der Grundkonzeption von 1937 —— 170
      b) Stärkung der präventiven Dimension der Überwachung —— 173
      c) Weitere Änderungen —— 174
   4. Zwischenfazit —— 175
III. Entwicklungslinien unter Geltung des Aktiengesetzes von 1965 —— 175
   1. Auswirkungen des Mitbestimmungsgesetzes 1976 —— 175
   2. Aufgaben- und Bedeutungszuwachs für den Aufsichtsrat seit den 1990er Jahren —— 177
      a) Rechtsprechung zur Beratungsaufgabe und zur Verfolgungspflicht —— 177
      b) Die „Aktienrechtsreform in Permanenz" und ihre Auswirkungen auf den Aufsichtsrat —— 178
         aa) Ausdehnung der Aufgaben des Aufsichtsrats —— 179
         bb) Punktueller Ausbau der Kontrollinstrumente —— 182
         cc) Punktuelle Regelungen zur „Professionalisierung" des Aufsichtsrats —— 183
      c) Die Rolle des Kodex —— 185
   3. Der moderne Aufsichtsrat als „mitunternehmerisches" (Kontroll-) Organ —— 186
   4. Schwerpunkte der aktuellen Reformdiskussion —— 189
      a) Vorschläge für eine systemimmanente Weiterentwicklung des Aufsichtsratsrechts —— 190
         aa) Aktuelle Reforminitiativen —— 190
         bb) Einzelne Eckpunkte der Reformvorschläge —— 191
            (1) Rechtssichere und aufgabenadäquate Besetzung des Aufsichtsrats (einschließlich Unabhängigkeit) —— 191
            (2) Effektivierung der Aufgabenerfüllung und Ausstattung des Aufsichtsrats —— 194

(3) Innere Ordnung des Aufsichtsrats: Vorsitzender, Ausschüsse, Umgang mit Interessenkonflikten —— 195
(4) Verhältnis zur Hauptversammlung und Auftreten nach außen —— 197
b) Einführung eines Wahlrechts zwischen monistischem und dualistischem System —— 198
IV. Resümee —— 201

I. Einführung und Themenbegrenzung

Dass eine Aktiengesellschaft deutschen Rechts zwingend einen Aufsichtsrat als Kontrollorgan haben muss, ist schon seit 1870 geltendes Recht. Ebenso alt ist die Diskussion darüber, wie man das Recht des Aufsichtsrats so weiterentwickeln und verbessern kann, dass die Aufsichtsräte die ihnen zugewiesenen Aufgaben auch möglichst effektiv zum Wohle des Unternehmens wahrnehmen. Im Lauf der Jahrzehnte war diese Frage immer wieder Gegenstand intensiver Reformdebatten, die zu wesentlichen Veränderungen des gesetzlichen Rahmens geführt haben und seit 2002 auch im Deutschen Corporate Governance Kodex (DCGK) aufgegriffen worden sind. Die Reformdiskussion ist indes längst nicht abgeschlossen, sondern gerade in jüngerer Zeit wieder in vollem Gange.

Im Folgenden soll die Entwicklungsgeschichte des Aufsichtsrats im Spiegel der Reformdebatten betrachtet werden – angefangen von den Entwicklungen, die für die Herausbildung des Aufsichtsratsrechts in seiner heutigen Gestalt prägend waren, bis hin zu der aktuellen Reformdiskussion um eine Modernisierung des Aufsichtsratsrechts. Schon aus Raumgründen kann es dabei freilich nur darum gehen, einige Schlaglichter zu setzen[1].

Im ersten Teil des Beitrags soll der Scheinwerfer zunächst auf die Grundentscheidung des deutschen Aktienrechts für das dualistische System und seine Ausgestaltung im AktG 1965 gerichtet werden (II.). Die für die deutsche AG charakteristische zwingende Aufteilung von Leitung und Kontrolle auf zwei kompetenziell und personell getrennte Verwaltungsorgane (Vorstand und Aufsichtsrat) ist bekanntlich alles andere als selbstverständlich. Sie hat sich in der uns heute geläufigen Form auch in Deutschland erst nach und nach herausgebildet, wobei insbesondere das AktG 1937 eine wichtige Zäsur in der Entwicklung darstellt. International ist dagegen nach wie vor in vielen Ländern die monistische Organisationsverfassung vorherrschend mit einem *board of directors* oder Verwaltungsrat

---

[1] Für eine umfassende Aufarbeitung der historischen Entwicklung des Aufsichtsratsrechts bis zum Jahr 2006 sei verwiesen auf die Untersuchung von *Lieder,* Der Aufsichtsrat im Wandel der Zeit, 2006.

an der Spitze, der (Ober-)Leitung und Kontrolle der Geschäftsführung in sich vereint. Warum ist die Entwicklung in Deutschland anders verlaufen?

Der zweite Teil lenkt den Blick sodann auf die wesentlichen Entwicklungslinien, die das Recht des Aufsichtsrats unter Geltung des AktG 1965 kennzeichnen (III.). Im Vordergrund steht dabei die seit den 1990er Jahren verstärkt zu beobachtende Entwicklung, den Aufsichtsrat nach und nach mehr in die Pflicht zu nehmen und zu größerem Engagement anzuhalten. Von besonderer Bedeutung ist dabei, dass dem Aufsichtsrat heute nicht mehr nur oder in erster Linie die retrospektive Kontrolle der Geschäftsführung abverlangt wird. Vielmehr wird im modernen Aufsichtsratsrecht auch und gerade die zukunftsgerichtete Kontrolle betont, die sich nicht nur durch die Mitentscheidung über zustimmungspflichtige Geschäfte (§ 111 Abs. 4 Satz 2 AktG) vollzieht, sondern auch durch die laufende Beratung des Vorstands in grundlegenden Fragen der Geschäftspolitik. Häufig wird der Aufsichtsrat daher heute als „mitunternehmerisches Organ" bezeichnet[2]. Die effektive Wahrnehmung dieser Überwachungs- und Beratungsaufgabe wird umso anspruchsvoller, je mehr die Komplexität der Geschäftstätigkeit der Unternehmen infolge technologischen Fortschritts, zunehmender Internationalisierung, Herausforderungen des Klimawandels etc. zunimmt und je mehr die vom Vorstand zu erfüllenden Organisationspflichten zur Einrichtung wirksamer interner Kontroll-, Compliance- und Risikomanagementsysteme (neuerdings unter Einschluss der Lieferkette) weiter verdichtet werden. Hinzu kommt, dass dem Aufsichtsrat im Zuge der vielen kleineren Aktienrechtsreformen der letzten drei Jahrzehnte („Aktienrechtsreform in Permanenz") immer weitere Einzelaufgaben übertragen worden sind, etwa in Bezug auf die Auswahl und Kontrolle des Abschlussprüfers, die Entsprechenserklärung zum DCGK, die Vorstandsvergütung, die Kontrolle von *related party transactions*, die Förderung der Geschlechtergerechtigkeit oder die Prüfung der Nachhaltigkeitsberichterstattung. Dieser Aufgaben- und Bedeutungszuwachs für den Aufsichtsrat hat eine bis heute anhaltende Debatte darüber ausgelöst, wie die Arbeit des Aufsichtsrats so professionalisiert und seine Ausstattung so verbessert werden kann, dass er seinen gewachsenen Aufgaben auch gerecht werden kann. Der Beitrag zeichnet diese Entwicklungs- und Diskussionslinien bis hin zu der aktuellen Debatte um eine Reform des Aufsichtsratsrechts nach.

Nur am Rande gestreift wird im Folgenden trotz seines großen Einflusses auf die Arbeit des Aufsichtsrats das Recht der Arbeitnehmermitbestimmung. Dazu sei auf den Beitrag von *Teichmann* in diesem Band verwiesen. Aus Raumgründen müssen auch die Besonderheiten, die sich für den Aufsichtsrat in Kreditinstituten

---

[2] Zu der Frage, ob darin eine übertriebene Zuspitzung liegt, s. unter III. 3.

und Versicherungsunternehmen aus dem Aufsichtsrecht ergeben, weitestgehend unberücksichtigt bleiben[3].

II. Die Grundentscheidung für das dualistische System heutiger Prägung

Die dualistische Organisationsverfassung heutiger Prägung hat sich erst in einem langwierigen Entstehungsprozess herausgebildet. Der Aufsichtsrat und seine Stellung im Kompetenzgefüge der AG waren zwar schon seit 1870 permanent in der Diskussion (dazu unter 1.). Die entscheidende Weichenstellung brachte aber erst das AktG 1937 (2.). An der dort entwickelten Konzeption hat das AktG 1965, wenn auch mit einzelnen nicht unerheblichen Modifikationen, im Kern festgehalten (3.).

1. Entwicklungslinien von 1870 bis in die Weimarer Zeit

a) Aktienrechtsnovelle 1870: Pflicht-Aufsichtsrat als Ersatz für die frühere Staatsaufsicht

Die Entscheidung, dass die AG zwingend einen Aufsichtsrat haben muss und nicht nur fakultativ haben kann, geht auf die erste Aktienrechtsnovelle zum ADHGB von 1870[4] zurück. In seiner ursprünglichen Fassung von 1861 hatte es das ADHGB noch in das Belieben der Aktionäre gestellt, einen Aufsichtsrat einzurichten, und sich darauf beschränkt, die Überwachungsaufgabe des fakultativen Aufsichtsrats in knappen Worten zu umreißen (Art. 225 ADHGB 1861)[5].

---

[3] Zu den aufsichtsrechtlichen Anforderungen sei stattdessen verwiesen auf *Lutter/Krieger/Verse*, Rechte und Pflichten des Aufsichtsrats, 7. Aufl. 2020, Rn. 1450 ff.
[4] Gesetz betreffend die Kommanditgesellschaften auf Aktien und die Aktiengesellschaften vom 11. 6. 1870, Bundesgesetzblatt des Norddeutschen Bundes 1870, S. 375; näher dazu *Lieder* in Bayer/Habersack, Aktienrecht im Wandel, Bd. 1, 10. Kap.; *Schubert*, ZGR 1981, 285; ferner die Materialsammlung von *Schubert*, Vom Konzessions- zum Normativsystem, Materialien zur Aktienrechtsnovelle 1870, ZGR Sonderheft 21, 2017.
[5] Art. 225 ADHGB 1861 lautete: „Ist ein Aufsichtsrath bestellt, so überwacht derselbe die Geschäftsführung der Gesellschaft in allen Zweigen der Verwaltung; er kann sich von dem Gange der Angelegenheiten der Gesellschaft unterrichten, die Bücher und Schriften derselben jederzeit einsehen und den Bestand der Gesellschaftskasse untersuchen. Er hat die Jahresrechnungen, die Bilanzen und die Vorschläge zur Gewinnvertheilung zu prüfen und darüber alljährlich der Generalversammlung der Aktionaire Bericht zu erstatten. Er hat eine Generalversammlung zu berufen, wenn dies im Interesse der Gesellschaft erforderlich ist."

Dass der Gesetzgeber 1870 hiervon abwich und einen obligatorischen Aufsichtsrat etablierte, steht in unmittelbarem Zusammenhang mit dem Übergang vom Konzessions- zum Normativsystem, der im Zentrum der Novelle von 1870 stand. Das ADHGB 1861 hatte noch daran festgehalten, dass Aktiengesellschaften vorbehaltlich einer abweichenden landesgesetzlichen Regelung nur mit staatlicher Genehmigung errichtet werden konnten (Art. 208 Abs. 1, 249 ADHGB 1861). Unter Geltung dieses Konzessionssystems wurde im Genehmigungsverfahren geprüft, ob der Zweck des Unternehmens „aus allgemeinen Gesichtspunkten nützlich und der Beförderung werth erscheint" und „die Gesellschaft durch die Art ihrer Begründung eine genügende Bürgschaft gegen Täuschungen und Beeinträchtigungen des Publikums gewährt"[6]. Dazu zählte nicht nur die Prüfung, ob die Gesellschaft im Zeitpunkt ihrer Gründung über hinreichende Mittel für den Betrieb der beabsichtigten Unternehmung verfügte und die Zuverlässigkeit ihrer Organwalter gegeben war[7]. Vielmehr behielt sich der Staat in Preußen und anderen Staaten auch für den Zeitraum nach der Gründung Aufsichtsrechte vor, namentlich dadurch, dass für die Aktiengesellschaften staatliche Kommissare bestellt wurden, die darüber zu wachen hatten, dass die Gesellschaften die gesetzlichen und die genehmigten statutarischen Bestimmungen einhielten[8].

Als man nun 1870 – nach dem Vorbild Englands und Frankreichs und unterstützt durch das Votum des 8. Deutschen Juristentags 1869 in Heidelberg[9] – das Konzessionssystem aufgab[10], sah man das Bedürfnis, „zum Schutz des Publikums gegen Uebervortheilung und Täuschung einen geeigneten Ersatz zu schaffen für diejenige Fürsorge, welche bisher in der Form von Konzessionsbedingungen bei der

---

6 So die Formulierung der zuständigen preußischen Ministerien in der „Instruktion über die Grundsätze in Ansehung der Konzessionierung von Aktiengesellschaften" vom 22.4.1845, Nr. I. 1. und III. (zitiert nach den Motiven zum preußischen Entwurf, Drucksachen zu den Verhandlungen des Bundesrathes des Norddeutschen Bundes, Nr. 86/1869, S. 13).
7 Näher zum Prüfungsgegenstand des Genehmigungsverfahrens am Beispiel Preußens *Landwehr*, Savigny-Zeitschrift für Rechtsgeschichte, Germanistische Abteilung, 99 (1982), 1, 22 ff.; *Schubel*, Verbandssouveränität und Binnenorganisation der Handelsgesellschaften, 2003, S. 159 f., 163 f.
8 *Lieder* (Fn. 1), S. 61; *Pahlow* in Bayer/Habersack, Aktienrecht im Wandel, Bd. 1, 8. Kap. Rn. 48 f.; zu den Staatskommissaren s. auch Motive zum preußischen Entwurf (Fn. 6), S. 14 ff.
9 Zum 8. Deutschen Juristentag 1869 in Heidelberg *Lieder* in Bayer, Gesellschafts- und Kapitalmarktrecht in den Beratungen des Deutschen Juristentags, 2010, S. 25 ff. Die hier interessierende Aufsichtsratsfrage wurde dort nicht behandelt.
10 Zu den Hintergründen s. die Motive zum Entwurf eines Gesetzes betreffend die Kommandit-Gesellschaften auf Aktien und die Aktien-Gesellschaften (Bundesrats-Entwurf), Stenographische Berichte über die Verhandlungen des Reichstages des Norddeutschen Bundes, I. Legislatur-Periode, Session 1870, Band 4, Nr. 158, S. 645, 649 ff., insbes. 650: wirksame staatliche Kontrolle sei „faktisch unmöglich"; das Konzessionssystem sei daher „geradezu schädlich", weil sich das Publikum zu Unrecht auf die staatliche Aufsicht verlasse und daher den gebotenen Selbstschutz vernachlässige.

staatlichen Prüfung und Feststellung des einzelnen Statuts geübt wurde."[11] Daher wurden die zuvor nur schwach ausgeprägten gesetzlichen Normativbestimmungen für Aktiengesellschaften in mehrfacher Hinsicht verschärft[12], insbesondere durch Vorschriften zum Kapitalschutz, aber eben auch durch die Einführung eines obligatorischen Aufsichtsrats (Art. 209 Nr. 6, 225–225b ADHGB 1870). Die Materialien zur zweiten Aktienrechtsnovelle von 1884 bringen diesen Zusammenhang auf den Punkt, wenn es dort heißt, dass die Novelle von 1870 den obligatorischen Aufsichtsrat (neben den übrigen Normativbestimmungen) „als Ersatz der staatlichen Aufsicht" eingeführt habe[13].

Vorbild für die Einführung des obligatorischen Aufsichtsrats waren die Bestimmungen über die KGaA, für die bereits das ADHGB 1861 zwingend einen Aufsichtsrat verlangt hatte[14]. In den Beratungen der Novelle von 1870 war der obligatorische Aufsichtsrat auf die AG allerdings keineswegs unumstritten. Namentlich die Hansestädte Hamburg und Bremen, die das Konzessionssystem schon früher durch Landesgesetz abgeschafft hatten[15], ohne zugleich einen obligatorischen Aufsichtsrat oder sonstige strengere Normativbestimmungen einzuführen, äußerten sich entschieden ablehnend[16]: In größeren Aktiengesellschaften würden für die laufende Geschäftsführung häufig technische Direktoren bestellt, die der Vorstand seinerseits kontrolliere. Wo es nötig sei, würden die Aktionäre schon selbst dafür sorgen, durch Bestellung von Revisoren oder sonstigen Kontrolleuren eine zusätzliche Überwachungsinstanz zu etablieren. Nicht zuletzt verwies man darauf, dass auch die französische und englische Gesetzgebung trotz Aufgabe des Konzessionssystems keinen obligatorischen Aufsichtsrat eingeführt hatten.

Mit dieser Kritik konnten sich die Hansestädte aber weder im Justizausschuss noch im Plenum des Bundesrats durchsetzen. Eine intensive inhaltliche Ausein-

---

11 Motive zum Bundesrats-Entwurf (Fn. 10), S. 651.
12 Ausführlicher Überblick über die 1870 neu eingeführten Normativbestimmungen bei *Lieder* (Fn. 4), 10. Kap. Rn. 30 ff.; *Schubert*, ZGR 1981, 285, 302 ff.
13 Allgemeine Begründung zum Entwurf eines Gesetzes betreffend die Kommanditgesellschaften auf Aktien und die Aktiengesellschaften vom 7.3.1884, abgedr. bei Schubert/Hommelhoff, Hundert Jahre modernes Aktienrecht, 1985, S. 407, 459.
14 Art. 175 Nr. 6, Art. 191 ff. ADHGB 1861; darauf Bezug nehmend Motive zum Bundesrats-Entwurf (Fn. 10), S. 653 f., 655, 659. Hintergrund war, dass die KGaA nach dem ursprünglichen preußischen Entwurf des ADHGB schon 1861 von dem Konzessionszwang befreit werden sollte und man als Korrelat dazu schon damals in der KGaA u. a. einen obligatorischen Aufsichtsrat vorgesehen hatte; s. Motive a.a.O. S. 653.
15 Eine Aufzählung der deutschen Staaten, in denen das Konzessionssystem schon vor 1870 aufgegeben wurde, findet sich in den Motiven zum Bundesrats-Entwurf (Fn. 10), S. 649.
16 Drucksachen zu den Verhandlungen des Bundesrathes des Norddeutschen Bundes, Nr. 56/1870, S. 25 f.; näher dazu *Schubert*, ZGR 1981, 285, 306 f.

andersetzung mit ihren Einwänden geht aus den öffentlich zugänglichen Materialien nicht hervor. In dem abschließenden Bericht des Justizausschusses findet sich lediglich die nicht weiter begründete Einschätzung der Mehrheit, dass es bei Aufgabe der Staatsaufsicht nötig sei, die Selbstbeaufsichtigung der Aktiengesellschaften

> „so zu organisieren, daß sie auch mit Erfolg geübt werden könne. Fehlt ein bestimmtes aus der Gesellschaft selbst hervorgegangenes Organ mit bestimmten, auf jenen Zweck berechneten Attributionen, so ist das Selbstbeaufsichtigungsrecht der Gesellschaften illusorisch."[17]

Angeführt wurde ferner, dass die Erfahrungen in den Hansestädten mit seinem Publikum, das „handeltreibend und geschäftsgewandt" sei, nicht auf andere Bundesgebiete übertragbar seien[18].

b) Nachjustierung durch die Aktienrechtsnovelle 1884

Es dauerte nicht lange, bis sich hinsichtlich der Wirksamkeit der Kontrolle durch den Aufsichtsrat Ernüchterung einstellte. Schon in den frühen 1870er Jahre mehrten sich die Fälle von Schwindelgründungen[19], und damit sah sich auch die Institution des Aufsichtsrats zunehmend der Kritik ausgesetzt, diese Fehlentwicklung nicht verhindert zu haben[20]. Die amtliche Begründung zur zweiten Aktienrechtsnovelle von 1884, mit der der Gesetzgeber auf die eingetretenen Missstände reagierte, stellt in aller Deutlichkeit fest, dass der Aufsichtsrat den „bei Erlaß der Novelle von 1870 gehegten Erwartungen nicht entsprochen" habe[21]. Das in den Aufsichtsrat gesetzte Vertrauen sei oft missbraucht worden; das Aufsichtsratsmandat sei vielfach als

---

17 Bericht des Ausschusses für Justizwesen, Drucksachen zu den Verhandlungen des Bundesrathes des Norddeutschen Bundes, Nr. 62/1870, S. 10.
18 Bericht des Ausschusses für Justizwesen, Drucksachen zu den Verhandlungen des Bundesrathes des Norddeutschen Bundes, Nr. 28/1870, S. 6 f. (nicht speziell zum Aufsichtsrat, sondern generell zu den neu eingeführten Normativbestimmungen).
19 Die praktizierten Varianten des Gründungsschwindels sind in dem Gutachten des Reichs-Oberhandelsgerichts vom 31.3.1877 (abgedr. bei Schubert/Hommelhoff [Fn. 13], S. 157, 160 ff.) im Einzelnen dargestellt; anschaulich dazu auch *Hommelhoff* in Schubert/Hommelhoff (Fn. 13), S. 53, 64 f.
20 Exemplarisch *Grünhut*, Zeitschrift für das Privat- und öffentliche Recht der Gegenwart 1 (1874), 79, 105 („Der Aufsichtsrath ist oft nur eine leere Decoration für die Actiengesellschaft, eine Lockspeise mehr für vertrauensselige und leichtgläubige Subscribenten..."); *Oechelhäuser*, Die Nachtheile des Aktienwesens, und die Reform der Aktiengesetzgebung, 1878, S. 67 („Der Aufsichtsrath, nach der Novelle vom 11. Juni 1870, ist eine ganz verunglückte Schöpfung, über den die Gesetzgeber sich offenbar selbst nicht klar gewesen sind...").
21 Allgemeine Begründung (Fn. 13), S. 458.

bloße „Sinekure" wahrgenommen worden[22] (also als ein Amt, das Einkünfte, aber keine Mühen beschert). Anders als in Teilen des zeitgenössischen Schrifttums gefordert bestehe die richtige Antwort aber nicht darin, den obligatorischen Aufsichtsrat wieder abzuschaffen[23], sondern in einer verbesserten Ausgestaltung desselben. Neben einer gründlichen Überarbeitung des Gründungsrechts der AG war es daher ein wesentliches Anliegen der Novelle von 1884, den Aufsichtsrat zu einem wirksamen Kontrollorgan auszubauen[24].

Zu diesem Zweck führte die Novelle eine ganze Reihe von neuen Bestimmungen zum Aufsichtsrat ein[25]. Um den Einfluss der Gründer zurückzudrängen, wurde angeordnet, dass der Aufsichtsrat nur noch von der Generalversammlung gewählt werden konnte[26]. Zur Stärkung der fachlichen Kompetenz des Aufsichtsrats wurden – in Abkehr von der ursprünglichen Idee des Aufsichtsrats als Aktionärsausschuss – erstmals auch Nicht-Aktionäre als Aufsichtsratsmitglieder zugelassen[27]. Ferner wurde die Inkompatibilität der Mitgliedschaft in Vorstand und Aufsichtsrat im Gesetz klargestellt[28]. Vor allem aber wurde die Überwachungsaufgabe des Aufsichtsrats nachgeschärft. Nach dem neuen Gesetzestext war der Aufsichtsrat nicht mehr nur berechtigt, sondern auch verpflichtet, sich zur Wahrnehmung seiner Überwachungsaufgabe von dem Gang der Gesellschaftsangelegenheiten zu unterrichten (Art. 225 Abs. 1 Satz 1 ADHGB 1884). Die Informations- und Kontrollrechte des Aufsichtsrats wurden erweitert, namentlich durch das Recht, vom Vorstand jederzeit Berichterstattung über dessen Geschäftsführung zu verlangen (Art. 225 Abs. 1 Satz 2 ADHGB 1884). Zudem wurde das Gebot der höchstpersönlichen Amtsführung (heute § 111 Abs. 6 AktG) ins Gesetz aufgenommen, um der verbreiteten Praxis, sich bei Beratungen und Beschlussfassungen vertreten zu lassen, ein Ende zu setzen[29]. Nicht zuletzt stellte die Novelle klar, dass die Aufsichtsratsmit-

---

22 Allgemeine Begründung (Fn. 13), S. 461.
23 Für eine Rückkehr zum fakultativen Aufsichtsrat seinerzeit aber *Behrend* in Wiener/Goldschmidt/Behrend, Zur Reform des Actiengesellschaftswesens, 1873, S. 66 f.; ferner *Keyßner*, Die Aktiengesellschaften und die Kommanditgesellschaften auf Aktien, 1873, S. 194 f.; *Wolffson*, Verhandlungen 11. Deutscher Juristentag, Bd. 2, 1873, S. 129, 132 f.; *Zimmermann*, Archiv für Theorie und Praxis des allgemeinen deutschen handels- und Wechselrechts 31 (1875), 259, 271.
24 Allgemeine Begründung (Fn. 13), S. 458.
25 Eingehend zu den einzelnen Neuerungen, von denen hier nur die wichtigsten erwähnt werden können, *Lieder* (Fn. 1), S. 144 ff.; ferner *Lutter* in Bayer/Habersack, Aktienrecht im Wandel, Bd. II, 2. Aufl. 2007, 8. Kap. Rn. 2 ff.
26 Art. 224 i.V.m. Art. 191 Abs. 1 Satz 1 ADHGB 1884; Allgemeine Begründung (Fn. 13), S. 458.
27 Aufhebung des Art. 209 Nr. 6 ADHGB 1870; Allgemeine Begründung (Fn. 13), S. 458.
28 Art. 225a ADHGB 1884. Ebenso schon zuvor die h.L.; s. *Renaud*, Actiengesellschaft, 2. Aufl. 1875, S. 627; weitere Nachw. bei *Lieder* (Fn. 1), S. 108.
29 Art. 225 Abs. 4 ADHGB 1884; Allgemeine Begründung (Fn. 13), S. 463.

glieder nicht anders als die Vorstandsmitglieder die Sorgfalt eines ordentlichen Geschäftsmanns anzuwenden haben mit der Folge, dass sie bei Nichteinhaltung der gebotenen Sorgfalt der Gesellschaft auf Schadensersatz haften[30].

c) Aber: (noch) kein Geschäftsführungsverbot des Aufsichtsrats

Auch nach der umfassenden Novelle von 1884 war der Aufsichtsrat aber noch grundlegend anders ausgestaltet als im heutigen Recht. Abgesehen von der Tatsache, dass die Kompetenz zur Bestellung und Abberufung der Vorstandsmitglieder noch nicht zwingend beim Aufsichtsrat lag[31], bestand der wichtigste Unterschied darin, dass eine Vorschrift mit dem Inhalt des heutigen § 111 Abs. 4 Satz 1 AktG – Maßnahmen der Geschäftsführung können dem Aufsichtsrat nicht übertragen werden – dem Aktienrecht vor 1937 noch unbekannt war. Im Gegenteil sah Art. 225 Abs. 3 ADHGB 1884 (später § 246 Abs. 3 HGB 1900) ausdrücklich vor, dass die Satzung dem Aufsichtsrat neben der Überwachungsaufgabe noch weitere Aufgaben übertragen konnte. Der Gesetzgeber nahm damit sehenden Auges in Kauf, dass der Aufsichtsrat durch Satzungsregelung ähnlich wie ein Verwaltungsrat im monistischen System als Oberleitungsorgan ausgestaltet werden konnte. Von dieser Möglichkeit hatte die Praxis schon vor der Novelle von 1884 regen Gebrauch gemacht, was in dem die Reform vorbereitenden Gutachten des Reichs-Oberhandelsgerichts (ROHG) auch deutlich hervorgehoben wurde:

> „[Der Aufsichtsrath] ist in Wahrheit, wenigstens meistens, ein sogenannter Verwaltungsrath und der Vorstand eine beamtete exekutive Spitze, bez. ein Delegirter des Verwaltungsraths."[32]

---

30 Art. 226 ADHGB 1884; Allgemeine Begründung (Fn. 13), S. 462 f.
31 Das ADHGB 1884 gewährte in dieser Frage weiterhin Satzungsfreiheit; Allgemeine Begründung (Fn. 13), S. 458. In der Praxis wurde dem Aufsichtsrat aber in der Regel die Personalkompetenz zugewiesen; *Puchelt*, Kommentar zum ADHGB, Bd. 1, 4. Aufl. 1893, Art. 227 Anm. 6; *Flechtheim/Wolff/ Schmulewitz*, Die Satzungen der deutschen Aktiengesellschaften, 1929, S. 152 ff.; näher *Lieder* (Fn. 1), S. 180 ff.
32 ROHG, Gutachten über die geeignetsten Mittel zur Abhülfe der nach den Erfahrungen des Reichs-Oberhandelsgerichts bei der Gründung, der Verwaltung und dem geschäftlichen Betrieb von Aktienunternehmungen hervorgetretenen Uebelstände, 1877, S. 68 (abgedr. bei Schubert/Hommelhoff [Fn. 13], S. 200); ebenso Allgemeine Begründung (Fn. 13), S. 459 re. Sp.; eindringlich bereits *Oechelhäuser* (Fn. 20), S. 68: „Thatsächlich aber haben sich unsere Aufsichtsräthe (...) *zu einem nicht controlierenden, sondern an der Leitung der Gesellschaft theilnehmenden Organ entwickelt.* Sie vollziehen alle Wahlen der Direktoren und Beamten, entscheiden über alle wichtigeren Geschäfte, oder geben doch die Direktiven; – kurz, dem Vorstand bleibt nur die Erledigung der *laufenden* Geschäfte, während der Aufsichtsrath nicht die beabsichtigte Controle, sondern die Oberleitung ausübt..." (Hervorhebungen im Original gesperrt, nicht kursiv). Ebenso auch schon die Praxis vor

Bei dieser Praxis blieb es auch nach 1884. So war es weithin üblich, dem Aufsichtsrat nicht nur über Zustimmungsvorbehalte ein Vetorecht in wichtigen Angelegenheiten der Geschäftsführung zu gewähren, sondern ihm darüber hinaus auch ein Weisungsrecht gegenüber dem Vorstand einzuräumen. Nach einer Untersuchung aus dem Jahr 1929 sah die Satzung in 517 von 689 an der Berliner Börse notierten Aktiengesellschaften ein Weisungsrecht des Aufsichtsrats vor[33]; dies entspricht einem Anteil von 75%. Im zeitgenössischen Schrifttum wurde schon früh klar gesehen, dass der Aufsichtsrat bei einer derartigen Ausgestaltung eine dem Vorstand übergeordnete Stellung erlangt und damit „im Resultat das erreicht wird, was in England der board of directors gegenüber dem geschäftsführenden Direktor darstellt"[34]. Diese Bemerkung trifft freilich nur mit der Einschränkung zu, dass im *board*-System die geschäftsführenden Direktoren zugleich dem *board* angehören können, während das deutsche Recht wie erwähnt schon damals auf einer personellen Trennung zwischen Aufsichtsrat und Vorstand bestand (Art. 225a ADHGB 1884, Vorläufer des heutigen § 105 AktG).

Im Vorfeld der Novelle von 1884 war durchaus kontrovers diskutiert worden, ob man eine Übertragung weiterer Aufgaben auf den Aufsichtsrat zulassen sollte. Nicht unberücksichtigt blieb insbesondere, dass die österreichischen Reformentwürfe von 1874 und 1882 eine strikte Trennung von Leitung und Kontrolle vorsahen und ausdrücklich anordnen wollten, dass der Aufsichtsrat in keiner Weise an der Geschäftsführung teilnehmen darf[35]. Auch der Referentenentwurf aus dem Jahr 1880 lag noch auf dieser Linie[36], ebenso ein Teil des Schrifttums[37]. In den Bera-

---

Einführung des obligatorischen Aufsichtsrats 1870; dazu *Passow*, ZHR 64 (1909), 27, 29 ff., der die seit dem ADHGB 1861 verwendete gesetzliche Bezeichnung „Aufsichtsrat" daher als irreführend kritisiert.

[33] *Flechtheim/Wolff/Schmulewitz* (Fn. 31), S. 264 ff. (die Gesamtzahl der untersuchten Gesellschaften [689] ergibt sich aus dem Vorwort).
[34] So ausdrücklich *K. Lehmann*, Das Recht der Aktiengesellschaften, Bd. 2, 1904, S. 353 f.; aus dem neueren Schrifttum Habersack, ZHR 178 (2014), 131, 134: § 246 Abs. 3 HGB a.F. ermöglichte „die Schaffung einer monistischen Gesellschaft mit 'dualistischer Hülle'".
[35] Art. 225 Abs. 2 Satz 2 AHGB-E 1874: „[Die Aufsichtsratsmitglieder] dürfen nicht zugleich Mitglieder des Vorstandes (...) sein, noch dürfen sie in irgendeiner Art an der Geschäftsführung der Gesellschaft theilnehmen." (Verhandlungen des Hauses der Abgeordneten des österreichischen Reichsrathes, Nr. 50 der Beilagen zu den stenogr. Protokollen, VIII. Session, S. 321, 349); ebenso Art. 225 Abs. 2 Satz 2 AHGB-E 1882 (Verhandlungen des Hauses der Abgeordneten des österreichischen Reichsrathes, Nr. 616 der Beilagen zu den stenogr. Protokollen, IX. Session, S. 1, 33). Näher zur Stellung des Aufsichtsrats nach den österreichischen Entwürfen *Kalss/Burger/Eckert*, Die Entwicklung des österreichischen Aktienrechts, 2003, S. 176 ff., 185.
[36] Art. 225c ADHGB-E; wiedergegeben bei *Schubert* in Schubert/Hommelhoff (Fn. 13), S. 1, 24.
[37] S. etwa *Jacques*, Verhandlungen 11. Deutscher Juristentag, Bd. 2, 1873, S. 99, 103 f.; *Wolffson*, Verhandlungen 11. Deutscher Juristentag, Bd. 2, 1873, S. 129, 133; *Zimmermann*, Archiv für Theorie und

tungen konnte sich diese Position aber nicht durchsetzen. Das bereits angesprochene Gutachten des ROHG äußerte gegenüber dem österreichischen Entwurf Bedenken hinsichtlich der Leistungsfähigkeit eines „jeder Verwaltung entrückten Controllorgans"[38]. Auch sei zu bezweifeln, ob sich geeignete Personen für ein Organ finden würden, „welches das ganze Geschäftsjahr hindurch bloß aufpassen und höchstens warnen könnte"[39]. Die zur Vorbereitung der Novelle eingesetzte Aktienrechtskommission, zu deren Mitgliedern u. a. der berühmte Handelsrechtslehrer (und Begründer der ZHR) *Levin Goldschmidt* zählte, schloss sich dieser Kritik mehrheitlich an; eine wirksame Kontrolle sei ohne Teilnahme an der Verwaltung der Gesellschaft nicht denkbar[40]. Vor diesem Hintergrund überrascht es nicht, dass sich auch die amtliche Begründung der Novelle von 1884 diese Sichtweise zu Eigen machte:

> „Ein Organ, welches der Verwaltung und dem Geschäftsbetriebe völlig fern steht, kann in dieselben einen Einblick nur schwer gewinnen, und wird seine Aufsicht meist auf die formale Geschäftsführung, namentlich die Buchführung beschränken, deshalb aber kaum in der Lage sein, Mißgriffen oder betrüglichen Handlungen des Vorstandes rechtzeitig vorzubeugen. Leichter vermag dies ein Organ, welches selbst an der Verwaltung betheiligt ist und dadurch von den wesentlichen Vorgängen derselben beständig Kenntnis erlangt."[41]

Auch der vermittelnden Lösung, die Mitwirkung des Aufsichtsrats an der Geschäftsführung nicht ganz auszuschließen, aber auf Zustimmungsvorbehalte (nach Art des heutigen § 111 Abs. 4 Satz 2 AktG) zu begrenzen[42], konnte der Gesetzgeber von 1884 noch nichts abgewinnen. Eine solche Begrenzung hielt der Gesetzgeber seinerzeit noch für „undurchführbar und illusorisch"[43]. Ein bloßes Vetorecht könne zu einer Blockade der Geschäftstätigkeit führen. Zudem werde sich hinter einem negativen Veto oftmals zugleich die positiv-gestaltende Einflussnahme verbergen, eine bestimmte andere Maßnahme zu ergreifen, der sich der Vorstand kaum verschließen werde[44].

Praxis des allgemeinen deutschen Handels- und Wechselrechts 31 (1875), 259, 271 f.; s. auch die Nachw. in der Allgemeinen Begründung (Fn. 13), S. 460 Fn. 2.
38 Gutachten des ROHG (Fn. 32), S. 68.
39 Gutachten des ROHG (Fn. 32), S. 70.
40 Verhandlungen der Aktienrechtskommission, 9./10. Sitzung vom 3./4. April 1882, abgedr. bei Schubert/Hommelhoff (Fn. 13), S. 350 ff.
41 Allgemeine Begründung (Fn. 13), S. 460.
42 Dafür namentlich *Esser II*, Der Entwurf eines Gesetzes betreffend die Commanditgesellschaften auf Actien und die Actiengesellschaften, 1884, S. 77.
43 Allgemeine Begründung (Fn. 13), S. 460.
44 Allgemeine Begründung (Fn. 13), S. 460; s. dazu und zum Vorstehenden auch *Hommelhoff* in Schubert/Hommelhoff (Fn. 13), S. 53, 92 f.; *Lieder* (Fn. 1), S. 174 ff.

d) Vom HGB 1900 zur Reformdiskussion in der Weimarer Republik

Das 1897 verabschiedete und 1900 in Kraft getretene HGB brachte in Bezug auf den Aufsichtsrat kaum inhaltliche Änderungen[45]. Schon bald nach der Jahrhundertwende wurde die Diskussion der „Aufsichtsratsfrage" aber neu entfacht, da sich die Institution des Aufsichtsrats im Zuge der Wirtschaftskrise von 1900/1901 (wieder einmal) dem Vorwurf des Kontrollversagens ausgesetzt sah[46]. Die Folge war eine regelrechte Flut von Reformvorschlägen („papierene Sündflut"[47]), von denen einige – wie die Konkretisierung der Überwachungsaufgabe, die Begrenzung der Ämterhäufung und die Erleichterung der Haftungsdurchsetzung durch Aktionärsminderheiten – auch auf dem 28. Deutschen Juristentag 1906 diskutiert wurden[48]. Der Juristentag sah jedoch keinen Anlass für ein dringliches Eingreifen des Gesetzgebers; vielmehr solle erst die weitere Diskussion der disparaten Reformvorschläge abgewartet werden[49]. Für eine künftige Reform sprach der Juristentag aber immerhin schon die wegweisende Empfehlung aus, dem Aufsichtsrat in größeren Gesellschaften unabhängige „Bilanzrevisoren" (Abschlussprüfer) zur Seite zu stellen[50], um die Kontrollfunktion zu stärken. Vorbild hierfür war das englische Recht, das bereits seit dem Companies Act 1900 eine zwingende gesetzliche Abschlussprüfung kannte[51].

In der Reformdiskussion des frühen 20. Jahrhunderts nicht ernsthaft in Frage gestellt wurde dagegen der Umstand, dass der Aufsichtsrat in der Praxis oftmals wie

---

45 Neu eingeführt wurde insbesondere eine Bestimmung, die auf die Begrenzung der gewinnabhängigen Aufsichtsratsvergütung abzielte (§ 245 HGB 1900, später § 113 Abs. 3 AktG 1965, inzwischen aufgehoben durch das ARUG II); näher zu den (wenigen) aufsichtsratsbezogenen Neuerungen des HGB 1900 *Lieder* (Fn. 1), S. 189 ff.

46 Pointiert *Pinner*, DJZ 1901, 373: Aufsichtsrat als „Sündenbock" (*Pinner* selbst nahm die Institution des Aufsichtsrats freilich gegen diese Kritik in Schutz).

47 *Steinitzer*, Ökonomische Theorie der Aktiengesellschaft, 1908, S. 156. Überblick über die vielfältigen Vorschläge bei *Falk*, Die Reform des Aufsichtsrats der Deutschen Aktiengesellschaften, 1914, S. 46 ff.

48 Unter dem Thema: „Empfiehlt es sich, die Verantwortlichkeit der Mitglieder des Aufsichtsrates genauer zu bestimmen?" Näher zu den Beratungsgegenständen dieses Juristentags *J. Schmidt* in Bayer, Gesellschafts- und Kapitalmarktrecht in den Beratungen des Deutschen Juristentags, 2010, S. 159, 167 ff. (neben der sogleich im Text erwähnten Abschlussprüfung namentlich Bildung von Aufsichtsratsdezernaten, Mindestqualifikation, Begrenzung der Ämterhäufung, Haftung und Haftungsdurchsetzung).

49 Beschluss 1, Verhandlungen des 28. DJT, Bd. III, 1907, S. 233.

50 Beschluss 3, Verhandlungen des 28. DJT, Bd. III, 1907, S. 233.

51 Darauf Bezug nehmend das Gutachten von *Rehm*, Verhandlungen des 28. DJT, Bd. I, 1905, S. 28 f.

ein Verwaltungsrat ausgestaltet war[52]. Daran änderte sich auch zunächst nichts, als in der Weimarer Zeit die Vorarbeiten zu einer umfassenden Überarbeitung des gesamten Aktienrechts begannen. Eine Kommission unter dem Vorsitz von *Max Hachenburg*, die der 34. Deutsche Juristentag 1926 zur genaueren Untersuchung des Reformbedarfs im Aktienrecht eingesetzt hatte, kam vielmehr zu dem Schluss:

> „Die satzungsmäßige Weiterentwicklung der Geschäftsführungs- und Vertretungsfunktionen des Aufsichtsrats hat in der Praxis, in der Theorie und Rechtsprechung zu wesentlichen Beanstandungen keinen Anlaß gegeben."[53]

Überwiegend war man sich aber auch darin einig, dass eine Abschaffung des obligatorischen Aufsichtsrats und ein Übergang zum monistischen System nicht zu empfehlen sei. Die Frage, ob man die *board*-Verfassung des anglo-amerikanischen Rechts in das deutsche Aktienrecht übernehmen solle, wurde auf dem Juristentag von 1926 – dem Rat von Gutachter und Berichterstattern folgend[54] – abschlägig beschieden[55]. Für die zwingende Trennung von Aufsichtsrat und Vorstand wurde insbesondere angeführt, dass es in einem Leitung und Kontrolle in sich vereinigenden *board* für die nicht-geschäftsführenden Organmitglieder psychologisch viel schwerer sei, gegenüber einem geschäftsführenden Amtskollegen kontrollierend einzugreifen, als wenn die Aufsichtsinstanz in einem gesonderten Kollegium mit eigener Verantwortung dem Direktor entgegentrete[56]. Ein gesondertes Aufsichtsgremium könne mit anderer Autorität und ohne kollegiale Rücksichtnahme einschreiten[57]. Zudem sah man ein Problem darin, dass die Haftung der geschäfts-

---

52 Exemplarisch *Düringer*, Verhandlungen des 28. DJT, Bd. III, 1907, S. 204: „Es ist richtig, daß der Aufsichtsrat des deutschen Rechtes nach seiner historischen Entwickelung und nach der Art und Weise, wie er in der Praxis fungiert, viel mehr Verwaltungsrat als Aufsichtsrat ist. (...) Niemand wird die Verwaltungstätigkeit des Aufsichtsrates (...) beschränkt wissen wollen."
53 III. Unterausschuss der Aktienrechtskommission des 34. DJT, abgedr. bei Schubert, Quellen zur Aktienrechtsreform der Weimarer Republik (1926–1931), Bd. 1, S. 66, 67.
54 Dezidiert gegen eine Übernahme der *board*-Verfassung der Gutachter *J. Lehmann*, Verhandlungen des 34. DJT, Bd. I, 1926, S. 290 ff., insbes. 298 ff.; ferner die Berichterstatter *Pinner* und *Solmssen*, Verhandlungen des 34. DJT, Bd. II, 1927, S. 645 f., 729.
55 Vgl. Beschluss 2, Verhandlungen des 34. DJT, Bd. II, 1927, S. 2: „Die Vorschriften des englisch-amerikanischen Rechts sind zur Übertragung auf deutsche Verhältnisse nicht geeignet und, wenn auch zu beachten, jedenfalls im allgemeinen nicht nachzuahmen." Näher zu den Beratungen der wirtschaftsrechtlichen Abteilung des 34. DJT *J. Schmidt* in Bayer, Gesellschafts- und Kapitalmarktrecht in den Beratungen des Deutschen Juristentags, 2010, S. 259 ff.
56 *Pinner* (Fn. 54), S. 646;
57 Vgl. *J. Lehmann* (Fn. 54), S. 298 („Die nebenamtlich tätigen Mitglieder [scil. des board] besitzen gegenüber dem managing Director keine genügende Autorität. Sie sind ‚Kollegen' und nicht Auf-

führenden und der nicht-geschäftsführenden Direktoren im monistischen System einheitlichen Maßstäben folgen müsse; dies sei aber für die nebenamtlichen (nicht-geschäftsführenden) Direktoren zu streng und habe daher in der englischen Praxis dazu geführt, den Haftungsmaßstab für beide Gruppen von Direktoren weit abzusenken[58]. Nicht ohne einen gewissen Hochmut ging man sogar so weit, das monistische System als bloße „Vorstufe in der Entwicklung" abzuwerten[59]. Im Ergebnis übereinstimmend sah auch der Abschlussbericht der Juristentags-Kommission keinen Anlass, vom dualistischen System abzugehen; die Trennung von Aufsichtsrat und Vorstand hatte sich nach Ansicht der Mehrheit bewährt[60].

e) Die Notverordnung 1931: Rückbesinnung auf die Überwachungsaufgabe

Ab 1927 wurde die Reformdiskussion auch vom Reichsjustizministerium aufgegriffen[61]. Die Arbeiten des Ministeriums führten zu dem Entwurf eines neuen „Gesetzes über Aktiengesellschaften und Kommanditgesellschaften" von 1930, mit dem das Aktienrecht erstmals aus dem HGB herausgelöst werden sollte[62]. Für den Aufsichtsrat sah dieser Entwurf einige wesentliche Neuerungen vor, die – ergänzt um weitere Regelungen – 1931 Eingang in eine Notverordnung des Reichspräsidenten fanden, mit der Teile der Aktienrechtsreform bereits im Vorgriff verabschiedet wurden[63]. Unter dem Eindruck spektakulärer Unternehmenszusammenbrüche in

---

sichtspersonen."); *ders.* a.a.O. S. 300: Aufsichtsrat als „heilsames Gegengewicht" gegenüber einem mächtigen Generaldirektor.

58 Näher *J. Lehmann* (Fn. 54), S. 290 ff., 298 am Beispiel der Entscheidung Re City Equitable Fire Insurance Co Ltd (1925 Ch. 407); ferner *Pinner* (Fn. 54), S. 645 f. S. dazu aber auch den Hinweis von *J. Schmidt* (Fn. 55), S. 259, 279 f., dass dieser vermeintliche Kritikpunkt jedenfalls aus heutiger Sicht nicht mehr überzeugt.

59 *Pinner* (Fn. 54), S. 645. Wie hier *J. Schmidt* (Fn. 55), S. 259, 280: „einer gewissen Arroganz nicht entbehrend."

60 Bericht der durch den 34. Juristentag zur Prüfung einer Reform des Aktienrechts eingesetzten Kommission, 1928, abgedr. bei Schubert (Fn. 53), S. 161, 181.

61 Näher dazu *Schubert*, Savigny-Zeitschrift für Rechtsgeschichte, Germanistische Abteilung, 103 (1986), 140, 145 ff.; *ders.* in Schubert (Fn. 53), S. 13 ff.

62 Reichsjustizministerium, Entwurf eines Gesetzes über Aktiengesellschaften und Kommanditgesellschaft auf Aktien sowie Entwurf eines Einführungsgesetzes nebst erläuternden Bemerkungen, 1930.

63 Verordnung des Reichspräsidenten über Aktienrecht, Bankenaufsicht und über eine Steueramnestie v. 19.9.1931, RGBl. I, S. 493. Die übrigen Teile des Reformvorhabens wurden im Oktober 1931 in einem zweiten Entwurf zusammengefasst, der die NotVO 1931 berücksichtigte, i.Ü. aber keine gravierenden Änderungen gegenüber dem Entwurf von 1930 enthielt (Amtlicher Entwurf eines Gesetzes über Aktiengesellschaften und Kommanditgesellschaft auf Aktien sowie Entwurf eines

der Weltwirtschaftskrise, die (auch) dem Aufsichtsrat angelastet wurden[64], verfolgten die aufsichtsratsbezogenen Regelungen der Notverordnung vor allem das Anliegen, die Überwachungsaufgabe wieder in den Vordergrund zu rücken und die Aufsichtsratsmitglieder zu einer effektiveren Wahrnehmung dieser Aufgabe zu ertüchtigen und anzuhalten[65].

Die bedeutendste Neuerung stellte die schon lange diskutierte Pflicht-Abschlussprüfung durch sachverständige „Bilanzprüfer" dar, die jährlich von der Generalversammlung zu wählen waren[66]. Für das Verhältnis zum Aufsichtsrat wurde dabei von Anfang an betont, dass die Pflichtprüfung dem Aufsichtsrat die Erfüllung der ihm in Bezug auf die Bilanzprüfung obliegenden Pflichten nicht abnehmen, aber erleichtern solle[67]. Wegen dieser Unterstützungsfunktion des Abschlussprüfers bezeichnete man ihn häufig als „Hilfsorgan des Aufsichtsrats"[68], was freilich insofern missverständlich war, als der Prüfer schon damals weder vom Aufsichtsrat bestellt wurde noch dessen Weisungen unterlag[69], und aus heutiger Sicht auch deshalb zu kurz greift, weil der Prüfer auch eine Garantiefunktion gegenüber der Öffentlichkeit erfüllt[70]. Der Unterstützungsfunktion entsprechend wurde angeord-

---

Einführungsgesetzes, 1931; abgedr. bei Schubert/Hommelhoff, Die Aktienrechtsreform am Ende der Weimarer Republik, 1987, S. 849 ff.).
64 Exemplarisch der Kommentar der Ministerialbeamten *Schlegelberger/Quassowski/Schmölder,* Verordnung über Aktienrecht, 1932, Art. VIII Rn. 1: „Überall, wo es zu Zusammenbrüchen kam, trat ein fast völliges Versagen des Aufsichtsrats in seiner Eigenschaft als Kontrollinstanz zum Vorschein."
65 Zu dieser Zielsetzung *Schlegelberger/Quassowski/Schmölder* (Fn. 64), Art. VIII Rn. 1; ferner *J. Lehmann/Hirsch,* Verordnung über Aktienrecht, 1931, Vorbem. zu Art. VIII: „Hat sich der Aufsichtsrat (...) aus einem Aufsichtsorgan im Laufe der Zeit zu einem Verwaltungsorgan entwickelt, so wird durch die NV. (...) die Aufsichtspflicht wiederum auf das nachdrücklichste in den Vordergrund geschoben."
66 Art. 262a ff. HGB 1931; aufbauend auf §§ 118 ff. AktG-E 1930. Zu den Hintergründen *Habersack* in Bayer/Habersack, Aktienrecht im Wandel, Bd. II, 16. Kap. Rn. 9 ff.; *Lieder* (Fn. 1), S. 319 ff.
67 *Schlegelberger/Quassowski/Schmölder* (Fn. 64), Vorbem. zu § 262a HGB, Ziff. 2.
68 Bericht von *Hachenburg* über die Ergebnisse der Beratungen im aktienrechtlichen Arbeitsausschuss des Vorläufigen Reichswirtschaftsrats (Amtlicher Bericht v. 7.3.1933, S. 83–87), abgedr. bei Schubert/Hommelhoff (Fn. 63), S. 823, 825; ebenso *Schmölder* und *Schweitzer* in den Verhandlungen dieses Arbeitsausschusses, abgedr. bei Schubert/Hommelhoff (Fn. 63), S. 217, 757; vgl. auch Protokolle über die Beratungen im Reichsjustizministerium (1930/31) bei Schubert, Quellen zur Aktienrechtsreform der Weimarer Republik (1926–1931), Bd. 2, S. 975, 1023: „Hilfstätigkeit sowohl für die Generalversammlung als auch für den Aufsichtsrat".
69 *Schlegelberger/Quassowski/Schmölder* (Fn. 64), Vorbem. zu § 262a HGB, Ziff. 2, ziehen daher die Formulierung „Hilfsorgan der Gesellschaft" vor.
70 Statt vieler *Merkt,* FS Ebke, 2021, S. 663, 665 f.; *Ebke* in MünchKomm. HGB, 5. Aufl. 2024, § 316 Rn. 35 f.

net, dass der Prüfungsbericht unmittelbar dem Aufsichtsrat vorzulegen ist (§ 262e Abs. 2 HGB 1931, Vorläufer des heutigen § 321 Abs. 5 Satz 2 HGB)[71].

Weitere Maßnahmen der NotVO 1931 zur Stärkung der Kontrollfunktion traten hinzu: Dem Vorstand wurde die Pflicht auferlegt, dem Aufsichtsrat nicht nur auf Verlangen, sondern auch von sich aus in mindestens vierteljährlichen Abständen und bei wichtigem Anlass über den Gang der Geschäfte zu berichten (§ 239a HGB 1931, Vorläufer des heutigen § 90 AktG). Zudem konnte jetzt nicht nur der Aufsichtsrat, sondern auch jedes seiner Mitglieder vom Vorstand einen Bericht an den Aufsichtsrat verlangen (§ 246 Abs. 1 Satz 3 HGB 1931, vgl. heute § 90 Abs. 3 Satz 2 AktG). In Reaktion auf eklatante Auswüchse der Praxis wurde die Ämterhäufung erstmals begrenzt (auf höchstens 20 Aufsichtsratsmandate)[72] und die maximale Größe des Aufsichtsrats beschränkt (auf höchstens 30 Mitglieder)[73]. Kreditvergaben der Gesellschaft an Vorstandsmitglieder sowie gesetzliche Vertreter von Konzernober- und -untergesellschaften und ihnen nahestehende Personen wurden an die Zustimmung des Aufsichtsrats und weitere Restriktionen gebunden (§ 240a HGB 1931, Vorläufer des § 89 AktG). Die Einberufung von Aufsichtsratssitzungen konnte nun jedes Aufsichtsratsmitglied verlangen, bei Unterstützung durch ein weiteres Mitglied auch gegen den Willen des Vorsitzenden (§ 244a HGB 1931, vgl. heute § 110 Abs. 1–2 AktG). Schließlich wurde das Quorum für ein Minderheitsverlangen, Organhaftungsansprüche gegen Vorstands- und Aufsichtsratsmitglieder geltend zu machen, von 10 % auf 5 % des Grundkapitals abgesenkt, falls in einem Prüfungsbericht haftungsbegründende Tatsachen festgestellt wurden (§ 268 Abs. 1 Satz 2 HGB 1931).

Ungeantastet blieb bei alldem allerdings die Regelung des § 246 Abs. 3 HGB 1900, so dass es weiterhin zulässig blieb, dem Aufsichtsrat durch Satzungsregelung weitere Aufgaben zu übertragen und ihn damit zum Oberleitungsorgan zu machen[74]. Nicht ohne Grund hat man daher der Novelle von 1931 vorgehalten, dass sie in dem

---

71 Zu der zwischenzeitlich abweichenden Regelung der §§ 166 Abs. 3, 170 Abs. 1 AktG 1965 (Vorlage an den Vorstand und von diesem an den Aufsichtsrat) *C.A. Weber* in Staub, HGB, 6. Aufl. 2023, § 321 Rn. 56.
72 Art. VIII Abs. 4 NotVO. Vorausgegangen waren prominente Fälle von Ämterhäufungen von mehr als 30 oder 40 Mandaten; nähere Angaben bei *Fischer*, Die Aktiengesellschaft in der nationalsozialistischen Wirtschaft, 1936, S. 100, der sogar einen Extremfall von 115 Mandaten anführt; *Lieder* (Fn. 1), S. 307; *Lutter* (Fn. 25), 8. Kap. Rn. 26 mit Fn. 58.
73 Art. VIII Abs. 3 NotVO 1931. Prominenter Präzedenzfall: Aufsichtsrat der Deutschen Bank mit 112 (!) Mitgliedern; dazu *Lieder* (Fn. 1), S. 272.
74 Auch nach der NotVO liest man daher bei *Hachenburg* in Düringer/Hachenburg, HGB, Bd. III/1, 3. Aufl. 1934, Einl. II Anm. 95: „Der Aufsichtsrat ist in der Hauptsache Verwaltungsorgan. Die Kontrolle tritt zurück." Die AktG-Entwürfe von 1930 und 1931 sahen in diesem Punkt ebenfalls keine Änderung vor (§ 79 Abs. 5 AktG-E 1930, § 82 Abs. 6 AktG-E 1931).

Anliegen, die Überwachungsfunktion zu stärken, auf halbem Weg stehen geblieben sei[75]. Und doch deutete sich mit der NotVO und ihrer Fokussierung auf die Überwachungsaufgabe ein Paradigmenwechsel an. Hatte man bisher die häufig genutzte Möglichkeit, den Aufsichtsrat wie einen Verwaltungsrat auszugestalten, überwiegend als unkritisch angesehen, liest sich dies in dem offiziösen (von den zuständigen Ministerialbeamten verfassten) Kommentar zur NotVO 1931 schon anders:

> „Der deutsche Aufsichtsrat hat sich, je länger desto mehr, praktisch zu einem Verwaltungsrat entwickelt. Vielfach unterscheidet sich das deutsche System kaum noch von dem Board-System des Auslandes (...). Mag diese Entwicklung auch ihre unbestreitbaren Vorzüge gehabt haben, sie hat gleichwohl den großen Nachteil mit sich gebracht, daß die ‚Überwachung der Geschäftsführung', welche Aufgabe das Gesetz nun einmal als die wesentlichste Funktion des Aufsichtsrats ansah, dadurch vielfach praktisch illusorisch wurde."[76]

Auch wenn der Gedanke einer Trennung von Leitung und Kontrolle in der Novelle von 1931 noch nicht konsequent umgesetzt wurde, kann man in der Rückbesinnung auf die Kontrollfunktion als zentrale Aufgabe des Aufsichtsrats doch einen Vorboten dessen erkennen, was wenige Jahre später mit dem AktG 1937 folgen sollte.

2. Das Aktiengesetz von 1937 als entscheidende Weichenstellung

a) Einführung des Geschäftsführungsverbots für den Aufsichtsrat

Der entscheidende Schritt zu der Organisationsverfassung, die in ihrem Kern bis heute Bestand hat, kam mit dem AktG 1937. In Abkehr von § 246 Abs. 3 HGB 1900 wurde nunmehr angeordnet, dass Maßnahmen der Geschäftsführung dem Aufsichtsrat nicht übertragen werden können (§ 95 Abs. 5 Satz 1 AktG 1937, heute § 111 Abs. 4 Satz 1 AktG). Dieses Geschäftsführungsverbot galt zwar von Anfang an nicht ausnahmslos, da das Gesetz dem Aufsichtsrat in einigen Punkten doch ausschließlich oder gemeinsam mit dem Vorstand wahrzunehmende spezielle Geschäftsführungsbefugnisse zuwies[77]. Ungeachtet dessen hat es sich in der Folge als

---

75 *Lieder* (Fn. 1), S. 330.
76 *Schlegelberger/Quassowski/Schmölder* (Fn. 64), Art. VIII Rn. 1.
77 S. etwa § 80 AktG 1937 (Zustimmung zu Kreditvergaben an Vorstandsmitglieder und bestimmte weitere Personen), § 97 Abs. 1 AktG 1937 (Vertretung der AG gegenüber den Vorstandsmitgliedern), § 169 Abs. 3 Satz 2 AktG 1937 (Zustimmung zur Ausnutzung des genehmigten Kapitals).

„nachgerade strukturprägendes Kennzeichen" der dualistisch verfassten AG deutschen Rechts erwiesen[78].

Einschränkend sah das neue Aktiengesetz vor, dass die Satzung oder der Aufsichtsrat bestimmen „kann"[79], dass bestimmte Arten von Geschäften nur mit seiner Zustimmung vorgenommen werden sollen (§ 95 Abs. 5 Satz 2 AktG 1937). Mit dieser differenzierenden Lösung – Weisungen und Initiativrecht nein, Zustimmungsvorbehalte ja – entschied sich das AktG 1937 für eine Begrenzung der Geschäftsführungsteilhabe des Aufsichtsrats, die der Gesetzgeber des Jahres 1884 noch als „undurchführbar und illusorisch" verworfen hatte (s. o. II. 1. c a.E.).

b) Hintergründe

Wie kam es zu diesem Sinneswandel? Aus der amtlichen Begründung des AktG 1937 geht lediglich hervor, dass der Gesetzgeber „eine klare Trennungslinie zwischen den Befugnissen des Aufsichtsrats und denen des Vorstands" ziehen wollte[80]. Versucht man, tiefer zu dringen, stößt man auf zwei Begründungsebenen, auf die sich die Neuausrichtung des Aufsichtsrats konzeptionell stützt.

aa) „Führerprinzip"

Die erste Begründungsebene ist ein zeitbedingt ideologische. Zu den zentralen Grundsätzen nationalsozialistischer Wirtschaftsführung gehörten das sog. Führerprinzip und das mit ihm eng verbundene Verantwortungsprinzip[81]. Das „Führerprinzip" ging von der Vorstellung aus, dass die Entscheidungsgewalt möglichst bei einer einzelnen Person mit unbedingter Autorität nach unten und Verantwortung nach oben liegen sollte. In Anwendung dieses Prinzips hatte der Aktienrechtsausschuss der Akademie für Deutsches Recht, dessen Arbeiten wesentlichen Einfluss auf das AktG 1937 hatten, den Vorstand und bei mehrgliedrigem Vorstand dessen Vorsitzenden zum „Führer der Aktiengesellschaft" auserkoren[82]. Der nur neben-

---

78 *Habersack* in Hommelhoff/Kley/Verse, Reform des Aufsichtsratsrechts, 2021, S. 23, 26.
79 Die heutige Fassung des § 111 Abs. 4 Satz 2 AktG („hat zu bestimmen") geht erst auf das KonTraG 1998 zurück; s. u. III. 2. b aa.
80 Amtl. Begr., Vorbemerkung zu §§ 70–124, bei Klausing, AktG 1937.
81 Näher dazu *Lieder* (Fn. 1), S. 337 ff.; zu den Auswirkungen des „Führerprinzips" auf das AktG 1937 auch *Bahrenfuss*, Die Entstehung des Aktiengesetzes von 1965, 2001, S. 659 ff.; *Thiessen*, AG 2013, 573, 574 ff.
82 *Schlegelberger*, Die Erneuerung des deutschen Aktienrechts, 1935, S. 23. Zu den Konsequenzen des „Führerprinzips" für die Binnenorganisation des Vorstands s. § 70 Abs. 2 Satz 2 AktG 1937: Bei Meinungsverschiedenheiten im Vorstand entscheidet der Vorsitzende. Allerdings stand diese Re-

amtlich tätige Aufsichtsratsvorsitzende kam für diese Position nicht in Betracht, da der „Führer" hauptberuflich und ausschließlich für die Gesellschaft tätig werden müsse[83]. Mit der Vorstellung des Vorstands als „Führer" der Aktiengesellschaft vertrug es sich nicht, seine Geschäftsführung den Weisungen des Aufsichtsrats – und im Übrigen auch nicht solchen der Hauptversammlung[84] – zu unterstellen[85]. Daraus leiteten mehrere Ausschussmitglieder, unter ihnen der für die Reform zuständige Staatssekretär *Franz Schlegelberger*, die Forderung ab, § 246 Abs. 3 HGB 1900 zu streichen[86].

Gleichzeitig wollte man allerdings nicht so weit gehen, aus dem „Führerprinzip" auf den Übergang zu einer monistischen Organisationsverfassung zu schließen. Diese Lösung wurde im Aktienrechtsausschuss der Akademie für Deutsches Recht zwar diskutiert[87], aber letztlich verworfen. Ausschlaggebend dafür war zum einen, dass man die Hauptversammlung nicht als geeignet ansah, das Leitungsorgan auszuwählen; diese Aufgabe müsse beim Aufsichtsrat liegen[88]. Zum anderen könne

---

gelung unter Satzungsvorbehalt; zudem stand es im Ermessen des Aufsichtsrats, einen Vorsitzenden zu ernennen (§ 75 Abs. 2 AktG 1937); dazu *Fleischer*, NZG 2003, 449, 457; *v. Hein*, ZHR 166 (2002), 464, 478 f.

83 (Erster) Bericht des Vorsitzenden des Ausschusses für Aktienrecht *Kißkalt* vom April 1934, abgedr. bei Schubert, Akademie für Deutsches Recht 1933–1945, Bd. I, 1986, S. 473, 489; ebenso *Schlegelberger* (Fn. 82), S. 23.

84 Dementsprechend wurde neu geregelt, dass die Hauptversammlung nur noch auf Vorlage des Vorstands über Geschäftsführungsfragen entscheidet (§ 103 Abs. 2 AktG 1937, heute § 119 Abs. 2 AktG). Nach den vielzitierten Worten *Schlegelbergers* sollte die Hauptversammlung nur noch ein „abgesetzter König" sein; *Schlegelberger* (Fn. 82), S. 28.

85 Deutlich *Heymann* in den Beratungen des Aktienrechtsausschusses v. 23.3.1934, abgedr. bei Schubert (Fn. 83), S. 156: Wenn man § 246 Abs. 3 HGB 1900 beibehalten wolle (was *Heymann* selbst offen ließ), müsse man sich „klar sein, daß sich dann die Führerstellung verschiebt und der Aufsichtsratsvorsitzende der eigentliche Führer ist."

86 So in den Beratungen des Aktienrechtsausschusses v. 23.3.1934 insbesondere *Keppler* (der persönliche Wirtschaftsberater von Hitler) bei Schubert (Fn. 83), S. 156; ihm folgend *Klausing* a.a.O., S. 158; *Schlegelberger* a.a.O. S. 157, 158 (deutlich auch *ders.* [Fn. 82], S. 28); nicht recht klar insoweit allerdings der Bericht des Vorsitzenden *Kißkalt* (Fn. 83), S. 473, 490, der einerseits ein Weisungsrecht nicht kategorisch auszuschließen scheint, andererseits aber dafür plädiert, § 246 Abs. 3 HGB 1900 so zu ändern, dass dem Aufsichtsrat keine Rechte gewährt werden dürfen, „die in die Führerstellung des Vorstandes eingreifen".

87 Sorgfältige Aufbereitung der Diskussion bei *v. Hein*, Die Rezeption US-amerikanischen Gesellschaftsrechts in Deutschland, 2008, S. 178 ff.

88 Bericht des Vorsitzenden *Kißkalt* (Fn. 83), S. 473, 487: „Die Masse der Aktionäre kann wohl angesehene Männer ihres Vertrauens als Mitglieder des Aufsichtsrats wählen, aber nicht den Mann bestimmen, der sein ganzes Wirken der Gesellschaft widmen und ihre Geschicke leitend bestimmen will. Das kann nur ein kleines Gremium, das durch ständige Mitarbeit mit den Verhältnissen der Gesellschaft und mit den Personen vertraut ist."

die überwachende und in bestimmten Fällen mitentscheidende Funktion des Aufsichtsrats nicht entbehrt werden[89]. Hinsichtlich der Überwachung sah man Defizite des monistischen Systems[90]. Daher stand man auch dem Vorschlag, eine Personalunion von Vorstands- und Aufsichtsratsvorsitzenden zuzulassen, ablehnend gegenüber[91].

Die ideologische Brücke zu diesem Ergebnis bildete das mit dem Führerprinzip verbundene Verantwortungsprinzip („Autorität jedes Führers nach unten und Verantwortung nach oben")[92]. In den Worten des Vorsitzenden des Aktienrechtsausschusses der Akademie für Deutsches Recht:

> „Den weitgehenden Rechten des Führers steht eine ebenso große Verantwortung gegenüber. Diese bedingt aber das Vorhandensein eines Organs, dem der Führer verantwortlich ist. Dieses Organ kann nur der Aufsichtsrat sein."[93]

bb) Sachargumente

Allerdings griffe es zu kurz, die im AktG 1937 vorgenommene Neugestaltung der Organisationsverfassung im Allgemeinen und die Beschränkung der Rolle des Aufsichtsrats im Besonderen als allein ideologisch motiviert abzutun[94]. Wenngleich die Zurückdrängung des Einflusses der Hauptversammlung und des Aufsichtsrats auf die Geschäftsführung durch den Vorstand gut zum „Führerprinzip" passte, wurden auf einer zweiten Begründungsebene doch auch gewichtige Sachargumente für die vorgenommene Kurskorrektur angeführt. Hinsichtlich der Hauptversammlung war dies vor allem die Überlegung, dass sie für die Entscheidung über Geschäftsführungsmaßnahmen wenig geeignet ist, da den Aktionären (zumindest bei Publikumsgesellschaften) meist der genaue und sachkundige Einblick in die Geschäfte fehlt und sie ihr Abstimmungsverhalten nicht persönlich verantworten müssen[95]. Und hinsichtlich des Aufsichtsrats war es die Sorge, dass die Überwa-

---

89 Bericht des Vorsitzenden *Kißkalt* (Fn. 83), S. 473, 487.
90 *Kißkalt* in den Beratungen des Aktienrechtsausschusses v. 10.2.1934, abgedr. bei Schubert, Akademie für Deutsches Recht 1933–1945, Bd. I, 1986, S. 122: „Unser Aufsichtsrat hat doch immerhin die Geschäftsführung des Vorstandes zu überwachen, der board dagegen ist ein einheitliches Organ. Wie kann da der eine Kollege den anderen überwachen?"
91 Bericht des Vorsitzenden *Kißkalt* (Fn. 83), S. 473, 491.
92 Dazu nochmals *Lieder* (Fn. 1), S. 337 f. (mit dem im Text angeführten Originalzitat aus *Hitlers Mein Kampf*), 339 f., 350 ff.
93 Bericht des Vorsitzenden *Kißkalt* (Fn. 83), S. 473, 489 f.
94 S. zum Folgenden auch schon *Lieder* (Fn. 1), S. 354 ff.
95 Amtl. Begr., Vorbemerkung zu §§ 70–124, bei Klausing (Fn. 80), S. 56; später auch aufgegriffen in der Begr. RegE AktG 1965 bei Kropff, Aktiengesetz, 1965, S. 95 f.; BGHZ 159, 30, 43 f. = NJW 2004, 1860 – Gelatine.

chungsfunktion des Aufsichtsrats umso mehr leidet, je mehr die Trennung von Leitung und Kontrolle aufgeweicht wird. Diese Befürchtung wurde auch in den Beratungen des Akademieausschusses angesprochen:

> „Es sind natürlich gewisse Schwierigkeiten vorhanden, wenn durch die Satzung der Aufsichtsrat weiterhin mit Aufgaben der Geschäftsführung selber betraut ist. Geschäftsführung und Geschäftsführungskontrolle sollten nicht in den Händen eines und desselben Organs liegen."[96]

Damit wurde ein Gedanke aufgegriffen, der schon seit der Diskussion im Vorfeld der Novelle von 1884 immer wieder gegen die verwaltungsratsähnliche Ausgestaltung des Aufsichtsrats angeführt worden war. In den zeitgenössischen Erläuterungen des AktG 1937 stand dieser Gedanke – und nicht das „Führerprinzip" – im Vordergrund, wenn man die *ratio legis* des neuen Geschäftsführungsverbots zu erklären suchte. So liest man bei dem Münchener Ordinarius *Rudolf Müller-Erzbach* anlässlich des Inkrafttretens des neuen Aktiengesetzes:

> „Niemand kann aber berufen sein, seine eigene Geschäftsführung zu überwachen. Ist doch nicht zu erwarten, daß jemand seine eigenen Uebereilungen und und Versäumnisse – um von Schlimmerem nicht zu reden – ans Licht bringen und dadurch Ansprüche gegen sich selbst begründen und nachweisbar machen und überdies sein persönliches Ansehen in Frage stellen wird. Kurz, es ist eine naheliegende Erkenntnis, daß die Geschäftsführung und deren Ueberwachung nicht in eine Hand gelegt werden können."[97]

Es ist im Rückblick schwer auszumachen, ob die Reform der Organisation der AG letztlich mehr durch das „Führerprinzip" oder die genannten Sachargumente beeinflusst war. *Ernst Geßler*, der im Reichsjustizministerium unmittelbar an der Reform von 1937 beteiligt war, hat (allerdings sehr viel später) davon gesprochen, dass die Reform weniger durch das „Führerprinzip" beeinflusst war als durch die 1934 erschienene Arbeit zum Aktienrecht in den USA von *Johannes Zahn*[98]. Diese vielzitierte Studie hatte insbesondere herausgearbeitet, dass das *board of directors* in den USA weithin unabhängig von Weisungen der Anteilseignerversammlung agiert, und daraus die Empfehlung abgeleitet, dass man auch in Deutschland die

---

[96] *Kolb* in den Beratungen des Aktienrechtsausschusses v. 9.2.1934, abgedr. bei Schubert (Fn. 83), S. 70.
[97] *Müller-Erzbach*, Jherings Jahrbücher 87 (1937), 73, 89. Auch der von den Ministerialbeamten verfasste Kommentar von *Schlegelberger/Quassowski/Herbig/Geßler/Hefermehl*, AktG, 3. Aufl. 1939, § 95 Rn. 28 stellt nicht auf das „Führerprinzip" ab, sondern darauf, dass sich der Aufsichtsrat im früheren Recht von seiner Stellung als Überwachungsorgan „völlig entfernt" hatte.
[98] Der Hinweis von *Geßler* auf die Arbeit von *Zahn* (Wirtschaftsführertum und Vertragsethik im neuen Aktienrecht, 1934) findet sich bei *Schubert* (Fn. 83), S. XLVII Fn. 155a.

Unabhängigkeit des Vorstands stärken und den Einfluss der Generalversammlung mit ihren oft wechselnden Aktionären, die von dem Geschäft des Unternehmens wenig verstehen und u.U. widerstreitende persönliche Interessen haben, zurückdrängen sollte[99]. Freilich dürfte *Geßler* auch ein persönliches Interesse gehabt haben, im Nachhinein den Einfluss des „Führerprinzips" herunterzuspielen[100]. Unabhängig davon, wie stark dieser Gedanke die Entstehung der Organisationsverfassung von 1937 tatsächlich beeinflusst hat, lässt sich aber jedenfalls sagen, dass diese von Anfang an zumindest auch auf ideologiefreie Sachargumente gestützt wurde. Deshalb konnte sich später auch der demokratische Gesetzgeber des AktG 1965 ohne große Schwierigkeiten dazu bekennen, an der Organisationsverfassung von 1937 im Grundsatz unverändert festzuhalten.

c) Flankierende Regelungen zum Geschäftsführungsverbot (Zustimmungsvorbehalte, Abberufung des Vorstands nur aus wichtigem Grund)

Die vorstehenden Ausführungen erklären noch nicht, warum das AktG 1937 zwar das Geschäftsführungsverbot einführte, es aber gleichzeitig zuließ, „bestimmte Arten von Geschäften" einem Zustimmungsvorbehalt des Aufsichtsrats zu unterwerfen (§ 95 Abs. 5 Satz 2 AktG 1937). In dem offiziösen Kommentar heißt es dazu, dass die klare Trennlinie zwischen Leitung und Kontrolle durch die Zustimmungsvorbehalte nicht beseitigt werden solle[101]. Die Zulassung von Zustimmungsvorbehalten solle nur dazu dienen, die Überwachung der Geschäftsführung durch den Aufsichtsrat zu erleichtern, indem er über gewisse Geschäfte auf dem Laufenden bleibt und nicht durch ihren Abschluss überrascht wird[102]. Um zu verhindern, dass der Aufsichtsrat durch ein engmaschiges Netz von Zustimmungsvorbehalten die Trennung von Leitung und Kontrolle unterläuft, wurde gleichzeitig betont, dass „bestimmte Arten" von Geschäften immer nur „einzelne Arten" von Geschäften sein können[103]. Ein generalklauselartiger Vorbehalt, der sämtliche

---

99 *Zahn* (Fn. 98), S. 82 ff., insbes. 90 f., 93 ff. Überlegungen dazu, auch den Einfluss des Aufsichtsrats auf die Geschäftsführung zurückzudrängen, finden sich allerdings bei *Zahn* nicht.
100 An der Glaubwürdigkeit zweifelnd daher *Thiessen*, AG 2013, 573, 575 f.
101 *Schlegelberger/Quassowski/Herbig/Geßler/Hefermehl* (Fn. 97), § 95 Rn. 30; skeptisch *Müller-Erzbach*, Jherings Jahrbücher 87 (1937), 73, 85.
102 *Schlegelberger/Quassowski/Herbig/Geßler/Hefermehl* (Fn. 97), § 95 Rn. 30.
103 *Geßler*, JW 1937, 497, 498; *Schlegelberger/Quassowski/Herbig/Geßler/Hefermehl* (Fn. 97), § 95 Rn. 32.

„bedeutenden" oder „außergewöhnlichen" Maßnahmen an die Zustimmung des Aufsichtsrats bindet, wurde daher – wie noch heute – als unzulässig eingestuft[104].

In unmittelbarem Zusammenhang mit dem Geschäftsführungsverbot des Aufsichtsrats stand auch die neue Regelung, dass der Aufsichtsrat den Vorstand nur noch aus wichtigem Grund abberufen konnte (§ 75 Abs. 3 AktG 1937, vgl. heute § 84 Abs. 4 AktG). Dahinter stand und steht bis heute die Überlegung, dass der Vorstand bei freier Widerruflichkeit seiner Bestellung in ein starkes Abhängigkeitsverhältnis zum Aufsichtsrat geriete[105]. Der Aufsichtsrat hätte dann auf informellem Wege (durch ex- oder implizite Androhung der Abberufung) doch wieder bestimmenden Einfluss auf die Geschäftsführung erlangen können. Es ging also darum, den Grundsatz der eigenverantwortlichen, weisungsfreien Leitung durch den Vorstand (§ 70 Abs. 1 AktG 1937, heute § 76 Abs. 1 AktG) nicht zu unterlaufen[106].

d) Weitere Änderungen

Das AktG 1937 führte noch weitere Neuerungen für den Aufsichtsrat ein, die allerdings in ihrer Bedeutung nicht an die soeben geschilderte tektonische Verschiebung des Kompetenzgefüges heranreichen. Die Personalkompetenz des Aufsichtsrats für die Bestellung und Abberufung der Vorstandsmitglieder wurde nunmehr als zwingendes Recht festgeschrieben (§ 75 AktG 1937), während sie zuvor zwar üblich, aber nicht zwingend war[107]. In der Formulierung der Überwachungsaufgabe des Aufsichtsrats wurde der bisherige Zusatz „in allen Zweigen der Verwaltung" gestrichen, um klarzustellen, dass sich die Überwachung nicht auf jegliche Einzelmaßnahme der Geschäftsführung beziehen kann und soll (§ 95 Abs. 1 AktG 1937)[108]. Im Interesse einer effektiven Aufgabenwahrnehmung wurde die Aufsichtsratsgröße weiter reduziert (auf höchstens 20 Mitglieder, § 86 Abs. 1 AktG 1937) und die Ämterhäufung weiter begrenzt (auf höchstens 10 Aufsichtsratsman-

---

104 *Möhring/Schwartz*, Satzungsgestaltung im neuen Aktienrecht, 1938, S. 68; *W. Schmidt*, Umgestaltung der Satzungen der Aktiengesellschaften, 1938, S. 181. Ebenso die allgemeine Ansicht zum heutigen § 111 Abs. 4 Satz 2 AktG; s. nur *Habersack* in MünchKomm. AktG, 6. Aufl. 2023, § 111 Rn. 121; *Lutter/Krieger/Verse* (Fn. 3), Rn. 118.
105 Amtl. Begr. zu § 75 bei Klausing (Fn. 80), S. 61 f.
106 *Schlegelberger/Quassowski/Herbig/Geßler/Hefermehl* (Fn. 97), § 75 Rn. 1 („Würde der Aufsichtsrat die Bestellung jederzeit frei widerrufen können, so könnte er entgegen dem Willen des Gesetzes durch Androhung der Abberufung dem Vorstand praktisch die Geschäftsführung aus den Händen winden und ihn, wie es bisher möglich war, zu einem ausführenden Organ machen."); gleichsinnig Begr. RegE zu § 84 Abs. 3 AktG 1965 bei Kropff (Fn. 95), S. 106.
107 Amtl. Begr. zu § 75 bei Klausing (Fn. 80), S. 61; *Flechtheim/Wolff/Schmulewitz* (Fn. 31), S. 151 ff.
108 Ebenso schon § 79 Abs. 1 AktG-E 1930.

date, § 86 Abs. 2 Satz 2 AktG), wovon allerdings jeweils mit ministerieller Sondererlaubnis abgewichen werden konnte[109]. Die Regelungen zur Besetzung des Aufsichtsrats wurden um das Instrument des statutarischen Entsendungsrechts ergänzt und die Entsendung auf maximal ein Drittel der Mitglieder begrenzt (§ 88 AktG 1937, vgl. heute §§ 101 Abs. 2, 103 Abs. 2 AktG)[110]. Ferner wurden erstmals Vorschriften zur inneren Ordnung des Aufsichtsrats und zur Teilnahme an Sitzungen des Aufsichtsrats und seiner Ausschüsse eingeführt (§§ 92 f. AktG 1937, vgl. heute §§ 107, 109 AktG). Schließlich wurde im Bereich der Organhaftung die bereits vom Reichsgericht entwickelte Beweislastumkehr kodifiziert (§ 99 i.V.m. § 84 Abs. 2 AktG 1937, vgl. heute § 93 Abs. 2 Satz 2 AktG)[111].

3. Bestätigung und Weiterentwicklung durch das Aktiengesetz von 1965

a) Beibehaltung der Grundkonzeption von 1937

Nach 1945 setzte eine Debatte um die „Entnazifizierung des Aktienrechts" ein. In diesem Zusammenhang wurde auch die Forderung erhoben, die unter dem Einfluss des „Führerprinzips" vorgenommene Stärkung des Vorstands zurückzunehmen und zu der Organisationsverfassung von vor 1937 zurückzukehren[112]. Auch das Geschäftsführungsverbot des Aufsichtsrats wurde wieder in Frage gestellt[113]. Auf das AktG 1965 hatte diese Kritik aber ebenso wenig Einfluss wie die in den 1950er

---

109 Von einer solchen Sondererlaubnis profitierte etwa der Vorstandssprecher der Deutsche Bank AG *Hermann-Josef Abs*, der in den 1950er und 1960er Jahren als Paradebeispiel einer extensiven Ämterhäufung galt; vgl. den Hinweis bei *Lutter* (Fn. 25), 8. Kap. Rn. 42 Fn. 80; ferner *Lieder* (Fn. 1), S. 435 mit Fn. 167.
110 Damit sollte Minderheitsaktionären, nicht zuletzt der öffentlichen Hand in gemischtwirtschaftlichen Unternehmen, eine gesicherte Repräsentanz im Aufsichtsrat ermöglicht werden, ohne zugleich die Wahlfreiheit der Hauptversammlung zu sehr einzuschränken. Zu den Hintergründen *Schlegelberger/Quassowski/Herbig/Geßler/Hefermehl* (Fn. 97), § 88 Rz. 1 ff.
111 Amtl. Begr. zu § 84 bei Klausing (Fn. 80), S. 71; zuvor RGZ 98, 98, 100 (zur GmbH); *Pinner* in Staub, HGB, 14. Aufl. 1933, § 249 Anm. 1 i.V.m. § 241 Anm. 2.
112 *W. Koch* in Die Neugestaltung des Aktienrechts und Umgründung einer o.H.G. in eine Kapitalgesellschaft, 1948, S. 7, 15 ff.; *Heintze* in in Die Neugestaltung des Aktienrechts und Umgründung einer o.H.G. in eine Kapitalgesellschaft, 1948, S. 46, 57 f.; in Bezug auf die Hauptversammlung auch *J. v. Gierke*, ZHR 111 (1948), 39, 48 f.
113 Für Aufhebung des § 95 Abs. 5 Satz 1 AktG 1937 *W. Koch* (Fn. 112), S. 7, 19; ihm folgend *Heintze* (Fn. 112), S. 46, 57 f.; dagegen jedoch Studienkommission des Deutschen Juristentags, Teil I, 1955, S. 77.

Jahren wieder aufkommende Diskussion, ob man dem internationalen Trend folgend zu einem monistischen System übergehen sollte[114].

Vielmehr setzte sich der Standpunkt durch, dass sich die 1937 etablierte Organisationsverfassung bewährt habe[115]. In den Beratungen im Bundesjustizministerium zur Vorbereitung des neuen Aktiengesetzes, auf die insbesondere *Ernst Geßler* prägenden Einfluss hatte[116], wurde zwar erwogen, das Geschäftsführungsverbot aufzuheben und Weisungen des Aufsichtsrats in Fragen der Geschäftsführung wieder zuzulassen. Dies wurde jedoch abgelehnt, da der Aufsichtsrat bei der Erteilung von Weisungen selbst zum Geschäftsführer werde und es bedenklich sei, einem Organ ein Weisungsrecht einzuräumen, das selbst keiner oder nur einer beschränkten Überwachung unterliegt[117]. Dementsprechend wurde auch gegen die Übernahme des *board*-Systems – wie schon früher – angeführt, dass die Existenz eines gesonderten Überwachungsorgans eine effektivere Kontrolle der Geschäftsführung verspreche als im monistischen System[118]. Zudem wurde darauf verwiesen, dass sich auch im *board*-System eine Aufteilung in geschäftsführende und nur beratende und überwachende Mitglieder herausgebildet habe, woran sich zeige, dass die Zweiteilung nach deutschem Recht sachlich bedingt und notwendig sei[119]. Daneben wurde in den internen Beratungen des Ministeriums (nicht in den offiziellen Begründungen des Referenten- und Regierungsentwurfs) noch ein weiterer Aspekt betont, der in den früheren Diskussionen um eine mögliche Übernahme der *board*-Verfassung noch keine Rolle gespielt hatte: die Mitbestimmung der Arbeitnehmer. Die Anfänge der Arbeitnehmermitbestimmung im Aufsichtsrat reichen zwar bis zum Betriebsrätegesetz von 1920 zurück[120]; doch bezog sie sich anfangs auf

---

114 In diese Richtung etwa *Potthoff*, ZfhwF N.F. 2 (1950), S. 340, 342; aufgeschlossen auch *Heintze* (Fn. 113), S. 46, 58; später *Wiethölter*, Interessen und Organisation der Aktiengesellschaft im amerikanischen und deutschen Recht, 1961, S. 297 ff.; gegen Übernahme des *board*-Systems aber Studienkommission des Deutschen Juristentags (Fn. 113), S. 76. Eingehende Darstellung der Diskussion im Vorfeld des AktG 1965 bei *Bahrenfuss* (Fn. 81), S. 662 ff.
115 Begr. RegE AktG 1965 bei Kropff (Fn. 95), S. 95.
116 *Geßler*, der auch schon an der Reform von 1937 beteiligt war, zeichnete als zuständiger Referatsleiter (1949–1954), Unterabteilungsleiter (1954–1963) und anschließend Abteilungsleiter für die Reform verantwortlich; näher *Bahrenfuss* (Fn. 81), S. 100 ff. Schon im zeitgenössischen Schrifttum wurde er als „geistiger Vater" des neuen Aktiengesetzes bezeichnet; *Möhring*, NJW 1966, 1; ebenso im Rückblick *Kropff* in Bayer/Habersack, Aktienrecht im Wandel, Bd. 1, 2007, 16. Kap. Rn. 126.
117 So schon ein behördeninterner Vermerk von *Geßler* aus dem Jahr 1951, wiedergegeben bei *Bahrenfuss* (Fn. 81), S. 669.
118 Eingehend dazu und zum Folgenden *Bahrenfuss* (Fn. 81), S. 670 ff., auf Grundlage einer detaillierten Auswertung der Akten des Ministeriums.
119 Begr. RegE AktG 1965 bei Kropff (Fn. 95), S. 95.
120 § 70 Betriebsrätegesetz vom 4.2.1920, RGBl. I, S. 147. Näher zur Entwicklung der Arbeitnehmermitbestimmung im Aufsichtsrat *Teichmann* (in diesem Band).

höchstens zwei Mandate, was bei der meist hohen Zahl von Aufsichtsratsmitgliedern nicht sonderlich ins Gewicht fiel[121]. Die Intensität der Mitbestimmung änderte sich jedoch entscheidend, als 1951 für den Bereich der Montanindustrie die paritätische Mitbestimmung[122] und 1952 für alle übrigen Aktiengesellschaften die Drittel-Mitbestimmung eingeführt wurde[123]. Unter diesen Gegebenheiten wäre mit dem Übergang zum monistischen System und der Verlagerung der Mitbestimmung in den Verwaltungsrat eine erhebliche Ausdehnung der Mitbestimmung verbunden gewesen, die absehbar auf Widerstand der Wirtschaft gestoßen wäre. Dieser Zusammenhang wurde im Ministerium früh erkannt[124].

Im Rückblick mag man sich fragen, warum man nicht wenigstens erwogen hat, den Aktiengesellschaften ein Wahlrecht zwischen dem dualistischen und dem monistischen System zu eröffnen, wie es in neuerer Zeit nach dem Vorbild der SE und ausländischer Aktienrechte vielfach gefordert wird[125]. Diese Frage wurde im Vorfeld des AktG 1965 noch nicht diskutiert. Ein solches Optionsmodell war damals auch aus dem Ausland noch nicht bekannt; in Frankreich als Vorreiter wurde es 1966 eingeführt[126], in vielen anderen Ländern erst in den 2000er Jahren, angeregt durch die SE-VO[127]. Zudem ist zu bedenken, dass die Wahl einer monistischen Verfassung praktisch nur für nicht mitbestimmte Gesellschaften von Interesse ist. Bei Inkrafttreten des AktG 1965 verhielt es sich aber noch so, dass nahezu alle Aktiengesellschaften der Mitbestimmung unterlagen. Aktiengesellschaften mit weniger als 500 Arbeitnehmern waren nur mitbestimmungsfrei, wenn es sich um Familiengesellschaften handelte (§ 76 Abs. 6 BetrVG 1952); die allgemeine Schwelle von 500 Arbeitnehmern wurde erst 1994 eingeführt[128].

---

121 Näher dazu *Lutter* (Fn. 25), 8. Kap. Rn. 12.
122 Gesetz über die Mitbestimmung der Arbeitnehmer in den Aufsichtsräten und Vorständen der Unternehmen des Bergbaus und der Eisen und Stahl erzeugenden Industrie (MontanMitbestG) v. 21.5.1951, BGBl. I, S. 347. Vorausgegangen war eine entsprechende Praxis unter der britischen Militärverwaltung; *Lutter* (Fn. 25), 8. Kap. Rn. 56.
123 § 76 Betriebsverfassungsgesetz (BetrVG 1952) vom 11.10.1952, BGBl. I, S. 681.
124 S. die Auswertung von *Bahrenfuss* (Fn. 81), S. 670, 671 f., 673.
125 S. dazu noch unter III. 4. b).
126 Dazu *Hopt/Leyens*, ECFR 2004, 135, 156.
127 Überblick bei *Hopt*, ZHR 175 (2011), 444, 469.
128 Art. 2 des Gesetzes für kleine Aktiengesellschaften und zur Deregulierung des Aktienrechts vom 2.8.1994, BGBl. I, S. 1961.

b) Stärkung der präventiven Dimension der Überwachung

Auch wenn das Kompetenzgefüge von 1937 im AktG 1965 im Grundsatz unverändert blieb, gab es doch eine auf den ersten Blick unscheinbare, aber wesentliche Neuerung, die sich für die weitere Entwicklung des Aufsichtsratsrechts als wegweisend erweisen sollte. In dem Bestreben, die Kontrolle des Aufsichtsrats zu stärken und zu einer „Aktivierung" der Arbeit des Aufsichtsrats beizutragen[129], wurden die Berichtspflichten des Vorstands gegenüber dem Aufsichtsrat dahin erweitert, dass der Vorstand nicht nur retrospektiv über den Gang der Geschäfte und die Lage der Gesellschaft zu berichten hat, sondern auch zukunftsgerichtet über die „beabsichtigte Geschäftspolitik und andere grundsätzliche Fragen der künftigen Geschäftsführung" (§ 90 Abs. 1 Satz 1 Nr. 1 AktG 1965). Zudem wurde vorgesehen, dass die Berichterstattung über Geschäfte von erheblicher Bedeutung möglichst so rechtzeitig erfolgen muss, dass der Aufsichtsrat bereits „vor Vornahme der Geschäfte" zu ihnen Stellung nehmen kann (§ 90 Abs. 2 Nr. 4 AktG). Die Begründung des Regierungsentwurfs vermerkt dazu, diese zukunftsgerichtete Berichterstattung sei

> „vor allem deshalb zweckmäßig, weil der Aufsichtsrat nicht beschränkt ist, nachträglich zu den vom Vorstand eingegangenen Geschäften Stellung zu nehmen, sondern seine Überwachung schon vor der Ausführung der vom Vorstand beabsichtigten Maßnahmen einsetzen kann."[130]

Mit dieser Neuerung hat der Gesetzgeber des AktG 1965 die präventive Komponente der Überwachung durch den Aufsichtsrat gestärkt, die in dem modernen Rollenverständnis des Aufsichtsrats eine zentrale Rolle spielt[131]. In der Hervorhebung dieser präventiven Funktion liegt zugleich eine Annäherung an das *board*-System, da eine zukunftsgerichtete Kontrolle – wie der BGH später ausgesprochen hat – wirksam nur durch laufende Beratung des Vorstands ausgeübt werden kann[132] und damit eine enge Interaktion zwischen Vorstand und Aufsichtsrat bedingt. Eben darin, in einer besseren Zusammenarbeit zwischen geschäftsführenden und

---

129 Begr. RegE AktG 1965 bei Kropff (Fn. 95), S. 15.
130 Begr. RegE AktG 1965 bei Kropff (Fn. 95), S. 116. In den Beratungen des Rechtsausschusses war diese präventive Dimension der Überwachung nicht unumstritten. Die Kritiker fürchteten einen Eingriff in die Geschäftsführungskompetenz des Vorstands, konnten sich aber mit ihrer ablehnenden Haltung nicht durchsetzen; s. *Bahrenfuss* (Fn. 81), S. 686.
131 Zu Recht herausgestellt auch von *Lieder* (Fn. 1), S. 456, 795 f.
132 BGHZ 114, 127, 129 f. = NJW 1991, 1830 (s. dazu noch unter III. 2. a); seither ständige Rechtsprechung, aus jüngerer Zeit etwa BGHZ 218, 122 = NZG 2018, 629 Rn. 17.

überwachenden Organwaltern, hatte man im Rahmen der vorbereitenden Arbeiten im Ministerium den eigentlichen Vorteil des *board*-Systems erkannt[133].

c) Weitere Änderungen

Die intensive Reformdiskussion im Vorfeld des AktG 1965 führte noch zu weiteren Änderungen betreffend den Aufsichtsrat, die aber eher den Charakter einer behutsamen Fortentwicklung und Verfeinerung des Regelwerks hatten, als grundlegend Neues zu bringen[134]. So wurden in Reaktion auf die zwischenzeitlich erlassenen Mitbestimmungsgesetze (s. o. II. 3. a) die Vorschriften über die Größe und Zusammensetzung des Aufsichtsrats angepasst (§§ 95 f. AktG 1965) und das Statusverfahren zur Klärung der Zusammensetzung des Aufsichtsrats eingeführt (§§ 97–99 AktG 1965). Auch die gerichtliche Abberufung von Aufsichtsratsmitgliedern wurde erstmals geregelt (§ 103 Abs. 3 AktG 1965). Die Bestimmung zur Ämterhäufung wurde nach kontroverser Diskussion[135] dahin verschärft, dass die Obergrenze von zehn Aufsichtsratsmandaten nicht mehr mit ministerieller Genehmigung überschritten werden konnte (§ 100 Abs. 2 Satz 1 Nr. 1 AktG). Im Gegenzug wurde vorgesehen, dass bis zu fünf Aufsichtsratsmandate in Konzerngesellschaften nicht angerechnet werden (§ 100 Abs. 2 Satz 2 AktG). Auch die Vorschriften über die persönlichen Voraussetzungen der Aufsichtsratsmitglieder (Vermeidung von Überkreuzverflechtungen, Inkompatibilitäten) wurden weiter verfeinert (§ 100 Abs. 2 Satz 2 Nr. 2–3, 105 AktG). Daneben wurde die innere Ordnung des Aufsichtsrats näher ausgestaltet (Protokollierungspflicht, § 107 Abs. 2 AktG 1965; Verbot der Delegation bestimmter Entscheidungen auf Ausschüsse, § 107 Abs. 3 Satz 2 AktG 1965). Neu eingeführt wurde ferner die Regelung, dass der Vorstand bei einem Zustimmungsvorbehalt des Aufsichtsrats im Fall der verweigerten Zustimmung die Hauptversammlung anrufen und diese mit Dreiviertelmehrheit das Veto des Aufsichtsrats überspielen kann (§ 111 Abs. 4 Sätze 3–5 AktG)[136]. Zudem wurden für Dienst- und Werkverträge (insbesondere Beratungsverträge) mit Aufsichtsratsmitgliedern sowie für Kreditvergaben an diese neue Zustimmungsvorbehalte zugunsten des Aufsichtsrats eingeführt (§§ 114 f. AktG 1965). Moderat ausgebaut wurde

---

133 *Bahrenfuss* (Fn. 81), S. 672 f., 688.
134 Ebenso *Lutter* (Fn. 25), 8. Kap. Rn. 64, 79: nur „Randkorrekturen".
135 Näher dazu *Lieder* (Fn. 1), S. 432 ff.
136 Die Frage war zuvor umstritten; die überwiegende Ansicht hielt einen Hauptversammlungsbeschluss mit einfacher Mehrheit für zulässig. Mit dem Erfordernis einer qualifizierten Mehrheit stärkte die neue Regelung somit im Ergebnis den Aufsichtsrat; Begr. RegE AktG 1965 bei Kropff (Fn. 95), S. 155.

schließlich auch die Berichterstattung des Aufsichtsrats an die Hauptversammlung (§ 171 Abs. 2 AktG 1965).

4. Zwischenfazit

Mit der Einführung eines obligatorischen Aufsichtsrats (1870) und der zwingenden personellen Trennung zwischen Vorstand und Aufsichtsrat (1884) hat zwar schon der Gesetzgeber des 19. Jahrhunderts den Grundstein für das dualistische System gelegt. Konsequent durchgeführt wurde die Trennung von Leitung und Kontrolle aber erst im AktG 1937 durch Einführung des Geschäftsführungsverbots für den Aufsichtsrat. Erst dadurch wurde der früheren Praxis, den Aufsichtsrat wie einen Verwaltungsrat als Oberleitungsorgan auszugestalten, ein Riegel vorgeschoben. Diese entscheidende Kurskorrektur wurde zwar zeitbedingt ideologisch in Verbindung mit dem „Führerprinzip" gebracht (Vorstand bzw. sein Vorsitzender als „Führer" der AG, der nicht der Oberleitung durch den Aufsichtsrat unterstehen soll), aber von Anfang an auch und gerade damit begründet, dass eine Ausgestaltung des Aufsichtsrats als Oberleitungsorgan zulasten der Überwachungsfunktion gehen würde. Der Gesetzgeber des AktG 1965 hat die vorgefundene Organisationsverfassung sodann im Kern bestätigt und sie vor allem insofern erheblich weiterentwickelt, als er durch die Einführung zukunftsgerichteter Berichtspflichten die präventive Dimension der Überwachungsaufgabe deutlich gemacht hat.

Begleitet wurde dieser Entwicklungsprozess durch eine schon kurz nach 1870 einsetzende und später immer wieder aufflammende intensive Reformdiskussion, die zu einer zunehmenden Verfeinerung des Aufsichtsratsrechts beigetragen hat. Zu verschiedenen Zeiten wurde wiederholt auch der Vorschlag diskutiert, zum monistischen System überzugehen; ihm wurde jedoch stets eine Absage erteilt, im Vorfeld des AktG 1965 nicht zuletzt aus mitbestimmungsrechtlichen Gründen. Die Möglichkeit eines Wahlrechts zwischen monistischem und dualistischem System wurde dagegen noch nicht erwogen.

III. Entwicklungslinien unter Geltung des Aktiengesetzes von 1965

1. Auswirkungen des Mitbestimmungsgesetzes 1976

Bis in die 1990er Jahre blieb das geschriebene Aufsichtsratsrecht des AktG 1965 im Wesentlichen unverändert. Eine sehr bedeutsame Änderung ergab sich aber außerhalb des AktG durch das MitbestG 1976, das die paritätische Mitbestimmung auch für alle nicht der Montanmitbestimmung unterfallenden Kapitalgesellschaften mit mehr als 2.000 Arbeitnehmern einführte[137]. Diese weitreichende Ausdehnung der Mitbestimmung hatte für die Aufsichtsratspraxis u.a. zur Folge, dass die Zustimmungskataloge nach § 111 Abs. 4 Satz 2 AktG in den betroffenen Gesellschaften erheblich ausgedünnt oder gar ganz aufgehoben wurden[138], um den Einfluss der Arbeitnehmerseite im Aufsichtsrat abzuschwächen. Die Bundesvereinigung der Arbeitgeberverbände empfahl ihren Mitgliedern ausdrücklich, von Zustimmungsvorbehalten nur noch zurückhaltend Gebrauch zu machen[139]. So kam es, dass 1980 nur knapp zwei Drittel der mitbestimmten Aktiengesellschaften überhaupt über einen Katalog zustimmungspflichtiger Geschäfte verfügten[140]. Die Forderung der Gewerkschaften, auf diese Entwicklung mit der Einführung eines gesetzlichen Mindestkatalogs zustimmungspflichtiger Geschäfte zu reagieren[141], fand beim Gesetzgeber kein Gehör. Einen gesetzlichen Anstoß zur Reaktivierung der Zustimmungsvorbehalte sollte erst das TransPuG 2002 geben (s.u. III. 2. b aa).

In der Entwicklung des Aufsichtsratsrechts war damit ein Punkt erreicht, in dem sich der Aufsichtsrat von der Geschäftsführung vergleichsweise weit entfernt hatte. Auch wenn das AktG 1937 das Geschäftsführungsverbot des Aufsichtsrats eingeführt und das AktG 1965 diese Entscheidung bekräftigt hatte, waren doch beide Gesetze bestrebt gewesen, den Aufsichtsrat im Interesse einer effektiven Überwachung nicht zu weit von der Geschäftsführung zu entfernen, wozu neben den Berichtspflichten des Vorstands gerade auch die Zustimmungsvorbehalte dienen

---

[137] Gesetz über die Mitbestimmung der Arbeitnehmer v. 4.5.1976, BGBl. I, S. 1153. Zur Diskussion der Mitbestimmungsfrage eingehend *Teichmann* (in diesem Band); speziell zur Entstehung des MitbestG 1976 *Nörr*, Die Republik der Wirtschaft – Recht, Wirtschaft und Staat in der Geschichte Westdeutschlands, Teil II: Von der sozial-liberalen Koalition bis zur Wiedervereinigung, 2007, S. 142 ff.

[138] Empirische Angaben dazu bei *Köstler/Räbiger*, Das Mitbestimmungsgespräch 1978, 263, 267; *Steinmann/Gehrum*, AG 1980, 1, 4 ff.; *Girgensohn*, DB 1980, 337; einschränkend *Ulmer*, Die Anpassung der Satzungen mitbestimmter Aktiengesellschaften an das MitbestG 1976, 1980, S. 18 (aber nur bezogen auf in der Satzung enthaltene Zustimmungsvorbehalte, d.h. ohne Einbeziehung der Geschäftordnungen).

[139] Empfehlung der BDA, Arbeitskreis Mitbestimmung, 1976, S. 16: „Es erscheint deshalb zweckmäßig, den Aufsichtsrat nicht mehr, als unter Berücksichtigung der jeweils konkreten unternehmensindividuellen Gegebenheiten für unbedingt notwendig erachtet wird, mit formellen Zustimmungsvorbehalten zu belasten."

[140] *Steinmann/Gehrum*, AG 1980, 1, 6.

[141] Eine solche Regelung war in dem vom Deutschen Gewerkschaftsbund vorgelegten Entwurf eines Gesetzes über die Mitbestimmung der Arbeitnehmer in Großunternehmen und Großkonzernen vom Oktober 1982 vorgesehen (abgedruckt in AG 1982, R283, dort § 6); näher und kritisch dazu *Schwark*, AG 1983, 303, insbes. 308 f.

sollten. Nun war das Instrument des Zustimmungsvorbehalts nicht unerheblich entwertet.

2. Aufgaben- und Bedeutungszuwachs für den Aufsichtsrat seit den 1990er Jahren

Indes sollte sich das Pendel der Rechtsentwicklung schon bald wieder in die andere Richtung bewegen und den Aufsichtsrat wieder näher an die Geschäftsführung heranführen.

a) Rechtsprechung zur Beratungsaufgabe und zur Verfolgungspflicht

Einen ersten wichtigen Anstoß in diese Richtung gab nicht der Gesetzgeber, sondern eine Entscheidung des BGH aus dem Jahr 1991. Darin betonte der II. Zivilsenat unmissverständlich den auch zukunftsgerichteten Charakter des Überwachungsauftrags und leitete daraus die Pflicht des Aufsichtsrats ab, den Vorstand in grundsätzlichen Fragen der Geschäftspolitik laufend zu beraten[142]:

> „Diese Kontrolle [scil. die Überwachung nach § 111 Abs. 1 AktG] bezieht sich nicht nur auf abgeschlossene Sachverhalte, sondern erstreckt sich auch auf grundsätzliche Fragen der künftigen Geschäftspolitik (...). Eine so verstandene Kontrolle kann wirksam nur durch ständige Diskussion mit dem Vorstand und insofern nur durch laufende Beratung ausgeübt werden; die Beratung ist deshalb das vorrangige Mittel der in die Zukunft gerichteten Kontrolle des Vorstands."

Vorausgegangen waren Vorarbeiten des Schrifttums, welche die präventive Dimension des Überwachungsauftrags und das daraus folgende Beratungsmandat aus den zukunftsgerichteten Berichtspflichten des Vorstands gegenüber dem Aufsichtsrat (insbes. § 90 Abs. 1 Satz 1 Nr. 1, Abs. 2 Nr. 4 AktG) entwickelt hatten[143]. Heute ist die so verstandene Beratungsaufgabe – Beratung als präventive Überwachung – auch im Schrifttum ganz überwiegend anerkannt[144].

---

[142] BGHZ 114, 127, 129 f. = NJW 1991, 1830 – Deutscher Herold; seither ständige Rechtsprechung, aus jüngerer Zeit etwa BGHZ 218, 122 = NZG 2018, 629 Rn. 17.
[143] BGHZ 114, 127, 130 = NJW 1991, 1830 verweist u. a. auf *Lutter*, Information und Vertraulichkeit im Aufsichtsrat, 2. Aufl. 1984, S. 6, und *Geßler* in Geßler/Hefermehl/Eckardt/Kropff, AktG, 1974, § 111 Rn. 36.
[144] *Habersack* (Fn. 104), § 111 Rn. 12, 50; *Hopt/Roth* in GroßkommAktG, 5. Aufl. 2019, § 111 Rn. 47 ff.; *Lutter/Krieger/Verse* (Fn. 3), Rn. 103 ff.; jeweils m.w.N.; kritisch *Theisen*, AG 1995, 193, 199 f.

Einen weiteren Meilenstein in der Entwicklung, den Aufsichtsrat wieder stärker zu aktivieren, setzte das berühmte „ARAG/Garmenbeck"-Urteil aus dem Jahr 1997, dieses Mal allerdings in Bezug auf die vergangenheitsbezogene Kontrolle[145]. Die Kernaussage des Urteils, dass der Aufsichtsrat das Bestehen von möglichen Organhaftungsansprüchen gegen Vorstandsmitglieder prüfen und, sofern der Anspruch voraussichtlich besteht, diesen in der Regel auch geltend machen muss, hat – neben der zunehmenden Verbreitung von D&O-Versicherungen – zweifellos dazu beigetragen, dass sich die Aufsichtsräte mit der Frage der Verfolgung von Organhaftungsansprüchen heute viel intensiver beschäftigen als früher[146]. Dies gilt ungeachtet der im neueren Schrifttum verbreiteten Tendenz, die in dem Urteil entwickelte Regelverfolgungspflicht durch Anerkennung von (in den Entscheidungsgründen nicht angelegten) weiten Beurteilungsspielräumen des Aufsichtsrats aufzuweichen[147]. Wurde früher eine Verfolgungsapathie beklagt[148], wird inzwischen darauf hingewiesen, dass der Zeit- und Kostenaufwand, den die Aufsichtsräte nicht zuletzt zur eigenen Absicherung auf die Prüfung möglicher Ersatzansprüche und die Einholung entsprechender Gutachten verwenden, in einem angemessenen Verhältnis zu dem Anlass der Prüfung stehen muss und es auch ein „Zuviel" an Überwachung geben kann[149].

b) Die „Aktienrechtsreform in Permanenz" und ihre Auswirkungen auf den Aufsichtsrat

Im Zuge der seit den 1990er Jahren aufkommenden Corporate-Governance-Diskussion[150] und in dem Bestreben, angesichts der zunehmenden Internationalisierung der Finanzmärkte und des Aktionariats mit internationalen Corporate-Governance-Standards Schritt zu halten, schlug sich das Anliegen, dass der Aufsichtsrat „revitalisiert und als effektives und qualifiziertes Kontrollgremium mo-

---

[145] BGHZ 135, 244 = NJW 1997, 1926. Aus der Fülle des Schrifttums zu dieser Entscheidung besonders lesenswert *J. Koch* in Fleischer/Thiessen, Gesellschaftsrechts-Geschichten, 2018, S. 471 ff.
[146] Statt vieler *J. Koch*, AktG, 17. Aufl. 2023, § 93 Rn. 2; *Krieger/U.H. Schneider* in Hdb. Managerhaftung, 4. Aufl. 2023, Rn. 1.26.
[147] Dazu insbes. *J. Koch*, NZG 2014, 934 („schleichende Erosion der Verfolgungspflicht"); *ders.* (Fn. 145), S. 471, 481 ff.
[148] S. etwa *Baums*, Gutachten F in Verhandlungen des 63. DJT, Bd. I, 2000, S. F 246 (Organhaftung bis zum KonTraG „weitgehend nur auf dem Papier").
[149] Zum Umgang mit einem „Übereifer in der Überwachung" namentlich *J. Koch*, ZHR 180 (2016), 578, 585 ff.
[150] Zu den Ursprüngen der internationalen Corporate-Governance-Debatte *Hopt/Roth* (Fn. 144), § 95 Rn. 17 ff.

bilisiert" werden muss[151], zunehmend auch in der Gesetzgebung nieder. Es folgte eine Fülle von kleineren Reformgesetzen, die (auch) den Aufsichtsrat zum Gegenstand hatten: KonTraG, TransPuG, BilMoG, VorstAG, AReG, ARUG II, FüPoG I und II und FISG haben den gesetzlichen Rahmen für den Aufsichtsrat Schritt für Schritt weiterentwickelt[152].

aa) Ausdehnung der Aufgaben des Aufsichtsrats

Diese vielzitierte „Aktienrechtsreform in Permanenz"[153] hat vor allem dazu geführt, dass der Gesetzgeber (z.T. aufgrund europäischer Vorgaben) dem Aufsichtsrat eine Reihe von zusätzlichen Aufgaben übertragen hat. Dies gilt nicht nur, aber in besonderem Maße für börsennotierte Gesellschaften. Gemeinsam mit den beiden genannten BGH-Entscheidungen zur Beratungs- und Verfolgungspflicht haben die Reformen seit den 1990er Jahren die Aufgaben des Aufsichtsrats insgesamt ganz erheblich – in den Worten von *Marcus Lutter* „geradezu dramatisch"[154] – erweitert. Im Folgenden seien nur die wichtigsten Neuerungen in Erinnerung gerufen:

– Die präventive Komponente der Überwachung wurde dadurch gestärkt, dass der Aufsichtsrat seit dem TransPuG[155] verpflichtet ist, einen *Katalog von Zustimmungsvorbehalten* aufzustellen, wenn die Satzung (wie in der Regel) dazu schweigt, § 111 Abs. 4 Satz 2 AktG[156]. Der nach dem MitbestG 1976 zu beobachtenden Ausdünnung der Zustimmungskataloge (s.o. III. 1 a) wurde damit offenbar wirksam begegnet[157]. Das ARUG II[158] hat zudem in börsennotierten Gesellschaften einen gesetzlichen Zustimmungsvorbehalt für *Geschäfte mit nahestehenden Personen* eingeführt (§ 111b AktG), der wegen der hohen Auf-

---

151 So der seinerzeit zuständige Referatsleiter im Bundesministerium der Justiz *Seibert*, AG 2002, 417, 419.
152 S. den Überblick bei *Lutter/Krieger/Verse* (Fn. 3), Rn. 44 ff.; zum FISG etwa *M. Roth*, NZG 2022, 53.
153 Der Begriff geht zurück auf *Zöllner*, AG 1994, 336. Mit der ab Mitte der 1990er Jahre einsetzenden Welle von kleineren Aktienrechtsnovellen in Zusammenhang gebracht hat ihn, soweit ersichtlich, erstmals *Seibert*, AG 2002, 417.
154 *Lutter/Krieger/Verse* (Fn. 3), Rn. 58; ähnlich schon *Lutter*, DB 2009, 775; zum Bedeutungszuwachs des Aufsichtsrats seit den 1990er Jahren auch *Hopt*, ZGR 2019, 507, 512 ff.
155 Gesetz zur weiteren Reform des Aktien- und Bilanzrechts, zu Transparenz und Publizität v. 19.7. 2002, BGBl. I, S. 2681.
156 Der Gesetzgeber folgte damit einer Empfehlung in dem Bericht der Regierungskommission Corporate Governance, 2001, Rn. 34.
157 Näher dazu *Habersack*, NZG 2020, 881, 883. Nach *Hoffmann/Preu*, Der Aufsichtsrat, 5. Aufl. 2002, hatte die Corporate-Governance-Diskussion schon in den letzten Jahren vor dem TransPuG zu einer „Renaissance der Zustimmungsvorbehalte" geführt.
158 Gesetz zur Umsetzung der zweiten Aktionärsrechterichtlinie v. 12.12.2019, BGBl. I, S. 2637.

greifschwelle (1,5 % des Anlage- und Umlaufvermögens) allerdings nur einen schmalen Anwendungsbereich hat.
- In vielfacher Hinsicht weiterentwickelt wurde die *Interaktion zwischen Aufsichtsrat und Abschlussprüfer.* Seit dem KonTraG[159] wird der Prüfungsauftrag nicht mehr vom Vorstand, sondern vom Aufsichtsrat erteilt (§ 111 Abs. 2 Satz 3 AktG); der Aufsichtsrat ist (wieder) unmittelbarer Adressat der Prüfungsberichte (§ 321 Abs. 5 Satz 2 HGB)[160], die Einsichtnahme und Übermittlung der Prüfungsberichte durch bzw. an die einzelnen Aufsichtsratsmitglieder ist eigens geregelt (§ 170 Abs. 3 AktG), und die Teilnahme des Abschlussprüfers an der Bilanzsitzung des Aufsichtsrats ist zwingend vorgeschrieben (§ 171 Abs. 1 Satz 2 AktG). Das BilMoG[161] hat die Vorgabe hinzugefügt, dass sich der Aufsichtsrat bzw. sein Prüfungsausschuss mit der Überwachung der Abschlussprüfung zu befassen hat, insbesondere mit der Auswahl des der Hauptversammlung vorzuschlagenden Prüfers, seiner Unabhängigkeit, der Qualität der Abschlussprüfung und der von dem Prüfer zusätzlich erbrachten Leistungen (§ 107 Abs. 3 Satz 2 AktG)[162]. Weitergehende und präzisere Vorgaben zur Auswahl des Abschlussprüfers und zur Überwachung der Unabhängigkeit sind für Unternehmen von öffentlichem Interesse seit einigen Jahren in der europäischen Abschlussprüferverordnung[163] geregelt.
- Daneben wurden dem Aufsichtsrat verschiedene gänzlich neue Aufgaben zugewiesen. Dazu zählt die Mitwirkung an der *Entsprechenserklärung* zum Kodex (in börsennotierten und bestimmten gleichgestellten Gesellschaften, § 161 AktG)[164], ferner die *Förderung der Geschlechtergerechtigkeit* in Vorstand und Aufsichtsrat (in börsennotierten oder mitbestimmten Gesellschaften, § 111 Abs. 5 AktG)[165]. Gleiches gilt für die Prüfung der *Nachhaltigkeitsberichterstat-*

---

[159] Gesetz zur Kontrolle und Transparenz im Unternehmensbereich v. 27.4.1998, BGBl. I 1998, S. 786.
[160] Zur früheren Rechtslage oben Fn. 71.
[161] Gesetz zur Modernisierung des Bilanzrechts v. 25.5.2009, BGBl. I, S. 1102.
[162] Eingehend zu den daraus folgenden Anforderungen an den Aufsichtsrat *Gundel*, Die Qualität der Abschlussprüfung, 2021, S. 268 ff.
[163] Verordnung (EU) Nr. 537/2014 des Europäischen Parlaments und des Rates v. 16.4.2014 über spezifische Anforderungen an die Abschlussprüfung bei Unternehmen von öffentlichem Interesse und zur Aufhebung des Beschlusses 2005/909/EG der Kommission, ABl. L 158, S. 77.
[164] Eingeführt durch das TransPuG 2002 (Fn. 155).
[165] Eingeführt durch das FüPoG I (Gesetz für die gleichberechtigte Teilhabe von Frauen und Männern an Führungspositionen in der Privatwirtschaft und im öffentlichen Dienst v. 24.4.2015, BGBl. I, S. 642) und neu gefasst durch das FüPoG II (Gesetz zur Ergänzung und Änderung der Regelungen für die gleichberechtigte Teilhabe von Frauen an Führungspositionen in der Privatwirtschaft und im öffentlichen Dienst v. 7.8.2021, BGBl. I, S. 3311).

tung (§ 171 Abs. 1 Satz 4 AktG)[166] und des neuen Ertragsteuerinformationsberichts (§ 171 Abs. 1 Satz 5 AktG)[167].
- Besonders eingehend neu geregelt wurden die vom Aufsichtsrat zu beachtenden Maßgaben für die *Vorstandsvergütung* in börsennotierten Gesellschaften. Seit dem VorstAG[168] ist der Aufsichtsrat verpflichtet, die Vergütungsstruktur in diesen Gesellschaften auf eine „nachhaltige" Entwicklung der Gesellschaft auszurichten (§ 87 Abs. 1 Satz 2 AktG), was zunächst allein im Sinne von langfristig verstanden wurde[169]. Seitdem das ARUG II hinzugefügt hat, dass die Vergütungsstruktur auf eine „nachhaltige und langfristige" Entwicklung auszurichten ist, steht allerdings fest, dass der Aufsichtsrat „bei der Wahl der Vergütungsanreize auch soziale und ökologische Gesichtspunkte in den Blick zu nehmen hat."[170] Zudem hat der Aufsichtsrat seit dem ARUG II ein Vergütungssystem zu beschließen, das dem detaillierten Mindestinhalt des § 87a AktG genügen muss und mindestens alle vier Jahre der Hauptversammlung zur Billigung vorzulegen ist (§ 120a Abs. 1 AktG). Ferner muss der Aufsichtsrat gemeinsam mit dem Vorstand einen jährlichen Bericht über die Vergütung der Vorstands- und Aufsichtsratsmitglieder erstellen (§ 162 AktG), der ebenfalls der Hauptversammlung vorzulegen ist (§ 120a Abs. 4 AktG). Bei der Ausarbeitung des Systems und dessen Anwendung soll der Aufsichtsrat überdies den nicht weniger als 16 (!) Kodexempfehlungen zur Vorstandsvergütung Rechnung tragen (Empf. G.1-G.16 DCGK). Diese überaus detailfreudige Regulierung[171] hat mit dazu beigetragen, dass die Vergütungssysteme heute von hoher Komplexität sind und der Aufsichtsrat zur Unterstützung auf den Rat externer Vergütungs- und Rechtsberater angewiesen ist.
- Wenn vom Aufgabenzuwachs des Aufsichtsrats die Rede ist, ist nicht zuletzt zu bedenken, dass sich mit jeder Erweiterung oder Komplexitätssteigerung der Vorstandsaufgaben indirekt auch die Anforderungen an die Überwachungs-

---

166 Eingeführt durch das CSR-Richtlinie-Umsetzungsgesetz v. 11.4.2017, BGBl. I, S. 802.
167 Eingeführt durch das Gesetz zur Umsetzung der Richtlinie (EU) 2021/2101 im Hinblick auf die Offenlegung von Ertragsteuerinformationen durch bestimmte Unternehmen und Zweigniederlassungen sowie zur Änderung des Verbraucherstreitbeilegungsgesetzes und des Pflichtversicherungsgesetzes v. 19.6.2023, BGBl. I, Nr. 154.
168 Gesetz zur Angemessenheit der Vorstandsvergütung v. 31.7.2009, BGBl. I, S. 2509.
169 *J. Koch* in Hüffer/Koch, 13. Aufl. 2018, § 87 Rn. 10 m.w.N.
170 Bericht des Rechtsausschusses, BT-Drucks. 19/15153, S. 55. Wie weit diese Vorgabe das Aufsichtsratsermessen einengt, ist allerdings im Einzelnen umstritten; großzügig etwa *Ch. Arnold/ Herzberg/Zeh*, AG 2021, 141 Rn. 2; *Seibt* in K. Schmidt/Lutter, AktG, 5. Aufl. 2024, § 87 Rn. 23 (keine Pflicht zur Festlegung von ESG-Zielen); strenger *Hommelhoff*, 2. FS Hopt, 2020, S. 467, 472 f., 475 f.; *Velte*, NZG 2020, 12, 14.
171 S. nur *J. Koch* (Fn. 146), § 87a Rn. 1: „legislative Hyperaktivität".

und Beratungsaufgabe des Aufsichtsrats erhöhen. Daher haben insbesondere auch die sich zunehmend verdichtenden *Organisations- und Systemeinrichtungspflichten*, für deren Einhaltung in erster Linie der Vorstand zu sorgen hat, erhebliche Rückwirkungen auf die Kontrollaufgaben des Aufsichtsrats. So hat der Aufsichtsrat heute auch zu überwachen, ob der Vorstand das Überwachungssystem zur Früherkennung bestandsgefährdender Risiken (§ 91 Abs. 2 AktG)[172], das interne Kontrollsystem und das Risikomanagementsystem in börsennotierten Gesellschaften (§ 91 Abs. 3 AktG)[173] und das Risikomanagement zur Einhaltung der Sorgfaltspflichten in der Lieferkette (§ 4 LkSG)[174] recht- und zweckmäßig eingerichtet und bei Bedarf nachjustiert hat. Gleiches gilt für die im Gesetz nicht ausdrücklich genannte Compliance-Organisation, deren Einrichtung inzwischen ebenfalls zu den anerkannten Vorstandspflichten zählt[175].

bb) Punktueller Ausbau der Kontrollinstrumente

Die Kontrollinstrumente, mit denen der Aufsichtsrat seinen gewachsenen Aufgaben nachkommen soll, blieben dagegen weitgehend unverändert. Immerhin kam es zu einzelnen Erweiterungen der Informationsrechte des Aufsichtsrats und seiner Mitglieder. So wurden die Berichtspflichten des Vorstands (§ 90 AktG) durch das TransPuG nachgeschärft (Pflicht zur Begründung von Planabweichungen, Berichterstattung in Textform, Ad-hoc-Berichte auch auf Verlangen eines einzelnen Aufsichtsratsmitglieds). In Reaktion auf den Wirecard-Skandal hat das FISG[176] darüber hinaus erstmals eine punktuelle Regelung zur vorstandsunabhängigen Information in das AktG aufgenommen. In Unternehmen von öffentlichem Interesse, mithin kapitalmarktorientierten Unternehmen, Kreditinstituten und Versicherungsunternehmen i.S. des § 316a Satz 2 HGB, kann nunmehr jedes Mitglied des Prüfungsausschusses über den Ausschussvorsitzenden Auskünfte unmittelbar, d.h. ohne Vermittlung durch den Vorstand, bei den Zentralbereichsleitern unterhalb des Vorstands einholen (§ 107 Abs. 4 Sätze 4–6 AktG). Ähnliche Direktinformationsrechte waren bisher nur im Bankaufsichtsrecht geregelt, dort aufgrund europäi-

---

172 Eingeführt durch das KonTraG (Fn. 159).
173 Eingeführt durch das Gesetz zur Stärkung der Finanzmarktintegrität (FISG) v. 10.6.2021, BGBl. I, S. 1534.
174 Eingeführt durch das Gesetz über die unternehmerischen Sorgfaltspflichten in Lieferketten v. 16.7.2021, BGBl. I, S. 2959.
175 Statt vieler *Fleischer* in BeckOGK AktG, Stand 1.10.2023, § 91 Rn. 62 mit zahlreichen Nachw., dort Rn. 56 auch zu der (wohl zu bejahenden) Frage, ob die Pflicht zur Einrichtung eines Compliance-Management-Systems in börsennotierten Gesellschaft nunmehr bereits aus § 91 Abs. 3 AktG folgt.
176 Gesetz zur Stärkung der Finanzmarktintegrität v. 10.6.2021, BGBl. I, S. 1534.

scher Vorgaben[177]. Die schon seit längerem umstrittene Frage, ob und wann auch der Aufsichtsrat als solcher unmittelbar auf Angestellte unterhalb des Vorstands zugreifen kann, ist dagegen durch die Neuregelung nicht entschieden, sondern weiterhin offen[178]. Während die traditionelle, jedenfalls früher herrschende Ansicht dem Aufsichtsrat den direkten Zugriff auf Angestellte nur in eng begrenzten Ausnahmefällen gestattet (namentlich dann, wenn der konkrete Verdacht einer Fehlinformation durch den Vorstand besteht)[179], hält die neuere, in den letzten zwanzig Jahren zunehmend vertretene Gegenansicht dies auch unabhängig von einem konkreten Verdacht für zulässig[180].

cc) Punktuelle Regelungen zur „Professionalisierung" des Aufsichtsrats

Mit dem Aufgaben- und Bedeutungszuwachs des Aufsichtsrats seit den 1990er Jahren einher ging eine lebhafte, bis heute andauernde Diskussion über die „Professionalisierung" des Aufsichtsrats[181]. Dahinter steht das Anliegen, die Zusammensetzung und Arbeitsweise des Aufsichtsrats so zu verbessern, dass er dem gewachsenen Pflichtenprogramm auch tatsächlich nachkommen kann.

Auch insoweit haben die Aktienrechtsreformen seit den 1990er Jahren einige, freilich nur punktuelle Neuerungen mit sich gebracht. Um der besonderen zeitlichen Beanspruchung durch den Aufsichtsratsvorsitz Rechnung zu tragen, wurde bestimmt, dass der Vorsitz auf die Höchstzahl von zehn Mandaten doppelt ange-

---

177 §§ 25d Abs. 8 Sätze 7–8, Abs. 9 Sätze 3–4, Abs. 12 Sätze 6–7 KWG (Direktinformationsrechte des Vorsitzenden des Risiko-, des Prüfungs- und des Vergütungskontrollausschusses); dazu *Lutter/Krieger/Verse* (Fn. 3), Rn. 1512 f.
178 Gegen einen Umkehrschluss aus § 107 Abs. 4 Satz 4 AktG auch *Habersack* (Fn. 104), § 107 Rn. 80, § 109 Rn. 20; *Löbbe* in Hommelhoff/Kley/Verse, Reform des Aufsichtsratsrechts, 2021, S. 199, 222; *Schmolke*, FS Grunewald, 2021, S. 1041, 1050.
179 So etwa *M. Arnold* in Arnold/Goette, Hdb. Aufsichtsrat, 2021, § 4 Rn. 71 f.; *Hoffmann-Becking*, ZGR 2011, 136, 152 f.; *J. Koch* (Fn. 146), § 90 Rn. 11, § 111 Rn. 36; *Mertens/Cahn* in Kölner Komm. AktG, § 109 Rn. 24, § 111 Rn. 55; ausführliche Darstellung bei *Reichert*, FS Grunewald, 2021, S. 891, 899 ff.
180 So etwa *Dreher*, FS Ulmer, 2003, S. 87, 92 ff.; *Drygala* in K. Schmidt/Lutter, 4. Aufl. 2020, § 109 Rn. 11 f.; *Grigoleit/Tomasic* in Grigoleit, AktG, 2. Aufl. 2020, § 111 Rn. 52; *Habersack* (Fn. 104), § 109 Rn. 20, § 111 Rn. 80; *Hopt/Roth* (Fn. 144), § 109 Rn. 61, § 111 Rn. 495 ff.; *Schmolke*, FS Grunewald, 2021, S. 1041, 1048 ff. Zu entsprechenden Vorschlägen *de lege ferenda* s. noch unter III. 4. a bb (2).
181 Schon früh *Lutter*, NJW 1995, 1133; *Möllers*, ZIP 1995, 1725; später aus der Fülle des Schrifttums etwa *Lutter*, DB 2009, 775; *Weber-Rey*, AG 2009, R353; *dies.*, Verhandlungen des 69. DJT 2012, Bd. II/1, S. N51; *Börsig/Löbbe*, FS Hoffmann-Becking, 2013, S. 125, 143 ff.; *Cahn* in Veil, Unternehmensrecht in der Diskussion, 2013, S. 139; *E. Vetter* in Fleischer/Koch/Kropff/Lutter, 50 Jahre Aktiengesetz, S. 103, 139 ff.; *Thüsing*, ZIP 2020, 2500; ferner die Vorschläge des Arbeitskreises Reform des Aufsichtsratsrechts, NZG 2021, 447 und der Gesellschaftsrechtlichen Vereinigung (VGR), Reformbedarf im Aktienrecht – Vorschläge für eine große Aktienrechtsreform, Rn. 8.1 ff. (zu ihnen noch III. 4. a).

rechnet wird (§ 100 Abs. 2 Satz 1 Nr. 1, Satz 3 AktG)[182]. Zur Vermeidung von Interessenkonflikten wurde der unmittelbare Wechsel vom Vorstand in den Aufsichtsrat erschwert („cooling off" nach § 100 Abs. 2 Satz 1 Nr. 4 AktG)[183]. Die Vorschriften zum Mindestturnus der Aufsichtsratssitzungen wurden – allerdings nur sehr moderat – verschärft (§ 110 Abs. 3 AktG)[184]. Gleichzeitig wurde dem Aufsichtsrat einer börsennotierten Gesellschaft aufgegeben, im Bericht an die Hauptversammlung offenzulegen, wie oft er und die von ihm gebildeten Ausschüsse getagt haben (§ 171 Abs. 2 Satz 2 AktG)[185]. Schließlich wurden in Unternehmen von öffentlichem Interesse aufgrund europäischer Vorgaben Anforderungen an die Qualifikation der Aufsichtsratsmitglieder eingeführt, nämlich der Finanzexperte im Aufsichtsrat sowie das Erfordernis der „Sektorvertrautheit" der Gesamtheit seiner Mitglieder (§§ 100 Abs. 5, 107 Abs. 4 Satz 3 AktG)[186]. Das FISG hat diese Vorgabe sodann auf zwei Finanzexperten aufgestockt. Zugleich hat es den früher nur fakultativen Prüfungsausschuss für Unternehmen von öffentlichem Interesse zwingend vorgeschrieben (§ 107 Abs. 4 Satz 1 AktG), da sich der Gesetzgeber hiervon eine wirksamere Kontrolle des Rechungslegungsprozesses verspricht[187].

---

182 Eingeführt durch das KonTraG (Fn. 159).
183 Eingeführt durch das VorstAG (Fn. 168). Zu der umstrittenen rechtspolitischen Bewertung dieser Vorschrift insbes. *Habersack*, Gutachten E in Verhandlungen des 69. DJT, Bd. I, 2012, S. E 80 ff., und Beschlüsse 17a/b/c der wirtschaftsrechtlichen Abteilung des 69. DJT; ferner *Hopt/Roth* (Fn. 144), § 100 Rn. 100 ff. m.w.N.
184 Zunächst durch das KonTraG (Fn. 159), sodann auch für nichtbörsennotierte Gesellschaften durch das TransPuG (Fn. 155). In der Praxis ist jedenfalls in börsennotierten Gesellschaften eine wesentlich höhere Sitzungsfrequenz üblich als die in § 110 Abs. 3 AktG vorgeschriebenen zwei Sitzungen pro Halbjahr; s. nur *Drinhausen/Keinath/Waldvogel*, FS-Marsch-Barner, 2018, S. 159, 162: Sitzungsfrequenz des § 110 Abs. 3 AktG „ist mit den heutigen Erwartungen an die Arbeit des Aufsichtsrats praktisch unvereinbar."
185 Auch diese Regelung geht auf das KonTraG (Fn. 159) zurück.
186 Die aktuelle Fassung beruht auf dem Abschlussprüfungsreformgesetz (AReG) v. 10.5.2016, BGBl. I, S. 1142, und setzt die Vorgaben der (geänderten) Abschlussprüfer-Richtlinie um (Art. 39 Abs. 1 Unterabs. 2–3 Richtlinie 2006/43/EG i.d.F. der Änderungsrichtlinie 2014/56/EU). Neben diesen Sonderregeln für Unternehmen von öffentlichem Interesse sind allgemeine ungeschriebene Mindestanforderungen an die Qualifikation der einzelnen Mitglieder (dazu BGHZ 85, 293, 295 f. = AG 1983, 133 – Hertie) und die Gesamtqualifikation des Aufsichtsrats (Grds. 11 DCGK; *Habersack* [Fn. 104], § 101 Rn. 18) anerkannt.
187 Begr. RegE FISG, BT-Drucks. 19/26966, S. 116.

c) Die Rolle des Kodex

Dass der Gesetzgeber in Bezug auf die Professionalisierung der Aufsichtsratsarbeit von weitergehenden gesetzlichen Vorgaben abgesehen hat, ist vor dem Hintergrund zu sehen, dass bereits der DCGK eine Vielzahl von detaillierten Empfehlungen zur Zusammensetzung und Arbeitsweise des Aufsichtsrats enthält, die in der Regel hohe Befolgungsquoten erreichen[188]. In Bezug auf die Zusammensetzung des Aufsichtsrats werden die Themen Qualifikation, Diversität, Altersgrenze, zeitliche Verfügbarkeit (Höchstzahl der Mandate) und nicht zuletzt die Unabhängigkeit der Aufsichtsratsmitglieder im Kodex eingehend adressiert. Hinsichtlich der Arbeitsweise reicht das Spektrum der Kodexempfehlungen vom Erlass einer Geschäftsordnung und der Bildung und Besetzung von Ausschüssen über die Wahrnehmung der Funktion des Vorsitzenden als Bindeglied zum Vorstand, die Zusammenarbeit mit dem Abschlussprüfer, die Unterstützung von Fortbildungsmaßnahmen, regelmäßige Selbstevaluationen bis hin zum Umgang mit Interessenkonflikten. Viel Aufmerksamkeit hat daneben auch die – allerdings als bloße Anregung ausgestaltete – Positionierung des Kodex zum Investorendialog des Aufsichtsratsvorsitzenden auf sich gezogen (A.6 DCGK).

Auch wenn es immer wieder Kritik am Kodex gab[189] und vielfach eine Verschlankung der Kodexempfehlungen angemahnt wurde und wird[190], entspricht es heute doch überwiegender Ansicht, dass sich der Kodex und der comply-or-explain-Mechanismus des § 161 AktG im Grundsatz bewährt haben[191]. Dass der Kodex auch und gerade zur Professionalisierung der Aufsichtsratsarbeit beigetragen hat, steht außer Zweifel. Allerdings kann man sich fragen, ob sich der Gesetzgeber im Vertrauen auf den Kodex nicht zu sehr aus seiner eigenen Verantwortung für eine zeitgemäße Ausgestaltung des Aufsichtsratsrechts zurückgezogen hat. Darauf wird im Zusammenhang mit der aktuellen Reformdiskussion (s. u. III. 4. a) zurückzukommen sein.

---

188 Detaillierte Aufschlüsselung der Befolgungsquoten bei v. *Werder/Danilov/Schwarz*, DB 2021, 2097.

189 Überblick bei *Bachmann* in Kremer/Bachmann/Favoccia/v. Werder, DCGK, 9. Aufl. 2023, Rn. 121 f.; *ders.*, ZHR 186 (2022), 641.

190 Verhandlungen des 69. DJT 2012, Bd. II/1, S. N 86 (Beschluss 7 der Abteilung Wirtschaftsrecht); Handelsrechtsausschuss des Deutschen Anwaltvereins, NZG 2015, 86; aus neuerer Zeit *J. Koch* (Fn. 146), § 161 Rn. 5a.

191 Besonders deutlich Verhandlungen des 69. DJT 2012, Bd. II/1, S. N 86 (Beschluss 6a der Abteilung Wirtschaftsrecht mit 73:0 Stimmen bei sechs Enthaltungen); abgewogen zu den Vor- und Nachteilen von Kodexregelungen *Hopt*, FS Hoffmann-Becking, 2013, S. 563, 565 ff. Kritisch dazu, dass die Kodexempfehlungen immer noch zu oft als quasi-verbindlich missverstanden werden, *J. Koch*, AG 2022, 1; darauf erwidernd jedoch *Nonnenmacher*, AG 2022, 97.

3. Der moderne Aufsichtsrat als „mitunternehmerisches" (Kontroll-) Organ

Die gestiegene Bedeutung der zukunftsgerichteten Komponente der Überwachung, die sich nicht in der Teilhabe an unternehmerischen Entscheidungen im Rahmen von Zustimmungsvorbehalten erschöpft, sondern die laufende Beratung des Vorstands in grundsätzlichen Fragen der Unternehmenspolitik einschließt (s. o. III. 2. a) und überdies auch in der Überwachung der (auch) zukunftsgerichteten Risikomanagement- und Compliancesysteme zum Ausdruck kommt, hat dazu geführt, dass inzwischen weite Teile des Schrifttums den Aufsichtsrat als „mitunternehmerisches Organ" bezeichnen[192]. Die Formulierung geht, soweit ersichtlich, auf *Marcus Lutter* zurück[193]. Sie ist allerdings nicht unwidersprochen geblieben[194]. Ihr wird insbesondere entgegengehalten, dass die zeitlichen, sachlichen und personellen Kapazitäten des nebenamtlich tätigen Aufsichtsrats in aller Regel nicht ausreichend seien, um „auf Augenhöhe" mit dem Vorstand über unternehmensspezifische Fragen der Strategie und der Geschäftsführung diskutieren und beraten zu können[195]. Zudem drohe bei der Betonung des mitunternehmerischen Charakters der Aufsichtsratstätigkeit die Gefahr, dass sich der Aufsichtsrat zu einem „Obervorstand" entwickle, zumal ihm mit der Personalhoheit und Zustimmungsvorbehalten, aber auch mit der Festsetzung von Zielgrößen für variable Vergütungsbestandteile Mittel zur Verfügung stünden, um seine Vorstellungen gegenüber denen des Vorstands durchzusetzen[196]. Ferner wachse mit steigender Einbindung des Aufsichtsrats in die Geschäftsführung auch sein Informationsbedarf, was die Gefahr berge, dass der Vorstand einen wesentlichen Teil seiner Zeit damit verbringe, den Aufsichtsrat auf dem Laufenden zu halten, statt seine Leitungsaufgabe zu erfüllen[197]. Schließlich drohe bei einem mitunternehmerischen Engagement des Aufsichtsrats auch, dass das für eine effektive Überwachung unerlässliche Misstrauen verloren gehe; eine

---

[192] Erstmals *Lutter,* FS Albach, 2001, S. 225 („Mit-Unternehmer"); ferner etwa *Drygala* (Fn. 180), § 111 Rn. 5; *Habersack* (Fn. 104), § 111 Rn. 13; *Hopt,* ZGR 2019, 507, 508, 543; *Lutter/Krieger/Verse* (Fn. 3), Überschrift zu Rn. 57, Rn. 58; *M. Roth,* AG 2004, 1, 5; *Schick* in Wachter, AktG, 4. Aufl. 2022, § 111 Rn. 5; noch weiter zuspitzend *Seibt* in Hommelhoff/Hopt/v. Werder, Hdb. Corporate Governance, 2. Aufl. 2009, S. 391, 397 („Mit-Leitungsorgan"); auch *Säcker/Rehm,* DB 2008, 2814, 2815 („mitverantwortliches unternehmerisches Führungsorgan").
[193] S. vorige Fn.
[194] Ablehnend namentlich *Cahn,* NZG 2023, 299 f.; *Fleischer* in BeckOGK-AktG, Stand 1.10.2023, § 76 Rn. 4 mit Fn. 13; *Mertens/Cahn* (Fn. 179), Vorb. § 95 Rn. 10; *Spindler* in BeckOGK AktG, Stand 1.10.2023, § 111 Rn. 5.
[195] *Mertens/Cahn* (Fn. 179), Vorb. § 95 Rn. 10.
[196] *Cahn,* NZG 2023, 299, 300.
[197] *Mertens/Cahn* (Fn. 179), Vorb. § 95 Rn. 7; *Cahn,* NZG 2023, 299, 300.

unvoreingenommene Revision von Entscheidungen werde umso schwieriger, je intensiver der Aufsichtsrat durch Beratung an ihnen beteiligt war und sie daher mitverantwortet hat[198].

Bei Licht besehen steht hinter der Streitfrage, ob man den Aufsichtsrat nun als mitunternehmerisches Organ einordnet oder nicht, aber wohl nicht wirklich – oder allenfalls in Nuancen – ein Dissens in der Sache[199]. Auch diejenigen, die sich gegen diesen Begriff wenden, erkennen an, dass der Aufsichtsrat über Zustimmungsvorbehalte an unternehmerischen Entscheidungen beteiligt ist und dass die auch als zukunftsgerichtet verstandene Überwachungsaufgabe die Beratung des Vorstands einschließt. Konsequent sprechen auch Vertreter dieser Meinungsgruppe davon, dass der Aufsichtsrat „nicht nur nach Art eines Rechnungshofs amtieren soll, sondern eine unternehmerisch verantwortliche Rolle zu spielen hat."[200] Die Kritik an dem Begriff „mitunternehmerisches Organ" wird man vor diesem Hintergrund in erster Linie als Mahnung verstehen dürfen, den Beratungsauftrag des Aufsichtsrats nicht zu überdehnen und das alleinige Initiativrecht des Vorstands für die Geschäftsführung zu respektieren. Umgekehrt wollen diejenigen, die vom mitunternehmerischen Aufsichtsrat sprechen, mit dieser Formulierung selbstverständlich nicht in Abrede stellen, dass dem Aufsichtsrat kein Weisungsrecht zusteht und das Initiativrecht für Geschäftsführungs- und Leitungsentscheidungen nach §§ 76 Abs. 1, 77 Abs. 1, 111 Abs. 4 Satz 1 AktG allein beim Vorstand liegt[201], weshalb sich der Aufsichtsrat unstreitig nicht zu einem Oberleitungsorgan entwickeln darf. Über all das besteht ebenso Einigkeit wie darüber, dass die Ableitungsbasis für die Beratungsaufgabe des Aufsichtsrats allein die auch vorbeugend verstandene Überwachung i.S. des § 111 Abs. 1 AktG bildet[202] und der Aufsichtsrat anders als der Vorstand nur nebenamtlich tätig wird. Letztlich verstehen diejenigen, die von einem mitunternehmerischen Organ sprechen, darunter also nichts anderes als eine sprachliche Abbreviatur dessen, was in der Sache allgemein anerkannt ist. Um auch terminologisch deutlicher zu machen, dass das Initiativrecht und die Primärverantwortung für die Leitung der Gesellschaft beim Vorstand verbleiben und die Teilhabe des Aufsichtsrats an der Geschäftsführung allein aus der vorbeugenden Überwachung folgt, erscheint es allerdings präziser und zur Vermeidung von Missverständnissen vorzugswürdig, von einem „*mitunternehmerischen Kontrollor-*

---

198 *Cahn*, NZG 2023, 299, 300.
199 Ebenso bereits *Lieder* (Fn. 1), S. 640 Fn. 131: „primär terminologische Frage".
200 *Mertens/Cahn* (Fn. 179), § 111 Rn. 32.
201 *Habersack* (Fn. 104), § 111 Rn. 13 f., 51, 111; *Lutter* (Fn. 192), S. 225, 231, der den Aufsichtsrat daher als (Mit-) Unternehmer „hinter dem Vorstand" bezeichnet.
202 BGHZ 114, 127, 129 f. = NJW 1991, 1830; s. das Zitat oben unter III. 2. a; aus dem Schrifttum exemplarisch *Hopt/Roth* (Fn. 144), § 111 Rn. 274, 276; *Lutter/Krieger/Verse* (Fn. 3), Rn. 103.

*gan"*²⁰³ oder von einem „*Überwachungsorgan mit unternehmerischer Mitverantwortung"*²⁰⁴ zu sprechen. Dem entspricht im Übrigen auch die abgewogene Formulierung des II. Zivilsenats in der ARAG/Garmenbeck-Entscheidung, der zufolge der Aufsichtsrat „die unternehmerische Tätigkeit im Sinne einer präventiven Kontrolle begleitend mitgestaltet."²⁰⁵

Die eigentliche Schwierigkeit besteht freilich darin, im Einzelfall genau zu bestimmen, wo die Grenze zwischen vorbeugender Überwachung und einem Übergriff in die Geschäftsführungs- und Leitungsbefugnis des Vorstands liegt. Es wäre gewiss viel zu pauschal, aus der Einordnung als mitunternehmerisches Organ abzuleiten, dass Fragen der Kompetenzabgrenzung zwischen Vorstand und Aufsichtsrat in Grenzfällen im Zweifel immer extensiv zugunsten des Aufsichtsrats aufzulösen sind[206]. Vielmehr muss stets Berücksichtigung finden, dass die Geschäftsführungsbefugnis primär und initiativ beim Vorstand liegt und der Aufsichtsrat strategische Entscheidungen des Vorstands zwar hinterfragen, aber nicht durch eigene Direktiven ersetzen kann. Daher entspricht es z.B. zu der in den letzten Jahren intensiv diskutierten Frage der Investorenkontakte mit Recht (ganz) überwiegender Ansicht, dass der Aufsichtsrat bzw. sein Vorsitzender nicht etwa wegen seiner Eigenschaft als „Mitunternehmer" befugt ist, auch über inhaltliche Fragen der Geschäftsstrategie selbständig nach außen zu sprechen[207]. Stattdessen ist die Außenkommunikation als Annexkompetenz des Aufsichtsrats entsprechend der Formulierung in Anregung A.6 DCGK auf „aufsichtsratsspezifische" Fragen beschränkt, d.h. solche, die nicht in die primäre Zuständigkeit des Vorstands fallen[208]. Ebenso ginge es – um ein weiteres kontrovers diskutiertes Beispiel anzuführen – zu weit, aus der Einordnung des Aufsichtsrats als mitunternehmerisches Organ ableiten zu wollen, dass der Vorstand im Vorfeld einer großen M&A-Transaktion dem Aufsichtsrat schon über erste vorbereitende und noch gänzlich unverbindliche Sondierungsgespräche sogleich nach § 90 Abs. 1 Satz 1 Nr. 1, Abs. 2 Satz 1

---

[203] *Weißhaupt*, ZIP 2019, 202, 207.
[204] *Brouwer*, Zustimmungsvorbehalte des Aufsichtsrats im Aktien- und GmbH-Recht, 2008, S. 39.
[205] BGHZ 135, 244, 255 = NJW 1997, 1926 – ARAG/Garmenbeck.
[206] Mit Recht davor warnend, schon aus der bloßen Bezeichnung als „Mitunternehmer" oder gar „Mit-Leitungsorgan" Schlussfolgerungen abzuleiten, auch schon *J. Koch* in Fleischer/Koch/Kropff/Lutter, 50 Jahre Aktiengesetz, 2015, S. 65, 78 ff.
[207] Aus der Fülle des Schrifttums etwa *Habersack* (Fn. 104), § 116 Rn. 67; *J. Koch* (Fn. 146), § 111 Rn. 54; *ders.*, AG 2017, 129, 134; *Lutter/Krieger/Verse* (Fn. 3), Rn. 284; alle m.w.N.; tendenziell weitergehend Initiative Developing Shareholder Communication, Leitsätze für den Dialog zwischen Investor und Aufsichtsrat, 2015, Leitsatz 5 (Erläuterungen der „Einschätzung der Strategieumsetzung"); *Hirt/Hopt/Mattheus*, AG 2016, 725, 734.
[208] Zur Konkretisierung im Einzelnen etwa *Schiessl*, FS Krieger, 2020, S. 813, 818 ff.

Nr. 1 oder § 90 Abs. 1 Satz 1 Nr. 4, Abs. 2 Satz 1 Nr. 4 AktG Bericht zu erstatten hat[209]. Der Vorstand kann vielmehr abwarten, bis sich die Planung verdichtet hat[210]. Eine strengere Handhabung wäre weder mit dem Initiativrecht des Vorstands noch mit dem Nebenamtscharakter der Aufsichtsratstätigkeit noch mit dem Anliegen des Gesetzgebers vereinbar, hinsichtlich der Berichtspflichten Maß zu halten und eine „Bürokratisierung der Verfahrensabläufe" zu vermeiden[211]. Andererseits muss selbstredend stets sichergestellt sein, dass der Aufsichtsrat nicht vor vollendete Tatsachen gestellt wird und noch ausreichend Zeit hat, um sich eine fundierte Meinung zu bilden[212]. Wo die Grenze genau verläuft, bleibt trotz dieser allgemeinen Maßgaben eine schwierige Grad- und Maßfrage.

Die Schwierigkeiten, die sich in den genannten und weiteren Fällen hinsichtlich der genauen Abgrenzung der Zuständigkeiten von Vorstand und Aufsichtsrat zeigen, sind letztlich die wohl unvermeidliche Kehrseite der gesetzgeberischen Konzeption des AktG 1965. Indem der Gesetzgeber die zukunftsgerichtete Komponente der Überwachungsaufgabe stärker betont hat, hat er in Annäherung an das monistische System die strikte Trennung zwischen Leitung und Kontrolle aufgeweicht[213]. Damit hat er die Grundlage dafür geschaffen, den Aufsichtsrat wie erwünscht zu „aktivieren"[214], aber zugleich und zwangsläufig auch gewisse Abgrenzungsschwierigkeiten provoziert.

4. Schwerpunkte der aktuellen Reformdiskussion

Die bisherigen Ausführungen mögen verdeutlicht haben, wie sehr das Recht des Aufsichtsrats schon seit über 150 Jahren nahezu permanent Gegenstand nicht nur der rechtsdogmatischen, sondern auch der rechtspolitischen Diskussion war. Daran hat sich auch in neuerer Zeit nichts geändert. Daher sei zum Abschluss ein Blick auf

---

209 So aber *Burgard/Heimann*, AG 2014, 360, 361 f.; *dies.*, NZG 2014, 1294 f.; wie hier dagegen *Cahn*, AG 2014, 525, 528 f.; zumindest tendenziell auch *J. Koch* (Fn. 206), S. 65, 84 ff.; alle zum Fall OLG Frankfurt NZG 2014, 1017, 1018 f. – Deutsche Börse, wo die Frage letztlich offenbleiben konnte (jedenfalls kein eindeutiger und schwerer Gesetzesverstoß, der zur Anfechtung der Entlastung berechtigt). Der BGH (II ZR 368/13) hat die Nichtzulassungsbeschwerde gegen diese Entscheidung zurückgewiesen.
210 *J. Koch* (Fn. 146), § 90 Rn. 10; nähere, tendenziell großzügige Konkretisierung bei *Cahn*, AG 2014, 525, 528 ff.
211 Begr. RegE TransPuG, BT-Drucks. 14/8769, S. 15.
212 *J. Koch* (Fn. 146), § 90 Rn. 10.
213 Treffend *Habersack* (Fn. 104), § 111 Rn. 13: „Eine strikte Trennung zwischen leitender Tätigkeit des Vorstands und überwachender (einschließlich beratender) Tätigkeit des Aufsichtsrats ist dem AktG (...) fremd."
214 Begr. RegE AktG 1965 bei Kropff (Fn. 95), S. 15.

die Schwerpunkte der aktuellen Reformdiskussion geworfen, wobei – wie eingangs erwähnt – auch hier das Mitbestimmungsrecht im Wesentlichen ausgespart bleibt[215].

a) Vorschläge für eine systemimmanente Weiterentwicklung des Aufsichtsratsrechts

aa) Aktuelle Reforminitiativen

In den letzten Jahren ist aus Wissenschaft und Praxis zunehmend der Ruf nach einer umfassenden Modernisierung des Aufsichtsratsrechts laut geworden. Den Anstoß für die aktuelle Diskussion gaben zwei nahezu zeitgleich erschienene Beiträge von *Karl-Ludwig Kley* und *Mathias Habersack*, die übereinstimmend zu dem Schluss gelangen, dass der geltende Rechtsrahmen im Lichte der gewandelten Anforderungen an den Aufsichtsrat teils veraltet und teils lückenhaft ist[216]. Dieses Monitum hat im Jahr 2021 der „Arbeitskreis Recht des Aufsichtsrats" – ein Kreis von Hochschullehrern, Rechtsanwälten und Organmitgliedern von DAX-Unternehmen, dem auch der Verfasser dieses Beitrags angehört – aufgegriffen und ein Eckpunktepapier für eine Reform des Aufsichtsratsrechts vorgelegt[217]. Der Arbeitskreis schlägt darin keine revolutionäre Veränderung des Aufsichtsratsrechts vor, aber doch eine umfassende systemimmanente Weiterentwicklung und Modernisierung. Angestrebt wird, das geltende Recht den gewandelten Anforderungen an den Aufsichtsrat zeitgemäß anzupassen, die Handlungsbefugnisse des Aufsichtsrats und seines Vorsitzenden zu präzisieren und im Interesse der Rechtssicherheit Zweifelsfragen des geltenden Rechts zu klären[218]. Anders als bei den nur punktuellen Änderungen, die in der jüngeren Vergangenheit aus Anlass bestimmter Krisen oder Skandale (wie zuletzt Wirecard) oder der Umsetzung von EU-Richtlinien vorgenommen wurden, soll das Recht des Aufsichtsrats erstmals seit 1965 wieder systematisch-umfassend auf den Prüfstand gehoben werden.

In ersten Stellungnahmen hat das Reformprogramm des Arbeitskreises (bei Kritik im Detail) grundsätzlich Zuspruch sowohl von Seiten der Unternehmens-

---

215 Zum Mitbestimmungsrecht sei nochmals verwiesen auf den Beitrag von *Teichmann* in diesem Band.
216 *Kley,* AG 2019, 818 (unter dem provokanten Titel „Aktiengesetz & Aufsichtsrat: ‚Dornröschen 2.0'"); *Habersack,* Der Aufsichtsrat 2020, 26 (ausführlichere Fassung unter www.aufsichtsrat.de).
217 Das Eckpunktepapier ist in NZG 2021, 477 abgedruckt, die vorbereitenden Referate und Diskussionsberichte des Arbeitskreises sind in einem ZGR-Sonderheft erschienen: Hommelhoff/Kley/Verse (Hrsg.), Reform des Aufsichtsratsrechts, 2021.
218 Arbeitskreis Recht des Aufsichtsrats, NZG 2021, 477 Rn. 1–8.

verbände[219] als auch aus dem Schrifttum[220] erfahren. Jüngst hat sich auch eine Expertengruppe der gesellschaftsrechtlichen Vereinigung (VGR) im Rahmen ihrer Vorschläge für eine große Aktienrechtsreform der Reformagenda des Arbeitskreises weitgehend angeschlossen[221]. Ob der Gesetzgeber die Reforminitiative früher oder später aufgreifen wird, bleibt abzuwarten.

bb) Einzelne Eckpunkte der Reformvorschläge

Es ist hier nicht der Ort, die Reformvorschläge des Arbeitskreises und der VGR im Detail zu würdigen; stattdessen muss ein gedrängter Überblick genügen[222]. Neben Änderungen, die – wie die Aufnahme der aus der Überwachung abgeleiteten Beratungsaufgabe in den Gesetzestext[223] – lediglich klarstellender Natur sind, beziehen sich die Reformvorschläge im Wesentlichen auf vier Regelungskomplexe.

(1) Rechtssichere und aufgabenadäquate Besetzung des Aufsichtsrats (einschließlich Unabhängigkeit)

Vorgeschlagen wird zunächst ein Bündel von Maßnahmen zur Besetzung des Aufsichtsrats[224]. Es reicht von dem Vorschlag, die Rechtssicherheit im Fall einer angefochtenen Aufsichtsratswahl durch Einschränkung der rückwirkenden Beschlusskassation zu erhöhen[225], über die schon lange erhobene Forderung, die

---

219 BDI, Reform des Aufsichtsratsrechts, Stellungnahme vom 3.1.2022 (https://bdi.eu/publikation/news/reform-des-aufsichtsratsrechts); Arbeitsgruppe des VCI-Fachausschusses Unternehmensrecht, NZG 2022, 156.
220 Besonders ausführlich *Reichert*, ZHR 187 (2023), 739, 742 („Mehrzahl der Vorschläge [verdient] uneingeschränkte Zustimmung"); ferner *Lieder*, NZG 2021, 1185, 1186 („kluge Reformvorschläge [...], die mit Recht eine systemimmanente Fortentwicklung des Aufsichtsratsrechts anstreben"); *Redenius-Hövermann/Strenger,* Der Aufsichtsrat 2023, 52; mit weithin ähnlicher Stoßrichtung auch *Heinen/Schilz/Kahle,* ZIP 2022, 553.
221 VGR (Fn. 181), Rn. 1.42 ff. (federführend *Habersack/J. Vetter*), Rn. 8.1 ff. (federführend *Verse*). Nicht verschwiegen sei, dass zwischen dem Arbeitskreis Recht des Aufsichtsrats und der VGR-Expertengruppe partiell Personenidentität besteht. Neun Mitglieder des Arbeitskreises gehören auch der insgesamt 26-köpfigen VGR-Expertengruppe an.
222 Ausführlicher *Verse* in Zentrum für Europäisches Wirtschaftsrecht, Gedächtnissymposium Lutter, 2023, S. 51, 52 ff.
223 Arbeitskreis Recht des Aufsichtsrats, NZG 2021, 477 Rn. 13; VGR (Fn. 181), Rn. 8.56; zust. Reichert, ZHR 187 (2023), 739, 742; kritisch Cahn, NZG 2023, 299 f.
224 Zum Folgenden Arbeitskreis Recht des Aufsichtsrats, NZG 2021, 477 Rn. 19 ff., 49 f.; VGR (Fn. 181), Rn. 8.5 ff.
225 Da es der BGH abgelehnt hat, die Lehre vom fehlerhaften Organ auf die Beschlussfassung im Aufsichtsrat zu übertragen (BGHZ 196, 195 = NZG 2013, 456 Rn. 18 ff.), gelten nach derzeitiger Rechtslage die von der Wahlanfechtung betroffenen Aufsichtsratsmitglieder für die Beschlussfas-

Mindestgröße des Aufsichtsrats in großen mitbestimmten Aktiengesellschaften von 20 auf 12 zu reduzieren (statt wie bisher ein Ausweichen auf die SE zu provozieren[226]), bis hin zu Maßnahmen, die eine qualitativ gute, aufgabenadäquate Besetzung des Aufsichtsrats fördern sollen. So wird eine Pflicht des Aufsichtsrats befürwortet, in den Wahlvorschlägen an die Hauptversammlung zu erläutern, warum gerade dieser Kandidat oder diese Kandidatin dem Anforderungsprofil entspricht[227]. Ferner wird die Einführung von Mindestanforderungen an die Zuverlässigkeit der Aufsichtsratsmitglieder vorgeschlagen, und zwar nach dem Vorbild der Vorgaben für den Vorstand (Bestellungshindernisse bei Berufsverboten und Vorstrafen, § 76 Abs. 3 Satz 2 Nr. 2–3 AktG), die bisher aus unerfindlichen Gründen im Recht des Aufsichtsrats keine Entsprechung finden[228]. Zudem sollen die Anforderungen an die zeitliche Verfügbarkeit der Aufsichtsratsmitglieder in kapitalmarktorientierten Gesellschaften verschärft werden. Die nicht mehr zeitgemäße gesetzliche Höchstgrenze von zehn Aufsichtsratsmandaten soll in diesen Gesellschaften auf sechs reduziert werden[229], wobei auch Kontrollmandate in ausländischen Unternehmen mitzählen sollen (was bisher umstritten ist)[230]. Der Kodex re-

---

sung rückwirkend als Nichtmitglieder, wenn sich die Anfechtung nach Jahr und Tag als erfolgreich erweist. Zu den daraus resultierenden Unwägbarkeiten etwa *Ch. Arnold/Gayk*, DB 2013, 1830; speziell zu den Auswirkungen auf die Feststellung des Jahresabschlusses auch *J. Koch* in MünchKomm. AktG, 5. Aufl. 2021, § 256 AktG Rn. 43.

226 Den Umstand, dass in der SE die Vorgaben des § 7 Abs. 1 MitbestG für die Mindestgröße des Aufsichtsrats nicht gelten (§ 47 Abs. 1 Nr. 1 SEBG), haben bekanntlich namhafte Unternehmen (u. a. Allianz, BASF, e.on) für eine Reduzierung der Gremiengröße genutzt. Näher zu den Argumenten für die Ermöglichung einer Verkleinerung des Aufsichtsrats *Krieger* in Hommelhoff/Kley/Verse, Reform des Aufsichtsratsrechts, 2021, S. 95; dafür auch schon *Raiser*, Gutachten B für den 66. DJT 2006, S. 89 ff.; Arbeitskreis Unternehmerische Mitbestimmung, ZIP 2009, 885, 886 f.; weitere Nachw. bei *Verse* (Fn. 222), S. 51, 55 f.

227 Näher dazu *Verse* in Hommelhoff/Kley/Verse, Reform des Aufsichtsratsrechts, 2021, S. 72 ff.; für eine Begründungspflicht auch *Dreher*, FS Windbichler, 2020, S. 552, 558 ff.; zuvor bereits die von der EU-Kommission eingesetzte High Level Group of Company Law Experts in ihrem Bericht v. 4.11. 2002 (A Modern Regulatory Framework for Company Law in Europe), S. 63 f.; *Lutter*, ZIP 2003, 417, 419.

228 Bisher ist § 76 Abs. 3 Satz 2 Nr. 2–3 AktG nach h.M. mangels planwidriger Regelungslücke nicht analog auf den Aufsichtsrat anwendbar; s. nur *Hopt/Roth* (Fn. 144), § 100 AktG Rn. 27 m.w.N.; obiter auch OLG Stuttgart, BeckRS 2015, 14340 Rz. 313.

229 Eine Reduzierung der Mandatshöchstzahl ist schon seit den 1990er Jahren immer wieder in der Diskussion; s. die Nachw. bei *Verse* (Fn. 227), S. 69, 83 f. Der 69. Deutsche Juristentag 2012 hat sich zwar entgegen der Empfehlung des Gutachters *Habersack* (Fn. 183), S. E 83, mit knapper Mehrheit gegen eine Absenkung ausgesprochen (Wirtschaftsrechtliche Abteilung, Beschluss 18). Allerdings wurde damals über eine generelle Absenkung abgestimmt, während nun eine Absenkung nur für kapitalmarktorientierte Unternehmen vorgeschlagen wird.

230 Näher *Verse* (Fn. 227), S. 69, 86 f.; zur Diskussion im geltenden Recht einerseits *J. Koch* (Fn. 146), § 100 Rn. 6; andererseits *Habersack* (Fn. 104), § 100 Rn. 24; jeweils m.w.N.

gelt zwar schon jetzt strengere Mandatsobergrenzen (C.4–5 DCGK), aber nur als unverbindliche Empfehlung, nicht als zwingende Vorgabe.

Arbeitskreis und VGR sprechen sich zudem dafür aus, zu der Vorgabe zurückzukehren, dass mindestens einer der Finanzexperten in Unternehmen von öffentlichem Interesse unabhängig sein muss[231]. Zugleich soll die Unabhängigkeit in dem Sinne legaldefiniert werden, dass insbesondere auch die Unabhängigkeit vom Mehrheitsaktionär erfasst wird. Genau umgekehrt hat der Gesetzgeber des AReG 2016 die erst einige Jahre zuvor eingeführte Bestimmung, dass im Aufsichtsrat kapitalmarktorientierter Gesellschaften mindestens ein Finanzexperte unabhängig sein muss (§ 100 Abs. 5 AktG a.F.), wieder aufgehoben, da die geänderte Abschlussprüfer-Richtlinie diese Vorgabe nicht mehr zwingend verlangt[232]. Darin liegt nicht nur nach Auffassung des Arbeitskreises und der VGR eine Fehlentwicklung[233], da es sich mit der Schlüsselrolle der Finanzexperten als Bindeglied zwischen Aufsichtsrat und Abschlussprüfer und mit ihrer Glaubwürdigkeit nicht verträgt, wenn beide Finanzexperten einem dauerhaften Interessenkonflikt ausgesetzt sind. Es muss daher auf Bedenken stoßen, das Thema Unabhängigkeit zur Gänze den zwar ausdifferenzierten, aber unverbindlichen Kodexempfehlungen (C.6-C.12 DCGK) zu überlassen.

Ergänzend zu diesen Vorschlägen wird in neuerer Zeit auch darüber diskutiert, ob die gestiegene Bedeutung von Nachhaltigkeitsfragen im Allgemeinen und des Klimaschutzes im Besonderen nicht auch Konsequenzen für die Besetzung des Aufsichtsrats haben muss. Der Gutachter des 74. Deutschen Juristentags *Marc-Philippe Weller* hat dazu jüngst eine gesetzliche Bestimmung vorgeschlagen, dass in Unternehmen von öffentlichem Interesse die Gesamtqualifikation des Aufsichtsrats neben der Sektorvertrautheit (§ 100 Abs. 5, letzter Halbs. AktG) auch Sachverstand auf dem Gebiet des Klimaschutzes einschließen muss[234]. Bisher bewendet es dies-

---

[231] Arbeitskreis Recht des Aufsichtsrats, NZG 2021, 477 Rn. 23 f.; VGR (Fn. 181), Rn. 8.16 ff.
[232] Vgl. Art. 39 Abs. 5 Richtlinie 2006/43/EG i.d.F. der Änderungsrichtlinie 2014/56/EU; dazu *Habersack/Verse*, Europäisches Gesellschaftsrecht, 5. Aufl. 2019, § 9 Rn. 70 f.
[233] Kritisch auch Regierungskommission DCGK, Stellungnahme vom 12.2.2021 zum RegE FISG, S. 2 („Indem die Bundesregierung an der Streichung der entsprechenden Unabhängigkeitsvorgabe durch das AReG 2016 für die beiden Finanzexperten festhält, bleibt eine gravierende Diskrepanz zwischen dem deutschen Aktienrecht und einhelliger Erwartungen der nationalen und internationalen Investoren bestehen."); *Drygala* (Fn. 180), § 100 Rn. 40; *Habersack*, Der Aufsichtsrat 2020, 26; *Hopt/Kumpan*, AG 2021, 129 Rz. 21; *Spindler* (Fn. 194), § 100 Rn. 62; weitere Nachw. bei *Verse* (Fn. 227), S. 69, 76 Fn. 19–20. Für weitergehende gesetzliche Maßnahmen zur Stärkung der Unabhängigkeit zuletzt *Langenbucher*, JZ 2023, 693, 698 f. (Unabhängigkeit des Vorsitzenden des Prüfungsausschusses; mindestens ein unabhängiges Mitglied nicht nur der Anteilseigner-, sondern auch der Arbeitnehmerbank).
[234] *Weller*, Gutachten für den 74. DJT 2024 (im Ersch.); Weller/Hößl/Seemann, ZGR 2024, 180, 216.

bezüglich bei der Empfehlung des Kodex, dass das Kompetenzprofil des Aufsichtsrats auch Expertise zu den für das Unternehmen bedeutsamen Nachhaltigkeitsfragen umfassen soll (Empf. C.1 Satz 2 DCGK)[235]. Weitergehend wird teilweise auch ein obligatorischer Nachhaltigkeitsexperte („sustainability expert") im Aufsichtsrat gefordert[236].

(2) Effektivierung der Aufgabenerfüllung und Ausstattung des Aufsichtsrats

Ein zweiter Teil der Reformvorschläge bezieht sich auf Maßnahmen, die es dem Aufsichtsrat erleichtern sollen, seinen gewachsenen Aufgaben effektiv nachzukommen.

So wird zur Stärkung der vorstandsunabhängigen Information des Aufsichtsrats vorgeschlagen, die bisher umstrittene Befugnis, Angestellte unterhalb des Vorstands auch ohne dessen Vermittlung zu befragen (s. o. III. 2. b bb), auf eine rechtssichere Grundlage zu stellen und sie dem Aufsichtsrat unabhängig davon zu gewähren, ob der konkrete Verdacht einer unzureichenden Information durch den Vorstand besteht[237]. Die durch das FISG eingeführte Regelung, die das Direktbefragungsrecht nur für die Mitglieder des Prüfungsausschusses in Unternehmen von öffentlichem Interesse vorsieht (§ 107 Abs. 4 Sätze 4–6 AktG), soll also ausgebaut werden, was letztlich nur konsequent ist: Wenn man in dem Direktbefragungsrecht prinzipiell ein wertvolles Kontrollinstrument sieht, erschließt sich nicht, warum es auf Unternehmen von öffentlichem Interesse und auf die Mitglieder des Prüfungsausschusses begrenzt sein sollte[238].

Daneben wollen Arbeitskreis und VGR klarstellen und präzisieren, dass der Aufsichtsrat befugt ist, die Gesellschaft bei sog. Hilfsgeschäften, die zur Wahrneh-

---

[235] Näher zu den Anforderungen an die Nachhaltigkeitsexpertise im Aufsichtsrat *Verse/Tassius* in Hommelhoff/Hopt/Leyens, Unternehmensführung durch Vorstand und Aufsichtsrat, 2024, § 7 Rn. 26 ff.

[236] Sustainability-Finance-Beirat der Bundesregierung, Shifting the Trillions, 2021, S. 95 (https://sustainable-finance-beirat.de).

[237] Arbeitskreis Recht des Aufsichtsrats, NZG 2021, 477 Rn. 15; VGR (Fn. 181), Rn. 8.21 ff. Im Ergebnis entspricht dies der Position, die von Teilen des Schrifttums schon zum geltenden Recht vertreten wird; s. die Nachw. in Fn. 180.

[238] Ebenso *Löbbe* (Fn. 178), S. 199, 222 f.; kritisch zu einem Ausbau des Direktbefragungsrechts aber *Spindler*, FS Henssler, 2023, S. 1279, 1289 f. Dass das Direktbefragungsrecht mit Augenmaß eingesetzt werden muss, um den Vorstand nicht ohne Not zu desavouieren, versteht sich. Der Vorschlag der VGR (Fn. 181), Rn. 8.24, betont daher, dass der Aufsichtsrat beim Einsatz dieses Instruments ein weites Ermessen haben soll und sich im Rahmen der Ermessensausübung gewiss auch vom Grundsatz der vertrauensvollen Zusammenarbeit mit dem Vorstand leiten lassen kann; VGR (Fn. 181), Rn. 8.24; ebenso *Habersack* (Fn. 78), S. 23, 33 f.

mung seiner Aufgaben abgeschlossen werden, gegenüber Dritten zu vertreten[239]. Von dieser Befugnis soll nicht nur die Mandatierung von externen Beratern und Sachverständigen, sondern auch die Einstellung von Mitarbeitern eines eigenen „Aufsichtsratsbüros" gedeckt sein[240]. Zudem soll über die Frage, ob Auslagen einzelner Aufsichtsratsmitglieder für erforderlich gehalten werden durften und daher analog §§ 670, 675 BGB erstattungsfähig sind, nicht der Vorstand, sondern ebenfalls der Aufsichtsrat zu entscheiden haben[241]. Der hinter diesen Vorschlägen stehende Grundgedanke ist ebenso einfach wie einleuchtend: Der Aufsichtsrat soll sich all das eigenverantwortlich beschaffen können, was er nach seiner Einschätzung zur effektiven Aufgabenerfüllung benötigt, ohne dabei auf die Zustimmung des Vorstands angewiesen zu sein. Dabei versteht sich, dass die Aufsichtsratsmitglieder nach §§ 116 Satz 1, 93 Abs. 1 AktG für eine nicht pflichtgemäße Ausübung dieser Befugnisse einstehen müssen. Weitere gelegentlich diskutierte Maßnahmen zur Ausstattung des Aufsichtsrats, etwa ein eigenes Aufsichtsratsbudget[242] oder die Anerkennung der Verfügungsbefugnis über ein „eigenes" Bankkonto[243], werden daneben als entbehrlich angesehen.

(3) Innere Ordnung des Aufsichtsrats: Vorsitzender, Ausschüsse, Umgang mit Interessenkonflikten

Weitere Reformvorschläge beziehen sich auf die innere Ordnung des Aufsichtsrats. Hierzu wird zunächst vorgeschlagen, die Rechtsstellung des Vorsitzenden näher auszugestalten, namentlich seine Funktion als Bindeglied zum Vorstand, seine Pflicht zur Koordination der Aufsichtsratsarbeit, seine sitzungsleitenden Befugnisse und seine Aufgabe zur Repräsentation des Aufsichtsrats[244]. Bisher findet der Vor-

---

239 Hierzu und zum Folgenden Arbeitskreis Recht des Aufsichtsrats, NZG 2021, 477 Rn. 40 f.; VGR (Fn. 181), Rn. 8.26 f.
240 Zum geltenden Recht str., befürwortend etwa *Habersack* (Fn. 104), § 111 Rn. 160; *Lutter/Krieger/ Verse* (Fn. 3), Rn. 657 ff., insbes. 659; ablehnend *Mertens/Cahn* (Fn. 179), § 112 Rn. 27; jeweils m.w.N.
241 Auch dies ist bisher umstritten; für Zuständigkeit des Vorstands etwa *Hoffmann-Becking* in MünchHdb. AG, 5. Aufl. 2020, § 33 Rn. 18; *J. Koch* (Fn. 146), § 113 Rn. 8; für Zuständigkeit des Aufsichtsrats aber die wohl h.M., *Habersack* (Fn. 104), § 113 Rn. 32; *Wasmann/Gärtner* in Arnold/Goette, Hdb. Aufsichtsrat, 2021, § 6 Rn. 179 ff. m.w.N.
242 Für ein Aufsichtsratsbudget insbesondere *Theisen*, FS Säcker, 2011, S. 487, 510 ff.; *ders.*, AG 2018, 589; *ders.*, AG 2021, 329.
243 Dafür de lege ferenda v. *Schenck*, FS Marsch-Barner, 2018, S. 483, 488 f.; für eine entsprechende Verfügungsbefugnis schon nach geltendem Recht *Strohn*, 2. FS K. Schmidt, 2019, S. 461, 466 ff.; dagegen jedoch die h.M., s. *Habersack* (Fn. 104), § 111 Rn. 102 m.w.N.
244 Arbeitskreis Recht des Aufsichtsrats, NZG 2021, 477 Rn. 34 ff.; VGR (Fn. 181), Rn. 8.35 ff.; zum Hintergrund *Decher* in Hommelhoff/Kley/Verse, Reform des Aufsichtsratsrechts, 2021, S. 145; speziell zu den sitzungsleitenden Befugnissen *Austmann*, FS Krieger, 2020, S. 51.

sitzende im Gesetz trotz seiner besonderen Bedeutung kaum Erwähnung. Ferner soll der Katalog der Aufgaben, die auf Ausschüsse delegiert oder nicht delegiert werden können (§ 107 Abs. 3 Satz 7 AktG), präziser gefasst werden, indem bisher ungeschriebene Delegationsverbote im Interesse der Rechtssicherheit kodifiziert werden[245]. Der Praxis ist in diesem Kontext insbesondere an der Klarstellung gelegen, dass auch der Aufschub einer ad-hoc-Mitteilung (Art. 17 Abs. 4 MAR), sofern dafür ausnahmsweise der Aufsichtsrat zuständig ist, in einem Ausschuss entschieden werden kann; dies ist vor allem bei der Vorbereitung von Personalwechseln im Vorstand von Bedeutung[246]. Nicht vorgesehen ist in den Reformvorschlägen des Arbeitskreises und der VGR die Bildung weiterer Pflichtausschüsse neben dem Prüfungsausschuss in Unternehmen von öffentlichem Interesse (§ 107 Abs. 4 AktG)[247]. In dem bereits erwähnten Gutachten für den kommenden Juristentag wird dagegen nunmehr die Idee eines obligatorischen „Klimaausschusses" zur Diskussion gestellt[248].

Arbeitskreis und VGR wollen zudem den Umgang mit Interessenkonflikten regeln – ein wichtiges Themenfeld, das aber bisher nur durch ungeschriebene und zum Teil umstrittene Regeln bestimmt wird. Konkret wird dazu u. a. vorgeschlagen, die aus der organschaftlichen Treuepflicht abgeleitete Pflicht zur Offenlegung von Interessenkonflikten[249] und die Reichweite der Stimmverbote, die bisher aus § 34 BGB analog und dem Verbot des Richtens in eigener Sache hergeleitet werden[250], zu

---

245 Arbeitskreis Recht des Aufsichtsrats, NZG 2021, 477 Rn. 43; VGR (Fn. 181), Rn. 8.41; näher dazu *Löbbe* (Fn. 178), S. 199, 224 f.
246 Für eine entsprechende Klarstellung (zumindest in der Gesetzesbegründung) Arbeitskreis Recht des Aufsichtsrats, NZG 2021, 477 Rn. 43; VGR (Fn. 181), Rn. 8.41; zust. BDI (Fn. 219), Ziff. 7.1; VCI, NZG 2022, 156, 161. Zum geltenden Recht ist die Frage umstritten; s. einerseits – für Möglichkeit der Delegation auf einen Ausschuss – BaFin, Emittentenleitfaden, 5. Aufl., Modul C (Stand 25.3.2020), Abschnitt I.3.3.1.1.; *Löbbe* (Fn. 178), S. 199, 226 f.; *Reichert*, ZHR 187 (2023), 739, 767; andererseits – für Plenumsvorbehalt, wenn sich die Selbstbefreiungskompetenz des Aufsichtsrats aus seiner nach § 107 Abs. 3 Satz 7 AktG nicht delegierbaren Personalkompetenz (insbes. § 84 Abs. 1 Satz 1, Abs. 4 Satz 1 AktG) ableitet – *Mülbert*, FS Stilz, 2014, S. 411, 423; *Klöhn* in: Klöhn, MAR, 2018, Art. 17 Rn. 194.
247 Stattdessen die Organisationsautonomie des Aufsichtsrats betonend *Löbbe* (Fn. 178), S. 199, 209 ff.; *Hommelhoff* in Hommelhoff/Kley/Verse, Reform des Aufsichtsratsrechts, 2021, S. 43, 55 ff.
248 *Weller* (Fn. 234), bezogen auf Gesellschaften, die entweder börsennotiert oder mitbestimmt sind; ebenso *Weller/Hößl/Seemann*, ZGR 2024, 180, 216. Zu der schon jetzt zu beobachtenden zunehmenden Verbreitung von Nachhaltigkeits- oder ESG-Ausschüssen *Verse/Tassius* (Fn. 235), § 7 Rn. 32 f.
249 Dazu statt vieler *Habersack* (Fn. 104), § 100 Rn. 104 m.w.N. Entgegen dem durch die Empfehlung E.1 DCGK vermittelten Eindruck besteht somit schon jetzt eine zwingende Vorgabe; s. schon *Koch*, ZGR 2014, 697, 723 (zu Ziff. 5.5.2 DCGK a.F.); *Bachmann* (Fn. 189), E.1 Rn. 1a; abw. *Kremer* in Kremer/Bachmann/Lutter/v. Werder, DCGK, 8. Aufl. 2021, E.1 Rn. 4.
250 *Habersack* (Fn. 104), § 108 Rn. 29 ff.; *Hopt/Roth* (Fn. 144), § 108 Rn. 64 ff.

kodifizieren²⁵¹. Zudem soll klargestellt werden, dass sich ein konfliktbefangenes Aufsichtsratsmitglied auch dann von der Beratung und der Abstimmung zurückziehen darf, wenn der Interessenkonflikt nicht die für ein Stimmverbot erforderliche Intensität erreicht, aber doch so gewichtig ist, dass sich der Betroffene nicht mehr auf die Business Judgment Rule (§ 93 Abs. 1 Satz 2 AktG) berufen kann²⁵².

(4) Verhältnis zur Hauptversammlung und Auftreten nach außen
Ausgebaut werden soll schließlich auch der Rechtsrahmen für das Verhältnis des Aufsichtsrats zur Hauptversammlung und das Auftreten im Außenverhältnis. Im Verhältnis zur Hauptversammlung verdient insbesondere der Vorschlag Hervorhebung, dass künftig auch der Aufsichtsrat Geschäftsführungsfragen der Hauptversammlung vorlegen können soll, sofern er ausnahmsweise für die Geschäftsführung zuständig ist. Die bisher auf den Vorstand beschränkte Vorschrift des § 119 Abs. 2 AktG soll entsprechend ergänzt werden²⁵³. Bedeutung hätte diese Ergänzung nicht nur in Fällen, in denen der Aufsichtsrat allein geschäftsführungsbefugt ist (wie bei Rechtsgeschäften mit Vorstandsmitgliedern nach § 112 AktG), sondern auch bei Zustimmungsvorbehalten nach § 111 Abs. 4 Satz 2 oder § 111b Abs. 1 AktG²⁵⁴. Hinter diesem Vorschlag steht die Überlegung, dass nicht einzusehen ist, warum nur der Vorstand die Hauptversammlung einschalten und damit den Weg zu einer möglichen Enthaftung (§ 93 Abs. 4 Satz 1 AktG) ebnen können soll, nicht aber der Aufsichtsrat, der in den genannten Fällen anstelle des Vorstands oder mitverantwortlich neben ihm geschäftsführend tätig wird.

Was schließlich das Auftreten des Aufsichtsrats im Außenverhältnis betrifft, so wird neben einer Präzisierung der Vertretungsbefugnisse des Aufsichtsrats (§ 112 AktG)²⁵⁵ vor allem eine gesetzliche Regelung für Investorendialoge und sonstige

---

251 Arbeitskreis Recht des Aufsichtsrats, NZG 2021, 477 Rn. 30 f.; VGR (Fn. 181), Rn. 8.31 f.; zust. *Reichert*, ZHR 187 (2023), 739, 770 f.
252 Arbeitskreis Recht des Aufsichtsrats, NZG 2021, 477 Rn. 32; VGR (Fn. 181), Rn. 8.33 (sofern keine gewichtigen Gründe des Gesellschaftswohls entgegenstehen, namentlich die Beeinträchtigung der Beschlussfähigkeit oder die Betroffenheit aller Aufsichtsratsmitglieder). Ebenso schon jetzt die h.L.; *J. Koch* (Fn. 146), § 108 Rn. 13; *Reichert*, FS Krieger, 2020, S. 723, 745 ff. m.w.N.; strenger aber *Habersack* (Fn. 104), § 100 Rn. 83, 106: Rückzugsmöglichkeit allenfalls ausnahmsweise.
253 Arbeitskreis Recht des Aufsichtsrats, NZG 2021, 477 Rn. 46; VGR (Fn. 181), Rn. 8.45 f. Zum geltenden Recht ist dagegen umstritten, ob § 119 Abs. 2 AktG analog auf den Aufsichtsrat angewendet werden kann; verneinend die h.L., *Mülbert* in GroßkommAktG, 5. Aufl. 2017, § 119 Rn. 197 m.w.N.; bejahend aber *Fischbach*, ZIP 2013, 1153, 1155 ff.; *Habersack*, NZG 2016, 321, 326 f.; *ders.* (Fn. 104), § 116 Rn. 76.
254 VGR (Fn. 181), Rn. 8.46.
255 Näher Arbeitskreis Recht des Aufsichtsrats, NZG 2021, 477 Rn. 18; VGR (Fn. 181), Rn. 8.49; *Habersack* (Fn. 78), S. 23, 36 f.

Außenkommunikation der Aufsichtsratsmitglieder vorgeschlagen[256]. Diese soll an klare prozedurale Regeln gebunden werden (Einzel- oder Generalermächtigung durch das Plenum, Information des Plenums und des Vorstands im Nachgang) und inhaltlich auf aufsichtsratsspezifische Themen begrenzt sein[257].

b) Einführung eines Wahlrechts zwischen monistischem und dualistischem System

Die vorstehend skizzierten Reformvorschläge, die derzeit diskutiert werden, sind wie schon erwähnt durchweg auf eine *systemimmanente* Weiterentwicklung des Aufsichtsratsrechts gerichtet. Dem liegt die hierzulande weithin konsentierte Einschätzung zugrunde, dass sich das dualistische System im Kern bewährt hat[258]. Eine Aufgabe des dualistischen Systems steht im Übrigen auch schon deshalb nicht ernsthaft zur Diskussion, weil die Mitbestimmung im Verwaltungsrat einer monistisch verfassten Gesellschaft – wie schon der Gesetzgeber des AktG 1965 vorausgesehen hat (s.o. II. 3. a) – wegen der damit verbundenen Intensivierung der Mitbestimmung der Anteilseignerseite kaum vermittelbar ist. Ein Blick auf die Praxis der monistischen SE belegt dies deutlich: Obwohl ungefähr jede zweite SE mit Sitz in Deutschland für eine monistische Verfassung optiert hat[259] und es hierzulande über 70 mitbestimmte SE gibt[260], findet sich unter den monistischen SE keine einzige, die paritätisch mitbestimmt ist. Auch eine monistische SE mit Drittelbeteiligung ist in den 20 Jahren, in denen es diese Rechtsform gibt, eine ganz seltene Rarität geblieben; derzeit gibt es nur eine einzige[261].

Damit ist aber noch nichts darüber gesagt, ob man nicht künftig auch in der Rechtsform der AG ein Wahlrecht zwischen dualistischer und monistischer Verfassung eröffnen sollte, das jedenfalls für die nicht mitbestimmten Aktiengesellschaften – und dies ist zahlenmäßig die große Mehrheit[262] – von Interesse wäre. Ein

---

256 Arbeitskreis Recht des Aufsichtsrats, NZG 2021, 477 Rn. 16 f.; VGR (Fn. 181), Rn. 8.50 ff.
257 Für die letztgenannte Einschränkung schon bisher die h.L., s.o. III. 3. mit Fn. 207 f.; weitergehend de lege ferenda *Reichert*, ZHR 187 (2023), 739, 753: Dem Aufsichtsrat sollte auch gestattet sein, zumindest auf allgemeine Fragen von Investoren zur Unternehmensstrategie einzugehen.
258 So ausdrücklich zuletzt etwa VGR (Fn. 181), Rn. 1.44.
259 Nach einer Erhebung von *Teichmann*, in Lutter/Hommelhoff/Teichmann, SE-Komm., 3. Aufl. (im Ersch.), Einl. SE-VO Rn. 44, waren am Stichtag 31.7.2023 insgesamt 980 SE in Deutschland registriert, davon 497 (50,7%) mit monistischer Verfassung.
260 *Rosenbohm/Sick*, SE-Datenblatt, Fakten zur Europäischen Aktiengesellschaft – Stand 31.12.2021, S. 2 (abrufbar unter www.boeckler.de): 71 mitbestimmte SE in Deutschland am Stichtag 31.12.2021.
261 *Rosenbohm/Sick* (Fn. 260), S. 2.
262 Nähere Angaben dazu bei *Reichert*, ZHR 187 (2023), 739, 745.

solches Wahlrecht wurde bei den Beratungen des AktG 1965 noch nicht erwogen (s.o. II. 3. a); es findet sich heute aber nicht nur in der SE-Verordnung[263], sondern auch in vielen ausländischen Rechtsordnungen[264] und im European Model Companies Act[265]. In der rechtspolitischen Diskussion erfährt die Forderung, ein Wahlrecht auch in der AG einzuführen, inzwischen breite Unterstützung. Neben zahlreichen Stimmen im Schrifttum[266] hat sich 2012 auch der Deutsche Juristentag mit deutlicher Mehrheit für ein Wahlrecht ausgesprochen[267], nachdem er vier Jahre zuvor noch anders votiert hatte[268]. Soweit der Vorschlag näher konkretisiert wird, hat man dabei meist eine Anlehnung an die Vorschriften zur monistischen SE vor Augen[269]. Gegenüber dieser hätte die monistische AG insbesondere den Vorteil, dass sich das Gründungsverfahren vereinfacht[270] und sich das für die SE charakteristische, mitunter komplizierte Inandergreifen von Unionsrecht und nationalem Recht erübrigt. Allerdings gibt es bis zuletzt auch zurückhaltende Stimmen, die dazu mahnen, dass vor Erstreckung des Wahlrechts auf die AG die Nachteile des monistischen Systems sorgfältig adressiert werden müssen[271].

Dass ein Wahlrecht zwischen den beiden Systemen heute (ganz) überwiegend befürwortet wird, hat seinen Grund in der Tatsache, dass inzwischen weithin Ei-

---

[263] Art. 38 lit. b der Verordnung (EG) Nr. 2157/2001 v. 8.10.2001 über das Statut der Europäischen Gesellschaft (SE), ABl. L 294, S. 1.
[264] Überblick bei *Hopt*, ZHR 175 (2011), 444, 469: u.a. Frankreich, Italien, die Benelux-Staaten, Finnland, Dänemark, Portugal.
[265] Section 8.01 (2) ECMA. Allgemein zu diesem Modellgesetz *Habersack/Verse* (Fn. 232), § 4 Rn. 44.
[266] *Bachmann*, FS Hopt, 2010, S. 337, 340 f.; *Baums*, GS Gruson, 2009, 1, 4 ff.; *Bayer*, Gutachten E in Verhandlungen des 67. DJT, Bd. I, 2008, S. E 112 f.; *Drinhausen/Keinath/Waldvogel* (Fn. 184), S. 159; *Fleischer*, AcP 204 (2004), 502, 523 ff.; *Habersack* (Fn. 183), S. E 71, 103; *Henssler*, FS Ulmer, 2003, S. 193, 202; *Hopt*, ZHR 175 (2011), 444, 468 f.; *Reichert*, ZHR 187 (2023), 739, 742 ff.; VGR (Fn. 181), Rn. 1.20; eingehend auch *Fischer*, Monistische Unternehmensverfassung, 2010, S. 66 f.; für Österreich *Kalss/Schauer*, Gutachten für den 16. ÖJT 2006, S. 91 ff.
[267] Verhandlungen des 69. DJT 2012, Bd. II/1, S. N 90, Beschluss 19 der wirtschaftsrechtlichen Abteilung (mit 53:26 Stimmen bei fünf Enthaltungen).
[268] Verhandlungen des 67. DJT 2008, Bd. II/1, S. N 106, Beschlüsse 19a und 19b der wirtschaftsrechtlichen Abteilung.
[269] Deutlich insbes. VGR (Fn. 181), Rn. 1.21: „Hinsichtlich des allgemeinen Organisationsrechts der monistisch verfassten AG sollte sich der Gesetzgeber an den bewährten Vorschriften der SE-VO und des SEAG orientieren." Für eine vom SEAG abweichende Regelung hingegen *Drinhausen/Keinath/Waldvogel* (Fn. 184), S. 165, 173 f.
[270] *Reichert*, ZHR 187 (2023), 739, 745 f.
[271] Eingehend zuletzt *J. Vetter*, FS Henssler, 2023, S. 1305; zurückhaltend auch *J. Koch* (Fn. 146), § 76 Rn. 4 (kein dringendes Bedürfnis); ferner *Berrar*, Die Entwicklung der deutschen Corporate Governance im internationalen Vergleich, 2001, S. 202 f.

nigkeit besteht, dass kein System dem anderen von vornherein überlegen ist[272]. Zu dieser Einschätzung hat sicherlich auch beigetragen, dass sich in beiden Systemen unübersehbar konvergierende Entwicklungen abzeichnen, namentlich die Funktionstrennung zwischen geschäftsführenden und nicht-geschäftsführenden Verwaltungsratsmitgliedern (*executive* und *non-executive directors*) im monistischen System und die stärkere Betonung der prospektiven Komponente der Überwachung durch den Aufsichtsrat im dualistischen System[273].

Gegen das monistische System – jedenfalls in seiner Ausprägung durch das SEAG, das eine Mehrheit von nicht-geschäftsführenden Verwaltungsratsmitgliedern verlangt (§ 40 Abs. 1 Satz 2 SEAG) – wird zwar gelegentlich eingewandt, dass die Leitungsentscheidungen hier mehrheitlich von Personen getroffen werden, die nicht hauptamtlich für die Gesellschaft tätig sind und sich wegen ihrer geringeren zeitlichen Verfügbarkeit typischerweise weniger intensiv mit der Entscheidung befassen können als die hauptamtlich tätigen Vorstandsmitglieder im dualistischen System[274]. Aber abgesehen davon, dass sich auch im monistischen System die nicht-geschäftsführenden Verwaltungsratsmitglieder nicht leichterhand über die Argumente der hauptamtlichen geschäftsführenden Direktoren hinwegsetzen werden, bleibt die Frage, warum man es den Aktionären verwehren sollte, diesen und mögliche weitere Nachteile – etwa die abnehmende Unvoreingenommenheit der Kontrolle, je mehr der Verwaltungsrat selbst leitend tätig wird, oder die Schwerfälligkeit der Hauptversammlung, wenn das Bedürfnis nach personellen Veränderungen im Leitungsorgan entsteht[275] – in Kauf zu nehmen, wenn sie sich im Gegenzug überwiegende Vorteile vom monistischen System versprechen. Solche Vorteile können aus Sicht der Aktionäre z. B. in einer tendenziell besseren Informationsversorgung des Verwaltungsrats gesehen werden[276], ferner je nach Lage des Einzelfalls auch in der schlankeren, kostengünstigeren Aufstellung der Organe, der internationalen Üblichkeit des monistischen Systems oder in der Möglichkeit, einen für besonders fähig gehaltenen Manager oder das Familienoberhaupt einer Familiengesellschaft mit der besonderen Machtfülle eines geschäftsführenden Verwaltungsratsvorsitzenden (CEO) auszustatten[277]. Attraktiv mag im Einzelfall auch die

---

272 Stellv. für viele *Bachmann* (Fn. 266), S. 337, 340 f.; *Fleischer*, AcP 204 (2004), 502, 527; ders., JZ 2023, 365, 375; *Hopt*, ZHR 175 (2011), 444, 468; *Jungmann*, ECFR 2006, 426; *Leyens*, RabelsZ 67 (2003), 57, 96.
273 Näher etwa *Hopt*, ZGR 2019, 507, 517 ff.
274 *J. Vetter* (Fn. 271), S. 1305, 1311.
275 Zu Letzterem *J. Vetter* (Fn. 271), S. 1305, 1316.
276 *J. Vetter* (Fn. 271), S. 1305, 1314.
277 Dass eine solche Machtfülle auch mit Risiken verbunden ist (*J. Vetter* [Fn. 271], S. 1305, 1312 f.), versteht sich von selbst und mag in Bezug auf börsennotierte Gesellschaften ein Grund sein, in den DCGK eine abweichende Empfehlung aufzunehmen (dafür *Casper*, ZHR 173 [2009], 171, 215 f.; *Teichmann* in

Möglichkeit sein, dem Familienoberhaupt nach dem Rückzug aus dem Tagesgeschäft über die Position des Verwaltungsratsvorsitzenden noch einen stärkeren Einfluss auf die strategischen Entscheidungen der Gesellschaft zu erhalten, als dies im dualistischen System als Aufsichtsratsvorsitzender möglich wäre[278]. Nimmt man hinzu, dass sich der legislatorische Aufwand für die Einführung des Wahlrechts in engen Grenzen hält, sofern sich der Gesetzgeber hinsichtlich der Ausgestaltung der monistischen AG am Vorbild der SE orientiert, wäre es im Ergebnis kaum zu verstehen, wenn er sich der Forderung nach einem Wahlrecht auf Dauer verschließen sollte.

IV. Resümee

Blickt man am Ende zurück auf die über 150jährige Geschichte des Aufsichtsrats, so lässt sich ohne Übertreibung sagen, dass es kaum ein Thema gibt, welches im deutschen Aktienrecht im Lauf der Zeit immer wieder aufs Neue so intensiv diskutiert worden ist wie die Rolle des Aufsichtsrats und seine zweckmäßige Ausgestaltung. Die Entwicklung ist in einer Art Pendelbewegung von der in der Praxis üblichen Ausgestaltung als Oberleitungsorgan (bis 1937) über die Rückführung auf ein Kontrollorgan mit begrenztem Aktionsradius (insbesondere nach dem MitbestG 1976) bis hin zu der – zwischen diesen Polen liegenden – modernen Konzeption des „mitunternehmerischen" Kontrollorgans verlaufen. Wiewohl diese moderne, die zukunftsgerichtete Komponente der Überwachung stärker betonende Konzeption bereits im AktG 1965 ansatzweise angelegt war, hat sie sich doch erst seit den 1990er Jahren nach und nach durchgesetzt.

Bei aller Kritik an der Ausgestaltung des Aufsichtsratsrechts im Einzelnen entspricht es heute ganz überwiegender Überzeugung in Deutschland, dass sich das dualistische System in der heutigen Form im Kern bewährt hat, auch wenn es international nach wie vor in der Minderheit ist und bei ausländischen Investoren und Stakeholdern immer wieder Fragen aufwirft. Da das Aufsichtsratsrecht des AktG 1965 immer nur punktuell überarbeitet wurde und bisher keine Reformanstrengung unternommen wurde, die den aktuellen Normenbestand systematisch-umfassend auf die moderne Konzeption als mitunternehmerisches Kontrollorgan abstimmt, kann es aber nicht überraschen, dass der Ruf nach einer system-

---

Lutter/Hommelhoff/Teichmann, 2. Aufl. 2015, § 40 SEAG Rn. 19). Eine Bevormundung der Aktionäre durch ein zwingendes Verbot rechtfertigt diese Besorgnis aber wohl nicht. Wollte man dies anders sehen, müsste man konsequenterweise auch in der SE das CEO-Modell ausschließen (so § 50 Abs. 2 Satz 1 österr. SEG).
278 *Reichert*, ZHR 187 (2023), 739, 747.

immanenten Modernisierung des Aufsichtsratsrechts zuletzt immer lauter geworden ist. Ebenso wenig steht es in Widerspruch zu der großen Akzeptanz des dualistischen Systems, wenn man auch in der AG (nach dem Vorbild der SE) ein Wahlrecht zur monistischen Organisationsverfassung eröffnen würde, mag dieses auch allein oder ganz überwiegend nur für nicht mitbestimmte Gesellschaften von Interesse sein. Ob sich der Gesetzgeber diesen Forderungen der jüngeren Reformdiskussion eines Tages öffnen wird, bleibt abzuwarten. Einigermaßen sicher darf man aber sein, dass die schon seit 1870 anhaltende Diskussion, wie man den Aufsichtsrat als möglichst leistungsfähiges Instrument für eine effektive Corporate Governance weiterentwickeln kann, auch künftige Generationen beschäftigen wird.

Marc-Philippe Weller/Markus Lieberknecht

§ 5 Internationales Gesellschaftsrecht: Sitztheorie versus Gründungstheorie – eine zeitlose Grundsatzdebatte

I. Einleitung —— 203
   1. Die Sitztheorie —— 204
   2. Die Gründungstheorie —— 206
   3. Bandbreite der Debatte —— 207
II. Historische Ursprünge der Sitz- und Gründungstheorie —— 209
   1. Entwicklung der Gründungstheorie in England —— 209
   2. Entwicklung der Sitztheorie auf dem Kontinent —— 210
   3. Rechtsprechung des Reichsgerichts —— 212
III. Verlauf der Debatte in der Bundesrepublik —— 214
   1. Nachkriegszeit und Bonner Republik —— 214
      a) Die Liechtenstein-Entscheidung des BGH (1970) —— 214
      b) Sitztheorie erwächst zu Gewohnheitsrecht —— 215
      c) Sitztheorie als Grundlage der „Deutschland AG" —— 216
   2. Siegeszug der Gründungstheorie über das Europarecht —— 217
      a) Verwaltungssitzverlegung: Etablierung des Anerkennungsprinzips durch den EuGH —— 217
      b) Satzungssitzverlegung: Grenzüberschreitende Umwandlungsfreiheit —— 218
      c) Modernisierung der Gesellschaftsrechte in Europa —— 218
   3. Methodische Umsetzung des EU-Anerkennungsprinzips in Deutschland —— 219
      a) Bundesgerichtshof: Kollisionsrechtliche Lösung über die Gründungstheorie —— 219
      b) Scharmützel innerhalb des BGH: Jersey-Limited (II. Zivilsenat) versus Übersering (VII. Zivilsenat) —— 220
   4. Rückzugsgefechte und Persistenzen der Sitztheorie —— 222
      a) Wegzugskonstellationen —— 222
      b) Drittstaatensachverhalte: die Trabrennbahn-Entscheidung des BGH (2009) —— 223
IV. Die Revanche: Der insolvenzrechtliche COMI in Funktionsnachfolge der Sitztheorie —— 225
   1. Sitz als Anknüpfungsmoment des Gesellschaftsinsolvenzstatuts —— 225
   2. Insolvenzstatut ersetzt Gesellschaftsstatut —— 226
   3. Grundfreiheitenkonformität von Marktrückzugsregeln (Keck, Kornhaas) —— 226
   4. Gläubigerschutz über Insolvenzhaftungsinstrumente (Gourdain, Kornhaas) —— 227
V. Gegenwart und Zukunft des Theorienstreits —— 228

I. Einleitung

Die Frage nach der richtigen Anknüpfung zur Bestimmung des Gesellschaftsstatuts begleitet das Kollisionsrecht seit dessen Begründung in seiner modernen Form durch *Friedrich Carl von Savigny*.[1] Innerhalb eines vielfältigen Theorienspektrums haben sich im Laufe der Zeit zwei maßgebliche Lösungsvorschläge behauptet: die Gründungs- oder Inkorporationstheorie einerseits[2] und die Sitztheorie andererseits.[3] Erstere knüpft das auf die Gesellschaft anwendbare Recht (das sog. Gesellschaftsstatut, auch *lex societatis* genannt)[4] an den Ort der Gründung und ggf. Registrierung an,[5] letztere an den Ort des tatsächlichen Sitzes der Hauptverwaltung.[6]

1. Die Sitztheorie

Die Sitztheorie lässt sich auf das kollisionsrechtliche Territorialitätsprinzip zurückführen.[7] Sie zeichnet sich durch ein rein objektives Kriterium aus, das sich der parteiautonomen Vereinbarung entzieht.[8] Sie soll damit die Sachnähe zum Sitz der Hauptverwaltung gewährleisten, an dem sich regelmäßig der Interessenmittelpunkt

---

[1] Vgl. *Fleischer*, JZ 2023, 365, 374; *Trautrims*, ZHR 176 (2012), 435 („so alt wie das moderne internationale Privatrecht selbst").
[2] Näher *Bahlinger*, Grenzen der Rechtswahlfreiheit im Internationalen Gesellschaftsrecht, 2022; zur Begrifflichkeit *Knobbe-Keuk*, ZHR 154 (1990), 325, 326.
[3] Näher *Weller*, Europäische Rechtsformwahlfreiheit und Gesellschafterhaftung, 2004, S. 13 ff.; *Fleischer*, NZG 2023, 243, 249. Erwähnung verdient ferner die im Völkerrecht wurzelnde Kontrolltheorie, siehe zu dieser *Kindler*, in: MüKo BGB, 8. Aufl. 2021, IntGesR Rn. 355 ff.; eine Zusammenstellung weiterer, heute nicht mehr relevanter Alternativen findet sich bei *Grasmann*, System des internationalen Gesellschaftsrechts, 1970, S. 88 ff.
[4] Eine hiervon unabhängige Frage ist, welche Reichweite dem Gesellschaftsstatut zukommt. Die Antwort darauf hat der II. Zivilsenat mit einer klangvollen Trias so zusammengefasst, dass das Gesellschaftsstatut darüber bestimme, „unter welchen Voraussetzungen die juristische Person entsteht, lebt und vergeht", vgl. BGH, Urt. v. 11.7.1957 – II ZR 318/55 = NJW 1957, 1433, 1434. Es ist anerkannt, dass grundsätzlich das gesamte Gesellschaftsstatut einer einzigen Rechtsordnung unterworfen werden soll (sog. gesellschaftsrechtliches Einheitsstatut), vgl. BGH, Beschl. v. 30.3.2000 – VII ZR 370/98 (*Überseering*) = ZIP 2000, 967, 968.
[5] Innerhalb der Gründungstheorie werden verschiedene Anknüpfungsmomente diskutiert, namentlich der Ort des Gründungsgeschäfts, der Ort des statutarischen Sitzes (Satzungssitz), der Ort der Registereintragung, der von den Gesellschaftern frei gewählte Sitz sowie der Ort, durch dessen Recht der Gesellschaft die Rechtsfähigkeit verliehen wurde, vgl. *Weller*, in: MüKo GmbHG, 4. Aufl. 2022, Einl. Rn. 355; ferner *Kaulen*, IPRax 2008, 389, 390 ff.; *Zimmer*, RabelsZ 67 (2003), 298, 299 ff.
[6] Siehe statt vieler *Weller*, in: MüKo GmbHG, 4. Aufl. 2022, Einl. Rn. 341; zur Sitzbestimmung siehe etwa BGH, Urt. v. 21.3.1986 – V ZR 10/85 = NJW 1986, 2194, 2195; *Zimmer*, RabelsZ 67 (2003), 298, 300.
[7] *Weller*, ZEuP 2016, 53, 57.
[8] Details bei *Bahlinger*, Grenzen der Rechtswahlfreiheit im Internationalen Gesellschaftsrecht, 2022.

der Gesellschaft befindet,[9] und ermöglicht dem (Verwaltungs-)Sitzstaat die Ausübung einer wirksamen Kontrolle, insbesondere auch durch Normen zum Schutz von Gläubigern, aber auch von Arbeitnehmern, Minderheitsaktionären und zuletzt zur Förderung bestimmter gesellschaftsrechtlicher Gruppen.

Wovor insbesondere freiwillige Gläubiger (Vertragsgläubiger) eigentlich geschützt werden sollen, wird selten ausbuchstabiert, aber mit den Gefahren eines „laxeren Gesellschaftsstatuts"[10] oder der „Überflutung"[11] durch „Billig-Gesellschaften"[12] in teils drastischen Worten umschrieben. Die unbestreitbare Kehrseite dieser (behaupteten) Schutzfunktion ist eine ausgeprägte Mobilitätsfeindlichkeit, weil die Sitztheorie bei grenzüberschreitender Verlegung des Verwaltungssitzes einen Statutenwechsel auslöst.[13] In der Folge muss die Gesellschaft ihre Mobilität zumeist prohibitiv teuer bezahlen, nämlich mit dem Verlust ihrer Rechtsfähigkeit.[14] Sie wird beim Grenzübertritt gleichsam „erschlagen"[15] oder zumindest ihres bisherigen Rechtskleids beraubt.[16] Selbst im letzteren Fall, also bei einer Anwendung der modifizierten Sitztheorie (auch: Wechselbalgtheorie),[17] bleiben angesichts der dadurch erfolgenden Transposition einer ausländischen Kapital- in eine inländische Personengesellschaft diverse schwerwiegende Nachteile, namentlich die Gefahr einer Statutenverdoppelung, hinkende Rechtsverhältnisse (der Gründungsstaat erachtet die Kapitalgesellschaft meist als wirksam, der Zuzugsstaat transponiert sie hingegen in eine Personengesellschaft), eine schwer zu rechtfertigende persönliche Haftung der Gesellschafter (vgl. § 128 HGB) und Mängel der organschaftlichen

---

9 Daraus folgt regelmäßig ein Gleichlauf zwischen dem Gesellschafts- und dem Insolvenzstatut, das sich gemeinhin nach dem *center of main interest* (COMI) richtet, vgl. Art. 1 Abs. 1 UAbs. 1 S. 1 und Art. 7 Abs. 1 EuInsVO.
10 *Leible*, in: Michalski/Heidinger/Leible/J. Schmidt, GmbHG, 4. Aufl. 2023, Syst. Darst. 2 IntGesR Rn. 5; ähnlich („laxere ausländische Regelungen") *Kindler*, in: MüKo BGB, 8. Aufl. 2021, IntGesR Rn. 426.
11 So noch *Kropholler*, IPR, 5. Aufl. 2004, S. 540.
12 Pointiert *K. Schmidt*, Gesellschaftsrecht, 5. Aufl. 2017, § 1 II, S. 27.
13 Ausführlich hierzu *Weller*, in: MüKo GmbHG, 4. Aufl. 2022, Einl. Rn. 344 ff.
14 Vgl. *Leible*, in: Michalski/Heidinger/Leible/J. Schmidt, GmbHG, 4. Aufl. 2023, Syst. Darst. 2 IntGesR Rn. 5; dort (Rn. 77 f.) auch zum Ausnahmefall des Erhalts der Rechtsfähigkeit infolge der Gesamtverweisung.
15 So die Formulierung bei *Knobbe-Keuk*, ZHR 154 (1990), 325, 336.
16 Die traditionelle Sitztheorie behandelt die Gesellschaft in diesem Fall als rechtlich inexistentes *nullum*, während die modifizierte Sitztheorie eine Umqualifizierung in eine Rechtsform des Zuzugsstaats vornimmt; näher *Weller*, FS Wulf Goette, 2011, 583 ff.; *Bartels*, ZHR 176 (2012), 412, 416 f.
17 Vgl. BGH, Urt. v. 1.7.2002 – II ZR 380/00, *Jersey* = NJW 2002, 3539; ausführlich hierzu *Weller*, FS Wulf Goette, 2011, 583 ff.; zu den wesentlichen Kritikpunkten an der modifizierten Sitztheorie *Weller*, in: MüKo GmbHG, 4. Aufl. 2022, Einl. Rn. 352.

Vertretung (Zulässigkeit der Fremdorganschaft bei Kapitalgesellschaften, Selbstorganschaft bei Personengesellschaften).[18]

2. Die Gründungstheorie

Die Gründungstheorie hingegen fördert die Mobilität von Gesellschaften und die Gestaltungsmöglichkeiten der Gesellschafter. Weil sie im Gesellschafts*vertrag* die freie Wahl des Satzungssitzes erlaubt, gilt sie auch als verkappte Spielart der – im *Schuldvertrags*recht selbstverständlichen (Art. 3 Rom I-VO) – internationalen Rechtswahlfreiheit.[19]

Aus Perspektive der im Inland gegründeten Gesellschaften mag man in ihr gleichwohl noch einen Nachhall des alten Konzessionssystems vernehmen, wenn man den staatlich ermöglichten (früher: genehmigten) Gründungsakt – und nicht den privatautonomen Gestaltungsakt – in den Vordergrund stellt.[20] Mit Blick auf Auslandsgesellschaften verringert die Gründungstheorie den Grad der Kontrolle von Staaten über die Verfasstheit der auf ihrem Gebiet operierenden Gesellschaften. Mit der Freiheit der Gesellschafter, auf möglichst opportune ausländische Rechtsformen zurückzugreifen, geht erstens ein Potential der Manipulation und Umgehung einher.[21] Freilich führt auch die Gründungstheorie mitnichten zu einer schrankenlosen Anerkennung, weil sie – wie jede andere Kollisionsregel auch – unter dem Vorbehalt des *ordre public* und inländischer Eingriffsnormen steht.[22]

Zweitens erhöht die Gründungstheorie, indem sie eine vom Verwaltungssitz losgelöste Wahl des Gesellschaftsstatuts ermöglicht, den Konkurrenzdruck auf das inländische Sachrecht, der mit einem Wettbewerb der Rechtsordnungen[23] und – so die Befürchtung mancher – womöglich mit einem *race to the bottom* einhergeht.[24]

Drittens ermöglicht die Gründungstheorie den Export des eigenen Gesellschaftsrechts in fremde Jurisdiktionen. Sie ist nicht zufällig im Vereinigten König-

---

18 *Weller*, FS Wulf Goette, 2011, 583 ff.; siehe ferner *Lieder*, in: BeckOGK, Stand: 15.1.2023, § 1 GmbHG Rn. 527 ff.
19 *Bahlinger*, Grenzen der Rechtswahlfreiheit im Internationalen Gesellschaftsrecht, 2022.
20 Siehe *Vagts*, 83 Harv. L. Rev. 739, 741 (1970); ferner *Großfeld*, Aktiengesellschaft, Unternehmenskonzentration und Kleinaktionär, 1968, S. 115 ff.; man mag die Gründungstheorie deshalb auch in die Nähe der *act of state doctrine* rücken, siehe *Großfeld*, AWD 1972, 537, 538; allgemein zur Unterscheidung zwischen der Anerkennung als einem fremdenrechtlichen Akt und der Anerkennung als Folge der Anwendung des ausländischen Rechts siehe *Beitzke*, FS Luther, 1976, 1, 2.
21 Vgl. *Weller*, in: MüKo GmbHG, 4. Aufl. 2022, Einl. Rn. 356.
22 Vgl. *Weller*, in: MüKo GmbHG, 4. Aufl. 2022, Einl. Rn. 356.
23 Vgl. *Basedow*, The Law of Open Societies, 2015, S. 281 f.
24 *Fleischer*, in: MüKo GmbHG, 4. Aufl. 2022, Einl. Rn. 233 f.: „Delaware-Effekt".

reich zur Zeit des Empire und des Kolonialismus entstanden, eröffnete sie doch den englischen Handelsgesellschaften der damaligen Zeit (z. B. der East India Company) auch in Übersee Aktivitäten unter englischer Rechtsform.

3. Bandbreite der Debatte

Die Frage nach dem richtigen Anknüpfungsmoment des Gesellschaftsstatuts prägt als *quaestio famosa*[25] des Internationalen Gesellschaftsrechts ein ganzes Teilrechtsgebiet des IPR.[26] Sie stellt sich in jedem nationalen Kollisionsrecht gleichermaßen. Bis heute kann jeder der beiden Ansätze einen hohen weltweiten Verbreitungsgrad vorweisen.[27] Hochburgen der Gründungstheorie befinden sich im angelsächsische Rechtsraum, insbesondere die USA und England sowie Kanada einschließlich Quebec. Sie ist aber auch in vielen lateinamerikanischen Rechtsordnungen sowie in Japan, Taiwan und Russland geltendes Recht. Auch im autonomen Recht vieler EU-Mitgliedstaaten ist inzwischen die Gründungstheorie maßgeblich.[28]

Andererseits folgen in der Union allerdings – neben Deutschland – noch diverse andere Staaten der Verwaltungssitzanknüpfung.[29] Im weltweiten Vergleich favorisieren insbesondere französisch beeinflusste Rechtsordnungen die Sitztheorie.[30]

Bei genauerem Hinsehen existiert indes weder im wissenschaftlichen Diskurs noch in der rechtsvergleichenden Umschau[31] *die* Sitztheorie und noch weniger *die*

---

25 So wörtlich *Großfeld*, in: Staudinger, BGB, 14. Aufl. 1998, IntGesR Rn. 18.
26 Siehe auch *Zimmer*, RabelsZ 67 (2003), 298, 299.
27 Siehe zum Ganzen *Basedow*, The Law of Open Societies, 2015, S. 273 m.w.N.
28 Vgl. *Hübner*, ZGR 2018, 149, 151.
29 *Schaub*, in: Ebenroth/Boujong/Joost/Strohn, HGB, 4. Aufl. 2020, Anh. § 12 Rn. 9 nennt u.a. Luxemburg, Portugal, Spanien, Georgien, Lettland und Slowenien; *Leible*, in: Michalski/Heidinger/Leible/J. Schmidt, GmbHG, 4. Aufl. 2023, Syst. Darst. 2 IntGesR Rn. 4 darüber hinaus Portugal und Österreich. Zu nennen ist ferner Griechenland, siehe auch den Überblick bei *European Commission*, Study on the Law Applicable to Companies – Final Report, 2016, S. 119 ff. (abrufbar unter https://perma.cc/AJ75-KSUU).
30 *Basedow*, The Law of Open Societies, 2015, S. 274.
31 Siehe auch *European Commission*, Study on the Law Applicable to Companies – Final Report, 2016, S. 117 (abrufbar unter https://perma.cc/AJ75-KSUU) („legal systems will generally not adopt either approach in their ‚pure' form, but in many variations"). Einige Rechtsordnungen, etwa die Schweiz, Südkorea, Italien und die Türkei modifizieren bspw. die Sitztheorie dergestalt, dass sie das Gesellschaftsrecht der *lex fori* auf Gesellschaften anwenden, die zwar im Ausland gegründet wurden, aber ihren Verwaltungssitz im Forumstaat unterhalten, vgl. *Basedow*, The Law of Open Societies, 2015, S. 274; dort auch zu wiederum besonderen Ausprägungen dieser Spielart der Sitztheorie in den Kollisionsrechten Sloweniens und Bulgariens sowie zu einer ungewöhnlichen Kompromisslö-

Gründungstheorie, sondern ein großer Variantenreichtum.[32] Bisherige Versuche der Rechtsvereinheitlichung – selbst in der EU mit einer weiteren Rom-VO – waren nicht von Erfolg gekrönt.[33] Die beiden Hauptströmungen weisen also Verästelungen und Nebenarme auf. Auch die meisten Alternativvorschläge arbeiten jedoch mit Variationen und Kombinationen des Gründungs- und Sitzstatuts.[34] Die Langlebigkeit des Streits nimmt nicht wunder, weil die Frage zum einen massive praktische Auswirkungen zeitigt und zum anderen in der Substanz viel mehr verhandelt als „nur" kollisionsrechtliche Theorie. Zur Debatte stehen nicht bloß Kriterien zur Bestimmung der Rechtsordnung mit der engsten Verbindung zum Sachverhalt, sondern zeitlose rechtspolitische Fragen.[35] Die Chronik der Debatte ist damit auch eine Geschichte des Ringens um das richtige Maß staatlicher Kontrolle über Unternehmen im Zeitalter der Globalisierung und der europäischen Integration. Weil das deutsche Internationale Gesellschaftsrecht bis heute keine Kodifikation erfah-

---

sung in der Volksrepublik China, wo nach Art. 14 des IPR-Gesetzes grundsätzlich das Recht des Gründungsstaates maßgeblich ist, das erkennende Gericht aber das Recht des Sitzstaates anwenden *kann*, sofern dieser hiervon abweicht.

32 Vgl. *Eidenmüller*, in: Sonnenberger (Hrsg.), Vorschläge und Berichte zur Reform des europäischen und deutschen internationalen Gesellschaftsrechts, 2007, 469, 470; *Halbhuber*, Limited Company statt GmbH?, 2001, S. 69 ff.; *Trautrims*, ZHR 176 (2012), 435, 436; manche Stimmen sehen die Sitztheorie gar als Variante der Gründungstheorie, weil beide eine wirksame Inkorporation voraussetzen, siehe etwa *Großfeld*, RabelsZ 31 (1967), 1, 32; dagegen *Kindler*, in: MüKo BGB, 8. Aufl. 2021, IntGesR Rn. 427.

33 Zur Haager Konvention von 1956 und dem EWG-Vertrag von 1968 vgl. *Basedow*, The Law of Open Societies, 2015, S. 275.

34 Solche Varianten der Gründungstheorie finden sich bei *Grasmann*, System des internationalen Gesellschaftsrechts, 1970, Rn. 615 ff.; *Moser*, FG Bürgi, 1971, 283, 286 ff.; *Staehelin*, Zu Fragen der AG im schweizerischen IPR, 1972, S. 48 ff. (sog. Differenzierungstheorie, die zwischen dem Statut des Innen- und demjenigen des Außenverhältnisses unterscheidet); ferner bei *Sandrock*, RabelsZ 42 (1978), 227 ff. (sog. Überlagerungstheorie, die unter gewissen Umständen zwingende Vorschriften des Sitzstatuts zur Anwendung bringt) und *Zimmer*, Internationales Gesellschaftsrecht, 1996, S. 232 ff. (sog. Kombinationslehre, die nach dem Vorhandensein eines Auslandsbezugs unterscheidet); die Überlegung, eine zuziehende ausländische Gesellschaft anzuerkennen, wenn sie ihre Satzung deutschen Erfordernissen anpasst und sich beim Handelsregister anmeldet, wurde von *Lutter* und *Hommelhoff* vertreten, vgl. *Weller*, Europäische Rechtsformwahlfreiheit und Gesellschafterhaftung, 2004, S. 13; für einen Überblick zum Ganzen siehe *Kindler*, in: MüKo BGB, 8. Aufl. 2021, IntGesR Rn. 390 ff.

35 Vgl. auch *Fleischer*, NZG 2023, 243, 249; *Großfeld*, RabelsZ 38 (1974), 344, 349, 369; von einem „heiligen Krieg" („guerra santa") spricht gar *Broggini*, in: Gaja (Hrsg.), La riforma del diritto internazionale privato e processuale, 1994, 283, 285, zitiert nach *Trautrims*, Das Kollisionsrecht der Personengesellschaften, 2009, S. 28.

ren hat,[36] erwiesen sich gerade hierzulande die Impulse aus der Rechtsprechung und Wissenschaft als wirkmächtig.

II. Historische Ursprünge der Sitz- und Gründungstheorie

1. Entwicklung der Gründungstheorie in England

Das Spannungsfeld zwischen staatlicher Kontrolle und Gestaltungsfreiheit bei der Einrichtung unternehmerischer Strukturen ist eine Grundkonstante des Gesellschaftsrechts, gleich ob im Kollisions- oder Sachrecht. Der Gedanke staatlicher Steuerung (und *Be*steuerung) prägte die monopolistischen Handelskompanien der frühen Neuzeit[37] und das spätere Konzessionssystem. Zugleich waren die Handelsgesellschaften im wachsenden Welthandel auf grenzüberschreitende Mobilität sowie diplomatischen Schutz angewiesen. Vor diesem Hintergrund entwickelte sich im 18. Jahrhundert in England die Gründungstheorie.[38] Sie stellte – wie bei der Geburt natürlicher Personen – auf das sog. *domicile of origine* und damit bei Gesellschaften auf den Ort der Inkorporation ab.[39] Dieser Ansatz reüssierte in England auch deshalb, weil das dortige Aktienrecht im internationalen Vergleich langfristig so liberal blieb, dass kein opportunistisches Ausweichen auf andere Rechtsord-

---

[36] Die letzte Kodifikationsinitiative liegt mittlerweile 16 Jahre zurück, vgl. Referentenentwurf vom 7.1.2008 für ein Gesetz zum Internationalen Privatrecht der Gesellschaften, Vereine und juristischen Personen, S. 7 (abrufbar unter https://perma.cc/UU94-8XTX). Der Entwurf basierte auf einem Vorschlag der Spezialkommission des Deutschen Rats für IPR und sah in Art. 10 Abs. 1 eine Anwendung der Gründungstheorie – konkret: der Anknüpfung an den Ort der Registereintragung und hilfsweise eine Anwendung des Rechts, nach dem die Gesellschaft ausgestaltet ist – vor, kam angesichts politischer Widerstände aber nicht über das Stadium des Referentenentwurfs hinaus, vgl. *Hübner*, ZGR 2018, 149, 170. Aus jüngerer Vergangenheit ist insbesondere ein zuletzt 2016 neu gefasster Entwurf der Groupe européen de droit international privé (GEDIP) für eine europäische Verordnung zum Internationalen Gesellschaftsrecht zu nennen, siehe GEDIP, Draft rules on the law applicable to companies and other bodies (abrufbar unter https://perma.cc/N6EJ-FXLY). Im Personengesellschaftsrecht ist umstritten, ob der Gesetzgeber im Zuge des MoMiG bzw. MoPeG implizit in Form einer versteckten Kollisionsnorm zur Gründungstheorie übergegangen ist; so zu § 4a GmbHG *Lieder/Hilser*, ZHR 185 (2021), 471, 490 ff.; a.A. *Weller*, IPRax 2017, 167, 171; zu § 706 BGB n.F. *Hoffmann/Horn*, RabelsZ 82 (2022), 65, 67; a.A. *Noack*, BB 2021, 643, 645; überblicksweise *Lieberknecht*, in: BeckOGK, Stand: 1.8.2023, § 706 BGB n.F. Rn. 77 ff.
[37] Siehe *Braudel*, Sozialgeschichte des 15.–18. Jahrhunderts: Der Handel, 1986, S. 487 f.
[38] Vgl. *Knobbe-Keuk*, ZHR 154 (1990), 325, 326.
[39] *Großfeld*, FS H. Westermann, 1974, 199, 201 f.

nungen zu befürchten war.⁴⁰ Maßgeblich war aber vor allem der Umstand, dass die Gründungstheorie als ein Vehikel des Rechtsexports den wirtschaftlichen Interessen Englands als damals imperialistischem und führendem kapitalexportierendem Land zugute kam.⁴¹

2. Entwicklung der Sitztheorie auf dem Kontinent

In Deutschland stellte die Anerkennung ausländischer Gesellschaften im 18. und beginnenden 19. Jahrhundert trotz der damaligen Kleinstaaterei kein bedeutendes Problem dar, weil die Gerichte ausländische Gesellschaften umstandslos anerkannten.⁴² Eher am Rande befasste sich auch *Friedrich Carl von Savigny* in seinem kollisionsrechtlichen Grundlagenwerk mit der Bestimmung des Gesellschaftsstatuts.⁴³ Weil man das Personalstatut von juristischen Personen nicht, wie bei natürlichen Personen, an den Wohnsitz anknüpfen könne, müsse man auf einen „künstlichen Wohnsitz" zurückgreifen, den *Savigny* am Satzungssitz verortete.⁴⁴ Der „künstliche Wohnsitz" sei zwar als dogmatische Kategorie nicht identisch mit dem kollisionsrechtlichen Sitz des Rechtsverhältnisses,⁴⁵ auch dieser sei aber im Regelfall am Satzungssitz zu verorten.⁴⁶ Über die Suche nach der engsten Verbindung zum Sachverhalt kam *Savigny* also zum gleichen Ergebnis wie die englischen Gerichte, wenngleich diese ihre Wertung auf eine andere Grundlage, nämlich das völkerrechtliche Prinzip der *comity*, stützten.⁴⁷

Ab Mitte des 19. Jahrhunderts nahm die Entwicklung auf dem Kontinent jedoch eine andere Wendung.⁴⁸ Während das deutsche Schrifttum in den nachfolgenden

---

40 *Großfeld*, FS H. Westermann, 1974, 199, 202; *Beitzke*, FS Luther, 1976, 1, 8, der – freilich auch im Original in Anführungszeichen – von der „kolonialistischen Gründungstheorie" spricht.
41 Vgl. *Großfeld*, FS H. Westermann, 1974, 199, 203; *Weller*, in: MüKo GmbHG, 4. Aufl. 2022, Einl. Rn. 357.
42 Vgl. *Großfeld*, RabelsZ 38 (1974), 344, 349, 358 ff.
43 Ausführlich zum Ganzen *Trautrims*, ZHR 176 (2012), 435, 438 ff.
44 Vgl. *von Savigny*, System des heutigen Römischen Rechts, Bd. VIII, 1849, S. 65 f.
45 So ausdrücklich *von Savigny*, System des heutigen Römischen Rechts, Bd. VIII, 1849, S. 120.
46 Siehe *von Savigny*, System des heutigen Römischen Rechts, Bd. VIII, 1849, S. 140; dort (S. 160 ff.) auch zu etwaigen Ausnahmen.
47 Vgl. zu Letzterem Lord Justice *Scrutton* in Banque Internationale de Commerce de Petrograd v. Goukassow (1923) 2 K. B. 682, 691 (C.A.) („So in the case of artificial persons, the existence of such a person depends on the law of the country under whose law it is incorporated, recognized in other countries by international comity, though its incorporation is not in accordance with their law."); siehe dazu *Großfeld*, RabelsZ 38 (1974), 344, 346 m.w.N.
48 Vgl. *Meili*, Geschichte und System des internationalen Privatrechts im Grundriß, 1892, S. 94 ff.

Jahrzehnten eine Anknüpfung an den Sitz befürwortete, ohne diesen „Sitz" näher im Sinne von Satzungs- oder Verwaltungssitz zu spezifizieren,[49] werden einzelne deutsche Judikate aus der Mitte des 19. Jahrhunderts bereits im Sinne der (Verwaltungs-)Sitztheorie interpretiert.[50]

Auf breiter Front setzte sich die Anknüpfung an den Verwaltungssitz aber vor allem in Frankreich und Belgien durch.[51] Das rechtspolitische Motiv hierfür lieferte in Frankreich die ungern gesehene Popularität von (Auslands-)Gesellschaften, die nach den vergleichsweise liberalen Rechten Englands und der Schweiz gegründet wurden, ihren Sitz aber in Frankreich unterhielten.[52] In Belgien waren es ironischerweise französische Aktiengesellschaften, denen ihre Rechtspersönlichkeit abgesprochen wurde, weil sie das belgische Konzessionserfordernis nicht erfüllten.[53] Um der Umgehung der Regularien des eigenen Gesellschaftsrechts entgegenzutreten, wurde in Frankreich insbesondere die Anknüpfung des Gesellschaftsstatuts an den Betriebsmittelpunkt und an den Verwaltungssitz diskutiert.[54] Spätestens mit der Hinwendung der belgischen[55] und insbesondere auch der französischen Rechtsprechung[56] zur Sitztheorie etablierte sich diese auf dem Kontinent als bedeutende Strömung.

Auch im zeitgenössischen deutschen Schrifttum interpretierten diverse Stimmen die Rechtsprechung des Reichsgerichts im Sinne der Sitztheorie,[57] ohne dabei aber die Fürsprecher der Gründungstheorie[58] zu verdrängen.[59] Im EGBGB wurde

---

49 Siehe *Planck*, BGB VI, 1905, S. 42; *Habicht*, IPR, 1907, S. 83; *Lehmann*, Das Recht der Aktiengesellschaften, Bd. I, 1898, S. 121; *Zitelmann*, IPR, Bd. II, 1912, S. 111; *Böhm*, Die räumliche Herrschaft der Rechtsnormen, 1890, S. 23; *Barazetti*, Das Internationale Privatrecht im Bürgerlichen Gesetzbuch für das Deutsche Reich, 1897, S. 35.
50 Siehe *Großfeld*, FS H. Westermann, 1974, 199, 205 m.w.N.
51 Siehe *Großfeld*, FS H. Westermann, 1974, 199, 208 ff., 211 ff.; *Kindler*, in: MüKo BGB, 8. Aufl. 2021, IntGesR Rn. 423 m.w.N. zu beiden Rechtsordnungen.
52 Siehe *Trautrims*, ZHR 176 (2012), 435, 440; *Großfeld*, FS H. Westermann, 1974, 199, 210.
53 Vgl. *Großfeld*, RabelsZ 38 (1974), 344, 350 ff.; dort (S. 353) auch zum nachfolgenden Abschluss eines Staatsvertrags, in dem Frankreich und Belgien die gegenseitige Anerkennung von Gesellschaften vereinbarten.
54 Vgl. *Schwandt*, Die deutschen Aktiengesellschaften im Rechtsverkehr mit Frankreich und England, 1912, S. 40 ff.
55 Cass. B. 30.1.1851, Pas. B. 1851.1.307; siehe hierzu *Großfeld*, RabelsZ 38 (1974), 344, 353.
56 Cass. civ. 25.2.1895, D. 1895.1.341.
57 Siehe *Isay*, Die Staatsangehörigkeit der juristischen Personen, 1907, S. 79 f.; zuvor bereits *von Bar*, Theorie und Praxis des internationalen Privatrechts, Bd. I, 2. Aufl. 1889, S. 162 f.; so auch aus jüngerer Zeit *Großfeld*, FS H. Westermann, 1974, 199, 213 ff.
58 Siehe *Schwandt*, Die deutschen Aktiengesellschaften im Rechtsverkehr mit Frankreich und England, 1912, S. 60 ff.; i.E. bereits *Neumann*, BGB, Bd. III, 1900, S. 1345; ferner *Frankenstein*, IPR, Bd. I,

die Frage der Anerkennung ausländischer Gesellschaften nach kontroversen Diskussionen ausgeklammert.[60] Die Prominenz einer „großen Debatte" erreichte der Streit um das Anknüpfungsmoment zur Bestimmung des Gesellschaftsstatuts in Deutschland damals aber – noch – nicht.[61]

3. Rechtsprechung des Reichsgerichts

Das Reichsgericht hingegen knüpfte das Gesellschaftsstatut nebulös an den Sitz der Gesellschaft an – womit es vornehmlich den *Satzungssitz* bezeichnete.[62] Eine Anknüpfung an den Verwaltungssitz findet sich zwar noch in der sog. „Mexiko"-Entscheidung von 1904.[63] Dieser Ansatz blieb aber eine punktuelle Ausnahme. Im Nachgang entschied das Reichsgericht in der Judikatur zu den „Gothaer Gewerkschaften"[64] von 1920 wiederum ausdrücklich, dass als kollisionsrechtlich relevanter Sitz der Gesellschaft grundsätzlich der Satzungssitz anzusehen sei, es sei denn, dessen Vereinbarung diene nur dem Zweck, die gesetzlichen Beschränkungen des Staates zu umgehen, in welchem der Mittelpunkt der wirtschaftlichen Betätigung liegt.[65] Gleiches sollte in Ermangelung eines Satzungssitzes gelten.[66] Auch in der sog.

1926, 458 ff.; *Nußbaum*, Deutsches internationales Privatrecht, 1932, S. 187 ff.; *Keßler*, ZAuslR 1929, 758 ff.

59 Einen graduellen Trend von der zunächst überwiegend vertretenen Gründungstheorie hin zur Sitztheorie konstatiert *von Spindler*, Wanderungen gewerblicher Körperschaften von Staat zu Staat, 1932, S. 14.

60 Ausführlich hierzu *Großfeld*, RabelsZ 38 (1974), 344, 360 ff.

61 Vgl. *Keßler*, ZAuslR 1929, 758 ff.; *Trautrims*, ZHR 176 (2012), 435, 442.

62 *Großerichter/Zwirlein-Forschner*, in: BeckOGK, Stand: 1.4.2023, IntGesR AT, Rn. 105; dezidiert *Trautrims*, ZHR 176 (2012), 435, 443.

63 RG JW 1904, 231. Dort heißt es: „Dem B. R. ist darin beizutreten, daß die beklagte Gesellschaft und ihr Rechtsverhältnis zu dem Kl. nach deutschem Rechte zu beurteilen ist. Die Gesellschaft ist zwar in Amerika gegründet und inkorporiert, hat dort aber nur ihren nominellen Sitz. Ihr Geschäftsbetrieb findet in Mexiko statt, aber durch die Hamburg Agency in Hamburg. Hier ist ihr Verwaltungssitz, hier werden die ordentlichen und außerordentlichen Generalversammlungen abgehalten, hier sitzt auch das Organ der Gesellschaft, der Verwaltungsrat, der nur aus Personen besteht, die in Hamburg domizilieren. Daneben hat der nominelle Sitz in Washington keine Bedeutung." *Trautrims*, ZHR 176 (2012), 435, 443 ff., hält hier hingegen eine Anwendung der Gründungstheorie in der Sonderkonstellation des Rechtsmissbrauchs für möglich (anders, d. h. wie hier, *Großerichter/Zwirlein-Forschner*, in: BeckOGK, Stand: 1.4.2023, IntGesR AT Rn. 105.1; *Großfeld*, FS H. Westermann, 1974, 199, 222).

64 Vgl. zum Ganzen *Trautrims*, ZHR 176 (2012), 435, 445 ff.; *Großerichter/Zwirlein-Forschner*, in: BeckOGK, Stand: 1.4.2023, IntGesR AT Rn. 105.

65 RGZ 99, 217, 219 f.

66 *Trautrims*, ZHR 176 (2012), 435, 443 m.w.N.

„Eskimo Pie"-Entscheidung[67] stellt das Reichsgericht auf den Satzungssitz ab.[68] Die deutsche Rechtsprechung folgt also nicht etwa „seit jeher" der Sitztheorie,[69] sondern bevorzugte jahrzehntelang eine Spielart der Gründungstheorie.

Noch in den 1930er Jahren wurden in Deutschland mit dem Ort der Kapitalzeichnung, der Lage des Ausbeutungszentrums oder der Staatsangehörigkeit der Gesellschafter und Organe[70] diverse Anknüpfungsmomente diskutiert.[71] Der III. Zivilsenat führte jedoch auch in der Zeit des Nationalsozialismus im sog. „Ungar-Fall" von 1934[72] zunächst den bisherigen Ansatz des Reichsgerichts fort und stellte auf den Satzungssitz ab.

Diese liberale Linie wurde indes nur einen Tag später vom I. Senat im „Russland-Fall" durchbrochen, in dem das Reichsgericht zum ersten – und, wie sich im Nachhinein erweisen sollte, einzigen – Mal eindeutig den Verwaltungssitz zum maßgeblichen Anknüpfungsmoment erklärte.[73] Die Sitztheorie hatte damit in Deutschland die Oberhand gewonnen. Diese Kehrtwende mag indes eher dem illiberalen politischen Zeitgeist als einem fundierten dogmatischen Umdenken geschuldet gewesen sein, zumal eine Anwendung der Gründungstheorie im konkreten Fall zu dem Ergebnis geführt hätte, dass ausgerechnet der sowjetische Staat Forderungen gegen deutsche Schuldner hätte geltend machen können.[74] Noch im Jahr 1938 erging sogar eine Entscheidung zu einer (im Entstehen begriffenen) Aktien-

---

67 RGZ 117, 215, 217: „Ihre Parteifähigkeit ist daher nach den Gesetzen ihres Heimatsstaates zu beurteilen. Das entspricht dem Rechtsgedanken, auf dem Art. 7 Abs. 1 EGBGB beruht. Die Hauptniederlassung, d. h. der Sitz der Verwaltung, der Klägerin befindet sich nach dem von ihr überreichten „Affidavit" ihres Präsidenten und ersten Direktors vom 17. März 1926 und nach ihrem Geschäftsbericht für das Jahr 1925 satzungsmäßig in Wilmington, ihr Geschäftssitz dagegen in Louisville und eine andere Niederlassung in Chicago [...] Da hiernach der Sitz der Klägerin Wilmington im Staate Delaware ist, so entscheidet sich die Frage ihrer Rechtsfähigkeit nach dem Recht dieses Staates.".
68 *Trautrims*, ZHR 176 (2012), 435, 449; eine Anwendung der Sitztheorie erblickt im „Eskimo Pie"-Urteil indes *Raape*, Deutsches Internationales Privatrecht, Bd. I, 1938, S. 121; dem zust. *Großfeld*, RabelsZ 31 (1967), 1, 12 f.
69 So aber *Kindler*, in: MüKo BGB, 8. Aufl. 2021, IntGesR Rn. 361.
70 Siehe zu den beiden vorgenannten Vorschlägen *Wolff*, IPR, 1933, S. 69, 73.
71 Siehe *Weller*, Europäische Rechtsformwahlfreiheit und Gesellschafterhaftung, 2004, S. 12.
72 RG JW 1934, 2969 = IPRspr. 1934, 30 (Nr. 14).
73 Siehe RG JW 1934, 2845 = IPRspr. 1934, 22 (Nr. 12). Bemerkenswert ist dabei der Umstand, dass das RG auf die o.g. RG-Urteile verweist, die entweder keine Festlegung enthielten oder die Gründungstheorie anwendeten und die in der Folge daher auch später fälschlich für die Etablierung der Sitztheorie angeführt wurden, vgl. *Trautrims*, ZHR 176 (2012), 435, 450 f.
74 Siehe die Feststellung in der Urteilsanmerkung bei *Boesebeck*, JW 1934, 2845, es sei angesichts des politisch heiklen Sachverhalts „verständlich, daß man die Frage, ob die erhobenen Forderungen begründet seien, besonders sorgfältig prüfte."

gesellschaft nach polnischem Recht, die sich jedenfalls auch im Sinne der Gründungstheorie deuten lässt.[75]

III. Verlauf der Debatte in der Bundesrepublik

1. Nachkriegszeit und Bonner Republik

a) Die Liechtenstein-Entscheidung des BGH (1970)

In der Nachkriegszeit ergingen zur Thematik erst in den 1960er Jahren wieder oberinstanzliche Urteile, in denen die Gerichte auf den Verwaltungssitz abstellten.[76] Denselben Standpunkt nahm 1970 auch der Bundesgerichtshof ein, als er sich mit liechtensteinischen Scheingesellschaften zu befassen hatte (konkret: einer sog. liechtensteinischen Anstalt), also mit einem ähnlichen Umgehungsphänomen wie demjenigen, das ein Dreivierteljahrhundert zuvor in Frankreich der Sitztheorie zum Durchbruch verholfen hatte. Eine Begründung blieb der Bundesgerichtshof allerdings schuldig, sondern tat lediglich kund, er richte sich „[n]ach der ständigen Rechtsprechung und nach der im deutschen Schrifttum ganz herrschenden Mei-

---

[75] Siehe RGZ 159, 33, 46. Dort heißt es: „Auszugehen ist bei der Beurteilung des Art. 10 EG. z. BGB. von dem allgemeinen Rechtsgrundsatze, daß die Voraussetzungen für die Rechtsfähigkeit einer Gesellschaft oder eines Vereins im weitesten Sinne (einer Vereinigung) sich nach dem Rechte des Heimatlandes richten; als solches gilt nach der deutschen Auffassung das Land, in dem die Vereinigung ihren Sitz hat. Daher werden vor allem die handelsrechtlichen Vereinigungen, insbesondere die der deutschen Aktiengesellschaft entsprechenden Handelsgesellschaften, die im Auslande ihren Sitz haben und dort Rechtsfähigkeit genießen, auch in Deutschland ohne weiteres anerkannt (RGZ Bd. 83 S. 367)." Damit kann ebenso gut der Satzungs- wie der Verwaltungssitz gemeint sein. Dabei war in RGZ 159, 33, 46 u. E. nicht die Frage des Gesellschaftsstatuts aufgeworfen; in Rede stand vielmehr, ob § 200 I S. 2 HGB entsprechend auf eine ausländische Aktiengesellschaft angewendet werden könne, vgl. dort S. 45. Um die Frage der richtigen Anknüpfung ging es dagegen dort auf S. 42: „Der Nichtanwendung des § 200 Abs. 1 Satz 2 HGB als deutschen Rechts ist jedoch zuzustimmen. Die Vorschriften des Deutschen Handelsgesetzbuches über Aktiengesellschaften [...] gelten nur für Aktiengesellschaften, die ihren Sitz in Deutschland haben und daher in einem deutschen Handelsregister eingetragen sind (vgl. auch RGZ. Bd. 117, S. 215, 217; JW 1931 S. 141 Nr. 1). Soweit sie sich auf die noch nicht eingetragene Handelsgesellschaft beziehen, ist daher grundsätzlich Voraussetzung für ihre Anwendung, daß die Aktiengesellschaft nachträglich in Deutschland eingetragen wird oder daß doch wenigstens als Sitz ein in Deutschland gelegener Ort in Aussicht genommen war [...]. Im vorliegenden Falle war jedoch [...] von vornherein beabsichtigt, die W.-Aktiengesellschaft in Polen zu errichten und in das dortige Handelsregister eintragen zu lassen.")
[76] Vgl. OLG Frankfurt am Main NJW 1994, 2355; OLG München IPRspr. 1966/67, 59 (Nr. 15); OLG Nürnberg DB 1967, 1411 = IPRspr. 1966/67, 61 (Nr. 17).

nung".⁷⁷ Erstere Annahme ist u. E. weniger eindeutig, als sie klingt. Denn das Reichsgericht hatte zwar in der letzten klar einschlägigen Entscheidung von 1934⁷⁸, aber zuvor nur punktuell im „Mexiko-Fall" von 1904⁷⁹ die Sitztheorie angewendet. Noch häufiger kam in den relevanten Entscheidungen aus der ersten Hälfte des 20. Jahrhunderts die Gründungstheorie zur Anwendung.⁸⁰ Und auch die letztere Prämisse des BGH, die im „Schrifttum ganz herrschende Meinung" habe die Sitztheorie vertreten, ist in dieser Absolutheit nicht korrekt.⁸¹

b) Sitztheorie erwächst zu Gewohnheitsrecht

Nichtsdestotrotz verfestigte sich im Anschluss an diese angreifbare Annahme einer ständigen Rechtsprechung des Reichsgerichts eine *tatsächliche* ständige Rechtsprechung des Bundesgerichtshofs.⁸² Noch Mitte der 1970er Jahre liest man zwar an prominenter Stelle, die Sitztheorie sei lediglich „noch herrschend", die Gründungstheorie befinde sich im Vordringen.⁸³ Zum Ende des Jahrtausends hatte sich die Sitztheorie aber nicht nur als herrschende Meinung etabliert, sondern wurde in kollisionsrechtlichen Standardwerken sogar als Gewohnheitsrecht geadelt.⁸⁴ Die Gründungstheorie verlor, wenngleich sie weiterhin eine relevante Lehrmeinung blieb,⁸⁵ stark an Rückhalt im Schrifttum und an Relevanz für die Rechtspraxis.⁸⁶

---

77 BGH, Urt. v. 30.1.1970 – V ZR 139/68 = NJW 1970, 998, 999.
78 RGZ JW 1934, 2845 = IPRspr. 1934, 22 (Nr. 12).
79 Siehe oben bei Fn. 63.
80 So in „Eskimo Pie" und im „Ungar-Fall" (siehe oben bei Fn. 67 und 72) sowie womöglich in RGZ 159, 33, 46 (siehe oben bei Fn. 75).
81 Vgl. *Trautrims*, ZHR 176 (2012), 435, 449 unter Verweis auf *Luchterhandt*, Deutsches Konzernrecht bei grenzüberschreitenden Konzernverbindungen, 1971, S. 6 ff.; *Grasmann*, System des internationalen Gesellschaftsrechts, 1970, S. 269 ff.; *Fikentscher*, MDR 1957, 71 ff.; *Großfeld*, RabelsZ 31 (1967), 1, 11 ff.; *Wiedemann*, in Wiedemann (Hrsg.), Fragen des Internationalen Privatrechts, 1958, 123, 131.
82 Vgl. BGHZ 78, 318, 334; BGHZ 97, 269, 271; BGHZ 118, 151, 167; BGHZ 134, 116, 118; BGHZ 153, 353, 355; BGHZ 178, 192; siehe auch die Zwischenbilanz zur BGH-Rspr. bei *Weller*, IPRax 2003, 324 ff.
83 *Großfeld*, FS H. Westermann, 1974, 199.
84 Siehe *von Bar*, IPR, Bd. II, 1991, Rn. 619 ff.; *Großfeld*, in: Staudinger, 14. Aufl. 1998, IntGesR Rn. 38; *Kegel/Schurig*, IPR, 8. Aufl. 2000, S. 502; aus der jüngeren Literatur auch *Kindler*, in: MüKo BGB, 8. Aufl. 2021, IntGesR Rn. 5; *Weller*, in: MüKo GmbHG, 4. Aufl. 2022, Einl. Rn. 360.
85 Vgl. *Behrens*, RabelsZ 52 (1998), 498 ff.; *Meilicke*, RIW 1990, 449 ff.; *Knobbe-Keuk*, ZHR 154 (1990), 325 ff.
86 Vgl. auch *Trautrims*, ZHR 176 (2012), 435, 454, dem zufolge die Literatur dem BGH in seiner Anwendung der Sitztheorie nach 1970 „nahezu geschlossen" folgte.

c) Sitztheorie als Grundlage der „Deutschland AG"

Damit gingen bedeutende Folgewirkungen für das Sachrecht einher, denn die Sitztheorie schützte das bundesrepublikanische Gesellschaftsrecht in der Ära der „Deutschland AG" effektiv vor einer Konkurrenz durch ausländische Rechtsformen.[87] Dem lag zwar auch das Bestreben zugrunde, rechtspolitische Innovationen wie die betriebliche Mitbestimmung zu schützen, der ab 1976 alle deutschen Kapitalgesellschaften unterlagen und die durch die Anwendung der Gründungstheorie vermeintlich[88] hätte unterlaufen werden können.[89] Zugleich beförderte der Mangel an Rechtsform-Biodiversität aber im Sachrecht die Entwicklung des Gesellschaftsrechts zu einem selbst für die Verhältnisse der deutschen Zivilistik[90] übermäßig selbstreferenziellen Rechtsgebiet. Im Ergebnis konnten in diesem kollisionsrechtlich abgeschirmten Biotop gesellschaftsrechtliche Delikatessen gedeihen, die weltweit ihresgleichen suchten. Das Resultat Ende der 1990er Jahre waren, wie *Volker Röhricht*, der damalige Vorsitzende des II. Zivilsenats es ausdrückte, „Überregulierungen und überkompliziert gewordene Strukturen"[91], etwa in Gestalt des qualifiziert-faktischen GmbH-Konzerns, des Eigenkapitalersatzrechts oder der Lehre von der verdeckten Sacheinlage.[92]

Kurzum: Der Gesellschaftsrechtsdogmatik kam die Auslandssensibilität abhanden.[93] Die Bonner Republik schottete sich von ausländischen Einflüssen, Rechtsformen sowie Investoren ab.[94] Die Ummauerung dieser *closed society*[95] er-

---

87 *Weller*, ZEuP 2016, 53, 56 f.
88 Es lässt sich auch bei einer Anwendung der Gründungstheorie gesondert die Frage nach einer Ausdehnung der deutschen Arbeitnehmermitbestimmung auf in Deutschland operierende Auslandsgesellschaften im Wege der Sonderanknüpfung als Eingriffsnorm stellen, siehe (bejahend) *Weller*, FS Hommelhoff, 2012, 1275 ff.; ferner *Kieninger*, NJW 2009, 292, 293; *G.-H. Roth*, ZIP 1999, 861, 864; die gleiche Überlegung ließ sich in jüngerer Zeit in Bezug auf die Geschlechterquote in Großunternehmen anstellen, vgl. *Weller/Harms/Rentsch/Thomale*, ZGR 2015, 361, 370 ff.
89 Siehe *Großfeld*, RabelsZ 53 (1989), 56 („stärkstes Argument für die Sitztheorie"); krit. *Knobbe-Keuk*, ZHR 154 (1990), 325, 347 ff. („die Mitbestimmungsproblematik [wird] von den Sitztheoretikern maßlos übertrieben").
90 Eine „auf das nationale System ausgerichtete dogmatische Selbstbescheidung" attestiert dieser bereits *Stürner*, AcP 214 (2014), 7, 10 ff., 25 mit Fn. 68; siehe auch den Befund bei *Wagner*, in: Dreier (Hrsg.), Rechtswissenschaft als Beruf, 2018, 67, 90 ff.
91 *Röhricht*, ZGR 1999, 445, 477.
92 *Weller*, ZEuP 2016, 53, 58.
93 *Weller*, in: Zimmermann (Hrsg.), Zukunftsperspektiven der Rechtsvergleichung, 2016, 191, 210 f.
94 Vgl. *Weller*, ZGR 2010, 679, 684 ff.
95 Vgl. die ihrerseits an *Karl Popper* (The Open Society and Its Enemies, 1945) angelehnte Unterscheidung zwischen *open* und *closed societies* bei *Basedow*, The Law of Open Societies, 2015, Rn. 29; wie hier bereits *Weller*, ZEuP 2016, 53, 55.

richtete das Internationale Gesellschaftsrecht mithilfe der Sitztheorie.[96] Spätestens in den 1980er Jahren[97] hatte das deutsche Gesellschaftsrecht in der insbesondere um England erweiterten EWG seine Strahlkraft eingebüßt und dieser Umstand hemmte jahrzehntelang die Bemühungen um eine europäische Gesellschaftsrechtsangleichung.[98]

2. Siegeszug der Gründungstheorie über das Europarecht

Die nötigen Impulse, um diese Verkrustungen[99] aufzubrechen, lieferte Ende der 1990er Jahre das Europarecht, wobei sich die Kapitalverkehrsfreiheit (Art. 63 AEUV) und vor allem die Niederlassungsfreiheit (Art. 49, 54 AEUV) als maßgebliche Treiber erwiesen.[100]

a) Verwaltungssitzverlegung: Etablierung des Anerkennungsprinzips durch den EuGH

Hatte der EuGH in seiner *Daily Mail*-Entscheidung von 1988[101] noch Zurückhaltung geübt, so verlor er ein Jahrzehnt später die Geduld mit der Politik und leitete 1999 mit seiner *Centros*-Rechtsprechung[102] einen Paradigmenwechsel zur gegenseitigen Anerkennung von Gesellschaften ein.[103] Kurioserweise betraf der Fall *Centros* mit Dänemark gerade einen Staat, in dem eigentlich die Gründungstheorie etabliert war. Dänemark verweigerte die Anerkennung der Centros Ltd. aus dem Vereinigten

---

96 Allgemein zu dieser Abschottungsfunktion des Kollisionsrechts in *closed societies* bereits *Basedow*, The Law of Open Societies, 2015, Rn. 594 („[...] the main purpose was to protect the system of domestic norms and values against intrusions from outside.").
97 Noch in den 1960er und 1970er Jahren gelang Deutschland der Export diverser Elemente seines Gesellschaftsrechts in andere europäische Rechtsordnungen, siehe *Weller*, AnwBl 2007, 320, 321.
98 *Weller*, ZEuP 2016, 53, 60.
99 So wörtlich *Fleischer*, NZG 2014, 1081, 1084.
100 Vgl. *Weller*, ZGR 2010, 679, 685 ff.
101 EuGH, Urt. v. 27.9.1988 – Rs. 81/87, *Daily Mail* = NJW 1989, 2186.
102 EuGH, Urt. v. 9.3.1999 – Rs. C-212/97, *Centros* = NJW 1999, 2027.
103 Diese Idee war nicht neu, aber wurde erstmals konsequent umgesetzt: Bereits 1968 hatten die EWG-Mitgliedstaaten ein völkerrechtliches Abkommen geschlossen, das die gegenseitige Anerkennung von Gesellschaften und juristischen Personen im Wege der Gründungstheorie vorsah. Das Abkommen erlaubte jedoch dem Verwaltungssitzstaat vielfältige Durchbrechungen der Gründungstheorie und trat vor allem mangels Ratifikation durch die Niederlande niemals in Kraft, vgl. *Weller*, ZEuP 2016, 53, 61 m.w.N.

Königreich allein deshalb, weil die Gesellschafter diese Rechtsform – unbestrittenermaßen – zur Umgehung strengerer dänischer Mindestkapitalvorschriften gewählt hatten.[104] In seinem Urteil übertrug der EuGH das ursprünglich für den Warenverkehr entwickelte Herkunftslandprinzip auf das Gesellschaftsrecht und stellte klar, dass sogar eine Gesellschaftsrechtsarbitrage, wie sie bei der Centros Ltd. vorlag, von der Niederlassungsfreiheit geschützt ist.[105]

In der Folgeentscheidung *Überseering*[106] verlangte der EuGH, dass Auslandsgesellschaften bei einer grenzüberschreitenden *Verwaltungssitz*verlegung im Zuzugsstaat als solche anerkannt werden und rundete schließlich in *Inspire Art*[107] sein Mobilitätskonzept ab, in dem er abstrakt-präventiven Eingriffsstatuten eine Absage erteilte.[108]

b) Satzungssitzverlegung: Grenzüberschreitende Umwandlungsfreiheit

Flankiert wurde diese Entscheidungstrias zur Rechtsformwahlfreiheit für Gesellschafter von den Entscheidungen in *VALE*[109] und *Polbud*[110], welche die *Satzungssitz*verlegung und damit den grenzüberschreitenden Rechtsformwechsel liberalisierten.[111]

c) Modernisierung der Gesellschaftsrechte in Europa

Der EuGH revolutionierte damit innerhalb weniger Jahre innerhalb der EU bzw. des EWR[112] die grenzüberschreitende Mobilität von Gesellschaften[113] und löste einen Wettbewerb der Rechtsordnungen aus, der den Reformdruck für die nationalen

---

104 *Trautrims*, ZHR 176 (2012), 435, 436.
105 *Weller*, ZEuP 2016, 53, 62.
106 EuGH, Urt. v. 5.11.2002 – Rs. C-208/00, *Überseering* = NJW 2002, 3614.
107 EuGH, Urt. v. 30.9.2003 – Rs. C-167/01, *Inspire Art* = NJW 2003, 3331.
108 Siehe *Weller*, ZEuP 2016, 53, 62f.
109 EuGH, Urt. v. 12.7.2012 – C-378/10, *VALE* = NJW 2012, 2715; näher hierzu *Weller/Rentsch*, IPRax 2013, 530 ff.
110 EuGH, Urt. v. 25.10.2017 – C-106/16, *Polbud* = BB 2017, 2829.
111 Siehe überblicksweise *Weller*, in: MüKo GmbHG, 4. Aufl. 2022, Einl. Rn. 385 ff.
112 Die Art. 31, 34 EWRV enthalten eine den Art. 49, 54 inhaltsgleiche Regelung, sodass auch Gesellschaften aus EWR-Staaten von der Gründungstheorie profitieren, vgl. BGH, Urt. 19.9.2005 – II ZR 372/03 = NJW 2005, 3351; hierzu *Weller*, ZGR 2006, 748 ff.
113 *Weller*, FS Blaurock, 2013, 497 ff.

Gesetzgeber erhöhte.[114] In der Folge ging zwar die Tendenz zur Deregulierung, der befürchtete *race to the bottom*[115] blieb jedoch aus. Gerade aus deutscher Sicht lässt sich festhalten, dass die Anwendung der Gründungstheorie auf EU-Gesellschaften produktive Reformdiskussionen im Sachrecht der Kapitalgesellschaften angestoßen hat, die sich u. a. im MoMiG 2008 niederschlugen[116] – Konkurrenz belebt das Geschäft.

3. Methodische Umsetzung des EU-Anerkennungsprinzips in Deutschland

a) Bundesgerichtshof: Kollisionsrechtliche Lösung über die Gründungstheorie

Der EuGH sprach in seiner Rechtsprechung lediglich eine Ergebnisvorgabe im Sinne eines Verbots von Marktzugangsbeschränkungen aus. Die methodische Ausgestaltung dieser „Anerkennung" ausländischer Gesellschaften ließ er offen.[117] Als richtungsweisend für die hier interessierende Debatte um Sitz- und Gründungstheorie erweist sich die Rechtsprechung zum Anerkennungsprinzip deshalb, weil ihre Umsetzung durch den Bundesgerichtshof – richtigerweise – auf *verweisungsrechtlicher* (kollisionsrechtlicher) Ebene erfolgte:[118] Die Niederlassungsfreiheit gemäß Art. 49, 54 AEUV umfasst demnach eine *versteckte bzw. ungeschriebene Kollisionsregel* zugunsten der Gründungstheorie.[119]

---

114 Siehe *Weller*, ZEuP 2016, 53, 64 ff.
115 Man spricht auch vom „Delaware-Effekt", vgl. *Fleischer*, in: MüKo GmbHG, 4. Aufl. 2022, Einl. Rn. 233 f.
116 Vgl. *Fleischer*, JZ 2023, 365, 367 f. (dort eingeordnet als „Generationsthema").
117 Vgl. *Mansel*, RabelsZ 70 (2006), 651, 671 ff.; *Rehm*, in: Eidenmüller (Hrsg.), Ausländische Kapitalgesellschaften im deutschen Recht, 2004, § 2 Rn. 66 ff.
118 Siehe BGH, Urt. v. 13. 3. 2003 – VII ZR 370/98 = IPRax 2003, 344; im Anschluss daran auch BGH, Urt. v. 13. 9. 2004 – II ZR 276/02 = NJW 2004, 3706, 3707; BGH, Urt. v. 14. 3. 2005 – II ZR 5/03 = NJW 2005, 1648; den gleichen Schwenk vollzogen im Nachgang der *Überseering*-Entscheidung die österreichische und sodann die belgische und französische Rechtsprechung, siehe *Weller*, ZEuP 2016, 53, 61, 62 m.w.N.
119 Vgl. *Weller*, IPRax 2017, 167, 168 f.; *Weller*, ZEuP 2016, 53, 63; *Thomale*, NZG 2011, 1290 ff.; *Leible/Hoffmann*, RIW 2002, 925, 936; *Leible/Hoffmann*, ZIP 2003, 925, 926; zweifelnd dagegen *Großerichter*, DStR 2003, 159, 166; *Knapp*, DNotZ 2003, 85, 88.

b) Scharmützel innerhalb des BGH: Jersey-Limited (II. Zivilsenat) versus Überseering (VII. Zivilsenat)

Freilich vollzog sich der Paradigmenwechsel in der BGH-Rechtsprechung von der Sitz- zur Gründungstheorie nicht etwa geräuschlos; vielmehr blieben Scharmützel am höchsten deutschen Zivilgericht nach einer so intensiven Vordebatte um die *quaestio famosa* des Gesellschaftsrechts naturgemäß nicht aus.

Die entscheidende Vorlage für die Überseering-Entscheidung lieferte nämlich nicht der für das Gesellschaftsrecht zuständige II. Zivilsenat des Bundesgerichtshofs (im Selbstverständnis der Gesellschaftsrechts-Community[120] der „Königssenat" am Bundesgerichtshof), sondern der für das „simple" Baurecht zuständige VII. Zivilsenat. Die damalige Gesellschaftsrechts-Community sah in diesem Vorgang – wenig überraschend für denjenigen, der die Protagonisten noch kennenlernen durfte – nichts weniger als eine Majestätsbeleidigung.

Der II. Zivilsenat versuchte dementsprechend unter seinem damaligen markanten Führungsduo *Volker Röhricht* und *Wulf Goette* noch in letzter Minute, das Vorlageverfahren des VII. Zivilsenats abzuwenden, indem er den Fall einer Jersey Limited mit Verwaltungssitz in Deutschland zum Anlass nahm, die traditionelle Sitztheorie in ihrer sachrechtlichen Konsequenz zu modifizieren (fortan sog. „modifizierte Sitztheorie" oder „Wechselbalgtheorie").[121] Eine solche Auslandsgesellschaft mit Verwaltungssitz in Deutschland wurde in der Jersey-Entscheidung (2002) zwar nach wie vor über den Anknüpfungspunkt des inländischen Verwaltungssitzes dem deutschen Gesellschaftsrecht unterworfen. Allerdings folgerte der II. Zivilsenat aus dem *numerus clausus* der inländischen Rechtsformen nicht mehr die Nichtigkeit des Auslandsgebildes (wie es der Bundesgerichtshof noch 1970 mit der liechtensteinischen Anstalt getan hatte[122]). An die Stelle der Behandlung als gesellschaftsrechtliches *nullum* trat vielmehr eine Transposition der Auslands- in eine Inlandsgesellschaft. Der II. Zivilsenat subsumierte nunmehr das Zusammenwirken der Limited-Gesellschafter zu einem gemeinsamen Zweck unter § 705 BGB und kam zu der überzeugenden Schlussfolgerung, es handele sich dabei um eine inländische Außen-GbR.

Dabei war die Außen-GbR – praktischerweise – vom II. Zivilsenat kurz zuvor in der Jahrhundertentscheidung „ARGE Weißes Ross" (2001) als teilrechtsfähig aner-

---

120 Ausführlich zu diesem Soziotop Vogt/Fleischer/Kalss (Hrsg.), Protagonisten im Gesellschaftsrecht, 2020.
121 BGH, Urt. v. 1.7.2002 – II ZR 380/00, *Jersey* = NJW 2002, 3539; ausführlich hierzu *Weller*, FS Goette, 2011, 583 ff.
122 BGH, Urt. v. 30.1.1970 – V ZR 139/68 = NJW 1970, 998, 999.

kannt worden.¹²³ Der II. Zivilsenat unter Beteiligung von *Wulf Goette*, der beim Bonner Großmeister *Werner Flume* promoviert hatte, übernahm dessen Gruppenlehre aus den 1970er Jahren, die zur Rechtsfähigkeit der GbR führte. Fortan waren Außen-GbRs rechts- und dementsprechend auch parteifähig (§ 50 ZPO).¹²⁴

Hätte der VII. Zivilsenat die Überseering BV mit Verwaltungssitz in Deutschland nach der nunmehr sog. „modifizierten Sitztheorie" in eine GbR transponiert, wäre sie ebenfalls rechts- und damit parteifähig gewesen. Die *Überseering*-Vorlage an den EuGH wäre dann ins Leere gelaufen. Denn in der EuGH-Vorlage *Überseering* ging es gerade darum, ob die sachrechtliche Konsequenz der traditionellen Sitztheorie, der zugezogenen Gesellschaft die Rechts- und damit die Parteifähigkeit abzusprechen und sie als rechtliches *nullum* zu behandeln, gegen das Beschränkungsverbot der Niederlassungsfreiheit verstieß (offensichtlich ja!).¹²⁵ Eine von der Überseering BV als Werkunternehmerin erhobene Werklohnklage nach § 631 BGB wäre ungeachtet einer etwaigen materiellrechtlichen Berechtigung der Werklohnforderung nach der traditionellen Sitztheorie als *unzulässig* abzuweisen gewesen, da der Überseering BV mit Verwaltungssitz im Inland nach § 50 ZPO die Rechts- und Parteifähigkeit abzusprechen war.¹²⁶

Indes: Die *Jersey*-Entscheidung des II. Zivilsenats kam wenige Wochen zu spät. Der VII. Zivilsenat hatte zu diesem Zeitpunkt seine Vorlage an den EuGH nämlich schon auf den Weg gebracht. Als der EuGH – wie nach *Centros* unschwer vorherzusehen – in der tradierten „nullum-Rechtsprechung" des Bundesgerichtshofs eine Verletzung der Niederlassungsfreiheit sah, musste der VII. Zivilsenat den „Elfmeter" in der vom EuGH an ihn zurückverwiesenen „Schlussentscheidung *Überseering*" (2003) nur noch verwandeln. Das gelang dem VII. Zivilsenat beeindruckend, er wechselte von der Sitz- zur Gründungstheorie.¹²⁷

Der II. Zivilsenat konnte nicht anders, als sein verlorenes Finish einzugestehen; er schwenkte ein Jahr später mit der *UK Limited*-Entscheidung (2004) auf die Gründungstheorie-Linie des VII. Zivilsenats ein.¹²⁸ Indes: Für Drittstaatensachver-

---

123 BGH NJW 2001, 1056.
124 Näher *Weller*, FS Günter H. Roth, 2011, 881 ff.
125 Vgl. *Weller*, Europäische Rechtsformwahlfreiheit und Gesellschafterhaftung, 2004.
126 *Weller*, IPRax 2003, 324 ff.
127 BGH, Urt. v. 13.3.2003 – VII ZR 370/98 = IPRax 2003, 344: „Eine Gesellschaft, die unter dem Schutz der im EG-Vertrag garantierten Niederlassungsfreiheit steht, ist berechtigt, ihre vertraglichen Rechte in jedem Mitgliedstaat geltend zu machen, *wenn sie nach der Rechtsordnung des Staates, in dem sie gegründet worden ist* und in dem sie nach einer eventuellen Verlegung ihres Verwaltungssitzes in einen anderen Mitgliedstaat weiterhin ihren satzungsmäßigen Sitz hat, hinsichtlich des geltend gemachten Rechts rechtsfähig ist (Hervorhebung durch die *Verf.*).
128 BGH, Urt. v. 13.9.2004 – II ZR 276/02 = NJW 2004, 3706, 3707; BGH, Urt. v. 14.3.2005 – II ZR 5/03 = NJW 2005, 1648.

halte – durchaus von praktischer Relevanz (siehe Schweiz und UK-Gesellschaften) – hält er bis heute an der mit der *Jersey*-Entscheidung modifizierten Sitztheorie fest.[129]

4. Rückzugsgefechte und Persistenzen der Sitztheorie

Der Siegeszug der Gründungstheorie war freilich weder unaufhaltsam noch allumfassend. Die Sitztheorie bleibt für diverse bedeutende Konstellationen maßgeblich („gespaltene" Anknüpfung des Gesellschaftsstatuts). Das Internationale Gesellschaftsrecht ist durch dieses Nebeneinander zu einer der komplexesten Teilmaterien des IPR geworden, in dem bereits die kontextabhängige Bestimmung der richtigen Kollisionsregel dem Rechtsanwender einige Detailkenntnis abverlangt.[130]

a) Wegzugskonstellationen

Das Anerkennungsprinzip gilt ausweislich der Entscheidungen *Daily Mail*[131] und *CARTESIO*[132] nur für Zuzugskonstellationen innerhalb der EU und des EWR. Diese zeichnen sich durch eine Verlegung des *Verwaltungs*sitzes einer Auslandsgesellschaft ins Inland aus.

Eine Gesellschaft, die ihren Verwaltungssitz aus dem Inland ins EU/EWR-Ausland verlegen möchte, kann sich also gegenüber dem Zuzugsstaat auf die Niederlassungsfreiheit berufen. Sie kann dies umgekehrt aber nicht gegenüber dem Wegzugsstaat, nach dessen Recht sie gegründet wurde.[133] „Die Frage, ob Art. 49 AEUV auf eine Gesellschaft anwendbar ist, die sich auf die dort verankerte Niederlassungsfreiheit beruft," ist laut EuGH „gemäß Art. 54 AEUV eine Vorfrage, die beim gegenwärtigen Stand des Gemeinschaftsrechts nur nach dem geltenden na-

---

129 Siehe *infra* unter 4. b).
130 Siehe die Darstellungen bei *Weller*, in: MüKo GmbHG, 4. Aufl. 2022, Einl. Rn. 359 ff.; *Großerichter/Zwirlein-Forschner*, in: BeckOGK, Stand: 1.4.2023, IntGesR AT Rn. 115 f.
131 EuGH, Urt. v. 27.9.1988 – Rs. 81/87, *Daily Mail* = NJW 1989, 2186.
132 EuGH, Urt. v. 16.12.2008 – Rs. C-210/06, *Cartesio* = NJW 2009, 569, Rn. 104, 110.
133 Siehe EuGH, Urt. v. 16.12.2008 – Rs. C-210/06, *Cartesio* = NJW 2009, 569, Rn. 104 (bezugnehmend auf EuGH, Urt. v. 27.9.1988 – Rs. 81/87, *Daily Mail* = NJW 1989, 2186, Rn. 19), wonach „eine aufgrund ihrer nationalen Rechtsordnung gegründete Gesellschaft jenseits der nationalen Rechtsordnung, die ihre Gründung und Existenz regelt, keine Existenz hat."

tionalen Recht beantwortet werden kann."[134] Nach diesem auch als Geschöpftheorie bezeichneten Konzept behält der (Gründungs-)Staat nicht nur die Oberhoheit über das Entstehen der nach seinem Sachrecht verfassten Gesellschaften, sondern auch über das Ende von deren rechtlicher Existenz, etwa im Falle eines Wegzugs.[135]

In der Entscheidung *National Grid Indus*[136] präzisierte der EuGH später, dass nicht etwa alle Wegzugsbeschränkungen *per se* unionsrechtskonform seien; vielmehr sei eine Berufung auf die Niederlassungsfreiheit möglich, soweit es um *nichtgesellschaftsrechtliche* Wegzugsbeschränkungen wie etwa eine Wegzugssteuer geht. Der nationale Gesetzgeber kann für die eigenen Gesellschaften also weiterhin Wegzugsbeschränkungen im gesellschaftsrechtlichen Sachrecht verankern, indem er ihnen einen inländischen Verwaltungssitz vorschreibt. Verlegt eine im Ausland mit dieser Restriktion gegründete Gesellschaft dennoch faktisch ihren Sitz nach Deutschland, so ist die Bestimmung des Gesellschaftsstatuts nicht unionsrechtlich überformt, sondern nach dem autonomen IPR und somit nach der Sitztheorie zu beurteilen.[137]

b) Drittstaatensachverhalte: die Trabrennbahn-Entscheidung des BGH (2009)

Luxemburger Richtersprüche konnten die Gründungstheorie freilich nur so weit im deutschen Gesellschaftsrecht verankern, wie die europäischen Grundfreiheiten reichten. Für weitere praktisch relevante Fälle, insbesondere US-amerikanische Gesellschaften, galt indes aufgrund völkerrechtlicher Verträge das Gleiche.[138]

Das gallische Dorf inmitten dieses ausgeweiteten Geltungsbereichs der Gründungstheorie bildeten Drittstaatensachverhalte ohne staatsvertragliche Konnotation, für die nach wie vor das autonome deutsche Internationale Gesellschaftsrecht

---

134 EuGH, Urt. v. 16.12.2008 – Rs. C-210/06, *Cartesio* = NJW 2009, 569, Rn. 109.
135 Vgl. zur sog. Vorfragedoktrin *Korch/Thelen*, IPRax 2018, 248. Hiervon hat der deutsche Gesetzgeber in § 4a GmbHG und jüngst erneut in § 706 BGB n.F. Gebrauch gemacht, die jeweils einen Satzungs- bzw. Vertragssitz in Deutschland erfordern, siehe *Lieberknecht*, in: BeckOGK, Stand: 1.8.2023, § 706 BGB n.F. Rn. 31 f.
136 EuGH, Urt. v. 29.11.2011 – Rs. 371/10, *National Grid Indus* = IStR 2012, 27.
137 Siehe *Leible/Hoffmann*, RIW 2002, 925, 935; *Paefgen*, WM 2003, 561, 568; *Weller*, in: MüKo GmbHG, 4. Aufl. 2022, Einl. Rn. 396.
138 Siehe Art. XXV Abs. 5 S. 2 des Freundschafts-, Handels- und Schifffahrtsvertrags zwischen der Bundesrepublik Deutschland und den Vereinigten Staaten von Amerika vom 29.10.1954. Die Bestimmung sieht die „Anerkennung" von US-Gesellschaften vor, wird vom BGH aber verweisungsrechtlich im Sinne der Gründungstheorie interpretiert, vgl. BGH, Urt. v. 13.10.2004 – I ZR 245/01, *GEDIOS* = IPRax 2005, 340.

und damit die Sitztheorie maßgeblich blieb. Im Ergebnis stand ein gleich mehrfach gespaltenes Internationales Gesellschaftsrecht[139] und damit ein komplexer Zustand. Die Schaffung eines einheitlichen Regimes wiederum konnte aufgrund der unionsrechtlichen Vorgaben nur zugunsten der Gründungstheorie ausfallen. Die Zeichen der Zeit schienen also auf einen Abschied von der Sitztheorie hinzudeuten.

Diesen Weg beschritt dann auch das OLG Hamm und wendete im *Trabrennbahn*-Fall, der eine schweizerische Aktiengesellschaft mit Verwaltungssitz in Deutschland zum Gegenstand hatte, „aus Gründen der Rechtssicherheit und -klarheit sowie aus Gründen der Einheitlichkeit der Anknüpfung im internationalen Gesellschaftsrecht" die Gründungstheorie an.[140]

Dieser progressive Ansatz wurde zwei Jahre später in der Revisionsinstanz vom Bundesgerichtshof ausgebremst, der eine Erstreckung der Gründungstheorie auf alle ausländischen Gesellschaften ablehnte.[141] Die Gründe dafür waren primär rechtspolitischer Natur: Die Entscheidung war ausdrücklich von dem Bestreben getragen, dem parallel betriebenen Gesetzgebungsvorhaben[142] nicht vorzugreifen, das auf eine Kodifizierung der Gründungstheorie zulief.[143] Der II. Zivilsenat führte deshalb die bisherige Anwendung der Sitztheorie fort. Ungeachtet des im Urteil geübten *judicial self-restraint*[144] bezog der Vorsitzende des erkennenden Senats *Wulf Goette* in einer Besprechung seines eigenen Urteils in der Sache ausdrücklich Position für die Gründungstheorie bzw. deren Kodifizierung.[145] Wenn schon die

---

139 Siehe auch *Kindler*, AG 2007, 721, 725; *Weller*, in: MüKo GmbHG, 4. Aufl. 2022, Einl. Rn. 363.
140 OLG Hamm, Urt. v. 26.5.2006–30 U 166/05, juris-Rn. 177.
141 BGH, Urt. v. 27.10.2008 – II ZR 158/06, *Trabrennbahn* = NJW 2009, 289.
142 Siehe oben Fn. 36.
143 Vgl. BGH, Urt. v. 27.10.2008 – II ZR 158/06, *Trabrennbahn* = NJW 2009, 289, 291, Rn. 22 („Der Gesetzgeber hat dazu bisher noch keine Regelung getroffen […]. Wohl hat der Gesetzgeber […] einen Referentenentwurf eines Gesetzes zum Internationalen Privatrecht der Gesellschaften, Vereine und juristischen Personen vorgelegt. Darin schlägt er vor, die ‚Gründungstheorie' im deutschen Recht zu kodifizieren (Art. 10 EGBGB-E). Dieses Gesetzgebungsvorhaben ist indes noch nicht abgeschlossen. Gegen die generelle Geltung der ‚Gründungstheorie' sind im politischen Meinungsbildungsprozess Bedenken geäußert worden. Angesichts dessen ist es schon vom Ansatz her nicht Sache des *Senats*, der Willensbildung des Gesetzgebers vorzugreifen und die bisherige Rechtsprechung zu ändern.").
144 *Kieninger*, NJW 2009, 292.
145 Siehe *Goette*, DStR 2009, 59, 63 („Auch wenn danach mit der polemisch auch ‚Wechselbalgtheorie' genannten eingeschränkten Sitztheorie Unzuträglichkeiten im Umgang mit ausländischen Gesellschaften, für die das Gründungsrecht nicht gilt, vermieden werden können, wäre es schon aus Gründen der Einheitlichkeit und Rechtssicherheit zu begrüßen, wenn die Regeln des Internationalen Privatrechts der Gesellschaften im Sinne des Übergangs zur Gründungstheorie kodifiziert würden, gilt sie doch für den gesamten EU- und EWR-Raum ohnehin, ganz abgesehen davon, dass sie durch völkerrechtliche Verträge und Abkommen in Kraft gesetzt worden ist oder jederzeit eingeführt werden kann.").

Urheber des Urteils sich mit dessen Substanz nicht recht anfreunden mochten, verwundert es nicht, dass die Entscheidung auch in der Literatur überwiegend kritisch aufgenommen wurde.[146] Der Bundesgerichtshof bestätigte sie gleichwohl 2009 in der Entscheidung *Singapur Limited*.[147] Obwohl – oder gerade weil – der maßgebliche Referentenentwurf zwischenzeitlich zu den Akten gelegt wurde, bleibt die *Trabrennbahn*-Rechtsprechung somit bis heute das *law of the land*. Auch der Umstand, dass der Umgang mit nach englischem Recht gegründeten Gesellschaften mit deutschem Verwaltungssitz im Nachgang des Brexit die Härten der Sitztheorie auch in ihrer modifizierten Form erneut offengelegt hat, hat daran nichts geändert.[148]

IV. Die Revanche: Der insolvenzrechtliche COMI in Funktionsnachfolge der Sitztheorie

Nach dem Spiel ist vor dem Spiel. Das dachten sich auch der Bundesgesetzgeber und der II. Zivilsenat. Sie legten *acting in concert* ein beeindruckendes Rückspiel gegen die Gründungstheorie hin – mit feinstem kollisions- und sachrechtlichem Dribbling.

1. Sitz als Anknüpfungsmoment des Gesellschaftsinsolvenzstatuts

Die Sitztheorie als Schutztheorie wurde, wie *supra* nachgezeichnet, mit *Überseering* für EU-/EWR- und sodann auch für US-Auslandsgesellschaften aufgegeben. Die dadurch entstehende Schutzlücke für den Inlandsverkehr musste indes aus Sicht des II. Zivilsenats und des Bundesgesetzgebers kompensiert werden. Den Schlüssel dazu liefert eine – wenn man so will – Sonderanknüpfung des Gesellschaftsstatuts, nämlich das Gesellschafts*insolvenz*statut. Dessen Anknüpfungsgegenstand weitete die Legislative mit dem Gesetz zur Modernisierung des GmbH-Rechts (MoMiG) im Jahr 2008 erheblich aus.

Das Unternehmensinsolvenzstatut richtet sich nach Art. 7 i.V.m. Art. 3 Abs. 1 EuInsVO nach dem *Centre of Main Interests* (COMI) des Schuldners. Bei Gesell-

---

146 Siehe *Kieninger*, NJW 2009, 292; *Lieder/Kliebisch*, BB 2009, 338; *Hellgardt/Illmer*, NZG 2009, 94; *Balthasar*, RIW 2009, 221; zust. hingegen *Kindler*, IPRax 2009, 189.
147 BGH, Beschl. v. 8.10.2009 – IX ZR 227/06 = AG 2010, 79.
148 Siehe OLG München, Urt. v. 5.8.2021–29 U 2411/21 Kart = NZG 2021, 1518; *Koch*, in: Koch, AktG, 17. Aufl. 2023, § 1 Rn. 39a f.; *Weller*, in: MüKo GmbHG, 4. Aufl. 2022, Einl. Rn. 400.

schaften ist für die Ermittlung des COMI eine Gesamtwürdigung aller Umstände vorzunehmen, wobei der Ort des effektiven Verwaltungssitzes seit der *Interedil*-Entscheidung des EuGH ein wichtiges Anknüpfungsmoment bildet.[149] Die Sitztheorie ist seitdem – zumal europarechtlich abgesegnet – im Gewand des Gesellschaftsinsolvenzstatuts wieder auferstanden.

2. Insolvenzstatut ersetzt Gesellschaftsstatut

Ausgehend von dieser sekundärrechtlichen Grundlage geht die rechtspolitische Tendenz dahin, das Insolvenzstatut auszubauen.[150] Die Gläubiger sollen künftig verstärkt über insolvenzrechtliche Mechanismen geschützt werden.

Der Grund für diesen Paradigmenwechsel im Gläubigerschutzkonzept liegt *erstens* im Europäischen Kollisionsrecht: Über Art. 7 EuInsVO kommt das inländische Insolvenzstatut auf alle Auslandsgesellschaften zur Anwendung, die schwerpunktmäßig im Inland operieren. Das Insolvenzstatut übernimmt insofern die Funktionsnachfolge des Gesellschaftsstatuts, das aufgrund der Gründungstheorie seit *Überseering* leerläuft.[151]

3. Grundfreiheitenkonformität von Marktrückzugsregeln (Keck, Kornhaas)

Der *zweite* Grund folgt aus der Grundfreiheitendogmatik: So ist die Anwendung inländischer insolvenzrechtlicher Haftungsinstrumente auf Auslandsgesellschaften eher mit der Niederlassungsfreiheit vereinbar als die Anwendung gesellschaftsrechtlicher Gläubigerschutzinstrumente. Denn das Gesellschaftsstatut reguliert die

---

[149] Der EuGH lehnte in seiner *Eurofood*-Entscheidung (Urt. v. 2.5.2006 – Rs. C-341/04, Slg. 2006, I-3813) die *mind of management*-Theorie implizit ab. In den Nachfolgeentscheidungen kommt zum Ausdruck, dass sich der *centre of main interests* weitgehend mit dem Ort der Hauptverwaltung deckt; der Ort der werbenden Tätigkeit (*business activity*) soll nur nachrangig sein, EuGH, Urt. v. 20.10.2011 – Rs. C-396/09, *Interedil*, Slg. 2011, I-09915 = ZIP 2011, 2153 ff.; EuGH, Urt. v. 15.12.2011 – Rs. C-191/10, *Rastelli ./. Jean-Charles Hidoux*, Slg. 2011, I-13209 = ZIP 2012, 183; vgl. auch EuGH, Urt. v. 24.5.2016 – Rs. C-353/15, *Leonmobili und Leone ./. Homag Holzbearbeitungssysteme GmbH u.a.*, ECLI:EU:C:2016:374. Ähnlich wie hier *Wedemann*, in: v. Hein/Rühl (Hrsg.), Kohärenz im Internationalen Privat- und Verfahrensrecht der Europäischen Union, 2016, 182, 190.
[150] *Hübner/Weller*, FS Pannen, 2017, 259 ff.; für Frankreich *d'Avout*, La semaine juridique 2016, 519 ff.
[151] Dabei übernimmt es Verkehrsschutzaufgaben, welche im *Common Law*-Rechtskreis häufig von speziellen Anerkennungsstatuten für Scheinauslandsgesellschaften (*pseudo-foreign corporations statutes*) geleistet werden, vgl. *Drury*, 57 Cambridge L.J. 165 ff. (1998).

"werbende" Phase einer Gesellschaft, namentlich die Gesellschafts*gründung* und damit den Markt*zugang*, der von der Niederlassungsfreiheit gefördert werden soll. Dagegen kommt das Insolvenzstatut erst zum Tragen, nachdem die Kapitalgesellschaft wegen Überschuldung ihre haftungsbegrenzende Existenzberechtigung verloren hat, mithin von der Werbungs- in die Abwicklungsphase eingetreten ist. Dementsprechend enthält das Insolvenzstatut Marktaustritts- oder Marktrückzugsregeln, insbesondere Bestimmungen zur gläubigergleichbehandelnden Haftungsrealisierung unter Knappheitsbedingungen.

Diese insolvenzrechtlichen Marktaustrittsregeln lassen sich entweder nach den verallgemeinerungsfähigen Grundsätzen der *Keck*-Rechtsprechung des EuGH[152] als Bereichsausnahme vom Schutzbereich der Niederlassungsfreiheit einordnen oder aber im Lichte der *Cassis*-Formel als zwingende Gründe des Allgemeininteresses leichter rechtfertigen.[153] Im Ergebnis sind sie, wie der EuGH in der Rechtssache *Kornhaas* für die Geschäftsführerhaftung bei Zahlungen nach Insolvenzreife nach dem damaligen § 64 GmbHG ausführt[154], unionsrechtskonform.

4. Gläubigerschutz über Insolvenzhaftungsinstrumente (Gourdain, Kornhaas)

Für das autonome Recht besteht Spielraum auf Ebene der qualifikationsrelevanten Umstände. So steht es den nationalen Gesetzgebern frei, Gläubigerschutzinstrumente sachrechtlich so auszugestalten, dass sie aus Sicht der EuInsVO insolvenzrechtlich zu qualifizieren sind. Dies geschieht, indem sich die Regelgeber an den *Gourdain ./.Nadler*-Kriterien[155] orientieren und vom *ex ante* und präventiv ansetzenden Gläubigerschutz (Kapitalaufbringung) abrücken und diesen stattdessen *ex post* und reaktiv ausgestalten.

Der Gesetzgeber des MoMiG 2008 ist diesen Weg gegangen. Ausdruck des *Ex-post*-Gläubigerschutzes sind etwa die rechtsformunabhängige Insolvenzantragspflicht bei juristischen Personen (§ 15a InsO), die Insolvenzverschleppungshaftung (§§ 15a InsO, 823 Abs. 2 BGB), das Zahlungsverbot der Geschäftsleiter nach Insolvenzreife (§ 15b Abs. 1 und 2 InsO) und der Nachrang der Gesellschafterdarlehen in der Insolvenz der Gesellschaft (§ 39 Nr. 5 InsO).

---

152 Zur Übertragung der *Keck*-Rechtsprechung auf die Niederlassungsfreiheit *Weller*, Europäische Rechtsformwahlfreiheit, 2004, S. 34 ff.
153 *Weller/Hübner*, NJW 2016, 225; zurückhaltender *Bayer/J. Schmidt*, BB 2016, 1923, 1931.
154 EuGH, Urteil v. 10.12.2015 – Rs. C-594/14, *Simona Kornhaas ./. Thomas Dithmar*, ECLI:EU:C:2015:806, Rn. 28 = IPRax 2016, 276, 278.
155 EuGH, Urteil v. 22.2.1979 – Rs. C-133/78, *Gourdain ./. Nadler*, Slg. 1979, 733 = RIW 1979, 273.

Auch die Rechtsprechung hat bei der Existenzvernichtungshaftung diesen Paradigmenwechsel vom Gesellschafts- zum Insolvenzrecht vollzogen: Die noch unter dem Senatsvorsitz von *Volker Röhricht* geprägte Entscheidungs-Trilogie *Bremer Vulkan*[156], *L-Kosmetik*[157] und *KBV*[158] war zunächst in Funktionsnachfolge der aufgegebenen Figur des qualifiziert-faktischen Konzerns *gesellschaftsrechtlich* als weitere Fallgruppe der Durchgriffshaftung analog § 128 HGB strukturiert.[159]

Im Jahr 2007 hat der II. Zivilsenat unter dem neuen Vorsitzenden *Wulf Goette* in *Trihotel*[160] eine nicht zuletzt kollisionsrechtlich motivierte Kehrtwende vollzogen, um die Existenzvernichtungshaftung auch auf Auslandsgesellschaften anwenden zu können und jene in einem „richterlichen Gestaltungsakt" zu einer neuen Fallgruppe des § 826 BGB umgebaut.[161] Man kann sie auf diese Weise entweder über Art. 4 Rom II-VO auf Auslandsgesellschaften anwenden. Oder aber man qualifiziert sie als eine vom Insolvenzverwalter geltend zu machende Insolvenzverursachungshaftung insolvenzrechtlich und unterstellt sie damit Art. 7 EuInsVO.[162]

V. Gegenwart und Zukunft des Theorienstreits

Lässt man die Debatte Revue passieren, offenbart sich eine Wellenbewegung: Jede der Theorien hatte zeitweise die Oberhand, wurde zuweilen aber auch weitgehend marginalisiert. Derzeit erinnert die Sitztheorie an „Schrödingers Katze": Sie ist gleichzeitig tot und lebendig. Einerseits wird sie unter Verweis auf die BGH-Rechtsprechung auch im neueren Schrifttum mit einem gewissen Recht als herrschend bezeichnet,[163] andererseits hat das unionsrechtliche und staatsvertragliche Anerkennungsprinzip ihre praktische Relevanz erheblich zurückgestutzt.[164] Literaturstimmen, die für die Sitztheorie als inhaltlich beste Lösung eintreten und auf jene nicht bloß unter Verweis auf die Rechtsprechung als überkommenes Richter-

---

156 BGH, Urteil v. 17.9.2001 – II ZR 178/99, BGHZ 149, 10 ff. = ZIP 2001, 1874 – *Bremer Vulkan*.
157 BGH, Urteil v. 25.2.2002 – II ZR 196/00, BGHZ 150, 61 = NJW 2002, 1803 – *L-Kosmetik*.
158 BGH, Urteil v. 24.06.2002 – II ZR 300/00, BGHZ 151, 181 = NJW 2002, 3024 – *KBV*.
159 *Weller*, Europäische Rechtsformwahlfreiheit und Gesellschafterhaftung, 2004, S. 127 ff., 153 ff.
160 BGH, Urteil v. 16.7.2007 – II ZR 3/04, BGHZ 173, 246 = ZIP 2007, 1552.
161 *Weller*, ZIP 2007, 1681 ff.
162 Ausführlich zur Qualifikation der Existenzvernichtungshaftung *Weller*, in: MüKo GmbHG, Einl. Rn. 415 ff.
163 Siehe *Ego*, in: MüKo AktG, 5. Aufl. 2021, Teil B Rn. 201; *Großerichter/Zwirlein-Forschner*, in: BeckOGK, Stand: 1.4.2023, IntGesR AT Rn. 48.1; *Hausmann*, in: Staudinger, Stand 31.05.2021, Art. 4 EGBGB Rn. 228; *von Hein*, in: MüKo BGB, 8. Aufl. 2020, Art. 4 EGBGB Rn. 161; *Schaub*, in: Schüppen/Schaub, MAH Aktienrecht, 3. Aufl. 2018, Teil A § 5 Rn. 8, 19.
164 Siehe *supra* unter III. 2. und III. 4. b).

recht hinweisen, werden im jüngeren Schrifttum seltener.[165] Dieser Trend ist kein deutsches Spezifikum: Selbst in ihrem Mutterland Frankreich wird die Sitztheorie zunehmend aus der Rechtswirklichkeit verdrängt.[166] Ob der aktuelle Stand nur eine Konjunkturflaute der Sitztheorie oder deren dauerhaften Niedergang widerspiegelt, muss sich noch zeigen. Zumindest in Bezug auf Gesellschaften aus EU-Mitgliedstaaten erscheint eine Rückbesinnung auf die mobilitätsfeindliche Sitztheorie kaum denkbar.

Bei Drittstaatensachverhalten, für welche die Rechtsprechung und damit die Rechtspraxis nach wie vor an der Sitztheorie festhält,[167] ist indes nicht auszuschließen, dass eine Tendenz zu Protektionismus, Deglobalisierung und *decoupling*[168] – wie andere politische Makrotrends zuvor – mittelfristig auch auf das Gesellschaftskollisionsrecht durchschlägt. Mit *Horst Eidenmüller* hat immerhin jüngst ein prominenter (bisheriger) Befürworter der Gründungstheorie[169] die Lager gewechselt und sich für eine Anwendung der Sitztheorie ausgesprochen.[170] Das ist bemerkenswert, zumal der besagte Beitrag primär den Rechtskreis des *Common Law* adressiert, in dem die Sitztheorie noch zu keinem Zeitpunkt hat Fuß fassen können. Zur Begründung stützt sich *Eidenmüller* zum einen auf den grassierenden

---

165 Siehe aber *Kindler*, in: MüKo BGB, 8. Aufl. 2021, IntGesR Rn. 424 ff.; unter den Nachweisen für die Sitztheorie als „herrschende Lehre" bei *Leible*, in: Michalski/Heidinger/Leible/J. Schmidt, GmbHG, 4. Aufl. 2023, Syst. Darst. 2 IntGesR Rn. 4 finden sich kaum Quellen aus dem 21. Jahrhundert; Einordnung als Ansicht der „überwiegenden Lit." aber auch bei *Solveen*, in: Hölters/Weber, AktG, 4. Aufl. 2022, § 5 Rn. 3; den Autoren ist durch einen glaubhaften Zeugenbericht das Bonmot überliefert, dass ein hier nicht namentlich genannter Münchener Emeritus jüngst mit seinem Enkel durch den Stadtteil Bogenhausen spazierte und, als er im Vorbeigehen *Peter Kindler* in einem Friseursalon erblickte, ausrief: „Schau, dort sitzt der letzte lebende Vertreter der Sitztheorie!".
166 Vgl. Haut Comité Juridique de la Place Financière de Paris, Rapport sur le rattachement des sociétés, 2021, S. 3 ff., 22, 49, 69, 76; Projet de Code de Droit International Privé, Rapport du groupe de travail présidé par Jean-Pierre Ancel, 2022, S. 36; siehe auch *Menjucq*, Droit international et européen des sociétés, 6. Aufl. 2021, Rn. 477 ff.; siehe zu diesem Phänomen in den Ursprungsländern der Sitztheorie *Großerichter/Zwirlein-Forschner*, in: BeckOGK, Stand: 1.4.2023, IntGesR AT Rn. 99 ff.
167 Vgl. BGH, Urt. v. 27.10.2008 – II ZR 158/06, *Trabrennbahn* = NJW 2009, 289; ferner BVerfG, Beschl. v. 27.6.2018–2 BvR 1287/17, 2 BvR 1583/17 = NJW 2018, 2392, 2393, Rn. 28 f.
168 Vgl. etwa *García-Herrero/Tan*, Deglobalisation in the context of United States-China decoupling, Bruegel Policy Contribution 2020/21 (abrufbar unter https://perma.cc/5VMB-K3HJ); *Goldberg/Reed*, Is the Global Economy Deglobalizing? And if so, why? And what is next?, 2023, NBER Working Paper 31115 (abrufbar unter https://perma.cc/5CE5-HH4Q); ein weiterer Aspekt dieser Makrotrends ist die zunehmende Verschärfung der staatlichen Investitionskontrolle, vgl. hierzu *Nehring-Köppl*, Paradigmenwechsel im Außenwirtschaftsrecht, 2023, S. 27 ff., 265 ff.
169 Siehe noch *Eidenmüller/Rehm*, ZGR 1997, 89 ff.; *Eidenmüller*, Ausländische Kapitalgesellschaften, 2004, § 1 Rn. 8.
170 Siehe *Eidenmüller*, Shell Shock: In Defence of the ‚Real Seat Theory' in International Company Law, Oxford Business Law Blog, 25.3.2022 (abrufbar unter https://perma.cc/3JFE-NR5G).

Missbrauch von *shell companies* und zum anderen auf die Notwendigkeit, die Förderung von Allgemeininteressen durch das materielle Gesellschaftsrecht gegenüber der Gestaltungsmacht der Gesellschafter abzusichern.[171]

Dass die deutsche[172] und europäische[173] Legislative eine solche Materialisierung – oder aus Sicht mancher: Zweckentfremdung[174] – des Gesellschaftsrechts in immer forscherer Weise betreibt und auch das Kollisionsrecht gesellschaftspolitische Wertungen zunehmend aufnimmt,[175] ist hinlänglich bekannt. Gegenüber der Sitztheorie wären zur Absicherung der ordnungsrechtlichen Elemente zwar weniger invasive Instrumente wie der *ordre public*-Vorbehalt, Sonderanknüpfungen von Eingriffsnormen oder die Berücksichtigungsmethode vorzuziehen.[176] Auch diese Lösungen würden sich freilich im Ergebnis graduell der Sitztheorie annähern, je großflächiger sie zum Einsatz kommen.[177] Darüber hinaus gewinnt das Gesellschaftsinsolvenzrecht seit dem MoMiG (2008) und *Kornhaas* (2015) für den Gläubigerschutz erheblich an Bedeutung und kompensiert die Sitztheorie insofern, als es mit dem COMI im Kern ebenfalls an den Verwaltungssitz einer Gesellschaft anknüpft.[178]

Die Debatte lässt sich somit nicht darauf reduzieren, dass ein hartnäckiger Atavismus in Form der Sitztheorie sich gegen den letztlich unvermeidlichen Siegeszug einer zeitgemäßen Lösung in Form der Gründungstheorie sperrt. Stattdessen stellt der Theorienstreit nur den kollisionsrechtlichen Schauplatz einer zeitlosen rechts-, wirtschafts- und außenpolitischen Grundsatzdebatte dar und dürfte damit langfristig ergebnisoffen bleiben.

---

171 Siehe *Eidenmüller*, Shell Shock: In Defence of the ‚Real Seat Theory' in International Company Law, Oxford Business Law Blog, 25.3.2022 (abrufbar unter https://perma.cc/3JFE-NR5G).
172 Vgl. *Seibert*, in: Vogt/Fleischer/Kalss (Hrsg.), Protagonisten im Gesellschaftsrecht, 2020, 169 ff.
173 Vgl. bereits *Basedow*, ZEuP 2013, 451 ff.
174 Kritisch hierzu *Habersack*, FS Canaris, Bd. II, 2017, 813, 816 ff. („Die AG als Spielball gesellschaftspolitischer Zielvorstellungen"); *Fleischer*, in: BeckOGK, Stand: 1.7.2023, § 76 AktG Rn. 42 („insbesondere nimmt die Indienstnahme des Aktienrechts für gesellschaftspolitische Anliegen allmählich besorgniserregende Formen an").
175 Siehe *Michaels*, in: Ferrari/Fernández Arroyo (Hrsg.), Private International Law: Contemporary Challenges and Continuing Relevance, 2019, 148, 153 ff.; *Rademacher*, IPRax 2019, 461 f.; *Schulze*, IPRax 2010, 290 ff.; *Stürner*, FS Kronke, 2020, 557, 650 f.; *Weller*, RabelsZ 81 (2017), 747, 757 ff.; *Weller/Göbel*, Liber Amicorum Jayme, Bd. II, 2021, 75, 81 ff.
176 Siehe zu diversen Beispielen *Weller*, ZEuP 2016, 53, 72 f.; *Weller*, IPRax 2017, 167, 170; *Großerichter/Zwirlein-Forschner*, in: BeckOGK, Stand: 1.4.2023, IntGesR AT Rn. 116.
177 Siehe bereits *Kindler*, in: MüKo BGB, 8. Aufl. 2021, IntGesR Rn. 426.
178 Siehe *supra* unter IV.

Alexander Schall
§ 6 Die Kapitaldebatte

I. Das System des festen Nennkapitals als abstraktes Gläubigerschutzinstrument —— 232
II. Der Aufstieg des festen Nennkapitals in Deutschland und Europa unter Einfluss von Marcus Lutter —— 233
III. Das Hintergründe für das Aufkommen der Kapitaldebatte —— 236
IV. Die Kapitaldebatte —— 239
    1. Die Kritik —— 240
        a) Das Mindestkapital —— 241
        b) Kapitalerhaltung —— 242
    2. Die Reaktion —— 244
        a) Kapitalaufbringung —— 245
        b) Kapitalerhaltung —— 246
V. Das Ende der Kapitaldebatte —— 248
    1. Die europäische Ebene —— 248
    2. Die nationale Ebene – Das MoMiG und die GmbH —— 249
VI. Schlussbetrachtung —— 252

Die Kapitaldebatte hat sich im ersten Jahrzehnt des neuen Jahrtausends zugetragen. Sie betraf das System des festen Nennkapitals (*legal capital*) und den damit bezweckten Gläubigerschutz.[1] Auf der nationalen Ebene gipfelte sie in der ersten grundlegenden Reform des GmbHG seit 1892: dem Gesetz zur Modernisierung des GmbH-Rechts und zur Bekämpfung von Missbräuchen (MoMiG) 2008. Auf der europäischen Ebene verlief sie hingegen im Sand, nachdem eine *feasibility study* durch KPMG wenig Aufschluss über die Effizienz des Kapitalsystems für Aktiengesellschaften gebracht hatte.[2] Überraschenderweise lebte die Debatte um das *legal capital* selbst im Land seiner schärfsten Widersacher nicht wieder auf, nachdem der Brexit die einst so dringlich ersehnte Gestaltungsfreiheit verschafft hatte.[3]

Ein markantes Merkmal der Debatte war ihre absolute Dominanz über etliche Jahre hinweg. Der akademische Nachwuchs des Gesellschaftsrechts – zu welchem der Verfasser zählte – konnte sich dem Thema damals nicht entziehen. Aufgrund

---

[1] Zusammenfassend Schall, Kapitalgesellschaftsrechtlicher Gläubigerschutz, 2009, S. 37 ff. Nachweise zu den Akteuren unten, Fn. 37.
[2] KPMG, Feasibility study on an alternative to the capital maintenance regime established by the Second Company Law Directive 77/91/EEC of 13 December 1976 and an examination of the impact on profit distribution of the new EU-accounting regime – main report, 2008, verfügbar file:///Users/schall/Downloads/main-report-ec-feasibility-study-on-capital-maintenance.pdf.
[3] Der Appel von Eilís Ferran, Revisiting Legal Capital, EBOR 2019, 521 blieb eine Einzelstimme.

der herausragenden Bedeutung des europäischen Gesellschaftsrechts, des Internationalen Gesellschaftsrecht sowie des Wettbewerbs mit den Rechtsordnungen der USA und Englands war die Venia im Handels- und Gesellschaftsrecht nur noch mit derjenigen für IPR and Rechtsvergleichung zu erwerben. Ferner waren vertiefte Kenntnisse des Insolvenzrechts und ein grundsätzliches Verständnis der Umbrüche in der Bilanzierung vom Vorsichtsprinzip zum *fair value* unerlässlich.[4]

All das erscheint in der Rückschau umso erstaunlicher, als im Kern des festen Nennkapital eigentlich eine Banalität steht. Was man der Gesellschaft als Einlage leistet, darf man sich nicht zurückholen,[5] war es doch der Preis für den Anteilserwerb. Das ist in etwa so trivial wie „Geschenkt ist geschenkt – wieder holen ist gestohlen!" Doch natürlich geht es um mehr. Aus dem System des festen Nennkapitals wurde ein abstraktes Gläubigerschutzinstrument geschaffen, das lange Zeit konkurrenzlos war und als „Kulturleistung ersten Ranges"[6] gepriesen wurde, bevor es durch das Aufkommen alternativer Schutzmechanismen (vor allem in den USA) massiv in Zweifel gezogen wurde.

I. Das System des festen Nennkapitals als abstraktes Gläubigerschutzinstrument

Das System des festen Nennkapitals besteht aus drei Säulen, die sinnvoll miteinander verknüpft sind: Kapitalaufbringung, Kapitalerhaltung und eine strikte „Exit-Liability", wie sie in Deutschland durch Insolvenzantragspflicht (§ 15a InsO)[7] und Zahlungsverbot (§ 15b InsO)[8] implementiert wird.

Jedes dieser Elemente könnte für sich stehen. Sie müssen nicht zwingend kombiniert werden. Beispielsweise kannte auch das englische Recht schon seit dem 19. Jahrhundert das Prinzip der Kapitalerhaltung, war aber nie von der Notwendigkeit eines Mindestkapitalerfordernisses überzeugt. Umgekehrt ließe sich ein solches, verstanden als Seriositätsschwelle, gleichermaßen mit einer dynamischen Ausschüttungssperre verknüpfen. Und zuletzt machen Insolvenzantragspflicht und flankierendes Zahlungsverbot gerade dort Sinn, wo kein Mindestkapitalerfordernis

---

4 Schön, ZGR 2000, 706; Bezzenberger, das Kapital der Aktiengesellschaft, 2005; Mock, Finanzverfassung der Kapitalgesellschaften und internationale Rechnungslegung, 2007.
5 So schon Art 216 Abs. 2 ADHGB. In England galt insoweit nichts anderes, vgl. Micheler, ZGR 2004, 324 ff.
6 *Wiedemann*, Gesellschaftsrecht, Band 1, 1980, S. 558.
7 Ursprünglich § 64 Abs. 1 GmbHG und § 240 Abs. 4 ADHGB.
8 Ursprünglich § 64 Abs. 2 GmbHG, zwischenzeitlich (von 2008–2021) § 64 GmbHG.

besteht und Gesellschaften ständig auf der Kante der Überschuldung betrieben werden, wie das zB bei der UG (§ 5a GmbHG) oder bestimmten EU-Auslandsgesellschaften wie der (irischen) Ltd oder der französischen SaRL der Fall ist.[9]

Kombiniert man die drei genannten Elemente jedoch, ergibt sich ein geschlossenes Gläubigerschutzsystem von filigraner Eleganz und intellektueller Anmut, das wesentlich mehr darstellt als die Summe seiner Teile: eine abstrakte Umschreibung von Grund und Grenzen haftungsbeschränkten Wirtschaftens vermittels von Kapitalgesellschaften! Wer seine Gesellschaft mit nicht unerheblichem Kapital ausstattet, darf nach freiem Gutdünken wirtschaften, bis es verbraucht ist (Grenze der Insolvenz[10]). Zieht er dann rechtzeitig „den Stecker", muss er keine persönliche Haftung fürchten. Insbesondere werden ihm keine Fragen zur Insolvenzverursachung gestellt, selbst wenn diese grob fahrlässig oder leichtfertig war.[11] Anders als unter der französischen *action en comblement du passif* (Art. 651–1 ff. c.com.) wird nicht retrospektiv nach einer *faute de gestion* der Direktoren gesucht, die zur Pleite der Gesellschaft geführt hat. Auch ein *shifting of fiduciary duties* in der Krise, wie es im englischen Common Law vertreten wird, findet in Deutschland nach gefestigter Meinung nicht statt. Daran hat auch das Inkrafttreten des StaRuG nichts geändert.[12]

II. Der Aufstieg des festen Nennkapitals in Deutschland und Europa unter Einfluss von Marcus Lutter

Das eben beschriebene System wurde in Deutschland mit dem ADHGB für die Aktiengesellschaft eingeführt, durch die Aktiennovelle 1884 verschärft und ebenso dem GmbHG 1892 zugrunde gelegt. Es hat sich unter gewissen Modifikationen bis heute gehalten. Zu akademischer Prominenz gelangte es namentlich durch die Habilitationsschrift von Marcus Lutter.[13] In dieser betont rechtvergleichend aus-

---

9 Das hat das Gutachten Haas zum 66. DJT 2006 in Stuttgart gezeigt. Der Gesetzgeber hat diesen Gedankengang im MoMiG mit der rechtsformneutralen Ausgestaltung der Antragspflicht und ihrer Verlegung in das Insolvenzrecht (§ 15a InsO) aufgegriffen.
10 Zur genauen Bestimmung Schall, Kapitalgesellschaftsrechtlicher Gläubigerschutz, 2009, S. 319 ff.
11 Schall, Kapitalgesellschaftsrechtlicher Gläubigerschutz, 2009, S. 101 f. und 108 f. Bei Vorsatz drohte hingegen seit jeher § 826 BGB.
12 Beurskens in Noack/Servatius/Haas, GmbHG, 23. Aufl. 2022, § 43 Rn. 15a.
13 Lutter, Kapital, Sicherung der Kapitalaufbringung und Kapitalerhaltung in den Aktien- und GmbH-Rechten der EWG, 1964. Zur Entwicklung ausf. Fleischer, ZIP 2020, 2478 ff.

gerichteten Pionierarbeit wurde das Kapitalsystem umfassend analysiert und dargestellt. In der Folge fand es seinen Weg in das junge Europarecht. Die „Zweite Richtlinie" bzw. „Kapitalrichtlinie"[14] schrieb die beiden Eckpfeiler des Kapitalsystems, Kapitalaufbringung und -erhaltung für alle europäischen Aktiengesellschaften zwingend fest. Allerdings kam es anders als noch bei der Ersten Richtlinie (Publizitätsrichtlinie) nicht mehr zu einer Erstreckung auf Privatgesellschaften. Mittlerweile waren der EG mit Großbritannien und Irland erstmals Jurisdiktionen des Common Law beigetreten, die dem Konzept eines zwingenden Mindestkapitals nichts abgewinnen konnten. Eine weitere Schwächung folgte aus dem Prinzip der Mindeststandards, das der Kapitalrichtlinie zugrunde liegt. Schon das geringe Mindestkapital von 25.000 € für eine Aktiengesellschaft war und ist fragwürdig. Zudem blieb mehr Raum für Umgehungen als im deutschen Aktienrecht (verdeckte Sacheinlagen; verdeckte Gewinnausschüttungen; eigenkapitalersetzende Gesellschafterdarlehen).[15] Auch die Exit-Liability wurde nicht geregelt. Es findet sich nur die Pflicht zur Warnung bei Verlust des hälftigen Gesellschaftskapitals (Art. 58 Gesellschaftsrechte-Richtlinie 2017/1132), an die manche Mitgliedsstaaten wie Italien eine Pflicht zur Rekapitalisierung knüpften (*recapitalise or liquidate*[16]). Doch wie all dem auch sei: *Legal capital* war unangefochten das einzige Gläubigerschutzsystem in den Aktiengesellschaften Europas.

In Deutschland selbst war das Kapitalsystem über Jahrzehnte nicht nur unangefochten, sondern von stetiger Nachschärfung gekennzeichnet, mit denen Umgehungsversuchen entgegengewirkt werden sollte.[17] Auch hierzu trug die Pionierarbeit von Marcus Lutter, fortgeführt in zahlreichen Aufsätzen und einem wegweisenden Kommentar, zusammen mit seinem Schüler Peter Hommelhoff, einen maßgeblichen Teil bei. Der BGH hatte die Bedeutung des Kapitalsystems er-

---

14 77/91/EWG; mittlerweile aufgegangen in Art 45 ff. Gesellschaftsrechte-Richtlinie 1132/2017
15 Zum Vorwurf leichter Umgehbarkeit Rickford, EBLR 2004, 919, 935; auch Davies, Gower and Davies' Principles of Company Law, 7. Aufl. 2003, S. 230. Die Berechtigung des Vorwurfs wurde allerdings nie endgültig geklärt. Bis heute ist streitig, ob und wieweit auch das europäische Richtlinienrecht im Zeichen des „effet utile" Umgehungsschutz erfordert.
16 Z.B. in Italien Art. 2247, 2248(4) CC. Ausführlich Kalss/Adensamer/Oelkers, in Lutter, Das Kapital der Aktiengesellschaft in Europa, ZGR-Sonderheft 17, 2006, S. 134 ff.; kritisch Enriques/Macey, 86 Cornell Law Review (2001) 1165, 1201 f.
17 Eine Selbstverständlichkeit judizierte dabei BGHZ 28, 77 = NJW 1958, 1351:" Stammeinlagen dürfen nicht aus einem Darlehen geleistet werden, dessen Rückzahlungsschuldner die GmbH ist." Schon schwerer nachvollziehbar war die Unwirksamkeit von Vorauszahlungen auf die Einlage, an der BGHZ 37, 75 = NJW 1962, 1009 im Anschluss an das Reichsgericht festhielt (RGZ 83, 370; 149, 293; zur berechtigten Kritik *Hachenburg*, JW 1922, 94; *Schilling*, JZ 1951, 447 und Hachenburg/Schilling, 6. Aufl. 1956, § 7 Anm. 26).

kannt und das Mindestkapital zur „Gegenleistung" für das Privileg der Haftungsbeschränkung erklärt.

BGHZ 117, 323 = NJW 1992, 1824, 1825 aE: „Zweck der Gründungsvorschriften ist es in erster Linie, die reale Aufbringung der gesetzlich vorgeschriebenen Mindestkapitalausstattung der Gesellschaft im Zeitpunkt ihres Entstehens als Ausgleich für die Beschränkung ihrer Haftung auf das Gesellschaftsvermögen sicherzustellen."

In Gewissheit dieser teleologischen Grundlegung baute die höchstrichterliche Rechtsprechung den Kapitalschutz immer weiter aus. Das erfolgte unter weitgehender Zustimmung der herrschenden Lehre, aber auch begleitet von beständiger und über die Jahre sich verschärfender Kritik. Sinnbild wurden die Regeln zur verdeckten Sacheinlage. Nachdem sich das Reichsgericht noch zurückgehalten hatte,[18] etablierte der BGH diesen Umgehungsschutz[19] und baute ihn immer weiter aus, bis schließlich der Gesellschaft verboten wurde, die Mittel aus der Kapitalerhöhung zur Bezahlung ihrer offenen Schulden beim Inferenten zu verwenden.[20] Aber das war längst nicht alles. Denn so schlüssig das Kapitalsystem in der Theorie auch konstruiert war, änderte es doch in der Praxis nichts daran, dass die GmbH schwächer kapitalisiert, dem Zugriff der Gesellschafter in weiterem Umfang unterworfen und insgesamt daher krisenanfälliger war als ihre große Schwester, die Aktiengesellschaft. Das störte das Rechtsgefühl besonders, wenn sich Gesellschafter, die bis eben noch die Geschäfte geführt und davon profitiert hatten, sich hinter der Haftungsbeschränkung verschanzten und die Pleite auf den Gläubigern abluden. Die Antwort wurde über lange Zeit in der Erweiterung und Verschärfung der abstrakten Schutzmechanismen des Kapitalsystems gesucht.

Schon früh hatte der BGH entscheiden, dass es eigenkapitalersetzende Gesellschafterdarlehen gab, die gemäß §§ 30, 31 GmbHG analog gebunden waren,[21] weil

---

18 RGZ 141, 204, 210; 157, 213, 214.
19 Grundlegend BGHZ 28, 314 = NJW 1959, 383: „Grundsätzlich genügt allerdings zur Erfüllung der Einlageschuld, daß die Leistung des Gesellschafters in die freie Verfügungsgewalt des Geschäftsführers gelangt. Das kann aber nicht für eine Leistung gelten, die zwar ernstlich, aber in der Absicht bewirkt wird, aus ihr die eigene Forderung aus einer Übernahmeabrede befriedigt zu erhalten. Eine solche Leistung des Einlageschuldners gleicht einem geworfenen Ball, der an einem Gummiband hängt und wieder zurückschnellt. Sie scheidet nur vorübergehend aus dem Vermögen des Leistenden aus und soll nur zeitweilig der Gesellschaft gehören, aber wieder, wenn auch zur Erfüllung der Vergütungsforderung, ausgekehrt werden."
20 BGHZ 113, 335; als sinnwidrig kritisiert von Wilhelm, DB 2006, 2729, 2732 f. Sogar die Frage der Europarechtswidrigkeit stand im Raum (Meilicke, DB 1990, 1171), wurde aber nie geklärt, weil EuGH C-83/91 Meilicke / ADV/ORGA AG – anders als GA Tesauro – sie als hypothetisch abtat.
21 BGHZ 31, 258 = NJW 1960, 285; zur AG BGHZ 90, 381 = NJW 1984, 1893.

sie zu einem Zeitpunkt in der Krise gewährt wurden, wo kein Dritter der Gesellschaft mehr Kredit gegeben hätte. Den einleuchtenden Gedanken der „falsa demonstratio" erweiterte er danach aber ständig, insbesondere über die Erstreckung auf das phänomenologisch völlig andersartige Stehenlassen in der Krise.[22] Im Bereich der Kapitalaufbringung wurde die einstmals beliebte Methode der umgehenden Rückzahlung der (meist geliehenen) Bareinlage an die Gründungsgesellschafter – deutschlandweit bekannt gemacht durch die Fernsehserie „Lindenstraße"[23] – als illegales „Hin- und Herzahlen" gebrandmarkt.[24] Mit Urteilen, welche die Inbetriebnahme von (zulässigen „offenen"[25]) Vorratsgründungen und von leeren Altmänteln mit einer Pflicht zur erneuten Versicherung über die freie Verfügbarkeit des Mindestkapitals belegten, wurde ein weiteres Schlupfloch im Kapitalsystem geschlossen.[26] Einen letzten Schritt ging der BGH mit dem berüchtigten Novemberurteil 2004, als er zur Bekämpfung eines „Ausplünderungsfalls" ein Prinzip der „realen Kapitalerhaltung" in Stellung brachte, wodurch die bilanzielle Kapitalerhaltung ins Wanken geriet.[27]

III. Das Hintergründe für das Aufkommen der Kapitaldebatte

War das Kapitalsystem bis zum Anfang der Zweitausender im Wesentlichen akzeptiert, führte dann eine Gemengelage unterschiedlicher Impulse zur Initialzündung der heftigen Debatte, die zur grundlegenden Reform des kapitalgesellschaftsrechtlichen Gläubigerschutzes durch das Gesetz zur Modernisierung des GmbH-Rechts und zur Bekämpfung von Missbräuchen (MoMiG) im Jahr 2008 führte.

---

22 BGHZ 75, 334; 127, 336, 340 ff. = NJW 1995, 326 = DStR 1994, 1902 mit zust Anm. Goette. Zur Kritik Schall, Kapitalgesellschaftsrechtlicher Gläubigerschutz, 2009, S. 162 ff. Österreich hat diesen teleologischen Zweifelsfall nicht mitvollzogen, was zu einem Fall der EuInsVO wurde in OLG Naumburg v. 6.10.2010–5 U 73/10, BeckRS 2010, 29926 = ZIP 2011, 677 m. krit Anm. Schall, ZIP 2011, 2177.
23 Die Gründung der Reisebüro-GmbH von „Mutter Beimer" mit ihrem zweiten Ehemann Erich Schiller erfolgte auf diese Weise. Sie wurde dabei freundlicherweise unterstützt durch ihren Ex-Ehemann Hans Beimer, der die Barmittel über das Wochenende vom Konto seines Arbeitsgebers abzweigte, dabei aber ertappt wurde – was zu allerlei dramaturgischen Verwicklungen im weiteren Fortgang führte.
24 Erstmals BGHZ 153, 107 = NZG 2003, 168.
25 BGHZ 117, 323 = NJW 1992, 1824.
26 BGHZ 153, 158 = NZG 2003, 170; BGHZ 155, 318 = NZG 2003, 972; konturiert in BGHZ 192, 341 = NZG 2012, 539; kritisch zB Merkt in MünchKommGmbHG, 4. Aufl. 2022, § 11 Rn. 211.
27 BGHZ 157, 72.

Der erste Begründungsstrang wird durch die Gesetzesbezeichnung indiziert. Zu Beginn der Zweitausender waren professionell organisierte „GmbH-Bestattungen" ins Blickfeld geraten. Die Anteile an einer abzuwickelnden GmbH wurden solange weiterveräußert, bis am Ende eine (i. d. R. mittellose Person) zum Geschäftsführer bestellt wurde und mit der Begründung, sie habe keinerlei Unterlagen über die finanzielle Situation der Gesellschaft erhalten, deren Insolvenz mit dem Ziel der Abwicklung beantrage.[28] Dabei handelte es sich um kriminelle Aktivitäten, in die auch Berater und Notare verwickelt waren. Eine Zielsetzung des MoMiG war, diesen Sumpf trocken zu legen (vgl. §§ 6 Abs. 5; 35 Abs. 1 S. 2 GmbHG; § 15a Abs. 3 InsO).

Der wesentliche Druck zu einer grundlegenden Reform des GmbH-Rechts ging jedoch von der Rechtsprechung des EuGH aus. Dieser hatte bereits in C-212/97 *Centros* ausgesprochen, dass der Schutz vor der Umgehung eines nationalen Mindestkapitals keine Rechtfertigung dafür bot, den Zuzug einer ausländischen Briefkastengesellschaft als missbräuchlich zu bekämpfen. Dieses Urteil hatten die Internationalen Privatrechtler in Deutschland (anders als zB in Österreich oder England) zunächst noch nicht als Verdikt gegen die Sitztheorie aufgefasst, sondern überwiegend darauf zurückgeführt, dass Dänemark der Gründungstheorie folgte und daher zur Anerkennung der englischen Scheinauslandsgesellschaft verpflichtet war, wohingegen die strenge Sitztheorie Deutschlands einem solchen Konstrukt bereits die Anerkennung verweigerte, so dass es sich gar nicht auf die Niederlassungsfreiheit berufen könnte.[29] Dieser Interpretation wurde aber mit dem Urteil EuGH C-208/00 *Überseering* der Riegel vorgeschoben.[30] Kurz darauf folgte noch EuGH C-167/01 *Inspire Art*, das als Verbot eines „Limited-Abwehrgesetzes" verstanden wurde. Mit dieser Trilogie waren die Tore für Briefkastengründungen von englischen Gesellschaften (Limited) geöffnet. In den folgenden Jahren kam es allein in Deutschland zu zehntausenden solcher Gründungen.[31] Der wesentliche Anreiz war dabei das fehlende Mindestkapital. Auch andere Vorzüge wie die einfache und schnelle Online-Gründung durch das Fehlen notarieller Beurkundung und registerrichterlicher Prüfung (Sacheinlagen!) wurden gepriesen. Die Konkurrenz der billigen Limited brachte das deutsche Gesellschaftsrecht unter erheblichen Handlungsdruck. Das war der wesentliche Treiber für die Debatte um den Gläubigerschutz auf der nationalen Ebene. Es stellte sich unter anderem die Frage, wie

---

28 Vgl BGHZ 165, 343; ausf. Hirte, ZInsO 2003, 833; s.a. Kleindiek, DStR 2005, 1366: „Hauptanlass".
29 Statt vieler Ebke, JZ 1999, 656 ff., insbes. 658 und 660.
30 Nunmehr Ebke, JZ 2003, 927 ff: „Die wahre Liberalität ist Anerkennung."
31 Westhoff, GmbHR 2007, 474; ferner Becht/Mayer/Wagner, Where do firms incorporate?, 2006, verfügbar unter https://www.researchgate.net/publication/4759590_Where_Do_Firms_Incorporate.

deutsche Gläubigerschutzinstrumente auf Auslandsgesellschaften angewendet werden konnten.[32]

Vor allem aber ging es um die Sinnfrage des Mindestkapitals, das den Gründungsvorgang erheblich erschwerte. Diese Debatte griff Hand in Hand mit einer Entwicklung, die sich auf der Ebene der Kapitalrichtlinie abspielte und auf das harmonisierte Aktienrecht zielte. Ihr Hintergrund war ein ähnlicher, nämlich die Frage, wie ein effizientes Gläubigerschutzsystem aussehen müsse. Ihre Zielrichtung war aber eine andere, nämlich die Ablösung der starren bilanzbasierten Ausschüttungssperren – also des zweiten Pfeilers des festen Nennkapitals – zugunsten einer Solvenzprognose. Denn mittlerweile hatte sich in den USA im Zuge der dortigen Emanzipation von europäischen Rechtskonzepten, die im zwanzigsten Jahrhundert eingesetzt hatte,[33] ein alternatives Gläubigerschutzsystem entwickelt, das die Ausschüttungen nicht mehr am einst aufgebrachten Kapitalbeitrag, sondern primär über *solvency tests* am zu erwartenden Cash Flow ausrichtete.[34]

Der Abschlussbericht der High Level Group of Company Law Experts unter Führung von Jaap Winter (daher auch „Winter Group") wurde im November 2002 vorgelegt. Darin wurde unter anderem die Diskussion um das Kapitalsystem auf der europäischen Ebene eröffnet.[35] Vorgeschlagen wurde ein zweistufiges Vorgehen: zunächst würde eine systemimmanente Reform im Rahmen der SLIM-Initiative erfolgen, die von Eddy Wymeersch vorbereitet worden war. Dem sollte in einem zweiten Schritt die Diskussion über einen grundlegenden Systemwechsel folgen. Der Großangriff auf das Kapitalsystem wurde dann durch die ausführliche Studie unter Federführung von Jonathan Rickford eingeleitet, der für England an jener High Level Group teilgenommen hatte: „Reforming Capital – Report of the Interdisciplinary Group on Capital Maintenance".[36] Dort wurde der Solvenztest als Alternative zum festen Nennkapital propagiert. Davon wurden sich vor allem höhere Ausschüttungen erhofft.

---

32 Grundlegend Ulmer, NJW 2004, 1201.
33 Deutlichstes Beispiel ist die Überwindung des reinen Abwicklungszwecks des traditionellen Konkursrechts durch den Sanierungszweck, versinnbildlicht im Chapter 11 des Bankruptcy Act. Creditor protection heißt dort Schutz *vor* den Gläubigern, nicht mehr Schutz *der* Gläubiger!
34 Ausf. Engert, ZHR 170 (2006), 296.
35 Report of the High Level Group of Company Law Experts on a Modern Regulatory Framework for Company law in Europe, 2002, S. 78–81; verfügbar unter https://www.ecgi.global/sites/default/files/report_en.pdf.
36 Rickford, EBLR 2004, 919.

IV. Die Kapitaldebatte

Dem Ansinnen der Reformer stellte sich – wie wäre es anders zu erwarten gewesen – Marcus Lutter entgegen. Vierzig Jahre nach Publikation seines Fundamentalwerks war er es, der die Verteidiger des Kapitalsystems auf dem ZGR-Symposium des Jahres 2004 im „Arbeitskreis Kapital" sammelte. Die Resultate wurden im Jahr 2006 unter dem Titel „Das Kapital der Aktiengesellschaft in Europa" als ZGR-Sonderheft 17 sowie unter dem Titel „Legal Capital in Europe" als erstes Sonderheft der im Jahr 2004 gegründeten Tochterzeitschrift ECFR publiziert.

Der Kampf um das Nennkapital war eröffnet.

Die Debatte kulminierte Mitte der Zweitausender. Nimmt man zum bisher Gesagten die „Münchener Konferenz" aus dem Jahr 2005 sowie den 66. Deutschen Juristentag 2006 in Stuttgart hinzu, sind ihre Fokalpunkte genannt. Die Diskussion um das Kapitalsystem war höchst lehrreich. Auch wenn sie in Europa ergebnislos verpuffte, hat sie doch tiefe Spuren in unserem Recht hinterlassen (MoMiG). Daher zählt sie zu Recht zu den großen Debatten, auch wenn sie heute, annähernd zwei Jahrzehnte später, immer noch ausgereizt scheint. Schauen wir also zurück in die Zeit von damals.[37]

---

37 Für die Kritiker standen neben Jonathan Rickford, der seine Punkte nochmals in EBOR 2006, 153 bündelte, vor allem Armour, 63 Modern Law Review [2000]; Eidenmüller, ZGR 2007, 168, 182 ff.; Enriques/Macey, 86 Cornell L. Rev. (2001), 1165; Enriques/Gelter, EBOR 2006, 417; Ferran, ECFR 2006, 178; Haas, DJT-Gutachten, Band I, 2007, E 120 ff; Hirte, DJT-Referat, Band II/1, 2007, P 11, 16 ff.; Grunewald/Noack, GmbHR 2005, 189; Kübler, EBLR 2004, 1031; Mülbert, DK 2004, 151; Mülbert/Birke, EBOR 2002, 695; Schutte-Veenstra/Boschma/Lennarts, Alternative Systems for Creditor Protection, 2005; Stoll, Garantiekapital und konzernspezifischer Gläubigerschutz, 2007, S. 11 ff.; Mock, Finanzverfassung der Kapitalgesellschaften und Internationale Rechnungslegung, 2007.

Nur gegen Mindestkapitalerfordernis Schön, DK 2004, 162; ders., EBOR 2006, 181.

Für die Verteidiger des Kapitalsystems standen neben Marcus Lutter (Hrsg.), Das Kapital der Aktiengesellschaft in Europa, ZGR-Sonderheft 17, 2006 (darin namentlich die Beiträge von Lutter selbst, S. 11 ff sowie von Pentz/Priester/Schwanna, S. 42 ff.) insbesondere Bayer, ZGR 2007, 220, 230 ff.; Kleindiek, DJT-Referat, Band II/2, 2007, P 75 ff; ders., ZGR 2005, 788, 790 ff; Priester, VGR 2006, 1 ff.; ders., ZIP 2005, 921; Karsten Schmidt, DB 2005, 1095; Thiessen, DStR 2007, 202 (Teil I) und 260 (Teil II); J. Vetter, DJT-Referat, Band II/2, 2007, P. 45 ff; ders. ZGR 2006, 335; Wilhelmi, GmbHR 2006, 13 f.

Vermittelnde Töne vernahm man etwa bei Couret/Le Nabasuqe, Quel avenir pour le capital social, 2004; kapitalkritisch dort Pietrancosta, «Capital zéro ou zéro capital», S. 127 ff. Davies, Gower and Davies' Principles of Company Law, 7. Aufl. 2003, S. 227 ff.; ders., AG 1998, 346, 352 ff.; Denozza, EBOR 2006, 409; Merkt, ZGR 2004, 305; Miola, ECFR 2005, 413.

1. Die Kritik

Die Kritik am Kapitalsystem fokussierte auf die beiden Stützpfeiler Kapitalaufbringung und Kapitalerhaltung. Sie wurden mit teils überlappenden, teils aber auch ganz unterschiedlichen Argumentationssträngen angegriffen. Kurz gesagt galt: viel Kosten, wenig Nutzen. Bei der Kapitalaufbringung war vor allem die Grundsatzfrage relevant, ob Haftungsbeschränkung auch ohne die Bereitstellung eines erheblichen eigenen Risikobeitrag zu gewähren sei. Auf Seiten der Kapitalerhaltung ging es zentral um den Vorwurf der Ineffizienz. Die Kapitalziffer trage nichts zum Gläubigerschutz bei, binde aber tendenziell zu viel Kapital in der Gesellschaft und behindere wirtschaftlich sinnvolle Transaktionen. In Deutschland stand neben diesen Grundsatzerwägungen auch der vom BGH massiv forcierte Umgehungsschutz auf dem Prüfstand – was freilich eng mit der Antwort auf die Grundsatzfragen verknüpft war.

Eher ein Nebenkriegsschauplatz war hingegen die Frage nach dem optimalen Design der Exit-Liability, namentlich deutsche Insolvenzantragspflicht gegen englisches „wrongful trading".[38] Grundsätzliche Bedeutung hatte eigentlich nur die Frage, ob das System des festen Nennkapitals als abstrakte Grenzziehung der Haftungsbeschränkung die Frage der Insolvenzverursachung weiterhin strikt ausblenden konnte. Dagegen sprachen namentlich die erheblichen Zerschlagungsverluste, welche das theoretische Modell, das haftungsbeschränkte Wirtschaften bei Erreichen der Insolvenzgrenze mit überschaubaren Verlusten zu beenden, in praxi widerlegten. Die Existenzvernichtungshaftung war die Antwort des BGH gewesen,[39] bevor der Gesetzgeber 2008 mit dem erweiterten Zahlungsverbot nachzog (§ 64 S. 3 GmbHG a.F. = § 15b Abs. 5 InsO). Diese beiden Instrumente stellten zugleich funktionale Äquivalente dar, die einen generellen Solvenztest bei Ausschüttungen obsolet machten. Im Übrigen stritt man vor allem um die Notwendigkeit deutschen Gläubigerschutzes gegen (Schein)Auslandsgesellschaften. Auch konnte an der damaligen Strenge des Überschuldungsbegriffs in § 19 InsO Anstoß genommen werden, der keinen Ausschluss der Antragspflicht bei positiver Überlebensprognose vorsah.[40] Schien das manchem zu scharf,[41] galt das englische *wrongful trading*, falls überhaupt anwendbar, den meisten als zu lax.

---

[38] Bachner, EBOR 2004, 293; zum Gläubigerschutz nach englischem Recht auch Schall, DStR 2006, 1229.
[39] Erstmals BGHZ 149, 10 – Bremer Vulkan, zunächst als Durchgriffshaftung; seit BGHZ 173, 346 – Trihotel als Innenhaftung aus § 826 BGB. Zust. Altmeppen, ZIP 2008, 1201; krit. Schanze, NZG 2007, 681 (für Außenhaftung); zT auch Habersack, ZGR 2008, 533; abl. Lieder, DZWIR 2008, 145 (für Durchgriff).
[40] Kritisch zB Hirte/Schall, 22 Journal of Interdisciplinary Economics (2010) 73.

a) Das Mindestkapital

Die Kapitalaufbringung stand vor allem auf der nationalen Ebene bei der GmbH im Visier, wo sich der Konkurrenzdruck durch die EuGH-Rechtsprechung zur Niederlassungsfreiheit auswirkte. Gewichtige Stimmen forderten seine Abschaffung. Auch eine ursprüngliche, inoffizielle Entwurfsfassung des an der Diskontinuität gescheiterten MiKaTraG[42] sah noch die ersatzlose Streichung vor. Das hohe Mindestkapital schreckte Gründer von Privatgesellschaften ab und trieb sie in die Arme der englischen Limited.[43] Überdies war die Prüfung des Vorhandenseins des Kapitals zum Stichtag aufwendig, verlängerte die Gründungszeit oft um Monate und verursachte zusätzliche Kosten. Zwar ist eine externe Gründungsprüfung anders als bei der AG nicht zwingend. Dennoch nahmen Registergerichte bei Sacheinlagen ihre Prüfungskompetenz ernst, was bisweilen zu monatelangen Schwebephasen vor der Eintragung führte. Das wog umso schwerer, als in Deutschland – anders als in England und eben auch wegen des hohen Mindestkapitals – der erste Schritt zur Unternehmensgründung nicht die Beschaffung einer haftungsbeschränkten Kapitalgesellschaft als Unternehmensträger war, sondern typischerweise später aus dem Einzelunternehmertum ausgegründet wurde. Bei schulmäßiger Vorgehensweise war daher das existierende Unternehmen als Einlage einzubringen und zu bewerten. Zudem resultierten aus der strengen Kontrolle der Kapitalaufbringung diverse Haftungsfallen, namentlich um die verdeckte Sacheinlage, aber auch beim Hin- und Herzahlen, der wirtschaftlichen Neugründung etc. Hingegen war der prinzipielle Nutzen der strengen Kapitalaufbringungskontrolle für den Gläubigerschutz zweifelhaft. Entgegen der landläufigen Fehlvorstellung, auf die man in jeder Kapitalgesellschaftsrechtsvorlesung trifft, bedeutet ein garantiertes Stammkapital von 25.000 EUR eben gerade *nicht*, dass bei Eintritt der Insolvenz die Schublade geöffnet und diese Summe herausgenommen wird, um sie an die Gläubiger zu verteilen. Weil das erbrachte Kapital nicht thesauriert werden muss, sondern bis zur Insolvenzgrenze verwirtschaftet werden darf, ist für den Schutz der Gläubiger nicht die ursprüngliche Höhe des aufgebrachten Kapitals wesentlich, sondern eine strenge Exit-Liability, die dafür sorgt, dass insolvente Gesellschaften rechtzeitig mit

---

[41] Schall, ZIP 2005, 965.
[42] Gesetz zur Bekämpfung von Missbräuchen, zur Neuregelung der Kapitalaufbringung und zur Förderung der Transparenz im GmbH-Recht; vgl. Kleindiek, DStR 2005, 1366.
[43] Manche vermuteten damals auch das Erfordernis notarieller Beurkundung als Wettbewerbsnachteil. Doch der Erfolg der UG hat das widerlegt, ganz abgesehen davon, dass dies nichts mit dem festen Nennkapital zu tun hat.

möglichst ergiebiger Masse vom Markt genommen werden. Das hatte das Gutachten von Ulrich Haas zum deutschen Juristentag mit Recht festgestellt.[44]

b) Kapitalerhaltung

Der Kapitalerhaltung wurde vor allem vorgeworfen, dass sie gar keinen Gläubigerschutz leisten könne, weil die historische Kapitalziffer keine Aussagekraft habe, wieviel Kapital zur Deckung künftiger Schulden in der Gesellschaft verbleiben müsse und wieviel ausgeschüttet werden könne. Dies sei vielmehr über einen Solvenztest zu ermitteln, der die künftigen Cash Flows prognostiziere. Die Grundlagen dieser Kritik entstammten den USA. Der Model Business Corporation Act von 1969 basierte noch auf strenger Kapitalerhaltung mit der Ausschüttungssperre des *stated capital*. Er hatte dem als weitere Schranke einen *solvency test* zur Seite gestellt.[45] Hiergegen wandte sich vor allem Bayless Manning:[46]

> A corporation's 'legal capital' is a wholly arbitrary number, unrelated in any way to any economic facts that are relevant to a creditor. ... from his standpoint the stated capital is simply a fortuitously-derived number that could as well have been taken from a telephone directory as from a series of unconnected and irrelevant historical events.

Das klingt nicht nur polemisch, sondern trifft auch bloß die halbe Wahrheit. Denn natürlich ist ein angemessener Kapitalstock wichtig für Gesundheit, Initiativkraft und Krisenresistenz einer Kapitalgesellschaft. Auch wenn Paul Davies in einer der vielen Debatten wortgewandt formulierte „That a company needs capital is not to say that it needs legal capital", erschließt sich noch lange nicht, warum die Gesellschafter so einfach die Gegenleistung für ihren Anteil zurückerhalten sollen. Vielmehr drängt sich umgehend der Gedanke an eine Schenkungsanfechtung auf (§ 134 InsO).[47] Sicher ist jedenfalls: Anleger geschlossener Fonds würden Jubelsprünge aufführen, ließe man ihren ursprünglich versprochenen und nach außen verlautbarten Haftbeitrag auf Basis zwischenzeitlicher Bedarfsprognosen endgültig unter den Tisch fallen.

Dennoch: Infolge von Manning's Fundamentalkritik wurde die Barriere des *stated capital* in der Revision von 1984 auf die bilanzielle Nulllinie hin geschleift

---

[44] Haas, Reform des Gesellschaftsrechtlichen Gläubigerschutzes, Gutachten E, Verhandlungen des 66. DJT zum 66. DJT Stuttgart 2006, Band I, 2007.
[45] Mod. Bus. Corp. Act §§ 45–46 und 66–70 (1969) (amended 1980)
[46] Manning / Hanks, Legal Capital, 3. Aufl. 1990, S. 92.
[47] Dazu Schall, Kapitalgesellschaftsrechtlicher Gläubigerschutz, S. 54 ff.

(*balance sheet solvency test*). Der Solvenztest („*equity test*) wurde zur eigentlichen Schranke.[48] Diese wird lediglich noch flankiert von den Vorschriften zur Anfechtung von *fraudulent transfers*, die eine umfangmäßig nicht bestimmte Minimalkapitalisierung erfordern, indem sie (unter anderem) Ausschüttungen sanktionieren, die nur ein *unreasonably small capital* in der Gesellschaft belassen.[49]

Im Anschluss an die Aktivitäten der „Winter Group" erfasste die Kapitaldebatte dann Europa. Die Kritiker im Gefolge Jonathan Rickford's monierten den überholten Grundansatz, der die wirtschaftliche Leistungsfähigkeit außer Acht lasse und zu übermäßiger Kapitalbindung führe. *Legal capital* wurde als „*outdated concept*" gebrandmarkt.[50] Die Ineffizienz würde durch den Umschwung der Bilanzierungsprinzipien vom Gläubigerschutz (Vorsichtsprinzip) zum Anlegerschutz (Fair Value) nach IAS/IFRS noch verstärkt. Überdies würden die starren Kapitalgrenzen wirtschaftlich sinnvolle Transaktionen behindern.

Soweit dabei allerdings auf die Behinderung des Leveraged / Management Buy Out durch die Kapitalrichtlinie hingewiesen wurde, war das zentrale Hindernis das Verbot der *financial assistance*, das eine Gewähr von Darlehen oder Sicherheiten durch die Gesellschaft zum Erwerb ihrer Anteile verbot.[51] Dies war freilich nicht dem System des festen Nennkapitals entsprungen, sondern hatte als traditionelles Schutzinstrument der neu zur EG beigetretenen englischen Rechtsordnung den Weg in die Kapitalrichtlinie gefunden. Im Ursprungsland Großbritannien richtete es sich gegen ausplündernde Unternehmenskäufer (*asset stripper*),[52] wie sie einst Richard Gere in „Pretty Woman" verkörperte. Die fehlende Konnexität zum *legal capital* zeigte sich schon daran, dass das Verbot in der ursprünglichen Fassung des Art. 23 der Kapitalrichtlinie 77/91/EWG absolut galt und keinen Bezug zur Höhe des

---

48 Mod. Bus. Corp. Act § 6.40(c) (1984), aktuelle, unveränderte Version vom 28. April 2023, verfügbar unter https://www.americanbar.org/content/dam/aba/administrative/business_law/corplaws/mbca-202304.pdf:
No distribution may be made if, after giving it effect
(1) the corporation would not be able to pay its debts as they become due in the usual course of business; or
(2) the corporation's total assets would be less than the sum of its total liabilities plus (unless the articles of incorporation permit otherwise) the amount that would be needed, if the corporation were to be dissolved at the time of the distribution, to satisfy the preferential rights upon dissolution of shareholders whose preferential rights are superior to those receiving the distribution.
49 11 U.S.C. § 548(a)(1)(B)(i) und (ii)(II).
50 Das Fragezeichen im Titel des Münchener Konferenzbeitrags von John Armour, EBOR 2006, 5 ff. markiert keine echte, sondern eine rhetorische Frage, wohl aus Höflichkeit. Der Inhalt des Beitrags würde ehrlicher mit einem Ausrufezeichen gespiegelt.
51 Enriques/Macey, 86 Cornell L. Rev. (2001), 1165, 1181 und 1197 f.; Mülbert/Birke, EBOR 2002, 695, 708 ff.
52 Vgl. Armour, 63 Mod. L. Rev. (2000) 355, 368

gebundenen Vermögens bzw. der nicht ausschüttbaren Rücklagen enthielt. Erst die Änderungsrichtlinie 2006/68/EG brachte in Umsetzung der von einer Kommission unter Vorsitz von Eddy Wymeersch vorangetriebenen SLIM-Initiative[53] den Übergang vom absoluten Verbot der finanziellen Unterstützung zur Möglichkeit der Zulassung als Member State Option, die dann allerdings einer am gebundenen Kapital orientierten Sperre unterworfen war (s. Art. 64 GesR-RiLi 2017/1132).[54]

Zusätzlich zur europäischen Ebene entspann sich in Deutschland aber auch eine Diskussion um zwei spezielle, dogmatisch eng mit der Kapitalerhaltung verknüpfte Rechtsfortbildungen: der konstante Ausbau des Eigenkapitalersatzrechts seit dem Grundsatzurteil BGHZ 31, 258 bis hin zur eigenkapitalersetzenden Nutzungsüberlassung[55] sowie die (Über)Dehnung zu einer „realen Kapitalerhaltung" im „Novemberurteil" aus 2004. Hintergrund des letzteren war ein Ausplünderungsfall gewesen, in dem die letzten liquiden Mittel der Gesellschaft an den Gesellschafter als Darlehen ausgekehrt worden waren – ein bilanzneutraler und daher eigentlich für §§ 30, 31 GmbHG unschädlicher Vorgang, der aber die Liquidität der Gesellschaft beseitigte. Das sollte zur masselosen Insolvenz führen, wodurch der Gesellschafter das Darlehen auf Dauer behalten würde können. Der BGH unterwarf daraufhin Darlehensausreichungen an Gesellschafter aus dem gebundenen Kapital dem Verbot der §§ 30, 31 GmbHG, was den Fall befriedigend löste, aber im Konzern-Cash Pool für gewaltige Probleme sorgte.[56]

2. Die Reaktion

Ein markantes Merkmal der Kapitaldebatte war ihre Aufgeschlossenheit – ein wohltuender Kontrast zu politischen oder auch – in Zeiten der „cancel culture" – gesellschaftlichen Debatten. Sicherlich hatten die „Angreifer" bisweilen etwas überzogen, was sich im Ausgangspunkt bereits auf die Darlegungen von Bayless

---

[53] Wymeersch, European Company law: The Simpler legislation for the Internal Market (SLIM) Initative of The EU Commission, Financial law Institute Working Paper Series 2000–09, August 2000. Verfügbar unter https://financiallawinstitute.ugent.be/index.php/wps/european-company-law-the/
[54] Ausf. Drygala, DK 2007, 395 ff.
[55] Maßgebliche Kritik bei Huber/Habersack, BB 2006, 1 (allerdings noch weitergehend für Subordination sämtlicher offener Gesellschafterforderungen); dies., in : Lutter, Das Kapital der Aktiengesellschaft in Europa, ZGR-Sonderheft 17, 2006, 370; sowie bei Haas, DJT-Gutachten, Band I, 2007 E 60 ff., die auf Zustimmung der Referenten, vor allem Hirte und J. Vetter, sowie der großen Mehrheit der Delegierten trafen, siehe Beschluss Nr. 17, Band II/1, P. 143. Darstellung der Entwicklung bei Schall, Kapitalgesellschaftsrechtlicher Gläubigerschutz, S. 162 ff. mwN.
[56] Schluck-Amend, Verhandlungen des 66. DJT, Band II/2, P 223 ff. Vetter, Referat zu den Verhandlungen des 66. DJT, Band II/2, 2007, P. 75 ff.; zuvor schon Fuhrmann, NZG 2004, 552.

Manning zurückführen ließ (s. o.). Aber sie hatten eben auch valide Punkte vorgebracht, und das wurde von den Verteidigern des Status Quo, die Marcus Lutter um sich geschart hatte, durchaus zur Kenntnis genommen. Es betraf vor allem die Frage des Mindestkapitals, aber auch die damit verbundenen Überdehnungen beim Umgehungsschutz. Hingegen setzte sich zur Kapitalerhaltung die Auffassung durch, dass die alternative Konstruktion der Ausschüttungssperren keinen Gewinn versprach, der einen Systemwechsel rechtfertigen würde.

a) Kapitalaufbringung

Der wesentliche Umschwung fand im Bereich der Kapitalaufbringung statt. Die Rolle des Mindestkapitals wurde im Zuge der Diskussionen neu definiert. Wurde zu den Zeiten, als das Kapitalsystem unangefochten war, gerne noch von einem Haftungsfonds bzw. einer Betriebsvermögensreserve zugunsten der Gläubiger gesprochen, so galt diese Annahme angesichts des ungehinderten Aufzehrens bis zum Erreichen der „Insolvenzgrenze"[57] als so nicht mehr haltbar. Natürlich ist das Eigenkapital einer Kapitalgesellschaft ihr „Vermögen", mit dem sie ihre Schulden bezahlen und eintretende Verluste auffangen kann. Nur ist es das eben nicht in der Form, dass den Gläubigern in der Insolvenz noch ungeschmälert ein „Garantiekapital" zur Verfügung stünde.

Anstelle der irreführenden Diktion von der Haftungsreserve wurde jetzt die Funktion des Mindestkapitals als Seriositätsschwelle betont. Nur wer selbst einen Beitrag zum Risiko leiste, verdiene sich die Haftungsbeschränkung. Exemplarisch erläuterte Detlef Kleindiek:[58]

> „[D]as gesetzliche Mindestkapital wirkt wie eine „Eintrittskarte": Das Privileg des Wirtschaftens mit beschränkter Haftung wird nur dem zugestanden, der bereit und in der Lage ist, einen potentiellen Verlustbeitrag (Risikobeitrag) mindestens in Höhe des gesetzlichen Einstandswerts aufzubringen; eben das ist mit dem Gedanken der „Seriositätsschwelle" gemeint."

In dieser gewandelten Funktion war das Mindestkapital samt des damit einhergehenden Umgehungsschutzes nach wie vor prinzipiell zu rechtfertigen. Es handelte

---

57 Zur zentralen Bedeutung der Insolvenzgrenze und ihrer Ziehung Schall, kapitalgesellschaftsrechtlicher Gläubigerschutz, S. 319 ff.
58 DStR 2005, 1366, 1369, damals noch zum strebenden MiKaTraG-Entwurf (Gesetz zur Bekämpfung von Missbräuchen, zur Neuregelung der Kapitalaufbringung und zur Förderung der Transparenz im GmbH-Recht), der ebenfalls dem Gedanken der Seriositätsschwelle gefolgt war. Später vertrat er diesen Gedanken auch als Referent am 66. DJT.

sich nicht um eine „zwecklose" Norm, wie die Kritik glauben machen wollte. Ganz im Gegenteil: In einem Telefonat, das ich nach dem Abebben der Kapitaldebatte in einem anderen Projekt mit Jonathan Rickford führte, verriet er mir, dass er *dieses* Argument durchaus überzeugend gefunden hatte.

Letztlich ging es nun nur noch um die rechtpolitische Entscheidung, wie vielen Gründern man die Haftungsbeschränkung zu welchem Preis eröffnen wollte und wie viele Fehlschläge auf Kosten der Allgemeinheit dafür hinzunehmen seien. Diese Entscheidung hatten EuGH und englische Limited der deutschen Rechtsordnung aber in Wahrheit bereits aus den Händen gewunden, bevor der deutsche Gesetzgeber mit Einführung der UG in § 5a GmbHG den „Run" in die englische Rechtsordnung zum Erliegen brachte. Denn schon mit dem Fall der Sitztheorie war der freie Eintritt zur Haftungsbeschränkung in Deutschland eröffnet worden.

b) Kapitalerhaltung

Dem Angriff auf die Kapitalerhaltung wurden im Wesentlichen entgegengehalten, dass sich das vertraute System des festen Nennkapitals in der Praxis bewährt habe und keine nennenswerten Hindernisse bereite. Denn die Notwendigkeit bilanzieller Ausschüttungssperren war und ist bis heute unzweifelhaft. Niemand darf Kapital ausschütten, das bereits zur Schuldendeckung gebunden ist. Das besagt auch der US-amerikanische *balance sheet solvency test.* Die weitergehende Forderung im Rickford Report[59] darf man getrost als bewusst überzogene Verhandlungsposition abtun, die keiner fundierten Prüfung standhielt. Denn Ausschüttungen, welche die Gesellschaft in die Überschuldung geführt hätten, hätten in England selbst ein massives Haftungsrisiko mit sich gebracht, für die Geschäftsleiter unter dem Aspekt des *wrongful trading* (s.214 IA 1986) und für die Empfänger unter dem Aspekt der Anfechtung einer *transaction at an undervalue* (s. 238 IA 1986).[60] Die Frage lautete damit eigentlich nur, ob man dem *balance sheet test* den starren Kapitalpuffer des *stated capital* als Reserve aufpfropfte, oder ob man sich ausschließlich auf die vage Prognose künftiger Einkommensströme verlassen sollte, die in den USA vom *equity*

---

59 Rickford, EBLR 2004, 919, 975 f.; abschwächend bereits ders., EBOR 2006, 135, 164 ff, 171 ff.
60 Dieser Tatbestand ist grundsätzlich viel enger als die deutsche Schenkungsanfechtung nach § 134 InsO, da er erst im Stadium der Zahlungsunfähigkeit einsetzt. Dazu zählt aber auch die Überschuldung, wie sich aus der Definition der relevant time in § 240(2) IA 1986 iVm der Definition der *balance sheet insolvency* in s.123(2) IA 1986 ergibt, so dass eine Ausschüttung über die Nulllinie hinaus das Risiko gebracht hätte, die Zahlungsunfähigkeit auszulösen (was letztlich von Bilanzierungsfragen abhing).

solvency test beschrieben wurde, dort flankiert von der flexiblen Vorgabe des Insolvenzanfechtungsrechts, ein *unreasonable small capital* zu vermeiden.

Stellte man die Frage so, verlor die Kapitalerhaltung unter dem angeblich überholten System des *legal capital* ganz rasch ihren Schrecken. Dies aufzuzeigen war den Verteidigern des Kapitalsystems um Marcus Lutter vortrefflich gelungen. Allenfalls stand jetzt noch zur Debatte, der starren Kapitalgrenze einen *zusätzlichen* Solvenztest zur Seite zu stellen. Denn die Schwächen einer rein bilanziellen Sperre ohne Beachtung der künftig erforderlichen Mittel waren grundsätzlich anerkannt, seit Volker Röhricht sie in der Festschrift zum 50-jährigen Bestehen des Bundesgerichtshofs aufgezeigt hatte.[61] Die Nicht-Bilanzierung schwebender Geschäfte erlaubte den Abzug von Geldmitteln, die schon tags drauf als Aufwand zur Begleichung von Gehältern o. ä. benötigt wurden: eine vollkommen legale und daher nicht haftungsauslösende Insolvenzverursachung! Die Schließung dieser Lücke erfolgte durch die rechtsfortbildende Schaffung der Existenzvernichtungshaftung.[62] Diese Problematik betraf aber ausschließlich die GmbH, da Aktionäre nur Anspruch auf den Bilanzgewinn und ansonsten keinerlei Zugriff auf das Gesellschaftsvermögen hatten (§ 57 Abs. 3 AktG) – anders unter den schwächeren §§ 30, 31 GmbHG, die oberhalb des Stammkapitals („*capital yard stick*") unbegrenzte Privatentnahmen erlauben. So einleuchtend der (*cash flow*) *solvency test* auch war, so wenig gab es im harmonisierten und auf Minimumstandards ausgerichteten europäischen Aktienrecht dafür einen triftigen Grund.

Im Übrigen stritt man auf der Ebene der Richtlinie nur um Folgefragen wie die zwingende Sacheinlageprüfung oder die Strenge der Kapitalherabsetzung, über die rechtspolitisch unterschiedlich geurteilt würde, ja nachdem, wie viel oder wenig man vom Grundkonzept hielt.

Auch im GmbH-Recht wurde die Kapitalerhaltung vehement verteidigt, nachdem ihre größte Lücke durch die Existenzvernichtungshaftung geschlossen worden war. Ein zusätzlicher (nicht alternativer) Solvenztest wurde bisweilen für sinnvoll gehalten, von den meisten aber als überregulierend empfunden.

Was die Detailfragen auf der nationalen Ebene anbelangte, hatten sich zunächst noch diverse Verteidiger des „Novemberurteils" gefunden.[63] Auch an der Sonderbehandlung von Gesellschafterdarlehen wurde allgemein festgehalten, allerdings sollte diese im Anschluss an Huber/Habersack[64] sowie das DJT-Gutachten von Haas insolvenzrechtlich als generelle Subordination von Gesellschafterdarle-

---

61 Röhricht, FS BGH, Band 1, 2000, S. 83, 103 ff.
62 Oben Fußnote 39.
63 Bayer/Lieder, ZGR 2005, 133; Habersack/Schürnbrand, NZG 2004, 689; Cahn, DK 2004, 235.
64 Oben Fn. 55.

hen aufgehängt werden und nicht mehr als „Eigenkapitalersatzrecht" der Kapitalerhaltung entlehnt werden.

V. Das Ende der Kapitaldebatte

In der Kapitaldebatte hatten die gesetzgebenden Institutionen das letzte Wort. Denn es ging um grundlegende Systemfragen. Diese konnten Wissenschaft und Praxis nicht unter sich ausmachen. Am Ende standen zwei ganz unterschiedliche Resultate.

1. Die europäische Ebene

Auf der europäischen Ebene blieb das System des *legal capital* erhalten. Der Beweislast für einen grundlegenden Systemwechsel hin zum (*equity*) *solvency test* war nicht genügt worden. Das stand spätestens in dem Zeitpunkt fest, als die von der EU in Auftrag gegebene KPMG-Studie zum dem Schluss kam, dass die Kosten für kapitalbezogene Transaktionen diesseits und jenseits des Atlantiks vergleichbar waren. Das konnte kaum verwundern, da in modernen Volkswirtschaften unterm Strich weder grenzenlose Ausschüttungen noch wertlose Einbringungen möglich sind – welche Geschütze dagegen auch immer aufgefahren werden. Den intrikateren Vorwurf der volkswirtschaftlichen Ineffizienz des festen Nennkapitals hatte die Studie zwar nicht widerlegt. Aber das war auch nicht nötig, da die meisten akademischen Einwände in der Praxis längst ausgeräumt waren. Das Verbot der Unterpariemission interessiert schon lange niemanden mehr, wenn das Agio richtig kalkuliert ist. Die Behinderung von LBO /MBO hatte bereits die Änderungsrichtlinie 2006/68/EG im Zuge der SLIM-Initiative gelockert. Wenn man – allerdings entgegen der ganz hM der europäischen Gesellschaftsrechtler in Deutschland – auf dem Standpunkt steht, dass die Kapitalbindung nur das gezeichnete Kapital erfasst,[65] erledigt sich die Frage einer Überbindung praktisch von selbst. Zuletzt liegen auch im Bereich des aktienrechtlichen Kapitalschutzes mehr Fragen in der Hand der Mitgliedsstaaten als man eigentlich vermuten sollte. Das zeigt sich am Beispiel der SPACs.

Deutschland hat ein sehr strenges Kapitalsystem, das den neuen Trend zum Börsenvehikel der SPACs klar behindert. Damit entgeht dem Wirtschaftsstandort eine Anlageform, die in dem USA Milliardenvolumina umfasst. Und während das

---

[65] Schall, Kapitalgesellschaftsrechtlicher Gläubigerschutz, 2009, S. 312 ff.

sicherlich als Indikator volkswirtschaftlicher Ineffizienz angesehen werden kann,[66] liegt der Schlüssel zur Lösung allein in nationaler Hand. Das Europarecht würde die Einführung von *redeemable shares* grundsätzlich erlauben (Art. 82 Gesellschaftsrechte-Richtlinie 2017/1132). Dementsprechend soll jetzt mit dem Zukunftsfinanzierungsgesetz die Börsenmantelgesellschaft (§§ 44 ff BörsG-E) Abhilfe schaffen.

Dass die Kapitaldebatte auf der europäischen Ebene im Sande verlaufen ist, mag man aus europa*rechtlicher* Sicht durchaus beklagen. Denn das Ziel der vormaligen Kapitalrichtlinie war Mindestschutz. Die Kapitaldebatte hat in meinen Augen die klare Erkenntnis hervorgebracht, dass jenseits des Atlantiks eine alternativ strukturiertes, unterm Strich aber gleich wirksamen Schutzsystem mit anderen Stärken und Schwächen vorhanden ist. Im Lichte des Subsidiaritätsprinzips in Verbindung mit dem Mindeststandradprinzip schiene daher eigentlich eine optionale Öffnung für den Solvenztest geboten[67] – was England damals sicher gerne als Teilerfolg verbucht hätte. Doch aus europa*politischer* Sicht ist die Erhaltung des erreichten Harmonisierungsstand wohl höher zu veranschlagen.

2. Die nationale Ebene – Das MoMiG und die GmbH

Auf der nationalen Ebene kam es hingegen zur ersten grundlegenden Reform des GmbH-Rechts seit seiner Einführung im Jahre 1892. Die geplante große Reform, die im Anschluss an das AktG 1965 in Angriff genommen wurde, war 1980 in einer kleinen GmbH-Novelle verebbt.[68] Doch dieses Mal war der Handlungsdruck durch die Konkurrenz der englischen Limited zu groß geworden.

Der wesentliche Schritt war die Zulassung der Haftungsbeschränkung ohne Aufbringung eines Mindestkapitals. Zu diesem Zweck wurde die Unternehmergesellschaft („UG") eingeführt. Dies erfolgte zwar nicht, wie ursprünglich angedacht, durch eine eigene Rechtsform. Stattdessen wurde die UG als kleine GmbH ausgestaltet (§ 5a GmbHG). Das hatte den Vorteil, dass man nicht ein komplettes „UG-Gesetz" abfassen musste,[69] sondern jenseits der kapitalbezogenen Sonderregeln auf die bewährten Normen des GmbHG samt dazu ergangener Rechtsprechung und

---

66 Ausf. Untersuchung bei David Günther, Special Purpose Acquisition Companies und die Ineffizienz des Kapitalsystems, 2021, der unter Auswertung mehrerer Performance-Studien zu dem Ergebnis gelangt, dass mit den Begrenzungen eher nützliche Transaktionen unterbunden als schlechte verhindert werden.
67 Schall, Kapitalgesellschaftsrechtlicher Gläubigerschutz, 2009, S. 89 ff.
68 Ausf. Fleischer in MünchKommGmbHG, 4. Aufl. 2022, Einleitung, Rn. 98 ff.
69 Dafür noch die „Urheber" der UG, Gehb/Drange/Heckelmann, NZG 2006, 88; zuvor schon, allerdings unter dem Namen „FlexCap", Schall/Westhoff, GmbHR 2004, R 381; dies, GmbHR 2005, R 357.

Literatur zurückgreifen konnte. Meiner Auffassung nach folgte der Gesetzgeber mit Einführung der UG nicht nur rechtspraktischen Zwängen, sondern kam auch einem Gebot der sekundären Niederlassungsfreiheit aus Art 49 Abs. 2 AEUV nach. Denn ein hohes Mindestkapital wirkt als Marktzugangssperre, die der Rechtfertigung bedarf. Im Zuge dieser Prüfung hätte die Kapitalfeindlichkeit der damaligen EuGH-Rechtsprechung durchschlagen können.[70]

Mit der Degradierung des Mindestkapitals der GmbH von einer zwingenden Seriositätsschwelle zu einem freiwilligen Seriositätssignal[71] verlor die Kapitalaufbringung insgesamt an Bedeutung. Sichtbarstes Zeichen war die Legalisierung des Hin- und Herzahlens (§ 19 Abs. 5 GmbHG), womit der Gesetzgeber weniger private Gründungen erleichtern als vielmehr den gefahrlosen Betrieb von Cash Pools im Konzern ermöglichen wollte. Aus dem gleichen Grund hatte der Referentenentwurf des MoMiG sogar die verdeckte Sacheinlage legalisieren wollen – was aber auf die Abschaffung der besonderen Publizität hinausgelaufen und nach entsprechender Kritik aufgegeben wurde. Die verdeckte Sacheinlage blieb mithin illegal, aber die Gefahr einer bestrafenden Doppelzahlung wurde durch die Einführung der Anrechnungslösung gebannt (§ 19 Abs. 4 Satz 3 GmbHG).

Auf der Ebene der Kapitalerhaltung ordnete der Gesetzgeber die Rückkehr zur bilanziellen Betrachtung ausdrücklich an – ein in Deutschland seltenes „overruling" von Fallrecht durch den Gesetzgeber, dem der BGH prompt vorauseilend gehorchte.[72] Im Gegenzug wurde das Zahlungsverbot um einen § 64 Satz 3 (seit 2021: § 15b Abs. 5 Satz 1) erweitert auf Zahlungen an Gesellschafter, welche die die Zahlungsunfähigkeit verursachen mussten. Damit wurde einerseits der Ausplünderungsfall des „Novemberurteils" erfasst, andererseits auch die von Volker Röhricht diagnostizierte Lücke im Bereich der statischen Bilanzsperre geschlossen. Der mittlerweile deliktisch verorteten „Existenzvernichtungshaftung" des Gesellschafters (§ 826 BGB) wurde dadurch eine Erstattungspflicht desjenigen Geschäftsführers zur Seite gestellt, der an solchen Zahlungen mitwirkte. Im Ergebnis führte das zu einer „Solvenztestobliegenheit" bei kritischen Zahlungen an Gesellschafter (Privatentnahmen). Von der Statuierung eines zwingenden Solvenztests bei jeder unmittelbaren oder gar mittelbaren Ausschüttung wurde vor diesem Hintergrund zu Recht abgesehen.

Schließlich kam es zu einer Verschiebung zentraler Gläubigerschutznormen in das Insolvenzrecht. Das betraf zum einen die Insolvenzantragspflicht des § 64 Abs. 1

---

[70] Schall, Kapitalgesellschaftsrechtlicher Gläubigerschutz, 2009, S. 66 ff. unter Verweis auf EuGH C-171/02 Kommission/Portugal, Rn. 55 und EuGH C-514/03 Kommission/Spanien, Rn. 36 f. Mit der vorübergehend geplanten Einführung einer kapitallosen SUP (*societas unius personae*) verfolgte die Kommission einen ähnlichen Gedanken.
[71] Schall, ZGR 2009, 126 ff.
[72] BGHZ 179, 171 – MPS.

GmbHG aF, die nun rechtsformneutral in § 15a InsO angeordnet wurde, um ihre zuvor hochumstrittenen Anwendbarkeit auf die Limited mit Sitz in Deutschland herzustellen.

Nicht nur eine Umplatzierung, sondern eine wesentliche Verschlankung brachte das neuen Gesellschafterdarlehensrecht mit sich. Es zeichnete sich durch Einfachheit und Klarheit aus. Jede Forderung aus einem Gesellschafterdarlehen oder einer vergleichbaren Finanzierungsleistung, die bei Insolvenzeintritt noch offen war, wurde subordiniert (§§ 39 Abs. 1 Nr. 5). Flankiert wurde das durch eine Sonderanfechtungsnorm von Rückzahlungen, die bis zu einem Jahr vor Stellung des Eröffnungsantrags erfolgten (§ 135 Abs. 1 Nr. 2 InsO). Der Begriff der Krise spielte fortan keine Rolle mehr. Ein Fehlverhalten, im Sinne einer Insolvenzverschleppung durch den finanzierenden Gesellschafter, war nicht mehr erforderlich.

Im Gegenzug wurde das auf §§ 30, 31 GmbHG gestützte Eigenkapitalersatzrecht abgeschafft. Dies wurde in § 30 Abs. 1 Satz 3 ausdrücklich angeordnet. Diese Norm erließ der Reformgesetzgeber eingedenk der Erfahrungen mit der GmbH Novelle 1980, als der BGH an seinem eigenen Fallrecht festhielt und die neuen Anfechtungsregeln der §§ 32a, 32b GmbHG als Ergänzung dankend zur Kenntnis nahm. Allerdings wurde damit auch das für die Insolvenzpraxis wichtige Recht der eigenkapitalersetzenden Nutzungsüberlassung gestrichen. Zur Kompensation führte der Gesetzgeber im weiteren Verfahren § 135 Abs. 3 InsO ein.

Die Änderungen der gläubigerschützenden Normen wurden durch MoMiG und ARUG praktisch inhaltsgleich im Aktiengesetz nachvollzogen.[73] Allerdings stellten sich bei der Kapitalaufbringung (§ 27 Abs. 3 und 4 AktG) bisweilen die Vereinbarkeit der Erleichterungen mit den Vorgaben des Europarechts.[74] Außerdem wurde die Grenze für die Subordination bei nicht geschäftsführenden Minderheitsgesellschaftern jetzt für GmbH und AG einheitlich bei einer Beteiligung von 10 % oder weniger gezogen (§ 39 Abs. 5 InsO). Dies wich von der 25 % Grenze ab, die der BGH fallrechtlich gezogen hatte.[75] Doch die damaligen, immer knapp unterhalb der Sperrminorität angesiedelten Bankbeteiligungen an den Unternehmen der produzierenden Industrie, wie sie für die alten Zeiten der „Deutschland-AG" kennzeichnend waren, gab es nicht mehr.

---

[73] Erleichterung der Kapitalaufbringung (§ 27 Abs. 3 und 4 AktG); „Verbot" des Eigenkapitalersatzrechts zugunsten der insolvenzrechtlichen Gesellschafterdarlehenssubordination (§ 57 Abs. 1 S. 4 AktG); „Abschaffung" des „Novemberurteils" (§ 57 Abs. 1 Satz 3 2. Alt. AktG); Verlagerung der Insolvenzantragspflicht von § 92 Abs. 2 AktG aF nach § 15a InsO; Erweiterung des Zahlungsverbots im neuen § 92 Abs. 2 Satz 3 AktG, der 2021 zugunsten der rechtsformneutralen Neufassung in § 15b Abs. 5 Satz 1 InsO gestrichen wurde.
[74] Dazu etwa Schall in GroßkommAktG, § 27 Rn. 17 ff.
[75] BGHZ 90, 381 = NJW 1984, 1893.

VI. Schlussbetrachtung

Die Kapitaldebatte war ein Musterbeispiel für die Art und Weise, wie die nationale und internationale, europäische und rechtsvergleichende Rechtswissenschaft den Weg für Regulatoren weisen konnten. Heute klagt man ja oft, ob zu Recht oder nicht, die Politik würde den Rat der Wissenschaft ignorieren. Hier war es nicht so. In Deutschland gingen Wissenschaft und Praxis auf dem Weg zum MoMiG Hand in Hand. Der zuständige Ministerialrat, Ulrich Seibert, saß damals beim 66. Deutschen Juristentag im September 2006 in Stuttgart aufmerksam in vorderster Reihe, lauschte den Referaten und Diskussionen und machte sich mit den abschließenden Empfehlungen im Gepäck auf den Heimweg an die Arbeit. Zwei Jahre später trat ein Ergebnis in Kraft, das sich nach allgemeiner Auffassung gut sehen lassen kann. Die einstigen Diskussionen um Cash-Pool, verdeckte Sacheinlagen, GmbH-Bestattungen sind verhallt. Vor allem aber: der Run auf die englische Limited wurde lange vor dem Brexit nachhaltig gestoppt. Die UG war erfolgreich. Die Streichung des Mindestkapitals hatte nicht die vielfach befürchteten Negativeffekte, vielleicht auch deshalb, weil die Gründer immer notariell belehrt werden.

Wird es in Zukunft wieder eine Kapitaldebatte geben? Momentan ist kein rechter Appetit spürbar. Aber falls doch, dann wohl mit anderen Parametern. Die Frage Solvenztest oder festes Nennkapital hat nicht weiter geführt und scheint selbst in England vom Tisch. Die Strahlkraft rechtsökonomischer Reißbrettargumente hat seit der Finanzkrise ganz generell gelitten. Dazu kommt: Nach den Erfahrungen der jüngeren Vergangenheit erscheinen die Befürchtung einer Überbindung von Kapital nicht mehr zentral. Im Gegenteil: Beispielsweise wurden im Einzelhandel, ausgerechnet in England, in den Zweitausendern über viele Jahre hinweg vollkommen legal hohe Ausschüttungen getätigt, welche von Finanzinvestoren durchgesetzt wurden. Für den nötigen Strukturwandel zu e-Economy fehlte dieses Geld dann. Die Folge waren ein massives Ladensterben in der High Street. Handelsketten wie BHS, Arcadia (Dorothy Perkins) und Debenhams gingen Pleite, andere wie House of Fraser oder John Lewis schrumpften um bis zu 80 %. Solche Effekte mittel- und langfristig einzuplanen und dafür Vorsorge zu treffen ist die Aufgabe einer künftigen, interdisziplinären Kapitaldebatte von Rechts- und Wirtschaftswissenschaft. Dass man nicht wissen könne, wie viel ein Unternehmen an Kapital in der Zukunft brauche, stimmt so schon lange nicht mehr. Sich einfach auf ein dickes Polster an Pflichtrücklagen zu verlassen, wirkt veraltet und ist sogar kontraproduktiv, weil es nicht die künftigen Aufgaben der Betreiber adressiert, sondern diese zu wenig hilfreicher Gemächlichkeit verleitet.

Stefan Korch

§ 7 Angemessene Abfindung: Ertragswert versus Börsenkurs

I. Ein Beschluss als Startschuss einer eigenwilligen Debatte —— 253
II. Debattenverlauf —— 255
    1. Prolog: Bloß nicht selbst rechnen... —— 255
    2. Wendepunkt: DAT/Altana-Beschluss —— 257
    3. Fortentwicklung im Wechselspiel der Gerichte —— 258
    4. Die kalte Schulter der Instanzgerichte —— 261
    5. Klare Präferenz des Gesetzgebers —— 262
III. Des Pudels Kern: Tat- oder Rechtsfrage? —— 264
IV. Diskursteilnehmer in den Nebenrollen —— 268
    1. Betriebswirtschaftslehre: Vom Vorreiter zum Zaungast —— 268
    2. Wirtschaftsprüfer: Souffleure der Gerichte —— 271
    3. Rechtswissenschaft: Von der Statisten- zur Charakterrolle —— 272
V. Eigenheiten der Debatte —— 274
    1. Debatte unter Gesellschaftsrechtlern oder gesellschaftsrechtliche Debatte? —— 274
    2. Debatte zwischen Dogmatik und Pragmatismus —— 275
    3. Debatte im Schatten des Verfassungsrechts —— 277
VI. Der Epilog muss warten —— 278

I. Ein Beschluss als Startschuss einer eigenwilligen Debatte

Wenig deutete im Jahr 1999 darauf hin, dass die Verfassungsbeschwerde einer Aktionärin der Deutsch-Atlantischen Telegraphen-Aktiengesellschaft (DAT AG) einen bahnbrechenden Beschluss des Bundesverfassungsgerichts hervorbringen würde.[1] Zur Überprüfung stand eine seit Jahrzehnten gefestigte, vom Schrifttum weitgehend akzeptierte Rechtsprechung zu einer äußerst technischen Frage des Gesellschaftsrechts: die Bestimmung der angemessenen Abfindung der Minderheitsaktionäre bei Abschluss eines Beherrschungs- und Gewinnabführungsvertrags. Die Instanzgerichte zogen überwiegend Wirtschaftsprüfer als Sachverständige hinzu und ver-

---

Anmerkung: Prof. Dr. Stefan Korch, LL.M. (Harvard), ist Inhaber des Lehrstuhls für Bürgerliches Recht, Gesellschafts-, Kapitalmarkt- und Insolvenzrecht an der Universität Münster.

1 BVerfG, Beschl. v. 27.4.1999 - 1 BvR 1613/94, BVerfGE 100, 289.

trauten auf die in der Betriebswirtschaftslehre anerkannten Bewertungsverfahren. Seit den Achtzigerjahren dominierte das Ertragswertverfahren, das die Wirtschaftsprüfer auf Grundlage ihres Berufsstandards – dem IDW S1[2] – routinemäßig anwendeten. Es fußt auf der im Ausgangspunkt plausiblen Annahme, dass der objektivierte Wert eines Unternehmens, aus dem der Anteilswert errechnet wird, vereinfacht ausgedrückt dem Barwert der künftigen Nettoerträge entspricht. Kritik daran war selten.[3] Und auch die dem Bundesverfassungsgericht im Verfahren übermittelten Stellungnahmen deuteten nicht auf Veränderung hin: Von den fünf Eingaben sprangen vier dem Ertragswertverfahren zur Seite, darunter jene des Bundesministeriums der Justiz und des Bundesverbandes der Deutschen Industrie. Die fünfte Stellungnahme gab der II. Zivilsenat des Bundesgerichtshofs ab. Zu Wort kamen zwei Senatsmitglieder mit gänzlich entgegengesetzten Positionen. Während *Henze* zur Verteidigung der bisherigen Rechtsprechung schritt, fiel die Einlassung des Senatsvorsitzenden *Röhricht* nachdenklicher aus. Zwar stellte er das Ertragswertverfahren nicht grundsätzlich in Frage, meldete aber doch Zweifel an dessen Alleingeltungsanspruch in Konstellationen wie der vorgelegten an, in denen die errechnete Abfindung deutlich unter dem Börsenkurs der Aktien lag.[4] Der Börsenkurs sei mit dem Vermögenswert der Beteiligung identisch, weil der Aktionär sie jederzeit zu diesem Preis hätte verkaufen können. Eine Abfindung unter dem Börsenkurs könne den Aktionär deshalb nicht vollständig entschädigen.[5]

Das Bundesverfassungsgericht sah es ebenso; und mit einem Mal war alles anders. Nachdem das Gericht im April 1999 die langjährige Rechtsprechung des Bundesgerichtshofs und der Instanzgerichte für verfassungswidrig erklärt hatte, weil Aktionäre nicht weniger erhalten dürften als bei einer freien Desinvestitionsentscheidung an der Börse, änderte sich nicht nur schlagartig die Rechtsprechung, sondern auch der Konsens im Schrifttum. War früher die Nichtbeachtung des Börsenkurses bei der Bestimmung der Abfindung eine Selbstverständlichkeit, so war es nun dessen Berücksichtigung als Untergrenze. Trotz dieser neuen Einigkeit beflügelte die Entscheidung den Diskurs über die Bestimmung der angemessenen Abfindung, in dessen Zentrum schnell die Frage rückte, ob die Heranziehung des

---

2 Aktuelle Fassung aus dem Jahr 2008 abgedruckt in WPg Supplement 3/2008, 68.
3 *Hüttemann*, ZHR 162 (1998), 563, 566 ff., 573 ff.; *Rodloff*, DB 1999, 1149, 1150 f.; sowie der spätere Prozessvertreter der Klägerin in der Rs. DAT/Altana *Götz*, DB 1996, 259, 265; bereits vor Veröffentlichung des IDW S1 kritisch zur Außerachtlassung des Börsenkurses OLG Hamm, Beschl. v. 23.1.1963 – 8 AR 1/60, AG 1963, 218, 219 f.; *Rieger*, Wirtschaftstreuhänder 1938, 256, 258; *Busse von Colbe*, ZfB 1959, 599, 608 ff.; *ders.*, AG 1964, 263, 264 f.; *Drukarczyk*, AG 1973, 357, 361 ff.
4 *Röhricht* bezeichnet die herrschende Meinung in diesen Fällen als „nicht unproblematisch" (BVerfG, Beschl. v. 27.4.1999 – 1 BvR 1613/94, BVerfGE 100, 289, 300).
5 Zitiert nach BVerfG, Beschl. v. 27.4.1999 – 1 BvR 1613/94, BVerfGE 100, 289, 300 f.

Börsenkurses das Ertragswertverfahren nicht nur im Sinne einer Untergrenze ergänzen, sondern als Bemessungsmethode in vielen Fällen auch vollständig ersetzen könne.

„Ertragswert versus Börsenkurs" ist indes nicht nur die Geschichte eines bahnbrechenden Beschlusses, sondern auch einer in vielerlei Hinsicht eigenwilligen Debatte. So hat zunächst nicht der II. Zivilsenat die Rechtsprechung geprägt, sondern das Bundesverfassungsgericht. Dem DAT/Altana-Beschluss sollten noch weitere sechs verfassungsgerichtliche Entscheidungen folgen. Die Rechtswissenschaft war dabei lange keine treibende Kraft, hat aber wichtige theoretische Vorarbeiten geleistet. Sie hat etwa herausgearbeitet, dass der Streit zwischen Tat- und Rechtsfragen changiert. Die Positionierung an dieser Schnittstelle erklärt vielleicht auch, weshalb dogmatische Argumente weniger Gewicht als in anderen gesellschaftsrechtlichen Debatten haben. Heute geht es nicht mehr um Systembildung; abstrakte Theorien und Gegensätze zwischen Wissenschaft und Rechtsprechung sucht man vergeblich. Demgegenüber zeigt sich deutlich die Macht des Faktischen, namentlich Beharrungskräfte in der unter- und obergerichtlichen Rechtsprechung sowie die Bedeutung wirtschaftlicher Eigeninteressen einiger Beteiligter.

II. Debattenverlauf

1. Prolog: Bloß nicht selbst rechnen...

Die Berechnung der angemessenen Abfindung von Gesellschaftern für die Duldung von Strukturmaßnahmen folgte lange einem eingeübten Muster. Nach der vom Bundesgerichtshof[6] aufgegriffenen Rechtsprechung des Reichsgerichts[7] war der Anteilswert aus dem Gesamtunternehmenswert zu berechnen, der sich bei einer Veräußerung hätte erlösen lassen (sog. Liquidationshypothese).[8] Die Bestimmung des möglichen Erlöses wurde Sachverständigen übertragen, die zumeist Wirtschaftsprüfer waren. Diese fühlen sich bis heute aufgrund ihres Berufsrechts dem

---

[6] BGH, Urt. v. 21.4.1955 – II ZR 227/53, BGHZ 17, 130, 136 f.; BGH, Urt. v. 20.9.1993 – II ZR 104/92, BGHZ 123, 281, 284 f.; BGH, Urt. v. 20.9.1971 – II ZR 157/68, WM 1971, 1450, 1450; BGH, Urt. v. 24.9.1984 – II ZR 256/83, NJW 1985, 192, 193; für die Kapitalgesellschaft BGH, Urt. v. 13.3.1978 – II ZR 142/76, BGHZ 71, 40, 51 f. – Kali + Salz; BGH, Urt. v. 30.3.1967 – II ZR 141/64, NJW 1967, 1464, 1464; BGH Urt. v. 28.4.1977 – II ZR 208/75, WM 1977, 781; BGH, Urt. v. 16.12.1991 – II ZR 58/91, BGHZ 116, 359, 370 f.; OLG Düsseldorf, Beschl. v. 2.8.1994 – 19 W 1/93 (AktE), AG 1995, 85, 86 f.; BayObLG, Beschl. v. 19.10.1995 – 3 Z BR 17/90, AG 1996, 127, 128.
[7] RG, Urt. v. 22.12.1922 – II 621/22, RGZ 106, 128, 131 f.
[8] BGH, Urt. v. 21.4.1955 – II ZR 227/53, BGHZ 17, 130, 136 f.

Bewertungsstandard IDW S1 verpflichtet,[9] der die Anwendung des Ertragswertverfahrens vorschreibt.[10] Der Börsenkurs hingegen soll allein zur Plausibilisierung herangezogen werden.[11] Auch ohne gesetzliche Verankerung führte die Kombination aus richterlicher Bestimmungsdelegation und Standesregeln zu einem faktischen Monopol des Ertragswertverfahrens.[12] Das Schrifttum nahm daran wenig Anstoß.[13] Nur selten fanden sich Stimmen, die sich für Alternativen, etwa die Berücksichtigung des Börsenkurses, aussprachen.[14]

---

9 Siehe IDW S1 i.d.F. 2008, unter 4.4 (abgedruckt in WPg Supplement 3/2008, 68).
10 Es ist umstritten, ob der Bewertungsstandard IDW S1 als fachliche Regel für Wirtschaftsprüfer nach § 43 WPO i.V.m. § 4 Abs. 1 BS WP/vBP verbindlich ist. Das IDW selbst sieht seine Verlautbarungen als solche fachlichen Regeln an. Der BGH schreibt den Standards zwar Bedeutung zu (BGH, Urt. v. 19.4.2012 – III ZR 224/10, NZG 2012, 711 Rn. 22), weist aber auch auf die fehlende Normqualität hin (BGH, Beschl. v. 29.9.2015 – II ZB 23/14, BGHZ 207, 114 Rn. 13; BGH, Beschl. v. 21.2.2023 – II ZB 12/21, BGHZ 236, 180 = ZIP 2023, 795 Rn. 19 – WCM). Jedenfalls wird man dem Standard IDW S1 eine faktische Bindungswirkung zuerkennen müssen, weil das IDW seine Mitglieder – und damit ca. 90 % aller Wirtschaftsprüfer – in § 5 Abs. 4 der Satzung zur Beachtung verpflichtet (dazu *Hommelhoff/Mattheus*, in: FS Röhricht, 2005, S. 897, 909 ff.; ferner Emmerich/Habersack/*Emmerich*, KonzernR, 10. Aufl. 2022, § 305 AktG Rn. 54).
11 IDW S1 i.d.F. 2008, unter 3 (abgedruckt in WPg Supplement 3/2008, 68).
12 Siehe dazu nur die Einschätzung des Bundesverfassungsgerichts in BVerfG, Beschl. v. 27.4.1999 – 1 BvR 1613/94, BVerfGE 100, 289, 307: „In der Judikatur findet [die Ertragswertmethode] praktisch allein Anwendung, während eine Bewertung des Anteilseigentums nach anderen Methoden, etwa anhand des Börsenkurses, weitgehend abgelehnt wird [...].“; siehe ferner die Auswertung von 283 Bewertungsgutachten aus den Jahren 2000 bis 2020 bei *Drukarczyk/Schüler*, Unternehmensbewertung, 8. Aufl. 2021, S. 468. Mit abweichender Judikatur vor allem OLG Hamm, Beschl. v. 23.1.1963 – 8 AR 1/60, AG 1963, 218, 220.
13 Aus der Literatur jener Zeit etwa *Hüffer*, AktG, 1. Aufl. 1993, § 305 Rn. 19; *Koppensteiner*, in: Kölner Kommentar, AktG, 2. Aufl. 2004 (Bearbeitungsstand: Mai 1987), § 305 Rn. 35; *Kort*, ZGR 1999, 402, 414 f.; *Krieger*, in: Münchener Handbuch des Gesellschaftsrechts (Bd. 4), 1. Aufl. 1988, § 70 Rn. 81 („Die Bewertung ist in aller Regel nach dem Ertragswertverfahren vorzunehmen. [...] Dies ist in der Betriebswirtschaftslehre inzwischen wohl unstreitig [...] und hat sich in der Rechtsprechung und rechtswissenschaftlichen Literatur zum Gesellschaftsrecht in den letzten Jahren ebenfalls durchgesetzt [...]"); *Mertens*, AG 1992, 321, 322 ff.; *Seetzen*, WM 1999, 565, 571. Aus der Zeit vor Verabschiedung des IDW S1 etwa *Biedenkopf/Koppensteiner*, in: Kölner Kommentar, AktG, 1. Aufl. 1975, § 305 Rn. 16 f.; *Kindermann*, AG 1964, 178, 180 f.; *Meilicke*, Die Barabfindung für den ausgeschlossenen oder ausscheidungsberechtigten Minderheits-Kapitalgesellschafter, 1975, S. 58 f. (Börsenkurs lediglich als Anhaltspunkt).
14 *Busse von Colbe*, ZfB 1959, 599, 608 ff.; *ders.*, AG 1964, 263, 264 f.; *Hügel*, Verschmelzung und Einbringung, 1993, S. 200 f. (für Verschmelzungen); *Kropff*, DB 1962, 155, 155; *Rieger*, Wirtschaftstreuhänder 1938, 256, 258; für eine Berücksichtigung als Untergrenze *Drukarczyk*, AG 1973, 357, 361 ff.; *Rodloff*, DB 1999, 1149, 1150 f.; *Seisler*, Der Anspruch des Minderheitsaktionärs auf angemessene Abfindung im Verfahren nach §§ 306 AktG, 30 ff. UmwG, 1983, S. 132 ff., 149 ff.; aus der Rechtsprechung vor allem OLG Hamm, Beschl. v. 23.1.1963 – 8 AR 1/60, AG 1963, 218, 219 f.

In den meisten Fällen hatten die betroffenen Aktionäre auch keinen Grund zur Klage, lag doch der so errechnete Anteilswert über dem Börsenkurs.[15] Im Vorfeld des DAT/Altana-Beschlusses gab es indes immer wieder Fälle, in denen die Bewertung deutlich niedriger ausfiel als der Börsenkurs vor Verkündung der Maßnahme.[16] Ein solcher Fall führte schließlich zur Verfassungsbeschwerde der DAT-Aktionärin.

2. Wendepunkt: DAT/Altana-Beschluss

Die Beschwerdeführerin hielt Aktien der Deutsch-Atlantischen Telegraphen-Aktiengesellschaft, deren Hauptaktionärin die Altana AG mit einem Anteil von 91,3% am Grundkapital war.[17] Die DAT AG schloss mit der Altana AG im Jahr 1988 einen Beherrschungs- und Gewinnabführungsvertrag i. S. d. § 291 AktG, der sie verpflichtete, sämtliche Gewinne an die Muttergesellschaft abzuführen. Die Altana AG erklärte sich zum Umtausch der DAT-Aktien in eigene Aktien oder zur Zahlung einer Barabfindung i.H.v. 550 DM je Aktie bereit.[18] Diese Bewertung focht die Klägerin im Spruchverfahren an, ebenso wie eine Bewertung anlässlich einer 1990 erfolgten Eingliederung. Das vom LG Köln[19] eingeholte Sachverständigengutachten bestätigte

---

15 So auch die Einschätzung von *Röhricht* in seiner Stellungnahme (BVerfG, Beschl. v. 27.4.1999 – 1 BvR 1613/94, BVerfGE 100, 289, 300).
16 So etwa in den Verfahren LG Bayreuth, Beschl. v. 11.5.1994 – KH O 111/90 (unveröffentlicht, zitiert nach BayObLG, Beschl. v. 29.9.1998 – 3Z BR 159/94, ZIP 1998, 1872; Ertragswertverfahren: 1.303 DM; Aktienkurs (Monatsdurchschnittswerte): 2.189 DM bis 2.986 DM); LG Hamburg, Beschl. v. 12.4.1994 (unveröffentlicht, AZ unbekannt, zitiert nach OLG Hamburg, Beschl. v. 31.07.2001 – 11 W 29/94, AG 2002, 406; Ertragswertverfahren: 371 DM; Aktienkurs (im Drei-Monats-Referenzzeitraum): 570 DM bis 860 DM). Siehe ferner die Untersuchungen von *Wenger/Hecker*, Zeitschrift für empirische Wirtschaftsforschung, 1995, 51, 73ff. (Untersuchung von 46 Abfindungen nach § 305 AktG mit durchschnittlicher, positiver Abweichung des Aktienkurses i.H.v. 37,14%); ferner *Dörfler/Gahler/Unterstraßer/Wirichs*, BB 1994, 156, 158f. (Auswertung von acht Abfindungsfällen: Gutachtenwerte erreichten lediglich 80,3% des jeweiligen Durchschnittskurses); vgl. später auch die Untersuchung von *Henselmann/Schrenker/Winkler*, Der Konzern 2011, 223 (in den 20 untersuchten Fällen betrug der Wert der Aktie nach dem Ertragswertverfahren ca. 82,80% des maßgeblichen durchschnittlichen Börsenkurses; Median 82,52%). Dazu auch *Gude*, Strukturänderungen und Unternehmensbewertung zum Börsenkurs, 2004, S. 222 f.; *Komp*, Zweifelsfragen des aktienrechtlichen Abfindungsanspruchs nach §§ 305, 320b AktG, 2002, S. 379 f.
17 Zum Sachverhalt siehe BVerfG, Beschl. v. 27.4.1999 – 1 BvR 1613/94, BVerfGE 100, 289, 291ff.
18 Für Aktien mit einem Nennbetrag von 50 DM. Der Unternehmensvertrag sah zudem für die außenstehenden Aktionäre einen variablen Ausgleich gem. § 304 Abs. 2 S. 2 AktG a.F. vor.
19 LG Köln, Beschl. v. 16.12.1992 – 91 O 204/88, DB 1993, 217 (Unternehmensvertrag) sowie LG Köln, Beschl. v. 13.10.1993 – 91 O 211/90 (Eingliederung; unveröffentlicht).

mittels Ertragswertverfahren die Bewertung der Beklagten, weshalb die Klägerin erst- und zweitinstanzlich[20] unterlag. Sie sah sich durch die Beschlüsse in ihrem Eigentumsgrundrecht verletzt, weil der Börsenkurs der DAT-Aktien im gesamten ersten Halbjahr 1988 nur ein einziges Mal kurz unter der Marke von 1.000 DM lag.[21] An der Börse waren die Anteile damit fast doppelt so hoch bewertet wie durch den sachverständigen Wirtschaftsprüfer.

Das Bundesverfassungsgericht sah die völlige Außerachtlassung des Börsenkurses bei der Bestimmung der Abfindung als mit Art. 14 Abs. 1 GG unvereinbar an.[22] Zwar könnten – wie das Gericht schon in seinem Feldmühle-Urteil[23] entschieden hatte – gesellschaftsrechtliche Strukturmaßnahmen gerechtfertigte Eingriffe in die Eigentumsgarantie darstellen, allerdings nur unter der Voraussetzung, dass die Aktionäre eine volle Abfindung für ihren Verlust erhalten.[24] Obschon gegen das Ertragswertverfahren keine verfassungsrechtlichen Bedenken bestünden, sei diese Vorgabe doch verletzt, wenn die Abfindung unter dem Verkehrswert liege, der sich regelmäßig im Börsenkurs ausdrücke.[25] Die Minderheitsaktionäre dürften nicht weniger als bei einer freien Desinvestitionsentscheidung zum Zeitpunkt des Unternehmensvertrags erhalten.[26] Eine Unterschreitung komme deshalb nur in Betracht, wenn der Börsenkurs nicht den Verkehrswert widerspiegle, namentlich, weil die Aktionäre zu diesem Preis nicht hätten verkaufen können.[27] Das könne etwa bei Marktenge, also einem unzureichenden Handelsvolumen der Fall sein.[28]

3. Fortentwicklung im Wechselspiel der Gerichte

Die anschließende Ausformung der verfassungskonformen Unternehmensbewertung erfolgte im Dialog zwischen Bundesgerichtshof und Bundesverfassungsge-

---

20 OLG Düsseldorf, Beschl. v. 2.8.1994 – 19 W 1/93 (AktE), AG 1995, 85 (Unternehmensvertrag) und OLG Düsseldorf, Beschl. v. 2.8.1994 – 9 W 5/93 (AktE), AG 1995, 84 (Eingliederung).
21 Im Zeitpunkt der späteren Eingliederung lag der Kurs noch zwischen 700 und 970 DM (BVerfG, Beschl. v. 27.4.1999 – 1 BvR 1613/94, BVerfGE 100, 289, 312 f.).
22 BVerfG, Beschl. v. 27.4.1999 – 1 BvR 1613/94, BVerfGE 100, 289, 302 ff., vgl. ferner den Nichtannahmebeschluss BVerfG, Beschl. v. 8.9.1999 – 1 BvR 301/89, AG 2000, 40.
23 BVerfG, Urt. v. 7.8.1962 – 1 BvL 16/60, BVerfGE 14, 263.
24 BVerfG, Beschl. v. 27.4.1999 – 1 BvR 1613/94, BVerfGE 100, 289, 303 f.
25 BVerfG, Beschl. v. 27.4.1999 – 1 BvR 1613/94, BVerfGE 100, 289, 305–308.
26 BVerfG, Beschl. v. 27.4.1999 – 1 BvR 1613/94, BVerfGE 100, 289, 306–308.
27 BVerfG, Beschl. v. 27.4.1999 – 1 BvR 1613/94, BVerfGE 100, 289, 309.
28 BVerfG, Beschl. v. 27.4.1999 – 1 BvR 1613/94, BVerfGE 100, 289, 309. Zur Beschreibung der Marktenge siehe BGH, Beschl. v. 12.3.2001 – II ZB 15/00, BGHZ 147, 108, 123 – DAT/Altana (keine Marktenge, wenn 2,5–3,7 % der Aktien gehandelt werden).

richt.²⁹ Zahlreiche Folgefragen waren zu klären: So stellte der II. Zivilsenat für die Bestimmung des durchschnittlichen Börsenkurses, die das Bundesverfassungsgericht nicht im Detail vorgegeben hatte,³⁰ zunächst auf einen Drei-Monats-Zeitraum vor der Hauptversammlung ab.³¹ Nach berechtigter Kritik im Schrifttum,³² durch das OLG Frankfurt³³ sowie einer vorsichtigen Distanzierung des Bundesverfassungsgerichts³⁴ korrigierte der II. Zivilsenat den Beginn des Zeitraums in seiner Stollwerck-Entscheidung auf den Zeitpunkt der Bekanntgabe der Strukturmaßnahme.³⁵ Darüber hinaus haben Obergerichte und Bundesgerichtshof Ausnahmen von der Berücksichtigung des Börsenkurses konkretisiert.³⁶ Sie werden eng verstanden und erfassen letztlich Fälle, in denen die vom Bundesgerichtshof betonte

---

29 Es folgten sechs Beschlüsse des Bundesverfassungsgerichts zu weiteren Bewertungsanlässen: BVerfG, Beschl. v. 29.11.2006 – 1 BvR 704/03, AG 2007, 119, 120 – Siemens/SNI (Eingliederung); BVerfG, Beschl. v. 20.12.2010 – 1 BvR 2323/07, AG 2011, 128, 129 – Kuka; BVerfG, Beschl. v. 26.4.2011 – 1 BvR 2658/10, NJW 2011, 2497 Rn. 22 f. – T-Online; BVerfG, Beschl. v. 24.5.2012 – 1 BvR 3221/10, ZIP 2012, 1656 Rn. 30 – Daimler/Chrysler; zuvor offengelassen in BVerfG, Beschl. v. 30.5.2007 – 1 BvR 1267/06, 1 BvR 1280/06, AG 2007, 697, 698 – Wüstenrot und Württembergische (je Verschmelzung); BVerfG, Beschl. v. 16.5.2012 – 1 BvR 96/09, 1 BvR 117/09, 1 BvR 118/09 und 1 BvR 128/09, AG 2012, 625, 626 f. – Deutsche Hypothekenbank (übernahmerechtlicher Squeeze-out). Im Fall der Verschmelzung ist der Börsenkurs allerdings allein für die Bewertung des übertragenden Rechtsträgers im Sinne einer Untergrenze maßgeblich, nicht auch umgekehrt als Obergrenze für den aufnehmenden Rechtsträger (BVerfG, Beschl. v. 20.12.2010 – 1 BvR 2323/07, AG 2011, 128, 129 – Kuka). Das Verfassungsgericht vermeidet so eine zwingende „Börsenwertrelation", bei der nur ein einziger Wert zulässig wäre, der sich aus dem Verhältnis der Börsenkurse ergibt. Eingehend dazu *Adolff/Häller*, in: Fleischer/Hüttemann, Rechtshandbuch Unternehmensbewertung, 2. Aufl. 2019, Rn. 18.88 ff.
30 BVerfG, Beschl. v. 27.4.1999 – 1 BvR 1613/94, BVerfGE 100, 289, 309 f.
31 BGH, Beschl. v. 12.3.2001 – II ZB 15/00, BGHZ 147, 108, 118 – DAT/Altana.
32 Exemplarisch *Adolff*, Unternehmensbewertung im Recht der börsennotierten Aktiengesellschaft, 2007, S. 319 f.
33 OLG Frankfurt, Beschl. v. 30.3.2010 – 5 W 32/09, NZG 2010, 664, 664.
34 Das Bundesverfassungsgericht sprach in seiner Siemens/SNI-Entscheidung (BVerfG, Beschl. v. 29.11.2006 – 1 BvR 704/03, AG 2007, 119, 120 f.) von guten Gründen für die Gegenansicht, sah in der Handhabung durch den BGH allerdings keinen Verfassungsverstoß.
35 BGH, Beschl. v. 19.7.2010 – II ZB 18/09, BGHZ 186, 229, 236 ff. – Stollwerck; bestätigt etwa durch BGH, Beschl. v. 28.6.2011 – II ZB 2/10, AG 2011, 590.
36 Z.B. BGH, Beschl. v. 12.3.2001 – II ZB 15/00, BGHZ 147, 108, 116 – DAT/Altana (keine Berücksichtigung des Börsenkurses nur bei Manipulation des Kurses oder bei Marktenge, die allerdings nur gegeben sein soll, wenn über einen längeren Zeitraum praktisch kein Handel der Aktien stattgefunden hat und der Aktionär vermutlich nicht zu dem Preis hätte veräußern können); OLG Düsseldorf, Beschl. v. 4.10.2006 – I-26 W 7/06 (AktE), AG 2007, 325, 329; OLG Stuttgart, Beschl. v. 6.7.2007 – 20 W 5/06, AG 2007, 705, 715; OLG München, Beschl. v. 11.7.2006 – 31 Wx 041/05 u. 066/05, AG 2007, 246, 247.

allokative Effizienz der Kapitalmärkte und damit die Aussagekraft des Börsenkurses in Zweifel stehen.[37]

Die bedeutsamste Frage war indes eine andere: Ist es möglich, das Ertragswertverfahren vollständig durch eine Orientierung am Börsenkurs zu ersetzen? Auch hier zeigte sich ein Wechselspiel zwischen Bundesverfassungsgericht und Bundesgerichtshof. Der II. Zivilsenat ging in seiner DAT/Altana-Entscheidung davon aus, dass die Eigentumsgarantie das sogenannte Meistbegünstigungsprinzip einfordere, wonach die Aktionäre den höheren Wert aus dem durchschnittlichen Börsenpreis und der gutachtlichen Bewertung zu erhalten haben.[38] Zweifel daran meldete das OLG Frankfurt im T-Online-Verfahren an,[39] die das Bundesverfassungsgericht in ebendiesem Verfahren bestätigte.[40] Eine derartige Meistbegünstigung sei von der Verfassung nicht vorgegeben; vielmehr könne ausschließlich auf den Börsenkurs abgestellt werden.[41] Noch einmal bekräftigt hat das Bundesverfassungsgericht die Methodenoffenheit ein Jahr später: „Verfassungsrechtlich geboten sind nur die Auswahl einer im gegebenen Fall geeigneten, aussagekräftigen Methode und die gerichtliche Überprüfbarkeit ihrer Anwendung."[42] Damit hätte das Meistbegünstigungsprinzip auf eine einfachgesetzliche Auslegung gestützt werden müssen. Der Bundesgerichtshof schloss sich indes der Gegenauffassung an und behandelte fortan die Ableitung des Unternehmenswertes aus dem Börsenkurs als gleichwertige Methode.[43] Das Ertragswertverfahren sei zwar zur Unternehmensbewertung grundsätzlich geeignet, allerdings nicht zwingend und eine Orientierung am Börsenpreis als Alternative ebenfalls denkbar.[44] Zusätzlich betont der II. Zivilsenat im Stinnes-Beschluss, dass fachliche Regelwerke die Feststellung des Tatrichters zur im Einzelfall am besten geeigneten Bewertungsmethode nicht präkludieren.[45] Der Senat erwähnt ausdrücklich den IDW S1, um klarzustellen, dass die

---

37 BGH, Beschl. v. 12.3.2001 – II ZB 15/00, BGHZ 147, 108, 116 – DAT/Altana.
38 BGH, Beschl. v. 12.3.2001 – II ZB 15/00, BGHZ 147, 108, 115 ff. – DAT/Altana.
39 OLG Frankfurt, Beschl. v. 3.9.2010 – 5 W 57/09, ZIP 2010, 1947, 1948 ff.
40 BVerfG, Beschl. v. 26.4.2011 – 1 BvR 2658/10, NJW 2011, 2497 Rn. 23 – T-Online.
41 BVerfG, Beschl. v. 26.4.2011 – 1 BvR 2658/10, NJW 2011, 2497 Rn. 23 – T-Online.
42 BVerfG, Beschl. v. 16.5.2012 – 1 BvR 96/09 u.a., AG 2012, 625, 626 – Deutsche Hypothekenbank.
43 BGH, Beschl. v. 29.9.2015 – II ZB 23/14, BGHZ 207, 114 Rn. 33 f. – Stinnes; BGH, Beschl. v. 12.1.2016 – II ZB 25/14, BGHZ 208, 265 Rn. 23 – Nestlé; BGH, Beschl. v. 15.9.2020 – II ZB 6/20, BGHZ 227, 137 Rn. 20 – Wella; mit einer deutlich spürbaren Tendenz hin zum Börsenkurs jüngst BGH, Beschl. v. 21.2.2023 – II ZB 12/21, BGHZ 236, 180 Rn. 18 ff. – WCM.
44 BGH, Beschl. v. 29.9.2015 – II ZB 23/14, BGHZ 207, 114 Rn. 33 – Stinnes; BGH, Beschl. v. 12.1.2016 – II ZB 25/14, BGHZ 208, 265 Rn. 21 – Nestlé; BGH, Beschl. v. 15.9.2020 – II ZB 6/20, BGHZ 227, 137 Rn. 20 – Wella; jüngst noch einmal deutlicher BGH, Beschl. v. 21.2.2023 – II ZB 12/21, BGHZ 236, 180 Rn. 18 ff. – WCM.
45 BGH, Beschl. v. 29.9.2015 – II ZB 23/14, BGHZ 207, 114 Rn. 13 f. – Stinnes.

Instanzgerichte bei der Auswahl der im Einzelfall geeigneten und sachgerechten Bewertungsmethode keiner Bindung durch Standesregeln unterliegen.[46] Oder deutlicher ausgedrückt: Ein Verweis auf den IDW S1 ersetzt nicht die richterliche Entscheidung über die im konkreten Fall anzuwendende Bewertungsmethode.

4. Die kalte Schulter der Instanzgerichte

Die Instanzgerichte sind nach alledem bei der Wahl der Bewertungsmethode frei, solange diese im Einzelfall zur Bestimmung des Unternehmenswerts geeignet erscheint. Sie müssen nicht notwendig Ertragswertgutachten einholen, sondern können vielmehr auch auf den Börsenkurs abstellen, sofern keine konkreten Anhaltspunkte für dessen fehlende Aussagekraft bestehen. Von dieser Möglichkeit machen die Gerichte bisher indes nur spärlich Gebrauch. Prominente Stimmen des Reformlagers sind das LG Frankfurt a. M.[47] sowie das OLG Frankfurt, das bereits im Jahr 2010 mit seiner T-Online-Entscheidung[48] den Anstoß lieferte, der das Meistbegünstigungsprinzip zu Fall brachte. Auch in anderen Urteilen stellte das Obergericht allein auf den Börsenkurs ab.[49] Progressiv zeigt sich auch das OLG Stuttgart und betont die Methodenoffenheit sowie die grundsätzliche Gleichwertigkeit von Ertragswertverfahren und Börsenkurs.[50] Insgesamt fällt die Zwischenbilanz allerdings ernüchternd aus. Die verfassungs- und höchstrichterliche Einladung, auf ein Ertragswertgutachten zugunsten des Börsenkurses zu verzichten, ist vielerorts

---

46 BGH, Beschl. v. 29.9.2015 – II ZB 23/14, BGHZ 207, 114 Rn. 13 f. – Stinnes.
47 Z.B. LG Frankfurt a. M., Beschl. v. 14.2.2012 – 3-5 O 104/10, BeckRS 2012, 210626 – Didier Werke AG; LG Frankfurt a. M., Beschl. v. 27.1.2012 – 3-5 O 102/05 – Hoechst.
48 OLG Frankfurt, Beschl. v. 3.9.2010 – 5 W 57/09, ZIP 2010, 1947, 1948 ff.
49 OLG Frankfurt, Beschl. v. 1.3.2016 – 21 W 22/13, AG 2016, 667, 670; OLG Frankfurt, Beschl. v. 26.4.2021 – 21 W 139/19, AG 2021, 559, 561 ff.; in Betracht ziehend auch OLG Frankfurt, Beschl. v. 20.12.2013 – 21 W 40/11, BeckRS 2014, 11112; OLG Frankfurt, Beschl. v. 5.12.2013 – 21 W 36/12, NZG 2014, 464, 464 ff. – Hoechst (Börsenkurs grundsätzlich, wenngleich nicht im konkreten Verfahren geeignet); OLG Frankfurt, Beschl. v. 8.9.2016 – 21 W 36/15, NZG 2017, 622 Rn. 30; OLG Frankfurt, Beschl. v. 26.1.2017 – 21 W 75/15, AG 2017, 790, 791 f. (zu geringes Handelsvolumen im konkreten Fall).
50 OLG Stuttgart, Beschl. v. 5.6.2013 – 20 W 6/10, NZG 2013, 897, 898 (Börsenkurs neben Bewertungsgutachten herangezogen); OLG Stuttgart, Beschl. v. 21.8.2018 – 20 W 1/13, AG 2019, 255, 256 f. (sowohl Börsenwert als auch Gutachten zur Unternehmensbewertung); OLG Stuttgart, Beschl. v. 21.8.2018 – 20 W 2/13, AG 2019, 262, 264; siehe ferner LG Stuttgart, Beschl. v. 8.5.2019 – 31 O 25/13 KfH SpruchG, juris Rn. 124 ff. (mit eingehender Begründung).

verhallt. Nach wie vor dominiert das Lager der Bewahrer, die auf den Sachverstand der Wirtschaftsprüfer in Gestalt des Ertragswertverfahrens vertrauen.[51]

5. Klare Präferenz des Gesetzgebers

Weniger zögerlich agierte der Gesetzgeber, der zwar bestehende Regelungen im Nachgang des DAT/Altana-Beschlusses nicht änderte, bei Neuregelungen aber konsequent auf den Börsenkurs setzte.[52] Bereits im Jahr 2001 normierte er in § 31 Abs. 1 S. 2 WpÜG, dass die Gegenleistung für die infolge eines Übernahmeangebots ausscheidenden Aktionäre anhand des Börsenkurses oder anhand der Vorerwerbspreise des Bieters zu bestimmen sei.[53] Im Detail regelt § 31 Abs. 7 WpÜG i.V.m. § 5 WpÜG-Angebotsverordnung (WpÜG-AV), dass der gewichtete, durchschnittliche inländische Börsenkurs der letzten drei Monate vor Veröffentlichung des Angebots maßgeblich ist. Zwar handelt es sich sowohl beim Börsenkurs als auch bei den Vorerwerbspreisen um Untergrenzen,[54] allerdings ist der Bieter auch nicht zur Zahlung einer höheren Gegenleistung verpflichtet. In der Sache wird die Gegenleistung also allein aus diesen beiden Werten bestimmt; Gerichte sind nicht befugt, den Fundamentalwert gutachterlich bestimmen zu lassen und die Gegenleistung

---

51 Beispielhaft aus jüngerer Zeit: OLG Brandenburg, Beschl. v. 26.8.2022 – 7 W 82/18, AG 2023, 123, 125 ff.; OLG Düsseldorf, Beschl. v. 28.11.2022 – I-26 W 4/21 (AktE), WM 2023, 1070, 1073 f. (unter Hinweis auf fehlende Liquidität trotz verneinter Marktenge); OLG Düsseldorf, Beschl. v. 24.9.2020 – 26 W 5/16 (AktE), AG 2021, 25, 26; OLG Düsseldorf, Beschl. v. 22.3.2018 – 26 W 18/14 (AktE), AG 2019, 732, 734 f. (Untergrenze); OLG Düsseldorf, Beschl. v. 15.12.2016 – I-26 W 25/12 (AktE), AG 2017, 709, 710; OLG Frankfurt, Beschl. v. 3.11.2020 – 21 W 76/19, AG 2021, 275, 276 f. (Börsenkurs nur als Untergrenze); OLG München, Beschl. v. 9.4.2021 – 31 Wx 2/19, 31 Wx 142/19, BeckRS 2021, 9687 (insofern teilw. nicht abgedruckt in AG 2021, 715); OLG München, Beschl. v. 3.9.2019 – 31 Wx 358/16, AG 2020, 133, 134 (offengelassen aber von OLG München, Beschl. v. 12.5.2020 – 31 Wx 361/18, AG 2020, 629, 630); OLG Zweibrücken, Beschl. v. 2.7.2020 – 9 W 1/17, AG 2021, 29, 31 f.; mit ähnlicher Einschätzung früher schon *Fleischer*, AG 2014, 97, 99 f.
52 Auch der europäische Gesetzgeber zeigt sich offen für den Börsenkurs; beispielsweise sieht Art. 86f Abs. 2 S. 2 der Umwandlungsrichtlinie (EU 2019/2121) die Berücksichtigung des Marktpreises der Anteile oder die Bestimmung anhand allgemein anerkannter Bewertungsmethoden durch den Sachverständigen bei der Prüfung des Plans einer grenzüberschreitenden Umwandlung vor.
53 Hinsichtlich der Vorerwerbspreise folgt der Gesetzgeber damit erkennbar nicht dem Bundesverfassungsgericht, das diese (aus verfassungsrechtlicher Sicht) als unerheblich ansah: BVerfG, Beschl. v. 27.4.1999 – 1 BvR 1613/94, BVerfGE 100, 289, 306.
54 Siehe § 31 Abs. 7 WpÜG i.V.m. § 3 WpÜG-AV.

entsprechend zu erhöhen.[55] Etwas anderes gilt nach § 5 Abs. 4 WpÜG-AV nur, wenn das Handelsvolumen nicht ausreicht, um vom Börsenkurs auf den tatsächlichen Verkehrswert zu schließen.[56] Damit normiert der Gesetzgeber die vom Bundesverfassungsgericht bereits unter dem Begriff Marktenge angesprochene Ausnahme für unzureichende Liquidität der Aktien.

Das zweite Beispiel betrifft die Abfindung im Falle des Delistings der Gesellschaft für den Verlust der Fungibilität der Anteile, der infolge des Widerrufs der Börsennotierung der Aktien auf Antrag der Emittentin eintritt. Der Gesetzgeber hat, nach einigem Hin und Her in der Rechtsprechung,[57] den Hauptaktionär, die Emittentin oder Dritte verpflichtet, den (übrigen) Aktionären ein Erwerbsangebot mit einer angemessenen Barabfindung zu unterbreiten.[58] Da § 39 Abs. 3 S. 2 BörsG auf § 31 WpÜG verweist, bestimmt sich die Höhe der Abfindung ebenfalls nach dem Börsenkurs oder den Vorerwerbspreisen. Einzig der Zeitraum für die Durchschnittsbildung ist mit sechs Monaten seit Bekanntgabe der Delisting-Entscheidung länger bemessen.[59]

Am deutlichsten hat sich der Gesetzgeber jüngst mit dem Zukunftsfinanzierungsgesetz positioniert. Streitigkeiten über den Bezugsrechtsausschluss sind mit Ausnahme des vereinfachten Ausschlusses im Spruchverfahren auszufechten, wobei die Höhe des Ausgleichsbetrags bei börsennotierten Gesellschaften gem. § 255 Abs. 5 S. 1 AktG allein anhand des Börsenkurses zu ermitteln ist.[60] Unterschreitet der Ausgabebetrag den Börsenkurs nur unwesentlich, besteht kein Anspruch auf Ausgleich (§ 255 Abs. 5 S. 2 AktG).[61] Die Bindung an den Börsenkurs entfällt nach § 255 Abs. 5 S. 3 Nr. 1–3 AktG in den bereits von der Rechtsprechung herausgearbeiteten drei Fallgruppen: Verstoß gegen Ad-hoc-Pflichten nach Art. 17 MAR, Marktmanipulation nach Art. 15 MAR sowie Marktenge. Bemerkenswert ist dabei, dass der Gesetzgeber keine weiteren Ausnahmen zulässt und die normierten eng fasst, in-

---

55 Paschos/Fleischer/*Reinhardt/Kocher*, Übernahmerecht, 2017, § 15 Rn. 57; Schwark/Zimmer/*Noack/Zetzsche*, Kapitalmarktrecht, 5. Aufl. 2020, WpÜG § 31 Rn. 6, 42; MüKoAktG/*Wackerbarth*, 5. Aufl. 2021, WpÜG § 31 Rn. 23.
56 Vgl. MüKoAktG/*Grunewald*, 6. Aufl. 2023, § 327b Rn. 10; Steinmeyer/*Santelmann/Nestler*, WpÜG, 4. Aufl. 2019, § 31 Rn. 32 f.; Schmidt/Lutter/*Schnorbus*, AktG, 4. Aufl. 2020, § 327b Rn. 3; BeckOGK/AktG/*Singhof*, Stand: 1.7.2023, § 327b Rn. 8.
57 Dazu unten Fn. 143.
58 Dazu etwa *Redenius-Hövermann*, ZIP 2021, 485, 486 ff.
59 Zum Missbrauchspotential siehe *Koch*, AG 2021, 249, 249 f. und passim; *Korch*, in: Freitag u. a., Marktermöglichung durch Recht im Digitalen Zeitalter, 2023, S. 111, 122.
60 Der maßgebliche Zeitraum beträgt aufgrund der Verweisung auf die WpÜG-AV in § 255 Abs. 5 S. 4 AktG drei Monate.
61 Die Begründung des Regierungsentwurfs (RegE ZuFinG BT-Drs. 20/8292, S. 118) verweist für die Bestimmung der Wesentlichkeit auf die zu § 186 Abs. 3 S. 4 AktG entwickelten Grundsätze.

dem er für die ersten beiden Fälle zusätzlich eine tatsächliche, nicht unwesentliche Kursbeeinflussung fordert. In der Gunst des Gesetzgebers ist das Ertragswertverfahren erkennbar hinter die Orientierung am Börsenkurs zurückgefallen.

III. Des Pudels Kern: Tat- oder Rechtsfrage?

Wieso kam es nach Jahrzehnten des Stillstands in Rechtsprechung und Diskurs auf einmal zu derart grundstürzenden Veränderungen? Wer diese Frage beantworten will, muss den Blick weiten. Zunächst hatten sich die wirtschaftlichen Verhältnisse gewandelt: Immer mehr Deutsche investierten in Aktien, der Kapitalmarkt wurde zunehmend reguliert und genoss deshalb immer größeres Vertrauen;[62] die Dotcom-Blase sollte erst ein Jahr nach dem DAT/Altana-Beschluss platzen. Diese erste Vertrauenskrise hat die höchstrichterliche Rechtsprechung indes ebenso wenig wie die späteren Turbulenzen infolge der Finanzkrise vom eingeschlagenen Pfad abbringen können.

Neben den tatsächlichen Veränderungen hat auch die Wissenschaft ihren Teil zum Wandel und zu einer selbstbewussteren Haltung der Gerichte beigetragen. Bevor nämlich über die zielführende Bewertungsmethode gestritten werden konnte, musste zunächst die Vorfrage beantwortet werden, ob es sich dabei um eine reine Tat- oder auch um eine Rechtsfrage handelt. Von der Antwort hängt die Rolle der Gerichte bei der Arbeitsteilung mit den Sachverständigen ab, weshalb die Bedeutung der theoretischen Vorarbeiten für die Debatte im Ganzen kaum überschätzt werden kann.

Unternehmensbewertungen in Spruchverfahren galten der Rechtsprechung lange als Tatfrage, die hinzugezogene Sachverständige zu beantworten hätten. So formulierte der Bundesgerichtshof in den Siebzigerjahren in der Rechtssache Kali + Salz:

> „Entgegen der Ansicht der Revision handelt es sich hierbei nicht um Rechtsfragen […]. Eine allgemein anerkannte oder rechtlich vorgeschriebene Methode für die Bewertung von Handelsunternehmen gibt es nicht. Vielmehr unterliegt es dem pflichtgemäßen Urteil der mit der Bewertung befaßten Fachleute, unter den in der Betriebswirtschaftslehre und der betriebswirtschaftlichen Praxis vertretenen Verfahren das im Einzelfall geeignete erscheinende auszuwählen. Das von ihnen gefundene Ergebnis hat dann der Tatrichter frei zu würdigen […]."[63]

---

62 Dazu auch *Rodloff*, DB 1999, 1149, 1152.
63 BGH, Urt. v. 13.3.1978 – II ZR 142/76, NJW 1978, 1316, 1319 (insoweit in BGHZ 71, 40 nicht abgedruckt); ähnlich OLG Hamm, Beschl. v. 23.1.1963 – 8 AR 1/60, AG 1963, 218, 221 („Die Frage, wie ein Unternehmen im Wirtschaftsverkehr zu bewerten ist, ist keine Rechtsfrage. Das Gericht hat sich bei der Entscheidung darüber an die anerkannten Grundsätze der Betriebswirtschaftslehre zu hal-

Diese Haltung führte dazu, dass Gerichte die Bewertung regelmäßig Sachverständigen – also: Wirtschaftsprüfern – überantwortet haben.[64]

Gegen diesen Standpunkt haben sich kritische Stimmen im Schrifttum sowohl vor als auch nach dem Urteil gewehrt.[65] So schreibt *Meincke* in seiner Habilitationsschrift zur Nachlassbewertung fünf Jahre vor der Entscheidung Kali + Salz, dass Bewertungsfragen stets auch Rechtsfragen seien.[66] Allein, sie träten häufig nicht deutlich hervor, weil die Bewertung auf Sachverständige abgeschoben werde.[67] Auch *Meilicke*, später Rechtsanwalt, notiert in seiner im Jahr 1975 veröffentlichten Dissertation, dass die Bewertung von Unternehmen keine reine Tat-, sondern zugleich eine Rechtsfrage darstelle.[68] Die Richter seien deshalb nicht an betriebswirtschaftliche Theorien oder das Urteil der Sachverständigen gebunden, sondern zu eigenen Wertungen aufgefordert.[69] Nahezu zeitgleich zur Kali + Salz-Entscheidung erscheint schließlich das Lehrbuch von *Großfeld* zum Bilanzrecht, dass „Studenten der Rechtswissenschaft den Zugang zu einem Rechtsgebiet erschließen [soll], das von vielen Juristen nicht genügend beachtet wird."[70] Im letzten Kapitel sind auch einige Grundzüge zur Unternehmensbewertung dargestellt.[71] Darin liest man, dass die Wertermittlung stets vom rechtlichen Zusammenhang, vom Zweck geprägt sei.[72]

---

ten."); OLG Celle, Beschl. v. 4.4.1979 – 9 W 2/77, AG 1979, 230, 231 (Ermittlung der richtigen Bewertungsmethode sei Aufgabe der Betriebswirtschaftslehre); zustimmend *Mertens*, AG 1992, 321, 322; kritisch *Lutter*, ZGR 1979, 401, 416 ff.
64 *Hüttemann*, ZHR 162 (1998), 563, 567.
65 Vgl. daneben auch *K. Schmidt*, der in der ersten Auflage seines berühmten Handelsrechtslehrbuchs (Handelsrecht, 1980, S. 54 ff.) einerseits schreibt, dass die Bewertung eines Unternehmens „zunächst Aufgabe der Betriebswirtschaftslehre" und als „bloße Tatfrage weitgehend den Gutachtern anheimgegeben" sei, andererseits aber betont, dass Rechtsgrundsätze der Unternehmensbewertung existierten und die Unternehmensbewertung (auch) ein Rechtsproblem sei.
66 *Meincke*, Das Recht der Nachlaßbewertung im BGB, 1973, S. 13.
67 *Meincke*, Das Recht der Nachlaßbewertung im BGB, 1973, S. 13 unter Berufung auf *Mirre*, ZDtNotV 13 (1913), 155, 155, der schon vor 110 Jahren treffend formulierte: „Die Feststellung des Wertes eines Gegenstandes ist eine der schwierigsten Aufgaben für den Juristen. Die Schwierigkeit tritt nur häufig dadurch nicht in Erscheinung, daß die Arbeit auf Sachverständige abgeschoben wird und eine Erörterung darüber, ob diese von zutreffenden Gesichtspunkten ausgehen, unterbleibt. Dies kann leicht zu schweren Fehlern führen."
68 *Meilicke*, Die Barabfindung für den ausgeschlossenen oder ausscheidungsberechtigten Minderheits-Kapitalgesellschafter, 1975, S. 26 ff.
69 *Meilicke*, Die Barabfindung für den ausgeschlossenen oder ausscheidungsberechtigten Minderheits-Kapitalgesellschafter, 1975, S. 27 ff.
70 *Großfeld*, Bilanzrecht, 1978, Vorwort (S. V).
71 *Großfeld*, Bilanzrecht, 1978, S. 301 ff. (11. Kapitel).
72 *Großfeld*, Bilanzrecht, 1978, S. 302, 321 f.

Einem breiten Publikum macht *Großfeld* die These von der Unternehmensbewertung als Rechtsproblem in seinem gleichnamigen Beitrag in der Juristenzeitung im Jahr 1981 zugänglich.[73] Die Bewertung habe den normativen Vorgaben zu folgen, die für den jeweiligen Bewertungsanlass gelten: „Die Bewertung muß zu einer ‚vollen Abfindung' führen, sie muß ‚angemessen' und an der Beteiligung am ‚lebenden Unternehmen' (‚going concern') ausgerichtet sein; der ‚good will' ist zu erfassen."[74] Das Gesetz gebe zwar die Bewertung nicht im Einzelnen vor, die Angemessenheit stelle aber gleichwohl eine ausfüllungsbedürftige Generalklausel, einen offenen Rechtsbegriff dar.[75] Ist der Zweck der Unternehmensbewertung einmal ermittelt, sind die möglichen Bewertungsmethoden auf ihre Eignung zur zweckgerechten Bewertung zu prüfen.[76] Zu einem ähnlichen Ergebnis war zwischenzeitlich auch *Lutter* in seiner Urteilsanmerkung zur Kali + Salz-Entscheidung in der Zeitschrift für Unternehmens- und Gesellschaftsrecht gelangt.[77] Zutreffend sei zwar, dass Richter bei der Bewertung auf von der Betriebswirtschaftslehre entwickelte Methoden zurückgreifen müssten, nicht jedoch, dass die Auswahl der Methoden im Einzelfall keine Rechtsfrage darstelle.[78]

Diese Vorarbeiten hat Ende der Neunzigerjahre – also kurz vor dem DAT/Altana-Beschluss – eine neue Generation junger Rechtswissenschaftler[79] aufgegriffen und vertieft.[80] *Fleischer*, damals noch Habilitand, hegte in einem Beitrag aus dem Jahr 1997 Zweifel an der höchstrichterlichen Zurückhaltung, weil Bewertungsprobleme, wo sie Rechtsfolgen auslösten, stets auch Rechtsprobleme seien.[81] Er wies zudem darauf hin, dass die Gerichte über die normzweckadäquate Bewertungsmethode zu entscheiden hätten und Berufsstandards der Wirtschaftsprüfer „in keinem Falle" rechtsbildende Kraft zukäme.[82] Auch *Hüttemann* hat sich der Ab-

---

73 *Großfeld*, Unternehmensbewertung als Rechtsproblem, JZ 1981, 641.
74 *Großfeld*, JZ 1981, 641, 642.
75 *Großfeld*, JZ 1981, 641, 642; ähnlich später auch *Hommelhoff*, in: Jahrbuch der Fachanwälte für Steuerrecht, 1987/1988, S. 179, 184 ff.
76 *Großfeld*, JZ 1981, 641, 642 f.
77 *Lutter*, ZGR 1979, 401, 416 ff.; später – kurz nach dem DAT/Altana-Beschluss – auch *Bayer*, ZHR 163 (1999), 505, 533 („Entschieden zu widersprechen ist daher der blauäugigen Sichtweise, wonach ‚die angemessene Bewertung keine Rechtsfrage' sei und sich die gerichtliche Überprüfung darauf zu beschränken habe, ‚ob ein betriebswirtschaftlich geeignetes Bewertungsverfahren gewählt (wurde) und die Bewertung betriebswirtschaftlichen Grundsätzen nicht (widerspreche)'.").
78 *Lutter*, ZGR 1979, 401, 417.
79 Neben den hier Erwähnten beteiligte sich auch *Luttermann* (ZIP 1999, 45), damals noch Privatdozent, an der Debatte über die Bewertungsmethoden (dazu unten Fn. 119 mit dazugehörigem Text).
80 *Fleischer*, ZGR 1997, 368; *Hüttemann*, ZHR 162 (1998), 563.
81 *Fleischer*, ZGR 1997, 368, 375.
82 *Fleischer*, ZGR 1997, 368, 375.

grenzungsfrage in seinem im Jahr 1998 veröffentlichten Habilitationsvortrag angenommen und war dabei dem im juristischen Schrifttum noch immer anzutreffenden Fehlverständnis entgegengetreten, dass es nur *einen* – quasi objektiven – Unternehmenswert gebe.[83] Er stellte heraus, dass allein anhand des Bewertungsanlasses die Bewertungsmethoden sinnvoll ausgewählt werden könnten.[84] Erst die Feststellung des konkreten Unternehmenswertes anhand der ausgewählten Methode sei Tatfrage.[85]

Das Bundesverfassungsgericht machte sich diesen Standpunkt in seiner DAT/Altana-Entscheidung erkennbar zu eigen, wenngleich es nicht explizit auf die rechtswissenschaftlichen Beiträge Bezug nahm. Handelte es sich nicht um Rechtsfragen, hätte das Gericht allein die Tatsachenfeststellung im Einzelfall als verfassungswidrig beanstanden können. Ausdrückliche Anerkennung hat die Lehre im Stinnes-Beschluss des Bundesgerichtshofs gefunden: Es sei eine „Rechtsfrage, ob eine vom Tatrichter gewählte Bewertungsmethode oder ein innerhalb der Bewertungsmethode gewähltes Bewertungsverfahren den gesetzlichen Bewertungszielen widerspricht."[86] Die vorgelagerte Auswahl der Methode sei ebenfalls Aufgabe des Richters, allerdings nach Ansicht des Bundesgerichtshof Teil der Tatsachenfeststellung, weshalb der Richter im Falle nicht ausreichender Sachkunde sachverständige Unterstützung einholen müsse.[87] Allein im letzten Punkt blieb der Bundesgerichtshof damit hinter der Lehre zurück.[88] Insgesamt hat sich die Rechtsprechung indes den Vorarbeiten in der Literatur überwiegend angeschlossen und die eigene, jahrzehntelang vertretene Position korrigiert.

Dieses Verständnis der Unternehmensbewertung als eine normorientierte, rechtsgeleitete oder rechtsgeprägte Bewertung[89] führt zu einer deutlichen Auf-

---

83 *Hüttemann*, ZHR 162 (1998), 563, 566 f.; dem folgend *Bayer*, ZHR 163 (1999), 505, 533 f.
84 *Hüttemann*, ZHR 162 (1998), 563, 573 ff.
85 *Hüttemann*, ZHR 162 (1998), 563, 584 mit Fn. 106; *Hüttemann*, in: Fleischer/Hüttemann, Unternehmensbewertung, 2. Aufl. 2019, Rn. 13.13.
86 BGH, Beschl. v. 29.9.2015 – II ZB 23/14, BGHZ 207, 114 Rn. 12 – Stinnes (unter Bezugnahme auf *Hüttemann*).
87 BGH, Beschl. v. 29.9.2015 – II ZB 23/14, BGHZ 207, 114 Rn. 13 f. – Stinnes. Kritisch zur Abhängigkeit der Richter von Sachverständigen bei der Methodenwahl schon *Hommelhoff*, in: Jahrbuch der Fachanwälte für Steuerrecht, 1987/1988, S. 179, 190.
88 Siehe *Fleischer* ZGR 1997, 368, 375 (Auswahl der Methode als Rechtsfrage); ferner *Hüttemann*, in: Fleischer/Hüttemann, Unternehmensbewertung, 2. Aufl. 2019, Rn. 13.28 (Rechtsverletzung bei schlichter Übernahme einer vom Gutachter vorgeschlagenen Methode ohne eigene Begründung des Gerichts).
89 Siehe *Adolff*, Unternehmensbewertung im Recht der börsennotierten Aktiengesellschaft, 2007, S. 4; *Fleischer*, AG 2014, 97, 98; *Großfeld/Egger/Tönnes*, Recht der Unternehmensbewertung, 9. Aufl. 2020, Rn. 25 ff., 79 ff.; *Großfeld*, Unternehmensbewertung im Gesellschaftsrecht, 1983, S. 16 („rechts-

wertung der Rolle der Gerichte. Sie treffen letztlich die Entscheidung, nicht die Sachverständigen.[90] Das schließt freilich nicht aus, dass Gerichte auf sachverständige Unterstützung angewiesen sind. Daraus folgt indes keine *Delegation* der Entscheidung, sondern vielmehr eine *Arbeitsteilung* zwischen Gerichten und Sachverständigen.[91]

IV. Diskursteilnehmer in den Nebenrollen

Die wichtigsten Debattenteilnehmer sind bereits vorgestellt: In den Hauptrollen finden sich die Gerichte. Auf der einen Seite stehen das Bundesverfassungsgericht und mittlerweile auch der Bundesgerichtshof als treibende Kräfte zugunsten des Börsenkurses, auf der anderen die Instanzgerichte als beharrende Kräfte. Der Gesetzgeber hat sich ebenfalls auf die Seite der Börsenkursanhänger geschlagen. Eine vertiefte Befassung verdienen daneben drei weitere Akteure:

1. Betriebswirtschaftslehre: Vom Vorreiter zum Zaungast

Die Bewertung eines Unternehmens beschäftigt nicht nur Rechtspraxis und Rechtswissenschaft, sondern gerade auch die Betriebswirtschaftslehre. Man kann von einem „Begegnungsfach" der Disziplinen sprechen.[92] Deshalb wäre dieser Beitrag unvollständig, würde er den betriebswirtschaftlichen Diskurs ignorieren, auch wenn er primär der gesellschaftsrechtlichen Diskussion gewidmet ist.

Der Diskursverlauf in der Betriebswirtschaftslehre weist inhaltlich viele Parallelen zum juristischen auf, war letztem aber über viele Jahrzehnte voraus. Betriebswirtschaftliche Erkenntnisse fanden stets nur mit erheblicher Verzögerung

---

gerecht"); *Hüttemann*, in: Fleischer/Hüttemann, Unternehmensbewertung, 2. Aufl. 2019, Rn. 1.5 ff. („rechtsgebunden").
90 Vgl. *Hüttemann*, in: Fleischer/Hüttemann, Unternehmensbewertung, 2. Aufl. 2019, Rn. 13.16.
91 Treffend schon *Meincke*, Das Recht der Nachlaßbewertung im BGB, 1973, S. 14 f.; aus heutiger Zeit etwa *Hüttemann*, in: Fleischer/Hüttemann, Unternehmensbewertung, 2. Aufl. 2019, Rn. 13.16.
92 *Großfeld*, Recht der Unternehmensbewertung, 6. Aufl. 2011, Rz. 3; der Sache nach auch schon *ders.*, Bilanzrecht, 1978, S. 302; die Begrifflichkeit aufgreifend *Fleischer*, ZIP 2012, 1633, 1633; vgl. ferner *Adolff*, Unternehmensbewertung im Recht der börsennotierten Aktiengesellschaft, 2007, S. 4. Herauszuheben ist hier vor allem *Busse von Colbe*, der immer wieder den Dialog mit Rechtswissenschaft und -praxis gesucht hat (ZfB 1959, 599; AG 1964, 263). Sein gemeinsames Wirken mit *Lutter* in Bochum (von 1966 bis 1980; dazu auch *Busse von Colbe*, in: FS Lutter, 2000, S. 1053, 1053) dürfte seinen Anteil an dessen Motivation zur Befassung mit dem Thema gehabt haben.

Eingang in Rechtswissenschaft und -praxis.[93] So versuchte die Betriebswirtschaftslehre bis in die Fünfzigerjahre hinein, den objektiven Wert eines Unternehmens zu bestimmen.[94] Schon in den Sechzigerjahren erkannte sie indes, dass die Unternehmensbewertung abhängig vom Bewertungssubjekt ist, womit gemeint ist, dass Entscheider, Strategie und Entscheidungsumfeld zu berücksichtigen sind.[95] Die nächste Evolutionsstufe stellte ab Anfang der Siebzigerjahre die funktionale Unternehmensbewertung (auch „Kölner Funktionslehre") dar, die das Zweckabhängigkeitsprinzip betont.[96] Der Wert eines Unternehmens sowie seine Bestimmung variierten nach dem Zweck der Bewertung.[97] In der Rechtspraxis ist diese Zweckabhängigkeit erst Jahrzehnte später verinnerlicht worden, obwohl einzelne Pioniere der Rechtswissenschaft darauf bereits seit Ende der Siebzigerjahre hingewiesen haben.[98]

Im akademischen Diskurs um die richtige Bewertungsmethode setzte sich das Ertragswertverfahren seit den Sechzigerjahren zunehmend gegen die bis dahin üblichen Substanz- und Mischverfahren[99] durch.[100] In der Bewertungs- und

---

93 Plastisch *Busse von Colbe*, in: Busse von Colbe/Coenenberg, Unternehmensakquisition und Unternehmensbewertung, 1992, S. 173, 192: „Das Echo auf die Trompetenstöße der Theorie der Unternehmensbewertung kommt aus der Rechtsprechung – so meine ich – mit langer Verzögerung, gedämpft, nur zum Teil und manchmal auch verzerrt zurück. Das gilt für die zivilrechtlichen und noch stärker für die steuerrechtlichen Urteile." Kritisch zu diesem Verzug *Fleischer*, ZGR 1997, 368, 383.
94 Siehe etwa *Jacob*, Der Zukunftserfolgsbegriff und die Verfahren der Unternehmensbewertung, ZfB 1961, 231, 231 ff.; *Jonas*, Einige Bemerkungen zur Bestimmung des Verkehrswertes von Unternehmungen, ZfB 1954, 18, 20 f., 26 f.; *Kolbe*, Gesamtwert und Geschäftswert der Unternehmung, 1954, S. 36 ; *Leitner*, Wirtschaftslehre der Unternehmung, 5. Aufl. 1926, S. 184; *Mellerowicz*, Der Wert der Unternehmung als Ganzes, 1952, S. 13. Während die Vorgenannten den objektiven Wert eines Unternehmens auf theoretischer Ebene maßgeblich mithilfe des Ertragswertverfahrens zu bestimmen suchten, betonten andere die Bedeutung des Substanzwerts: *Bankmann*, Der Substanzwert, 1960, S. 62; *Schmalenbach*, Die Beteiligungsfinanzierung, 8. Aufl. 1954, S. 65; *Viel/Bredt/Renard*, Die Bewertung von Unternehmungen und Unternehmungsanteilen, 5. Aufl. 1975, S. 36, 42. Für einen knappen Überblick siehe *Jaensch*, Wert und Preis der ganzen Unternehmung, 1966, S. 11; aus jüngerer Zeit *Matschke/Brösel*, Unternehmensbewertung, 4. Aufl. 2013, S. 14 ff., 18 ff.
95 Erläuternd *Matschke/Brösel*, Unternehmensbewertung, 4. Aufl. 2013, S. 18 ff.
96 *Matschke*, Betriebswirtschaftliche Forschung und Praxis (BFuP) 1971, 508, 508 ff. (zur Zweckabhängigkeit; noch deutlicher *Matschke*, BFuP 1981, 115, 115: „Verfahrensregeln zur Unternehmensbewertung lassen sich sinnvoll nur ableiten, wenn man vom Zweck der Bewertung ausgeht."); *Sieben*, BFuP 1976, 491, 492 ff. (zur Funktionslehre); siehe ferner die Ansätze bei *Moxter*, Grundsätze ordnungsmäßiger Unternehmensbewertung, 1. Aufl. 1976, S. 26 f. (noch deutlicher 2. Auf. 1983, S. 6); *Sieben/Schildbach*, DStR 1979, 455, 455, 461.
97 Siehe dazu etwa *Matschke/Brösel*, Unternehmensbewertung, 4. Aufl. 2013, S. 22 ff.
98 Siehe oben unter III.
99 Der Substanzwert setzt sich aus dem Wert der einzelnen Vermögensgegenstände des Unternehmens zusammen (eingängig *Großfeld*, Bilanzrecht, 1978, S. 305 f.; aus dem neueren Schrifttum

Rechtspraxis vollzog sich der vollständige Abschied von diesen Verfahren erst in den Achtzigerjahren.[101] Das IDW brach mit den üblichen Substanzwert- und Mischverfahren zugunsten des Ertragswertverfahrens im Jahr 1983 in seiner Stellungnahme HFA 2/1983,[102] aus der später der Standard IDW S1 hervorgehen sollte. Dass die siebenjährige Beratung[103] zeitlich an die ersten Beiträge der Funktionslehre anschloss, ist kein Zufall: Gerade die Rückbindung an den Bewertungszweck begünstigte den Aufstieg des Ertragswertverfahrens, weil die meisten Zwecke eine zukunftsbezogene Bewertung erfordern.[104] Mit dieser berufsständischen Neuausrichtung begann das Zeitalter der faktischen Dominanz des Ertragswertverfahrens in der gerichtlichen Bewertung. Und obschon die deutsche Gerichtspraxis erkennbar hinter der akademischen Diskussion herhinkte, war sie im internationalen Vergleich keinesfalls rückständig: Gleichsam im Jahr 1983 rückte der Delaware Supreme Court von der Delaware Block Method – ebenfalls einem Mischverfahren – ab und ebnete so den Weg für Discounted-Cash-Flow-Verfahren (DCF),[105] die dem Ertragswertverfahren ähnlich sind.

Mit dem Durchbruch des Börsenkurses in höchstrichterlicher Rechtsprechung und Rechtswissenschaft seit der Jahrtausendwende verliert sich der Einfluss der Betriebswirtschaftslehre. Diese hat weiter am Ertragswertverfahren festgehalten oder alternativ auf die ähnlichen DCF-Verfahren gesetzt.[106] Marktorientierte Be-

---

Ballwieser/Hachmeister, Unternehmensbewertung, 6. Aufl. 2021, S. 245; *Matschke/Brösel*, Unternehmensbewertung, 4. Aufl. 2013, S. 315 ff.). Zu Mischverfahren siehe etwa *Ballwieser/Hachmeister*, Unternehmensbewertung, 6. Aufl. 2021, S. 247 ff.

100 So schon *Mellerowicz*, Der Wert der Unternehmung als Ganzes, 1952, S. 19, 225 f.; *Großfeld*, Bilanzrecht, 1978, S. 310; *Helbling*, Unternehmensbewertung und Steuern, 1. Aufl. 1974, S. 71 ff., 335; *Jacobs*, Die Bedeutung der Unternehmenssubstanz und die Bedeutung der anderweitigen Kapitalanlage- und Kapitalaufnahmemöglichkeiten für den Wert eines Unternehmens, 1972, S. 39, 181; *Moxter*, Grundsätze ordnungsmäßiger Unternehmensbewertung, 1976, S. 209 f.; *Münstermann*, Wert und Bewertung des Unternehmens, 3. Aufl. 1970, 29 ff., 91; *Sieben*, Der Substanzwert der Unternehmung, 1963, S. 9, 77 f.

101 Siehe die Auswertung der Rechtsprechung bei *Piltz*, Die Unternehmensbewertung in der Rechtsprechung, 3. Aufl. 1994, S. 351 ff. (mit deutlicher Zunahme des Ertragswertverfahrens in den Achtzigerjahren); sowie *Zehner*, DB 1981, 2109, 2109–2111 (Dominanz des Mischverfahrens als Ergebnis einer Auswertung der höchstrichterlichen Rechtsprechung bis 1980).

102 Grundsätze zur Durchführung von Unternehmensbewertungen, in: WPg 1983, 468.

103 Für einen Entwurf siehe WPg 1980, 409; zur Beratungsphase siehe *Helbling*, Unternehmensbewertung und Steuern, 5. Aufl. 1989, S. 527.

104 Siehe *Adolff*, Unternehmensbewertung im Recht der börsennotierten Aktiengesellschaft, 2007, S. 168 ff.

105 *Weinberger v. UOP, Inc.*, 457 A.2d 701 (Del. 1983).

106 *Drukarczyk/Schüler*, Unternehmensbewertung, 8. Aufl. 2021, S. 89 ff.; *Matschke/Brösel*, Unternehmensbewertung, 4. Aufl. 2013, S. 26 ff. (insb. S. 32 ff.).

wertungen zieht sie allenfalls ergänzend heran.[107] Die Orientierung am Börsenkurs zur Bestimmung des Unternehmenswertes hat demgegenüber kaum Anhänger gefunden.[108] Die Diskrepanz zwischen den Disziplinen mag mit der unterschiedlichen Abstraktionshöhe der jeweiligen Perspektiven zusammenhängen, muss doch die Rechtswissenschaft keine allgemeinen Grundsätze der Unternehmensbewertung aufstellen, sondern nur ein geeignetes Verfahren im Einzelfall finden. Zudem haben pragmatische Argumente vor deutschen Gerichten und für den Gesetzgeber mittlerweile große Strahlkraft (dazu unter V.2.), sind für die Betriebswirtschaftslehre aber von untergeordneter Bedeutung.[109] Eine weitere Ursache könnte in der engen Verstrickung von Bewertungspraxis und betriebswirtschaftlicher Bewertungstheorie liegen.[110] Erstmals hat die Betriebswirtschaftslehre damit die Entwicklung in der gerichtlichen Bewertungspraxis nicht vorgezeichnet, sondern steht als Zaungast daneben.[111]

2. Wirtschaftsprüfer: Souffleure der Gerichte

Nur selten im Rampenlicht stehen die Wirtschaftsprüfer, obschon ihr Einfluss nach wie vor beträchtlich ist. Sie üben ihn indes weniger öffentlich aus. Beiträge im juristischen Diskurs finden sich kaum noch, hier haben sie die Deutungshoheit längst verloren. Das Einfallstor der Wirtschaftsprüfer ist die Gutachtertätigkeit für die

---

[107] So wird heute etwa der Kapitalisierungszins anhand des Capital-Asset-Pricing-Models bestimmt. Dazu ausführlich *Franken/Schulte*, in: Fleischer/Hüttemann, Rechtshandbuch Unternehmensbewertung, 2. Aufl. 2019, Rn. 6.1 ff.; *Kuhner/Maltry*, Unternehmensbewertung, 2. Aufl. 2017, S. 60 f. Vertiefend *Adolff*, Unternehmensbewertung im Recht der börsennotierten Aktiengesellschaft, 2007, S. 187 ff.
[108] Für die alleinige Berücksichtigung des Börsenkurses sehr früh schon *Rieger*, JW 1938, 3016; *ders.*, Wirtschaftstreuhänder 1938, 256, 256; aber auch *Busse von Colbe*, ZfB 1959, 599, 608 ff.; *ders.*, AG 1964, 263, 264 f.; *Wenger/Hecker*, Zeitschrift für empirische Wirtschaftsforschung, 1995, 51, 71 f.; *Drukarczyk*, AG 1973, 357, 361 ff. (als Untergrenze); dagegen etwa *Brösel/Karami*, WPg 2011, 418, 420 ff.; *Olbrich*, BFuP 2000, 454, 463; *Olbrich/Rapp*, AG 2021, R53, R54; *Olbrich/Frey*, in: Handbuch Unternehmensbewertung, 3. Aufl. 2023, C.13 Rn. 28; *Ruthardt/Hachmeister*, NZG 2014, 41, 48. Differenzierend *Böcking*, in: FS Drukarczyk, 2003, S. 59, 85.
[109] Vgl. dazu *Quill*, Interessengeleitete Unternehmensbewertung, 2016, S. 292 ff.
[110] Ausführlich dazu *Quill*, Interessengeleitete Unternehmensbewertung, 2016, S. 343 ff.
[111] Siehe auch die Kritik bei *Quill*, Interessengeleitete Unternehmensbewertung, 2016, S. 307 ff. (an der Entkopplung von Bewertungspraxis und betriebswirtschaftlicher Bewertungstheorie) sowie S. 339 ff. (insb. S. 339: „Zunehmende Initiativlosigkeit der Forschung"; S. 341 mit Fn. 631 mit dem Befund, dass zur Darstellung der Unternehmensbewertung auch durch die Lehre häufig auf den IDW S1 anstatt auf Lehrmeinungen verwiesen wird; S. 357 mit der Feststellung, dass übermäßige praktische Tätigkeit den wissenschaftlichen Anspruch zurücktreten lassen).

Instanzgerichte. Es bedarf wenig Fantasie, wie dieser unmittelbare Einfluss auf die Entscheidung vielfach genutzt wird. Die Wirtschaftsprüfer haben ein erhebliches wirtschaftliches Eigeninteresse an der praktischen Dominanz des Ertragswertverfahrens, weil die Gutachten sehr viel aufwendiger und – aus Sicht der Wirtschaftsprüfer – damit auch sehr viel einträglicher sind.[112] Das könnte ihr Urteil darüber beeinflussen, welche Methode im Einzelfall am besten zur Unternehmensbewertung geeignet ist. Der Berufsstandard IDW S1 legt das jedenfalls nahe. Im Kontext der ESG-Berichterstattung hat einer der Herausgeber dieses Bandes mit Blick auf die Wirtschaftsprüfer bereits treffend formuliert: „Wenig trägt so sehr zur Fortdauer einer Debatte bei wie unmittelbare wirtschaftliche Interessen [...]".[113] Während *Jens Koch* den Wirtschaftsprüfern mit Blick auf ESG-Berichterstattung eine „Goldgräberstimmung" attestiert,[114] sieht man bei der Unternehmensbewertung erbitterte Rückzugsgefechte, die der Besitzstandswahrung dienen.

3. Rechtswissenschaft: Von der Statisten- zur Charakterrolle

Der Rechtswissenschaft kommt in der Debatte – gerade im Vergleich zur Rechtsprechung – lediglich eine Nebenrolle zu. In dieser ist sie lange blass geblieben und hat sich für die Unternehmensbewertung kaum interessiert.[115] Die Rechtsprechungspraxis ist vielmehr ganz überwiegend als Faktum hingenommen worden. Erst mit der Zeit hat die Rechtswissenschaft ihren Platz in der Handlung gefunden, ist dann jedoch unverzichtbar für die Erzählung geworden.

Der wichtigste Beitrag der Rechtswissenschaft ist bereits benannt worden: die Einordnung der Unternehmensbewertung (auch) als Rechtsproblem und nicht als reine Tatfrage, weshalb Unternehmenswerte durch die Gerichte und nicht durch die Wirtschaftsprüfer zu schätzen sind.[116] Beinahe ebenso bedeutsam war die eindringliche Kritik am Deutungsmonopol des IDW sowie an der Dominanz des Ertragswertverfahrens. So warnte *Hüttemann* – wie kurz zuvor *Fleischer*[117] – vor der allzu unkritischen Anwendung des IDW S1 und zeigte anhand verschiedener Aspekte auf, dass der Standard in seiner damaligen Fassung die Zielvorgaben des

---

112 Vgl. dazu *Quill*, Interessengeleitete Unternehmensbewertung, 2016, S. 296, 317 ff.
113 *Koch*, AG 2023, 553, 558 (= § 15 in diesem Band).
114 *Koch*, AG 2023, 553, 558.
115 Siehe etwa *Meincke*, Das Recht der Nachlaßbewertung im BGB, 1973, S. 12 („Vernachlässigung der Bewertungsfragen"; „Aschenbrödellos" des Bewertungsrechts).
116 Dazu schon oben unter III.
117 *Fleischer*, ZGR 1997, 368, 375 – dazu bereits oben unter III.

Gesetzes zwar überwiegend, nicht aber vollständig einhielt.[118] Nur wenige Wochen vor der Verfassungsgerichtsentscheidung stritt *Luttermann* leidenschaftlich für die Berücksichtigung des Börsenkurses.[119] Diese Vorarbeiten ebneten den Weg für die Kurskorrektur durch die höchstrichterliche Rechtsprechung.

Die DAT/Altana-Entscheidung des Bundesverfassungsgerichts wirkte wie ein Katalysator für die juristische Debatte. Neben unzähligen Praktikerbeiträgen fanden sich auch immer mehr Stellungnahmen aus der Lehre.[120] So befasste sich *Bayer* in seinem Gutachten für den 67. Deutsche Juristentag auch mit der Unternehmensbewertung.[121] Sein Vorschlag, bei der Bewertung börsennotierter Gesellschaften fortan primär auf den Börsenkurs abzustellen,[122] fand breite Zustimmung.[123] Die Rechtswissenschaft begleitete fortan die Rechtsentwicklung, stärkte die Position des Reformlagers[124] und wies den Weg für zahlreiche Einzelfragen.[125]

---

118 *Hüttemann*, ZHR 162 (1998), 563, 583 ff.; siehe ferner *Hüttemann*, in: Fleischer/Hüttemann, Unternehmensbewertung, 2. Aufl. 2019, Rn. 13.33 ff.
119 *Luttermann*, ZIP 1999, 45, 47 (Außerachtlassung des Börsenpreises sei „sinnwidrig"). Aus der Rechtspraxis auch *Aha*, AG 1997, 26, 28; *Götz*, DB 1996, 259, 260 ff.; *Rodloff*, DB 1999, 1149, 1150 f. (Börsenpreis als Untergrenze); *Steinhauer*, AG 1999, 299, 302 ff.
120 Siehe ferner die entstandenen Habilitationsschriften und Dissertationen: *Adolff*, Unternehmensbewertung im Recht der börsennotierten Aktiengesellschaft, 2007; *Gude*, Strukturänderungen und Unternehmensbewertung zum Börsenkurs, 2004; *Komp*, Zweifelsfragen des aktienrechtlichen Abfindungsanspruchs nach §§ 305, 320b AktG, 2002.
121 *Bayer*, in: Ständige Deputation des Deutschen Juristentages (Hrsg.), Verhandlungen des 67. Deutschen Juristentages, 2008 (im Folgenden 67. DJT), Bd. I, Gutachten E, S. 105 f.
122 *Bayer*, in: 67. DJT (Fn. 121), Bd. I, E 105 f.; zustimmend *Krieger*, in: Ständige Deputation des Deutschen Juristentages (Hrsg.), Verhandlungen des 67. Deutschen Juristentages, 2008 (im Folgenden 67. DJT), Bd. II/1, Referat, N 30 f.; abw. indes *Mülbert*, Verhandlungen des 67. Deutschen Juristentages, 2008 (im Folgenden 67. DJT), Bd. II/1, Referat, N 65 ff., der für die Möglichkeit einer entsprechenden Satzungsbestimmung warb.
123 Vorschlag II. B. 6. angenommen mit 48:16:12 Stimmen, Ständige Deputation des Deutschen Juristentages (Hrsg.), Verhandlungen des 67. Deutschen Juristentages, 2008, Bd. II/1, N 104.
124 Siehe etwa *Stilz*, ZGR 2001, 875, 893; *Schäfer*, NJW 2008, 2536, 2542; *Mülbert*, FS Hopt, 2010, S. 1039, 1075; *Habersack*, AG 2016, 691, 693; *Diekmann*, in FS Großfeld, 2019, S. 97, 105 ff.; *Habersack*, NZG 2019, 881, 883; *J. Schmidt*, NZG 2020, 1361, 1366; *Veil/Preisser*, in: BeckOGK/AktG, Stand: 1.7.2023, § 305 Rn. 58. Rechtsvergleichende Untersuchungen enttarnten die faktische Dominanz des Ertragswertverfahrens als nationalen Sonderweg: *Fleischer*, AG 2014, 97, 101 ff.
125 So vor allem hinsichtlich des Beginns des Referenzzeitraums, siehe z. B. *Bayer*, in: 67. DJT (Fn. 121), Bd. I, E 106; *Gude*, Strukturänderungen und Unternehmensbewertung zum Börsenkurs, 2004, S. 368 ff.; *Luttermann*, ZIP 2001, 869, 872; *Piltz*, ZGR 2001, 185, 200; zur Heranziehung von Freiverkehrskursen *Emmerich*, in: Emmerich/Habersack, KonzernR, 10. Aufl. 2022, § 305 Rn. 64; *J. Schmidt*, NZG 2020, 1361, 1366; *Veil/Preisser*, in: BeckOGK/AktG, Stand: 1.7.2023, § 305 Rn. 60; zur Marktenge *Harnos*, ZHR 179 (2015), 750, 760 ff., 770 f. (im Kontext des Delistings); *J. Schmidt*, NZG 2020, 1361, 1365; zur Situation beim Squeeze-out *Habersack*, ZIP 2001, 1230, 1238; *Fleischer*, ZGR 2002, 757, 781;

Verglichen mit anderen großen gesellschaftsrechtlichen Debatten, die ganze Generationen elektrisierten,[126] ist die Unternehmensbewertung allerdings ein Nischenthema geblieben, das nur von wenigen Spezialisten bearbeitet wird.[127] Das dürfte vor allem daran liegen, dass eine Beteiligung am Diskurs auch außerjuristisches Fachwissen voraussetzt. Die meisten gesellschaftsrechtlichen Debattenteilnehmer verfügen über betriebswirtschaftliche oder bilanzrechtliche Vorkenntnisse. In diesem kleinen Kreis kommt einzelnen Wortmeldungen mehr Gewicht zu als in anderen Debatten. Die Rolle der Rechtswissenschaft lässt sich folglich als Charakterrolle bezeichnen, die in der Debatte vor allem für die leisen, aber nicht minder wichtigen Töne zuständig ist.

V. Eigenheiten der Debatte

In den großen gesellschaftsrechtlichen Diskursen stehen sich regelmäßig Theorien[128] oder rechtspolitische Standpunkte[129] gegenüber. Im Zentrum steht häufig die Rechtsprechung des II. Zivilsenats, die Debatten auslöst und Unterstützung oder Widerstand aus Wissenschaft und Praxis erfährt. Seine Entscheidungen sind zudem vielfach Ausgangspunkt wissenschaftlicher Theorienbildung. Die hier untersuchte Debatte weicht von diesem klassischen Drehbuch gesellschaftsrechtlicher Debatten erheblich ab.

1. Debatte unter Gesellschaftsrechtlern oder gesellschaftsrechtliche Debatte?

Man könnte sich bereits fragen, weshalb die hier untersuchte Debatte überhaupt ein Kapitel in diesem Band zu den großen gesellschaftsrechtlichen Diskursen verdient. Natürlich veranlassen gesellschaftsrechtliche Strukturmaßnahmen häufig Unternehmensbewertungen, weshalb der II. Zivilsenat zuständig ist und die Debatte unter Gesellschaftsrechtlern geführt wird. Gleichwohl war lange die Vorstellung vorherrschend, dass es – ganz profan – vor allem um den Umgang mit einer

---

Grunewald, ZIP 2002, 18, 20; zur Anwendung neuer Bewertungsstandards *Fleischer*, AG 2016, 185; und zu etwaigen Abschlägen *Fleischer*, ZIP 2012, 1633.
126 Dazu allgemein *Fleischer*, JZ 2023, 365, 367.
127 Siehe etwa *Hüttemann*, ZHR 162 (1998), 563, 569, der konstatiert, dass nur wenige Autoren sich mit Rechtsfragen der Unternehmensbewertung auseinandergesetzt haben.
128 *Fleischer* JZ 2023, 365, 370; siehe beispielhaft *Fleischer*, RabelsZ 87 (2023), 5 (= § 1 in diesem Band).
129 *Koch*, AG 2023, 553 (= § 15 in diesem Band).

prozessualen Schwierigkeit geht, nämlich der richtigen Bewertung eines Unternehmens im Einzelfall. Weil dies als reine Tatfrage galt, wurde die Relevanz für das Gesellschaftsrecht, aber auch die Relevanz des Gesellschaftsrechts für die Debatte lange verkannt. Erst die Vorarbeiten der Lehre zur Abgrenzung von Tat- und Rechtsfragen gaben den Blick darauf frei, dass der gesellschaftsrechtliche Kontext die Unternehmensbewertung auch inhaltlich prägt, weil diese die mit den Bewertungsanlässen verfolgten Zwecke zu beachten hat. Die Debatte ist mithin eine genuin gesellschaftsrechtliche und nicht nur eine anlässlich gesellschaftsrechtlicher Maßnahmen durch Gesellschaftsrechtler geführte. Sie gehört in diesen Band!

2. Debatte zwischen Dogmatik und Pragmatismus

Trotz ihrer normativen Prägung unterscheidet sich die hiesige Debatte wesentlich von anderen gesellschaftsrechtlichen Streitständen. Die meisten anderen großen Debatten betreffen vornehmlich Rechtsfragen, etwa nach dem Sorgfaltsmaßstab und der Haftung von Geschäftsleitern,[130] zur Rechtsnatur der juristischen Person[131] oder zur Beachtlichkeit von ökologischen und sozialen Belangen bei der Unternehmensführung.[132] Es stehen sich Denkschulen gegenüber, die jeweils um Abstraktion und Systembildung bemüht sind. All das findet man für die Unternehmensbewertung nicht.

Die Debatte um die Unternehmensbewertung hat andere Schwerpunkte, obschon die Vorfrage zur Abgrenzung von Tat- und Rechtsfragen sehr wohl dogmatischen Charakter hat. In der heute im Mittelpunkt stehenden Streitfrage nach der vorzugswürdigen Bewertungsmethode tritt die Dogmatik hingegen in den Hintergrund. Konzeptualisierung, Abstraktion und Systembildung finden kaum noch statt. Hinter den verschiedenen Ansichten stehen auch keine rechtsethischen oder rechtspolitischen Grundüberzeugungen, sondern allenfalls wirtschaftliche Eigeninteressen.

Deutlich stärkeres Gewicht haben mit der Zeit verfahrensökonomische Argumente erlangt. Hintergrund ist die breit geteilte Einschätzung, dass sich der Wert eines Unternehmens ohnehin nicht punktgenau bestimmen lässt.[133] Das verschiebt

---

130 *Poelzig*, § 17 in diesem Band
131 *Fleischer*, RabelsZ 87 (2023), 5 (= § 1 in diesem Band).
132 *Koch*, AG 2023, 553 (= § 1 in diesem Band).
133 *Hüttemann*, in: Fleischer/Hüttemann, Unternehmensbewertung, 2. Aufl. 2019, Rn. 13.13; *Stilz*, ZGR 2001, 875, 877f. (mit dem Befund, dass der Börsenkurs „kaum unzuverlässiger sein könne" als die üblichen Bewertungsmethoden); zusammenfassend auch *Adolff*, Unternehmensbewertung im Recht der börsennotierten Aktiengesellschaft, 2007, S. 261. Aus der Rechtsprechung OLG Frankfurt,

den Blickwinkel hin zu den Nachteilen der beiden Bewertungsmethoden: Die Einholung eines Ertragswertgutachtens ist äußerst kostspielig und kann zu jahrelangen Verzögerungen führen, worin das Bundesverfassungsgericht auch schon eine Verletzung des Rechts auf effektiven Rechtsschutz gesehen hat.[134] Die Orientierung am Börsenkurs ist demgegenüber einfacher, günstiger und schneller.[135] Wer nicht von der Überlegenheit des Ertragswertverfahrens überzeugt ist, kann deshalb schlicht auf dessen Nachteile verweisen, ohne die Überlegenheit des Börsenkurses darlegen zu müssen. Diese pragmatische Grundhaltung lässt sich sowohl im Schrifttum[136] als auch Rechtsprechung[137] und beim Gesetzgeber nachweisen. So begründete jüngst

---

Beschl. v. 3.9.2010 – 5 W 57/09, ZIP 2010, 1947, 1951 f.: „Auszuwählen ist nämlich zwischen zwei nicht perfekten Methoden, die jeweils ihre eigenen Schwächen haben [...]. Zweifel sind sowohl bei der Ermittlung des zu kapitalisierenden Ergebnisses als auch bei der Festlegung des Diskontierungssatzes angebracht. Sie führen in ihrer Gesamtheit dazu, dass es sich bei dem Ertragswert ebenfalls nur um eine Annäherung handeln kann und zwar selbst dann, wenn die ihm zugrunde liegenden Gutachten für überzeugend erachtet werden." Ähnlich zuvor bereits die Vorinstanz, LG Frankfurt, Beschl. v. 13.3.2009 – 3-5 O 57/06, AG 2009, 749, 752 ff. sowie später erneut OLG Frankfurt, Beschl. v. 26.4.2021 – 21 W 139/19, AG 2021, 559, 567.
134 BVerfG, Besch. 17.11.2011–1 BvR 3155/09, AG 2012, 86, 86 f.
135 So schon *Bayer*, in: 67. DJT (Fn. 121), Bd. I, E 106; *Krieger*, in: 67. DJT (Fn. 122), Bd. II/1, N 30; *Luttermann*, ZIP 1999, 45, 52; deutlich auch die Kritik an der Verfahrensdauer bei *Rodloff*, DB 1999, 1149, 1151 f.; ferner *Steinhauer*, AG 1999, 299, 301; *Stilz*, ZGR 2001, 875, 895 ff.; knapp auch *Götz*, DB 1996, 259, 259.
136 *Bayer*, in: 67. DJT (Fn. 121), Bd. I, E 106; *Gude*, Strukturänderungen und Unternehmensbewertung zum Börsenkurs, 2004, S. 294 f.; *Komp*, Zweifelsfragen des aktienrechtlichen Abfindungsanspruchs nach §§ 305, 320b AktG, 2002, S. 381 f.
137 Siehe etwa BGH, Beschl. v. 21.2.2023 – II ZB 12/21, BGHZ 236, 180 Rn. 13 – WCM (unter Verweis auf die Prozessökonomie); OLG Frankfurt, Beschl. v. 17.1.2017 – 21 W 37/12, AG 2017, 626; OLG Frankfurt, Beschl. v. 26.4.2021 – 21 W 139/19, AG 2021, 559, 567; LG Frankfurt, Beschl. v. 13.3.2009 – 3–5 O 57/06, AG 2009, 749, 751 („[...] hier ist außerdem § 287 Abs. 2 ZPO auch im Hinblick darauf anwendbar, dass jede Bewertung naturgemäß eine mit Unsicherheiten behaftete Schätzung [...] und keine punktgenaue Messung sein kann und dass deshalb Aufwand, Kosten und Dauer des Verfahrens in einem angemessenen Verhältnis zum Erkenntnisgewinn liegen müssen [...]"). Nicht hierher passt der Disput zwischen einigen Obergerichten (OLG Frankfurt, Beschl. v. 17.1.2017 – 21 W 37/12, AG 2017, 626; OLG Zweibrücken, Beschl. v. 2.10.2017 – 9 W 3/14, AG 2018, 200 u. a.) und Teilen der Literatur (*Fleischer*, AG 2016, 185, 195 f.; *Hüttemann*, in: Fleischer/Hüttemann, Unternehmensbewertung, 2. Aufl. 2019, Rn. 13.22 f.; *Ruiz de Vargas/Schenk*, AG 2016, 354, 357), ob im Einzelfall lediglich eine geeignete und aussagekräftige, nicht aber die bestmögliche Methode heranzuziehen ist (so die Gerichte) oder ein „bewertungsrechtliches Optimierungsgebot" gilt. Zwar steht auch hier die Verfahrensökonomie im Vordergrund, in den Verfahren ging es aber um die Frage, ob das Gericht stets ein neues Gutachten einholen muss oder sich auf eine Überprüfung des zuvor eingeholten Gutachtens zurückziehen kann.

der Regierungsentwurf zum Zukunftsfinanzierungsgesetz die strenge Orientierung am Börsenkurs (§ 255 Abs. 5 AktG n.F.) ausdrücklich mit der Prozessökonomie.[138]

3. Debatte im Schatten des Verfassungsrechts

Hervorhebung verdient schließlich der Umstand, dass die Debatte stark verfassungsrechtlich geprägt ist. Im Gegensatz zu den meisten anderen gesellschaftsrechtlichen Diskursen stand der II. Zivilsenat lange nur in der zweiten Reihe. Prägend war vielmehr das Bundesverfassungsgericht. Erst mithilfe seiner Vorgaben gelang es, eine gefestigte Rechtsprechung aufzubrechen und eine breite Debatte zu führen, an deren Ende eine deutliche Korrektur in höchstrichterlicher Rechtsprechung und Schrifttum stand. Treffend scheint mir die Einschätzung, das Bundesverfassungsgericht habe die Spruchpraxis „auf den rechten Weg zurückgeführt".[139]

Mit dem Impuls für eine Neuorientierung hatte es indes nicht sein Bewenden. Vielmehr sah sich das Bundesverfassungsgericht noch zu weiteren sechs Beschlüssen zur Unternehmensbewertung veranlasst,[140] wodurch die Rechtsfrage ungewöhnlich engmaschig verfassungsrechtlich konturiert wurde. Diese deutsche Besonderheit[141] bezeichnet man auch als „Abfindungsverfassungsrecht".[142] Damit ging eine zeitweise Marginalisierung der fachgerichtlichen Rechtsfortbildung einher. Was das Bundesverfassungsgericht nicht vorgab, wurde auch nicht einfachgesetzlich hergeleitet, vielmehr versuchte man sich gelegentlich selbst an der Verfassungsinterpretation. Erinnert sei etwa an das unrühmliche Kapitel zum Anlegerschutz beim Delisting.[143] Der stete Blick nach oben und der Wunsch nach

---

138 RegE ZuFinG BT-Drs. 20/8292, S. 118.
139 *Fleischer*, AG 2014, 97, 110; ferner *Busse von Colbe*, in: FS Lutter, 2000, S. 1053, 1067: „erster Schritt auf dem Pfade der Vernunft".
140 BVerfG, Beschl. v. 29.11.2006 – 1 BvR 704/03, AG 2007, 119, 120 – Siemens/SNI; BVerfG, Beschl. v. 30.5.2007 – 1 BvR 1267/06, 1 BvR 1280/06, AG 2007, 697, 698 – Wüstenrot und Württembergische; BVerfG, Beschl. v. 20.12.2010 – 1 BvR 2323/07, AG 2011, 128, 129 – Kuka; BVerfG, Beschl. v. 26.4.2011 – 1 BvR 2658/10, NJW 2011, 2497 Rn. 22 f. – T-Online; BVerfG, Beschl. v. 24.5.2012 – 1 BvR 3221/10, ZIP 2012, 1656 Rn. 30 – Daimler/Chrysler; BVerfG, Beschl. v. 16.5.2012 – 1 BvR 96/09 u. a., AG 2012, 625, 626 f. – Deutsche Hypothekenbank; zudem der Nichtannahmebeschluss BVerfG, Beschl. v. 8.9.1999 – 1 BvR 301/89, AG 2000, 40.
141 *Fleischer*, AG 2014, 97, 109.
142 *Klöhn*, Das System der aktien- und umwandlungsrechtlichen Abfindungsansprüche, 2009, S. 77; aufgreifend *Fleischer*, AG 2014, 97, 109.
143 Der BGH (BGH, Urt. v. 25.11.2002 – II ZR 133/01, BGHZ 153, 47 – Macrotron) begründete ursprünglich die Notwendigkeit der Abfindung verfassungsrechtlich. Vom BVerfG (BVerfG, Urt. v. 11.7. 2012 – 1 BvR 3142/07, 1 BvR 1569/08, BVerfGE 132, 99 Rn. 49 ff.) musste er lernen, dass die Lösung verfassungsrechtlich nicht geboten, aber auch nicht zu beanstanden sei. Die anschließende (un-

verfassungsrechtlicher Vergewisserung haben immer neue klarstellende Beschlüsse durch das Verfassungsgericht provoziert, die ihrerseits den einfachgesetzlichen Entscheidungsspielraum verengten. Man kann dem Bundesverfassungsgericht allerdings kaum unnötigen Aktivismus vorwerfen, da zahlreiche Fragen erst im Dialog zwischen Bundesgerichtshof und Bundesverfassungsgericht zufriedenstellen beantwortet werden konnten. Erinnert sei nur an die Überwindung des Meistbegünstigungsprinzips.[144] Es brauchte viele Jahre, bis der II. Zivilsenat aus dem Schatten des Bundesverfassungsgerichts getreten ist. Den lange vermissten, auf das einfache Recht gestützten Gestaltungsanspruch hat der Bundesgerichtshof in jüngerer Zeit indes unmissverständlich formuliert, zuletzt im WCM-Beschluss aus dem letzten Jahr, mit dem dieser Beitrag, nicht aber die Debatte endet.

VI. Der Epilog muss warten

Die Debatte ist bis heute sehr dynamisch, weshalb ein Resümee fehl am Platze wäre. Das gilt trotz des jüngsten Machtworts des II. Zivilsenats in einem Beschluss aus dem Februar 2023, in dem dieser sich in kaum zu überbietender Deutlichkeit für eine Unternehmensbewertung anhand des Börsenpreises ausspricht.[145] In beiden Leitsätzen spricht der Senat dem Börsenpreis die grundsätzliche Eignung zu, die Angemessenheit der Abfindung zu bestimmen, und wiederholt dies auch in der Urteilsbegründung:

> „Eine marktorientierte Bewertung einer Unternehmensbeteiligung auf Grundlage des Börsenkurses des Unternehmens steht, genauso wie die Schätzung auf Grundlage der Ertragswertmethode, des Discounted-Cash-flow-Verfahrens [...] und ausnahmsweise des Liquidationswerts [...] als Methode mit Art. 14 GG in Einklang [...] Eine Methode scheidet nur aus, wenn sie aufgrund der Umstände des konkreten Falls nicht geeignet ist, den ‚wahren' Wert abzubilden [...]."[146]

---

nötige) Abkehr des BGH (BGH, Beschl. v. 8.10.2013 – II ZB 26/12, AG 2013, 877 – Frosta) von seiner Rechtsprechung hat dem Gericht viel Kritik eingebracht und sogar den Gesetzgeber auf den Plan gerufen, der die Abfindung nun in § 39 BörsG normiert hat (siehe dazu die Beschlussempfehlung des Finanzausschusses in BT-Drs. 18/6220, S. 83 f.). Die Frosta-Entscheidung ebenfalls kritisch anführend *Fleischer*, AG 2014, 97, 110.
144 Siehe oben unter II.3.
145 BGH, Beschl. v. 21.2.2023 – II ZB 12/21, BGHZ 236, 180 = ZIP 2023, 795 – WCM.
146 BGH, Beschl. v. 21.2.2023 – II ZB 12/21, BGHZ 236, 180 Rn. 19 – WCM.

Die Heranziehung des Börsenpreises sei grundsätzlich als Schätzgrundlage geeignet, weil die Marktteilnehmer die Ertragskraft des Unternehmens auf der Grundlage der ihnen zur Verfügung stehenden Informationen zutreffend bewerteten.[147] Dafür sei eine strenge Kapitalmarkteffizienz nicht erforderlich, allein konkrete Hinweise auf die fehlende Verlässlichkeit des Börsenkurses dürften nicht bestehen.[148] Die Aussage selbst ist nicht neu.[149] Bemerkenswert ist vielmehr, dass der Senat die Aussage mit einer expliziten Erwähnung der Gegenansicht verbindet: „a.A. Fachausschuss für Unternehmensbewertung und Betriebswirtschaft des IDW [FAUB], AG 2021, 588f." Und damit nicht genug: Der Senat stellt ferner fest, dass Bewertungsmethoden keine Rechtsnormen seien, sie ihnen nicht einmal ähnelten und deshalb Gerichte nicht binden könnten:

> „Erst recht gilt dies für von der Wirtschaftswissenschaft oder der Wirtschaftsprüferpraxis entwickelte Berechnungsweisen, selbst wenn sie als ‚Bewertungsstandards', wie die Empfehlungen des Fachausschusses für Unternehmensbewertung und Betriebswirtschaft des IDW (FAUB) oder der IDW Standard, schriftlich festgehalten sind [...]"[150]

Man muss diese Aussagen als größtmögliche Distanzierung verstehen. Neu ist dabei weniger der Inhalt als vielmehr die Schärfe in der Formulierung. Der Gesellschaftsrechtssenat richtet damit eine klare Botschaft an alle Instanzgerichte, die noch immer unkritisch die Perspektive der Wirtschaftsprüfer übernehmen. Er ist damit in guter höchstrichterlicher Gesellschaft. Auch der IX. Zivilsenat stemmt sich gegen die faktische Deutungshoheit des IDW und äußerte mit Blick auf den Restrukturierungsstandard IDW S6: Die Einhaltung der dort niedergelegten Formalia möge als ein Indiz für ein ernsthaftes Sanierungskonzept sprechen, geboten sei sie allerdings nicht.[151]

Der II. Zivilsenat belässt es freilich nicht bei der Distanzierung, sondern ebnet allen Gerichten den Weg, die künftig auf den Börsenkurs setzen. Bei der Auswahl der Bewertungsmethode müssten sich die Gerichte bei ausreichender eigener Sachkunde „nicht sachverständig beraten lassen."[152] Das schließt ein mögliches Einfallstor für Eigeninteressen und senkt die Hürde für die Heranziehung des Börsenkurses. Sämtliche Einwände der Beschwerdeführerin im konkreten Fall

---
147 BGH, Beschl. v. 21.2.2023 – II ZB 12/21, BGHZ 236, 180 Rn. 20 – WCM.
148 BGH, Beschl. v. 21.2.2023 – II ZB 12/21, BGHZ 236, 180 Rn. 20 – WCM.
149 Der Sache nach bereits vertreten in BGH, Beschl. v. 12.3.2001 – II ZB 15/00, BGHZ 147, 108, 116 – DAT/Altana (unter Bezugnahme auf *Fleischer*, ZGR 2001, 1, 27f.); BGH, Beschl. v. 12.1.2016 – II ZB 25/14, BGHZ 208, 265 Rn. 23 – Nestlé.
150 BGH, Beschl. v. 21.2.2023 – II ZB 12/21, BGHZ 236, 180 Rn. 19 – WCM.
151 BGH, Urt. v. 12.5.2016 – IX ZR 65/14, BGHZ 210, 249 Rn. 19.
152 BGH, Beschl. v. 21.2.2023 – II ZB 12/21, BGHZ 236, 180 Rn. 22 – WCM (ähnlich auch Rn. 31).

weist der Senat mit teils deutlichen Worten zurück.[153] Der Beschluss wirkt deshalb wie ein Appell und Versprechen an die Instanzgerichte zugleich: der Appell, künftig vor allem auf den Börsenkurs zu setzen, und das Versprechen, dabei vom Bundesgerichtshof durch niedrige Anforderungen unterstützt zu werden. Ob das zur Überwindung der Beharrungskräfte genügt, bleibt abzuwarten.

---

153 BGH, Beschl. v. 21.2.2023 – II ZB 12/21, BGHZ 236, 180 Rn. 21 ff. – WCM (siehe etwa Rn. 21: „Einen Rechtsfehler bei der Überzeugungsbildung zeigt die Rechtsbeschwerde mit ihren Rügen der Verletzung von § 287 ZPO und Art. 14 GG nicht auf, sondern versucht damit lediglich, die vom Tatrichter gewählte marktorientierte Bewertungsmethode durch die von ihr für besser geeignet gehaltene Ertragswertmethode zu ersetzen.").

Christoph Teichmann
§ 8 Unternehmerische Mitbestimmung der Arbeitnehmer

I. Historische Genese der unternehmerischen Mitbestimmung —— 282
  1. Der lange Vorlauf des 19. Jahrhunderts —— 283
     a) Die Entstehung industrialisierter Großbetriebe —— 283
     b) Vom „Herr im Hause" zur „konstitutionellen Fabrik" —— 286
  2. Erster Weltkrieg und Novemberrevolution —— 288
     a) Gesetz über den vaterländischen Hilfsdienst (1916) —— 288
     b) Betriebsrätegesetz und Aufsichtsratsgesetz (1920) —— 290
  3. Mitbestimmung trifft auf Gesellschaftsrecht —— 291
     a) Die Entwicklung des Aufsichtsrats im 19. Jahrhundert —— 291
     b) Reaktion der Unternehmenspraxis auf die Einführung der Mitbestimmung —— 293
  4. Nationalsozialismus —— 295
  5. Nachkriegszeit —— 295
     a) Kontrollratsgesetz Nr. 22 (1946) —— 295
     b) Entflechtung der Eisen- und Stahlindustrie durch die britische Besatzungsmacht —— 297
     c) Der Weg zum Montan-Mitbestimmungsgesetz (1951) —— 299
     d) Grundzüge der Montan-Mitbestimmung —— 300
  6. Zwischenergebnis: Von der revolutionären zur partizipativen Arbeiterbewegung —— 301
II. Aktueller Status Quo der deutschen Mitbestimmung —— 303
  1. Drittelbeteiligung —— 303
     a) Betriebsverfassungsgesetz 1952 —— 303
     b) Drittelbeteiligungsgesetz —— 303
  2. Quasi-paritätische Mitbestimmung —— 305
     a) Bericht der „Biedenkopf-Kommission" —— 305
     b) Mitbestimmungsgesetz 1976 —— 307
     c) Überprüfung durch das BVerfG —— 308
III. Ökonomische Analyse der Mitbestimmung —— 308
  1. Property Rights- versus Partizipationstheorie —— 309
  2. Empirische Untersuchungen zur Effizienz von Mitbestimmung —— 310
  3. Eingreifen des Gesetzgebers oder Freiwilligkeit? —— 313
  4. Würdigung der ökonomischen Analyse für den gesetzlichen Rahmen —— 314
IV. Europäische Einflüsse —— 316
  1. Niederlassungsfreiheit —— 316
  2. Territoriale Begrenzung und Unionsrecht —— 318
  3. EU-Sekundärrecht —— 319
V. Reformdiskussion in Deutschland —— 320
  1. Reforminitiativen der 2000er Jahre —— 320
  2. Gemeinsamer Nenner: Öffnung für Mitbestimmungsvereinbarungen —— 322
     a) Grundbausteine der Verhandlungslösung —— 322
     b) Verhandlungsgegenstände —— 323
     c) Verhandlungsverfahren —— 324

d) Auffanglösung —— 325
  3. Grundzüge einer gesetzlich gestützten Verhandlungslösung —— 327
   a) Rechtspolitische Bedeutung —— 327
   b) Verhandlungsverfahren —— 328
   c) Verhandlungsgegenstände —— 329
   d) Auffanglösung —— 330
VI. Zusammenfassung —— 331

In Unternehmen, die mehr als 500 Arbeitnehmer beschäftigen, besteht der Aufsichtsrat zu einem Drittel aus Arbeitnehmervertretern. Bei mehr als 2.000 Arbeitnehmern müssen sich die Anteilseigner die Aufsichtsratssitze paritätisch mit den Arbeitnehmern teilen. Diese sog. unternehmerische Mitbestimmung gehört zu den Ewigkeitsthemen des deutschen Gesellschaftsrechts – schon deshalb, weil sie dem Prinzip zuwiderläuft, dass die Gesellschafter die Gesellschaftsorgane bestellen, und weil sie im internationalen Vergleich als deutscher Sonderweg erscheint. Beides lässt die unternehmerische Mitbestimmung immer wieder überprüfungs- und begründungsbedürftig erscheinen.

In Abwandlung einer Formulierung von *Stolleis* lässt sich feststellen, dass die unternehmerische Mitbestimmung die Spuren ihrer Entstehung, „gewissermaßen die Narben des politischen Prozesses", noch heute in sich trägt.[1] Es erleichtert daher das Verständnis der Problematik, wenn man sich aus historischer Perspektive (*unter I.*) der heutigen Rechtslage (*unter II.*) annähert, die ungeachtet ihrer historisch-eigenständigen Wurzeln mittlerweile auch auf den Prüfstand der ökonomische Analyse zu stellen ist (*unter III.*). Unter dem Eindruck der europäischen Entwicklungen (*unter IV.*) ist sodann der Blick auf mögliche Reformperspektiven zu richten (*unter V.*).

I. Historische Genese der unternehmerischen Mitbestimmung

Als Geburtsstunde der Mitbestimmung wird allgemein das Betriebsrätegesetz von 1920 genannt, das erstmals Arbeitnehmervertretern Sitz und Stimme im Aufsichtsrat gewährte. Allerdings bildet dieses Gesetz nur den Schlusspunkt einer Entwicklung, die sich über das gesamte 19. Jahrhundert erstreckt (*unter 1.*). Ent-

---

[1] Vgl. *Reichold*, ZfA 1990, 5, 6 f. (zum Arbeitsrecht allgemein); *Stolleis*, Sozialgerichtsbarkeit (SGb) 1984, 378, 382, bezog seine Aussage auf das Sozialrecht.

scheidender Katalysator waren der Erste Weltkrieg und die ihm nachfolgenden revolutionären Unruhen (*unter 2.*). Das Betriebsrätegesetz von 1920 traf dann die bis heute nachwirkende Systementscheidung, die Mitwirkungsrechte der Arbeitnehmer an ein gesellschaftsrechtliches Organ zu binden (*unter 3.*), bevor der Nationalsozialismus jedweder demokratischen Partizipation den Garaus machte (*unter 4.*). Die Einführung der Montan-Mitbestimmung im Jahre 1951 war dann erneut eine Kriegsfolge (*unter 5.*). Aufs Ganze gesehen trug die Mitbestimmung in entscheidenden Phasen der deutschen Geschichte dazu bei, den revolutionären Impetus der Arbeiterbewegung in die Bahnen der rechtlich geordneten und konstruktiven Partizipation zu leiten (*unter 6.*).

1. Der lange Vorlauf des 19. Jahrhunderts

a) Die Entstehung industrialisierter Großbetriebe

Auf der Suche nach dem historischen Ursprung der Mitbestimmung darf der Begriff nicht im heute üblichen Sinne verstanden werden. Die Vordenker des 19. Jahrhunderts standen vor einem unbekannten sozialen Phänomen, zu dessen Erfassung ein Begriffsapparat erst geschaffen werden musste.[2] Es ging zunächst allgemein um organisierte Teilhabe der Belegschaft an den Entscheidungen des Unternehmers.[3] Gewiss brannten den Zeitgenossen andere soziale Fragen drängender unter den Nägeln, man denke nur an Kinderarbeit, hohes Unfallrisiko oder fehlende Absicherung in Krankheit und Alter.[4] Ungeachtet dessen ist auch der Ruf nach einer organisierten Interessenvertretung „so alt wie das Fabrikwesen in Deutschland".[5] Die historisch-soziologische Forschung macht dafür maßgeblich den Übergang vom Kleinbetrieb zum industriell-arbeitsteiligen Großunternehmen verantwortlich.[6] Den patriarchalisch-fürsorglichen Dienstherren in Kleingewerbe und Handwerk

---

2 *Teuteberg*, Geschichte der industriellen Mitbestimmung in Deutschland, 1961, S. 517.
3 Dieses weite Verständnis legt *Teuteberg* seiner soziologisch-historisch angelegten Monographie „Geschichte der industriellen Mitbestimmung in Deutschland", 1961, ebda. S. XVII, zu Grunde; ihm folgend *Müller-List*, Montanmitbestimmung, 1984, S. VII.
4 Fragen, die wir heute überwiegend dem Sozialrecht zuweisen, vgl. hierzu den historischen Abriss bei *Stolleis*, SGb, S. 378 ff.
5 *Teuteberg* (o. Fn. 2), S. XIII.
6 Zu dieser gängigen Einschätzung vgl.: *Kempen*, AuR 1988, 271, 273 ff.; *Reichold*, Betriebsverfassung als Sozialprivatrecht, 1995, S. 20, 84 ff.; eine Fülle an Material liefert insoweit die Monographie des Historikers und Soziologen *Hans Jürgen Teuteberg* (o. Fn. 2).

gab es zwar noch lange;[7] stilprägend für das Jahrhundert wurde indessen der Typus des Fabrikherren im industrialisierten Großbetrieb mit militärisch-straffer Disziplin.[8]

Zu bedenken ist bei alledem, dass Deutschland in Sachen Industrialisierung ein Nachzügler war. Der arbeitsteilige Großbetrieb verbreitete sich hier erst in der zweiten Hälfte des 19. Jahrhunderts. Im Jahre 1845, als *Friedrich Engels* über die bestürzenden Zustände in der englischen Arbeiterklasse berichtete,[9] dürfte es bei *Krupp* mit etwa 140 Arbeitern[10] noch eher beschaulich zugegangen sein. Nur wenige dachten zu diesem Zeitpunkt über die Perspektive einer modernen Sozialpartnerschaft nach. Immerhin: *Robert v. Mohl* schlug bereits 1835 vor, die Arbeiter am Gewinn zu beteiligen und ihnen zu diesem Zweck ein Einsichtsrecht in die Bücher zu gewähren,[11] wahrzunehmen von Vertretern der Belegschaft, die „auf strengste Geheimhaltung" zu beeidigen seien.[12] Eine konkret praktizierte Teilhabe entwickelte sich zunächst in überbetrieblichen Krankenkassen, die teils auf Initiative der Unternehmer, teils als Selbsthilfe der Arbeiter entstanden.[13] Die gemeinschaftliche Verwaltung dieser Einrichtungen wurde als Beitrag zum gesellschaftlichen Frieden angesehen. Der Proletarier sehe sich „geehrt und gehoben", so der Historiker *Adolf W. Schmidt* im Jahre 1845, wenn er nicht als bloße Sache behandelt werde, die nach Willkür gebraucht und weggeworfen werde.[14]

---

[7] *Däubler/Kittner*, Geschichte und Zukunft der Betriebsverfassung, 2. Aufl., 2022, S. 36 f., betonen, die Mehrheit der Arbeitnehmer sei damals wie heute in kleinen und mittleren Unternehmen beschäftigt gewesen.

[8] *Kempen*, AuR 1988, 271, 273 ff.; *Reichold* (o. Fn. 6), S. 86 ff. Auf den Punkt gebracht bei *Teuteberg* (o. Fn. 2), S. 208, demzufolge die jüngeren Fabrikanten „nicht mehr die patriarchalische Verbundenheit mit ihren Arbeitern wie ihre Väter" hatten und „manchmal rücksichtslose Härte den an sich notwendigen Prozess der Rationalisierung begleitete".

[9] *Engels*, Die Lage der arbeitenden Klasse in England, 1845.

[10] *Reichold* (o. Fn. 6), S. 17 berichtet diese Zahl für das Jahr 1846; *Däubler/Kittner* (o. Fn. 7), S. 84, sprechen von einer „'gemütlich'-patriarchalisch geführten, nahezu noch handwerklichen Manufaktur".

[11] *Robert v. Mohl* war Staatsrechtler und Nationalökonom in Tübingen. Zu ihm *Däubler/Kittner* (o. Fn. 7), S. 65, *Reichold* (o. Fn. 6), S. 30 ff. sowie *Teuteberg* (o. Fn. 2), S. 24 ff. und *Wiedemann*, Gesellschaftsrecht I, 1980, S. 586.

[12] Zitiert nach *Teuteberg* (o. Fn. 2), S. 26.

[13] *Reichold* (o. Fn. 6), S. 25; *Däubler/Kittner* (o. Fn. 7), S. 50 ff. verweisen auf Vorläufer im 18. Jahrhundert (namentlich im Bergbau sowie in Porzellan- und Textilmanufakturen).

[14] Zitiert nach *Teuteberg* (o. Fn. 2), S. 55.

An den herrschenden gesellschaftlichen Verhältnissen änderte das wenig. Der zeitgenössische Fabrikbesitzer verstand sich als „Herr-im-Hause".[15] Die gesamte bürgerliche Ordnung beruhe schließlich, so ein Vertreter der Großindustrie noch im Jahre 1890, „auf Autorität auf der einen Seite und Unterwerfung auf der anderen Seite".[16] Und so folgte die Betriebsorganisation im Hause *Krupp*, als dort 1872 bereits mehr als 10.000 Menschen beschäftigt waren, dem Leitbild der straffen militärischen Organisation.[17] Der Fabrikherr schuf zwar Wohlfahrtseinrichtungen, hielt seine Arbeiter jedoch des eigenen Denkens für unfähig. Es gewähre ihm, so *Friedrich Krupp* im Jahre 1902, „die größte Freude und Befriedigung, für Euch zu denken und zu sorgen".[18] Das Wagnis selbst zu denken, insb. im Sinne von sozialdemokratischen Anschauungen, war ein Entlassungsgrund.[19]

Die staatliche Gesetzgebung kam den Arbeitern nicht zuhilfe[20], getreu der *Hardenberg*'schen Devise, das Gewerbe seinem natürlichen Gang zu überlassen[21]. Das Privatrecht assistierte, indem es das Arbeitsverhältnis einer rechtlich ungebundenen Vertragsfreiheit unterstellte.[22] § 105 der preußischen Gewerbeordnung (1869) erklärte „die Festsetzung der Verhältnisse zwischen den selbständigen Gewerbetreibenden und ihren Gesellen" zum „Gegenstand freier Uebereinkunft".[23] In der Praxis führte dies zu vom Fabrikanten dekretierten Fabrikordnungen mit detaillierten Verhaltensregeln und drakonischen Strafen. Nicht untypisch regelte die Fabrikordnung einer Nürnberger Fabrik (1844), wer das Gelände nicht durch das dafür bestimmte Tor betrete, sondern – horribile dictu – über die Mauer oder durch ein Fenster steige, der werde sofort entlassen.[24] Nach gängiger Rechtsauffassung

---

15 Der Begriff wird auf *Alfred Krupp* zurückgeführt, der 1872 verkündete, er wolle in seinem Hause und auf seinem Boden „Herr sein und bleiben" (*Däubler/Kittner* (o. Fn. 7), S. 85; *Reichold* (o. Fn. 6), S. 90). Zu diesem damals weit verbreiteten Standpunkt auch *Teuteberg* (o. Fn. 2), S. 289 ff.
16 Zitiert nach *Reichold* (o. Fn. 6), S. 118. Die Äußerung stammt aus einem Referat vor dem Verein für Socialpolitik, in dem sich überwiegend Nationalökonomen mit den hier interessierenden Fragen befassten (namentlich die sog. Kathedersozialisten; *Teuteberg* (o. Fn. 2), S. 282 ff.), derweil die Rechtswissenschaften der unpolitischen Pflege des Privatrechts frönten.
17 *Reichold* (o. Fn. 6), S. 91; vgl. *Teuteberg* (o. Fn. 2), S. 290 ff. zu den zeitgenössischen Stellungnahmen aus der Großindustrie.
18 Zitiert nach *Reichold* (o. Fn. 6), S. 92. Anfangs dürfte dieses System der Über-/Unterordnung noch den aus einer agrarischen Welt stammenden Verhaltensmustern der Arbeiterschaft entsprochen haben, doch dieser stabilisierende Faktor entfiel im Laufe der Zeit (so *Kempen*, AuR 1988, 271, 274 f.).
19 *Reichold* (o. Fn. 6), S. 92.
20 Er war, mit *Stolleis*, „politisch illiberal und ökonomisch liberal" (hier bezogen auf die Geschichte des Sozialrechts), SGb, 1984, 378, 380.
21 Hierzu *Teuteberg* (o. Fn. 2), S. 317.
22 Siehe nur *Reichold* (o. Fn. 6), S. 13 ff.
23 *Reichold* (o. Fn. 6), S. 63.
24 *Reichold* (o. Fn. 6), S. 23.

hatte sich der Arbeiter mit einer solchen Fabrikordnung ausdrücklich (bei Bezugnahme im Arbeitsvertrag) oder stillschweigend (durch Annahme der Arbeit) einverstanden erklärt.[25]

b) Vom „Herr im Hause" zur „konstitutionellen Fabrik"

Allein die Paulskirchenversammlung von 1848/1849 setzte für kurze Zeit einen anderen Akzent. Den dort beratenen Gesetzentwurf einer Reichsgewerbeordnung hält *Teuteberg* für „eines der bedeutendsten Dokumente in der Geschichte der deutschen Mitbestimmung".[26] Erwogen wurde der Erlass von Fabrikordnungen durch einen „Fabrikrat", in dem der Inhaber und die Arbeiter vertreten sein sollten.[27] Der Fabrikherr solle sich durch eine „Verfassung" selbst binden, die in Absprache mit den Arbeitnehmern zu erstellen sei und damit zur Legitimation der Fabrikherrschaft beitrage.[28] Wenngleich der Vorschlag schon im zuständigen Volkswirtschaftlichen Ausschuss keine Mehrheit fand, beeinflusste er doch diejenigen Unternehmer, die in der Folgezeit auf freiwilliger Basis Fabrikausschüsse einrichteten.

Zu ihnen gehörte der sächsische Fabrikant *Carl Degenkolb*.[29] Er führte 1850 einen Fabrikrat ein, um die Arbeiter an der Beratung und Entscheidung innerbetrieblicher Angelegenheiten zu beteiligen.[30] Häufig genannt wird daneben der im Raum Würzburg angesiedelte Druckmaschinenhersteller *Koenig & Bauer*, der ab 1869 den Erlass der Arbeitsordnung gänzlich einem Fabrikrat überließ, in dem die Eigentümer nur drei Stimmen, die Werksleiter hingegen vier und die Arbeiter sechs Stimmen hatten.[31] Den Arbeitern wurde außerdem zugestanden, über eine Verkürzung der täglichen Arbeitszeit abzustimmen. Sie votierten für eine Verkürzung von 12 auf 10,5 Stunden. In der Folge ging der Krankenstand zurück und die Produktivität stieg an.[32]

---

25 So die Motive zur Gewerbeordnung 1869, zitiert nach *Reichold* (o. Fn. 6), S. 63. Über erste Ansätze einer Verrechtlichung, die darin bestand, dass sich die Behörden die Fabrikordnungen vorlegen ließen, ebda. S. 66 ff.
26 *Teuteberg* (o. Fn. 2), S. 111.
27 *Däubler/Kittner* (o. Fn. 7), S. 72 ff.; *Reichold* (o. Fn. 6), S. 47 ff.; *Teuteberg* (o. Fn. 2), S. 94 ff.
28 *Reichold* (o. Fn. 6), S. 49.
29 Als Abgeordneter war *Degenkolb* an der Konzeption des Fabrikausschuss-Modells maßgeblich beteiligt gewesen (*Teuteberg* (o. Fn. 2), S. 102 ff.).
30 GK-BetrVG/*Wiese*, 12. Aufl., 2022, Einleitung Rz. 5; eingehend *Teuteberg* (o. Fn. 2), S. 212 ff. (insb. S. 219 zu den Kompetenzen der Ausschüsse).
31 *Reichold* (o. Fn. 6), S. 98 f.; *Teuteberg* (o. Fn. 2), S. 256 ff.
32 *Teuteberg* (o. Fn. 2), S. 259/260. Er hält das Unternehmen allerdings wegen der ländlichen Abgeschiedenheit und seiner Quasi-Monopolstellung auf dem Markt für Druckmaschinen für einen

Wegweisend war weiterhin die 1889 im Stiftungsstatut der *Optischen Werkstätten von Carl Zeiss* in Jena festgelegte Werksverfassung, die einen Arbeiterausschuss mit Anhörungsrecht etablierte.[33] Die dort eingeübte Sozialpartnerschaft dürfte dazu beigetragen haben, dass *Zeiss* im frühen 20. Jahrhundert von den andernorts auftretenden schweren Streiks und Aussperrungen vollständig verschont blieb.[34] In einer Stellungnahme an den Reichstag, der 1909 über die Einführung von Arbeiterausschüssen beriet, fasste das Unternehmen seine Erfahrungen zusammen: „Für den Großbetrieb ist ein Vertretungskörper der in ihm tätigen Arbeiterschaft nicht nur nützlich, sondern stellt sogar eine organisatorisch notwendige Einrichtung zur zweckmäßigen Leitung der Fabrik dar."[35]

Das passende Schlagwort für diese rechtliche Selbstbindung des Fabrikherrn lieferte der Berliner Fabrikant *Heinrich Freese*. In Anlehnung an die Staatsverfassung prägte er den Begriff der „konstitutionellen Fabrik", in welcher der Fabrikant seine Macht nicht „absolut", sondern in rechtlich gebundener Weise auszuüben habe.[36] Damit wurde der Gedanke einer konstitutionell gesicherten Mitwirkung des Volkes vom staatlichen auf den wirtschaftlichen Bereich übertragen.[37]

Die vereinzelten positiven Beispiele bewogen die staatliche Gesetzgebung indessen nicht dazu, der vielerorts gelebten „unnachgiebigen Herrenmentalität"[38] Einhalt zu bieten. Die Gewerbeordnung (1891) ließ es dabei bewenden, die zwingende Offenlegung der Arbeitsordnung vorzuschreiben – damit der Arbeiter wenigstens wisse, wonach er sich zu richten habe.[39] Zusätzlich erhielten die Arbeiter

---

Sonderfall. Das Unternehmen habe im Geschäftsinteresse versucht, die Arbeiter zu halten. Andererseits lassen gerade diese Begleitumstände die freiwillig gewährten Mitwirkungsrechte bemerkenswert erscheinen. Denn vermutlich hätte kaum ein Arbeiter die – allerorten übliche – Verweigerung von Mitwirkungsrechten zum Anlass genommen, das Unternehmen und damit seine Heimat zu verlassen.

33 GK-BetrVG/*Wiese* (o. Fn. 30), Rz. 6; eingehend *Teuteberg* (o. Fn. 2), S. 266 ff.
34 *Teuteberg* (o. Fn. 2), S. 271.
35 Zitiert nach *Teuteberg* (o. Fn. 2), S. 271.
36 GK-BetrVG/*Wiese* (o. Fn. 30), Rz. 6; *Däubler/Kittner* (o. Fn. 7), S. 89 ff. Zu *Freese* und seiner Fabrikverfassung eingehend *Teuteberg* (o. Fn. 2), S. 260 ff. Demgemäß sieht *Ramm*, ZfA 1988, 157, 166, in der Einrichtung von Betriebsräten die „Übertragung der konstitutionellen Monarchie des 19. Jahrhunderts ... auf den Betrieb." Die Darstellung von *Reichold*, (o. Fn. 6), S. 86 ff. unterscheidet die „absolut monarchische", die „aufgeklärt monarchische" und die „konstitutionelle" Betriebsverfassung.
37 *Teuteberg* (o. Fn. 2), S. 61.
38 *Reichold* (o. Fn. 6), S. 177 (bezogen auf die Bergwerksbesitzer).
39 *Reichold* (o. Fn. 6), S. 125. Dies soll die Fortschritte der Gesetzgebung in anderen Bereichen (Sonntagsruhe, Gefahrenschutz, Frauen- und Kinderarbeit) nicht schmälern (hierzu *Reichold*, ZfA 1990, 5, 26 ff.).

ein Anhörungsrecht zur Fabrikordnung,[40] was immerhin die freiwillige Bildung von Arbeiterausschüssen förderte, weil die Anhörung andernfalls in Großunternehmen kaum handhabbar gewesen wäre.[41] In der Folgezeit führten die Ausschüsse allerdings häufig nur ein Schattendasein, weil beide Seiten mit diesem Angebot zum Dialog wenig anzufangen wussten.[42] Erst die heftigen Streikwellen im Bergbau[43] veranlassten den preußischen Gesetzgeber 1905, in jedem Bergwerk mit mehr als 100 Arbeitnehmern einen ständigen Arbeiterausschuss vorzuschreiben, der auf gutes Einvernehmen zwischen der Belegschaft und dem Arbeitgeber hinwirken solle.[44] Doch selbst dieses Zugeständnis hatte einen Haken: Passiv wahlberechtigt waren nur Arbeitnehmer mit einer mindestens dreijährigen ununterbrochenen Beschäftigung; da Teilnahme an einem Streik zur Unterbrechung des Arbeitsverhältnisses führen konnte, waren unliebsame Elemente aus den Ausschüssen leicht fernzuhalten.[45]

2. Erster Weltkrieg und Novemberrevolution

a) Gesetz über den vaterländischen Hilfsdienst (1916)

Die entscheidende Wende brachte der Erste Weltkrieg. Für den innenpolitischen „Burgfrieden" wurden die Gewerkschaften gebraucht, die sich als verlässlich patriotisch erwiesen und jegliche Streikaktivitäten einstellten.[46] Im Zeichen der Kriegswirtschaft setzte der Staat für die innere Ordnung der Betriebe nun gerade nicht – wie es den Arbeitgebern vorschwebte[47] – auf das Prinzip von Befehl und

---

40 Richardi/*Richardi*, BetrVG, 17. Aufl., 2022, Einleitung Rz. 8; *Teuteberg* (o. Fn. 2), S. 383 ff.
41 *Däubler/Kittner* (o. Fn. 7), S. 107; *Teuteberg* (o. Fn. 2), S. 384. (*Teuteberg*, ebda., S. 388 ff.); *Wiedemann* (o. Fn. 11), S. 587.
42 *Teuteberg* (o. Fn. 2), S. 388 ff. mit der Schätzung, dass 1905 nur etwa 10 % der Betriebe mit mehr als 20 Arbeitnehmern einen solchen Ausschuss besaßen (ebda., S. 408).
43 Im Mai 1889 befanden sich allein in Nordrhein-Westfalen 90.000 Bergarbeiter im Ausstand (hierzu *Reichold*, ZfA 1990, 5, 12 ff., sowie *Teuteberg* (o. Fn. 2), S. 362 ff.). Der Bergbau spielte häufig eine Vorreiterrolle, was hier nicht vertieft werden kann (vgl. stattdessen *Däubler/Kittner* (o. Fn. 7), S. 45 ff., *Reichold* (o. Fn. 6), S. 69 ff., 177 ff., *Teuteberg* (o. Fn. 2), S. 131 ff. sowie 410 ff.; GK-BetrVG/*Wiese* (o. Fn. 30), Rz. 8.
44 *Däubler/Kittner* (o. Fn. 7), S. 112 ff.; *Reichold* (o. Fn. 6), S. 179; *Teuteberg* (o. Fn. 2), S. 421 ff.
45 *Däubler/Kittner* (o. Fn. 7), S. 118; *Reichold* (o. Fn. 6), S. 180; *Teuteberg* (o. Fn. 2), S. 443.
46 *Reichold* (o. Fn. 6), S. 186.
47 Vgl. eine bei *Reichold* (o. Fn. 6), S. 187, zitierte Denkschrift des Zechenverbandes aus dem Jahre 1915, wonach die kriegsnotwendige industrielle Tatkraft „in erster Linie auf der unbedingten Herrschaft des Unternehmers im Betrieb" beruhe „ebenso wie die Schlagfertigkeit des Heeres auf dem militärischen Gehorsam".

Gehorsam. Das „Gesetz über den vaterländischen Hilfsdienst" (1916) ging vielmehr den entgegengesetzten Weg: Es etablierte erstmals eine strukturell verfestigte Interessenvertretung der Arbeitnehmer im Unternehmen.[48] So musste in jedem Betrieb, der mindestens 50 Arbeitnehmer beschäftigte, ein Arbeiterausschuss eingerichtet werden,[49] um mit dem Arbeitgeber den Dialog über die Lohn- und Arbeitsbedingungen zu führen. Sollte keine Einigung erzielt werden, konnte der Ausschuss eine Schlichtungsstelle anrufen, die paritätisch besetzt war.[50] Der nationalliberale Abgeordnete *Bassermann* prophezeite zu Recht, damit sei die Frage „wohl auch für Friedenszeiten entschieden"; der jahrzehntelang im Reichstag ausgefochtene Streit habe „nunmehr in wenigen Tagen seine Entscheidung gefunden".[51]

Im Getümmel der Novemberrevolution von 1918, die auf eine Umwälzung nach dem Vorbild der russischen Revolution hinauszulaufen drohte, gingen die Arbeitgeberverbände dann freiwillig auf die Gewerkschaften zu.[52] Im sog. *Stinnes/Legien*-Abkommen erkannten sich die Koalitionen gegenseitig als Verhandlungspartner an und vereinbarten eine Zusammenarbeit auf allen Ebenen der Wirtschaft, namentlich die Einrichtung von Arbeiter- und Angestelltenausschüssen in allen Betrieben mit mehr als fünfzig Arbeitnehmern.[53] Nach Festigung der parlamentarischen Demokratie setzte die Weimarer Reichsverfassung 1919 diesen Weg fort. Verfassungsrechtlich zugesagt wurden gesetzliche Vertretungen der Arbeiter und Angestellten in Betriebsarbeiterräten, Bezirksarbeitsräten und einem Reichsarbeitsrat „zur Wahrnehmung ihrer sozialen und wirtschaftlichen Interessen" (Art. 165 Abs. 2 WRV).[54] Einfachgesetzlich wurde dies im Betriebsrätegesetz von 1920 umgesetzt – wo sich erstmals eine „unternehmerische Mitbestimmung" im heutigen Wortsinne findet.

---

48 Zur Entstehungsgeschichte *Däubler/Kittner* (o. Fn. 7), S. 127 ff.; *Teuteberg* (o. Fn. 2), S. 508 ff.
49 *Reichold* (o. Fn. 6), S. 189; Richardi/*Richardi* (o. Fn. 40), Rz. 9; GK-BetrVG/*Wiese* (o. Fn. 30), Rz. 9.
50 *Reichold* (o. Fn. 6), S. 190.
51 Zitiert nach *Reichold* (o. Fn. 6), S. 192, sowie *Däubler/Kittner* (o. Fn. 7), S. 135.
52 *Däubler/Kittner* (o. Fn. 7), S. 153 ff.; *Müller-List* (o. Fn. 3), S. X ff.
53 *Ramm*, ZfA 1988, 157, 158; GK-BetrVG/*Wiese* (o. Fn. 30), Rz. 10. Man beachte die enge zeitliche Abfolge (*Däubler/Kittner* (o. Fn. 7), S.153 ff.): Ausgehend von der Meuterei der Matrosen entstanden bis zum 8. November im ganzen Land „Arbeiter- und Soldatenräte", am 9. November wurde der Rücktritt des Kaisers verkündet und *Philip Scheidemann* rief die Republik aus (um damit *Karl Liebknecht* zuvorzukommen), am 10. November konstituierte sich ein „Rat der Volksbeauftragten", am 15. November schlossen alle großen Arbeitgeberverbände und Gewerkschaften das *Stinnes/Legien*-Abkommen.
54 *Reichold* (o. Fn. 6), S. 233; GK-BetrVG/*Wiese* (o. Fn. 30), Rz. 12. Im Wortlaut von Art. 165 WRV klingt noch der revolutionäre Schlachtruf „Alle Macht den Räten" nach, nun aber als Element einer parlamentarisch-repräsentativen Demokratie (Richardi/*Richardi* (o. Fn. 40), Rz. 10).

b) Betriebsrätegesetz und Aufsichtsratsgesetz (1920)

Das Betriebsrätegesetz von 1920 (BRG)[55] regelte die Errichtung von Betriebsräten in allen Betrieben, die in der Regel mindestens 20 Arbeitnehmer beschäftigen.[56] Dem Betriebsrat wuchs die Aufgabe zu, „die Betriebsleitung durch Rat zu unterstützen, um dadurch mit ihr für einen möglichst hohen Stand und für möglichste Wirtschaftlichkeit der Betriebsleistungen zu sorgen" (§ 66 Nr. 1 BRG). Das Gesetz gewährte ihm außerdem ein Auskunftsrecht über alle die Arbeitnehmer berührenden Betriebsvorgänge sowie ein Einsichtsrecht in die Lohnbücher, die Bilanz und die Gewinn- und Verlustrechnung (§§ 71, 72 BRG).[57]

Das BRG ist zugleich die Geburtsstunde der unternehmerischen Mitbestimmung, denn es sah erstmals Arbeitnehmervertreter im Aufsichtsrat vor.[58] Dies gehörte zum Gesamtpaket, das die Regierung angesichts der Streikwellen des Jahres 1919 geschnürt hatte, um wieder Ruhe herzustellen.[59] Die Gesetzesmotive sahen darin die Verleihung einer „weitgehenden Befugnis, welche das im allgemeinen gewährte Mitberatungsrecht in ein Mitbestimmungsrecht verwandelt".[60] Man hielt „die verantwortliche Mitberatung *an der obersten Leitung des Unternehmens*" für besonders geeignet, um die Arbeitsfreude, das Verantwortungsgefühl und das Interesse am unternehmerischen Erfolg zu steigern.[61]

In den Aufsichtsrat waren ein oder zwei Betriebsratsmitglieder zu entsenden, „um die Interessen und Forderungen der Arbeitnehmer sowie deren Ansichten und Wünsche hinsichtlich der Organisation des Betriebs zu vertreten" (§ 70 S. 1 BRG). Sie erhielten Anwesenheits- und Stimmrecht in allen Sitzungen und waren gleichzeitig

---

[55] Betriebsrätegesetz vom 4. Februar 1920, Reichsgesetzblatt 1920 Nr. 26 (abgerufen bei: www.zaar.uni-muenchen.de/download/doku/historische_gesetze).
[56] *Müller-List* (o. Fn. 3), S. XIV; GK-BetrVG/*Wiese* (o. Fn. 30), Rz. 13 f.
[57] Das Einsichtsrecht in die Handelsbücher galt nur in Betrieben, deren Unternehmer zur Führung von Handelsbüchern verpflichtet war und die in der Regel mindestens 300 Arbeitnehmer oder 50 Angestellte beschäftigen.
[58] Die zeitgleich verabschiedeten Sondergesetze für die Kohle- und Kaliwirtschaft bewirkten keine Mitbestimmung auf Unternehmensebene, sondern bezweckten die Sozialisierung des gesamten Wirtschaftszweiges unter der Leitung eines Reichskohlenrates/Reichskalirates, an dem auch Arbeitnehmer beteiligt sein sollten. Dies blieb allerdings ohne praktische Auswirkungen (*Däubler/Kittner* (o. Fn. 7), S. 167).
[59] *Däubler/Kittner* (o. Fn. 7), S. 206. *Wiedemann* (o. Fn. 11), S. 588, meint nicht ganz zu Unrecht, die überraschende Einführung einer Mitbestimmung im Aufsichtsrat sei „nur aus der politischen Krise der Nachkriegszeit verständlich".
[60] So das in RGZ 107, 221, 224 nachzulesende Zitat aus der Gesetzesbegründung; vgl. auch *Lieder*, Der Aufsichtsrat im Wandel der Zeit, 2006, S. 274.
[61] Ebda., kursive Hervorhebung durch *Verf.* Zu der Frage, ob der Aufsichtsrat hier vom Gesetzgeber zu Recht als „oberste Leitung des Unternehmens" qualifiziert wird, sogleich Text bei Fn. 88.

über vertrauliche Angaben zur Verschwiegenheit verpflichtet (§ 70 S. 2 BRG). Die Vertretung im Aufsichtsrat war für alle Unternehmen vorgesehen, für die ein Aufsichtsrat bestand und nicht auf Grund anderer Gesetze eine gleichartige Vertretung der Arbeitnehmer im Aufsichtsrat vorgesehen war (§ 70 S. 1 BRG). Das Ausführungsgesetz über die Entsendung von Betriebsratsmitgliedern in den Aufsichtsrat (ARG) regelte die weiteren Modalitäten; zur Rechtsstellung der Arbeitnehmervertreter wurde festgehalten, dass für sie dieselben gesetzlichen Bestimmungen gälten wie für die übrigen Aufsichtsratsmitglieder (§ 3 ARG).[62]

3. Mitbestimmung trifft auf Gesellschaftsrecht

Das Organ, in das die Arbeitnehmervertreter damals eintraten, hatte mit dem heutigen Aufsichtsrat nur wenig gemeinsam. Dieser Befund verdient Beachtung, denn Mitbestimmung realisiert sich nach der Grundsatzentscheidung, die der Gesetzgeber 1920 getroffen hat, in den Bahnen des Gesellschaftsrechts. Der Aufsichtsrat war in der zweiten Hälfte des 19. Jahrhunderts eingeführt worden; eine zwingende Trennung von Geschäftsführung und Überwachung kannte das damalige Aktienrecht jedoch nicht (*unter a*). Es war paradoxerweise die Einführung der Mitbestimmung, die dazu beitrug, den Aufsichtsrat aus der Geschäftsführung zu verdrängen (*unter b*).

a) Die Entwicklung des Aufsichtsrats im 19. Jahrhundert

Nach dem bis 1870 geltenden Konzessionssystem bedurfte jede Aktiengesellschaft der staatlichen Genehmigung. Die Leitungsstruktur der Gesellschaft überließen die Behörden allerdings weitgehend dem Belieben der Gründer,[63] die für ein internes Überwachungsorgan zumeist keine Notwendigkeit sahen.[64] Häufig anzutreffen war eine Zweiteilung in Direktorium und Verwaltungsrat, wobei der Verwaltungsrat

---

62 Gesetz über die Entsendung von Betriebsratsmitgliedern in den Aufsichtsrat, 15. 2.1922, RGBl. 1922, Nr. 17, S. 209 (abgerufen bei: www.zaar.uni-muenchen.de/download/doku/historische_gesetze).
63 Die eingehende Analyse der Statutenpraxis bei *Schubel*, Verbandssouveränität und Binnenorganisation der Handelsgesellschaften, 2003, S. 97 ff., belegt allerdings durchaus eine gewisse Einflussnahme der Konzessionsbehörden auf Organisation und Kompetenzen der Generalversammlung.
64 Zusammenfassend *Lieder* (o. Fn. 60), S. 47 ff. sowie *Teichmann*, Binnenmarktkonformes Gesellschaftsrecht, 2006, S. 545 ff.

üblicherweise die Leitlinien vorgab, die das Direktorium umzusetzen hatte.[65] Die Generalversammlung der Aktionäre war zu einer wirksamen Überwachung strukturell kaum in der Lage und überdies häufig von den Gründern und Großgesellschaftern dominiert, die zugleich den Verwaltungsrat besetzten.[66]

Der Aufsichtsrat taucht als eigenständiges Organ erstmals im Allgemeinen Deutschen Handelsgesetzbuch (ADHGB) von 1861 auf.[67] Zwingend vorgeschrieben war er jedoch nur für die KGaA;[68] was den Gesetzgeber dazu bewogen hat, ihn für die AG nur fakultativ zu regeln, lässt sich nicht mit letzter Gewissheit klären.[69] Die Praxis änderte sich dadurch jedenfalls kaum.[70] Nicht selten wurde ein Aufsichtsrat gebildet, der dieselben Kompetenzen erhielt, die zuvor der Verwaltungsrat hatte. Ein Überwachungsorgan im heutigen Sinne war er jedenfalls nicht.

1870 wurde das Konzessionssystem abgeschafft und der Aufsichtsrat gesetzlich zwingend vorgeschrieben.[71] Er übernahm damit in gewisser Weise die Funktion der wegfallenden Staatsaufsicht.[72] Allerdings kannte das damalige Aktienrecht den heutigen Grundsatz der Satzungsstrenge nicht.[73] Die Gesellschafter waren frei in der Ausgestaltung der Unternehmensverfassung. Und so blieb der Aufsichtsrat zumeist das Machtzentrum, das er vorher schon gewesen war; die gesetzlich intendierte Überwachungsfunktion lag weiterhin brach.[74]

Erst die Aktienrechtsreform von 1884 brachte – unter dem Eindruck zahlloser Schwindelgründungen aus den sog. „Gründerjahren" – die Wende.[75] Sie gilt heute

---

65 *Lieder* (o. Fn. 60), S. 62; *Schubel* (o. Fn. 63), S. 248; wenngleich die Praxis den Gesellschafterausschuss, der auf Aufsichts- und Kontrollaufgaben beschränkt war, auch kannte (*Schubel*, ebda., S. 185); außerdem trat der Verwaltungsrat in vielen Fällen so selten zusammen, dass er eine Leitungsfunktion kaum wahrnehmen konnte (*Schubel*, ebda., S. 249).
66 *Lieder* (o. Fn. 60), S. 62.
67 Zum ADHGB: *Lieder* (o. Fn. 60), S. 77 ff.; *Teichmann* (o. Fn. 64), S. 548 ff.
68 Zu den Beweggründen, für die KGaA einen Aufsichtsrat einzuführen *Lieder* (o. Fn. 60), S. 66 ff.
69 Zu den unterschiedlichen Interpretationsmöglichkeiten siehe nur *Lieder* (o. Fn. 60), S. 71 ff.; *Schubel* (o. Fn. 63), S. 185/186. Nicht unwichtig erscheint der Hinweis von *Wiethölter*, Interessen und Organisation der Aktiengesellschaft, 1961, S. 272, dass die Aktiengesellschaft bei der Konzeption des ADHGB nicht im Mittelpunkt des Interesses stand und systematisch noch unerschlossen war. Er sieht die wesentliche Neuerung in der Stärkung des Vorstands, die den Boden dafür bereitete, den Aufsichtsrat zum Überwachungsorgan weiter zu entwickeln (vgl. ebda., S. 278 ff.).
70 Vgl. (jew. m. w. Nachw.): *Lieder* (o. Fn. 60), S. 89; *Teichmann* (o. Fn. 64), S. 550.
71 Zur Aktienrechtsnovelle von 1870 siehe den Überblick bei *Lieder* in Bayer/Habersack (Hrsg.), Aktienrecht im Wandel, 2007, Band I, S. 318 ff.
72 *Lieder* (o. Fn. 60), S. 104 ff.; relativierend *Schubel* (o. Fn. 63) S. 282, und *Wiethölter* (o. Fn. 69), S. 286.
73 *Lieder* (o. Fn. 60), S. 119; *Schubel* (o. Fn. 63), S. 278/279.
74 *Hommelhoff* in Schubert/Hommelhoff, Hundert Jahre modernes Aktienrecht, 1985, S. 86; *Lieder* (o. Fn. 60), S. 120/121; *Wiethölter* (o. Fn. 69), S. 287.
75 Zu ihr *Hofer* in Bayer/Habersack (o. Fn. 71), S. 388 ff.; *Schubel* (o. Fn. 63), S. 327 ff.

als Geburtsstunde des modernen deutschen Aktienrechts.[76] Allerdings betrifft das vor allem das streng regulierte Gründungsrecht, während die Überwachungsfunktion des Aufsichtsrats nur punktuell gestärkt wurde. Zwingend geregelt wurde nun die Bestellung durch die Generalversammlung.[77] Außerdem wurde erstmals die personelle Trennung von Vorstand und Aufsichtsrat vorgeschrieben; eine Person konnte fortan nicht mehr gleichzeitig beiden Organen angehören.[78] Es blieb aber möglich, dem Aufsichtsrat umfassende Verwaltungsbefugnisse zu übertragen.[79] Damit verfehlte der Gesetzgeber erneut das Ziel, aus dem Aufsichtsrat ein effektives Überwachungsorgan zu formen.[80] Die Überführung des ADHGB in das 1897 geschaffene Handelsgesetzbuch brachte insoweit keine substanziellen Änderungen.[81] Obwohl die „Aufsichtsratsfrage" weiterhin Gegenstand lebhafter Diskussionen war,[82] blieb die Rechtslage bis zum Ende der Weimarer Republik unverändert.

b) Reaktion der Unternehmenspraxis auf die Einführung der Mitbestimmung

Das Betriebsrätegesetz von 1920 bezog sich demnach auf einen Aufsichtsrat, der mit dem Überwachungsorgan heutiger Prägung wenig gemeinsam hatte. Entweder nahm er die Leitung der Geschäfte selbst in die Hand[83] oder er beschränkte sich darauf, für das Unternehmen wichtige persönliche Netzwerke zu pflegen[84]. Seine Kompetenzen unterlagen der freien Satzungsgestaltung. Dies machte sich bemerk-

---

76 Vgl. die Aufbereitung der Gesetzesmaterialien von *Schubert/Hommelhoff* unter dem Titel „Hundert Jahre modernes Aktienrecht" (1985).
77 Zuvor waren Bestellungsrechte durch Aktionärsausschüsse oder gar Kooptation möglich gewesen (*Lieder* (o. Fn. 60), S. 146).
78 *Lieder* (o. Fn. 60), S. 151 ff.
79 *Lutter* in Bayer/Habersack (o. Fn. 71), Band II, S. 395 (Fn. 19), erwähnt eine Entscheidung des OLG Hamburg, wonach es zulässig sei, den Vorstand qua Satzungsregelung „zum Exekutivbeamten des Aufsichtsraths" herabzudrücken. Weiterhin *Lieder* (o. Fn. 60), S. 173 ff.; *Teichmann* (o. Fn. 64), S. 553.
80 *Lieder* (o. Fn. 60), S. 187; *Wiethölter* (o. Fn. 69), S. 288.
81 Vgl. den Überblick bei *Lieder* (o. Fn. 60), S. 189 ff.
82 *Lieder* (o. Fn. 60), S. 203 ff.; *Wiethölter* (o. Fn. 69), S. 288 ff.
83 Zum Phänomen des Aufsichtsrats als Unternehmensspitze *Lieder* (o. Fn. 60), S. 205 ff.; *Wiethölter* (o. Fn. 69), S. 290; zeitgenössisch *Geßler*, JW 1937, 497, wonach der Aufsichtsrat „der eigentliche Leiter der Gesellschaft" sei. Viele Satzungen enthielten auch Weisungsrechte des Aufsichtsrats gegenüber dem Vorstand (*Wiethölter* (o. Fn. 69), S. 290, unter Berufung auf eine empirische Untersuchung von *Flechtheim/Wolff/Schmulewitz* von 1929).
84 *Lieder* (o. Fn. 60), S. 245 ff.

bar, als Arbeitnehmervertreter im Aufsichtsrat auftauchten. Der praktische Rat lautete nun: Die Satzung ändern und das Aufsichtsratsplenum entmachten.[85]

Illustrativ ist ein 1924 vom Reichsgericht entschiedener Sachverhalt.[86] Die Generalversammlung der beklagten Gesellschaft hatte kurz nach Einführung des BRG beschlossen, die satzungsmäßigen Zustimmungsvorbehalte des Aufsichtsrates künftig allein dem Aufsichtsratsvorsitzenden und seinem Stellvertreter zuzuweisen. Das Reichsgericht sah darin keinen Verstoß gegen die Grundgedanken der unternehmerischen Mitbestimmung. Das Mitspracherecht der Betriebsratsmitglieder vollziehe sich im Rahmen des geltenden Aktienrechts und dieses lasse es zu, dass die Generalversammlung dem Aufsichtsrat bestimmte Aufgaben satzungsmäßig zuweise oder auch wieder entziehe.[87] Bemerkenswert ist die Belehrung, die das RG dem Gesetzgeber zuteilwerden lässt. Dieser habe angenommen, der Aufsichtsrat verkörpere die oberste Leitung des Betriebes,[88] tatsächlich obliege ihm aber „im allgemeinen und in der Hauptsache nur eine Überwachungstätigkeit".[89] Nach heutigem Forschungsstand dürfte der historische Gesetzgeber die Unternehmensrealität zutreffender eingeschätzt haben als das Reichsgericht.

Mit einer zweiten Satzungsänderung wollte die Generalversammlung die Einberufung des Aufsichtsrates an ein Einberufungsverlangen von drei Mitgliedern knüpfen und eine Delegation seiner Aufgaben an Ausschüsse oder den Vorsitzenden gestatten. Diese Regelung wurde vom RG kassiert. Es gehöre zum Pflichtenkreis des Aufsichtsrats, sich auch mit den Belangen der Beschäftigten zu befassen und, „soweit ihm hierzu Anregungen, berechtigte Wünsche und Forderungen der Beteiligten zugehen, auf Besserung der Verhältnisse hinzuwirken".[90] Um diese vom Gesetz vorgeschriebene Wirkung zu erzielen, müsse den Betriebsratsmitgliedern die Möglichkeit gegeben werden, sich vor versammeltem Aufsichtsrat aussprechen zu können.[91]

Es sei zu bedenken, so das Gericht, dass das Gesetz den Arbeitnehmern hier Rechte einräume, die ihnen die Arbeitgeber bislang „mit Entschiedenheit bestritten" hätten.[92] Die Ausübung dieser Rechte könne nicht von der wohlwollenden

---

85 *Lieder* (o. Fn. 60), S. 275 ff.; *Müller-List* (o. Fn. 3), S. XV; *Däubler/Kittner* (o. Fn. 7), S. 207, berichten anekdotisch von der Empfehlung eines Leipziger Syndikus, die wichtigen Entscheidungen in Ausschüsse (ohne Arbeitnehmervertreter) zu verlagern.
86 RGZ 107, 221 ff.
87 RGZ 107, 221, 225.
88 Vgl. den Nachweis oben in Fn. 61.
89 RGZ 107, 221, 225.
90 RGZ 107, 221, 226.
91 RGZ 107, 221, 226.
92 RGZ 107, 221, 227.

Gesinnung der Arbeitgeber abhängig gemacht werden.[93] Es müsse daher die Geschäftsordnung des Aufsichtsrats eine Bestimmung enthalten, die die Abhaltung von Sitzungen vorschreibe.[94] Dies müsse aber nicht, wie bisher in der Satzung vorgesehen, im monatlichen Turnus geschehen. Der Vermehrung der Mitglieder und dem Bedürfnis nach schneller und vereinfachter Geschäftserledigung dürfe Rechnung getragen werden. Die „Anforderungen einer modernen und zweckentsprechenden Regelung der Aufsichtsratstätigkeit" bildeten die Grenze für die Rechte der Betriebsratsmitglieder.[95]

4. Nationalsozialismus

Der Nationalsozialismus setzte jeder Diskussion über die Mitspracherechte von Arbeitnehmern ein Ende.[96] Freie Gewerkschaften wurden ebensowenig geduldet wie unabhängig agierende Betriebsräte. Das „Gesetz zur Ordnung der nationalen Arbeit" (AOG) unterwarf den Betrieb dem Führerprinzip[97]: Der Unternehmer arbeite als „Führer des Betriebes", Arbeiter und Angestellte als seine „Gefolgschaft" (§ 1 AOG). Betriebsräte wurden abgeschafft, an ihre Stelle traten „Vertrauensräte". Da die NS-Führung mit den Ergebnissen der Wahlen zu den Vertrauensräten nicht zufrieden war, wurde die Amtszeit der 1936 amtieren Vertrauensmänner kurzerhand *ad infinitum* verlängert; Wahlen fanden nicht mehr statt.[98]

5. Nachkriegszeit

a) Kontrollratsgesetz Nr. 22 (1946)

Nach Kriegsende wurde im besetzten Deutschland intensiv um eine Neuordnung der Wirtschaft gerungen. Im Ruhrgebiet, dessen Kohle- und Stahlindustrie traditionell einen Schwerpunkt der Arbeiterbewegung bildete, schossen die betriebli-

---

93 RGZ 107, 221, 227.
94 RGZ 107, 221, 227.
95 RGZ 107, 221, 227.
96 Vgl. den Überblick bei *Däubler/Kittner* (o. Fn. 7), S. 277 ff. sowie *Müller-List* (o. Fn. 3), S. XVIII f. und GK-BetrVG/*Wiese* (o. Fn. 30), Rz. 15 f.
97 *Däubler/Kittner* (o. Fn. 7), S. 288/289.
98 *Däubler/Kittner* (o. Fn. 7), S. 294/295.

chen Arbeitnehmervertretungen wie Pilze aus dem Boden.[99] Sie formulierten weitreichende wirtschaftspolitische Vorstellungen. So verlangten die Betriebsräte der Vereinigten Stahlwerke 1946 eine paritätische Besetzung der Aufsichtsräte sowie die Aufnahme je eines Vertreters der Arbeiter und der Angestellten in den Vorstand; und zwar als ersten Schritt für eine Überführung der Stahlwerke in die öffentliche Hand.[100]

Um den Elan der Arbeiterschaft zu bremsen, deren Sozialisierungspläne den westlichen Alliierten suspekt waren,[101] verwies das Kontrollratsgesetz Nr. 22 vom April 1946 die Sozialpartner auf den Verhandlungsweg.[102] Ein Übereinkommen zwischen Betriebsrat und Arbeitgeber könne „die Anwesenheit von Vertretern des Betriebsrates bei Zusammenkünften der leitenden Organe des Betriebes zu Informationszwecken" vorsehen.[103] Bei den alsbald in vielen Unternehmen aufgenommenen Verhandlungen fanden die weitreichenden Forderungen der Arbeitnehmer[104] wenig Gehör.[105] Einige Eisen- und Stahlunternehmen wollten allenfalls eine Repräsentation nach dem Vorbild des BRG 1920 zugestehen[106], andere lehnten die Mitwirkung von Arbeitnehmern im Aufsichtsrat vollständig ab[107].

---

99 Hierzu und zum Folgenden eingehend die historische Arbeit von *G. Müller*, Mitbestimmung in der Nachkriegszeit, 1987, S. 53 ff.
100 *G. Müller* (o. Fn. 99), S. 60 f.
101 *Müller-List* (o. Fn. 3), S. XXIX; *G. Müller* (o. Fn. 99), S. 54, 86; vgl. auch ebda., S. 21 ff., zu den wirtschaftspolitischen Vorstellungen der britischen Besatzungsmacht, um Deutschland als Gegengewicht zum sowjetischen Einflussbereich zu etablieren.
102 Abgedruckt in: Montanmitbestimmung. Dokumente ihrer Entstehung, 1979, S. 51 ff.; zum Inhalt *Däubler/Kittner* (o. Fn. 7), S. 312 ff. sowie *G. Müller* (o. Fn. 99), S. 86 ff.
103 Mit „leitende Organe" war der Aufsichtsrat gemeint, wie die rechtlich verbindliche englische Fassung des Gesetzes („supervisory body") verdeutlicht (*Däubler/Kittner* (o. Fn. 7), S. 320).
104 Die Musterbetriebsvereinbarung der Gewerkschaften der britischen Besatzungszone (abgedruckt in: Montanmitbestimmung (o. Fn. 102), S. 107 ff.) forderte insb. eine paritätische Besetzung des Aufsichtsrates.
105 Eingehend *G. Müller* (o. Fn. 99), S. 94 ff. sowie *Müller-List* (o. Fn. 3), S. XXV ff.
106 Exemplarisch die Stellungnahme des Vorstands der Vereinigten Stahlwerke (zitiert nach *G. Müller* (o. Fn. 99), S. 111): „... wollen wir bei unseren Gesellschaften selbst und bei unseren Tochtergesellschaften zwei Vertreter des Betriebsrats als Gäste zu unseren Aufsichtsratssitzungen einladen...".
107 Im Gegensatz zu den Klöckner-Werken und den Vereinigten Stahlwerken, die einen Gaststatus von Arbeitnehmervertretern im Aufsichtsrat für denkbar hielten, äußerten Vertreter der Gutehoffnungshütte, der Mannesmann- und Hoesch-Werke starke Bedenken gegen „freiwillige Zugeständnisse" (*G. Müller*, (o. Fn. 99), S. 103).

b) Entflechtung der Eisen- und Stahlindustrie durch die britische Besatzungsmacht

Am 20. August 1946 beschlagnahmte die britische Besatzungsmacht dann die gesamte Eisen- -und Stahlindustrie.[108] Sie strebte damit eine Dekonzentration und Reorganisation des Wirtschaftszweiges an.[109] Die Leitung der hierzu geschaffenen Treuhandverwaltung wurde dem Finanzvorstand der Vereinigten Stahlwerke, *Heinrich Dinkelbach*, übertragen.[110] Er entwickelte in enger Abstimmung mit dem britischen Controller *Harris-Burland* die Grundzüge der späteren Montanmitbestimmung. Ein interner Vermerk hielt damals fest[111]: „Kommt eine Regelung zwischen den Arbeitgeberverbänden und den Gewerkschaften nicht zustande" – und danach sah es zu diesem Zeitpunkt nicht aus – „so wird der Kampf in den Betrieben auszutragen sein", was „höchst unerwünscht" sei. Als Menetekel standen erste Betriebsvereinbarungen vor Augen, in denen die Arbeiter weitreichende Rechte in wirtschaftlichen Angelegenheiten durchgesetzt hatten.[112] Der Aktivismus der häufig kommunistisch orientierten Betriebsräte versetzte auch die Briten in Unruhe.[113] Der britische Controller schlug daher vor, in den Aufsichtsrat auch Gewerkschafter aufzunehmen;[114] denn die britische Besatzungsmacht sah in ihnen einen stabilisierenden Faktor[115].

Die aus der Entflechtung hervorgehenden neuen Gesellschaften erhielten somit paritätisch besetzte Aufsichtsräte: je fünf Vertreter von Unternehmens- und Arbeitnehmerseite sowie ein Vertreter der Treuhandverwaltung.[116] Außerdem wur-

---

108 Hierzu *G. Müller* (o, Fn. 99), S. 113 ff. sowie *Müller-List* (o. Fn. 3), S. XXI ff. Zur vergleichbaren Entwicklung im Bergbau *Wlotzke/Wissmann*, DB 1981, 623.
109 *G. Müller* (o. Fn. 99), S. 119. Der Kohlebergbau wurde in diese Überlegungen einstweilen nicht einbezogen (vgl. *Müller-List*, o. Fn. 3, S. XXXIV).
110 *G. Müller* (o. Fn. 99), S. 114.
111 *G. Müller* (o. Fn. 99), S. 132.
112 Gemäß Betriebsvereinbarung von AEG in Hamburg setzte beispielsweise die Aufnahme oder Aufgabe neuer Produktionszweige ebenso wie die Einrichtung oder Stilllegung von Betrieben die Zustimmung des Hauptbetriebsrats voraus (*G. Müller*, o. Fn. 99, S. 134).
113 Aus den Betriebsratswahlen 1947 waren die kommunistischen Belegschaftsvertreter als zweitstärkste Kraft hervorgegangen (*G. Müller*, o. Fn. 99, S. 207). Eine Depesche nach London hielt fest: „Die Betriebsräte sind die gefährlichste Waffe, die die Kommunisten jetzt besitzen" (zitiert nach *G. Müller*, o. Fn. 99, S. 207 f.). Vgl. auch *Müller-List* (o. Fn. 3), S. XXVI.
114 *G. Müller* (o. Fn. 99), S. 138 ff.
115 Eingehend zur Einbindung der Gewerkschaften in die britische „Industrial-Relations-Politik" *G. Müller* (o. Fn. 99), S. 197 ff.
116 *Müller-List* (o. Fn. 3), S. XXXIV. Genau genommen war eher von einem „Drei-Bänke-System" zu sprechen, da auf beiden Seiten je ein Vertreter der öffentlichen Hand zu nominieren war (*Däubler/ Kittner*, o. Fn. 7, S. 366).

den im Vorstand die Personalangelegenheiten einem „Sozialdirektor" zugewiesen, der regelmäßig nicht aus dem eigenen Unternehmen kam, sondern aus dem Betriebsrat eines anderen Unternehmens rekrutiert wurde.[117] Dass sich für alldies im deutschen Aktienrecht keine Rechtsgrundlage fand, hinderte die Übereinkunft nicht. Die Treuhandverwaltung stellte sich auf den Standpunkt, das Aktienrecht stehe einer Gewährung von Aufsichtsratssitzen durch Betriebsvereinbarung nicht entgegen.[118]

Die gängige Sichtweise, wonach sich die Unternehmen der Montanindustrie damals zur Vermeidung von Schlimmerem mit den Gewerkschaften verbündet hätten,[119] dürfte nicht ganz zutreffen. Denn an der Ausarbeitung der Entflechtungspläne wurden nur die Gewerkschaften beteiligt, nicht aber die Unternehmer.[120] Diese richteten nach Bekanntwerden der konkreten Entflechtungspläne einen Appell an die Besatzungsmächte, die „lebensgefährliche Amputation" (Herausnahme der eisenschaffenden Betriebe aus den großen Werksgruppen) zu überdenken; zugleich versuchten sie die Arbeitnehmer mit der Zusage für sich zu gewinnen, „den Belegschaften und den Gewerkschaften volle Mitwirkungsrechte einzuräumen".[121] All dies blieb ohne Wirkung[122], die Entflechtung nahm ihren Lauf. Die Treuhandverwaltung wollte mit den Zugeständnissen an die Gewerkschaften vor allem eine Befriedung erreichen, was auch durchaus gelang[123], während die Gewerkschaften sich davon weitere Schritte auf dem Weg in eine umfassende Demokratisierung der Wirtschaft versprachen.[124]

---

117 *G. Müller* (o. Fn. 99), S. 179 f.
118 *G. Müller* (o. Fn. 99), S. 181.
119 So etwa *Wiedemann* (o. Fn. 11), S. 589.
120 *Müller-List* (o. Fn. 3), S. XXXII.
121 Schreiben der Unternehmen Gutehoffnungshütte, Klöckner Werke, Otto Wolff vom 21. Januar 1947 an den Leiter des Verwaltungsamts für Wirtschaft für das amerikanische und britische Besatzungsgebiet (abgedruckt in: Montanmitbestimmung (o. Fn. 102), S. 82 ff.).
122 *Müller-List* (o. Fn. 3), S. XXXIII. Ebensowenig wie die direkt an die Gewerkschaften gerichteten Schreiben, in denen die Unternehmen als Element eines gemeinsamen Vorgehens in der Entflechtungsfrage die Einführung einer Mitbestimmung im Aufsichtsrat vorschlugen (abgedruckt in: Montanmitbestimmung (o. Fn. 102), S. 79 ff.).
123 Während in den Jahren 1946/1947 in vielen Betrieben Streiks zur Durchsetzung von Betriebsvereinbarungen ausbrachen, blieb es in der Eisen- und Stahlindustrie ruhig, was daran gelegen haben dürfte, dass die Mitbestimmung dort bereits durchgesetzt war (*G. Müller*, o. Fn. 99, S. 157 ff., insb. 177).
124 *G. Müller* (o. Fn. 99), S. 144. Zum Konzept der „Wirtschaftsdemokratie", das die Gewerkschaften bereits in der Weimarer Republik entwickelt hatten, *Müller-List* (o. Fn. 3), S. XVI ff. sowie XXIII ff. und XXXVI.

c) Der Weg zum Montan-Mitbestimmungsgesetz (1951)

Die erste Bundesregierung unter *Konrad Adenauer* hegte angesichts der politisch höchst umstrittenen Materie[125] zunächst die Hoffnung, die Sozialpartner würden sich von selbst auf die künftige Arbeitsverfassung einigen. Die „Hattenheimer Gespräche"[126] der Gewerkschaften und der Spitzenverbände der deutschen Wirtschaft[127], die zeitweise von der Bundesregierung moderiert wurden[128], scheiterten jedoch in der ersten Jahreshälfte 1950 just an der Frage der unternehmerischen Mitbestimmung[129]. Die Gewerkschaften forderten unter Verweis auf die Montanindustrie eine paritätische Mitbestimmung;[130] die Arbeitgeber wollten mehr als eine Drittelbeteiligung nicht akzeptieren[131]. Die Bundesregierung plante währenddessen, die Unternehmen der Montanindustrie wieder dem Aktienrecht zu unterstellen, das keine Mitbestimmung vorsah. Die Gewerkschaften reagierten darauf im Januar 1951 mit einer Urabstimmung, in der sich mehr als 90% der Arbeitnehmer dafür aussprachen, für die Mitbestimmung notfalls in den Streik zu treten.[132]

Weder dem Bundeskanzler, der zu dieser Zeit gegenüber den Alliierten um die Eigenständigkeit der Bundesrepublik rang, noch den Unternehmen, die sich gerade von den Kriegsfolgen zu erholen begannen, war an einem solchen Konflikt gelegen.[133] Und so verabschiedete das Bundeskabinett am 30. Januar 1951, einen Tag vor den ab 1. Februar 1951 geplanten Streikmaßnahmen, den Regierungsentwurf, der nach einem kontroversen Gesetzgebungsverfahren[134] am 21. Mai 1951 in das Gesetz über die Montanmitbestimmung[135] mündete.

---

125 Über die Mitbestimmungsfrage herrschte in der CDU keine Einigkeit (wenngleich sich das 1947 verabschiedete Ahlener Programm noch klar für eine Aufsichtsrats-Mitbestimmung ausgesprochen hatte), eine gemeinsame Linie mit dem Koalitionspartner FDP war erst recht nicht erkennbar (zur politischen Debatte ab 1949 *Müller-List*, o. Fn. 3, S. XXXVIII ff.).
126 *Däubler/Kittner* (o. Fn. 7), S. 363; *Müller-List* (o. Fn. 3), S. XLIV ff.; eingehend beschrieben bei *Seifert*, Zeitschrift für Neuere Rechtsgeschichte (ZNR) 2017, 187 ff.
127 Zu den Verhandlungsdelegationen *Seifert*, ZNR, 187, 190.
128 *Seifert*, ZNR, 187, 192.
129 *Däubler/Kittner* (o. Fn. 7), S. 363; *Seifert*, ZNR, 187, 198 ff.
130 *Seifert*, ZNR, 187, 200.
131 *Seifert*, ZNR, 187, 202.
132 *Däubler/Kittner* (o. Fn. 7), S. 366; *Müller-List* (o. Fn. 3), S. LII ff.; *Wlotzke/Wissmann*, DB 1981, 623, 624.
133 *Müller-List* (o. Fn. 3), S. LV ff.; *Boldt*, RdA 1951, 169, 170, spricht davon, ein Streik hätte zu „unerträglichen außen- und innenpolitischen Belastungen" geführt.
134 Vgl. die Darstellung der Beratungen bei *Müller-List* (o. Fn. 3), S.LXIII ff.

d) Grundzüge der Montan-Mitbestimmung

Der historischen Genese entsprechend gilt diese Form der Mitbestimmung nur für die Sektoren Bergbau, Eisen- und Stahlherstellung[136] in Unternehmen mit mehr als 1.000 Arbeitnehmern (§ 1 Abs. 2 Montan-MitbestG). Der Aufsichtsrat besteht gemäß § 4 Abs. 1 S. 1 Montan-MitbestG aus elf Mitgliedern; die Satzung kann in Abhängigkeit vom Nennkapital eine Größe von 15 oder gar 21 Mitgliedern festlegen (§ 9 Montan-MitbestG).[137] Dem Aufsichtsrat gehört jeweils dieselbe Zahl an Anteilseigner- und Arbeitnehmervertretern an, ergänzt um ein „neutrales Mitglied"[138]. Er ist für die Bestellung und Abberufung der Mitglieder des Vertretungsorgans zuständig (§ 12 Montan-MitbestG). Dem Vertretungsorgan gehört als gleichberechtigtes Mitglied ein „Arbeitsdirektor" an, der nicht gegen die Stimmen der Mehrheit der Arbeitnehmervertreter bestellt oder abberufen werden kann (§ 13 Abs. 1 Montan-MitbestG). Der Arbeitsdirektor ist für das Ressort „Personal- und Sozialangelegenheiten" zuständig.[139]

Unter den Arbeitnehmervertretern befinden sich in einem elfköpfigen Aufsichtsrat zwei Arbeitnehmer des Unternehmens, zwei Gewerkschaftsvertreter und ein „weiteres Mitglied", das eine gewisse Unabhängigkeit von der Arbeitnehmerseite aufweisen soll (insb. weder Gewerkschaftsmitglied noch Mitarbeiter des Unternehmens).[140] Wahlorgan ist die Gesellschafter- bzw. Hauptversammlung (§ 5 Montan-MitbestG), die allerdings an die Vorschläge der Arbeitnehmerseite gebunden ist.[141] Auch unter den fünf Vertretern der Anteilseignerseite muss sich ein „weiteres Mitglied" befinden, das insb. kein Repräsentant eines Arbeitgeberverbandes und keine an dem Unternehmen wirtschaftlich wesentlich interessierte

---

135 Gesetz über die Mitbestimmung der Arbeitnehmer in den Aufsichtsräten und Vorständen der Unternehmen des Bergbaus und der Eisen und Stahl erzeugenden Industrie, BGBl I vom 21.5.1951, S. 347. Zu Vorgeschichte und Inhalt des Gesetzes *Boldt*, RdA 1951, S. 169 ff.
136 Zu den damit verbundenen Abgrenzungsfragen, die mehrfach die Gerichte beschäftigt haben, *Schubert* in Schubert/Wißmann/Kleinsorge, Mitbestimmungsrecht, 6. Aufl., 2024, § 1 Montan-MitbestG Rn. 4 ff.
137 15 Mitglieder bei einem Nennkapital von mehr als 10 Mio. Euro, 21 Mitglieder bei einem Nennkapital von mehr als 25 Mio. Euro.
138 Diese Bezeichnung hat sich eingebürgert, wenngleich das Gesetz nur von einem „weiteren Mitglied" spricht (*Schubert* in Schubert/Wißmann/Kleinsorge, o. Fn. 136, § 4 Montan-MitbestG, Rn. 2).
139 Darüber besteht Einigkeit, obwohl das Gesetz hierzu schweigt (*Schubert* in Schubert/Wißmann/Kleinsorge, o. Fn. 136, § 14 Montan-MitbestG, Rn. 7).
140 Zu den Einzelheiten *Schubert* in Schubert/Wißmann/Kleinsorge (o. Fn. 136), § 4 Montan-MitbestG, Rn. 4, sowie § 6 Montan-MitbestG, Rn. 7 ff.
141 *Schubert* in Schubert/Wißmann/Kleinsorge (o. Fn. 136), § 6 Montan-MitbestG, Rn. 22.

Person sein darf.[142] Das elfte und „neutrale Mitglied" wird von den übrigen Mitgliedern mit einer Mehrheit gewählt, der jeweils mindestens drei Vertreter der Anteilseigner- und der Arbeitnehmerseite angehören müssen (§ 8 Abs. 1 Montan-MitbestG).[143]

6. Zwischenergebnis: Von der revolutionären zur partizipativen Arbeiterbewegung

Im Rückblick auf das 19. Jahrhundert ist festzuhalten: Es waren nicht die Arbeiter, die Mitsprache in Betrieb und Unternehmen forderten. Es waren Vertreter der bürgerlichen Intelligenz, die über solche Modelle nachdachten.[144] Sozialdemokraten und Gewerkschaften setzten auf den Sieg des Sozialismus; an betrieblicher Mitwirkung hatten sie kein Interesse.[145] In den Arbeiterausschüssen des 19. Jahrhunderts sahen sie – nicht ganz zu Unrecht – ein Element der Stabilisierung des liberalen Wirtschafssystems, das von der eigentlich gewünschten Umwälzung der Verhältnisse nur ablenken konnte.[146] Es handele sich, so *August Bebel*, um ein „scheinkonstitutionelles Feigenblatt, mit dem der Fabrikfeudalismus verdeckt werden soll."[147]

Und so wurde aus den nach 1890 fakultativ eingerichteten Ausschüssen berichtet, dass die Arbeiter ihnen häufig mit Misstrauen begegneten, das von außenstehenden Arbeiterorganisationen bewusst genährt wurde.[148] Die Gewerkschaften reagierten schon deshalb ambivalent, weil sich innerbetriebliche Mitbestimmungsfragen nicht dafür eigneten, übergeordnete politische Ziele durchzusetzen.[149] Für das 19. Jahrhundert ist außerdem zu bedenken, dass den

---

142 *Schubert* in Schubert/Wißmann/Kleinsorge (o. Fn. 136), § 4 Montan-MitbestG, Rn. 4.
143 In der Praxis wird offenbar in aller Regel dem Vorschlag der Arbeitnehmerseite gefolgt, während die Anteilseignerseite den Aufsichtsratsvorsitzenden stellen darf (*Schubert* in Schubert/Wißmann/Kleinsorge, o. Fn. 136, § 8 Montan-MitbestG, Rn. 1).
144 So *Teuteberg* (o. Fn. 2), S. 99, mit Blick auf die Zusammensetzung des Volkswirtschaftlichen Ausschusses der Paulskirchenversammlung. *Däubler/Kittner* (o. Fn. 7), S. 55, sprechen zusammenfassend von „philantropisch gesinnten Unternehmern und akademischen, bürgerlichen ‚Sozialreformern' sowie aufgeklärten ‚Bürokraten"'.
145 *Däubler/Kittner* (o. Fn. 7), S. 56; Richardi/*Richardi* (o. Fn. 40), Rz. 7.
146 *Teuteberg* (o. Fn. 2), S. 302 ff.; *Müller-List* (o. Fn. 3), S. IX.
147 Zitat aus dem Jahre 1891 nach *Däubler/Kittner* (o. Fn. 7), S. 88.
148 *Teuteberg* (o. Fn. 2), S. 394.
149 Vgl. *Müller-List* (o. Fn. 3), S. XIII und XVI, sowie *Reichold* (o. Fn. 6), S. 185.

Arbeitern zumeist die nötige Qualifikation fehlte[150] und sie unter den gegebenen politischen Verhältnissen keine Erfahrung mit der Übernahme gesellschaftlicher Verantwortung hatten sammeln können.[151]

Der deutsche Sonderweg der Sozialpartnerschaft hat insoweit spezifische historische Wurzeln. Eine gefestigte Demokratie wie England konnte die Austragung sozialer Konflikte eher dem freien Spiel der Kräfte überlassen. Die konstitutionell-absolutistische deutsche Obrigkeit musste hingegen fürchten, dass Proteste gegen wirtschaftliche Missstände in politischen Umsturz münden.[152] Es ist kein Zufall, dass bürgerliche Vordenker von der „konstitutionellen Fabrik" sprachen, ging es ihnen doch darum, die das politische System stabilisierenden Elemente in das Wirtschaftsleben zu übertragen.

Blickt man vor diesem Hintergrund auf die historischen Wegmarken der Mitbestimmung, so erweist sie sich als ein Instrument zur Stabilisierung der politischen Verhältnisse:[153] Das Gesetz über den vaterländischen Hilfsdienst (1916) beruhte auf der Einsicht, dass die Umstellung auf Kriegswirtschaft nur mit und nicht gegen die Arbeiterbewegung gelingen konnte. Anschließend wurden sowohl das Betriebsrätegesetz (1920) als auch die Montan-Mitbestimmung (1951) in historischen Phasen erlassen, in denen die Arbeiterbewegung in das Lager der bolschewistisch-kommunistischen Revolution abzudriften drohte. Der Versuch, die besonnenen Kräfte zu integrieren, führte in der Weimarer Zeit auch zu erheblichen Spannungen innerhalb der Arbeiterbewegung und zur Abspaltung derjenigen Kräfte, die im Klassenkampf keinerlei Kompromisse eingehen wollten.[154] Erst für die Bundesrepublik darf im Rückblick konstatiert werden, dass es gelungen ist, die Gewerkschaftsbewegung mit dem Wirtschaftssystem zu versöhnen. Sicherlich ist dies nicht monokausal der unternehmerischen Mitbestimmung zuzuschreiben. Im Interesse des wirtschaftlichen Aufschwungs der noch jungen Bundesrepublik war es aber wohl doch eine weise Entscheidung, es im Schicksalsjahr 1951 nicht auf einen Generalstreik in der Eisen- und Stahlindustrie ankommen zu lassen.

---

150 Man bedenke, dass sie bereits als Kinder 10 bis 12 Stunden arbeiten mussten und allenfalls einige Stunden Abendschule genossen (so zu den Zuständen in der sächsischen Textilindustrie Mitte des 19. Jahrhunderts, *Teuteberg*, o. Fn. 2, S. 216 ff.).
151 *Däubler/Kittner* (o. Fn. 7), S. 54/55 (unter Hinweis auf *Teuteberg* in: Pohl (Hrsg.), Mitbestimmung. Ursprünge und Entwicklung, 1981, 7, 17).
152 In diesem Sinne *Reichold* (o. Fn. 6), S. 203.
153 So etwa *Kempen*, FS Richardi, 2007, 587 ff.
154 Zu diesen Vorgängen *Däubler/Kittner* (o. Fn. 7), S. 142 ff., unter der Überschrift „Desintegration der Linken".

II. Aktueller Status Quo der deutschen Mitbestimmung

Die Betrachtung des aktuellen Status Quo der Mitbestimmung konzentriert sich auf die Drittelbeteiligung (*unter 1.*) und die quasi-paritätische Mitbestimmung nach dem Mitbestimmungsgesetz (*unter 2.*), nachdem die Montan-Mitbestimmung mittlerweile kaum noch praktische Bedeutung hat[155].

1. Drittelbeteiligung

a) Betriebsverfassungsgesetz 1952

Die Montan-Mitbestimmung erfasste einen zwar wichtigen Sektor aber keineswegs die ganze Wirtschaft. Eine umfassende Regelung für alle Wirtschaftszweige schuf das nur ein Jahr später verabschiedete Betriebsverfassungsgesetz von 1952.[156] Im Ringen um dieses Gesetz erhofften sich die Gewerkschaften eine Fortschreibung der im Montanbereich erzielten Erfolge. Zahlreiche Demonstrationen und ein Druckerstreik verfehlten indessen ihre Wirkung;[157] das BetrVG 1952 sah nur eine Drittelbeteiligung vor. Offenbar nahmen das Konzept der Sozialen Marktwirtschaft und der Attraktivitätsverlust des kommunistischen Gesellschaftsmodells den Gewerkschaften gesellschaftspolitisch den Wind aus den Segeln.[158] Ihr Kampf um eine allgemeine Neuordnung der deutschen Wirtschaft war jedenfalls an diesem Punkt gescheitert.[159]

b) Drittelbeteiligungsgesetz

Nachdem 1972 das Betriebsverfassungsgesetzes reformiert worden war, wurden dessen Mitbestimmungsregeln schließlich im Jahre 2004 in das heute geltende Drittelbeteiligungsgesetz überführt. Das Gesetz gilt für die in § 1 enumerativ auf-

---

155 *Henssler*, ZfA 2018, 174, 175, spricht von nur noch 31 betroffenen Unternehmen; die Zahl dürfte seitdem weiter gesunken sein.
156 Das Kontrollratsgesetz Nr. 22 von 1946 war kurz zuvor aufgehoben worden (GK-BetrVG/*Wiese* (o. Fn. 30), Rz. 20).
157 *Däubler/Kittner* (o. Fn. 7), S. 370 ff.; GK-BetrVG/*Wiese* (o. Fn. 30), Rz. 20.
158 Vgl. *Däubler/Kittner* (o. Fn. 7), S. 371 ff.
159 Richardi/*Richardi* (o. Fn. 40), Rz. 16.

gezählten Rechtsformen (insb. Aktiengesellschaft und GmbH), sofern dort mehr als 500 Arbeitnehmer beschäftigt sind. Der Aufsichtsrat einer solchen Gesellschaft muss zu einem Drittel aus Arbeitnehmervertretern bestehen (§ 4 Abs. 1). Sofern kein Aufsichtsrat existiert, muss ein solcher gebildet werden. Eine bestimmte Größe des Aufsichtsrats schreibt das Gesetz nicht vor[160]; sie ergibt sich aus der Satzung der Gesellschaft. Indirekt bestimmt diese damit auch über die Zahl der Arbeitnehmervertreter. Handelt es sich um eine oder zwei Personen, so müssen sie beide als Arbeitnehmer im Unternehmen beschäftigt sein (§ 4 Abs. 2 S. 1); bei mehr als zwei Personen müssen mindestens zwei von ihnen im Unternehmen beschäftigt sein (§ 4 Abs. 2 S. 2).

Der Anwendungsbereich des DrittelbetG weist aus Arbeitnehmersicht verschiedene Lücken auf: Existiert ein Konzern im Sinne des § 18 AktG[161], nehmen die Arbeitnehmer der Konzernunternehmen zwar an der Wahl zum Aufsichtsrat des herrschenden Unternehmens teil (§ 2 Abs. 1). Für die Ermittlung des Schwellenwertes von 500 Arbeitnehmern zählen sie jedoch nur dann mit, wenn ein Beherrschungsvertrag oder eine Eingliederung vorliegt (§ 2 Abs. 2). In der rechtspraktisch häufigen Konzernstruktur, bei der die abhängigen Gesellschaften lediglich über eine Mehrheitsbeteiligung mit dem herrschenden Unternehmen verbunden sind, greift das DrittelbetG also erst dann, wenn das herrschende Unternehmen selbst mehr als 500 Arbeitnehmer beschäftigt.

Eine zweite Lücke im Anwendungsbereich bildet die Kapitalgesellschaft & Co. KG. Personengesellschaften unterliegen nicht dem DrittelbetG, weil sich ein Mitbestimmungsrecht der Arbeitnehmer nach Auffassung des Gesetzgebers nicht mit der persönlichen Haftung der Gesellschafter verträgt.[162] Dieser Grundgedanke trifft allerdings auf die GmbH & Co. KG oder vergleichbare Kombinationen nicht zu, bei der kein persönlich haftender Gesellschafter eine natürliche Person ist. Derartige hybride Personengesellschaften werden in vielen Bereichen der Kapitalgesellschaft gleichgestellt.[163] Im Drittelbeteiligungsgesetz fehlt eine derartige Sonderregelung. Daher ist die häufig verwendete Kapitalgesellschaft & Co. KG bis zur Schwelle von 2.000 Arbeitnehmern, die eine Anwendung des Mitbestimmungsgesetzes auslöst, mitbestimmungsfrei.

---

160 Anders das Mitbestimmungsgesetz in seinem § 7 Abs. 2.
161 Voraussetzung dafür ist eine „einheitliche Leitung" im Sinne des § 18 AktG.
162 Siehe nur *Habersack* in: Habersack/Henssler, Mitbestimmungsrecht, 4. Aufl., 2018, § 1 MitbestG, Rn. 32.
163 Siehe nur § 264a HGB und § 15a Abs. 1 S. 3 InsO.

2. Quasi-paritätische Mitbestimmung

a) Bericht der „Biedenkopf-Kommission"

In den 60er und 70er Jahren des zwanzigsten Jahrhunderts wurde zunehmend die Forderung erhoben, die Montan-Mitbestimmung auf andere Wirtschaftszweige zu übertragen. Angesichts der lebhaften Auseinandersetzungen konstatiert *Wiedemann*, die Verteilung der Aufsichtsratssitze „schien zeitweise zur Lebensfrage der Nation geworden zu sein."[164] Eine instruktive Zusammenfassung der Diskussion liefert der Bericht der Sachverständigenkommission unter dem Vorsitz von *Kurt Biedenkopf*, deren Einrichtung 1966 vom Kabinett Kiesinger initiiert worden war und die ihre Arbeit im Januar 1970 abschloss.[165]

Als denkbare Wertungsgrundlagen für eine umfassende Mitbestimmung nennt der Bericht die *Menschenwürde* der Arbeitnehmer, die im Unternehmen als selbstbestimmte Persönlichkeiten anerkannt werden sollen, die Gleichberechtigung von *Kapital und Arbeit*, die zur Erreichung des Produktionserfolges gleichermaßen beitragen, die *Demokratisierung* der Wirtschaft im Sinne eines Schutzes vor willkürlicher Machtausübung und die allgemeine Kontrolle von Unternehmensmacht in der Gesellschaft.[166] Erwähnung finden die Kritikpunkte einer potenziellen Lähmung der unternehmerischen Handlungsfähigkeit, einer möglichen Übermacht der Gewerkschaften, einer Abkehr vom Unternehmensziel der Rentabilität bis hin zu Problemen bei der Kapitalbeschaffung und einer Benachteiligung im internationalen Wettbewerb.[167]

Abgesehen von dieser Darstellung des Diskussionsstandes lag der spezifische Auftrag der Sachverständigenkommission darin, die Erfahrungen mit der bisherigen Mitbestimmung auszuwerten.[168] Sie führte hierzu eine schriftliche Befragung und umfangreiche Anhörungen von Vorstands- und Aufsichtsratsmitgliedern

---

164 *Wiedemann* (o. Fn. 11), S. 591, ebda. S. 590 ff. mit Nachweisen zur rechtswissenschaftlichen und gesellschaftspolitischen Diskussion.
165 „Mitbestimmung im Unternehmen", BT-Drs. VI/344, mit einem Überblick zum Stand der Auseinandersetzungen (S. 15 ff.) und zu den seinerzeit vorgelegten Gesetzentwürfen der Parteien, Gewerkschaften und Arbeitgeberverbände (S. 27 ff.).
166 Die Kommission referiert hierzu die allgemeine Diskussion, ohne selbst Position zu beziehen (BT-Drs. VI/344, S. 18 ff.). Zusammenfassend zu den Wertungsgrundlagen der Mitbestimmung auch *Wiedemann* (o. Fn. 11), S. 592 ff. Lesenswert auch die kritische Bewertung des „Demokratiegedankens" in der Mitbestimmung von *Kolbe*, Mitbestimmung und Demokratieprinzip, 2013, passim.
167 BT-Drs. VI/344, S. 21 ff.
168 BT-Drs. VI/344, S. 8.

durch.[169] Dabei äußerte keine der befragten Personen die Auffassung, auf Arbeitnehmervertreter im Aufsichtsrat könne oder solle verzichtet werden.[170] Es ergab sich zudem eine weitgehend positive Bewertung der Mitarbeit von Gewerkschaftsvertretern.[171] Diese seien mehr als die unternehmensinternen Arbeitnehmervertreter für überbetriebliche Aspekte zugänglich, was für die Restrukturierungsprozesse in der Montanindustrie von Vorteil gewesen sei. Festgestellt wurde allerdings auch, dass die Belegschaft von sich aus zur Wahl von unternehmensinternen Vertretern neige[172], weshalb Gewerkschaftssitze – falls man sie für sinnvoll halte – gesetzlich geregelt werden müssten[173].

Bemerkenswert ist der Befund, dass die Institution des „Neutralen" die Erwartungen nicht erfüllt habe.[174] Alle Akteure waren der Auffassung, dass es wenig sinnvoll sei, im Konfliktfall die neutrale Person mit der Verantwortung für eine unternehmerisch weitreichende Entscheidung zu belasten. Stattdessen werde die Diskussion zwischen Vorstand, Anteilseigner- und Arbeitnehmervertretern solange fortgesetzt, bis ein Kompromiss gefunden sei. Insoweit trage die Mitbestimmung durchaus zur Verzögerung von Entscheidungen bei.[175] Angesichts von tiefgreifenden Strukturmaßnahmen sei es den Arbeitnehmervertreten vor allem um die Wahrung des Mitbestimmungsbesitzstandes und den sozialen Status der Arbeitnehmer gegangen; für „Koppelungsgeschäfte" mit entscheidungsfremden Forderungen ergaben sich hingegen keine Anhaltspunkte.[176] Vorstandsmitglieder und Aufsichtsratsvorsitzende berichteten zudem übereinstimmend, dass über die Gültigkeit des Rentabilitätszieles mit den Arbeitnehmervertretern stets Einigkeit geherrscht habe.[177] Nach dem Eindruck der Kommission ziele das Vorgehen der Arbeitnehmerseite vor allem auf die „soziale Korrektur" unternehmenspolitischer Initiativen.[178] Die befragten Vorstandsmitglieder wiederum bezeichneten die Berücksichtigung der sozialen Aspekte einer Entscheidung als selbstverständlichen

---

169 Zur Arbeitsweise der Kommission vgl. BT-Drs. VI/344, S. 8f. sowie S. 29ff.: Anhörung von 55 Positionsträgern aus dem Montanbereich in jeweils zwei- bis dreistündigen Gesprächen; schriftliche Befragung von 62 Unternehmen aus dem Montanbereich und 373 aus dem Bereich des BetrVG (von 1.164 versandten Fragebögen wurden 86,3% beantwortet).
170 BT-Drs. VI/344, S. 35.
171 BT-Drs. VI/344, S. 33ff.
172 Dieser Befund ergab sich aus den Unternehmen, die dem BetrVG unterlagen (BT-Drs. VI/344, S. 34).
173 BT-Drs. VI/344, S. 35.
174 BT-Drs. VI/344, S. 40.
175 BT-Drs. VI/344, S. 40f.
176 BT-Drs. VI/344, S. 41.
177 BT-Drs. VI/344, S. 42.
178 BT-Drs. VI/344, S. 43.

Teil einer modernen Unternehmensführung.[179] Angesichts dessen konstatiert die Kommission, dass sich ein kausaler Zusammenhang zwischen der Mitbestimmung und der Dauer des Entscheidungsprozesses nicht exakt feststellen lasse, da soziale Aspekte ohnehin berücksichtigt werden müssten.[180]

b) Mitbestimmungsgesetz 1976

Das 1976 verabschiedete Mitbestimmungsgesetz regelt eine paritätische Besetzung des Aufsichtsrats für Unternehmen mit mehr als 2.000 Arbeitnehmern.[181] Ebenso wie beim DrittelbetG bestimmt sich der Anwendungsbereich durch eine enumerative Aufzählung der erfassten Rechtsformen (namentlich die AG und GmbH) in § 1 MitbestG. Die Einrichtung eines Aufsichtsrats ist in diesem Fall auch für die GmbH zwingend. Das MitbestG weist gegenüber dem DrittelbetG verschiedene Besonderheiten auf. Zu ihnen zählen die gesetzlich gesicherten Sitze von zwei oder drei Gewerkschaftsvertretern sowie die Vertretung der leitenden Angestellten (§ 7 Abs. 2). Weiterhin gibt das Gesetz – in Abhängigkeit von der Belegschaftszahl – die Größe des Aufsichtsrates zwingend vor. In Konzernsachverhalten werden die Arbeitnehmer der abhängigen Gesellschaften für die Berechnung der Schwellenwerte dem herrschenden Unternehmen zugerechnet (§ 5). Bei einer Personengesellschaft, bei der keine natürliche Person unbeschränkt haftet, werden die Arbeitnehmer der Personengesellschaft der Komplementärgesellschaft zugrechnet (§ 7). Besonders lebhaft war im Gesetzgebungsverfahren die Frage diskutiert worden, wie angesichts der Parität mit Pattsituationen umzugehen sei.[182] Den Ausweg bietet das Doppelstimmrecht des Aufsichtsratsvorsitzenden (§ 29 Abs. 2), der auf Basis des gesetzlich geregelten Wahlverfahrens (§ 27) im Regelfall aus den Reihen der Anteilseignervertreter bestellt wird. Auch für die Bestellung oder Abberufung des Vorstands gibt es Verfahrensregeln, die sicherstellen, dass sich die Anteilseigner im Konfliktfall durchsetzen können (§ 31). Das Gesetz konnte in dieser Fassung im Bundestag mit großer parteiübergreifender Mehrheit verabschiedet werden.[183]

---

179 BT-Drs. VI/344, S. 45.
180 BT-Drs. VI/344, S. 46.
181 Zur Vorgeschichte *Habersack* in: Habersack/Henssler, (o. Fn. 162), Einl., Rn. 17 ff. sowie Raiser in: Raiser/Veil/Jacobs, MitbestG, 7. Aufl., 2020, Einl., Rn. 24 ff.
182 *Habersack* in: Habersack/Henssler, (o. Fn. 162), Einl., Rn. 20.
183 *Habersack* in: Habersack/Henssler, (o. Fn. 162), Einl., Rn. 22.

c) Überprüfung durch das BVerfG

Gegen das MitbestG wurde von mehreren Unternehmen und Wirtschaftsverbänden Verfassungsbeschwerde eingelegt, die vom Bundesverfassungsgericht allerdings zurückgewiesen wurden.[184] Das Gericht stützte sich maßgeblich auf die Erwägung, dass die gesetzlichen Vorschriften der Sache nach keine paritätische oder gar überparitätische Mitbestimmung der Arbeitnehmer begründen.[185] Der Anteilseignerseite komme vielmehr ein „leichtes Übergewicht" zu,[186] da sich im Konfliktfall diejenige Seite durchsetzen könne, die den Aufsichtsratsvorsitzenden stelle.[187] Insgesamt sei der Gesetzgeber davon ausgegangen, dass sich mit dem Gesetz keine nachteiligen Folgen für die Funktionsfähigkeit der Unternehmen und für die Gesamtwirtschat verbinden würden.[188] Für die verfassungsrechtliche Prüfung müsse es ausreichen, dass diese Prognose vertretbar sei.[189] Zu den maßgeblichen verfassungsrechtlichen Wertungen hält das BVerfG fest, dass sich das Grundgesetz nicht auf eine bestimmte Wirtschaftsordnung festgelegt habe.[190] Hinsichtlich der Eigentumsgarantie handele es sich um eine zulässige Inhalts- und Schrankenbestimmung.[191] Auch das Grundrecht der Vereinigungsfreiheit sei nicht verletzt.[192] Hier richtete sich der Blick insbesondere auf die Gewerkschaftsvertreter im Aufsichtsrat. Deren Einbeziehung sei sachgerecht, da sie einem Betriebsegoismus entgegenwirken und die langfristigen über die kurzfristigen Interessen stellen könnten.[193]

III. Ökonomische Analyse der Mitbestimmung

Mit dem Vordringen der ökonomischen Analyse in der Rechtswissenschaft muss sich auch das institutionelle Arrangement der Mitbestimmung der Frage nach seiner wirtschaftlichen Effizienz stellen.[194] Den theoretischen Analyserahmen bilden

---

184 BVerfGE 50, 290 ff.
185 BVerfGE 50, 290, 322.
186 BVerfGE 50, 290, 323.
187 BVerfGE 50, 290, 324.
188 BVerfGE 50, 290, 332.
189 BVerfGE 50, 290, 333.
190 BVerfGE 50, 290, 336 ff.
191 BVerfGE 50, 290, 340 ff.
192 BVerfGE 50, 290, 353 ff.
193 BVerfGE 50, 290, 361; hier verweist das BVerfG explizit auf den oben erwähnten Bericht der Mitbestimmungskommission.
194 Aus der reichhaltigen Literatur kann hier nur eine Auswahl genannt werden. Zusammenfassend zum Forschungsstand etwa: *Franz*, Bitburger Gespräche 2006, 117, 122 ff.; *ders.*, Arbeitsökono-

die *Property Rights*-Theorie und die Partizipationstheorie (*unter 1.*). Nicht wenige Studien haben darüber hinaus den Versuch unternommen, die wirtschaftlichen Effekte von Mitbestimmung empirisch nachzuweisen (*unter 2.*). Allerdings sehen sich alle Versuche, die Mitbestimmung ökonomisch zu legitimieren, dem Einwand ausgesetzt, dass derartige Arrangements, wenn sie für die Unternehmen tatsächlich vorteilhaft wären, von diesen freiwillig vereinbart würden – was erkennbar nicht der Fall ist (*unter 3.*). Insofern fällt es weiterhin schwer, aus der ökonomischen Diskussion eindeutige Schlussfolgerungen für die Rechtspolitik abzuleiten (*unter 4.*).

1. Property Rights- versus Partizipationstheorie

Den mitbestimmungskritischen Ansatz repräsentiert namentlich ein Beitrag von *Furobotn*, nach dessen Auffassung es keine validen Gründe für die gesetzliche Anordnung von Mitbestimmung gibt.[195] Er führt die *Property Rights*-Theorie an, wonach Kontrollrechte immer denjenigen zustehen sollten, die unmittelbar die Vor- und Nachteile der getroffenen Entscheidungen tragen.[196] Mitbestimmung tangiert die Verfügungs- und Kontrollrechte der Aktionäre und verschlechtert dadurch ihre Vermögensposition im Vergleich zu einem nicht mitbestimmten Unternehmen. Arbeitnehmer hingegen erhalten typischerweise einen festen Lohn und tragen daher nicht unmittelbar die negativen Folgen von Entscheidungen, die der ökonomischen Effizienz des Unternehmens abträglich sind. Die gesetzliche Regelung von Mitbestimmung hat nach *Furobotns* Auffassung rein politische Gründe und soll dazu dienen, aus dem Unternehmen eine Art von demokratischer Gemeinschaft („*a type of democratic community*") zu machen.[197] Eine ökonomische Rechtfertigung lasse sich nicht erkennen.

Für die Partizipationstheorie steht exemplarisch ein Beitrag von *Smith*, der in Mitbestimmungsrechten ein Instrument sieht, um den Ineffizienzen entgegenzutreten, die durch verschiedene Varianten von opportunistischem Managerverhalten

---

mik, 8. Aufl., 2013, S. 259 ff.; *Hörisch*, Unternehmensmitbestimmung im nationalen und internationalen Vergleich, 2009, S. 123 ff.; *Jirjahn*, Schmollers Jahrbuch 131 (2011), 3, 32 ff.; *Junkes/Sadowski* in: Frick/Kluge/Streeck (Hrsg.), Die wirtschaftlichen Folgen der Mitbestimmung, 1999, S. 53 ff.; *Sadowski/ Junkes/Lindenthal*, ZGR 2001, 110 ff.
195 *Furubotn* (1988) The Journal of Business, 61(2), 165 ff.; den *Property Rights*-Ansatz zusammenfassend *Junkes/Sadowski* (o. Fn. 165), S. 56 ff.
196 *Furubotn* (1988) The Journal of Business, 61(2), 165, 178.
197 *Furubotn* (1988) The Journal of Business, 61(2), 165, 174 f..

entstehen:[198] Im Interesse ihres eigenen Fortkommens würden Manager dazu neigen, die Leistungen der Mitarbeiter als ihre eigenen auszugeben,[199] sie würden eher kurzfristige Erfolge auf Kosten des langfristigen Unternehmenserfolgs anstreben[200] und tendenziell den freien Informationsfluss innerhalb des Unternehmens behindern[201]. Die typischerweise langfristig orientierten Arbeitnehmer können hierzu ein Gegengewicht bilden, sofern Anreize geschaffen werden, die sie zu unternehmensspezifischen Investitionen motivieren. Mitbestimmungsrechte liefern ihnen den stabilen Rahmen, innerhalb dessen sie bereit sind, ihr Wissen und ihre Fähigkeiten aktiv in das Unternehmen einzubringen.[202] Generell verweisen Befürworter der Mitbestimmung darauf, dass Konflikte in geordneter Form beigelegt werden und die Arbeitnehmervertreter wichtige Informationen in den Entscheidungsprozess einbringen.[203] Die positive Erfahrung der Einbindung in unternehmerische Entscheidungen kann die Motivation der Belegschaft erhöhen und die Fluktuation verringern.[204] Es verdient Erwähnung, dass auch *Furobotn* für ein institutionelles Design plädiert, das Arbeitnehmer zu unternehmensspezifischen Investitionen ermutigt. Allerdings hält er freiwillige Arrangements für effizienter als gesetzlich vorgegebene Strukturen.[205]

2. Empirische Untersuchungen zur Effizienz von Mitbestimmung

Seit Einführung der quasi-paritätischen Mitbestimmung im Jahre 1976 haben sich zahlreiche Studien die Aufgabe gestellt, die ökonomische Effizienz oder Ineffizienz von Mitbestimmung nicht nur theoretisch zu erörtern, sondern sie empirisch zu belegen. Sie stehen vor der methodischen Herausforderung, den spezifischen Effekt von Mitbestimmung in einem Umfeld herauszufiltern, in dem der Unternehmens-

---

198 Eingehend *Smith* (1991) Journal of Economic Behavior and Organization 16(2), 261, 263 ff.; vgl. auch hierzu den Überblick bei *Junkes/Sadowski* (o. Fn. 194), S. 56 ff.
199 *Smith* (1991) Journal of Economic Behavior and Organization 16(2), 261, 265 („*opportunistic credit taking*").
200 *Smith* (1991) Journal of Economic Behavior and Organization 16(2), 261, 266 („*time horizon opportunism*").
201 *Smith* (1991) Journal of Economic Behavior and Organization 16(2), 261, 266 ff. („*information flow opportunism*").
202 *Smith* (1991) Journal of Economic Behavior and Organization 16(2), 261, 277.
203 Zusammenfassend *Hörisch* (o. Fn. 194), S. 114.
204 *Hörisch* (o. Fn. 194), S. 114.
205 Vgl. das *Joint Investment Model of the Firm* bei *Furubotn* (1988) The Journal of Business, 61(2), 165, 170 ff.

erfolg von unzähligen Variablen beeinflusst wird.[206] Daher wird vielfach angenommen, die Studien ergäben ein argumentatives Patt.[207] Bei genauerem Hinsehen sind aber doch Differenzierungen wahrzunehmen, die eine präzisere Einschätzung der ökonomischen Wirkmechanismen erlauben.

Die Einführung des Mitbestimmungsgesetzes von 1976 erschien zunächst als willkommener Anlass, um für die vom Gesetz erfassten Unternehmen nach einem messbaren Effekt der Rechtsänderung zu suchen. Die Ergebnisse waren allerdings durchweg nicht sonderlich signifikant.[208] In der Folge wurde das Instrumentarium zunehmend verfeinert, um insbesondere den Effekt herauszufiltern, der sich daraus ergibt, dass mitbestimmte Unternehmen typischerweise größer sind als nicht mitbestimmte. Auf dieser Basis ermittelten *Gorton/Schmid* für die Jahre 1989–1993 einen signifikant negativen Einfluss von etwa 31 % auf den Shareholder Value.[209] *FitzRoy/Kraft* wiederum untersuchten den Einfluss von paritätischer Mitbestimmung auf die Produktivität des Unternehmens.[210] Nachdem eine erste Studie keine signifikanten Effekte ausgewiesen hatte, ergab eine methodisch abgewandelte Folgestudie[211] einen positiven Einfluss der Mitbestimmung auf die Produktivität[212]. Andere Studien verbinden Mitbestimmung mit einer höheren Zahl an Patenten und steigenden Verkaufszahlen der vom Unternehmen hergestellten Produkte.[213]

Eine bemerkenswerte Untersuchung von *Fauver* und *Fuerst* betrachtet den Firmenwert in Korrelation zur Intensität von Mitbestimmung.[214] Sie errechnen einen grundsätzlich positiven Effekt von Mitbestimmung, der allerdings im Bereich zwischen Drittelbeteiligung und Parität seinen Höhepunkt überschreitet und sich bei Erreichen der Quasi-Parität wieder abschwächt. *Balsmeier/Bermig/Dilger/Geyer* lenken bei ihrer Analyse den Blick auf die Anteilseignerbank. Ihrem Ansatz folgend hängt der Effekt von Mitbestimmung nicht zuletzt davon ab, wie effektiv die Aktionärsinteressen vertreten werden. Insoweit macht es einen Unterschied, ob dort tatsächlich Aktionäre sitzen oder eher Bankenvertreter und ehemalige Vorstands-

---

206 Zu den methodischen Schwierigkeiten instruktiv *Sadowski*, Personalökonomie und Arbeitspolitik, 2002, S. 282 ff.
207 In diesem Sinne die Schlussfolgerungen in Anhang I des von Frick/Kluge/Streeck herausgegebenen Bandes „Die wirtschaftlichen Folgen der Mitbestimmung", (o. Fn. 194), S. 253 ff.
208 *Junkes/Sadowski* in Frick/Kluge/Streeck, (o. Fn. 194), S. 53, 81/82.
209 *Gorton/Schmid*, Journal of the European Economic Association 2004, 863, 879.
210 *FitzRoy/Kraft*, British Journal of Industrial Relations, 43:2 June 2005, 233–247.
211 Vgl. die Erläuterung zur Methodik bei *FitzRoy/Kraft* (o. Fn. 210) S. 234 und 238 f.
212 Allerdings war der Einfluss nicht allzu hoch. Die Autoren sprechen von „significant, though small, positive influence" (*FitzRoy/Kraft* (o. Fn. 210), S. 234).
213 Hierzu *Balsmeier/Bermig/Dilger/Geyer*, Diskussionspapier des Instituts für Organisationsökonomik, 9/2011, WWU Münster, S. 6.
214 *Fauver/Fuerst*, 2006, Journal of Financial Economics 82: 674–710.

mitglieder.[215] Ihre Berechnungen führen zu einer vergleichbaren Kurve, die im Bereich zwischen Drittelbeteiligung und Parität einen positiven Effekt feststellt, der sich mit dem Erreichen von Parität wieder abschwächt.

Einen innovativen Ansatz wählt *Hörisch*,[216] der innerhalb der Gruppe der mitbestimmten Unternehmen einen Index bildet, in den die freiwillige Übererfüllung der gesetzlichen Mitbestimmungsstandards einfließt.[217] In der Gruppe mit stärker ausgeprägter Mitbestimmung zeigte sich ein stärkerer Zuwachs an Mitarbeitern,[218] eine tendenziell geringere Produktivität,[219] ein negativer Einfluss auf die Dividende[220] und ein, wenngleich nicht allzu signifikanter negativer Einfluss auf die Kapitalmarktbewertung[221]. Ein signifikanter Einfluss auf die Vorstands- und Aufsichtsratsvergütung ließ sich hingegen nicht feststellen.[222] *Hörisch* folgert daraus eine gewisse Umverteilung zu Gunsten der Arbeitnehmer, die nicht zu Lasten der Vergütung des Managements gehe, sondern zu Lasten der Anteilseigner.[223] Ob es sich hier um Kausalität handelt, wie von *Hörisch* angedeutet,[224] oder um bloße Korrelation, erscheint jedoch offen. Denn es fragt sich, aus welchen Gründen ein Unternehmen den Arbeitnehmern freiwillig ein erhöhtes Mitbestimmungsniveau anbieten sollte. Die Ursache könnte darin liegen, dass die Arbeitnehmerinteressen in dem betreffenden Unternehmen unabhängig von gesetzlichen Mitbestimmungsregeln einen hohen Stellenwert oder eine größere Durchschlagkraft genießen. Für einige der Unternehmen, die bei *Hörisch* einen hohen Mitbestimmungsindex erhalten,[225] scheint dies naheliegend; teilweise liegt dort der ge-

---

215 Vgl. die Erläuterung der von *Balsmeier/Bermig/Dilger/Geyer* verwandten „power indices", (o. Fn. 213), S.7ff.
216 Erläuterung der Konzeption bei *Hörisch* (o. Fn. 194), S. 135ff.
217 Kriterien der Übererfüllung sind für *Hörisch* die Anzahl der stellvertretenden Aufsichtsratsvorsitzenden und ob diese der Arbeitnehmer- oder der Anteilseignerbank zuzurechnen sind (ein zusätzlicher stellvertretender Vorsitzer von der Anteilseignerbank kann den situativen Übergang des Zweitstimmrechts auf einen Arbeitnehmervertreter verhindern), Herkunft des Arbeitsdirektors (in einigen Gesellschaften konnten die Arbeitnehmer die Besetzung durch ein Gewerkschaftsmitglied erreichen) sowie Zusammensetzung der Aufsichtsratsausschüsse (*Hörisch*, o. Fn. 194, S. 137ff.).
218 *Hörisch* (o. Fn. 194), S. 163.
219 *Hörisch* (o. Fn. 194), S. 165.
220 *Hörisch* (o. Fn. 194), S. 168.
221 *Hörisch* (o. Fn. 194), S. 173ff.
222 *Hörisch* (o. Fn. 194), S. 183–185.
223 *Hörisch* (o. Fn. 194), S. 189.
224 *Hörisch* (o. Fn. 194), S. 189: Es habe sich gezeigt, „dass die effektive Stärke an Aufsichtsratsmitbestimmung in einem Unternehmen relevante Auswirkungen auf die Unternehmensperformanz hat."
225 Ebda., Tabelle auf S. 152: Die ersten sieben Plätze belegten Salzgitter, Deutsche Post, RWE, Thyssen Krupp, Fraport, Degussa und Volkswagen.

werkschaftliche Organisationsgrad besonders hoch und/oder es handelt sich um Unternehmen mit öffentlich-rechtlichen Anteilseignern, die im Aufsichtsrat Standortpolitik betreiben. Wenn die Tendenz zur Umverteilung vom Großaktionär gewollt ist, liegt darin aber eher eine besondere Variante des Shareholder Value als ein spezifischer Effekt der Mitbestimmung.

3. Eingreifen des Gesetzgebers oder Freiwilligkeit?

Die am häufigsten zitierte These, die der gesetzlichen Mitbestimmung jede Legitimation abspricht, stammt von *Jensen/Meckling:* Wäre Mitbestimmung ökonomisch effizient, würden Unternehmen sie freiwillig einführen.[226] So unmittelbar einleuchtend dieser Einwand klingt, so wenig durchdacht erscheint er bei genauerem Hinsehen. Der These ist entgegenzuhalten, dass sich effiziente Strukturen nur in einer Welt ohne Transaktionskosten von selbst einstellen.[227] So werden auch die Rechte der Kapitalinvestoren in allen entwickelten Wirtschaftssystemen durch zwingendes Recht geschützt, obwohl der Markt hier ebenso ein Interesse daran haben sollte, auf deren Interesse freiwillig Rücksicht zu nehmen.[228] Ganz allgemein ist festzustellen, dass Corporate Governance-Systeme ohne rechtliche Eingriffe nicht effizient zu sein scheinen.[229] Wäre es anders, könnte man auch die Kompetenzen und Arbeitsweise des deutschen Aufsichtsrates getrost der Gestaltungsfreiheit überlassen, was in der deutschen Rechtswissenschaft soweit ersichtlich niemand ernsthaft erwägt.

Zudem darf das klassische Modell des homo oeconomicus,[230] auf dem die These aufbaut, mittlerweile als überholt gelten. Ein diskursives Verfahren, wie es von der Mitbestimmung erzwungen wird, erhöht zweifellos die Dauer und die Komplexität der Entscheidungsfindung. Verhaltensökonomisch bemühen sich Entscheider jedoch darum, den Aufwand für eine Entscheidung möglichst gering zu halten,[231]

---

226 *Jensen/Meckling*, 1979, Journal of Business 1979, 474–475.
227 Siehe nur *Dilger/Frick/Speckbacher* in Frick/Kluge/Streeck (Hrsg.), Die wirtschaftlichen Folgen der Mitbestimmung, 1999, S. 19, 44. Vgl. den Überblick zur Diskussion bei *Hörisch* (o. Fn. 194), S. 113 ff. sowie *Sadowski/Junkes/Lindenthal*, ZGR 2001, 110, 115 ff. und *Sadowski* (o. Fn. 206), S. 277 ff. Zum Folgenden weiterhin *Teichmann* in: Habersack/Behme/Eidenmüller/Klöhn (Hrsg.), Deutsche Mitbestimmung unter europäischem Reformzwang, 2016, S. 135, 148 ff.
228 Hierauf verweist etwa *Smith* (1991) Journal of Economic Behavior and Organization 16(2), 261, 271.
229 *Junkes/Sadowski* in Frick/Kluge/Streeck (o. Fn. 194), S. 53, 62; eingehend zum rechtlichen Schutz der Investoren *Shleifer/Vishny*, 1997, Journal of Finance 52(2), 737, 750 ff.
230 Hierzu zusammenfassend *Schmolke*, Grenzen der Selbstbindung im Privatrecht, 2014, S. 106 ff.
231 *Schmolke* (o. Fn. 230), S. 180 f.

selbst wenn dies objektiv gesehen auf Kosten der Entscheidungsqualität gehen sollte. Auch die Verhaltensanomalie des Überoptimismus und der Selbstüberschätzung[232] dürfte unter Menschen, die erfolgreich ein Unternehmen aufgebaut haben, keineswegs selten anzutreffen sein. Es ist davon auszugehen, dass derartige Verhaltensanomalien in erheblichem Maße „lernresistent" sind und die Marktkräfte nicht ausreichen, um ihnen ausreichend entgegenzuwirken.[233]

4. Würdigung der ökonomischen Analyse für den gesetzlichen Rahmen

Wer die empirische Studienlage analysiert, kann sich des Eindrucks nicht erwehren, dass dort jede Seite das ihr günstige Argument findet. Einerseits ist anhand der empirischen Datenlagen kaum zu leugnen, dass Mitbestimmung der Unternehmensbewertung am Kapitalmarkt eher abträglich ist, wie es der *Property Rights*-These entspricht. Andererseits zeigen sich verschiedentlich auch positive Effekte, insbesondere für die Produktivität eines Unternehmens. Dies deckt sich mit der Partizipationsthese, wonach Arbeitnehmer eher bereit sind, unternehmensspezifische Humaninvestitionen zu erbringen, wenn ihnen Mitspracherecht zugestanden werden.

Vermittelnd lässt sich feststellen: Mitbestimmung vermag den zu verteilenden Kuchen zu vergrößern; von dem Zuwachs entfällt allerdings auf die Aktionäre ein proportional kleinerer Anteil als ohne Mitbestimmung.[234] Schon die erste *Biedenkopf*-Kommission hielt fest, dass Arbeitnehmervertreter eher dazu neigen, die Gewinne des Unternehmens zur Selbstfinanzierung zu verwenden.[235] Ein solcher Umverteilungseffekt entspricht im Grunde der rechtspolitischen Intention von Mitbestimmung. Der gesetzliche Zwang, sich im Aufsichtsrat mit Arbeitnehmervertretern auseinanderzusetzen, hätte sein Ziel verfehlt, wenn dies keinerlei positiven Effekt für die Beschäftigten hätte.

Weiterhin sind ungeachtet der Verfeinerungen bei der empirischen Analyse die bleibenden methodischen Herausforderungen nicht zu vernachlässigen. Neben der unterschiedlichen Größe der Unternehmen ist zu bedenken, dass der Einfluss der Arbeitnehmer stets eine Resultante aus Gewerkschaftseinfluss, Betriebsrats- und Aufsichtsratsarbeit ist. Das gilt umso mehr als Arbeitnehmervertreter im Auf-

---

232 Hierzu *Schmolke* (o. Fn. 230), S. 185 ff.
233 *Schmolke* (o. Fn. 230), S. 206 ff.
234 *FitzRoy/Kraft*, British Journal of Industrial Relations, 43:2 June 2005, 233, 235; *Jirjahn* (o. Fn. 194), 34 ff.
235 BT-Drs. VI/344, S. 47.

sichtsrat häufig auch dem Betriebsrat angehören und sich teilweise aus den Reihen der Gewerkschaften rekrutieren.[236] Selbst wenn intensiv mitbestimmte Unternehmen schlechter abschneiden sollten als andere, ist nicht gesagt, dass ihre Performance bei einem rein aktionärsseitig besetzten Aufsichtsrat besser wäre. Es bliebe der Einfluss des Betriebsrates und der Gewerkschaften, der möglicherweise zu deutlich schärferen Konflikten führt, wenn der Aufsichtsrat als Rahmen des geordneten Gedankenaustausches wegfällt. Immerhin ist im internationalen Vergleich festzustellen, dass Staaten mit ausgeprägter Mitbestimmungskultur weniger Streiktage vorzuweisen haben.[237] Wenngleich auch hier direkte Kausalität nicht nachweisbar ist, bleibt doch zu bedenken, dass die Abschaffung von Mitbestimmung kaum als Beitrag zur Befriedung des gesellschaftlichen Klimas taugt, sondern eher das Gegenteil bewirken dürfte. Die Geschichte zeigt, dass Arbeitnehmer in Krisenzeiten auch für die Mitbestimmung streikbereit sein könnten. Wer sie abschaffen will, müsste diese Konsequenz mit einpreisen. Denn das ökonomische Idealmodell einer freiwillig eingeführten Mitbestimmung wäre rechtspolitisch nur dann zu haben, wenn dafür auch gestreikt werden dürfte. Nicht ohne Grund fordern die Gewerkschaften schon jetzt, derartige Vereinbarungen als Tarifvertrag zu qualifizieren (vgl. unten V.2.d).

Nach alledem erscheint es voreilig, allein aus der negativ konnotierten Investorensicht einen zwingenden Grund für die Abschaffung der Mitbestimmung abzuleiten.[238] Zum einen lässt sich nicht beobachten, dass internationale Investoren wegen der Mitbestimmung einen Bogen um den deutschen Kapitalmarkt machen würden.[239] Zum anderen zeigen verschiedene Studien, dass Mitbestimmung zwar nicht immer positive Effekte hat, sie aber durchaus zum Unternehmenserfolg beitragen *kann*. Ob dies tatsächlich geschieht, dürfte von verschiedenen Faktoren abhängen, nicht zuletzt vom ökonomischen Entwicklungsstand einer Volkswirtschaft und von der dort gelebten Unternehmenskultur.

Die Partizipationstheorie fußt auf der Annahme, dass Mitarbeiter unternehmensspezifisches Humankapital aufbauen, das im Interesse des Unternehmenserfolges optimal genutzt und bewahrt werden sollte. Mitbestimmung dürfte daher überall dort größere Bedeutung für den Unternehmenserfolg haben, wo gut qua-

---

236 So der zutreffende Hinweis bei *Sadowski* (o. Fn. 206), S. 286.
237 Siehe nur *Hörisch* (o. Fn. 194), S. 107. Diesen Aspekt betont auch *Hopt*, FS Everling, S. 475, 485, der in der Mitbestimmung ein „Frühwarnsystem für die Erkennung sozialer Konflikte" sieht.
238 In diesem Sinne jedoch dezidiert *Adams*, ZIP 2006, 1561 ff.; aus jüngerer Zeit etwa *Thomale*, NZG 2022, 1.
239 Vgl. für das Jahr 2021: *Deutscher Investor Relations Verband*, Who owns the German DAX?, „North American investors for the fifth year in a row were confident in the German stock market by being the largest investors in the DAX."

lifizierte Mitarbeiter benötigt werden, die sich über einen längeren Zeitraum einarbeiten und dabei ihre Produktivität beständig erhöhen. Während die Industrialisierung des 19. Jahrhunderts eher mechanische Tätigkeiten mit sich brachte, bei denen der einzelne Arbeiter ohne großen Effizienzverlust austauschbar war, verhält es sich in der heutigen Wirtschaft deutlich anders. Die Motivation der Mitarbeiter und ihre Bereitschaft, ihr innovatives Potenzial zum Wohle des Unternehmens zu nutzen, sind Faktoren, die sich nicht mit Befehl und Gehorsam abrufen lassen, sondern andere Formen der Kooperation voraussetzen. Unternehmerische Mitbestimmung kann ein Puzzleteil in einer solchen effizienzfördernden Arbeitsumgebung sein.

Damit hängt der ökonomische Nutzen von Mitbestimmung letztlich davon ab, wie die Zusammenarbeit gelebt wird. Wenn sich Aktionäre und Geschäftsleitung dem Gespräch verweigern, wird sich die zwingende Einbindung von Arbeitnehmervertretern sicherlich effizienzhemmend auswirken. Einige US-amerikanische Unternehmen, die versuchen, ihre Gepflogenheiten auf den europäischen Markt zu applizieren, mussten dies kürzlich – nicht nur in Deutschland – leidvoll erfahren. Wird hingegen die Möglichkeit genutzt, die von den Arbeitnehmervertretern gelieferten Informationen aufzugreifen und potenzielle Konflikte bereits im Vorfeld auf der Gesprächsebene zu entschärfen, kann Mitbestimmung ihr effizienzsteigerndes Potenzial entfalten. Der Gesetzgeber sollte hierfür den institutionellen Rahmen setzen, ein allzu starres Korsett hingegen vermeiden. Die heutige Aufgabe der Gesetzgebung dürfte mithin darin bestehen, maßgeschneiderte Modelle zu erlauben, die auf die Notwendigkeiten des jeweiligen Unternehmens zugeschnitten sind und eine optimale Balance zwischen unternehmerischer Effizienz und Partizipation herstellen (dazu unten V.).

IV. Europäische Einflüsse

1. Niederlassungsfreiheit

Der Anwendung der Mitbestimmungsregeln konnten sich deutsche Unternehmen lange Zeit kaum entziehen. Unter dem Schutzschirm der sog. Sitztheorie musste ein Unternehmen, dessen Verwaltungssitz in Deutschland lag, eine deutsche Rechtsform wählen.[240] Mit der enumerativen Aufzählung der erfassten Rechtsformen in § 1 DrittelbetG und § 1 MitbestG hatte es der deutsche Gesetzgeber in der Hand, den Anwendungsbereich der Mitbestimmung zu definieren. In diesen Schutzwall des

---

[240] Hierzu eingehend *Weller/Lieberknecht* § 5 in diesem Band.

deutschen Unternehmensrechts hat allerdings der Europäische Gerichtshof mit seiner Entscheidungsreihe Centros (1999), Überseering (2002) und Inspire Art (2003) eine große Bresche geschlagen.[241] Die Sitztheorie musste der Gründungstheorie weichen; diese verweist auf das Gesellschaftsrecht am Ort der Gründung. Wer sein Unternehmen in der Rechtsform eines anderen EU-Mitgliedstaats gründet, entgeht der deutschen Mitbestimmung; denn diese wird kollisionsrechtlich als Teil des Gesellschaftsrechts qualifiziert.[242]

Ob der deutsche Gesetzgeber die Möglichkeit hätte, auch ausländische Rechtsformen in die Aufzählung der Mitbestimmungsgesetze mit aufzunehmen (sog. „Mitbestimmungserstreckung"), wird unterschiedlich beurteilt.[243] Gemessen am Maßstab des unionsrechtlichen Beschränkungsverbots dürfte die Anwendung der Mitbestimmung einer Rechtfertigung zugänglich sein. Allerdings erfordert der Verhältnismäßigkeitsgrundsatz, der Teil der Rechtfertigungsprüfung ist, dass der deutsche Gesetzgeber dafür das mildeste Mittel wählt. Eine strikte Anwendung der für deutsche Rechtsformen gedachten Mitbestimmung auf ausländische Rechtsformen wäre als unverhältnismäßig anzusehen.[244] Sie würde einer ausländischen Rechtsform ohne Not die deutsche Unternehmensverfassung überstülpen und der ausländischen Belegschaft die Möglichkeit nehmen, eigene Vorstellungen einzubringen. Daher müsste einem ausländischen Rechtsträger die Möglichkeit eingeräumt werden, mit der Belegschaft eine maßgeschneiderte Mitbestimmung zu vereinbaren; eben dies ist die vom Unionsrecht gewählte adäquate Vorgehensweise bei grenzüberschreitenden Sachverhalten (dazu sogleich unter 3.).[245]

---

241 Zusammenfassend *Habersack/Verse*, Europäisches Gesellschaftsrecht, 5. Aufl., 2019, S. 20 ff.; *Teichmann* in: Gebauer/Teichmann (Hrsg.), Enzyklopädie Europarecht, Band 6, Europäisches Privat- und Unternehmensrecht, 2. Aufl., 2022, § 9 Rn. 45 ff.
242 Siehe nur *Kindler* in MK-BGB, Band 13, 8. Aufl., 2021, Teil 10, Rn. 573.
243 Hierzu (jew. m.w.Nachw.) *Kindler* in MK-BGB, Band 13, 8. Aufl., 2021, Teil 10, Rn. 573 ff. sowie *Teichmann* in Teichmann/Kraushaar (Hrsg.), Mitbestimmungsvielfalt in Europa, 2021, S. 107 ff. (erweiterte und aktualisierte Fassung von *Teichmann*, ZIP 2016, 899 ff.). Ein ausformulierter Gesetzentwurf von *Achim Seifert* findet sich in Mitbestimmungsreport Nr. 65, 06.2021, Hans Böckler Stiftung (abrufbar unter www.boeckler.de).
244 A.A. *Kindler* in MK-BGB, Band 13, 8. Aufl., 2021, Teil 10, Rn. 577. Ebenso sieht der von *Seifert* konzipierte Gesetzentwurf (o. Fn. 243) eine unveränderte Erstreckung der deutschen Mitbestimmungsgesetze auf EU-Auslandsgesellschaften vor.
245 Eingehend *Teichmann*, ZIP 2016, 899 ff.

2. Territoriale Begrenzung und Unionsrecht

Der persönliche Anwendungsbereich der Mitbestimmung erfasst derzeit nur diejenigen Arbeitnehmer, deren Arbeitsort in Deutschland liegt.[246] Wer in einem ausländischen Betrieb oder in einer ausländischen Tochtergesellschaft einer deutschen Gesellschaft arbeitet, ist für den Aufsichtsrat dieser Gesellschaft weder aktiv noch passiv wahlberechtigt. Dies widerspricht dem Grundgedanken der Mitbestimmung. Die im Ausland tätigen Arbeitnehmer sind von den unternehmerischen Entscheidungen der deutschen Gesellschaft ebenso betroffen wie die Arbeitnehmer in inländischen Betrieben oder Tochtergesellschaften. Nicht wenige Autoren sehen daher in der territorialen Begrenzung der Mitbestimmung eine unzulässige Diskriminierung der ausländischen Belegschaft. Hinzu kommt eine potenzielle Beschränkung der Arbeitnehmerfreizügigkeit, weil ein Arbeitnehmer mit dem Umzug ins Ausland das aktive und passive Wahlrecht zum Aufsichtsrat der deutschen Muttergesellschaft verliert.[247]

Zur Rechtfertigung dieser Einschränkung lässt sich allerdings das Territorialitätsprinzip anführen.[248] Es wäre Sache des ausländischen Gesetzgebers, auf seinem Territorium eine Form der Mitbestimmung einzuführen, die es dem deutschen Unternehmen auferlegen würde, Entscheidungen in ausländischen Betrieben oder Tochtergesellschaften nur unter Einbeziehung der dortigen Belegschaft umzusetzen. Angesichts der territorial begrenzten Regelungsgewalt würde es den deutschen Gesetzgeber auch vor Probleme stellen, in ausländischen Betrieben die Durchführung von Wahlen zum deutschen Aufsichtsrat zu organisieren[249]. Der Europäische Gerichtshof ist dieser Argumentationslinie gefolgt und sieht in der territorialen Begrenzung der deutschen Mitbestimmung keinen Verstoß gegen das Unionsrecht.[250]

---

[246] So jedenfalls die h.M.; vgl. hierzu jew. m.w.Nachw. *Schubert* in: Schubert/Wißmann/Kleinsorge, Mitbestimmungsrecht, 6. Aufl., 2024, § 3 MitbestG Rn. 43 sowie *Schütt*, Die deutsche Unternehmensmitbestimmung – Reformdruck aus Europa?, 2018, S. 80 ff.
[247] Zur Diskussion *Schubert* (o. Fn. 246), Vorbem., Rn. 79 sowie monographisch *Schütt* (o. Fn. 246). Für weitgehende Unionsrechtskonformität der deutschen Mitbestimmung *Teichmann* in: Auslaufmodell AG? – Reform der unternehmerischen Mitbestimmung, Beilage zu ZIP 48/2009, S. 10, 11 ff.
[248] Siehe nur *Schubert* (o. Fn. 246), Rn. 45.
[249] Wenngleich zumindest funktional äquivalente Regelungen denkbar wären; hierzu *Teichmann* (o. Fn. 247), S. 10, 13 ff.
[250] EuGH, Rs. C-566/15 (Erzberger/Tui), ZIP 2017, 1413 ff.; vgl. hierzu krit. Anm. von *Habersack*, NZG 2017, 1021 ff. und die zusammenfassende Einschätzung bei *Schütt* (o. Fn. 246), S. 299 ff.

3. EU-Sekundärrecht

Bei der Harmonisierung des Gesellschaftsrechts stand der EU-Gesetzgeber seit jeher vor der Frage, wie er mit den höchst unterschiedlichen Mitbestimmungstraditionen der Mitgliedstaaten umgehen soll.[251] Das unionsrechtliche Sekundärrecht folgt seit dem Jahre 2001 einem Regelungsansatz, der die Vielfalt der mitgliedstaatlichen Modelle nicht durch materiell-rechtliche Harmonisierung einebnet, sondern durch eine prozedurale Lösung in ihrer Eigenständigkeit bewahrt. Die salomonische Lösung besteht darin, den Sozialpartnern eine Vereinbarung über das jeweils gewünschte Mitbestimmungsmodell zu gestatten. Diese Konzeption findet sich in der SE-Richtlinie[252] ebenso wie in der Richtlinie zu grenzüberschreitenden Verschmelzungen[253] und der jüngst umgesetzten EU-Umwandlungsrichtlinie[254].

All diesen Rechtsakten ist gemeinsam, dass sie zum Schutz der Mitbestimmung ein spezifisches Verhandlungsverfahren regeln.[255] In die Verhandlungen wird die Belegschaft aus allen betroffenen EU-Mitgliedstaaten eingebunden. Sie ermöglichen den Abschluss einer Beteiligungsvereinbarung, in der die Akteure das für ihr Unternehmen geeignete Mitbestimmungsmodell festlegen können. Sollten die Verhandlungen zu keinem Ergebnis führen, greift eine Auffanglösung, die sich am höchsten Mitbestimmungsniveau der beteiligten Gesellschaften orientiert. Ein Schwachpunkt liegt aus Sicht der Arbeitnehmer darin, dass späteres Unternehmenswachstum am einmal festgezurrten Mitbestimmungsmodell nichts mehr ändert. Dieser „Einfriereffekt" wird von nicht wenigen Unternehmen gezielt ausgenutzt, indem sie Verhandlungen zu einem Zeitpunkt initiieren, zu dem sie das höchste denkbare Mitbestimmungsniveau noch nicht erreicht haben.[256] Das Verhandlungsverfahren ist somit zwar nicht perfekt,[257] bleibt aber ungeachtet dessen

---

[251] Vgl. zu den unterschiedlichen nationalen Mitbestimmungsmodellen etwa die Beiträge in Baums/Ulmer (Hrsg.), Unternehmensmitbestimmung der Arbeitnehmer im Recht der EU-Mitgliedstaaten, 2004. Eine instruktive Erörterung der Frage, wie mit dieser Vielfalt umzugehen ist, findet sich im Bericht der *Davignon*-Kommission, deren Empfehlungen in die Konzeption der SE-Richtlinie eingeflossen sind (BR-Drs. 572/97).
[252] Richtlinie 2001/86/EG vom 8.10.2001, ABl. EG L 294/22 vom 1.11.2001.
[253] Richtlinie 2005/56/EG vom 26.10.2005, ABl. EG L 310/1 vom 25.11.2005.
[254] Richtlinie (EU) 2019/2121 vom 27.11.2019, ABl. EU L 321/1 vom 12.12.2019.
[255] Umfassend dargelegt bei *Brandes* in MünchHdBGesR, Band 6, IntGesR, 5. Aufl., 2022, § 51.
[256] Eingehend und m.w.Nachw. zur Diskussion *Teichmann*, Unternehmerische Mitbestimmung in der Societas Europaea (SE) – Zur Weiterentwicklung der Verhandlungslösung, Stiftung Familienunternehmen, 2022.
[257] Vgl. *Teichmann*, FS Windbichler, 2020, S. 395 ff. zur Diskussion aus Anlass der Mobilitätsrichtlinie von 2021, ob und wie das Verhandlungsmodell verbessert werden könne.

der wichtigste Impuls, den die deutsche Reformdiskussion in den letzten Jahrzehnten erhalten hat.

V. Reformdiskussion in Deutschland

Nachdem Ende der 70er Jahre des vergangenen Jahrhunderts die Schlacht um das Mitbestimmungsgesetz im Parlament und vor dem Bundesverfassungsgericht geschlagen war, konnte man lange Zeit den Eindruck gewinnen, es sei um die Mitbestimmung ruhig geworden. Mit der Jahrtausendwende nahm die rechtspolitische Diskussion jedoch neue Fahrt auf.[258] Man geht kaum fehl in der Annahme, dass dies den europäischen Entwicklungen geschuldet war, die das deutsche Modell zunehmend unter Druck setzten. Die bahnbrechende Centros-Entscheidung, die eine Nutzung ausländischer Rechtsformen eröffnete, erging 1999; die Rechtsakte zur Societas Europaea (SE), die insbesondere das Einfrieren eines niedrigen Mitbestimmungsniveaus ermöglichen, wurden 2001 erlassen. Mittlerweile nutzen derart viele Unternehmen die unionsrechtlich fundierten Ausweichstrategien, dass man mit Fug und Recht von einer „Erosion der deutschen Mitbestimmung" sprechen kann.[259] Dieser Befund hat zu Beginn der 2000er Jahre verschiedene Reforminitiativen ausgelöst (*unter 1.*), die in ihrer großen Mehrzahl die unionsrechtliche Verhandlungslösung aufgreifen (*unter 2.*). Daraus lassen sich die Grundzüge einer Modernisierung der deutschen Mitbestimmung entwickeln, die einerseits den internationalen Entwicklungen Rechnung tragen und andererseits maßgeschneiderte Modelle für das jeweilige Unternehmen ermöglichen würde (*unter 3.*).

1. Reforminitiativen der 2000er Jahre

Im Jahre 2005 nominierte Bundeskanzler *Gerhard Schröder* eine Kommission, die erneut von *Kurt Biedenkopf* geleitet wurde und Vorschläge für eine moderne und europataugliche Weiterentwicklung der deutschen Unternehmensmitbestimmung unterbreiten sollte.[260] Nur ein Jahr später befasste sich der Deutsche Juristentag mit

---

[258] Siehe nur den Überblick bei *Oetker*, RdA 2005, 337 ff.
[259] Hierzu *Bayer*, NJW 2016, 1930 ff.
[260] Kommission zur Modernisierung der deutschen Unternehmensmitbestimmung, Bericht der wissenschaftlichen Mitglieder – mit Stellungnahmen der Vertreter der Unternehmen und der Vertreter der Arbeitnehmer (nachfolgend: „Bericht der 2. Biedenkopf-Kommission"), 2006, S. 4.

der Mitbestimmung auf Basis eines von *Thomas Raiser* erstellten Gutachtens.[261] Im Jahre 2009 präsentierte der aus Hochschullehrern bestehende Arbeitskreis „Unternehmerische Mitbestimmung"[262] einen ausformulierten Gesetzentwurf zur Anpassung des Mitbestimmungsgesetzes an die europäischen Entwicklungen.[263] Zuvor hatten bereits im Jahre 2004 BDA und BDI eine Kommission „Mitbestimmung Modernisieren" eingesetzt, die ihrerseits Reformvorschläge unterbreitete.[264]

Auf den ersten Blick scheint ein Konsens über die zu treffenden Maßnahmen in weiter Ferne zu liegen. Symptomatisch ist das Unvermögen der zweiten *Biedenkopf*-Kommission, sich auf einen einheitlichen Bericht zu einigen. Der Abschlussbericht stammt aus der Feder der wissenschaftlichen Mitglieder, jeweils ergänzt um divergierende Stellungnahmen der Unternehmens- und Arbeitnehmervertreter. Ebenso weit lagen die Positionen auf dem DJT auseinander. Entgegen den üblichen Gepflogenheiten wurde dort auf eine Schlussabstimmung verzichtet – nachdem zahlreiche Personen im Saal erschienen waren, die zuvor nicht an der Fachdiskussion teilgenommen hatten.[265] Im Lichte der historischen Entwicklung kann all dies nicht verwundern. Das Thema eignet sich nicht für eine freiwillige Übereinkunft der Sozialpartner; es muss politisch entschieden werden.[266] Die 2021 angetretene Regierungskoalition nähert sich der Thematik allerdings nur sehr zaghaft. Laut Koalitionsvertrag[267] soll die Konzernzurechnung aus dem Mitbestimmungsgesetz auf das Drittelbeteiligungsgesetz übertragen werden, sofern faktisch eine echte Beherrschung vorliegt. Außerdem will die Koalition dem Einfriereffekt bei

---

261 *Raiser*, Unternehmensmitbestimmung vor dem Hintergrund europarechtlicher Entwicklungen, Gutachten B, 66. Deutscher Juristentag (nachfolgend „DJT-Gutachten"), 2006, S. B 67 ff.
262 Mitglieder des Arbeitskreises: *Gregor Bachmann, Theodor Baums, Mathias Habersack, Martin Henssler, Marcus Lutter, Hartmut Oetker* und *Peter Ulmer*.
263 Entwurf einer Regelung zur Mitbestimmungsvereinbarung sowie zur Größe des mitbestimmten Aufsichtsrats, ZIP 2009, 885 ff. Hierzu auch die Tagungsreferate von *Habersack, Hanau, Teichmann, Jacobs* und *Veil* in „Auslaufmodell AG – Reform der unternehmerischen Mitbestimmung?", Beilage zu ZIP 48/2009, sowie *Hommelhoff*, ZGR 2010, 48 ff.
264 BDA/BDI, „Mitbestimmung Modernisieren", Bericht der Kommission Mitbestimmung, 2004.
265 Die offizielle Begründung lautete, man wolle ein „Kampfabstimmung" vermeiden (s. nur *Windbichler* in: Jürgens/Sadowski/Weiss (Hrsg.), Perspektiven der Corporate Governance, 2007, 282, 290).
266 Vgl. die Erfahrungen zu Beginn der Weimarer Republik (oben I.2.b) ebenso wie in der jungen Bundesrepublik (oben I.5.).
267 „Mehr Fortschritt wagen", Koalitionsvertrag 2021–2025 zwischen SPD, Bündnis 90/Die Grünen und FDP, S. 72. Siehe hierzu *Mohamed*, ZIP 2022, 3055 ff. sowie *Uffmann*, AG 2022, 427 ff. Ergänzend zu der Frage, wie der faktischen Nichtanwendung von Mitbestimmungsregeln entgegengetreten werden kann: *Bayer*, AG 2023, 137 ff.

der Verwendung der SE entgegentreten.[268] Von einer ernst zu nehmenden Reform der deutschen Mitbestimmung ist indessen keine Rede.

2. Gemeinsamer Nenner: Öffnung für Mitbestimmungsvereinbarungen

a) Grundbausteine der Verhandlungslösung

Wollte sich die Politik ein Herz fassen und einer nennenswerten Reform des deutschen Mitbestimmungsrechts nähertreten, würde sie in den verschiedenen Stellungnahmen entgegen dem ersten Anschein erstaunliche Schnittmengen entdecken. Denn nahezu alle Vorschläge zielen darauf ab, das zwingende Recht nach dem unionsrechtlichen Vorbild für Verhandlungslösungen zu öffnen.[269] Bekanntlich lässt das geltende deutsche Recht kaum Spielräume für Mitbestimmungsvereinbarungen.[270] Ein Sonderfall war auch hier die Montanindustrie, wo zeitweise mehr Arbeitnehmervertreter auf Grund von Vereinbarungen als auf Grund des Gesetzes im Aufsichtsrat saßen.[271] Allerdings ergab sich dies zumeist als Kompromiss bei Umstrukturierungen, durch die ein Unternehmen den Anwendungsbereich des Montan-Mitbestimmungsgesetzes zu verlassen drohte.[272]

---

[268] Zur Frage, ob und inwieweit der deutsche Gesetzgeber den „Einfriereffekt" bei der SE überhaupt regeln kann: *Krause*, Eindämmung des „Einfriereffekts" bei der Europäischen Gesellschaft (SE), Mitbestimmungsreport Nr. 77. 10.2023 (www.boeckler.de) sowie *Teichmann*, Unternehmerische Mitbestimmung in der Societas Europaea (SE) – Zur Weiterentwicklung der Verhandlungslösung, Stiftung Familienunternehmen, 2022 sowie.

[269] In diesem Befund sind sich, soweit ersichtlich, alle Beobachter einig. Siehe nur *Kolbe* (o. Fn. 166), S. 383 ff., *Oetker*, RdA 2005, 337 ff., *Weber*, FS Scheuing, 2011, S. 773, 786, und *Windbichler* in: Jürgens/Sadowski/Weiss (Hrsg.), Perspektiven der Corporate Governance, 2007, 282, 289. Neben den *unter 1.* bereits genannten Stellungnahmen weist auch der jüngst vorgelegte VGR-Vorschlag zur Reform des Aktienrechts in diese Richtung (VGR-Sonderband, Reformbedarf im Aktienrecht, 2024, § 8, Rn. 8.86 ff.).

[270] Siehe nur *Habersack* in: Habersack/Henssler, Mitbestimmungsrecht, 4. Aufl., 2018, Einl., Rn. 46 ff. sowie *Kiem*, ZHR 171 (2007), 713, 714, und *Teichmann*, AG 2008, 797, 799 sowie *ders.* in: Habersack/Behme/Eidenmüller/Klöhn (Hrsg.), Deutsche Mitbestimmung unter europäischem Reformzwang, 2016, S. 135, 137.

[271] *Wlotzke/Wissmann*, DB 1981, 623, 625, unter Berufung auf *Spieker.* Ein Überblick der Vereinbarungen im Bereich der Montanindustrie findet sich bei *Peus*, AG 1982, 206, 207 ff.

[272] Beispielsweise wurde 1972 die Zustimmung des Aufsichtsrates der deutschen Hoesch AG zum Zusammenschluss mit der niederländischen Hoogovens NV zur niederländischen Estel NV dadurch erreicht, dass eine Vereinbarung über die paritätische Besetzung des Aufsichtsrats in der Estel NV

Mittlerweile übernimmt das Unionsrecht die Vorbildfunktion für ein Verhandlungsverfahren, innerhalb dessen die Sozialpartner das für ihr Unternehmen geltende Mitbestimmungsmodell selbst definieren können. Innovativ ist die Einführung eines Besonderen Verhandlungsgremiums (BVG) auf Arbeitnehmerseite, das gerade in diversifizierten und grenzüberschreitenden Unternehmensgruppen eine umfassende Repräsentanz der Belegschaft sicherstellt. Auf Unternehmensseite verhandelt das Vertretungsorgan.[273] Mit der materiellen „Auffanglösung" (sog. Vorher-Nachher-Prinzip) wird sichergestellt, dass die Verhandlungen in den Bestand existierender Rechte nur eingreifen, wenn beide Seiten damit einverstanden sind. Minderungen der Mitbestimmung können vereinbart werden, bedürfen aber im BVG einer qualifizierten Mehrheit. Dieses Modell liefert der deutschen Diskussion die nötigen Grundbausteine für eine Modernisierung der Mitbestimmung, die flexible Lösungen erlaubt, ohne zu einem Rückbau an Arbeitnehmerrechten zu führen.[274]

b) Verhandlungsgegenstände

In der zweiten *Biedenkopf*-Kommission sprachen sich Vertreter der Unternehmen ebenso wie diejenigen der Arbeitnehmer dafür aus, das zwingende Gesetzesrecht für Mitbestimmungsvereinbarungen zu öffnen. Die Unternehmensvertreter schlugen eine Öffnung des Mitbestimmungsrechts für Vereinbarungslösungen vor;[275] die Arbeitnehmerseite begrüßt dies „in einem begrenzten Korridor".[276] Konsensfähig dürften Vereinbarungen über die Größe des Aufsichtsrates und zur Anpassung der Mitbestimmungsregeln an Konzernsachverhalte sein. So sind nach Auffassung der Arbeitnehmervertreter Abweichungen nach unten bei Tochtergesellschaften im Konzern denkbar „gegen Verbesserungen an anderer Stelle".[277] Tendenzielle Einigkeit besteht auch hinsichtlich der Einbeziehung der ausländischen Beleg-

---

geschlossen wurde (vgl. BGH, AG 1982, 129, 130, der in dieser Vereinbarung keinen Anfechtungsgrund gegen den Hauptversammlungsbeschluss der Hoesch AG sah).
273 Kritisiert wird allerdings zu Recht die unzureichende Einbindung der Gesellschafterversammlung (siehe nur *Kiem*, ZHR 171 (2007), 713, 719 ff.).
274 Mit den Einzelfragen einer Übertragung des Verhandlungsmodells auf die deutsche Mitbestimmung befassen sich beispielsweise: *Weber*, FS Scheuing, 2011, S. 773 ff.; *Windbichler* (o. Fn. 269), 282 ff.
275 Bericht der 2. Biedenkopf-Kommission (o. Fn. 260), S. 60 ff.
276 Bericht der 2. Biedenkopf-Kommission (o. Fn. 260), S. 69.
277 Bericht der 2. Biedenkopf-Kommission (o. Fn. 260), S. 70.

schaft,[278] deren Anzahl allerdings nach Auffassung der Unternehmensvertreter nicht auf die Schwellenwerte angerechnet werden sollte.

Das DJT-Gutachten von *Thomas Raiser* plädiert für eine großzügige Öffnung des Gesetzes für Mitbestimmungsvereinbarungen.[279] Verhandlungsgegentand solle die Organisation und Intensität der Mitbestimmung sein.[280] Die Verhandlungspartner sollten die Möglichkeit haben, das deutsche Modell oder ausländische Modelle zu vereinbaren oder gänzlich neue Modelle (etwa einen Konsultationsrat) zu entwickeln. Ermöglicht werden sollten Regelungen zur Aufsichtsratsarbeit (insb. Zustimmungsvorbehalte und Abstimmungsregeln) sowie zur Schaffung von vereinfachten Strukturen in Konzernsachverhalten. Wichtig sei auch die Möglichkeit, den im Ausland tätigen Arbeitnehmern ein aktives und passives Wahlrecht einzuräumen. Kein Verhandlungsgegenstand sollten Maßnahmen sein, die nach der gesellschaftsrechtlichen Kompetenzverteilung der Geschäftsführung oder den Anteilseignern zugewiesen sind (z. B. Umstrukturierungen).

Der Arbeitskreis „*Unternehmerische Mitbestimmung*" schlägt gleichfalls die Einführung einer Verhandlungslösung vor.[281] Diese solle sich auf den Anteil der Arbeitnehmervertreter im Aufsichtsrat, die Größe des Aufsichtsrates[282], eine Festlegung der mitbestimmten Konzernstufe, die Festlegung der Anzahl der Arbeitnehmervertreter in Ausschüssen, eine Regelung von Zustimmungsvorbehalten sowie Vorschriften über eine eventuelle Wiederaufnahme der Verhandlungen beziehen. Der Geltungsbereich der Vereinbarung solle auch ausländische Betriebe und unter einheitlicher Leitung zusammengefasste abhängige Gesellschaften im Ausland erfassen.

c) Verhandlungsverfahren

Zum Verhandlungsverfahren äußern sich die genannten Stellungnahmen nicht alle in derselben Ausführlichkeit. Häufig anzutreffen ist eine Anlehnung an die Regelungen des Unionsrechts. In dessen Mittelpunkt steht das BVG auf Arbeitnehmer-

---

278 Dem schlossen sich auch die wissenschaftlichen Mitglieder an; vgl. Bericht der 2. Biedenkopf-Kommission (o. Fn. 260), S. 35.
279 *Raiser*, DJT-Gutachten (o. Fn. 261), S. B 67 ff.
280 *Raiser*, DJT-Gutachten (o. Fn. 261), S. B 85 ff.
281 ZIP 2009, 885 ff.
282 Die gesetzliche – jedoch abdingbare – Regelung (§ 7 MitbestG-E) sieht Zusammensetzung aus nur 12 (bei mehr als 2.000 Arbeitnehmer) bzw. 14 Aufsichtsratsmitgliedern (bei mehr als 10.000. Arbeitnehmern) vor.

seite.²⁸³ Dieses kann mitbestimmungsmindernden Regelungen mit qualifizierter Mehrheit zustimmen. Es besteht aus Vertretern der Arbeitnehmer der verschiedenen Konzerngesellschaften sowohl aus dem Inland als auch dem Ausland²⁸⁴ und bietet damit eine größere Repräsentanz der betroffenen Belegschaften als nationale Betriebsräte oder Gewerkschaften. Anders sehen dies wohl die Arbeitnehmervertreter in der zweiten *Biedenkopf*-Kommission, nach deren Auffassung die Vereinbarung den Rechtscharakter eines Tarifvertrags haben sollte.²⁸⁵ Dies dürfte implizieren, dass die Vereinbarung von Gewerkschaften ausgehandelt wird.

Im europäischen Modell werden die Mitbestimmungsverhandlungen auf Unternehmensseite vom Vertretungsorgan geführt. Dagegen sind Bedenken erhoben worden, weil das Vertretungsorgan damit über die Corporate Governance-Struktur verhandelt, die anschließend seiner eigenen Überwachung dient.²⁸⁶ Andererseits übernimmt das Vertretungsorgan auch bei anderen Maßnahmen, die in erster Linie die Interessen der Gesellschafter betreffen, die vorbereitenden Handlungen. Zu denken ist etwa an Strukturmaßnahmen nach dem Umwandlungsgesetz. In Anlehnung daran liegt es nahe, die Mitbestimmungsvereinbarung einem zustimmenden Gesellschaftervotum mit satzungsändernder Mehrheit zu unterwerfen.²⁸⁷

d) Auffanglösung

Die Gretchenfrage einer jeden Mitbestimmungsverhandlung ist diejenige nach der Auffanglösung. Welche Mitbestimmungsregel soll gelten, wenn sich die Verhandlungspartner nicht einigen? Das Unionsrecht folgt dem „Vorher-Nachher-Prinzip". Scheitern die Verhandlungen, bleibt es beim Status Quo der Mitbestimmung – und zwar nach derjenigen Rechtsordnung, die das höchste Mitbestimmungsniveau bietet. Man mag darin den „kardinalen Konstruktionsfehler" der EU-Verhandlungslösung sehen,²⁸⁸ weil die Verhandlungen naturgemäß im Schatten der Auf-

---

283 Hierfür sprechen sich sowohl *Raiser*, DJT-Gutachten (o. Fn. 261), S. B 81 ff., als auch der Arbeitskreis „*Unternehmerische Mitbestimmung*" (ZIP 2009, 885 ff., dort der vorgeschlagene § 33a Abs. 1 MitbestG-E) aus.
284 Zwar lässt sich auch hier über Einzelfragen trefflich streiten (vgl. nur *Windbichler* (o. Fn. 269), 282, 292), das BVG kommt aber einer angemessenen Repräsentation aller beteiligten Arbeitnehmer erheblich näher als nationale Vertretungsgremien.
285 Bericht der 2. Biedenkopf-Kommission (o. Fn. 260), S. 70. Offenheit für diese Lösung signalisiert auch *Oetker*, RdA 2005, 337, 344.
286 Siehe nur *Kiem*, ZHR 171 (2007), 713 ff. sowie *Windbichler* (o. Fn. 269), 282, 293.
287 In diesem Sinne *Raiser*, DJT-Gutachten (o. Fn. 261), S. B 69; ebenso Arbeitskreis „Unternehmerische Mitbestimmung" (ZIP 2009, 885 ff., dort zu § 33a Abs. 4 MitbestG-E).
288 In diesem Sinne *Fleischer*, AcP 204 (2004), 502, 535.

fanglösung geführt werden. Es dürfte der Unternehmensseite daher kaum gelingen, den Arbeitnehmern ein Zugeständnis abzuringen, das vom Status Quo abweicht. Umgekehrt tendieren allerdings die Aussichten der Arbeitnehmer gegen Null, im Verhandlungswege das existierende Mitbestimmungsniveau zu erhöhen oder qualitativ zu verbessern. Im praktischen Ergebnis wirkt sich dies zu ihrem Nachteil aus. Denn über den Zeitpunkt der Strukturmaßnahme entscheiden das Vertretungsorgan und die Anteilseigner.[289] Sie haben es in der Hand, die Verhandlungen bereits dann zu initiieren, wenn die Auffanglösung den Arbeitnehmern nichts oder nur wenig zu bieten hat. Da das SE-Recht für die Zeit nach der Gründung keine Verhandlungen mehr vorsieht, bleibt es bei dem Status Quo aus der Gründungsphase (sog. „Einfriereffekt").[290] Es verwundert daher nicht, dass zahlreiche deutsche SEs einen niedrigeren Mitbestimmungsstatus aufweisen als vergleichbare deutsche Gesellschaften mit derselben Arbeitnehmerzahl.[291]

Für eine Implementierung der Verhandlungslösung in das deutsche Mitbestimmungsrecht sind diese Erfahrungen wichtig. Arbeitnehmer- und Unternehmerseite begegnen sich bei derartigen Verhandlungen ganz offenkundig nicht auf Augenhöhe.[292] Das ist für das Arbeitsrecht keine neue Erkenntnis. Dem strukturellen Ungleichgewicht wird traditionell entweder durch zwingendes Gesetzesrecht begegnet oder durch das Aushandeln von Tarifverträgen, für deren Erzwingung die Gewerkschaften das Druckmittel des Streiks einsetzen können.[293] Die Arbeitnehmerseite der zweiten *Biedenkopf*-Kommission fordert nicht ohne Grund, dass die Mitbestimmungsvereinbarung ihrer Rechtsnatur nach ein Tarifvertrag sein müsse.

Will man der Arbeitnehmerseite hingegen das Druckmittel des Streiks verweigern, muss eine gesetzliche Auffanglösung das nötige Verhandlungsgleichgewicht sicherstellen. Diese Erkenntnis erleichtert dem Gesetzgeber seine Aufgabe nicht. Denn der Streit um die inhaltlich angemessene Mitbestimmung verlagert sich nun auf die Ebene der Auffanglösung.[294] Um dem politischen Konflikt aus dem Weg zu gehen, ziehen einige Reformvorschläge schlicht das geltende Recht als Auffanglösung heran.[295] Auf Arbeitnehmerseite möchte man die Gelegenheit sogar nutzen,

---

[289] Dazu bereits *Teichmann* (o. Fn. 227), S. 135, 138.
[290] Vgl. bereits oben IV.3.
[291] Vgl. die statistischen Angaben bei *Lutter/Teichmann* in: Lutter/Hommelhoff/Teichmann, SE-Kommentar, 3. Aufl., 2024 (im Druck), Einl. Rz. 48.
[292] Zutreffend *Weber*, FS Scheuing, 2011, S. 773, 792.
[293] Zutreffend *Weber*, FS Scheuing, 2011, S. 773, 792.
[294] *Windbichler* (o. Fn. 269), 282, 290.
[295] In diesem Sinne etwa *Raiser*, DJT-Gutachten (o. Fn. 261), S. B 74, sowie wie der Arbeitskreis „Unternehmerische Mitbestimmung", nach dessen Vorschlag einzelne Normen des MitbestG dispositiv gestellt werden sollen (ZIP 2009, 885 ff.).

um das gesetzliche Angebot zu verbessern, indem beispielsweise die Schwellenwerte für das Mitbestimmungsgesetz herabgesetzt werden.[296] Die Unternehmen sehen das naturgemäß anders; sie bevorzugen die Drittparität als Auffanglösung.[297]

3. Grundzüge einer gesetzlich gestützten Verhandlungslösung

Auf Basis der vorgestellten Überlegungen sollen nachfolgend die Grundzüge einer gesetzlich gestützten Verhandlungslösung vorgestellt werden, für die rechtspolitisch ein erhebliches Bedürfnis besteht (*unter a*). Der Mitbestimmungsgesetzgeber müsste hierzu ein funktionsfähiges Verhandlungsverfahren (*unter b*) einschließlich der zulässigen Verhandlungsgegenstände (*unter c*) regeln und eine adäquate Auffanglösung anbieten (*unter d*).[298]

a) Rechtspolitische Bedeutung

Rechtspolitisch betrachtet führt an der Einführung einer Verhandlungslösung in das deutsche Mitbestimmungsrecht auf mittlere Sicht kein Weg vorbei. Andernfalls wird sich die Erosion der deutschen Mitbestimmung fortsetzen. Eine solche Entwicklung ist nicht nur für die Arbeitnehmerseite unbefriedigend. Auch die deutschen Unternehmen können nicht glücklich darüber sein, dass eine Anpassung der Mitbestimmung an die eigenen Bedürfnisse nur auf dem Umweg über unionsrechtliche Strukturmaßnahmen oder ausländische Rechtsformen möglich ist. Der Rechtsformwechsel verursacht nicht nur einmalig erhebliche Transaktionskosten; er schafft zudem eine Situation, in der regelmäßig und wiederkehrend mit erhöhtem Beratungsaufwand zu rechnen ist, weil die Zielrechtsform nicht den allseits bekannten Regeln des deutschen Gesellschaftsrechts unterliegt.

Viele der Unstimmigkeiten, unter denen das aktuelle Mitbestimmungsrecht leidet, ließen sich durch eine Reform, die eine Verhandlungslösung einbezieht, beheben oder mildern. In- und ausländische Rechtsformen würden nicht mehr

---

296 Bericht der 2. Biedenkopf-Kommission (o. Fn. 260), S. 70.
297 Bericht der 2. Biedenkopf-Kommission (o. Fn. 260), S. 75 (in Anlehnung an die Überlegungen der im Jahre 2004 von BDA und BDI eingesetzten Kommission „Mitbestimmung Modernisieren").
298 Zu entsprechenden Vorüberlegungen in der Literatur etwa: *Kolbe* (o. Fn. 166), S. 383 ff.; *Teichmann*, (o. Fn. 227) S. 135 ff.; *Weber*, FS Scheuing, 2011, S. 773 ff.; *Windbichler* (o. Fn. 269), 282 ff.

unterschiedlich behandelt,[299] dasselbe gälte für Arbeitnehmer, die im In- oder Ausland für dieselbe deutsche Gesellschaft tätig sind. Die zwingend festgelegte Aufsichtsratsgröße und die Notwendigkeit, auf mehreren Konzernstufen jeweils mitbestimmte Aufsichtsräte zu bilden, stünden für Verhandlungen offen. Damit würden wesentliche Anreize neutralisiert, die derzeit deutsche Unternehmen dazu bringen, sich einer ausländischen oder supranationalen Rechtsform zuzuwenden.[300]

b) Verhandlungsverfahren

Zum Verhandlungsverfahren kann weitgehend auf die oben zusammengefassten Überlegungen verwiesen werden.[301] Auf Seiten der Gesellschaft sollte das Vertretungsorgan die Verhandlungen führen, die Gesellschafterversammlung sollte dem Ergebnis mit qualifizierter Mehrheit zustimmen. Gegen die teilweise vorgeschlagene Einbindung direkt ernannter Vertreter der Anteilseigner[302] spricht hingegen, dass die Verhandlungen zeitintensiv sind und hohe Komplexität aufweisen. Sie sollten daher dem professionell und hauptberuflich agierenden Vertretungsorgan überlassen bleiben. Wenn am Ende des Verfahrens ein Beschluss der Anteilseignerversammlung steht, wird das Vertretungsorgan erfahrungsgemäß im eigenen Interesse informellen Kontakt zu bedeutenden Eigentümern aufnehmen, um deren Vorstellungen frühzeitig aufgreifen zu können. Als repräsentatives Verhandlungsgremium der Arbeitnehmer bietet sich das unionsrechtlich bekannte BVG an. Sollte dies zu regelungsintensiv erscheinen, kann auf den Europäischen Betriebsrat zurückgegriffen werden, der in vergleichbarer Weise die gesamte europäische Belegschaft repräsentiert.

Ein absehbarer politischer Streitpunkt ist die Beteiligung der Gewerkschaften. Verschiedene Stimmen wollen ihnen sowohl für den Aufsichtsrat als auch für das BVG Sitzgarantien und Vorschlagsrechte verweigern;[303] *Raiser* stützt dies auf eine Parallele zur Delegiertenwahl nach dem MitbestG.[304] Realistisch dürfte die Ein-

---

299 Sofern die nationale Verhandlungslösung auch auf im Inland tätige „Scheinauslandsgesellschaften" erstreckt würde (dazu bereits oben IV.1., weiterhin *Raiser*, DJT-Gutachten (o. Fn. 261), S. B 106 ff.).
300 Vgl. *Brandes* in MünchHdBGesR, Band 6, IntGesR, 5. Aufl., 2022, § 51 Rn. 42 ff.
301 Siehe außerdem *Teichmann* (o. Fn. 227), S. 143 ff.
302 *Arbeitskreis Aktien- und Kapitalmarktrecht*, ZIP 2010, 2221, 2222 als Reformvorschlag zur SE-Richtlinie; ebenso *Teichmann* (o. Fn. 227), S. 144.
303 So die Unternehmensseite der 2. Biedenkopf-Kommission (o. Fn. 260), S. 75.
304 *Raiser*, DJT-Gutachten (o. Fn. 261), S. B 84.

schätzung von *Oetker* sein, dass der Einstieg in mehr Gestaltungsfreiheit nicht gegen, sondern nur mit den Gewerkschaften erreichbar sein wird.[305] Für eine Beteiligung der Gewerkschaften spricht neben der politischen Machbarkeit weiterhin deren Expertenwissen und die unternehmensübergreifende Sichtweise; zudem können sie dank ihrer persönlichen Unabhängigkeit den Unternehmensvertretern anders gegenübertreten als interne Arbeitnehmervertreter.[306]

c) Verhandlungsgegenstände

Um sinnvolle Verhandlungen zu ermöglichen, sollte der Kreis der Vereinbarungsgegenstände nicht zu eng gefasst werden.[307] Insoweit ist denjenigen Stimmen zu folgen, die sowohl innovative Mitbestimmungsmodelle als auch eine Anlehnung an das deutsche Recht zulassen. Verhandlungen über die Größe des Aufsichtsrats und über die Mitbestimmung in Konzernstrukturen sollten schon deshalb ermöglicht werden, weil gerade diese Punkte die besondere Attraktivität des europäischen Verhandlungsmodells ausmachen und viele Unternehmen dazu veranlassen, die deutschen Rechtsformen zu meiden.[308] Denkbar wäre eine gesetzliche Untergrenze für den Aufsichtsrat von 12 Personen.[309] Die in Deutschland aktiven SEs haben gezeigt, dass ein Aufsichtsrat dieser Größe auch in Großunternehmen (z. B. Allianz SE) seiner Überwachungsaufgabe effektiv nachkommen kann.[310] Die Gestaltungsfreiheit findet ihre Grenze in der Satzungsstrenge und den gesetzlich der Hauptversammlung zugewiesenen Kompetenzen.[311]

In der Vermeidung von Mitbestimmungsdoppelungen auf verschiedenen Konzernstufen wird übereinstimmend ein legitimes Anliegen von Mitbestimmungsvereinbarungen gesehen.[312] Es bietet sich an, die Mitbestimmung auf derjenigen Konzernstufe anzusiedeln, die für den Konzerns eine Führungsrolle einnimmt. In diesen und anderen Konstellationen erlangt die spätere Abänderbarkeit der Ver-

---

305 *Oetker*, RdA 2005, 337, 345.
306 *Weber*, FS Scheuing, 2011, S. 773, 793.
307 In diesem Sinne auch *Hommelhoff* in: Teichmann/Kraushaar (o. Fn. 243), S. 9, 14.
308 Die Bedeutung dieser Aspekte hebt auch *Weber*, FS Scheuing, 2011, 773, 791, hervor.
309 In diesem Sinne der VGR-Vorschlag zur Reform des Aktienrechts (o. Fn. 269).
310 Bei der SE richtet sich die Größe des Aufsichtsrats nach der Satzung; in der Praxis sind Aufsichtsratsgrößen von 12 bis 18 Personen anzutreffen.
311 *Teichmann* (o. Fn. 227), S. 152 ff.
312 Vgl. oben (V.2.b.) die Stellungnahmen von Unternehmens- und Arbeitnehmervertretern in der zweiten *Biedenkopf*-Kommission. Ebenso der VGR-Vorschlag zur Reform des Aktienrechts (o. Fn. 269).

einbarung besondere Bedeutung, da Konzernstrukturen wandelbar sind und die Mitbestimmung dem folgen sollte.

Zurückhaltung ist hingegen bei Verhandlungsthemen geboten, die die konkrete Arbeitsweise des Aufsichtsrates betreffen; häufig genannt werden Zustimmungsvorbehalte und die Zusammensetzung von Ausschüssen. Diese Aspekte tangieren jedoch die Autonomie des Aufsichtsrates. Seine Befugnis zur Selbstorganisation darf nicht untergraben werden,[313] da letztlich die konkreten Aufsichtsratsmitglieder für die pflichtgemäße Wahrnehmung der Überwachungsaufgaben verantwortlich sind und ihnen die im Aufsichtsrat nicht vertretenen Verhandlungsparteien insoweit keine Vorgaben machen sollten.

d) Auffanglösung

Der rechtspolitische Weg des geringsten Widerstandes liegt darin, das geltende Recht zur Auffanglösung zu erklären. Bestimmte Normen des DrittelbetG und des MitbestG könnten dispositiv gestellt werden; es bliebe den Verhandlungspartnern überlassen, sich auf ein davon abweichendes Modell zu einigen. Allerdings haben die Erfahrungen mit der SE gezeigt, dass die Auffanglösung das kreative Potenzial der Vereinbarungslösung im Keim erstickt.[314] Im praktischen Endergebnis einigen sich die Parteien auf die Auffanglösung, weil sie dies gegenüber ihrer Basis am einfachsten rechtfertigen können. Die Einführung einer solchen Verhandlungslösung wäre daher eine höchst kleine Münze.

Der Anreiz für inhaltlich ergebnisoffene Verhandlungen ließe sich erhöhen, wenn die Auffanglösung als *„penalty default rule"* so ausgestaltet ist, dass sich beide Seiten von einer individuell getroffenen Regelung eine Verbesserung erhoffen können.[315] Dieser Effekt ließe sich mittels einer Verfahrensregel erreichen, bei der im Falle der Uneinigkeit einer Schlichtungsstelle die Wahl aus verschiedenen Mitbestimmungsoption übertragen würde.[316] Da keine von beiden Seiten weiß, ob sie auf diese Weise gewinnt oder verliert, ist es attraktiver, sich schon vorher auf eine sinnvolle Kompromisslösung zu einigen.

---

313 Kritisch gegen Eingriffe in die Organisationsautonomie des Aufsichtsrates namentlich *Hommelhoff*, ZGR 2010, 48, 57.
314 Hierzu bereits *Teichmann* (o. Fn. 227), S. 146.
315 *Windbichler* (o. Fn. 269).
316 Hierzu bereits *Teichmann* (o. Fn. 227), S. 159.

VI. Zusammenfassung

Die Wurzeln des deutschen Mitbestimmungsmodells reichen historisch weit zurück. Als Begleiterscheinung der Industrialisierung zieht sich die Debatte darüber, ob und auf welche Weise den Arbeitern Mitspracherechte zu gewähren seien, durch das gesamte 19. Jahrhundert. Allerdings waren entsprechende Gedankenspiele überwiegend eine Frucht bürgerlich-intellektueller Vordenker, während die Vertreter der Arbeiterklasse ihr Ziel vorrangig in einer sozialistischen Revolution sahen. Die entscheidenden Durchbrüche für die Mitbestimmung verdanken sich ironischerweise den Katastrophen des 20. Jahrhunderts. Während des Ersten Weltkrieges galt es, die Arbeiter für die gemeinsame Kriegsanstrengung zu gewinnen, nach dem Krieg, einen revolutionären Umsturz zu vermeiden. Auch die 1951 eingeführte Montan-Mitbestimmung ist eine mittelbare Frucht des Krieges. Politisch ging es darum, die moderaten Kräfte der Arbeiterschaft in den wirtschaftlichen Wiederaufbau einzubinden. Im Rückblick ist die Versöhnung der Gewerkschaften mit der freien Marktwirtschaft zumindest auch dem Instrument der Mitbestimmung zu verdanken.

Die ökonomische Analyse der Mitbestimmung ergibt demgegenüber ein ambivalentes Bild. Der empirische Befund deutet eine gewisse Umverteilung der unternehmerischen Wertschöpfung von der Anteilseigner- zur Arbeitnehmerseite an. Allerdings bringen verschiedene Studien die Mitbestimmung mit einer erhöhten Produktivität in Verbindung. Sie hat mithin offenbar das Potenzial, den zu verteilenden Kuchen zu vergrößern, von dem dann allerdings die Anteilseigner einen Teil an die Arbeitnehmer verlieren. Ob und inwieweit dieser Effekt eintritt, hängt wohl nicht zuletzt von der gelebten Kultur der Zusammenarbeit im konkreten Unternehmen ab. Immerhin dürfte Mitbestimmung – im Zusammenspiel mit anderen arbeitsrechtlichen Regelungen – dazu beitragen, unternehmensspezifische Humaninvestitionen zu fördern und für den Unternehmenserfolg fruchtbar zu machen. Insgesamt spricht der ökonomische Befund daher nicht zwingend für eine Abschaffung der Mitbestimmung. Im Grunde entsprechen die genannten Effekte der Zielsetzung des Gesetzes, das sich von Mitbestimmung einen Vorteil sowohl für das Unternehmen als auch für die Arbeitnehmer verspricht.

Die entscheidenden Impulse für die Anfang der 2000er-Jahre aufflammende Reformdiskussion lieferte sodann das Recht der Europäischen Union. Die Nutzung von Auslandsgesellschaften auf Basis der Niederlassungsfreiheit ermöglicht ebenso eine Flucht aus der Mitbestimmung wie die taktische Instrumentalisierung der europäischen Verhandlungslösung („Einfriereffekt"). Zugleich liefert das EU-Recht aber auch den möglicherweise erfolgversprechenden Lösungsansatz, indem es den

Sozialpartnern erstmals einen rechtlichen Rahmen für Mitbestimmungsverhandlungen bietet.

Auf diese Verhandlungslösung beziehen sich nahezu alle Kommissionen und Autoren, die in der jüngeren Zeit über eine Modernisierung der deutschen Mitbestimmung nachgedacht haben. Als Verhandlungspartner bieten sich auf Arbeitnehmerseite ein *ad hoc* zu bildendes Besonderes Verhandlungsgremium oder der Europäische Betriebsrat an. Auf Unternehmensseite sollte das Vertretungsorgan die Vereinbarung aushandeln und der Anteilseignerversammlung zur Bestätigung vorlegen. Die Verhandlungsgegenstände sollten im Interesse einer maßgeschneiderten Lösung möglichst weit gefasst werden, zumindest aber die Größe des Aufsichtsrats und die Konzernmitbestimmung erfassen. Die Gretchenfrage liegt letztlich in der Auffanglösung, die bei einem Scheitern der Verhandlungen greifen soll. Will man den Weg des geringsten politischen Widerstandes gehen, wäre die geltende Gesetzeslage zugleich die Auffanglösung. Sinnvoller im Interesse einer tatsächlich maßgeschneiderten Mitbestimmungsvereinbarung, die nicht lediglich die Auffanglösung kopiert, wäre eine prozedurale Lösung, bei der eine Schlichtungsstelle entscheidet. Da deren Ergebnis für keine von beiden Seiten vorhersehbar wäre, entstünde ein beiderseitiger Anreiz, sich im Sinne einer *win-win*-Situation auf eine individuell ausgehandelte Lösung zu einigen, die jeder Seite Vorteile bringt.

Walter Bayer
§ 9 Aktienrechtliche Satzungsstrenge

I. Einleitung und Überblick über die aktuelle Rechtslage —— 333
II. Historischer Rückblick —— 339
    1. Die Begründung des RegE zum AktG 1965 im kritischen Rückblick —— 339
    2. Rechtsprechung und Schrifttum bis zur Aktienrechtsreform 1937 —— 341
    3. Aktienrechtsreform 1937 —— 347
    4. Seitenblick: Die Satzungsstrenge im österreichischen Aktienrecht —— 348
III. Rechtfertigung der aktienrechtlichen Satzungsstrenge —— 349
IV. Rechtspolitische Debatten —— 350
    1. Kaiserzeit und Weimarer Republik —— 350
    2. Aktienrechtsreform 1965 —— 351
    3. Neuaufflammen der Diskussion in den 1990er Jahren —— 353
    4. Differenzierung zwischen börsen- und nichtbörsennotierten Gesellschaften (67. DJT 2008) —— 357
    5. Aktueller Vorschlag der VGR-Arbeitsgruppe „Große Aktienrechtsreform" —— 364

I. Einleitung und Überblick über die aktuelle Rechtslage

Nach § 23 Abs. 5 AktG kann die Satzung „von den Vorschriften dieses Gesetzes nur *abweichen*, wenn es ausdrücklich zugelassen ist. *Ergänzende* Bestimmungen der Satzung sind zulässig, es sei denn, dass dieses Gesetz eine abschließende Regelung enthält".[1]

Eine *abweichende* Satzungsbestimmung liegt vor, wenn sie dem Gesetz widerspricht, mithin etwas anderes bestimmt, als das Gesetz anordnet oder zulässt; in diesem Fall wird die gesetzliche Regelung durch die Satzungsregelung ersetzt.[2] Eine solche Abweichung ist nur zulässig, wenn sie im Aktiengesetz[3] ausdrücklich zugelassen wird, was bedeutet, dass sich die Befugnis zur Abweichung *positiv* aus dem

---

[1] Kursiv vom *Verf.*
[2] *Koch*, AktG, 17. Aufl., 2023, § 23 Rdn. 35; *E. Vetter*, in: Henssler/Strohn, Gesellschaftsrecht, 5. Aufl., 2021, § 23 AktG Rdn. 23; *Röhricht/Schall*, in: GroßKomm. z. AktG, 5. Aufl., 2016 § 23 Rdn. 176; vgl. auch schon *Eckard*, in: Geßler/Hefermehl/Eckardt/Kropff, AktG, 1984, § 23 Rdn. 107; *Kraft*, in: Kölner Komm. z. AktG, 1. Aufl., 1985, § 23 Rdn. 5.
[3] Ausnahmsweise auch in einem anderen Gesetz; vgl. etwa eine Gerichtsstandsbestimmung nach § 17 Abs. 3 ZPO. Hierzu *Röhricht/Schall*, aaO (Fn. 2), § 23 Rdn. 177.

Wortlaut des Aktiengesetzes (ausdrücklich oder durch Auslegung[4]) ergeben muss;[5] bloßes Schweigen des Gesetzes genügt nicht.[6] Die Abweichung muss mithin durch das Gesetz formell gestattet werden;[7] solche Regelungen sind häufig durch Formulierungen wie „wenn die Satzung nichts anderes bestimmt" oder „die Satzung kann bestimmen" gekennzeichnet.[8] Für abweichende Satzungsregelungen gilt somit der Grundsatz der *formellen Satzungsstrenge*.[9]

Bei einer *ergänzenden* Satzungsbestimmung wird die gesetzliche Regelung in ihrem Grundsatz und nach ihrer Funktion unberührt gelassen;[10] es werden hier lediglich gesetzliche Regelungen konkretisiert oder vom Gesetz offen gelassene Freiräume ausgefüllt.[11] Solche Satzungsergänzungen sind ohne Weiteres zulässig[12] („es sei denn"), sofern die gesetzliche Vorschrift nicht ausnahmsweise[13] *keine ab-*

---

4 Näher *Röhricht/Schall*, aaO (Fn. 2), § 23 Rdn. 183 f.
5 *Koch*, aaO (Fn. 2), § 23 Rdn. 35; *E. Vetter*, aaO (Fn. 2), § 23 Rdn. 23; *Limmer*, in: BeckOGK, AktG, Stand: 01.07.2023, § 23 Rdn. 52; *A. Arnold*, in Kölner Komm. z. AktG, 4. Aufl., 2022, § 23 Rdn. 140; *Solveen*, in: Hölters/Weber, AktG, 4. Aufl., 2022, § 23 Rdn. 30; vgl. auch schon *Eckard*, aaO (Fn. 2), § 23 Rdn. 108.
6 *Koch*, aaO (Fn. 2), § 23 Rdn. 35; *E. Vetter*, aaO (Fn. 2), § 23 Rdn. 23; *Röhricht/Schall*, aaO (Fn. 2), § 23 Rdn. 178; *A. Arnold*, aaO (Fn. 5), § 23 Rdn. 142; *Limmer*, aaO (Fn. 5), § 23 Rdn. 52; *Solveen*, aaO (Fn. 5), § 23 Rdn. 30; *Wahlers*, ZIP 2008, 1897, 1899; vgl. auch schon *Eckard*, aaO (Fn. 2), § 23 Rdn. 108; *Luther*, FG Hengeler, 1972, S. 167, 171; ausf. *Geßler*, FS Luther, 1976, S. 69, 73 f. im Anschluss an *Geßler*, BB 1971, 1015, 1016 (Rezension); aA noch *Barz*, in: GroßKomm. z. AktG, 3. Aufl., 1973, § 23 Anm. 18 („sollte man dem Wort ‚ausdrücklich' nicht zu große Bedeutung beilegen und es genügen lassen, wenn eine sinngemäße Gesetzesauslegung die Abweichung als statthaft erkennen läßt"); vgl. weiter *Mertens*, in: Kölner Komm. z. AktG, 1. Aufl., 1985, Vorb § 76 Rdn. 8; präzisierend *Mertens*, in: Kölner Komm. z. AktG, 2. Aufl., 1996, Vorb § 76 Rdn. 11 („beredtes Schweigen" genügt), allerdings mit unzutreffender Bezugnahme auf *Geßler*, FS Luther, 1976, S. 69, 73 f.
7 Aus Klarstellungsgründen wird bei Satzungsabweichungen häufig die ihr zugrunde liegende Ermächtigung genannt; vgl. BGH NJW 2010, 1604, 1607; *Körber/König*, in: Bürgers/Körber/Lieder, AktG, 5. Aufl., 2020, § 23 Rdn. 41.
8 *Pentz*, Münchener Komm. z. AktG, 5. Aufl., 2019, § 23 Rdn. 163; *A. Arnold*, aaO (Fn. 5), § 23 Rdn. 142; *Solveen*, aaO (Fn. 5), § 23 Rdn. 30.
9 So etwa *Odersky*, ZGR-Sonderheft 13, 1996, 103, 105; siehe auch (aus österreichischer Sicht) *Julia Nicolussi*, Die Satzungsstrenge im Aktienrecht, 2018, S. 8; (aus italienischer Sicht) *Spada*, ZGR-Sonderheft 13, 1996, 310, 314.
10 *Koch*, aaO (Fn. 2), § 23 Rdn. 37; *Röhricht/Schall*, aaO (Fn. 2), § 23 Rdn. 242; *Pentz*, aaO (Fn. 8), § 23 Rdn. 165; *Limmer*, aaO (Fn. 5), § 23 Rdn. 53; *A. Arnold*, aaO (Fn. 5), § 23 Rdn. 153; vgl. auch schon *Eckard*, aaO (Fn. 2), § 23 Rdn. 115; *Kraft*, aaO (Fn. 2), § 23 Rdn. 5.
11 *Pentz*, aaO (Fn. 8), § 23 Rdn. 157, 165; *Limmer*, aaO (Fn. 5), § 23 Rdn. 53; *Solveen*, aaO (Fn. 5), § 23 Rdn. 31.
12 *Koch*, aaO (Fn. 2), § 23 Rdn. 37; *Röhricht/Schall*, aaO (Fn. 2), § 23 Rdn. 248; *A. Arnold*, aaO (Fn. 5), § 23 Rdn. 154; vgl. auch schon *Geßler*, FS Luther, 1976, S. 69, 74 f.
13 Den Ausnahmecharakter betonend auch *Pentz*, aaO (Fn. 8), § 23 Rdn. 165; *E. Vetter*, aaO (Fn. 2), § 23 Rdn. 24; *Koch*, aaO (Fn. 2), § 23 Rdn. 37; *Körber/König*, aaO (Fn. 7), 23 Rdn. 42; *A. Arnold*, aaO (Fn. 5), § 23 Rdn. 153.

schließende Regelung enthält,[14] was im Wege der Auslegung zu ermitteln ist[15] (sog. verdeckte Regelungsfreiräume), sofern die gesetzliche Vorschrift nicht bereits ausdrücklich ergänzende Satzungsbestimmungen gestattet. M. a. W.: Satzungs*ergänzungen* sind immer schon dann gestattet, wenn eine einschlägige gesetzliche Vorschrift *nicht abschließend* formuliert ist und die Ergänzungen der gesetzlichen Regelung von Grundsatz und Funktion her *nicht widersprechen*, während Satzungs*abweichungen* stets einer *ausdrücklichen Zulassung* im Aktiengesetz bedürfen.

Sowohl bei Satzungsabweichungen als auch bei Satzungsergänzungen ist stets zu ermitteln, *welchen Spielraum* die einschlägige gesetzliche Regelung der Satzungsautonomie gewährt.[16]

Wir können mithin feststellen: Die Aussage, dass die Regelung des § 23 Abs. 5 AktG eine „Absage an das Prinzip der Vertragsfreiheit" bedeutet,[17] ist ohne Zweifel zutreffend.[18] Festzuhalten ist weiterhin, dass die rigorose Satzungsstrenge deutscher Prägung im Rechtsvergleich nahezu „einzigartig" ist,[19] international „ein Solitär, aber gewiss kein Edelstein".[20]

Der Satzungsfreiheit entzogen und somit zwingend für alle deutschen Aktiengesellschaften standardisiert sind nach allgemeinem Verständnis nicht lediglich die Grundstrukturen, sondern prinzipiell das gesamte im Aktiengesetz geregelte Au-

---

14 *E. Vetter*, aaO (Fn. 2), § 23 Rdn. 24; *Pentz*, aaO (Fn. 8), § 23 Rdn. 165; *Limmer*, aaO (Fn. 5), § 23 Rdn. 51, 53; *Solveen*, aaO (Fn. 5), § 23 Rdn. 31;
15 *Koch*, aaO (Fn. 2), § 23 Rdn. 37; *E. Vetter*, aaO (Fn. 2), § 23 Rdn. 24; *Röhricht/Schall*, aaO (Fn. 2), § 23 Rdn. 243 ff; *Pentz*, aaO (Fn. 8), § 23 Rdn. 165; *Solveen*, aaO (Fn. 5), § 23 Rdn. 31; *A. Arnold*, aaO (Fn. 5), § 23 Rdn. 154; vgl. auch schon *Eckard*, aaO (Fn. 2), § 23 Rdn. 115;
16 Zu den Grenzen zulässiger Abweichungen bzw. Ergänzungen näher *Röhricht/Schall*, aaO (Fn. 2), § 23 Rdn. 179, 247 ff; *Pentz*, aaO (Fn. 8), § 23 Rdn. 166; *A. Arnold*, aaO (Fn. 5), § 23 Rdn. 142; *Körber/König*, aaO (Fn. 7), § 23 Rdn. 41 f; vgl. auch schon *Luther*, FG Hengeler, 1972, S. 167, 172 f und *Geßler*, FS Luther, 1976, S. 69, 74 f.
17 So bereits *Barz*, aaO (Fn. 6), § 23 Anm. 18; vgl. weiter *Röhricht*, in: GroßKomm. z. AktG, 4. Aufl., 1996, § 23 Rdn. 167: „programmatische Absage an das Prinzip der Vertragsfreiheit für das Gebiet des Aktienrechts"; gleichsinnig *Hommelhoff*, in: G. H. Roth (Hrsg.), Das System der Kapitalgesellschaften im Umbruch – ein internationaler Vergleich, 1990, S. 26, 46 („gibt den einzelnen Gesellschaften allenfalls marginalen Raum"); zweifelnd allerdings *Jürgenmeyer*, ZGR 2007, 112, 123.
18 Ebenso aus dem aktuellen Schrifttum: *E. Vetter*, aaO (Fn. 2), § 23 Rdn. 22; vgl. weiter *Fleischer/Maas*, AG 2020, 761 (Die statutarischen Gestaltungsmöglichkeiten „sind heute durch den Grundsatz der Satzungsstrenge stark beschränkt"); vgl. weiter *Fleischer*, ZHR 168 (2004), 673, 687: „Gesellschaftsgründer und Anteilseigner werden durch § 23 Abs. 5 AktG auf ein Prokrustesbett gezwungen, das für individuelle Problemlösungen keinen Raum lässt und durch ein Höchstmaß an Rechtspaternalismus gekennzeichnet ist". Bekräftigend *Fleischer*, ZIP 2006, 451, 452 f.
19 Siehe nur *Kalss/Fleischer*, AG 2013, 693, 694; vgl. weiter bei Fn. 195.
20 So *Fleischer*, AcP 204 (2004), 502, 517; aufgegriffen von *Kalss/Fleischer*, AG 2013, 693, 694.

ßen- und Innenrecht der Gesellschaft. Zwingendes Recht sind damit insbesondere auch die Vorschriften über Zuständigkeiten, Zusammensetzung und innere Organisation der Gesellschaftsorgane sowie die gesetzlich normierten Minderheitenrechte.[21] Die wenigen „Öffnungen" im „dicken Panzer des Aktiengesetzes"[22] sind nicht an einem bestimmten Typus der AG ausgerichtet, sondern hängen von einer Reihe von Faktoren in jedem Einzelfall ab.

Ausdrückliche Gestattungen für *Abweichungen* nach Maßgabe von § 23 Abs. 5 S. 1 AktG finden sich im Aktiengesetz zwar für nahezu alle Sachgebiete; diese haben jedoch stets den Charakter punktueller Ausnahmen. Häufigster Fall ist dabei die Gestattung der statutarischen Regelung „andere(r) Mehrheiten" sowie „weitere(r) Erfordernisse" für Beschlüsse der Hauptversammlung[23]. Im Übrigen sind die Gegenstände der Regelungsoptionen relativ breit gefächert[24]; sie betreffen etwa – allerdings nur in engen Grenzen – die Verwendung des Bilanzgewinns, die Größe von Vorstand und Aufsichtsrat, Geschäftsführungs- und Vertretungsbefugnisse des Vorstands oder die Ausübung und Beschränkungen des Stimmrechts.

In den allgemeinen Vorschriften ist die Befugnis für Abweichungen in § 10 Abs. 5 AktG und bezüglich der Gründung einer Gesellschaft in §§ 31 Abs. 2, 52 Abs. 5 S. 3 AktG angelegt. Demgegenüber sind Abweichungen hinsichtlich der Rechtsverhältnisse der Gesellschaft und Gesellschafter in §§ 58 Abs. 2 S. 2 und Abs. 3 S. 2, 59 Abs. 1, 60 Abs. 3, 63 Abs. 1 S. 2, 68 Abs. 2 S. 1 AktG zugelassen, bezüglich des Vorstands und Aufsichtsrats in §§ 77 Abs. 1 S. 2 und Abs. 2 S. 1, 78 Abs. 2 S. 1 und Abs. 3 S. 1, 95 S. 2, 101 Abs. 2, 103 Abs. 1 S. 3, 108 Abs. 2 S. 1 und Abs. 4, 109 Abs. 3 AktG. Hinsichtlich der Hauptversammlung sind Abweichungen in §§ 118, 121 Abs. 4 S. 1 und Abs. 5, 122 Abs. 1 S. 2, 123 Abs. 2–4, 133 Abs. 1 und 2, 134 Abs. 1 S. 2–4 und Abs. 2 S. 2 und Abs. 3 S. 2, 135 Abs. 5 S. 4, 139 Abs. 1, 140 Abs. 3 AktG ausdrücklich gestattet. Dabei stellt § 122 Abs. 1 S. 2 AktG als Regelungsoption für die Hauptversammlung einen Fremdkörper gegenüber den als zwingendes Recht normierten Minderheitenrechten dar.[25]

Die §§ 179 Abs. 2 S. 2 und 3, 179a Abs. 1 S. 2, 182 Abs. 1 S. 2 und 3 und Abs. 4 S. 2, 186 Abs. 3 S. 3, 193 Abs. 1 S. 2, 202 Abs. 2 und 4, 203 Abs. 3 S. 2, 221 Abs. 1 S. 3, 222 Abs. 1 S. 2, 229 Abs. 3, 237 Abs. 4 S. 3 AktG erlauben ausdrücklich Abweichungen betreffend der Satzungsänderung und Maßnahmen der Kapitalbeschaffung und -herabsetzung. Ferner gestehen die §§ 262 Abs. 1 Nr. 2, 265 Abs. 2 S. 1, 269 Abs. 2 S. 1 und Abs. 3 S. 1 und

---

21 *Seibt*, in: K. Schmidt/Lutter, Komm. z. AktG, 4. Aufl., 2020, § 23 Rdn. 55; *A. Arnold*, aaO (Fn. 5), § 23 Rdn. 152; *Pentz*, aaO (Fn. 8), § 23 Rdn. 164; *Körber/König*, aaO (Fn. 7), § 23 Rdn. 43.
22 *Lutter*, FS Vieregge, 1995, S. 603, 606.
23 Vgl. *Pentz*, aaO (Fn. 8), § 23 Rdn. 155.
24 Ausführlicher und thematisch geordneter Überblick bei *Pentz*, aaO (Fn. 8), § 23 Rdn. 155; *Röhricht/Schall*, aaO (Fn. 2), § 23 Rdn. 185 ff.
25 *A. Arnold*, aaO (Fn. 5), § 23 Rdn. 152; *Pentz*, aaO (Fn. 8), § 23 Rdn. 164.

2, 274 Abs. 1 S. 3 AktG hinsichtlich der Auflösung und Nichtigerklärung der Gesellschaft und die §§ 293 Abs. 1 S. 3 und Abs. 2 S. 2, 300 Nr. 1, 319 Abs. 2 S. 3, 320 Abs. 1 S. 3 AktG bezüglich der verbundenen Unternehmen Abweichungen zu.

Zum großen Teil als Abweichungsmöglichkeiten verstanden, können die §§ 24, 68 Abs. 2 AktG ebenso als Ermächtigungen zu einer satzungsergänzenden Regelung und die §§ 77 Abs. 2 S. 1 2. Hs., 135 Abs. 5 AktG als Gestattungen zu einer gesetzesergänzenden Regelung gesehen werden.[26]

Für *Ergänzungen* im Sinne von § 23 Abs. 5 S. 2 AktG ist das Gesetz hingegen großzügiger und eröffnet an vielen Stellen sogar explizit Regelungsspielräume, so etwa bzgl. der Schaffung verschiedener Aktiengattungen (§ 11 S. 1 AktG) oder hinsichtlich der Wahl des Aufsichtsratsvorsitzenden und seiner Stellvertreter (§ 107 Abs. 1 AktG). Beispiele hierfür[27] sind etwa die Bestellung eines Ehrenvorsitzenden des Aufsichtsrates[28] oder Gerichtsstandsklauseln für Rechtsstreitigkeiten der Aktionäre mit der Gesellschaft oder deren Organen.

Nach Maßgabe von § 23 Abs. 5 AktG hat die *Rechtsprechung* etwa die *Unzulässigkeit* folgender Satzungsbestimmungen festgestellt: (1) Verschärfungen der gesetzlichen Verschwiegenheitspflicht für Aufsichtsratsmitglieder[29], (2) Das Recht des Vorsitzenden des Aufsichtsrats zur Vertretung der AG gegenüber Vorstandsmitgliedern[30], (3) Die Beschränkung der in § 134 Abs. 3 AktG gestatteten Stimmrechtsvertretung[31], und (4) die Gewährung von Sondervergütungen durch den Aufsichtsrat an dessen Mitglieder für eine Sondertätigkeit.[32] Für unzulässig – weil Eingriff in die aktienrechtliche Kompetenzordnung – wurde jüngst auch eine Satzungsregelung betrachtet, die (5) den Vorstand in Ergänzung seiner gesetzlichen Verpflichtungen zu einer flankierenden Nachhaltigkeitsberichterstattung verpflichten würde.[33]

---

26 *Röhricht/Schall*, aaO (Fn. 2), § 23 Rdn. 186, 196, 199, 214.
27 Vgl. *Seibt*, aaO (Fn. 21), § 23 Rdn. 67.
28 *Lutter*, ZIP 1984, 645, 648; *A. Arnold*, aaO (Fn. 5), § 23 Rdn. 156.
29 BGHZ 64, 325 (§ 93 Abs. 1 S. 2 AktG aF [heute § 93 Abs. 1 S. 3 AktG] trifft eine abschließende Regelung).
30 OLG Stuttgart AG 1967, 237 (Abweichung von Gesamtvertretung gem. § 112 AktG nicht durch die Satzung zulässig, sondern nur Ermächtigung zur Vertretung durch Beschluss – ggf. durch beschlossene Geschäftsordnung – gem. § 108 AktG; dazu auch BGHZ 41, 282, 285 und ausf. *Bayer*, in: Soergel, Komm. z. BGB, 14. Aufl., 2022, Vor § 164 Rdn. 102 ff mit weiteren Unterscheidungen bei der Ausgestaltung der Vertretungsbefugnis).
31 RGZ 55, 41 f.; OLG Stuttgart AG 1991, 69 m. krit. Anm. *Emmerich*, WuB II A, § 134 AktG 2.90; vgl. aktuell auch *Koch*, aaO (Fn. 2), § 134 Rdn. 25 mwN.
32 OLG Düsseldorf BB 1967, 2155; *R. Fischer*, BB 1967, 859; *Bernhardt*, BB 1967, 863 ff.
33 AG Braunschweig AG 2023, 510; folgend OLG Braunschweig AG 2023, 589 (VW). Zustimmend *Verse*, AG 2023, 578 ff mwN; aA *Klöhn*, NZG 2023, 645 ff.

Zulässig sind hingegen etwa folgende Satzungsregelungen: (1) Bestimmung eines Schiedsgerichts in den Fällen, in denen das Aktiengesetz keinen Rechtsschutz vor den staatlichen Gerichten anordnet[34], (2) Einrichtung von fakultativen Gremien, sofern dabei keine Organrechte von Vorstand, Aufsichtsrat und Hauptversammlung angetastet werden[35], (3) Ausdehnung des Auskunftsrechts der Aktionäre[36], (4) Einführung des Amts eines Vorstandssprechers[37], (5) Angaben zur Bestimmung des Geschäftsjahrs[38] und (6) der Verzicht auf sämtliche Form- und Fristvorschriften im Falle einer Vollversammlung.[39]

Obendrein wird überwiegend als zulässig erachtet, dass in der Satzung persönliche Anforderungen (z.B. Berufsqualifikation oder Mindestalter) an Vorstandsmitglieder gestellt werden, sofern das Auswahlermessen des Aufsichtsrats beachtet wird.[40] Umstrittener hingegen ist, ob eine bestimmte Familienzugehörigkeit des Aufsichtsratsmitglieds vorausgesetzt werden kann.[41]

Einen aktuellen Überblick über die Praxis der Satzungsgestaltung der deutschen DAX-30-Gesellschaften im Jahre 2020 vermitteln die empirischen Befunde von *Fleischer/Maas*.[42] Auffälliges Ergebnis ist die hohe Homogenität der DAX-30-Satzungen auch in den Bereichen, in denen die aktienrechtliche Satzungsstrenge durchaus Spielräume lässt.[43] Hieraus schlussfolgern *Fleischer/Maas*, dass der für die untersuchten Börsengesellschaften anzutreffende „hohe Standardisierungsgrad" sich nicht allein auf die Satzungsstrenge zurückführen lässt,[44] sondern auch durch weitere Standardisierungstreiber beeinflusst wird.[45]

---

[34] BGHZ 132, 278, 282 = NJW 1996, 1753; *K. Schmidt*, ZGR 1988, 523, 537f.; *Pentz*, aaO (Fn. 8), § 23 Rdn. 169.
[35] *Luther*, FG Hengeler, 1972, S. 167, 177; *Röhricht/Schall*, aaO (Fn. 2), § 23 Rdn. 246.
[36] *Koch*, aaO (Fn. 2), § 23 Rdn. 38; *Seibt*, aaO (Fn. 21), § 23 Rdn. 57.
[37] *Röhricht/Schall*, aaO (Fn. 2), § 23 Rdn. 246.
[38] *Fleischer/Maas*, AG 2020, 761, 763; *Koch*, aaO (Fn. 2), § 23 Rdn. 38.
[39] LG Koblenz AG 1967, 138 (vgl. heute auch § 121 Abs. 6 AktG).
[40] *Limmer*, aaO (Fn. 5), § 23 Rdn. 53; *Koch*, aaO (Fn. 2), § 23 Rdn. 38.
[41] *A. Arnold*, aaO (Fn. 5), § 23 Rdn. 156; *Seibt*, aaO (Fn. 21), § 23 Rdn. 57.
[42] *Fleischer/Maas*, AG 2020, 761, 762ff; vgl. für Österreich auch *Kalss/Nicolussi*, GesRZ 2017, 203ff (125 Satzungen).
[43] *Fleischer/Maas*, AG 2020, 761, 772.
[44] Interessant der weitere Hinweis auf eine hohe Homogenität auch bei börsennotierten Gesellschaften im US-Staat Delaware, trotz der dort anzutreffenden weitreichenden Satzungsfreiheit; vgl. *Fleischer/Maas*, AG 2020, 761, 772.
[45] Näher *Fleischer/Maas*, AG 2020, 761, 773.

II. Historischer Rückblick

Im früheren Aktienrecht gab es keine dem heutigen § 23 Abs. 5 AktG vergleichbare Regelung. Die Festlegung des Verhältnisses zwischen Gesetz und Satzung, mithin die Zulässigkeit und Reichweite einer Satzungsautonomie, war vielmehr allein der Rechtsprechung und der Diskussion im aktienrechtlichen Schrifttum überlassen.[46]

1. Die Begründung des RegE zum AktG 1965 im kritischen Rückblick

Die Kodifikation der formellen Satzungsstrenge im heutigen § 23 Abs. 5 AktG wird vielfach als gesetzgeberischer Unfall bezeichnet.[47] Teilweise wird den Gesetzesverfassern auch vorgeworfen, die bisherige Rechtslage unter dem AktG 1937 (mithin ohne eine entsprechende Regelung) unzutreffend dargestellt zu haben.[48]

Nach der BegrRegE AktG 1965 bedeutet die neue Vorschrift lediglich eine „Klarstellung" der Rechtslage.[49] Denn die im heutigen § 23 Abs. 5 AktG getroffene Regelung „entspricht der herrschenden Lehre"; da aber demgegenüber „die Rechtsprechung zur Frage der Zulässigkeit ergänzender Satzungsbestimmungen kein einheitliches Bild ergibt [...]", „erscheint eine ausdrückliche Klarstellung angebracht".[50]

Diese Beurteilung ist allerdings in der Tat in mehrfacher Hinsicht nicht ganz zutreffend: Zum einen enthält das AktG 1965 weitaus mehr zwingende Vorschriften als das AktG 1937, wodurch sich das Verhältnis von Satzungsautonomie und Sat-

---

46 Näher unter II. 2.
47 So jüngst wieder *Kuntz*, Gestaltung von Kapitalgesellschaften, 2016, S. 437 („Die Einführung der Satzungsstrenge beruht in gewisser Weise auf einem gesetzgeberischen Unfall"); vgl. weiter *Hommelhoff*, aaO (Fn. 17), S. 47 („überrascht, mit welch' oberflächlicher Argumentation der Gesetzgeber die Schärfe und Schnitttiefe der Satzungsstrenge in ihrer konkreten Ausgestaltung begründet hat").
48 Siehe etwa *Kuntz*, aaO (Fn. 47), S. 437 („fragwürdige[.] Einschätzung des Meinungsstandes im Schrifttum"); *Hommelhoff*, aaO (Fn. 17), S. 47 (Gesetzgeber „begnügt [...] sich mit einem (überdies in der Sache fragwürdigen) Verweis auf eine (angeblich) herrschende Lehre"; vgl. weiter *Hirte*, ZGR-Sonderheft 13, 1998, 61, 84ff sowie *Hey*, Freie Gestaltung in Gesellschaftsverträgen und ihre Schranken, 2004, S. 168.
49 Ebenso *Barz*, aaO (Fn. 6), § 23 Anm. 18 („Der neu eingefügte Abs. 5 besagt nichts Neues"); vgl. weiter *Eckard*, aaO (Fn. 2), § 23 Rdn. 105.
50 BegrRegE [zu § 20 Abs. 4] bei *Kropff*, AktG S. 44. Ausf. hierzu auch *Geßler*, FS Luther, 1976, S. 69, 70 ff.

zungsstrenge deutlich *zum Nachteil der Satzungsautonomie verschoben* hat.[51] Bereits daraus folgt, dass heute weitaus weniger Abweichungen zulässig sind als im früheren Aktienrecht.[52] Zum anderen kann die neue Vorschrift des § 23 Abs. 5 AktG auch keineswegs als bloße „Klarstellung" der bisherigen Rechtslage gedeutet werden: Dass *Abweichungen* vom Gesetz nur bei ausdrücklicher *formeller* Gestattung zulässig sind, *Ergänzungen* hingegen dann, wenn sie im Einzelfall *materiell* nicht der gesetzlichen Regelung widersprechen, entsprach zwar völlig der Auffassung, die Jahrzehnte zuvor auch schon in dem vom Staatssekretär im Reichsjustizministerium *Franz Schlegelberger* und seinen Mitarbeitern – darunter auch *Ernst Geßler* – verfassten offiziösen Kommentar zum Aktiengesetz 1937 vertreten worden war,[53] doch waren diese Grenzen der Satzungsautonomie weder von der Rechtsprechung auch nur in einer einzigen Entscheidung gleichlautend formuliert worden[54] noch im Schrifttum allgemein anerkannt. Mit der neuen Regelung des § 23 Abs. 5 AktG wurde vielmehr eine „mittlere Linie" verfolgt: Zum einen wurde die Kritik des Schrifttums gegenüber einer teilweise noch restriktiveren und als verfehlt angesehenen Rechtsprechung aufgegriffen, zum anderen aber mit dem Erfordernis der formellen Gestattung für Abweichungen zugleich einer im Schrifttum gleichfalls vertretenen großzügigeren Linie eine Absage erteilt.[55]

Hinzu kommt: Allein der Umstand, dass nunmehr in § 23 Abs. 5 AktG die Grenzen der Satzungsautonomie *gesetzlich festgeschrieben* sind, während diese zuvor lediglich einzelfallbezogen von der Rechtsprechung gezogen worden waren, was die Möglichkeit offenließ, dass im Wege der richterlichen Rechtsfortbildung formulierte dogmatische Grundsätze dem zeitlichen Wandel veränderter Anschauungen *angepasst* werden, gibt der Entscheidung des Gesetzgebers von 1965 eine andere Qualität, da nunmehr jede Lockerung der Satzungsstrenge eine gesetzgeberische Maßnahme erfordert.[56]

Es ist daher nicht überraschend, dass die Einschätzung der BegrRegE *nicht unbestritten* geblieben ist. Widerspruch gab es – zur gleichlautenden BegrRefE –

---

51 So deutlich bereits *Luther*, FG Hengeler, 1972, S. 167, 169; vgl. weiter *Fleischer/Maas*, AG 2020, 761 (mit Hinweis auf größere Freiheiten nach dem HGB).
52 So auch *Spindler*, in: Bayer/Habersack, Aktienrecht im Wandel, 2007, Bd. II, Kap. 22 Rdn. 32; vgl. weiter *A. Arnold*, aaO (Fn. 5), § 23 Rdn. 132; *Kuntz*, aaO (Fn. 47), S. 436; zeitgenössisch bereits *Luther*, FG Hengeler, 1972, S. 167, 169.
53 Siehe *Hefermehl*, in: Schlegelberger/Quassowski/Herbig/Geßler, Komm. z. AktG, 3. Aufl., 1939, § 16 Rdn. 27; dazu näher unten II. 3.
54 Dazu sogleich unter II. 2.
55 In diese Richtung auch *Spindler*, aaO (Fn. 52), Rdn. 29.
56 Der qualitative Unterschied kommt bei der Betrachtung des österreichischen Aktienrechts zum Ausdruck; dazu näher unter II. 4.

sowohl von den Spitzenverbänden der Wirtschaft[57] („kann nicht gefolgt werden") als auch auf der Marburger Aussprache zur Aktienrechtsreform im Mai 1959[58] („Gesetzesperfektionismus"). Bemühungen im Wirtschaftsausschuss, die kritisierte Vorschrift im Rahmen des Gesetzgebungsverfahrens zu streichen,[59] blieben indes erfolglos.[60]

2. Rechtsprechung und Schrifttum bis zur Aktienrechtsreform 1937

Soweit ersichtlich hat sich das Reichsgericht erstmals im Jahre 1901 zu den Grenzen einer bis dahin nach Maßgabe des ADHGB 1884 sowie des HGB 1900 weit verstandenen Satzungsautonomie[61] geäußert.[62] In dieser Entscheidung, deren Tragweite damals wohl kaum erkannte wurde,[63] ging es um eine Satzungsbestimmung, nach der ein Aktionär durch die Generalversammlung ausgeschlossen und zur Übertragung seiner Aktien zum Nominalbetrag an einen von der Gesellschaft zu bestimmenden Dritten verpflichtet werden konnte, wenn er aufhört, Mitglied im Bunde der Landwirte zu sein. Der auf Feststellung der Nichtigkeit des Beschlusses klagende Aktionär begründete seine Auffassung damit, dass die Satzungsbestimmung nichtig sei, weil sie dem Aktionär eine über die gesetzliche Regelung gem. §§ 211, 212 HGB bzw. Art. 219 ADHGB hinausgehende Verpflichtung auferlegte. Im Anschluss an das Kammergericht hielt auch das Reichsgericht die Satzungsbe-

---

57 Siehe Anlagenband zur Gemeinsamen Denkschrift zum RefE eines AktG, S. 10 ff.
58 Siehe Marburger Rechts- und Staatswissenschaftliche Abhandlungen Reihe A Band 6, S. 77 ff.
59 Siehe Protokoll Nr. 32 und Nr. 65 des 16. Ausschusses des Bundestags v. 11.1.1963, S. 9 f und v. 23.10. 1963, S. 8.
60 Näher unten IV. 2.
61 So die zeitgenössische Einschätzung durch *Rudolf Fischer*, in: Ehrenberg, Handbuch des gesamten Handelsrechts, Bd. III/1, 1916, § 20 [S. 84]: „Mithin steht, wenn schon in beschränktem Umfange, der Aktiengesellschaft die Befugnis zu, ihre Angelegenheiten zu ordnen. Darüber, daß das Gesetzes- dem Statutarrecht diese Befugnis grundsätzlich einräumt, hat bislang allgemeine Übereinstimmung geherrscht"; vgl. weiter *Behrend*, Lehrbuch des Handelsrechts I/2, 1896, § 98 [S. 270], der auf Satzungsbestimmungen hinweist, „hinsichtlich deren die Privatautonomie freie Hand hat"; *K. Lehmann*, Recht der Aktiengesellschaften, Bd. II, 1904, § 49 S. 13 ff, weist auf zwingende Regelungen hin, die im Interesse von Gläubigern, des Staates und des „großen Publikums" bestehen und „für die Autonomie der Aktiengesellschaft die selbstverständliche Beschränkung" ergeben.
62 RG v. 25.9.1901 – I 142/01, RGZ 49, 77 (Deutsche Tageszeitung AG).
63 So auch die Einschätzung von *Spindler*, aaO (Fn. 52), Rdn. 14; vgl. auch noch *Spindler*, AG 2008, 598, 600 („Satzungsstrenge, geboren aus einer Art Zufälligkeit der Rechtsprechung").

stimmung für unwirksam⁶⁴ und stellte fest, dass im Gesetz zahlreiche Gründe für ein unfreiwilliges Ausscheiden aus der Gesellschaft geregelt seien.[65] Einer Erweiterung der Gründe für ein zwangsweises Ausscheiden durch die Satzung erteilte der I. Zivilsenat des Reichsgerichts mit folgenden Worten eine eindeutige Absage:[66]

„Weder das alte noch das neue Handelsgesetzbuch bestimmt für die Aktiengesellschaft, wie für die offene Handelsgesellschaft, daß das Rechtsverhältnis der Aktionäre zu der Aktiengesellschaft sich zunächst nach dem Gesellschaftsvertrage richte. Die Vorschriften über die Rechtsverhältnisse der Gesellschafter und der Aktiengesellschaft sind vielmehr *dispositiver Natur nur* soweit, als das Gesetz *es ausdrücklich zuläßt* (vgl. Artt. 216–226 des alten, §§ 210–230 des neuen Handelsgesetzbuches)".[67]

Im Hinblick auf die konkrete Satzungsbestimmung finden sich dann folgende Ergänzungen: „Eine ausdrückliche Vorschrift, welche eine Verwirkungsklausel zur Strafe für Handlungen oder Unterlassungen außerhalb des Kreises der Leistungen zu den Zwecken der Gesellschaft zuläßt, enthält weder das alte noch das neue Handelsgesetzbuch. Jeder Ausschluß eines Aktionärs unter Rückzahlung seiner Einlage auf das Grundkapital enthält eine Herabsetzung des Grundkapitals, die das Gesetz nur unter Voraussetzungen zuläßt, die hier nicht zutreffen".[68]

Der hier explizit noch auf das Rechtsverhältnis zwischen den Aktionären und der Gesellschaft (§§ 210–230 HGB) begrenzte Grundsatz der Satzungsstrenge wurde dann vom Senat einige Jahre später auf das gesamte Aktienrecht ausgedehnt[69] (§§ 178–319 HGB); dabei wurden explizit *auch Ergänzungen* des Gesetzes *einbezogen*. Unwirksam ist nach diesem Urteil[70] eine Satzungsbestimmung, nach der das Protokoll der Generalversammlung über die gesetzlichen Erfordernisse des § 259

---

64 Siehe RGZ 49, 77, 78 ff (Deutsche Tageszeitung AG). Im Ergebnis zustimmend *Staub*, DJZ 1901, 498 und dann auch *Pinner*, in: Staub, Komm. z. HGB, 9. Aufl., 1912, § 211 Anm. 11 und § 227 Anm. 5; kritisch indes *Dietz*, ZBlHR 1927, 176 ff.
65 Näher RGZ 49, 77, 80 mit Bezugnahme auf Art. 219, 184–184c, 248, 215d ADHGB bzw. §§ 218–221, 288–291, 227 HGB.
66 Keine Abweichung von RGZ 49, 77 folgt aus dem Urteil RG v. 11.6.1902 – I 66/1902, HoldHZ 1902, S. 268, da hier kein satzungsmäßiger Zwangsausschluss angeordnet, vielmehr der AG nur das Recht eingeräumt worden war, vinkulierte Namensaktien verstorbener Aktionäre zum wahren Wert für den Fall zu übernehmen, dass der Aktienübergang auf die Erben nicht gestattet worden war. Zu dieser Entscheidung noch OLG Karlsruhe v. 12.7.1923 – I RPTA 17/23, JFG 1 Nr. 49 [S. 213, 216] (bei Fn. 79) sowie *Goldschmit II*, JW 1928, 2618, 2619.
67 RGZ 49, 77, 80 (im Original nicht kursiv).
68 RGZ 49, 77, 80.
69 Klar erkannt bereits von *Altschul*, SächsArch für Rechtspflege III (1908), 49 („viel weiter").
70 RGZ 65, 91 (Aktienzuckerfabrik B.) = JW 1907, 183.

HGB hinaus von drei Aktionären mitzuunterzeichnen war.[71] Das Reichsgericht machte dabei die folgenden, im Schrifttum – ungeachtet der Richtigkeit der konkreten Entscheidung[72] – heftig bestrittenen[73] Ausführungen:

„Das Handelsgesetzbuch sagt nicht, daß für die Rechtsverhältnisse der Aktiengesellschaft an erster Stelle der Gesellschaftsvertrag maßgebend sei, wie dies grundsätzlich für die offene Handelsgesellschaft, die Gesellschaft m.b.H. und die Genossenschaft gilt. Für die Aktiengesellschaft entscheidet vielmehr an erster Stelle das Gesetz, der Gesellschaftsvertrag nur insoweit, als das Gesetz auf ihn verweist, ihm abändernde oder ergänzende Bestimmungen überläßt [...]."[74]

Und der Senat fährt in aller Deutlichkeit fort: „Überall, wo in dem Abschnitt für die Aktiengesellschaft dem Gesellschaftsvertrage *keine ergänzende oder abändernde Macht eingeräumt ist*, sind die Vorschriften des Abschnitts als absolute anzusehen, die durch den Gesellschaftsvertrag weder ergänzt, noch abgeändert werden können".[75]

Für die Praxis kamen diese Entscheidungen überraschend. Sowohl der Protest als auch die argumentative Auseinandersetzung mit der Rechtsprechung hielten sich indes zunächst in engen Grenzen,[76] obgleich die grundsätzliche Bedeutung durchaus erkannt worden war.[77] Gleichfalls wurde darauf hingewiesen, „daß sich in den Gesellschaftsverträgen unserer Aktiengesellschaften vielfach Bestimmungen finden, welche gegen zwingendes Aktienrecht verstoßen und deshalb ungültig sind".[78]

---

71 RGZ 65, 91, 92.
72 Bekräftigend obiter RGZ 75, 259, 267; ebenso aufgrund der abschließenden Regelung der Formvorschriften über das Generalversammlungsprotokoll *Pinner*, in: Staub, HGB, 14. Aufl., 1933, § 259 Anm. 9 mwN; vgl zur Nachfolgeregelung in § 111 AktG 1937 auch *Teichmann*, in: Teichmann/Koehler, AktG, 1. Aufl., 1937, § 16 Anm. 4, § 111 Anm. 3; *W. Schmidt/Meyer-Landrut*, in: GroßKomm. z. AktG, 2. Aufl., 1961, § 111 Anm. 1, 7 mwN. Abw. zuvor *Hachenburg*, Recht 1904, 16 und folgend LG Cleve v. 30.8. 1904, RhNotZ 1904, 221; dagegen aber schon *K. Lehmann*, Recht der Aktiengesellschaften, Bd. II, 1904, 186 mwN und aus notarieller Sicht *Kockerols*, Recht 1904, 573 mit dem Ratschlag, in alten Statuten noch vorhandene Bestimmungen zur Mitunterzeichnung des Protokolls durch Stimmenzähler zu beseitigen. Wie RGZ 65, 91 auch schon OLG Dresden v. 1.3.1904 – VI 36, ZBlFG 5 Nr. 269, 320, 321.
73 Vgl. die nachfolgenden Ausführungen.
74 RGZ 61, 91, 92 (im Original nicht kursiv).
75 RGZ 61, 91, 92 (im Original nicht kursiv).
76 Noch ohne Wertung *Altschul*, SächsArch 1908, 49ff; dezidiert abl. jedoch *Rudolf Fischer*, aaO (Fn. 61) S. 84: „Auffälligerweise hat das Urteil [...] nicht diejenige Beachtung gefunden, die ihm gemäß seiner prinzipiellen Bedeutung zukommt". Und weiter: „Durch das Urteil hat sich das Reichsgericht mit der herrschenden Meinung [...] in Widerspruch gesetzt" (S. 85).
77 Siehe nur *Altschul*, SächsArch für Rechtspflege III (1908), 49 („Reichsgericht hat [...] rechtsgrundsätzlich gesprochen").
78 So *Altschul*, SächsArch für Rechtspflege III (1908), 49 (mit Beispielen).

Die Problematik der Satzungsstrenge wurde erst wieder in der Zeit der Weimarer Republik intensiver diskutiert. Auch Rechtsprechung findet sich erst wieder nach dem Ende des Ersten Weltkrieges, wobei die Judikate nicht einheitlich waren: So folgte etwa das OLG Karlsruhe in einer Entscheidung aus dem Jahre 1923[79] explizit der strengen Linie des Reichsgerichts,[80] während das OLG Dresden ein Jahr später die Satzungsfreiheit etwas großzügiger[81] interpretierte.[82]

Im Jahre 1928 billigte dann aber der nunmehr für das Gesellschaftsrecht zuständige II. Zivilsenat des Reichsgerichts[83] eine Satzungsregelung, nach der aufgrund einer bei der Gründung der Gesellschaft getroffenen Vereinbarung ein Teil des Gewinnes zur Kompensation erbrachter Leistungen dem Staat (hier: Hamburg) zusteht und in einen Ankaufsfonds überführt wird, aus dem nach und nach gegen eine festgelegte Abfindung von Mitaktionären ausgeloste Aktien erworben werden. Der Senat sah hier keinen Konflikt mit den aktienrechtlichen Vorschriften, nach denen Aktionäre ihrer Mitgliedschaftsrechte verlustig gehen können, speziell auch nicht mit § 227 HGB, nach dem im Falle einer Einziehung die Mitgliedschaftsrechte ausgeloster Aktien untergehen. Für die betroffenen Aktionäre sei es nämlich unerheblich, ob ihre ausgelosten Aktien untergehen oder an einen Dritten übertragen werden; und Gläubigerrechte seien nicht verletzt, da die Auslosung stets nur nach Maßgabe der Auffüllung des Ankaufsfonds erfolge.[84]

Die Entscheidung wurde in der Sache unterschiedlich aufgenommen.[85] Einmütig kritisiert wurde indes, dass das Reichsgericht sich nicht von den Ausfüh-

---

79 OLG Karlsruhe v. 12.7.1923 – I RPTA 17/23, JFG 1 Nr. 49 [S. 213 ff]; zustimmend *Goldschmit II*, JW 1928, 2618, 2619.
80 OLG Karlsruhe JFG 1 Nr. 49 [S. 217]: „Das HGB umgrenzt hiernach zwingend die Fälle, in denen einem Aktionär durch Beschluß der Gesellschaftsorgane die Mitgliedschaftsrechte entzogen werden können" (im Anschluss an RGZ 49, 77).
81 Siehe auch zeitgenössisch *H. Pinner*, ZBH 1930, 307 f.
82 OLG Dresden v. 11.4.1924–6 Reg 171/23, JFG 1 Nr. 52 [S. 227 ff] (im Ergebnis wurde allerdings die Zulässigkeit einer Satzungsregelung verneint, nach der anstelle des Aufsichtsrats ein „Personalausschuss" ermächtigt wurde, Einzelvertretungsbefugnis von Vorstandsmitgliedern anzuordnen). Großzügiger – auch im Ergebnis – auch schon KG v. 6.10.1922–1a X 597/22, JFG 1 Nr. 50 [S. 218 ff]: Nicht nur der Aufsichtsrat (wie in § 232 Abs. 2 S. 2 HGB gestattet), sondern auch die Generalversammlung kann durch die Satzung ermächtigt werden, Einzelvertretungsbefugnis von Vorstandsmitgliedern anzuordnen.
83 RG v. 17.2.1928 – II 275/27, RGZ 120, 177 (Hamburger Freihafen Lagerhaus-Gesellschaft) = JW 1928, 1556 m. zust. Anm. *H. Pinner* und abl. Anm. *Nord*, JW 1928, 2617 und *Simon*, JW 1928, 2618; vermittelnd *Goldschmit II*, JW 1928, 2618. Ausf. Besprechung durch *H. Pinner*, ZBH 1928, 385 ff.
84 RGZ 120, 177, 180 f in Abgrenzung zu RGZ 49, 77.
85 Abl. *Flechtheim*, in: Düringer/Hachenburg, Komm. z. HGB, 3. Aufl., 1934, § 227 Anm. 50; *Nord*, JW 1928, 2617 (mit dem Hinweis auf einen ähnlichen Sachverhalt bei der Blohm & Voß KGaA); *Simon*, JW 1928, 2618 (Verletzung von § 211 HGB); im Rückblick auch *Würdinger*, Aktienrecht, 1959, § 8 II 3 [S. 38]

rungen in RGZ 65, 91 abgegrenzt und einen Widerspruch zu RGZ 49, 77 lapidar mit dem Hinweis darauf verneint hat, dass jene Entscheidung „einen anderen Fall (behandelt)"[86] habe.[87] Weithin wurde die neuere Rechtsprechung des II. Zivilsenats so verstanden, dass mit der älteren und strengeren Linie des I. Zivilsenats vollkommen gebrochen worden sei.[88]

Im Jahre 1930 beanstandete indes das Kammergericht[89] mit ausdrücklicher Bezugnahme auf RGZ 49, 77 und RGZ 65, 91 eine Satzungsregelung, nach der bei Nichterbringung einer (zulässig geforderten) Sicherheit im Hinblick auf noch nicht fällige Einlageleistungen eine Kaduzierung beschlossen werden könnte, weil mit dieser Bestimmung die gesetzliche Regelung der Kaduzierung nach den §§ 218 ff HGB in unzulässiger Weise erweitert werde.[90] Gleichfalls als unzulässig beanstandet wurde die Satzungsbestimmung, nach der den Erben eines verstorbenen Aktionärs ihre Aktien zwangsweise entzogen werden könnten.[91] Denn: „Soweit die gesetzlichen Vorschriften nicht nachgiebig sind, sind sie schlechthin zwingend, so daß auch nicht etwa Aktionäre, sei es ausdrücklich, sei es stillschweigend, etwa durch Übernahme von Aktien, sich freiwillig Satzungsbestimmungen unterwerfen können, die zu der gesetzlichen Regelung in Widerspruch stehen".[92] Unerheblich sei für die Rechtslage, dass „gleichartige Bestimmungen in den Satzungen von Aktiengesellschaften oft vorkommen".[93]

Diese Aussagen zur Satzungsstrenge wurden von *A. Pinner* als „beklagenswerter Rückschritt" gegen die Rechtsauffassung, „wie sie sich jetzt herausgebildet hat", bedauert und insbesondere kritisiert, dass allein die ältere strenge Rechtsprechung des Reichsgerichts berücksichtigt worden sei, hingegen weder die neue Erkenntnis aus RGZ 120, 177 noch die Tatsache, dass „sowohl Theorie wie die Praxis

---

(„nicht haltbar"); dem Reichsgericht zustimmend hingegen *H. Pinner,* JW 1928, 1556 und ausf. *H. Pinner,* ZBH 1928, 385 ff (mit Replik auf Nord und Simon); im wesentlichen auch *Goldschmit II,* JW 1928, 2618; differenzierend *Ritter,* AktG, 2. Aufl., 1939, Vorb § 1 Anm. 3: „Der grundsätzliche Standpunkt des Reichsgerichts ist ebenso richtig, wie die Entscheidung im übrigen unrichtig ist".
86 So RGZ 120, 177, 180 f.
87 Insoweit kritisch *Bing,* in: Düringer/Hachenburg, HGB, 3. Aufl., 1934, § 182 Anm. 38 f; vgl. auch schon *Goldschmit II,* JW 1928, 2618, 2619 („erheblich ähnlicher, als es das RG zugeben möchte").
88 In diesem Sinne *Bing,* aaO (Fn. 87), § 182 Anm. 39; vgl. weiter *Goldschmit II,* JW 1928, 2618 („Rechtsmeinung aufgegeben"); *Pinner,* aaO (Fn. 72), § 182 Anm. 38.
89 KG v. 6.3.1930–1 b X 6/30, JW 1930, 2712 m. abl. Anm. *A. Pinner.* Restriktiv auch KG v. 16.4.1931–1 b X 197/31, JFG 8 Nr. 33 [S. 163 ff] betr. Ermächtigung des Aufsichtsrats zur Regelung von Stimmrechtsbeschränkungen durch die Satzung.
90 KG JW 1930, 2712, 2713.
91 KG JW 1930, 2712, 2714.
92 So KG JW 1930, 2712, 2713 mit Bezugnahme auf RGZ 49, 77, 80.
93 So KG JW 1930, 2712, 2714 mit Verweis auf *Flechtheim/Wolff/Schmulewitz,* Satzungen der deutschen Aktiengesellschaften, 1929, S. 22 ff.

neuerdings auf einem ganz anderen Standpunkt steht"; dadurch werde „die ganze Entwicklung des Aktienrechts auf einen Standpunkt zurückgeschraubt [...], der sich mit der heutigen Entwicklung des Aktienrechts in keiner Weise verträgt".[94]

Festhalten lässt sich, dass das Schrifttum der satzungsstrengen Linie des I. Zivilsenats des Reichsgerichts (RGZ 49, 77 und RGZ 61, 91) ganz überwiegend entgegengetreten ist.[95] Kritisiert wurde zum einen das Ergebnis – nämlich die Einschränkung der Satzungsfreiheit – als nicht sachgerecht, zum anderen die Begründung – nämlich den (angeblichen) Gegensatz zwischen AG einerseits und OHG, eG und GmbH andererseits.[96] Daher wurde die Entscheidung RGZ 120, 177 begrüßt und als Kurskorrektur verstanden.[97] Dem Reichsgericht wurde zudem vorgehalten, seine eigenen Grundsätze zu missachten, indem praeter legem entwickelte Institute wie Vorrechts- und Vorratsaktien, Genussscheine und convertible bonds anerkannt würden.[98] Im Kontext der bereits in der Weimarer Zeit angestoßenen Aktienrechtsreform kritisierte auch der frühere Reichsgerichtsrat *Brodmann* im Jahre 1931 die Entscheidungen RGZ 49, 77 und RGZ 61, 91 mit den Worten: „In beiden Fällen ist eine richtige Entscheidung unrichtig begründet worden".[99]

Die in der Weimarer Republik vorherrschenden Ansichten werden von den zwei führenden Standardkommentaren etwas unterschiedlich zusammengefasst. So formuliert *Bing* bei Düringer/Hachenburg: „Soweit das HGB für die AG zwingendes Recht enthält, ist jede *Abweichung*, aber auch jede *Ergänzung*, ausgeschlossen. Zwingendes Recht aber heißt nicht nur ausdrückliche zwingende Einzelbestimmungen. Sondern zwingend sind auch die hinter den Einzelvorschriften stehenden Rechtsgrundsätze, aus denen jene entspringen".[100] *A. Pinner* formuliert dagegen im Kommentar von Staub: „Es muss daher davon ausgegangen werden, daß zwar *Abänderungen* gesetzlicher Vorschriften durch die Satzung nur zulässig sind, soweit das Gesetz sie gestattet, daß aber die gesetzliche Regelung *Ergänzungen* nicht

---

94 Alle Zitate bei *A. Pinner*, JW 1930, 2712, 2713; gleichsinnig *H. Pinner*, ZBH 1930, 307, 308 („ohne mit einem Wort auf [RGZ 120, 177] einzugehen" sowie S. 309: „Rückfall in die frühere Rechtsprechung"); ähnlich *Bing*, aaO (Fn. 87), § 182 Anm. 38 f.
95 Siehe nochmals *Rudolf Fischer*, aaO (Fn. 61), S. 85: „Durch das Urteil hat sich das Reichsgericht mit der herrschenden Meinung [...] in Widerspruch gesetzt". Vgl. weiter *Netter*, JW 1930, 3692, 3693; *A. Pinner*, JW 1930, 2712, 2714; der strengen RG-Rspr indes folgend *W. Hartmann* in FG der Rechtsabteilung der Disconto-Gesellschaft für Arthur Salomonsohn, 1929, S. 1, 7 (vgl. dazu die Besprechung durch *J. Lehmann*, JW 1929, 2113).
96 Ausf. *Bing*, aaO (Fn. 87), § 182 Anm. 38 m.w.N.
97 *Goldschmit II*, JW 1928, 2618, 2619; *H. Pinner*, JW 1928, 1556; *Nord*, JW 1928, 2617; *Bing*, aaO (Fn. 87), § 182 Anm. 39.
98 Dazu ausf. *Spindler*, aaO (Fn. 52), Rdn. 21 m.w.N.
99 *Brodmann*, JW 1931, 775, 776.
100 *Bing*, aaO (Fn. 87), § 182 Anm. 39 (im Original nicht kursiv).

im Wege steht".[101] In diese Richtung formulierte auch *Flechtheim* im Vorwort seiner Sammlung der Satzungen aller 689 an der Berliner Börse zugelassenen Gesellschaften im Jahre 1929: „Das Handelsgesetzbuch räumt ihr [der Satzung] weitgehende Autonomie bei Festsetzung ihres Inhalts ein".[102]

3. Aktienrechtsreform 1937

Bei der Aktienrechtsreform im Jahre 1937[103] wurde das Verhältnis von Satzungsstrenge und Satzungsautonomie weder geregelt noch auch nur erörtert.[104] Wie der bisher einschlägige § 182 HGB beschränkte sich auch die Nachfolgeregelung des § 16 AktG 1937 auf Regelungen zum Mindestinhalt der Satzung und zur Form. Dass eine Kontinuität zur ganz herrschenden Lehre und Praxis der Weimarer Zeit auch unter den veränderten Umständen des NS-Systems befürwortet wurde, folgt indes aus dem offiziösen Kommentar zum AktG 1937, der vom Staatssekretär im Reichsjustizministerium *Schlegelberger* und weiteren RJM-Mitarbeitern verfasst wurde und zur Problematik folgendes ausführt:

„Die Rechtsverhältnisse der Aktiengesellschaft regeln sich [...] in erster Linie nach dem Gesetz und erst dann nach der Satzung. *Abweichen kann die Satzung von den gesetzlichen Bestimmungen nur, wo dies ausdrücklich vorgesehen ist*; es fragt sich, inwieweit sie sie ergänzen kann. Das Reichsgericht will das nur zulassen, wo das Gesetz selbst auf die Satzung verweist, ihr ergänzende Bestimmungen ausdrücklich überlässt [...]. Die Gerichte sind dieser Rechtsprechung des Reichsgerichts nicht durchweg gefolgt, auch im Schrifttum hat sie Widerspruch gefunden. In der Tat ist diese Auffassung wohl zu eng. *Satzungsbestimmungen können die gesetzlichen Vorschriften nicht nur ergänzen, wo dies ausdrücklich vorgesehen ist, sondern auch überall dort, wo es ohne Verstoß gegen grundsätzliche Vorschriften oder gegen den hinter den Vorschriften stehenden Rechtsgrundsätzen über das Wesen der Aktiengesellschaft möglich ist*; welche Ergänzungen danach getroffen werden können, muß im einzelnen geprüft werden".[105]

Dass *Abweichungen* vom Aktiengesetz nur bei ausdrücklicher Gestattung, *Ergänzungen* indes bereits dann zulässig seien, sofern sie nicht mit dem Wesen der

---

101 *Pinner*, aaO (Fn. 72), § 182 Anm. 38 (im Original nicht kursiv).
102 *Flechtheim*, in: Flechtheim/Wolff/Schmulewitz, Die Satzungen der deutschen Aktiengesellschaften, 1929, Vorwort S. XI.
103 Dazu näher *Bayer/Engelke*, in: Bayer/Habersack, Aktienrecht im Wandel, 2007, Bd. I, Kap. 15.
104 Siehe auch *Spindler*, aaO (Fn. 52), Rdn. 23.
105 *Hefermehl*, aaO (Fn. 53), § 16 Rdn. 27; der hier kursiv wiedergegebene Text ist auch im Original hervorgehoben.

Aktiengesellschaft oder mit zwingenden gesetzlichen Vorschriften in Widerspruch standen, setzte sich im Schrifttum nunmehr ganz überwiegend durch,[106] war aber nicht unbestritten.[107] Im Sinne der hL formulierte R. Fischer im Jahre 1961: „Neben den notwendigen Satzungsbestimmungen sind auch solche ergänzender Art zulässig, und zwar nicht nur solche, die das Gesetz ausdrücklich gestattet (RG 65, 91), sondern überhaupt solche, die mit den gesetzlichen Bestimmungen verträglich sind (RG 120, 180)".[108] Undeutlich dagegen Würdinger im Jahre 1959: „Für eine Privatautonomie der Aktionäre ist kein Raum, wo zwingendes Recht entgegensteht. Welche Vorschriften als zwingend zu gelten haben, ist durch Auslegung zu ermitteln".[109]

Rechtsprechung zu dieser Frage findet sich keine mehr.[110] Insbesondere hatte der BGH keine Gelegenheit, sich vor Inkrafttreten der Aktienrechtsreform 1965 mit dieser Problematik zu beschäftigen.

4. Seitenblick: Die Satzungsstrenge im österreichischen Aktienrecht

Interessant erscheint hier ein Seitenblick auf das *österreichische Recht*, wo nach dem erfolgten „Anschluss" an Deutschland im Jahre 1938 und der damit verbundenen Übernahme des gesamten deutschen Rechtsbestands auch die bis dahin geltenden aktienrechtlichen Vorschriften des ADHGB 1861 durch das AktG 1937 abgelöst wurden. Da sich der österreichische Gesetzgeber in der Folgezeit nach 1945 nicht abweichend positioniert hat, entspricht mithin die heutige kodifizierte Rechtslage in Österreich hinsichtlich der Satzungsstrenge der deutschen Rechtslage nach Maßgabe des AktG 1937.[111]

---

106 Siehe etwa *Baumbach*, in: Baumbach, Komm. z. AktG, 2. Aufl., 1937, § 16 Anm. 4 A; *Ritter*, aaO (Fn. 85), Vorb § 1 Anm. 3.
107 Der strengeren Rspr-Linie folgt noch *Teichmann*, aaO (Fn. 72), § 16 Anm. 4; vorsichtig umschwenkend erst in der 3. Aufl., 1950, § 16 Anm. 4.
108 *R. Fischer* in: GroßKomm. z. AktG, 2. Aufl., 1961, § 16 Anm. 18.
109 *Würdinger*, aaO (Fn. 85), § 8 II 3 [S. 37].
110 Siehe auch *Spindler*, aaO (Fn. 52), Rdn. 25 („Entscheidungen aus dieser Epoche zum Komplex der Satzungsfreiheit sind nicht verzeichnet"); bekräftigend *Kuntz*, aaO (Fn. 47), S. 435 („keine neuen Urteile").
111 *Kalss/Fleischer*, AG 2013, 693, 695; vgl. weiter *Kalss/Burger/Eckert*, Entwicklung des österreichischen Aktienrechts – Geschichte und Materialien, 2003, 325 f; ausf. *Nowotny*, FS Doralt, 2004, S. 411 ff.

Auch ohne eine der Vorschrift des § 23 Abs. 5 AktG entsprechenden Regelung gingen Literatur und Judikatur[112] früher einhellig davon aus, „dass das Aktiengesetz vom Grundsatz der Satzungsstrenge geprägt ist".[113] Begrifflich ist hier von einer *materiellen Satzungsstrenge* zu sprechen.[114] Offen blieb indes – wie auch nach der deutschen Rechtslage zum AktG 1937[115] – die Reichweite des zwingenden Rechts. So wurde früher formuliert: „Ob eine vom Gesetz abweichende oder das Gesetz ergänzende Satzungsbestimmung zulässig ist, wird durch Auslegung, insbes[ondere] in teleologischer Methode ermittelt; daher ist es, anders als in D[eutschland], nicht notwendig, daß das Gesetz abweichende Satzungsbestimmungen ausdrücklich erlaubt (zB bei Verstärkung des Minderheitenschutzes). Bei Beurteilung von ergänzenden Bestimmungen ist die Rechtslage wohl gleich".[116]

III. Rechtfertigung der aktienrechtlichen Satzungsstrenge

Eine (nachvollziehbare) Begründung, warum das Verhältnis von Gesetz und Satzung für das Recht der Aktiengesellschaft so und nicht anders ausgestaltet sein solle und dem Prinzip der Vertragsfreiheit eine programmatische Absage erteilt wurde, findet sich in den Gesetzesmaterialien – ebenso wie in der Rechtsprechung des Reichsgerichts – nicht.[117] Die Rechtfertigung für die weitgehende Einschränkung der Satzungsfreiheit wird jedoch im Schrifttum mit dem Argument des Anlegerschutzes durch Standardisierung („Serienprodukt")[118] begründet: „Jeder (auch jeder künftige) Aktionär soll sich darauf verlassen können, daß die Satzung ... keine ungewöhnlichen Bestimmungen enthält".[119] Dieser Schutz vor Überraschungen

---

112 Siehe OGH 29. 8.1995–1 Ob 586/94, SZ 68/144 (Aufhebung Dividendenvorzug); OGH 20. 8. 2000–6 Ob 167/00b, GesRZ 2001, 32 (Stimmrechtsausschluss bei Verletzung von Meldepflicht); dazu auch *Nicolussi*, aaO (Fn. 9), S. 16 ff. Zur neueren Entwicklung von Rechtsprechung und Schrifttum in Österreich unten IV. 4.
113 So jüngst *Nicolussi*, aaO (Fn. 9), S. 8; vgl. weiter *Doralt*, in: Münchener Komm. z. AktG, 2. Aufl., 2000, § 23 Rdn. 211 („wird das Aktienrecht grundsätzlich als zwingend angesehen"); *Kalss/Fleischer*, AG 2013, 693, 703 („Satzungsstrenge als Grundprinzip einhellig anerkannt"); *Nowotny* FS Doralt, 2004, S. 411, 412.
114 Siehe nur *Nicolussi*, aaO (Fn. 9), S. 8.
115 Siehe oben unter II. 3.
116 So *Doralt*, aaO (Fn. 113), § 23 Rdn. 211 im Anschluss an *Kastner/Doralt/Nowotny*, Grundriß des österreichischen Gesellschaftsrechts, 5. Aufl., 1990, S. 176.
117 Kritisch bereits *Hommelhoff*, aaO (Fn. 17), S. 47 („dürftig").
118 So *Röhricht*, aaO (Fn. 17), § 23 Rdn. 167.
119 So *Eckard*, aaO (Fn. 2), § 23 Rdn. 106.

habe zusätzlich den positiven Effekt, dass am Kapitalmarkt Transaktionskosten gespart werden, weil Aktienerwerber – sofern sie hierzu überhaupt in der Lage seien[120] – auf die Prüfung von verschiedenen Satzungsgestaltungen verzichten könnten. An transparenten aktienrechtlichen Strukturen bestehe im Übrigen auch ein öffentliches Interesse, weil der Staat hierdurch die Funktionsfähigkeit der AG als „Kapitalsammelstelle" sichere. Das Prinzip der Satzungsstrenge trage zur Rechtssicherheit und Rechtsklarheit im Aktienrecht bei, weil Streit über die Satzungsauslegung weitestgehend vermieden werde.[121]

IV. Rechtspolitische Debatten

1. Kaiserzeit und Weimarer Republik

Vor der Aktienrechtsreform 1965 wurde über die Reichweite der Satzungsstrenge allein im Kontext der Anwendung des geltenden Rechts gestritten. Insbesondere in der Weimarer Zeit wurde nachdrücklich darauf hingewiesen, dass die ältere Rechtsprechung des Reichsgerichts (RGZ 49, 77 und RGZ 61, 91) „zweifellos unter dem [...] Einfluß der Strukturwandlung, in der aktienrechtlichen Gestaltung der Praxis nicht aufrechterhalten" werden konnte, was dann von RGZ 120, 177 konsequent nachvollzogen worden sei, indem nunmehr „die Ausgestaltung des Aktienrechts außerhalb des Gesetzes grundsätzlich für zulässig erklärt" worden sei.[122]

Bing formulierte im Standardkommentar von Düringer/Hachenburg: Die tatsächliche Entwicklung ist über die frühere RG-Rspr hinweggegangen. Denn: „Es widerspricht unserer heutigen Auffassung vom Wesen des Rechts, von seinem Fortschreiten mit dem Fortschreiten der wirtschaftlichen Entwicklung, daß nicht nur kein Widerspruch gegen das Gesetz, sondern nicht einmal eine Weiterentwicklung im Einklang mit dem Gesetz selbst innewohnenden Grundtendenzen möglich sein sollte – nur weil das Gesetz einen ausdrücklichen Hinweis vermissen läßt. Die Einführung der Vorrats- und Schutzaktien, der Wandelobligationen, der

---

120 Vgl. *Mülbert*, Aktiengesellschaft, Unternehmensgruppe und Kapitalmarkt, 1995, S. 112 ff.
121 So i.E. übereinstimmend: *Assmann*, ZBB 1989, 49, 59 ff; *Hommelhoff*, aaO (Fn. 17), S. 46 ff.; *Lutter*, AG 1995, 309; *Priester*, BB 1996, 333; *Reuter*, Gutachten B für den 55. DJT (1984), B 34 ff.; ebenso die (aktuellen) Standardkommentare und Lehrbücher; vgl. etwa *Koch*, aaO (Fn. 2), § 23 Rdn. 34; *Pentz*, aaO (Fn. 8), § 23 Rdn. 150; *Seibt*, aaO (Fn. 21), § 23 Rdn. 53; *Raiser/Veil*, Recht der Kapitalgesellschaften, 4. Aufl. 2006, § 9 Rdn. 19; *K. Schmidt*, GesR, 4. Aufl., 2002, § 26 III 1; vgl. weiter *Henssler/Wiedemann*, in: Bayer/Habersack, Aktienrecht im Wandel, 2007, Bd. II, Kap. 1 Rdn. 11.
122 So aus der Anwaltschaft *Netter*, JW 1930, 3692, 3693.

bedingten Kapitalerhöhung und vieler anderer Neuerungen wäre nicht möglich gewesen, hätte die Praxis die Gedanken des RG durchgeführt".[123]

Das Fehlen jeglicher Rechtsprechung und die Zurückhaltung, mit der unter der Geltung des AktG 1937 über die Problematik der Satzungsstrenge diskutiert wurde, dürfte daraus resultieren, dass die zwingenden aktienrechtlichen Regelungen überschaubar waren[124] und zulässige Ergänzungen in vielerlei Hinsicht gestattet wurden.[125]

2. Aktienrechtsreform 1965

Die (in Übereinstimmung mit dem RegE) bereits im RefE vorgebrachte Begründung für die neue Regelung des (damaligen) § 20 Abs. 4 AktG-E[126] wurde im Rahmen des Gesetzgebungsverfahrens[127] von den *Spitzenverbänden der Wirtschaft stark kritisiert*.[128] Die geforderte Streichung wurde damit begründet, dass die Rechtslage unzutreffend dargestellt worden sei und durch die Statuierung der Satzungsstrenge „rund 300 Paragraphen [...] zwingendes Recht" würden.[129] Der RefE würde Rechtsprechung und Praxis „die Möglichkeit abschneiden, ausgleichend zu wirken und die Rechtsentwicklung zu fördern".[130] Der künftige RegE sollte sich daher darauf beschränken, „dort, wo er eine Vorschrift für grundlegend hält, ihren zwingenden Charakter ausdrücklich auszusprechen, im übrigen aber die Entscheidung der Frage, welche Vorschriften zwingend sind, ebenso wie die, welche eine abschließende Regelung enthalten, der Rechtsprechung [..] überlassen".[131]

Auch in der *Marburger Aussprache zur Aktienrechtsreform* Ende Mai 1959 wurde unter der Überschrift „Gesetzesperfektionismus oder Satzungsfreiheit" die Frage aufgeworfen, „ob der Referentenentwurf nicht in einer Reihe von Punkten

---

123 So *Bing*, aaO (Fn. 87), § 182 Anm. 38.
124 Siehe oben II. 1.
125 In diesem Sinne auch *Kuntz*, aaO (Fn. 47), S. 436.
126 Ausf. oben II. 1.
127 Zum Gesetzgebungsverfahren des AktG 1965 allgemein und umfassend *Kropff*, in: Bayer/Habersack, Aktienrecht im Wandel, 2007, Bd. I, Kap. 16.
128 Spitzenverbände der Wirtschaft, Anlagenband zur gemeinsamen Denkschrift zum RefE eines AktG, S. 10 ff. Dazu auch *Spindler*, aaO (Fn. 52), Rdn. 31.
129 Spitzenverbände der Wirtschaft, Anlagenband zur gemeinsamen Denkschrift zum RefE eines AktG, S. 11.
130 Spitzenverbände der Wirtschaft, Anlagenband zur gemeinsamen Denkschrift zum RefE eines AktG, S. 12.
131 Spitzenverbände der Wirtschaft, Anlagenband zur gemeinsamen Denkschrift zum RefE eines AktG, S. 12.

Regelungen enthalte, die besser nicht im Gesetz vorgeschrieben werden, sondern wegfallen oder der Satzung überlassen bleiben sollten".[132] Adressiert an die anwesenden Ministerialvertreter beendete der damalige Diskussionsredner seinen Beitrag in Anlehnung an die Worte des Marquis Posa in Schillers Don Carlos („Geben Sie Gedankenfreiheit, Sire") mit dem Ausspruch „Geben Sie Satzungsfreiheit".[133]

Diese Sichtweise konnte sich indes im *Gesetzgebungsverfahren* nicht durchsetzen. Zwar hatte in der 32. Sitzung des Wirtschaftsausschusses (16. Ausschuss) vom 11. Januar 1963 der CDU-Abgeordnete *Wilhelmi* – damals bereits Mitverfasser eines Kommentars zum AktG 1937 – noch die Streichung von § 20 Abs. 4 AktG-E beantragt und diesen Antrag (mit Unterstützung durch den Abgeordneten *Althammer*) zum einen damit begründet, dass die bezweckte Klarstellung nicht erreicht werde und auch keine rechtssichere Abgrenzung zwischen abweichenden und nur ergänzenden Satzungsbestimmungen möglich sei, zum anderen aber auch die Rechtsprechung „ohne ersichtlichen Grund in ihrer Funktion beschränkt" werde, Zweifelsfragen nach dem Wortlaut und dem Sinn des Gesetzes zu klären.[134] Dagegen machte indes *Geßler* „grundsätzliche Bedenken" geltend und vermutete, „die Wirtschaft, die die Streichung des Absatzes 4 empfehle, wolle sich eine über Schriften und Rechtsprechung hinausgehende Freiheit sichern".[135] Nachdem die Abstimmung über den Antrag zunächst vertagt worden war,[136] wurde nach vorgängiger Beratung im Unterausschuss, der empfohlen hatte, der Regierungsvorlage zuzustimmen,[137] in der 65. Sitzung des Wirtschaftsausschusses am 23. Oktober 1963 dann einstimmig beschlossen, die Vorschrift des § 20 Abs. 4 AktG-E anzunehmen.[138]

Auch bei den zeitgenössischen Kommentatoren des AktG 1965 findet sich so gut wie keine rechtspolitische Kritik. *Kuntz* vermutet im Rückblick, dass die „Sprengkraft der Regelung [...] den Beteiligten offenbar überhaupt nicht bewusst (war)" und führt für diese Annahme auch den Umstand an, dass die neue Vorschrift trotz ihrer systematischen Bedeutung „kein Thema der Sachverständigenanhörungen" war.[139]

---

132 Marburger Rechts- und Staatswissenschaftliche Abhandlungen Reihe A Bd. 6, Aussprache zu den Vorträgen von Strauß, Vallenthin und Hartmann, S. 68 ff, 77 (zusammengefasst von *Erlinghagen* und *D. Schultz*). Auch hierzu *Spindler*, aaO (Fn. 52), Rdn. 31.
133 Zitiert nach *Geßler*, FS Luther, 1976, S. 69, 72.
134 Protokoll Nr. 32 des 16. Ausschusses des Bundestages v. 11.1.1963, S. 9.
135 Protokoll Nr. 32 des 16. Ausschusses des Bundestages v. 11.1.1963, S. 10.
136 Siehe Protokoll Nr. 32 des 16. Ausschusses des Bundestages v. 11.1.1963, S. 10 (auf Antrag des Abgeordneten Reischl).
137 Dazu Protokoll Nr. 65 des 16. Ausschusses des Bundestages v. 23.10.1963, S. 8.
138 Protokoll Nr. 65 des 16. Ausschusses des Bundestages v. 23.10.1963, S. 8.
139 *Kuntz*, aaO (Fn. 47), S. 436 mwN.

Im Übrigen wird allgemein (und zutreffend) darauf hingewiesen, dass die zwingenden Vorschriften des Aktiengesetzes „primär den Schutz der Anleger bezwecken";[140] diese Regelungen seien zudem „bekanntlich nicht der Einbildungskraft profilneurotischer Ministerialräte und Professoren entsprungen, sondern als Reaktion auf sehr konkrete Mißbräuche und Funktionsgefährdungen des Kapitalmarkts entstanden".[141]

3. Neuaufflammen der Diskussion in den 1990er Jahren

Zur „Attacke" geblasen gegen die „eiserne Klammer, die der Gesetzgeber um die Aktiengesellschaft gelegt hat", wurde dann erst wieder auf dem ZGR-Symposion 1994 durch *Mertens*, der dem Prinzip der Satzungsstrenge seine Berechtigung absprach und stattdessen eine Lanze für die Satzungsfreiheit brach.[142] Bereits zuvor hatte *Hommelhoff* im Jahre 1989 angemahnt, dass die Legitimität der Satzungsstrenge zu überprüfen, „als unerledigte Aufgabe noch aus(steht)".[143] Sehr kritisch aus dem Blickwinkel eines ausländischen Betrachters hatte sich im Jahre 1990 auch schon *Procaccia* geäußert: Section 23 (5) oft the AktG „reflects a highly debatable attitude to the social role oft the Corporate Code".[144]

Auf dem ZGR-Symposion 1996, das sich umfassend und unter Einbeziehung rechtsvergleichender Referate[145] der „Gestaltungsfreiheit im Gesellschaftsrecht" widmete, machte sich nunmehr auch *Hirte* für einen „Paradigmenwechsel" stark und befürwortete für börsennotierte Gesellschaften mit Hinweis auf den überlappenden Schutz durch das Kapitalmarktrecht bereits nach der lex lata eine „teleo-

---

140 Siehe nur *Wiedemann*, GesR I 1979, S. 495 ff.
141 So *Kübler*, AG 1981, 5, 12.
142 *Mertens*, Satzungs- und Organisationsautonomie im Aktien- und Konzernrecht, abgedruckt in ZGR 1994, 426 ff. In der *Diskussion* wurde Mertens indes – trotz teilweise entgegengebrachter Sympathie für seine Forderung – heftig widersprochen; siehe den Bericht über die Diskussion bei *Kleindiek*, ZGR 1994, 465 ff.
143 *Hommelhoff*, aaO (Fn. 17), S. 47.
144 *Procaccia*, ZGR 1990, 169, 191
145 Europaübergreifend *Hopt*, ZGR-Sonderheft 13, 1998, 123 ff; vgl. zu Belgien *Wymeersch*, ZGR-Sonderheft 13, 1998, 152 ff; zum Vereinigten Königreich *Rajak*, ZGR-Sonderheft 13, 1998, 187 ff; zu den Niederlanden *Timmerman*, ZGR-Sonderheft 13, 1998, 215 ff; zu Spanien *Embid Irujo/Martinez Sanz*, ZGR-Sonderheft 13, 1998, 228 ff; zur Schweiz *Forstmoser*, ZGR-Sonderheft 13, 1998, 254 ff; zur USA *Vagts*, ZGR-Sonderheft 13, 1998, 278 ff; zu Frankreich *D. Schmidt*, ZGR-Sonderheft 13, 1998, 291 ff und *Guyon*, ZGR-Sonderheft 13, 1998, 297 ff; zu Italien *Spada*, ZGR-Sonderheft 13, 1998, 310 ff.

logische Reduktion" des § 23 Abs. 5 AktG.[146] In dieselbe Richtung argumentierte auch *Hopt*, der ebenfalls der Auffassung widersprach, dass die aktienrechtliche Satzungsstrenge kapitalmarktrechtlich legitimiert werden könne, und daraus folgend zum einen eine „restriktive Auslegung" des § 23 Abs. 5 AktG forderte, zum anderen aber den Gesetzgeber aufforderte, „zumindest" das Wort „ausdrücklich" zu streichen, wodurch jedenfalls für nicht börsennotierte Gesellschaften ein höheres Maß an Satzungsfreiheit gewonnen würde, während börsennotierte Gesellschaften nach wie vor durch bereichsspezifische Regelungen stärker reglementiert würden.[147] Auch *Spindler* machte sich für eine weitergehende Satzungsfreiheit stark.[148]

Diese Kritik an der aktienrechtlichen Satzungsstrenge wurde zum einen befördert durch die vielfach beklagte Stagnation der deutschen Kapitalmärkte, die zwischenzeitlich mit Sonderregelungen für die „kleine AG" durch das KontraG[149] auch schon eine Reaktion des Gesetzgebers ausgelöst hatte,[150] zum anderen aber durch Ausstrahlungen der stark ökonomisch geführten US-amerikanischen Diskussion über das Verhältnis von Gesetz und Vertragsfreiheit im Gesellschaftsrecht.[151] So kritisierte etwa *Eidenmüller*, dass die Vorschrift des § 23 Abs. 5 AktG „in diametralem Gegensatz zu der Empfehlung der ökonomischen Theorie (steht), der Vertragsfreiheit im Kapitalgesellschaftsrecht einen möglichst großen Raum zu geben".[152] In der Rückschau lässt sich festhalten, dass die vielfältigen Umwälzungen der deutschen AG-Landschaft zum Jahrtausendwechsel (Stichworte: Auflösung der Deutschland-AG, stärkere Öffnung des deutschen Kapitalmarkts für ausländische Investoren) der Debatte über die rechtspolitische Berechtigung der Vorschrift des § 23 Abs. 5 AktG neuen Auftrieb verschafften.[153]

Die Kritik lässt sich dahin zusammenfassen, dass die gesetzliche Regelung der Vertragsfreiheit in einer marktwirtschaftlichen Wirtschaftsordnung widerspreche und die Bemühungen um die angesagte Liberalisierung und Deregulierung des

---

146 *Hirte*, ZGR-Sonderheft 13, 1998, 61 ff. (S. 82: teleologische Reduktion; S. 83: Paradigmenwechsel). Der Ansatz der teleologischen Reduktion wird kritisch aufgegriffen in der Diskussion; vgl. Bericht über die Diskussion bei *Kleindiek*, ZGR-Sonderheft 13, 1998, 99, 101 f. Sympathie indes (wenngleich mit Detailkritik an Hirte) bei *Hey*, aaO (Fn. 48), S. 181 ff.
147 *Hopt*, ZGR-Sonderheft 13, 1998, 123, 144 ff.
148 *Spindler*, AG 1998, 53 ff.
149 Gesetz zur Kontrolle und Transparenz im Unternehmensbereich (KonTraG) v. 27.4.1998, BGBl. 1998 I Nr. 24, S. 786 ff.
150 Dazu näher *Bayer*, Gutachten 67. DJT 2008, E 39 ff.
151 Dazu *Eidenmüller*, JZ 2001, 1041 ff. m.w.N.
152 *Eidenmüller*, JZ 2001, 1041, 1046.
153 Für Aufgabe der Satzungsstrenge nunmehr auch *Merkt*, AG 2003, 126 ff.

Gesellschaftsrechts[154] konterkariere. Zwingendes Aktienrecht und Satzungsstrenge seien im Übrigen volkswirtschaftlich ineffizient[155] und innovationsfeindlich.[156] Es wurde vor einer „Überregulierung" gewarnt.[157] Der Angriff der Kritiker richtete sich in erster Linie gegen das Hauptargument der h.M., wonach durch die Standardisierung für die künftigen Aktionäre Vertrauen und Rechtssicherheit geschaffen und dadurch zugleich auch die Transaktionskosten des Aktienerwerbs gesenkt würden:[158] Diese Begründung sei deshalb nicht stichhaltig,[159] weil mögliche nachteilige Corporate-Governance-Regelungen oder auch „Vertragsauslegungsschwierigkeiten" bei der Bewertung ökonomisch im Preis der Aktie berücksichtigen würden. Im Übrigen seien die Regeln des Kapitalmarkts für den Anlegerschutz ausreichend.[160]

Bemerkenswert ist, dass *Spindler* der früher auch von ihm vertretenen These, dass der Markt in der Lage sei, statutarische Regelungen zum Minderheiten- und Anlegerschutz selbst zu bewerten und durch entsprechende Bepreisungen für eine effiziente Selbststeuerung zu sorgen,[161] einige Jahre später aufgrund neuerer Erkenntnisse nichts mehr abgewinnen konnte.[162] Nichtsdestotrotz beklagte er, nachdem die Argumente der Kritiker der Satzungsstrenge bei zahlreichen Reformgesetzen nicht berücksichtigt worden waren, dass es eine „ernsthafte Debatte über die Reichweite der (aktienrechtlichen) Satzungsfreiheit [...] kaum gegeben (hat) – erstaunlicherweise, wenn man sich den rechtvergleichenden Befund anderer, wesentlich liberaler (sic!) Rechtsordnungen vor Augen hält".[163]

---

154 Zur geforderten Deregulierung näher *Seibert*, WM 1997, 1, 2 („Der Gesetzgebungsperfektionismus der vergangenen Jahre ist vom Ziel der Deregulierung und schlanken Recht abgelöst worden"); *Spindler*, AG 1998, 53 ff; *Merkt*, AG 2003, 126 ff.; *Assmann*, FS Kümpel, 2003, S. 1 ff; monografisch *Escher-Weingart*, Reform durch Deregulierung im Kapitalgesellschaftsrecht, 2001.
155 Vgl. *Bak*, Aktienrecht zwischen Markt und Staat, Eine ökonomische Kritik des Prinzips der Satzungsstrenge, 2003.
156 So deutlich *Hopt*, ZHR-Sonderheft 71 (2002), 27, 39 ff; dies wird auch von *Hommelhoff*, aaO (Fn. 17), S. 46 konzediert.
157 Zur Gefahr der Überregulierung: *Fleischer*, FS Röhricht, 2005, S. 75, 87.
158 Siehe oben III.
159 Deutlich *Eidenmüller*, JZ 2001, 1041, 1046: „eine doch etwas simplifizierende Sicht der Dinge".
160 Daher dezidiert gegen eine kapitalmarktrechtliche Legitimation der Satzungsstrenge *Eidenmüller*, JZ 2001, 1041, 1046 im Anschluss an *Spindler*, AG 1998, 53, 60 ff und *Hirte*, ZGR-Sonderheft 13 (1997), 61, 71 ff; ausf. *Hey*, aaO (Fn. 48), S. 174 ff; vgl. aus dem aktuellen Schrifttum auch *Seibt*, aaO (Fn. 21), § 23 Rdn. 53.
161 So noch *Spindler*, AG 1998, 53, 60 ff; ausf. *Bak*, aaO (Fn. 155), S. 86 ff.
162 Siehe *Spindler*, AG 2008, 598, 601. Siehe auch *A. Arnold*, aaO (Fn. 5), § 23 Rdn. 138 („Effizienz des Kapitalmarkts wohl überschätzt"); skeptisch auch *Kuntz*, aaO (Fn. 47), S. 440 ff.
163 So *Spindler*, aaO (Fn. 52), Rdn. 47.

An den nach wie vor zahlreichen Befürwortern der Satzungsstrenge ging die Kritik indes nicht spurlos vorüber. Vielmehr wurde durchaus anerkannt, dass die starke Einschränkung der Satzungsfreiheit „nicht problemfrei" sei.[164] Jedoch werde durch die Aufgabe des Prinzips der Satzungsstrenge keine Verbesserung der Situation erreicht; vielmehr würden die Vorteile der Satzungsstandardisierung die Nachteile der Einschränkung der Satzungsfreiheit überwiegen.[165] Nach *Lutter* habe sich die Standardisierung des Binnenrechts jedenfalls für die börsennotierte Publikumsgesellschaft nicht nur bewährt,[166] sondern werde sich „als unvermeidlich erweisen".[167] *Kalss/Schauer* betonen in ihrem Gutachten für den 16. ÖJT in Graz 2006,[168] dass die Satzungsstrenge nicht nur zur Senkung von Transaktionskosten beim Anteilserwerb führe und damit für den Anleger vorteilhaft sei, sondern hierdurch auch vorteilhaftere Finanzierungskosten für die Unternehmen resultierten, zwingendes Aktienrecht somit eine bedeutende gesamtwirtschaftliche Funktion erfülle.[169] Weiterhin wurde stark bezweifelt, ob der Kapitalmarkt mit seinen Instrumentarien den Anleger bei Wegfall dieser Standardisierung in gleicher Weise schützen könne.[170] So wurde etwa auf die Defizite des gesetzlichen Anlegerschutzes bei der Publikumspersonengesellschaft hingewiesen, die in einem mühsamen und langwierigen Prozess durch die Rechtsprechung ausgeglichen werden mussten.[171]

Diese Argumente überzeugten im Jahre 2002 auch die *Regierungskommission Corporate Governance*, die sich im Ergebnis dafür aussprach, dass jedenfalls das deutsche Modell der streng standardisierten, börsennotierten Publikums-AG *de lege ferenda* nicht aufgegeben werden sollte.[172] Diese grundsätzliche Entscheidung für die Beibehaltung des § 23 Abs. 5 AktG bedeutete nach Auffassung der Kommission

---

[164] So *Hüffer*, AktG, 7. Aufl., 2006, § 23 Rdn. 34.
[165] Nachdrücklich *Röhricht*, aaO (Fn. 17), § 23 Rdn. 167; vgl. weiter *Henssler/Wiedemann*, aaO (Fn. 121), Kap. 1, Rdn. 10 („Die Vorteile für Minderheitsgesellschafter und Gesellschaftsgläubiger sind offensichtlich"); *K. Schmidt*, aaO (Fn. 121), § 26 III 1 (Aufgabe der Satzungsstrenge „verfrüht"); aus Gründen des Gläubiger- und Gesellschafterschutzes grundsätzlich auch *Fleischer*, ZHR 168 (2004), 673, 691; *Schön*, ZHR 160 (1996), 221, 239, 249.
[166] So *Lutter*, AG 1995, 309; vgl. auch *Röhricht*, aaO (Fn. 17), § 23 Rdn. 167.
[167] So *Lutter*, in: Grundmann (Hrsg.), Systembildung und Systemlücken in Kerngebieten des Europäischen Privatrechts, 2000, S. 121, 140. Vgl. bereits *Hommelhoff*, aaO (Fn. 17), S. 47 („letzten Endes wohl unvermeidlich").
[168] Dazu noch ausf. IV. 4.
[169] *Kalss*, in: Kalss/Schauer, Gutachten 16. ÖJT, 2006, S. 51, 54 ff.
[170] Zweifelnd aus dem US-amerikanischen Schrifttum: *Eisenberg* (1989) 89 Col.L.Rev. 1461, 1473 ff.; *Kornhauser* (1989) 89 Col.L.Rev. 1449, 1457 ff.
[171] Zur Rechtsprechung des BGH im Bereich der Publikumspersonengesellschaft: *Schwark*, FS Stimpel, 1985, S. 1087 ff.
[172] *Baums* (Hrsg.), Bericht der Regierungskommission Corporate Governance, 2001, Rdn. 1, 4.

allerdings nicht, dass nicht punktuelle Ausnahmen von der Satzungsstrenge dort zugelassen werden sollten, wo zwingendes Aktienrecht aufgrund seiner Zwecksetzung nicht erforderlich erscheint.[173]

In diese Richtung argumentierten auch *Grundmann/Möslein*, wenn sie ausführen, dass sich die aktienrechtliche Satzungsstrenge der Überprüfung anhand der EU-Grundfreiheiten stellen muss mit dem Ergebnis, dass der zwingende Charakter fast des gesamten deutschen Aktienrechts – zumindest für wichtige Einzelregeln – „durchaus als behindernd und ‚nicht erforderlich' eingestuft werden" könnte.[174] Allerdings konnte sich diese Sichtweise zu Recht nicht durchsetzen.[175] Vielmehr wurde zutreffend darauf hingewiesen, dass der deutsche Gesetzgeber das Recht der Aktiengesellschaft nach dem Prinzip der Satzungsstrenge zwingend ausgestalten darf, ohne mit dieser Konzeption gegen europäische Grundfreiheiten zu verstoßen.[176]

4. Differenzierung zwischen börsen- und nichtbörsennotierten Gesellschaften (67. DJT 2008)

Die verbreitete Kritik im neueren Schrifttum an der Satzungsstrenge hatte den Blick dafür geschärft, dass zwingendes Aktienrecht vor allem mit dem Schutz der Aktionäre von *börsennotierten Publikumsgesellschaften* begründet wird. Vor diesem Hintergrund wurde vermehrt für nichtbörsennotierte Gesellschaften ein deutliches Mehr an Satzungsfreiheit eingefordert, da der Gesetzgeber für diesen Typus der AG mit der Vorschrift des § 23 Abs. 5 AktG weit über das Ziel hinausgeschossen habe.[177] Aufgrund der typologischen Nähe zur GmbH und der Vergleichbarkeit ihrer Gesellschafterstruktur bestehe bei der nichtbörsennotierten AG für eine Satzungsstrenge im bisherigen Ausmaß keine Notwendigkeit.[178] Das Argument der Stan-

---

173 Ebd., Rdn. 4; ähnlich *Fleischer*, ZHR 168 (2004), 673, 691.
174 *Grundmann/Möslein*, ZGR 2003, 317, 363 f. In diese Richtung auch *Möslein*, Grenzen unternehmerischer Leitungsmacht im marktoffenen Verband, 2007, S. 204 ff, 247 ff; tendenziell ähnlich *Oechsler*, NJW 2007, 161, 163.
175 Wie hier auch *A. Arnold*, aaO (Fn. 5), § 23 Rdn. 138.
176 Näher *Bayer*, aaO (Fn. 150), E 35 f; *Fleischer*, ZHR 168 (2004), 673, 690 ff.
177 So bereits *Hopt*, ZGR-Sonderheft 13 (1998), 123, 144; ebenso *Hommelhoff*, FS Ulmer, 2003, S. 267, 271; *G. H. Roth*, in: G. H. Roth, Das System der Kapitalgesellschaften im Umbruch, 1990, S. 1, 14 f.; vgl. weiter *Assmann*, in: GroßKomm. z. AktG, 4. Aufl., 1992, Einl Rdn. 507; *Raiser/Veil*, aaO (Fn. 121), § 9 Rdn. 21; *Seibt*, in: K. Schmidt/Lutter, AktG, 1. Aufl. 2008, 23 Rdn. 53; ausf. *Pleßke*, Die Satzungsstrenge im Aktienrecht, 2007.
178 Vgl. *Lutter*, AG 1994, 429, 436 ff; *Hommelhoff*, ZHR 153 (1989), 181, 212 f; *Hopt*, ZGR-Sonderheft 13 (1998), 123, 144 f.; zustimmend die dortige Diskussion, vgl. den Bericht bei *Ziemons*, ebd. S. 148, 150.

dardisierung gehe hier mangels Anlegerschutzinteressen ins Leere. Vielmehr seien in einer personalistisch geprägten AG, speziell in einer Familien-AG, die Aktionäre nicht nur kapitalistisch beteiligt, sondern willens und in der Lage, die Geschicke ihrer Gesellschaft mitzubestimmen; daher gingen in dieser Konstellation die gesetzlichen Anforderungen an den Aktionärsschutz an der Wirklichkeit vorbei. Dieser rechtspolitischen Forderung nach einer stärkeren Differenzierung de lege ferenda hat sich im Jahre 2002 auch die *Regierungskommission Corporate Governance* angeschlossen.[179]

Auch das von *Kalss/Schauer* für den 16. ÖJT (2006) erstellte Gutachten zur Reform des Österreichischen Kapitalgesellschaftsrechts[180] folgte dieser Linie:[181] Allein für die börsennotierte Publikumsgesellschaft lasse sich eine materielle Satzungsstrenge mit dem Argument einer im Anlegerinteresse gebotenen Standardisierung sachlich rechtfertigen, während für die nichtbörsennotierte AG die Satzungsautonomie ausgebaut werden könne.[182]

Diese Gedanken wurden dann auch vom *Verf.* dieses Beitrags aufgegriffen. Sein für den 67. DJT, der im Jahre 2008 in Erfurt stattfand, erstelltes Gutachten[183] plädierte für eine *vorsichtige Öffnung der Satzungsstrenge für nichtbörsennotierte Gesellschaften, während für börsennotierte Gesellschaften grundsätzlich an der Satzungsstrenge festzuhalten* sei.[184] Das Gutachten führt indes aus, dass dieses grundsätzliche Festhalten nicht ausschließt, dass der Gesetzgeber die Satzungsstrenge auch für börsennotierte Gesellschaften punktuell lockert;[185] doch gehörten weitere Ausführungen zu dieser Problematik nicht zum Auftrag des Gutachtens.[186]

Im Gutachten wurde der Gesetzgeber aufgefordert, „zwischen der börsennotierten und der nichtbörsennotierten Aktiengesellschaft stärker (zu) differenzieren, und zwar mit abgestuften gesetzlichen Anforderungen an die Unternehmensorganisation sowie den Aktionärs- bzw. Anlegerschutz." Nur besondere Regelungen für börsennotierte und nichtbörsennotierte Gesellschaften würden den unterschiedli-

---

179 Vgl. *Baums*, aaO (Fn. 172), Rdn. 4.
180 *Kalss*, aaO (Fn. 169).
181 Dazu im Rückblick auch *Nicolussi*, aaO (Fn. 9), S. 22.
182 *Kalss*, aaO (Fn. 169), S. 51 ff; vgl. weiter *Haberer*, Zwingendes Kapitalgesellschaftsrecht, 2009, S. 256 ff; in der Rückschau auch *Nicolussi*, aaO (Fn. 9), S. 19 ff, 23 ff.
183 *Bayer*, aaO (Fn. 150). Siehe auch noch das Einführungsreferat, 67. DJT Bd. II/2, N 117 ff. sowie den abschließenden Diskussionsbeitrag ebd. N 235 ff.
184 *Bayer*, aaO (Fn. 150), E 80 ff, 96 ff.
185 Siehe aus österreichischer Sicht nunmehr auch *Nicolussi*, aaO (Fn. 9), S. 28 („De lege ferenda sollte sich der zwingende Regelungsrahmen auf bestimmte solide Eckpfeiler und Grundsätze konzentrieren und diese richtig dosiert werden, um marktpolitisch unerwünschte und nachteilige Nebeneffekte zu vermeiden").
186 Dazu *Bayer*, aaO (Fn. 150), E 83.

chen Strukturen der beiden AG-Typen und damit der Rechtswirklichkeit gerecht. Bei der börsennotierten AG seien regelmäßig völlig andere Corporate-Governance-Probleme zu lösen als bei der nichtbörsennotierten Gesellschaft; auch die Anlegerschutzproblematik stelle sich regelmäßig nur hier. Bei der nichtbörsennotierten AG könne „der Gesetzgeber den Aktionären daher unbedenklich nicht nur ein größeres Maß an Gestaltungsfreiheit gewähren, sondern auch die Regulierung auf zentrale Strukturelemente der AG sowie einen angemessenen Schutz der Aktionärsminderheit beschränken".[187]

Gegen eine umfassende Aufgabe der Satzungsstrenge bei nichtbörsennotierten Gesellschaften und *für eine nur punktuelle Deregulierung* werden im Gutachten folgende Argumente angeführt:[188]

Die umfassendste Option zur aktienrechtlichen Differenzierung wäre für die nichtbörsennotierte AG eine Ausnahmeregelung von der Vorschrift des § 23 Abs. 5 AktG und damit für diesen Typus der AG die generelle Aufgabe der Satzungsstrenge. Als Alternative kommt jedoch auch eine mehr oder minder großzügige, allerdings nur punktuelle Deregulierung für nichtbörsennotierte Aktiengesellschaften unter grundsätzlicher Beibehaltung der Satzungsstrenge in Betracht. Dieser zweiten Variante sei aus verschiedenen Gründen der Vorzug zu geben:

Zwar erforderten bei der nichtbörsennotierten AG weder Anlegerinteressen noch das öffentliche Interesse an einem funktionstüchtigen Kapitalmarkt einen standardisierten Schutz. Und auch das Argument der Rechtssicherheit lasse sich hier gegenüber der Freiheit zur Gestaltung der Satzung innerhalb der aktienrechtlichen Grundprinzipien nur wenig überzeugend ins Feld führen, da zum einen auf eine reichhaltige Rechtsprechung zur Gestaltungsfreiheit im GmbH-Recht zurückgegriffen werden könne, zum anderen aber auch der Streit über eröffnete Spielräume das Anlegerpublikum nicht erreiche, sondern innerhalb eines relativ geschlossenen Gesellschafterkreises ausgetragen werde, so dass eine verbleibende Rechtsunsicherheit ohne nachteilige Auswirkungen auf den Kapitalmarkt sei und daher leichter hingenommen werden könne. Doch würden vor allem drei Argumente gegen die völlige Aufgabe der Satzungsstrenge für die nichtbörsennotierte AG sprechen:

(1) Allein die Satzungsstrenge und die damit verbundene Standardisierung sicherten die Struktur der Rechtsform „Aktiengesellschaft". Würde auch der nichtbörsennotierten AG – ähnlich der GmbH – eine umfassende Satzungsfreiheit gewährt, dann bestünde die nicht gering zu schätzende Gefahr, dass diese beiden Formen der nichtbörsennotierten Kapitalgesellschaft nicht mehr sicher unter-

---

[187] So *Bayer*, aaO (Fn. 150), E 87.
[188] Siehe nachfolgend (teilweise verkürzt) *Bayer*, aaO (Fn. 150), E 96 ff.

schieden werden könnten, sondern sich im Laufe der Zeit immer stärker angleichen würden. Die im Gutachten nachdrücklich vertretene Konzeption eines dreistufigen Systems von Kapitalgesellschaften – die börsennotierte AG, die nichtbörsennotierte AG und die GmbH – wäre damit materiell entwertet und formal in Frage gestellt. Hält man hingegen eine Unterscheidung zwischen nichtbörsennotierter AG und GmbH vor dem Hintergrund einer unterschiedlichen Funktion beider Rechtsformen, insbesondere einer unterschiedlichen Zielgruppenausrichtung, für sinnvoll, dann müsse man konsequenterweise auch sicherstellen, dass sich beide Typen der nichtbörsennotierten Kapitalgesellschaft in ihrer rechtlichen Ausgestaltung unterscheiden. M.a.W.: Aktien- und GmbH-Recht müssten so differenziert sein, dass zwischen einer weitgehend deregulierten GmbH und einer nichtbörsennotierten AG ein ähnlicher *Abstand* bleibt wie zwischen der nichtbörsen- und der börsennotierten AG.[189] Nur auf diese Weise lasse sich zudem sicherstellen, dass die (nichtbörsennotierte) AG gegenüber der GmbH ein Mehr an „Ansehen" und „Seriosität" behält, das ihr bislang in der Praxis aufgrund ihrer erkennbaren Organisationsstruktur zuerkannt werde.

(2) Ein weiteres Argument komme hinzu: Würde sich die Struktur der nichtbörsennotierten AG in zu starkem Maße der Rechtsform der GmbH annähern, dann würde bei einem späteren Börsengang das Überwechseln in den strenger reglementierten Typus der börsennotierten AG deutlich erschwert. Auch dies wäre ein Nachteil, der bei einer lediglich punktuellen Deregulierung vermieden wird.

(3) Die punktuelle Deregulierung habe weiterhin den Vorteil der zielgenauen Steuerung einer künftigen Differenzierung und lasse sich auch gesetzestechnisch schneller und leichter verwirklichen, als die Aufgabe der Satzungsstrenge, die dann an dieser oder jener Stelle doch wieder gesetzlich eingeschränkt werden müsste, wollte man nicht auf jede Differenzierung gegenüber der GmbH verzichten.

Der Vorzug sei somit einer punktuellen Deregulierung unter grundsätzlicher Beibehaltung der Satzungsstrenge zu geben.[190] Für die weitere Ausgestaltung seien folgende Überlegungen maßgebend:

Für die *nichtbörsennotierte* AG sei – mit *Hommelhoff* – ein „radikales Umdenken" geboten.[191] Allein „minimal-invasive" Deregulierungen würden dem Stand der internationalen Rechtsentwicklung und der Diskussion in Deutschland nicht mehr gerecht. Die bislang vom Gesetzgeber vorgenommen Deregulierungen des zwin-

---

189 Zu diesem wichtigen Argument auch noch *Habersack*, AG 2009, 1, 7; *C. Schäfer*, NJW 2008, 2536, 2538; *M. Roth*, AnwBl 2008, 580, 581; aktuell etwa *A. Arnold*, aaO (Fn. 5), § 23 Rdn. 138.
190 So *Bayer*, aaO (Fn. 150), E 98 im Anschluss an die Regierungskommission Corporate Governance (vgl. Fn. 173) Rdn. 4; vgl. in diese Richtung auch *Hommelhoff*, ZHR 153 (1989), 181, 212 f.; *Lutter*, AG 1994, 429, 436 ff.
191 So *Hommelhoff*, AG 1995, 529, 532.

genden Aktienrechts sollten der Anfang eines deutlich weitergehenden Reformprozesses sein. Dabei dürften jedoch die für die „Seriosität" (Reputation) zentralen Strukturelemente der AG nicht verloren gehen.[192] Ihr Gepräge geben der AG-Struktur verbindliche Kompetenzabgrenzungen und die Kontrolle der Geschäftsführung durch Personen, die nicht unmittelbar in die Geschäftsführung eingebunden sind. Das für Manager attraktive Amt eines Vorstands dürfe nicht entwertet werden. Allein durch solche „Abstandsmerkmale" würde zudem ein „Regulierungsgefälle" gegenüber der GmbH geschaffen und damit zugleich der Fortbestand dieser Rechtsform, insbesondere für Kleinunternehmen, gesichert.[193]

In der Wissenschaft wurde die *vorsichtige Auflockerung der Satzungsstrenge für nichtbörsennotierte Gesellschaften im Grundsatz weitgehend zustimmend* aufgenommen;[194] teilweise wurde jedoch eine deutlich weitergehende Satzungsfreiheit (auch für börsennotierte Gesellschaften) gefordert,[195] teilweise wurden aber bereits die lediglich punktuell empfohlenen Lockerungen der Satzungsstrenge für die nicht börsennotierten Gesellschaften als Angriff auf die Organisationsstruktur der AG kritisiert,[196] teilweise wurde aber auch die Differenzierung zwischen börsen- und nicht börsennotierten Gesellschaften kritisiert.[197]

---

192 So auch schon *Hommelhoff*, AG 1995, 529, 533.
193 Näher *Bayer*, aaO (Fn. 150), E 99. Insoweit ausdrücklich zustimmend *Krieger*, 67. DJT Bd. II/2 II/1, N 36 (Referat) und ebd. N 230 (Diskussionsbeitrag).
194 Siehe nur *Mülbert*, in Verhandlungen des 67. DJT II/1 2008, N 55 ff (Referat); *Wymeersch* ebd. N 84 (Referat); *Lutter* N 123 f, N 182 f, N 185 (jeweils Diskussionsbeitrag); *Hopt* N 134 f (Diskussionsbeitrag); *Reichert* N 178 (Diskussionsbeitrag); *M. Roth*, AnwBl 2008, 580 ff; *Spindler*, AG 2008, 598, 602; *J. Schmidt* (2008) 9 EBOR 637, 644; *Pöschke*, Der Konzern, 2010, 91, 97 ff; für vorsichtige Lockerungen der Satzungsstrenge für nichtbörsennotierte Gesellschaften auch *C. Schäfer*, NJW 2008, 2536, 2538 f; *Habersack*, AG 2009, 1, 10 f; vgl. weiter *Kalss/Fleischer*, AG 2013, 693, 704 („Unterstützung verdient [...] eine Politik der kleinen Schritte, die (für nichtbörsennotierte Gesellschaften) punktuelle Lockerungen (der Satzungsstrenge) überprüft"); sympathisierend aus der aktuellen Kommentar-Literatur insbesondere *Seibt*, aaO (Fn. 21), § 23 Rdn. 53 (mit der weitergehenden Ansicht, § 23 Abs. 5 AktG sei für nicht börsennotierte Gesellschaften bereits de lege lata restriktiv auszulegen); wohl auch *Körber/König*, aaO (Fn. 7), § 23 Rdn. 40; für vorsichtige Lockerungen de lege ferenda auch *A. Arnold*, aaO (Fn. 5), § 23 Rdn. 139.
195 Ausf. *Richter*, ZHR 172 (2008), 419 ff; *Spindler*, AG 2008, 598, 600 ff; *Wymeersch*, 67. DJT Bd. II/1, N 84 ff (mit dem Hinweis, die deutsche aktienrechtliche Satzungsstrenge sei „in Europa einzigartig"); dezidiert auch *Hopt*, 67. DJT Bd. II/2, N 134 f (Diskussionsbeitrag); tendenziell auch *E. Vetter* ebd. N 131 (Diskussionsbeitrag); für vorsichtige einheitliche Lockerung der Satzungsstrenge auch *Stilz* ebd. N 140 (Diskussionsbeitrag); dagegen nachdrücklich *C. Schäfer*, NJW 2008, 2536, 2537 ff, 2543; *Mülbert*, 67. DJT Bd. II/1, N 55 ff (Referat) und 67. DJT Bd. II/2, N 135 ff (Diskussionsbeitrag); *Schüppen* ebd. N 180 (Diskussionsbeitrag); skeptisch gegenüber einem umfassend gedachten „Börsengesellschaftsrecht" *Windbichler*, JZ 2008, 840, 841.
196 *C. Schäfer*, NJW 2008, 2536, 2541; vgl. auch *Ziemons*, 67. DJT Bd. II/2, N 130 (Diskussionsbeitrag).

Bei der Abstimmung in der wirtschaftsrechtlichen Abteilung des 67. DJT[198] haben die vom Gutachter vorgeschlagenen „insges[amt] moderate[n] Gestaltungsspielräume für nicht börsennotierte Gesellschaften"[199] allerdings keine Zustimmung gefunden.[200] Vielmehr waren die beharrenden Kräfte – vielfach aus den Reihen der Anwälte und Notare – in der Überzahl. Selbst die gemäßigte Forderung, in nicht börsennotierten Gesellschaften im Rahmen der Rechtsbeziehungen der Aktionäre zueinander größere Gestaltungsfreiheit zu gewähren,[201] wurde – wenn auch knapp – abgelehnt.[202] Ungeachtet eines hohen praktischen Bedürfnisses fand etwa die Zulassung von Andienungs-, Vorkaufs- und Ankaufsrechten[203] keine Mehrheit.[204] Abgelehnt wurden gleichfalls Zustimmungsvorbehalte der Hauptversammlung.[205]

Die wesentlichen Empfehlungen des DJT-Gutachtens wurden vom *Verf.* nachträglich nochmals verteidigt,[206] in Abweichung zum DJT-Gutachten[207] und zur frü-

---

[197] Siehe etwa *G. Krieger* in 67. DJT Bd. II/1, N 29 (Argument: Die durch § 23 Abs. 5 AktG gewährleistete Organisations- und Finanzverfassung bezwecke auch den Gläubigerschutz); vgl. weiter *Krieger,* AnwBl 2008, 606; zurückhaltend auch *C. Schäfer,* 67. DJT Bd. II/2, N 125 (Diskussionsbeitrag); abl. auch *Götz* ebd. N 185 (Diskussionsbeitrag); *Heckschen* ebd. N 191 (Diskussionsbeitrag).
[198] Dokumentation der Beschlussfassungen auch in ZIP 2008, 1896.
[199] So in der Rückschau *Koch,* aaO (Fn. 2), § 23 Rdn. 34; vgl. auch *Kalss/Fleischer,* AG 2013, 693, 694, 702.
[200] Aktuell abl. auch noch *Pentz,* aaO (Fn. 8), § 23 Rdn. 158.
[201] Siehe weiter zur geforderten Zulässigkeit von Mehrstimmrechten: *Bayer,* aaO (Fn. 150), E 109 im Anschluss an *Hüffer,* in: Bayer/Habersack, Aktienrecht im Wandel, 2007, Bd. II, Kap. 12 Rdn. 8 mwN; zustimmend *Habersack,* AG 2009, 1, 11; zur geforderten Zulässigkeit stimmrechtsloser Vorzugsaktien ohne die Beschränkungen nach § 139 AktG: *Bayer,* aaO (Fn. 150), E 109; zustimmend *Habersack,* AG 2009, 1, 11; zurückhaltend indes *C. Schäfer,* NJW 2008, 2536, 2542.
[202] Antrag Nr. 9, N 104 (36:38:4). Zurückhaltend auch *C. Schäfer,* NJW 2008, 2536, 2540 (kein „dringender Reformbedarf").
[203] *Bayer,* aaO (Fn. 150), E 103 f; ausdrücklich zustimmend *Krieger,* 67. DJT Bd. II/2, N 36 f („hohes praktisches Bedürfnis"); zustimmend auch *Lutter,* ebd. N 123 f (Diskussionsbeitrag); *C. Schäfer,* NJW 2008, 2536, 2541.
[204] Antrag Nr. 10, N 104 (25:49:5). Ablehnend auch *Ziemons,* 67. DJT Bd. II/2, N 131 (Diskussionsbeitrag) mit Hinweis auf schuldrechtliche Gesellschaftervereinbarungen.
[205] Dafür *Bayer,* aaO (Fn. 150), E 116; zustimmend *Lutter,* 67. DJT Bd. II/2, N 123 f (Diskussionsbeitrag); *Spindler,* AG 2008, 598, 604; *Windbichler,* JZ 2008, 844, 845 f; vorsichtige Zustimmung auch bei *Reichert,* 67. DJT Bd. II/2, N 178 (Diskussionsbeitrag); dagegen *Krieger* ebd. II/2 N 38; *E. Vetter* ebd. N 132 (Diskussionsbeitrag); *Habersack,* AG 2009, 1, 11; *C. Schäfer,* NJW 2008, 2536, 2542 f; abgelehnt auch vom 67. DJT mit 16:61:3 (Antrag Nr. 12, N 105). Sogar für Weisungsrechte der Hauptversammlung *Hüffer,* aaO (Fn. 201), Kap. 12 Rdn. 12; *Kalss,* aaO (Fn. 169), S. 170; dagegen aber *Bayer,* aaO (Fn. 150), E 115 f im Anschluss an *Hommelhoff,* AG 1995, 529, 536; dagegen auch *C. Schäfer,* NJW 2008, 2536, 2542; *Krieger,* 67. DJT Bd. II/2, N 37; gleichfalls abgelehnt vom 67. DJT mit 2:78:0 (Antrag Nr. 13, N 105).
[206] *Bayer,* FS Hopt, 2010, S. 373, 381 ff.
[207] Siehe noch *Bayer,* aaO (Fn. 150), E 92 ff.

her hM[208] wurde jedoch unter Berücksichtigung überzeugender Stellungnahmen[209] und des Votums des 67. DJT[210] ausgeführt, dass die Trennlinie zwischen den standardisierten börsennotierten und den mit mehr Satzungsfreiheit ausgestatteten nichtbörsennotierten Gesellschaften nicht nach Maßgabe von § 3 Abs. 2 AktG,[211] sondern *nach Maßgabe von § 264d HGB* vorgenommen werden sollte;[212] im Ergebnis wurde mithin die Forderung unterstützt, de lege ferenda die *kapitalmarktorientierten Gesellschaften* in den Kreis der börsennotierten Gesellschaften einzubeziehen.[213]

Ebenso wie in Österreich[214] spielte die kontroverse Diskussion auf dem 67. DJT in der Folgezeit nur noch eine untergeordnete Rolle.[215] Einen neuen Impuls brachte in die Debatte in Österreich dann jedoch der OGH[216] im Jahre 2013 in einem „aufsehenerregenden Beschluss":[217] Der OGH hält fest, dass es für Österreich einen Grundsatz der formellen Satzungsstrenge nicht gibt. Der Grundsatz der materiellen Satzungsstrenge verbietet, dass Regelungen in die Satzung aufgenommen werden, „die mit dem Wesen der AG unvereinbar sind, die Gläubigerschutzvorschriften oder im öffentlichen Interesse bestehenden Vorschriften widersprechen [...], sittenwidrig sind [...] oder den Aktionärsschutz betreffen [...]".[218] Dann schlägt der OGH im Anschluss an Forderungen aus dem Schrifttum[219] jedoch „einen neuen Grenzpflock" ein:[220] Da das öAktG „vom Leitbild der börsennotierten Publikumsgesellschaft geprägt" sei, sei im Gefolge der auch in der neueren Gesetzgebung erfolgten

---

208 *Kalss*, aaO (Fn. 169), S. 65 ff; vgl. auch Regierungskommission Corporate Governance Rdn. 4; *Habersack*, AG 2009, 1, 11; *Spindler*, AG 2008, 598, 603.
209 Siehe insbesondere *M. Roth*, AnwBl 2008, 580, 581 sowie *C. Schäfer*, NJW 2008, 2536, 2541.
210 Antrag Nr. 3 (angenommen 46:17:14); vgl. auch schon *Bayer*, 67. DJT Bd. II/2, N 119 (Diskussionsbeitrag) und ebd. N 237 (Schlusswort).
211 Zur Nichteinbeziehung der insbesondere im Freiverkehr notierten Gesellschaften *Bayer*, aaO (Fn. 150), E 92 ff; *Bayer*, FS Hopt, 2010, S. 373, 385 (jew. mwN.).
212 Näher *Bayer*, FS Hopt, 2010, 373, 384 ff.
213 So auch *Mülbert*, 67. DJT Bd. II/1, N 54 f; *Wymeersch* ebd. N 90; idS auch *Windbichler*, JZ 2008, 840, 846.
214 Siehe nur *Kalss*, GesRZ 2017, 87, 91: Die auf dem 16. ÖJT „dargelegten Ideen und Vorschläge spielten aber in der fortlaufenden Diskussion keine Rolle mehr".
215 Siehe nur *Kalss/Fleischer*, AG 2013, 693, 703: „Rechtspolitische Änderungsvorschläge aus jüngerer Zeit zielen vor allem auf größere Gestaltungsfreiheit für nicht börsennotierte Gesellschaften, sind aber bisher nicht durchgedrungen".
216 OGH v. 8.5.2013–6 Ob 28/13 f, AG 2013, 716 = GesRZ 2013, 212 m. Anm. *Schopper* (Aktienübertragung und -verpfändung).
217 So *Kalss/Fleischer*, AG 2013, 693, 694.
218 OGH AG 2013, 716, 717.
219 Zitiert bei OGH AG 2013, 716, 717 = GesRZ 2013, 212, 213 f.
220 So zutreffend *Schopper*, GesRZ 2013, 216 (Anm.).

Differenzierung zwischen börsennotierten und nicht börsennotierten Aktiengesellschaften „auch eine differenzierende Beurteilung über die Zulässigkeit von Satzungsbestimmungen gerechtfertigt",[221] mithin „für nichtbörsennotierte Aktiengesellschaften eine größere Satzungsautonomie anzuerkennen".[222] Offen lässt der OGH, inwieweit ein „Abstand" zum Recht der GmbH einzuhalten sei.[223] Die satzungsmäßige Begründung eines Vorkaufsrechts sei jedenfalls bei nichtbörsennotierten Aktiengesellschaften nicht unzulässig.[224]

Diese Grundsatzentscheidung des OGH ist auf breite Zustimmung gestoßen.[225] Für die nichtbörsennotierte AG sei nunmehr „eine weiterreichende Satzungsautonomie anzuerkennen";[226] verschoben habe sich aber auch die Begründungslast: Bei nichtbörsennotierten Gesellschaften sei nunmehr zu fragen, „ob das Aktienrecht eine privatautonome Gestaltung verbietet".[227] Die Kautelarpraxis in Österreich hat von diesen eröffneten Gestaltungsspielräumen dann auch vielfach Gebrauch gemacht.[228] Nunmehr wird im österreichischen Schrifttum intensiv erörtert, inwieweit das Aktienrecht bereits *de lege lata* Satzungsabweichungen – speziell für nichtbörsennotierte Aktiengesellschaften – gestattet[229] bzw. inwieweit *de lege ferenda* ein Mehr an Satzungsfreiheit ermöglicht werden sollte.[230]

5. Aktueller Vorschlag der VGR-Arbeitsgruppe „Große Aktienrechtsreform"

Im Rahmen von Vorschlägen einer VGR-Arbeitsgruppe zu einer großen Reform des Aktienrechts[231] wurde jüngst auch über eine Auflockerung der aktienrechtlichen

---

[221] OGH AG 2013, 716, 717.
[222] So OGH AG 2013, 716, 717 f unter Bezugnahme auf *Kalss/Novotny/Schauer*, Österreichisches Gesellschaftsrecht, 2008, S. 3/25.
[223] OGH AG 2013, 716, 718.
[224] OGH AG 2013, 716, 718.
[225] *Arlt* in Münchener Komm. z. AktG, 5. Aufl., 2019, § 23 Rdn. 232 mwN.
[226] *Arlt*, aaO (Fn. 225), § 23 Rdn. 232.
[227] So *Arlt*, aaO (Fn. 225), § 23 Rdn. 232; ferner *Gruber*, in: Doralt/Nowotny/Kalss, AktG, 3. Aufl., 2021, § 17 Rdn. 33.
[228] Empirische Analyse bei *Kalss/Nicolussi*, GesRZ 2017, 203 ff.
[229] Eingehend *Nicolussi*, aaO (Fn. 9).
[230] Siehe nur *Kalss*, GesRZ 2017, 87 ff.; vgl. weiter *Kalss/Nicolussi*, in: Kalss/Torggler (Hrsg.), Reform des Gesellschaftsrechts, 2022, S. 59 ff.
[231] Siehe VGR (Hrsg.), Reformbedarf im Aktienrecht – Vorschläge für eine große Aktienrechtsreform, 2024.

Satzungsstrenge diskutiert.[232] Die VGR-Arbeitsgruppe folgt dabei im Ausgangspunkt der bereits zuvor im Schrifttum formulierten Einschätzung, dass „trotz des ablehnenden Votums des Juristentages" gegen die in dem „wohl abgewogenen Gutachten" unterbreiteten Vorschläge „durchgreifende Bedenken [...] nicht ersichtlich (sind)"[233] und kam (insoweit im Anschluss an das Gutachten zum 67. DJT 2008) zum Ergebnis, *dass die Satzungsstrenge in ihrer heutigen Ausformulierung in § 23 Abs. 5 AktG zu undifferenziert und rechtspolitisch kritikwürdig ist und dass der Gesetzgeber aufgefordert wird, die bereits im Gesetzgebungsprozess und verstärkt in neuerer Zeit zu Recht kritisierte Vorschrift grundlegend zu überarbeiten.* Weiterhin fordert die VGR-Arbeitsgruppe, *dass alle nichtbörsennotierten Gesellschaften*[234] *grundsätzlich aus § 23 Abs. 5 AktG auszuklammern sind; für nichtbörsennotierte Aktiengesellschaften soll mithin künftig Satzungsfreiheit gelten, soweit nicht zwingendes Aktienrecht betroffen ist. Weiterhin sollen in das Aktiengesetz zusätzliche punktuelle Einzelregelungen aufgenommen werden, die auch börsennotierten Gesellschaften vom Gesetz abweichende Satzungsgestaltungen erlauben; dies soll in erster Linie dort gelten, wo Anlegerschutz bzw. Minderheitenrechte eine zwingende und standardisierte Regelung nicht erfordern.*

Die VGR-Arbeitsgruppe hat ihren Vorschlag wie folgt begründet: Als Ersatz für die überholte und reformbedürftige Vorschrift des heutigen § 23 Abs. 5 AktG kommen verschiedenen Alternativen in Betracht, nämlich (1) völlige ersatzlose Streichung von § 23 Abs. 5 AktG [also generelle Umkehr der Ausgangslage und Rechtslage wie etwa bei der GmbH oder nach dem HGB 1897], (2) Beibehaltung des § 23 Abs. 5 AktG und Modifikation der Rechtslage durch punktuelle Einzelregelungen, die Satzungsgestaltungen erlauben, (3) allgemeine Modifikation des § 23 Abs. 5 AktG sowie (4) Modifikation des § 23 Abs. 5 AktG mit unterschiedlicher Reichweite für börsen- und für nichtbörsennotierten Gesellschaften. Nach eingehender Diskussion hat sich die VGR-Arbeitsgruppe für eine Kombination der Alternativen (2) und (4) entschieden. Ausschlaggebend hierfür waren folgende Überlegungen:

Für *nichtbörsennotierte Gesellschaften* lässt sich nach Ansicht der VGR-Arbeitsgruppe die Einschränkung der verfassungsrechtlich geschützten Vertragsfreiheit nicht rechtfertigen. Insbesondere trägt das Argument der Standardisierung und des Anlegerschutzes hier nicht.[235] Mehrheitlich folgt die VGR-Arbeitsgruppe aber der Ansicht, dass auch in der nichtbörsennotierten Aktiengesellschaft die grund-

---

232 Siehe dazu näher die Ausführungen der Berichterstatter *Walter Bayer* und *Susanne Kalss* in VGR (Fn. 231), § 5 Rdn. 5.28 ff.
233 So *Kalss/Fleischer*, AG 2013, 693, 702.
234 Prämisse: Einbeziehung der kapitalmarktorientierten Gesellschaften iSv § 264d HGB in den Kreis der börsennotierten Gesellschaften nach Maßgabe von § 3 Abs. 2 AktG nF.
235 Näher *Bayer*, aaO (Fn. 150), E 81 ff.

legenden Strukturen dieser Rechtsform, speziell auch das der Aktiengesellschaft immanente Organisationsrecht, nicht zur Disposition der Satzung stehen soll; es gilt mithin nach überwiegender Ansicht ein *Abstandsgebot zur GmbH*, das bestimmte Abweichungen von der aktienrechtlichen Organisationsstruktur verbietet.[236]

Insbesondere das *Verhältnis der Aktionäre zueinander* sollte zukünftig nach Maßgabe der Satzung ausgestaltet werden können,[237] so etwa (nach dem Vorbild des GmbH-Rechts) durch die Vereinbarung von Vorerwerbs- und Aufgriffsrechten, durch eine Ausdifferenzierung von Vinkulierungsklauseln oder durch die generelle Zulässigkeit von stimmrechtslosen Aktien.[238] Auch Qualifikationen für Vorstands- und Aufsichtsratsämter könnten in der Satzung festgelegt werden.[239] Umgekehrt könnte ein squeeze out in der Satzung ausgeschlossen werden.[240] Und ungeachtet der Frage, inwieweit allgemein Mehrstimmrechtsaktien gesetzlich zugelassen werden, wäre jedenfalls gegen eine entsprechende Satzungsregelung in der nichtbörsennotierten AG nichts einzuwenden.[241] Auch könnten in der Satzung *Sonderrechte für einzelne Aktionäre* oder Aktionärsgruppen (beispielsweise Vorkaufsrechte, Zustimmungserfordernisse oder Vetorechte in der Hauptversammlung) begründet werden.[242]

Naturgemäß nicht von der Satzungsfreiheit betroffen wäre – in Übereinstimmung mit allgemeinen Grundsätzen zur GmbH und zur Personengesellschaft und teilweise auch schon vorgegeben durch europäisches Richtlinienrecht – *zwingendes Aktienrecht*, speziell alle Vorschriften zum Gläubiger- und zum Minderheitenschutzrecht.[243] Dies könnte klarstellend im neuen § 23 Abs. 5 AktG erwähnt werden.

Nach ganz überwiegender Ansicht der VGR-Arbeitsgruppe wäre auch eine *Modifikation der Organisationsstruktur* durch die Satzung *grundsätzlich unzulässig*. Dies gilt insbesondere für die Kompetenzverteilung zwischen Vorstand, Aufsichtsrat und Hauptversammlung, speziell für die weisungsfreie Leitungsbefugnis des Vorstands (vgl. § 76 AktG).[244] Allerdings könnten ohne Weiteres die *Informationsrechte der Aktionäre* ausgeweitet werden, und zwar zum einen durch eine Verstärkung des kollektiven Informationsrechts der Hauptversammlung, zum anderen

---

236 Näher *Bayer*, aaO (Fn. 150), E 90 ff, 96 ff. Dagegen aber jüngst *Kalss/Nicolussi*, aaO (Fn. 230), S. 65 f.
237 Näher bereits *Bayer*, aaO (Fn. 150), E 103 ff.
238 Näher bereits *Bayer*, aaO (Fn. 150), E 109.
239 Siehe bereits Bayer, aaO (Fn. 150), E 113 f; zustimmend *C. Schäfer*, NJW 2008, 2536, 2542;
240 Vgl. *Bayer*, aaO (Fn. 150), E 104 f im Anschluss an die Rechtslage in Österreich; vgl. *Althuber/Krüger*, AG 2007, 194, 200.
241 Dafür bereits *Bayer*, aaO (Fn. 150), E 109; *Kalss/Nicolussi*, aaO (Fn. 230), S. 71 f.
242 Näher bereits *Bayer*, aaO (Fn. 150), E 110.
243 Siehe dazu bereits *Bayer*, aaO (Fn. 150), E 108.
244 Gegen ein Weisungsrecht der Hauptversammlung bereits *Bayer*, aaO (Fn. 150), E 115; offener für Einzelfälle hingegen *Kalss*, aaO (Fn. 169), S. 170 und folgend *Kalss/Nicolussi*, aaO (Fn. 230), S. 69.

aber auch durch individuelle Informationsrechte der Aktionäre außerhalb der Hauptversammlung.[245] Auch *Beschlussfassungen im Umlaufverfahren* könnten – wie bei der GmbH – durch die Satzung gestattet werden.[246] Zu denken wäre im Einzelfall auch an satzungsmäßige *Mitwirkungs- oder Zustimmungsrechte der Hauptversammlung*[247] (über die Fälle der Holzmüller-/Gelatine-Rechtsprechung[248] hinaus[249]); soweit dadurch die Rolle des Aufsichtsrats verändert wird – was Auswirkungen im Hinblick auf die Arbeitnehmer-Mitbestimmung haben kann – erscheinen diese Modifikationen nicht dergestalt gravierend, als dass sie nicht hingenommen werden könnten.[250] Dies gilt gleichermaßen, wenn man satzungsmäßig bestimmten Aktionären ein Entsendungsrecht für Vorstandsmitglieder gestatten würde. Es spricht auch nichts dagegen, der Hauptversammlung in der nichtbörsennotierten AG durch Satzungsregelung die Kompetenz zur *Feststellung des Jahresabschlusses* und/oder die *Verwendung des gesamten Gewinns* zuzuweisen.[251]

Für *börsennotierte Gesellschaften* lässt sich die Satzungsstrenge nach ganz überwiegender Ansicht der VGR-Arbeitsgruppe hingegen durchaus mit dem Standardisierungsargument begründen. Auch der Anlegerschutz werde keineswegs nur durch das Kapitalmarktrecht gesichert. Allerdings sei eingehend zu prüfen, inwieweit bislang zwingende Regelungen auch für börsennotierte Gesellschaften durch die Satzung modifiziert werden können.[252] So könnte auch bei börsennotierten Gesellschaften der Satzung jedenfalls dort ein Recht zur Abweichung von der gesetzlichen Regelung eingeräumt werden, wo der Anleger- und Minderheitenschutz keine zwingende Regelung erfordert.

Größere Satzungsfreiheit könnte auch dort gewährt werden, wo *Rechte der Aktionäre gestärkt* werden, etwa bei der satzungsmäßigen Festlegung von Zustimmungsrechten der Hauptversammlung im Einzelfall (also keine Generalklausel). Dabei darf nach Ansicht der VGR-Arbeitsgruppe allerdings nicht übersehen werden, dass die Stärkung von Aktionärsrechten nicht stets Vorteile für den Anleger- und Minderheitenschutz bedeuten, sondern sich im Gegenteil auch nur zum Vorteil für Großaktionäre und zum Nachteil für die Minderheit auswirken können (Stichwort:

---

245 So bereits *Bayer*, aaO (Fn. 150), E 108; *Kalss*, aaO (Fn. 169), S. 185 f.; jüngst wieder *Kalss/Nicolussi*, aaO (Fn. 230), S. 73.
246 Dafür bereits *Bayer*, aaO (Fn. 150), E 117; *Kalss/Nicolussi*, aaO (Fn. 230), S. 94 ff.
247 Dafür bereits *Bayer*, aaO (Fn. 150), E 115 f.
248 Zusammenfassend *Koch*, aaO (Fn. 2), § 119 Rdn. 16 ff.
249 Allgemein zu dieser rechtspolitischen Forderung bereits *Bayer*, Der Konzern 2023, 1, 11 im Anschluss an *Lutter*, FS K. Schmidt, 2009, S. 1065, 1073 ff.
250 So bereits *Bayer*, aaO (Fn. 150), E 116.
251 Dafür bereits *Bayer*, aaO (Fn. 150), E 115 sowie *Kalss/Nicolussi*, aaO (Fn. 230), S. 70.
252 In diese Richtung bereits *Bayer*, aaO (Fn. 150), E 83 ff.

Konzerngefahr). Geboten sei somit stets eine zurückhaltende Betrachtung im Kontext der jeweiligen Regelung.[253]

---

[253] Siehe zusammenfassend *Bayer/Kalss* in VGR (Fn. 231) § 5 Rdn. 5.38.

Holger Fleischer
§ 10 Kämpfe und Kontroversen um das Konzernrecht

I. Einführung —— 370
II. Konzerne als Kinder der Kautelarpraxis —— 371
III. Konzernrechtsdiskussion in der Weimarer Republik —— 374
IV. Konzernrechtliche Regelungen im Aktiengesetz von 1937 —— 379
   1. Diskussionen in der Akademie für Deutsches Recht —— 379
   2. Einführung konzernrechtlicher Einzelregelungen —— 380
   3. Konzerninteressen als schutzwürdige Belange —— 381
V. Einheits- versus Trennungstheorie im Konzernrecht —— 385
VI. Konzernrechtliche Reformdiskussion nach dem Zweiten Weltkrieg —— 387
   1. Studienkommission des Deutschen Juristentages 1955 —— 387
   2. Verhandlungen des Deutschen Juristentages 1957 —— 388
   3. Konzernrechtskommission des Deutschen Juristentages 1958 —— 391
VII. Entstehungsprozess des Aktienkonzernrechts von 1965 —— 392
   1. Referentenentwurf von 1958 —— 393
      a) Konzernrechtliche Konzeption —— 393
         aa) Ausgangsbefund —— 393
         bb) Vertragszwang und Erfolgshaftung im faktischen Konzern —— 395
      b) Reaktionen in Wirtschaft und Wissenschaft —— 396
      c) Meinungswandel im Bundesministerium der Justiz —— 401
   2. Regierungsentwurf von 1960 —— 401
      a) Konzernrechtliche Konzeption —— 401
      b) Reaktionen in Wirtschaft und Wissenschaft —— 404
   3. Beratungen in den Bundestagsausschüssen —— 406
   4. Fortentwicklung nach 1965 —— 406
   5. Rechtspolitische Würdigung —— 407
VIII. Entwicklungslinien des Europäischen Konzernrechts —— 410
   1. Vorschläge für eine Vollharmonisierung des Konzernrechts – und ihr Scheitern —— 410
   2. Europäisches Konzernrecht im weiteren Sinne —— 413
   3. Die vielen Gesichter des Konzerns im Europäischen Wirtschaftsrecht —— 414
IX. Konzernaußenhaftung und Aufweichungen des konzernrechtlichen Trennungsprinzips —— 415
   1. Grundlagen —— 416
      a) Trennungsprinzip als Grundsatz —— 416
      b) Konzernaußenhaftung als begründungsbedürftige Ausnahme —— 418
   2. Einzeltatbestände einer Einstandspflicht der Konzernmutter —— 418
      a) Rechtsgeschäftliche Einstandspflicht —— 419
      b) Rechtsscheinhaftung —— 419
      c) Konzernvertrauenshaftung —— 421
      d) Konzerndeliktshaftung —— 423
         aa) Geschäftsherrnhaftung in Konzernlagen —— 424

        bb) Primäre Deliktshaftung der Konzernmutter —— 425
        cc) Implikationen des Lieferkettensorgfaltspflichtengesetzes —— 427
     e) Konzernverantwortung im Kartellrecht —— 428
X. Schluss —— 429

I. Einführung

Deutschland ist „Konzernrechtsland"[1]. Die Vorschriften der §§ 291 ff. AktG über den Vertragskonzern und der §§ 311 ff. AktG über den faktischen Konzern sind eine Kunstschöpfung des Aktienrechtsgesetzgebers von 1965, der mit ihnen die weltweit erste Konzernrechtskodifikation vorlegte.[2] Seither hat „Konzernrecht" als unübersetztes Lehnwort Eingang in die internationale Literatur gefunden.[3] Hierzulande gehört es schon immer zu den Lieblingsthemen der Gesellschaftsrechtswissenschaft. Verteilt über sieben Jahrzehnte widmen sich nicht weniger als 14 Habilitationsschriften dem Konzernrecht in seinen verschiedensten Ausprägungen und Erscheinungsformen.[4] Hinzu kommen unzählige Doktorarbeiten, die inzwischen in die Hunderte gehen dürften.

---

[1] *Fleischer*, ZGR 2017, 1, 27 im Anschluss an *Druey*, Gutachten H für den 69. Deutschen Juristentag 1992, H 31: „Deutschland gilt als das ‚Konzernland'."
[2] Dazu – nicht ohne Stolz – *Geßler*, JBl. 1966, 169, 179: „Diese Regelung hat in der aktienrechtlichen Gesetzgebung der Welt kein Vorbild. Sie dürfte als die reformerische Tat des deutschen AktG. von 1965 anzusehen sein."
[3] Vgl. etwa *Kraakman/Armour/Davies et al.*, The Anatomy of Corporate Law, 3. Aufl. 2017, S. 16: „Although the *Konzernrecht* [...] is embodied in statutory law that is formally distinct from the corporation statutes and case law, it is clearly an integral part of German corporate law."; S. 133: „That said, a special set of creditor protections standards covers groups of companies in some jurisdictions. The German *Konzernrecht* provides the most elaborate example of such a law, attempting to balance the interests of groups as a whole with those of the creditors and minority shareholders of their individual members."
[4] Näher *Fleischer*, ZGR 2022, 1, 12: „Ihre Titel lauten: ‚Verwaltung, Konzerngewalt und Rechte der Aktionäre' (*Mestmäcker*, 1958), ‚Konzernaußenrecht und allgemeines Privatrecht' (*Rehbinder*, 1969), ‚Organschaft und Konzerngesellschaftsrecht' (*Sonnenschein*, 1976), ‚Die Konzernleitungspflicht' (*Hommelhoff*, 1982), ‚Aktiengesellschaft, Unternehmensgruppe und Kapitalmarktrecht' (*Mülbert*, 1996), ‚Kapitalerhaltung im Konzern' (*Cahn*, 1998), ‚Das abhängige Konzernunternehmen in der Insolvenz' (*Ehricke*, 1998), ‚Unternehmensverträge' (*Veil*, 2003), ‚Grenzen der Leitungsmacht in der internationalen Unternehmensgruppe' (*Wackerbarth*, 2003), ‚Konzernhaftungsrecht' (*Wimmer-Leonhardt*, 2004), ‚Die Personengesellschaft im Konzern' (*Haar*, 2006), ‚Das Konzernrecht des Vereins' (*Leuschner*, 2011), ‚Der vertragsbeherrschende Dritte' (*Temming*, 2014), ‚Konzernrechtliche Kontrolle' (*Schreiber*, 2017) und ‚Bankkonzernrecht' (*Renner*, 2019)."

Der folgende Beitrag verfolgt die Kämpfe und Kontroversen um das Konzernrecht, beginnend mit seinen frühen Anfängen in der Kautelarpraxis (II.) über die Konzernrechtsdiskussion in der Weimarer Republik (III.) und die konzernrechtlichen Einzelregelungen im Aktiengesetz von 1937 (IV.) bis hin zur Debatte über Einheits- versus Trennungstheorie im Konzernrecht (V.). Anschließend widmet er sich der konzernrechtlichen Reformdiskussion nach dem Zweiten Weltkrieg (VI.) und dem Entstehungsprozess des Aktienkonzernrechts von 1965 (VII.). Sodann zeichnet er die allmählich einsetzenden Entwicklungslinien des Europäischen Konzernrechts nach (VIII.) und setzt einen letzten Schwerpunkt bei der Konzernaußenhaftung (IX.). Diese wirft bis heute ein besonders helles Schlaglicht auf die Ambiguität des Konzerns, der national und international zwischen der Vielzahl seiner Glieder und der Einheit des Ganzen oszilliert.[5] Nicht behandelt werden können hier aus Platzgründen zahlreiche weitere Problemfelder der Unternehmensgruppe, etwa der Konzerneingangsschutz[6] oder das bis heute nicht kodifizierte Konzernrecht für GmbH und Personengesellschaft.[7]

II. Konzerne als Kinder der Kautelarpraxis

Konzerne sind keine Erfindung des Gesetzgebers, sondern eine Schöpfung der Kautelarpraxis.[8] In vielerlei Hinsicht Pioniercharakter hatte international das Standard Oil Trust Agreement von 1882[9] über das damals größte Erdölraffinerie-

---

5 So bereits *L. Raiser*, in Schriften des Vereins für Socialpolitik, Das Verhältnis der Wirtschaftswissenschaft zur Rechtswissenschaft, Soziologie und Statistik, Bd. 33 (1964), S. 51, 54; anschaulich auch *Druey*, SZW 2015, 64, 68: „Wesensmerkmal ist, dass eine *Mehrzahl* juristischer Personen auf ein *einheitliches* Ziel zusammengefasst wird. Wird der Konzern ausschließlich als Mehrheit von Gesellschaften oder aber als einheitlicher Unternehmensverbund behandelt, so tötet beides das Konzept selber ab."
6 Näher *Fleischer*, in Großkomm. AktG, 4. Aufl. 2020, vor § 311 Rn. 47 ff. m.w.N.
7 Näher *Emmerich/Habersack*, Konzernrecht, 12. Aufl. 2023, §§ 29–32 (GmbH-Konzernrecht), §§ 33–35 (Konzernrecht der Personengesellschaften).
8 Dazu bereits *Rasch*, Richtige und falsche Wege der Aktienrechtsreform, 1960, S. 33: „Konzernrecht ist in weitestem Umfang selbstgeschaffenes Recht der Wirtschaft, Recht der Kautelarjurisprudenz, wie etwa Konsortialverträge, Gewinn- und Verlustübernahmeverträge in zahlreichen Vereinbarungen zeigen."; hieran anknüpfend *Fleischer*, RabelsZ 82 (2018), 239, 259.
9 Erläutert und abgedruckt bei *Fleischer/Horn*, in Fleischer/Mock (Hrsg.), Große Gesellschaftsverträge aus Geschichte und Gegenwart, 2021, § 9, S. 435 ff., 471 ff.; rechtsvergleichend schon *Spindler*, Recht und Konzern, 1993, S. 268: „Von besonderem Interesse für die Entwicklung von Formen der Unternehmenszusammenschlüsse ist die Geschichte der Standard Oil Co., die neue rechtliche Organisationsformen einführte und die gesamte Industrie beeinflusste."

Unternehmen der Welt,[10] das den Grundstein für den enormen Reichtum der *Rockefeller*-Familie[11] legte. Durch unablässige Zukäufe, Zusammenschlüsse und Neugründungen von Schwester- oder Tochterunternehmen zu einem unübersichtlichen Firmenkonglomerat herangewachsen, ließ sich Standard Oil zu Beginn der 1880er Jahre organisatorisch wie rechtlich kaum mehr steuern. Abhilfe schaffen sollte eine neuartige Treuhandkonstruktion: der Standard Oil Trust, den man als „Mother of Trusts"[12] zu bezeichnen pflegte. Sein Gründungsdokument fand rasch Eingang in die zeitgenössischen Formular- und Erläuterungsbücher[13] und lieferte die Blaupause für weitere Trusts,[14] die während des wirtschaftlichen Aufschwungs bis zur Jahrhundertwende („Gilded Age"[15]) das industrielle Bild Amerikas prägten.

In Deutschland stieß das Standard Oil Trust Agreement ebenfalls auf reges Interesse. Zuerst unter wettbewerblichen Gesichtspunkten erschlossen und gewürdigt,[16] wurde es später in einer grundlegenden Studie über den Effektenkapitalismus ökonomisch unter die Lupe genommen[17] sowie in der aktien- und konzernrechtlichen Literatur der Weimarer Republik als Anschauungsmaterial beigezogen.[18] Wie in den Vereinigten Staaten wurden damals auch in Deutschland gewaltige Konzerne aus dem Boden gestampft, die man anschaulich als „industrielle Herzogtümer"[19] bezeichnete. Genannt sei etwa die I.G. Farbenindustrie AG,[20] die mit

---

[10] Zur Geschichte von Standard Oil *Hidy/Hidy*, Pioneering in Big Business. The History of the Standard Oil Company (New Jersey), 1919.

[11] Speziell zur dynastischen Komponente *Landes*, Dynasties. Fortunes and Misfortunes of the World's Great Family Businesses, 2006, Part 3, Chapter 8, S. 127 ff.: „The Rockefellers – Luck, Virtue, and Piety".

[12] *Wells*, The Work, Wealth and Happiness of Mankind, 1932, S. 446; gleichsinnig *Dodd*, Combinations: Their Uses and Abuses, with a History of the Standard Oil Trust, 1888, S. 19: „parent of the trust system".

[13] Vgl. etwa *Cook*, Trusts – The Recent Combinations in Trade, Their Character, Legality and Mode of Organization, and the Rights, Duties and Liabilities of their Managers and Certificate-Holders, 1888, Appendix B, S. 78 ff.

[14] Dazu *Thorelli*, The Federal Antitrust Policy: Origination of an American Tradition, 1954, S. 76 f.: „[I]t was the second Standard Oil Trust Agreement that was to serve as a model for subsequent trusts."; *Jones*, The Trust Problem in the United States, 1911, S. 20 f.

[15] *Cashman*, America in the Gilded Age. From the Death of Lincoln to the Rise of Theodore Roosevelt, 3. Aufl. 1993.

[16] Abgedruckt bei *von Halle*, Über wirtschaftliche Kartelle in Deutschland und im Auslande. Fünfzehn Schilderungen nebst einer Anzahl Statuten und Beilagen, 1894, S. 200 ff.

[17] Vgl. *Liefmann*, Beteiligungs- und Finanzierungsgesellschaften, 1. Aufl. 1909, 5. Aufl. 1931, S. 235 ff.

[18] Vgl. etwa *Bauer*, Die rechtliche Struktur der Truste. Ein Beitrag zur Organisation der wirtschaftlichen Zusammenschlüsse in Deutschland unter vergleichender Heranziehung der Trustformen in den Vereinigten Staaten von Amerika und Rußland, 1927, S. 164 ff.

[19] *Friedländer*, Konzernrecht, 1. Aufl. 1927, S. 9.

[20] Näher dazu *Schmolke*, in Fleischer/Mock (Fn. 9), § 14, S. 687 ff.

ihren zahlreichen Beteiligungen zu den größten Chemieunternehmen der Welt zählte.[21] Bei alledem stellte die Kautelarpraxis die Formen des Gesellschaftsrechts in die Dienste der Zusammenschlussbestrebungen der Wirtschaft.[22] Rückblickend spricht ein Beobachter von einem „erblühenden, filigranen Konzernvertragswesen"[23]. Aus dieser frühen Zeit stammen zugleich negativ aufgeladene Visualisierungen, die der Organisationsform des Konzerns bis heute zu schaffen machen, namentlich die Metapher vom *corporate octopus*, dem Kraken Konzern, der mit seinen vielen Tentakeln zum Sinnbild des korporativen Kapitalismus aufstieg.[24]

Mit dem gewachsenen Rechtsstoff in der Konzernwirklichkeit wuchs zugleich das Bedürfnis nach einer systematischen Durchdringung der Materie – eine Aufgabe, derer sich jene Juristen annahmen, welche die Konzernverträge selbst entworfen hatten: „So war das Konzernrecht von Anfang an im engsten Sinne professionell, durch eine Handvoll Wirtschaftsanwälte geprägt."[25] Zu diesen prägenden Köpfen zählten vor allem drei Berliner Anwälte, die in den Goldenen Zwanziger Jahren über eine Vielzahl von Beratungsmandaten verfügten: *Heinrich Friedländer*, *Frederic (Fritz) Haußmann* und *Richard Rosendorff*.[26] Sie befassten sich zunächst in Zeitschriftenbeiträgen und Einzelstudien mit speziellen Konzernfragen einschließlich ihrer kartell-, steuer-, bilanz- und umwandlungsrechtlichen Bezüge.[27] Hierauf aufbauend und aus ihrem reichen Fundus an realen Vertragsmustern schöpfend, legten sie später große Synthesen vor,[28] die gehobenen wissenschaftlichen Ansprüchen genügten.[29]

---

21 Vgl. *Hayes*, ZUG 32 (1987), 124: „das größte private Unternehmen in Europa und in den meisten Verzeichnissen hinter General Motors, US Steel und Standard Oil of New Jersey das viertgrößte Unternehmen der Welt".
22 So *Nörr*, ZHR 150 (1986), 155, 170.
23 *Dettling*, Die Entstehungsgeschichte des Konzernrechts im Aktiengesetz von 1965, 1997, S. 63.
24 Vertiefend *Damler*, Konzern und Moderne, 2016, S. 21 ff. und passim m.w.N.
25 *Nörr*, ZHR 150 (1986), 155, 170.
26 Ausführlich zu ihnen, ihrem Leben und ihrem Werk *Thiessen*, Vom Konzern zum Einheitsunternehmen, ZGR Sonderheft 22, 2020, S. 1, 5 ff.
27 Vgl. etwa *Friedländer*, Die Interessengemeinschaft als Rechtsform der Konzernbildung unter besonderer Berücksichtigung der bilanztechnischen und steuerrechtlichen Fragen, 1921; *Haußmann*, Die Tochtergesellschaft. Eine rechtliche Studie zur modernen Konzernbildung und zum Effektenkapitalismus, 1923.
28 Vgl. etwa *Friedländer*, Konzernrecht. Das Recht der Betriebs- und Unternehmenszusammenfassungen, 1. Aufl. 1927; *Haußmann*, Grundlegung des Rechts der Unternehmenszusammenfassungen, 1926; *Rosendorff*, Die rechtliche Organisation der Konzerne, 1927.
29 Ebenso die Einschätzung von *Thiessen* (Fn. 26), S. 1, 22: „Dennoch handelt es sich hier nicht um bloße Praktikerhandbücher, sondern um traditionelle Rechtswissenschaft. Von den Einzelfällen ging es induktiv zum Prinzip, das so formuliert sein musste, dass weitere Einzelfälle darunter Platz

III. Konzernrechtsdiskussion in der Weimarer Republik

Den[30] „Beginn der Konzernrechtsgeschichte"[31] datiert eine prominente Literaturstimme auf das Jahr 1881, in dem das RG der Mehrheitsherrschaft in der AG erstmals Schranken gezogen hatte.[32] Eine breitflächigere Konzernrechtsdiskussion entfaltete sich allerdings erst nach dem Ersten Weltkrieg.[33] Begünstigt durch die galoppierende Inflation[34] und konzernfreundliche steuerrechtliche Rahmenbedingungen[35], bildeten sich zu Beginn der zwanziger Jahre des vergangenen Jahrhunderts riesige Unternehmensgruppen. Das Schrifttum sah seine Aufgabe zunächst in der Sammlung und Ordnung der Rechtstatsachen und bemühte sich um eine Begriffsbildung.[36] Dabei dominierten organisationsrechtliche Fragen beim Aufbau von Unternehmensgruppen.

Schon in dieser frühen Zeit entwickelte sich der wirkmächtige Gedanke eines Vorrangs des Konzerninteresses.[37] Zu seinen Protagonisten zählte *Haußmann*, der den Haftungsausschluss der Konzernmehrheit für Maßnahmen, die dem Interesse einer abhängigen Gesellschaft zuwiderliefen, schlicht damit begründete, „daß der Zweck des Ganzen dem Zweck des Teilbetriebes vorgehen muß"[38]. Vertieft wurde diese Frage sodann im sog. Enquête-Ausschuss des Reichstages zur Untersuchung der Erzeugungs- und Absatzbedingungen der deutschen Wirtschaft[39], der sich ab

---

fanden, oder das anderenfalls den weiteren Einzelfällen entsprechend reformuliert werden musste."
30 Zu Folgendem bereits *Fleischer* (Fn. 6), vor §§ 311 ff. AktG Rn. 2 ff.
31 *Hommelhoff*, Die Konzernleitungspflicht, 1982, S. 2; zustimmend *Dettling* (Fn. 23), S. 54; *Spindler* (Fn. 9), S. 76 mit Fn. 181.
32 Vgl. RGZ 3, 123 – Rumänische Eisenbahn: Betriebsüberlassungsvertrag.
33 Eingehend dazu *Dettling* (Fn. 23), S. 57 ff.; *Hommelhoff* (Fn. 31), S. 2 ff.; *Nörr* ZHR 150 (1986), 155, 168 ff.; *Spindler* (Fn. 9), S. 82 ff.
34 Dazu *Bühler*, Steuerrecht der Gesellschaften und Konzerne, 3. Aufl. 1956, S. 293 mit Fn. 3, wonach die „Grundlagen vieler, auf Konzernbeherrschung basierender und noch heute bestehender, industrieller Machtstellungen in jenen Hochinflationsjahren geschaffen" wurden.
35 Zu Schachtelprivileg und Organschaft *Bühler* (Fn. 34), S. 284, 312 ff.; *Friedländer* (Fn. 28), S. 38 ff.; rückblickend *Dettling* (Fn. 23), S. 59 ff; *Emmerich/Habersack* (Fn. 7), § 1 Rn. 30 ff.; *Nörr*, Zwischen den Mühlsteinen: eine Privatrechtsgeschichte der Weimarer Republik, 1988, S. 125 f.; *Spindler* (Fn. 9), S. 17 ff.
36 Vgl. außer den in Fn. 28 Genannten später noch *Kronstein*, Die abhängige juristische Person, 1931.
37 Rückblickend dazu *Dettling* (Fn. 23), S. 64 f.; *Hommelhoff* (Fn. 31), S. 17 f.
38 *Haußmann* (Fn. 28), S. 152 f.; zuvor bereits *ders.* (Fn. 27), S. 53 ff., 58, 61.
39 Eingesetzt durch § 5 Abs. 2 des Gesetzes über einen Ausschuß zur Untersuchung der Erzeugungs- und Absatzbedingungen der deutschen Wirtschaft vom 15.4.1926, RGBl. I S. 195.

1926 auch mit den Wandlungen in den wirtschaftlichen Organisationsformen beschäftigte.[40] *Max Hachenburg*, der große jüdische[41] Wirtschaftsanwalt, führte dort aus, dass die Verwaltungsmitglieder der Einzelgesellschaften stets im Interesse des ganzen Konzerns handeln dürften: „Die Möglichkeit, daß die Einzelgesellschaft zugunsten der Gesamtheit Opfer bringt, folgt aus dem Wesen des Zusammenschlusses"[42]. Sein Mannheimer Anwaltskollege *Karl Geiler* beurteilte den Vorrang des Konzerninteresses im selben Ausschuss anhand von Effizienzerwägungen: „Erweist sich das Vorgehen der Konzernmajorität unter dem heute so wichtigen Gesichtspunkt der Produktivität betrachtet als rationelle Maßnahme, so wird die Haftung zu verneinen sein, auch wenn die Minorität durch das Vorgehen in ihren Interessen benachteiligt wird. Die Majorität handelt dann nicht so sehr eigensüchtig als volkswirtschaftlich rationell."[43] Lasse sich das Vorgehen der Majorität dagegen nicht unter diesem Gesichtspunkt rechtfertigen, dann sei eine Haftung angezeigt, soweit der Minorität ein Schaden entstehe, der nicht durch andere Leistungen an die Gesellschaft ausgeglichen werde.[44] *Julius Flechtheim*, Rechtsanwalt und Aufsichtsratsmitglied in verschiedenen Großunternehmen, steuerte zu alledem die Beobachtung bei, dass die Berücksichtigung des Konzerninteresses gang und gäbe sei, „ohne daß man sich in der Praxis eines Unrechts bewußt ist"[45].

Protest hiergegen erhob sich von *Bruno Buchwald*, der vorbrachte, dass eine „Schädigung der Minderheit zum Nutzen der Konzernmehrheit sittlich nicht zu rechtfertigen" sei. Daher müsse eine Haftung der Großaktionäre eintreten, „wenn die Sorgfalt eines ordentlichen Kaufmanns verletzt wird"[46]. Der im Jahre 1930 vorgelegte Generalbericht des Enquête-Ausschusses wandte sich gegen die Theorie vom Vorrang des Konzerninteresses: „Diese Anschauung, die im einzelnen Falle zu einer schweren Benachteiligung der nicht gebundenen Aktionäre der Tochtergesellschaft führen kann, entbehrt indessen der rechtlichen Grundlage; hier muß das

---

40 Vgl. Unterausschuß für allgemeine Wirtschaftsstruktur (I. Unterausschuß), 3. Arbeitsgruppe: Wandlungen in den wirtschaftlichen Organisationsformen; für eine Zusammenfassung seiner Arbeiten *Dernburg/Hecht/Neu*, Erzeugungs- und Absatzbedingungen der deutschen Wirtschaft, 1931; rückblickend *Dettling* (Fn. 23), S. 66 f.; *Schubert*, in Schubert/Hommelhoff (Hrsg.), Die Aktienrechtsreform am Ende der Republik, 1987, S. 9, 28 f.
41 Zu den großen rechtswissenschaftlichen Leistungen der jüdischen Juristen in der Weimarer Republik *Nörr*, ZHR 150 (1986), 155: „[D]as Aktien- und Konzernrecht war weithin von jüdischen Juristen geprägt, die im NS-Deutschland zum Verstummen gebracht wurden."; ähnlich *Hommelhoff* (Fn. 31), S. 21.
42 *Hachenburg*, in Unterausschuß für allgemeine Wirtschaftsstruktur (Fn. 40), S. 44, 50.
43 *Geiler*, in Unterausschuß für allgemeine Wirtschaftsstruktur (Fn. 40), S. 52, 82.
44 Vgl. *Geiler* (Fn. 43), S. 52, 82 f.
45 *Flechtheim*, in Unterausschuß (Fn. 40), S. 5, 33.
46 *Buchwald*, in Unterausschuß (Fn. 40), S. 89, 103.

Interesse der Tochtergesellschaft allein maßgeblich sein."[47] Rechtspolitisch beließ er es hingegen bei einem Appell an die Charakterstärke der Organmitglieder der Tochtergesellschaft.[48] Auch von anderer Seite wurde eine Privilegierung des Konzerninteresses zurückgewiesen.[49]

Eng verwoben mit dem gerade erörterten Fragenkreis war die Diskussion um eine aktienrechtliche Generalklausel, die eine Haftung des (Groß-)Aktionärs bei vorsätzlicher Verfolgung gesellschaftsfremder Sondervorteile vorsehen sollte.[50] Eine solche „Majoritätshaftung auf eigensüchtiges Verhalten"[51] wurde schon in der Enquête-Kommission von *Flechtheim*[52], *Geiler*[53] und *Buchwald*[54] erwogen oder sogar gefordert. In die gleiche Richtung ging der im Jahre 1928 vorgelegte Bericht einer vom Deutschen Juristentag 1926 eingesetzten Kommission zur Reform des Aktienrechts aus der Feder von *Hachenburg*.[55] Er empfahl die Einführung einer schadensersatzbewehrten Generalklausel, nach der die Ausübung des Stimmrechts unzulässig sein sollte, „wenn der Aktionär durch diese unter Verletzung der offenbaren Interessen der Gesellschaft gesellschaftsfremde Sondervorteile für sich oder einen Dritten verfolgt".[56] Damit werde dem Richter die Möglichkeit gegeben, einzugreifen, ohne den Schadensersatzpflichtigen „mit dem Stigma des Handelns

---

47 *Enquête-Ausschuß* (Fn. 40), Generalbericht, S. 81.
48 Vgl. *Enquête-Ausschuß* (Fn. 40), Generalbericht S. 81 f.: „In tatsächlicher Hinsicht können die Mitglieder der Verwaltung der Tochtergesellschaft hier in schwere Interessenkonflikte kommen, denn sie müssen bei einer pflichtgemäßen Wahrung der Belange ihrer Gesellschaft gegenüber dem Großaktionär mit dem Verlust ihrer Stellung rechnen; hier kommt es, wie Schlitter zutreffend bekundet hat, entscheidend auf die Persönlichkeit an; nach seinen Feststellungen haben starke Persönlichkeiten in der Verwaltung der Tochtergesellschaft häufig mit Geschick die Interessen ihres Unternehmens gegenüber denen der Konzernmachthaber vertreten."
49 Vgl. *Natter*, ZBH 1927, 138; *ders.*, FS Pinner, 1932, S. 507, 596 f.
50 Rückblickend dazu *Hommelhoff* (Fn. 31), S. 18 f., 24 ff.; *Voigt*, Haftung aus Einfluss auf die Aktiengesellschaft (§§ 177, 309, 317 AktG), 2004, S. 5 ff.
51 *Geiler* (Fn. 43), S. 52, 82.
52 Vgl. *Flechtheim* (Fn. 45), S. 5, 43: „Es wird die Frage sein, ob nicht neben den Rechtsbehelfen dieser Art, die das allgemeine bürgerliche Recht an die Hand gibt (vgl. insbesondere §§ 138, 823, 826 BGB.), die Aufstellung besonderer aktienrechtlicher Vorschriften am Platze ist. Insbesondere erscheint mir die Frage ernstlicher Prüfung wert, ob nicht der Majoritätsbesitzer unter erleichterten Voraussetzungen sowohl den Gläubigern wie den außenstehenden Aktionären der von ihm beherrschten Gesellschaft gegenüber für einen Mißbrauch seines Einflusses verantwortlich zu machen ist."
53 Vgl. *Geiler* (Fn. 43), S. 52, 82.
54 Vgl. *Buchwald* (Fn. 46), S. 89, 103 unter Hinweis auf entsprechende Vorschriften im österreichischen Bankhaftungs-Gesetz (vgl. dazu *Kastner*, Das österreichische Bankenrecht seit 1920 bis 1938, ÖBA 1988, 871) und im liechtensteinischen Recht.
55 Vgl. Ständige Deputation des Deutschen Juristentages, Bericht der durch den 33. Juristentag zur Prüfung einer Reform des Aktienrechts eingesetzten Kommission, 1928, S. 27 ff.
56 *Ständige Deputation* (Fn. 55), S. 27; zustimmend *Brodmann*, ZHR 94 (1924), 31, 68 f.

gegen die guten Sitten belasten zu müssen"[57]. Das Reichsjustizministerium, das im November 1927 mit den Vorarbeiten zu einer Aktienrechtsreform begonnen hatte, griff diese Anregung auf und stellte in seinem umfangreichen Fragebogen[58] neben der Haftung für die unrichtige Stimmabgabe zusätzlich eine allgemeine Haftung des Großaktionärs für sonstiges eigensüchtiges Verhalten zur Debatte.[59] Befürwortet und weiter vertieft wurde der Gedanke einer allgemeinen Schadensersatzhaftung in der Stellungnahme des einflussreichen Deutschen Anwaltsvereins, der ihn auch unter dem Gesichtspunkt der Konzernbildung für notwendig erachtete.[60] Danach könne das Konzerninteresse zwar eine bestimmte Maßnahme rechtfertigen, die im Widerspruch zum eigenen Interesse der Tochtergesellschaft stehe; in einem solchen Fall müsse aber ein billiger Ausgleich geschaffen werden.[61]

Mit dem Zusammenbruch zahlreicher Konzerne im Zuge der Weltwirtschaftskrise von 1929 rückten die „Konzerngefahren" schärfer in das Bewusstsein einer größeren Öffentlichkeit.[62] Die Ende 1927 im Reichsjustizministerium begonnenen Reformarbeiten griffen dieses Problem aber nicht breitflächig auf. Sowohl der erste Entwurf eines Aktiengesetzes vom Sommer 1930 als auch der zweite Entwurf vom Oktober 1931 hielten es nicht für zweckmäßig, „das Verhältnis zwischen Mutter- und Tochtergesellschaft von Grund auf zu klären und gesetzlich zu regeln"[63]. Stattdessen beließen es § 84 E-1930 und § 86 E-1931 bei einer Sonderhaf-

---

57 *Ständige Deputation* (Fn. 55), S. 29.
58 Zur Technik und zum Inhalt des Fragebogens *Schmölder*, JW 1929, 1338 ff., 2090 ff.; *Ullmann*, JW 1929, 2098 ff.
59 Rückblickend *Hommelhoff* (Fn. 31), S. 18.
60 Vgl. *Deutscher Anwaltsverein*, Zur Reform des Aktienrechts. Antworten des Deutschen Anwaltsvereins auf die Fragen des Reichsjustizministers, II. Teil, 1929, S. 75 f.
61 Vgl. *Deutscher Anwaltsverein* (Fn. 60), S. 76: „Das Konzerninteresse wird sich oft mit den allgemeinen volkswirtschaftlichen Interessen decken. Es kann eine bestimmte Maßnahme, z.B. die Stillegung der Tochtergesellschaft fordern, die Interessen der Tochtergesellschaft zu schädigen geeignet ist. Dann muß ein billiger Ausgleich geschaffen werden. Andernfalls besteht das Widerspruchsrecht der Minderheit."; rückblickend *Hommelhoff* (Fn. 31), S. 26, der in dieser Stellungnahme drei Grundsätze identifiziert: (1) Grundsatz der Interessenabwägung zwischen Konzerninteresse und Eigeninteresse der Tochtergesellschaft, (2) Grundsatz des Dulde und Liquidiere, (3) Grundsatz der Abwehr eigensüchtigen Verhaltens.
62 Vgl *Noerr* (Fn. 35), S. 121: „Die Vertrauenskrise, in die das Aktienwesen während der Wirtschaftskrise geriet, war denn auch eine Krise der Konzerne."
63 *Reichsjustizministerium*, AktG-E 1930, Erläuternde Bemerkungen, S. 126 mit dem Zusatz: „Die Entwicklung ist hier noch nicht abgeschlossen. Weder sind die rechtlichen Fragen noch die wirtschaftlichen Probleme, zu denen das Verhältnis zwischen Mutter- und Tochtergesellschaft Anlaß gibt, genügend klargestellt, um die Grundlage für eine umfassende gesetzliche Regelung abzugeben."; kritisch dazu *Brodmann*, Die Sanierung unseres Aktienwesens, 1931, S. 29: „Das scheint mir ein vorschnelles Verzichten zu sein. Worauf sollen wir denn noch warten? Seit Jahrzehnten ist diese

tung des Aktionärs, der „vorsätzlich zwecks Erreichung gesellschaftsschädlicher Sondervorteile für sich oder einen Dritten unter Benutzung seines Einflusses als Aktionär ein Mitglied des Vorstandes oder des Aufsichtsrats dazu bestimmt, zum Schaden der Gesellschaft zu handeln".[64] Beide Entwürfe verzichteten, namentlich bei der Definition gesellschaftsfremder Sondervorteile im Beschlussmängelrecht, auf eine generelle Privilegierung von Konzernverhältnissen.[65] Ausweislich der Gesetzesmaterialien sollte die Rechtsprechung „nach der Lage des einzelnen Falles eine Interessenabwägung zwischen den Interessen des Konzerns und denen seiner Mitgliedsgesellschaften vornehmen"[66].

Vor diesem Hintergrund blieb es der durch Notverordnung in Kraft getretenen Aktienrechtsnovelle von 1931[67] vorbehalten, die erste Regelung mit Konzernbezug einzuführen: das in § 226 Abs. 4 HGB normierte Verbot der Zeichnung von Aktien der Mutter durch eine „abhängige Gesellschaft".[68] Hervorhebung verdient des Weiteren die in § 260a Abs. 2 HGB neu eingeführte Pflicht, in dem Geschäftsbericht „auch über die Beziehungen zu einer abhängigen Gesellschaft und einer Konzerngesellschaft zu berichten". Durch diese Vorschriften sollte nach der maßgeblichen Kommentierung „den Unzuträglichkeiten vorgebeugt werden, die sich aus der Verflechtung und Verschachtelung von Gesellschaften und den dadurch er-

---

Entwicklung in vollem Gange und hat sicherlich viel Nutzen geschaffen, aber – sichtbarer – auch schon unendlichen Schaden gestiftet. Die Dinge stehen in voller Handgreiflichkeit vor uns und wirken sich auf das stärkste aus."

64 Dazu *Reichsjustizministerium*, AktG-E 1930, Erläuternde Bemerkungen, S. 107; RJM AktG-E 1931 Erläuternde Bemerkungen, abgedruckt bei Schubert/Hommelhoff (Fn. 40), S. 920: „Derartigen Machenschaften entgegenzutreten, bietet der jetzige auf die Anwendung des § 826 BGB beschränkte Rechtszustand nicht immer eine genügende Handhabe. Demgemäß empfiehlt sich die Einführung einer besonderen der Eigenart des Aktienrechts angepaßten Rechtsnorm, also einer Vorschrift, die eine Sonderhaftung des Aktionärs vorsieht."
65 Vgl. *Reichsjustizministerium*, AktG-E 1930, Erläuternde Bemerkungen, S. 106; *Reichsjustizministerium*, AktG-E 1931, Erläuternde Bemerkungen, abgedruckt bei *Schubert/Hommelhoff* (Fn. 40), S. 919.
66 *Reichsjustizministerium*, AktG-E 1930, Erläuternde Bemerkungen, S. 106 f.; RJM AktG-E 1931, Erläuternde Bemerkungen, abgedruckt bei *Schubert/Hommelhoff* (Fn. 40), S. 919.
67 Verordnung vom 19. 9.1931, RGBl. I, S. 107.
68 Wörtlich hieß es dort: „Steht eine Handelsgesellschaft oder bergrechtliche Gewerkschaft aufgrund von Beteiligungen oder in sonstiger Weise unmittelbar oder mittelbar unter dem beherrschenden Einfluß einer Aktiengesellschaft oder Kommanditgesellschaft auf Aktien (abhängige Gesellschaft), so darf sie Aktien [...] der herrschenden Gesellschaft nicht zeichnen [...]."; rückblickend dazu *Dettling* (Fn. 23), S. 71; *Hommelhoff* (Fn. 31), S. 22; *Nörr*, ZHR 150 (1986), 155, 178; *Spindler* (Fn. 9), S. 79.

möglichten Verschleierungen und Umgehungen der aktienrechtlichen, insbesondere bilanzrechtlichen Vorschriften ergeben"[69].

IV. Konzernrechtliche Regelungen im Aktiengesetz von 1937

1. Diskussionen in der Akademie für Deutsches Recht

In der Frühzeit des Nationalsozialismus wurde die Konzernrechtsdebatte zunächst im Aktienrechtsausschuß der Akademie für Deutsches Recht fortgeführt.[70] Ein eigens eingesetzter Unterausschuß für Konzernrechtsfragen unter dem Vorsitz von *Max Ebbeke*, Vorstandsmitglied der Elektrischen Licht- und Kraftanlagen, gab im Februar 1935 als Richtschnur vor, dass das neue Aktienrecht weder eine einseitig konzernfeindliche noch eine einseitig konzernfreundliche Grundhaltung einnehmen dürfe.[71] Vielmehr müsse der Gesetzgeber alle Mittel anwenden, um Missbräuchen vorzubeugen, aber zugleich dem wirtschaftlich berechtigten Bedürfnis nach konzernmäßigen Zusammenschlüssen Rechnung tragen. Die Gretchenfrage, ob die herrschende Gesellschaft „aus Gründen eines überwiegenden Gesamtkonzerninteresses" einen nachteiligen Einfluss auf die abhängige Gesellschaft ausüben darf, bejahte der Unterausschuß, soweit „gesamtvolkswirtschaftliche Interessen" dies gebieten.[72] Eine Sonderhaftung des Aktionärs nach Art des § 86 E-1931 hielt er für entbehrlich.[73]

Der (Haupt-)Ausschuß für Aktienrecht unter dem Vorsitz von *Walter Kißkalt*, Vorstandsvorsitzender der Münchener Rückversicherung, bemühte sich im März 1935 um den Nachweis, dass Konzerne nicht im Widerspruch zur damaligen Wirtschaftsauffassung standen: „Im Gegenteil wird sich sagen lassen, daß gerade der Konzerngedanke, richtig durchgeführt, der nationalsozialistischen Wirtschaftsauffassung entspricht."[74] Dem Leiter eines Konzerns müsse als Ziel vorschweben, Verhältnisse zu schaffen, bei denen alle Glieder des Konzerns ihre Rechnung fän-

---

69 *Schlegelberger/Quassowski/Schmoelder*, Verordnung über Aktienrecht vom 19. September 1931 nebst den Durchführungsverordnungen, 1932, § 260a Rn. 7; ähnlich *Quassowski*, JW 1931, 2914, 2915.
70 Zu Folgendem bereits *Fleischer* (Fn. 6), vor §§ 311ff. AktG Rn. 7ff.
71 Vgl. *Ebbeke*, in Schubert/Schmidt/Regge (Hrsg.), Akademie für Deutsches Recht 1933–1945, Protokolle der Ausschüsse, Bd. I, Ausschuß für Aktienrecht, 1986, S. 517, 521.
72 Vgl. *Ebbeke* (Fn. 71), S. 517, 522.
73 Vgl *Ebbeke* (Fn. 71), S. 517, 523.
74 *Kißkalt*, in Schubert/Schmidt/Regge (Fn. 71), S. 497, 510.

den. Dies bedinge eine gegenseitige Rücksichtnahme und Förderung, eine Unterstützung des schwächeren Konzernmitglieds in schlechten Zeiten in der Hoffnung, dass dieses in guten wiederum dem Konzern und seinen Gliedern Hilfe bringe. Prägnant zusammengefasst: „Es handelt sich hier um eine Anwendung des Grundsatzes Gemeinnutz vor Eigennutz innerhalb eines bestimmten Kreises im Interesse der gemeinsamen Entwicklung des Konzerns zum Nutzen von Wirtschaft, Volk und Staat."[75] In der Haftungsfrage wurde die „Tendenz" des § 86 E-1931 auch für das Konzernrecht allseits anerkannt.[76] Um eine zu formalistische Auslegung gerade in Konzernverhältnissen zu vermeiden, empfahl man allerdings, die Worte „unter Benutzung seines Einflusses" durch „unter Mißbrauch seines Einflusses" zu ersetzen.[77] Die Möglichkeit eines Vorrangs des Konzerninteresses betonte auch der damalige Staatssekretär im Reichsjustizministerium *Franz Schlegelberger* in einem programmatischen Vortrag zur „Erneuerung des Aktienrechts" am 15. August 1935.[78] Ein zwei Tage später erschienener Zeitungsartikel kritisierte diese rechtspolitische Ankündigung unter dem griffigen Titel „Freie Bahn dem Konzernwohl"[79].

2. Einführung konzernrechtlicher Einzelregelungen

Der Aktiengesetzgeber von 1937[80] sah sich einerseits zu einer konzernrechtlichen Gesamtregelung außerstande, konnte andererseits das Phänomen konzernmäßiger Verflechtungen aber nicht vollständig übergehen.[81] Daher legte er in § 15 Abs. 1 AktG 1937 das „Wesen des Konzerns und des Konzernunternehmens"[82] als Grundlage für

---

75 *Kißkalt* (Fn. 74), S. 497, 510.
76 Vgl. *Kißkalt* (Fn. 74), S. 497, 511.
77 Vgl. *Kißkalt* (Fn. 74), S. 497, 512.
78 Vgl. *Schlegelberger*, Die Erneuerung des deutschen Aktienrechts, 1935, S. 22: „Hierbei wird es sich empfehlen, den besonderen Verhältnissen bei Konzernen Rechnung zu tragen und die Frage zu lösen, ob eine Haftung auch dann eintritt, wenn der erstrebte Vorteil dem Wohl des Konzerns dient und höhere gesamtwirtschaftliche Belange des Konzerns die Zurücksetzung der Belange des Konzernunternehmens und seiner Aktionäre rechtfertigen. Diese Frage ist m. E. zu verneinen."
79 Frankfurter Zeitung Nr. 417–418 vom 17.8.1935, Frankfurter Handelsblatt, Handelsteil der Frankfurter Zeitung, S. 5.
80 Gesetz über Aktiengesellschaften und Kommanditgesellschaften auf Aktien (Aktiengesetz) vom 30.1.1937, RGBl. I, S. 107.
81 Vgl. Amtl. Begr. bei *Klausing*, Gesetz über Aktiengesellschaften und Kommanditgesellschaften auf Aktien (Aktien-Gesetz) nebst Einführungsgesetz und „Amtlicher Begründung", 1937, S. 13: „Der Entwurf konnte die unser ganzes Wirtschaftsleben bisher beherrschende Konzentrationsbewegung und die dadurch sich ergebenden Schwierigkeiten in der Gestaltung der Einzelrechtsbeziehungen nicht unberücksichtigt lassen."
82 So die Überschrift der Vorschrift.

die späteren Einzelbestimmungen fest. Außerdem gestaltete er das Auskunftsrecht des Aktionärs in § 112 Abs. 1 Satz 2 AktG 1937 konzerndimensional aus, was allerdings durch eine weitreichende Schutzklausel in § 112 Abs. 3 Satz 1 AktG 1937 praktisch wieder entwertet wurde. Für die Gewinngemeinschaft und weitere Unternehmensverträge schrieb § 256 AktG 1937 fortan eine Zustimmung der Hauptversammlung mit qualifizierter Mehrheit vor. Die im Vorfeld ausgiebig diskutierte Sonderhaftung des Aktionärs, der seinen Einfluss zwecks Erlangung gesellschaftsfremder Sondervorteile vorsätzlich zum Schaden der Gesellschaft geltend macht, wurde in § 101 Abs. 1 AktG 1937 festgeschrieben.[83] Gemäß § 101 Abs. 3 AktG 1937 trat die Ersatzpflicht allerdings nicht ein, wenn der Einfluss benutzt wurde, um einen Vorteil zu erlangen, der schutzwürdigen Belangen diente. Als „notwendige Ergänzung zu § 101 Abs. 1 AktG"[84] normierte § 197 Abs. 2 Satz 1 AktG 1937 eine Sondervorteilsanfechtung[85], die nach § 197 Abs. 2 Satz 2 AktG 1937 aber bei Verfolgung schutzwürdiger Belange i. S. d. § 101 Abs. 3 AktG 1937 nicht eingreifen sollte.

3. Konzerninteressen als schutzwürdige Belange

Die in § 101 Abs. 3 AktG 1937 vorgesehene Ausnahmevorschrift bei schutzwürdigen Belangen sollte der Rechtsprechung die Möglichkeit geben, Interessenkonflikte gegeneinander abzuwägen.[86] Sie war vom historischen Gesetzgeber zugleich als Einfallstor für das Konzernwohl konzipiert. Wörtlich hieß es in den Gesetzesmaterialien: „Es können auf Grund dieser Vorschrift z. B. auch Konzerninteressen berücksichtigt werden."[87] Die herrschende Lehre griff diese Bemerkung in den Gesetzesmaterialien ohne tiefere methodische Reflexion[88] auf und verstand sie – in Übereinstimmung mit der Mehrheitsmeinung im Enquête-Ausschuss – als legisla-

---

83 Wörtlich hieß es dort: „Wer zu dem Zwecke, für sich oder einen anderen gesellschaftsfremde Sondervorteile zu erlangen, vorsätzlich unter Ausnutzung seines Einflusses auf die Gesellschaft ein Mitglied des Vorstandes oder des Aufsichtsrats dazu bestimmt, zum Schaden der Gesellschaft oder ihrer Aktionäre zu handeln, ist zum Ersatz des daraus entstehenden Schadens verpflichtet."
84 Amtl. Begr. zu §§ 197–199 AktG 1937 bei *Klausing* (Fn. 81), S. 177.
85 Wörtlich hieß es dort: „Die Anfechtung kann auch darauf gestützt werden, daß ein Aktionär mit der Stimmrechtsausübung vorsätzlich für sich oder einen Dritten gesellschaftsfremde Sondervorteile zum Schaden der Gesellschaft oder ihrer Aktionäre zu erlangen suchte und der Beschluß geeignet ist, diesem Zweck zu dienen."
86 So Begr. RegE zu § 101 AktG 1937 bei *Klausing* (Fn. 81), S. 87.
87 Begr. RegE zu § 101 AktG 1937 bei *Klausing* (Fn. 81), S. 87.
88 Kritisch dazu *Geßler*, FS W. Schmidt, 1959, S. 247, 249 f.: „Sind die Ausführungen in der amtlichen Begründung Niederschlag einer schon vor dem Aktiengesetz geltenden Rechtsauffassung oder eine der rechtlichen Bedeutung entbehrenden Interpretation?".

torische Anerkennung eines (entschädigungslosen) Vorrangs des Konzerninteresses.[89] Teilweise bezeichnete man die Wahrnehmung von Konzerninteressen sogar als „typischen Anwendungsfall"[90] des § 101 Abs. 3 AktG 1937. In dem „halbamtlichen Kommentar zum Aktiengesetz"[91] hieß es, es könne im Gesamtinteresse des Konzerns liegen, wenn gegenüber einer zum Konzern gehörigen AG ein gesellschaftsfremder Sondervorteil erstrebt werde.[92] Eine Handlung, die eine Konzerngesellschaft oder ihre Aktionäre schädige, könne doch vom Standpunkt des Konzerns aus eine wirtschaftlich gesunde und vernünftige Maßnahme bilden.[93] Hier müsse das Interesse des einzelnen Konzernunternehmens zurücktreten hinter das höhere Interesse der in dem Konzern zusammengefassten Gemeinschaft. Ein anderer Standardkommentar erläuterte, dass als wirtschaftlich vernünftige Gründe insbesondere solche „zur Wahrnehmung allgemeiner volkswirtschaftlicher Belange"[94] gehörten.

Eine Gegenposition, die den Vorrang von Konzerninteressen nur bei entsprechender Entschädigung zulassen wollte, klang zuerst in einem frühen Festschriftenbeitrag von *Alfred Hueck* an.[95] Ausführlich begründet wurde sie sodann in der 1942 erschienenen Doktorarbeit von *Hans Filbinger*, dem späteren Ministerpräsidenten von Baden-Württemberg, der auf die grundsätzliche Gleichrangigkeit der Interessen von Konzern und Einzelgesellschaft hinwies:[96] Eine einseitige Vermö-

---

89 Vgl. *Schlegelberger/Quassowski*, AktG, 3. Aufl. 1939, § 101 Rn. 10; ähnlich *Baumbach*, AktG, 5. Aufl. 1944, § 101 Rn. 4; *Claren*, ZAkDR 1937, 492 mit Fn. 7; *Danielcik*, AktG, 1937, § 101 Rn. 6 a aa; *Dietrich*, DR 1942, 1206, 1209 f.; *Friedländer*, Konzernrecht, 2. Aufl. 1954, S. 137; *v. Godin/Wilhelmi*, AktG, 1. Aufl. 1937, § 101 Rn. 6; *W. Schmidt*, in Großkomm AktG, 1. Aufl. 1939, § 101 Rn. 8; zurückhaltend aber *Ritter*, AktG, 2. Aufl. 1939, § 101 Rn. 5.
90 *Simon*, Bank-Archiv XXXVI (1936–37), 241, 242; ähnlich *v. Godin/Wilhelmi* (Fn. 89), § 101 AktG Rn. 6: „Die Bestimmung wird sehr häufig Anwendung finden, wenn es sich darum handelt, die Belange eines Gesamtkonzerns oder einer übergeordneten Gesellschaft zu wahren."
91 *Rasch*, Deutsches Konzernrecht, 1. Aufl. 1944, S. 108.
92 Vgl. *Schlegelberger/Quassowski* (Fn. 89), § 101 AktG Rn. 10.
93 So *Schlegelberger/Quassowski* (Fn. 89), § 101 AktG Rn. 10.
94 *W. Schmidt* (Fn. 89), § 101 AktG Rn. 8.
95 Vgl. *A. Hueck*, FG 50 Jahre RG, Bd. 4, 1929, S. 167, 175 mit Fn. 20: „Wenn bei einer Konzerngesellschaft die Aufgabe eines gewinnbringenden Geschäftszweiges im Interesse einer anderen Konzerngesellschaft beschlossen wird, so verletzt das die offenbaren Interessen der Gesellschaft. Trotzdem ist der Beschluß einwandfrei, wenn etwa sämtliche Aktionäre an der anderen Konzerngesellschaft in gleicher Weise interessiert sind oder wenn die Nichtbeteiligten sonstwie entsprechend entschädigt werden."
96 Vgl. *Filbinger*, Die Schranken der Mehrheitsherrschaft im Aktienrecht und im Konzernrecht, 1942, S. 57 f.: „Der Konzern stützt sich auf die Größe und den Umfang der in ihm angelegten Interessen und führt damit quantitative Gesichtspunkte in ein Treffen, in dem nur qualitative Kriterien Gewicht haben können. [...] Im Falle des Konzerns sowohl wie der Einzelgesellschaft handelt es sich

gensschädigung zugunsten des Konzerns brauche sich der Minderheitsaktionär nicht gefallen zu lassen; aber es gebe eine Überbrückung und diese heiße Ausgleichsleistung.[97] Im Ergebnis fasste er seinen Standpunkt wie folgt zusammen: „Es hat der Grundsatz zu gelten: ‚Keine Schädigung ohne entsprechenden Ausgleich'".[98] Diese Ansicht setzte sich unmittelbar nach dem Zweiten Weltkrieg breitflächig durch: Führende Kommentare änderten ihre frühere Auffassung[99] und einflussreiche neue Monographien[100] erhoben den Grundsatz des angemessenen Ausgleichs zum tragenden Prinzip des Konzernrechts.[101] Für einzelne typische Konzernfälle hatte man schon früher Beispiele von Ausgleichsleistungen angeführt.[102]

Unterschiedlich beurteilt wurden allerdings Art, Inhalt und Zeitrahmen der Ausgleichsleistung. Frühe Literaturstimmen hatten dafür geworben, die „Gesamt-

---

um Vermögensinteressen, und diese sind für das wertabwägende Auge des Juristen nicht etwa dort schutzwürdiger, wo sie in größerem Umfange vorhanden sind."
97 So *Filbinger* (Fn. 96), S. 60.
98 *Filbinger* (Fn. 96), S. 62.
99 Vgl. v. *Godin/Wilhelmi*, AktG, 2. Aufl. 1950, § 101 Rn. 6: „Auch für eine konzernangehörige AG ist es, wenn konzernfremde Aktionäre an ihr beteiligt oder konzernfremde Gläubiger vorhanden sind, abzulehnen, daß es irgendwelche ‚übergeordnete' Konzernbelange gibt, welche, nur weil sie quantitativ größer sind, schutzwürdig genug wären, daß um ihretwillen eine Schädigung der Gliedgesellschaft gestattet werden könnte, welche nicht durch Leistungen ausgeglichen würden."; *W. Schmidt/Meyer-Landrut*, in Großkomm AktG, 2. Aufl. 1961, § 101 Rn. 8: „Richtig ist die [...] Ansicht, daß es bei Vorhandensein freier Aktionäre und konzernfreier Gläubiger keine schutzwürdigen Belange der Obergesellschaft oder eines Großaktionärs gibt, die es rechtfertigen könnten, diese Außenstehenden zu schädigen. Damit ist klargestellt, daß direkte und indirekte Maßnahmen, die in vermögenswerte Rechte freier Aktionäre oder Gläubiger einer konzernabhängigen Gesellschaft eingreifen, nur dann als schutzwürdig im Sinne des Abs. 3 angesehen werden können, wenn ein angemessener Ausgleich gewährt wird."
100 Vgl. in zeitlicher Reihenfolge *Müller-Erzbach*, Das private Recht der Mitgliedschaft als Prüfstein eines kausalen Rechtsdenkens, 1948, S. 88 f.; *Mestmäcker*, Verwaltung, Konzerngewalt und Rechte der Aktionäre, 1958, S. 276 ff.; *Zöllner*, Die Schranken mitgliedschaftlicher Stimmrechtsmacht bei den privatrechtlichen Personenverbänden, 1963, S. 86 ff.
101 Zusammenfassend in diesen Sinne *Geßler* (Fn. 88), S. 247, 260; *W. Schmidt*, in Hengeler (Hrsg.), Beiträge zur Aktienrechtsreform, 1959, S. 42, 55; *Würdinger*, Aktienrecht, 1959, S. 224; allesamt aus dem Jahre 1959; eingängig auch *Pleyer*, AG 1959, 39, 40: „Unser Privatrecht geht doch sonst davon aus, daß man zwar ausnahmsweise zur Wahrung eigener Belange einen anderen schädigen darf, daß hierfür aber jedenfalls Ersatz zu leisten ist (s. §§ 904 und 228 S. 2 BGB). [...] Es kommt also nach dem, was Rechtsprechung und Rechtslehre aus § 101 III AktGes gemacht haben, nicht nur darauf an, daß schutzwürdige Belange verfolgt werden, sondern auch darauf, wie dies geschieht. Auf diese Weise bekommt § 101 III eine ähnliche Funktion wie § 904 BGB. Die Schädigung Dritter wird zwar ausnahmsweise, soweit sie unbedingt erforderlich ist, gestattet, im Ergebnis aber nur gegen eine entsprechende Entschädigung."
102 Vgl. in zeitlicher Reihenfolge *Haußmann* (Fn. 27), S. 55 ff.; *Joss*, Konzernrechtsfragen im deutschen und schweizerischen Recht, 1936, S. 200 ff.; *Filbinger* (Fn. 96), S. 61.

situation"[103] ins Auge zu fassen und „keine punktuelle Betrachtungsweise"[104] einzunehmen, sondern die „Summe aller Geschäfte zwischen Mutter- und Tochtergesellschaft"[105] zugrunde zu legen. Andere machten geltend, dass Vor- und Nachteile aus „innerlich zusammengehörigen Geschäften"[106] ausgleichsfähig seien. Wieder andere forderten dagegen, dass sich Vor- und Nachteile im Rahmen jedes einzelnen Vertrages die Waage halten müssten.[107] Als ausgleichsfähige Vorteile wollten einzelne Stimmen alle Vorteile der Konzernzugehörigkeit einbezogen wissen.[108] Überwiegend neigte man allerdings dazu, dass der Vorteil „individuell"[109] sein müsse und bloße passive Konzernwirkungen daher nicht berücksichtigt werden könnten.[110] Hinsichtlich der zeitlichen Vorgaben für einen Ausgleich blieben die Stellungnahmen sehr vage.[111]

---

103 In diesem Sinne *Haußmann* (Fn. 27), S. 56: „Hier ist vorerst zu prüfen, welche Vorteile oder auch Nachteile die Tochtergesellschaft unter Berücksichtigung der Gesamtsituation von der Zugehörigkeit zu dem betreffenden Konzern hat."
104 *Filbinger* (Fn. 96), S. 61.
105 *Joss* (Fn. 102), S. 158: „Darum muß nicht das einzelne, wohl aber die Summe aller Geschäfte zwischen Mutter- und Tochtergesellschaft den wirtschaftlichen Interessenausgleich wahren."
106 So v. *Godin/Wilhelmi* (Fn. 99), § 101 AktG Rn. 5; dem folgend *Geßler* (Fn. 88), S. 247, 263.
107 So *Mestmäcker* (Fn. 100), S. 278: „Läßt man diese Begrenzung fallen – indem man etwa die Einstellung der Produktion eines Artikels der Neuaufnahme eines anderen Produkts oder den Nachteilen aus der Lieferung zu ermäßigten Preisen dem billigeren Einkauf von Rohmaterialien im Konzern gegenüberstellt –, dann verzichtet man im Ergebnis darauf, die Konzerngewalt anhand der Entschädigungspflicht einzugrenzen."; der Sache nach bereits *Brodmann* (Fn. 63), S. 44.
108 Vgl. *Haußmann* (Fn. 27), S. 56: „Es kann sich im Rahmen der verschiedensten Rechtsbeziehungen finanzieller oder wirtschaftlicher Art herausstellen, daß ein Geschäft zwischen einer Mutter- und einer Tochtergesellschaft, isoliert betrachtet, für die Letztere nachteilig scheint, daß aber die Vorteile, welche die Zugehörigkeit zu dem Konzern in anderer Hinsicht, unter Umständen auch in ideeller Hinsicht (standing usw.) bieten, so groß sind, daß die Nachteile eines Einzelgeschäfts, wenn ohne dasselbe die sonstigen Vorteile der Konzernzugehörigkeit der Untergesellschaft entgehen oder fortfallen könnten, auch vom Interessenstandpunkt der Tochtergesellschaft aus betrachtet, gerechtfertigt erscheinen können."
109 So v. *Godin/Wilhelmi* (Fn. 99), § 101 AktG Rn. 5: „Der Ausgleich darf sich aber nicht lediglich aus der Konzernzugehörigkeit ergeben, muß vielmehr individuell sein."
110 Vgl. *Brodmann* (Fn. 63), S. 24; *Filbinger* (Fn. 96), S. 61; *Geßler* (Fn. 88), S. 247, 263.
111 Vgl. etwa *Filbinger* (Fn. 96), S. 261: „für einen gewissen Zeitablauf"; ferner *W. Schmidt* (Fn. 101), S. 42, 55: „im Ganzen gesehen"; sowie *Ballerstedt*, Kapital, Gewinn und Ausschüttung bei Kapitalgesellschaften, 1949, S. 153: „in Erwartung eines späteren Ausgleichs"; kritisch *Geßler* (Fn. 88), S. 247, 263: „wäre jede beschränkte Zeitdauer willkürlich".

V. Einheits- versus Trennungstheorie im Konzernrecht

Mit zunehmender Verbreitung des Konzernphänomens in der Wirtschaftspraxis erwachte das Interesse der Rechtswissenschaft daran, dieses neue Gebilde auf ein stabiles dogmatisches Fundament zu stellen. Viele Überlegungen kreisten um die Frage, ob der Konzern als *rechtliche* Einheit anzusehen ist.[112] Schlagwortartig verdichtet stellte man häufig Einheits- und Trennungstheorie kontrastierend gegenüber.[113] Bei Lichte besehen erweist sich die Einheitstheorie in ihrer Reinform allerdings als eine Art Phantom:[114] Einen allgemeinen Rechtssatz des Inhalts, dass der Konzern rechtlich eine Einheit sei, hat man in der gesellschaftsrechtlichen[115] Literatur kaum jemals vertreten. *Rudolf Isay*, dem dies häufig zugeschrieben wird, hat in seiner Abhandlung zum „Recht am Unternehmen" aus dem Jahre 1910 zwar ausgeführt, dass es für Zwecke des im Unternehmen verkörperten Immaterialguts „reiner Formalismus" sei, „wollte man die materiell einheitliche Unternehmung um deswillen in zwei zerreißen, weil sie aus äußerlichen Gründen in zwei Rechtsformen gegossen worden ist"[116]. Eine bereichsübergreifende Einheitsbetrachtung hat er aber nicht gefordert und auch den Begriff Einheitstheorie sucht man bei ihm vergebens. Er findet sich erst 1923 bei *Haußmann*, der sie „Einheitlichkeitstheorie" nennt und wie folgt erläutert: „Sie besagt, kurz ausgedrückt, etwa, daß Mutter- und Tochtergesellschaft kraft ihrer engen Zusammengehörigkeit ‚in Wirklichkeit' eine wirtschaftliche Einheit und demgemäß auch rechtlich nichts anderes als Filialen seien."[117] Solchermaßen (re)konstruiert wurde diese Theorie sodann von ihm nach allen Regeln der juristischen Kunst auseinandergenommen[118] – kein Einzelfall im juristischen Diskurs, wo vermeintliche Gegentheorien gerne als Popanz aufgebaut werden, um sie dann umso souveräner dekonstruieren zu können. Mit Recht konnte *Heinrich Kronstein* daher im Jahre 1931 resümieren: „So wenig wie *Isay* oder

---

112 Näher *Spindler* (Fn. 9), S. 83 ff. m.w.N.
113 Rückblickend *Fleischer*, NZG 2023, 243, 248.
114 Vgl. *Fleischer*, NZG 2023, 243, 249.
115 Zur steuerrechtlichen Diskussion in der Rechtsprechung des RFH rückblickend *Spindler* (Fn. 9), S. 23 f., 32 ff.
116 *Isay*, Das Recht am Unternehmen, 1910, S. 101.
117 *Haußmann* (Fn. 27), S. 26.
118 Vgl. *Haußmann* (Fn. 27), S. 29: „Man muß die Einheitlichkeitstheorie durch solche Folgerungen ad absurdum führen, um klarzustellen, daß mit der Theorie nichts gewonnen ist [...]."

irgend jemand anders solche Einheitstheorie aufgestellt hat, wird sie hier behauptet werden."[119]

Das RG, das im Zusammenhang mit dem Erwerb von Aktien einer Muttergesellschaft durch deren Tochtergesellschaft kurz mit dem Einheitsgedanken geliebäugelt hatte,[120] hielt in seinem *Iduna*-Urteil von 1935 fest, dass die „sog. Einheitstheorie" im Schrifttum überwiegend abgelehnt worden sei,[121] ohne auch nur eine einzige befürwortende Stimme zu nennen. Rechtsprechung und Rechtslehre hielten Verträge zwischen Mutter- und Tochtergesellschaft allgemein für zulässig[122] und billigten auch das haftungsrechtliche Trennungsprinzip im Konzern[123] sowie die Einpersonen-Kapitalgesellschaft.[124] Statt auf die Einheitstheorie als bereichsübergreifende „grand theory" setzten sie zunehmend darauf, von Fall zu Fall zu überprüfen, ob sich einzelne Vorschriften konzerndimensional anwenden und auslegen lassen.[125]

Das Aktiengesetz von 1937 bereitete der Einheitstheorie den endgültigen Garaus, indem es die Konzernunternehmen in § 15 Abs. 1 AktG als *rechtlich* selbständige Unternehmen definierte, die zu wirtschaftlichen Zwecken unter einheitlicher Leitung zusammengefasst sind. Der Referentenkommentar steuerte dazu die Erläuterung bei, dass das Aktiengesetz nicht die Einheitstheorie zugrunde lege.[126] Misst man die Einheitstheorie am bestehenden Recht, so ist sie mithin nach den Maßstäben des juristischen Falsifikationismus widerlegt.[127] Allerdings bedeutet der Abgesang auf die Einheitstheorie keineswegs, dass es seither keine konzernrechtlichen Kontroversen mehr gäbe. In der Folgezeit verlagerte sich die Diskussion wieder auf das Feld der Rechtspolitik.

---

119 *Kronstein* (Fn. 36), S. 3.
120 Vgl. RGZ 108, 41, 43 f.
121 So RGZ 149, 305, 311.
122 Vgl. *Friedländer* (Fn. 19), S. 137 ff.; Staub/*Pinner*, HGB, 12./13. Aufl. 1926, § 179 Rn. 21c.
123 Vgl. RGZ 149, 305, 310 f.; *Friedländer* (Fn. 19), S. 124; *Pinner* (Fn. 122), § 292 HGB Rn. 18.
124 Zusammenfassend *Spindler* (Fn. 9), S. 84.
125 Vgl. *Bauer* (Fn. 18), S. 75 ff.; *Friedländer* (Fn. 19), S. 42 ff., 59 f.; zusammenfassend *Spindler* (Fn. 9), S. 84.
126 Vgl. *Schlegelberger/Quassowski* (Fn. 89), § 15 AktG Rn. 11 mit der zusätzlichen Erläuterung: „In der Tat läßt die rechtliche Gestaltung es nicht zu, in dem herrschenden und dem abhängigen Unternehmen ein einheitliches Ganzes im Rechtssinne zu erblicken."
127 Vgl. *Fleischer*, NZG 2023, 243, 249.

VI. Konzernrechtliche Reformdiskussion nach dem Zweiten Weltkrieg

1. Studienkommission des Deutschen Juristentages 1955

Konzernrechtsfragen wurden nach dem Zweiten Weltkrieg zunächst in der Studienkommission des Deutschen Juristentages beraten, die im Jahre 1955 ihren Bericht zur Reform des Unternehmensrechts vorlegte.[128] Wie ihr Berichterstatter *Ballerstedt* betonte, könne es bei einer Reform des Konzernrechts nicht darum gehen, einen in sich geschlossenen Normenkomplex zu schaffen.[129] Vielmehr müssten eine Reihe von Einzelbestimmungen gesellschafts- und mitbestimmungsrechtlicher Art erlassen werden, in denen der normative Sachverhalt jeweils im Hinblick auf den konkreten Normzweck zu fassen sei.[130]

Hinsichtlich der haftungsrechtlichen Generalklausel aus § 101 Abs 1. AktG 1937 fiel der Ausschuss zunächst hinter die jüngeren Erkenntnisse[131] zurück, indem er ausführte, dass schutzwürdige Belange i. S. d. § 101 Abs. 3 AktG 1937 auch die Interessen einer anderen Konzerngesellschaft sein könnten, und nur in Klammern hinzufügte, dass dies freilich sorgfältiger Prüfung aller Umstände des Einzelfalls bedürfe.[132] *De lege ferenda* erwog er, den Konzerninteressen die Anerkennung als schutzwürdige Belange zu entziehen, sah hierin aber letztlich keine befriedigende Lösung des Haftungsproblems.[133] Der eigentliche Mangel der Vorschrift liege darin, dass ihre subjektiven Haftungsvoraussetzungen („vorsätzliche Schädigung") zu eng gefasst und praktisch schwer beweisbar seien. Als konzeptionelle Neuerung schlug der Ausschuss vor, eine Sorgfaltspflicht der Konzernleitung analog der in §§ 84, 99 AktG 1937 (heute: §§ 93, 116 AktG) normierten Verantwortlichkeit für Vorstands- und Aufsichtsratsmitglieder anzuordnen.[134] Damit würde dem Grundsatz Rechnung getragen, dass *Leitungsmacht*, gleichgültig ob sie auf Vertrag oder faktischer Herrschaft beruhe, die *Pflicht* zur Sorgfalt begründe.[135] Die Analogie müsste auch

---

128 Zu Folgendem bereits *Fleischer* (Fn. 6), vor §§ 311ff. AktG Rn. 13ff.
129 Vgl. *Deutscher Juristentag*, Bericht des Ausschusses I, Unternehmen von besonderer gesamtwirtschaftlicher Bedeutung unter Berücksichtigung des Konzernrechts, 1955, S. 50.
130 Vgl. *DJT-Unternehmensrechtsausschuß* (Fn. 129), S. 50.
131 Vgl. oben unter IV 3.
132 So *DJT-Unternehmensrechtsausschuß* (Fn. 129), S. 54; kritisch dazu *Geßler*, FS W. Schmidt, 1959, S. 247, 258: „bedauerlich".
133 Vgl. *DJT-Unternehmensrechtsausschuß* (Fn. 129), S. 54f.
134 Vgl. *DJT-Unternehmensrechtsausschuß* (Fn. 129), S. 55.
135 So *DJT-Unternehmensrechtsausschuß* (Fn. 129), S. 55.

insoweit gelten, als die genannten Vorschriften eine Umkehr der Beweislast vorsehen. Die solchermaßen einzuführende Haftung sollte kumulativ neben die Verantwortlichkeit der Verwaltungsorgane der beherrschten Gesellschaft treten. Inwieweit ein Mitglied der Verwaltung der Untergesellschaft im Innenverhältnis Rückgriff gegen die mitverantwortliche Konzernleitung nehmen könne, wäre sinngemäß nach den für Gesamtschuldverhältnisse geltenden Vorschriften (§§ 426, 840 Abs. 1 BGB) zu regeln.[136]

Im selben Jahr unterbreitete *Carl Eduard Fischer*, wissenschaftlicher Berater und wirtschaftspolitischer Mitarbeiter verschiedener Minister[137], weiterreichende Reformvorschläge. Anknüpfend an seine früheren Vorschläge zur Bekämpfung der Konzernbildung[138] trat er insbesondere dafür ein, § 101 Abs. 3 AktG 1937 ersatzlos zu streichen und die Schadensersatzhaftung – entgegen § 101 Abs. 7 AktG 1937[139] – auch auf die Verfolgung von gesellschaftsfremden Sondervorteilen durch Stimmrechtsausübung zu erstrecken.[140] Mit dieser Neufassung wollte er konzernbezogene Interessenkonflikte von vornherein unterbinden und die „Selbstverwaltung der Aktiengesellschaft" wiederherstellen.[141]

2. Verhandlungen des Deutschen Juristentages 1957

Die Verhandlungen des 42. Deutschen Juristentages in Düsseldorf wurden durch ein Gutachten des Frankfurter Rechtsanwalts *Harold Rasch* vorbereitet. Dieser betonte einleitend, dass die Probleme des Konzernrechts „recht eigentlich die Probleme des heutigen Aktienrechts"[142] seien. Eine Reform des Konzernrechts sei eine wirtschafts- und gesellschaftspolitische Aufgabe, die darin bestehe, das Konzernwesen in eine tendenziell marktwirtschaftlich orientierte Rechts- und Wirtschaftsordnung einzufügen. In der Einzelausgestaltung empfahl er zunächst, die Sachbefugnis zur Erhebung der Anfechtungsklage für bestimmte Fälle auch einer öffentlichen Stelle, etwa dem Bundeskartellamt, zu geben, um den Schutz der Minderheitsaktionäre

---

136 Vgl. *DJT-Unternehmensrechtsausschuß* (Fn. 129), S. 55.
137 Näher zu ihm *Dettling* (Fn. 23), S. 161 ff.
138 *C. E. Fischer*, Die Bank 1935, 1101.
139 Wörtlich hieß es dort: „Diese Vorschriften gelten nicht, wenn gesellschaftsfremde Sondervorteile durch Stimmrechtsausübung verfolgt werden."; kritisch dazu *C. E. Fischer*, AcP 154 (1955), 181, 238: „Genau dieselbe Doppelzüngigkeit zeigt sich in der ‚Kapriole' bei der Formulierung von § 101 Abs. VII [...]."
140 Vgl. *C. E. Fischer*, AcP 154 (1955), 181, 238 f.
141 In diesem Sinne *C. E. Fischer*, AcP 154 (1955), 181, 238.
142 *Rasch*, Sind auf dem Gebiete des Konzernrechts gesetzgeberische Maßnahmen gesellschaftsrechtlicher Art erforderlich?, Gutachten für den 42. Deutschen Juristentag 1957, S. 9.

gegenüber der herrschenden Konzernmehrheit zu verbessern.[143] Eine Streichung des § 101 Abs. 3 AktG 1937 sei nicht erforderlich, wenn Klarheit darüber bestehe, dass Maßnahmen der Konzernleitung nur dann schutzwürdig seien, wenn sie den Minderheitsaktionären einen angemessenen Ausgleich für eine etwaige Schädigung gewährten.[144] Im Anschluss an die Vorschläge des DJT-Unternehmensrechtsausschusses empfehle es sich jedoch, eine Sorgfaltspflicht der „Konzernleitung" analog §§ 84, 99 AktG 1937 für Mitglieder der Verwaltungsorgane einzuführen, und zwar eine Haftung neben jener der Verwaltungsorgane der beherrschten Gesellschaft.[145] Die Haftung der herrschenden Gesellschaft als solcher für Pflichtwidrigkeiten ihrer Organmitglieder würde sich dann bei vertraglichen Beziehungen zwischen Ober- und Untergesellschaft nach § 278 BGB richten; für den Fall außervertraglicher Konzernbeziehungen sollte sie vorsorglich angeordnet werden.[146]

Der zum Referenten bestellte Hamburger Wirtschaftsrechtsprofessor *Hans Würdinger* hob im Gegensatz zu dem Gutachter *Rasch* hervor, dass es nicht Aufgabe des Reformgesetzgebers sei, im Zusammenhang mit der institutionellen Ausgestaltung des Aktienrechts Wirtschaftspolitik zu betreiben.[147] Weiterhin sah er „weder ein Bedürfnis noch überhaupt die Möglichkeit, das Konzernrecht etwa in einer besonderen Kodifikation zusammenzufassen"[148]. Hinsichtlich der konzernrechtlichen Haftung wandte er sich gegen den von *Rasch* unterstützten Vorschlag des DJT-Unternehmensrechtsausschusses, der Konzernleitung in Nachbildung der Vorstandshaftung eine Sorgfaltspflicht gegenüber den von ihr beherrschten Konzerngesellschaften aufzuerlegen.[149] Insoweit würden sich unlösbare Interessenkonflikte abzeichnen. Vor allem aber sei das Haftungsproblem der Konzernleitung in Wahrheit ein Problem der Haftung gegenüber den konzernfreien Minderheitsaktionären der abhängigen Gesellschaften.[150] Dies verkenne auch die Vorschrift des § 101 AktG 1937: Ihr „Hauptfehler" liege darin, die abhängige Gesellschaft als solche zu schützen, die jedoch, soweit sie der herrschenden Konzerngesellschaft gehöre, gar nicht schutzbedürftig sei, andererseits aber die Interessen der konzernfreien Minderheitsaktionäre dem Konzerninteresse zu opfern, obwohl gerade den Minderheitsaktionären Rechtsschutz gebühre.[151] Eine mögliche Lösung könne darin

---

143 Vgl. *Rasch* (Fn. 142), S. 37.
144 Vgl. *Rasch* (Fn. 142), S. 41.
145 Vgl. *Rasch* (Fn. 142), S. 41.
146 So *Rasch* (Fn. 142), S. 41.
147 Vgl. *Würdinger*, Referat auf dem 42. Deutschen Juristentag 1957, F 9.
148 *Würdinger* (Fn. 147), F 16.
149 Vgl. *Würdinger* (Fn. 147), F 22 ff.
150 So ausdrücklich *Würdinger* (Fn. 147), F 25.
151 Vgl. *Würdinger* (Fn. 147), F 25.

liegen, die konzernfreien Minderheitsaktionäre bei Beeinträchtigungen der abhängigen Gesellschaft durch die Konzernleitung in angemessener Weise, sei es durch Dividendengarantie seitens der Dachgesellschaft oder in anderer Weise, zu entschädigen.[152] Zudem sei eine wirksamere Ausgestaltung des Anfechtungsrechts erforderlich, die zugleich das Kostenrisiko der Anfechtungskläger verringere.[153] Wenn der Minderheit ein nach den Umständen des Falls angemessen erscheinender Ausgleich gewährt werde, könne das Anfechtungsrecht allerdings ausgeschlossen werden.

In den Verhandlungen des Deutschen Juristentages standen sich die Vertreter der verschiedenen wirtschafts- und gesellschaftspolitischen Grundströmungen unversöhnlich gegenüber.[154] Mehr als eine grundsätzliche Verständigung darüber, dass es gesetzgeberischer Maßnahmen gesellschaftsrechtlicher Art auf dem Gebiet des Konzernrechts bedürfe, ließ sich daher nicht erzielen. Statt einer Beschlussfassung zu Einzelpunkten beließ man es dabei, bestimmte Probleme zu benennen, die von einer eigenen Konzernrechtskommission bearbeitet werden sollten.[155] Hierzu gehörten der Begriff des Konzerns, der Schutz konzernfreier Gesellschafter, die Haftung der Konzernspitze und die Konzernpublizität.[156] Als besonders folgenreich unter den zahlreichen Redebeiträgen erwies sich ein Vorschlag von *Wolfgang Schilling*, entsprechend der körperschaftsteuerlichen Organschaft den Vertrags- und Schriftformzwang auch im Konzernrecht einzuführen.[157] Damit der Konzernvertrag zu einer wirklichen „Waffe der Rechtsordnung" werden könne, müsse der außervertragliche Konzerneinfluss allerdings „für illegal" erklärt und mit einer unbeschränkten Haftung geahndet werden.[158]

---

152 Vgl. *Würdinger* (Fn. 147), F 25.
153 Vgl. *Würdinger* (Fn. 147), F 27 f.
154 Zusammenfassend *Dettling* (Fn. 23), S. 195 f. („Kampf der Lager"); *J. Schmidt*, in Bayer (Hrsg.), Gesellschafts- und Kapitalmarktrecht in den Beratungen des Deutschen Juristentages, 2010, S. 407, 421 f.
155 Dazu unter VI 3.
156 Vgl. Beschluss der 3. Abteilung des 42. Deutschen Juristentags 1957, F 129; rückblickend *J. Schmidt* (Fn. 154), S. 422 ff.
157 Vgl. *Schilling*, Redebeitrag auf dem 42. Deutschen Juristentag 1957, F 38: „Übertragungserfindung aus dem Steuerrecht".
158 So *Schilling* (Fn. 157), F 39: „Man kann den Konzernvertrag wirklich nur zu einer Waffe der Rechtsordnung machen, wenn man verhindert, daß nicht doch ohne den Konzernvertrag gewissermaßen hintenherum und illegal, Konzerneinfluß ausgeübt wird. Ich sehe keine andere Möglichkeit der Ausschaltung des außervertraglichen Konzerneinflusses, als ihn für illegal zu erklären unter Androhung entsprechender Sanktionen. Diese Sanktionen können natürlich nur zivilrechtlicher Art sein. Ich sehe nur die eine Möglichkeit in der Einführung unbeschränkter Haftung für illegal ausgeübte Konzernmacht."

3. Konzernrechtskommission des Deutschen Juristentages 1958

Die vom 42. Deutschen Juristentag eingesetzte Konzernrechtskommission konstituierte sich im Januar 1958.[159] Ihr gehörten Vertreter verschiedener Berufsgruppen und konzernrechtlicher Denkrichtungen an: Universitätsprofessoren (*Ballerstedt, Flume, Serick, Würdinger*), Wirtschaftsanwälte (*Boesebeck, Coenen, Duden, Ellscheidt, Luther, Rasch, Schilling, Walter Schmidt, Semler*), Vorstandsmitglieder von Konzernobergesellschaften (*Pohle, Silcher*) und der Chefjustitiar des DGB (*Kunze*). Weil nur wenige Monate später der Referentenentwurf eines neuen Aktiengesetzes veröffentlicht wurde,[160] sah die Kommission ihre Aufgabe vor allem darin, das weitere Gesetzgebungsverfahren kritisch zu begleiten.[161] Sie gewann erheblichen Einfluss auf den Regierungsentwurf von 1960[162] und wurde von den federführenden Beamten im Bundesjustizministerium, die regelmäßig an den Kommissionssitzungen teilnahmen[163], hochgeschätzt.[164] Ein Zwischenbericht der Kommission wurde im Jahre 1960 veröffentlicht.[165] Der im Jahre 1963 abgeschlossene Schlussbericht erschien erst im Jahre 1967;[166] seine Überlegungen waren allerdings zuvor in verschiedener Weise in die Ausschussberatungen eingeflossen.[167]

---

159 *Deutscher Juristentag*, Bericht der Studienkommission, Untersuchungen zur Reform des Konzernrechts, 1967, Vorbemerkungen S. 2.
160 Näher dazu sogleich unter VII 1.
161 Dazu *Würdinger*, AG 1960, 285 mit der ergänzenden Bemerkung: „So haben sich die Überlegungen der zuständigen Ministerien und die Arbeiten der Kommission in fruchtbarster Weise ergänzt."
162 So die Einschätzung von *Kropff*, in Bayer/Habersack (Hrsg.), Aktienrecht im Wandel, Bd. I, 2007, 16. Kap. Rn. 52 und 93.
163 Dazu *Würdinger*, AG 1960, 285: „An allen Arbeitssitzungen – und es waren sehr viele – dieser Kommission haben die Referenten des Bundesjustizministeriums und des Bundeswirtschaftsministeriums teilgenommen."
164 Vgl. *Kropff* (Fn. 162), 16. Kap. Rn. 557: „Für das BMJ – Geßler und *Kropff* nahmen in der Regel an den Sitzungen teil – war die Kommission als Diskussionspartner mit hoher Sachkunde von großem Wert. Ihre Zusammensetzung aus Vertretern unterschiedlicher Denkrichtungen sicherte eine umfassende Meinungsbildung."
165 Vgl. *Würdinger*, AG 1960, 285.
166 Vgl. *Deutscher Juristentag* (Fn. 159).
167 Vgl. Ausschußbericht bei *Kropff*, AktG, 1965, S. 375: „Die Beratungsergebnisse dieser Kommission, die bereits wesentlichen Einfluß auf die Ausgestaltung des Regierungsentwurfs gehabt hat, sind vom Rechtsausschuß berücksichtigt worden."

VII. Entstehungsprozess des Aktienkonzernrechts von 1965

Die unmittelbare Entstehungsgeschichte der §§ 311 ff. AktG[168] ist aus interner[169] und externer[170] Sicht gründlich aufbereitet und daher hier nur in ihren wesentlichen Stationen nachzuzeichnen. Sie erlaubt wertvolle Rückschlüsse auf die Konzernrechtskonzeption des historischen Gesetzgebers, über die bis heute heftig gestritten wird. Im Bundesministerium der Justiz lag die Federführung bei *Ernst Geßler*, dem Leiter der Abteilung III „Handels- und Wirtschaftsrecht", den man als „Vater der Aktienrechtsreform"[171] zu bezeichnen pflegt.[172] Er versammelte um sich auf der Rosenburg[173] in Bonn-Kessenich eine Mitarbeiterrunde („Aktienkränzchen"[174]), zu der *Döllerer* (zu Beginn), *Eckardt*, *Franta* und *Kropff* gehörten.[175] Alle von ihnen sind auch literarisch hervorgetreten[176], nicht zuletzt in einem einflussreichen Referentenkommentar[177]; für die konzernrechtlichen Partien zeichnete vor allem *Bruno Kropff* verantwortlich.[178] Im Laufe der rechtspolitischen Diskussion meldeten sich

---

168 Zu Folgendem bereits *Fleischer* (Fn. 6), vor §§ 311 ff. AktG Rn. 20 ff.
169 Rückblickend *Kropff* (Fn. 162), 16. Kap. Rn. 554 ff.
170 Vgl. insbesondere die aufwendig recherchierte und materialreiche Studie von *Dettling* (Fn. 23), S. 212 ff.; dazu *Kropff*, ZHR 161 (1997), 857; *Stumpf*, RabelsZ 65 (2001), 361; weitere Darstellungen der Entstehungsgeschichte des Konzernrechts bei *Altmeppen*, in Bayer/Habersack (Fn. 162), 23. Kap. Rn. 23 ff und bei *J. Schmidt*, (Fn. 154), S. 407, 427 ff.; umfassend *Bahrenfuss* Die Entstehung des Aktiengesetzes 1965, 2011.
171 *Kropff*, JZ 1987, 341.
172 Nachrufe und Würdigungen von *Flume*, AG 1988, 88; *Kropff*, JZ 1987, 341; kritisch zuletzt *Thiessen*, in Görtemaker/Safferling (Hrsg.), Die Rosenburg, 2013, S. 204 ff.; dazu die Entgegnung von *Kropff*, Bonner Generalanzeiger v. 24.6.2013.
173 Vgl. *Görtemaker/Safferling* (Hrsg.), Die Rosenburg. Das Bundesministerium der Justiz und die NS-Vergangenheit – eine Bestandsaufnahme, 2013.
174 *Kropff*, JZ 1987, 341.
175 Näher dazu und allgemein zur enormen Bedeutung der gesellschaftsrechtlichen Fachreferate und Fachreferenten für die Gesellschaftsrechts-Gesetzgebung *Fleischer/Lemke*, NZG 2024, 371 unter dem Titel „Im Maschinenraum des Gesellschaftsrechts-Gesetzgebers".
176 Vgl. etwa *Döllerer*, DB 1958, 1410; *ders.*, NJW 1959, 270; *ders.*, Das Wertpapier 1959, 2; *Eckardt*, Das Wertpapier 1958, 668; *ders.*, NJW 1959, 9; *ders.*, Das Wertpapier 1959, 62; *Franta*, Das Wertpapier 1958, 8; *ders.*, DB 1958, 1347; *ders.*, Das Wertpapier 1959, 6; *Kropff*, Das Wertpapier 1958, 8; *ders.*, NJW 1959, 173; *ders.*, DB 1959, 15.
177 Vgl. *Geßler/Hefermehl/Eckardt/Kropff*, AktG, 1973.
178 Vgl. zum Referentenentwurf *Kropff*, Das Wertpapier 1958, 674; *ders.*, NJW 1959, 173; zum Regierungsentwurf rückblickend *ders.* (Fn. 162), 16. Kap. Rn. 580: „Auf Grund dieser Überlegungen legte *Kropff* mit Datum vom 26.6.1959 einen ersten Entwurf für die späteren §§ 311–318 AktG 1965 vor."

auch Bundesjustizminister *Fritz Schäffler* (CSU)[179], sein Nachfolger *Wolfgang Stammberger* (FDP)[180] und Staatssekretär *Walter Strauß* (CDU)[181] mit Fachbeiträgen zu Wort.

1. Referentenentwurf von 1958

a) Konzernrechtliche Konzeption

aa) Ausgangsbefund

Gestützt auf Erhebungen des Statistischen Bundesamts[182] konstatierte der im Oktober 1958 vorgelegte Referentenentwurf eine zunehmende Unternehmensverflechtung, die zu einer „immer tieferen Kluft zwischen Gesetz und Rechtswirklichkeit"[183] geführt habe: Die Gesellschaft mit weit gestreutem Aktienbesitz sei mindestens der Zahl nach die Ausnahme geworden. Es überwiege die Gesellschaft, auf deren Geschicke ein Großaktionär – regelmäßig ein anderes Unternehmen – maßgebenden Einfluss ausübe und deren Geschäftsführung auf die Interessen dieses anderen Unternehmens ausgerichtet sei.[184] Als Folge dieser Strukturwandlung sei die Rechtsform der Aktiengesellschaft für zahlreiche Unternehmen nur noch die äußere Organisationsform. Bei ihnen hätten konzernmäßige Bindungen „das aktienrechtliche Kräftespiel zwischen den Organen der Gesellschaft aus den Angeln gehoben"[185]. Noch schwerwiegender als die vertragliche Verlagerung der Unternehmensleitung auf Stellen außerhalb der Gesellschaft sei dabei der tatsächliche Machtübergang auf solche Stellen. Das Ergebnis dieses Machtübergangs sei eine Hauptversammlung mit einem Ungleichgewicht der Kräfte und Interessen. Die Minderheitsaktionäre stünden der Verwaltung und dem mit ihr identischen, seine Macht außerhalb der Hauptversammlung ausübenden Großaktionär gegenüber. Sie könnten eine nur den Interessen des Großaktionärs oder eine dem Konzerninteresse dienende Geschäftsführung und Gewinnverwendung nicht nachhal-

---

179 Vgl. *Schäffer*, BB 1958, 1253; *ders*, AG 1959, 57.
180 Vgl. *Stammberger*, BB 1962, 457.
181 Vgl. *Strauß*, in Marburger Aussprache zur Aktienrechtsreform, 1959, S. 15; *ders.*, Grundlagen und Aufgaben der Aktienrechtsreform, 1960.
182 Vgl. Statistisches Bundesamt, Wirtschaft und Steuern 1957, S. 273 ff.
183 *Bundesjustizministerium*, RefE AktG 1958, S. 385.
184 Vgl. *Bundesjustizministerium*, RefE AktG 1958, S. 385.
185 *Bundesjustizministerium*, RefE AktG 1958, S. 386.

tig verhindern.[186] Im äußersten Fall werde der Vorstand zum Angestellten, die Gesellschaft zur Organisationsform für eine Betriebsabteilung.[187]

Die Reaktion des Referentenentwurfs auf diesen Ausgangsbefund war eine zweifache. Zunächst stellte er fest, dass es unmöglich sei, den beschriebenen Strukturwandel rückgängig zu machen: Jeder Versuch, der aktienrechtlichen Zuständigkeitsordnung, namentlich in konzernmäßigen Bindungen, wieder unter allen Umständen Wirklichkeitswert zu verschaffen, würde an der Macht der Tatsachen scheitern.[188] Hieraus folgerte der Entwurf, dass es nicht Aufgabe des Aktienrechts sein könne, den Konzern als solchen zu bekämpfen.[189] Darin lag zugleich eine eindeutige Absage an jene ordnungspolitischen Strömungen, die darauf abzielten, die Unternehmenskonzentration (auch) mit Hilfe des Gesellschaftsrechts einzudämmen. Gesellschaftsrechtlich unumgänglich sei es aber, so der Referentenentwurf weiter, konzernmäßige Bindungen rechtlich zu erfassen und durchsichtig zu machen.[190] Darüber hinaus müssten Aktionäre und Gläubiger gegen deren Gefahren und Nachteile besser geschützt werden. Leitungsmacht und Verantwortlichkeit seien in Einklang zu bringen.[191] Mit dieser Maxime sollte der verbreiteten These vom (entschädigungslosen) Vorrang des Konzerninteresses endgültig der Boden entzogen werden.[192] In den Worten des damaligen Bundesjustizministers: „Der erste Grundsatz, den ein neues Konzernrecht deshalb aufzustellen hat, ist m. E. der, daß dem Konzerninteresse gegenüber dem Einzelinteresse kein Vorrang gebührt."[193] Folgerichtig wurde § 101 Abs. 3 AktG 1937, der die Haftung ausschloss, sofern der Einfluss zur Wahrung schutzwürdiger (Konzern-)Belange ausgeübt wurde,[194] nicht in den Referentenentwurf übernommen.[195]

---

186 Vgl. *Bundesjustizministerium*, RefE AktG 1958, S. 386.
187 Vgl. *Bundesjustizministerium*, RefE AktG 1958, S. 387.
188 Vgl. *Bundesjustizministerium*, RefE AktG 1958, S. 387.
189 Vgl. *Bundesjustizministerium*, RefE AktG 1958, S. 387; so auch *Kropff*, NJW 1959, 173: „Sein Reformziel ist es nicht, den Konzern zu bekämpfen, sondern die Einbrüche des Konzerntatbestands in das Gesellschaftsrecht zu erfassen und mit den gesellschaftsrechtlichen Grundsätzen in Einklang zu bringen."
190 Vgl. *Bundesjustizministerium*, RefE AktG 1958, S. 388.
191 Vgl. *Bundesjustizministerium*, RefE AktG 1958, S. 388.
192 Sehr deutlich *Schäffer*, AG 1959, 57, 62: „M.E. ist der Vorrang der Konzerninteressen vor den Interessen des einzelnen Unternehmens strikt abzulehnen. Es gibt keinen Gesichtspunkt, der ihn rechtfertigt. Auch der von *Geiler* hervorgehobene Gesichtspunkt der Rationalisierung rechtfertigt den Vorrang nicht. Nach dem das Aktiengesetz beherrschenden Grundsatz der Gleichbehandlung kann kein Aktionär, auch nicht ein Mehrheitsaktionär, verlangen, daß ein Unternehmen auf Kosten der übrigen Aktionäre in seinen Dienst gestellt wird."
193 *Schäffer*, AG 1959, 57, 62 (Hervorhebung nur hier).
194 Näher oben IV 2 und 3.
195 So ausdrücklich *Kropff*, Das Wertpapier 1958, 674, 680.

bb) Vertragszwang und Erfolgshaftung im faktischen Konzern

Zur Umsetzung dieser Grundkonzeption ersann der Referentenentwurf eine „zweispurige Lösung"[196], indem er zwischen der Konzernleitung durch Vertrag und jener kraft faktischer Beherrschung unterschied. „Angelpunkt des Rechts der Unternehmensverbindungen"[197] sollte ein sog. Weisungsvertrag sein, der es gestattete, dass sich eine Aktiengesellschaft „in den wesentlichen Fragen der Geschäftsführung den Weisungen eines anderen unterwirft" (§ 270 Abs. 1 Nr. 5 RefE 1958). Außenstehende Aktionäre sollten geschützt werden durch Verlustübernahme, angemessenen Ausgleich, Recht zum Austritt gegen Abfindung und Spruchverfahren (§§ 277, 278, 280–282 RefE 1958), Gesellschaftsgläubiger durch Sicherheitsleistung (§ 279 RefE 1958). Mit dieser neuen „Rechtseinrichtung"[198] verband sich die Vorstellung, dass die Ausübung von Konzernmacht nur auf vertraglicher Grundlage statthaft sein sollte.[199] In Anlehnung an den erwähnten Diskussionsbeitrag von *Schilling* auf dem 42. Deutschen Juristentag[200] sprach der Referentenentwurf insoweit von einem „Vertragszwang"[201].

Fehlte ein Weisungsvertrag, so wollte der Entwurf durch eine „scharfe Haftung"[202] jeden Eingriff Dritter in die eigenverantwortliche Leitung der Gesellschaft durch ihren Vorstand abwehren.[203] Hierzu sah § 284 RefE 1958 eine verschuldensunabhängige und gesamtschuldnerische Haftung des herrschenden Unternehmens und seiner gesetzlichen Vertreter sowie der in seinem Auftrag handelnden Angestellten für nachteilige Weisungen vor.[204] Diese „Erfolgshaftung"[205] sollte nicht nur gegenüber der abhängigen Gesellschaft selbst (Abs. 1 Satz 1), sondern auch gegenüber deren Aktionären (Abs. 1 Satz 2) bestehen. Eine Ausnahme war aber für die

---

196 *Kropff* (Fn. 162), 16. Kap. Rn. 562.
197 *Bundesjustizministerium*, RefE AktG 1958, S. 388; gleichsinnig *Kropff*, Das Wertpapier 1958, 674, 679.
198 *Bundesjustizministerium*, RefE AktG 1958, S. 387.
199 Vgl. *Bundesjustizministerium*, RefE AktG 1958, S. 387.
200 Dazu auch *Geßler* (Fn. 88), S. 247, 251: „§ 284 E geht auf Gedanken zurück, die Schilling auf dem 42. Deutschen Juristentag – wenn ich recht sehe, erstmals – geäußert hat. Er hat dort den ‚Konzernvertrag' zur Debatte gestellt und sich mit der Verhinderung eines außervertraglichen Konzerneinflusses befaßt."
201 *Bundesjustizministerium*, RefE AktG 1958, S. 388.
202 *Bundesjustizministerium*, RefE AktG 1958, S. 388.
203 So ausdrücklich *Kropff*, Das Wertpapier 1958, 674, 680.
204 Erläuterungen dazu und zum Weisungsbegriff in *Bundesjustizministerium*, RefE AktG 1958, S. 409.
205 *Kropff*, Das Wertpapier 1958, 674, 680; zu ihrer Rechtfertigung *Schäffer*, BB 1958, 1253, 1259: „Daß der unerlaubt Handelnde auch für von ihm nicht voraussehbare Schäden haftet, ist ein allgemeiner und sicher nicht unberechtigter Grundsatz unserer Rechtsordnung."

Ausübung des Stimmrechts in der Hauptversammlung vorgesehen (Abs 4).[206] Ergänzend ordnete § 285 RefE 1958 die Verantwortlichkeit der Verwaltungsmitglieder der abhängigen Gesellschaft an, „wenn sie unter Verletzung ihrer Pflichten gehandelt haben".

b) Reaktionen in Wirtschaft und Wissenschaft

Das literarische Echo auf den Referentenentwurf von 1958 war außerordentlich lebhaft.[207] Einige wenige Stimmen betrachteten die Konzeption eines Vertragszwangs als „geglückt"[208] und befürworteten auch die Erfolgshaftung des § 284 RefE 1958[209] oder forderten sogar noch weiter reichende aktienrechtliche Maßnahmen zur Bekämpfung der Unternehmenskonzentration[210]. Die überwiegende Mehrheit äußerte sich hingegen ablehnend. Heftiger Widerstand schlug der strengen Konzernrechtskonzeption vor allem von den Spitzenorganisationen der gewerblichen Wirtschaft entgegen, die ihre Aktivitäten in einem „Gemeinsamen Ausschuß für Fragen des Unternehmensrechts" unter dem Vorsitz von *Wolfgang Pohle*[211] gebündelt hatten.[212] Sie bezeichneten die Haftungsregelung in § 284 RefE 1958 als „unbefriedigend", „unannehmbar", „zivilrechtliche Strafnorm"[213] und monierten, dass den zum Schadensersatz Verpflichteten im Ergebnis das gesamte wirtschaft-

---

206 Wörtlich hieß es dort: „Diese Vorschriften gelten nicht, wenn die Gesellschaft durch Ausübung des Stimmrechts in der Hauptversammlung zu der Maßnahme bestimmt worden ist."
207 Eingehend *Dettling* (Fn. 23), S. 244 ff.
208 *Deutsche Schutzvereinigung für Wertpapierbesitz*, Stellungnahme, Februar 1959, S. 30: „Die vorgesehene Regelung kann als geglückt angesehen werden."; *Klose*, AG 1959, 85, 89; insgesamt auch *Pleyer*, AG 1959, 39 f.; ferner *Duden*, BB 1958, 1101, 1102.
209 Vgl. *Deutsche Schutzvereinigung für Wertpapierbesitz* (Fn. 208), S. 30 f.: „Es muß jedoch als unerläßlich angesehen werden, daß die Einflußnahme auf eine abhängige Aktiengesellschaft, ohne dafür die Berechtigung durch einen Unternehmensvertrag zu besitzen, von einer scharfen Haftung für das herrschende Unternehmen, seine gesetzlichen Vertreter und Inhaber begleitet ist, soll die Minderheit in einer abhängigen Aktiengesellschaft wirksamen Schutz genießen. [...] Es wurde bisher kein anderer Weg gefunden, um den Rechtsschutz der Minderheit in dem erforderlichen Maße sicherzustellen, als der im Entwurf und speziell der in § 284 vorgesehene."; ferner *Duden*, BB 1958, 1101, 1102, der es aber als zweifelhaft ansah, ob diese Sanktion genügt, die Konzernleiter zum Abschluss solcher Weisungsrechtsverträge mit Publizität und Sicherung von Gläubigern und Minderheitsaktionären zu veranlassen."
210 Vgl. *Kropff*, ZHR 161 (1997), 857, 861.
211 Zu ihm *Pritzkoleit*, Die neuen Herren: die Mächtigen in Staat und Wirtschaft, 1955, S. 187.
212 Vgl. *Pohle*, AG 1959, 117.
213 *Spitzenorganisationen der gewerblichen Wirtschaft*, Gemeinsame Denkschrift zum Referentenentwurf eines Aktiengesetzes, Februar 1959, S. 78 f.

liche Risiko der abhängigen Gesellschaft auferlegt würde, soweit deren geschäftliche Tätigkeit auf Weisungen der Konzernleitung zurückgehe.[214] Vertretbar sei allenfalls eine Verschuldenshaftung, die „an den Tatbestand eines durch eine bestimmte Weisung ausgelösten Schadens"[215] anknüpfe. Bei der Schadensbestimmung dürfe das Einzelgeschäft nicht zu sehr in den Vordergrund geschoben werden; geboten sei vielmehr, „das Konzernverhältnis als Einheit der gegenseitigen Beziehungen auf lange Sicht zu sehen"[216].

Die Wirtschaftsanwälte sparten ebenfalls nicht mit Kritik: Zwar begrüßten sie im Ausgangspunkt, dass es der Entwurf ablehne, den Konzern als solchen zu bekämpfen.[217] Sie bemängelten aber übereinstimmend die Ausgestaltung des § 284 RefE 1958 als eine Erfolgshaftung auch für alle Zufallsschäden.[218] Diese „drakonische, existenzgefährdende Haftung"[219] sei nicht zu rechtfertigen, zumal ihr Haupttatbestandsmerkmal – die Weisung – nur schwer definiert werden könne.[220] Zudem berücksichtige sie die Vielgestaltigkeit der Konzernformen nur unzureichend und benachteilige Zwischenformen einer loseren Konzernführung, die bei einer so starren Regelung zu verschwinden drohten.[221]

Im rechtswissenschaftlichen Schrifttum übte *Hans Würdinger* rechtssystematische Kritik an der Figur des Weisungsvertrages i. S. d. § 270 Abs. 1 Nr. 5 RefE 1958 , weil ein abstrakter Vertrag des Inhalts, dass eine Person schlechthin den Weisungen einer anderen Person unterworfen sein solle, dem Zivilrecht unbekannt sei.[222] Zudem empfahl er statt der „scharfen Kausalhaftung" des § 284 RefE 1958 eine an

---

214 So *Spitzenorganisationen der gewerblichen Wirtschaft*, Ergänzende Stellungnahme zu konzernrechtlichen Bestimmungen im Referentenentwurf eines Aktiengesetzes, November 1959, S. 37 f.
215 *Spitzenorganisationen der gewerblichen Wirtschaft* (Fn. 214), S. 38.
216 *Spitzenorganisationen der gewerblichen Wirtschaft* (Fn. 214), S. 39.
217 So *Hengeler/Kreifels*, in Hengeler (Fn. 101), S. 11, 38 f. mit der ergänzenden Bemerkung: „Aus dieser Entschließung spricht nüchterne wirtschaftsnahe Kenntnis der tatsächlichen Gegebenheiten."; ferner *Hartmann*, in Marburger Aussprache zur Aktienrechtsreform, 1959, S. 53, 58: „Der wichtigste Grundsatz des Entwurfs geht dahin, kein Antikonzernrecht zu entwickeln."
218 Vgl. *Hartmann* (Fn. 217), S. 53, 64 ff.; *Hengeler/Kreifels* (Fn. 217), S. 11, 39 f.; *Koehler*, JZ 1959, 110, 113; *Rautmann*, in Hengeler (Fn. 101), S. 159, 192 ff.; *W. Schmidt* (Fn. 101), S. 42, 52 ff.
219 *Rautmann* (Fn. 218), S. 159, 193; ganz ähnlich *W. Schmidt* (Fn. 101), S. 42, 52: „drakonische Haftungsvorschriften", 54: „drakonische Strafe der Erfolgshaftung".
220 Dazu *Rautmann* (Fn. 218), S. 159, 192; gleichsinnig *W. Schmidt* (Fn. 101), S. 42, 53: „[Z]wischen Rateinholung, Fühlungnahme, Abstimmung und Weisungserteilung sind die Grenzen flüssig."
221 So *Hartmann* (Fn. 217), S. 53, 64 f.; ferner *Hengeler/Kreifels* (Fn. 217), S. 11, 39: „Insbesondere ist hier die Frage zu stellen, ob nicht der Zwang zum Abschluß von Unternehmensverträgen in Wirklichkeit zu stärkerer Konzentration führt."
222 So *Würdinger*, DB 1958, 1447, 1451; *ders.*, FS W. Schmidt, 1959, S. 279, 290: „kausaloser Unterwerfungsvertrag"; gegen ihn aber *W. Schmidt* (Fn. 101), S. 42, 53: „Letzten Endes kann das Gesetz jede Art von Verträgen legalisieren, auch wenn sie in die überkommenen Schemata nicht passen."

§ 101 AktG 1937 angelehnte Haftungsnorm, wobei dessen Abs. 3 allerdings erheblich umgestaltet werden müsse.[223] Noch schärfer fiel die Kritik von *Werner Flume* an der Haftungsnorm des § 284 RefE 1958 aus: Sie sei so „drakonisch", dass sie nur als „Prohibitivnorm" verständlich sei, um den Abschluss eines Unternehmensvertrages zu erzwingen.[224] Anders ausgedrückt sei sie „eine Strafnorm mit zivilrechtlicher Sanktion"[225] und schon deshalb abzulehnen. Hinzu komme, dass der Schlüsselbegriff der Weisung wegen seiner Unbestimmtheit nicht die Mindesterfordernisse eines gesetzlichen Straftatbestandes erfülle.[226] Unabhängig davon müsse die Geltendmachung einer Haftung schon an Beweisfragen scheitern, weil die Minderheitsaktionäre nicht von nachteiligen Geschäften erführen.[227] Schließlich sei es ein Leichtes, der Haftung des § 284 RefE 1958 zu entgehen, indem man z.B. eine Personalunion zwischen herrschendem Unternehmen und abhängiger Gesellschaft bezüglich der Leitung herstelle, so dass es keiner Weisung mehr bedürfe.[228]

Als besonders einflussreich erwies sich *Flumes* Kritik vor allem deshalb, weil er sie mit einem konkreten Gegenvorschlag verband: Im Anschluss an seinen Diskussionsbeitrag auf dem 42. Deutschen Juristentag 1957[229] schlug er zum einen vor, für den Konzern eine subsidiäre Haftung des herrschenden Unternehmens für die Schulden der abhängigen Gesellschaft gesetzlich zu statuieren.[230] Zum anderen

---

223 Vgl. *Würdinger* (Fn. 222), S. 279, 281f.; in diese Richtung aus der Rechtspraxis auch *Möhring*, DRiZ 1957, 203, 209; *W. Schmidt* (Fn. 101), S. 42, 55f.
224 *Flume*, Der Referentenentwurf eines Aktiengesetzes, 1958, S. 21f. mit dem Zusatz: „Ein solcher mittelbarer Zwang dürfte ein Novum in unserer Rechtsordnung sein."
225 *Flume*, DB 1959, 190.
226 Vgl. *Flume* (Fn. 224), S. 22f.; ders., DB 1959, 190.
227 Vgl. *Flume*, DB 1959, 190, 191; s. auch *Semler*, in Unternehmer und Wirtschaftsprüfer mit dem Blick in die Zukunft, Bericht über die Fachtagung des IDW am 4. und 5. Juni 1969 in Stuttgart, 1960, S. 49, 68: „Im Regelfall werden Schäden nämlich Interna des abhängigen Unternehmens bleiben und von den Aktionären überhaupt nicht festgestellt werden. Dies gilt vor allem dann, wenn der Schaden in entgangenen Gewinnen besteht."
228 So *Flume* (Fn. 224), S. 23; ders., DB 1959, 190; s. auch *Semler* (Fn. 227), S. 49, 58: „Zum anderen wird eine Bestimmung, wie sie der Entwurf vorsieht, Weisungen nicht verhindern; kluge Leute werden sich anderweitig helfen, dumme Leute nachträglich durch die vorgesehene Erfolgshaftung bestraft."
229 Vgl. *Flume*, Redebeitrag auf dem 42. Deutschen Juristentag 1958, F 86: „Es gibt keine andere Möglichkeit, als daß diese Geschäftsvorfälle eines Mehrheitsbeteiligten gegenüber ‚seiner' Untergesellschaft zum Vorschein kommen, d.h. wir müssen Publizität für alle Geschäftsvorfälle eines Mehrheitsgesellschafters mit ‚seiner' Untergesellschaft verlangen. Ich stelle deshalb zur Diskussion, dass für solche Geschäftsvorfälle besondere Berichterstattung gefordert wird. Es ist weiter zu erwägen, ob nicht für solche Geschäftsvorfälle eine besondere, von der normalen Prüfung unabhängige Prüfung auf die Ordnungsmäßigkeit der Geschäftsvorfälle einzuführen ist. Dann hat man das Geschäftsgebaren im Griff, das durchaus intakt sein kann."
230 Vgl. *Flume* (Fn. 224), S. 24 mit folgender Erläuterung auf S. 25: „Durch die allgemeine subsidiäre Schuldenhaftung des herrschenden Unternehmens erfährt der Konzerntatbestand eine sachge-

regte er in Ergänzung zu einer Organhaftung der Verwaltungsmitglieder an, den gesamten Geschäftsverkehr einer abhängigen Gesellschaft mit dem herrschenden Unternehmen oder mit von diesem abhängigen Unternehmen einer besonderen Prüfung zu unterstellen.[231] Diese Prüfung solle sich darauf erstrecken, ob Leistung und Gegenleistung der einzelnen Geschäfte angemessen seien. Zu diesem Zweck müsse der Vorstand der abhängigen Gesellschaft jährlich einen Rechenschaftsbericht über alle Geschäftsvorfälle mit dem herrschenden Unternehmen erstellen. Dieser Bericht sei in einer gemeinsamen Sitzung von Vorstand, Aufsichtsrat und Wirtschaftsprüfer der abhängigen Gesellschaft zu erörtern.[232] Trete der Wirtschaftsprüfer oder der Aufsichtsrat dem Testat des Vorstands nicht bei, so sei eine Sonderprüfung nach dem Vorbild der Sachgründung anzuberaumen.[233] Das Testat der Angemessenheit für alle Geschäftsvorfälle des Abhängigkeitsverhältnisses schaffe eine so evidente Verantwortung für Vorstand, Aufsichtsrat und Abschlussprüfer, dass damit in der bestmöglichen Weise für die Wahrung der Interessen der beherrschten Gesellschaft und ihrer Aktionäre gesorgt sein dürfte.[234] Die Pflicht zum Testat sei gewissermaßen „der Griff an das Portepee"[235], dem sich die Beteiligten nicht entziehen könnten, ohne ihr Gesicht zu verlieren. Weitere Maßnahmen, etwa die Publizität des Abhängigkeitsberichts[236], seien daher entbehrlich.[237]

Flumes Gegenvorschlag fand in Rechtspolitik und Rechtswissenschaft rasch ein reges Echo. Viele bezweifelten seine praktische Durchführbarkeit[238], weil für eine Prüfung der Angemessenheit von Leistung und Gegenleistung verlässliche Maß-

---

rechte Rechtsfolge. Es ist ja heute schon so, daß in der Regel und jedenfalls in allen Konzernen, in denen man weiß, was sich gehört, zum Konzern gehörige Unternehmen nicht einem Konkurs preisgegeben werden."
231 So *Flume* (Fn. 224), S. 25.
232 Mit dieser Präzisierung *Flume*, DB 1959, 190, 191.
233 Vgl. *Flume* (Fn. 224), S. 26.
234 So *Flume* (Fn. 224), S. 26.
235 *Flume*, DB 1959, 190, 191.
236 Dahingehend der Vorschlag des BMJ *Schäffer*, BB 1959, 1253, 1258: „wenn der Bericht des Prüfers den Minderheitsaktionären zugänglich gemacht wird".
237 Vgl. *Flume*, DB 1959, 190, 191 mit der ergänzenden Bemerkung: „Wenn der Bericht über das Abhängigkeitsverhältnis einen Sinn haben soll, so muß er konkret sein und über das Abhängigkeitsverhältnis wirklich Auskunft geben. Dann ist er aber mit solchen Einzelheiten der Geschäftsführung erfüllt, daß man ihn nicht der Öffentlichkeit unterbreiten kann."
238 In diesem Sinne etwa *Kropff*, Das Wertpapier 1958, 674, 678; ferner *Schäffer*, BB 1958, 1253, 1258 mit dem relativierenden Zusatz: „Wenn ich von dieser Frage absehe, so scheint mir der Vorschlag Flumes jedenfalls, wenn der Bericht des Prüfers den Minderheitsaktionären zugänglich gemacht wird, durchaus sicherzustellen, daß die abhängige Gesellschaft nicht benachteiligt wird."; so auch *Kropff*, NJW 1959, 173, 177; positivere Einschätzung bei *Koehler*, JZ 1959, 110, 113.

stäbe fehlten.[239] Zudem sei nicht zu erwarten, dass Gesellschaften, denen die Interessen von Minderheitsaktionären und Gläubigern gleichgültig seien, durch den „Griff an das Portepee" dazu veranlasst würden, einen wirklichkeitsgetreuen Abhängigkeitsbericht zu erstellen.[240] Auch die Konzernrechtskommission[241] lehnte *Flumes* Vorschlag im November 1958 aus diesen Gründen zunächst ab.[242] *Flume* reagierte auf diese Einwände und den anhaltenden Widerstand der Wirtschaftsprüfer[243], indem er vorschlug, die Erklärung von Aufsichtsrat und Abschlussprüfer negativ zu fassen.[244] Damit gelang es ihm im Januar 1959, die Konzernrechtskommission mehrheitlich auf seine Seite zu ziehen.[245] Auch im Bundesministerium der Justiz hielt man eine Nachprüfung durch die Abschlussprüfer nun nicht mehr für unmöglich, sofern man ihnen einen gewissen Bewertungsspielraum zubillige.[246]

---

239 Pointiert *C. E. Fischer*, Die Zeit vom 9.1.1959, S. 11: „[Es ist] schlechterdings irreal zu meinen, es gäbe für konzernfremde Wirtschaftsprüfer überhaupt verläßliche Maßstäbe für die Prüfung der jeweiligen Verhältnisse, über welche der bedauernswerte Konzern-Spezialprüfer dann auch noch unter Berufseid ein schriftliches Testat abgeben soll."; ähnlich *Rautmann* (Fn. 218), S. 159, 195 f.; ferner *Rasch*, DB 1959, 165, 170: „Vielfach gibt es Marktpreise gar nicht; auch ergreift die einheitliche Leitung eines Konzerns ja nicht nur die Preis-, sondern die gesamte Investitions-, Produktions-, Absatz-, Finanz- und Bilanzpolitik des angeschlossenen Unternehmens. Nach welchen Gesichtspunkten soll der Prüfer diese beurteilen?"
240 So *Rautmann* (Fn. 218), S. 159, 195.
241 Vgl. oben VI 3.
242 Dazu *Kropff* (Fn. 162), 16. Kap. Rn. 571.
243 Vgl. *Semler* (Fn. 227), S. 49, 69 f., der aber selbst vorsichtiger urteilte: „Ich glaube nicht, daß man tatsächlich zu dem Ergebnis kommen muß, bei Geschäften zwischen herrschenden und abhängigen Unternehmen sei die Angemessenheit nicht festzustellen."; aus Sicht eines Außenstehenden auch *Rasch*, BB 1959, 165, 170: „[I]m Rahmen der derzeitigen Organisation des Prüfungswesens würde jeder Wirtschaftsprüfer und jede Prüfungsgesellschaft durch einen derartigen Auftrag zwangsläufig in unlösbare Interessen- und Gewissenskonflikte verstrickt. Mir scheint, daß eine gute Gesetzgebung das vermeiden sollte."
244 Vgl. *Flume*, DB 1959, 190, 192: „Das Urteil des Aufsichtsrats und Abschlußprüfers über die Angemessenheit ist als Urteil über fremdes Handeln von anderem Charakter als die Stellungnahme des Vorstandes in seinem Angemessenheitstestat. Man sollte deshalb den Beitritt von Aufsichtsrat und Abschlußprüfer zu dem Testat des Vorstandes in negativer Form fassen, indem Aufsichtsrat und Abschlußprüfer zu erklären haben, daß nach ihrer Prüfung des Rechenschaftsberichts des Vorstands gegen die Angemessenheit der Geschäftsführung im Abhängigkeitsbereich, und insbesondere gegen die Angemessenheit aller Geschäfte mit dem Herrschenden, keine Bedenken bestehen."
245 Dazu *Kropff* (Fn. 162), 16. Kap. Rn. 572.
246 In diesem Sinne *Geßler* (Fn. 88), S. 247, 267: „Wird die Nachprüfung darauf beschränkt, ob die Leistung der abhängigen Gesellschaft im Verhältnis zur Leistung der herrschenden Gesellschaft ‚nicht unangemessen hoch' ist, so ist jedoch die nötige Bewegungsfreiheit für den Prüfer gegeben."

c) Meinungswandel im Bundesministerium der Justiz

Im Lichte dieser Reaktionen bahnte sich im Bundesministerium der Justiz allmählich ein Meinungsumschwung an. Man gelangte zu der Ansicht, dass die Erfolgshaftung des § 284 RefE 1958 in der Rechtspraxis weitgehend wertlos sei, weil sie an den Begriff der Weisungen anknüpfe und solche Weisungen für Minderheitsaktionäre schwer nachzuweisen und von der Konzernleitung leicht zu umgehen seien.[247] Es handle sich um einen „Haifisch ohne Zähne"[248]. Ob neben den tatbestandlichen Schwächen dieser Haftungsvorschrift auch die heftige Kritik der Wirtschaft an dem Vertragszwang zu der „Wende im Justizministerium"[249] beitrug, wird im Rückblick unterschiedlich beurteilt.[250]

2. Regierungsentwurf von 1960

a) Konzernrechtliche Konzeption

In Übereinstimmung mit dem Referentenentwurf betonte der im März 1960 vorgelegte Regierungsentwurf[251] in seinen Vorbemerkungen, dass es nicht Aufgabe des Aktienrechts sein könne, den Konzern als solchen zu bekämpfen.[252] Ebenso wenig könne das Aktienrecht zwischen wirtschafts- und gesellschaftspolitisch erwünschten und unerwünschten Konzernen unterscheiden, weil hierfür überwiegend au-

---

247 Vgl. *Geßler* (Fn. 88), 1959, S. 247, 253: „Es muß unumwunden zugegeben werden, daß die Regelung nur so drakonisch erscheint, daß ihr aber tatsächlich die Durchschlagskraft fehlt. Es muß deshalb die Abstellung auf die Weisung, und damit auf den Einzelfall, fallen gelassen werden." S. 254: „Hinzukommt, daß die Geltendmachung der Haftung in aller Regel an der Beweisfrage scheitern wird. […] Da, wo kein Kläger ist, auch kein Richter ist, könnte die herrschende Gesellschaft nach wie vor ihre Interessen bei der abhängigen Gesellschaft ohne Rücksicht darauf durchsetzen, daß diese dadurch benachteiligt wird."
248 So rückblickend *Kropff*, ZHR 161 (1997), 857, 861; *ders.* (Fn. 162), 16. Kap. Rn. 573.
249 So die Abschnittsüberschrift bei *Dettling* (Fn. 23), S. 265.
250 Vgl. einerseits *Dettling* (Fn. 23), S. 266: „Die tatbestandliche Schwäche des § 284 RefE war für das Bundesjustizministerium jedoch nur der äußere Anlaß, unter dem Eindruck der massiven Kritik der Wirtschaft am Vertragszwang und am damit verbundenen Prinzip der Vorab-Sicherung von seiner strengen Konzernrechtskonzeption abzurücken."; andererseits *Kropff* (Fn. 162), 16. Kap. Rn. 573: „*Dettling* meint, dies sei im Hinblick auf den Widerstand der Wirtschaft geschehen. Maßgebend war aber die Erkenntnis der gravierenden Schwächen dieser Haftung."; vermittelnd *J. Schmidt* (Fn. 154), S. 407, 431.
251 Entwurf eines Aktiengesetzes, BT-Drucks. III/1915, im Folgenden zitiert nach der von *Kropff* herausgegebenen Textausgabe.
252 So Begr. RegE bei *Kropff*, AktG, 1965, S. 374; *Strauß* (Fn. 181), S. 27.

ßerhalb des Gesellschaftsrechts liegende Maßstäbe gölten.[253] Jedoch sei es gesellschaftsrechtlich unumgänglich, solche Unternehmensverbindungen durchsichtig zu machen und die Aktionäre und Gläubiger gegen die mit ihnen verbundenen Gefahren und Nachteile besser zu schützen.[254] Konzeptionell hielt der Regierungsentwurf an der Unterscheidung zwischen Vertragskonzern und faktischem Konzern fest. Die „wohl schwierigste Aufgabe des Konzernrechts"[255] erblickte er darin, bei rein tatsächlichen Beherrschungsverhältnissen Benachteiligungen der beherrschten Gesellschaft zugunsten von Konzerninteressen zu verhindern. Hierzu verwarf er das Haftungsmodell des § 284 RefE 1958 und entwickelte, gestützt auf *Flumes* Gegenentwurf[256] und fünf hierzu von der Konzernrechtskommission mehrheitlich gebilligte Thesen[257], einen neuen Regelungsrahmen für die „Verantwortlichkeit bei Fehlen eines Beherrschungsvertrags"[258].

Leitgedanke der §§ 300 ff. RegE (heute: §§ 311 ff. AktG), die das „Kernstück der Regelung des sogenannten faktischen Konzerns"[259] bilden, war es ausweislich der Gesetzesmaterialien, die abhängige Gesellschaft vor einer Schädigung durch das herrschende Unternehmen – sei es in dessen eigenem Interesse, sei es im Konzerninteresse – zu schützen.[260] Nach eingehender Darstellung des Meinungsstands unter dem bis dato geltenden § 101 Abs. 3 AktG 1937[261] betonte die Regierungsbegründung, dass außerhalb eines Beherrschungsvertrages weder Interessen des herrschenden Unternehmens oder eines Konzerns noch Belange der Allgemeinheit eine Benachteiligung der abhängigen Gesellschaft rechtfertigen könnten.[262] In Bezug auf Konzerninteressen machte er sich dafür die klassische Begründung von *Filbinger*[263] zu eigen: Bei ihnen handle es sich ebenso wie bei den Interessen der abhängigen Gesellschaft und ihrer Aktionäre um Vermögensinteressen, die unabhängig von ihrer Größe für das Recht gleichwertig seien.[264] Hinsichtlich der Irrelevanz gesamtwirtschaftlicher Belange verwies er auf „unsere wirtschaftliche Grundordnung", der es widersprechen würde, wenn die einzelne Gesellschaft und ihre Aktionäre ohne Ausgleich Opfer für ein wirkliches oder vermeintliches ge-

---

253 Begr. RegE bei *Kropff*, AktG, 1965, S. 374; *Strauß* (Fn. 181), S. 27.
254 In diesem Sinne Begr. RegE bei *Kropff*, AktG, 1965, S. 374; *Strauß* (Fn. 181), S. 27.
255 Begr. RegE bei *Kropff*, AktG, 1965, S. 375.
256 Vgl. oben VII 1 b.
257 Näher dazu *Kropff* (Fn. 162), 16. Kap. Rn. 572.
258 Überschrift des Zweiten Abschnitts.
259 Begr. RegE bei *Kropff*, AktG, 1965, S. 407.
260 So Begr. RegE bei *Kropff*, AktG, 1965, S. 407.
261 Vgl. oben IV 2 und 3.
262 Begr. RegE bei *Kropff*, AktG, 1965, S. 407.
263 Vgl. oben IV 3.
264 Begr. RegE bei *Kropff*, AktG, 1965, S. 407.

samtwirtschaftliches Interesse bringen müssten.[265] Geboten sei vielmehr ein umfassendes Schädigungsverbot, gleichgültig, auf welchen Wegen die abhängige Gesellschaft zu nachteiligen Rechtsgeschäften oder Maßnahmen veranlasst werde.[266]

Durchgesetzt werden sollte das Schädigungsverbot nicht mehr durch eine strikte Erfolgshaftung, sondern durch eine objektivierte Verschuldenshaftung, für die § 306 Abs. 2 RegE (heute: § 317 Abs. 2 AktG) auf die Sorgfalt eines ordentlichen und gewissenhaften Geschäftsleiters einer unabhängigen Gesellschaft abstellte. Diese „Einschränkung der Haftung"[267] sollte im faktischen Konzern Raum für die Ausübung von Konzernleitungsmacht belassen, ohne eine Haftung für fehlgeschlagene Geschäfte oder Maßnahmen auszulösen.[268]

Als Gegengewicht zu dieser „Haftungserleichterung"[269] sahen §§ 301–305 RegE (heute: §§ 312–316 AktG) eine umfassende Berichterstattung des Vorstands abhängiger Gesellschaften über alle Konzerngeschäfte und -maßnahmen sowie deren Prüfung durch Aufsichtsrat und Abschlussprüfer vor.[270] Dabei sollte der Abhängigkeitsbericht i. S. d. § 301 RegE (heute: § 312 AktG) verhindern, dass außenstehende Aktionäre und Gläubiger bei der Durchsetzung allfälliger Ersatzansprüche „weitgehend im Dunkeln tappen"[271]. Eine Überprüfung des Abhängigkeitsberichts durch sachkundige Dritte nach Maßgabe des § 302 RegE (heute: § 313 AktG) hielt der Regierungsentwurf für „unumgänglich"[272], auch wenn sich die Wirtschaftsprüfer hiergegen im Gesetzgebungsverfahren mangels geeigneter Beurteilungsmaßstäbe mit Händen und Füßen wehrten. Die rechtspolitische Diskussion kreiste hier um Eingrenzungen von Prüfungsauftrag und Testat[273]; die Gesetzesmaterialien holten weit aus, um zu begründen, dass eine solche Prüfung durchführbar sei und den Abschlussprüfer nicht vor neuartige Aufgaben stelle.[274]

Eng mit den Grenzen der Überprüfbarkeit von Konzerngeschäften hing schließlich der mögliche Ausgleich von Nachteilen durch Vorteile aus dem Beherrschungsverhältnis zusammen. Ausweislich der Regierungsbegründung verlangten „Treu und Glauben" eine solche Kompensation „in gewissem Umfang".[275] Nicht in Betracht zu ziehen sei freilich ein allgemeiner Ausgleich durch „irgend-

---

265 So Begr. RegE bei *Kropff*, AktG, 1965, S. 407.
266 Begr. RegE bei *Kropff*, AktG, 1965, S. 408.
267 Begr. RegE bei *Kropff*, AktG, 1965, S. 419.
268 So Begr. RegE bei *Kropff*, AktG, 1965, S. 419.
269 Begr. RegE bei *Kropff*, AktG, 1965, S. 375.
270 Dazu Begr. RegE bei *Kropff*, AktG, 1965, S. 375.
271 Begr. RegE bei *Kropff*, AktG, 1965, S. 411.
272 Begr. RegE bei *Kropff*, AktG, 1965, S. 413.
273 Näher dazu *Kropff* (Fn. 162), 16. Kap. Rn. 577.
274 Vgl. Begr. RegE bei *Kropff*, AktG, 1965, S. 413 f.
275 Begr. RegE bei *Kropff*, AktG, 1965, S. 408.

welche Vorteile", weil sonst die Vor- und Nachteile aus dem Beherrschungsverhältnis in ihrer Gesamtheit gegeneinander abgewogen werden müssten, was auf eine Aussage über den wirtschaftlichen Erfolg der Konzernbildung überhaupt hinaus liefe.[276] Stattdessen erkannte § 300 Abs. 2 RegE (heute in veränderter Form: § 311 Abs. 2 AktG) Vorteile aus der Konzernverbindung nur unter zwei Voraussetzungen als ausgleichsfähig an: Sie mussten erstens auf einem Vertrag beruhen und dieser Vertrag musste zweitens mit dem nachteiligen Rechtsgeschäft oder der nachteiligen Maßnahme so eng zusammenhängen, dass sie wirtschaftlich als ein einheitliches Geschäft anzusehen seien.[277]

b) Reaktionen in Wirtschaft und Wissenschaft

Im aktienrechtlichen Schrifttum[278] und in der Konzernrechtskommission[279] hat man die Grundkonzeption der §§ 300 ff. RegE (heute: §§ 311 ff. AktG) überwiegend gebilligt. Verschiedene Stimmen verknüpften ihre Zustimmung allerdings mit der halb-resignativen Bemerkung, dass eine bessere Lösung wohl nicht möglich sei.[280] Einzelkritik entzündete sich an der systematischen Stellung des § 306 Abs. 2 RegE (heute: § 317 Abs. 2 AktG) zur objektivierten Verschuldenshaftung[281], den zu eng

---

276 So Begr. RegE bei *Kropff*, AktG, 1965, S. 409.
277 Näher Begr. RegE bei *Kropff*, AktG, 1965, S. 409 mit dem erläuternden Zusatz: „Diese beiden Grenzen der Vorteilsausgleichung verhindern, dass gegenüber den Nachteilen aus einem Geschäft stets erneut auf die Vorteile aus einem anderen verwiesen wird und damit jede Überprüfung eines Geschäfts zu einer Überprüfung aller Konzerngeschäfte zwingt."
278 Vgl. *Flume*, Grundfragen der Aktienrechtsreform, 1960, S. 42 ff.; *Rasch*, Richtige und falsche Wege der Aktienrechtsreform, 1960, S. 42 ff.; *Schupp*, JR 1961, 4 ff.; *Semler*, WPg 1960, 552 ff.; *Würdinger*, AG 1960, 109, 112.
279 Vgl. *Deutscher Juristentag*, Bericht der Studienkommission, 1967, S. 64 ff. Rn. 401 ff.
280 So etwa *Würdinger*, AG 1960, 109, 112: „[...] so will es doch, wie sich aus den Beratungen ergeben hat, scheinen, daß diese Konzeption vielleicht den einzig gangbaren Weg einer sachgemäßen gesetzlichen Regelung bildet."; ferner *Hornef*, Volkswirt 1961, 384; sowie *Rasch* (Fn. 278), S. 46: „Indessen ist zuzugeben, dass eine wirklich befriedigende Lösung bisher noch nicht gefunden ist."
281 Dazu *Flume* (Fn. 278), S. 43 f.: „Die Formulierung von § 306 Abs. 1 erweckt ferner den Anschein, als ob das herrschende Unternehmen berechtigt sei, dem abhängigen Unternehmen Nachteile zuzufügen, wenn es nur für einen Ausgleich sorge. Das herrschende Unternehmen darf dem abhängigen überhaupt keine Nachteile zufügen. U. E. sollte der Gedanke des § 306 Abs. 2 an die Spitze der Regelung des § 306 gestellt werden, statt ihn nur für den Ausschluß der Ersatzpflicht heranzuziehen. Man sollte u. E. etwa sagen: Das herrschende Unternehmen darf das abhängige Unternehmen nur veranlassen, ein Rechtsgeschäft oder eine Maßnahme vorzunehmen oder zu unterlassen, wenn auch ein ordentlicher und gewissenhafter Geschäftsleiter einer unabhängigen Gesellschaft das Rechtsgeschäft oder die Maßnahme vorgenommen oder unterlassen hätte."

gezogenen Voraussetzungen für eine Kompensation nach § 300 Abs. 2 RegE[282] (heute in veränderter Form: § 311 Abs. 2 AktG) und der zu geringen Kontrolldichte bei der Prüfung durch den Abschlussprüfer in § 302 RegE[283] (heute: § 313 AktG).

Schärfere Töne schlugen die Spitzenverbände der gewerblichen Wirtschaft an.[284] Sie erhoben „nachdrücklichst erhebliche Bedenken"[285] gegen die §§ 300–307 RegE (heute: §§ 311–318 AktG), soweit sie auf herrschende Unternehmen und abhängige Gesellschaften angewandt werden sollen, die auch Konzernunternehmen i. S. d. § 17 Abs. 1 Satz 1 RegE sind.[286] Ihre Kritik richtete sich zuvörderst gegen die Vorteilsausgleichsregelung in § 300 Abs. 2 RegE (heute in veränderter Form: § 311 Abs. 2 AktG), die sich nicht auf Einzelrechtsgeschäfte und Einzelmaßnahmen beschränken dürfe, sondern auf das „gesamte Konzernverhältnis" als „Dauerverhältnis" zu beziehen sei.[287] Eine solche „Vorteils- und Nachteilsabwägung unter Zugrundelegung des gesamten Konzernverhältnisses"[288] sei zugegebenermaßen schwierig. Derartige Schwierigkeiten dürften jedoch im Interesse einer wirtschaftlich vernünftigen Regelung nicht abschrecken, sondern müssten – und könnten – überwunden werden.[289] Ein zweiter Kritikpunkt betraf den Abhängigkeitsbericht gemäß § 301 RegE (heute: § 312 AktG), der in der Praxis einen außerordentlich großen Umfang annehmen und damit völlig unpraktikabel sein würde.[290] Empfehlenswert sei stattdessen die Erstellung eines Berichts „über die auf längere Sicht zu betrachtende Entwicklung der abhängigen Gesellschaft im gesamten Konzernverhältnis"[291]. Schließlich wurde moniert, dass die in § 302 Abs. 1 RegE (heute: § 312 Abs. 1 AktG) genannten Prüfungsobjekte durch den Abschlussprüfer nicht prüfungsfähig seien.[292]

---

282 Vgl. namens des Deutschen Anwaltvereins *Barz*, AG 1961, 149, 151.
283 Vgl. namens der Deutschen Schutzvereinigung *Koppenberg*, Das Wertpapier 1962, 399, 401.
284 Vgl. *Spitzenorganisationen der gewerblichen Wirtschaft*, Stellungnahme zu den Vorschriften über das Recht der verbundenen Unternehmen im Regierungsentwurf eines Aktiengesetzes, 1960, S. 38 ff.; gemäßigter *Pohle*, AG 1960, 311, 312 ff.
285 *Spitzenorganisationen der gewerblichen Wirtschaft* (Fn. 284), S. 46.
286 Vgl. *Spitzenorganisationen der gewerblichen Wirtschaft* (Fn. 284), S. 46, aber auch S. 42: „Soweit die §§ 300–307 RegE lediglich auf (nur) herrschende Unternehmen und abhängige Gesellschaften angewendet werden sollen, d.h. auf die Beziehungen zwischen Unternehmen, deren eines nicht unter einer ‚einheitlichen Leitung' steht […] lässt sich dies durchaus rechtfertigen."
287 Vgl. *Spitzenorganisationen der gewerblichen Wirtschaft* (Fn. 284), S. 46.
288 *Spitzenorganisationen der gewerblichen Wirtschaft* (Fn. 284), S. 47.
289 Vgl. *Spitzenorganisationen der gewerblichen Wirtschaft* (Fn. 284), S. 47.
290 Vgl. *Spitzenorganisationen der gewerblichen Wirtschaft* (Fn. 284), S. 50.
291 *Spitzenorganisationen der gewerblichen Wirtschaft* (Fn. 284), S. 49.
292 Vgl. *Spitzenorganisationen der gewerblichen Wirtschaft* (Fn. 284), S. 51.

3. Beratungen in den Bundestagsausschüssen

In den Ausschussberatungen wurde vor allem um die Ausgleichsregelung gerungen. Die gewerbliche Wirtschaft forderte mit Nachdruck, § 300 Abs. 2 RegE dahin zu ergänzen, dass es bei Vorliegen eines Konzernverhältnisses nicht auf jeden einzelnen Vertrag, sondern auf die Auswirkungen des Konzerns im Ganzen innerhalb eines übersehbaren Zeitraums von etwa drei Jahren ankommt.[293] Ihre Bemühungen hatten nur (aber immerhin) teilweise Erfolg. Rechts- und Wirtschaftsausschuss einigten sich schließlich auf einen Kompromissvorschlag des CDU-Abgeordneten *Deringer*, dass gemäß § 311 Abs. 2 AktG ein innerhalb des Geschäftsjahrs tatsächlich erbrachter oder vertraglich zugesagter Vorteil als Ausgleich genügt[294]: Die Interessen, die §§ 311 ff. AktG wahren wollten, würden genügend geschützt, wenn Nach- und Vorteile innerhalb einer Rechnungsperiode ausgeglichen sein müssten.[295] Innerhalb eines Geschäftsjahrs lasse sich dieser Ausgleich auch noch von der Verwaltung, den Abschlussprüfern und im Streitfall vom Gericht nachprüfen. Eine noch weitergehende Lockerung der Ausgleichsregelung fand dagegen keine Mehrheit, weil sonst die ohnehin schwierige Angemessenheitsprüfung unmöglich werde.[296]

4. Fortentwicklung nach 1965

Die vom Reformgesetzgeber des Jahres 1965 neu eingeführten Bestimmungen haben sich über die Jahrzehnte als vergleichsweise stabil erwiesen. Ihre Grundkonzeption blieb unangetastet; die Kernvorschriften der §§ 311, 317 AktG haben bisher keinerlei Änderungen erfahren, sieht man von der Ergänzung des § 311 AktG um einen Abs. 3 durch das Gesetz zur Umsetzung der zweiten Aktionärsrechterichtlinie (ARUG II)[297] ab.

---

293 So das Vorbringen von *Pohle*, Ausführungen im Wirtschaftsausschuss, 36. Sitzung am 7.2.1963, Anlage S IV/1 f.
294 Dazu *Dettling* (Fn. 23), S. 311 f.; *Kropff* (Fn. 162), 16. Kap. Rn. 592.
295 Vgl. Ausschussbericht zu § 311 bei *Kropff*, AktG, 1965, S. 409.
296 Vgl. Ausschussbericht zu § 311 bei *Kropff*, AktG, 1965, S. 410 mit der ergänzenden Bemerkung: „Dann sei nicht nur der Schutz der Aktionäre und Gläubiger im faktischen Konzern entscheidend entwertet. Vielmehr gelte dann das gleiche auch für die Vorschriften über vertragliche Konzernverhältnisse (§§ 291 ff.). Das herrschende Unternehmen eines Konzerns werde keinen Gewinnabführungs- oder Beherrschungsvertrag abschließen, wenn es die abhängige Gesellschaft auch ohne einen solchen Vertrag in seinen Dienst stellen könne."
297 BGBl. 2019, I Nr. 50.

5. Rechtspolitische Würdigung

Geändert haben sich im Laufe der Zeit indes die Einschätzungen über das Regelungssystem des faktischen Konzerns. Über viele Jahre hinweg überwogen skeptische bis ablehnende Stimmen, welche die §§ 311 ff. AktG im Allgemeinen und den Abhängigkeitsbericht im Besonderen als wenig wirkungsvoll ansahen.[298] Eine Aufbereitung der wesentlichen Kritikpunkte findet sich im Bericht der Unternehmensrechtskommission, die von 1972 bis Ende 1979 tagte und in der sachverständige Repräsentanten aller wesentlichen rechtspolitischen Auffassungen vertreten waren.[299]

Seit Ende der 1980er Jahre setzte dann ein merklicher Meinungsumschwung ein. Ablesen lässt er sich etwa an den Äußerungen von *Marcus Lutter*, der dem gesetzlichen Konzept früher wenig abgewinnen konnte[300], später aber relativierend bemerkte, dass man auch nach mehr als 20 Jahren noch nicht wüsste, ob sich das System der §§ 311 ff. AktG als *fleet in being* bewährt oder aber mehr oder minder als Scheinlösung erwiesen habe.[301] Sodann fügte er hinzu: „Ich neige heute zu einer eher vorsichtig optimistischen Betrachtung, da sich bei den für die Wirksamkeit dieses Systems letztlich maßgebenden Wirtschaftsprüfern (§§ 312, 313: Abhängigkeitsbericht und dessen Prüfung) erhebliche Prüfungserfahrungen gesammelt ha-

---

298 Vgl. *Monopolkommission*, 7. Hauptgutachten 1986/87, BT-Drucks 11/2677, Rn. 842; *Assmann*, JZ 1986, 881, 886; *Bälz*, FS Raiser, 1974, S. 287, 306 ff.; *Beuthien*, JuS 1970, 53, 59 f.; *Emmerich/Sonnenschein* Konzernrecht, 5. Aufl. 1993, S. 412 f.; *Götz*, AG 2000, 498, 499; *Immenga*, 2. FS Böhm, 1975, S. 253; *Immenga*, ZGR 1987, 269; KK-*Biedenkopf/Koppensteiner*, 1. Aufl. 1971, Rn. 28 ff. und 36; *Koppensteiner*, ZGR 1973, 1, 11 ff.; *Koppensteiner*, FS Steindorff, 1990, S. 79, 80 ff.; *Kronstein*, FS Geßler, 1971, S. 219, 221 f.; *Lutter*, SAG 1976, 152, 159 f.; *Martens*, DB 1970, 865; *K. Müller*, ZGR 1977, 1, 12 ff.; *Neuhaus*, DB 1970, 1919; *Rasch*, Aktuelle Probleme des Konzernrechts und der Konzerngesetzgebung, 1970, S. 23 f.; *Reuter*, ZHR 146 (192), 1, 13 ff.; *Schilling*, ZGR 1978, 415, 420; *Sura*, Fremdeinfluß und Abhängigkeit im Aktienrecht, 1980, S. 58 ff.; *Teubner*, FS Steindorff, 1990, S. 261, 268; *Würdinger*, DB 1973, 45, 48; *Würdinger*, DB 1976, 616; *Würdinger*, in Großkomm. AktG, 3. Aufl. 1973, vor §§ 311–318 Rn. 2; rückblickend *Kropff*, in Fleischer/Koch/Kropff/Lutter (Hrsg.), 50 Jahre Aktiengesetz, 2016, S. 1, 11: „Der faktische Konzern hatte zunächst eine sehr schlechte Presse: Schädigungsprivileg, Nachteil und Ausgleich unkontrollierbar, Abhängigkeitsbericht sinnloser Aufwand, in Europa nicht durchsetzbar".
299 Vgl. *Bundesjustizministerium* (Hrsg.), Bericht über die Verhandlungen der Unternehmensrechtskommission, 1980, Rn. 1386 f.
300 Vgl. *Lutter*, SAG 1976, 152, 159: „Das soeben Gesagte gilt umso mehr, als sich die drei Mittel des Gesetzes zur Sicherung der Interessen der abhängigen Gesellschaft als wenig effektiv erwiesen haben"; „Hier musste das System der §§ 311 ff. AktG schon im Ansatz scheitern, weil eine Konzerntochter in aller Regel eben schon nach kurzer Zeit nicht mehr mit einem unabhängigen Unternehmen verglichen werden kann"; „Auch der Abhängigkeitsbericht hat sich inzwischen als kostenintensive Pflichtübung erwiesen".
301 So *Lutter*, ZHR 151 (1987), 444, 459 f.

ben."[302] Hieran anknüpfend betonte *Bruno Kropff*, einer der Väter des neuen Aktienkonzernrechts, dass ins Auge springende Missstände bisher nicht bekannt geworden seien und für die Behauptung, die Regelung sei ein Missgriff, empirische Belege fehlten.[303]

In Übereinstimmung mit dieser gewandelten Grundhaltung hat der 59. Deutsche Juristentag 1992 in seiner wirtschaftsrechtlichen Abteilung in Leipzig nahezu einhellig seiner Überzeugung Ausdruck verliehen, dass die gesetzliche Regelung konzeptionell zutreffend angelegt sei.[304] Infolgedessen riet er auch von einer Reform der §§ 311 ff. AktG ab.[305] Auch Gutachter[306] und Referenten[307] schlugen nur systemimmanente Einzelkorrekturen vor. Ausschlaggebend dafür war zum einen ein *faute-de-mieux*-Argument: Die intensive Reformdebatte habe schlicht kein überzeugenderes Schutzsystem bei bestehender faktischer Abhängigkeit aufgezeigt.[308] Zum anderen schloss man aus fehlenden Hinweisen auf breitflächige Missstände sowie aus einzelnen Umfragen[309], dass der Abhängigkeitsbericht offenbar eine beträchtliche präventive Wirkung entfalte.[310] Demnach erfülle das dichte gesetzliche System von Berichts- und Prüfungspflichten im Grundsatz seine Aufgabe, die Interessen der abhängigen Gesellschaft zu sichern.[311]

---

302 *Lutter*, ZHR 151 (1987), 444, 460.
303 So *Kropff*, FS Kastner, 1992, S. 279, 284.
304 Vgl. Beschlüsse, in Verhandlungen des 59. Deutschen Juristentages 1992, Bd. II, R 191: „2. Die §§ 311 ff. AktG sind konzeptionell zutreffend angelegt. *Angenommen*: 60:1:3."
305 So Beschlüsse, in Verhandlungen des 59. Deutschen Juristentages 1992, Bd. II, R 191: „4. Dennoch wird dem Gesetzgeber eine Reform der §§ 311 bis 318 AktG derzeit nicht empfohlen. *Angenommen*: 56:3:6."
306 *Hommelhoff*, Gutachten G zum 59. Deutschen Juristentag 1992, G 82 (Ergebnis).
307 *Hoffmann-Becking*, Referat zum 59. Deutschen Juristentag 1992, Bd. II, R 8; *Zöllner*, Referat zum 59. DJT, Bd. II, R 35.
308 So etwa MüKoAktG/*Kropff*, 2. Aufl. 2000, vor § 311 Rn. 28; zuvor schon *Kropff*, FS Kastner, 1992, S. 279, 284: „Jedenfalls hat die Diskussion auch gezeigt, daß zu dem System des Einzelausgleichs und der Einzelkontrolle aller Rechtsgeschäfte und Maßnahmen gem. §§ 311 ff dAktG zwar Verbesserungsmöglichkeiten im Detail zu diskutieren, aber grundsätzliche Alternativen nicht erkennbar sind."; ferner *Flume*, AG 1998, 91; *K. Schmidt*, JZ 1992, 856, 859.
309 Vgl. *Hommelhoff*, ZHR 156 (1992), 295; *Hommelhoff*, Gutachten G für den 59. Deutschen Juristentag 1992, G 20: „Für die (angeblich) realiter mangelnde Eignung tragen die Systemkritiker die Argumentationslast; dabei ist es mit theoretischen Einwendungen allein nicht getan."; zu den Ergebnissen früherer Umfragen *Küting*, ZfB 1975, 473; *Walther*, ZGR 1974, 208.
310 Früh schon *Geßler*, DB 1973, 48, 52: „Die von der Praxis gegen den Abhängigkeitsbericht vielfach erhobenen Bedenken dürften mehr den Zweck verfolgen, ihn zu Fall zu bringen. Die Rechtswissenschaft sollte sie deshalb nicht aufgreifen. Aus Kreisen der Wirtschaftsprüfer hört man jedenfalls mehr und mehr, welche gute Präventivwirkung der Abhängigkeitsbericht hat."
311 So *Hommelhoff*, ZHR 156 (1992), 295, 312.

Mittlerweile, mehr als 30 Jahre nach der Juristentags-Debatte von 1992, dominieren fast durchweg positive Einschätzungen.[312] Als *basso continuo* wird hervorgehoben, dass weder Wirtschafts- noch Gerichtspraxis Defizite zum Vorschein gebracht hätten, die eine grundlegende Konzeptänderung erforderten.[313] Vielmehr sei festzustellen, dass das System des Einzelausgleichs – trotz gewisser Abgrenzungs- und Durchsetzungsprobleme[314] – in der Praxis leidlich funktioniere und insbesondere der Abhängigkeitsbericht eine nicht zu unterschätzende präventive Schutzwirkung zugunsten der Außenseiter entfalte.[315] Dass es qualifizierte Nachteilszufügungen gebe, die keinem Einzelausgleich zugänglich seien, stehe dem nicht entgegen, weil diese durch § 311 schlicht verboten seien.[316] Auf der Habenseite wird außerdem verbucht, dass die gesetzlichen Vorschriften dezentral geführte faktische Konzerne zuließen,[317] was insbesondere aus wirtschafts- und wettbewerbspolitischer Sicht begrüßenswert sei.[318] In jüngster Zeit werden verstärkt auch die produktiven und effizienzfördernden Wirkungen faktischer Unternehmensverbindungen im Vergleich zum marktlichen Leistungsaustausch herausgestellt,[319] auf die in den Wirtschaftswissenschaften vor allem die Neue Institutionenökonomik aufmerksam macht.[320] Allfällige Gegenentwürfe liefen auf einen nicht überzeugenden

---

312 Vgl. *Adler/Düring/Schmaltz*, Rechnungslegung und Prüfung der Unternehmen, 6. Aufl. 1995, § 311 AktG, Rn. 2a; *Altmeppen*, ZHR 171 (2007), 320, 329 ff.; BeckOGKAktG/*Müller*, Stand: 1.2.2024, vor § 311 Rn. 18; *Decher*, ZHR 171 (2007), 126, 132 ff.; *Habersack*, in Emmerich/Habersack, Aktien- und GmbH-Konzernrecht, 10. Aufl. 2022, § 311 AktG Rn. 12; Grigoleit/*Grigoleit*, AktG, 2. Aufl. 2020, § 311 AktG Rn. 11 f.; *Koch*, AktG, 18. Aufl. 2024, § 311 Rn. 6; *Kropff* (Fn. 297), S. 1, 11; MüKoAktG/*Altmeppen*, 6. Aufl. 2023, vor § 311 Rn. 29; Schmidt/Lutter/*Vetter*, AktG, 4. Aufl. 2020, § 311 Rn. 8; *ders.*, in Fleischer/Koch/Kropff/Lutter (Fn. 298), S. 231, 253.
313 So etwa *Altmeppen* (Fn. 312), vor § 311 AktG Rn. 29; *Koch* (Fn. 312), § 311 AktG Rn. 6; *Vetter* (Fn. 312), § 311 AktG Rn. 8.
314 Dazu etwa *Habersack* (Fn. 312), § 311 AktG Rn. 12.
315 In diesem Sinne *Altmeppen* (Fn. 312), vor § 311 AktG Rn. 29; *Müller* (Fn. 312), vor § 311 AktG Rn. 118.
316 Vgl. *Vetter* (Fn. 312), § 311 AktG Rn. 8.
317 Vgl. *Altmeppen* (Fn. 312), vor § 311 AktG Rn. 29; *Koch* (Fn. 312), § 311 AktG Rn. 6; *Müller* (Fn. 312), vor § 311 AktG Rn. 18.
318 Vgl. *Altmeppen* (Fn. 312), vor § 311 AktG Rn. 29; *Habersack* (Fn. 312), § 311 AktG Rn. 12; *Müller* (Fn. 312), vor § 311 AktG Rn. 18.
319 In diese Richtung *Hommelhoff*, ZGR 2019, 379, 388 ff.; *Renner*, Bankkonzernrecht, 2019, S. 62 f. und 326 f.
320 Grundlegend *Williamson*, The Economic Institutions of Capitalism, 1985, S. 85 ff.; zusammenfassend *Williamson*, American Economic Review 95 (2005), 1 ff.; *Tadelis/Williamson*, in Gibbons/Roberts (Hrsg.), Handbook of Organizational Economics, 2013, S. 159 ff.; bündig zuletzt *Bainbridge/Henderson*, Limited Liability: A Legal and Economic Analysis, 2016, S. 298: „More generally, a basic principle from New Institutional Economics is that institutional design matters – it can create value." Zu möglichen Vorteilen einer Entkopplung von unternehmerischer Kontrolle und finanzieller

Zwang zum Abschluss eines Vertragskonzerns hinaus.[321] Vereinzelte Fundamentalangriffe[322] haben keine nennenswerte Resonanz gefunden.

VIII. Entwicklungslinien des Europäischen Konzernrechts

1. Vorschläge für eine Vollharmonisierung des Konzernrechts – und ihr Scheitern

Angesichts der internationalen Verbreitung von Unternehmensgruppen nimmt es nicht wunder, dass sich auch das Europäische Gesellschaftsrecht früh mit einer Kodifizierung des Konzernrechts beschäftigt hat.[323] Schon bevor die Europäische Kommission mit ihren Vorarbeiten zur Harmonisierung des Rechts der *unverbundenen* Gesellschaft begann, hatte sie im Jahre 1964 den Brüsseler Anwalt und außerordentlichen Professor *Pierre van Ommeslaghe* mit der Erstellung eines umfassenden Berichts über die Möglichkeiten einer Konzernrechtsharmonisierung beauftragt[324] – ein Beleg dafür, welchen Stellenwert sie den Konzernen für die Schaffung eines einheitlichen Marktes beimaß.[325]

Berechtigung *Engert*, FS Baums, 2017, S. 385, 397f. vor allem im Hinblick auf den Eigenanreiz der Tochter zu Investitionen in Bezug auf Transaktionen mit der Mutter: „Die Unternehmenspraxis kennt sogar innerhalb eines Rechtsträgers Untereinheiten mit eigener Erfolgsrechnung (*profit center*). Dies deutet darauf hin, dass ein gesondertes Gewinnstreben die Anreizsteuerung des Führungspersonals und der Arbeitnehmer verbessern kann. Den Konzern kann man als gesellschaftsrechtlich verfasstes System von *profit centers* verstehen. Gegenüber internen *profit centers* zeichnet er sich durch eine verstärkte rechtliche Absicherung aus."

321 Vgl. *Altmeppen* (Fn. 312), vor § 311 AktG Rn. 29; *K. Schmidt*, JZ 1992, 856, 859.

322 Zur „Abschaffung des Konzernrechts" der Aufsatz von *Wackerbarth*, Der Konzern 2005, 562 mit dem Eingangssatz: „Der folgende Beitrag begründet, warum das deutsche Aktienkonzernrecht, verstanden als Sonderrecht des unternehmerischen Mehrheitsgesellschafters, abzuschaffen ist."; ausführlicher *Wackerbarth*, Grenzen der Leitungsmacht der internationalen Unternehmensgruppe, 2001, S. 319ff.

323 Näher zu Folgendem bereits *Fleischer*, ZGR 2017, 1, 5ff.

324 Vgl. *van Ommeslaghe*, Rev. prat. soc. 1965, 153–252 mit folgender Einführung auf S. 156: „Le présent rapport a pour object d'introduire le débat sur la coordination éventuelle des législations des pays membres aux groupes des sociétés."; später *ders.*, ZHR 132 (1969), 201.

325 Dies hervorhebend aus der Binnensicht der Kommission auch *Gleichmann*, in Mestmäcker/Behrens (Hrsg.), Das Gesellschaftsrecht der Konzerne im internationalen Vergleich, 1991, S. 581, 582.

Hatte dieser Bericht noch einen stark exploratorischen Charakter,[326] so folgten wenige Jahre später konkrete Vorschläge. 1970 veröffentlichte die Kommission den Verordnungsvorschlag für das Statut einer Europäischen Aktiengesellschaft, der einen eigenen Titel zum „Konzernrecht" enthielt.[327] Der überarbeitete Verordnungsvorschlag von 1975[328] hielt hieran fest und ging mit seiner sog. organischen Konzernverfassung[329] sogar noch weit über das junge deutsche Konzernrecht von 1965 hinaus.[330] Bei ihr knüpften die konzernrechtlichen Schutzregeln allein an den Tatbestand der einheitlichen Leitung an[331], unabhängig davon, ob es sich um einen Vertragskonzern oder einen faktischen Konzern handelte. Die freien Aktionäre sollten durch einen Abfindungsanspruch geschützt werden (Art. 227 VO-E-1975), die Gläubiger durch eine subsidiäre Haftung des herrschenden Konzernunternehmens für Verbindlichkeiten der abhängigen Konzerngesellschaft (Art. 239 VO-E-1975). Umgekehrt sollte dem herrschenden Konzernunternehmen ein Weisungsrecht zustehen (Art. 240 VO-E-1975).

Fast zeitgleich veröffentlichte die Kommission in den Jahren 1974 und 1975 den zweigliedrigen Vorentwurf einer neunten Richtlinie (Konzernrechtsrichtlinie)[332], der die Mitgliedstaaten vor die Wahl stellte: Sie sollten entweder die deutsche Unterscheidung zwischen Vertragskonzern und faktischen Verbindungen einführen oder sich stattdessen für die – „*stärkere!*"[333] – organische Konzernverfassung entscheiden. Vor allem letztere sah sich scharfer Kritik aus den Mitgliedstaaten aus-

---

326 Vgl. *van Ommeslaghe*, Rev. prat. soc. 1965, 153, 252: „Le rapport ne se termine pas par des propositions précises, car son objet est d'introduire la discussion et de l'orienter par des questions aussi précises que possibles."
327 Vgl. Vorschlag einer Verordnung (EWG) des Rates über das Statut für Europäische Aktiengesellschaften, ABl. 1970 C 124/1 = Beilage 8/1970 zum Bulletin der EG.
328 Vorschlag einer Verordnung des Rates über das Statut für Europäische Aktiengesellschaften, Beilage 4/1975 zum Bulletin der EG = BT-Drucks. VII/3713.
329 Auch Konzernverfassung *ipso facto* oder Faktizitätsprinzip genannt; dazu *Immenga*, EuR 1978, 242.
330 Eingehend zu den konzernrechtlichen Vorschriften aus deutscher Sicht *Geßler*, in Lutter (Hrsg.), Die Europäische Aktiengesellschaft, 1976, S. 275 ff.
331 Vgl. Art. 223 Abs. 1 VO-E-1975: „Sind ein herrschendes Unternehmen und eine oder mehrere abhängige Gesellschaften unter der einheitlichen Leitung des herrschenden Unternehmens zusammengefasst und ist eines dieser Unternehmen eine SE, bilden sie einen Konzern im Sinne des Statuts."
332 Vorentwurf einer neunten Richtlinie (Konzernrechtsrichtlinie) von 1974, Teil I, DOK Nr. XI/328 74-D, und 1975, Teil II, DOK Nr. XI/593 75-D; abgedruckt bei *Lutter*, Europäisches Gesellschaftsrecht, 2. Aufl. 1984, S. 187 ff.
333 *Lutter* (Fn. 332), S. 48.

gesetzt.[334] Namentlich von belgischer und französischer Seite wurde eingewandt, dass sie eine allzu rigorose Einheitslösung darstelle[335], einen Übergang von lockeren zu strafferen Unternehmensverbindungen erwarten lasse und damit zur Verstärkung der Unternehmenskonzentration beitrage.[336] Außerdem lasse sich der Schlüsselbegriff der einheitlichen Leitung in der Praxis nicht mit hinreichender Genauigkeit bestimmen.[337] In der pointierten Formulierung von *René Rodière:* „Was man als Angebot eines Statuts an die Konzerne bezeichnet, heißt eigentlich, sie in Eisen zu legen."[338] Angesichts dieser Fundamentalkritik legte die Kommission sowohl die konzernrechtlichen Vorschriften des SE-Statuts als auch die Vorentwürfe einer Richtlinie von 1974/1975 einstweilen zu den Akten.

Ein Jahrzehnt später nahm die Kommission einen neuen Anlauf und präsentierte 1984 den Vorentwurf für eine neunte Richtlinie über verbundene Unternehmen,[339] der von der organischen Konzernverfassung abrückte. Stattdessen unterschied er nach deutschem Vorbild zwischen dem durch Beherrschungsvertrag begründeten Konzern, der Eingliederung und vertragslosen Abhängigkeits- und Konzernverhältnissen. In einzelnen Punkten ging dieser Vorentwurf sogar noch über das hiesige Schutzniveau hinaus. So ermächtigte Art. 11 RL-VE 1984 das Gericht oder die nach nationalem Recht zuständige Behörde, Maßnahmen zum Schutz der abhängigen Gesellschaft, ihrer Aktionäre oder Arbeitnehmer anzuordnen. Hierzu gehörten die einstweilige Amtsenthebung von Mitgliedern des Leitungs- oder Aufsichtsorgans der abhängigen Gesellschaft (lit. a), die Untersagung der weiteren Erfüllung schädlicher Vereinbarungen sowie die Rückgängigmachung schädlicher Maßnahmen (lit. b) und die Verpflichtung des Unternehmens, den außenstehenden

---

334 Kritisch aus deutscher Sicht insbesondere *Walther,* AG 1972, 105; für eine Liste möglicher Einwände auch *Lutter* (Fn. 332), S. 48: „(1) Unternehmerische Fremdbeeinflussung ist nicht erst in der intensiven Form einheitlicher Leitung zu kanalisieren, sondern muss bereits im Vorfeld erfasst werden. (2) Herrschende Unternehmen dürften versuchen, ihre Einflussnahme so zu gestalten, daß der Konzerntatbestand – trotz Konzernvermutung – nicht eingreift. (3) Die prozessualen Schwierigkeiten – gerichtliche Feststellung des Konzerntatbestandes – dürften erheblich sein und eine effektive Durchsetzung der Schutzmechanismen beeinträchtigen."; positiver hingegen *Immenga,* EuR 1978, 242, 250 ff.; später auch Siebentes Hauptgutachten der Monopolkommission 1986/1987, BT-Drucks. 11/2677, S. 300 ff. Rn. 845 ff.
335 Vgl. etwa *Bézard/Dabin/Echard/Jadaud/Sayag,* Les groupes de sociétés: Une politique législative, 1975, S. 147 ff. unter der Überschrift „Les systèmes rigides du type ‚Konzernrecht'"; ferner *Keutgen,* Le droit des groupes de sociétés dans la CEE, 1973, S. 240 ff.
336 Dazu aus deutscher Sicht auch *Koppensteiner,* ZGR 1973, 1, 21 m.w.N.
337 Vgl. *Bézard/Dabin/Echard/Jadaud/Savag* (Fn. 335), S. 227; *Keutgen* (Fn. 335), S. 202.
338 *Rodière,* D. 1977, chron., 137: „Ce qu'on appelle offrir un statut à des groupes c'est les mettre aux fers."
339 Vorentwurf einer 9. Richtlinie zur Angleichung des Konzernrechts, DOK Nr. III/1639/84; abgedruckt in ZGR 1985, 446 ff.

Aktionären die Übernahme ihrer Aktien gegen eine Abfindung anzubieten (lit. c) – eine beträchtliche Machtfülle, die an die *equitable remedies* im angelsächsischen Gesellschaftsrecht erinnert.[340] Wegen seiner *„zentralistischen Konzernierungsfolgen"*[341] fand auch dieser Vorentwurf nicht einmal in Deutschland ungeteilte Zustimmung,[342] geschweige denn in anderen Mitgliedstaaten, in denen sich allmählich eine regelrechte *„Konzernrechts-Aversion"*[343] breit machte. Vor allem der Vertragskonzern löste vielerorts Befremden aus.

Knapp zwei Jahrzehnte nach dem Aktiengesetz von 1965 war damit das Negativverdikt über das deutsche Aktienkonzernrecht in Europa gefällt.[344] Es hatte als intellektuelles Konzept viele Bewunderer, aber kaum gesetzgeberische Nachahmer gefunden.[345] Auch die Idee einer Vollharmonisierung des Konzernrechts auf Unionsebene ist längst abgehakt: Nach heute einhelliger Ansicht ist sie weder sinnvoll noch rechtspolitisch aussichtsreich.[346] Wenn überhaupt, so ist allenfalls an eine Teil- oder Kernbereichsharmonisierung zu denken.[347] Nicht dem Harmonisierungsziel verpflichtet, aber gleichwohl in vieler Hinsicht anregend ist ein vollständiges Kapitel zu *groups of companies* im Entwurf eines europäischen Mustergesetzes, dem European Model Company Act (EMCA).[348]

2. Europäisches Konzernrecht im weiteren Sinne

Abseits des Konzernrechtszentrums finden sich indes in peripherer Streulage viele Vorschriften mit konzernrechtlichen Bezügen, die man als Europäisches Konzernrecht im weiteren Sinne bezeichnen könnte. Sie nehmen zumeist nur börsennotierte Gesellschaften ins Visier. Ein Stück informationellen Konzerneingangsschut-

---

340 Allgemein dazu *Fleischer*, ZHR 179 (2015), 404, 447 ff.
341 *Schwarz*, Europäisches Gesellschaftsrecht, 2000, Rn. 920.
342 Kritisch etwa *Hommelhoff*, FS Fleck, 1988, S. 125, 147 f.
343 *Hommelhoff*, in Lutter (Hrsg.), Konzernrecht im Ausland, 1994, S. 55, 68 ff.
344 Vgl. *Fleischer*, ZGR 2015, 1, 9.
345 So schon *Fleischer*, ZGR 2015, 1, 9 m.w.N.
346 Bündig *Amstutz*, in Epiney/Affolter (Hrsg.), Die Schweiz und die europäische Organisation, 2015, S. 203, 212: „Darauf näher einzugehen, erübrigt sich."; gleichsinnig *Fleischer*, ZGR 2017, 1, 15.
347 Auch hiergegen *Amstutz* (Fn. 346), S. 203, 213 ff., der stattdessen für eine nationale Konvergenz konzernbezogener Normen durch die mitgliedstaatliche Rechtsprechung wirbt.
348 Vgl. *European Model Company Act*, Chapter 16 mit folgender Erläuterung in der Einleitung: „[T]he main objective of the EMCA chapter on Groups of Companies is to establish a cluster of rules aiming to facilitate and enhance the flexibility of the formation, organization and functioning of this leading form of business organization in nowadays."; eingehend zu diesem Kapitel *Conac*, ECFR 2016, 301.

zes bieten zunächst die Mitteilungspflichten über bedeutende Beteiligungen, die heute in Art. 9 Abs. 1 der Transparenzrichtlinie von 2014 geregelt sind. Funktionalen Konzernschutz vermittelt das Pflichtangebot nach Art. 5 Abs. 1 der Übernahmerichtlinie, das allen Wertpapierinhabern einer börsennotierten Zielgesellschaft für alle ihre Wertpapiere zu einem angemessenen Preis unterbreitet werden muss. Eine genauere Kontrolle bedeutender Konzernbinnengeschäfte (*related parties transactions*) ist durch die reformierte Aktionärsrechterichtlinie eingeführt worden. Sonderkonzernvorschriften für Banken und Versicherungen finden sich etwa in der CRD IV-Richtlinie von 2013 und der Solvency II-Richtlinie von 2009; im Bankensanierungs- und -abwicklungsrecht sieht die BRRD-Richtlinie von 2014 Vorschriften über Gruppensanierungs- und Gruppenabwicklungspläne sowie ein eigenes Kapitel über gruppeninterne finanzielle Unterstützung vor. Schließlich enthält die reformierte Europäische Insolvenzverordnung für Gruppeninsolvenzen nur, aber immerhin ein eigenes Kapital zur besseren Koordinierung der Insolvenzen zwischen den beteiligten Verwaltern und Gerichten.

3. Die vielen Gesichter des Konzerns im Europäischen Wirtschaftsrecht

Unternehmensgruppen sind *die* Protagonisten des Europäischen Binnenmarkts, der Konzern ist *die* binnenmarktadäquate Organisationsform schlechthin.[349] Daher ist es unvermeidlich, dass sich das Europäische Wirtschaftsrecht an ganz verschiedenen Stellen mit dessen dogmatischer Einordnung beschäftigt. Ebenso wie auf nationaler Ebene ergibt sich dabei kein einheitliches Bild. Vielmehr osziliert der Konzern auch im Unionsrecht zwischen der Einheit des Ganzen und der Vielheit seiner Glieder.[350] Manche Rechtsgebiete schlagen ihn – in US-amerikanischer Diktion[351] – eher dem *enterprise law* zu, andere bleiben beim hergebrachten *entity law*. Drei Beispiele mögen dies veranschaulichen. Im Europäischen Wettbewerbsrecht

---

349 In diese Richtung auch *Grundmann*, Europäisches Gesellschaftsrecht, 2. Aufl. 2011, Rn. 1006: „Der Konzern ist nicht nur praktisch überall in Europa auch im Mittelstand die dominierende Organisationsform. Er ist als solche auch legitim, gerade auch in der Binnenmarktperspektive, weil er bisher die einzige sicher praktikable Form externen Wachstums darstellte und diese als ein zentrales Anliegen des Binnenmarktprozesses im Unternehmensrecht zu verstehen ist."; zuletzt auch *Altmeppen/Hommelhoff*, ZGR 2024, 155 mit Fn. 2.
350 Vgl. den Text zu und die Nachweise in Fn. 5.
351 Eingehend das Symposium der Connecticut Law Review zu Ehren von *Philip Blumberg*, The Changing Face of Parent and Subsidiary Corporation: Entity vs. Enterprise Liability, 37 Conn. L. Rev. 605–817 (2015); zu *Blumbergs* eigener Sicht *ders.*, 37 Conn. L. Rev. 605 (2005).

dominiert nach gefestigter Rechtsprechung des EuGH der *Grundsatz der wirtschaftlichen Einheit* mit einschneidenden Haftungsfolgen.[352] Auf Einzelheiten ist zurückzukommen.[353] Das Europäische Finanzmarktrecht nimmt eine *konsolidierte Gruppenperspektive* ein, indem es von Banken und Versicherungen ein gruppenweites Risikomanagement verlangt.[354] Hierdurch entstehen Systemspannungen mit dem mitgliedstaatlichen Gesellschaftsrecht, weil ein solches Risikomanagement in der Praxis nur funktionieren kann, wenn die Mutter über umfangreiche Weisungs-, Durchgriffs- und Informationsrechte verfügt.[355] Insoweit hüllen sich die CRD IV- und die Solvency II-Richtlinie allerdings in Schweigen. Im Europäischen Insolvenzrecht gibt schließlich das *konzernrechtliche Trennungsprinzip* den Ton an. Vorschläge für eine materielle Konsolidierung, also eine Vereinigung der Aktiva und Passiva aller Konzernunternehmen zu einer einheitlichen Insolvenzmasse hat der Unionsrechtsgesetzgeber nicht nachgegeben. Damit bleibt es – wie in Deutschland – bei dem Prinzip „eine Person, ein Vermögen, eine Insolvenz"[356], das der EuGH in seiner *Eurofood*-Entscheidung bestätigte.[357] Wissenschaftlich wäre es außerordentlich verdienstvoll, diese verschiedenen Gesichter des Konzerns im Europäischen Wirtschaftsrecht in einem Werk übereinander zu legen. Eine solche Synopse konzernbezogener Rechts- und Fallnormen verspräche nach mehreren Richtungen Erkenntnisfortschritte.[358]

IX. Konzernaußenhaftung und Aufweichungen des konzernrechtlichen Trennungsprinzips

Enorme Aufmerksamkeit hat schließlich zu allen Zeiten die Frage auf sich gezogen, ob, und wenn ja, unter welchen Voraussetzungen die Muttergesellschaft für die Verbindlichkeiten ihrer Tochtergesellschaft einstehen muss.

---

352 Grundlegend EuGH Rs. C-97/08 P, Slg. 2009, I-8237 – Akzo/Nobel; eingehend *Ackermann*, ZEuP 2023, 529, 538 ff. m.w.N.
353 Vgl. unter IX 2 e.
354 Näher *Renner*, Bankkonzernrecht, 2019, S. 137 ff. und passim; monographisch auch *Negenborn*, Bankgesellschaftsrecht und Sonderkonzernrecht, 2019.
355 Vgl. *Fleischer*, ZGR 2017, 1, 31; *Mülbert/Wilhelm*, ZHR 178 (2014), 502, 532.
356 *J. Schmidt*, KTS 2015, 19.
357 Vgl. EuGH, C-341/04, Slg. 2006, I-3813 Rn. 30 – Eurofood: „Daraus folgt, dass nach dem mit der Verordnung eingeführten System zur Feststellung der Zuständigkeit der Gerichte der Mitgliedstaaten eine eigene gerichtliche Zuständigkeit für jeden Schuldner existiert, der eine juristisch selbständige Einheit darstellt."
358 Näher dazu *Fleischer*, ZGR 2017, 1, 30 ff. mit detaillierten Forschungsfragen.

1. Grundlagen

a) Trennungsprinzip als Grundsatz

Nach allgemeiner Ansicht[359] haftet die Muttergesellschaft grundsätzlich nicht für die Schulden ihrer Töchter.[360] Einheitliche Leitung und unternehmerische Führung durch die Konzernspitze begründen für sich prinzipiell keinen Haftungstatbestand.[361] Prägend für das juristische Bild der Unternehmensgruppe ist vielmehr – wie schon unter der Geltung des § 15 Abs. 1 AktG 1937[362] – die rechtliche Selbstständigkeit der einzelnen Gliedgesellschaften (§ 15 AktG), die einem allgemeinen Haftungsdurchgriff von vornherein den Boden entzieht.[363] Das gilt im deutschen Konzernrecht nicht anders als etwa im englischen, französischen oder italienischen Gesellschaftsrecht.[364]

Diesen Grundsatz der Vermögens- und Haftungstrennung zwischen Mutter- und Tochtergesellschaft, herrschendem Unternehmen und abhängiger AG, pflegt man als sog. Trennungsprinzip zu bezeichnen (vgl. § 1 Abs. 1 Satz 2 AktG). Seine Legitimation ist Gegenstand einer anhaltenden Diskussion im in- und ausländischen Schrifttum.[365] Die Mehrzahl der Rechtsökonomen hält das Trennungsprinzip auch im Unternehmensverbund für legitim und volkswirtschaftlich sinnvoll.[366] Sie

---

359 Zu Folgendem bereits *Fleischer* (Fn. 6), § 311 AktG Rn. 369 ff.
360 Vgl. BGHZ 81, 311, 317; 166, 85, 98; BGH NJW 1979, 1822, 1828; BAG NZG 2003, 120, 121; *Bayer/Trölitzsch*, in Lutter/Bayer (Hrsg.), Holding-Hdb, 6. Aufl. 2020, § 8 Rn. 12; *Emmerich/Habersack* (Fn. 7), § 20 Rn. 25; *Fleischer*, ZHR 163 (1999), 461 f.; *Koch* (Fn. 312), § 1 AktG Rn. 21.
361 Vgl. BGHZ 81, 311, 317; BGH NJW 1979, 1822, 1828; *Fleischer*, ZHR 163 (1999), 461, 462; *Koch* (Fn. 312), § 1 AktG Rn. 21; *König*, AcP 217 (2017), 611, 615; *K. Schmidt*, GesR, 4. Aufl. 2002, S. 963; abw. *K Müller*, ZGR 1977, 1, 4 ff.
362 Dazu oben unter V.
363 Vgl. *Fleischer*, ZHR 163 (1999), 461, 462.
364 Vgl. *Bayer/Trölitzsch* (Fn. 360), § 8 Rn. 12; *Emmerich/Habersack* (Fn. 7), § 20 Rn. 26; *Fleischer*, ZHR 163 (1999), 461, 462; alle m.w.N.
365 Näher *Bainbridge/Henderson*, Limited Liability: A Legal and Economic Analysis, 2016, S. 293 ff.; *Fleischer* ZGR 2001, 1, 19 ff.; *Habersack/Zickgraf*, ZHR 182 (2018), 252, 255 ff.; *König*, AcP 217 (2017), 611, 617 ff.; *Kuntz*, EBOR 19 (2018), 439, 458 ff.
366 Vgl. *Easterbrook/Fischel*, The Economic Structure of Corporate Law, 1991, S. 56 f.; *Kirchner* in Schreyögg/Sydow, Managementforschung 7, 1997, S. 271, 286 ff.; *ders.*, Liber Amicorum Buxbaum, 2000, S. 339 ff.; *Posner*, Economic Analysis of Law, 5. Aufl. 1998, S. 449 f; im Rahmen monographischer Abhandlungen ferner *Bitter*, Konzernrechtliche Durchgriffshaftung bei Personengesellschaften, 2000, S. 171 ff.; *Debus* Haftungsregelungen im Konzern, 1990, S. 123 ff.; *Geiger*, Ökonomische Analyse des Konzernhaftungsrechts, 1993, S. 85 ff., 184 ff.; *Hofstetter*, Sachgerechte Haftungsregeln für Multinationale Konzerne, 1995, S. 74 ff.; eingehend und differenzierend *Bainbridge/Henderson* (Fn. 365), S. 293 ff.

stützt sich dabei – nicht anders als bei der unabhängigen Kapitalgesellschaft[367] – vornehmlich auf Gesichtspunkte der Investitionsförderung: Tochtergesellschaften soll die Möglichkeit eröffnet werden, ihre Aktivitäten auf neue Produktlinien, Märkte und innovative Investitionsfelder auszudehnen, ohne dass ein etwaiger Misserfolg auf die gesamte Unternehmensgruppe durchschlägt und erfolgreiche Konzernteile in Mitleidenschaft zieht.[368] Außerdem beruft man sich auf synergetische Vorteile der Konzernbildung[369] und macht weiter geltend, dass eine globale Konzernhaftung unerwünschte Anreize zur Zentralisierung dezentral geführter Unternehmensgruppen schaffe.[370] Schließlich wird auf Kreditkostenvorteile verwiesen, weil das Trennungsprinzip eine umfassende Kontrolle des gesamten Konzerns entbehrlich mache.[371]

Dessen ungeachtet ist ebenso anerkannt, dass das Trennungsprinzip in bestimmten Fällen einer teleologischen Auflockerung bedarf,[372] zumal die traditionellen Gesichtspunkte für eine Haftungsbeschränkung bei Publikumsgesellschaften in Konzernzusammenhängen nicht gleichermaßen durchschlagskräftig sind.[373] Dies gilt insbesondere dort, wo es zu volkswirtschaftlich unerwünschten Kostenexternalisierungen kommt, die durch die innovationsfördernde Wirkung einer Haftungsbeschränkung nicht aufgewogen werden.[374] Frühe Brennpunkte der Dis-

---

367 Eingehend dazu *Fleischer*, ZGR 2001, 1, 16 ff.; MüKoGmbHG/*Fleischer*, 4. Aufl. 2022, Einl. Rn. 281 ff.
368 Vgl. *Nacke*, Die Durchgriffshaftung in der US-amerikanischen Corporation – Eine juristische und ökonomische Analyse, 1988, S. 271 ff.; *Posner* (Fn. 366), S. 449; unter dem Gesichtspunkt unterschiedlicher Risikopräferenzen der Anteilseigner *Bitter* (Fn. 366), S. 174 ff.; *Debus* (Fn. 366), S. 148 ff.
369 Vgl. *Kirchner*, ZGR 1985, 214 ff.; allgemein auch *Bainbridge/Henderson* (Fn. 365), S. 298: „More generally, a basic principle from New Institutional Economics is that institutional design matters – it can create value."
370 Vgl. *Easterbrook/Fischel* (Fn. 366), S. 57.
371 Vgl. *Debus* (Fn. 365), S. 123 ff. im Anschluss an *Easterbrook/Fischel* (Fn. 366), S. 57.
372 Näher *Fleischer*, ZGR 2001, 1, 21; *Kirchner* in Schreyögg/Sydow, Managementforschung 7, 1997, S 271, 297; *König*, AcP 217 (2017), 611, 623 ff.; ferner *Nacke* (Fn. 368), S. 286 ff., 295 ff.
373 Dazu bereits *Fleischer* ZGR 2001, 1, 20: „Kontrollkostenargumente und kapitalmarkttheoretische Begründungsmuster verschlagen hier nicht viel, und auch der Hinweis auf die selbstdisziplinierende Wirkung von Humankapitalinvestitionen, der bei kleinen Kapitalgesellschaften eine große Rolle spielt, ist in Konzernzusammenhängen weniger wichtig, weil die Manager vielfach durch eine weitere Position in der Muttergesellschaft abgesichert sind. Endlich geht auch das rechtsethische Argument einer notwendigen Abschottung von Privatvermögen ins Leere, falls die Konzernspitze keine natürliche Person ist."; im Ergebnis ebenso *Altmeppen/Hommelhoff*, ZGR 2024, 155, 159 f.; *Bainbridge/Henderson* (Fn. 365), S. 293.
374 Vgl. *Fleischer*, ZGR 2001, 1, 21; zum strategischen „judgment proofing" *König*, AcP 217 (2017), 611, 623 ff.; zum vielbeachteten Vorschlag einer *pro-rata*-Haftung der Anteilseigner einer Kapitalgesellschaft für Deliktsschulden der Gesellschaft *Hansmann/Kraakman*, 100 Yale L.J. 1879, 1916 ff. (1991); zuletzt *Kraakman/Armour/Davies et al.* (Fn. 3), S. 116.

kussion, die hier aus Platzgründen nicht behandelt werden können, bildeten die gruppenweite Produkt- und Umwelthaftung, bei der eine eigene Risikovorsorge durch (Zwangs-)Gläubiger der Tochtergesellschaft kaum möglich ist.[375]

b) Konzernaußenhaftung als begründungsbedürftige Ausnahme

Begrifflich erörtert man die ausnahmsweise bestehende Einstandspflicht der Muttergesellschaft für die Schulden ihrer Tochtergesellschaft häufig unter dem Stichwort der Konzernaußenhaftung. Hierunter versteht man im Gegensatz zur Konzerninnenhaftung eine unmittelbare Haftung des herrschenden Unternehmens gegenüber Gläubigern der abhängigen AG.[376] Sie beruht konzeptionell auf einer konzernbezogenen Anwendung allgemein bürgerlich-rechtlicher Haftungstatbestände, wie sie hierzulande namentlich *Eckard Rehbinder* schon Ende der 1960er Jahre entfaltet hat.[377] Sein groß angelegter Entwurf eines Konzernaußenrechts geriet in der Folge zwar weithin in Vergessenheit[378], hat aber Ende der 1990er Jahre unter dem Gesichtspunkt einer konzernrechtlichen Vertrauenshaftung wieder verstärkt Aufmerksamkeit gefunden[379] und ist jüngst im Zusammenhang mit einer möglichen Haftung der Muttergesellschaft für Menschenrechtsverletzungen im Konzern unter der Flagge der Konzerndeliktshaftung neu entdeckt worden.[380] Insgesamt zeichnet sich von den Rändern her eine allmähliche Aufweichung, wenn nicht gar Aushöhlung, des Trennungsprinzips ab.[381]

2. Einzeltatbestände einer Einstandspflicht der Konzernmutter

Hinsichtlich der Einzeltatbestände einer Einstandspflicht der Konzernmutter haben sich die Diskussionsschwerpunkte im Laufe der Zeit verschoben. Traditionell standen eine rechtsgeschäftliche Einstandspflicht (a) und eine Rechtsscheinhaftung

---

375 Vgl. *Hommelhoff*, ZIP 1990, 761, 769; *Kirchner* in Schreyögg/Sydow, Managementforschung 7, 1997, S. 271, 297; ferner *Fleischer/Empt*, ZIP 2000, 905 zur Altlastenhaftung im Konzern.
376 Vgl. *Hofstetter* (Fn. 366), S. 205 ff.
377 Vgl. *Rehbinder*, Konzernaußenrecht und allgemeines Privatrecht, 1969.
378 Für eine Ausnahme *Druey*, ZSR 99 (1980) II 275, 374 f.; *ders.*, Gutachten H zum 59. Deutschen Juristentag 1992, H 44.
379 Eingehend *Fleischer*, ZHR 163 (1999), 461 ff. m.w.N.
380 Näher *Fleischer/Korch*, DB 2019, 1944 ff. m.w.N.
381 Vgl. *Altmeppen/Hommelhoff*, ZGR 2024, 155, 156 f.; *Habersack*, AG 2016, 691, 696; *Koch* (Fn. 312), § 1 AktG Rn. 21: „zunehmend übergriffiger Rechtsgedanke"; *Poelzig*, in VGR 23 (2017), 2018, S. 83: „Angriffe auf das konzernrechtliche Trennungsprinzip".

(b) im Mittelpunkt, bevor die Konzernvertrauenshaftung (c) und neuerdings die Konzerndeliktshaftung (d) besondere Aufmerksamkeit für sich beanspruchten. Die weitreichendste Durchbrechung des konzernrechtlichen Trennungsprinzips ist schließlich im Kartellrecht zu verzeichnen (e).

a) Rechtsgeschäftliche Einstandspflicht

Seit jeher anerkannt und weit verbreitet sind rechtsgeschäftliche Erklärungen der Muttergesellschaft, für die Verbindlichkeiten ihrer Tochter einzustehen.[382] Sie begegnen im Geschäftsverkehr in abgestufter Form. Die Verpflichtungskaskade reicht von der gleichzeitigen Mitverpflichtung der Mutter aus demselben Vertragsverhältnis über ihre rechtsgeschäftliche Einstandspflicht aus Bürgschaft, Schuldbeitrag oder Garantievertrag bis hin zu Patronatserklärungen.[383] Auch bei Patronatserklärungen der Muttergesellschaft pflegt man nach allgemeinen Grundsätzen zwischen harten und weichen Erklärungen zu unterscheiden.[384] Maßgeblich ist der vorhandene oder fehlende Rechtsbindungswille aus Sicht eines objektiven Beobachters.[385]

b) Rechtsscheinhaftung

Fehlt ein Rechtsbindungswille der Mutter, so kann sich eine entsprechende Verpflichtung aus den Grundsätzen der Rechtsscheinhaftung ergeben.[386] Raum für sie bietet sich einmal dort, wo außenstehende Dritte anlässlich der Vertragsanbahnung über die Identität ihres Vertragspartners irregeführt werden. Paradigmatisch sind Sachverhalte, in denen Mutter und Tochter nach außen wie *eine* Rechtsperson in Erscheinung treten.[387] Hier kann sich der Gläubiger mit seinen Ansprüchen wahlweise an beide Gesellschaften halten, sofern ihm die Aufteilung in rechtlich ge-

---

382 Vgl. *Fleischer* (Fn. 6), § 311 AktG Rn. 374 m.w.N.
383 Vgl. *Fleischer*, ZHR 163 (1999), 461, 467.
384 Vgl. BGH NZG 2011, 913 Rn. 17; OLG Frankfurt BeckRS 2015, 09125 Rn. 21; OLG Schleswig, BeckRS 2005, 300354264.
385 Vgl. OLG München BeckRS 2003, 01689; OLG Düsseldorf BeckRS 2011, 882; OLG Frankfurt BeckRS 2015, 09125 Rn. 22.
386 Eingehend *Fleischer*, ZHR 163 (1999), 461, 471 ff.; *Rieckers*, Konzernvertrauen und Konzernrecht, 2004, S. 66 ff.
387 Vgl. *Fleischer*, ZHR 163 (1999), 461, 471; *Rieckers* (Fn. 386), S. 71 ff.

trennte Haftungsmassen trotz gehöriger Aufmerksamkeit verborgen blieb.[388] Dogmatisch lässt sich dies zwanglos mit den allgemeinen Lehren der Rechtsscheinhaftung begründen: der äußere Anschein der Identität führt zur Identität auch der Haftung.[389] Weil die Rechtsscheinhaftung mit ihrem Anspruch auf Vertrauensentsprechung, also auf positiven Vertrauensschutz, eine schneidige Sanktion vorsieht, wird man an eine Einstandspflicht der Mutter allerdings vergleichsweise strenge Maßstäbe anlegen müssen.[390] Modellcharakter haben die im In- und Ausland belegten Fälle, in denen Briefköpfe, Geschäftsadressen und beschäftigtes Personal in beiden Gesellschaften übereinstimmen.[391] Weiterhin kommt eine vertikale Haftungserstreckung in Betracht, wenn die beteiligten Gesellschaften im Geschäftsverkehr unter einem einheitlichen Gesamtnamen auftreten,[392] nicht jedoch schon dann, wenn sie die Konzernbezeichnung zusätzlich zu ihrer eigenen Firma führen.[393]

Ein zweiter Anwendungsfall ist dadurch gekennzeichnet, dass der Dritte zwar um die rechtliche Verschiedenheit der Konzerngesellschaften weiß, die Tochter aber den Eindruck erweckt, auch für ihre Mutter zeichnungsberechtigt zu sein. Hier kann sich eine Mitverpflichtung der Mutter nach den Grundsätzen der Anscheins- oder Duldungsvollmacht ergeben.[394] Einen konzernrechtlichen Einschlag erhalten solche Fälle durch einen gruppenspezifischen Maßstab der Deutungsdiligenz: Zwar darf der Erklärungsempfänger aus dem Bestehen einer Unternehmensverbindung nicht unbesehen auf die Existenz einer Vollmacht schließen, doch genügen geringere Anhaltspunkte als gewöhnlich.[395] Umgekehrt trifft die Muttergesellschaft eine gesteigerte Sorgfaltspflicht, sofern sie ein einheitliches Auftreten der Unternehmensgruppe im Geschäftsverkehr aktiv gefördert oder passiv geduldet hat.[396] Sie

---

388 Vgl. *Fleischer*, ZHR 163 (1999), 461, 471; *Rieckers* (Fn. 386), S. 72.
389 Vgl. *Canaris*, Die Vertrauenshaftung im deutschen Privatrecht, 1971, S. 179; *Fleischer*, ZHR 163 (1999), 461, 473 f.; *Lutter*, ZGR 1982, 244, 252; *Rehbinder* (Fn. 377), S. 157.
390 Vgl. *Fleischer*, ZHR 163 (1999), 461, 472.
391 Für einen Modellsachverhalt OLG Nürnberg WM 1955, 1566; ferner OLG Düsseldorf ZMR 1972, 307 sowie BGH NJW-RR 1986, 456; zusammenfassend *Fleischer*, ZHR 163 (1999), 461, 472; *Lutter*, ZGR 1982, 244, 251 f.; *Rieckers* (Fn. 386), S. 73 f.
392 Vgl. BGH WM 1985, 54, 55 (obiter); *Fleischer*, ZHR 163 (1999), 461, 472; *Rieckers* (Fn. 386), S. 73.
393 Vgl. *Fleischer*, ZHR 163 (1999), 461, 473 f.; *Rieckers* (Fn. 386), S. 73.
394 Vgl. *Fleischer*, ZHR 163 (1999), 461, 473 f.; *Rieckers* (Fn. 386), S. 68 ff.; *Wiedemann*, FS Bärmann, 1973, S. 1037, 1054.
395 Vgl. *Fleischer*, ZHR 163 (1999), 461, 473.
396 Vgl. *Fleischer*, ZHR 163 (1999), 461, 473; *Rieckers* (Fn. 386), S. 70; *v. Rosenberg/Kruse*, BB 2003, 641, 646.

muss der von ihr (mit)geschaffenen Verwechslungsgefahr durch notwendige und zumutbare Schutzvorkehrungen entgegenwirken.[397]

c) Konzernvertrauenshaftung

Gegen Ende der 1990er Jahre nahm hierzulande die Diskussion um eine sog. Konzernvertrauenshaftung an Fahrt auf. Den rechtsvergleichenden Impuls dazu gab der spektakuläre Swissair-Entscheid des Schweizerischen Bundesgerichts aus dem Jahre 1994.[398] Konkret ging es um die IGR, eine Enkelgesellschaft der Swissair Luftverkehr AG, die mit deren Einverständnis auf ihrem Briefpapier und in ihren Werbebroschüren jeweils in der Fußzeile das Swissair-Logo zusammen mit dem Satz „Die IGR ist ein Unternehmen der Swissair" abdruckte. Außerdem enthielten ihre Werbeunterlagen die Aussage: „Überall wo IGR steht, steht Swissair darunter – und selbstverständlich auch dahinter". Hierzu führte das Bundesgericht aus, dass erwecktes Vertrauen in das Konzernverhalten der Muttergesellschaft u. U. auch bei Fehlen einer vertraglichen oder deliktischen Haftungsgrundlage haftungsbegründend sein könne. Dies ergebe sich aus einer Verallgemeinerung der Grundsätze über die Haftung aus culpa in contrahendo.[399] Im Konzernverhältnis könne das in die Vertrauens- und Kreditwürdigkeit des Konzerns erweckte Vertrauen ebenso schutzwürdig sein wie dasjenige, das sich die Partner von Vertragsverhandlungen hinsichtlich der Richtigkeit, Ernsthaftigkeit und Vollständigkeit ihrer Erklärungen entgegenbrächten. Allerdings sei die Haftung aus erwecktem Konzernvertrauen – wie die aus culpa in contrahendo – an strenge Voraussetzungen zu knüpfen.[400] Ob und in welcher Hinsicht der Muttergesellschaft die Erweckung berechtigter Erwartungen entgegengehalten und deren Enttäuschung vorgeworfen werden könne, beurteile sich nach den gesamten Umständen des Einzelfalls.[401] Anders als die Vorinstanz hielt das Bundesgericht damit einen Schadensersatzanspruch aus erwecktem Konzernvertrauen für möglich und verwies den Fall zurück, der darauf verglichen wurde.

Im Lichte dieses Leitentscheids und eines Folgeurteils aus dem Jahre 1998[402] setzten sich auch in Deutschland zahlreiche Beiträge mit diesem Fragenkreis auseinander. Zwar gibt es bisher keine höchstrichterliche Rechtsprechung zur Haftung

---

397 Vgl. *Fleischer*, ZHR 163 (1999), 461, 473.
398 BGE 120 II 331.
399 Vgl. BGE 120 II 331 Rn. 12.
400 Vgl. BGE 120 II 331 Rn. 13.
401 Vgl. BGE 120 II 331 Rn. 14.
402 BGE 124 III 297 – Motor Columbus.

aus Konzernvertrauen,[403] wohl aber zwei obergerichtliche Entscheidungen. Nach einem Urteil des OLG Düsseldorf aus dem Jahr 2000 begründet allein der Umstand, dass ein Werbeprospekt sagt, die Gesellschaft stehe „unter dem Dach der [Muttergesellschaft]" keine Haftung der Muttergesellschaft aus einem vorvertraglichen Schuldverhältnis.[404] Ein zweites Urteil des OLG Düsseldorf aus dem Jahr 2005 lässt dahinstehen, ob es bei der Inanspruchnahme besonderen Vertrauens durch die Muttergesellschaft eine „Haftung nach den Grundsätzen der Konzernverantwortung" geben könne.[405] Die Firmierung als „Deutsche Herold Lebensversicherung AG der Deutsche Bank" habe jedenfalls keinen falschen Rechtsschein gesetzt, sondern sei zum Zeitpunkt des Vertragsschlusses eine „zutreffende Konzernerklärung" gewesen.[406]

Die herrschende Lehre erkennt eine Konzernvertrauenshaftung nicht als eigenständige Haftungskategorie an.[407] Sie befürchtet die Gefahr einer uferlosen Haftung sowie eine Diskriminierung des Konzerns als Organisationsform. Dessen ungeachtet gestehen auch die hiesigen Kritiker des Swissair-Entscheids zu, dass eine Dritthaftung der Muttergesellschaft aus culpa in contrahendo in Betracht komme, sofern die Voraussetzungen des § 311 Abs. 3 BGB gegeben seien.[408] In der Tat bildet eine gruppenspezifische Fortentwicklung der culpa in contrahendo den dogmatisch zutreffenden Ansatzpunkt zur Einordnung der in Rede stehenden Fälle.[409] Sie bietet einen stabilen Rechtsrahmen für eine Haftung aus erwecktem Konzernvertrauen[410] und findet eine Parallele in der Sachwalterhaftung des GmbH-Geschäftsführers.[411] Die eigentlichen Schwierigkeiten dieser im Ansatz überzeugenden Konstruktion beginnen bei der tatbestandlichen Feinzeichnung. Für sie bietet der schillernde Begriff des Konzernvertrauens nicht mehr als eine Grundwertung, aus der heraus die eigentliche Interpretationsarbeit erst zu leisten ist. Im Einzelnen bilden weder die Firmenbildung in der Tochtergesellschaft noch ein Hinweis auf die Konzern-

---

403 S. aber immerhin BGH NJW-RR 1987, 335.
404 Vgl. OLG Düsseldorf NZG 2001, 368, 371.
405 Vgl. OLG Düsseldorf NJOZ 2005, 3430, 3434.
406 Vgl. OLG Düsseldorf NJOZ 2005, 3430, 3434.
407 Vgl *Bayer/Trölitzsch* (Fn. 360), § 8 Rn. 26; *Emmerich/Habersack* (Fn. 7), § 27 Rn. 2; *Koch* (Fn. 312), § 1 AktG Rn. 31; *Koch*, Die Patronatserklärung, 2005, S. 438 ff.; *Rieckers* (Fn. 386), S. 75 ff. und passim; *Rieckers*, BB 2006, 277 ff.; *Rieckers*, NZG 2007, 125 ff.; abw. *Broichmann/Burmeister*, NZG 2006, 687 ff.; zum Vertrauen in die öffentliche Hand als Konzernvertrauen *Parmentier* DVBl 2002, 1378.
408 So etwa *Bayer/Trölitzsch* (Fn. 360), § 8 Rn. 19; *Koch* (Fn. 312), § 1 AktG Rn. 31.
409 Ausführlicher dazu bereits *Fleischer*, ZHR 163 (1999), 461, 474 ff.; im Ergebnis ebenso *Emmerich/Habersack* (Fn. 7), § 27 Rn. 2.
410 Im Ansatz bereits *Rehbinder* (Fn. 377), S. 320 ff. im Anschluss an Überlegungen von *Kronstein* (Fn. 36), S. 78 f.
411 Dazu MüKoGmbHG/*Fleischer*, 4. Aufl. 2022, § 43 Rn. 342 ff m.w.N.

zugehörigkeit der Tochter einen hinreichenden Vertrauenstatbestand.[412] Gleiches gilt für die Verwendung konzerneigener Kennzeichen.[413] Daher sind die beiden Entscheidungen des OLG Düsseldorf im Ergebnis richtig. Anders verhält es sich bei beruhigenden Erklärungen der Muttergesellschaft im Vorfeld einer Garantiezusage, die hart an der Grenze zur rechtsgeschäftlichen Verpflichtungserklärung liegen.[414] Hier wird man die Muttergesellschaft ohne Weiteres beim Wort nehmen können, sofern sie schuldhaft den unzutreffenden Eindruck erweckt, ihre Tochter sei solvent. Das Schweizerische Bundesgericht bejahte im Swissair-Entscheid ein berechtigtes Vertrauen auf diejenigen Mittelzuflüsse, die bei einer realistischen Beteiligungsprognose für das Gelingen des Unternehmens in der Aufbauphase zusätzlich zu dem Aktienkapital der Tochter erforderlich waren.[415] Angesichts des geschilderten Sachverhalts sind damit die Möglichkeiten einer Dritthaftung aus culpa in contrahendo auch nach deutschem Recht nicht überdehnt.[416]

So plötzlich wie die Diskussion um die Konzernvertrauenshaftung aufgekommen war, ist sie vor zwei Jahrzehnten auch wieder abgeebbt. Mittlerweile hat sich die Konzernrechtsdiskussion neuen Themen zugewendet:

d) Konzerndeliktshaftung

In jüngerer und jüngster Zeit wird intensiv debattiert, unter welchen Voraussetzungen eine deliktische Verantwortung der Konzernmutter für schädigende Tochteraktivitäten in Betracht kommt.[417] Anlass dazu geben insbesondere Menschenrechtsverletzungen „im Konzern". Wegen der Erfolgsortanknüpfung in Art. 4 Abs. 1 Rom II-VO ist in solchen Fällen freilich regelmäßig das Recht des Staates anzuwenden, in dem der Schaden eintritt, unabhängig davon, in welchem Staat das

---

412 Näher dazu *Fleischer*, ZHR 163 (1999), 461, 475 ff., 477 f.; im Ergebnis ebenso *Bayer/Trölitzsch* (Fn. 381), § 8 Rn. 26; *Lutter*, GS Knobbe-Keuk, 1997, S. 229, 238 f.; *Rieckers* (Fn. 387), S. 129 ff; abw. *Wiedemann*, FS Bärmann, 1975, S. 1037, 1056.
413 Näher dazu *Fleischer*, ZHR 163 (1999), 461, 479 f.; abw. *Stein*, FS Peltzer, 2001, S. 557 ff. mit dem Konzept einer „Marktvertrauenshaftung".
414 Dazu *Fleischer*, ZHR 163 (1999), 461, 480 ff.; ähnlich *Rieckers* (Fn. 386), S. 151 ff: „Vertrauenshaftung kraft widersprüchlichen Verhaltens bei gestörter Privatautonomie".
415 Vgl. BGE 120 II 331, 338.
416 Vgl. *Fleischer*, ZHR 163 (1999), 461, 482 m.w.N.
417 Vgl. *Fleischer/Danninger*, DB 2017, 2849; *Fleischer/Korch*, DB 2019, 1944; *Habersack/Zickgraf*, ZHR 182 (2018), 252; *Habersack/Ehrl*, AcP 219 (2019), 155; *König*, AcP 217 (2017), 611; *Rühmkorf*, ZGR 2018, 410; *Schall*, ZGR 2018, 479; *Wagner*, RabelsZ 80 (2016), 717; *Weller/Kaller/Schulz*, AcP 216 (2016), 387; monographisch *Nordhues*, Die Haftung der Muttergesellschaft und ihres Vorstands für Menschenrechtsverletzungen im Konzern, 2019.

schadensbegründende Ereignis oder indirekte Schadensfolgen eingetreten sind.[418] Sofern aufgrund besonderer Umstände, z. B. einer nachträglichen Rechtswahlvereinbarung nach Art. 14 Abs. 1 lit. a Rom II-VO[419], deutsches Recht auf einen solchen Haftungsfall anwendbar ist oder ohnehin ein reiner Inlandssachverhalt vorliegt, sind für eine Deliktshaftung der Mutter konstruktiv zwei Begründungswege denkbar: eine Geschäftsherrenhaftung der Muttergesellschaft für unerlaubte Handlungen ihrer Tochtergesellschaft nach § 831 BGB oder eine originäre Haftung der Muttergesellschaft für eigenes Fehlverhalten nach § 823 BGB.

aa) Geschäftsherrenhaftung in Konzernlagen
Schon zu Zeiten der Weimarer Republik warben prominente Stimmen für eine Anwendbarkeit des § 831 BGB in Konzernlagen.[420] Diese frühen Vorstöße gerieten später allmählich in Vergessenheit.[421] In Gang gekommen ist die Debatte erst wieder durch ein BGH-Urteil aus dem Jahre 2012.[422] Dort rief der VI. Zivilsenat zunächst in Erinnerung, dass die Qualifikation als Verrichtungsgehilfe Abhängigkeit und Weisungsgebundenheit voraussetze. Sodann fügte er hinzu, dass es hieran in der Regel bei selbstständigen Unternehmen fehle, unabhängig davon, ob sie mit dem Unternehmen in einem Konzernverhältnis stehen, für das sie eine bestimmte Aufgabe wahrnehmen.[423] Die Übertragung von Aufgaben auf ein bestimmtes Unternehmen innerhalb eines Konzerns diene regelmäßig gerade dem Zweck, durch die selbstständige – nicht weisungsgebundene – Erledigung der Aufgabe andere Teile des Konzerns zu entlasten.[424] Im Anschluss an diesen Richterspruch lehnt die heute überwiegende Lehre eine Geschäftsherrenhaftung in Konzernlagen rundheraus ab.[425] Demgegenüber werben jüngst verschiedene Literaturstimmen wieder für einen limitierten Einsatz der Geschäftsherrenhaftung auch in Konzernzusam-

---

418 Dazu und allgemein zu den kollisionsrechtlichen Aspekten bei transnationalen Menschenrechtsklagen *Mansel*, ZGR 2018, 439; *Ostendorf*, IPrax 2019, 297; *Wendelstein*, RabelsZ 83 (2019), 181. Für ein Beispiel LG Dortmund BeckRS 2019, 388: Anwendbarkeit pakistanischen Rechts; bestätigt von OLG Hamm MDR 2019, 993; ferner *Ostendorf*, IPrax 2019, 297.
419 Vgl. *Mansel*, ZGR 2018, 439, 463.
420 Vgl. *Herzog*, AcP 133 (1931), 52, 60, 65 ff.; *Kronstein* (Fn. 36), S. 82 ff.
421 Für einen Erinnerungsposten aber *Schilling*, JZ 1953, 161, 162.
422 BGH NJW 2013, 1002.
423 So BGH NJW 2013, 1002 Rn. 16.
424 In diesem Sinne BGH NJW 2013, 1002 Rn. 16.
425 Vgl. *Habersack* (Fn. 312), § 311 AktG Rn. 92; *Grüneberg/Sprau*, BGB, 84. Aufl. 2024, § 831 Rn. 5; *Grunewald*, NZG 2018, 481, 482 ff.; *Koch* (Fn. 312), § 76 AktG Rn. 22; *Staudinger/Bernau*, BGB, Neubearbeitung 2018, § 831 Rn. 102; *MüKoBGB/Wagner*, 9. Aufl. 2024, § 831 Rn. 17; *Weller/Kaller/Schulz* AcP 216 (2016), 388, 407.

menhängen.⁴²⁶ Sie machen auf ein Urteil des XI. Zivilsenats des BGH von 1989⁴²⁷ und ein weiteres Urteil des I. Zivilsenats von 2012⁴²⁸ aufmerksam. Danach kommt es für die Stellung eines Verrichtungsgehilfen entscheidend darauf an, ob nach den tatsächlichen Verhältnissen eine Eingliederung in den Organisationsbereich des Geschäftsherrn erfolgt ist und der Handelnde dessen Weisungen unterliegt.⁴²⁹ Diese beiden höchstrichterlichen Entscheidungen, die generelle Festlegungen vermeiden und stattdessen nach der Verrrichtungsgehilfeneigenschaft im konkreten Einzelfall fragen, haben in der Tat vieles für sich, ohne dass dies hier vertieft werden kann.⁴³⁰

bb) Primäre Deliktshaftung der Konzernmutter
Eine primäre Deliktshaftung der Konzernmutter nach § 823 Abs. 1 BGB kommt bei mittelbaren Verletzungshandlungen nur unter dem Gesichtspunkt einer Verkehrspflichtverletzung in Betracht. Die deliktsrechtliche Gretchenfrage lautet, ob Verkehrspflichten an der Rechtsträgergrenze Halt machen oder sich im Unternehmensverbund auf sämtliche Konzerngesellschaften erstrecken können.

Höchstrichterliche Rechtsprechung hierzu steht noch aus;⁴³¹ Urteile zu Verkehrssicherungspflichten des Reiseveranstalters für im Ausland durch Dritte betriebene Hotelanlagen⁴³² betreffen Sonderfälle.⁴³³ Für den umgekehrten Fall der Tochterverantwortlichkeit hat der BGH entschieden, dass eine Vertriebsgesellschaft für fehlerhaft hergestellte Produkte des Warenherstellers auch dann nicht haftet, wenn der Warenhersteller sämtliche Kapitalanteile an ihr hält.⁴³⁴

Die neuere Literatur zeigt sich ganz überwiegend zurückhaltend, weil sie das konzernrechtliche Trennungsprinzip nicht aus den Angeln heben will.⁴³⁵ Eine

---

426 Vgl. mit Unterschieden im Einzelnen *Güngör*, Sorgfaltspflichten für Unternehmen in transnationalen Menschenrechtsfällen, 2016, 192 ff.; *Holle*, Legalitätskontrolle im Kapitalgesellschafts- und Konzernrecht, 2014, S. 264 ff.; *Hübner*, Unternehmenshaftung für Menschenrechtsverletzungen, 2022, S. 282 ff.; *König*, AcP 217 (2017), 611, 656 ff.; *Nordhues* (Fn. 417), S.132 ff.; *Schall*, ZGR 2018, 479, 492 ff.
427 BGH WM 1989, 1047, 1050.
428 BGH GRUR 2012, 1279.
429 So BGH GRUR 2012, 1279 Rn. 45.
430 Näher *Fleischer* (Fn. 6), § 311 AktG Rn. 392 f.
431 Vgl. aber für eine wettbewerbsrechtliche Fallgestaltung schon RGZ 150, 265, wonach die Muttergesellschaft bei engen Beziehungen zur Tochter unlauteren Wettbewerb durch sie verhindern muss, sofern er ihr bekannt ist.
432 Vgl. BGHZ 103, 298; BGH NJW 2006, 3268; zuletzt OLG Dresden BeckRS 2018, 30326.
433 Wie hier *Weller/Kaller/Schulz*, AcP 216 (2016), 387, 402 mit Fn. 81; *Wagner*, RabelsZ 80 (2016), 717, 774 f.
434 Vgl. BGH NJW 1981, 2250.
435 Vgl. mit Unterschieden im Einzelnen *Habersack*, FS Möschel, 2011, S. 1175, 1178; *Habersack/Zickgraf*, ZHR 182 (2018), 252, 279 ff.; *Holle* (Fn. 426), S. 322 ff.; *Koch*, WM 2009, 1013, 1019; *König*, AcP 217

umfassende Mithaftung der Muttergesellschaft für außervertragliche Schadensersatzansprüche gegen Tochtergesellschaften würde die differenzierte Zurechnung von Vermögensrechten und Verbindlichkeiten im Konzern über den Haufen werfen, Folgeänderungen im Gesellschafts-, Konzern-, Insolvenz-, Rechnungslegungs- und Steuerrecht erzwingen und die Praxis der Unternehmensfinanzierung durch Eigenkapital und Kreditgewährung tiefgreifend verändern.[436] Erwogen wird eine haftpflichtrechtliche Verantwortung der Konzernmutter lediglich beim Vorliegen besonderer Voraussetzungen. Dies soll vor allem der Fall sein, wenn der Konzernmutter eine normative Verantwortung für eine Gefahrenlage zukommt,[437] hauptsächlich durch tatsächliche Steuerung der Gefahrenquelle,[438] z. B. durch Ansich-Ziehen der Gefahrenabwehr,[439] konkrete Verantwortungsübernahme,[440] intensive Ausübung von Leitungsmacht,[441] sorgfaltswidrige Delegation eigener Verkehrssicherungspflichten[442] oder unterbliebenes Einschreiten der Mutter gegen ihr bekanntes drittschädigendes Tochterverhalten.[443]

Einzelne Literaturstimmen preschen freilich weiter vor.[444] Unter Hinweis auf die konzernweite Legalitätskontrollpflicht, das Siemens/Neubürger-Urteil des LG München I[445] und die Erwartungen des Rechtsverkehrs an eine menschenrechtskonforme Konzernorganisation werben sie für eine haftpflichtrechtliche Organisationshaftung, die auf einer konzernübergreifenden Pflicht von Obergesellschaften zur Auswahl, Instruktion und Überwachung ausländischer Töchter beruht.[446]

Auch diese Debatte kann hier nicht vertieft werden. Richtigerweise ist mit der herrschenden Lehre an dem etablierten Regel-Ausnahme-Verhältnis festzuhal-

---

(2017), 611 (667 ff.); *Nordhues* (Fn. 417), S. 115 ff.; *Spindler*, Unternehmensorganisationspflichten, 2001, S. 948 ff.; *Wagner*, RabelsZ 80 (2016), 717, 750 ff., 762 ff.
436 So die warnenden Worte von *Wagner* (Fn. 425), § 823 BGB Rn. 112.
437 So oder ähnlich *König*, AcP 217 (2017), 611, 671; *Nordhues* (Fn. 417), S. 138; ferner *Hübner* (Fn. 426), S. 236 ff.
438 So *Habersack/Zickgraf*, ZHR 182 (2018), 252, 286.
439 Vgl. *Habersack/Zickgraf*, ZHR 182 (2018), 252, 288 ff.
440 Vgl. *Güngör* (Fn. 426), S. 265; *Holle* (Fn. 426), S. 339.
441 Vgl. *Bunting*, ZIP 2012, 1542, 1548; *Buxbaum*, GRUR 2009, 240, 244 f.; *Koch*, WM 2009, 1013, 1019; *König*, AcP 217 (2017), 611, 671; *Nordhues* (Fn. 417), S. 133; *Wagner*, RabelsZ 80 (2016), 717, 770.
442 Vgl. *Holle* (Fn. 426), S. 335 ff.; *König*, AcP 217 (2017), 611, 671 f.; *Nordhues* (Fn. 417), S. 132; *Spindler* (Fn. 435), S. 945 ff.
443 Vgl. *König*, AcP 217 (2017), 611, 674.
444 Für eine Verkehrspflicht kraft Konzernierung *Oehler*, ZIP 1990, 1445, 1451; gleichsinnig *Buxbaum*, GRUR 2009, 240, 241; *U.H. Schneider*, ZGR 1996, 225, 243.
445 LG München I NZG 2014, 345; dazu *Fleischer*, NZG 2014, 321.
446 In diesem Sinne *Weller/Thomale*, ZGR 2018, 509, 520 f.; mit etwas anderem Ansatz auch *Schall*, ZGR 2018, 479, 503 ff.; Andeutungen ferner bei *Saage-Maaß/Leifker*, BB 2015, 2499, 2501 ff.; anders noch *Weller/Kaller/Schulz*, AcP 216 (2016), 377, 401 f.

ten.⁴⁴⁷ Grundsätzlich enden deliktsrechtliche Verkehrspflichten auch im Konzern an der Rechtsträgergrenze. Lediglich in eng begrenzten Ausnahmefällen kommt eine konzernweite Sorgfaltspflicht der Mutter für schädigende Tochteraktivitäten in Betracht. Sie muss aus der Anwendung oder Fortentwicklung anerkannter deliktsrechtlicher Argumentationsmuster abgeleitet werden.⁴⁴⁸ Leitender Wertungsgesichtspunkt für eine solche normative Verantwortlichkeitszuweisung ist für Überwachergaranten die Kontrolle und Herrschaftsausübung über die Gefahrenquelle.

cc) Implikationen des Lieferkettensorgfaltspflichtengesetzes

Eine zusätzliche Facette hat die Debatte um die Konzerndeliktshaftung jüngst durch das Lieferkettensorgfaltspflichtengesetz (LkSG) erhalten. *Sedes materiae* ist § 3 Abs. 3 LkSG. Danach begründet einer Verletzung der Pflichten aus diesem Gesetz zwar keine deliktische Haftung (Satz 1). Eine unabhängig von diesem Gesetz begründete zivilrechtliche Haftung bleibt aber unberührt (Satz 2). Über die Bedeutung dieser sybillinischen Formulierung wird heftig gestritten. Was die Geschäftsherrenhaftung anbelangt, dürfte sich wenig ändern.⁴⁴⁹ Die tatsächlichen Voraussetzungen der Verrichtungsgehilfeneigenschaft werden auch künftig nur selten erfüllt sein. Insbesondere führt weder die Einrichtung eines Risikomanagements gemäß § 4 LkSG noch die Vereinbarung angemessener vertraglicher Kontrollmechanismen gemäß § 6 Abs. 4 Nr. 4 LkSG dazu, dass verbundene Unternehmen den „Quantensprung zum Verrichtungsgehilfen"⁴⁵⁰ vollziehen.⁴⁵¹ Kontroverser verläuft die Debatte hinsichtlich der primären Deliktshaftung der Konzernmutter aus § 823 Abs. 1 BGB. Richtigerweise ist es nicht statthaft, die Sorgfaltspflichten der §§ 3ff. LkSG *tel quel* als Verkehrspflichten anzusehen⁴⁵² und in die hergebrachte Verkehrspflichtdogmatik einzufügen.⁴⁵³ Vielmehr bedarf es zur Haftungsbegründung „unabhängig

---

447 Ausführlicher zu Folgendem bereits *Fleischer/Korch*, DB 2019, 1944, 1950 ff.; vertiefend *Fleischer/Korch*, ZIP 2021, 709, 713 ff.
448 Allgemein-kritisch *Altmeppen/Hommelhoff*, ZGR 2024, 155, 161: „Wegen der herausragenden Bedeutung, die der Risiko- und Haftungssegmentierung im Konzern für eine erfolgreiche Volkswirtschaft zukommt, sollte der Gesetzgeber der Versuchung widerstehen, Wissenschaft und Rechtsprechung freie Hand dabei zu lassen, das allgemeine Zivilrecht, namentlich das Deliktsrecht, zu instrumentalisieren, um die Segmentierung im Konzern zunehmend zu durchlöchern."
449 Vgl. *Fleischer*, in Fleischer/Mankowski, LkSG, 2023, § 3 Rn. 71; *Spindler*, ZHR 186 (2022), 67, 96 f.
450 *Spindler*, ZHR 186 (2022), 67, 97.
451 Vgl. *Fleischer* (Fn. 449), § 3 LkSG Rn. 71.
452 So aber *Paefgen*, ZIP 2021, 2006, 2011.
453 Vgl. *Fleischer*, DB 2022, 920, 922; *Wagner*, FS Singer, 2021, S. 693, 709.

von diesem Gesetz" eigenständiger, genuin deliktsrechtlicher Begründungsmuster.[454]

e) Konzernverantwortung im Kartellrecht

Die augenfälligste und gravierendste Durchbrechung des Trennungsprinzips bildet die bußgeldrechtliche Einstandspflicht der Konzernmutter für Kartellverstöße ihrer Töchter im Europäischen Wettbewerbsrecht nach der sog. Akzo/Nobel-Doktrin des EuGH.[455] Mutter- und Tochtergesellschaft bilden danach eine wirtschaftliche Einheit und damit ein Unternehmen i.S.d. Art. 101 AEUV, wenn die Tochtergesellschaft trotz eigener Rechtspersönlichkeit ihr Marktverhalten nicht autonom bestimmt, sondern im Wesentlichen Weisungen der Muttergesellschaft befolgt, und zwar vor allem wegen der wirtschaftlichen, organisatorischen und rechtlichen Bindungen zwischen den beiden Rechtssubjekten.[456] Konkret setzt eine solche wirtschaftliche Einheit erstens voraus, dass die betreffenden Gesellschaften so eng miteinander verflochten sind, dass dadurch die Möglichkeit einer einheitlichen Leitung (bestimmende Einflussnahme) eröffnet wird, und zweitens, dass die einheitliche Leitung auch tatsächlich ausgeübt wird. Hält die Muttergesellschaft alle oder nahezu alle Anteile der kartellrechtswidrig handelnden Tochter, so besteht eine widerlegliche Vermutung für die Ausübung bestimmenden Einflusses.[457] Diese Vermutung ist nach Ansicht des EuGH sowohl mit der Grundrechte-Charta als auch mit der Europäischen Menschenrechtskonvention vereinbar.[458] Verstößt eine Konzerngesellschaft, die zu einer solchen wirtschaftlichen Einheit gehört, gegen Wettbewerbsregeln, so muss nach der Rechtsprechung des EuGH die gesamte wirtschaftliche Einheit, also auch die Muttergesellschaft, nach dem Grundsatz der persönlichen Verantwortlichkeit für die Zuwiderhandlung einstehen.[459]

Sowohl im kartell- wie im konzernrechtlichen Schrifttum hat man wiederholt eingewendet, dass die Akzo/Nobel-Doktrin gegen das in allen Mitgliedstaaten und

---

454 Vgl. *Fleischer*, DB 2022, 920, 922; *Wagner* (Fn. 453), S. 693, 709.
455 Vgl. EuGH Rs. C-97/08 P, Slg. 2009, I-8237 – Akzo/Nobel; eingehend *Ackermann*, ZEuP 2023, 529, 538 ff.; *König*, AcP 217 (2017), 611, 640 ff.; *Poelzig*, in VGR 23 (2017), 2018, S. 83, 87 ff.; *Schweitzer/Woeste*, Vom Konzern zum Einheitsunternehmen, ZGR Sonderheft 22, 2020, S. 141 ff.
456 Vgl. EuGH Rs. C-97/08 P, Slg. 2009, I-8237 Rn. 61 ff.
457 Vgl. EuGH Rs. C-97/08 P, Slg. 2009, I-8237 Rn. 60, 61, 63.
458 Vgl. EuGH Rs. C-440/11 P, ECLI:EU:C2013:514 – Stichting Administratiekantoor Portielje.
459 Dazu EuGH Rs. C-49/92 P, Slg. 1999, I-4125 Rn. 145 – Anic Partecipazioni.

im sekundären Unionsrecht anerkannte Prinzip der Haftungstrennung verstoße,[460] doch vermochte dies den EuGH nicht zu beeindrucken. Vielmehr hat er seine Rechtsprechung zur wirtschaftlichen Einheit fortentwickelt und den weiten kartellrechtlichen Unternehmensbegriff in der *Skanska*-Entscheidung vor wenigen Jahren auch auf das Kartelldeliktsrecht übertragen.[461] Kritiker sehen darin im Ergebnis eine verschuldenslose Struktur- oder Rechtsnachfolgehaftung entgegen den Grundsätzen des Delikts- und Gesellschaftsrechts.[462]

Der deutsche Gesetzgeber hat den Gedanken der wirtschaftlichen Einheit im Rahmen der 9. GWB-Novelle für das Kartellbußgeldrecht übernommen.[463] § 81a Abs. 3a GWB eröffnet seither die Möglichkeit, die unternehmensbezogene Geldbuße wegen des Kartellrechtsverstoßes auch gegen Konzerngesellschaften festzusetzen, die mit der pflichtvergessenen Tochtergesellschaft ein Unternehmen i. S. d. Unionsrechts gebildet und unmittelbar oder mittelbar einen bestimmenden Einfluss auf diese Gesellschaft ausgeübt haben.[464]

X. Schluss

Vor gut 100 Jahren begann hierzulande in der Weimarer Republik eine tiefere wissenschaftliche Beschäftigung mit dem Recht der verbundenen Unternehmen. Seither ist die Diskussion nicht abgerissen. Ein Überblicksbeitrag über die „Kämpfe und Kontroversen um das Konzernrecht" kann nicht sämtliche Winkel ausleuchten, sondern muss notgedrungen auswählen, raffen und Schwerpunkte setzen. Hier

---

460 Vgl. etwa *Bosch*, ZHR 177 (2013), 454, 460 ff m.w.N.; *Hommelhoff*, ZGR 2019, 379, 404 ff., der einen wertenden Abgleich der wettbewerbsrechtlichen Zielsetzungen mit dem öffentlichen Interesse an der Organisationsform „faktischer Konzern" fordert.
461 EuGH Rs. C-724/17, NJW 2019, 1197 – Skanska.
462 So *Dreher*, EWiR 2019, 415, 416; kritisch auch *Harms/Kirst*, EuZW 2019, 377 ff.
463 Vgl. Begr. RegE 9. GWB-Novelle, BT-Drucks. 18/10207, S. 86: „Das europäische Konzept der Unternehmensverantwortlichkeit wird durch die Neuregelungen in § 81 Absätze 3a bis 3c in die bestehende Systematik des deutschen Ordnungswidrigkeitenrechts übertragen. Mit der bewussten Übernahme des Grundkonzepts und der Begrifflichkeiten des Unionsrechts soll eine weitgehende Kohärenz der Ergebnisse erzielt werden."
464 Dazu Begr. RegE 9. GWB-Novelle, BT-Drucks. 18/10207, S. 87: „Die bußgeldrechtliche Verantwortlichkeit wird demnach konsequenterweise der wirtschaftlichen Einheit in ihrer Gesamtheit zugewiesen, auch wenn nur ein Teil dieser Einheit mit eigener Rechtspersönlichkeit nach außen gehandelt hat. Die gesamtschuldnerische Haftung derjenigen Rechtsträger, die das Unternehmen zur Zeit der Begehung der Ordnungswidrigkeit bilden [...], stellt somit keine Haftung für ein ‚fremdes Verschulden' dar, sondern folgt vielmehr aus ihrer Eigenschaft als Bestandteil bzw. Repräsentanten der materiell verantwortlichen Gesamtheit Unternehmen (wirtschaftliche Einheit)."; aus dem Schrifttum etwa *Haus*, Der Konzern 2017, 381; *Thomas*, AG 2017, 637.

wurden drei besonders wichtige Kontroversen unter die Lupe genommen: (1) die jahrzehntelangen Auseinandersetzungen um die Kodifizierung des Aktienkonzernrechts, (2) die intensiven, aber letztlich gescheiterten Bemühungen um eine (Voll-)Harmonisierung des Europäischen Konzernrechts und (3) der erbittert geführte Kampf gegen eine breitflächige Durchlöcherung des konzernrechtlichen Trennungsprinzips. Auf allen diesen Feldern wird das nationale und internationale Konzernrechtsgespräch auch in Zukunft fortgeführt werden. Einen Vorgeschmack davon vermittelt ein gerade erschienener Gesetzgebungsvorschlag zweier prominenter Literaturstimmen zur Reform des Aktienkonzernrechts.[465]

---

[465] Vgl. *Altmeppen/Hommelhoff*, ZGR 2024, 155 mit der Erläuterung 158: „Eine grundlegende Reform des Aktienkonzernrechts (vornehmlich zum faktischen AG-Konzern) tut auch und vordringlich deshalb not, weil der Konzern der Legitimation und Anerkennung bedarf. Der Gesetzgeber muss sich zu ihm als modernster und im globalen Wettbewerb unverzichtbarer Organisationsform bekennen."

Susanne Kalss/Julia Nicolussi

§ 11 One Share – One Vote oder Mehrstimmrechtsaktien

I. Die Mehrstimmrechtsaktie – ein Evergreen in der Corporate Governance-Diskussion —— 431
II. „Eine Herrschaft ohne eigenes Kapitalrisiko und ohne eigene Verantwortung muss mithin ein Nachlassen der Anspannung und ein Sinken des Verantwortungsgefühls zur Folge haben" – Deutschland in der Weimarer Republik —— 432
III. „[...] Missbräuche [werden] unterbunden, während ihr gesunder Kern im Interesse der Gesellschaft und der Gesamtwirtschaft erhalten bliebt [...]" – Beschränkungen ab 1937 —— 436
IV. „*im öffentlichen Interesse notwendige Erhaltung des konsensualen Einflusses*" rechtfertigt das Mehrstimmrecht – Das Aktiengesetz 1965 —— 438
V. „*Ein Gespenst geht um in Europa – das Gespenst des Wettbewerbs*" – Vorläufiges Ende der Debatte – Die 1990er Jahre —— 439
VI. „*Vergiftetes Staatsgeschenk für loyale Aktionäre*" – Wiederentfachen der Debatte —— 442
VII. Triebkräfte der aktuellen Debatte —— 444
    1. Niederlassungsfreiheit und „*disappearing taboo*" —— 444
    2. „*the fear of losing control*" – Belebung des Kapitalmarkts —— 448
    3. Debatte über die Auswirkungen auf die Corporate Governance —— 450
        a) Externe Corporate Governance – Pro und Contra —— 450
        b) Interne Corporate Governance – Pro und Contra —— 452
VIII. „*Griff in die historische Mottenkiste*" – (Vorläufiges) Ende der Debatte – Wiedereinführung der Mehrstimmrechtsaktie —— 456
    1. *EU-Listing Act* und Entwurf für eine Mehrstimmrechtsaktie-Richtlinie —— 456
    2. Deutscher „*Liberierungsschritt*" – Zukunftsfinanzierungsgesetz —— 458
IX. Summa —— 461

I. Die Mehrstimmrechtsaktie – ein Evergreen in der Corporate Governance-Diskussion

Das Stimmrecht ist eines der zentralen Mitgliedschaftsrechte, welches das Mitglied und Aktionär befähigt, in der Gesellschaft, für die es auch das wirtschaftliche Risiko trägt, mitzugestalten und mitzureden. Im Grundsatz soll jeder Aktionär, der Kapital in die Gesellschaft investiert, auch Einfluss haben. Proportionales Stimmrecht bedeutet, dass der wirtschaftliche Einsatz im Verhältnis zu den mit der Gesellschaft verbundenen Risiken steht („one share – one vote"). Mehrstimmrechtsaktien stellen eine Abweichung von diesem Grundsatz dar, weil sie dem berechtigten Aktionär oder der Gruppe von berechtigten Aktionären eine grössere Stimmkraft und damit

Einflussnahme auf die Geschicke der Gesellschaft ermöglichen, als es ihrer Kapitalbeteiligung und ihrem Risikoeinsatz entspricht.[1]

Die Diskussion um die Zulässigkeit von Mehrstimmrechtsaktien in den vergangenen hundert Jahren ist ein herausragendes Beispiel dafür, wie Wirtschafts- und Rechtspolitik in Grundprinzipien des Aktienrechts einwirken. Eine wesentliche Beobachtung ist, dass das Pendel des Für und Wider der Mehrstimmrechtsaktie stets von der jeweiligen wirtschafts- und rechtspolitischen Situation der jeweiligen Zeit abhängig ist und das Instrument gezielt zur Erreichung bestimmter wirtschaftspolitischer Ziele eingesetzt wird.

II. „Eine Herrschaft ohne eigenes Kapitalrisiko und ohne eigene Verantwortung muss mithin ein Nachlassen der Anspannung und ein Sinken des Verantwortungsgefühls zur Folge haben" – Deutschland in der Weimarer Republik

Die Frage, ob sich die Stimmrechtsmacht, die einzelne Aktien vermitteln, proportional[2] zur Kapitalbeteiligung des Aktionärs verhalten muss, geht zurück bis zu den Anfängen des Aktienrechts und taucht das erste Mal mit der Einführung des Mehrheitsprinzips bei der Beschlussfassung auf.[3] Nimmt man das ADHGB 1861 als historischen Ausgangspunkt, so war dieses von der Vorstellung der Gleichheit der Aktionäre geprägt.[4] Wie viele andere europäische Rechtsordnungen auch beeinflusst vom *Code de Commerce*,[5] sollte Demokratie – geprägt durch die Französische Revolution[6] – nicht nur im Staat, sondern auch in einer wirtschaftlichen Vereini-

---

[1] *Nicolussi*, Mehrstimmrechtsaktie, AG 2022, 753 f.
[2] *Müller-Erzbach*, Umgestaltung der Aktiengesellschaft zur Kerngesellschaft verantwortungsvoller Großaktionäre, 1929, S. 23.
[3] *Nicolussi*, AG 2022, 754.
[4] *Großfeld*, Aktiengesellschaft, Unternehmenskonzentration und Kleinaktionär, 1968, S. 119.
[5] *A. Renaud*, Das Recht der Actiengesellschaft, 1875, S. 44 ff.
[6] Vgl. *K. Lehmann*, Geschichtliche Entwicklung des Aktienrechts bis zum Code de Commerce, 1895, S. 88; *F. Klein*, Die wirtschaftlichen und sozialen Grundlagen des Rechts der Erwerbsgesellschaften, 1914, S. 20; *Großfeld*, Aktiengesellschaft, Unternehmenskonzentration und Kleinaktionär, 1968, S. 119 f.; ferner *Coing*, Europäisches Privatrecht 1800–1914, Bd. II, 1989, S. 98; aus jüngerer Zeit *Deutsch* in Bayer/Habersack, Aktienrecht im Wandel, Bd. I, 2007, S. 67 f.

gung verwirklicht werden. Dem entsprechend wurde zwar formal festgelegt, dass jede Aktie dem Inhaber eine Stimme gewährt (Art. 190 Abs. 1 ADHGB); dieser Grundsatz stand aber unter dem Vorbehalt einer Abweichung durch die Satzung. So war es möglich, statutarisch das Stimmrecht durch Festsetzung eines Höchstbetrags zu begrenzen (Höchststimmrecht) oder auch einzelne Aktien mit mehreren Stimmen auszustatten. Die Aktien mussten keinen zwingenden Nennwert aufweisen. Mangels Koppelung der Stimmkraft daran war auch keine zwingende Proportionalität gewährleistet. Einzelne Aktien konnten dadurch mit einem geringeren Nennwert als andere Aktien ausgestattet werden, wobei jeder Aktie eine Stimme zukam.[7]

Dass das Prinzip, jede Aktie gewährt ihrem Inhaber eine Stimme, als das *„Naturgemäße"* anzusehen sei, wurde auch in den Beratungen zur Aktienrechtsnovelle 1884 konstatiert.[8] Zugleich wurde aber auch anerkannt, dass es legitime Gründe geben kann, die Stimmrechtsmacht statutarisch differenziert zuzuordnen,[9] insbesondere auch um der Mehrheitsherrschaft starre Grenzen zu setzen.[10] Zu dieser Zeit war die Entwicklung der beweglichen Stimmrechtsschranken (Stimmverbote, Treuepflicht) noch nicht ausgeprägt.[11] Mehrstimmrechtaktien wurden zu dieser Zeit noch nicht intensiv diskutiert. Im stark Anlegerschutz-geprägten Deutschen Aktiengesetz 1884[12] wurde das Prinzip der Stimmenrechtsgleichheit (one share – one vote) ausnahmslos festgelegt.[13] Diese Phase dauerte aber nur kurz bis zum dHGB 1897/1900. Das Verbot des Mehrstimmrechts wurde gerade nicht aufrecht erhalten.[14]

---

7 *Pisko* in Staub, ADHGB, 2. Aufl. 1908, Art. 224 § 7: *„Für die Zahl der Stimmen, die ein Aktionär abzugeben berechtigt ist, erscheint also nach dem Gesetze lediglich die Zahl der Aktien, die er besitzt, und nicht die Höhe des durch seinen Aktienbesitz dargestellten Aktienkapitals maßgebend;"* Nicolussi, AG 20022, 755.
8 Gutachten des ROHG, abgedruckt in Schubert/Hommelhoff, Hundert Jahre modernes Aktienrecht, 1985, S. 231.
9 Gutachten des ROHG, abgedruckt in Schubert/Hommelhoff, Hundert Jahre modernes Aktienrecht, 1985, S. 230 f.
10 *Zöllner*, Die Schranken mitgliedschaftlicher Stimmrechtsmacht bei den privatrechtlichen Personenverbänden, 1963, S. 116 ff; dazu auch *Brändel*, in FS Quack, 1991, S. 175 ff.
11 Dazu insbesondere bezogen auf das Höchststimmrecht *Baums*, Höchststimmrechte in Baums, Corporate Governance und Anlegerschutz, 2013, S. 1, 6.
12 *Kalss/Burger/Eckert*, Entwicklung des österreichischen Aktiengesetzes, 2003.
13 *Wolf*, Mehrstimmrechtsaktien, 2023, 196.
14 *Wolf*, Mehrstimmrechtsaktien, 2023, 197.

Häufigen Einsatz fanden Mehrstimmrechtsaktien das erste Mal in der Zwischenkriegszeit nach Maßgabe des Art. 252 HGB 1897.[15] Die Gründe dafür waren vielfältig: Zunächst befand sich Deutschland nach dem Ersten Weltkrieg in einer neuen politischen und wirtschaftlichen Situation. Das Ende des Ersten Weltkrieges hatte eine Zeit der Inflation und der Unsicherheit eingeläutet, gleichzeitig bestand in den deutschen Unternehmen Kapitalbedarf.[16] Zweitens war das Aktienrecht offen für die Einfluss- und Machterhaltung einzelner Aktionäre: Die Generalversammlung war als oberstes Organ der Gesellschaft konzipiert. Sie hatte ein Weisungsrecht gegenüber der Verwaltung der Gesellschaft und konnte sich daher auch in die operative Geschäftsführung der Aktiengesellschaft einmischen. Die Besetzung des Aufsichtsrats und des Vorstands konnte durch die Generalversammlung besorgt werden. Somit konnte die Generalversammlung unmittelbar bei entsprechender Gestaltung den Vorstand bestellen.[17] Die Organträger unterlagen keiner Mandatsbegrenzung, dh sie konnten in beinahe beliebiger Zahl Ämter kumulieren. Die Übernahme von mehr als zwei Dutzend Mandaten war keine Seltenheit. Die Regelungen zu *Related Party Transactions* existierten noch nicht, daher wurden vielfach Geschäfte mit Gründungsaktionären, die zugleich Vorstands- oder Aufsichtsratsmitglieder der Gesellschaft waren, zulasten der anderen Aktionäre abgeschlossen. Das Konzernrecht war noch im Entstehen, sodass die Mehrheitsaktionäre oder die bestimmenden Aktionäre ihren Stimmrechtseinfluss zulasten der anderen Gesellschafter ausüben konnten.[18] Das Verbot der Einlagenrückgewähr bestand nach den Buchstaben des Gesetzes. Sowohl das Bilanzwesen als auch das Prüfungswesen steckte in den beiden Jahrzehnten der Weimarer Republik noch in den Kinderschuhen, sodass auch insofern eine deutlich geringere Kontrolle und Disziplinierungswirkung gegenüber einflussnehmenden Aktionären ausgeübt wurde.[19]

Der Kapitalbedarf der deutschen Unternehmen konnte überwiegend durch ausländische Investoren gedeckt werden. Es wurde aber die Gefahr erkannt, dass sich französische und britische Investoren nach gewonnenem Krieg mit einer stabilen Währung in deutsche Unternehmen einkaufen, strategisch Betriebe stilllegen

---

[15] *Passow,* Aktiengesellschaft, 2. Aufl. 1922, S. 335 f.; *S. Kurz,* Die Überfremdungsgefahr der deutschen Aktiengesellschaften und ihre Abwehr, 1921, S. 4; *Zöllner* in KölnKomm/AktG, 2. Aufl. 1988, § 12 AktG Rz. 8.
[16] *Brändel* in FS Quack, 1991, S. 175; *Vogl-Mühlhaus,* Mehrfachstimmrechtsaktien, 1998, S. 133.
[17] *Kalss,* ZHR 187 (2023) 473 ff.
[18] *Spindler* in Bayer/Habersack, Aktienrecht im Wandel 454.
[19] *Habersack,* Der Abschlussprüfer, in Bayer/Habersack, Aktienrecht im Wandel (2007) 682 ff; *Kalss/Burger/Eckert,* Die Entwicklung des österreichischen Aktienrechts (2003) 308 f.

und Geschäftschancen und Patente für das Ausland fruchtbar machen.[20] So wurden Mehrstimmrechtsaktien *(„Schutzaktien")* als Instrument gegen die *„Überfremdung"* und gegen die wirtschaftliche *„Ausbeutung"* eingeführt, um bestehende Mehrheitsverhältnisse einzufrieren.[21] Die Initiative ging dabei zwar von den Aktionären der einzelnen Unternehmungen aus, letztlich lagen diese Abwehrmaßnahmen aber auch im volkswirtschaftlichen Interesse des Staates, Kapital aus dem Ausland zu lukrieren, die Verfügungsrechte über nationale Unternehmen aber im Land zu behalten.[22]

Allmählich wurde das Argument, Unternehmen vor ausländischer *„Überfremdung"* zu schützen, welches in die allgemeine politische Stimmung der Weimarer Republik passte, zum Vorwand:[23] Mehrstimmrechtsaktien wurden auch installiert, um die *„innere Überfremdung"* durch neue Investoren abzuschirmen.[24] Die Verwaltung und mit ihr die im Regelfall eng verbundenen Banken wollten sich davor schützen, dass nicht ein Konkurrent oder eine Gruppe von Investoren Einfluss auf die Gesellschaft nimmt. In einigen Fällen missbrauchte eine unredliche Verwaltung den dadurch gewonnenen Einfluss. In dieser Zeit wurden Mehrstimmrechtsaktien mit einem bis zu tausendfachem Multiplikator eingesetzt.[25] Starker Widerspruch gegen diese Entwicklung und Praxis führte zu zahlreichen Gerichtsprozessen, die aber aufgrund der klaren Bestimmung des § 252 HGB erfolglos blieben.[26] Der Gesetzgeber beschränkte sich auf die Normierung einer besonderen steuerlichen Belastung für die AG, die mit der Ausgabe von Mehrstimmrechtsaktien verbunden wurde.[27]

Erst die Wirtschafts- und Bankenkrise Ende der 1920er- und Anfang der 1930er-Jahre zeigte die Missstände drastisch auf. Die Mehrstimmrechtsaktie als Hebel für

---

20 *Passow,* Aktiengesellschaft, 2. Aufl. 1922, S. 335 f.; *von Steiger,* Die Mehrstimmrechtsaktie im schweizerischen und belgischen Recht, 1934, S. 4 f.
21 *Nicolussi,* AG 2022, 755; *Beckmann,* Das aktienrechtliche Mehrstimmrecht, 2023, 39 ff.
22 *Hachenburg,* Lebenserinnerungen eines Rechtsanwalts und Briefe aus der Emigration, 1978, S. 128; Vogl-Mühlhaus, Mehrfachstimmrechtsaktien, 1998, S. 133 ff.
23 Die Handelskammer Berlin erklärte bereits 1920 in einem Bericht an den Minister für Handel und Gewerbe: *„Nach unserem Erachten kann nicht bezweifelt werden, daß die Überfremdungsgefahr häufig nur als Vorwand dient, um durch die Schaffung von Vorzugsaktien mit mehrfachem Stimmrecht der gegenwärtigen Verwaltung oder einer ihr nahestehenden Gruppe die Herrschaft über die Gesellschaft dauernd zu sichern.";* zitiert nach *Passow,* Aktiengesellschaft, 2. Aufl. 1922, S. 336 (Fn. 2).
24 Dazu *Kropff,* AktG, 1965, S. 25; *Zöllner* in KölnKomm/AktG, 2. Aufl. 1988, § 12 AktG Rz. 8; *Passow,* Aktiengesellschaft, 2. Aufl. 1922, S. 336; *Vogl-Mühlhaus,* Mehrfachstimmrechtsaktien, 1998, S. 134 ff.
25 *Kalss,* ZHR 187(2023) 473 f.
26 *Vogl-Mühlhaus,* Mehrfachstimmrechtsaktien, 1998, S. 140 ff.; parallel dazu für Österreich *Reich-Rohrwig/Thiery,* ecolex 1990, 26; *Brändel* in FS Quack, 1991, S. 175.
27 *Passow,* Aktiengesellschaft, 2. Aufl. 1922, S. 337.

Misswirtschaft war entsprechender Kritik unterworfen.[28] Der 33. Deutsche Juristentag in Köln 1924 und der 34. Deutsche Juristentag in Heidelberg 1926 befasst sich ua mit den Malversationen und dem grossen Zufluss von ausländischem Kapital. Die sog *Schutzaktie* war dabei ein zentrales Kernelement der Diskussion. Die Kommission kam zu dem Ergebnis, dass die Überfremdungsgefahr und die Gefahr von Zufallsmehrheiten in der Hauptversammlung gegenüber der Entmachtung der Minderheit überwogen und dass Mehrstimmrechtsaktien beibehalten werden sollten, aber diese einer Missbrauchskontrolle durch eine Generalklausel unterworfen werden sollten.[29] Darauf bauten die Reformentwürfe 1930/1931 auf, die allerdings aufgrund der Bankenkrise 1929 nicht umgesetzt wurden.

Es wäre völlig falsch, das Mehrstimmrecht in den ersten Jahrzehnten des zwanzigsten Jahrhunderts (1920er und 1930er Jahre) für verschiedene Machtmissbräuche und schädigende Einflussnahmen zulasten anderer Aktionäre allein verantwortlich zu machen, vielmehr war dieses einflusskonzentrierende bzw einflussverzerrende Instrument in eine Reihe weiterer Regelungen eingebettet. Die Diskussion in der Weimarer Republik[30] darf daher nicht in verzerrender Weise für das aktuelle rechtspolitische Gespräch herangezogen werden.[31]

III. „[...] Missbräuche [werden] unterbunden, während ihr gesunder Kern im Interesse der Gesellschaft und der Gesamtwirtschaft erhalten bliebt [...]"– Beschränkungen ab 1937

Das AktG 1937[32] zielte auf eine massive Entmachtung der Aktionäre zugunsten des Vorstands. Die Hauptversammlung verlor ihre Stellung als oberstes Organ. Ihr wurde die Personalkompetenz gegenüber dem Vorstand ebenso genommen wie das Initiativ- und Weisungsrecht. Einzelne Aktionäre sollten auch keinen über ihren Kapitaleinsatz hinausgehenden Einfluss auf die Verwaltung geltend machen können; daher legte § 12 AktG 1937 fest, dass jede Aktie das Stimmrecht gewährt und Mehrstimmrechte grundsätzlich verboten sind. Ausweislich der Materialien sollte damit das Grundprinzip *one share – one vote* festgeschrieben werden. Ebenso

---

28 *von Godin/Wilhelmi*, 1937, § 12 AktG Rz. 3.
29 Dazu *Beckmann*, Das aktienrechtliche Mehrstimmrecht, 2023, 57.
30 S dazu *Büren*, Short Termism 285 ff.
31 *Kalss*, ZHR 187 (2023) 473 f.
32 Erläuterungen zu AktG 1937, abgedruckt bei *Klausing*, AktG, 1937 zu § 12 (S. 12).

wurde festschrieben, dass die Ausübung des Stimmrechts nur nach dem Verhältnis der Einzahlungen gestattet ist, so dass eine Umgehung auf diesem Weg versperrt wurde.[33] Da das Höchststimmrecht – bei entsprechender Gestaltung zu Lasten einzelner Aktionäre – als Äquivalent für das verbotene Mehrstimmrecht eingesetzt werden konnte, wurde auch dessen Einführung der Genehmigung unterzogen.[34] Jede Bevorzugung einzelner Aktionäre beim Stimmrecht sollte abgeschafft werden, da dies *„wirtschaftlich unberechtigt und gefährlich sei".*[35] Bereits bestehende Mehrstimmrechtsaktien blieben bestehen, die Einziehung wurde aber gem §§ 8–11 der dritten DurchführungsVO zum AktG 1937 erleichtert. Allerdings konnte – in nicht *„verwerflichen"* Fällen – eine Ausnahmegenehmigung durch den Reichswirtschaftsminister erteilt werden, wenn *„das Wohl der Gesellschaft oder gesamtwirtschaftliche Belange es fordern".*[36] Dazu führten schon die ersten Kommentatoren aus, dass eine Bevorzugung einzelner Aktionäre, so etwa der öffentlichen Hand, gerechtfertigt sein kann, zumal sich die Vorteile, die einer AG durch die Beteiligung des Staates erwachsen, sich nicht immer in der Kapitalbeteiligung erschöpfen.[37]

Gerade Familienunternehmen wurden – soweit nicht ohnehin bereits Mehrstimmrechtsaktien bestanden – sehr großzügige Ausnahmen für die Neuausgabe gewährt. Daneben war es erstmals möglich, bis zu 50 % der stimmrechtslosen Vorzugsaktien auszugeben. Beide Maßnahmen stärkten die Position der Blockbesitzer und Altaktionäre, die vielfach auch Vorstandspositionen innehatten.[38] Neben den bekannten Namen aus dem Wirtschaftsrecht und der Ministerialbürokratie[39] (*Hjalmar Schacht, Franz Schlegelberger*) spielten auch führende Vertreter der deutschen Unternehmerschaft, wie etwa *Carl Friedrich von Siemens, Willy Tischbein* (Continental), *Hermann Schmidt* (IG Farben) und *Wilhelm Kißkalt* (Münchener Rück) bei der Ausarbeitung des Gesetzes eine wesentliche Rolle.[40] Die generelle Stärkung des Vorstands (Abberufung nur aus wichtigem Grund, Weisungsfreiheit) gepaart mit der ausgewählten Zuerkennung des Mehrstimmrechts zugunsten bestimmter Betriebsführer-Aktionäre (= Vorstandsmitglieder) zementierte – in engem

---

33 *von Godin/Wilhelmi*, 1937, § 12 AktG Rz. 7.
34 *Baums* in Baums, Corporate Governance und Anlegerschutz, 2013, S. 7; ferner *Kalss*, Das Höchststimmrecht als Instrument zur Wahrung des Aktionärseinflusses, 1992, S. 3 ff.
35 Amtliche Begründung zum Gesetz über Aktiengesellschaften und Kommanditgesellschaften auf Aktien vom 4. 2. 1937, abgedruckt bei *Klausing*, AktG 1937, S. 12.
36 *Schwark* in FS Semler, 1993, S. 367 ff; *Wolf*, Mehrstimmrechtsaktien, 2023, 207 ff.
37 *Schlegelberger/Quassowski/Herbig/Geßler/Hefermehl*, AktG, 1937, Anm. zu § 12 AktG, S. 43 f.
38 *Kalss*, ZHR 187 (2023) 473 f.
39 *Büren*, Short Termism 302 ff, 313 ff.
40 *Berghoff/Köhler*, Verdienst und Vermächtnis – Familienunternehmen in Deutschland und den USA seit 1800, 2020, S. 111; s ferner *Vuillard*, Die Tagesordnung, 2018, S. 20; *De Jong*, Braunes Erbe, 2022, S. 11.

Einvernehmen mit der Führung des Dritten Reiches – den Leitungsanspruch der Eigentümer-Betriebsführer.[41] Somit zeigen sich in dieser Bestimmung zum einen das enge Zusammenwirken der deutschen Industrie mit der nationalsozialistischen Verwaltungs-Elite und zugleich die nochmalige Stärkung der Vorstands-Aktionäre, die ihren Einfluss auf zwei Ebenen durchsetzen und absichern konnten.[42]

IV. „im öffentlichen Interesse notwendige Erhaltung des konsensualen Einflusses" rechtfertigt das Mehrstimmrecht – Das Aktiengesetz 1965

Die Debatte war damit nicht beendet, vielmehr stand bei den Reformarbeiten zum AktG 1965[43] die Stärkung des Kapitalmarkt sowie die Steigerung der Attraktivität der Aktie auf der Agenda, insbesondere um den Wiederaufbau in der Nachkriegszeit zu ermöglichen.[44] Wiederum wurde die Mehrstimmrechtsaktie mitunter Ziel der Reformarbeiten.[45] Der Referentenentwurf des Bundesministeriums der Justiz (BMJ) aus dem Jahr 1958 ebenso wie der Regierungsentwurf 1960 sahen eine deutliche Einschränkung vor: Neue Mehrstimmrechtsaktien sollten überhaupt nicht mehr eingeführt werden können, dh es sollte keine Ausnahme mehr möglich sein, zudem sollten auch die bestehenden Mehrstimmrechtsaktien auslaufen. Somit war der erste Entwurf ganz auf ein einheitlich proportionales Stimmrecht nach dem Leitbild der Publikumsgesellschaft ausgerichtet. Umgekehrt sah er aber schon im ersten Entwurf andere Instrumente zur Sicherung des Einflusses vor, wie etwa das Entsendungsrecht oder die Möglichkeit der Ausgabe von Vorzugsaktien.[46]

Zu diesem Zeitpunkt gab es nach einer Zählung des BMJ 183 Gesellschaften mit Mehrstimmrechtsaktien.[47] Erst nach Stellungnahmen und Interventionen von Sei-

---

41 *Berghoff/Köhler*, Verdienst und Vermächtnis – Familienunternehmen in Deutschland und den USA seit 1800, 2020, S. 111; *Kalss*, ZHR 187 (2023) 473 f.
42 *Kalss*, ZHR 187 (2023) 438, 473 f.
43 Antrag des Landes Bayern vom 4. Mai, Drucks. 10/2/6Ob zur 218. Sitzung des Bundesrats am 6. Mai 1960; zit nach *Kropff*, Reformbestrebungen im Nachkriegsdeutschland, in Bayer/Habersack, Aktienrecht im Wandel I, 2007, Rz 314.
44 Dazu *Kropff*, Reformbestrebungen im Nachkriegsdeutschland, in Bayer/Habersack, Aktienrecht im Wandel I, 2007, S. 684 Rz 6 ff.
45 *Beckmann*, Das aktienrechtliche Mehrstimmrecht, 2023, 65 f.
46 *Kalss*, ZHR 187 (2023), 438, 453 f.; *Nicolussi*, AG 2022, 756.
47 *Kropff*, Reformbestrebungen im Nachkriegsdeutschland, in Bayer/Habersack, Aktienrecht im Wandel I, 2007, S. 779 Rz 303; die Mehrstimmrechtsaktien vermittelten in Einzelfällen das dreitausend- oder sechshundertfache Stimmrecht.

ten der Spitzenverbände der gewerblichen Wirtschaft – zugunsten von Familienunternehmen – und vor allem von Unternehmen der Energieversorgung *(„lex RWE")*[48] und einer intensiven rechtspolitischen Diskussion über mehrere Jahre wurde die Ausnahmeregelung für alte und neue Mehrstimmrechtsaktien bei der Notwendigkeit gesamtwirtschaftlicher Belange (nicht hingegen mehr das Unternehmensinteresse) anerkannt.[49] Somit lag nicht so sehr im AktG 1937 der Paukenschlag, sondern vielmehr in der Konzeption des AktG 1965. Die Genehmigungspraxis seit Inkrafttreten der Regelung betraf in der Mehrzahl Energiewirtschaftsunternehmen, an denen die öffentliche Hand beteiligt war.[50]

V. *„Ein Gespenst geht um in Europa – das Gespenst des Wettbewerbs"* – Vorläufiges Ende der Debatte – Die 1990er Jahre

In den 1990er-Jahren[51] war die wirtschaftliche Situation in Deutschland durch die Kosten der Wiedervereinigung und die hohe Arbeitslosigkeit belastet. Als Gründe wurden unter anderen der hohe Regulierungsgrad und die nachlassende Innovationsbereitschaft aufgrund der engen Verflechtung der deutschen Industrie und die Abschottung vom internationalen Kapitalmarkt gesehen. Das KonTraG 1998 setzt sich somit zum Ziel, die Attraktivität der deutschen Aktien für ausländische Investoren zu steigern und somit auch eine Öffnung für Übernahmen zu bewirken.[52] Um die Investitionsbereitschaft zu erhöhen, sollte die Aktie standardisiert werden und der Grundsatz „eine Stimme – eine Aktie" (*„one share – one vote"*) sollte unter der Prämisse des gleichen Nennbetrags der Aktie ausdrücklich festgelegt werden.[53] Daher wurde die Einführung von neuen Mehrstimmrechtsaktien für unzulässig erklärt und ein Erlöschen von bestehenden Mehrstimmrechtsaktien angeordnet, sofern nicht die Hauptversammlung ihre Fortgeltung beschliesst (§ 5 EGAktG). An-

---

48 *Kropff*, AktG, 1965, Ausschussbericht zu § 12; *Noack* in Fleischer/Koch/Kropff/Lutter, 50 Jahre Aktiengesetz, 2016, S. 163, 183.
49 *Kropff*, Reformbestrebungen im Nachkriegsdeutschland, in Bayer/Habersack, Aktienrecht im Wandel I, 2007, 793 Rz 345; *Casper*, ZHR 187 (2023) 5.
50 Vgl. zu den Details des Zulassungsverfahrens *Eckardt* in G/H/E/K, 1973, § 12 AktG Rz. 42 ff.; *Vogl-Mühlhaus*, Mehrfachstimmrechtsaktien, 1998, S. 130.
51 *M Adams*, AG 1990, 63.
52 *Kalss*, ZHR 187 (2023) 476; *Beckmann*, Das aktienrechtliche Mehrstimmrecht, 2023, 74 ff.
53 Begründung RegE KonTraG, BT-Drucks. 13/9712, S. 11 f; *Noack* in Fleischer/Koch/Kropff/Lutter, 50 Jahre Aktiengesetz, 2016, S. 183; *Mock* in Großkomm/AktG, 5. Aufl. 2017, § 12 AktG Rz. 11; *Herzog/Gebhard*, ZIP 2022, 1893, 1894.

dere einflusssichernde Instrumente wie Entsendungsrecht in den Aufsichtsrat, Vorzugsaktien ohne Stimmrecht blieben unangetastet.[54] Zwischen börsennotierten und nicht-börsennotierten Gesellschaften differenzierte der Gesetzgeber nicht bei der Abschaffung der Mehrstimmrechtsaktie. Im Vergleich dazu wurde das Höchststimmrecht im KonTraG für börsennotierte AG verboten, während es für nicht-börsennotierte AGs zulässig blieb. Dieses Argument wurde unmittelbar nach der Beseitigung der Mehrstimmrechtsaktie wieder aufgegriffen und die Wiedereinführung der Gestaltungsfreiheit eingemahnt.[55]

Zur selben Zeit wurde auf europäischer Ebene an der Übernahmerichtlinie unter dem Stern des Markts für Unternehmenskontrolle gearbeitet. Der Richtlinienvorschlag 2000 sah ein Verhinderungsverbot vor, somit ein Verbot für Vorstand und Aufsichtsrats, feindliche Übernahmeversuche abzuwehren. Als Ausnahme waren statutarische Übernahmehindernisse vorgesehen. Von deutscher Seite wurde vehement opponiert, habe doch der deutsche Gesetzgeber erst vor wenigen Jahren Höchst- und Mehrstimmrechtsaktien in börsennotierten Gesellschaften verboten. Deutsche Gesellschaften befürchteten, aufgrund des Verhinderungsverbots dem Bieter schutzlos ausgeliefert zu sein, während andere Mitgliedstaaten durch statutarische, einflusswahrende Instrumente wie Mehrstimmrechtaktien im Vorteil waren.[56] Durch die Übernahme des bekannten Traditionsunternehmens Mannesmann durch die britische Vodafone Airtouch Plc., die im Nachgang die Mannesmann zerschlug[57] und das starke Interesse von Ford an VW[58] wurde offensichtlich, dass – unter anderem – mit der Beseitigung von Höchst- und Mehrfachstimmrechten seit 1998 und mit der langsamen Auflösung von starken Beteiligungen der Deutschland-AG wirksame Schutzmechanismen verloren gegangen sind, die den Gesellschaften anderer Mitgliedsstaaten dennoch weiterhin zur Verfügung standen.[59] Aus diesem Grund wollte Deutschland keiner zwingenden Festschreibung des Verbots von Mehrstimmrechtsaktien für die Mitgliedsstaaten im Rahmen von Übernahmeangeboten zustimmen, die aktuell keine Mehrstimmrechtsaktien ak-

---

54 *Kalss*, ZHR 187 (2023) 476 f; *Nicolussi*, AG 2022, 753 ff.
55 *Bayer/Hoffmann*, AG 2008 R 464, 466; *Kalss*, ZHR 2023, 476 f.
56 *Kalss*, ZHR 2023, 476 f; *Beckmann*, Das aktienrechtliche Mehrstimmrecht, 2023, 86; *Fleischer* in Paschos/Fleischer, Handbuch Übernahmerecht nach dem WpÜG, 2017, § 1 Rz 68; *Kirchner*, Managementpflichten bei feindlichen Übernahmeangeboten, WM 2000, 1821, 1830.
57 *Müller-Stevens/Kunisch/Binder*, Mergers and Acquisitions, 2. Auflg., 2016, 99 ff.
58 *Knudsen*, Is the Single European Market an Illusion – Obstacles to Reform of EU Takeover Regulation, European Law Journal 11, 2005, 507, 510.
59 *Büren*, Short Termism im Aktien- und Kapitalmarktrecht 339; *Mülbert/Birke*, Das übernahmerechtliche Behinderungsverbot – Die angemessene Rolle der Verwaltung der Zielgesellschaft in einer feindlichen Übernahme, WM 2001, 705, 706; *Wiesner*, Die neue Übernahmerichtlinie und ihre Folgen, ZIP 2004, 343, 344.

zeptierten und daher auf keine Ausnahme für die eigenen Unternehmen setzen konnten. Letztlich waren es die Stimmen der deutschen MEPs, die die Übernahmerichtlinie mit zwingendem Mehrstimmrechtsverbot einschließlich der Ausnahmebestimmungen, durch ein Stimmenpatt zu Fall brachten.[60] Die Rolle Deutschlands ist deshalb bemerkenswert, weil die Bundesrepublik zwar die Mehrstimmrechtsaktien im nationalen Aktienrecht abgeschafft hatte, sich aber wenige Jahre später auf europäischer Ebene durch eine zwingende Regelung in der Übernahmerichtlinie nicht binden lassen wollte.[61]

Der deutsche Gesetzgeber hielt letztlich bis zum Jahr 2023 am Verbot für Mehrstimmrechtsaktien (§ 12 Abs 2 AktG) fest.[62] Er anerkannte aber funktional vergleichbare Instrumente, die den strategischen Einfluss einzelner Aktionäre begründen und wahren können, unabhängig vom Kapitaleinsatz des Gesellschafters. Insofern ist das Verbot der Mehrstimmrechtsaktie – geradezu – eine willkürlich herausgegriffene Beschränkung genau dieser Möglichkeit der Entkoppelung von übernommenem Kapitalrisiko und Einfluss. Beispiele für Einflussverschiebungen, die nicht mit dem eingesetzten Kapital korrespondieren, sind dem Aktiengesetz vielfach zu entnehmen.[63] Zu nennen sind etwa (i) Vorzugsaktien ohne Stimmrecht gemäß § 119 AktG; (ii) Höchststimmrechte (allgemein und gattungsbezogen); (iii) die Ausgabe von Aktiengattungen; (iv) Entsendungsrechte in den Aufsichtsrat; (v) Zustimmungsrechte im Aufsichtsrat gemäß § 111 Abs 4 dAktG; (vi) Präsenzrechte einzelner Aktionäre und andere Erfordernisse gemäß § 179 dAktG sowie letztlich (vii) die Mehrheitsregelung gemäß § 133 Abs 1 dAktG.[64] Diese ohnehin bestehenden und erprobten einflusswahrenden Substitute mögen auch der Grund dafür sein, warum die (Wieder-)Einführung von Mehrstimmrechtsaktien in den vergangenen Jahrzehnten kein grundlegendes Anliegen der Praxis war.[65]

---

60 *Büren*, Short Termism 339; *Wiesner*, ZIP 2004, 343, 345; *Engert*, Gesellschaftsrecht, in Langenbucher, Europäisches Privat- und Wirtschaftsrecht[5] (2022) § 5 Rz 117; *Kalss*, ZHR 2023, 475 ff; *Hopt/Kalss*, Mehrstimmrechtsaktien – Grundsatzprobleme, Regelungsanliegen, Praxisfragen, ZGR 2024, 84, 100.
61 *Kalss*, ZHR 187 (2023), 478 f.
62 vgl aber die Vorschläge zur Einführung in der nicht-börsennotierten Gesellschaften am 67.DJT in Erfurt 2008.
63 S etwa die Auflistung aus rechtsvergleichender Sicht in der Einleitung des RL-Entwurfs der EU COM (2022) 761 final, S 4, unter Hinweis auf den Report on the Proportionality-Principle in the EU 2007; *Nicolussi*, Die Satzungsstrenge im Aktienrecht, 2018, 128 f.
64 *Kalss*, ZHR 187 (2023), 452 ff; *Nicolussi*, AG 2022, 756.
65 *Nicolussi*, AG 2022, 756.

VI. „*Vergiftetes Staatsgeschenk für loyale Aktionäre*" – Wiederentfachen der Debatte

Aufgerollt wurde die Debatte um das Mehrstimmrecht nach der Finanzkrise 2007/2008, allerdings unter einem anderen Vorzeichen:[66] Als einer der tragenden Gründe für die Verwerfungen im globalen Finanzsystem wurden die kurzfristige Orientierung am Kapitalmarkt und deren Folgen ausgemacht. Daher hat die Europäische Kommission im Grünbuch 2011 die Idee geboren, dass langfristig orientierte Anleger kurzfristig orientierten Spekulationsaktionären vorzuziehen seien.[67] Während das Thema weder im Aktionsplan Europäisches Gesellschaftsrecht und Corporate Governance vom 12.12.2012 noch während der Reform der Aktionärsrechte-Richtlinie auf europäischer Ebene weiterverfolgt wurde, gelang es Frankreich im Jahr 2014 mit der Einführung der Loyalitätsaktie für die börsennotierte Gesellschaft die Idee in ein Instrument zu packen.[68] Die nach dem lothringischen Stahlwerk bezeichnete *„Loi Florange"* machte für börsennotierte Aktiengesellschaften und Kommanditgesellschaften auf Namensaktien, deren Aktien auf einem geregelten Markt notiert sind, ein Doppelstimmrecht für Aktionäre nach zweijähriger Haltedauer zur Standardregelung, die nur mit Zweidrittelmehrheit abwählbar ist.[69] Das französische Recht geht somit vom Bestehen des Treuestimmrechts aus, das die Aktionäre durch Satzungsänderung ausschließen können. Sie müssen daher zur Beseitigung aktiv werden (*opt-out*).[70] Dies erklärt auch die hohe Zahl und den breiten Anwendungsbereich, da die Abwahl schwer zu erreichen ist,[71] wie mehrere gescheiterte

---

66 *Aiolfi*, NZZ vom 16. Mai 2015.
67 Europäische Kommission, Grünbuch Europäischer Corporate Governance Rahmen, 5.4.2011, 13 (FN 46); *Büren*, Short Termism 863; *Kalss*, ZHR 187 (2023), 438, 472.
68 Das Gesetz kannte bereits vor der Reform das Doppelstimmrecht für nicht-börsennotierte Gesellschaften. Für die börsennotierte Gesellschaft wurde 2014 das Regel-Ausnahme-Verhältnis genau umkehrt. Für nicht börsennotierte Gesellschaften gilt das Gebot des Doppelstimmrechts weiterhin hingegen nur, wenn die Satzung dies vorsieht oder die Aktionäre es mit einer Mehrheit von zwei Dritteln beschließen; vgl Artikel L 225–123 Abs 1 Code Commerce idF 2014; *Büren*, Short-Termism im Aktien- und Kapitalmarktrecht 818; *Bonsoir*, The Principal of Equal Treatment in French Company Law, in Jung, Der Gleichbehandlungsgrundsatz im Gesellschaftsrecht (2021) 46; *Jung*, ZVglRWiss 120 (2021) 108.
69 Artikel L 225–123 Abs 3 Code Commerce idF 2014 ; Report Gallois: Pacte pour la competitivite de l'industrie francaise, November 2012, 21; *Büren*, Short-Termism im Aktien- und Kapitalmarktrecht 814 f; Gesetz Nr 2014–384, visant à reconquérir l'économie réelle vom 29.3.2014.
70 *Jung*, ZVglRWiss 120 (2021) 104, 108.
71 *Büren*, Short Termism 814; *Delvoie*, Loyalty Voting Shares – The Belgian Experience So Far, Vortrag 30. September 2022, Leuven, 16. ECFR-Tagung.

Versuche zeigen.[72] Italien hat die Loyalitätsaktie noch im selben Jahr adaptiert. Weitere Mitgliedstaaten, wie etwa Belgien, Spanien, Portugal, folgten den Beispielen. In Deutschland gab es Anfang der 2000er Jahre mehrere rechtspolitische Anläufe, ein Treuestimmrecht einzuführen.[73] Die rechtspolitischen Vorschläge zum Deutschen Juristentag 2012[74] für die Etablierung des Treuestimmrechts wurden letztlich abgelehnt.[75]

Die Loyalitätsaktie ist eine Facette der Mehrstimmrechtsaktie, allerdings anders verpackt und angereichert durch zwei positive Aspekte: Zunächst ist sie mit der Aura des engagierten Aktionärs behaftet. Sie verfolgt aus der Perspektive der modernen Corporate-Governance-Debatte ein legitimes Ziel, nämlich die Aktivierung und Verlängerung des Anlagehorizonts der Investoren und das Zurückdrängen von Short-Termism.[76] Zweitens stellt sie die Gleichbehandlung der Aktionäre sicher, weil sie an einem objektiven Kriterium, nämlich der Haltedauer, anknüpft. Das Treuestimmrecht kommt jedem Aktionär zugute, der Aktien über einen bestimmten Zeitraum hält. Tatsächlich profitieren aber Paketaktionäre deutlich stärker, da die Stimmkraft und das Stimmrecht generell – mit oder ohne Mehrstimmrecht – erst ab einer bestimmten Höhe Einfluss in der Gesellschaft vermitteln. Eine Schwäche oder zumindest Suggestivkraft des Treuestimmrechts ist seine formale Gleichheit bei tatsächlicher und gleichzeitiger versteckter Bevorzugung und verzerrender Wirkung zugunsten von Paketaktionären.[77] Die Belohnung in Form der Verdoppelung oder Verdreifachung des Stimmrechts für ist gering beteiligte Gesellschafter wenig attraktiv. Für einen Klein- oder Splitter-Gesellschafter ist es letztlich unerheblich, ob er mit 0,032 % oder mit 0,064 % Stimmgewicht an der Entscheidungsfindung teilnimmt, denn tatsächlich kann er den Beschluss nicht beeinflussen.[78] Dass die Haltedauer nicht spürbar gestiegen ist und die Einführung der Loyalitätsaktie seit 2019 keine unmittelbaren spürbaren Effekte gezeigt hat, zeigt auch das Beispiel

---

72 Der Stimmrechtsberater ISS drängte mit seinen Abstimmungsempfehlungen über 2.000 französische Gesellschaften dazu, ihre Aktionäre vor dem automatischen Entstehen von Doppelstimmrechten über eine Abwahl (*opt-out*) abstimmen zu lassen; ISS, 2015, Benchmark Policy Recommendations Nr 6, 2014, 3; *Büren*, Short-Termism im Aktien- und Kapitalmarktrecht 836.
73 *Seibert* in FS Westermann (2008) 1508; *Stork/Schneider*, AG 2008, 700, 706.
74 *Habersack*, Gutachten zum 69. DJT (2012) I, E 5, E 90; daran anschließend *Leyens*, Sitzungsberichte, 69. DJT, Band II/1 (2013) II/1, N 13, N 15.
75 Ständige Deputation des Deutschen Juristentags, Verhandlungen des 69. Deutschen Juristentags (2013) N 91; *Büren*, Short Termism 895.
76 *Burckhardt* in FS Vogt 373; *Forstmoser*, Corporate Social Responsibility – eine neue Rechtspflicht für Publikumsgesellschaften? in FS Nobel, 2015, 157, 175 ff; *Kalss*, ZHR 187 (2023), 460 f.
77 *Chatard*, Treuestimmrechte, 2023, 102 ff; *Kalss*, ZHR 187 (2023), 460 f.
78 *Kalss*, ZHR 187 (2023), 460 f.

Belgien.⁷⁹ Letztlich sind die Gewinner von Treuestimmrechtsaktien nicht die im rechtspolitischen Diskurs hervorgehobenen institutionellen Anleger, deren Engagement gefördert und gesteigert werden soll, sondern Aktionäre mit größeren Aktienpaketen und der Absicht, die unternehmerische Beteiligung jedenfalls längerfristig zu halten, somit Kern- oder Ankeraktionäre.⁸⁰ Vielfach ist dies auch der dadurch Begünstigte auch der Staat selbst, wie sich etwa am Beispiel Frankreich zeigen lässt.⁸¹ Ausgelöst wird damit der Effekt der Einflussbündelung und Abwehr unerwünschter Erwerber im Sinne eines Übernahmeschutzes. Diese Wirkung war den Initiatoren jeweils von Anfang an klar, in der rechtspolitischen Diskussion wird dieser Aspekt aber nicht so stark betont.⁸² In der rechtspolitischen Diskussion wird über die Treueaktie zum Teil *„offener oder versteckter Protektionismus"*⁸³ und eine *„strukturkonservative Wirkung"* konstatiert, die vielfach Altes und Bewährtes erhalte und Sanierungen von Unternehmen in der Krise deutlich behindere.⁸⁴

VII. Triebkräfte der aktuellen Debatte

1. Niederlassungsfreiheit und *„disappearing taboo"*

Das Europäischen Gesellschaftsrecht steht einer (Wieder-)Einführung⁸⁵ von Mehrstimmrechtsaktien nicht entgegen.⁸⁶ Vermutlich hätte die sog. Struktur-Richtlinie, die die Organisationsverfassung der AG und insbesondere auch das Stimmrecht weiter ausformen hätte sollen, weiteren Aufschluss gebracht: In einem Vorentwurf war die Unzulässigkeit von Mehrstimmrechtaktien vorgesehen.⁸⁷ Begründet wurde

---

79 *Delvoie*, Loyalty Voting Shares – The Belgian Experience So Far, Vortrag 30. September 2022, Leuven, 16. ECFR-Symposion; de Wulf, Vortrag 30. September 2022, Leuven, 16. ECFR-Symposion.
80 So auch die Erfahrung in Belgien nach der Einführung 2019: *Devois*, ECFR-Tagung, 30.9.2022 in Leuven; *De Wulf*, Vortrag ECFR-Tagung, 30.9.2022, Leuven
81 *Aiolfi*, NZZ vom 16. Mai 200015; *Büren*, Short Termism 816 ff; *Jung*, Zeitschrift für vergleichende Rechtswissenschaft 120, 2021, 108 ff; *Fleischer*, Diskussionsbeitrag bei der ECFR-Tagung am 30.9.2021 in Leuven.
82 *Büren*, Short Termism 837; *Burckhardt* in FS Vogt 372.
83 *Valter*, Rapport Nr 1283, 17. Juillet 2013, 40 ff; krit dazu *Merle/Vauchon*, Sociétés Commerciales¹⁹ (2015) 860 Rn 766 (periode de patriotisme économic); *Pietrancosta*, RTDF 2014, 42, 43.
84 *Seibert* in FS Westermann, 2008) 1505, 1508; dieses Argument wird vor allem auch gegen Erben oder Rechtsnachfolger von Gründern oder aktiven Unternehmensleitern und Rechtsnachfolgern im Eigentum der Mehrstimmrechtsaktien vorgetragen.
85 *Ventoruzzo*, Law Working Paper No 288/2015.
86 Dazu *Nicolussi*, AG 2022, 757.
87 ABl. EG Nr. C 7 v. 11.1.1991, 4 ff.

das Verbot mit der Bestrebung, das Engagement der Aktionäre zur Wahrnehmung ihrer Rechte in der Hauptversammlung zu steigern, was mit der Mehrstimmrechtsaktie unvereinbar sei.[88] Die Struktur-Richtlinie wurde bekanntlich nie verabschiedet.[89] Der Aktionsplan 2003 war noch vom Grundsatz *„one share – one vote"* geprägt, die gesellschaftsrechtlichen Richtlinien spiegeln dies aber nicht wider, denn das Prinzip wird nicht angesprochen.[90] Auch die Aktionärsrechte-Richtlinie verbietet die unverhältnismäßige Verknüpfung von Aktie und Stimmrecht nicht. Sie normiert zwar zentral in Art. 4 den Gleichbehandlungsgrundsatz. Dieser verbietet aber gerade nicht die Differenzierung zwischen unterschiedlichen Aktiengattungen.[91]

Auch die Rechtsprechung des EuGH steht der (Wieder-)Einführung von Mehrstimmrechtsaktien nicht entgegen: In den Jahren 2000 bis 2013 waren sog. Vorrechtsaktien regelmäßig Anlassfälle für den EuGH. In seiner Rechtsprechungslinie zu den „Goldenen Aktien" qualifizierte der Gerichtshof Vorrechtsaktien, die auf sondergesetzlicher Grundlage Gebietskörperschaften und dem Staat eingeräumt wurden, als Eingriff in die Niederlassungs- bzw. Kapitalverkehrsfreiheit (Art. 49, 63 AEUV).[92] Diesen stellte er statutarische Sonderregelungen gleich, sofern der Staat an ihrer Einführung im Zuge der Privatisierung zu einer Zeit, als er die Gesellschaft noch kontrolliert hat, maßgebend mitgewirkt hat.[93] Zwar betraf keine Entscheidung die Mehrstimmrechtsaktie, dennoch signalisierte der EuGH in mehrere Entscheidungen Vorbehalte gegenüber Stimmgewichtungen zur Absicherung von staatlichem Einfluss.[94] Für die normative Einführung von Mehrstimmrechtsaktien im nationalen Aktienrecht stellt diese Rechtsprechungslinie kein Hindernis dar.[95] Den einzelnen Entscheidungen ist nämlich keine Absage gegen das Instrument des

---

88 S dazu *Schwark* in FS Semler, 1993, S. 367.
89 S dazu Lutter/Bayer/J. Schmidt, Europäisches Unternehmens- und Kapitalmarktrecht, 6. Aufl. 2018, Rz. 9.47; *Mock* in Großkomm/AktG, 5. Aufl. 2017, § 12 AktG Rz. 17.
90 *Grundmann*, Europäisches Gesellschaftsrecht, 2. Aufl. 2011, Rz. 424.
91 *Nicolussi*, AG 2022, 757.
92 EuGH v. 23.5.2000 – C-58/99, Slg. I 2000, 3811; EuGH v. 4.6.2002 – C-367/98, Slg. I 2002, 4731; EuGH v. 4.6.2002 – C-483/99, AG 2002, 557; EuGH v. 4.6.2002 – C-503/99, ZIP 2002, 1090; EuGH v. 13.5.2003 – C-463/00, ZIP 2003, 991; EuGH v. 13.5.2003 – C-98/01, ZIP 2003, 995; EuGH v. 2.6.2005 – C-174/04, ZIP 2005, 1225; EuGH v. 28.9.2006 – C-282/; EuGH v. 23.10.2007 – C-112/05, AG 2007, 817; EuGH v. 6.12.2007 – C-463/04, C-464/04, AG 2008, 80; EuGH v. 8.7.2010 – C-171/08, AG 2010, 584; EuGH v. 11.11.2010 – C-543/08, AG 2011, 123; EuGH v. 10.11.2011 – C-212/09, ZIP 2012, 221; EuGH v. 8.11.2012 – C-244/11; EuGH v. 22.10.2013 – C-95/12, AG 2013, 921; *Grundmann/Möslein*, ZGR 2003, 317 ff.; *Grundmann*, Europäisches Gesellschaftsrecht, 2. Aufl. 2011, Rz. 648 ff.
93 Dazu *Grundmann*, Europäisches Gesellschaftsrecht, 2. Aufl. 2011, Rz. 651; *J. Schmidt* in Kalss/Fleischer/Vogt, Der Staat als Aktionär, 2019, S. 171, 176.
94 Dazu *Grundmann*, Europäisches Gesellschaftsrecht, 2. Aufl. 2011, Rz. 650 ff.
95 *Nicolussi*, AG 2022, 757; *Hopt/Kalss*, ZGR 2024, 84, 85 f, jeweils mwN.

Mehrstimmrechts *per se* zu entnehmen, solange dieses nicht unter besonderen Bedingungen zugunsten des Staates installiert wird.[96] Die gegenteilige Ansicht wäre letztlich auch nicht mit der Übernahmerichtlinie vereinbar, die in Art. 11 Abs. 3 implizit von der Zulässigkeit von Mehrstimmrechtsaktien ausgeht (sog. *Breakthrough-Rule).*[97] Darüber hinaus ist die Rechtsprechungslinie des EuGH, die seit 2013 – mangels Anlassfälle – nicht fortgesetzt wurde,[98] auch in den zeitlichen Rahmen der 2000er-Jahre zu setzen und zu kontextualisieren: In Europa war zu dieser Zeit gerade der Startschuss für den Binnenmarkt gefallen sowie die gemeinsame Währung eingeführt worden. Durch das *Inspire-Art*-Urteil 2003[99] wurde für das Gesellschaftsrecht der Grundstein gelegt, die Niederlassungsfreiheit vom Diskriminierungsverbot zu einem weiten Beschränkungsverbot auszudehnen. Die Vorbehalte des europäischen Gerichtshofs gegen Sonderrechte, die dem Staat die Rolle als langfristigen Ankeraktionär vermitteln, mögen vielleicht auch ein *„Kind der Zeit"* gewesen sein, in der das Europa ohne Grenzen als *Topos* im Vordergrund stand.[100] Heute, in Zeiten gezeichnet von Krisen und Unsicherheiten, wie die Klimakrise, Krieg in Europa und die Energieknappheit, und den neuen wirtschaftspolitischen Impulsen, die überwiegend auch von europäischer Ebene angestoßen werden (Stichwort: ESG), mag die Rolle des Staats als langfristiger, strategischer Investor anders bewertet werden, zumal sich international auch das Grundverständnis und die Aufgaben öffentlicher Unternehmensbeteiligungen gewandelt haben.[101]

Da Richtlinienrecht und Rechtsprechung auf europäischer Ebene keine Vorgaben für die Einrichtung von Mehrstimmrechtsaktien vorsehen, zeigt sich auf der europäischen normativen Landkarte eine breite Regelungsvielfalt: In den vergangenen Jahren haben mehrere Mitgliedstaaten Mehrstimmrechtsaktien (wieder) zugelassen: Rund 50 % der Mitgliedstaaten haben in den vergangenen Jahren

---

96 Ebenso *Ventoruzzo*, Law Working Paper No 288/2015, S. 6; *Ferrarini*, One share one vote: A European Rule? ECGI Law Working Paper 58/2006, 21; *Mock* in Großkomm/AktG, 5. Aufl., 2017, § 12 AktG Rz. 24; *Nicolussi*, AG 2023, 757; *Denninger*, DB 39/2022, 2329, 2335; *Herzog/Gebhard*, ZIP 2022, 1893, 1898; in diese Richtung ebenso *Grundmann*, Europäisches Gesellschaftsrecht, 2. Aufl. 2011, Rz. 651; krit. Koch, 17. Aufl. 2023, § 12 AktG Rz. 8.
97 Aus Sorge vor einem Wettbewerbsnachteil für inländische Gesellschaften, machten die nationalen Gesetzgeber vielfach vom opting-out Gebrauch; vgl. dazu *Hopt*, Europäisches Übernahmerecht, 2012, S. 94 f.
98 Dazu *J. Schmidt* in Kalss/Fleischer/Vogt, Der Staat als Aktionär, 2019, S. 172.
99 EuGH v. 30.9.2003 – C-167/01, AG 2003, 680.
100 *Nicolussi*, AG 2022, 757.
101 Vgl. dazu die Studie von Österreichischen Institut für Wirtschaftsforschung (WIFO): *Peneder/Bärenthaler-Sieber/Böheim/Url*, Der Staat als langfristiger Investor, Jänner 2021; *Nicolussi*, AG 2022, 757.

Mehrstimmrechtsaktien in ihre Aktiengesetze (wieder) eingeführt, darunter Portugal, Italien, Schweden, Finnland, Irland, Dänemark, Niederlande, Belgien, Frankreich, Luxemburg, Polen und Ungarn. Die nationalen Instrumente weisen im Detail unterschiedliche Regelungen auf: Manche Rechtsordnungen beschränken die Stimmkraft auf einen maximalen Multiplikator in unterschiedlicher Höhe (Schweden, Italien, Polen, Ungarn), andere kennen keine höhenmäßigen Beschränkungen (Finnland, Dänemark, Niederlande).[102] Einzelne Staaten wiederum nutzen die Mehrstimmrechtsaktie gezielt, um die langfristige Bindung der Aktionäre an die Gesellschaft zu fördern, nämlich in der Form der Loyalitätsaktie (Frankreich).[103]

Beflügelt wird dieser legistische Umschwung durch eine Komponente der Niederlassungsfreiheit, wodurch es den Gesellschaften grundsätzlich freisteht, durch die Verlegung ihres Sitzes eine für sie günstigere Gesellschaftsrechtsordnung zu wählen. Kann eine Volkswirtschaft Unternehmen und damit Schrittmacher der wirtschaftlichen Entwicklung anziehen, profitieren der Standort und die gesamte Volkswirtschaft. Damit wird ein Wirtschaftsraum insgesamt attraktiver.[104] Dass auch die Zulässigkeit von Mehrstimmrechtsaktien ein Treiber für die Wahl der Rechtsordnung sein kann, zeigt neben rezenten deutschen Beispielen wie *Trivago N.V.*, *Sono Group N.V.* und *Lilium Air Mobility N.V.*, die alle ihren Sitz in den Niederlanden haben, das prominente Beispiel *Chrysler/Fiat*: Der italienische Konzern wollte 2014 Mehrstimmrechtsaktien einführen, der italienische *Codice Civile* kannte aber ein diesbezügliches Verbot. Daraufhin hat der Konzern seinen Sitz in die Niederlande verlegt, wodurch er in den Anwendungsbereich des niederländischen Aktiengesetzes (Art. 64 ff. BW) und damit der Zulässigkeit der Mehrstimmrechtsaktien gekommen ist. Dieser Anlassfall war einer der maßgebenden Gründe, warum der italienische Gesetzgeber 2015 die Mehrstimmrechtsaktie für nicht-börsennotierte Gesellschaften eingeführt hat.[105] Dies zeigt, dass auch der Wettbewerb rund um das ideale gesetzgeberische Konzept die nationale Debatte um die Wiedereinführung der Mehrstimmrechtsaktien beflügelt.[106] Mit der Umsetzung der Mobilitätsrichtlinie im Jahr 2023 und der damit einhergehenden Vereinfachung der

---

102 *ISS/Shearman & Sterling/ECGI*, Report on the Proportionality Principle in the European Union, 2016, S. 27.
103 Im Einzelnen s dazu *Kalss*, ZHR 187 (2023), 450 ff; *Nicolussi*, AG 2022, 757; *Beckmann* Das aktienrechtliche Mehrstimmrecht, 2023, 102 ff; vgl. dazu aus rechtsvergleichender Perspektive *Jung*, ZVglRWiss 120 (2021), 215 ff; *Hopt/Kalss*, ZGR 2024, 84, 101 ff., 124 f.
104 *Hopt/Kalss*, ZGR 2024, 84, 100.
105 *Ventoruzzo*, Law Working Paper No 288/2015, S. 3.
106 *Nicolussi*, AG 2022, 757 f.

Sitzverlegung über die Grenze wird diese Tendenz innerhalb Europas und auch gegenüber anerkennenden Drittstaaten steigen.[107]

2. „*the fear of losing control*" – Belebung des Kapitalmarkts

Angestossen wird Debatte rund um die Wiedereinführung der Mehrstimmrechtsaktie ausserdem aus der Ecke des Kapitalmarkts. Sie geht auf die transnationale Beobachtung zurück, dass Börsengänge von Unternehmen in Europa seit der Finanzkrise 2008/2009 rückläufig sind. Die Gefahr, durch den Börsengang an Einfluss durch Verlust der Stimmenmehrheit zu verlieren[108] und möglicherweise die unternehmerische Bestimmung und Steuerung aufgeben zu müssen, demotiviert Unternehmen dazu, den Aktienkapitalmarkt in Anspruch zu nehmen, um die Finanzierungsmittel für einen Expansions- und Entwicklungsschritt zu suchen.[109] Den Bedarf an Eigenkapital scheinen die Unternehmen daher nicht in erster Linie am europäischen Kapitalmarkt zu decken.[110] Dies wird aktuell bei Start-up-Unternehmen beobachtet, die insbesondere solche im Bereich von High-Tech und Life-Sciences tätig sind.[111] Diese haben jeweils für den nächsten Entwicklungsschub einen hohen Kapitalbedarf. Ihre Gründer und Eigentümer, die vielfach auch die Vorstandsmitglieder oder Direktoren der Gesellschaft sind, wollen ihren Einfluss – jedenfalls in dieser Phase – nicht abgeben.[112]

Vorbildwirkung entfalten florierende Kapitalmärkte, die alle für differenzierte Kapital- und Stimmrechtsstrukturen offenstehen: Neben den asiatischen Kapitalmärkten, Hong Kong und Singapur, gilt insbesondere der US-amerikanische Kapitalmarkt als Vorreiter.[113] Dieser lässt – nach einer fundamentalen Debatte[114] – Gesellschaften mit Mehrstimmrechtsaktien seit den 1990er Jahren zu. 2021 waren rund 32 % sämtlicher IPOs mit Mehrstimmrechtsaktien ausgestaltet.[115] Im Dezem-

---

107 *Hopt/Kalss*, ZGR 2024, 84, 119.
108 *Europäische Kommission*, Targeted Consultation, S. 66.
109 Europäische Kommission, Vorschlag über eine Richtlinie über Mehrstimmrechtsaktien, COM (2022) 761 final, 2 (Absatz 3).
110 Europäische Kommission, Targeted Consultation, S. 65 f.
111 Entwurf RL-Mehrstimmrechts-E COM (2022) 761 final 2.
112 *Lidman/Skog*, London Allowing Dual Class Premium Listings – A Swedish Command, Journal of Corporate Law Studies 2021, Vol 21, Part 2.
113 Vgl. dazu auch am Beispiel Google Inc. *Bueren/Crowder* in Fleischer/Mock, Große Gesellschaftsverträge aus Geschichte und Gegenwart, 2021, S. 911, 969 ff.
114 S. dazu ausführlich *Bainbridge*, The Short Life and Resurrection of Sec Rule 19C-4, 69 Washington U.L. Quarterly (1991) 565 ff.
115 *Financial Times*, Investors loss ground in fight against supervoting shares, 7.1.2022.

ber 2021 wurden im Vereinigten Königreich – nachdem ein Rückgang von Neuzulassungen seit 2008 um rund 40 % verzeichnet wurde[116] – die UK-Listing Rules geöffnet. Nunmehr haben Gesellschaften, die Mehrstimmrechtsaktien ausgegeben haben, auch Zugang zum *Prime Segment* der London Stock Exchange (LSE). Die Stimmrechtsbevorzugung ist als *sunset clause* ausgestaltet, d.h. nach fünf Jahren müssen die Mehrstimmrechtsaktien in schlichte Stammaktien umgewandelt werden. Sie dienen somit bloß der Überbrückungsphase beim Börsengang. Zudem ist das maximale Stimmgewicht auf das Zwanzigfache beschränkt.[117] Für Großbritannien ist diese Öffnung ein logischer Schritt, denn bereits zuvor konnten Mehrstimmrechtsaktien im *Standard Listing Segment* zum Handel zugelassen werden, welches aber deutlich niedrigere Schutzvorkehrungen für Minderheitsaktionäre als das *Prime Segment* kennt.[118]

Dies macht deutlich, dass ein Treiber der Debatte auch international der Wettlauf der für die Unternehmen günstigsten Notierungsbedingungen an den Börsen und das Ringen um neue Kapitalmarktkandidaten ist. Denn die Mehrstimmrechtsaktie bildet – und dies bestätigen auch die Antworten der Stakeholder im Konsultationsprozess (s dazu unten) – ein wichtiges Element bei der Wahl des Zulassungsortes.[119] Denn durch das Instrument der Mehrstimmrechtsaktie müssen die bisherigen Eigentümer die erste Berührung mit dem Kapitalmarkt nicht fürchten, ihren Einfluss an die neuen Kapitalgeber zu verlieren und können daher ihre längerfristig ausgerichteten Ideen und Geschäftsmodelle erproben und ausführen. Mit Hilfe der Kapitalaufnahme über die Börse können aber Expansionsschritte rasch finanziert werden. Auch an dieser Stelle wird deutlich, dass das Argument, die Mehrstimmrechtsaktie hätte negativen Einfluss auf Eigenkapitalmarkt von 1998, nun genau ins Gegenteil gewendet wurde und das disproportionale Stimmrecht gerade als besonderer Benefit für die Steigerung der Attraktiv verwendet wird.

---

116 UK Listing Review, March 2021, 1; dazu *Payne/Pereira*, The Future of the UK IPO, S. 9 f. (Februar 8, 2022), abrufbar unter https://papers.ssrn.com/sol3/papers.cfm?abstract_id=4029933 (zuletzt abgerufen am 1.12.2023).
117 FCA, Primary Market Effectiveness Review, PS 21/2021, S. 9 ff.
118 Krit. dazu *Yan*, Permitting Dual Class Shares in the UK Premium Listing Regime – A Path to Enhance rather than Compromise Investor Protection, Legal Studies 42/2022, 335 ff; *Nicolussi*, AG 2023, 754.
119 Die Frage „*Do you believe that, where allowed, the use of shares with multiple voting rights has effectively encouraged more firms to seek a listing on public markets?*" (Pkt. 101 der Targeted Consultation) beantworten 33 von 45 Stakeholder mit „Ja".

3. Debatte über die Auswirkungen auf die Corporate Governance

Das Auseinanderfallen von Stimmmacht und Aktienbesitz ist geeignet, sich sowohl auf die interne als auch auf die externe Corporate Governance auszuwirken. Die interne Governance ist auf die rechtlichen Binnenverhältnisse zwischen den Organen und den Aktionären sowie die Rechte und Pflichten einschließlich der Verantwortung der Organe gegenüber der Gesellschaft und den Aktionären ausgerichtet. Die externe Governance wiederum beschreibt die externen Kräfte und Einrichtungen, die auf die Kontrolle der Unternehmensleitung einwirken.[120]

a) Externe Corporate Governance – Pro und Contra

Gegen die Zulassung von Mehrstimmrechtsaktien wird insbesondere die Idee des Markts für Unternehmenskontrolle als Disziplinierungsinstrument der externen Corporate Governance vorgebracht.[121] Damit verbunden ist die Vorstellung, die überwiegend aus der ökomischen Literatur stammt, dass eine drohende feindliche Übernahme dazu führt, das Management zu einem sorgfältigen Verhalten zu animieren und Malversationen zu unterbinden. Werden Mehrstimmrechtaktien eingeführt, so führe dies theoretisch zu einem Verschanzungseffekt: Durch die Kontrollmehrheit wird die Übernahme der Gesellschaft durch einen Dritten gehemmt, da sie dessen Einstieg, der auf die Erlangung einer Kontrollposition zielt, uninteressant macht, was sich wiederum zu Lasten der Exit-Möglichkeit der übrigen Aktionäre auswirkt.[122] Das Mehrstimmrecht wirkt als Übernahmehindernis noch stärker als ein Höchststimmrecht, welches durch einen Hauptversammlungsbeschluss aufgehoben werden kann.[123] Die Aufhebung des Höchststimmrechts kann nämlich seitens des Bieters als Bedingung für die Übernahme formuliert werden.[124] Das Mehrstimmrecht kann jedenfalls eine Barriere gegen Übernahmen bilden, es

---

[120] *Hopt* in Hopt/Basedow/Zimmermann, Handwörterbuch des Europäischen Privatrechts I (2009) 283 ff.
[121] Folgenabschätzung der Kommission vom 12.12.2007, SEC (2007) 1705; ISS Europe ECGI und Shermann and Sterling vom 18.5.2007; *Habersack/Verse*, Europäisches Gesellschaftsrecht⁵ (2019) Rz 29; *Casper*, ZHR 187 (2023) 5.
[122] *Adams*, AG 1990, 72; *Denninger*, DB 39/2022, 2329, 2332 f; insbesondere zum wirtschaftswissenschaftlichen Forschungsstand *Herzog/Gebhard*, ZIP 2022, 1893, 1896.
[123] *Baums* in Baums, Corporate Governance und Anlegerschutz, 2013, S. 13 f.
[124] *Nowotny*, RdW 2001, 130 ff.

verhindert aber nur die feindliche Übernahme der Gesellschaft.[125] Dieser Effekt ist bei der Zulassung von Mehrstimmrechtsaktien in der börsennotierten AG hinzunehmen, zumal der Gesetzgeber *de lege lata* bestimmte Abwehrinstrumente, die funktional vergleichbar sind, bereits in Kauf nimmt (Entsendungsrechte, Syndikatsverträge, statutarische Herabsetzung der Kontrollschwelle [§ 27 öÜbG]).[126] Aus wirtschaftspolitischer Sicht ist zu bedenken, dass nicht jede feindliche Übernahme wohlstandsfördernd ist. Wie die Erfahrung zeigt, hat nicht jeder Bieter die Absicht, die Ressourcen der übernommenen Gesellschaft unternehmerisch zu nutzen, sondern vielfach werden Teile einzeln liquidiert, Arbeitsplätze vernichtet und Vermögenswerte versilbert.[127]

Von den Befürwortern wird insbesondere die negative Börse- und Kapitalmarktentwicklung und der Rückgang von Notierungen, dem nicht zuletzt aus volkswirtschaftlichen Überlegungen entgegengetreten werden muss,[128] betont. Viele Unternehmen haben Angst vor Kontrollverlust, die Palette reicht von Start-Ups über Wachstumsunternehmen bis hin zu Familienunternehmen. Mehrstimmrechtsaktien würden nun dazu dienen, die Unternehmenskontrolle zumindest in der ersten Phase des Börsegangs zu behalten.[129]

Ob das Auseinanderfallen von Stimmrecht und Aktienbesitz positive oder negative Auswirkungen auf den Kapitalmarkt in seiner Gesamtheit zeichnet, ist bis heute umstritten. Es existieren mehrere empirische Untersuchungen zu unterschiedlichen Märkten, die insgesamt widersprüchlich sind.[130] Daher ist es für den Gesetzgeber nicht anzuraten, theoretische oder politische Schlüsse daraus zu ziehen oder diese sogar als Grundlage für eine bestimmte Regulierung heranzuziehen.[131] Dass der einflussbewahrende Effekt von Mehrstimmrechtsaktien nicht stets

---

125 *Ruffner*, Die ökonomischen Grundlagen eines Rechts der Publikumsgesellschaft, 2000, S. 542 ff; *Herzog/Gebhard*, ZIP 2022, 1893, 1899 f.
126 Dazu *Hlawati/Birkner/Graf*, ecolex 2000, 84 ff.
127 *Nicolussi*, AG 2022, 757; anders *Casper*, ZHR 187 (2023) 5 ff.
128 Dazu *Hopt/Kalss*, ZGR 2024, 84, 109 f.
129 *Hopt/Kalss*, ZGR 2024, 84, 110 ff.
130 *Adams/Ferreira*, One Share, One Vote: The Empirical Evidence, 12 Review of Finance 51 (2008), Finance Working Paper No 177/2007, December 2007, available at < https.com/abstract=987488 >; *Dyck/Zingales*, Private Benefits of Control: An International Comparison, 59 Journal of Finance 537; Anand, 3 Annals of Corporate Governance 184 (2018) (Fn. 133) at 18 et seq.; *Fisch/Solomon*, The Problem of Sunsets, 99 .U.L.Rev. 1057 (2019) at 1070 et seq; *Oxera/Kaserer*, Wie können Börsengänge für Start-ups in Deutschland erleichtert werden? Internationaler Vergleich und Handlungsempfehlungen, 2021 S. 20 f.; zum Schweizer Recht *von der Crone/Reiser/Platsken*, Stimmrechtsaktien: Eine juristische und ökonomische Analyse, SZW/RSDA 2010, 93 ff.
131 S. dazu *Hopt/Kalss*, ZGR 2024, 84, 109 ff insb mit umfangreichen Nachweisen aus der ökonomischen Literatur.

mit negativen Auswirkungen auf den Kapitalmarkt verbunden ist, zeigt auch die Kehrtwende des Stimmrechtsberaters *ISS:* Bis vor Kurzem wurde in den *ISS*-Guidelines für Europa die Stimmabgabe gegen die Einführung von Mehrstimmrechtsaktien empfohlen.[132] In einem rezenten Statement wurde angekündigt, diese Empfehlung für Hauptversammlungen ab 1.1.2024 zu ändern für jene Fälle, in denen die Gleichbehandlung der Aktionäre gewährleistet werden kann.[133] Andere Stimmrechtsberater und institutionelle Investoren so wie BlackRock, State Street Corporations, Fidelity, DWS und andere lehnen in ihren Stellungnahme Mehrstimmrechtsaktien hingegen ab. Die Ablehnung ist jedenfalls nicht frei von Eigeninteressen der institutionellen Anlegern: Betrachtet man den Effekt des Sammelns und Ausübens der Stimmrechte durch die institutionellen Anleger und Stimmrechtsberater, so liegt darin ein dem Mehrstimmrecht vergleichbarer Effekt: Das Stimmgewicht wird in der Hand von Rechtsträgern kumuliert, die dafür das Kapital gerade nicht ausgebracht haben. Dadurch geschieht durch den Sammel- und Ausübungsvorgang ein vergleichbarer Effekt wie der Entkoppelung von Stimmmacht und Kapitaleinsatz, auch wenn de iure die einzelnen Kapitalgeber das Stimmrecht behalten und ein Weisungsrecht haben. Die ablehnenden Stellungnahmen sind somit auch vor diesem Hintergrund zu werten.[134]

b) Interne Corporate Governance – Pro und Contra

Der Mehrstimmrechtaktionär kann ohne den entsprechenden Kapitalanteil einen unverhältnismässig grossen Einfluss ausüben. Er kann so – bei Erlangung der einfachen Mehrheit – alle Aufsichtsratsmitglieder der Kapitalvertreter bestimmen und damit auch die Grundlage für die Vorstandsbestellung legen.[135] Zurecht wird in der Diskussion darauf hingewiesen, dass es dadurch zu einer Schwächung der Eigentümerkontrolle und zu einer problematischen Struktur der Corporate Governance kommen kann, die auch durch die historische Genese der 1920/1930er-Jahre belegt werden kann. Gemäss der Agency Theory müssen Herrschaft und Kapitalbeteiligung zusammenfallen, denn dadurch werde die Kontrolle am besten geleistet.[136]

---

[132] *ISS*, Proxy Voting Guidelines – Continental Europe, December 13, 2021, 18.
[133] https://insights.issgovernance.com/posts/dual-class-share-structures-the-european-experience/ (zuletzt abgerufen am 1.12.2023).
[134] *Hopt/Kalss*, ZGR 2024, 84, 123.
[135] *Kalss*, ZHR 187 (2023) 482 f.
[136] *Easterbrook/Fischel*, 26 Journal for Law and Economics (1983) 395 at 403 et seq.; *Anand*, 3 Annals of Corporate Governance 184 (2018) (Fn. 133) at 12 et seq.; *Casper*, ZHR 187 (2023) 5, 25 ff.

Die potentielle Gefahr, dass der beherrschende Aktionär allfällige Vorteile *(private benefits of control)* aus seiner Position zieht, besteht aber grundsätzlich unabhängig davon, wie und durch welches Instrument die Kontrolle vermittelt wird.[137] Das deutsche Aktienrecht kennt dafür konzernrechtliche Schutzinstrumente: Für den kontrollierenden Aktionär günstigen Geschäften wird insbesondere durch die Regelungen über *Related Party Transactions* – in der börsennotierten Gesellschaft – sowie durch die strenge Grenze des Verbots der Einlagenrückgewähr Rechnung getragen. Auch die Treuepflicht und die Stimmverbote setzen als flexible Instrumente situativ Grenzen für eine missbräuchliche Stimmrechtsausübung. Zudem kennt das Gesetz für besonders wichtige Beschlussfassungen wie etwa Satzungsänderungen durch die Notwendigkeit einer Sonderbeschlussfassung jeder Aktiengattung ein weiteres Korrektiv zum Schutz der Minderheit. Darüber hinaus zählt für eine Reihe von wesentlichen Beschlüssen nicht nur die Stimmkraft, sondern auch der Kapitalanteil. So können etwa Satzungsänderungen und Kapitalerhöhungen und -herabsetzungen nicht ohne die Zustimmung der übrigen Aktionäre beschlossen werden. Viele Schutzregelungen zugunsten der Minderheit greifen unabhängig davon, wie die Stimmmacht vermittelt wird.[138]

Bei fehlender Kongruenz zwischen Kapitalanteil und Stimmmacht wird aber das Risiko des Missbrauchs – zumindest theoretisch – verstärkt: Mehrstimmrechtsaktien bewirken, dass der Anreiz, die privaten Vorteile für seinen eigenen Nutzen zu verwenden, größer ist im Vergleich zur Kontrolle, die auch die Kapitalmehrheit vereint. Private Vorteile reduzieren den Gewinn der Gesellschaft, an dem alle Aktionäre anteilig mit ihrer Beteiligung partizipieren. Je kleiner somit der Kapitalanteil ist, umso weniger partizipiert der Mehrstimmrechtsaktionär an Gewinnen und Verlusten der Gesellschaft und umso größer ist der Anreiz, Gewinne im weiteren Sinne vorab abzuschöpfen und seine Stellung auszunutzen.[139]

Diesem Effekt kann wohl nicht bloss durch die steuernden Kräfte des Markts für IPO entgegengetreten werden; es bedarf vielmehr Grenzen und Schutzvorschriften für die optimale Corporate Governance und einem ausgereiften System des Minderheiten- und Aktionärsschutzes.[140]

Auf der anderen Seite wird in der Diskussion die damit einhergehende stabilisierende Wirkung hervorgehoben, die sich wieder positiv auf die interne Corpo-

---

137 Dazu *Venezze*, EBOR 15 (2014) 499, 501 f.
138 *Nicolussi*, AG 2022, 761; *Casper*, ZHR 187 (2023) 25.
139 *Ruffner*, Die ökonomischen Grundlagen eines Rechts der Publikumsgesellschaft, 2000, S. 553; *Bebchuk/Kraakman/Triantis* in Morck, Concentrated Corporate Ownership, 2000, 448 ff.; *Häusermann*, SZW/RSDA 2015, 243 f.
140 *Hopt/Kalss*, ZGR 2024, 84, 131.

rate Governance auswirken kann:[141] Malversationen und große Unternehmenszusammenbrüche der letzten Jahre haben die Schwachstellen im geltenden Aktienrecht aufgezeigt. Sie haben vor Augen geführt, dass alleine eine Straffung der Sorgfaltspflichten und eine Professionalisierung des Aufsichtsrats, die umfangreichen Berichts- und Transparenzpflichten und die behördliche Aufsicht nicht ausreichen, um eine ordentliche Kontrolle des Unternehmens zu gewährleisten.[142] Krieg, Klimakrise, Energieknappheit, Gesundheitskrise und die daraufolgende Inflation führen zu Unsicherheiten, die sich nicht schlicht durch vereinzelte Anlassgesetzgebungsschritte oder weitere Verhaltenskodizes lösen lassen. Die Fortentwicklung der Berichtspflichten, die Verstärkung der Unabhängigkeit der Aufsichtsratsmitglieder, der verstärkte Einsatz der Digitalisierung zur Aufdeckung doloser Handlungen im Unternehmen und eine dichtere Verzahnung der unterschiedlichen Kontroll- und Überwachungsinstanzen sowie eine Ausreizung der Sorgfaltspflicht für die Lieferkette reichen dafür nicht. Vielmehr erfordern die aktuellen multikausalen Problemstellungen und Herausforderungen neue Ansätze.[143] Ein solcher Ansatz oder ein alternatives rechtspolitisches Modell könnte darin bestehen, die Kontinuität und die Kontrolle auf Aktionärsebene zu stärken. Durch den Einsatz von Mehrstimmrechtsaktien werden Kontrollpositionen und stabile, langfristige Kernaktionäre ermöglicht, die zwar nicht die Mehrheit des Kapitals bereitstellen, aber die eine andere Leistung als Ausgleich für die Stimmmacht erbringen: Strategische Unternehmenseigner, wie etwa die Familienmitglieder in Familienunternehmen oder die Gründer-Gesellschafter, üben in der Regel ihre Eigentums- und Kontrollrechte aktiv aus. Durch ihre Überwachungs- und Kontrollleistung gegenüber dem Management ersparen sich auch die übrigen Aktionäre die sog. Agency-Kosten, also jene Kosten, die sich aus der Überwindung des Informationsvorsprungs des Managements ergeben würden.[144] Durch die Mehrstimmrechtsaktie „bezahlt" der Aktionär seinen Einfluss nicht durch einen entsprechenden Kapitaleinsatz, sondern vielmehr mit seiner Kontrollleistung, seinen wirtschaftlichen Impulsen und seinem Engagement, allesamt Eigenschaften, die der Gesellschaft, aber auch den übrigen Aktionären zugutekommen.[145] Insofern kann dieser Ansatz auch als eine mögliche Teillösung des *Principal-Agent*-Konflikts auf

---

141 *Nicolussi*, AG 2022, 755 f.
142 So auch im Ergebnis die ökonomisch-empirische Untersuchung von *Peneder/Bärenthaler-Sieber/Böheim/Url*, Der Staat als langfristiger Investor, WIFO, Jänner 2021, S. 11 ff.
143 *Kalss*, GesRZ 2022, 165; *Nicolussi*, AG 2022, 759 f.
144 Dazu *Kraakman/Davis/Hansmann/Hertig/Hopt/Kanda/Rock*, The Anatomy of Corporate Law, 3. Aufl. 2017, S. 79 ff.
145 Vgl. dazu auch *Ruffner*, Die ökonomischen Grundlagen eines Rechts der Publikumsgesellschaft, 2000, S. 556.

der Ebene Aktionäre – Management herangezogen werden.[146] Dies gilt insbesondere für die Publikumsgesellschaften ohne Großaktionär, in denen die Kontrolle und effektive Überwachung des Managements durch die Aktionäre naturgemäß nicht gegeben ist.[147] Ankeraktionäre sind nicht nur Kontrolleure, sondern vielfach auch als Rat- und Impulsgeber von entscheidender Bedeutung:[148] So stellt etwa der staatliche Ankeraktionär bei der Umsetzung von sozialpolitischen Zielen wie Klima- und Umweltschutzregularien einen wichtigen und nicht zu vernachlässigenden Umsetzungshebel dar.[149] Mit der Zuweisung von Mehrstimmrechten wird aus Sicht des berechtigten Aktionärs ein Anreiz gesetzt, sich dauerhaft an der Gesellschaft zu beteiligen und diese Bindung langfristig zu erhalten, was insbesondere in Zeiten der Unsicherheit eine stabilisierende Funktion entfalten kann.[150]

Erkennt man diese vielseitige Leistung an und misst man ihr Wert für die *Corporate Governance* zu, so lässt sich damit eine Kernthese formulieren: Kapital und damit die finanzielle Beteiligung, die der Aktionär in die Gesellschaft einbringt, muss nicht notwendigerweise die richtige Bezugsgröße für die Vermittlung von Stimmkraft und Einfluss sein.[151] In diese Richtung tendierten auch schon die Kommentatoren zum AktG 1937, wenn sie festhalten, dass die Vorteile, die der Gesellschaft aus einer Kontrollposition erwachsen (konkret: öffentliche Hand), sich nicht immer in der Kapitalbeteiligung erschöpfen.[152] Dass Kapital nicht immer die einzige „Währung" für Einfluss sein muss, zeigt auch die rezente Diskussion rund um die Gestaltung von „Verantwortungseigentum", somit Gesellschaften mit gebundenem Vermögen: Auch dabei besticht die Idee, neue Eigentumsstrukturen für Unternehmungen zu ermöglichen und bereitzustellen. Ein Aspekt liegt darin, die Kontrolle über das Management und die strategischen Entscheidungen losgelöst vom Kapitaleinsatz und von den Vermögensrechten, die mit der Mitgliedschaft verbunden sind, denjenigen zuzuordnen, die eng mit dem Unternehmen verbunden sind.[153] Dies ist eine Alternative zur herkömmlichen unternehmenstheoretischen

---

146 Vgl. dazu auch die empirische Studie bei von der *Crone/Reiser/Plaksen*, SZW/RSDA 2010, 93, 99.
147 Dazu Zöllner/Noack, AG 1991, 125.
148 *Schäfer*, ZHR 185 (2021) 235; *Kalss*, ZHR 187 (2023), 438, 483.
149 In dieser Richtung bereits *Brändel* in FS Quack, 1991, S. 177.
150 *Nicolussi*, AG 2022, 755 f; *Hopt/Kalss*, ZGR 2024, 84, 110.
151 *Nicolussi*, AG 2022, 755 f.
152 *Schlegelberger/Quassowski/Herbig/Geßler/Hefermehl*, AktG, 1937, Anm. zu § 12 AktG, S. 43 f.; Eckardt in G/H/E/K, 1973, § 12 AktG Rz. 32 zum kapitalistischen Prinzip: *„Daß es für das Aktienwesen notwendig ist, hat noch niemand zwingend begründet."*; aus jüngerer Zeit Zöllner/Noack, AG 1991, 118: *„Die Bemessung des Stimmrechts nach der Höhe der Kapitalbeteiligung [...] entspricht auch nicht etwa aktienrechtlichem „Naturrecht" [...]".*
153 Vgl. dazu *Sanders*, NZG 2021, 1573; zur US-amerikanischen Praxis *Thomas*, Golden Shares and Social Enterprise, 12 Harv. Bus. L. Rev. 12/2021.

These, dass denjenigen, die das Kapitalrisiko tragen, auch die Kontrollrechte zugeordnet werden müssen.[154] Die Separierung von Kapital und Einfluss soll dabei ein möglicher Weg sein, um das Unternehmen über Generationen langfristig zu führen.[155]

VIII. „Griff in die historische Mottenkiste" – (Vorläufiges) Ende der Debatte – Wiedereinführung der Mehrstimmrechtsaktie

1. *EU-Listing Act* und Entwurf für eine Mehrstimmrechtsaktie-Richtlinie

Die Europäische Kommission hat im November 2021 eine Initiative[156] für einen sog. Listing Act gestartet. Dieser zielt auf die Stärkung des Kapitalmarkts für kleinere und mittlere Unternehmen.[157] Dabei wurde unter anderem auch die Zulassung von Mehrstimmrechtaktien am geregelten Markt vorgesehen. Im Rahmen des Konsultationsverfahrens zum Listing Act wurden insgesamt 79 Stellungnahmen von interessierten Parteien und Stakeholdern veröffentlicht, wobei sich die einmeldenden Organisationen quer durch Europa aus dem Kreis nationaler Aufsichtsbehörden, Kreditinstituten, Ministerien, Rechtsanwaltskanzleien, Interessenvertretungen sowie der Wissenschaft und den Universitäten zusammensetzen.[158] Die überwiegende Zahl der Teilnehmer ist davon überzeugt, dass die Mehrstimmrechtsaktie mehr AGs und damit Gesellschafter dazu bewegt, den Schritt an die Börse zu wagen. Uneinigkeit besteht aber dahingehend, ob das Bestehen von Mehrstimmrechtsaktien die Gesellschaft für Investoren attraktiver machen würde. Die überwiegende Anzahl an Teilnehmern spricht sich dafür aus, das Mehrstimmrecht zwar in die Kompetenz des Satzungsgestalters zu stellen, allerdings gesetzliche Schutzbestimmung für die Minderheitsaktionäre vorzukehren, um das Risiko der *private benefits of control* zu reduzieren.[159]

---

154 Dazu *Adams*, AG 1990, 63, 66 f.; krit. dazu *Zöllner/Noack*, AG 1991, 125 f.
155 *Nicolussi*, AG 2022, 755.
156 *Casper*, ZHR 187 (2023) 5, 20.
157 COM (2022) 761 final.
158 Received contributions: Targeted consultation on the listing act.
159 S dazu ausführlich *Nicolussi*, AG 2023, 758.

Darauf aufbauend hat die Europäische Kommission im Dezember 2022 einen Vorschlag für eine Mehrstimmrechtsaktien-Richtlinie erlassen, der im März 2024 beschlossen wurde.[160] Die Richtlinie folgt dem Ansatz einer Mindestharmonisierung mit einer Beschränkung der Zulassung von Mehrstimmrechtsaktien für jene Gesellschaften, deren Aktien künftig erstmals an einem MTF oder an einem geregelten Markt notieren. Bestehende Regelungen in Mitgliedstaaten, die die Mehrstimmrechtsaktien bereits für börsenotierte oder nicht-börsennotierte Gesellschaften vorsehen, bleiben davon aber unberührt.[161] Die Richtlinie sieht zudem zwingende Grenzen für die Mehrstimmrechtsaktien vor: Neben der satzungsändernden Beschlussmehrheit (Art 5 Abs 1 Richtlinie) schafft er eine Grenze durch die Festlegung eines maximalen Stimmrechtsmultiplikators oder alternativ die Einschränkung des Mehrstimmrechts auf bestimmte Beschlussagenden. Weiters sieht die Richtlinie zusätzliche optionale Grenzen vor, die der nationale Gesetzgeber einführen kann. Dazu zählen etwa Verfallsklauseln, die das Auslaufen des statutarischen Stimmrechtsvorzugs nach Ablauf einer bestimmten Zeit oder bei Eintritt eines bestimmten Ereignisses entfallen lassen (Art 5 Abs 2 Richtlinie). Loyalitätsaktien nimmt die Richtlinie aus dem Anwendungsbereich raus.

Die Anwendung der Richtlinie wurde durch das Europäische Parlament ausgedehnt. Der Legal Affairs Committee des EP in seiner im September 2023 veröffentlichten Position schlug vor, den Anwendungsbereich auf den geregelten Markt zu erstrecken, zudem aber strengere Schranken für Mehrstimmrechtsaktien vorzusehen.[162]

Die Trilog-Verhandlungen führten dazu, dass sich Europa für einen eng begrenzten Anwendungsbereich (Kapitalmarkt – Zugang) mit liberalen Grenzen entschieden hat. Zu enge Schranken sind insbesondere bei den skandinavischen Mitgliedstaaten Schweden, Finnland, Dänemark auf Ablehnung gestoßen, die bereits eine liberale Regelung von Mehrstimmrechtsaktien kennen und für die die europäische Vorgabe als Schranke bzw faktische Verbotsregelung gewirkt hätte.[163]

---

160 Rat der Europäischen Union 6524/24 vom 14.2.2024. Vorschlag für eine Richtlinie des Europäischen Parlaments und des Rates über Strukturen mit Mehrstimmrechtsaktien in Gesellschaften, die eine Zulassung ihrer Anteile zum Handel an einem KMU-Wachstumsmarkt beantragen, vom 7.12.2022, COM (2022) 761 final.
161 *Hopt/Kalss*, ZGR 2024, 84, 90 f, *Gumpp*, BKR 2023, 88;
162 *Hopt/Kalss*, ZGR 2024, 84, 93.
163 *Hopt/Kalss*, ZGR 2024, 84, 94 f, 99, noch zum Entwurf.

2. Deutscher *„Liberierungsschritt"* – Zukunftsfinanzierungsgesetz

Der deutsche Gesetzgeber[164] hat nun dem europäischen Normgeber vorgegriffen und das Zukunftsfinanzierungsgesetz[165] genutzt, um die Mehrstimmrechtsaktie einzuführen bzw das Verbot von Mehrstimmrechtsaktien aufzuheben (vgl §§ 12, 135a AktG-E).[166] Der Gesetzgeber bedient sich in den Materialien zur Regelung insbesondere unter Berufung auf den Vorschlag der Europäischen Kommission der bekannten Argumente, nämlich dem praktischen Bedürfnis im Bereich der Start-Up und Wachstumsunternehmen sowie dem Wettbewerb- und Standortvorteil.[167] Die Bewertung der im Gesetzesverfahren fiel erwartungsgemäß gespalten aus, wobei wiederum die bekannten Pro- und Contra-Argumente vorgebracht wurden.[168]

Mehrstimmrechtsaktien sollen als Namensaktien und als eigene Aktiengattung sowohl für die börsennotierte als auch die nicht-börsennotierte AG, für die SE und die Kommanditgesellschaft auf Aktien zugelassen werden. Gegenüber nicht-börsennotierten Gesellschaft ist das ZuFinG in sachgerechter Weise deutlich liberaler eingestellt und überlässt die Gestaltung der Satzung, während es für börsennotierte Gesellschaften mehrere Beschränkungen vorsieht: So kann das Mehrstimmrecht in

---

[164] *Kalss*, ZHR 187 (2023) 496.
[165] Gesetz in der Beschlussfassung vom 17.11.2023, BGBl 2023 I Nr. 354 vom 14.12.2023.
[166] § 12 AktG nF lautet: Jede Aktie gewährt das Stimmrecht. Nach den Vorschriften dieses Gesetzes können Mehrstimmrechtsaktien sowie Vorzugsaktien als Aktien ohne Stimmrecht ausgegeben werden. § 135a AktG nF lautet: (1) Die Satzung kann Namensaktien mit Mehrstimmrechten vorsehen. Die Mehrstimmrechte dürfen höchstens das Zehnfache des Stimmrechts nach § 135 Absatz 1 Satz 1 betragen. Ein Beschluss der Hauptversammlung zur Ausstattung oder Ausgabe von Aktien mit Mehrstimmrechten bedarf der Zustimmung aller betroffenen Aktionäre. (2) Bei börsennotierten Gesellschaften sowie Gesellschaften, deren Aktien in den Handel im Freiverkehr nach § 48 des Börsengesetzes einbezogen sind, erlöschen die Mehrstimmrechte im Fall der Übertragung der Aktie. Sie erlöschen spätestens zehn Jahre nach Börsennotierung der Gesellschaft oder Einbeziehung der Aktien in den Handel im Freiverkehr wenn die Satzung keine kürzere Frist vorsieht. Die Frist nach Satz 2 kann in der Satzung um eine bestimmte Frist von bis zu zehn Jahren verlängert werden. Der Beschluss über die Verlängerung darf frühestens ein Jahr vor Ablauf der Frist nach Satz 2 gefasst werden und bedarf einer Mehrheit, die mindestens drei Viertel des bei der Beschlussfassung vertretenen Grundkapitals umfasst. Die Satzung kann eine größere Kapitalmehrheit bestimmen. Sind mehrere Gattungen von stimmberechtigten Aktien vorhanden, so bedarf der Beschluss zu seiner Wirksamkeit der Zustimmung der Aktionäre jeder Gattung. Über die Zustimmung haben die Aktionäre jeder Gattung einen Sonderbeschluss zu fassen. Für diesen gelten die Sätze 4 und 5. (3) Die Satzung kann weitere Erfordernisse aufstellen. (4) Bei Beschlüssen nach § 119 Absatz 1 Nummer 5 sowie § 142 Absatz 1 berechtigen Mehrstimmrechtsaktien zu nur einer Stimme.
[167] RegE ZuFinG, Begründung, S. 124 ff.
[168] S dazu die 58 Stellungnahmen zum Gesetzesentwurf unter Bundesfinanzministerium – Gesetz zur Finanzierung von zukunftssichernden Investitionen (Zukunftsfinanzierungsgesetz – ZuFinG).

der börsennotierten Gesellschaft nicht übertragen werden und unterliegt einer maximalen Geltungsdauer von zehn Jahren, sofern eine Fortgeltung nicht durch die Hauptversammlung beschlossen wird.[169]

Die Etablierung der Mehrstimmrechtsaktien bedarf eines einstimmigen Beschlusses (§ 135a Abs 1 AktG), dh jeder einzelne stimmberechtigte Aktionär hat ein Vetorecht. Das stellen die Materialien sicher (*„aller betroffenen Aktionäre"*). Nicht betroffen mangels Stimmrecht ist der Vorzugsaktionär.[170] De facto kann – und dies ist auch das Ziel der Regelung – ein Mehrstimmrecht bloß in der noch nicht-börsenotierten Gesellschaft vor einem Börsengang eingeführt werden.[171] Aber auch in da kann die Erzielung einer Einstimmigkeit sich als schwierig erweisen. Dies ist eine Wertung des Gesetzgebers, die zu akzeptieren ist, allerdings die fraglich, ob die Einstimmigkeit notwendig ist, wenn alle gleichbehandelt werden und die gleiche Anzahl an Stimmrechten zugeteilt bekommen, oder ob nicht – parallel zu den Vorzugsaktien – ein satzungsändernder Beschluss ausreichend wäre.

§ 135a AktG sieht vor, dass die Mehrstimmrechtsaktie maximal das zehnfach des Stimmrechts einer Stammaktie vermitteln darf. Dadurch wird – so auch die Materialien – sichergestellt, dass der begünstigte Aktionär zumindest einen relevanten Anteil am Grundkapital hält und das Verhältnis von finanziellem Risiko und Einfluss im Rahmen bleibt.[172] Das entspricht auch dem internationalen Standard: So hat etwa Italien erst vor Kurzem in einer Novelle das Stimmverhältnis von 1:3 auf 1:10 erhöht.[173] Keine Grenze sieht das Gesetz allerdings bei der Anzahl an Aktien vor, die über ein Mehrstimmrecht verfügen können, so wie dies etwa für Vorzugsaktien (maximal die Hälfte) vorgesehen ist.[174]

Der deutsche Gesetzgeber hat sich für eine sachliche Begrenzung des Mehrstimmrechtsrecht entschieden. So soll das Mehrstimmrecht bei jeder Beschlussfassung über die Bestellung des Abschlussprüfers und die Bestellung des Sonderprüfers (§§ 119 Abs 1 Nr 5, 142 Abs 1 AktG) nicht greifen, sondern der Aktionär auf seine einfachen Stimmen reduziert werden (§ 135a Abs 4 AktG). Damit soll der Schwächung der Kontrolle und Überwachung, die mit dem Mehrstimmrecht verbunden sein kann, entgegengetreten werden; letztlich wirkt die Auswahl der Beschlussgegenstände willkürlich, zumal andere Beschlussagenden, die einem entsprechenden Mehrheit-Minderheit-Konflikt entgegengetreten soll (Geltendmachung

---

169 *Kalss*, ZHR 187 (2023) 491.
170 *Hopt/Kalss*, ZGR 2024, 84, 131.
171 *Kalss*, ZHR 187 (2023) 493; ferner *von der Linden/Schäfer*, DB 2023, 1077 ff.
172 Dies befürwortend *Casper*, ZHR 187 (2023) 32; *Hopt/Kalss*, ZGR 2024, 84, 131 f.; krit *Denninger*, DB 2022, 2336.
173 *Hopt/Kalss*, ZGR 2024, 84, 106 f.
174 So der Vorschlag bei *Casper*, ZHR 187 (2023) 31.

von Ersatzansprüchen, Entlastung etc) gerade nicht erfasst werden.[175] Eine Begrenzung der Dominanz des Mehrstimmrecht ergibt sich ferner aus dem Umstand, dass aufgrund der Aktiengattung Sonderbeschlüsse in jeder Gattung (§ 182 Abs 2 AktG), somit auch der Stammaktien, gefasst werden müssen für wichtige Beschlüsse. Darüber hinaus liegt eine Schranke in dem Erfordernis der Kapitalmehrheit, der diverse wichtige Beschlüsse bedürfen (Kapitalmaßnahmen, Satzungsänderungen, Umstrukturierungen etc) und wodurch die Macht des Mehrstimmrechts gedrosselt wird.

§ 135a Abs 2 AktG sieht vor, dass das Mehrstimmrecht erlischt, wenn die Aktie übertragen wird. Laut Begründung des Referentenentwurfs soll der Begriff der Übertragung weit verstanden werden und nicht nur die derivative Übertragung auf eine dritte Person erfassen, sondern auch durch Übertragung durch Erbfall (§ 1922 BGB).[176] Diese Schranke sollte allerdings nicht überbewertet werden: Letztlich kann durch die Einschaltung einer juristischen Person diese Schranke ausgehebelt werden. Die Erlöschung gilt nicht für die nicht-börsennotierte AG. Hier müssen die Aktionäre selbst durch eine Vinkulierungsklausel vorkehren.

§ 135a Abs 2 sieht schließlich auch vor, dass in börsenotierten Gesellschaften das Mehrstimmrecht nach 10 Jahren bzw nach einmaliger Verlängerung von 10 Jahren erlöschen soll.[177] Der Gesetzgeber sollte diese zwingende Regelung noch einmal überdenken; gegebenenfalls reicht eine dispositive Bestimmung oder eine noch erleichtere Verlängerungsmöglichkeit.

Einige offene Punkte und Anwendungsfragen gilt es nach einem ersten Befund noch zu regeln. Einer davon sind die Auswirkungen bei Erlöschen des Mehrstimmrechts durch Übertragung oder Zeitablauf auf das geltende übernahmerechtliche Kontrollkonzept. Erlischt das Mehrstimmrecht, so kann es passieren, dass ein anderer Aktionär oder eine Gruppe von syndizierten Aktionären dadurch über die Kontrollschwelle rutschen und damit zur Abgabe eines Pflichtangebots verpflichtet werden (§ 25 WpÜG). Nun sollte hier nachgefasst werden, zumal darin auch ein Hebel für den Mehrstimmrechtsaktionär liegt: Er kann durch Veräußerung seiner Mehrstimmrechtsaktien das Mehrstimmrecht zu Fall bringen und dadurch einen anderen Aktionär in die Angebotspflicht drängen.[178]

---

[175] Für die Erstreckung auf weitere Beschlussagenden ebenso *Hopt/Kalss*, ZGR 2024, 84, 133 ff.
[176] Krit *Hopt/Kalss*, ZGR 2024, 84, 137 f; *Hammen*, Der Konzern 2023, 294 f; *DAV*, NZG 2023, 466.
[177] Kritisch *Wolf*, Mehrstimmrechtsaktien 2023, 346 ff.
[178] *Hopt/Kalss*, ZGR 2024, 84, 139.

IX. Summa

Die Regelung des Mehrstimmrechts zeigt ein bemerkenswertes Auf und Ab auf nationaler und europäischer Ebene. Das Nachzeichnen der Debatte im Laufe der Geschichte für und gegen das Mehrstimmrecht belegt, wie ein fundamentales Instrument des Aktienrecht eingesetzt werden kann, um rechtspolitische Ziele zu erreichen, die jeweils in die konkrete Zeitepoche fallen: So war die Abschaffung der Mehrstimmrechtsaktie 1998 begründet mit der Förderung des Kapitalmarkts und dem Bedarf nach Standardisierung, 2022/2023 wird gerade umgekehrt die Einführung damit legitimiert.

Die Diskussion um das Mehrstimmrecht darf nicht isoliert um dieses Gestaltungselement geführt werden, sondern immer eingebettet in den gesamten Rahmen der Handlungsinstrumente, die einzelnen Gesellschaftern disproportionalen Einfluss gewähren. Aus der Sichtung der ökonomischen Argumente, der empirischen Befunde und der historischen Genese, die die Debatte rund um das Mehrstimmrecht prägen, ergibt sich kein eindeutiges Bild, das für ein striktes one-share, one vote-Prinzip oder umgekehrt für eine grenzenlose Zulassung von Mehrstimmrechtsaktien spricht. Die Europäische Kommission und ihr folgend der deutsche Gesetzgeber haben sich in neuerer Zeit für einen Mittelweg entschieden. Das Pendel der Debatte schlägt somit in jüngerer Zeit für die Zulässigkeit des Mehrstimmrechts. Damit wird vom deutschen Gesetzgeber ein klares Votum die Gestaltungsfreiheit des Aktienrechts, jedenfalls für die nicht-börsennotierte AG postuliert. Auf europäischer Ebene spielt bei der konkreten Ausgestaltung und den Detailfragen nun auch die Divergenz der geltenden Regelungen in den Mitgliedstaaten mit ein und entfaltet sich hin zu einem rechtspolitischen Diskurs zwischen nationaler Selbstbestimmung und Harmonisierungsgrad.

Lars Leuschner

§ 12 Vereinsklassenabgrenzung

I. Problemstellung und Überblick —— 463
II. Die Entstehungsgeschichte der §§ 21, 22 BGB —— 465
III. Die Entwicklung bis zur Kita-Rechtsprechung —— 467
   1. Subjektive versus objektive Abgrenzungsmethode —— 467
   2. Teleologisch-typologische Abgrenzungsmethode —— 469
   3. Das Nebenzweckprivileg —— 470
   4. Sonderproblem: Zurechnung externer wirtschaftlicher Betätigung? —— 471
   5. Essenz: Die §§ 21, 22 BGB als Verbot der übermäßigen eigenen wirtschaftlichen Betätigung —— 472
IV. Die Kita-Rechtsprechung im Jahr 2017 und ihre Nachwirkungen —— 474
   1. Vorfeld der BGH-Entscheidung —— 474
     a) Diskrepanz zwischen Vereinspraxis und Vereinsrecht —— 474
     b) AG Charlottenburg und KG als treibende Kräfte der Rechtsentwicklung —— 475
     c) „Lex Dorfladen" —— 477
   2. Die Kita-Beschlüsse des BGH —— 479
     a) Die Entscheidungen —— 479
        aa) Die wesentlichen Aussagen —— 479
        bb) Der Verzicht auf eine theoretische Einordnung —— 480
        cc) Der Zusammenhang zu den Beratungen der „Lex Dorfladen" —— 480
     b) Reaktion und Bewertung —— 481
        aa) Reaktion im Schrifttum —— 481
        bb) Theoretische Einordnung —— 481
        cc) Gewinnausschüttungsverbot statt Verbot der übermäßigen wirtschaftlichen Betätigung —— 482
        dd) Von machtbewussten Richtern und dankbaren Politikern —— 482
        ee) Praktisch relevante Begründungsschwächen —— 484
   3. Die Bedeutung für nicht gemeinnützige Vereine —— 486
     a) Der Verzicht auf die „Lex Dorfladen" als legislative Bestätigung der Kita-Rechtsprechung —— 486
     b) Die niedersächsische Dorfkneipe als Probe aufs Exempel —— 488
        aa) Die Abstraktionsdefizite des Amtsgerichts Walsrode als Chance für die Rechtsfortbildung —— 488
        bb) Der semantische Kurzschluss des OLG Celle —— 489
        cc) Die Verfassungsbeschwerde —— 491
   4. Das Schicksal des Vereinskonzerns —— 492
   5. Die Rolle des Vereinsrechtstags —— 494
   6. Kodifikation der Kita-Rechtsprechung? —— 495
V. Resümee —— 497

I. Problemstellung und Überblick

In welchem Umfang darf sich ein Verein wirtschaftlich betätigen bzw. wirtschaftliche Zielsetzungen verfolgen, ohne dadurch zum Wirtschaftsverein zu werden? Relevant ist die Frage aufgrund der Regelungen der §§ 21, 22 BGB: Während hiernach ein Verein, dessen Zweck nicht auf einen wirtschaftlichen Geschäftsbetrieb gerichtet ist, Rechtsfähigkeit durch Eintragung in das Vereinsregister des zuständigen Amtsgerichts erlangt (§ 21), erhält ein Verein, dessen Zweck auf einen wirtschaftlichen Geschäftsbetrieb gerichtet ist, Rechtsfähigkeit durch staatliche Verleihung (§ 22). Was auf den ersten Blick als eher langweilige Zuständigkeitsfrage erscheinen mag (Registergericht oder Verwaltungsbehörde?), entpuppt sich auf den zweiten Blick als eine wichtige, die Architektur des gesamten Gesellschaftsrechts determinierende Schaltstelle:[1] Aus der in § 22 BGB enthaltenen Einschränkung, wonach die Verleihung der Rechtsfähigkeit bei wirtschaftlichen Vereinen nur „in Ermangelung besonderer bundesgesetzlicher Vorschriften" in Betracht kommt, folgt, dass Wirtschaftsvereine zuvörderst auf die Rechtsformen des GmbH-, des Aktien- und des Genossenschaftsrechts mit ihren sehr viel strengeren gläubigerschützenden Regelungen verwiesen sind. Um zu verhindern, dass diese Regelungen umgangen werden, kommt die Konzessionierung eines Wirtschaftsvereins nur in Betracht, wenn die genannten Rechtsformen des Handelsrechts für diesen ausnahmsweise unzumutbar sind.[2]

Dass die aus den §§ 21, 22 BGB folgende Notwendigkeit einer „Vereinsklassenabgrenzung" in der Praxis Schwierigkeiten bereiten könnte, haben bereits die Väter des BGB erahnt. So äußerte der Abgeordnete *Josef von Strombeck* im Rahmen der 2. Beratung im Plenum des Reichstags am 19. Juni 1896 die Sorge, nachfolgende Generationen könnten gezwungen sein „einen Kommentar zu Hülfe nehmen [zu] müssen, um sich erst über den eigentlichen Sinn zu vergewissern".[3] Rückblickend erwies sich diese Einschätzung geradezu als „naiver Optimismus".[4] Die „bedauerliche Unklarheit"[5] der §§ 21, 22 BGB, die nicht zwischen der Zielsetzung des Vereins (Zweck) und seiner Betätigung (wirtschaftlicher Geschäftsbetrieb) differenziert, sondern in der Definition beide Elemente miteinander vermengt („Zweck, der nicht

---

1 *K. Schmidt* Rpfleger 1972, 286, 288: „Schlüsselstellung des § 22 BGB im System des geltenden Gesellschaftsrechts".
2 Soergel/*Hadding* §§ 21, 22 Rn. 51; *K. Schmidt*, Verbandszweck und Rechtsfähigkeit im Vereinsrecht, 1984, 73 ff.
3 Mugdan, 1. Band S. 997.
4 *K. Schmidt* AcP 182 (1982), 1, 9.
5 *K. Schmidt* Rpfleger 1972, 286.

auf einen wirtschaftlichen Geschäftsbetrieb gerichtet ist"),⁶ wurde alsbald Quelle zahlloser Abgrenzungsversuche sowie divergierender Gerichtsentscheidungen.

Zu einer grundlegenden Zäsur kam es erst aufgrund der Kita-Rechtsprechung des BGH im Jahr 2017, in deren Rahmen die Karlsruher Richter in Form eines „quasilegislativen Aktes"⁷ ein Stück weit die Versäumnisse des historischen Gesetzgebers korrigierten, mit den bis dahin anerkannten Grundsätzen der Vereinsklassenabgrenzung brachen und im Ergebnis den Zugang zur Rechtsform des eingetragenen Vereins erheblich liberalisiert haben. Die Geschehnisse rund um die höchstrichterlichen Entscheidungen sind es wert, genauer nachgezeichnet zu werden, erweisen sie sich doch als besonderes Anschauungsbeispiel der das Gesellschaftsrecht prägenden diskursiven Wechselwirkung von Rechtsprechung, Wissenschaft und Praxis. Zugleich werfen sie ein interessantes Schlaglicht auf das Zusammenspiel von Judikative und Legislative.

II. Die Entstehungsgeschichte der §§ 21, 22 BGB

Die Motive zur Entstehung der §§ 21, 22 BGB sind nicht übermäßig aussagekräftig, deuten aber an, welche Konfliktfelder die Regelungen enthalten. In der späteren Diskussion haben vor allem die nachfolgend dargestellten Aspekte eine Rolle gespielt.⁸

Die ursprüngliche Regierungsvorlage aus dem Herbst von 1895 enthielt die nachfolgende Definition des nicht wirtschaftlichen Vereins:

> „Vereine, welche wohlthätige, gesellige, wissenschaftliche, künstlerische oder andere auf einen wirthschaftlichen Geschäftsbetrieb nicht gerichtete Zwecke verfolgen, erlangen Rechtsfähigkeit durch Eintragung in das Vereinsregister des Amtsgerichtes, in dessen Bezirke sie ihren Sitz haben."⁹

Die dahingehende Begründung lautet, es erscheine zweckmäßiger, die Eintragungsfähigkeit

> „nicht nur negativ zu bestimmen, sondern auch positiv durch Aufzählung der wichtigsten in Betracht kommenden Vereinsgruppen näher zu umschreiben."¹⁰

---

6 Kritisch bereits *Levis* DJZ 1901, 479: „inkorrekt".
7 Dazu unten unter IV.2.b.dd.
8 Weitere Details zur Entstehungsgeschichte bei *Schwierkus*, Der rechtsfähige ideelle und wirtschaftliche Verein (§§ 21, 22 BGB), 1981.
9 Mugdan S. 603.
10 Mugdan S. 604.

Bedeutsam ist ferner der Hinweis, entscheidend sei der von einem Verein verfolgte „Hauptzweck". Ein Verein sei auch dann eintragungsfähig, wenn er

> „neben seinen idealen Hauptzwecken ein wirtschaftliches Geschäft betreibe, um sich hierdurch die zur Erreichung jener Zwecke erforderlichen Mittel zu verschaffen."[11]

Nachdem der Entwurf an eine im Februar 1896 eingesetzte Kommission überwiesen worden war, einigte man sich dort auf eine negativ-abstrakte Definition, welche sodann Gesetz geworden ist und – von minimalen redaktionellen Abweichungen abgesehen – dem heutigen Text der §§ 21, 22 BGB entspricht.[12]

Die Gründe für die Umformulierung sind wenig aussagekräftig und beschränken sich im Wesentlichen auf den Hinweis, die bisherige Fassung sei als „zu eng" empfunden worden.[13] Aufschlussreicher ist insoweit die Diskussion im Rahmen der 2. Beratung im Plenum des Reichstags vom 19. Juni 1896, in deren Rahmen der bereits erwähnte Abgeordnete *von Strombeck* den Antrag stellte, zum ursprünglichen Wortlaut zurückzukehren. Er begründete seinen Antrag, den er als „rein redaktionell" bezeichnete, mit der Sorge, dass unter der „Kürze der Ausdrucksweise" die „Gemeinverständlichkeit" leiden könne.[14] Die in der Vorversion enthaltene Aufzählung von Vereinen zu „gemeinnützigen, wohlthätigen usw. Zwecken" veranschauliche, was die Vorschrift im Auge habe. Wörtlich heißt es:

> „Es giebt allerhand Vereine, die zweifellos als gemeinnützige, wohlthätige, gesellige usw. anzusehen sind, die aber ganz nebenbei auch einen kleinen wirthschaftlichen Geschäftsbetrieb haben. Es giebt Wohlthätigkeitsanstalten, die ein wenig Oekonomie treiben, es giebt gesellige, künstlerische, gemeinnützige Vereine, die meinetwegen einen unbedeutenden Restaurationsbetrieb nebenbei haben. Stellen wir die Worte der Regierungsvorlage wieder her, dann ist das für die spätere Auslegung in folgender Hinsicht von Wichtigkeit. Wir wissen, daß zur Zeit, als dieses Gesetz gemacht worden ist, allen mitwirkenden Personen, sowohl auf Seiten der verbündeten Regierungen als des Reichstages bekannt war, daß unter diesen in § 21 der Regierungsvorlage genannten, gemeinnützigen, wohlthätigen usw. Vereinen sich auch solche finden, die nebenbei einen kleinen wirthschaftlichen Betrieb haben. Es wird hierdurch festgestellt, daß der Gesetzgeber solche Vereine auf Grund des § 21 hat zulassen wollen, daß sie in Folge eines solchen nebensächlichen, geringfügigen wirthschaftlichen Geschäftsbetriebes nicht etwa unter den jetzigen § 21a fallen."[15]

---

11 Mugdan S. 604.
12 Mugdan S. 955.
13 Mugdan S. 955.
14 Mugdan S. 997.
15 Mugdan S. 997.

Weiter heißt es:

> „Wenn der § 21 auf seine kürzeste Form reduziert werden soll, wie es jetzt geschehen ist, dann würde ich es für richtiger halten, daß dann wenigstens gesagt wäre: ein Verein, dessen ‚Hauptzweck' nicht auf einen wirtschaftlichen Geschäftsbetrieb gerichtet ist. Da das aber nicht geschehen ist, so ist das um so mehr ein Grund für mich, Sie zu bitten, die Regierungsvorlage wieder herzustellen."[16]

Der Antrag *von Strombecks* fand allerdings keine Mehrheit. Die Mehrheit war der Auffassung, dass keine Rückkehr zum Regierungsentwurf aus Gründen der Klarstellung geboten sei. Der Abgeordnete *Dr. Enneccerus* führte hierzu aus:

> „Gegenüber der Bemerkung Strombeck's, welcher seinen Antrag damit motivierte, daß er zur Klarstellung erforderlich sei, mache ich darauf aufmerksam, daß im Berichte das Einverständniß der gesammten Kom. und der verbündeten Regierungen festgestellt ist, daß die Auflösungsbefugniß dann nicht eintritt, wenn der Verein im Zusammenhange mit seinen idealen Tendenzen, welche nach wie vor als Hauptzweck erscheinen, nebenher seine Thätigkeit auf das wirtschaftliche Gebiet ausdehnt. Ich habe jetzt das Wort ergriffen, um noch besonders zu konstatiren, daß dieses Einverständniß sich auch auf den Fall des § 21 bezieht, daß also auch da die Befürchtungen gänzlich ausgeschlossen erscheinen, welche Strombeck zu seinem Antrage Anlaß gegeben haben. Ich muß hinzufügen, daß die von ihm versuchte Klarstellung durch seinen Antrag meines Erachtens nicht in höherem, sondern in niederem Maße gegeben ist, als durch die Regierungsvorschläge."[17]

In der Folge wurde die eingangs zitierte, noch heute in den §§ 21, 22 BGB enthaltene Definition beschlossen.

III. Die Entwicklung bis zur Kita-Rechtsprechung

1. Subjektive versus objektive Abgrenzungsmethode

Das im Wortlaut der §§ 21, 22 BGB angelegte Spannungsverhältnis von Zwecksetzung und Betätigung des Vereins mündete vorhersehbar in einem Meinungsstreit zwischen zwei Lagern, die als Vertreter einer subjektiven bzw. objektiven Theorie bezeichnet wurden.[18] Tatsächlich erscheint die Bezeichnung der unterschiedlichen

---

16 Mugdan S. 997.
17 Mugdan S. 999.
18 Ausführliche Darstellung insbesondere bei *Schwierkus*, Der rechtsfähige ideelle und wirtschaftliche Verein (§§ 21, 22 BGB), 1981.

Ansichten bezüglich der Auslegung einer Norm als „Theorie" etwas hochgegriffen, weshalb er nachfolgend vermieden wird.[19]

Nach dem subjektiven Ansatz sollte es ausschließlich auf die Zwecksetzung des Vereins ankommen.[20] Als Wirtschaftsverein zu qualifizieren waren hiernach solche Vereine, die unmittelbare wirtschaftliche Vorteile für den Verein oder seine Mitglieder anstrebten. Auf Grundlage dieser Sichtweise wurde etwa die Eintragungsfähigkeit einer Privatschule mit Blick auf ihren religiösen und erzieherischen Zweck bejaht, obwohl ihre einzige Aktivität darin bestand, Beschulung gegen Entgelt anzubieten.[21] Umgekehrt wurde die Eintragungsfähigkeit beruflicher Interessenverbände und Haus- und Grundbesitzvereine verneint, weil diese den wirtschaftlichen Interessen ihrer Mitglieder dienten.[22] Die Kritiker warfen der subjektiven Abgrenzungsmethode vor, das Merkmal des Geschäftsbetriebs zu ignorieren und sich auf diese Weise über den Wortlaut hinwegzusetzen.[23] Zudem wurde kritisiert, es sei mit dem auf den Gläubigerschutz ausgerichteten Telos der §§ 21, 22 BGB unvereinbar, Vereinen nur wegen ihrer ideellen Zwecksetzung die grenzenlose wirtschaftliche Betätigung zu erlauben.[24]

Der Gegenentwurf eines objektiven Abgrenzungsansatzes hielt es demgegenüber für entscheidend, ob der Verein einen Geschäftsbetrieb unterhält.[25] Zur Begründung wurde darauf verwiesen, dass es mit Blick auf die Gefährdung der Gläubigerinteressen keinen Unterschied mache, ob ein Verein, der einen Geschäftsbetrieb betreibt, den Reinertrag unter den Mitgliedern verteilt oder aber zu einem gemeinnützigen oder wohltätigen Zweck verwendet.[26] Ein Verein, der im Interesse einer Gemeinde ein Krankenhaus errichtete, in dem Arme unentgeltlich Aufnahme fanden, wurde hiernach als eintragungsunfähig qualifiziert.[27] Kritisiert wurde an der objektiven Abgrenzungsmethode, dass das bei ihrer konsequenten Anwendung unausweichliche Ergebnis, wonach auch ein noch so kleiner Ge-

---

19 Ausführlich zu gesellschaftsrechtlichen Theorien, den Anforderungen an eine Theorie sowie „Mikrotheorien" *Fleischer* NZG 2023, 243 ff.
20 U. a. *Samter* DJZ 1900, 311; weitere Nachweise bei *K. Schmidt* Rpfleger 1972, 286, 289 und *Schwierkus*, 1981, S. 5.
21 OLG Hamburg in OLGE 15, 323.
22 LG Essen ZblFG 1 (1900/01), 400; LG Hamburg HansGZ 1900, Beibl., 87 f., Nr. 50.
23 *Planck*, BGB, 4. Aufl. 1913, § 21 Anm. 2a; vgl. auch *Segna*, Non Profit Law Yearbook 2014/2015, 47, 58.
24 *Heckelmann* AcP 179 (1979), 1, 20 f.; *K. Schmidt*, Verbandszweck und Rechtsfähigkeit im Vereinsrecht, 1984, S. 101.
25 U. a. *Levis* DJZ 1901, 479; *Planck*, BGB, 4. Aufl. 1913, § 21 Anm. 2b; weitere Nachweise *Schwierkus*, 1981, S. 6.
26 *Planck*, BGB, 4. Aufl. 1913, § 21 Anm. 2b.
27 *Planck*, BGB, 4. Aufl. 1913, § 21 Anm. 2c.

schäftsbetrieb einen Verein als Wirtschaftsverein qualifiziert, im Widerspruch zu den Gesetzesmaterialien steht.[28]

Aus den Extrempositionen der subjektiven bzw. objektiven Abgrenzungsansätze entwickelte sich alsbald ein bis in die 1970er Jahre vorherrschender, sogenannter gemischter Abgrenzungsansatz, der versuchte, das subjektive und das objektive Element in einen Ausgleich zu bringen. Diesem Ansatz hat sich der Sache nach seinerzeit auch der BGH angeschlossen und die Formel geprägt, ein Verein sei dann als Wirtschaftsverein zu qualifizieren, wenn er „planmäßig, auf Dauer angelegt und nach außen gerichtet, d.h. über den vereinsinternen Bereich hinausgehend, eigenunternehmerische Tätigkeiten entfaltet, die auf die Verschaffung vermögenswerter Vorteile zugunsten des Vereins oder seiner Mitglieder abzielen."[29] In welchem Verhältnis der Geschäftsbetrieb zum Vereinszweck stehen muss, damit die Eintragungsfähigkeit zu bejahen ist, blieb jedoch unklar. Teilweise ging man davon aus, dass es genügt, wenn der Geschäftsbetrieb der Erfüllung des ideellen Zwecks in irgendeiner Weise förderlich ist. Der Hinweis darauf, dass der „Hauptzweck" ideell sein muss, deutet allerdings darauf hin, dass die wirtschaftliche Betätigung unabhängig von der mit ihr verfolgten Zielsetzung auch in quantitativer Hinsicht ein bestimmtes Ausmaß nicht überschreiten darf. Die angesprochene Problematik entspricht der Sache nach dem, was fortan unter dem Topos des „Nebenzweckprivilegs" diskutiert wurde (dazu sogleich unter 3.).

2. Teleologisch-typologische Abgrenzungsmethode

Eine bedeutsame Weiterentwicklung hat die Diskussion Anfang der 1970er Jahre durch die von *K. Schmidt* entwickelte teleologisch-typologische Abgrenzungsmethode erfahren.[30] Ausgehend von der Annahme, dass es keinen Einheitstatbestand des wirtschaftlichen bzw. nicht wirtschaftlichen Vereins gibt, waren hiernach drei Grundtypen wirtschaftlicher Vereine zu unterscheiden (typologisches Element): Der Volltypus des unternehmerischen Vereins, der an einem äußeren Markt planmäßig und auf Dauer Leistungen gegen Entgelt bietet, (2) der Verein, der auf einem aus Mitgliedern bestehenden Binnenmarkt anbietend tätig ist, sowie (3) der genossenschaftliche Verein, der ohne Wirkung nach außen ausgelagerte Teilfunk-

---

28 In dieser Radikalität *Sack* ZHR 56 (1905), 444,468 f.; *Nitschke*, S. 124 ff. Tatsächlich gingen die Vertreter der objektiven Abgrenzungsmethode meist nicht so weit und hielten auch Vereine mit kleineren Geschäftsbetrieben für eintragungsfähig (*Planck*, BGB, 4. Aufl. 1913, § 21 Anm. 2c; *Levis* DJZ 1901, 479, 480 unter Hinweis auf einen Schützenverein mit Kneipe).
29 BGH NJW 1955, 422; NJW 1966, 2007.
30 Grundlegend *K. Schmidt* Rpfleger 1972, 286 ff.; Rpfleger 1972, 342 ff.

tionen seiner Mitgliedsunternehmen wahrnimmt. Auf die Gewinnerzielungsabsicht sollte es dabei in keiner der drei Fallgruppen ankommen. Die teleologische Komponente bestand darin, dass *K. Schmidt* sich beim Zuschnitt der Grundtypen maßgeblich am Gläubigerschutz als zentralen Schutzzweck der §§ 21, 22 BGB orientierte.

Die typologische Abgrenzungsmethode hat in der Folge einen wahren Siegeszug gefeiert und die vorherigen Ansätze nahezu vollständig verdrängt. In sämtlichen Kommentaren und einer kaum überschaubaren Anzahl von Monographien wurden die einzelnen Fallgruppen geradezu genussvoll dargestellt.[31] Die Rechtsprechung hat sich demgegenüber eher zurückgehalten. Zwar haben die Obergerichte vielfach ausdrücklich auf die Lehre von *K. Schmidt* Bezug genommen.[32] Der BGH selbst hat sich jedoch nie zu dem typologischen Ansatz bekannt. Tatsächlich war der teleologisch-typologische Ansatz nicht revolutionär; im Kern handelt es sich um eine Weiterentwicklung der gemischten Abgrenzungsmethode. Der Verdienst des Ansatzes bestand vor allem darin, den bis dahin noch mit vielen Zweifelsfragen behafteten Begriff des wirtschaftlichen Geschäftsbetriebs im Zusammenhang mit dem Grundtypus des Wirtschaftsvereins klar herausgearbeitet zu haben (planmäßiges und auf Dauer angelegtes Anbieten von Leistungen gegen Entgelt). Die übrigen Typen haben hingegen im Folgenden keine große Rolle gespielt. Im Mittelpunkt der Erörterung stand meist das Nebenzweckprivileg (dazu sogleich unter 3.) und die damit verknüpfte Abwägung zwischen der Handlungsfreiheit des Vereins einerseits sowie den Gläubigerinteressen andererseits.

3. Das Nebenzweckprivileg

Weil *K. Schmidt* den Begriff des „Nebenzweckprivilegs" prägte,[33] wird es vielfach als Bestandteil der teleologisch-typologischen Abgrenzungsmethode wahrgenommen. Tatsächlich ist das mit dem Begriff des Nebenzweckprivilegs verbundene Konzept jedoch älteren Ursprungs[34] und hat seine Wurzeln im Gesetzgebungsprozess, wo

---

[31] Siehe nur *Lampen*, Die Abgrenzung zwischen nichtwirtschaftlichen und wirtschaftlichen Vereinen und damit verbundene Haftungsrisiken, 2009, 18 ff.; *Terner*, Die Vereinsklassenabgrenzung und das DIN, Deutsches Institut für Normung e.V., 2005, S. 38 ff.; *Rücker*, Die Vereinsklassenabgrenzung, 2012, S. 55 ff.; *Keuter*, Die Grenzziehung zwischen wirtschaftlichen und nichtwirtschaftlichen Vereinen, 2015, 18 ff.
[32] Statt vieler OLG Karlsruhe npoR 2012, 135; OLG Zweibrücken npoR 2014, 328, 329.
[33] Erstmals soweit ersichtlich *K. Schmidt* Rpfleger 1972, 342, 350 ff.
[34] Vgl. RGZ 83, 237 (wenngleich der Begriff des Nebenzweckprivilegs dort noch nicht verwandt wird); siehe auch BeckOGK/*Segna*, 1.12.2022, BGB § 21 Rn. 114.

teilweise vom „Hauptzweck" die Rede war.[35] In den Worten des BGH besagt das Nebenzweckprivileg, dass der Unterhalt eines wirtschaftlichen Geschäftsbetriebs der Eintragungsfähigkeit nicht entgegensteht, sofern es sich bei ihm „lediglich um eine untergeordnete, den idealen Hauptzwecken des Vereins dienende wirtschaftliche Betätigung handelt."[36]

Unter welchen Voraussetzungen von einem solchen „Dienen" die Rede sein kann, war lange Zeit Gegenstand der Diskussion. Unter anderem wurde versucht, Größenkriterien zu entwickeln (etwa anhand der Bilanzsumme), die die wirtschaftliche Betätigung nicht überschreiten darf, um vom Nebenzweckprivileg umfasst zu sein.[37] Durchgesetzt haben sich diese Ansätze nicht. Als herrschend bildete sich vielmehr eine Art quantitativ-relative Sichtweise heraus: Hiernach konnten sich auf das Nebenzweckprivileg nur solche Vereine berufen, bei denen die wirtschaftliche Betätigung als Mittel zur Verfolgung des ideellen Zwecks eine gegenüber den anderen Aktivitäten des Vereins untergeordnete Rolle spielt. In Relation zu setzen waren hiernach die wirtschaftlichen und die nicht wirtschaftlichen Aktivitäten des Vereins (weshalb auch vorgeschlagen wurde, den Begriff des Nebenzweckprivilegs durch den des „Neben*tätigkeits*privilegs" zu ersetzen[38]). Zweckbetriebsdominierten Vereinen, die – wie beispielsweise der Trägerverein eines Krankenhauses – den ideellen Zweck im Wesentlichen damit verfolgen, entgeltlich Leistungen am Markt anzubieten, wurde die Berufung auf das Nebenzweckprivileg verwehrt.

4. Sonderproblem: Zurechnung externer wirtschaftlicher Betätigung?

Eine Sonderproblematik betrifft die Frage, inwieweit Vereinen im Rahmen der Vereinsklassenabgrenzung die Aktivitäten in als Kapitalgesellschaften organisierten Tochtergesellschaften zuzurechnen sind (externe Betätigungen). Im Mittelpunkt der Diskussion stand insoweit alsbald ein den ADAC e.V. betreffendes Urteil des 1. Zivilsenats des BGH aus dem Jahr 1982, in der es um die Frage ging, ob der Verein sich die Aktivitäten der von ihm zu 100 % gehaltenen ADAC Rechtsschutz-Versicherungs-

---

35 Siehe oben unter II.
36 BGH NJW 1983, 569, 571 f. (ADAC)
37 Näher *Leuschner*, Konzernrecht des Vereins, S. 171.
38 *Hemmerich*, Möglichkeiten und Grenzen wirtschaftlicher Betätigung von Idealvereinen, 1982, 78; Soergel/*Hadding* §§ 21, 22 Rn. 33.

AG zurechnen lassen muss.[39] In der Entscheidung haben die Richter die Zurechnung verneint. Die „rechtliche und organisatorische Trennung" zwischen dem ADAC e.V. und der ADAC Rechtsschutz-Versicherungs-AG schließe es aus, die unternehmerische Tätigkeit der Aktiengesellschaft „vereinsrechtlich als eine eigene unternehmerische Betätigung" des ADAC e.V. anzusehen.[40] Dem mit den §§ 21, 22 BGB verfolgten gesetzgeberischen Anliegen, wirtschaftliche Betätigung nur in der Rechtsform der Handelsvereine zuzulassen, sei Genüge getan, wenn, wie im streitgegenständlichen Fall, die wirtschaftliche Betätigung nicht vom e.V. selbst ausgeübt wird, sondern in einer Aktiengesellschaft erfolgt. Denn diese biete den Gläubigern „alle Sicherheiten [...], die mit der Rechtsform einer solchen Gesellschaft verbunden sind."[41]

In der Literatur hat diese Entscheidung zum Teil heftige Kritik erfahren.[42] Beklagt wurde vor allem, der BGH habe nur auf die Gläubiger der Beteiligungsgesellschaft abgestellt und die Interessen der Vereinsgläubiger vernachlässigt. Dabei ging man offenbar davon aus, diese seien wegen der möglichen Haftung des e.V. aus § 317 Abs. 1 AktG tangiert. Aufgrund dieser konzernrechtlichen Erwägungen gegen die herrschende Lehre ging man in der Folge davon aus, ein Verein müsse sich die wirtschaftlichen Aktivitäten von Kapitalgesellschaften zumindest dann zurechnen lassen, wenn er einen herrschenden Einfluss auf diese ausübt.[43]

5. Essenz: Die §§ 21, 22 BGB als Verbot der übermäßigen eigenen wirtschaftlichen Betätigung

Auch wenn seinerzeit noch keine Leitentscheidung des BGH existierte und im Detail noch manche Fragen diskutiert wurden, ist zu konstatieren, dass sich auf Grundlage der teleologisch-typologischen Abgrenzungsmethode und ihrer Interpretation des Nebenzweckprivilegs durchaus eine herrschende Meinung mit recht klaren Kon-

---

39 BGH NJW 1983, 569; ausführlich zu den Hintergründen *Leuschner* in Fleischer/Thiessen, Gesellschaftsrechts-Geschichten, 2018, S. 379 ff.
40 BGH NJW 1983, 569, 570.
41 BGH NJW 1983, 569, 571.
42 Vor allem *Reuter* ZIP 1984, 1052 ff. („problemblinde Stellungnahme"); ablehnend auch u. a. *Flume*, BGB AT I/2, 1983, S. 106 f.; Soergel/*Hadding* BGB, 13. Aufl., 2000, §§ 21, 22 Rn. 41 f.; *Habersack*, in: Scherrer (Hrsg.), Sportkapitalgesellschaften, 1998, S. 45, 52 f.; *Lettl* DB 2000, 1449, 1450 f.; *Segna* ZIP 1997, 1901, 1905 ff.; *Wagner* NZG 1999, 469, 473 f.; *K. Schmidt*, Verbandszweck und Rechtsfähigkeit im Vereinsrecht, 1984, S. 124 ff.; *Schwierkus*, Der rechtsfähige ideelle und wirtschaftliche Verein, 1981, S. 171 f.
43 Statt vieler Soergel/*Hadding*, BGB, 13. Aufl., 2000, §§ 21, 22 Rn. 41 f.; ausführliche Antikritik bei *Leuschner*, Das Konzernrecht des Vereins, 2011, 126 ff.

turen herausgebildet hatte. Weitgehend konsentiert war insoweit die Erkenntnis, dass es im Rahmen der Vereinsklassenabgrenzung nicht auf die Zwecksetzung des Vereins ankam, sondern darauf, ob er sich wirtschaftlich betätigt. Die §§ 21, 22 BGB wurden insoweit zur Induktionsbasis eines an eingetragene Vereine adressierten *Verbotes der übermäßigen wirtschaftlichen Betätigung*. Einschränkung erfuhr das Verbot in zweierlei Hinsicht: Zum Ersten folgte aus dem weitgehend akzeptierten Verständnis des Nebenzweck- bzw. Nebentätigkeitsprivilegs, dass das Verbot nicht absolut gilt, sondern die wirtschaftliche Betätigung lediglich die übrigen Aktivitäten des Vereins nicht dominieren darf. Zum Zweiten ergab sich aus der ADAC-Entscheidung von 1982, dass Vereinen nur die eigene, nicht aber die wirtschaftliche Betätigung in Tochter-Kapitalgesellschaften verboten war. Zusammenfassend lässt sich daher von einem Verbot der übermäßigen eigenen wirtschaftlichen Betätigung sprechen.

Die skizzierten Maßstäbe der Vereinsklassenabgrenzung hatten erhebliche Überzeugungskraft, weil sie sich an dem den Wortlaut der §§ 21, 22 BGB prägenden Begriff des „Geschäftsbetriebs" orientierten. Schlüssig war zudem ihr teleologisches Fundament: Die wirtschaftliche Betätigung im Sinne eines planmäßigen Anbietens von Leistungen am Markt gegen Entgelt impliziert ein spezifisches Investitions- und Haftungsrisiko, welches sich wiederum in einem erhöhten Insolvenzrisiko niederschlägt.[44] Dies unterscheidet die wirtschaftliche Betätigung grundlegend von der reinen nachfragenden Tätigkeit am Markt. Bei einem Verein, der sich hiernach nicht, oder nur sehr eingeschränkt wirtschaftlich betätigt, ist die Insolvenzanfälligkeit und folglich das Risiko, dass Gläubiger geschädigt werden, äußerst gering. Das vereinsrechtliche Verbot der übermäßigen eigenen wirtschaftlichen Betätigung erwies sich hiernach systematisch als funktionales Äquivalent für die Kapitalaufbringungs- und Erhaltungsregelungen des Kapitalgesellschaftsrechts sowie die Pflichtprüfung im Genossenschaftsrecht.[45]

---

44 Im Detail *Leuschner*, Konzernrecht des Vereins, 2011, 147 f.
45 *Leuschner* ZHR 175 (2011), 787 ff.

IV. Die Kita-Rechtsprechung im Jahr 2017 und ihre Nachwirkungen

1. Vorfeld der BGH-Entscheidung

a) Diskrepanz zwischen Vereinspraxis und Vereinsrecht

Betrachtete man vor dem Hintergrund des Gesagten die vereinsrechtliche Realität im Vorfeld der Kita-Rechtsprechung, kam man zur überraschenden Erkenntnis, dass diese in weiten Teilen nicht mit dem konsentierten Verständnis der §§ 21, 22 BGB in Einklang zu bringen war. Insbesondere im Bereich des Sozial-, Wohlfahrts- und Bildungswesens existierte eine Vielzahl zweckbetriebsdominierter Vereine, d. h. Vereine, die ihre ideellen Zwecke nahezu ausschließlich durch das entgeltliche Anbieten von Leistungen am Markt verfolgten. Erst recht galt das für manche Sportvereine, deren Aktivitäten durch den Profisport dominiert waren.[46] Dass die genannten Vereine gegen das Verbot der übermäßigen eigenen wirtschaftlichen Betätigung verstießen, lag offen auf der Hand und hätte dazu führen müssen, dass ihnen gemäß § 395 FamFG die Löschung aus dem Vereinsregister angedroht wird. Der Status quo belegte indes, dass dies offensichtlich nicht geschah, sondern eine erhebliche Diskrepanz zwischen dem „law in books" und dem „law in action" bestand. Grund hierfür war wohl zum einen, dass die Zuständigkeit für entsprechende Verfahren bis 2009 bei den Verwaltungsbehörden lag und diese – mutmaßlich auch aus Gründen der politischen Opportunität – weitgehend untätig geblieben waren.[47] Zum anderen fehlte es offenbar auch bei den nunmehr zuständigen Registergerichten an den notwendigen Ressourcen und möglicherweise auch an dem erforderlichen Mut, um Vereine, die zum Teil schon seit Jahrzehnten eingetragen waren, auf die Rechtsformverfehlung hinzuweisen.[48]

Die beschriebene Beobachtung habe ich im Februar 2016 auf dem 1. Vereinsrechtstag zum Gegenstand eines Vortrages mit dem Titel „Zwischen Gläubigerschutz und Corporate Governance: Reformperspektiven des Vereinsrechts"[49] gemacht. In ihm ging ich zunächst der Frage nach, ob sich die Durchsetzungsdefizite beim Verbot der übermäßigen wirtschaftlichen Betätigung als dem zentralen

---

46 *Furmann* SpuRt 1995, 12, 14; *Heckelmann* AcP 179 (1979), 1, 47, 55 f.; *Segna* ZIP 1997, 1901, 1903 f.
47 Ausf. (auch rechtstatsächliche) Analyse der Rechtslage bis 2009 bei *Segna*, Non Profit Law Yearbook 2008, 39, 45 ff.
48 Vgl. *Leuschner* NZG 2017, 16, 20 f.
49 Hierzu und zum Folgenden *Leuschner* npor 2016, 99 ff.

Gläubigerschutzinstrument des Vereinsrechts nicht in der Insolvenzquote von Vereinen niederschlugen und insoweit ein Problem des Gläubigerschutzes besteht. Die Frage war klar zu verneinen: Der Anteil der Vereine an den Unternehmensinsolvenzen war minimal (0,8 % bzw. 0,7 %. in den Jahren 2013 und 2014). Das warf die Folgefrage auf, was die Gründe dafür sind, dass Vereine trotz zum Teil umfangreicher wirtschaftlicher Betätigung deutlich weniger insolvenzanfällig sind als Kapitalgesellschaften. Ins Auge fiel der unterschiedliche Umgang mit Gewinnen: Anders als die Kapitalgesellschaften schütten die meisten Vereine keine Gewinne an ihre Mitglieder aus. Für die große Mehrzahl (90 %) aller Vereine) der gemeinnützigen Vereine folgt sogar ein entsprechendes Verbot aus § 55 Abs. 1 Nr. 1 AO. Der Nichtausschüttung von Gewinnen kommt in zweierlei Hinsicht ersichtlich insolvenzprophylaktische Wirkung zu: Zunächst einmal fördert sie die Thesaurierung, wodurch Vereine in der Regel über eine sehr hohe Eigenkapitalquote verfügen. Zum anderen mindert die fehlende Gewinnorientierung der Mitglieder den Anreiz, durch die Eingehung hoher unternehmerischer Risiken Gewinne zu maximieren. Die Erkenntnis mündete in dem Plädoyer, das aus §§ 21, 22 BGB abgeleitete Verbot der wirtschaftlichen Betätigung de lege ferenda durch ein Gewinnausschüttungsverbot zu ersetzen. Dieses sei angesichts des skizzierten empirischen Befunds ausreichend, um die Interessen der Gläubiger zu schützen, und würde Vereinen im wirtschaftlichen Bereich die Spielräume gewähren, die sie benötigen. Durch eine entsprechende Reform könne das Vereinsrecht an die Vereinspraxis angepasst werden.

b) AG Charlottenburg und KG als treibende Kräfte der Rechtsentwicklung

Die Einschätzung, dass es den Registergerichten an den erforderlichen Ressourcen und dem erforderlichen Mut fehlte, die Diskrepanz zwischen dem Vereinsrecht und der Vereinspraxis aufzugreifen, bedarf einer Einschränkung: Ab dem Jahr 2010 begann das Amtsgericht Charlottenburg, ein Gericht, das für sämtliche in Berlin registrierten Vereine zuständig ist und insoweit über eine besondere Expertise in vereinsregisterrechtlichen Angelegenheiten verfügen dürfte, Rechtsformverfehlung zu verfolgen. Es verwehrte nicht nur Vereinen, deren Zwecke auf die Veranstaltung von Filmvorführungen[50] oder Klavierkonzerten[51] gerichtet waren, die Ersteintragung in das Vereinsregister, sondern drohte auch bereits im Vereinsregister ein-

---

50 Vgl. KG Rpfleger 2011, 445.
51 Vgl. KG DStR 2012, 1195.

getragenen Trägern von Kindertagesstätten die Löschung an.[52] Bestärkt und gestützt wurde es dabei vom Kammergericht, das die hiergegen eingelegten Beschwerden konsequent zurückwies.[53] Nüchtern verwiesen die Richter des Kammergerichts hierbei auf die zuvor dargelegten Grundsätze der Vereinsklassenabgrenzung.[54] Im Zusammenhang mit den Kindertagesstätten führten sie aus, eine Berufung auf das Nebenzweckprivileg scheide aus, weil der Betrieb der Kindertagesstätte unter den Aktivitäten des Vereins ganz im Vordergrund stehe.[55] Dem von den betroffenen Vereinen erhobenen Hinweis auf ihren gemeinnützigen Status entgegneten sie, dass dieser lediglich steuerlich relevant sei und für die Vereinsklassenabgrenzung keine Rolle spiele.[56]

Während das Vorgehen des AG Charlottenburg zunächst außerhalb von Berlin kaum wahrgenommen wurde, änderte sich dies schlagartig, als das KG im Jahr 2016 in Reaktion auf abweichende Entscheidungen anderer Obergerichte[57] in drei Entscheidungen die Rechtsbeschwerde zum BGH zuließ.[58] Die Sorge, im Fall einer bestätigenden höchstrichterlichen Entscheidung könnte das Berliner Vorgehen bundesweit Schule machen, sorgte für große Aufregung in der Vereinspraxis und führte zu zum Teil sehr emotionalen Reaktionen. Der Verein, „Frucht und Unterpfand des Rechtsstaates und der Demokratie," sei „in Gefahr".[59] Ohne jede Not werde mit einer hundertjährigen Rechtstradition gebrochen und die Bemühung um eine Stärkung bürgerschaftlichen Engagements konterkariert.[60] Den Berliner Richtern wurde „Ignoranz gegenüber den Eigengesetzlichkeiten der Sozialsysteme" vorgeworfen.[61] Ihre Rechtsprechung führe zu einer Zerschlagung der lebendig gewachsenen Institutionen gemeinnütziger Vereine als Rechtsträgern von Zweckbetrieben.[62] Viele bescheinigten den Berliner Richtern aber auch, die anerkannten

---

52 Der erste insoweit bekannt gewordene Beschluss datiert vom 24.8.2010 (vgl. KG npoR 2011, 53).
53 KG npoR 2011, 53; Beschl. v. 21.2.2011, 25 W 32/10 (unveröffentlicht); Beschl.v. 15.03.2016, 22 W 87/14, BeckRS 2016, 114318; NZG 2016, 989; DStR 2016, 1173.
54 Siehe insbesondere oben unter III. 3. und 5.
55 KG NZG 2016, 989 Rn. 32; DStR 2016, 1173 Rn. 30; vgl. auch npoR 2011, 53 Rn. 15.
56 KG NZG 2016, 989 Rn. 32 Rn. 33 ff.; KG DStR 2016, 1173 Rn. 31 ff.
57 OLG Schleswig-Holstein npoR 2013, 164; OLG Stuttgart npoR 2015, 27; OLG Brandenburg npoR 2015, 199.
58 KG DStR 2016, 1173 Rn. 41; NZG 2016, 989 Rn. 43; BeckRS 2016, 114318 Rn. 37.
59 *Schlüter*, FAZ, 04.09.2014, Nr. 205, S. 8; kritisch auch *Beuthien* Rpfleger 2016, 65 ff.; *Menges* ZStV 2012, 63 ff.; *Schauhoff/Kirchhain* ZIP 2016, 1857 ff.; *Schauhoff* npoR 2016, 241 ff.; jurisPR-SteuerR/*Fischer* 20/2015 Anm. 1.
60 *Judis*, Paritätischer Rundbrief, Nov. 2013, 10 ff.
61 *Schlüter*, FAZ, 04.09.2014, Nr. 205, S. 8.
62 *May*, Recht und Bildung 2014, 11, 19.

vereinsrechtlichen Grundsätze lediglich konsequent angewandt zu haben.[63] Zum Teil wurde explizit der Mut gelobt, den es bedürfe, „dem offenkundigen Missbrauch des Idealvereins entgegenzutreten, da man sich damit dem Vorwurf der Sozialgefährdung aussetzt."[64]

c) „Lex Dorfladen"

Um die Entwicklung rund um die Kita-Rechtsprechung zu verstehen, bedarf es ferner eines Blickes auf den am 27. Januar 2017 veröffentlichten Regierungsentwurf eines „Gesetzes zur Erleichterung unternehmerischer Initiativen aus bürgerschaftlichem Engagement und zum Bürokratieabbau bei Genossenschaften."[65] Der an dieser Stelle interessierende Teil des Gesetzesentwurfes, der nachfolgend als „Lex Dorfladen" bezeichnet werden soll, war eine Reaktion auf einen Beschluss der Justizministerkonferenz vom 12.11.2015, in der diese die Schaffung einer „geeigneten Rechtsform für bürgerschaftliches Engagement" forderte. Ihm zugrunde lag die Sorge, dass das geltende Vereins- und Gesellschaftsrecht für ehrenamtliche Initiativen wie etwa den Betrieb eines Dorfladens oder eines Dritte-Welt-Ladens keine geeignete Rechtsform zur Verfügung stelle. Sie basiert auf der Annahme, dass es sich bei den entsprechenden Initiativen um Wirtschaftsvereine handele, denen aber die Wahl der Rechtsform der Aktiengesellschaft (Grund: Kapitalaufbringung), der GmbH (Grund: notarielles Beurkundungserfordernis bei Gesellschafterwechsel) und der Genossenschaft (Grund: Pflichtmitgliedschaft im Prüfungsverband und Pflichtprüfung) unzumutbar ist.[66]

Nachdem der Versuch, eine „Genossenschaft light" ohne Pflichtmitgliedschaft im Prüfungsband und ohne Pflichtprüfung einzuführen, an der Kritik der Genossenschaftsverbände gescheitert war,[67] entstand die Idee, entsprechenden Initiativen einen klar strukturierten Weg in die Rechtsform des konzessionierten Wirtschaftsvereins gemäß § 22 BGB zu weisen. Konkret sah die „Lex Dorfladen" eine Verordnungsermächtigung für das Bundesjustizministerium zur Vereinheitlichung der Verleihungspraxis für Vereine vor. Für Vereine, deren Zweck auf die Verfolgung eines „wirtschaftlichen Geschäftsbetriebs von geringerem Umfang" gerichtet ist,

---

63 *Terner*, Anmerkung zu KG, Beschl. v. 18.1.2011–25 W 14/10, DNotZ 2011, 636; *Winheller* DStR 2012, 1562.
64 *Kögel* Rpfleger 2016, 423, 427.
65 Dazu *Fein/Vielwerth* DStR 2017, 1881; *Mock/Mohamed* DStR 2017, 2232; *Wolff* npoR 2017, 50; vgl. auch Stellungnahme der Bundesrechtsanwaltskammer npoR 2017, 147.
66 Siehe auch *Leuschner* FAZ, 14.12.2016, Nr. 292, S. 16.
67 *Wolff* npoR 2017, 50.

sollte per Verordnung festgelegt werden können, unter welchen Voraussetzungen die Konzessionierung zu erfolgen hat. Der entsprechende Entwurf einer „Rechtsfähigkeitsverleihungsverordnung" wurde in diesem Zusammenhang ebenfalls vorgelegt.[68] Er sah vor, dass bei Einhaltung bestimmter Voraussetzungen (u. a. Beschränkung der Tätigkeit auf den Landkreis oder die Gemeinde, keine Gewinnausschüttung an Mitglieder, Umsatzgrenze von 600.000 €, Verpflichtung zur Rechnungslegung) ein Anspruch auf Verleihung der Rechtsfähigkeit als konzessionierter Verein im Sinne von § 22 BGB besteht. In der Begründung der „Lex Dorfladen" nahmen die Entwurfsverfasser auf die bis dahin herrschenden Grundsätze der Vereinsklassenabgrenzung Bezug und führten aus, dass auch Vereine mit ideeller Zwecksetzung sich nur in beschränktem Umfang wirtschaftlich betätigen dürften, um als e.V. eintragungsfähig zu sein.[69]

Am 15. Mai 2017 wurde die „Lex Dorfladen" im Rechtsausschuss des Deutschen Bundestages erörtert. Als von der CDU/CSU-Bundestagsfraktion benannter Experte habe ich in meiner Stellungnahme ausdrücklich vor der Verabschiedung des Gesetzes gewarnt.[70] Ich wies darauf hin, dass das Gesetz zwar für eine kleinere Zahl von Initiativen bürgerlichen Engagements eine Erleichterung darstellen würde. Die mit der Verabschiedung implizit einhergehende Bestätigung des aus den §§ 21, 22 ff. BGB hergeleiteten Verbotes der übermäßigen wirtschaftlichen Betätigung hätte indes einschneidende Folgen für eine Vielzahl existierender eingetragener Vereine, die zweckbetriebsdominiert sind und insoweit gegen das Verbot der übermäßigen wirtschaftlichen Betätigung verstoßen. Ich verwies beispielhaft auf die Träger von Altenwohn- und Altenpflegeheimen, Kinderkrippen, Essen auf Rädern, Volkshochschuleinrichtungen, Museen, Schulen- und Musikschulen, Theatern sowie Jugendherbergen. Diese Grundsätze würden bisher zwar mit Ausnahme der in Berlin bekannt gewordenen Fälle noch kaum durchgesetzt. Sollte jedoch der BGH in der Rechtsbeschwerde die Berliner Rechtsprechung bestätigen, werde sich das ändern und eine große Zahl gesellschaftlich äußerst bedeutender Vereine wäre von der Löschung bedroht. Ich erläuterte, dass man die betroffenen Vereine zwar zukünftig in Kapitalgesellschaften umwandeln oder sie durch entsprechende Anpassung der Rechtsfähigkeitsverleihungsverordnung in die Rechtsform des konzessionierten Wirtschaftsvereins umsiedeln könnte. Dies würde jedoch einen erheblichen Aufwand kreieren, ohne dass dem irgendein Nutzen gegenüberstünde. Ich verwies

---

68 Referentenentwurf vom 15.3.2017, abrufbar unter www.bundestag.de.
69 BT-Drs. 18/11506 S. 14.
70 *Leuschner*, Stellungnahme vom 12. Mai 2017, abrufbar unter: https://www.bundestag.de/webarchiv/Ausschuesse/ausschuesse18/a06/anhoerungen/Archiv/stellungnahmen-506592. A.a.O. finden sich auch die Stellungnahmen anderer Sachverständiger, die sich aber überwiegend auf andere Teile des Gesetzgebungsvorhabens bezogen.

insoweit auf meine Analyse in npoR 2016, 99 sowie den Vorschlag, das Verbot der übermäßigen wirtschaftlichen Betätigung durch ein Gewinnausschüttungsverbot zu ersetzen und dadurch, statt die Vereinspraxis an das Vereinsrecht anzupassen, den umgekehrten Weg zu beschreiten.[71] Weil die Verabschiedung der „Lex Dorfladen" dem entgegenstünde, empfahl ich nachdrücklich, hiervon Abstand zu nehmen.

2. Die Kita-Beschlüsse des BGH

a) Die Entscheidungen

aa) Die wesentlichen Aussagen

Am Tag nach der Anhörung im Rechtsausschuss, dem 16. Mai 2017, veröffentlichte der BGH den ersten seiner (inhaltsgleichen) drei Kita-Beschlüsse.[72] Zur Überraschung der wohl meisten Beobachter gab er der Rechtsbeschwerde des betroffenen Kita-Vereins statt und hob den Beschluss des Kammergerichts auf.

In der Begründung führten die Richter aus, bei der vom streitgegenständlichen Verein unterhaltenen Kindertagesstätte handele es sich zwar um eine unternehmerische Tätigkeit bzw. wirtschaftlichen Geschäftsbetrieb.[73] Dieser Geschäftsbetrieb mache den Verein aber nicht zu einem Wirtschaftsverein, weil er dem – in der Entscheidung nicht näher benannten – ideellen Vereinszweck untergeordnet sei und damit dem „sog. Nebenzweckprivileg" unterfalle.[74] Dem steuerlichen Gemeinnützigkeitsstatus käme in diesem Zusammenhang Indizwirkung zu, weil der Gesetzgeber gemeinnützige Vereine als Regelfall des nicht wirtschaftlichen Vereins gesehen habe. Man verwies insoweit auf den ursprünglichen Regierungsentwurf aus dem Herbst 1895, der den gemeinnützigen Verein ausdrücklich erwähnte, sowie den Umstand, dass dessen Ersetzung durch die Gesetz gewordene Fassung keine Änderung in der Sache bedeuten sollte.[75] Ferner verwiesen die Richter darauf, dass der Verein als Gegenstück zu den Kapitalgesellschaften konzipiert worden sei und sich von letzteren dadurch unterscheide, dass die Vereinsmitgliedschaft nicht auf den Vorteil des Einzelnen abziele und insbesondere eine Gewinnausschüttung ausschließe.[76] Der Umfang des wirtschaftlichen Geschäftsbetriebs sei in diesem

---

71 Siehe zuvor unter IV.1.a.
72 BGH NJW 2017, 1943.
73 A.a.O. Rn. 20.
74 A.a.O. 21.
75 A.a.O. Rn. 23 f.
76 A.a.O. Rn. 25.

Zusammenhang unerheblich.[77] Wenn der Gesetzgeber ausweislich seiner Motive ausdrücklich Mittelbeschaffungsbetriebe für zulässig erachtet hat, müsse es einem Verein erst recht gestattet sein, den ideellen Zweck unmittelbar mit seinen wirtschaftlichen Aktivitäten zu erfüllen. Der durch die §§ 21, 22 BGB bezweckte Gläubigerschutz stehe einem solchen Verständnis nicht entgegen. Insbesondere das für gemeinnützige Vereine durch § 55 AO vorgeschriebene Gewinnausschüttungsverbot senke den Anreiz, erhebliche unternehmerische Risiken einzugehen.[78]

bb) Der Verzicht auf eine theoretische Einordnung

Bemerkenswert ist, dass das Gericht in seiner Entscheidung von einer Auseinandersetzung mit den umfangreichen zur Vereinsklassenabgrenzung entwickelten Ansätzen absieht, ja diese noch nicht einmal erwähnt. Die Gründe hierfür wurden in der Entscheidung selbst nicht benannt. Einen Einblick in die Motive der Richter gewährte *Heinz Wöstmann*, Richter im 2. Zivilsenat des BGH und zuständiger Berichterstatter der Kita-Beschlüsse, im Rahmen seines Referats auf dem 3. Vereinsrechtstag. Dort führte er aus, in der Vergangenheit sei versucht worden, „mit verschiedenen dogmatischen Theorien [die §§ 21, 22 BGB] in den Griff zu bekommen."[79] All den Theorien sei aber gemein, dass nach „übereinstimmender Auffassung" keine von ihnen ein „allgemein gültiges Auslegungskonzept für § 21 BGB zur Verfügung stelle."[80] Auch *K. Schmidt* habe konzediert, das typologische Verfahren solle nicht als „ideale Methode der Rechtsanwendung" verstanden werden.[81] Man habe sich deshalb dafür entschieden, „sich bei der eigenen Entscheidung an die bereits durch die Rechtsprechung entwickelten Grundsätze für die Auslegung der Norm anzulehnen und sich streng an die klassischen juristischen Auslegungsmethoden zu halten."[82]

cc) Der Zusammenhang zu den Beratungen der „Lex Dorfladen"

Die Bekanntmachung des ersten Kita-Beschlusses einen Tag nach der Beratung der „Lex Dorfladen" im Rechtsausschuss des Deutschen Bundestags war kein Zufall. Aus Kreisen der Karlsruher Richter war zu vernehmen, man sei irritiert darüber gewesen, von Seiten des Justizministeriums im Rahmen des legislativen Prozesses nicht konsultiert worden zu sein und habe das Verfahren daher vorgezogen. Dem

---

77 A.a.O. Rn. 29 ff.
78 A.a.O. Rn. 31 ff.
79 *Wöstmann* npoR 2018, 195, 196.
80 A.a.O.
81 A.a.O. unter Verweis auf *K. Schmidt* Rpfleger 1972, 343, 353.
82 A.a.O.

lag ersichtlich die Einschätzung zugrunde, dass die Positionierung des BGH in den Kita-Fällen Auswirkungen auf das Gesetzgebungsvorhaben haben könnte.

b) Reaktion und Bewertung

aa) Reaktion im Schrifttum
Die Reaktionen des Schrifttums auf das Ergebnis der BGH-Entscheidungen waren überwiegend positiv.[83] Unter Hinweis auf die gesellschaftspolitische Bedeutung von Vereinen wurden der Gewinn an Rechtssicherheit sowie die Harmonisierung mit dem Gemeinnützigkeitsrecht gelobt. Deutlich kritischer gesehen wurde die Entscheidungsbegründung. Eine Stellungnahme, die ihr „dogmatische Stringenz" bescheinigte,[84] wird man wohl als Mindermeinung einordnen müssen. Andere Autoren sprachen von einem „rätselhafte[n] Kompromiss",[85] „juristischen Unebenheiten"[86] sowie „einer unstimmig begründeten Rechtsprechung".[87]

bb) Theoretische Einordnung
In der Sache bedeutet die Kita-Rechtsprechung einen vollständigen Bruch mit den bis dahin anerkannten Grundsätzen der Vereinsklassenabgrenzung.[88] Indem der BGH meint, ein wirtschaftlicher Geschäftsbetrieb sei unabhängig von seinem Umfang unschädlich, wenn er nur der Verfolgung eines nicht wirtschaftlichen Hauptzwecks dient, schließt er sich der Sache nach der subjektiven Abgrenzungsmethode an.[89] Mit Blick auf die der subjektiven Abgrenzungsmethode entgegengehaltenen Kritik, sie sei mit dem Anliegen des Gläubigerschutzes unvereinbar, enthalten die Kita-Beschlüsse allerdings insoweit eine entscheidende Weiterentwicklung, als sie die gläubigerschützende Wirkung des Gewinnausschüttungsver-

---

[83] *Arnold* FS K. Schmidt, 2019, 37 ff.; *Beuthien* npoR 2017, 137, 139; *Leuschner* NJW 2017, 1919, 1920; *Otto* NotBZ 2017, 286, 293; *Seulen/Scharf* DB 2017, 1575; *Schockenhoff* NZG 2017, 931, 941; jurisPR-SteuerR/ *Fischer* 34/2017 Anm. 1; jurisPR-BGHZivilR/*Zwade* 13/2017 Anm. 1; tendenziell positiv auch Erman/ *Westermann* § 21 Rn. 6a; *Frey* NJ 2017, 291 f.; *K. Schmidt* JuS 2017, 776 ff.; krit. hingegen *Segna* ZIP 2017, 1881 ff.; BeckOGK/*Segna*, 1.7.2020, § 21 Rn. 139 ff.
[84] *Zwade*, jurisPR-BGHZivilR 132017 Anm. 1
[85] *K. Schmidt* JuS 2017, 776, 778.
[86] *Beuthien* npoR 2017, 137, 138.
[87] *Segna* ZIP 2017, 1881, 1889.
[88] Ebenso BeckOGK/*Segna*, 1.7.2020, § 21 Rn. 135; *Hüttemann* JZ 2017, 897 ff.; der Sache nach auch *Könen* ZGR 2018, 632, 637 f.; a.A. *Terner* RNotZ 2017, 508, 513; *Schöpflin* ZStV 2018, 6, 9.
[89] *Beuthien* npoR 2018, 137, 138; *Hüttemann* JZ 2017, 897, 900; *Leuschner* NJW 2017, 1919 ff.

bots herausarbeiten. Aus diesem Grund wurde auch vorgeschlagen, den Ansatz des BGH als *subjektiv-teleologisch* zu bezeichnen.[90]

cc) Gewinnausschüttungsverbot statt Verbot der übermäßigen wirtschaftlichen Betätigung

Die Kernaussage der Kita-Rechtsprechung lautet: Der Zweck heiligt die Mittel.[91] Auch wenn die Richter sich hierzu nicht explizit bekannten, liegt es in der Logik der Beschlüsse, dass dem Merkmal des wirtschaftlichen Geschäftsbetriebs letztlich keine Bedeutung mehr zukommt. Bestätigt wird diese Einschätzung durch eine Entscheidung des BGH aus dem Jahr 2018, in der es um die Eintragungsfähigkeit eines Vermögensverwaltungsvereins ging.[92] Obwohl der Verein nach der Satzung nicht die Aufnahme einer wirtschaftlichen Betätigung beabsichtigte, qualifizierten ihn die Richter als Wirtschaftsverein. Ausschlaggebend war insoweit, dass nach dem Vereinszweck eine Gewinnausschüttung an die Mitglieder vorgesehen war.[93]

Das mit dem Gesagten einhergehende Verständnis, wonach es für die Qualifikation des Vereinszwecks als „wirtschaftlich" darauf ankommt, ob der Zweck eine Gewinnausschüttung an die Mitglieder impliziert, bedeutet, dass an die Stelle des Verbots der übermäßigen wirtschaftlichen Betätigung der Sache nach ein Gewinnausschüttungsverbot tritt.[94] Zum Teil geht man sogar davon aus, dass nach der Kita-Rechtsprechung die Eintragungsfähigkeit eines Vereins nur gegeben ist, wenn seine Satzung ein ausdrückliches Gewinnausschüttungsverbot nach dem Vorbild des § 55 Abs. 1 Nr. 1 S. 2 AO enthält.[95] Tatsächlich sollte es indes genügen, dass die Formulierung des Vereinszwecks eine Gewinnverwendung impliziert, mit der Ausschüttungen an die Mitglieder unvereinbar sind. Das sind indes Nebensächlichkeiten. In der Praxis sind Vereine, die nicht schon nach § 60 Abs. 1 S. 2 AO zur Aufnahme eines Gewinnausschüttungsverbots in die Satzung verpflichtet sind, gut beraten, dies vorsorglich zu tun.

dd) Von machtbewussten Richtern und dankbaren Politikern

Für die Vereinspraxis ist die Kita-Rechtsprechung ein Segen. Durch die Ersetzung des Verbots der übermäßigen wirtschaftlichen Betätigung durch ein Gewinnaus-

---

[90] MüKoBGB/*Leuschner*, 9. Aufl. 2021, BGB § 22 Rn. 31.
[91] *Leuschner* NJW 2017, 1919 ff.; vgl. auch *Terner* RNotZ 2017, 508.
[92] BGH NZG 2018, 1392.
[93] BGH NZG 2018, 1392 Rn. 19; nähere Analyse bei *Leuschner* NotBZ 2019, 31.
[94] So auch das Verständnis von *Hüttemann* JZ 2017, 900; BeckOGK/*Segna*, 1.12.2022, BGB § 21 Rn. 165; *Weitemeyer/Bornemann* npoR 2020, 99, 103 f.; MüKoBGB/Leuschner §§ 21, 22 Rn. 44 ff.
[95] Explizit in diesem Sinn BeckOGK/*Segna*, 1.12.2022, BGB § 21 Rn. 165.

schüttungsverbot sorgten die Richter für die geforderte Anpassung des Vereinsrechts an die Vereinspraxis.[96] Die damit einhergehende signifikante Liberalisierung der Eintragungsfähigkeit stärkt das bürgerliche Engagement, ohne dass unter dem Gesichtspunkt des Gläubigerschutzes Nachteile zu befürchten sind. Die Entscheidung ist insoweit zweifellos Ausweis eines bemerkenswerten politischen Instinkts der entscheidenden Richter.

Bemerkenswert ist aber auch, dass die Richter meinten, diese gebotene Anpassung des Vereinsrechts an die Vereinspraxis selbst, d.h. de lege lata vornehmen zu können, und keine Notwendigkeit sahen, das Feld dem Gesetzgeber zu überlassen.[97] Positiv betrachtet mag man insoweit ihren Pragmatismus und Mut loben: Während die Wissenschaft der Suggestionskraft der *K. Schmidt'schen* Lehre nicht zu entkommen vermochte, ließen sich die Karlsruher Richter davon nicht beeindrucken und gingen ihren eigenen Weg. Der Vereinspraxis ersparten sie damit in jedem Fall lange Jahre der Unsicherheit, die ein parlamentarisches Verfahren in Anspruch genommen hätte. Bedenken begegnet das Vorgehen allerdings insoweit, als es – auch wenn die Entscheidungsgründe anderes andeuten – bei Lichte betrachtet das im Mittelpunkt des Wortlauts der §§ 21, 22 BGB enthaltene Merkmal des wirtschaftlichen Geschäftsbetriebs für irrelevant erklärt. Die insoweit geäußerte Kritik, die Karlsruher Richter hätten die Grenzen der zulässigen Auslegung überschritten,[98] ist nicht von der Hand zu weisen und lässt die Rechtsprechung wie bereits eingangs erwähnt als einen „quasi-legislativen Akt" erscheinen.

Dass die Richter des 2. Zivilsenats selbstbewusst das Recht gestalten, ist indes nichts Ungewöhnliches, sondern hat im Gesellschaftsrecht Tradition.[99] Exemplarisch verwiesen sei auf die Trihotel-Entscheidung aus dem Jahr 2008, in dem die Richter die zuvor rechtsfortbildend entwickelte Existenzvernichtungshaftung per „richterlichem Gestaltungsakt" von einer Außenhaftung in eine Innenhaftung umwandelten.[100] Dass man sich bei der Terminierung der Entscheidungsverkündung der Kita-Beschlüsse an den parlamentarischen Beratungen der „Lex Dorfladens" orientiert hat, passt insoweit ins Bild. Mit Blick auf das Prinzip der Gewaltenteilung ist das alles sicherlich nicht unbedenklich. Zur Wahrheit gehört

---

96 So das Petitum in *Leuschner* npoR 2016, 99, 102 ff., dazu bereits oben unter IV.1.a.
97 In diesem Sinne bereits im Vorfeld der Entscheidung argumentierend *Schauhoff/Kirchhain* ZIP 2016, 1857 ff.
98 So der Sache nach *Segna* ZIP 2017, 1881 ff., der zugleich drauf hinweist (S. 1885), dass die von mir in *Leuschner* npoR 2016, 99 gemachten Vorschläge auf eine Gesetzes- und keine Rechtsprechungsänderung zielten.
99 Zur selbstbewussten richterlichen Rechtsfortbildung im Gesellschaftsrecht *Mülbert* AcP 214 (2014), 188, 210 ff.
100 BGH NZG 2007, 667 Rn. 23.

allerdings auch, dass man von Seiten der Politik entsprechenden „Übergriffe" meist nicht als unerwünschte Einmischung empfindet, sondern dankend annimmt. Mit der durch ihre Rechtsprechung bewirkten Liberalisierung des Vereinsrechts rannten die Karlsruher Richter in Berlin gewissermaßen „offene Türen ein". Das Ergebnis der Entscheidungen wurde durch alle Fraktionen hindurch begrüßt, während die Methodik nicht interessierte. Die Politik war ersichtlich froh darüber, dass der BGH sie vor dem massiven Problem bewahrt hat, welches durch Bestätigung der bis dahin herrschenden Meinung entstanden wäre.[101]

ee) Praktisch relevante Begründungsschwächen

An die Stringenz der Begründung einer Gerichtsentscheidung sind sicherlich nicht dieselben Maßstäbe anzulegen wie an die von wissenschaftlichen Ausarbeitungen. Wenn Richter allerdings durch ihre Entscheidungen Recht gestalten, reicht ihr Wirken über den Einzelfall hinaus und es wäre zu wünschen, dass sie in den Entscheidungsgründen ihr Konzept so erläutern, dass dies von Rechtsanwendern, die es bei der Einordnung zukünftiger Fälle zu beachten haben, auch verstanden wird.[102] Wenn Richter sich demgegenüber darauf berufen, man habe nur einen Einzelfall entschieden,[103] machen sie es sich zu leicht. Als praktisch relevant erweisen sich an der Kita-Rechtsprechung letztlich zwei Defizite in der Begründung:

Die starke, nicht zuletzt auch im amtlichen Leitsatz zum Ausdruck kommende Bedeutung, die der BGH dem steuerlichen Status der Gemeinnützigkeit zugemessen hat, trug maßgeblich zu dem Missverständnis bei, die besagte Rechtsprechung sei für nicht gemeinnützige Vereine ohne Relevanz.[104] Ausweis hiervon ist die unmittelbar im Anschluss an die Kita-Beschlüsse entbrannte Diskussion darüber, welche Auswirkungen diese auf die „Lex Dorfladen" haben (dazu sogleich unter 3.). Auch in der Praxis der Vereinsregister hat diese Zuspitzung vielfach zu dem Missver-

---

101 Zur Frage, ob die Grundsätze der Kita-Rechtsprechung nachträglich legislativ nachgezeichnet werden sollen siehe die Diskussion auf dem 3. Vereinsrechtstag (*Echtermann/Hofmann/Lüken/Noll/Ortmann* npoR 2018, 133, 137 ff.), sowie den Vorschlag bei *Leuschner* 72. DJT 2018, Band II 1, P 65, 90 ff.
102 Vgl. die in diesem Zusammenhang auch die u. a. beim US-amerikanischen Supreme Court übliche Praxis von Stellungnahmen rechts- und sachkundiger Organisationen oder Wissenschaftler im Vorfeld der Entscheidungsfindung (sog. Amicus Curiae), welche der über den Einzelfall hinausgehenden Bedeutung höchstrichterlicher Entscheidungen Rechnung trägt (dazu u. a. *Hirte* ZZP 104 (1991), 11, 14 ff.; *Schadendorf*, Amica curiae, 2022). Die Etablierung einer entsprechenden Praxis wäre auch in Deutschland wünschenswert.
103 So auch *Wöstmann* npoR 2018, 195, 196 in Bezug auf die Kritik an Teilen der Begründung der Kita-Entscheidungen.
104 Kritisch u.a. *Beuthien* npoR 2017, 137, 139; *Könen* ZGR 2018, 632, 638; s. auch Antikritik von *Wöstmann* FS Bergmann, 2018, 903, 909 f.

ständnis geführt, der BGH habe die Eintragungsfähigkeit mit der steuerlichen Gemeinnützigkeit verknüpft. Da ca. 90% der eingetragenen bzw. die Eintragung anstrengenden Vereine gemeinnützig sind, ist allerdings zuzugeben, dass dieser Aspekt nicht übermäßig schwer wiegt und die Unschärfe in der Entscheidungsbegründung der Mehrzahl der Vereine sogar zum Vorteil gereicht.

Schwerer wiegt, dass der BGH in seiner Entscheidung auf den Begriff des Nebenzweckprivilegs zurückgreift, obwohl er in der Sache vollständig von dem damit bisher verbundenen Konzept abweicht.[105] Die durch die terminologische Anknüpfung suggerierte Fortführung der bisher herrschenden Meinung ist eine schwere Hypothek, wenn es darum geht, die Grundsätze der Kita-Rechtsprechung für die Rechtsanwender verständlich zu machen. Der Begriff des Nebenzweckprivilegs ist in jeder Hinsicht ungeeignet, das vom BGH in der Sache entwickelte Konzept zu beschreiben.[106] Richtigerweise geht es nicht um die Relation zweier Zwecke, sondern eine Zweck-Mittel-Relation. Der Wortbestandteil „Neben" legt zudem eine quantitative Geringfügigkeit des Geschäftsbetriebs nahe, auf die es nach Einschätzung des BGH aber gerade nicht ankommt. Entscheidend ist hiernach vielmehr, dass der wirtschaftliche Geschäftsbetrieb nicht beziehungslos (im Sinne eines „Selbstzwecks") neben dem (Haupt-)Zweck stehen darf, sondern diesem als „Unter- bzw. Zwischenzweck" funktional untergeordnet sein muss.[107] Um das für den Rechtsanwender verständlich zu machen, sollte der Begriff des Nebenzweckprivilegs zukünftig durch den Begriff des *Finalitätsgebots* ersetzt werden.[108]

---

[105] *Segna* ZIP 2017, 1881, 1886; *Beuthien* npoR 2017, 137, 138; *Leuschner* NJW 2017, 1919, 1923. Der Versuch, sich in den Kita-Beschlüssen durch die Formulierung „sogenanntes Nebenzweckprivileg" (BGH NJW 2017, 1943 Rn. 21) von dem traditionellen Konzept des Nebenzweckprivilegs zu distanzieren (darauf hinweisend *Wöstmann* npoR 2018, 195, 196), muss als misslungen bezeichnet werden.
[106] So auch *Habersack* FS Schmidt, 2019, 397, 398; *Segna* ZIP 2017, 1881, 1887; *Weitemeyer/Bornemann* npoR 2020, 99, 104.
[107] MüKoBGB/*Leuschner*, 9. Aufl. 2021, BGB § 22 Rn. 52.
[108] MüKoBGB/*Leuschner*, 9. Aufl. 2021, BGB § 22 Rn. 52; zustimmend *Otto* NotBZ 2017, 286, 291; *Schöpflin* ZStV 2018, 6, 9 ff.; *Segna* ZIP 2017, 1881, 1887; BeckOGK/*Segna*, 1.7.2020, § 21 Rn. 168; *Weitemeyer/Bornemann* npoR 2020, 99, 104; ähnlich *Wicke* FS 25 Jahre DNotI, 2018, 603, 608; vgl. auch *Hüttemann*, Gemeinnützigkeits- und Spendenrecht, 4. Aufl. 2018, Rn. 4.100.

3. Die Bedeutung für nicht gemeinnützige Vereine

a) Der Verzicht auf die „Lex Dorfladen" als legislative Bestätigung der Kita-Rechtsprechung

Welchen Missverständnissen die Begründung der Kita-Beschlüsse Vorschub leistete, zeigte sich unmittelbar im Anschluss an die Diskussion um das Schicksal der „Lex Dorfladen". Zwar ging man in der Wissenschaft überwiegend davon aus, dass dem Gesetz die Grundlage entzogen war: Kommt es nach den Kita-Beschlüssen nicht mehr auf den Umfang des Geschäftsbetriebs, sondern allein darauf an, dass dieser nicht zur Erzielung auszuschüttenden Gewinns betrieben wird, ist auch der Dorfladen eintragungsfähig.[109] Diese Sichtweise habe ich auch in meinem unmittelbar im Anschluss an die Kita-Beschlüsse für die NJW angefertigten Besprechungsaufsatz skizziert und das Manuskript vorab der CDU/CSU-Fraktion zukommen lassen.[110] Allerdings sah man dies im SPD-geführten Justizministerium anders. Weil der BGH in seiner Entscheidungsbegründung maßgeblich auf den Status der Gemeinnützigkeit Bezug nahm, die im Mittelpunkt des Gesetzesvorhabens stehenden Dorfläden und Co. aber in der Regel unter keinen der Tatbestände des Katalogs des § 52 Abs. 2 AO fallen, ging man davon aus, dass die Entscheidung ohne Auswirkung auf das Gesetzesvorhaben sei.

Aufgrund meiner vorherigen Anhörung im Rechtsausschuss kontaktierte mich knapp zwei Wochen später der Referent der Arbeitsgruppe Recht und Verbraucherschutz der CDU/CSU-Fraktion und meinte, man teile die Auffassung, dass durch die Kita-Rechtsprechung der „Lex Dorfladen" die Grundlage entzogen sei. Die insoweit gewünschte Verhinderung des Gesetzes sei aber nur möglich, wenn es gelänge, den Koalitionspartner, d.h. die SPD-Fraktion, zu überzeugen. Aufgrund der endenden Wahlperiode und des weit fortgeschrittenen Gesetzgebungsverfahrens sei die Zeit hierfür allerdings sehr knapp und man bat mich um eine unterstützende Stellungnahme.

In meiner schriftlichen Stellungnahme legte ich dar, dass die Verabschiedung des Gesetzesentwurfes als legislative Korrektur der Kita-Beschlüsse interpretiert werden müsste und erhebliche systematische Verwerfungen bei der Vereinsklassenabgrenzung die Folge wären. Während Dorfläden & Co. nach den Grundsätzen der Kita-Rechtsprechung als nicht wirtschaftliche Vereine zu qualifizieren sind, würde die „Lex Dorfladen" dem widersprechen und sie als Wirtschaftsvereine

---

109 Vgl. insoweit die (späteren) Einschätzungen von *Arnold* FS K. Schmidt, 2019, 37, 43 f.; *Beuthien* WM 2017, 645, 646; *Hüttemann* JZ 2017, 897, 900; *Schockenhoff* NZG 2017, 931, 938; BeckOGK/*Segna*, 1.12. 2022, BGB § 21 Rn. 155; aA Terner RNotZ 2017, 508, 514; *Winheller/Vielwerth* DStR 2018, 574, 576 ff.
110 *Leuschner* NJW 2017, 1919, 1922, 1924.

einordnen. Zugleich würde das Gesetz den Gemeinnützigkeitsstatus, entgegen der vom BGH angenommenen Indizwirkung, der Sache nach zu einer materiellen Voraussetzung der Nichtwirtschaftlichkeit erheben. Ich schlug vor, auf die Verabschiedung der „Lex Dorfladen" mit der expliziten Begründung zu verzichten, dass entsprechende Initiativen auf Grundlage der neuesten BGH-Rechtsprechung nunmehr als nicht wirtschaftliche Vereine eintragungsfähig sind.

Die Überzeugung der SPD-Fraktion sowie des SPD-geführten Justizministeriums gestaltete sich jedoch schwierig. Insbesondere letzteres schien Gefallen daran gefunden zu haben, zukünftig über den Zugang zur Rechtsform des Vereins per Rechtsverordnung selbst entscheiden zu können.[111] Es bestand die Gefahr, dass der Gesetzesentwurf ohne erneute inhaltliche Auseinandersetzung schon in der folgenden Sitzungswoche verabschiedet worden wäre. In Abstimmung mit der CDU/CSU-Fraktion initiierte ich daher eine konzertierte Aktion, in deren Rahmen ich eine Reihe im Vereinsrecht ausgewiesener Wissenschaftler und Praktiker um die Unterstützung meiner Position bat. Innerhalb der folgenden 24 Stunden äußerten sich per E-Mail *Volker Beuthien, Stefan J. Geibel, Walther Hadding, Rainer Hüttemann, Dirk Otto, Stephan Schauhoff, Ulrich Segna* und *Birgit Weitemeyer* und sprachen sich gegen die Verabschiedung der „Lex Dorfladen" aus.[112] Ihre entsprechenden Stellungnahmen wurden auch der SPD-Fraktion zugeleitet.

Die gemeinsamen Bemühungen waren letztlich von Erfolg gekrönt. Am 29. Juni 2017 verabschiedete der Deutsche Bundestag das „Gesetz zur Erleichterung unternehmerischer Initiativen aus bürgerschaftlichem Engagement und zum Bürokratieabbau bei Genossenschaften", verzichtete dabei aber auf die geplante Änderung des § 22 BGB. Die Parlamentarier folgten dabei ausdrücklich der nachfolgenden Beschlussempfehlung des Rechtsausschusses:

> „Der Ausschuss empfiehlt, die im Entwurf vorgesehenen Regelungen zum wirtschaftlichen Verein zu streichen. Der Ausschuss ist der Auffassung, dass sich die Perspektiven für unternehmerische Initiativen aus bürgerschaftlichem Engagement mit dem Beschluss des Bundesgerichtshofs vom 16.05.2017 (Az. II ZB 7/16) grundlegend geändert haben. Mit dem Beschluss wird das sogenannte Nebenzweckprivileg von Idealvereinen gestärkt, indem eine wirtschaftliche Betätigung unabhängig vom Umfang des Geschäftsbetriebes als dem Hauptzweck zu- oder untergeordnet angesehen werden kann. Der Ausschuss ist der Auffassung, dass auf dieser Grundlage unternehmerische Initiativen aus bürgerschaftlichem Engagement als Verein im Sinne von § 21 des Bürgerlichen Gesetzbuchs (BGB) eingetragen werden können, sofern bei ihnen der wirtschaftliche Geschäftsbetrieb einem ideellen Hauptzweck zu- oder untergeordnet

---

111 Vgl. hierzu auch den Wortbeitrag des Abgeordneten *Wanderwitz* BT-PlProt 18/243 S. 25094.
112 Wobei *Segna* den Ansatz des Gesetzes vor dem Hintergrund seiner Kritik an der Kita-Rechtsprechung grundsätzlich befürwortete und insoweit nur für eine Vertagung des Gesetzgebungsvorhabens auf die nächste Legislaturperiode plädierte (vgl. *Segna* ZIP 2017, 1881, 1888).

ist. Dabei stellt die steuerrechtliche Anerkennung als gemeinnützig zwar ein wichtiges Indiz für die Eintragungsfähigkeit dar. Nach Auffassung des Ausschusses können aber auch regelmäßig nicht als gemeinnützig anerkannte Initiativen wie z. B. Dorfläden, soweit sie einen ideellen Hauptzweck verfolgen und nicht gewinnorientiert und auf Ausschüttung von Gewinnen gerichtet sind, als Idealverein eingetragen werden." [113]

Im Ergebnis erwies sich der zeitliche Ablauf des Gesetzgebungsverfahrens hiernach für die Vereinspraxis als ein Glücksfall. Durch den bewussten Verzicht auf die „Lex Dorfladen" hat der Gesetzgeber die Kita-Beschlüsse ausdrücklich in seinen Willen aufgenommen. Dieser Wille ist zukünftig bei der Auslegung der §§ 21, 22 BGB zu berücksichtigen.[114]

b) Die niedersächsische Dorfkneipe als Probe aufs Exempel

aa) Die Abstraktionsdefizite des Amtsgerichts Walsrode als Chance für die Rechtsfortbildung

Dass mit diesem mühsam errungenen Erfolg für Dorfläden & Co. auf ihrem Weg ins Vereinsregister noch nicht alle Steine aus dem Weg geräumt waren, war absehbar. Die Rechtspflegerinnen und Rechtspfleger bei den zuständigen Vereinsregistern hatten die Kita-Rechtsprechung des BGH zwar zur Kenntnis genommen. Überwiegend gingen sie aber wohl fälschlich davon aus, diese betreffe ausschließlich gemeinnützige Vereine, während bei nicht gemeinnützigen Vereinen „alles beim Alten bliebe". Bis die gegenteilige Willensäußerung des Gesetzgebers auch in der Breite der Vereinspraxis ankäme, würde es sicherlich noch des einen oder anderen Präzedenzfalls bedürfen.

Im Jahr 2021 schien die Chance hierfür gekommen. In der niedersächsischen Gemeinde Dörverden gründete sich in diesem Jahr ein Verein, um die Dorfkneipe „Kneipe Westen" zu erhalten und auf diese Weise die „Förderung des sozialen Miteinanders, der Kultur und politischen Debatte im ländlichen Raum sowie lokaler und demokratischer Selbstorganisation, der Begegnung von Menschen und der Gemeinschaftsstiftung" zu bezwecken.[115] Der zuständige Rechtspfleger beim

---

[113] BT-Drs. 18/12998, S. 19.
[114] Ebenso *Hüttemann* JZ 2017, 90; *Wöstmann* in FS Bergmann (2018) S. 903, 917; *ders.* npoR 2018, 195, 201; BeckOGK/*Segna*, 1.12.2022, BGB § 21 Rn. 155; ohne Begründung a.A. *Terner* RNotZ 2022, 57, 61. Grundlegend zur Bedeutung verworfener Änderungsanträge im Rahmen der Auslegung *Frieling*, Gesetzgebungsmaterialien und Wille des Gesetzgebers, 2017, S. 122 f.; rechtsvergleichend zur Bedeutung von Gesetzgebungsmaterialien bei der Auslegung *Fleischer* AcP 211 (2011), 217, 347.
[115] § 2 Abs. 2 des Vereins „Kneipe Westen" in Eintragung.

Amtsgericht Walsrode lehnte die Eintragung des Vereins jedoch ab.[116] Der „Betrieb einer Gaststätte als Hauptzweck" stelle „immer einen wirtschaftlichen Geschäftsbetrieb dar" und qualifiziere den Verein daher als Wirtschaftsverein.[117] Letzteres werde auch durch den Namen „Kneipe" suggeriert.[118] Dem Hinweis auf die Kita-Rechtsprechung entgegnete der Rechtspfleger, diese sei nicht einschlägig, da es „hier um das sog. Nebenzweckprivileg" gehe, der Betrieb einer Gaststätte vorliegend aber „Hauptzweck" sei.[119]

Letztere Aussage war ersichtlich durch das traditionelle Verständnis des Begriffs des Nebenzweckprivilegs geprägt, das eine quantitative Unterordnung der wirtschaftlichen Aktivitäten unter die nicht wirtschaftlichen Aktivitäten verlangte. Mit der Linie der Kita-Beschlüsse, wonach eine Nichtwirtschaftlichkeit auch dann besteht, wenn sich ein Verein zur Verfolgung eines ideellen Zwecks ausschließlich wirtschaftlich betätigt, war die Sichtweise des Amtsgericht Walsrode indes unvereinbar. Selbiges gilt bezüglich der parlamentarischen Willensäußerung im Zusammenhang mit der Nichtverabschiedung der „Lex Dorfladen". Dass sich die Dorfkneipe von dem Dorfladen nicht strukturell unterscheidet, bedarf keines übermäßigen Abstraktionsvermögens: In beiden Fällen besteht zwar die Hauptaktivität des Vereins darin, Leistungen gegen Entgelt anzubieten. Dies geschieht jedoch nicht, um Gewinne zu erwirtschaften, die an die Mitglieder ausgeschüttet werden sollen, sondern zu anderen und somit in der Logik des BGH nicht wirtschaftlichen Zwecken, nämlich der Förderung des sozialen Miteinanders usw. Oder anders gewendet: Ob die Dorfbewohner Getränke, die sie erwerben zu Hause (Dorfladen) oder vor Ort (Dorfkneipe) konsumieren, kann im Rahmen der §§ 21, 22 BGB schwerlich einen Unterschied machen.[120]

bb) Der semantische Kurzschluss des OLG Celle

Vermittelt durch den Zentralverband deutscher Konsumgenossenschaften, der ein starkes rechtspolitisches Interesse an der Thematik hegte und die Geschehnisse rund um die „Lex Dorfladen" aktiv begleitet hatte, wurde ich gebeten, für den betroffenen Verein Beschwerde vor dem zuständigen OLG Celle einzulegen. Der Fall schien ideal, um einen Schlusspunkt unter die Neuorientierung durch die Kita-Rechtsprechung zu setzen und im Rahmen eines Präzedenzfalls das zu vollziehen, was der Deutsche Bundestag zuvor beschlossen hatte. Von den Richtern eines

---

116 Beschluss des AG Walsrode vom 4. August 2021 (unveröffentlicht).
117 Schreiben des AG Walsrode vom 21.6.2021 (unveröffentlicht).
118 A.a.O.
119 Schreiben des AG Walsrode vom 21.6.2021 (unveröffentlicht).
120 Ähnlich *Hüttemann* ZIP 2021, 2524, 2525 f.

Obergerichtes durfte man erwarten, dass sie sich nicht nur über neue Rechtsentwicklung informieren, sondern auch zu einem gewissen Maß an Abstraktion in der Lage und Willens sind. Um es den Richtern möglichst leicht zu machen, skizzierte ich in der Beschwerdebegründung die Rechtsentwicklung einschließlich der Geschehnisse rund um die „Lex Dorfladen". Weil ich die Aufmerksamkeit der Richter nicht überstrapazieren wollte, verwandte ich viel Zeit darauf, die Entwicklung verständlich, zugleich aber auch möglichst knapp darzustellen. Die zuvor skizzierte Beschlussempfehlung des Rechtsausschusses, der die Übertragbarkeit der Kita-Beschlüsse auf nicht gemeinnützige Initiativen bürgerlichen Engagements wie Dorfläden feststellte, fügte ich wörtlich bei.

Die Reaktion aus Celle war in jeder Hinsicht überraschend. Bereits am 6. Oktober 2021 und damit nur etwas mehr als zwei Wochen nach Einreichung der Beschwerdebegründung wiesen die Richter die Beschwerde gegen die Nichteintragung zurück.[121] Der Blick in die Entscheidungsgründe zeigt, dass der Grund für die rekordverdächtige Bearbeitungszeit offenbar weniger der besondere Fleiß der Richter als vielmehr deren „methodischer" Ansatz war, die Entscheidung ohne ernsthafte Auseinandersetzung mit der ihr zugrunde liegenden Rechtsfrage zu treffen. In der Beschlussbegründung heißt es, bei „einer Gastwirtschaft, die hauptsächlich dem Konsum von (alkoholischen und nicht alkoholischen) Getränken dient", handele es sich geradezu um den „Paradefall eines wirtschaftlichen Geschäftsbetriebs i.S. des § 22 BGB." Der Umstand, dass der Gesetzgeber infolge der Kita-Rechtsprechung von einer Neufassung des § 22 BGB abgesehen habe, vermöge dem Eintragungsbegehren des Antragstellers nicht zu helfen, da er „gerade kein als gemeinnützig anerkannte[r] Verein" sei. Gründe für die Zulassung der Rechtsbeschwerde sahen die Richter unter Hinweis auf die durch den BGH in seiner Kita-Rechtsprechung „geklärten (und vom Senat angewandten) Kriterien betreffend die Abgrenzung nicht wirtschaftlicher und wirtschaftlicher Vereine" als nicht gegeben.

Die in der Entscheidung zum Ausdruck kommende Ignoranz und Sorgfaltslosigkeit ist frappierend. *Rainer Hüttemann* sprach in einem Besprechungsaufsatz von einem „Ausrutscher", der weder im Ergebnis noch in der „für ein Obergericht unangenehm oberflächlichen Argumentation" überzeugen könne.[122] Die Entscheidung lasse den „mit dem Vereinsrecht vertrauten Leser ratlos zurück, da eine vertiefte inhaltliche Auseinandersetzung mit der neueren BGH-Rechtsprechung und Literatur fehlt".[123] Die Ausführungen des Senats zeigten deutlich, dass er die

---

121 OLG Celle, vom 6. Oktober 2021–9 W 99/21, ZIP 2021, 2485.
122 *Hüttemann* ZIP 2021, 2524, 2526; die Entscheidung scharf kritisierend auch *Arnold* npoR 2022, 141; weniger kritisch *Terner* RNotZ 2022, 57.
123 A.a.O. 2525.

zentrale Aussage der Kita-Beschlüsse übersehen hat. Ebenso hätten die Richter übersehen, „dass der Rechtsausschuss des Deutschen Bundestages in seinem Bericht und seiner Beschlussempfehlung zum ‚Entwurf eines Gesetzes zur Erleichterung unternehmerischer Initiativen aus bürgerschaftlichem Engagement und zum Bürokratieabbau bei Genossenschaften' vom 28.6.2017 ausdrücklich das genaue Gegenteil vertreten hat".[124] Die Belehrung der Celler Richter, eine Kneipe sei eine „Gastwirtschaft", legt gar den Verdacht nahe, dass die Entscheidung möglicherweise auf einem semantischen (Kurz-)Schluss vom Begriff der „Gastwirtschaft" auf den Begriff des „Wirtschaftsvereins" beruht.

cc) Die Verfassungsbeschwerde

Weil in Sachen der freiwilligen Gerichtsbarkeit eine Nichtzulassungsbeschwerde nicht vorgesehen ist, blieb lediglich die Möglichkeit, Verfassungsbeschwerde wegen Verstoßes aufgrund der Nichtgewährung des gesetzlichen Richters (Art. 101 Abs. 1 S. 2 GG) zu erheben.[125] Gemäß der Rechtsprechung des Bundesverfassungsgerichts liegt ein entsprechender Grundgesetzverstoß vor, wenn das Beschwerdegericht das Rechtsmittel nicht zugelassen hat, obwohl die Zulassung objektiv nahelag und sich keine Anhaltspunkte dafür finden lassen, welche die Nichtzulassung sachlich rechtfertigen würden.[126] Alle diese Voraussetzungen waren erfüllt.[127] Die gemäß § 70 Abs. 2 S. 1 Nr. 1 FamFG erforderliche grundsätzliche Bedeutung der Rechtssache folgt daraus, dass sie die Eintragungsfähigkeit nicht gemeinnütziger Initiativen bürgerlichen Engagements betrifft, welche der Bundesregierung wichtig genug erschien, um ihr mit der „Lex Dorfladen" einen Gesetzesentwurf zu widmen. Das in § 70 Abs. 2 S. 1 Nr. 2 FamFG enthaltene Erfordernis der Klärungsbedürftigkeit erscheint ebenfalls unproblematisch, da die Entscheidung des OLG Celle – von dessen Richtern leider unbemerkt – nicht von der BGH-Rechtsprechung gedeckt war, sondern, ganz im Gegenteil, im Widerspruch zur ganz herrschenden Lehre sowie zu nichts Geringerem als einem Beschluss des Deutschen Bundestages stand.

Die von mir im Namen des Vereins im November 2021 gegen die Entscheidung des OLG Celle eingelegte Verfassungsbeschwerde war bei Abschluss dieses Manuskripts noch nicht entschieden. Generell sind die Erfolgsaussichten von Verfassungsbeschwerden bekanntlich gering. Im Jahr 2021 lagen sie bei 1,29 %.[128] Insbesondere § 93a BVerfGG gewährt dem Bundesverfassungsgericht bekanntlich einen

---

124 A.a.O S. 2525.
125 Statt vieler Musielak/Borth/Frank/*Frank*, 7. Aufl. 2022, FamFG § 70 Rn. 9.
126 BVerfG NZFam 2016, 66 Rn. 14.
127 So auch *Hüttemann* ZIP 2021, 2524, 2526.
128 Jahresbericht des Bundesverfassungsgerichts 2021, S. 41.

großen Spielraum bei der Frage, ob eine Verfassungsbeschwerde überhaupt angenommen wird. In Zeiten, in denen sich das Gericht unter anderem mit einer Vielzahl von gegen Corona-Maßnahmen gerichteten Verfahren befassen muss, kann man daher schon zweifeln, ob ausreichend Ressourcen verbleiben, um sich mit einer niedersächsischen Dorfkneipe zu beschäftigen. Dass in dem Verfahren mittlerweile das niedersächsische Justizministerium zur Stellungnahme aufgefordert wurde (vgl. § 94 Abs. 1 i.V.m. § 93c Abs. 2 BVerfGG), stimmt gleichwohl hoffnungsvoll.[129]

Sollte die Verfassungsbeschwerde tatsächlich Erfolg haben, hätte der Bundesgerichtshof über die Rechtsbeschwerde zu entscheiden. Alles andere als eine Feststellung, dass der niedersächsische Kneipenverein als nicht wirtschaftlicher Verein eintragungsfähig ist, wäre eine Überraschung. *Heinz Wöstmann*, Richter im 2. Zivilsenat, ließ insoweit im Rahmen eines Festschriftbeitrags jedenfalls keinen Zweifel.[130] Für den strukturell vergleichbaren Dorfladen führte er darin aus, dass dessen Aktivitäten zwar einen wirtschaftlichen Geschäftsbetrieb darstellten. Für seine Eintragungsfähigkeit spreche jedoch, dass der Geschäftsbetrieb der Verfolgung des ideellen Ziels, der Lebensmittelversorgung in strukturschwachen Gebieten, diene und somit untergeordnet sei. Weiter führte er aus:

> „Diese Auslegung ist aufgrund des Willens des Gesetzgebers geboten. Dieser hat auf die beabsichtigten Änderungen des § 22 BGB verzichtet, weil er nach der Entscheidung des Bundesgerichtshofs vom 16. Mai 2017 davon ausging, dass Dorfläden betreibende Vereine trotz fehlender steuerlicher Anerkennung als gemeinnützig als Vereine eintragungsfähig sein sollen."[131]

4. Das Schicksal des Vereinskonzerns

Mittelbar hatte die Kita-Rechtsprechung auch Auswirkungen auf das für Vereinskonzerne so wichtige ADAC-Urteil des BGH aus dem Jahr 1982,[132] welches als eine

---

129 Nachtrag: Am 9.11.2023 hat das BVerfG die Nichtannahme der Verfassungsbeschwerde unter Verweis auf eine angebliche Verletzung des Darlegungsgebots beschlossen. Zu diesem Vorgang, der sich nur als Rechtsverweigerung bzw. -beugung qualifizieren lässt, wird an anderem Ort Stellung genommen werden.
130 *Wöstmann* in FS Bergmann, 2018, S. 903, 917.
131 A.a.O., ähnlich bereits *Wöstmann* npoR 2018, 195, 201.
132 Dazu oben unter III.4.

Art Startschuss für die Entstehung von Vereinskonzernen wirkte.[133] Welche Unsicherheiten bis vor Kurzem aber noch immer existierten, belegen die Geschehnisse rund um den ADAC e.V. in den Jahren 2014–2016, als dieser unter Verweis auf ein angebliches Abweichen des AG München von den BGH-Grundsätzen eine aufwändige Umstrukturierung vornahm, in deren Rahmen der herrschende Einfluss auf die externen wirtschaftlichen Betätigungen und im Ergebnis damit die Struktur als Vereinskonzern aufgegeben wurden.[134]

Entsprechende Unsicherheiten sollten nunmehr der Vergangenheit angehören. Die äußerst liberale Tendenz der Kita-Beschlüsse gepaart mit deren ausdrücklicher Billigung seitens des Bundestages lässt es ganz und gar unwahrscheinlich erscheinen, dass die seinerzeit von Vertretern der Wissenschaft geäußerte Kritik an dem ADAC-Urteil von 1982[135] jemals praktisch relevant wird. Hätten die Richter des 2. Zivilsenats ihren für das ADAC-Urteil verantwortlichen Kollegen vom 1. Zivilsenat widersprechen wollen, hätten die Kita-Beschlüsse ihnen hierzu ausreichend Gelegenheit gegeben. Tatsächlich aber haben sie in den Beschlüssen nach eigener Aussage um die damals entschiedene Frage „bewusst einen ganz großen Bogen" gezogen.[136] Unterstützt wird die Verlässlichkeit der Entscheidung aus dem Jahr 1982 durch die im Jahr 2016 angeregte Überprüfung des Vereinsstatus des FC Bayern München e.V. beim Amtsgericht München.[137] Die zeitnahe Klarstellung des für den Verein zuständigen Rechtspflegers, dass die vom BGH 1982 aufgestellten Grundsätze weiterhin Geltung beanspruchten, zeigte, dass auch die Umstrukturierung beim ADAC wohl nicht auf einer Initiative des Amtsgerichts München, sondern wohl eher auf einer Art „intrinsischen" Motivation beruhte.[138]

---

133 Rechtstatsächlicher Überblick bei *Leuschner*, Konzernrecht des Vereins, 2011, S. 7 ff.; speziell zum Profifußball *Schnödel*, Die Zuständigkeitsordnung im unverbundenen Verein und im Verein als Gruppenspitze, 2017, S. 146 ff.
134 Ausführlich zu den Hintergründen *Leuschner* in Fleischer/Thiessen, Gesellschaftsrechts-Geschichten, 2018, S. 379 ff.
135 Nachweise oben unter III.4.
136 So der Berichterstatter der Kita-Beschlüsse, *Heinz Wöstmann*, auf einer Veranstaltung an der Ludwig-Maximilians-Universität München am 8. November 2017; ähnlich auch *Wöstmann* npoR 2018, 195, 201.
137 *Leuschner* NZG 2017, 16; *Segna* npoR 2017, 3.
138 Ausführlich *Leuschner* in Fleischer/Thiessen, Gesellschaftsrechts-Geschichten, 2018, S. 379 ff. sowie auch *Leuschner* in Fleischer/Mock, Große Gesellschaftsverträge, 2021, S. 537, 552 ff.

5. Die Rolle des Vereinsrechtstags

Das deutsche Gesellschaftsrecht ist bekannt für seine Debattenkultur im Sinne eines diskursiven Zusammenwirkens von Praxis, Rechtswissenschaft und Rechtsprechung bei der Fortentwicklung des Rechts.[139] Die Geschehnisse rund um die Neuausrichtung der Vereinsklassenabgrenzung durch die BGH-Rechtsprechung im Jahr 2017 sind hierfür ein eindrücklicher Beleg. Dem 2016 ins Leben gerufenen Vereinsrechtstag kommt hierbei eine besondere Bedeutung zu.

Auf dem 1. Vereinsrechtstag, der im Februar 2016 stattfand, spielten die Berliner Kita-Fälle noch keine große Rolle. Die Beschlüsse des Kammergerichts, die später Gegenstand der Rechtsbeschwerde beim BGH wurden, waren noch nicht veröffentlicht. Vertreten auf der Veranstaltung, die unter dem Thema „Modernisierung des Vereinsrechts – Was muss sich ändern?" stattfand, waren – anders als in den Folgejahren – mehrheitlich Wissenschaftler. Die von mir an dieser Stelle vorgetragenen Überlegungen zur Auseinanderentwicklung von Vereinspraxis und Vereinsrecht sowie der Vorschlag, das Verbot der wirtschaftlichen Betätigung zukünftig durch ein Gewinnausschüttungsverbot zu ersetzen,[140] waren folglich noch nicht primär durch die Sorgen und Bedürfnisse der Praxis beeinflusst als vielmehr Ausfluss meiner in der Habilitationsschrift[141] begonnenen, vertieften Auseinandersetzung mit dem Vereinsrecht. Dass die in npoR 2016, 99 veröffentlichen Überlegungen anschließend in dieser Form praktische Relevanz haben würden, war zu diesem Zeitpunkt nicht absehbar.

Als der 2. Vereinsrechtstag im Januar 2017 und somit wenige Monate vor den Kita-Beschlüssen des BGH stattfand, war die Situation eine völlig andere. Die naheliegende Annahme, die Karlsruher Richter würden die Entscheidung des Kammergerichts bestätigen, sorgte in der Vereinslandschaft für große Unruhe und bei der Veranstaltung für enormen Zulauf. Große Aufmerksamkeit erfuhr dabei naturgemäß das Referat von *Peter Sdorra*, Richter im 22. Senat des Kammergerichts, der die Kita-Rechtsprechung des Kammergerichts erläuterte und im Anschluss an dessen Referat sich eine hitzige Diskussion entwickelte, in der auch die Vertreter der Vereinspraxis ihre Perspektive darstellten. Aufmerksamer Beobachter des Geschehens war *Heinz Wöstmann*, Richter am 2. Zivilsenat des BGH und für die Kita-Entscheidungen zuständiger Berichterstatter. Am Rande der Veranstaltung kam es auch zum Austausch mit *Martina Pietsch*, die als Rechtspflegerin am Amtsgericht Charlottenburg eine maßgebliche Initiatorin der Berliner Rechtsprechung war.

---

139 *Fischer*, FS Kunze, 1969, S. 95; ausführlich *Fleischer* NZG 2019, 921, 924; ders. JZ 2023, 365, 371 f.
140 Oben unter IV.1.a.
141 *Leuschner*, Das Konzernrecht des Vereins, 2011.

Der 3. Vereinsrechtstag fand schließlich am 23. Februar 2018 und somit nach Verkündigung der Kita-Beschlüsse des BGH statt. Im Mittelpunkt des Interesses stand das Referat von *Heinz Wöstmann*, in dem dieser die Hintergründe der Entscheidungen detailliert beleuchtete.[142] Dabei wies er zu Beginn seiner Ausführungen darauf hin, welchen großen Einfluss sein Besuch des 2. Vereinsrechtstages und die dabei gewonnenen Eindrücke auf die Entscheidungsfindung gehabt hätten. Im weiteren Verlauf betonte er auch, dass sich der Senat in der Sache maßgeblich von den Überlegungen habe leiten lassen, mit denen ich in meinem Referat auf dem 1. Vereinsrechtstag unter Bezug auf das rechtstatsächliche Material die geringe Insolvenzanfälligkeit von Vereinen belegt hatte.[143] Die Veranstaltung endete mit einer Podiumsdiskussion, in deren Mittelpunkt die Frage stand, ob die Kita-Rechtsprechung des BGH einer gesetzgeberischen Reaktion bedarf.[144] In ihr bescheinigte dem BGH *K. Schmidt*, eine der die Thematik der Vereinsklassenabgrenzung wohl prägendsten Persönlichkeiten der letzten Jahrzehnte, eine „hilfreich[e] und überzeugende Lösung" gefunden zu haben.[145]

6. Kodifikation der Kita-Rechtsprechung?

Es bleibt die Frage, ob es nicht geboten wäre, dass der Gesetzgeber die Problematik der Vereinsklassenabgrenzung noch einmal aufgreift und die durch die Kita-Rechtsprechung des BGH initiierte Neuausrichtung im Detail kodifiziert.

Im Rahmen der auf dem 3. Vereinsrechtstag geführten Diskussion waren die Meinungen diesbezüglich geteilt. U. a. *Rainer Hüttemann* plädierte dafür, den verfehlten Wortlaut des § 21 BGB sowie die über Jahrzehnte entstandene Unsicherheit durch einen „bereinigenden Strich des Gesetzgebers" endgültig zu beseitigen und im Gegenzug die insolvenzrechtliche Behandlung von Vereinen denen der Kapitalgesellschaften anzupassen.[146] Demgegenüber sprach sich *K. Schmidt* gegen eine Gesetzesänderung aus.[147] Der Vorteil der richterlichen Rechtsfortbildung bestehe gerade darin, dass diese stets unter dem „Vorbehalt der Kassation durch bessere

---

142 *Echtermann/Hofmann/Lüken/Noll/Ortmann* npoR 2018, 133.
143 A.a.O., 135.
144 Dazu sogleich unter 6.
145 *Echtermann/Hofmann/Lüken/Noll/Ortmann* npoR 2018, 133, 138.
146 Siehe Diskussionsbericht bei *Echtermann/Hofmann/Lüken/Noll/Ortmann* npoR 2018, 133, 138 sowie auch *Hüttemann*, Gutachten G für den 72. DJT 2018, G 54 f. Für eine Kodifikation auch BeckOGK/*Segna*, 1.12.2022, BGB § 21 Rn. 186; *ders.* JZ 2018, 834, 839; *Fehrenbach* ZHR 182 (2018), 191, 225.
147 *Echtermann/Hofmann/Lüken/Noll/Ortmann* npoR 2018, 133, 138.

Einsicht"[148] stehe. Eine gelungene Rechtsfortbildung bedürfe, anders als eine misslungene Rechtsfortbildung, keiner legislativen Reaktion. Aufgegriffen wurde die Diskussion sodann rund um den 72. Deutschen Juristentag im Jahr 2018, der erstmals dem Recht der Non-Profit-Organisationen eine eigene Abteilung widmete, und in deren Rahmen auch konkrete Vorschläge erörtert wurden.[149] Erörtert und – aufgrund der numerischen Dominanz der anwesenden Steuerrechtler und Praktiker – mehrheitlich gebilligt wurde dabei auch der, mit Blick auf die unterschiedlichen Schutzzwecke der Rechtsgebiete, dogmatisch geradezu abenteuerlich anmutende Vorschlag, legislativ anzuordnen, dass gemeinnützige Vereine im Sinne der §§ 51 AO stets eintragungsfähig sind.[150]

Inzwischen erscheint es äußerst unwahrscheinlich, dass der Gesetzgeber die Problematik der Vereinsklassenabgrenzung noch einmal aufgreift. Da durch die Kita-Rechtsprechung für die ganz überwiegende Mehrzahl der gemeinnützigen Vereine eine praktikable und zufriedenstellende Lösung gefunden wurde, geht von der Vereinspraxis kein politischer Handlungsdruck aus. Anhaltspunkte dafür, dass sich die Befürchtungen bewahrheiten, wonach die Liberalisierung der Vereinsklassenabgrenzung zu einer inakzeptablen Gefährdung von Gläubigerinteressen führt,[151] sind nicht ersichtlich. Da durch die Kita-Rechtsprechung lediglich das Vereinsrecht der Vereinspraxis angepasst wurde,[152] erscheint die Befürchtung auch unbegründet.[153] Dass der Gesetzgeber vor diesem Hintergrund keinen Bedarf für eine Neuformulierung der §§ 21, 22 BGB sieht, ist nachvollziehbar.[154] Die auf den ersten Blick leichte Aufgabe, das Verbot der wirtschaftlichen Betätigung durch ein Gewinnausschüttungsverbot zu ersetzen, erweist sich auf den zweiten Blick als durchaus kompliziert und konfliktträchtig.[155] Anders als der BGH, dem es vergönnt ist, in seinen Entscheidungen lediglich die grobe Richtung vorzugeben und die Detailarbeit der Instanzrechtsprechung sowie der Wissenschaft zu überlassen, setzt eine abstrakt-generelle Regelung eine extrem aufwändige „360 Grad-Problembehandlung" voraus. Dass Parlamentarier, die im Unterschied zu Bundesrichtern nicht hinter verschlossenen Türen tagen, sondern vielfältigem Erwartungsdruck

---

148 *K. Schmidt* nahm insoweit Bezug auf *Picker* JZ 1988, 62, 73.
149 Siehe Formulierungsvorschlag bei *Leuschner* 72. DJT 2018, Band II 1, P 65, 90 ff.
150 Beschlüsse des 72. Juristentages Leipzig 2018, S. 30.
151 So in der Tendenz *Segna* ZIP 2020, 789 ff.
152 Vgl. oben unter IV.1.a.
153 Siehe die umfassende Analyse der Situation des Gläubigerschutzes bei *Leuschner* 72. DJT 2018, Band II 1, P 65, 73 ff.
154 Womit ein anderweitiger Reformbedarf im Vereinsrecht nicht in Abrede gestellt werden soll (siehe dazu die Vorschläge bei *Leuschner* 72. DJT 2018, Band II 1, P 65 ff.).
155 Zu den verbleibenden Zweifelsfragen *Leuschner* NJW 2017, 1919, 1020 ff.

ausgesetzt sind, diesen Aufwand scheuen, ist zumindest nachvollziehbar. Das Privileg, mit einem „bereinigenden Strich" die Dinge zum Besseren zu wenden, erweist sich zumindest in diesem Zusammenhang eher als eines des BGH denn des Gesetzgebers. Handlungsbedarf könnte allenfalls noch einmal entstehen, wenn die Wirrungen des OLG Celle in Sachen Dorfkneipe[156] Schule machen und nicht gemeinnützige Initiativen bürgerlichen Engagements dauerhaft Schwierigkeiten haben, im Vereinsregister eingetragen zu werden.

V. Resümee

Die Diskussion um die Frage, wann ein Verein wirtschaftlich bzw. nicht wirtschaftlich im Sinne der §§ 21, 22 BGB ist, wird nicht abreißen. Durch die Kita-Beschlüsse des BGH aus dem Jahr 2017 haben sich die Vorzeichen zwar grundlegend verändert. Die mit ihnen verbundene Ablösung des Verbots der übermäßigen wirtschaftlichen Betätigung durch ein Gewinnausschüttungsverbot hat bewirkt, dass das Vereinsrecht wieder an die Vereinspraxis angepasst wurde und in vielerlei Hinsicht für Besserung gesorgt. Die Prognose, dass der Streit um die Vereinsklassenabgrenzung dadurch beendet ist, liefe allerdings Gefahr, sich ähnlich wie die viel zitierte Aussage des Abgeordneten *von Strombeck* rückblickend als „naive[r] Optimismus" zu entpuppen.[157] Auch auf Grundlage der Kita-Rechtsprechung verbleiben eine Vielzahl von Detailfragen ungeklärt. Nur beispielhaft sei in diesem Zusammenhang auf die Schnittstelle zur Rechtsform der Genossenschaft verwiesen.[158] Lagern Unternehmen Teilbereiche ihrer wirtschaftlichen Geschäftsbetriebe auf einen Verein aus und machen diesen zu einer Art Servicestelle, wird man die Grenze zur Wirtschaftlichkeit auch dann irgendwann als überschritten ansehen müssen, wenn der Verein keine Gewinne generiert und ausschüttet.[159] Insoweit besteht noch erheblicher Diskussions- und Forschungsbedarf.

Die Geschehnisse rund um die Kita-Beschlüsse geben nicht nur interessante Einblicke in das Verhältnis von Legislative und Judikative und verdeutlichen, dass dies in der Praxis zuweilen ganz anders ist, als sich das die Väter des Grundgesetzes vorgestellt haben. Sie haben zugleich gezeigt, dass es in seltenen Fällen auch der Rechtswissenschaft und ihren Vertretern vergönnt sein kann, unmittelbar auf höchstrichterliche Entscheidungen und sogar legislative Prozesse Einfluss zu neh-

---

156 Oben unter IV.3.b.
157 Vgl. Einleitung unter I.
158 Die Problematik andeutend auch *Hüttemann*, Gutachten G für den 72. DJT 2018, G 55.
159 Näher MüKoBGB/*Leuschner*, 9. Aufl. 2021, BGB §§ 21, 22 Rn. 68 ff.

men. Ob das die mit dem wissenschaftlichen Arbeiten verbundenen Mühen langfristig rechtfertigt, erscheint gleichwohl fraglich und muss jeder für sich beantworten. Um die Debattenkultur in der Rechtswissenschaft im Allgemeinen sowie im Gesellschaftsrecht im Besonderen – das Vereinsrecht dürfte insoweit vor allem im Vergleich zum Kapitalgesellschaftsrecht noch deutlich besser abschneiden – scheint es jedenfalls nicht gut bestellt. Man wird den Eindruck nicht los, dass sich der Zweck vieler Publikationen darauf beschränkt, für einen Eintrag im Literaturverzeichnis des jeweiligen Verfassers zu sorgen. Dass dabei Wissenschaftler mit Praktikern wetteifern, macht es nicht besser. Die um sich greifende Praxis, dass alle nur noch schreiben und keiner mehr liest, lässt den Diskurs ersticken. Damit auch zukünftig noch große Debatten und nicht nur kurzlebige Diskussionen um Modethemen möglich sind, bedarf es eines grundlegenden Wandels.

Jan Lieder/Raphael Hilser

§ 13 Typengesetzlichkeit und atypische Rechtsformen

I. Einleitung —— 499
II. Einführung und Charakteristik der Debatte —— 502
   1. Gesellschaftsrechtliche Ausgangslage —— 502
   2. Lehre von der Typengesetzlichkeit —— 503
   3. Entwicklungsgeschichte und Diskursverlauf —— 504
III. Ouvertüre: Der Typus als interdisziplinäre Modeerscheinung Ende des 19. Jahrhunderts —— 506
   1. Der Typus im Allgemeinen —— 506
   2. Der Typus im Gesellschaftsrecht —— 508
   3. Vom „Wesen" zum „Typus" —— 510
IV. Intermezzo: Atypische Rechtsformen und Typengesetzlichkeit —— 512
   1. Historischer Kontext —— 512
   2. Unterscheidung zwischen typischen und atypischen Rechtsformen —— 515
   3. Typusgerechte Rechtsanwendung —— 517
   4. Abebben der Diskussion während der Zeit des Nationalsozialismus —— 518
V. Finale: Der Höhepunkt der Debatte in den 1960er und 1970er Jahren —— 519
   1. Prominente Debattenbeiträge —— 520
      a) Heinz Paulick (1954) —— 520
      b) Ulrich Immenga (1970) —— 521
      c) Manfred Nitschke (1970) —— 522
      d) Harm Peter Westermann (1970) —— 523
   2. Ansätze einer Institutionenlehre —— 523
   3. Paralleldiskussion zum schweizerischen Gesellschaftsrecht —— 525
VI. Requiem: Die stille Beerdigung der Typenlehre —— 527
   1. Gründe für das Scheitern der Lehre von der Typengesetzlichkeit —— 527
      a) Keine normative Wirkung der gesetzlichen Typisierung —— 528
      b) Unschärfe des Typusbegriffs —— 529
      c) Unbeweglichkeit des Typus —— 529
      d) Keine Rechtfertigung für die Einschränkung der Privatautonomie —— 530
   2. Aktuelle Grenzen der Privatautonomie im Gesellschaftsrecht —— 530
VII. Resümee —— 532

I. Einleitung

Vor etwa einhundert Jahren sorgte das Reichsgericht mit der höchstrichterlichen Anerkennung der bis dahin heillos umstrittenen Zulässigkeit der GmbH & Co. KG für einen Paukenschlag.[1] Der von da an immer weiter gediehene Variantenreichtum an gesellschaftsrechtlichen Verbandskombinationen, der unter dem Eindruck des innereuropäischen „Wettbewerbs der Gesellschaftsrechtsordnungen" zunehmend auch grenzüberschreitende Bezüge aufweist,[2] ist zu einem prägenden Charakteristikum des deutschen Gesellschaftsrechts geworden.[3] Selbst exotisch anmutende Gesellschaftsverbindungen, wie etwa SE & Co. KGaA[4] oder GmbH & Co. eGbR,[5] sind inzwischen anerkannt. Rechtspolitische Kritik ist selten geworden. Die vormals als „pervertierte Unternehmensformkombination"[6] verschriene GmbH & Co. KG wird mittlerweile als „kautelarjuristische Erfolgsgeschichte"[7] gefeiert.

Die Kreation dieser Rechtsformverbindung darf zugleich als Geburtsstunde der heute etwas angestaubt wirkenden Debatte um die Typengesetzlichkeit im Gesellschaftsrecht gelten. Auch wenn der sagenumwobene Begriff des Typus im Gesellschaftsrecht noch immer Verwendung findet und Begriffe wie „Gesellschaftstypus"[8], „Mischtypen"[9], „Typenwahl"[10], „Typenfreiheit"[11], „Typenzwang"[12],

---

[1] RGZ 105, 101.
[2] Vgl. dazu statt aller *Lieder*, in: BeckOGK GmbHG, 1.2.2024, § 1 GmbHG Rn. 761 ff.; *C. Teichmann*, ZGR 2014, 220 ff.; *Ludwig*, Internationales Gesellschaftsrecht der deutschen typenvermischten Personengesellschaften, 2020, *passim*.
[3] Vgl. *Fleischer*, FS W.-H. Roth, 2015, 125, 131; *Fleischer/Wansleben*, GmbHR 2017, 633, 634 ff.; *Fleischer*, JZ 2023, 365, 373; speziell für Familiengesellschaften *Lieder*, in: Münchener Handbuch Gesellschaftsrecht, Bd. 9, 6. Aufl. 2021, § 3 Rn. 83 ff.
[4] Dazu ausf. *Lieder*, in: Münchener Handbuch Gesellschaftsrecht, Bd. 9, 6. Aufl. 2021, § 3 Rn. 101 ff.
[5] Vgl. *Enders*, in: BeckOK BGB, 68. Ed. 1.1.2024, § 707a BGB Rn. 38; *Lieder*, in: Erman, BGB, 17. Aufl. 2023, § 707a BGB Rn. 18; *Schäfer*, in; Münchener Kommentar BGB, 9. Aufl. 2023, § 707a BGB Rn. 18; *Szalai*, in: Koch, Personengesellschaftsrecht, 2024, § 707a BGB Rn. 9.
[6] BMJ, Bericht über die Verhandlungen der Unternehmensrechtskommission, 1980, Rn. 828.
[7] *Fleischer/Wansleben*, GmbHR 2017, 169.
[8] *Müller*, in: MAH Personengesellschaftsrecht, 4. Aufl. 2023, § 1 Rn. 151; *H.P. Westermann*, NJW 2016, 2625, 2626; *Weimar*, ZIP 1997, 1769, 1773.
[9] *Schäfer*, in: Münchener Kommentar BGB, 9. Aufl. 2023, Vor § 705 BGB Rn. 142; *H.P. Westermann*, NJW 2016, 2625 („Grundtypenvermischung"); *Fleischer*, JZ 2024, 53, 56 („Typenkombination").
[10] *Blaurock*, in: Blaurock, Handbuch Stille Gesellschaft, 9. Aufl. 2020, § 1 Rn. 16 ff.
[11] *K. Schmidt*, Gesellschaftsrecht, 4. Aufl. 2002, S. 109; *K. Schmidt*, ZHR 160 (1996), 265, 272; *Fleischer*, NZG 2021. 949, 950; *Schultze-v. Lasaulx*, ZGen. 1971, 325, 329; *Armbrüster*, in: Erman, BGB, 17. Aufl. 2023, § 145 BGB Rn. 34; so auch der Titel der Monographie von *Ott*, Typenzwang und Typenfreiheit im Recht der Personengesellschaft, 1966.
[12] *Oepen*, in: Ebenroth/Boujong, HGB, 5. Aufl. 2024, § 161 HGB Rn. 21; *Blaurock*, in: Blaurock, Handbuch Stille Gesellschaft, 9. Aufl. 2020, § 1 Rn. 20; *Armbrüster*, in: Erman, BGB, 17. Aufl. 2023, § 145 BGB Rn. 34; synonym zum *numerus clausus* verwendend *Gehb/Drange/Heckelmann*, NZG 2006, 88 ff.; wohl auch *Decker*, in: Henssler/Strohn, Gesellschaftsrecht, 5. Aufl. 2021, § 1 UmwG Rn. 24; *Oechsler*, NZG 2005, 697; so auch für das Sachenrecht *Gaier*, in; Münchener Kommentar BGB, 9. Aufl. 2023, Einl. Sachenrecht Rn. 11.

„Typenbeschränkung"[13] sowie die Charakterisierung eines Verbands als „typische"[14] oder „atypische"[15] Rechtsform zum gesellschaftsrechtlichen Kernvokabular gehören, liegt ihr Ursprung unter den schweren Schichten einer eher fruchtlosen Debatte begraben. In diesem Zusammenhang darf die Lehre der Typengesetzlichkeit schwerlich als Dauerbrenner im gesellschaftsrechtlichen Diskurs gelten, sondern ist im Kern als Thema zweier Generationen zu qualifizieren, das in seiner Hochphase in den 1960er und 1970er Jahren ganze Bibliotheken füllte[16] und Motor verschiedener kleinteiliger Auseinandersetzungen war. Die dahinterstehende Fragestellung nach den Grenzen der gesellschaftsvertraglichen Gestaltungsfreiheit hat indes bis heute nichts an Aktualität und Brisanz eingebüßt. Zugleich wächst die rechtstatsächliche Bedeutung typengemischter Gesellschaftsverbindungen beständig weiter an.[17] Es erscheint daher als lohnendes Unterfangen, den Debattenverlauf in einem größeren Kontext ins Gedächtnis zu rufen und die Bedeutung der inzwischen beendeten großen Debatte für die Gegenwart auf den Prüfstand zu stellen.

---

13 *Blaurock*, in: Blaurock, Handbuch Stille Gesellschaft, 9. Aufl. 2020, § 1 Rn. 18; *Beuthien*, AG 2006, 53, 54; so auch der Titel der Monographie von *Paulick*, Die eingetragene Genossenschaft als Beispiel gesetzlicher Typenbeschränkung, 1954.
14 *Schäfer*, in: Münchener Kommentar BGB, 9. Aufl. 2023, § 740 BGB Rn. 11 („Normaltypus"), § 715 BGB Rn. 73 („Regeltyp"); *Fleischer*, ZGR 2023, 261, 263; *Steding*, NZG 2000, 182.
15 *Perlitt*, in: Münchener Kommentar AktG, 6. Aufl. 2023, § 278 AktG Rn. 276 ff. zur „atypischen KGaA"; *Schäfer*, in: Münchener Kommentar BGB, 9. Aufl. 2023, Vor § 705 BGB Rn. 4; *Haas/Mohamed*, in: Röhricht/Graf von Westphalen/Haas/Mock/Wöstmann, HGB, 6. Aufl. 2023, § 108 HGB Rn. 6; *Fleischer*, ZGR 2023, 261, 263; *Röhricht*, ZGR 1999, 445, 450; *Steding*, NZG 2000, 182.
16 Siehe dazu insbesondere: *Kuhn*, Strohmanngründung bei Kapitalgesellschaften, 1964; *Paulick*, Die eingetragene Genossenschaft als Beispiel gesetzlicher Typenbeschränkung, 1954; *Ott*, Typenzwang und Typenfreiheit im Recht der Personengesellschaft, 1966; *A. Teichmann*, Gestaltungsfreiheit in Gesellschaftsverträgen, 1970; *H.P. Westermann*, Vertragsfreiheit und Typengesetzlichkeit im Recht der Personengesellschaften, 1970; *Immenga*, Die personalistische Kapitalgesellschaft, 1970; *Nitschke*, Die körperschaftlich strukturierte Personengesellschaft, 1970; *K. Schmidt*, Gesellschaftsrecht, 4. Aufl. 2002, S. 95 ff.; *Flume*, Allgemeiner Teil des Bürgerlichen Rechts: Die Personengesellschaft, 1977, S. 189 ff.; *Wiedemann*, Gesellschaftsrecht II, 2004, S. 136 ff.; *Schultze-v. Lasaulx*, ZGen. 1971, 325 ff.; *Gonnella*, DB 1965, 1165 ff.; *Mertens*, NJW 1966, 1049 ff.; *Sack*, DB 1974, 369 ff.; aus schweizerischer Perspektive insbesondere: *Koller*, Grundfragen einer Typuslehre im Gesellschaftsrecht, 1967; *Bär*, in: Referate und Mitteilungen des Schweizerischen Juristenvereins, 1966, 321, 469 ff.; *Jäggi*, SAG 31 (1958), 57, 70 ff.; *Mengiardi*, Strukturprobleme des Gesellschaftsrechts. Zur Bedeutung der Typuslehre für das Recht der Personengesellschaften und juristischen Personen, 1968.
17 Für Rechtstatsachen zur GmbH & Co. KG vgl. *Lieder/Hoffmann*, NZG 2021, 1045 ff.; zu den Kombinationen unter Beteiligung der KGaA vgl. *Lieder/Hoffmann*, AG 2016, 704, 709 f.

II. Einführung und Charakteristik der Debatte

1. Gesellschaftsrechtliche Ausgangslage

Zu den systemprägenden Struktur- und Wertungsprinzipien des deutschen Gesellschaftsrechts, aber auch der meisten ausländischen Rechtsordnungen, zählt der *numerus clausus* der Verbandsformen.[18] Im überindividuellen Interesse der Sicherheit und Leichtigkeit des Rechtsverkehrs[19] stellt der verbandsrechtliche Gesetzgeber einen abgeschlossenen Kanon an Rechtsformen zur Verfügung, der privatautonom nicht erweitert werden kann.[20] Jeder Verband wird – auch gegen den Willen seiner Mitglieder – einer bestehenden Rechtsform zugeordnet und erhält dadurch eine gesetzlich vorstrukturierte Gesellschaftsorganisation.[21] Als sog. *penalty default*[22] fungieren GbR und OHG als Auffangverbandsformen, die aus regelungstechnischer Perspektive den im deutschen Gesellschaftsrecht angelegten Rechtsformzwang durchsetzen und zugleich die Nichtigkeitsfolge bei Verstoß gegen den *numerus clausus* vermeiden.[23]

Innerhalb der Grenze dieses Rechtsformzwangs und der zwingenden Vorschriften genießen die Gesellschafter – in Abhängigkeit von der jeweiligen Verbandsform – inhaltliche Gestaltungsfreiheit („Typenfreiheit")[24].[25] Vor allem das Innenrecht der Personengesellschaften und der GmbH stehen im Grundsatz zur Disposition der Gesellschafter, während die Satzungsstrenge nach § 23 Abs. 5 AktG die aktienrechtliche Organisationsstruktur weitgehend änderungsfest ausgestaltet. Aber auch bei den Personengesellschaften und der GmbH ist die gesellschaftsvertragliche Gestaltungsfreiheit nicht schrankenlos gewährleistet.[26] Hier stellt sich die

---

18 Grundlegend *Fleischer*, ZGR 2023, 261 ff.
19 Zur rechtsökonomischen Rechtfertigung des Prinzips instruktiv *Fleischer*, ZGR 2023, 261, 280 ff.
20 *K. Schmidt*, Gesellschaftsrecht, 4. Aufl. 2002, S. 96; *Wiedemann*, Gesellschaftsrecht II, 2004, S. 137; *H.P. Westermann*, Vertragsfreiheit und Typengesetzlichkeit im Recht der Personengesellschaften, 1970, S. 7.
21 Zu dem für die juristischen Personen geltenden Normativsystem ausführlich *Lieder*, in: Bayer/Habersack, Aktienrecht im Wandel, Bd. 1, 2007, 10. Kap. Rn. 14 ff.
22 Vgl. dazu statt aller *Fleischer*, ZHR 168 (2004), 673, 693 ff.
23 Zu diesem Regelungssystem näher *Fleischer*, ZGR 2023, 261, 265.
24 *Schultze-v. Lasaulx*, ZGen. 1971, 325, 329.
25 *Flume*, Allgemeiner Teil des Bürgerlichen Rechts: Die Personengesellschaft, 1977, S. 189; *Wiedemann*, in: Gestaltungsfreiheit im Gesellschaftsrecht, 1998, 5, 6; *Hopt*, in: Gestaltungsfreiheit im Gesellschaftsrecht, 1998, 5, 123, 138.
26 Vgl. nur *Lieder*, in: Erman, BGB, 17. Aufl. 2023, § 708 BGB Rn. 4; *Lieder*, in Oetker, HGB, 8. Aufl. 2024, § 108 HGB Rn. 10; *Wicke*, in; Münchener Kommentar GmbHG, 4. Aufl. 2022, § 3 GmbHG Rn. 150 ff.

klassische Frage nach der Reichweite und den Schranken der Gestaltungsfreiheit im Verbandsrecht, die zugleich den Hintergrund für die Lehre von der Typengesetzlichkeit bildet.[27]

2. Lehre von der Typengesetzlichkeit

Nach dem Dogma der Typengesetzlichkeit sind der Ausgestaltung eines Gesellschaftsvertrags wesensimmanente, das heißt über das positive Recht hinausgehende Grenzen aufgrund eines hinter einer bestimmten Verbandsform stehenden Typus gezogen.[28] Die Lehre von der Typengesetzlichkeit setzt der Gestaltungsfreiheit damit engere Grenzen als der davon zu unterscheidende, vereinzelt[29] aber auch gleichgesetzte Rechtsformzwang.[30]

Die Lehre von der Typengesetzlichkeit ist für Personengesellschaften entwickelt und diskutiert worden.[31] Ihre Kernthese ließe sich allerdings auch verbandsformübergreifend vertreten. Die Fokussierung auf Personengesellschaften hat ihren tieferen Grund darin, dass diesen Rechtsformen positivrechtlich ein besonders hohes Maß an Gestaltungsfreiheit beigelegt ist.[32] Zwingendes geschriebenes Recht ist Mangelware, so dass sich die Frage nach ungeschriebenen Gestaltungsschranken – außerhalb der engen Grenzen der §§ 134, 138, 242 BGB – mit beson-

---

27 Vgl. *H.P. Westermann*, Vertragsfreiheit und Typengesetzlichkeit im Recht der Personengesellschaften, 1970, S. 3: „Spannungsfeld, dessen Pole die inhaltliche Gestaltungsfreiheit und die in den gesetzlichen Typenregelungen vereinigten Ordnungs- und Gerechtigkeitsbestrebungen des Gesetzgebers".
28 Mit graduellen Unterschieden *Kuhn*, Strohmanngründung bei Kapitalgesellschaften, 1964, S. 36 ff.; *Paulick*, Die eingetragene Genossenschaft als Beispiel gesetzlicher Typenbeschränkung, 1954, S. 35 ff., 48 ff., 70 ff.; zusf. *Wiedemann*, Gesellschaftsrecht II, 2004, S. 138 f.; siehe dazu ausf. unten III. 2. u. 3.
29 Vgl. für das Sachenrecht *Heck*, Grundriß des Sachenrechts, 1994 (3. Nachdruck der Ausgabe 1930), S. 87.
30 *K. Schmidt*, Gesellschaftsrecht, 4. Aufl. 2002, S. 111 f.; *H.P. Westermann*, Vertragsfreiheit und Typengesetzlichkeit im Recht der Personengesellschaften, 1970, S. 122; Schultze-v. Lasaulx, ZGen. 1971, 325, 348.
31 Vgl. dazu insbesondere die auf Personengesellschaften beschränkten Beiträge von *Westermann*, Vertragsfreiheit und Typengesetzlichkeit im Recht der Personengesellschaften, 1970, *passim*; *Nitschke*, Die körperschaftlich strukturierte Personengesellschaft, 1970, *passim*; *K. Schmidt*, Zur Stellung der oHG im System der Handelsgesellschaften, 1972, S. 74 ff. und *Ott*, Typenzwang und Typenfreiheit im Recht der Personengesellschaft, 1966, *passim*
32 Vgl. *H.P. Westermann*, ZVglRWiss 73 (1973), 176, 184; *Mengiardi*, Strukturprobleme des Gesellschaftsrechts. Zur Bedeutung der Typuslehre für das Recht der Personengesellschaften und juristischen Personen, 1968, S. 106 und S. 118 ff. zur Frage nach der Intensität der Typenfixierung.

derem Nachdruck stellt. Das gilt nicht zuletzt für die rechtliche Behandlung typengemischter Gesellschaften, die sich regelmäßig durch die Adaption körperschaftlicher Elemente im Gewande einer Personengesellschaft auszeichnen.[33] Umgekehrt erweist sich das Bedürfnis für ungeschriebene Schranken im Kapitalgesellschaftsrecht als weniger dringlich, weil sich dort ein ungleich größerer Katalog an zwingenden Vorschriften findet.[34]

3. Entwicklungsgeschichte und Diskursverlauf

Entwicklungsgeschichte und Diskursverlauf der Lehre von der Typengesetzlichkeit lassen sich holzschnittartig in drei Phasen einteilen.

Die erste Phase beginnt gegen Ende des 19. Jahrhunderts und kreist inhaltlich um den Typus als methodische Figur. Zu dieser Zeit war das Phänomen der Grundtypenvermischung noch unbekannt.[35] Die Prämisse der Typenlehre lautete, dass einzelne Rechtsvorschriften, die den Typus kreieren, auf eine einheitliche Leitidee des Gesetzgebers zurückgeführt werden können.[36] Der Typenlehre geht es in diesem Sinne um eine System- und Prinzipienbildung auf einem primär rechtsdogmatischen Fundament. Die anfängliche Diskussion war durch ein hohes Maß an Abstraktion geprägt, führte aber weder zu einer konkreten Benennung noch zu einer näheren Ausarbeitung ungeschriebener Gestaltungsgrenzen. Stattdessen wurde darüber diskutiert, ob bei der privatautonomen Gestaltung von Gesellschaftsverträgen eine strikt formale Betrachtung anzulegen sei oder ob – zumindest bei der Behandlung atypischer Gesellschaften – auch wertende Gesichtspunkte berücksichtigt werden können.

Die zweite Phase der Diskussion leitete die Anerkennung der GmbH & Co. KG durch das BayObLG im Jahr 1912[37] ein. In der Folge verbreitete sich nicht nur diese typengemischte Rechtsformverbindung rasant, sondern auch in der Gestaltungspraxis wirkte die Entscheidung als Motor für eine zunehmend ideenreiche Rechtsformgestaltung. Das Dogma der Typengesetzlichkeit war damit zum einen Gegenbewegung zu dem schnell anwachsenden Variantenreichtum im Gesell-

---

33 Vgl. dazu insbesondere unter dem Blickwinkel der Typengesetzlichkeit *Nitschke*, Die körperschaftlich strukturierte Personengesellschaft, 1970, S. 10 ff., 31 ff.; dazu unten V. 1. c).
34 Vgl. aber mit Blick auf die Genossenschaften insbesondere: *Paulick*, Die eingetragene Genossenschaft als Beispiel gesetzlicher Typenbeschränkung, *passim*.
35 *Schultze-v. Lasaulx*, ZGen. 1971, 325, 326.
36 Vgl. *H.P. Westermann*, Vertragsfreiheit und Typengesetzlichkeit im Recht der Personengesellschaften, 1970, S. 107.
37 BayObLG OLGE 27, 331 = GmbHR 1914, 9; ausf. unten IV. 1.

schaftsrecht. Zum anderen fungierte der Typus als Erklärungsansatz für neu auftretende Rechtsphänomene. Den Schlüssel für das Verständnis und die Handhabung solcher Novitäten, wie zB Einpersonen-Kapitalgesellschaften, Publikumspersonengesellschaften oder GmbH & Co. KG, erkannte die Lehre in der methodischen Figur des Typus.

Zwei zentrale Fragen sollten durch die verbandsrechtliche Typisierung beantwortet werden: Zum einen ging es um die Unterscheidung typischer von atypischen Erscheinungsformen einer bestimmten Gesellschaftsform. Zum anderen sann man über eine typusentsprechende Rechtsanwendung nach, die man im Rahmen der rechtlichen Behandlung atypischer Rechtsformen für unverzichtbar hielt. Grundlegende Prämisse war die These, dass in dem Typus einer bestimmten Verbandsform die ungeschriebenen Ordnungs- und Gerechtigkeitsbestrebungen des Gesetzgebers zum Vorschein kämen.[38] In rechtsmethodischer Hinsicht sollten aus einer Gesamtschau der für einen bestimmten Typus geltenden zwingenden und dispositiven Regelungen ungeschriebene Gestaltungsgrenzen deduziert werden.[39] In dieser zweiten Phase erlangte die bis dato von einem hohen Abstraktionsgrad gekennzeichnete Diskussion erstmals schärfere Konturen. Allerdings litt die Debatte einerseits darunter, dass nicht selten rechtsdogmatische mit rechtspolitischen Elementen vermischt wurden, und andererseits die Auseinandersetzung zuweilen allzu polemisch geführt wurde.[40]

Nachdem die Diskussion zur Zeit des Nationalsozialismus zwischenzeitlich fast vollständig verstummt war, lebte sie in den von der Entwicklung einer Sozialen Marktwirtschaft geprägten Nachkriegsjahren langsam wieder auf und erlebte in den 1960er und frühen 1970er Jahren ihren Höhepunkt. In dieser dritten Phase meldete sich nahezu das gesamte „Who is Who" des deutschen Gesellschaftsrechts zum Thema zu Wort.[41] Im Vergleich zu den früheren Diskussionsstadien sticht heraus, dass der Diskurs zunehmend sozialpolitisch gefärbt war. Hintergrund war das anschwellende Empfinden, dass der Privatautonomie ein zu großer Raum eingeräumt werde.[42] Kristallisationspunkt der Diskussion um die Typengesetzlich-

---

[38] Vgl. *H.P. Westermann*, Vertragsfreiheit und Typengesetzlichkeit im Recht der Personengesellschaften, 1970, S. 3.
[39] *H.P. Westermann*, Vertragsfreiheit und Typengesetzlichkeit im Recht der Personengesellschaften, 1970, S. 63.
[40] Vgl. dazu unten IV. 1.
[41] Dazu ausf. unten V.
[42] *Großfeld*, Zivilrecht als Gestaltungsaufgabe, 1977, S. 15 beanstandete eine allgemeine „Übersteigerung der Privatautonomie".

keit war nicht zuletzt die hochgezüchtete Einheits-GmbH & Co. KG.[43] Zugleich wurde moniert, dass die Anwendung zwingender Normen und die Wahrung berechtigter Interessen maßgeblich vom Geschick der Kautelarjurisprudenz abhänge.[44] In der Folge dieser intensiv geführten Diskussion erkannte man allerdings, dass der Versuch, unter dem Oberbegriff einer Typengesetzlichkeit der Gesellschaftsformen ein System gestaltungsfester Regeln zu entwickeln, mit Blick auf die mangelnde Präzisierung der entwickelten Vorgaben und der hieraus resultierenden großen Rechtsunsicherheit letztlich zum Scheitern verurteilt war.

III. Ouvertüre: Der Typus als interdisziplinäre Modeerscheinung Ende des 19. Jahrhunderts

Im Gesellschaftsrecht fungierte der Typus gegen Ende des 19. Jahrhunderts als Teil eines damals geläufigen Dreiklangs methodologischer Ansätze – bestehend aus „Wesen", „Typus" und „Institution" – zur Gewinnung überpositiver Kriterien, die zu einer Begrenzung der privatautonomen Gestaltungsmacht herangezogen wurden.[45] Die drei Ansätze lassen sich nicht trennscharf voneinander abgrenzen, sondern waren Holz vom selben Stamme.

1. Der Typus im Allgemeinen

Der Typus als Herzstück der Lehre von der Typengesetzlichkeit ist kein genuin gesellschaftsrechtliches Denkmuster, sondern eine interdisziplinäre Modeerscheinung, die Ende des 19. Jahrhunderts aufkeimte und einen Siegeszug durch die gesamte Wissenschaft antrat.[46] Dementsprechend fokussierte die Frühphase der

---

43 Dazu insbesondere ablehnend *Gonnella*, DB 1965, 1165 ff.; befürwortend aber *Mertens*, NJW 1966, 1049 ff.
44 *Reuter*, AcP 181 (1981), 1, 13.
45 Zu dem Dreiklang von Wesensargument, Typengesetzlichkeit und Institutionenlehre: *Wüst*, FS Duden, 1977, 749, 756 ff.; *Schultze-v. Lasaulx*, ZGen. 1971, 325, 329,
46 Diese abstrakte Debatte wurde insbesondere durch folgende Werke geprägt: *Oppenheim*, Die natürliche Ordnung der Wissenschaften, 1926; und im Anschluss *Hempel/Oppenheim*, Der Typusbegriff im Lichte der neuen Logik, 1936; *Kaufmann*, Analogie und „Natur der Sache", 1. Aufl. 1965 und 2. Aufl. 1982; *Engisch*, Die Idee der Konkretisierung in Recht und Rechtswissenschaft unserer Zeit, 1. Aufl. 1953 und 2. Aufl. 1968 (insbes. S. 237 ff.); zusf. *Wolff*, studium generale 5 (1952), 195 ff.; vgl. zu den Wirtschaftswissenschaften: *Haller*, Typus und Gesetz in der Nationalökonomie. Versuch zur Klärung einiger Methodenfragen der Wirtschaftswissenschaften, 1950; vgl. zu der Philosophie:

Debatte noch nicht auf das Gesellschaftsrecht, sondern konzentrierte sich auf den Typus als übergreifende Methode. Ziel der Typologie war die Durchdringung einer Stoffmenge sowie das Verständnis neuer Phänomene im Wege der Systematisierung.[47] Zur Sichtbarmachung einer systematischen Ordnung sollten verschiedene Typen eines Betrachtungsobjekts herausgearbeitet werden. Zu Beginn der Debatte blieb noch vielfach unklar, was unter einem Typus zu verstehen sei.[48] Im Laufe der Zeit gelangte man zu der Erkenntnis, dass es sich beim *Typus* – in Abgrenzung zu einem *Allgemeinbegriff* – um das „durch anschauliche Abstraktion gewonnene Allgemeinbild" eines Untersuchungsgegenstands handelte, mithin um „mehr als die Summe seiner Teile".[49] Der Wesensgehalt eines Typus sollte im Wege einer Interessensbewertung[50] oder durch eine soziologische Betrachtung des Gewöhnlichen[51] („Normaltypus")[52] ermittelt werden.[53]

In der Rechtswissenschaft fiel der Trend zur Typisierung schnell auf fruchtbaren Boden. Anfang des 20. Jahrhunderts unternahm das Schrifttum zahlreiche Versuche, einzelne Rechtsphänomene anhand ihres Sinnzusammenhangs zu kartographieren.[54] Prominente Stimmen wie *Georg Jellinek*[55] und *Gustav Radbruch*[56] widmeten sich aus verschiedenen Blickwinkeln dieser neuen methodischen Figur, die schnell Eingang in sämtliche Rechtsgebiete und die Lehrbücher zur Metho-

---

Seitereich, Die logische Struktur des Typusbegriffes bei William Stern, Eduard Spranger und Max Weber, 1930; vgl. zu der Geschichtswissenschaft: *Schieder*, studium generale 5 (1952), 228 ff.; vgl. zu den Sozialwissenschaften: *v. Kempski*, studium generale 5 (1952), 205 ff.; siehe auch die weiteren Literaturnachweise zu der Diskussion um den Typus in weiteren Disziplinen bei *Koller*, Grundfragen einer Typuslehre im Gesellschaftsrecht, 1967, S. 9 (Fn. 1).
47 Vgl. *Hey*, Freie Gestaltung in Gesellschaftsverträgen und ihre Schranken, 2004, S. 228.
48 Vgl. dazu. *K. Schmidt*, Zur Stellung der oHG im System der Handelsgesellschaften, 1972, S. 74; *Koller*, Grundfragen einer Typuslehre im Gesellschaftsrecht, 1967, S. 43; vgl. zu den unterschiedlichen Begriffsverwendungen: *K. Schmidt*, Zur Stellung der oHG im System der Handelsgesellschaften, 1972, S. 75 ff.
49 *Koller*, Grundfragen einer Typuslehre im Gesellschaftsrecht, 1967, S. 19.
50 *Koller*, Grundfragen einer Typuslehre im Gesellschaftsrecht, 1967, S. 55; *Wolff*, studium generale 5 (1952), 195, 200.
51 *Sauer*, Juristische Methodenlehre, 1970, S. 158 ff.
52 *Sack*, DB 1974, 369.
53 Dazu *H.P. Westermann*, Vertragsfreiheit und Typengesetzlichkeit im Recht der Personengesellschaften, 1970, S. 99.
54 Grundlegend zu dieser Diskussion: *Larenz*, Methodenlehre der Rechtswissenschaft, 6. Aufl. 1991, S. 443 ff.; *Radbruch*, revue internationale de la théorie du droit no. 1, 1938, 46 ff.; siehe am Beispiel des Gesellschaftsrechts auch *Müller-Erzbach*, AcP 154 (1955), 299 ff.
55 *Jellinek*, Allgemeine Staatslehre, 3. Aufl. 1914, S. 34 ff.
56 Nach *Radbruch*, revue internationale de la théorie du droit no. 1, 1938, 46, 54 beschreibt die Diskussion um den Typus sogar das „vielleicht wichtigste Problem unserer [der rechtswissenschaftlichen] Methodenlehre".

denlehre fand.[57] Nach dem vorherrschenden Verständnis konkretisierte der Typus „die Norm in Richtung auf das Lebensverhältnis, auf welches sie zugeschnitten ist".[58] Auf diese Weise sollten einem gesetzlich nicht näher konkretisierten Tatbestand – insbesondere unter Berücksichtigung seiner Stellung im normativen Gesamtgefüge – schärfere Konturen verliehen werden. Das ungeschriebene Recht sollte an Struktur gewinnen und das Entscheidende für die rechtliche Bewertung eines Phänomens zu Tage gefördert werden.[59] In der – durchaus als fließend empfundenen – Abgrenzung zur Gesetzesauslegung liegt das Proprium der Typenlehre nicht in der Beantwortung einer konkreten Rechtsfrage. Vielmehr geht es um die Ermittlung der Rechtsessenz und die sich daraus ergebenden Folgerungen.[60]

2. Der Typus im Gesellschaftsrecht

Im Bereich des Gesellschaftsrechts ließ man sich im ersten Zugriff von der Vorstellung leiten, dass der Schaffung einer Gesellschaftsform die Verallgemeinerung bestimmter, stetig wiederkehrender Lebens- und Wirtschaftsbedürfnisse vorausgeht, auf welche die Normen der jeweiligen Verbandsform ausgerichtet sind und an welche – nicht zuletzt aus Zweckmäßigkeitsgesichtspunkten – eine einheitliche Rechtsfolge geknüpft werden sollte.[61] Allerdings kann der gesellschaftsrechtliche Typus nicht mit einer bestimmten Gesellschaftsform oder einem bestimmten Rechtsinstitut gleichgesetzt werden.[62] Das Proprium des verbandsrechtlichen Typus liegt vielmehr in dem Umstand, dass ein konkreter Verband nicht nur die Tatbestandsvoraussetzungen einer Rechtsform formal erfüllt, sondern darüber hinaus auch die wesensprägenden und charakteristischen Merkmale einer bestimmten

---

57 Literaturnachweise und Zusammenfassung bei *Wolff*, studium generale 5 (1952), 195 ff.
58 *H.P. Westermann*, Vertragsfreiheit und Typengesetzlichkeit im Recht der Personengesellschaften, 1970, S. 62.
59 Vgl. *Mengiardi*, Strukturprobleme des Gesellschaftsrechts. Zur Bedeutung der Typuslehre für das Recht der Personengesellschaften und juristischen Personen, 1968, S. 64: „Sie [die Typuslehre] bemüht sich um Begriffe, welche den „Stoff" nicht vergewaltigen, sondern von diesem „Stoff" her konzipiert sind."
60 *Koller*, Grundfragen einer Typuslehre im Gesellschaftsrecht, 1967, S. 58.
61 *Koller*, Grundfragen einer Typuslehre im Gesellschaftsrecht, 1967, S. 81.
62 *Koller*, Grundfragen einer Typuslehre im Gesellschaftsrecht, 1967, S. 50 ff.; *H.P. Westermann*, Vertragsfreiheit und Typengesetzlichkeit im Recht der Personengesellschaften, 1970, S. 12; *Nitschke*, Die körperschaftlich strukturierte Personengesellschaft, 1970, S. 2 ff.; *Schultze-v. Lasaulx*, ZGen. 1971, 325, 329; *Mengiardi*, Strukturprobleme des Gesellschaftsrechts. Zur Bedeutung der Typuslehre für das Recht der Personengesellschaften und juristischen Personen, 1968, S. 67 ff.

Gesellschaftsform aufweist.⁶³ Die Reichweite der so ermittelten ungeschriebenen Grenzen sollte sich nach der Intensität richten, mit welcher der Gesetzgeber den entsprechenden Typus im geschriebenen Gesetz fixiert habe.⁶⁴

Umgekehrt war freilich zu bedenken, dass sich die Möglichkeiten des Gesetzgebers in einer – mehr oder weniger – präzisen Beschreibung des Typus erschöpfen.⁶⁵ Durch die notwendigerweise offene Formulierung eines Tatbestands ist die Menge der Sachverhalte, die dem Sinnzusammenhang und den Wertungen des Gesetzgebers entspringen, regelmäßig kleiner als die Summe an Sachverhalten, die unter die abstrakt-generelle Gesetzesregelung subsumiert werden können.⁶⁶ Eine Rechtsform kann damit unterschiedlichen Grundtypen zuzuordnen sein oder in unterschiedliche Grundtypen zerfallen. In den Worten der Typenlehre passen mehrere nicht dem *Idealtypus* entsprechende *Realtypen* in eine bestimmte vom Gesetzgeber zur Verfügung gestellte Schablone.⁶⁷

Paradebeispiel ist die BGB-Gesellschaft, für die der Typus „Außengesellschaft" ebenso in Betracht kommt wie der Typus „Innengesellschaft" und die in Anbetracht ihrer Zweckoffenheit in zahllosen verschiedenen Erscheinungsformen auftreten kann.⁶⁸ Vor diesem Hintergrund kann es bei der Typisierung also nur um die Grenzziehung in Fällen gehen, die zwar unter den Gesetzeswortlaut subsumiert werden können, bei denen aber die konkrete von der typischen Interessenslage, die

---

63 *H.P. Westermann*, Vertragsfreiheit und Typengesetzlichkeit im Recht der Personengesellschaften, 1970, S. 12.
64 *Kuhn*, Strohmanngründung bei Kapitalgesellschaften, 1964, S. 36.
65 *Kaufmann*, Analogie und „Natur der Sache", 2. Aufl. 1982, S. 50.
66 Vgl. *Larenz*, Methodenlehre der Rechtswissenschaft, 6. Aufl. 1991, S. 443; *Ernst Jünger*: „Der Typus ist das Vorbild, an dem wir Maß nehmen. Ein Typus ist immer stärker als eine Idee, geschweige denn als ein Begriff", zitiert nach: *Kaufmann*, Analogie und „Natur der Sache", 2. Aufl. 1982 sowie *Koller*, Grundfragen einer Typuslehre im Gesellschaftsrecht, 1967; *Bär*, in: Referate und Mitteilungen des Schweizerischen Juristenvereins, 1966, 321, 471; kritisch dazu *Leenen*, Typus und Rechtsfindung, 1971, S. 20.
67 Vgl. zu dieser Unterscheidung *H.P. Westermann*, Vertragsfreiheit und Typengesetzlichkeit im Recht der Personengesellschaften, 1970, S. 60, 99 f.; *Koller*, Grundfragen einer Typuslehre im Gesellschaftsrecht, 1967, S. 28 ff.; siehe auch *Mengiardi*, Strukturprobleme des Gesellschaftsrechts. Zur Bedeutung der Typuslehre für das Recht der Personengesellschaften und juristischen Personen, 1968, S. 99 ff., der zwischen „Lebenstypus" und „Gesetzestypus" unterscheidet; ferner *Jellinek*, Allgemeine Staatslehre, 3. Aufl. 1914, S. 34: „Er [der Idealtypus] ist kein Seiendes, sondern ein Sein-sollendes".
68 Vgl. *H.P. Westermann*, Vertragsfreiheit und Typengesetzlichkeit im Recht der Personengesellschaften, 1970, S. 103; zu den verschiedenen Erscheinungsformen der GbR *Lieder* in Erman, BGB, 17. Aufl. 2023, Vor § 705 Rn. 51 ff.; *Schäfer*, in; Münchener Kommentar BGB, 9. Aufl. 2023, § 705 BGB Rn. 35 ff.

der Gesetzgeber vor Augen hatte, abweicht.[69] Der Typusbegriff lässt sich im Gesellschaftsrecht daher am besten mit „Leitbild"[70], „Vorbild"[71] oder „Normalfall"[72] umschreiben.

Bei der Ermittlung des Typus anhand des Sinnzusammenhangs werden nicht nur die zwingenden Regelungen, sondern auch die dispositiven Vorschriften herangezogen.[73] Die Berücksichtigung abdingbarer Vorschriften zur Ermittlung von ungeschriebenen – zwingenden – Schranken im Gesellschaftsrecht mutet auf den ersten Blick paradox an,[74] ist aber unter der Prämisse der Typenlehre konsequent: Geht man davon aus, dass die Privatautonomie nicht schrankenlos gewährleistet ist, sondern „im Dienste der Grundwerte des Rechts" steht,[75] dann muss der Typus – verstanden als das umklammernde Sinnganze – aus der normativen Einbettung in einem Gesamtsystem ermittelt werden, das sich nun einmal nicht nur aus zwingendem Recht, sondern auch aus dispositiven Regelungen konstituiert.[76]

3. Vom „Wesen" zum „Typus"

Der „Typus" ist eng mit dem „Wesen" verbunden.[77] Das Wesen einer bestimmten Sache rekurriert wiederum auf deren prägende oder verbindende Eigenschaften.[78] Ebenso wie der Typusbegriff fand das Wesensargument als fächerübergreifende

---

69 *Kuhn*, Strohmanngründung bei Kapitalgesellschaften, 1964, S. 36; *Paulick*, Die eingetragene Genossenschaft als Beispiel gesetzlicher Typenbeschränkung, 1954, S. 35 ff.; *Bär*, ZBJV 1959, 369, 381; vgl. auch *Haupt/Reinhardt*, Gesellschaftsrecht, 1952, S. 3 ff.
70 Vgl. *Larenz*, Methodenlehre der Rechtswissenschaft, 6. Aufl. 1991, S. 445; *Bär*, in: Referate und Mitteilungen des Schweizerischen Juristenvereins, 1966, 321, 471; *Steding*, NZG 2000, 182; vgl. zum Ursprung dieser Begriffsverwendung: *Koller*, Grundfragen einer Typuslehre im Gesellschaftsrecht, 1967, S. 46.
71 *H.P. Westermann*, Vertragsfreiheit und Typengesetzlichkeit im Recht der Personengesellschaften, 1970, S. 99.
72 *Huber*, Jura 1970, 784, 787.
73 Vgl. *Hey*, Freie Gestaltung in Gesellschaftsverträgen und ihre Schranken, 2004, S. 222 sowie *Wüst*, FS Duden, 1977, 749, 759 („Zwischenschicht").
74 Vgl. auch *K. Schmidt*, Gesellschaftsrecht, 4. Aufl. 2002, S. 111 („absurde Fragestellung"); *Hey*, Freie Gestaltung in Gesellschaftsverträgen und ihre Schranken, 2004, S. 222.
75 *Kuhn*, Strohmanngründung bei Kapitalgesellschaften, 1964, S. 151.
76 *Kuhn*, Strohmanngründung bei Kapitalgesellschaften, 1964, S. 36; *Paulick*, Die eingetragene Genossenschaft als Beispiel gesetzlicher Typenbeschränkung, 1954, S. 33 ff.
77 Vgl. dazu grundlegend insbesondere *Scheuerle*, AcP 164 (1964), 429 ff.; die Diskussion zusf. *Hey*, Freie Gestaltung in Gesellschaftsverträgen und ihre Schranken, 2004, S. 223 ff. sowie *Wüst*, FS Duden, 1977, 749, 756 ff.
78 *Hey*, Freie Gestaltung in Gesellschaftsverträgen und ihre Schranken, 2004, S. 223.

methodische Figur bereits im 19. Jahrhundert Eingang in Rechtsprechung und Literatur, und zwar zu einer Zeit als der Typus im Gesellschaftsrecht noch unbekannt war: Bereits unter Geltung des ADHGB wurde mit dem Wesen einer Rechtsform argumentiert.[79] In der Literatur lässt sich das Wesensargument bis zu *Otto von Gierkes* Genossenschaftstheorie aus dem Jahre 1887 zurückverfolgen; darin arbeitete er die personenrechtliche Verbundenheit der Gesellschafter als Wesenskern einer Handelsgesellschaft heraus.[80] In der reichsgerichtlichen Rechtsprechung[81] und der frühen BGH-Rechtsprechung[82] kam die Vereinbarkeit einer bestimmten Gestaltung mit dem Wesen einer Gesellschaft nicht selten zur Sprache; die sachliche Auseinandersetzung erfolgte jedoch regelmäßig nur dilatorisch und ohne nähere Präzisierung des Wesensarguments. Aus dogmatischer Perspektive handelte es sich regelmäßig um Einzelfallentscheidungen, die einer Systematisierung kaum zugänglich waren. In der Regel wurde lediglich festgestellt, dass das Wesen einer bestimmten Gestaltung nicht entgegenstehe.[83] Damit war zugleich implizit klargestellt, dass das Wesen als ungeschriebene Grenze verbandsrechtlicher Gestaltungsfreiheit zwingendes Recht darstellen sollte.[84]

Angesichts der funktionellen Verwandtschaft und der gleichen Stoßrichtung der beiden Argumentationsfiguren wird der – zeitlich dem Wesensargument nachfolgende – Typus gemeinhin als Fortentwicklung wahrgenommen.[85] Als *Wilhelm A. Scheuerle* seine grundlegende Kritik am Wesensargument formulierte und es – mit Recht – als „Kryptoargument" entlarvte, mit dem in Wahrheit nur ein anderes Argument verborgen werden solle,[86] hatte das „Wesen" seinen rechtsmethodischen Zenit bereits überschritten. Im Gesellschaftsrecht ist der Wesensbegriff – nicht zuletzt ob seiner Unschärfe – heute ohne praktische Bedeutung. Auch

---

79 Vgl. dazu: *Schultze-v. Lasaulx*, ZGen. 1971, 325, 327; auch die Entscheidung RGZ 105, 101, 105 aus dem Jahr 1922 argumentierte im Hinblick auf die Frage der Zulässigkeit einer GmbH & Co. KG mit „Struktur und Wesen" der GmbH; auch BGHZ 3, 353, 357 sah das „Wesen" der Gesellschaft als Hindernis für das Verbot der Abspaltung von Mitverwaltungsrechten im Personengesellschaftsrecht an.
80 *O. v. Gierke*, Die Genossenschaftstheorie und die deutsche Rechtsprechung, 1887, S. 452 f.
81 Vgl. beispielsweise RGZ 90, 403, 405 f.; RGZ 112, 1273, 278; weitere Nachweise bei *A. Teichmann*, Gestaltungsfreiheit in Gesellschaftsverträgen, 1970, S. 4 ff.
82 Vgl. beispielsweise BGHZ 3, 354, 357; BGHZ 10, 44, 48; weitere Nachweise bei *A. Teichmann*, Gestaltungsfreiheit in Gesellschaftsverträgen, 1970, S. 4 ff.
83 *A. Teichmann*, Gestaltungsfreiheit in Gesellschaftsverträgen, 1970, S. 4.
84 Vgl. *Hey*, Freie Gestaltung in Gesellschaftsverträgen und ihre Schranken, 2004, S. 224.
85 *Hey*, Freie Gestaltung in Gesellschaftsverträgen und ihre Schranken, 2004, S. 227.
86 *Scheuerle*, AcP 164 (1964), 429 ff.

darüber hinaus vermochte sich das „Wesen" als Schranke der Privatautonomie nicht durchzusetzen.[87]

IV. Intermezzo: Atypische Rechtsformen und Typengesetzlichkeit

Die Debatte um die Typengesetzlichkeit als Weiterentwicklung der allgemeinen Typenlehre hatte erstmals in den 1920er Jahren in der Gesellschaftsrechtswissenschaft Konjunktur. Anlass war die höchstrichterliche Anerkennung der GmbH & Co. KG als Prototyp einer atypischen Rechtsform.[88] Die bis dahin recht abstrakt geführte Diskussion über verbandsrechtliche Typen erhielt dadurch neue Nahrung, und es erfolgte der Brückenschlag zu einer sehr konkreten gesellschaftsrechtlichen Fragestellung. Die Kreativität der Kautelarpraxis erwies sich vor diesem Hintergrund gleichsam als Katalysator für das Dogma der Typengesetzlichkeit.

1. Historischer Kontext

Bis zu dieser Epoche war man sich weitgehend darüber einig, dass die Gestaltungsfreiheit lediglich durch die zwingenden Vorschriften sowie die §§ 134, 138 BGB beschränkt wird.[89] Der inhaltlichen Gestaltungsfreiheit waren folglich kaum Grenzen gesetzt. Nach dem Ersten Weltkrieg und den damit verbundenen wirtschaftlichen Umwälzungen des frühen 20. Jahrhunderts wurden nun die Weichen auch im Wirtschaftsrecht neu gestellt. Der zeitgenössische Gesetzgeber war jedoch nicht in der Lage, das Verbandsrecht auf ein runderneuertes Fundament zu stellen. Wo das Bedürfnis nach bestimmten Organisationsformen und Gesellschaftskombinationen nicht durch legislatorischen Gestaltungsakt gestillt werden konnte, zeigte die kautelarjuristische Gestaltungspraxis innovative Wege zur privatautonomen Befriedigung der Unternehmensbedürfnisse auf.[90] Das damalige Zeitalter war geprägt durch „selbstgeschaffenes Recht der Wirtschaft"[91].

---

87 Vgl. *A. Teichmann*, Gestaltungsfreiheit in Gesellschaftsverträgen, 1970, S. 3 ff.; *Hey*, Freie Gestaltung in Gesellschaftsverträgen und ihre Schranken, 2004, S. 225; *Schultze-v. Lasaulx*, ZGen. 1971, 325, 329; *Scheuerle*, AcP 164, (1964), 429, 471, jeweils ausführlich zu den Gründen des Scheitern des Wesensarguments.
88 Siehe nochmals oben II. 3. sowie sogleich im Text.
89 Vgl. dazu: *Schultze-v. Lasaulx*, ZGen. 1971, 325; *Sack*, DB 1974, 369.
90 Vgl. *Koller*, Grundfragen einer Typuslehre im Gesellschaftsrecht, 1967, S. 1: „Wo Vorbilder im Gesetz fehlten, schufen sich die Beteiligten die Rechtsformen in zum Teil kühnen Konstruktionen

Der Königsweg lautete Typenvermischung. Dieses Phänomen lässt sich erstmals zu Beginn der 1910er Jahre nachweisen. Noch vor dem richtungsweisenden Beschluss des BayObLG vom 16.2.1912[92] zur Billigung der Rechtsformkombination „GmbH & Co. KG" traten GmbHs als Komplementärinnen in Kommanditgesellschaften in Erscheinung.[93] Zu den ältesten registereingetragenen „GmbH & Co. KG" zählen laut Reichsanzeiger etwa die „Café Odeon Gesellschaft mit beschränkter Haftung & Co. [Kommanditgesellschaft]"[94], die „Neues Münchener Tageblatt Gesellschaft mit beschränkter Haftung & Co. Kommanditgesellschaft"[95] und die „Portlandcement-Fabrik Stein- und Kalkwerk August Märker Gesellschaft mit beschränkter Haftung & Co. [Kommanditgesellschaft]"[96]. In den 1920er Jahren verbreiteten sich GmbH & Co. KG, aber auch andere Erscheinungsformen atypischer Verbände rasant in der Unternehmenspraxis.[97] Hierzu zählen Phänomene wie die Familien-[98] und Einpersonen-Aktiengesellschaften[99], personalistische Kapitalgesellschaften[100] und kapitalistische Personengesellschaften[101]. Mittel zum Zweck war

---

selbst"; *Ott*, Typenzwang und Typenfreiheit im Recht der Personengesellschaft, 1966, S. 1; *Wolff*, studium generale 5 (1952), 195, 201.
91 *Schultze-v. Lasaulx*, ZGen. 1971, 325, 327.
92 BayObLG v. 16.2.1912 – I ZS Reg III 12/12.
93 Dazu und zum Folgenden bereits *Lieder*, in: BeckOGK, GmbHG, 1.2.2024, § 1 GmbHG Rn. 827 ff.
94 Eintragungsbekanntmachung vom 12.10.1911 im Reichsanzeiger.
95 Eintragungsbekanntmachung vom 15.12.1911 im Reichsanzeiger.
96 Eintragungsbekanntmachung vom 12.11.1912 im Reichsanzeiger.
97 *Schultze-v. Lasaulx*, ZGen. 1971, 325, 326; zu den Entwicklungen in den 1920er Jahren: *Geiler*, Gesellschaftsrechtliche Organisationsformen des neuen Wirtschaftsrechts, 2. Aufl. 1922; *ders.*, Die wirtschaftlichen Strukturwandlungen und die Reform des Aufsichtsrechts, 1927, S. 1 ff. (mit ganz allgemeinen wirtschaftlichen Beobachtungen).
98 *Koller*, Grundfragen einer Typuslehre im Gesellschaftsrecht, 1967, S. 3; *Bär*, in: Referate und Mitteilungen des Schweizerischen Juristenvereins, 1966, 321, 470; ähnlich *Paulick*, Die eingetragene Genossenschaft als Beispiel gesetzlicher Typenbeschränkung, 1954, S. 26; allgemein zu Familiengesellschaften *Lieder*, in: Oetker, HGB, 8. Aufl. 2024, § 108 HGB Rn. 4; *ders.*, in: Vogt/Fleischer/Kalss, Recht der Familiengesellschaft, 2017, 27, 33; *ders.*, in BeckOGK GmbHG, 1.2.2024, § 1 GmbHG Rn. 70 ff. (zur Familien-GmbH); *Paulick*, FS Nipperdey, Bd. II, 1965, 843, 871 ff.
99 *H.P. Westermann*, Vertragsfreiheit und Typengesetzlichkeit im Recht der Personengesellschaften, 1970, S. 118; *Mengiardi*, Strukturprobleme des Gesellschaftsrechts. Zur Bedeutung der Typuslehre für das Recht der Personengesellschaften und juristischen Personen, 1968, S. 29.
100 *H.P. Westermann*, Vertragsfreiheit und Typengesetzlichkeit im Recht der Personengesellschaften, 1970, S. 9 („personalistische GmbH"); *Paulick*, Die eingetragene Genossenschaft als Beispiel gesetzlicher Typenbeschränkung, 1954, S. 26 („personenbezogene Aktiengesellschaft"); vgl. dazu etwa die frühen Monographie von *Immenga*, Die personalistische Kapitalgesellschaft, 1970; vgl. zur Definition der „kapitalistischen KG" m.w.N.: *Plum*, in: v. Caemmerer/Friesenhahn/Lange, Hundert Jahre Deutsches Rechtsleben, Band II, 1960, 137, 148 f.

damit insbesondere die Implementierung oder Kombination von Strukturmerkmalen verschiedener Gesellschaftsformen („Institutionenanleihe")[102], wofür die GmbH & Co. KG paradigmatisch steht; das Steuerrecht wirkte hier – wie so oft – als Triebfeder.[103]

Diese Entwicklung stieß anfangs auf einen Sturm der Entrüstung. Die GmbH & Co. KG wurde als „juristisches Monstrum"[104], „groteske Verrenkung"[105] oder als „Kind der Gesetzesumgehung"[106] gebrandmarkt. *Karsten Schmidt* konstatierte für diese Stimmen zutreffend, sie seien „der Ideologie und Phantasie einer beengendem Ordnungsdenken verhafteten Generation erwachsen".[107] Diese Kritik provozierte rechtsgebietsübergreifende Bestrebungen, den ungezügelten Gestaltungswillen der Kautelarpraxis zu beschränken.[108] Diese Gegenbewegung zielte aus dogmatischer Perspektive darauf ab, handhabbare Kriterien für die Begrenzung der Gestaltungsfreiheit zu gewinnen. Gleichwohl lässt sich nicht leugnen, dass sie nicht unerheblich von außerrechtlichen Wertungen geleitet war, namentlich von einem diffusen Unbehagen gegen die modernen Erscheinungsformen von Gesellschaften.[109]

Dem durchaus beachtlichen Widerstand gegen die gesellschaftsrechtlichen Liberalisierungstendenzen war am Ende indes kein Erfolg beschieden. Atypische Gestaltungen waren schon nach kurzer Zeit keine empirische Randerscheinung mehr, sondern schickten sich an, den Normaltypen den Rang abzulaufen.[110] Bereits im Jahr 1927 stellte *Karl Geiler* dementsprechend fest:

---

101 *Paulick*, Die eingetragene Genossenschaft als Beispiel gesetzlicher Typenbeschränkung, 1954, S. 26 („"kapitalistische Kommanditgesellschaft"; vgl. dazu etwa die frühen Monographie von *Wenninger*, Personengesellschaften mit körperschaftlichen Strukturelementen, 1969; dazu auch: *K. Schmidt*, Gesellschaftsrecht, 4. Aufl. 2002, S. 108 f.
102 *H.P. Westermann*, Vertragsfreiheit und Typengesetzlichkeit im Recht der Personengesellschaften, 1970, S. 10 m.w.N.
103 *Großfeld*, Zivilrecht als Gestaltungsaufgabe, 1977, S. 33 ff.; *Fleischer/Wansleben*, GmbHR 2017, 169, 170 f.; ausführlich zu den steuerlichen Vorteilen und den weiteren Vorzügen der GmbH & Co.: *Paulick*, FS Nipperdey, Bd. II, 1965, 843, 845 ff.
104 Vgl. *Holdheim*, Holdheims Wochenschrift 1 (1892), 195, 195 in Anlehnung an den schweizerischen Juristen Ludwig Siegmund in seinem Handbuch für die schweizerischen Handelsregisterführer, 1892, S. 230; zitiert nach *Fleischer/Wansleben*, GmbHR 2017, 169, 170 (Fn. 12).
105 *J. v. Gierke*, Handelsrecht und Schifffahrtsrecht, 8. Aufl., 1958, S. 230.
106 *K. Schmidt*, Gesellschaftsrecht, 4. Aufl. 2002, S. 1626.
107 *K. Schmidt*, ZHR 160 (1996), 265, 271.
108 *Koller*, Grundfragen einer Typuslehre im Gesellschaftsrecht, 1967, S. 107.
109 *K. Schmidt*, Gesellschaftsrecht, 4. Aufl. 2002, S. 114.
110 *K. Schmidt*, Gesellschaftsrecht, 4. Aufl. 2002, S. 118; *Nitschke*, Die körperschaftlich strukturierte Personengesellschaft, 1970, S. 8.

„Es gibt kaum eine Rechtsmaterie, bei der die Dynamik der Rechtsentwicklung, bei der ferner die Spannungen zwischen dem geschriebenen Recht und dem wirklichen Rechtszustande so sehr in die Erscheinung treten wie im Gesellschaftsrecht."[111]

Auch die Spruchpraxis schlug sich schnell auf die Seite der Kautelarpraxis.[112] Beginnend im Jahre 1912 hatte zunächst das BayObLG[113] die Zulässigkeit der GmbH & Co. KG anerkannt; es folgten im Jahre 1922 das Reichsgericht[114] und im Jahre 1955 der BGH[115]. Das Schrifttum war bis in die Gegenwart hinein zwischen Kritikern und Befürwortern tief gespalten.[116] Nachdem allerdings der Gesetzgeber die GmbH & Co. KG durch die Schaffung von Sondervorschriften (vgl. nur §§ 19 Abs. 2, 125, 138 Abs. 2, 170 Abs. 2, 172 Abs. 5, 177a HGB, §§ 15 Abs. 3, 15a Abs. 1 S. 3, Abs. 2, 15b Abs. 6, 39 Abs. 4 S. 1 InsO, § 4 Abs. 1 MitbestG) ausdrücklich in Bezug genommen hat, kann ihre rechtliche Zulässigkeit heute nicht mehr zweifelhaft sein.[117] Das gilt umso mehr, seit § 18 Abs. 1 KAGB anordnet, dass eine externe Kapitalverwaltungsgesellschaft nur dann in Form einer Kommanditgesellschaft betrieben werden darf, wenn deren einzige persönlich haftende Gesellschafterin eine GmbH ist.[118]

2. Unterscheidung zwischen typischen und atypischen Rechtsformen

Der in besonderem Maße auf die GmbH & Co. KG gemünzte Begriff der „Grundtypenvermischung" geht auf eine Arbeit von *Gustav Zielinski* aus dem Jahr 1925 zu-

---

111 *Geiler*, Die wirtschaftsrechtliche Methode im Gesellschaftsrecht, in: Gruchot, Beitr. 68, S. 594; zitiert nach *Plum*, in: v. Caemmerer/Friesenhahn/Lange, Hundert Jahre Deutsches Rechtsleben, Band II, 1960, 137, 139.
112 Zur Entwicklung ausf. *Fleischer/Wansleben*, GmbHR 2017, 169 ff.; *Damler*, Konzern und Moderne, 2016, S. 111 ff.
113 BayObLG OLGE 27, 331 = GmbHR 1914, 9; nachfolgend KG DJZ 1913, 1500; KGJ 51, 122; 51, 125; 52, 90 (AG als Komplementärin einer KG); OLGE 42, 214 (zwei AGs als Gesellschafter einer OHG).
114 RGZ 105, 101.
115 BGH WM 1956, 61, 63 = BeckRS 1955, 31199219; bestätigt zB durch BGH NJW-RR 2018, 288; NJW 2011, 993; NZG 2006, 15; NJW 1966, 1309.
116 Siehe die eindrucksvolle Zusammenstellung bei *Fleischer/Wansleben* GmbHR 2017, 169, 173 ff.; *Damler*, Konzern und Moderne, 2016, S. 118 ff.; kritisch noch *K. Schmidt*, Gesellschaftsrecht, 4. Aufl. 2002, S. 1625; *Wiedemann*, Gesellschaftsrecht II, 2004, S. 841; *Windbichler/Bachmann*, Gesellschaftsrecht, 25. Aufl. 2024, § 37 Rn. 9.
117 Vgl. Begr. RegE, BT-Drucks. 8/1347, 56; *Liebscher*, in: Reichert, GmbH & Co. KG, 8. Aufl. 2021, § 1 Rn. 10; *Oetker*, in: Oetker, HGB, 8. Aufl. 2024, § 161 HGB Rn. 70; *Casper*, in: Staub, HGB, 5. Aufl. 2014, § 161 HGB Rn. 69 ff.; *Fleischer/Wansleben*, GmbHR 2017, 169, 175; *Lieder/Felzen*, NZG 2021, 6, 7.
118 So bereits *Lieder*, in BeckOGK GmbHG, 1.2.2024, § 1 GmbHG Rn. 402.

rück.[119] Das Phänomen ist ferner als „Typendehnung"[120], „Typenabwandlung"[121] oder „Grundtypenverzerrung"[122] bekannt, im modernen Sprachgebrauch ist zunehmend von „Gesellschaftskombinationen" und „Rechtsformverbindungen" die Rede.[123] Soweit es um atypische Verbandsformen oder Realtypen geht, konstatierte man in der zurückliegenden Diskussion nicht selten ein Auseinanderklaffen des gesetzgeberischen Leitbilds und der von den Gesellschaftern zu einem anderen Zweck genutzten äußeren Hülle.[124] Hintergrund ist die Kombination von verschiedenen strukturprägenden Merkmalen verschiedener Gesellschaftsformen innerhalb eines einzelnen unverbundenen Verbands.

Atypische Gesellschaftsformen konstituieren einen – durchaus dehnbaren – Tatbestand, der von der Vorstellungen abweicht, die der historische Gesetzgeber der Rechtsform ursprünglich zugrunde gelegt hat oder die sich aus einer Gesamtschau der für diese Verbandsform geltenden Regelungen ergeben.[125] Eine solche Atypizität kann entweder durch Abänderung der dispositiven gesetzlichen Ordnung oder durch Verwendung eines bestimmten Typus in einem atypischen Kontext entstehen.[126] In Extremfällen kann dies dazu führen, dass das gesetzgeberische Leitbild bis zur Unkenntlichkeit verdeckt wird.[127] Das Schrifttum bezeichnete solche Verbände als „Etikett ohne inhaltliche Aussage"[128] oder „Gebäude mit nichtssagendem Namen".[129] Eine trennscharfe Abgrenzung zwischen typischen und atypischen Rechtsformen konnte vor diesem Hintergrund freilich nicht gelingen, auch

---

119 *Zielinski*, Grundtypenvermischungen und Handelsgesellschaftsrecht, 1925.
120 *H.P. Westermann*, Vertragsfreiheit und Typengesetzlichkeit im Recht der Personengesellschaften, 1970, S. 6; *ders.*, AcP 175 (1975), 375, 388; *ders.*, AG 1967, 285 ff.; *Schulte*, FS H. Westermann, 1974, 525.
121 *Paulick*, Die eingetragene Genossenschaft als Beispiel gesetzlicher Typenbeschränkung, 1954, S. 26.
122 *Kuhn*, Strohmanngründungen bei Kapitalgesellschaften, 1964, S. 171.
123 Vgl. *Fleischer*, in Münchener Kommentar GmbHG, 4. Aufl. 2022, Einl. Rn. 35, § 1 GmbHG Rn. 87; *Lieder*, in: BeckOGK, GmbHG, 1.2.2024, § 1 HGB Rn. 400.
124 *Koller*, Grundfragen einer Typuslehre im Gesellschaftsrecht, 1967, S. 125; *Paulick*, Die eingetragene Genossenschaft als Beispiel gesetzlicher Typenbeschränkung, 1954, S. 26.
125 *Koller*, Grundfragen einer Typuslehre im Gesellschaftsrecht, 1967, S. 88.
126 *Mengiardi*, Strukturprobleme des Gesellschaftsrechts. Zur Bedeutung der Typuslehre für das Recht der Personengesellschaften und juristischen Personen, 1968, S. 155; *Huber*, Jura 1970, 784, 790 ff.
127 *Schultze-v. Lasaulx*, ZGen. 1971, 325, 326; *Bär*, ZBJV 1959, 369, 383; *Schulte*, FS H. Westermann, 1974, 525 („Man kennt den Namen eines Gebäudes, weiß aber weder, wie es aussieht, noch, wozu es benutzt wird."); vgl. auch ganz allgemein *H.P. Westermann*, ZVglRWiss 73 (1973), 176, 184; für die Schweiz auch *Mengiardi*, Strukturprobleme des Gesellschaftsrechts. Zur Bedeutung der Typuslehre für das Recht der Personengesellschaften und juristischen Personen, 1968, S. 29 f.
128 *Wüst*, FS Duden, 1977, 749.
129 *Schulte*, FS H. Westermann, 1974, 525.

wenn an Differenzierungsansätzen wahrlich kein Mangel herrschte.[130] Unbeantwortet blieb nicht zuletzt die Kardinalfrage, unter welchen Voraussetzungen die Grenzen von einer bloß atypischen Klausel zu einer atypischen Verbandsform überschritten ist.[131] Einigkeit bestand lediglich darin, dass nicht jede Abweichung von dem Musterbild eine Atypizität in diesem Sinne zu begründen vermag, da dem Typus in der Rechtswirklichkeit nicht in Reinform entsprochen werden müsse.[132] Die Gretchenfrage lautete daher, wann die prinzipiell zulässige Abänderung der dispositiven Regelungen die Schwelle zu einer „Denaturierung" der Rechtsform überschreitet.[133]

3. Typusgerechte Rechtsanwendung

Während die Abgrenzung zwischen typischen und atypischen Rechtsformen sowie die Frage nach der Essenz der einzelnen Gesellschaftstypen in der zurückliegenden Diskussion viel Raum einnahmen, wurde die zentrale Folgefrage nach der Behandlung atypischer Gesellschaften vergleichsweise stiefmütterlich behandelt.[134] Die tatsächliche Einordnung als atypische Gesellschaft sagt freilich nichts über ihre Zulässigkeit oder Unzulässigkeit aus.[135] Im Ausgangspunkt war man sich aber zumindest darüber weitgehend einig, dass die bloße Atypizität nicht zur Unwirksamkeit der Konstruktion führt. Auch erkannte man in einer Typenabweichung kein Scheingeschäft gem. § 117 BGB, da die Parteien jedenfalls einen ernstlichen Willen zur Erzielung der gewünschten (formalen) Rechtsfolge hätten.[136]

Zweifel verblieben allerdings dahingehend, ob sämtliche Normen der (formal) gewählten Rechtsform anzuwenden sind oder ob – zumindest auch – Vorschriften

---

130 *Paulick*, Die eingetragene Genossenschaft als Beispiel gesetzlicher Typenbeschränkung, 1954, S. 26 nimmt eine Atypizität an, wenn eine Inkongruenz zwischen dem Zweck der Form und ihrem Inhalt besteht; in diese Richtung auch *Kuhn*, Strohmanngründung bei Kapitalgesellschaften, 1964, S. 37; *Ott*, Typenzwang und Typenfreiheit im Recht der Personengesellschaft, 1966, S. 13 definiert eine Atypizität als Gestaltung, welche sich von den elementaren Strukturmerkmalen wegbewegt; *Koller*, Grundfragen einer Typuslehre im Gesellschaftsrecht, 1967, S. 125 verlangt eine schwerwiegende Abweichung, die das Grundgepräge verändert.
131 Vgl. *H.P. Westermann*, ZVglRWiss 73 (1973), 176, 201.
132 *Nitschke*, Die körperschaftlich strukturierte Personengesellschaft, 1970, S. 7 mit Beispielen.
133 *H.P. Westermann*, Vertragsfreiheit und Typengesetzlichkeit im Recht der Personengesellschaften, 1970, S. 98; vgl. weiter *ders.*, ZVglRWiss 73 (1973), 176, 201; zur Abgrenzung zwischen Typizität und Atypizität siehe *Nitschke*, Die körperschaftlich strukturierte Personengesellschaft, 1970, S. 8.
134 Vgl. dazu insbesondere *Huber*, Jura 1970, 784, 793 ff.
135 *H.P. Westermann*, ZVglRWiss 73 (1973), 176, 212; *Huber*, Jura 1970, 784, 789.
136 *Kuhn*, Strohmanngründung bei Kapitalgesellschaften, 1964, S. 127 ff.; *Huber*, Jura 1970, 784, 794 ff.

anderer Rechtsformen zur Anwendung gelangen können, die dem gewählten Real- oder „Lebenstypus" der konkreten Gesellschaft entsprechen.[137] Im Ausgangspunkt bestand Einigkeit, dass die formale Erfüllung eines Tatbestands noch nicht mit seiner uneingeschränkten Zulässigkeit gleichgesetzt werden könne, da die Divergenz von Form und Inhalt nicht grenzenlos gewährleistet sei.[138] Davon abgesehen war die rechtliche Behandlung atypischen Gebilden umstritten. Teilweise wurde zwischen der unzulässigen atypischen Gesellschaftsform und der zulässigen, bloßen Einführung von atypischen Klauseln unterschieden.[139] Teilweise plädierte man für ein System der abgestuften Rechtsfolgen, das danach zu differenzieren suchte, wie wesentlich das abgewandelte Strukturelement erscheint.[140] Die Streitfrage blieb letztlich ungeklärt.

4. Abebben der Diskussion während der Zeit des Nationalsozialismus

Während der anschließenden Zeit des Nationalsozialismus stand die kautelarjuristische Gestaltungsfreiheit im Gesellschaftsrecht stark unter Beschuss.[141] Grundtypenvermischungen hatten in dieser Phase einen schweren Stand, weil die verbandsrechtlichen Typen aus politischen Gründen reingehalten werden sollten und zugleich eine „formal-positivistische Rechtstheorie"[142] vorherrschte.[143] Der Widerstand gegen die Typenvermischung unter der nationalsozialistischen Herrschaft, die dem „Führerprinzip" auch im Gesellschaftsrecht zum Durchbruch verhelfen wollte,[144] ging so weit, dass sogar ihr generelles Verbot erwogen wurde.[145] Dadurch

---

137 *Huber*, Jura 1970, 784, 797 ff.
138 *Koller*, Grundfragen einer Typuslehre im Gesellschaftsrecht, 1967, S. 89; *Paulick*, Die eingetragene Genossenschaft als Beispiel gesetzlicher Typenbeschränkung, 1954, S. 27; *Jäggi*, SAG 31 (1958), 57, 65.
139 *Mengiardi*, Strukturprobleme des Gesellschaftsrechts. Zur Bedeutung der Typuslehre für das Recht der Personengesellschaften und juristischen Personen, 1968, S. 147 ff.
140 *Kuhn*, Strohmanngründung bei Kapitalgesellschaften, 1964, S. 37 f. (insbes. Fn. 12).
141 Siehe dazu insbesondere *Schönle*, Das Problem der Grundtypenvermischung im neuen Recht, 1935, Vorwort („Auf den Gebieten des Wirtschaftsrechts wird die ungehemmte Durchsetzung egoistischer Interessen zum Schaden für die Volkswirtschaft auch vom Standpunkt des Rechts aus zielbewusst zu verhindern sein.").
142 *Wiedemann*, Gesellschaftsrecht II, 2004, S. 130.
143 *K. Schmidt*, Gesellschaftsrecht, 4. Aufl. 2002, S. 114 m.w.N.
144 *Schönle*, Das Problem der Grundtypenvermischung im neuen Recht, 1935, S. 31 f. („Es [das Führerprinzip] ist das Zurückgreifen auf den geborenen Führer, der mit seinem Unternehmen auf Gedeih und Verderb verbunden ist. Deshalb ist er aber auch volkswirtschaftlich gesehen, der er-

kam die wachsende Verbreitung atypischer Rechtsformen zu einem vorläufigen Stillstand. Zeitgleich kam auch die noch in den Kinderschuhen steckende Diskussion über die rechtliche Behandlung von Rechtsformkombinationen und atypische Gesellschaftsformen einstweilen zum Erliegen.

V. Finale: Der Höhepunkt der Debatte in den 1960er und 1970er Jahren

In den frühen Nachkriegsjahren nahmen die Überlegungen zur Typengesetzlichkeit nur langsam Fahrt auf. Die Diskussion über die Grenzen der Gestaltungsfreiheit fokussierte auf den Missbrauch[146] und die Gesetzesumgehung[147]. Der Typus fungierte in diesem Zusammenhang nicht als selbstständige Schranke der Gestaltungsfreiheit, sondern fand lediglich innerhalb der anerkannten Schranken Berücksichtigung.

Maßgeblich befeuert durch eine ganze Reihe vielbeachteter Habilitationsschriften[148] erreichte die Debatte in den 1960er und 1970er Jahren ihren Höhepunkt, ohne dass sich hierfür ein konkreter Anlass ausmachen ließe, wie es die kautelar-

---

folgreichste Unternehmer."). Zu den Grundsätzen nationalsozialistischer Wirtschaftsführung sowie zum Führer- und Verantwortungsprinzip ausf. *Lieder*, Der Aufsichtsrat im Wandel der Zeit, 2006, S. 337 ff.

145 Dazu *Fleischer/Wansleben*, GmbHR 2017, 169, 174 f. unter Verweis auf *Würdinger*, Arbeitsbericht der Akademie für Deutsches Recht: Das Recht der Personalgesellschaften, 1. Teil: Die Kommanditgesellschaft, 1939, S. 83, 84.

146 Vgl. beispielsweise *Lehmann*, Handelsrecht II. Teil: Gesellschaftsrecht, 1949, S. 282 („Wenn aber die Einkleidung in die Rechtsform der Kommanditgesellschaft zu einer ihrem gesetzlichen Typ völlig widersprechenden Ausgestaltung führt und dann von den Kommanditisten dazu benutzt wird, um sich trotz eigener Unternehmensleitung der unbeschränkten Haftung zu entziehen, dann liegt ein Mißbrauch vor."; siehe auch *J. v. Gierke*, Handelsrecht und Schifffahrtsrecht, 6. Aufl. 1949, S. 205; *Kuhn*, Strohmanngründung bei Kapitalgesellschaften, 1964, S. 37; *Müller-Erzbach*, AcP 154 (1955), 299, 343 („Dabei macht sich der Einmann sogar eines Rechtsmißbrauchs schuldig, wenn er sich auf die Bestimmungen beruft, welche die Mitglieder jener Kapitalgesellschaften von jeder Haftung befreit").).

147 *Huber*, Jura 1970, 784, 796 ff.

148 *Paulick*, Die eingetragene Genossenschaft als Beispiel gesetzlicher Typenbeschränkung, 1954; *Immenga*, Die personalistische Kapitalgesellschaft, 1970; *Nitschke*, Die körperschaftlich strukturierte Personengesellschaft, 1970; *H.P. Westermann*, Vertragsfreiheit und Typengesetzlichkeit im Recht der Personengesellschaften, 1970; *Teichmann*, Gestaltungsfreiheit in Gesellschaftsverträgen, 1970; *Reuter*, Privatrechtliche Schranken der Perpetuierung von Unternehmen, 1973; hinzu kommt die Dissertation von *K. Schmidt*, Zur Stellung der oHG im System der Handelsgesellschaften, 1972, S. 74 ff.

juristische Kreation der GmbH & Co. KG in der Vergangenheit gewesen ist.[149] Nichtsdestoweniger wurde im Kontext der Typengesetzlichkeit auch weiterhin über die Zulässigkeit der GmbH & Co. KG debattiert; besondere Aufmerksamkeit zog die Einheits-GmbH & Co. KG auf sich, bei welcher die KG zugleich Inhaberin sämtlicher Geschäftsanteile ihrer Komplementär-GmbH ist.[150]

1. Prominente Debattenbeiträge

Die zentralen Thesen und der Diskursverlauf lassen sich authentisch anhand der einzelnen Debattenbeiträge in Form prominenter Habilitationsschriften nachzeichnen.

a) Heinz Paulick (1954)

Erwähnung verdient zunächst die 1954 von *Heinz Paulick* veröffentlichte Habilitationsvorschrift. Darin postulierte er die Typengesetzlichkeit als eine dem Wesen der Privatrechtsordnung immanente Grenze der Gestaltungsfreiheit und profilierte sich so als einer der exponiertesten Vertreter der Lehre.[151] Sachlich stellte er nicht die Personengesellschaften, sondern die Genossenschaft in das Zentrum seiner Untersuchung.[152]

Ausgangsprämisse seiner Extremposition war eine „Überbewertung des Parteiwillens"[153], die nach einem ungeschriebenen Korrektiv verlange. Hier sollte der Begriff des Typus helfen, dem er – aufgrund des von ihm propagierten Gleichlaufs von Form und Inhalt – eine herausgehobene Stellung einräumte.[154] Den Gesellschaftern sei es insbesondere nicht gestattet, das nachgiebige Recht so auszugestalten, dass ein Typus entstehe, der nicht mehr mit der gewählten – auch als äußere

---

149 Siehe nochmals oben IV. 1.
150 Vgl. dazu *Gonnella*, DB 1965, 1165 ff.; *Mertens*, NJW 1966, 1049 ff., jeweils m.w.N.
151 *Paulick*, Die eingetragene Genossenschaft als Beispiel gesetzlicher Typenbeschränkung, 1954, S. 35 ff., 48 ff., 70 ff.
152 *Paulick*, Die eingetragene Genossenschaft als Beispiel gesetzlicher Typenbeschränkung, 1954, S. 87 ff.
153 *Paulick*, Die eingetragene Genossenschaft als Beispiel gesetzlicher Typenbeschränkung, 1954, S. 75.
154 *Paulick*, Die eingetragene Genossenschaft als Beispiel gesetzlicher Typenbeschränkung, 1954, S. 48 f.

Hülle bezeichneten – Verbandsform korrespondiere.[155] Stattdessen müsse der typusprägende Charakter einer Rechtsform, wie zB die persönliche Einstandspflicht des Komplementärs, stets gewahrt sein; der Privatautonomie seien im Gesellschaftsrecht tendenziell enge Grenzen gezogen.[156]

Diese Position zeitigte zugleich Auswirkungen auf das für atypische Gestaltungen maßgebliche Recht: Wie zuvor bereits *Heinrich Lehmann*[157] wollte *Paulick* ihnen die rechtliche Wirksamkeit zwar nicht in Bausch und Bogen versagen. Allerdings sollten diejenigen Regelungen von der Anwendung ausgenommen sein, die dem Typus widersprechen.[158] Ungeachtet der äußeren Hülle der Verbandsform sollte für die Rechtsanwendung maßgeblich sein, was die Beteiligten tatsächlich wollten.[159] Die für den Normaltypus vorgesehenen Vorschriften müssten zurückstehen, um die mit der Schaffung einer bestimmten Rechtsform verfolgten rechtspolitischen Zielsetzungen nicht auszuhöhlen.[160]

b) Ulrich Immenga (1970)

Ulrich Immenga nahm in seiner 1970 erschienene Habilitationsschrift das Phänomen der Typenvermischung in den Blick.[161] Seine Methode war stark rechtsvergleichend geprägt. Er blickte primär auf das US-amerikanische Recht und dort namentlich auf die *close corporation*. Sie diente ihm als Projektionsfläche für eine ausführliche Würdigung von Einzelfragen zur personalistischen Kapitalgesellschaft. Die Lehre von der Typengesetzlichkeit thematisierte er hingegen nur vergleichsweise knapp, da er ihre Bedeutung für den Gegenstand seiner Untersuchung als verhältnismäßig gering erachtete.[162] Soweit auf die Lehre dann aber inhaltlich

---

155 *Paulick*, Die eingetragene Genossenschaft als Beispiel gesetzlicher Typenbeschränkung, 1954, S. 71.
156 *Paulick*, Die eingetragene Genossenschaft als Beispiel gesetzlicher Typenbeschränkung, 1954, S. 36, 76.
157 Vgl. *Lehmann*, Handelsrecht II. Teil: Gesellschaftsrecht, 1949, S. 283.
158 *Paulick*, Die eingetragene Genossenschaft als Beispiel gesetzlicher Typenbeschränkung, 1954, S. 79 ff.
159 *Paulick*, Die eingetragene Genossenschaft als Beispiel gesetzlicher Typenbeschränkung, 1954, S. 40.
160 *Paulick*, Die eingetragene Genossenschaft als Beispiel gesetzlicher Typenbeschränkung, 1954, S. 280.
161 *Immenga*, Die personalistische Kapitalgesellschaft, 1970; besprochen von *Helm*, ZGR 1973, 478, 479 ff.
162 Vgl. insbesondere *Immenga*, Die personalistische Kapitalgesellschaft, 1970, S. 109 ff. sowie 113 ff.

Bezug genommen wird, sympathisiert er in gewisser Weise mit ihr.[163] Der Umstand, dass *Immenga* in der personalistischen Kapitalgesellschaft keinen Verstoß gegen das Gebot der Typengesetzlichkeit sieht, spricht in der Sache freilich für einen großzügigen Maßstab.[164] Gleichwohl lautet eine Kernthese der Arbeit, dass die Wirtschaftsordnung dem Gesellschaftsrecht verbindliche Grundentscheidungen vorgebe und die Gestaltungsfreiheit der Gesellschafter insoweit beschränke.[165]

c) Manfred Nitschke (1970)

Typenvermischungen stehen auch im Mittelpunkt der ebenfalls 1970 erschienenen Habilitationsschrift von *Manfred Nitschke*.[166] Spiegelbildlich zur Abhandlung *Immengas* nahm er die körperschaftlich strukturierte Personengesellschaft in den Blick. Den Ausgangspunkt der Untersuchung bildete die These, dass der Typus der Personengesellschaft durch eine zu weitgehende Abänderung des dispositiven Gesetzesrechts überstrapaziert werden könne.[167] Deshalb sei es notwendig, für die rechtliche Behandlung solcher Gebilde Anleihen an den für Körperschaften geltenden Vorschriften zu nehmen. Zu diesem Zweck grenzte *Nitschke* „insgesamt körperschaftlich strukturierte" Personengesellschaften von solchen Verbänden ab, die sich nur durch ein geringeres Ausmaß an Atypizität auszeichneten.[168] In der Sekundärliteratur ist von einer „positivistischen Typenlehre" die Rede.[169] *Nitschke* selbst sieht den Typus – angesichts seiner erheblichen Unschärfe – indes nicht als geeignetes Kriterium an, um der Gestaltungsfreiheit pauschale Schranken zu setzen.[170] Was die Relevanz der Lehre von der Typengesetzlichkeit für die Rechtsanwendung im konkreten Einzelfall angeht, gelangt die Arbeit letztlich zu einem ernüchternden Ergebnis.

---

163 Vgl. insbesondere *Immenga*, Die personalistische Kapitalgesellschaft, 1970, S. 114 f.
164 *Immenga*, Die personalistische Kapitalgesellschaft, 1970, S. 115.
165 *Immenga*, Die personalistische Kapitalgesellschaft, 1970, S. 115 ff.
166 *Nitschke*, Die körperschaftlich strukturierte Personengesellschaft, 1970; besprochen von *Helm*, ZGR 1973, 478, 487 ff. sowie *Schultze-v. Lasaulx*, ZGen. 1971, 325, 334 ff.
167 *Nitschke*, Die körperschaftlich strukturierte Personengesellschaft, 1970, S. 108.
168 *Nitschke*, Die körperschaftlich strukturierte Personengesellschaft, 1970, S. 108 ff.
169 *Helm*, ZGR 1973, 478, 489.
170 *Nitschke*, Die körperschaftlich strukturierte Personengesellschaft, 1970, S. 8.

d) Harm Peter Westermann (1970)

Die dritte 1970 erschienene Habilitationsschrift wendet sich noch deutlicher gegen die Restriktionen, die mit der Lehre von der Typengesetzlichkeit verbunden sind. *Harm Peter Westermann* anerkannte zwar eine „politische Funktion" des Privatrechts, lehnte es aber ab, hieraus substanzielle Schranken für die Privatautonomie abzuleiten. Auch wenn er sich prinzipiell zum Typus als Grenze der Gestaltungsfreiheit bekannte, maß er der Typengesetzlichkeit nur insofern Bedeutung für die praktische Rechtsanwendung zu, als sich hierfür zwingende Anhaltspunkte aus dem geschriebenen Recht ergeben.[171] Dementsprechend sah er „höchstens" Raum für einen „gelockerten Typenzwang".[172] Der Typenlehre zugrundeliegende Erwägungen seien stattdessen im Rahmen der restriktiv zu interpretierenden Generalklauseln der §§ 138, 242 BGB zu berücksichtigen.[173] Auch das Prinzip einer generellen Typenfixierung sei abzulehnen. Dementsprechend sei eine Typengesetzlichkeit – wenn überhaupt – nur in sehr engen Grenzen anerkennungsfähig.[174]

2. Ansätze einer Institutionenlehre

Annähernd zeitgleich keimten Ansätze einer gesellschaftsrechtlichen Institutionenlehre wieder auf.[175] Die Institutionenlehre weist maßgebliche Parallelen zur Lehre von der Typengesetzlichkeit auf, ist mit ihr aber nicht deckungsgleich.[176] Ein besonders profilierter Vertreter der Institutionenlehre war *Ludwig Raiser*.[177] Er sah eine zentrale Aufgabe der Privatautonomie in der Begrenzung ungehemmter wirtschaftlicher Macht und versagte damit dem zweckwidrigen Gebrauch von Instituten die Wirksamkeit.[178] Er hat schon früh für das Recht der Allgemeinen Ge-

---

171 *H.P. Westermann*, Vertragsfreiheit und Typengesetzlichkeit im Recht der Personengesellschaften, 1970, S. 112.
172 *H.P. Westermann*, Vertragsfreiheit und Typengesetzlichkeit im Recht der Personengesellschaften, 1970, S. 122.
173 *H.P. Westermann*, AcP 175 (1975), 375, 415 ff.
174 Vgl. auch *H.P. Westermann*, ZVglRWiss 73 (1973), 176, 203.
175 Zusf. *Hey*, Freie Gestaltung in Gesellschaftsverträgen und ihre Schranken, 2004, S. 233 ff.
176 Vgl. zur Abgrenzung *Wiedemann*, Gesellschaftsrecht II, 2004, S. 138 ff.; *Schultze-v. Lasaulx*, ZGen. 1971, 325, 331 f.; siehe ferner *H.P. Westermann*, Vertragsfreiheit und Typengesetzlichkeit im Recht der Personengesellschaften, 1970, S. 61 ff. („Die Institution symbolisiert den Brückenschlag von der Norm zu den sie beeinflussenden Wertüberzeugungen, der Typus konkretisiert die Norm in Richtung auf das Lebensverhältnis, auf das sie zugeschnitten ist.") sowie *Wüst*, FS Duden, 1977, 749, 756, 759 u. 761.
177 *Raiser*, Das Recht der Allgemeinen Geschäftsbedingungen, 1961, S. 283 ff.
178 *Raiser*, in: Summum ius, summa iniuria, 1963, 145, 164

schäftsbedingungen ungeschriebene Schranken für die individuelle Betätigungsfreiheit herausgearbeitet.[179] Diesen Gedanken machte er anschließend auch für das Gesellschaftsrecht fruchtbar. *Raiser* erkannte in dem „Missbrauch wirtschaftlicher Macht" einen „Institutsmissbrauch" und unterschied in der Folge zwischen „legitimem Machtmissbrauch" und „Missbrauch" im Sinne eines zweckwidrigen Gebrauchs einer Gesellschaftsform.[180]

Im Anschluss daran kritisierte *Arndt Teichmann* im Rahmen seiner – wiederum im Jahre 1970 erschienenen – Habilitationsschrift die Unschärfe des Typusbegriffs[181] und sucht am Maßstab verschiedener Institutionen die Reichweite der gesellschaftsvertraglichen Gestaltungsmacht zu begrenzen. Dem lag der Gedanke zugrunde, dass infolge eines – von Legislative und Judikative getragenen – Prozesses der Institutionalisierung zwingendes Recht erwachse, das von den Verkehrsteilnehmern nicht unberücksichtigt bleiben könne.

Im Kontext der Institutionenlehre ist auch die im Jahr 1973 erschienene Habilitationsschrift von *Dieter Reuter* zu verorten. Den Ausgangspunkt seiner Untersuchung bildete die Erkenntnis, dass die Anwendung zwingender Normen und die Wahrung berechtigter Interessen maßgeblich vom Geschick der Kautelarjurisprudenz abhingen.[182] Im Kern plädierte *Reuter* für eine Synchronisierung des Gesellschaftsrechts mit den ordnungspolitischen Vorstellungen des Gesetzgebers. Zentral für die auf diese Weise sozialpolitisch eingefärbte – von *Karsten Schmidt* als „wirtschaftsverfassungsrechtlich"[183] qualifizierte – Arbeit war damit die Absage an ein formales Verständnis der Gestaltung von Gesellschaftsverträgen.[184] Auch er zog der Gestaltungsfreiheit daher deutlich über die §§ 134, 138 BGB hinausgehende Grenzen. Kennzeichnend war das Bemühen, die Auswirkungen der Ingebrauchnahme der Privatautonomie ihren Auswirkungen auf die Wettbewerbsordnung gegenüberzustellen und auf diese Weise die ungeschriebenen Grenzen transparent zu machen. Die Intensität solcher Schranken variiere danach, ob es sich um eine Personengesellschaft im Rechtskleid einer „Vertragsgesellschaft" oder um eine „Satzungsgesellschaft" handele; Letzterer sollte ein enges Korsett angelegt wer-

---

179 *Raiser*, Das Recht der Allgemeinen Geschäftsbedingungen, 1. Aufl. 1935 und 2. Aufl. 1961, S. 278 ff.
180 *Raiser*, in: Summum ius, summa iniuria, 1963, 145, 164 ff.; *ders.*, FS DJT, Bd. 1, 1960, 101, 133; *ders.*, JZ 1958, 1 ff.
181 *A. Teichmann*, Gestaltungsfreiheit in Gesellschaftsverträgen, 1970, S. 138.
182 *Reuter*, AcP 181 (1981), 1, 13.
183 *K. Schmidt*, Gesellschaftsrecht, 4. Aufl. 2002, S. 116.
184 *Reuter*, AcP 181 (1981), 1, 6 („Der moderne Gesetzgeber erwartet von den Unternehmensträgern nicht nur risikobewußtes, sondern *sozial verantwortliches* unternehmerisches Handeln"), 13.

den.[185] Im Ergebnis plädierte *Reuter* auch für eine analoge Anwendung derjenigen Vorschriften auf atypische Gesellschaften, die ihrer Struktur besser entsprechen.[186] Der Typenvermischung sollte dadurch weitgehend der Boden entzogen werden.[187]

3. Paralleldiskussion zum schweizerischen Gesellschaftsrecht

Bemerkenswerte Parallelen mit der zum deutschen Recht vertretenen Lehre von der Typengesetzlichkeit wiesen Überlegungen zum schweizerischen Recht auf. Das kann schwerlich verwundern, war die normative Ausgangslage doch in beiden Jurisdiktionen durch einen verbandsrechtlichen Formzwang geprägt.[188] Auch der Verlauf der schweizerischen Debatte mit den maßgeblichen Beiträgen von *Rolf Bär*[189], *Peider Mengiardi*[190] und *Arnold Koller*[191] entsprach im Wesentlichen dem deutschen Diskurs. Eine weitere Parallele war der große Widerhall, den die Lehre von der Typengesetzlichkeit im Schrifttum fand.[192]

Aus rechtstatsächlicher Perspektive wurde zunächst hervorgehoben, dass viele schweizerische Gesellschaften dem ursprünglichen Leitbild ihrer Verbandsform nicht entsprachen.[193] Vor allem mit Blick auf die Aktiengesellschaft war erkennbar, dass sich die Rechtswirklichkeit vom legislativen Idealtypus nicht unerheblich entfernt hatte. Nicht zuletzt aufgrund der späten Einführung der GmbH wählten auch kleine und mittlere Unternehmen die Rechtsform der AG. In der Folge stand

---

185 *Reuter*, Privatrechtliche Schranken der Perpetuierung von Unternehmen, 1973, S. 59 ff., 68 ff.; hierzu *H.P. Westermann*, AcP 175 (1975), 375, 412 ff.; sehr kritisch *Flume*, Allgemeiner Teil des Bürgerlichen Rechts: Die Personengesellschaft, 1977, S. 190 („politische Ideologie", welche „die Wettbewerbswirtschaft zerstören würde").
186 *Reuter*, AcP 181 (1981), 1, 7, 14 mit mehreren Beispielen.
187 Vgl. *Reuter*, AcP 181 (1981), 1, 30.
188 *Mengiardi*, Strukturprobleme des Gesellschaftsrechts. Zur Bedeutung der Typuslehre für das Recht der Personengesellschaften und juristischen Personen, 1968, S. 111 ff.
189 *Bär*, in: Referate und Mitteilungen des Schweizerischen Juristenvereins, 1966, S. 321, 469 ff.
190 *Mengiardi*, Strukturprobleme des Gesellschaftsrechts. Zur Bedeutung der Typuslehre für das Recht der Personengesellschaften und juristischen Personen, 1968.
191 *Koller*, Grundfragen einer Typuslehre im Gesellschaftsrecht, 1967.
192 Vgl. *Mengiardi*, Strukturprobleme des Gesellschaftsrechts. Zur Bedeutung der Typuslehre für das Recht der Personengesellschaften und juristischen Personen, 1968, *passim*; *Suter*, Freiheit und Zwang bei der Wahl der Verbandsform, 1946; *Siegwart*, Die Freiheit bei der Wahl der Verbandsform und bei der Einzelgestaltung ihres Inhalts, 1943, S. 173 ff.; *Bär*, in: Referate und Mitteilungen des Schweizerischen Juristenvereins, 1966, S. 321, 469 ff.
193 So bereits im Jahr 1958 (aus schweizerischen Perspektive): *Jäggi*, SAG 31 (1958), 57, 66 f.

das Kapitalgesellschaftsrecht im Mittelpunkt der Debatte,[194] während in Deutschland primär über das Recht der Personengesellschaften diskutiert wurde.[195]

Darüber hinaus ist zu berücksichtigen, dass juristische Personen nach schweizerischem Recht nicht als Komplementärinnen einer KG[196] oder einer der OHG entsprechenden Kollektivgesellschaft[197] fungieren können.[198] An diesem seit 1936 geschriebenen Verbot wurde bis heute nicht gerüttelt, obwohl es an Forderungen nach einer Zulassung solcher Typenvermischungen nicht mangelt.[199] Die zugunsten eines Verbots ins Spiel gebrachten Beweggründe, namentlich die drohende Umgehung der persönlichen Einstandspflicht der Komplementäre,[200] können durchaus im Lichte der Typenlehre gelesen werden. Allerdings wird man die Unzulässigkeit der Typenvermischung schwerlich als Erfolg der Lehre von der Typengesetzlichkeit bezeichnen können, zumal die Grundsatzdebatte erst deutlich nach 1936 geführt worden ist. Davon abgesehen anerkennt das schweizerische Gesellschaftsrecht durchaus Typenvermischungen, wie etwa die Komplementärfähigkeit von Aktiengesellschaften mit Sitz in der Schweiz für die „Kommanditgesellschaft für kollektive Kapitalanlagen" zeigt.[201] Zudem hält der schweizerische Gesetzgeber an dem Verbot der GmbH & Co. KG nicht aus Gründen der Typengesetzlichkeit fest, sondern in Ermangelung eines praktischen Bedürfnisses sowie aufgrund der Komplexität dieser Typenvermischung.[202]

---

194 *Mengiardi*, Strukturprobleme des Gesellschaftsrechts. Zur Bedeutung der Typuslehre für das Recht der Personengesellschaften und juristischen Personen, 1968, S. 17 ff.; *Bär*, in: Referate und Mitteilungen des Schweizerischen Juristenvereins, 1966, S. 321, 469 ff.; vgl. auch *Jäggi*, SAG 31 (1958), 57, 66, der den Grundtypus der schweizerische AG als „denaturiert" qualifiziert.
195 Siehe nochmals oben II. 2.
196 Art. 594 Abs. 2 des schweizerischen Obligationenrechts („Unbeschränkt haftende Gesellschafter können nur natürliche Personen, Kommanditäre jedoch auch juristische Personen und Handelsgesellschaften sein.").
197 Art. 552 Abs. 1 des schweizerischen Obligationenrechts („Die Kollektivgesellschaft ist eine Gesellschaft, in der zwei oder mehrere natürliche Personen, ohne Beschränkung ihrer Haftung gegenüber den Gesellschaftsgläubigern, sich zum Zwecke vereinigen, unter einer gemeinsamen Firma ein Handels-, ein Fabrikations- oder ein anderes nach kaufmännischer Art geführtes Gewerbe zu betreiben.").
198 Vgl. dazu *Fleischer/Wansleben*, GmbHR 2017, 633, 635.
199 Statt aller *Handschin/Chou*, in: Zürcher Kommentar, 4. Aufl. 2009, Art. 594 OR Rn. 18; *Baudenbacher*, in: Basler Kommentar, OR II, 5. Aufl. 2016, Art. 552 Rz. 5 und Art. 594 Rn. 12; *Forstmoser*, FS Nobel, 2005, 77, 93 ff.
200 Amtliches (stenographisches) Bulletin, Nationalrat 1934, 229 f.
201 Vgl. Art. 98 Abs. 2 S. 1 des schweizerischen Bundesgesetzes über die kollektiven Kapitalanlagen („Komplementäre müssen Aktiengesellschaften mit Sitz in der Schweiz sein.").
202 Botschaft zur Revision des Obligationenrechts 2002, S. 3168 f.; dazu auch *Fleischer/Wansleben*, GmbHR 2017, 633, 635.

VI. Requiem: Die stille Beerdigung der Typenlehre

Der Höhepunkt der Diskussion im Jahre 1970, in dem nicht weniger als vier Habilitationsschriften im Dunstkreis der Typengesetzlichkeiten erschienen, markierte zugleich einen Wendepunkt. Der Zenit der Argumentationsfigur war nicht zuletzt deshalb überschritten, weil sich die Schriften mehrheitlich kritisch zur Lehre äußerten respektive ihre Brauchbarkeit zur Begrenzung gesellschaftsrechtlicher Gestaltungsmacht in Zweifel zogen. Die literarische Rezeption der Schriften ließ den Stern der Lehre von der Typengesetzlichkeit schnell sinken. Als einer der profiliertesten Gegner trat *Hermann Schultze-v. Lasaulx* hervor. Der Untertitel seines Beitrags „Abschied von Illusionen" war Programm.[203] Die in der Rezensionsabhandlung geäußerte massive Kritik brachte die Debatte über die Typengesetzlichkeit fast vollständig zum Erliegen.

Wie es für Lehrsätze und Dogmen nicht selten der Fall ist, sind sie allerdings nicht explizit aufgegeben worden. Überhaupt sind sie weder von der Gesetzgebung noch von der Spruchpraxis jemals ausdrücklich adressiert worden. Stattdessen haben die beiden Gewalten durch ihre Zurückhaltung die von der Kautelarjurisprudenz in Anspruch genommenen Freiheiten implizit anerkannt. Mit der Schaffung von Sondervorschriften für die GmbH & Co. KG war die zugehörige Subdebatte über die Anerkennung dieser Rechtsformverbindung beendet.[204] Spätestens die höchstrichterliche Anerkennung der zuvor sehr umstrittenen Zulässigkeit der GmbH & Co. KGaA im Jahr 1997[205] ließ die siechende Diskussion über Typengesetzlichkeit vollends verstummen.[206]

1. Gründe für das Scheitern der Lehre von der Typengesetzlichkeit

Heute bildet die Lehre von der Typengesetzlichkeit nurmehr eine Fußnote im Kontext der verbandsrechtlichen Gestaltungsfreiheit. Übereinstimmend wird konstatiert, dass die Versuche, über eine Typengesetzlichkeit der Gesellschaftsformen

---

203 *Schultze-v. Lasaulx*, ZGen. 1971, 325 ff.; ähnlich auch *K. Schmidt*, Gesellschaftsrecht, 4. Aufl. 2002, S. 119, der einen „desillusionierenden Verlauf" konstatiert.
204 Siehe nochmals oben IV. 1.
205 Vgl. BGHZ 134, 392 ff.
206 So auch *Wiedemann*, Gesellschaftsrecht II, 2004, S. 138; *Fleischer*, JZ 2023, 365, 370; vgl. weiter *Hey*, Freie Gestaltung in Gesellschaftsverträgen und ihre Schranken, 2004, S. 231 ff.; siehe zu der Debatte um die GmbH & Co. KGaA insbesondere *K. Schmidt*, ZHR 160 (1996), 265 ff.

ein System gestaltungsfester Regeln zu entwickeln, letztlich gescheitert sind.[207] Das hatte ganz unterschiedliche Gründe:

a) Keine normative Wirkung der gesetzlichen Typisierung

Bereits im Ansatz sind normative Wirkungen der gesetzlichen Typisierung abzulehnen. Die Befürworter waren nicht in der Lage, ihre grundsätzliche These, dass dem Gesetzgeber bei der legislatorischen Verankerung einer Rechtsform ein klarer Typus der verbandsrechtlichen Normalform vor Augen stand, belastbar zu untermauern. Aber selbst, wenn man einen solchen Normaltypus für die einzelnen Verbandsformen bejahen wollte, ist kein öffentliches Interesse an der Reinhaltung eines bestimmten gesellschaftsrechtlichen Typus erkennbar.[208]

Schon während der Beratungen zum ADHGB waren Grundprinzipien der Personenhandelsgesellschaften teilweise sehr umstritten, wie zB das Prinzip der Einstimmigkeit.[209] Von einem klaren legislatorisch legitimierten Typisierungsprozess kann unter diesen Vorzeichen keine Rede sein. Dementsprechend fehlt es auch an einer normativen Legitimation, aus der Gesamtheit verbandsrechtlicher Vorschriften einheitlich geltende Schranken der Privatautonomie im Gesellschaftsrecht im Sinne eines bestimmten Typus abzuleiten.[210] Findet die Typenlehre folglich keine Stütze im Gesetz, dann fehlt ihr schlicht der notwendige dogmatische Unterbau. Im besonderen Maße zeigt sich das am grundsätzlich zur Disposition der Mitglieder stehenden Personengesellschaftsrecht.[211] *Johann Georg Helm* hat in diesem Zusammenhang überzeugend herausgearbeitet, dass es auch nicht das Ansinnen des historischen Gesetzgebers war, bei Personengesellschaften bestimmte Typen zu kreieren.[212] *Günther Wüst* spricht das Urteil über die Typenlehre, wenn er meint:

---

207 Vgl. nur *Hoffmann/Bartlitz*, in: Heymann, HGB, 3. Aufl. 2020, § 109 HGB Rn. 4; *Lieder*, in: Oetker, HGB, 8. Aufl. 2024, § 108 HGB Rn. 11; *Roth*, in: Hopt, HGB, 43. Aufl. 2024, § 108 HGB Rn. 3; *Schäfer*, in: Münchener Kommentar BGB, 9. Aufl. 2023, § 705 BGB Rn. 141; *Blaurock*, in: Blaurock, Handbuch Stille Gesellschaft, 9. Aufl. 2020, § 1 Rn. 21 ff.; *Flume*, Allgemeiner Teil des Bürgerlichen Rechts: Die Personengesellschaft, 1977, S. 189 ff.; *K. Schmidt*, Gesellschaftsrecht, 4. Aufl. 2002, S. 119 f.; *Wiedemann*, Gesellschaftsrecht II, 2004, S. 138 f.; *Hey*, Freie Gestaltung in Gesellschaftsverträgen und ihre Schranken, 2004, S. 229 ff.; *Fleischer*, ZGR 2023, 261, 268.
208 Tendenziell gegen dieses Ziel auch *H.P. Westermann*, ZVglRWiss 73 (1973), 176, 202.
209 Protokolle der Kommission zur Beratung eines Allgemeinen Deutschen Handelsgesetzbuches, hrsg. v. J. Lutz, Würzburg 1858, S. 198 ff.; dazu *Helm*, ZGR 1973, 478, 491 ff.
210 *Helm*, ZGR 1973, 478, 492.
211 *Helm*, ZGR 1973, 478, 491.
212 *Helm*, ZGR 1973, 478, 491 ff.

„Man kann Strukturtypen schaffen, aber man hat sie im Gesellschaftsrecht bislang nicht geschaffen. Der Typus lässt sich somit nicht als geltende Wahrheit nachweisen, er ist vielmehr Vorschlag für eine neue Wahrheit."[213]

b) Unschärfe des Typusbegriffs

Selbst wenn man gewillt ist, über die fehlende normative Wirkung der gesetzlichen Typisierung hinwegzusehen, erweist sich das Dogma der Typengesetzlichkeit angesichts der Unschärfe des Typusbegriffs aus rechtsdogmatischer Perspektive als unbrauchbar. Es besteht ein eklatanter Mangel an praktisch handhabbaren Kriterien, mit denen man zwischen zulässiger und unzulässiger Atypizität differenzieren könnte.[214] Den Vertretern der Typenlehre ist es nicht gelungen, die verschiedenen Typen von Gesellschaftsformen näher zu konturieren.[215] Es fehlt einerseits an einer Taxonomie der Gesellschaftstypen und andererseits an brauchbaren Kriterien, um die Prüfung in allen Einzelheiten für einen konkreten Verband durchzuexerzieren.[216] Jenseits von Allgemeinplätzen – man denke etwa an die AG als Publikumsgesellschaft – fällt es schwer, die subsumierbare Essenz eines Grundtypus herauszudestillieren.

c) Unbeweglichkeit des Typus

Ein weiterer zentraler Nachteil der Typenlehre ist ihre Unbeweglichkeit und damit verbundene Untauglichkeit für die Erzielung eines angemessenen Ausgleichs zwischen dem berechtigten Gesellschaftsinteresse an der bedürfnisgerechten Gestaltung der Verbandsorganisation einerseits und dem Schutz berechtigter Stakeholderinteressen andererseits. In Zeiten komplexer Rahmenbedingungen sind Verbände in besonderem Maß auf eine gewisse Elastizität der gewählten Gesellschaftsformen angewiesen.[217] Das der im Einzelfall gewählten Rechtsform eignende Leitbild unterliegt im Laufe der Zeit aber vielfach einem Wandel. Der fixierte Typus verändert sich hingegen nicht mit der unternehmerischen Realität.[218]

---

213 *Wüst*, FS Duden, 1977, 749, 761.
214 *Sack*, DB 1974, 369, 372.
215 *Nitschke*, Die körperschaftlich strukturierte Personengesellschaft, 1970, S. 8; *Schultze-v. Lasaulx*, ZGen. 1971, 325, 329; *Helm*, ZGR 1973, 478, 490 f.
216 *Kaufmann*, Analogie und „Natur der Sache", 2. Aufl. 1982, S. 49.
217 *H.P. Westermann*, ZVglRWiss 73 (1973), 176, 212; weitere Nachweise bei *Wüst*, FS Duden, 1977, 749.
218 Vgl. *Hirsch*, FS Tiburtius, 1964, 383, 384.

d) Keine Rechtfertigung für die Einschränkung der Privatautonomie

Schließlich mangelt es an einer sachlichen Rechtfertigung für die mit der Lehre von der Typengesetzlichkeit verbundenen Einschränkungen der privatautonomen Gestaltungsmacht der Gesellschafter.[219] Zwar unterliegt die verbandsrechtliche Privatautonomie Schranken aufgrund übergeordneter Schutzinteressen, namentlich des Verkehrs-, Gläubiger- und Minderheitenschutzes.[220] Die Lehre von der Typengesetzlichkeit fokussiert indes nicht auf berechtigte Schutzinteressen, sondern auf einen bestimmten (ungeschriebenen) Typus, dessen Schutzrichtung im Dunkeln liegt. Soweit keine materiellen Rechtsgründe für eine Beschränkung der verbandsrechtlichen Gestaltungsfreiheit vorliegen, besteht zudem die Gefahr, dass außerrechtliche Wertungen Einfluss erlangen und das Gesellschaftsrecht politisch aufgeladen wird.[221]

2. Aktuelle Grenzen der Privatautonomie im Gesellschaftsrecht

Das moderne Schrifttum ist sich heute weitgehend darüber einig, dass die Grenzen privatautonomer Gestaltungsfreiheit in erster Linie anhand der allgemeinen privatrechtlichen Schranken sowie der zwingenden Regelungen der jeweiligen Verbandsform zu bestimmen sind.[222] Jenseits des zwingenden Rechts sind abweichende Gestaltungen durch Gesellschaftsvertrag und Gesellschafterbeschluss grundsätzlich erlaubt. Daneben sind nur wenige allgemeine Rechtsprinzipien anerkannt, die aus dem normativen Umfeld und den fundamentalen Wertungen des Gesellschaftsrechts abzuleiten und daher heute als Strukturprinzipien anerkannt sind. Das gilt verbandsformübergreifend namentlich für das Prinzip der Verbandssouveränität[223] und das Abspaltungsverbot (vgl. § 711a S. 1 BGB).[224] Hinzu

---

[219] *Hey*, Freie Gestaltung in Gesellschaftsverträgen und ihre Schranken, 2004, S. 229; *Sack*, DB 1974, 369, 372.
[220] Vgl. *Großfeld*, Zivilrecht als Gestaltungsaufgabe, 1977, S. 47.
[221] In diese Richtung auch *K. Schmidt*, Gesellschaftsrecht, 4. Aufl. 2002, S. 114; *Schultze-v. Lasaulx*, ZGen. 1971, 325, 329 im Hinblick auf das „Wesensargument".
[222] Vgl. nur *Fleischer*, in: Münchener Kommentar HGB, 5. Aufl. 2022, § 108 HGB Rn. 6 ff.; *Klimke*, in: BeckOK, BGB, 1.1.2024, § 108 HGB Rn. 4 ff.; *Lieder*, in: Oetker, HGB, 8. Aufl. 2024, § 108 HGB Rn. 10 ff.; *Lieder*, in: Erman, BGB, 17. Aufl. 2023, § 708 BGB Rn. 4 ff.; *Roth*, in: Hopt, HGB, 43. Aufl. 2024, § 108 HGB Rn. 3; *Flume*, Allgemeiner Teil des Bürgerlichen Rechts: Die Personengesellschaft, 1977, S. 191.
[223] Zur Geltung im Personengesellschaftsrecht vgl. nur *Lieder*, in: Erman, BGB, 17. Aufl. 2023, § 708 BGB Rn. 11; *Lieder*, in: Oetker, HGB, 8. Aufl. 2024, § 108 HGB Rn. 28; (zur GmbH) *Born*, in: Ebenroth/Boujong, HGB, 5. Aufl. 2024, § 108 HGB Rn. 34; *Enzinger*, in: Münchener Kommentar HGB, 5. Aufl. 2022,

kommt das – viel gescholtene[225] – auf das Recht der Personengesellschaften beschränkte Prinzip der Selbstorganschaft.[226] Allen diesen Gestaltungsgrenzen ist gemeinsam, dass sie nicht aus einem bestimmten Typus der jeweiligen Gesellschaftsform abgeleitet, sondern an das geschriebene Recht oder an diesen Vorschriften zugrunde liegenden – ungeschriebenen – Grundwertungen des allgemeinen Verbandsrechts rückgebunden sind. Die bezeichneten Prinzipien sind mit anderen Worten gleichsam Elemente eines Allgemeinen Teils des Gesellschaftsrechts.

Im Hinblick auf die Rechtsformwahl herrscht heute Einigkeit darüber, dass die Gesellschafter nicht diejenige Rechtsform wählen müssen, die einem bestimmten gesetzgeberischen Leitbild am nächsten kommt.[227] Da die gewählte Gesellschaftsform kein starres Korsett bildet, eröffnet das Recht den Gesellschaftern eine weitgehend freie Typenwahl. Dabei entscheidet die formal gewählte Verbandsform über das anwendbare Recht. Man denke etwa an das breite Spektrum der Realtypen der GmbH.[228] Das GmbH-Gesetz findet auf die personalistische GmbH ebenso Anwendung wie auf Einpersonen- oder Zweipersonen-GmbH, kapitalistische oder konzernverbundene GmbH oder aber auf GmbH der öffentlichen Hand. Bei diesen Erscheinungsformen mag es jeweils graduelle Besonderheiten geben. Die grundsätzliche Anwendbarkeit des GmbH-Rechts steht indes nicht in Zweifel. Das gilt vice versa für Publikumspersonengesellschaften, auf die ebenfalls die Regelungen der jeweils gewählten Verbandsform zur Anwendung gelangen. Allerdings unterliegen die Gesellschaftsverträge solcher Verbände einer praeter legem entwickelten allgemeinen Inhaltskontrolle auf der Grundlage von §§ 157, 242 BGB.[229]

---

§ 109 HGB Rn. 15 ff.; *Klimke*, in: BeckOK, BGB, 1.1.2024, § 108 HGB Rn. 17 f.; *Haas/Mohamed*, in: Röhricht/Graf von Westphalen/Haas/Mock/Wöstmann, HGB, 6. Auflage 2023, § 108 HGB Rn. 10.
224 Zur Geltung im Kapitalgesellschaftsrecht vgl. nur BGHZ 43, 261, 267; BGH NJW 1968, 396, 397; 1987, 780; *Ebbing*, in: Michalski/Heidinger/Leible/Schmidt, GmbHG, 4. Aufl. 2023, § 14 GmbHG Rn. 70 ff.; *Heider*, in: Münchener Kommentar AktG, 6. Aufl. 2024, § 8 AktG Rn. 89.
225 Dazu ausf. *Osterloh-Konrad*, ZGR 2019, 271 ff.; *Lieder*, ZGR-Sonderheft 23 (2021), 169, 179 ff.; *Fleischer*, ZGR-Sonderheft 23 (2021), 1, 23 f.; *Scholz*, NZG 2020, 1044 ff.
226 Vgl. nur BGHZ 26, 330, 333; 33, 105, 108; 41, 367, 369; 51, 198.
227 Grundlegend *Koller*, Grundfragen einer Typuslehre im Gesellschaftsrecht, 1967, S. 109.
228 Dazu ausf. *Fleischer*, in: Münchener Kommentar GmbHG, Bd. 1, 4. Aufl. 2022, Einl. Rn. 33 ff.; *Lieder*, in: BeckOGK, GmbHG, 1.2.2024, § 1 GmbHG Rn. 64 ff.
229 Vgl. BGHZ 64, 238, 241; NJW 2001, 1270, 1271; ZIP 2004, 2095, 2097 f.; 2012, 117 Rn. 50; NZG 2016, 424 Rn. 14.

VII. Resümee

Die Diskussion um die Typengesetzlichkeit hat viele grundlegende Debatten auf dem Gebiet des Gesellschaftsrechts geprägt. Phänomene wie die GmbH & Co. KG, die Einpersonen-Kapitalgesellschaft oder die Publikumspersonengesellschaft sind im Kontext der Typenlehre diskutiert und letztlich rechtlich anerkannt und legitimiert worden. In den 1960er und 1970er Jahren war die Lehre von der Typengesetzlichkeit wahrlich Gegenstand einer „großen Debatte" nach dem Verständnis des vorliegenden Sammelbandes. Sie war ein „Gravitationszentrum des Gesellschaftsrechts".[230] Der wissenschaftliche Ertrag der Auseinandersetzung ist freilich überschaubar. Mit Recht ist der Lehre von der Typengesetzlichkeit die Aufnahme in den Wissensbestand des Gesellschaftsrechts[231] verweigert worden. Es fehlte an einer normativen Rückbindung zumindest ebenso wie an einer Präzisierung von Tatbestand und Rechtsfolge. Das Verdienst der Debatte wird man am Ende darin erblicken müssen, dass der Privatautonomie und Gestaltungsfreiheit im Verbandsrecht der grundsätzliche Vorrang gebührt. Einschränkungen sind nur dann anzuerkennen, wenn sie sich normativ an das geschriebene Recht oder diesem zugrunde liegende – ungeschriebene – Wertungs- und Strukturprinzipien rückbinden lassen. In diesem Sinne hat die Diskussion über die Lehre von der Typengesetzlichkeit zumindest einen nicht zu unterschätzenden Beitrag zur Vermessung der Reichweite und der Grenzen der gesellschaftsvertraglichen Gestaltungsfreiheit geleistet.

---

[230] *Fleischer*, JZ 2023, 365, 375.
[231] In Anlehnung an *Fleischer*, JZ 2023, 365, 375.

Klaus Ulrich Schmolke

§ 14 Das Prinzip der beschränkten Gesellschafterhaftung – Ein Streifzug durch die Debatten- und Argumentationsgeschichte

I. Einleitung —— 534
   1. Thema —— 534
   2. Abgrenzungen und (un)tote Debattenläufe —— 536
      a) Das Trennungsprinzip —— 536
      b) Die Rechtssubjektivität („Rechtspersönlichkeit") —— 538
II. Die historischen Bezugspunkte der Debatte von der Antike bis ins ausgehende 18. Jhdt. —— 538
   1. Antike Bezugspunkte für eine Haftungsbeschränkung —— 539
      a) Die *societas publicanorum* —— 539
      b) Das *peculium* —— 540
      c) Die *universitas* —— 542
   2. Funktionale Begründung mittelalterlicher und neuzeitlicher Formen beschränkter Haftung —— 542
      a) Mittelalterliches Italien: *commenda, colonna, accomandita* —— 543
      b) Die Kolonialgesellschaften des 17. und 18. Jhdt. und die Kritik von *Adam Smith* —— 544
   3. Zwischenfazit —— 548
III. Die Debatten um die gesetzliche Festschreibung der beschränkten Haftung im 19. Jhdt. —— 549
   1. Der *Code de commerce* von 1807: Pionierleistung ohne Debatte —— 550
      a) Die Regelungen des *Code de commerce* —— 550
      b) Die (fehlende) Debatte —— 551
      c) Die weitere Entwicklung —— 551
   2. Die englische Debatte: eine argumentative Schatzkiste mit (früh)ökonomischen Preziosen —— 552
      a) Die englische Gesetzgebung zur *joint-stock company* im 19. Jhdt. —— 553
      b) Frühe ökonomische Argumente für und wider die Haftungsbeschränkung —— 554
      c) Die politische Debatte um die Gesetze von 1855 und 1856 —— 557
      d) Das Echo auf die Gesetzesreformen von 1855/56 und die weitere Entwicklung —— 560
   3. Die deutsche Debatte zwischen Dogmatik, ökonomischer Funktionalität und politischen Interessen —— 560
      a) Die Debatte um das Preußische Aktiengesetz von 1843 —— 561
         aa) Das Gutachten der Ältesten der Berliner Kaufmannschaft von 1829 —— 561
         bb) Die Kontroverse in der Gesetzeskommission —— 562
         cc) Weitere Stellungnahmen und Ergebnis der Debatte —— 564
      b) Erkenntnisgewinne und Entwicklungen nach 1843 bis zur Aktiennovelle 1884 —— 565
         aa) Von der Konzessionierungspflicht zum System der Normativbestimmungen —— 565

Anmerkung: Dieser Beitrag ist zuerst in RabelsZ 88 (2024), Heft 2 erschienen.

https://doi.org/10.1515/9783111395586-016

                bb) Unterscheidung von Kommanditgesellschaft und stiller Gesellschaft —— 568
                cc) Noch einmal: Verfasstheit als juristische Person und Haftungsbeschränkung —— 568
            c) Die Schöpfung der GmbH: beschränkte Haftung bei unbeschränkter Kontrolle —— 570
                aa) Vom Vorschlag *Oechelhäusers* zum GmbHG 1892 —— 570
                bb) Die verspätete Kritik der Rechtswissenschaft —— 573
    IV. Rationalisierungsversuche und Kritik der beschränkten Gesellschafterhaftung vom 20. Jhdt. bis heute —— 575
        1. Das ordoliberale Credo der Einheit von Herrschaft und Haftung: der lange Schatten des *Adam Smith* —— 575
            a) Das Postulat der Einheit von Herrschaft und Haftung —— 575
            b) Zurückweisung durch das *Rektor*-Urteil des BGH und Kritik —— 577
        2. Grüße aus Amerika: die rechtsökonomische Rationalisierung der Debatte —— 578
            a) Beschränkte Haftung als Baustein einer ökonomisch inspirierten „Theory of Corporations" —— 578
            b) Beschränkte Gesellschafterhaftung in der *Contractarian Theory of Corporate Law* —— 580
                aa) Die *Contractarian Theory of Corporate Law* —— 581
                bb) Begründung und Kritik der Haftungsbeschränkung in der *public corporation* —— 581
                cc) Begründung und Kritik der Haftungsbeschränkung in der *close corporation* —— 582
        3. Die aktuelle Debatte im Schatten des politischen Zeitgeists —— 583
            a) Antikapitalistisches Momentum nach der Finanzkrise —— 584
            b) Lücken in der herrschenden Erzählung —— 586
    V. Was bleibt: wissenschaftliche Fortschritte und fortdauernder Diskurs —— 587

I. Einleitung

1. Thema

Das Prinzip der beschränkten Gesellschafterhaftung findet in den westlichen Rechtsordnungen seit dem 19. Jhdt. im Recht der Kapitalgesellschaften (aber auch der KG) durchgängig Anwendung. Diese Haftungsbeschränkung gilt nicht nur als zeitlicher Begleiter der Industrialisierung, sondern vielen auch als ein maßgeblicher Faktor ihrer fulminanten Dynamik.[1] Ihre Befürworter preisen sie daher auch in den höchsten Tönen. So heißt es etwa in der einschlägigen Monographie von *Stephen Bainbridge* und *M. Todd Henderson*:

---

1 Freilich wird dies in neuerer Zeit zunehmend bezweifelt. S. dazu noch unten unter IV.3.b.

> „Limited liability is one of mankinds greatest ideas. Creating artificial entities [...] and using it as a mechanism of risk taking was the key legal innovation that drove much of the economic growth that created our modern world."[2]

Allerdings stimmen längst nicht alle in den Lobpreis mit ein. Das Prinzip der beschränkten Gesellschafterhaftung hat vielmehr zu jeder Zeit auch heftigen Widerspruch geerntet. In jüngerer Zeit finden sich im deutschen Schrifttum etwa Stimmen, die insofern eine „verbreitete Kritikarmut" beklagen und sich sodann anschicken, die ausgemachte Lücke zu füllen.[3] Kurzum, das Prinzip der beschränkten Gesellschafterhaftung hat zu allen Zeiten die Gemüter bewegt und die Kommentatoren zu deutlichen Worten animiert. *David L. Cohen* fasst dies in seinem um die Jahrtausendwende erschienenen Beitrag so zusammen:

> „For it is limited liability that sets a corporation apart from regular business partnerships and which provokes the greatest ire in its critics and praise in its defenders."[4]

Damit gehört der Gegenstand des vorliegenden Kapitels zu den „Ewigkeitsthemen" in der gesellschaftsrechtlichen Diskurslandschaft.[5] Zu den Eigentümlichkeiten der Debatte um die beschränkte Gesellschafterhaftung gehört, dass dieses (Nicht-)Haftungsprinzip im Kapitalgesellschaftsrecht seit seiner Etablierung – jedenfalls jenseits der Unternehmensgruppe[6] – nie dauerhaft unter ernsten Druck geraten ist. Vielmehr schwillt die – letztlich nicht durchschlagende – Kritik immer wieder – gleichsam wellenförmig – an und ab. Gegenwärtig befinden wir uns wieder auf einem Wellenberg. So wie sich die marktförmige Gestaltung der wirtschaftlichen Grundlagen in der westlichen Welt aktuell einer verstärkten „Kapitalismuskritik" ausgesetzt sieht, werden auch Zweifel an der beschränkten Gesellschafterhaftung artikuliert. Teilweise wird sie als juristische Ausprägung oder gar als Voraussetzung des kritisierten kapitalistischen Systems begriffen.[7]

Diese „Ewigkeitsdebatte" um das Prinzip der beschränkten Gesellschafterhaftung soll im Folgenden dargestellt, geordnet und auf bleibende Einsichten und Er-

---

2 *Bainbridge/Henderson*, Limited Liability, 2016, S. 302.
3 S. etwa *Thomale*, AcP 218 (2018), 685; ähnlich *Conow*, Vertragsbindung als Freiheitsvoraussetzung, 2015, S. 280: „einseitige Rezeptionsbereitschaft der Juristen"; dazu die krit. Rezension von *Schmolke*, ZHR 180 (2016), 136 ff.
4 *David L. Cohen*, 51 Okla. L. Rev. (1998), 427, 428.
5 S. dazu in Abgrenzung zu „Generationenthemen" *Fleischer*, JZ 2023, 365, 368 f.
6 S. dazu aus jüngerer Zeit die Beiträge in Bergmann et al. (Hrsg.), Vom Konzern zum Einheitsunternehmen, ZGR-Sonderheft 22, 2020.
7 Vgl. etwa *Pistor*, The Code of Capital, 2019, S. 54 ff.; auch *Conow*, aaO (Fn. 3), S. 199 ff. (mit Fokus auf das gesetzliche Mindestkapital gem. § 5 Abs. 1 GmbHG).

kenntnisfortschritte hin geprüft werden. Die eng verbundene Debatte um die Aussetzung des Prinzips in bestimmten Szenarien („Durchgriff") wird hingegen schon aus Platzgründen nur am Rande gestreift. Ausgeklammert bleiben auch Erwägungen zu Einheits- und Trennungsprinzip in der Unternehmensgruppe.[8] Diese sind Gegenstand einer eigenständigen Debatte, der ein eigenes Kapitel in diesem Buch zugedacht ist.

2. Abgrenzungen und (un)tote Debattenläufe

Bevor die Debatte um das Prinzip der beschränkten Gesellschafterhaftung nachgezeichnet wird, erscheint es angezeigt, dieses Prinzip von anderen, verwandten Konzepten des Gesellschaftsrechts abzugrenzen. Dies betrifft vor allem (a) das sog. Trennungsprinzip und (b) die Rechtsfähigkeit des Verbands („juristische Persönlichkeit").[9] Die beiden Konzepte hat man hierzulande als tragende Begründungsbausteine der Haftungsbeschränkung fruchtbar zu machen versucht. Diese Bemühungen können heute indes als gescheitert gelten.[10]

a) Das Trennungsprinzip

Die Gründung einer Kapitalgesellschaft, gleich ob AG oder GmbH, lässt ein Rechtssubjekt entstehen, das von seinen Gründern zu unterscheiden ist.[11] Dieser Unterscheidung liegt das sog. Trennungsprinzip zugrunde, das nach *Thomale* „die Nichtidentität und Nichtkongruenz bezeichnet, die zwischen den Gesellschaftern einerseits und ihrer Gesellschaft als selbständiges Rechtssubjekt andererseits bestehen".[12] Es bildet die „wesentliche strukturalistische Grundlage" der beschränk-

---

8 Vgl. dazu hier aus jüngerer Zeit nur *Hommelhoff*, in Geibel/Heinze/Verse (Hrsg.), Binnenmarktrecht als Mehrebenensystem, 2023, S. 159 ff. unter der Rubrik „Risiko- und Haftungssegmentierung im Konzern".
9 S. zu diesem Vorgehen auch *Bainbridge/Henderson*, aaO (Fn. 2), S. 4 ff. Auf das sog. *entity shielding*, also die Haftungsabschottung der Gesellschaft, wird hier nicht näher eingegangen. S. dazu etwa *Bainbridge/Henderson*, aaO (Fn. 2), S. 7 ff. m.w.N.
10 S. bereits *Großfeld*, Aktiengesellschaft, Unternehmenskonzentration und Kleinaktionär, 1968, S. 104 f. Hierzu noch näher im Text.
11 *Bainbridge/Henderson*, aaO (Fn. 2), S. 5; *Thomale*, AcP 218 (2018), 685.
12 *Thomale*, AcP 218 (2018), 685.

ten Gesellschafterhaftung.[13] Demgegenüber geht es zu weit, die beschränkte Gesellschafterhaftung gleichsam als logische Konsequenz des Trennungsprinzips zu begreifen. Das Trennungsprinzip ist nicht einmal eine überzeugende Legitimationsgrundlage für die Haftungsbeschränkung. Daher geht auch eine aktuelle Kritik der beschränkten Gesellschafterhaftung am Ziel vorbei, die ihren Verfechtern vorwirft, sich auf ein Verständnis des Trennungsprinzips zu berufen, welches sich als Fehldeutung der Fiktionstheorie[14] *Savignys* entpuppe.[15] Indes bezeugt die im 19. Jhdt. in England geführte Debatte zur *limited liability* im Recht der *corporation*, dass solche begrifflich-dogmatischen Erwägungen keine wesentliche Rolle gespielt haben.[16] Aber auch Äußerungen der deutschen Gesellschaftsrechtswissenschaft im ausgehenden 19. Jhdt. zeigen deutlich, dass sich das Prinzip der beschränkten Gesellschafterhaftung aus anderen Quellen speist(e). *Karl Lehmann* verweist auf den *Code de commerce* von 1807/8.[17] Seine später sog. Fiktionstheorie hat *Savigny* aber erst 1840 in seinem System des heutigen römischen Rechts entfaltet.[18] Ein schlagendes Argument gegen die Annahme, die beschränkte Haftung sei zwingende Folge des Trennungsprinzips, liefert zudem das modernisierte Recht der BGB-Gesellschaft. Ihr wird in § 705 Abs. 2 BGB n.F. die aus dem Trennungsprinzip folgende Rechtsfähigkeit zugesprochen, während § 721 BGB n.F. zugleich die akzessorische Haftung der Gesellschafter für die Gesellschaftsverbindlichkeiten bestimmt.

---

13 *Thomale*, AcP 218 (2018), 685, der darauf hinweist, dass die Begriffe Trennungsprinzip und Haftungsbeschränkung häufig synonym gebraucht würden. Vgl. insofern etwa *Hommelhoff*, aaO (Fn. 8), S. 159 f.
14 S. zu der hierüber geführten Debatte ausführlich in diesem Band *Fleischer*, § 1, S. 37 ff.
15 S. *Thomale*, AcP 218 (2018), 685, 686. S. dazu wie allgemein zur zeitgenössischen Kritik an der beschränkten Gesellschafterhaftung noch unter IV.3. Dass *Savigny* sich für eine solche Interpretation nicht in Dienst nehmen lässt, hatten in den 1979er bzw. 80er Jahren bereits *Kiefner*, FS Westermann, 1974, S. 263 ff und *Baums*, Gesetz über die Aktiengesellschaften für die Königlich Preußischen Staaten vom 9. November 1843, 1981, S. 38 ff., überzeugend begründet; aus jüngerer Zeit etwa auch etwa *J. Meyer*, Haftungsbeschränkung im Recht der Handelsgesellschaften, 2000, S. 260, 261 f.
16 S. zu dieser Debatte noch unten unter III.2. Die beschränkte Haftung maßgeblich auf das Trennungsprinzip zurückführend aber etwa *Paul L. Davies/Sarah Worthington*, Principles of Modern Company Law, 10th ed., 2016, Kap. 2 §§ 1–15.
17 *K. Lehmann*, Das Recht der Aktiengesellschaften, Erster Band, 1898, S. 1 f.: „So müssen auch wir einen bestimmten Begriff der Aktiengesellschaft als festen hinnehmen, […]. Dieser Begriff kann uns nur der französische des Code de commerce sein, dessen Schwerpunkt in der beschränkten Haftung der Mitglieder auf den Betrag ihrer Vermögenseinlage liegt. Denn das Prinzip, welches der Code de commerce als erstes Gesetzbuch aufstellte, ist im Laufe der Zeit von den Gesetzgebungen der anderen Länder übernommen worden." S. zum *Code de commerce* noch unten unter III.1.
18 S. dazu wiederum *Fleischer*, RabelsZ 87 (2023), 5, 9 ff.

b) Die Rechtssubjektivität („Rechtspersönlichkeit")

Die „Rechtspersönlichkeit" (*legal personhood*), Rechtssubjektivität oder Rechtsfähigkeit des Personenverbands wird gemeinhin als eine Implikation des Trennungsprinzips verstanden.[19] Mit Blick auf die oben zitierte Begriffsbestimmung nach *Thomale*[20] lässt sich präziser formulieren: Die Rechtssubjektivität der Gesellschaft gilt weithin als Definitionsbestandteil des Trennungsprinzips. Will man die Erstere von Letzterem scharf abgrenzen, muss man das Trennungsprinzip auf die Unterscheidung der Vermögensmassen von Gesellschaft und Gesellschaftern reduzieren. Die Ausstattung der Gesellschaft mit Rechtssubjektivität ist dann lediglich als *ein* Mittel zu betrachten, um diese Vermögenstrennung technisch umzusetzen. Ein anderes wäre die Gesamthand.[21] Für unser Thema ist indes allein bedeutsam, dass auch die Rechtssubjektivität der Gesellschaft zwar als technisch-konstruktiver Anknüpfungspunkt für die beschränkte Gesellschafterhaftung dienen kann, diese aber nicht material zu begründen vermag.[22] Auf das Beispiel der rechtsfähigen BGB-Gesellschaft mitsamt akzessorischer Haftung der Gesellschafter wurde bereits hingewiesen.[23]

II. Die historischen Bezugspunkte der Debatte von der Antike bis ins ausgehende 18. Jhdt.

Eine nennenswerte politische, aber auch wissenschaftliche Debatte über die beschränkte Gesellschafterhaftung entwickelte sich in Europa erst im 19. Jhdt. entlang der gesetzgeberischen Aktivitäten im Gesellschaftsrecht.[24] Diese Debatte verläuft

---

19 S. statt vieler etwa *Bainbridge/Henderson* aaO (Fn. 2), S. 5 f.: „The first implication of corporate separateness is that corporations have a legally recognized personhood separate and distinct from its shareholders an other shareholders."; i.Erg. auch *Thomale*, AcP 218 (2018), 685, 686 auf dem Boden eines (bloß) „technischen" Verständnisses des Trennungsprinzips: „Im Ergebnis bleibt somit vom Trennungsprinzip lediglich die technische Bündelungswirkung übrig, die von der Rechtssubjektivität der Kapitalgesellschaft als solcher ausgeht."
20 S.o. unter I.2.a bei Fn. 12.
21 S. dazu aus neuerer Zeit nur *Fleischer*, NZG 2020, 601, 602 f., 609 f.
22 S. aus historischer Perspektive zur Beziehung von *universitas* und Haftungsbeschränkung etwa *J. Meyer*, aaO (Fn. 15), S. 45 et passim. S. zur *universitas* noch unten unter II.1.c.
23 S.o. unter I.2.a nach Fn. 18. Vor diesem Hintergrund trägt auch die Debatte darüber, ob die Unterscheidung zwischen rechtsfähigen Personenverbänden und juristischen Personen im deutschen Gesellschaftsrecht noch sinnvoll ist [dazu aus jüngerer Zeit etwa *Klingbeil*, AcP 217 (2017), 848 ff.], nichts zum hiesigen Thema bei.
24 Dazu ausführlich unter III.

jedenfalls seit dem späten 19. Jhdt. in den westlichen Rechtsgemeinschaften vor dem Hintergrund einer – zumindest in den wesentlichen Eckpunkten – weithin geteilten historischen Erzählung über die Ursprünge dieses Instituts. Diese historische Erzählung ist – jedenfalls bis zum ausgehenden 18. und beginnenden 19. Jhdt. – eine europäische „Gemeinschaftserzählung", auf die sich auch die U.S.-amerikanische Gesellschaftsrechtswissenschaft beruft.[25] Die hierbei in Bezug genommenen Wurzeln der beschränkten Haftung von der Antike bis zur frühen Neuzeit verweisen regelmäßig auf die Absicherung der Financiers (hoch)riskanter Geschäftsprojekte, an denen die Finanzierer eine Gewinnbeteiligung hielten.[26]

1. Antike Bezugspunkte für eine Haftungsbeschränkung

Bei der Suche nach antiken Vorläufern der beschränkten Gesellschafterhaftung fällt der Blick zumeist und vor allem auf zwei sattsam bekannte Institutionen des römischen Rechts: die *societas publicanorum* und das *peculium*.[27] Vor allem in Deutschland nahm man aber auch die *universitas* immer wieder in den Blick.

a) Die *societas publicanorum*

Die *societas publicanorum* betrifft Gesellschaften mit „staatsnahem Unternehmensgegenstand", deren Blütezeit teils im ersten vorchristlichen Jhdt.[28], teils in den ersten Jahrhunderten der Kaiserzeit verortet wird[29]. Die *societates publicanorum* übernahmen Aufgaben vom Staat und erhielten ihre Aufträge folglich nur von

---

25 S. bspw. *Bainbridge/Henderson*, aaO (Fn. 2), S. 19 ff.
26 S. dazu unter II.2.a.
27 S. etwa *Hansmann/Kraakman/Spire*, 119 Harv. L. Rev. (2006), 1333, 1356–1364, die im Zusammenhang mit dem *entity shielding* [s.o. unter Fn 9] daneben auch die Vermögensordnung in der *familia* ansprechen; vor allem zur *societas publicanorum* mitsamt ihren griechischen Vorläufern *K. Lehmann*, aaO (Fn. 17), S. 12 ff.; ferner *Johnston*, 70 Chicago-Kent L. Rev. (1995), 1515, 1521–24 zum *peculium* bzw. zur *actio de peculio*; *Reinhard Zimmermann*, The Law of Obligations, 1996, S. 51 ff.; ausführlich zu *societas publicanorum* und *peculium Fleckner*, Antike Kapitalvereinigungen, 2010, S. 145 ff., 217 ff. et passim, der daneben auch die einfache *societas* in den Blick nimmt. *Bainbridge/Henderson*, aaO (Fn. 2), S. 21 ff. sprechen neben der allgemeinen *societas*, vor allem das *peculium* an, darüber hinaus aber auch das *nauticum fenus* (Seedarlehen).
28 *Fleckner*, aaO (Fn. 27), S. 327.
29 *K. Lehmann*, aaO (Fn. 17), S. 18.

diesem.[30] Die staatlichen Aufträge wurden qua Versteigerung erteilt. Bei umfangreichen Aufträgen, wie der Steuerpacht einer ganzen Provinz, bedurfte es eines entsprechend hohen Kapitaleinsatzes und entsprechender Sicherheitenstellung, die den Einzelnen häufig überforderten.[31] Daher tat sich der Ersteigerer (*manceps*) meist mit weiteren *socii* zusammen und bildete mit diesen eine *societas*. Neben diese auch mit Geschäftsführungsaufgaben betrauten „Hauptbeteiligten" trat eine Gruppe von „Unterbeteiligten", die sog. *adfines*, die sich lediglich kapitalmäßig an der Unternehmung beteiligten.[32] Nach weithin geteilter Ansicht traf die *socii* eine unbeschränkte persönliche Haftung[33], während die Haftung der *adfines* auf den Einlagebetrag beschränkt war.[34] *Karl Lehmann* sieht daher Ähnlichkeiten zur späteren Kommanditistenhaftung.[35] Ganz in diesem Sinne sprechen *Hansmann, Kraakman* und *Spire* im Zusammenhang mit dem *adfinis* auch vom „limited partner" und stellen zugleich einen Konnex zwischen Einfluss und Haftung her: „Other investors could act either as general partners, who exercised control and were fully liable on firm debts, or as limited partners who lacked control but enjoyed limited liability."[36]

b) Das *peculium*

Des Weiteren wird das *peculium* als antiker Vorläufer der Aktiengesellschaft mitsamt der dieser eigenen Haftungsbeschränkung intensiv besprochen.[37] Der Ver-

---

30 S. zum Ganzen *Fleckner*, aaO (Fn. 27), S. 153 und ff. m.w.N., insb. gegen anderslautende Stimmen auf S. 167 mit Fn. 119; knapp auch *Hansmann/Kraakman/Spire*, 119 Harv. L. Rev. (2006), 1333, 1361: „One answer may lie in the fact that the *societates publicanorum* evidently provided services only to the state and not to private parties."
31 *Fleckner*, aaO (Fn. 27), S. 188.
32 S. etwa *K. Lehmann*, aaO (Fn. 17), S. 12 ff.; vorsichtig formuliert *Fleckner*, aaO (Fn. 27), S. 202 f.
33 Hierzu ausführlich *Fleckner*, aaO (Fn. 27), S. 325 ff., der eine Haftung kraft Beteiligung allerdings nur für deliktisches Verhalten annimmt, während andere Haftungstatbestände in der Person des jeweiligen *socius* erfüllt sein müssten.
34 S. etwa *K. Lehmann*, aaO (Fn. 17), S. 16 f.; ferner *Hansmann/Kraakman/Spire*, 119 Harv. L. Rev. (2006), 1333, 1361, die insofern von „general partners" und „limited partners" sprechen. Skeptisch hingegen neuerdings *Fleckner*, aaO (Fn. 27), S. 333: „Die Haftung der Unterbeteiligten (*adfines*, Inhaber von *partes*, etc.) [...] bleibt letztlich ungewiß. Es gibt einige Ansätze, eine rein finanzielle Beteiligung zu begründen, bei der im Außen- wie im Innenverhältnis lediglich der Verlust der Einlage droht. Es läßt sich jedoch keine dieser Möglichkeiten genauer verifizieren."
35 *K. Lehmann*, aaO (Fn. 17), S. 17; vgl. auch *J. Meyer*, aaO (Fn. 15), S. 30.
36 *Hansmann/Kraakman/Spire*, 119 Harv. L. Rev. (2006), 1333, 1361.
37 S. dazu etwa *Fleckner*, aaO (Fn. 27), S. 217 ff. und öfter; s. speziell zur beschränkten Haftung auch *Bainbridge/Henderson*, aaO (Fn. 2), S. 22; *Pistor*, aaO (Fn. 7), S. 54.

gleich zwischen *peculium* und moderner Handelsgesellschaft findet sich bereits in der Literatur des 19. Jhdt[38], wird aber bis auf den heutigen Tag gepflegt.[39] Beim *peculium* werden bestimmte Vermögensgegenstände des Gewalthabers (*pater familias*), den Gewaltunterworfenen (Söhne, Sklaven) als Grundlage für eine selbstständige wirtschaftliche Unternehmung überlassen.[40] Dies kann auch durch mehrere Gewalthaber geschehen, die hierzu einem gemeinsamen Sklaven (*servus communis*) Vermögensgegenstände zur wirtschaftlichen Betätigung überlassen und hierbei typischerweise eine *societas* bilden.[41] Die überlassenen Gegenstände bilden ein Sondergut, eben das *peculium*, dessen zugehörige Gegenstände im Eigentum des Gewalthabers verbleiben. Mit der Begründung dieses Sonderguts entsteht für die Gewalthaber aber zugleich ein Haftungsschirm: Sie müssen für Verbindlichkeiten, welche der Gewaltunterworfene mit Blick auf das *peculium* eingeht, nur bis zum Wert der im Sondergut befindlichen Gegenstände einstehen.[42] Die damit einhergehende Entkoppelung von unternehmerischen Chancen einerseits und Haftung andererseits bringt *Andreas Fleckner* wie folgt auf den Punkt:

> „Möchte jemand ein Gewerbe betreiben, scheut allerdings das damit verbundene Risiko, kann er die Gegenstände einem Gewaltunterworfenen anvertrauen und so die Verlustgefahr grundsätzlich auf den Wert des *peculium* begrenzen, aber wirtschaftlich alle Chancen wahrnehmen. Auf diese Weise lässt sich eine wirtschaftliche Unternehmung mit beschränkter Haftungsgefahr organisieren."[43]

Diese Haftungsbeschränkung erscheint als Kehrseite der fehlenden Kontrolle des Gewalthabers über das mithilfe des *peculium* betriebene Geschäft.[44] *Bainbridge* und *Henderson* kommen daher zu dem Schluss, dass die mit dem *peculium* für den Gewalthaber verbundenen „limitations in liability arose not from the identity or status of the parties, but rather from an instrumental view about the linkage between liability and control."[45]

---

38 Dazu *Fleckner*, aaO (Fn. 27), S. 227: „Der Grund, warum sich die Romanisten im neunzehnten Jahrhundert[...] des *peculium* bedienten, um die Handelsgesellschaften zu erklären und zu legitimieren, liegt in der Vermögensverfassung des *peculium*."; mit Blick auf die Aktiengesellschaft allein auf die *societas publicanorum* fokussierend hingegen *K. Lehmann*, aaO (Fn. 17), S. 12 ff.
39 S. die nachstehenden Nachweise aus der zeitgenössischen Literatur.
40 *Fleckner*, aaO (Fn. 27), S. 227; s. auch *Hansmann/Kraakman/Spire*, 119 Harv. L. Rev. (2006), 1333, 1358.
41 *Fleckner*, aaO (Fn. 27), S. 335.
42 *Fleckner*, aaO (Fn. 27), S. 227.
43 *Fleckner*, aaO (Fn. 27), S. 228.
44 *Fleckner*, aaO (Fn. 27), S. 218.
45 *Bainbridge/Henderson*, aaO (Fn. 2), S. 23.

c) Die *universitas*

Die *universitas* beschrieb in der römischen Antike eine körperschaftliche Struktur, die öffentliche oder religiöse Zwecke verfolgte. Nach einem berühmten *Ulpian*-Diktum waren die Verbindlichkeiten der *universitas* von denen ihrer Mitglieder zu unterscheiden.[46] Freilich bleibt bis heute umstritten, wieweit die rechtliche Verselbstständigung der *universitas* reichte und – hier besonders relevant – ob mit ihr ein Ausschluss der Mitgliederhaftung einherging.[47] Jedenfalls gilt die *universitas* als „Hauptwurzel des Begriffs der juristischen Person".[48] In der deutschen Rechtswissenschaft wurde zwar immer wieder ein Begründungszusammenhang zwischen der Rechtsnatur eines Verbands und der beschränkten Mitgliederhaftung zu konstruieren versucht.[49] Jedoch können diese Versuche heute als gescheitert gelten. Die These vom genetischen, konzeptionellen oder gar logischen Zusammenhang ist widerlegt.[50]

2. Funktionale Begründung mittelalterlicher und neuzeitlicher Formen beschränkter Haftung

Im Wirtschaftsleben des Mittelalters und der frühen Neuzeit finden sich Erscheinungsformen beschränkter Haftung vor allem dort, wo Unternehmungen ein hohes Risiko anhaftete und zugleich ein hoher Kapitalbedarf für ihre Durchführung bestand.[51] Praktisches Paradebeispiel und „Hauptanwendungsfall" ist der Seehandel.[52] Die hierfür konzipierte italienische *commenda* gilt als Vorläuferin unserer heutigen Kommanditgesellschaft (a.),[53] während die Kolonialgesellschaften des 17.

---

46 D. 3,4,7,1: Si quid universitati debetur, singulis non debetur, nec quod debet universitatis singuli debent.
47 S. hierzu nur *J. Meyer*, aaO (Fn. 15), S. 23 f. m.w.N.
48 *J. Meyer*, aaO (Fn. 15), S. 45.
49 S. dazu noch unter III.3.
50 S. hierzu ausführlich und mit Nachdruck *J. Meyer*, aaO (Fn. 15), S. 45, 207 et passim.
51 Vgl. mit Blick auf die funktionalen Vorläufer der Aktiengesellschaft *K. Lehmann*, aaO (Fn. 17), S. 24: „spekulative Unternehmung einerseits" und „Zusammenfassung grösserer Kapitalien durch Zuschüsse Vieler andererseits".
52 S. zu den italienischen Bankgesellschaften des Spätmittelalters und der frühen Neuzeit, insbesondere der genuesischen St. Georgsbank hier nur *K. Lehmann*, aaO (Fn. 17), S. 42 ff., der selbige als „erste sichere Aktiengesellschaft" bezeichnet.
53 S. hierzu näher etwa *Fleischer* in Fleischer (Hrsg.), Personengesellschaften im Rechtsvergleich, 2021, § 1 Rn. 91 ff. mit Hinweisen auf Gegenstimmen in Rn. 107; vgl. auch *Hansmann/Kraakman/Spire*, 119 Harv. L. Rev. (2006), 1333, 1372–1374, welche die *commenda* unter der Rubrik „Limited Partner-

und 18. Jhdt. als Archetypen der heutigen Aktiengesellschaften angesehen werden (b.).[54] Diese Kolonialgesellschaften sahen sich der (späten) Kritik von *Adam Smith* ausgesetzt, deren Begründung bis auf den heutigen Tage fortwirkt.[55]

a) Mittelalterliches Italien: *commenda, colonna, accomandita*

Nach dem Fall Roms konzentrierten sich die Fernhandelszentren zunehmend im Mittelmeerraum und dort in den italienischen Hafenstädten, denen später wichtige städtische Handelszentren im italienischen Binnenland folgten.[56] Um die für den hochriskanten Fernhandel erforderlichen Gelder einsammeln zu können, mussten die Financiers ihr Haftungsrisiko begrenzen können. Für diese Zwecke entwickelte man bereits im frühen Mittelalter die *commenda*,[57] die seinerzeit die Kapitalanlage der italienischen Handelsstädte schlechthin war.[58] Freilich handelte es sich dabei um ein rein (schuld)vertragliches Arrangement[59], das wir heute als Innengesellschaft einordnen würden[60]. Hierbei kontrahierte ein *tractator* (auch *socius procertans*), der die Seereise organisierte und sich teilweise auch kapitalmäßig beteiligte, mit einem *commendator* (auch *socius stans*), der als passiver Investor die Reise (zu einem Großteil) finanzierte. Im Außenverhältnis trat allein der *tractator* auf, der auch keine Rechtsmacht hatte, den *commendator* zu verpflichten. Sammelte der *tractator* Kapital von verschiedenen *commendatores* ein, so waren letztere regel-

---

ships" abhandeln. Zu den Vorläufern der *commenda* wiederum s. erneut *Fleischer,* aaO, § 1 Rn. 101 m.w.N.
54 S. statt vieler etwa die Darstellung bei *J. Meyer,* aaO (Fn. 15), S. 200 ff. innerhalb des Kapitels „Haftungsbeschränkung im Recht der Kapitalgesellschaften".
55 So beruft sich etwa auch *Thomale,* AcP 218 (2018), 685, 687 auf *Adam Smith.* S. dazu noch unten unter IV.3.a.
56 S. etwa die knappen Ausführungen bei *Hansmann/Kraakman/Spire,* 119 Harv. L. Rev. (2006), 1333, 1364.
57 Die *compagnia* als Nachfolgerin der römischen *societas* war für diese Zwecke ungeeignet, da sie das Haftungsrisiko nicht beschränkte. Immerhin galt im Falle der Insolvenz eines Gesellschafters, dass sich die Gläubiger zur Befriedigung ihrer Forderungen aus den Geschäften mit der *compagnia* zunächst an das Gesellschaftsvermögen halten mussten, bevor sie auf das Privatvermögen der Gesellschafter zugreifen könnten [s. *Hansmann/Kraakman/Spire,* 119 Harv. L. Rev. (2006), 1333, 1367 m.w.N. aus dem italienischen Schrifttum]. S. allgemein zur *compagnia* den instruktiven Überblick bei *Fleischer,* aaO (Fn. 53), § 1 Rn. 130 ff.
58 So *Fleischer,* aaO (Fn. 53), § 1 Rn. 98 unter Verweis auf ein Zitat von *Silberschmidt.*
59 S. auch *K. Lehmann,* aaO (Fn. 17), S. 27; ferner *Fleischer,* aaO (Fn. 53), § 1 Rn. 105: „Die *commenda* erschöpfte sich in einem **zweiseitigen Vertrag**." (Herv. im Original).
60 *Fleischer,* aaO (Fn. 53), § 1 Rn. 100 m.w.N.; a.A. etwa *K. Lehmann,* aaO (Fn. 17), S. 27, der beim *commendator* von einem „stillen Teilhaber" spricht.

mäßig nicht durch ein Rechtsverhältnis miteinander verbunden, sondern hatten jeweils unabhängig voneinander eine vertragliche Beziehung zum *tractator*.[61] Schon aus dem Gesagten ergibt sich als Konsequenz für die Haftung der Beteiligten: Während den *tractator* eine unbeschränkte Haftung für die mit der Unternehmung verbundenen Verbindlichkeiten traf, hafteten die *commendatores* lediglich mit ihrer Einlage.[62] Dabei war die *commenda* „ein Geschöpf der kaufmännischen Praxis, nicht der juristischen Theorie".[63] Dies gilt auch für ihr Haftungsregime, genauer: die Haftungsbeschränkung des passiven Investors. *Hansmann, Kraakman* und *Spire* beschreiben das funktionale, an den beteiligten Interessen ausgerichtete Design der *commenda* wie folgt: „[T]he commenda reflected the tradeoffs among control, incentives, and liability typical of limited partnerships in general. The reason that this tradeoff of limited liability for lack of control first appears in seagoing ventures is presumably that the passive partner's renunciation of control was made particularly credible by the fact that the firm's assets were at sea or in foreign ports for the life of the venture."[64]

Die schuldrechtliche *commenda* wurde im Laufe der Zeit weiterentwickelt und in echte Verbandsformen überführt. Hierzu gehörte namentlich die *colonna*, welche sich als Kombination aus *commenda* und Reederei (*societas navalis*) darstellte.[65] Ein nächster wesentlicher Entwicklungsschritt hin zur modernen Kommanditgesellschaft stellte die spätmittelalterliche *accomandita* dar, die in einem Statut der Republik Florenz v. 31. November 1408 kodifiziert wurde.[66] In diesem Statut wurde die Haftungsbeschränkung der Kapitalgeber auf ihre Einlagen an die Registereintragung geknüpft.[67]

b) Die Kolonialgesellschaften des 17. und 18. Jhdt. und die Kritik von *Adam Smith*

Als wichtiger Zwischenschritt weniger auf dem Weg zur Entwicklung der KG mit ihrer beschränkten Kommanditistenhaftung als vielmehr für die Genese der mo-

---

61 S. *K. Lehmann*, aaO (Fn. 17), S. 27 unter Verweis auf *Goldschmidt*; aus dem neueren Schrifttum etwa *Fleischer*, aaO (Fn. 53), § 1 Rn. 106: „[...] stand der *tractator* einer Vielzahl meist isolierter Geldeinleger gegenüber".
62 Vgl. *K. Lehmann*, aaO (Fn. 17), S. 27.
63 So *Fleischer*, aaO (Fn. 53), § 1 Rn. 95 m.w.N.
64 *Hansmann/Kraakman/Spire*, 119 Harv. L. Rev. (2006), 1333, 1372–1373.
65 S. hierzu näher etwa *K. Lehmann*, aaO (Fn. 17), S. 28 ff.; knapper *J. Meyer*, aaO (Fn. 15), S. 53 f.
66 S. hierzu etwa *Fleischer*, aaO (Fn. 53), § 1 Rn. 107; *J. Meyer*, aaO (Fn. 15), S. 58 f.
67 *Fleischer*, aaO (Fn. 53), § 1 Rn. 107; *J. Meyer*, aaO (Fn. 15), S. 58 f.

dernen Aktiengesellschaft mit ihrer gleichfalls beschränkten Aktionärshaftung wurden und werden verbreitet die Kolonialgesellschaften des 17. und 18. Jhdt. angesehen.[68] Aus rechtshistorischer bzw. genetischer Perspektive ist hier vor allem zwischen dem Kontinent und England zu unterscheiden. Die kontinentalen Handelskompagnien in Frankreich, Portugal, Dänemark, Schweden oder Kurbrandenburg lassen sich auf die niederländischen Vorbilder zurückführen, deren erstes die Niederländisch-ostindische Kompagnie von 1602 war.[69] Die beschränkte Haftung der einfachen Partizipanten war hier ein regelmäßiges, wenn auch nicht zwingendes Regelungsmerkmal.[70] Freilich scheint dies nur für die Außenhaftung gegenüber den Gläubigern der Kompagnie gesichert. Im Innenverhältnis sind sie indes – jedenfalls in Einzelfällen – auf Nachschuss in das Kompagnievermögen in Anspruch genommen worden.[71] Die beschränkte Außenhaftung wird dabei teils auf die alte *commenda*-Regelung[72] zurückgeführt.[73] Andere begreifen sie hingegen zumindest auch als Ausfluss der korporativen Ausgestaltung der Kompagnie.[74] Schließlich wird der Reederei der maßgebliche Einfluss auf die Gestaltung der holländischen Kompagnien und damit auch der typischerweise beschränkten Außenhaftung einschließlich des Abandonierungsrechts bei Nachschussforderungen zugeschrieben.[75] *Karl Lehmann* verweist in diesem Zusammenhang auf *Hugo Grotius*, der in seiner *Inleydinge Tot de Hollandsche Rechts-Geleertheyt* zur Haftungsfrage lediglich ausführt:

> „Na de Roomsche rechten plagen veel mede-reeders van een schip, ofte andere t'zamen koophandel dryvende, elk uyt de daed van hare bewind-hebbers in't geheel aengesproken te werden: maer by ons is zulks niet aengenomen, als den koop-handel zynde schadelyk. Over zulks werden de koop-luyden alleen verbonden elk voor haer aendeel in de koop-handel."[76]

---

68 Grundlegend für diese Einschätzung *K. Lehmann*, aaO (Fn. 17), S. 51 ff.; vgl. auch *Renaud*, Das Recht der Actiengesellschaften, 2. Aufl. 1875, § 2 (S. 21 ff.); lediglich beschreibend *J. Meyer*, aaO (Fn. 15), S. 199.
69 *K. Lehmann*, aaO (Fn. 17), S. 53; vgl. auch *J. Meyer*, aaO (Fn. 15), S. 207, 212.
70 *K. Lehmann*, aaO (Fn. 17), S. 54.
71 S. dazu *J. Meyer*, aaO (Fn. 15), S. 207; ferner *K. Lehmann*, aaO (Fn. 17), S. 58: „Wohl aber blieb die interne Zuschusspflicht im Prinzip auch bei der Korporation bestehen. Ihre Beseitigung bedurfte besonderer Festsetzung."
72 S. dazu oben unter II.2.a.
73 Dezidiert *J. Meyer*, aaO (Fn. 15), S. 207 f.; vgl. auch *K. Lehmann*, aaO (Fn. 17), S. 59.
74 *K. Lehmann*, aaO (Fn. 17), S. 58; dagegen auch *J. Meyer*, aaO (Fn. 15), S. 207: Das Haftungsregime erkläre sich nicht durch *universitas*-Grundsätze.
75 Vgl. *K. Lehmann*, aaO (Fn. 17), S. 56: „Vor allem aber ist im Auge zu behalten, dass bei dem seetreibenden friesischen Volke die Rhederei gerade mit Bezug auf die Haftungsfrage das maassgebende Vorbild für kaufmännische Unternehmungen gewesen ist."
76 *Hugo de Groot*, Inleydinge Tot de Hollandsche Rechts-Geleertheyt, 1727, III § 31 (S. 260).

Dem großen Humanisten fiel zur Haftungsbeschränkung mithin auch nicht mehr ein, als dass eine unbeschränkte Haftung „für den Handel schädlich wäre". Immerhin sollte einen die rein funktional-konsequentialistische Begründung aus diesem Munde skeptisch gegenüber naturrechtlichen Begründungen für oder gegen eine Haftungsbeschränkung stimmen.

In den Oktrois der französischen Kolonialgesellschaften finden sich ganz ähnliche Regelungen wie in Holland. In den Statuten der *Compagnie des Antilles* von 1635 oder der *Compagnie pour le voyage de la Chine* von 1660 wird für die Innenhaftung eine Kombination aus Zuschusspflicht und Abandonierungsrecht ausdrücklich geregelt.[77] Schafft letzteres eine Quasi-Haftungsbeschränkung auch nach innen, so geht der Oktroi der *Compagnie des Indes Orientales* von 1664 einen Schritt weiter. Sein Art. 2 schließt (auch) die Nachschusspflicht nach innen aus.[78] Die Motivation für derlei Regelungen wird von *Justus Meyer* in der merkantilistischen Wirtschaftsstrategie des französischen Staates gesehen. Konkret bedurfte es hinreichender Anreize, um den schleppenden Zufluss privaten Kapitals in die staatlich dominierten Unternehmungen zu beleben.[79]

Für die englischen Kompagnien wird demgegenüber konstatiert, dass sich im Laufe des 17. Jhdt. nicht einmal „eine Rechtsregel über die Beschränkung der Außenhaftung [!] der Kompagniemitglieder herausgebildet hätte." Jedenfalls lasse sich das nicht feststellen. Die Haftungsfrage habe wohl in der Zeit schlicht keine Rolle gespielt.[80] Theoretische Überlegungen zur Haftungsfrage finden wir indes bei *Thomas Hobbes* in dessen berühmtem Hauptwerk von 1651, dem *Leviathan*. Zur Haftungsbeschränkung liest man dort freilich nichts. Vielmehr spricht sich *Hobbes* für eine unbeschränkte Vertragshaftung der Mitglieder aus, eine anteilige Haftung für Steuerschulden sowie eine deliktische Haftung der am Delikt Beteiligten.[81] 125 Jahre später beschreibt *Adam Smith* die *Royal African Company* (1672), die *Hudson's Bay Company* (1670) oder die *South Sea Company* (1711) indes allesamt als *joint-stock companies*, die sich nicht nur durch die freie Übertragbarkeit des Anteils,

---

77 S. dazu *K. Lehmann*, aaO (Fn. 17), S. 57; *J. Meyer*, aaO (Fn. 15), S. 209.

78 S. *Du Fresne de Francheville*, Histoire générale et particulière des finances, où l'on voit l'origine, l'établissement, la perception & la régie de toutes les impositions : dressée sur les pièces authentiques, 1738, S. 28; *J. Meyer*, aaO (Fn. 15), S. 209.

79 S. *J. Meyer*, aaO (Fn. 15), S. 209 f., s. auch *ders.*, ebenda, S. 211 ff. zu den kurbrandenburgischen Kompagnien. Sein Fazit: „Eine einheitliche Haftungsverfassung der Kompagnien hat sich nach alledem in Deutschland seinerzeit nicht entwickelt."

80 *J. Meyer*, aaO (Fn. 15), S. 203, 205; gleichsinnig auch *Harris*, J. Inst. Econ. 16 (2020), 643, 650: „non-issue".

81 S. *Hobbes*, Leviathan, 1651, Ch. XXII, 120 (Rev. Student Ed. 1996/2022). S. dazu auch *J. Meyer*, aaO (Fn. 15), S. 202 f.

sondern auch durch eine auf den Anteil begrenzte Gesellschafterhaftung auszeichneten.[82] Letztere kritisierte *Smith* mit deutlichen Worten:

> „This total exemption [of the proprietors of a joint-stock company] from trouble and from risk, beyond a limited sum, encourages many people to become adventurers in joint-stock companies, who would, upon no account, hazard their fortunes in any private copartnery. Such companies, therefore, commonly draw to themselves much greater stocks than any private copartnery can boast of. [...] The directors of such companies, however, being the managers rather of other people's money than their own, it cannot well be expected, that they should watch over it with the same anxious vigilance with which the partners in a private copartnery frequently watch over their own. [...] Negligence and profusion, therefore, must always prevail, more or less, in the management of the affairs of such a company."[83]

Adam Smith verbindet hier also die beschränkte Haftung mit der Trennung von Eigentum und Kontrolle und weist auf die damit verbundenen Anreizprobleme hin, die wir heute als Agenturkosten (*agency costs*) kennen. Die Wirkmacht dieses Arguments kann kaum überschätzt werden. Es wird in verschiedenen Variationen mit großer Verlässlichkeit hervorgeholt, wenn sich Kritik an der beschränkten Gesellschafterhaftung, der Kapitalgesellschaft oder dem Kapitalismus allgemein äußert. Aus deutscher Sicht findet sich die Gedankenführung von *Smith* etwa in *Walter Euckens* Kritik der beschränkten Gesellschafterhaftung wieder.[84]

Die Betrachtung des Kompagniewesens des 17. und 18. Jhdt. *sub specie* Begründung der beschränkten Gesellschafterhaftung hat schließlich einen weiteren Aspekt in die Debatte hineingetragen. Während die Proponenten einer solchen Haftungsbeschränkung zumindest auch mit deren Notwendigkeit für den börslichen Anteilshandel argumentieren, weisen andere darauf hin, dass im 17. Jhdt. die Anteile englischer und holländischer Kompagnien an der Londoner bzw. Amsterdamer Börse gehandelt wurden, „ohne daß es dazu besonderer Haftungsbeschränkungsregeln bedurft hätte."[85]

---

82 *Adam Smith*, The Wealth of Nations, 1776, CH. I, PT. III, S. 799 (Modern Library Ed. 1994).
83 *Adam Smith*, aaO (Fn. 82), S. 800.
84 S. *Eucken*, Grundsätze der Wirtschaftspolitik, 7. Aufl. 1952/2004, S. 279 ff.; dazu noch unten unter IV.1.a.
85 *J. Meyer*, aaO (Fn. 15), S. 205 (England) sowie S. 208 (Niederlande) m.w.N.; ferner *Harris*, J. Inst. Econ. 16 (2020), 643, 647 m.N.; vgl. ferner *Samuel*, Die Effektenspekulation im 17. und 18. Jahrhundert, 1924, S. 24 ff. und 76 ff. S. dazu noch einmal unter IV.3.b.

3. Zwischenfazit

Die skizzierten Entwicklungen von der Antike bis in das ausgehende 18. Jhdt. haben gezeigt, dass sich Haftungsbeschränkungen für Gesellschafter und andere Kapitalgeber vor allem dort etabliert haben, wo diese das Risiko der finanzierten Unternehmung mangels hinreichender Kontrollmöglichkeiten nicht selbst beherrschen konnten. Besonders augenfällig wird dies am praktisch wichtigen Beispiel des Seehandels, wo sich das Gesellschaftsvermögen in der Form von Schiff und Ladung nicht nur auf See und in weiter Ferne befand, sondern auch erheblichen Risiken ausgesetzt war.[86] Die Bereitschaft zur Investition wurde hier also mit der Haftungsbeschränkung erkauft bzw. erst ermöglicht. Auch die umfassende Haftungsbeschränkung im Oktroi der *Compagnie des Indes Orientales* von 1664 war offenbar der notwendige „Preis", um die Investitionsbereitschaft potenzieller Anleger in ausreichendem Maße herbeizuführen.[87] *Adam Smith* verwies dann mit Blick auf die englischen Handelskompagnien als einer der ersten auf mögliche Anreizprobleme, die durch die beschränkte Haftung erst verursacht werden (Stichworte: Abenteurertum, Agenturprobleme aufgrund der Trennung von Eigentum und Kontrolle).[88] Zugleich zeigt sich die Geschichte auch als ein „natürliches Experiment", welches die in der späteren Debatte bedeutsame Annahme, die Börsengängigkeit von Gesellschaftsanteilen sei ohne die beschränkte Gesellschafterhaftung nicht zu haben, mit Blick auf die Kolonialgesellschaften des 17. und 18. Jhdt. in Frage stellt.[89] Bemerkenswert ist auch, dass römisch-rechtliche Wurzeln und allgemein dogmatisch-konzeptionelle Kontinuitätsüberlegungen für das Aufkommen neuer Erscheinungsformen beschränkter Haftung im unternehmerischen Rechtsverkehr keine wesentliche Rolle gespielt haben. Dies gilt namentlich für das Institut der *universitas* und die Frage nach dem Korporationscharakter einer Unternehmensorganisation.[90]

---

[86] S. oben, insbesondere in II.2.a. bei Fn. 62.
[87] S. o. bei Fn. 79.
[88] S. o. unter II.2.b. bei Fn. 84.
[89] S. dazu o. unter II.2.b. bei Fn. 85.
[90] Vgl. zum Verhältnis von Rechtspersönlichkeit des Verbands und beschränkter Haftung der Mitglieder für die Zeit bis 1800 ferner *Harris*, J. Inst. Econ. 16 (2020), 643, 650: „The implication of the legal personality attribute of the corporation was that the corporation formed asset partitioning. [...] But without debt finance, without a procedure for dissolving insolvent corporations, without the legal ability to determine whether shareholders would bear liability in insolvency, owner shielding was a non-issue and limited liability in the modern sense could not yet exist."

III. Die Debatten um die gesetzliche Festschreibung der beschränkten Haftung im 19. Jhdt.

Mit Blick auf die Kapitalgesellschaften moderner Prägung markiert der französische *Code de commerce* von 1807 einen ganz entscheidenden Entwicklungsschritt.[91] Er kodifizierte nicht nur die *société en commandite par actions* und die *société anonyme*, also die Aktiengesellschaft, sondern schrieb in Art. 33 erstmals die beschränkte Aktionärshaftung fest.[92] Die dortigen Regelungen nahmen maßgeblichen Einfluss auf die übrigen europäischen Rechtsordnungen, etwa Spanien, Italien, die deutschen Territorien, Belgien oder die Niederlande, die sich im Laufe des 19. Jhdt. zu verschiedenen Zeitpunkten mit der gesetzlichen Regelung der Aktiengesellschaft beschäftigten.[93] Aber auch die englische Rechtspolitik dieser Zeit konnte sich den durch den *Code de commerce* geschaffenen Fakten nicht entziehen. Entlang der gesetzgeberischen Aktivitäten entfaltete sich dann auch die theoretische Debatte um Sinn und Unsinn der beschränkten Gesellschafterhaftung. Die Diskussion hatte in der Folge häufig eher (rechts)politischen als akademischen Charakter. Sie erfolgte zwar jeweils im nationalen Rahmen zumeist mit Blick auf die Projekte des „eigenen" Gesetzgebers. Jedoch finden sich immer wieder Inbezugnahmen auch ausländischer Debattenbeiträge. Daher erscheint es auch für die moderne Entwicklung der „limited liability revolution" durchaus passend, von einer transnationalen Erscheinung zu sprechen.[94] Es handelt sich gleichsam um eine transnationale „Gemeinschaftsdebatte", zu der die Debatten in den verschiedenen Ländern in unterschiedlicher Weise beigetragen haben.

Die folgende Darstellung beschränkt sich dabei auf die Debatten (1.) in Frankreich, (2.) England und (3.) Deutschland. Die U.S.-amerikanische Debatte bleibt für

---

91 S. etwa *K. Lehmann*, aaO (Fn. 17), S. 3: „wichtigste Etappe in der Entwicklung des Aktienrechts"; aus neuerer Zeit etwa *J. Meyer*, aaO (Fn. 15), S. 216 f.
92 S. hier nur *J. Meyer*, aaO (Fn. 15), S. 217.
93 S. statt vieler etwa *Bainbridge/Henderson*, aaO (Fn. 2), S. 26 f.
94 Vgl. aus wirtschafts- und sozialhistorischer Perspektive auch *Djelic*, Organization Studies 34 (5–6) (2013), 595, 616: „Our understanding of limited liability revolution would benefit from exploring the debates that took place elsewhere – and particularly in France, Prussia and the United States. In fact, the story of limited liability is in part a transnational story. Beyond a simple cross-country comparison, we need to identify the transnational mechanisms and challenges that connected national debates and developments."

diesen Zeitraum aus Platzgründen ausgespart.[95] Während Frankreich hauptsächlich wegen seiner Pionierleistung im *Code de commerce* von 1807 betrachtenswert erscheint, zeichnet sich vor allem die englische Debatte durch besonders gehaltvolle und seinerzeit innovative Beiträge aus. Die deutsche Debatte vollzieht dabei eher die andernorts bereits vorgetragenen Argumente nach und versucht teilweise dogmatische Erwägungen in die Diskussion einzuführen. Echten Originalitätswert hat freilich das GmbH-Projekt zum Ende des Jhdt., dessen begleitende Debatte hier daher skizziert wird.

1. Der *Code de commerce* von 1807: Pionierleistung ohne Debatte

a) Die Regelungen des *Code de commerce*

Der *Code de commerce* regelte zwei Gesellschaftsformen mit beschränkter Gesellschafterhaftung. Für die *société en commandite simple* sowie ihre Variante, die *société en commandite par actions*, war die beschränkte Haftung der Kommanditisten bzw. der Kommanditaktionäre bereits zuvor anerkannt[96] und wurde dann im *Code* festgeschrieben.[97] Hier wie dort war sie daran gebunden, dass sich die Kommanditisten bzw. Kommanditaktionäre nicht in die Geschäftsführung und Vertretung der Gesellschaft einmischten (Art. 27 und 28).[98] Diese Haftungsbeschränkung war ohne staatliche Konzessionierung zu haben.[99] Darüber hinaus regelte der *Code de commerce* die *société anonyme*[100] und schrieb erstmals die beschränkte Aktionärshaftung in Art. 33 fest. Dort hieß es: „Les associés ne sont passibles que de la perte du montant de leur intérêt dans la société." Freilich war allein die gesetzliche Festschreibung das Novum. Die Haftungsbeschränkung der Aktionäre entsprach der gängigen Klauselpraxis, wurde aber von den Gerichten nicht durchgehend anerkannt.[101] Den mit der Haftungsbeschränkung verbundenen Gefahren für

---

95 S. dazu aber den Überblick bei *Fleischer*, ZGR 2016, 36, 50; zu den US-amerikanischen Debattenbeiträgen im 20. Jhdt. noch unter IV.2.
96 S. hierzu *J. Meyer*, aaO (Fn. 15), S. 219 unter Verweis auf *Lévy-Bruhl*, Histoire juridique des sociétés de commerce en France aux XVIIe et XVIIIe siècles, 1938, S. 45 f. und 243 f.
97 *J. Meyer*, aaO (Fn. 15), S. 75 f., 224. Art. 26 Code de commerce 1807 lautete: L'associé commanditaire n'est passible des pertes que jusqu'à concurrence des fonds qu'il a mis ou dû mettre dans la société.
98 S. auch *J. Meyer*, aaO (Fn. 15), S. 76, 224.
99 *J. Meyer*, aaO (Fn. 15), S. 224.
100 Knappe Skizze der zugehörigen Regelungen bei *K. Lehmann*, aaO (Fn. 17), S. 68 f.
101 S. nur *K. Lehmann*, aaO (Fn. 17), S. 67, der in Fn. 2 aus der Abhandlung des Zeitgenossen *Vincens* zitiert; vgl. auch *J. Meyer*, aaO (Fn. 15), S. 220 f.

Gläubiger und Anleger wurde mit der Regelung in Art. 36 begegnet, welche die Entstehung einer *société anonyme* an eine staatliche Konzession knüpfte.[102]

b) Die (fehlende) Debatte

So wirkmächtig die neuen Regelungen des *Code de commerce* von 1807 zur beschränkten Gesellschafter-, insbesondere Aktionärshaftung waren, so fehlt es im Vorfeld der Kodifizierung an einer nennenswerten Debatte über dieses Thema. Die Einbeziehung der Aktiengesellschaft in das Kodifizierungsprojekt ging auf einen Kommissionsvorschlag zurück, der unter der Leitung und dem maßgeblichen Einfluss des Politikers und Richters *Gorneau* zustande kam.[103] Dabei war die Aktiengesellschaft im juristischen Schrifttum des ausgehenden 18. Jhdt. weithin ignoriert worden.[104] Und auch die im Rahmen des Gesetzgebungsverfahrens konsultierten Behörden[105] äußerten sich nur vereinzelt zur Haftungsbeschränkung der *société anonyme*, ohne diese grundsätzlich in Frage zu stellen. Im Fokus der Debatte stand vielmehr die Frage nach der Konzessionspflicht.[106] Die fehlende Diskussion um die Haftungsbeschränkung schreibt das Schrifttum heute insbesondere dem Umstand zu, dass der *Code de commerce* sowohl in Bezug auf die *société en commandite par actions*, aber eben auch in Bezug auf die *société anonyme* lediglich gesetzlich festschrieb, was in der Praxis bereits geübt wurde.[107] Den Anlass für diese Festschreibung lieferte eine widersprüchliche Gesetzgebung der Revolutionsjahre, die zwischen strikten Verboten und liberalem *laissez-faire* oszillierte und damit vor allem Unsicherheit hinterlassen hatte.[108]

c) Die weitere Entwicklung

Die praktische Bedeutung des im *Code de commerce* niedergelegten Aktienrechts mit seiner beschränkten Gesellschafterhaftung blieb wegen der restriktiven Kon-

---

102 Vgl. *J. Meyer*, aaO (Fn. 15), S. 224: damit blieb die Haftungsbeschränkung „unter Verschluss".
103 S. *J. Meyer*, aaO (Fn. 15), S. 221f. m.w.N.
104 S. die Nachweise bei *K. Lehmann*, aaO (Fn. 17), S. 66.
105 S. dazu die Observations des Tribunaux de Cassation et d'Appel, des Tribunaux et Conseils de commerce, etc. sur le Projet de Code du commerce, Tomes I et II, An XI (1802/1803).
106 S. dazu die Zusammenfassung bei *K. Lehmann*, aaO (Fn. 17), S. 70; auch *J. Meyer*, aaO (Fn. 15), S. 222.
107 S. wiederum nur *K. Lehmann*, aaO (Fn. 17), S. 67, 70; *J. Meyer*, aaO (Fn. 15), S. 222.
108 Pointiert *K. Lehmann*, aaO (Fn. 17), S. 67; ähnlich *J. Meyer*, aaO (Fn. 15), S. 221.

zessionspraxis der folgenden Dekaden zunächst gering.[109] Unternehmensgründer wichen daher auf die Gründung der *société en commandite par actions* aus und setzten dabei nicht selten einen Strohmann als Komplementär ein.[110] Der Wirtschaftsboom in den 1830er Jahren führte nicht nur zur Gründung von *sociétés en commandite par actions* mit riesigen Kapitalvolumina, sondern zog auch ungehemmte Spekulation nach sich („fièvre des commanditistes").[111] Ein Gesetzentwurf von 1838 wollte angesichts der Missbräuche die *société en commandite par actions* gleich ganz verbieten, scheiterte aber. Auf einen weiteren Spekulationsboom Mitte der 1850er Jahre folgte das Gesetz vom 17. Juli 1856 über die *société en commandite par actions*, welches die Zügel straffte, indem es Kapitalaufbringungsregeln einführte und die Übertragbarkeit der Anteile an die Erfüllung dieser Regeln knüpfte.[112] Unter dem Eindruck der englischen Gesetzgebung[113] geriet das Konzessionssystem in Frankreich immer stärker unter Druck. Zunächst wurde durch Gesetz vom 23. Mai 1863 die konzessionsfreie *société à responsibilité limitée* eingeführt. Die vollständige Wende brachte dann die *loi des sociétés* vom 24. Juli 1867. Auch die *société anonyme* konnte nun ohne Konzession gegründet werden.[114]

2. Die englische Debatte: eine argumentative Schatzkiste mit (früh)ökonomischen Preziosen

Während der französische *Code de commerce* von 1807 den Impuls für eine europaweite Kodifikation der haftungsbeschränkten Aktiengesellschaft gab, blieb es dem englischen Gesetzgeber vorbehalten, die entscheidende Bresche für die Konzessionsfreiheit der Aktiengesellschaft zu schlagen. Und erst mit dem Abstreifen der „Konzessionsfessel" konnte die AG als Gesellschaftsform Breitenwirkung entfalten.

---

109 Ausführlich *J. Meyer*, aaO (Fn. 15), S. 224 ff.; ferner etwa *Bainbridge/Henderson*, aaO (Fn. 2), S. 26 f.
110 *K. Lehmann*, aaO (Fn. 17), S. 71.
111 *K. Lehmann*, aaO (Fn. 17), S. 71 nennt für 1838 die Zahl von 1000 *SCpA* mit einem Kapital von über einer Milliarde Francs; daran anknüpfend *J. Meyer*, aaO (Fn. 15), S. 226 f.
112 Diese Regeln wurden später in das Gesetz von 1867 übernommen und hatten auch Modellcharakter für die spätere deutsche Aktiengesetzgebung; s. *J. Meyer*, aaO (Fn. 15), S. 229.
113 Dazu sogleich unter III.2.a.
114 S. *Bainbridge/Henderson*, aaO (Fn. 2), S. 27: „Not until France passed a general incorporation statute in 1867 did the modern idea of limited liability as a general rule for all corporate activity take root in France."; zum Ganzen knapp *K. Lehmann*, aaO (Fn. 17), S. 71 f. und *J. Meyer*, aaO (Fn. 15), S. 229 f. m.w.N.

a) Die englische Gesetzgebung zur *joint-stock company* im 19. Jhdt.

In der ersten Hälfte des 19. Jhdt. sahen die Dinge in England indes weniger günstig für die konzessionsfreie und zugleich haftungsbeschränkte Aktiengesellschaft aus. Zu Beginn galt noch der *Bubble Act* von 1720, der mithilfe von Strafandrohungen die traditionelle Regelung des *common law* durchzusetzen suchte, wonach alle nicht staatlich inkorporierten Verbände als *partnership* mit unbeschränkter Haftung der *partners* anzusehen waren und daher nicht als *joint-stock company* auftreten durften.[115] Die weitgehende Aufhebung des *Bubble Act* im Jahre 1825 schuf zwar einige Erleichterungen, änderte an der Einordnung als *partnership* samt unbeschränkter Gesellschafterhaftung indes nichts.[116] Es bedurfte vielmehr des Gesetzgebers, um die konservative, ja feindselige Haltung der Gerichte gegenüber nicht staatlich inkorporierten *companies* zu überwinden.[117] Ein wesentlicher Schritt war der maßgeblich durch den seinerzeitigen *President of the Board of Trade* und späteren Premierminister *William Ewart Gladstone* beeinflusste[118] *Joint-Stock Companies Regulation and Registration Act* von 1844, der vom Konzessions- auf ein Normativsystem mit Registrierungszwang umschwenkte, ohne aber die unbeschränkte Gesellschafterhaftung im Grundsatz anzutasten.[119] Den „formalen Durchbruch" führte schließlich der *Limited Liability Act* von 1855[120] herbei, der unter Ausnahme bestimmter Branchen die statutarische Haftungsbeschränkung zuließ, sofern bestimmte Voraussetzungen eingehalten wurden (mindestens 25 Mitglieder, die Anteile in Höhe von mindestens £10 halten und 20% der Einlage eingezahlt haben; Firmierung als *limited*; Auflösung und Liquidation bei Verlust von 75% des Kapitals).[121] Seine praktische Wirkung blieb jedoch bescheiden.[122] Dies änderte sich mit der Liberalisierung des Registrierungsverfahrens und der Aufhebung der Kapitalsicherungsregeln durch den *Joint-Stock Company Act* von 1856[123]

---

115 *K. Lehmann*, aaO (Fn. 17), S. 84; *Bainbridge/Henderson*, aaO (Fn. 2), S. 29.
116 *K. Lehmann*, aaO (Fn. 17), S. 84.
117 S. dazu, insbesondere zur Rolle des damaligen Lord Chancellor *Eldon*, *Shannon*, Econ. Hist. 2 (1931), 267, 271 mit Fn. 4; *J. Meyer*, aaO (Fn. 15), S. 240 m.w.N.
118 S. den *Gladstone report*, 1844 P.P.R., Vol. VII, 119 ff.; hierzu wiederum *J. Meyer*, aaO (Fn. 15), S. 240 m.w.N.
119 7 & 8 Victoria I, c. 110; s. dazu *K. Lehmann*, aaO (Fn. 17), S. 84 f.; *J. Meyer*, aaO (Fn. 15), S. 241.
120 19 & 20 Victoria I, c. 133.
121 S. dazu etwa *J. Meyer*, aaO (Fn. 15), S. 246 sowie *K. Lehmann*, aaO (Fn. 17), S. 84. Für eine andere Einordnung aber neuerdings *Harris*, J. Inst. Econ. 16 (2020), 643, 660: „[T]he Limited Liability Act 1855 in Britain was *not* a watershed in the history of this attribute."
122 *Amsler/Bartlett/Bolton*, Hist. Pol. Econ. 13 (1981), 775, 787: „was largely a dead letter owing to the defectiveness of the 1844 act."
123 19 & 20 Victoria I, c. 47.

sowie die Herabsetzung der Mindestmitgliederzahl auf sieben durch den *Companies Act* von 1862[124].[125] Nachfolgende Krisen, insbesondere die durch den Zusammenbruch der Londoner Bank *Overend, Gurney & Company* ausgelöste „Panik von 1866", gaben zwar Anlass zur Kritik an dieser liberalen Gesetzgebung, konnten die beschränkte Gesellschafterhaftung als Bestandteil des englischen *Company Law* aber nicht mehr grundsätzlich in Frage stellen.[126]

b) Frühe ökonomische Argumente für und wider die Haftungsbeschränkung

Wirkmächtige argumentative Hilfe erhielt die frühe Reserve gegen die unbeschränkte Gesellschafterhaftung in England durch *Adam Smith*.[127] In der bereits zitierten Textpassage über die *joint-stock companies* in seinem Hauptwerk „The Wealth of Nations"[128] mahnte er vor den Anreizproblemen, die sich aus der Trennung von Eigentum und Kontrolle („negligence and profusion") sowie der beschränkten Haftung der Anleger („adventurers") ergeben.[129]

Neue Impulse für die ökonomische Debatte über die beschränkte Gesellschafterhaftung lieferte der vom Parlament in Auftrag gegebene *Belleden Ker*-Report von 1837 „to inquire into the present state of the Law of Partnership [...] and to consider whether it would be expedient to introduce a law, authorising persons to become partners in trade with a limited responsibility, similar to the French Law of *partnership en commandite* [...]."[130] Mit Blick auf die Frage der beschränkten Haftung sind die dort präsentierten Stellungnahmen von *Thomas Tooke* und *Nassau William Senior* von besonderem Interesse.[131] *Tooke* betrachtete es als „praktische Frage", ob

---

124 25 & 26 Victoria I, c. 89.
125 S. zum Stock Company Act von 1856 etwa *Amsler/Bartlett/Bolton*, Hist. Pol. Econ. 13 (1981), 775, 788 (dort auch zu den Schwächen des Registrierungsregimes); zum Ganzen ferner etwa *J. Meyer*, aaO (Fn. 15), S. 246.
126 S. dazu *Djelic*, Organization Studies 34 (2013), 595, 616. S. zur späteren Kritik noch u. unter III.2.d.
127 S. auch *Amsler/Bartlett/Bolton*, Hist. Pol. Econ. 13 (1981), 775, 780–781: „The starting point of all subsequent assessments of joint-stock companies by the classicals is found in Book V of *The Wealth of Nations*. [...] An examination of the writings of British economists for the half-century following Smith discloses no serious attention to questions of either joint-stock-companies or limited liability arrangements. Any passing comments concerning these issues were entirely Smithian."
128 CH. I, PT. III, 799–800 (Modern Library Ed. 1994). S. dazu oben unter II.2.b bei Fn. 82.
129 Zusammenfassend auch *Amsler/Bartlett/Bolton*, Hist. Pol. Econ. 13 (1981), 775, 780–781.
130 Zitiert nach *du Plessis*, Company Lawyer 30 (2009), 45, 50; zusammenfassend zum *Ker*-Report auch *Amsler/Bartlett/Bolton*, Hist. Pol. Econ. 13 (1981), 775, 781–784.
131 S. zum Folgenden die geraffte Darstellung bei *Amsler/Bartlett/Bolton*, Hist. Pol. Econ. 13 (1981), 775, 781–784.

man per Gesetz einen freien Zugang zu *partnerships en commandite* schaffen sollte oder nicht. Im Ergebnis war er gegen einen solchen Zugang. Würde man eine solche Möglichkeit der Haftungsbeschränkung Familienunternehmen zugestehen, könnte man sie Publikumsgesellschaften und *joint-stock companies* nicht ernsthaft verwehren. Die Gesellschaftsformen mit beschränkter Haftung würden in der Folge solche mit unbeschränkter Haftung verdrängen, weil sich mit ihnen leichter Kapital einsammeln ließe. Die reduzierte Risikosensibilität der Anleger machte wiederum kostspielige Regulierung nötig und würde Kapital von Unternehmensformen wegleiten, die bereits jetzt ohne solche Regulierung mit einem niedrigeren Haftungsrisiko werben könnten.[132] Zwar erkannte *Tooke* an, dass eine beschränkte Haftung das Vermögen privater Sparer für produktive Zwecke mobilisieren könnte, hielt dies aber angesichts eines ausreichenden Kapitalangebots für englische Unternehmen für nicht entscheidend.[133] Insgesamt kam er daher zu dem Fazit, dass

> „the privilege would operate as a distinct inducement to individuals for the preference of a mode of business which in its tendency might be less advantageous to the general interests of the trade than that which it superseded. The privilege might operate in the way of a premium sufficient to induce a use of the inferior, instead of the better instrument, for carrying on the trade of the country."[134]

Für einen breiten Zugang zu Gesellschaftsformen mit beschränkter Haftung sprach sich hingegen *Nassau William Senior* aus. Er betonte deren positiven Effekt auf das Angebot von Kapital, insbesondere die Mobilisierung kleiner Vermögen für produktive Zwecke. Dieser Effekt sei jedenfalls bedeutender als umgekehrt die Schaffung von Kontrollanreizen durch eine unbeschränkte Haftung. Auch könne die Mobilisierung kleiner Anlagesummen den Wettbewerb stärken, indem diese neu in den Markt eintretende Unternehmen mit hohem Kapitalbedarf finanzierten.[135]

Eine differenzierte, in der Tendenz wohlwollende Analyse der beschränkten Gesellschafterhaftung findet sich bei *John Stuart Mill* in seinen *Principles of Political Economy* von 1848.[136] In klarer Abgrenzung zu *Smith* preist *Mill* die Vorzüge der *joint-stock companies*, vor allem in Bezug auf die Mobilisierung hoher Kapitalsummen.[137] Deren von *Smith* beschriebene Nachteile (in Bezug auf die Trennung

---

132 S. *Amsler/Bartlett/Bolton*, Hist. Pol. Econ. 13 (1981), 775, 781–783 zur Argumentation von *Tooke*, der sich zusätzlich noch auf die *Smith*'sche Argumentationslinie stützte.
133 S. wiederum die Wiedergabe bei *Amsler/Bartlett/Bolton*, Hist. Pol. Econ. 13 (1981), 775, 783.
134 Zitat nach *Amsler/Bartlett/Bolton*, Hist. Pol. Econ. 13 (1981), 775, 783.
135 S. für die Wiedergabe der Argumentation von *Senior* wiederum *Amsler/Bartlett/Bolton*, Hist. Pol. Econ. 13 (1981), 775, 784.
136 S. zum Folgenden auch *Amsler/Bartlett/Bolton*, Hist. Pol. Econ. 13 (1981), 775, 784–785.
137 *Mill*, Principles of Political Economy, 1st ed., 1848, Book I Ch. IX § 2 (S. 164–165).

von Management und Eigentum)[138] hält *Mill* zwar für zutreffend, aber übertrieben dargestellt („over-statements of a true principle").[139] Als Remedur für das Agenturproblem verweist *Mill* etwa auf finanzielle Anreize („There are modes of connecting more or less intimately the interest of the employés with the pecuniary success of the concern."). Auch könne eine attraktive Bezahlung Kandidaten für die Geschäftsführung attrahieren, deren Fähigkeiten denen der Eigentümer überlegen seien.[140] Im Übrigen wollte *Mill* dem Wettbewerb der Rechtsformen freien Lauf lassen:

> „[W]henever competition is free its results will show whether individual or joint stock agency is best adapted to the particular case, since that which is most efficient and most economical will always in the end succeed in underselling the other."

Eine speziell auf die beschränkte Haftung gemünzte Überlegung zum Gläubigerschutz tritt seit der dritten Auflage des Werks von 1852 hinzu:

> „If a number of persons chose to associate for carrying on any operation of commerce or industry, agreeing among themselves and announcing to those with whom they deal that the members of the association do not undertake to be responsible beyond the amount of the subscribed capital; is there any reason that the law should raise objections to this proceeding, and should impose on them the unlimited responsibility which they disclaim? For whose sake? [...] It must [...] be for the sake of third parties; namely, those who may have transactions with the association, [...]. But nobody is obliged to deal with the association: [...]. The class of persons with whom such associations have dealings are in general perfectly capable of taking care of themselves, and there seems no reason that the law should be more careful of their interests than they will themselves be [...]."[141]

Bei *Mill* finden sich also bereits erste Anklänge an die Einsichten der *Contractarians* zur beschränkten Gesellschafterhaftung.[142]

Ein erklärter Gegner der beschränkten Gesellschafterhaftung war hingegen *John Ramsey McCulloch*, der als Vertreter der von *Smith* inspirierten *Ricardian School* vor wie nach den grundlegenden Gesetzesreformen der 1850er und 1860er Jahre die begrenzte Verantwortlichkeit der Anteilseigner verdammte.[143] Dabei ignorierte er auch in seinen späteren Werken die Argumente der Befürworter. Ganz

---

[138] S. dazu oben unter II.2.b. bei Fn. 84.
[139] *Mill*, Principles of Political Economy, 1st ed., 1848, Book I Ch. IX § 2 (S. 165–168).
[140] *Mill*, Principles of Political Economy, 1st ed., 1848, Book I Ch. IX § 2 (S. 168–169).
[141] *Mill*, Principles of Political Economy, ed. By W. J. Ashley, 1936, Book V Ch. IX § 6 (S. 900).
[142] S. dazu noch unten unter IV.2.b.
[143] S. zum frühen wie späten Werk von *McCulloch* die Hinweise bei *Amsler/Bartlett/Bolton*, Hist. Pol. Econ. 13 (1981), 775, 786–788.

in *Smith*'scher Manier ließ er sich etwa 1856 in seinen *Considerations on Partnerships with Limited Liability* wie folgt ein:

> „Most people engaged in business, as at present carried on, are impressed with the well-founded conviction that their interests will be best promoted by their preserving an unblemished reputation. And as they all act under the heaviest responsibility, the chances are ten to one that they will behave discreetly, fairly and honourably. But we can have no such guarantees for the conduct of partners in a society *en commandite*."[144]

c) Die politische Debatte um die Gesetze von 1855 und 1856

Wie konnte sich trotz der starken Opposition gegen die Haftungsbeschränkung, die sich zudem noch auf den weithin verehrten *Adam Smith* beziehen konnte, die beschränkte Gesellschafterhaftung im politischen Meinungskampf durchsetzen? Es war – in den Worten der Organisations- und Wirtschaftssoziologin *Djelic* – eine „coalition of the unlikely" zwischen (Wirtschafts-)Liberalen und der Arbeiter- und Sozialbewegung der Chartisten und *Christian Socialists*, welche dafür sorgte, dass die beschränkte Haftung in der *joint-stock company* gesetzlich festgeschrieben wurde.[145] Diese Koalition nahm hierbei das Anliegen investitionsbereiter Kreise auf, welche die bestehende Rechtslage als hinderlich kritisierten.[146]

Auf der politischen Bühne machten zunächst die Chartisten die beschränkte Haftung zur ihrer Sache, und zwar vor allem mit Blick auf die *partnership en commandite*.[147] In seinem Antrag auf Einsetzung einer Kommission ging es *Robert Aglionby Slaney* MP vom 17. Februar 1852 denn auch darum „to suggest measures to remove the obstacles which impede the investments of the humbler classes."[148] Andere, wie der Abgeordnete *Cobden*, ließen hingegen leise Zweifel an der Idee erkennen, dass sich die Arbeiterklasse in die Rolle des Kapitalisten begeben sollte. Indes sprach er sich auch für eine begrenzte Haftung aus, „because he thought it would diffuse capital in this country. It would attract capital from the wealthy into

---

144 *McCulloch*, Considerations on Partnerships with Limited Liability, 1856, S. 16.
145 *Djelic*, Organization Studies 34 (2013), 595, 614 et passim.
146 S. dazu etwa *Djelic*, Organization Studies 34 (2013), 595, 607 f; ferner *J. Meyer*, aaO (Fn. 15), S. 243: „Der Anstoß des Limited Liability Act war also nicht etwa eine Kapitalknappheit in den Industrieunternehmen [...]. Vielmehr wurde das Fehlen rentabler Kapitalanlagemöglichkeiten beklagt, und teilweise werden sogar einzelne anlagesuchende Kreise als treibende Kraft der Gesetzgebung gesehen."
147 S. dazu *Djelic*, Organization Studies 34 (2013), 595, 605.
148 Hansard, Vol. 119 Col. 668. Die Debatte wird dort unter „Working Classes – Law of Partnership" geführt.

the hands of the deserving and meritorious persons who could give profitable employment to that capital. [...] The complaint of the present law was, that it [...] prevented the marriage of skill and capital by means of limited liability".[149]

Die 1853 eingesetzte *Mercantile Laws Commission* versandte einen Fragebogen mit 31 Fragen an über 150 Stakeholder und informierte Personen zu deren Haltung gegenüber der Haftungsfrage.[150] Die Kommission erhielt hierauf 74 Antwortschreiben, hauptsächlich von Kaufleuten, Handelskammern und Anwälten, aber auch immerhin sechs von Wissenschaftlern („academics").[151] Insgesamt sprachen sich 43 für und 31 gegen eine Haftungsbeschränkung aus, wobei es ihnen vor allem um die Einführung einer *partnership en commandite* ging, teils aber auch um eine beschränkte Haftung der *joint-stock company*.[152]

Die Kommissionmitglieder waren in ihren Positionen ebenfalls gespalten, wobei sich eine Mehrheit von fünf gegen die Einführung einer beschränkten Gesellschafterhaftung aussprach, eine Minderheit von drei dafür. In ihrem 1854 veröffentlichten Bericht zeigt sich die Kommission hiervon unangenehm berührt. Sie sei „much embarrassed by the great contrariety of opinion. [...] Gentlemen of great experience and talent have arrived at conclusions diametrically opposite and in supporting these conclusions have displayed reasoning of the highest order."[153] Die im Bericht sodann präsentierten Argumente für und wider die beschränkte Gesellschafterhaftung gleichen den bereits zuvor von *Smith*, *Mill* und den Beiträgen im *Belleden Ker*-Report vorgetragenen.[154] Blickt man zunächst auf die Einwände gegen die Haftungsbeschränkung, lassen sich diese wie folgt zusammenfassen:[155] (1) Die unbeschränkte Haftung gründe auf dem natürlichen Gerechtigkeitsprinzip der individuellen Verantwortlichkeit. Wer als (Anteils-)eigner an den Gewinnen partizipiere, der habe auch die Verluste zu tragen.[156] Letztlich aus diesem – bei bloß beschränkter Haftung gestörten – Verhältnis von Chancen und Risiken ableitbar sind die Hinweise auf die Gefahren (2) der Gläubigerübervorteilung, (3) der exzessiven Spekulation und (4) des unfairen Wettbewerbs gegenüber Unternehmungen mit unbeschränkter Gesellschafterhaftung.[157] (5) Schließlich werde die Reputation

---

149 Hansard, Vol. 119 Col. 681–682. S. zum Ganzen auch *Bryer*, Econ. Hist. Rev. 50 (1997), 37, 40–41.
150 S. hierzu näher die Ausführungen bei *Bryer*, Econ. Hist. Rev. 50 (1997), 37, 42.
151 S. die bei *Bryer*, Econ. Hist. Rev. 50 (1997), 37, 43 wiedergegebene Tabelle.
152 *Bryer*, Econ. Hist. Rev. 50 (1997), 37, 43 m.N.
153 Report of the Commission on Mercantile Law, S. 5, zitiert nach *Djelic*, Organization Studies 34 (2013), 595, 609.
154 S.o. unter III.2.b.
155 S. zum Folgenden insb. *Bryer*, Econ. Hist. Rev. 50 (1997), 37, 45–52; ferner *J. Meyer*, aaO (Fn. 15), S. 245.
156 So das Kommissionsmitglied *Lord Curriehill*, s. dazu *Bryer*, Econ. Hist. Rev. 50 (1997), 37, 43.
157 S. näher *Bryer*, Econ. Hist. Rev. 50 (1997), 37, 47–48.

britischer Unternehmer beeinträchtigt, wenn sie nicht mehr mit ihrem gesamten Vermögen für die Schulden ihrer Unternehmung einstünden.[158] Die Befürworter der beschränkten Haftung verwiesen demgegenüber (1) auf verbesserte Investitionsanreize durch die Risikobegrenzung für passive Anleger[159] sowie (2) die Privatautonomie der Gesellschafter und Gläubiger, die nicht durch gesetzliche Beschränkungen gegängelt werden sollten.[160] Der Befürchtung exzessiver Spekulation wird damit begegnet, dass (3) auch riskante Anlagen mit positivem Erwartungswert sozial erwünscht sein können.[161] Dem Einwand unfairen Wettbewerbs hält der liberale Parlamentarier *Robert Lowe* in seiner Stellungnahme (4) das schon bekannte Argument von *Mill*[162] entgegen:

> „[Unrestricted competition by allowing for limited liability] would break down one great obstacle to the *competition of capital with capital.* As a free-trader I can see nothing but good in increased competition, and if the result of it should be [...] to drive small traders and partnerships with unlimited liability out of the field, *this could only be by cheapening production,* from which the public would gain far more than individuals would lose."[163]

Das mehrheitliche Votum der Kommission gegen die Einführung einer beschränkten Gesellschafterhaftung hat freilich das von liberalen Politikern erzeugte Momentum für eine solche Haftung nicht bremsen können. Der hier zitierte *Robert Lowe* gilt als bedeutendster dieser liberalen Unterstützer einer Reform und wurde später auch als „the father of modern company law" apostrophiert.[164] Als die liberale Regierung von Lord *Palmerston* im Januar 1855 ins Amt kam, bot sich die politische Gelegenheit, eine größere Reform des Gesellschaftsrechts in die Tat

---

158 S. dazu *J. Meyer,* aaO (Fn. 15), S. 245.
159 Hierzu hatte sich auch bereits *J. S. Mill* geäußert, der dies mit einer besseren Bonität der Anleger verband und sich dabei insgesamt gegen *Adam Smith* wandte: „[Unlimited liability – so the argument – had] the effect of preventing prudent and cautious persons who would be the best managers [...] from entering into [an association. ... In contrast], supposing a dozen individuals were to associate together, if they could show that they were not at the mercy of any dishonest member of the association, they could offer better security for advances of capital than they can now." [zitiert nach *Djelic,* Organization Studies 34 (2013), 595, 606.
160 S. wiederum *Bryer,* Econ. Hist. Rev. 50 (1997), 37, 48–49 unter Verweis auf Äußerungen von *Bramwell* und *Lowe. J. Meyer,* aaO (Fn. 15), S. 245 bezeichnet letzteren Gedanken als „laissez-faire", das der „liberalistischen Grundhaltung" der Zeit geschuldet sei. Tatsächlich finden sich hier Anklänge an *Mill* (s. bei Fn. 140).
161 Dazu *Bryer,* Econ. Hist. Rev. 50 (1997), 37, 49–50, der die Verbindung zur modernen Portfoliobetrachtung zieht.
162 S. o. bei Fn. 140.
163 So *Lowe* im Kommissionsbericht auf S. 84, zitiert nach *Bryer,* Econ. Hist. Rev. 50 (1997), 37, 51.
164 *Micklethwait/Woolridge,* The Company: A Short History of a Revolutionary Idea, 2003, S. 51.

umzusetzen. In zwei Etappen wurden insgesamt vier Gesetzesvorhaben (*bills*) auf den Weg gebracht, von denen zwei, welche die *joint-stock company* zum Gegenstand hatten, erfolgreich waren und in den *Limited Liability Act* 1855 bzw. den *Joint-Stock Companies Act* von 1856 mündeten. Die anderen beiden Vorhaben, welche die *partnership* (*en commandite*) zum Gegenstand hatten, scheiterten indes.[165]

d) Das Echo auf die Gesetzesreformen von 1855/56 und die weitere Entwicklung

Die Kontroverse um die beschränkte Haftung war mit den Gesetzesakten von 1855/56 (sowie der weiteren Gesetzgebung) natürlich nicht beigelegt. Die *Law Times*, das konservative Wochenblatt für Juristen in diesen Tagen, beklagte in Reaktion auf das Gesetz von 1856:

> „The new joint-stock companies Act not merely introduces a novelty into morals and commerce – it is as strange in form as it is monstrous in conception [...]. Every protection, which the former law had provided against fraud, folly and abuse, has been swept away."[166]

Von solcher Kritik unbeeindruckt kam es bis in die Mitte der 1860er Jahre zu zahlreichen Neugründungen von Gesellschaften mit beschränkter Haftung.[167] Diese Entwicklung wurde erst durch die besagte Krise Mitte der 1860er Jahre gedämpft, welche der Zusammenbruch der Londoner Bank *Overend, Gurney & Company* auslöste („Panic of 1866").[168]

3. Die deutsche Debatte zwischen Dogmatik, ökonomischer Funktionalität und politischen Interessen

Die Entwicklung in den deutschen Territorien ist von den Reformen in Frankreich und England und den sie begleitenden Debatten nicht unbeeinflusst geblieben.[169] Hinzu traten die gesamtdeutsche Debatte um die Rechtsvereinheitlichung auch im

---

[165] S. dazu zusammenfassend *Djelic*, Organization Studies 34 (2013), 595, 612–613.
[166] Law Times, 1856, S. 205, zitiert nach *Djelic*, Organization Studies 34 (2013), 595, 615.
[167] S. die Zahlen bei *J. Meyer*, aaO (Fn. 15), S. 246.
[168] S. wiederum *Djelic*, Organization Studies 34 (2013), 595, 616. S. hierzu bereits oben unter III.2.a. a.E.
[169] Weitergehend *Schubert*, ZGR 1981, 285, 289, wonach „die frühe deutsche Aktiengesetzgebung ganz im Banne der ausländischen Vorbilder stand"; ferner etwa *Baums*, aaO (Fn. 15), S. 23 ff., 36; zum Einfluss des *Code de commerce* auch *J. Meyer*, aaO (Fn. 15), S. 81 ff. m.w.N.

Handelsrecht sowie im späten 19. Jhdt. die Diskurse um gesellschaftsrechtliche Projekte der Reichsgesetzgebung. Angesichts der Fülle an Reformen und Reformvorhaben im Deutschland des 19. Jhdt. müssen sich die folgenden Ausführungen auf Debatten und Debattenbeiträge von besonderer Bedeutung beschränken. Im Weiteren wird daher die Diskussion um das Preußische Aktiengesetz von 1843 erörtert (a.), wesentliche Entwicklungen bis zur Novelle 1884 nachgezeichnet (b.) sowie die Debatte um die Einführung der GmbH im ausgehenden 19. Jhdt. geschildert (c.).

a) Die Debatte um das Preußische Aktiengesetz von 1843

Während das naturrechtlich inspirierte preußische ALR noch wenig zum Thema der beschränkten Gesellschafterhaftung zu sagen hatte,[170] galt in den im Zuge des Wiener Kongresses Preußen zugeschlagenen rheinischen Gebieten größtenteils der *Code de commerce* mit seinen Regelungen zur *société en commandite* (*par actions*) und zur *société anonyme*.[171] Die Geltung des französischen Rechts auch in einigen Gebieten Preußens verschärfte den Wettbewerb mit dem preußischen Recht und gab einen wichtigen Impuls zur Rechtsmodernisierung und -vereinheitlichung, in dessen Zuge der *Code de commerce* in Preußen abgeschafft werden sollte.[172] Die Reformbemühungen mündeten schließlich in das Preußische Gesetz über die Aktiengesellschaften vom 9. November 1843.[173] Der Weg zu diesem Gesetz war lang und steinig.[174]

aa) Das Gutachten der Ältesten der Berliner Kaufmannschaft von 1829
Für die Haftungsfrage ist zunächst ein Gutachten der Ältesten der Berliner Kaufmannschaft von 1829 bedeutsam, das mit bemerkenswert pragmatischer Argumentation der beschränkten Aktionärshaftung das Wort spricht.[175] Nach Ansicht des Gutachtens besteht die „Grundidee, und mithin das Wesen der Actien-Gesell-

---

170 S. den konzisen Überblick bei *Baums*, aaO (Fn. 15), S. 15 ff.; *J. Meyer*, aaO (Fn. 15), S. 249 ff., der insbesondere darauf hinweist, dass unter Geltung des ALR „[d]ie Haftungsbeschränkung [...] nicht aus der inneren körperschaftlichen Struktur der Gesellschaft abgeleitet, sondern als Ausnahme vom allgemeinen Recht angesehen [wurde]."
171 S. dazu etwa *Baums*, aaO (Fn. 15), S. 26.
172 *Baums*, aaO (Fn. 15), S. 26.
173 Gesetz-Sammlung für die Königlichen Preußischen Staaten, 1843, Nr. 31; abgedr. in *Baums*, aaO (Fn. 15), S. 211 ff.
174 Dazu ausführlich *Baums*, aaO (Fn. 15), S. 29 ff.; ferner *J. Meyer*, aaO (Fn. 15), S. 255 ff.
175 Abgedruckt bei Gans (Hrsg.), Beiträge zur Revision der Preußischen Gesetzgebung, 1832, S. 177 ff.; s. zum Ganzen auch *J. Meyer*, aaO (Fn. 15), S. 255 f.

schaft, [...] in der durch Vertrag bewirkten Vereinigung mehrerer Geldmittel, ohne daß, wie bei anderen Gesellschaften, die Gesellschafter zugleich ihre geistige Thätigkeit, ihre Arbeiten und Bemühungen zur Erlangung des gemeinschaftlichen Endzwecks, vereinigen und ohne daß sie für die übernommenen Geschäfte persönlich oder weiter als mit dem eingelegten Capital haften."[176] Diese beschränkte Haftung wird als „wesentliche Bedingung ihrer Existenz" apostrophiert, „ohne welche sie fast nimmer zu Stande kommen" würde.[177] Dogmatischer Ausgangspunkt ist die Handelssozietät, wobei die Eigentümlichkeit der AG darin bestehe, dass anders als dort „alle Mitglieder eigentlich stille Gesellschafter [sind]; keiner haftet höher und anders, als mit dem Betrage der Actie".[178] Bei der AG mangele es daher zwar an der Disziplinierungswirkung der persönlichen Haftung der *socii*, und dieses Manko könne für das Publikum gefährlich werden. Indes könne „auch füglich wohl dadurch für die Sicherheit des Publici gesorgt werden, daß man die Publicität des Gesellschaftsvertrages jeder Actien-Gesellschaft zur Pflicht macht. Die Erlangung der Rechte einer moralischen Person, wie das Landrechte letztere bestimmt, entspricht dem hier ausgedeuteten Zweck nicht, und es würde also dadurch nichts weiter erreicht seyn als Erleichterung der rechtlichen Möglichkeit, daß die Gesellschaft durch Vertreter repräsentiert werde."[179] Hinzu trat die Empfehlung, daß „[k]ein einzelner Actionair das Rechte [habe], in den Geschäftsbetrieb sich zu mischen [...]."[180] *Justus Meyer* bringt das im Gutachten Vorgetragene so auf den Punkt: „[D]ie Haftungsbeschränkung leitete [das Gutachten ...] dementsprechend nicht auf der Basis einer Korporations-, Fiktions- oder Genossenschaftstheorie ab. Die Haftungsbeschränkung wurde vielmehr in erster Linie als wirtschaftlich notwendige Vorbedingung gesehen und eher auf der Basis des allgemeinen Sozietätsrechts abgeleitet [...]."[181]

bb) Die Kontroverse in der Gesetzeskommission

In ganz ähnlicher Weise wie das Gutachten der Berliner Kaufmannschaft ließ sich später *Savigny* in seiner Eigenschaft als Minister der Gesetz-Revision vor dem Staatsrat am 14. Juni 1843 – und damit auf der Zielgeraden zum Gesetz über die Aktiengesellschaften – ein. Dort ließ der große Jurist wissen, dass die „Aktienvereine" mit den „Corporationen [...] eine geringere Verwandtschaft als mit den So-

---

176 Gans, aaO (Fn. 175), S. 177 f.
177 Gans, aaO (Fn. 175), S. 179.
178 Gans, aaO (Fn. 175), S. 181.
179 Gans, aaO (Fn. 175), S. 182.
180 Gans, aaO (Fn. 175), S. 187; dazu *J. Meyer*, aaO (Fn. 15), S. 255.
181 *J. Meyer*, aaO (Fn. 15), S. 256.

zietäten [hätten], bei denen stille Gesellschafter beteiligt seien. Alle Aktionäre dächten sich als stille Gesellschafter mit der Maßgabe, daß neben ihnen keine offene Gesellschaft, an welche sie sich angeschlossen, bestehe."[182] Dieser Einwurf geschah vor dem Hintergrund der bereits in der Gesetzeskommission kontrovers diskutierten Frage, ob die beschränkte Haftung der Gesellschafter über ein spezielles staatliches Privileg nur solchen Gesellschaften zukommen solle, die einen gemeinnützigen Zweck verfolgten. Die letztlich obsiegende Gegenposition ging davon aus, dass ein „Verein, um größere Rechte und Befugnisse, als die einer gewöhnlichen Handels-Societät zu erlangen, nach wie vor eines Privilegiums bedürfe", wollte ihm dann aber ohne weitere Anforderungen an den Zweck „die Befreiung von der persönlichen Verhaftung der Mitglieder zu Teil werden lassen".[183] Die strengere Linie vertraten die Staatsminister *Mühler* und *Graf von Alvensleben*. Sie meinten, es „könne unmöglich in die Willkühr einer Zahl gewinnlustiger Interessenten gestellt werden, mit ausgedehnten Unternehmungen aufzutreten und Gewinn zu suchen, ohne, bei mangelhafter Begründung oder schlechter Verwaltung des Unternehmens, denjenigen gerecht werden zu müssen, welche Anforderungen an sie zu richten hätten. Es würde dadurch auf Kosten der soliden Industrie dem Hange zu unbesonnener Spekulation Vorschub geleistet und Betrügereien Thor und Thür geöffnet."[184] Auch mit Blick auf „die an sich wohlbegründeten Aktien-Unternehmungen" könnten sich Bedenken ergeben, „daß die Aktiengesellschaften vermöge ihres Übergewichts an Kapital die einzelnen Gewerbe- und Handeltreibenden [...] ganz zu erdrücken, jede Konkurrenz zu beseitigen, und so zum Nachtheil des Gewerbe- und Handelsstandes wie des gesamten Publikums ein Monopol zu erlangen wissen möchten, wie hierüber in Belgien sich schon Klagen hätten vernehmen lassen."[185] Die Kommissionmehrheit hielt dem entgegen, dass es auf die Gemeinnützigkeit nicht ankomme, „da es sich eigentlich nicht davon handelt, die Aktiengesellschaften zu Kooperationen im Sinne des Landrechts zu machen, sondern nur davon, ihnen diejenigen Eigenschaften zuzugestehen, ohne welche sie ihre Zwecke nicht erreichen können".[186] Dieser Standpunkt wurde sodann durch eine rechtsvergleichende Umschau untermauert, die nicht nur auf das Recht Frankreichs, sondern auch auf die liberaleren Aktienrechte der Niederlande und Spaniens verwies. Hieran anschließend finden sich auch frühe Hinweise auf eine nicht

---

182 *Savigny*, Protokoll der 43. Sitzung des Königlichen Staatsrats, abgedr. in *Baums*, aaO (Fn. 15), S. 168, 170 f.; dazu näher *Baums*, aaO (Fn. 15), S. 32 f.
183 S. Motive zum Kommissionsentwurf vom 31.1.1840, abgedr. bei *Baums*, aaO (Fn. 15), S. 54 ff.
184 S. Motive zum Kommissionsentwurf vom 31.1.1840, abgedr. bei *Baums*, aaO (Fn. 15), S. 57.
185 S. Motive zum Kommissionsentwurf vom 31.1.1840, abgedr. bei *Baums*, aaO (Fn. 15), S. 57.
186 S. Motive zum Kommissionsentwurf vom 31.1.1840, abgedr. bei *Baums*, aaO (Fn. 15), S. 64; dazu auch *J. Meyer*, aaO (Fn. 15), S. 259.

allzu strikte Regelung aus Gründen des (Regulierungs-)Wettbewerbs.[187] Ferner werde durch eine persönliche Haftung der „ganze Zweck der Aktienvereine [...] vereitelt. Haftet der einzelne Actionair auch über den Betrag der Aktie mit seinem ganzen Vermögen; so hört das Verhältniß der Aktionaire auf, ein gleichmäßiges zu seyn. Die Gefahr ist dann für die Begüterten groß, für die Unvermögenden gering. Auf solche Bedingungen hin kann aber nicht eine große Anzahl von Mitgliedern zusammentreten."[188] Der Haupteinwand gegen ein allgemeines Prinzip der beschränkten Haftung sei aber, dass dies dem „Hange zum Aktienspiele" Vorschub leiste. Dieser verdiene zwar Beachtung. Da aber „die vorgeschlagene Maaßregel aus den obenerwähnten Gründen das Entstehen der Aktienvereine überhaupt unmöglich machen würde, [müsse] man zur Erreichung jenes Zweckes andere Mittel wählen [...]."[189]

cc) Weitere Stellungnahmen und Ergebnis der Debatte

In der Folge[190] eingeholte Gutachten steuerten weitere Argumente bei. So weist der Staatsminister *Schön* auf die beschränkte Möglichkeit der Verwalterkontrolle durch die Aktionäre hin, die eine Haftungsbegrenzung erforderlich machten.[191] Im Gutachten des Oberregierungsrats *Hoffmann* finden wir das Argument, dass eine beschränkte Haftung für einen liquiden Sekundärmarkt der Anteile erforderlich sei: „Aktienvereine können überhaupt nur dann eine weit umfassende und gedeihliche Wirksamkeit äußern, wenn die Regierung ihnen Korporationsrechte mit der Befugniß ertheilt, auf Inhabern oder doch sonst leicht veräußerlich gestellte Bescheinigungen der Theilnahme an ihnen auszugeben, wovon folgerecht unzertrennlich ist, daß jeder Theilnehmer nur mit dem Betrage des Werthes dieser Bescheinigung der Anstalt verhaftet bleibt."[192] *Savigny* gab in bereits erwähnter Staatsratssitzung noch zur Kenntnis, dass sich eine Haftungsbeschränkung der Gesellschafter auch „ohne Genehmigung des Staates und ohne Privilegien" erreichen lasse, nämlich durch eine entsprechende Vollmachtsbeschränkung des Ge-

---

187 S. Motive zum Kommissionsentwurf vom 31.1.1840, abgedr. bei *Baums*, aaO (Fn. 15), S. 65f.: „Ein Staat, welcher dies hindert, wirkt in doppelter Beziehung seinem eigenen Vortheil entgegen. Einmal nämlich entsteht die Folge, daß Kapitalien im Inlande auf Aktien zu derartigen Unternehmungen angelegt seyn würden, in's Ausland gehen; sodann aber werden mehrere Artikel, die hier produzirt werden könnten, aus dem Auslande eingeführt, weil sie im Inlande von Einzelnen entweder gar nicht oder zu einem höheren Preise fabrizirt werden."
188 Motive zum Kommissionsentwurf vom 31.1.1840, abgedr. bei *Baums*, aaO (Fn. 15), S. 68.
189 Motive zum Kommissionsentwurf vom 31.1.1840, abgedr. bei *Baums*, aaO (Fn. 15), S. 69.
190 Für einen näheren Überblick über den Gang der Gesetzgebung *Baums*, aaO (Fn. 15), S. 30f.
191 *Schön*, Gutachten vom 23.12.1841, abgedr. bei *Baums*, aaO (Fn. 15), S. 111.
192 *Hoffmann*, Gutachten vom 30.12.1841, abgedr. bei *Baums*, aaO (Fn. 15), S. 126.

schäftsführers.[193] Gleichwohl spricht sich *Savigny* für eine allgemeine Konzessionspflicht der Aktiengesellschaft aus. Die hierdurch einzuhegenden Gefahren „seien aber nicht auf seiten der Kreditoren, die auch auf den [...] bezeichneten Wegen benachteiligt werden könnten, sondern auf seiten der leichtgläubigen Aktionäre, die durch Spekulanten verleitet werden könnten, ihre Kapitalien zu opfern."[194]

Das Aktiengesetz von 1843 als Ergebnis der Debatte sah dann schließlich auch die Konzessionspflicht vor (§ 1). Durch die Genehmigung erhielt die AG die Eigenschaft als juristische Person (§ 8). Die Aktionäre hafteten nur beschränkt auf ihre Einlage (§ 15) und auch nur gegenüber der AG (§ 16). Abgesichert wurde dieses Regime durch Kapitalaufbringungs- und -erhaltungsregeln (§§ 11 ff., 17 f.) samt flankierender Vorstandshaftung (§ 20).[195]

b) Erkenntnisgewinne und Entwicklungen nach 1843 bis zur Aktiennovelle 1884

aa) Von der Konzessionierungspflicht zum System der Normativbestimmungen

Die weitere Entwicklung im 19. Jhdt. ist in Deutschland wie auch andernorts vor allem durch den Kampf um das Konzessionserfordernis geprägt. Wie gesehen wird dieses mit Blick auf die beschränkte Aktionärshaftung dreifach begründet, nämlich mit dem Schutz (1) der Gläubiger, (2) der Anleger und (3) der Konkurrenten.[196] Die strenge Genehmigungspraxis, etwa in Preußen, hinderte einen starken Aufwuchs an AG-Gründungen und führte teils zu Ausweichbewegungen hin zur KGaA.[197] Gleichwohl behielten die Verteidiger der Genehmigungspflicht einstweilen die Oberhand. Die Motive zum HGB-Entwurf von 1848/49[198] verwiesen in der Einleitung zum Kapitel über die Aktiengesellschaften auf alle drei Begründungsstränge für eine Konzessionspflicht, brachten aber nur den Gläubiger- und Anlegerschutz mit der beschränkten Haftung in Verbindung.[199] Das ADHGB von 1861 forderte dann nicht nur für die AG (Art. 207), sondern auch für die KGaA eine Genehmigung

---

193 *Savigny*, Protokoll der 43. Sitzung des Königlichen Staatsrats, abgedr. in *Baums*, aaO (Fn. 15), S. 168, 170 f.
194 *Savigny*, Protokoll der 43. Sitzung des Königlichen Staatsrats, abgedr. in *Baums*, aaO (Fn. 15), S. 168, 171.
195 S. auch *J. Meyer*, aaO (Fn. 15), S. 261.
196 S. soeben Fn 160 sowie *Würdinger*, Das Recht der Personalgesellschaften, 1. Teil: Die Kommanditgesellschaft, 1. Arbeitsbericht, 1939, S. 33 ff.
197 Dazu *J. Meyer*, aaO (Fn. 15), S. 270 f.
198 S. dazu im Überblick *Baums*, Entwurf eines allgemeinen Handelsgesetzbuches für Deutschland (1848/49), 1982.
199 Abgedruckt bei *Baums*, aaO (Fn. 198), S. 153 f.

(Art. 174). Die Protokolle verwiesen mit Blick auf Art. 189 ADHGB i.d.F. der ersten Lesung noch auf den Schutz des Publikums, wobei sich dies wohl eher auf die dort ebenfalls genannte Registereintragung bezog als auf das Genehmigungserfordernis.[200] Freilich konnten die Landesgesetze von der Genehmigungspflicht befreien (Art. 249 Abs. 1), wovon etwa Hamburg, Bremen, Lübeck, Baden, Württemberg und Sachsen Gebrauch machten, Preußen indes nur für die KGaA.[201] Das Konzessionsprinzip war damit bereits angezählt und fiel dann endgültig im Zuge der ADHGB-Novelle von 1870. Mit Blick auf die liberalen Rechte der deutschen Küstenstädte sowie die Aufgabe der Konzessionspflicht in England und Frankreich[202] schlug der preußische Handelsminister v. Itzenplitz die Freigabe der AG vor. Hierfür hatte er sich von *Paul Eck*, Ordinarius in Gießen, sowie *Karl v. Achenbach*, Vortragender Rat im preußischen Handelsministerium und Extraordinarius in Bonn, beraten lassen. *Eck* setzte sich dabei mit seinem Plädoyer für eine Freigabe durch. Seine wesentlichen Argumente finden sich dann auch später in den Motiven des Gesetzentwurfs.[203] Sie wenden sich gegen die drei tragenden Gründe für das bisherige Festhalten an der Konzessionspflicht. Allein der erste Grund war ein genuin juristischer: Die Kreierung einer juristischen Person – als solche sah man in der Preußischen Regierung die Aktiengesellschaft an[204] – sei nur mit staatlicher Genehmigung möglich. Hiergegen verwiesen die Motive nun auf die anderen konzessionsfreien Handelsgesellschaften, denen das Gesetz „alle wesentlichen Rechte einer juristischen Person in genau demselben Umfange beilegt, wie der Aktiengesellschaft".[205] Der zweite Grund – der Schutz des Publikums und der Gesellschaftsgläubiger gegen Schwindel und Unsolidität sei Pflicht des Staates – wurde mit einem aus heutiger Sicht ganz und gar unmodernen Argument gekontert: Diese „höchst wohlthätige Absicht" zur staatlichen Fürsorge sei – wie die Erfahrung lehre – „leider! unerreichbar." Dadurch aber, dass das Publikum auf die vom Staate ihm verheißene Fürsorge sich verlasse und in diesem Vertrauen der eigenen Mühe und Sorge sich entschlagen zu können glaube, wirke jene unerfüllbare Verheißung geradezu schädlich.[206] Man habe etwa in den Jahren 1855 und 1857 in Preußen trotz

---

200 Lutz (Hrsg.), Protokolle zum ADHGB, Teil 3, 1858, S. 1449 f.; s. dazu auch *J. Meyer*, aaO (Fn. 15), S. 279.
201 S. dazu *Schubert*, Vom Konzessions- zum Normativsystem, ZGR-Sonderheft 21, 2017, S. 2.
202 S. *Schubert*, ZGR 1981, 285, 289 ff.
203 S. zum Ganzen *Schubert*, aaO (Fn. 201), S. 3.
204 S. zur Debatte um die Rechtsnatur der AG noch unten unter III.3.b.cc.
205 Motive zum preußischen Entwurf zu einer Aktienrechtsnovelle (BR-Drucks. 86/1869 v. 31.5. 1869), abgedr. bei *Schubert*, aaO (Fn. 201), S. 54, 55.
206 Motive zum preußischen Entwurf zu einer Aktienrechtsnovelle (BR-Drucks. 86/1869 v. 31.5. 1869), abgedr. bei *Schubert*, aaO (Fn. 201), S. 54, 55.

Konzessionierungspflicht Zeiten des Aktienschwindels durchlebt, bei denen dem leichtgläubigen Publikum die erheblichsten Verluste vom Staate nicht erspart werden konnten. Die einzige Garantie gegen solche Verluste sei die eigene Vorsicht.[207] Dem dritten, auf die wettbewerbliche Übermacht der AG abstellenden Grund für eine Konzessionspflicht wurde schließlich mit Verweis auf die konzessionslose KGaA die Überzeugungskraft abgesprochen.[208] Dabei war man sich der Gefahr einer an die Liberalisierung anschließenden Phase des Aktienschwindels bewusst. Hierzu hieß es knapp: *„Möglich ist das Eintreten solcher Übergangskrisis allerdings; sie muss dann aber eben durchgemacht werden."*[209]

Die Reaktion auf die Gründerkrise von 1873 war dann allerdings nicht so gelassen. Berühmt ist die Tirade von *v. Jhering:* „Unter den Augen unserer Gesetzgeber haben sich die Actiengesellschaften zu organisierten Raub- und Betrugsanstalten verwandelt, deren geheime Geschichte mehr Niederträchtigkeit, Ehrlosigkeit, Schurkerei in sich birgt, als gar manches Zuchthaus, nur daß die Räuber und Betrüger hier statt in Eisen in Gold sitzen."[210] In diesem Sinne forderten einige die Abschaffung der Aktiengesellschaft (*Perrot*)[211], andere zumindest die Abschaffung der Haftungsbeschränkung (!) (*Tellkampf*)[212], wieder andere verwiesen auf die Vorzüge der KGaA (*Goldschmidt*)[213].[214] Auf dem 11. DJT im Jahr 1873 schlug man stattdessen ein „Reichsamt für das Aktienwesen" zur Überwachung der Aktiengesellschaften vor.[215] Eine Rückkehr zur Konzessionspflicht hielt man demgegenüber für nicht realisierbar.[216] Am Ende stand bekanntlich die Novelle von 1884 mit ihrer scharfen Gründerhaftung.[217]

---

207 Motive zum preußischen Entwurf zu einer Aktienrechtsnovelle (BR-Drucks. 86/1869 v. 31.5. 1869), abgedr. bei *Schubert*, aaO (Fn. 201), S. 54, 56.
208 Motive zum preußischen Entwurf zu einer Aktienrechtsnovelle (BR-Drucks. 86/1869 v. 31.5. 1869), abgedr. bei *Schubert*, aaO (Fn. 201), S. 54, 56 f.
209 Motive zum preußischen Entwurf zu einer Aktienrechtsnovelle (BR-Drucks. 86/1869 v. 31.5. 1869), abgedr. bei *Schubert*, aaO (Fn. 201), S. 54, 57.
210 *V. Jhering*, Der Zweck im Recht, Bd. 1, 1877, S. 222.
211 *Perrot*, Der Bank-, Börsen- und Actienschwindel, 1876, S. 120 ff.
212 *Tellkampf*, Vorschläge zur Verbesserung des Actien-Gesellschaftswesens, 1876, S. 30.
213 *Goldschmidt* in Schriften des Vereins für Socialpolitik (Hrsg.), Zur Reform des Aktiengesellschaftswesens, 1873, S. 29, 31.
214 Zum Ganzen *Großfeld*, aaO (Fn. 10), S. 143 ff.; knapp *J. Meyer*, aaO (Fn. 15), S. 281.
215 *Wachtel*, Verhandlungen des 11. DJT 1873, Bd. 2, S. 110 f.
216 *A. Wagner*, Jahrbücher für Nationalökonomie und Statistik, 21 (1873), S. 271 ff.; zum Ganzen wiederum *Großfeld*, aaO (Fn. 10), S. 145.
217 Dazu noch einmal *Großfeld*, aaO (Fn. 10), S. 147 ff.

bb) Unterscheidung von Kommanditgesellschaft und stiller Gesellschaft

Im Zuge der Gesetzgebung zum ADHGB von 1861 gelang der deutschen Doktrin eine wichtige systematische Klärung, die immerhin eine gewisse Berührung zur beschränkten Gesellschafterhaftung aufwies. Gemeint ist die Debatte um das Verhältnis von Kommanditgesellschaft und stiller Gesellschaft.[218] Der preußische Entwurf eines HGB von 1857 sprach allein von der stillen Gesellschaft. Seine Motive erklärten zur beschränkten Aktionärshaftung: „Die Bestimmungen dieses Artikels entsprechen den allgemeinen Rechtsgrundsätzen über die stille Gesellschaft [...]".[219] Im Zuge der Gesetzgebung zum ADHGB 1861 löste man die sich hier offenbarende Verschleifung von stiller Gesellschaft (im heutigen Sinne) und Kommanditgesellschaft auf. Erste Schritte zur theoretischen Trennung beider Kapitalbeteiligungsarrangements ging *Levin Goldschmidt* in seiner Kritik des Preußischen Entwurfs,[220] auch wenn er sich später als vehementer Kritiker der im ADHGB vorgenommenen Trennung der Regime von Kommanditgesellschaft und stiller Gesellschaft hervortat. Derer gab es viele, indes konnten sie die uns heute selbstverständliche Unterscheidung der beiden Rechtsverhältnisse im Gesetz nicht mehr verhindern.[221] Die beschränkte Aktionärshaftung ging künftig indes ohnehin andere Wege als die im preußischen Entwurf von 1857 der Sache nach gemeinte Haftung der Kommanditisten.

cc) Noch einmal: Verfasstheit als juristische Person und Haftungsbeschränkung

Gegenstand einer langwierigen Debatte nicht nur des 19. Jhdt. war auch die bereits angesprochene Frage[222], welche Bedeutung der Natur der Aktiengesellschaft als juristischer Person für die beschränkte Haftung zukommt. Wie gesehen, sah *Savigny* die AG als besondere Form der Sozietät an.[223] Auch der Geheime Justizrat und Göttinger Professor *Johann Heinrich Thöl* [224] wurde nicht müde, in den verschiedenen Auflagen seines Lehrbuchs zum Handelsrecht später gar in einem eigenen Abschnitt darauf hinzuweisen, dass die Aktiengesellschaft „nicht eine juristische

---

218 S. dazu ausführlich *Renaud*, Das Recht der Commanditgesellschaften, 1881, § 7 (S. 42 ff.); aus neuerer Zeit *Servos*, Die Personenhandelsgesellschaften und die stille Gesellschaft in den Kodifikationen und Kodifikationsentwürfen vom ALR bis zum ADHGB, 1984, S. 276 ff.
219 Preußischer HGB-Entwurf, 1857, Motive zu Art. 188 f. Dazu *J. Meyer*, aaO (Fn. 15), S. 276.
220 *Goldschmidt*, KritV 4 (1857), 289, 322 ff.
221 S. zum Ganzen die Darstellung bei *Servos*, aaO (Fn. 218), S. 284 ff.
222 S. o. unter III.3.a.
223 S. o. unter III.3.a. bei Fn. 182.
224 Ein kurzer Abriss zur Person *Heinrich Thöls* findet sich bei *Baums*, aaO (Fn. 198), S. 38 f.

Person" sei, sondern „die römische societas, aber diese modificirt".[225] Man hatte denn auch bereits im HGB-Entwurf von 1848/49, den *Thöl* maßgeblich mitgeprägt hatte, bewusst darauf verzichtet, die AG als juristische Person einzuordnen.[226] Vielmehr hieß es dort in Art. 80 Abs. 1: „Die Aktien-Gesellschaft ist als solche, und abgesehen von den einzelnen Aktionären, Subjekt von Rechten und Verbindlichkeiten." Daran änderte sich der Sache nach auch nichts unter dem ADHGB (s. dort Art. 213 Abs. 1 Hs. 1).[227] Die Gegenposition nahm etwa *Achilles Renaud* ein, der die Aktiengesellschaft entgegen *Thöl* und entsprechend dem heutigen Verständnis als juristische Person einordnete.[228] Die beschränkte Gesellschafterhaftung spielte für seine Argumentation indes keine wesentliche Rolle. Vielmehr sprach er lediglich davon, dass der „Actienverein" auch Schuldner sein könne und die Aktionäre, „welche [...] aus solchen Verbindlichkeiten [der AG ...] weder unbeschränkt, noch beschränkt, nämlich für den unbezahlten Betrag ihrer Actien, haften".[229] Ganz anders ließ sich später *Laband* Mitte der 1880er Jahre ein. Er wollte aus dem Satz „Eine juristische Person kann Schulden haben, eine Gesellschaft nicht." ableiten, dass „Vereinigungen, bei welchen das objektive Recht die Mitglieder von der Haftung für die zur Erreichung der Gemeinschaftszwecke eingegangenen Verbindlichkeiten befreit, [...] juristische Personen; Vereinigungen bei welchen Mitglieder als solche für die zur Erreichung der Gemeinschaftszwecke eingegangenen Verbindlichkeiten haften, [hingegen ...] Rechtsverhältnisse [sind]."[230] Dieses „Junktim zwischen juristischer Persönlichkeit und beschränkter Haftung"[231] stieß jedoch auf Widerspruch nicht nur bei *Thöl*, sondern auch bei anderen Zeitgenossen, wie etwa *Bekker* oder *Stobbe*. Letztere beiden können keine zwingenden Gründe gegen die Vereinbarkeit von Rechtspersönlichkeit des Verbands und persönlicher Haftung der Gesellschafter für die Schulden der juristischen Person ausmachen.[232] *Bekker* verweist hierfür ausdrücklich auf das „Ausland", welches Aktiengesellschaften mit persönlicher Haftung der Aktionäre kenne. Schon die Zeitgenossen *Labands* er-

---

225 *Thöl*, Das Handelsrecht, Erster Band, 6. Aufl. 1879, § 150 (S. 466 ff.); zuvor etwa *ders.*, Das Handelsrecht, Erster Band, 4. Aufl. 1862, § 44 (S. 274); zahlreiche N. zur Debatte finden sich ebenda, 6. Aufl. 1879, § 87 in Fn. 3 (S. 305).
226 S. Motive zum HGB-Entwurf 1848/89 (dort zu Art. 80), abgedr. in *Baums*, aaO (Fn. 198), S. 157.
227 Dort heißt es: „Die Aktiengesellschaft als solche hat selbstständig ihre Rechte und Pflichten". Zum Auslegungsstreit über diese Regelungen s. ROHG, Bd. 22 (1878), S. 239 ff. (dort offengelassen). In historischer Rückschau s. auch *J. Meyer*, aaO (Fn. 15), S. 279 f.
228 *Renaud*, aaO (Fn. 68), § 9 ff. (S. 133 ff.).
229 *Renaud*, aaO (Fn. 68), § 12 (S. 154).
230 *Laband*, ZHR 30 (1885), 469, 498 ff.
231 So die Formulierung bei *J. Meyer*, aaO (Fn. 15), S. 34.
232 *Bekker*, System des heutigen Pandektenrechts, I, 1886, S. 216 f.; *Stobbe*, Handbuch des Deutschen Privatrechts, Erster Band, 3. Aufl. 1893, S. 454 f. beide ausdrücklich gegen *Laband*.

kennen also, dass die Begründung beschränkter Gesellschafterhaftung mit dem Konzept der juristischen Person in die Irre führt.[233] Spätere Renaissancen der Idee änderten nichts an ihrer Schwäche.

Für das angelsächsische Recht stellt *Ron Harris* bereits für einen deutlich früheren Zeitpunkt – nämlich „[i]n the transition to Period II [, i. e. 1800–1900]" – fest, dass „the liability attribute was separated from the personality attribute and conceptualized."[234] Vor diesem Hintergrund erscheint die deutsche Diskussion zum Verhältnis von Rechtspersönlichkeit und beschränkter Haftung schon im ausgehenden 19. Jhdt. als verspätet.

c) Die Schöpfung der GmbH: beschränkte Haftung bei unbeschränkter Kontrolle

Mit der Einführung der GmbH im Jahre 1892 zeigte sich das deutsche Recht einmal nicht als Nachzügler, sondern als origineller Schöpfer einer Gesellschaftsform, die aktive Beteiligung der Teilhaber an der Unternehmensführung und beschränkte Haftung miteinander verband.[235]

aa) Vom Vorschlag *Oechelhäusers* zum GmbHG 1892

Maßgeblicher Impulsgeber dieses Gesetzgebungsprojekts war der Industrielle und Reichstagsabgeordnete *Wilhelm Oechelhäuser*, der bereits anlässlich der Aktienrechtsnovelle von 1884 darauf drängte, das Prinzip der beschränkten Haftung auch der „individualistischen Gesellschaft" zur Verfügung zu stellen. Ein entsprechendes Bedürfnis ergebe sich für Zusammenschlüsse mit wenigen Teilhabern, die stattdessen auf die wenig passende Gesellschaftsform der Aktiengesellschaft auswichen.[236] Er flankierte diesen Vorstoß mit seinem heute berühmten Gesetzesentwurf, der auf der Grundlage des OHG-Rechts und in Fortentwicklung der Kommanditistenhaftung eine solidarische und persönliche Haftung der Gesellschafter auf die im Handelsregister verlautbarte Stammkapitalsumme vorsah.[237] Dabei war ihm wie den weiteren Proponenten einer solchen „individualistischen"

---

233 S. ferner etwa auch *Bähr*, Die Grenzboten 51 (1892), 210, 221 in seiner Kritik am Entwurf des GmbHG: „Übertreibung, die sich an die römische Lehre knüpft".
234 *Harris*, J. Inst. Econ. 16 (2020), 643, 654.
235 S. aus der zeitgenössischen Literatur etwa *Goldschmidt*, Vermischte Schriften, Bd. 2, 1901, S. 321, 332; ferner zur Stellung der GmbH im Rechtsvergleich hier nur *Fleischer*, ZGR 2016, 36 ff.
236 *Schubert*, FS 100 Jahre GmbH-Gesetz, 1992, S. 1, 5.
237 Der Entwurf findet sich bei *Fleischer* in MüKo GmbHG, 4. Aufl. 2022, Einl. Rn 55.

Gesellschaft mit beschränkter Haftung klar, dass hierin ein Bruch mit überkommenen Grundsätzen lag. *Goldschmidt* etwa sah es als „natürliches Prinzip" an, dass „[un]beschränkte Verantwortlichkeit [besteht,] soweit die Möglichkeit eigenen Handelns oder doch eigener ausreichender Aufsicht reicht."[238] *Karl Wieland* sprach wenige Jahre nach Einführung des GmbHG davon, dass sich der Gesetzgeber vom „leitenden Grundsatz des geltenden Gesellschaftsrechts" abgewandt habe, wonach die „limitierte Verantwortung [...] als Korrelat einer vorwiegend passiven Beteiligung am Unternehmen" erscheint.[239] Begründet wurde diese Abkehr durch das „Anwachsen des modernen Gewerbebetriebs" und den damit einhergehenden „vermehrte[n] Geschäftsumfang".[240] *Oechelhäuser* formulierte in seiner Denkschrift an die preußischen Handelskammern und kaufmännischen Korporationen:

„Der Umfang und Umsatz der Geschäfte haben sich gegen frühere Zeiten enorm gehoben. In gleichem Masse mussten die Bedenken gegen das Eingehen von Verbindungen steigen, wobei der Federstrich eines leichtsinnigen Kompagnons oder Prokuristen weit über das Gesellschaftsvermögen hinaus das Privatvermögen, ja die kaufmännische und bürgerliche Ehre eines Teilhabers vernichten kann. Thatsächlich hält aus diesen und noch anderen Gründen die Solidarhaft in grossem stets steigenden Umfang von der Gründung neuer geschäftlicher Unternehmungen ab".[241]

Die interessierten Berufskreise setzten sich mit dieser Sichtweise und der Beschreibung eines entsprechenden Bedürfnisses zur Einführung einer Gesellschaft zwischen Berggewerkschaft und Aktiengesellschaft einerseits und den Handels(personen)gesellschaften andererseits bekanntlich durch. Nach dem Vorstoß *Oechelhäusers* im Jahre 1884 fand man im Jahre 1888 zunächst eine gesetzliche Lösung für die deutschen Kolonialgesellschaften.[242] Diese wurde von teils breit angelegten Reflexionen (s. etwa *Esser*[243], *Simon*[244] und *Ring*[245]) begleitet. Im Parlament wurde jedoch sogleich auf den Reformbedarf auch für das Inland hingewiesen.[246] In der Folge führte das preußische Ministerium für Handel und Gewerbe (Leitung: *v. Bismarck*) eine Befragung der preußischen Handelskammern und des

---

238 *Goldschmidt*, ZHR 27 (1882), 1, 79.
239 *Wieland*, ZSR 14 (1895), 205, 206; ganz ähnlich etwa auch *Bähr*, Die Grenzboten 51 (1892), 210, 220.
240 S. *Wieland*, ZSR 14 (1895), 205, 219 und f.
241 *Oechelhäuser*, Schriften des Vereins zur Wahrung der Wirthschaftlichen Interessen von Handel und Gewerbe, Nr. 25, S. 53.
242 Gesetz wegen Abänderung des Gesetzes betreffend die Rechtsverhältnisse der deutschen Schutzgebiete vom 17.4.1886 (RGBl. S. 74) vom 15.3.1888, RGBl. S. 71.
243 *Esser*, Die Gesellschaft mit beschränkter Haftbarkeit. Eine gesetzgeberische Studie, 1886.
244 *Simon*, ZHR 34 (1888), 85 ff.
245 *Ring*, Buschs Archiv 48 (1888), 26.
246 S. dazu *Wieland*, ZSR 14 (1895), 205, 209.

preußischen Handelstages durch.²⁴⁷ Dort sprach man sich mit breiter Mehrheit für eine Reform aus und befürwortete auch mehrheitlich die vom Ältestenkollegium der Berliner Kaufmannschaft aufgegriffene Konzeption von *Oechelhäuser*.²⁴⁸ Der anschließend verfertigte Gesetzentwurf des zuständigen Referenten im Reichsjustizamt *Eduard Hoffmann*²⁴⁹ nahm indes vornehmlich am „kollektivistischen" Alternativkonzept des Abgeordneten *Hammacher* Maß.²⁵⁰ Der *Hoffmann*'sche Entwurf erfuhr in der weiteren ministeriellen Abstimmung keine wesentlichen Änderungen mehr,²⁵¹ bevor er im Oktober 1891 dem Bundesrat zugeleitet wurde.²⁵² Das eigentliche Gesetzgebungsverfahren dauerte nur wenige Monate.²⁵³ Hierdurch blieb den Vertretern der Rechtswissenschaft kaum Zeit, auf den Entwurf zu reagieren. Anfragen aus der Wissenschaft um frühzeitige Veröffentlichung des Entwurfs waren abschlägig beschieden worden.²⁵⁴ Allein *Bähr* konnte seine prinzipielle Kritik noch rechtzeitig anbringen.²⁵⁵ Auch sie hatte aber letztlich keine Auswirkungen auf das Ergebnis.

Der Gesetzesentwurf begründete den Reformbedarf nicht mit den allgemeinen von *Oechelhäuser* vorgebrachten Erwägungen,²⁵⁶ sondern deutlich kleinteiliger unter Verweis auf konkrete Anwendungsfälle, insbesondere mit Blick auf Zuckerfabriken, die Unternehmensnachfolge in Familiengesellschaften, Gläubigergesellschaften in Sanierungsfällen sowie Grundstücksgesellschaften.²⁵⁷ Ungeachtet

---

247 *Rießer*, ZHR-Beil. 35 (1889), 299 (302 f.).
248 S. *Wieland*, ZSR 14 (1895), 205, 212 f.
249 Zur herausragenden Rolle *Hoffmanns* bei der Entstehung des GmbHG s. nur *Fleischer*, ZGR 2016, 36, 41 m.w.N.
250 S. hierzu knapp *Wieland*, ZSR 14 (1895), 205, 210, 212: „Nichtsdestoweniger hielt sich der vom Reichsjustizamte ausgearbeitete Entwurf in der Hauptsache an die von Hammacher gemachten Vorschläge". *Goldschmidt*, Vermischte Schriften, Bd. 2, 1901, S. 321, 333 spricht demgegenüber von einer „Art von Kompromiss" zwischen den Konzepten *Oechelhäusers* und *Hammachers*.
251 S. auch *Crüger*, in Parisius/Crüger, GmbHG, 16. Aufl. 1923, S. 15; *Wieland*, ZSR 14 (1895), 205, 212 in Fn. 2.
252 Entwurf eines Gesetzes betr. Die Gesellschaften mit beschränkter Haftung, 1892.
253 S. dazu *Fleischer*, ZGR 2016, 36, 41; *Wieland*, ZSR 14 (1895), 205, 213.
254 So kolportiert bei *Koberg*, Die Entstehung der GmbH in Deutschland und Frankreich, 1992, S. 123 in Fn. 282; dazu und zitiert nach *J. Meyer*, aaO (Fn. 15), S. 303.
255 *Bähr* veröffentlichte seine Kritik in Die Grenzboten 51 (1892), 210 ff. kurz vor der ersten Lesung im Reichstag am 19.2.1892. Der Vortrag *Goldschmidts* vor der juristischen Gesellschaft zu Berlin fand hingegen erst am 19.3. 1892 statt, nur zwei Tage vor der dritten Lesung im Reichstag. S. dazu *J. Meyer*, aaO (Fn. 15), S. 303 in Fn. 652 und S. 304 in Fn. 660.
256 S. o. bei Fn. 236.
257 S. dazu etwa *Fleischer*, ZGR 2016, 36, 40 f.; *J. Meyer*, aaO (Fn. 15), S. 308; aus der zeitgenössischen Literatur näher *Wieland*, ZSR 14 (1895), 205, 216.

dessen meint *Justus Meyer* in der GmbH-Gesetzgebung einen Ausdruck der seinerzeitigen „Fortschrittsgläubigkeit" und des „expansiven Geistes" zu erkennen.[258]

bb) Die verspätete Kritik der Rechtswissenschaft

Hatten die politischen Kräfte eine wissenschaftliche Debatte zum GmbHG praktisch verhindert,[259] ließ es sich die Wissenschaft nicht nehmen, ihre Kritik nachzureichen.[260] Der schon angesprochene *Otto Bähr* erklärte in scharfem Ton, dass es „dem bestehenden Rechte den Boden ausschlüge", wenn sich eine Gesellschaft „mit der Befugnis selbständigen Vermögenserwerbs und beschränkter Haftung [...] für jeden gesetzlichen Zweck frei bilden könne[...]".[261] In der Sache sei der Gläubigerschutz zu schwach ausgeprägt, die beschränkte Haftung werde dazu genutzt, den „Schaden" bei schlechter Unternehmenslage „auf [die...] Gläubiger über[zu]wälzen."[262] Das „wirksamste Gegengewicht gegen schwindelhafte Unternehmungen" sei daher die unbeschränkte Gesellschafterhaftung.[263] *Goldschmidt* wies diese Einschätzung wenig später in seinem Vortrag vor der juristischen Gesellschaft zu Berlin zurück.[264] Er stehe der „Gesetzesvorlage durchaus sympathisch gegenüber". Indes sei „große Vorsicht geboten",[265] das Bedürfnis für eine neue Gesellschaftsform zudem zweifelhaft.[266] Auch wenn er – im Gegensatz zu *Bähr* – das „Prinzip der beschränkten Haftung keineswegs perhorrescire", bestehe sein Hauptbedenken gegen die neue Gesellschaftsform „in der Gefahr der Verdrängung [der] prinzipiell solideren Gesellschaftsformen" OHG, KG und stille Gesellschaft.[267] Er halte vielmehr unbedingt daran fest, dass „wo die Möglichkeit des steten eigenen Eingreifens, der eigenen Aufsicht und Leistung besteht, kein Grund vorliegt, von der prinzipiell unbeschränkten Haftung auch für die Handlungen beauftragter Dritter und Genossen abzugehen".[268]

---

258 *J. Meyer*, aaO (Fn. 15), S. 295.
259 S. etwa *Fleischer*, ZGR 2016, 36, 41: „keine Rolle"; *J. Meyer*, aaO (Fn. 15), S. 303: „Eine der aktienrechtlichen vergleichbare wissenschaftliche Diskussion hat nicht stattgefunden."
260 S. für einen Überblick über die „wichtigste Kritik" *J. Meyer*, aaO (Fn. 15), S. 303 ff.
261 *Bähr*, Die Grenzboten 51 (1892), 210, 217.
262 *Bähr*, Die Grenzboten 51 (1892), 210, 223 ff., insb. 225 mit dem Zusatz: „Das ist der Witz von der Sache."
263 *Bähr*, Die Grenzboten 51 (1892), 210, 225.
264 *Goldschmidt*, aaO (Fn. 235), S. 333.
265 *Goldschmidt*, aaO (Fn. 235), S. 333.
266 *Goldschmidt*, aaO (Fn. 235), S. 333 f.
267 *Goldschmidt*, aaO (Fn. 235), S. 334 f.
268 *Goldschmidt*, aaO (Fn. 235), S. 336.

Mit einem Abstand von ein paar Jahren und aus der schweizerischen Perspektive hat schließlich *Karl Wieland,* später Ordinarius für Handelsrecht und Zivilrecht an der Universität Basel, eine tiefschürfende Kritik der deutschen GmbH, insbesondere ihres Haftungssystems, vorgelegt.[269] Dabei erkennt er das von *Oechelhäuser* begründete Bedürfnis für eine „individualistische" Gesellschaftsform mit beschränkter Haftung ausdrücklich an.[270] Er sieht auch im Vorschlag *Oechelhäusers* mit seiner auf die im Handelsregister verlautbarten Stammkapitalsumme beschränkten Solidarhaft der Gesellschafter[271] das überlegene Haftungskonzept, und zwar sowohl gegenüber dem im GmbHG verwirklichten als auch gegenüber dem ebenfalls in den Blick genommenen Konzept von *Neukamp* (subsidiäre persönliche Garantiehaft in Höhe der übernommenen Stammeinlage).[272] Die Ausführungen Wielands aus dem Jahre 1895 enthalten dabei bereits eine recht elaborierte anreizbasierte Analyse der Gesellschafterhaftung. Im Ergebnis hält er das Haftungssystem der deutschen GmbH für unzureichend, weil es die beschränkte Haftung gewähre, aber die Sicherungsmechanismen der AG, namentlich die strenge Gründungskontrolle, den „Gegensatz" zwischen „Verwaltung und Beteiligten" oder die „periodische Publikation der Geschäftsergebnisse", vermissen lasse. Die damit bestehende Gefährdung des Gesellschaftsvermögens durch „Entfremdung von Vermögenswerten" lasse sich durch die beschränkte Solidarhaft i.S.d. *Oechelhäuser*'schen Entwurfs einhegen. Sie limitiere die Zahl der Gesellschafter, die wiederum genötigt würden, „sich über den Gang der Gesellschaftsangelegenheiten fortwährend auf dem Laufenden zu erhalten und eine genügende Ueberwachung der Mitgesellschafter auszuüben".[273]

Im heutigen Schrifttum zeigt sich teils eine gewisse Reserve gegen das GmbH-Projekt im ausgehenden 19. Jhdt. So beschreibt etwa *J. Meyer* die GmbH als Produkt einer Geisteshaltung „dieser hochindustriellen Phase", in der sich „liberales Gedankengut mit einem weitverbreiteten Vertrauen in den Fortschritt und praktisch unbegrenztes Wachstum" gepaart habe.[274] Freilich muss die GmbH diesen Zeitgeist übersteigende Qualitäten haben, wie der nachfolgende „internationale Siegeszug der GmbH"[275] belegt.

---

269 *Wieland,* ZSR 14 (1895), 205 ff.
270 S. dazu oben bei Fn. 236.
271 Dazu oben bei Fn. 241.
272 *Wieland,* ZSR 14 (1895), 205, 222 ff.
273 *Wieland,* ZSR 14 (1895), 205, insb. 247 f.
274 *J. Meyer,* aaO (Fn. 15), S. 312.
275 *J. Meyer,* aaO (Fn. 15), S. 313.

IV. Rationalisierungsversuche und Kritik der beschränkten Gesellschafterhaftung vom 20. Jhdt. bis heute

1. Das ordoliberale Credo der Einheit von Herrschaft und Haftung: der lange Schatten des *Adam Smith*

Der Bruch mit dem „natürlichen Prinzip" der Einheit von Herrschaft und Haftung durch das GmbHG hat die deutsche Rechts-, aber auch die Wirtschaftswissenschaft bis tief in das 20. Jhdt. hinein beschäftigt (mit etwas abgewandeltem Zugriff tut er es gar bis heute). Man mag hierin den langen Schatten von *Adam Smith* erkennen.[276] Rezeptionsgeschichtlich lässt sich zunächst die Skepsis gegenüber dem Konzept beschränkter Haftung im Deutschland der ersten Hälfte des 19. Jhdt., die sich etwa in der strengen Konzessionspraxis Preußens widerspiegelte, zumindest auch auf dessen Kritik an den Handelskompagnien zurückführen.[277]

a) Das Postulat der Einheit von Herrschaft und Haftung

Nach der Jahrhundertwende ist die Idee der Einheit von Herrschaft und Haftung im Gesellschaftsrecht zunächst mit dem Namen des Münchener Ordinarius *Rudolf Müller-Erzbach* verbunden,[278] der sie bis in die 1950er Jahre verteidigte.[279] In der Zeit des Nationalsozialismus wurden seine Ideen für die unbeschränkte Haftung des die Geschäftsführung steuernden Kommanditisten von der Akademie des Deutschen Rechts aufgegriffen, deren zuständige Arbeitsgruppe in der Vereinigung von Risikobeherrschung und Haftung ein „rechtsethisches Prinzip" erkannte.[280] Gestützt und weitergetragen wurde diese Sichtweise durch die Vertreter der ordoliberalen Schule, welche sich die Forderung der Einheit von Herrschaft und Haftung auf die Fahnen schrieb. Die Juristen *Franz Böhm* und *Hans Großmann-Doerth* wandten sich bereits in den 1930er Jahren mit scharfen Worten gegen die

---

276 S. zu dessen Debattenbeitrag o. unter II.2.b.
277 S. hierzu den Überblick bei *J. Meyer*, aaO (Fn. 15), S. 979 ff. m.w.N.
278 S. dazu sowie zum Folgenden bereits die reichhaltige Darstellung bei *Fleischer/Hahn* in Fleischer/Thiessen (Hrsg.), Gesellschaftsrechts-Geschichten, 2018, S. 255, 264 und ff.
279 S. aus dem Schrifttum *Müller-Erzbachs* etwa FS Heymann, Bd. 2, 1931, S. 737 ff.; AcP 154 (1955), 299, 342 ff.; JZ 1956, 705, 708.
280 *Würdinger*, aaO (Fn. 196), S. 32 ff. Näher hierzu *Fleischer/Hahn*, aaO (Fn. 278), S. 255, 265 f.

GmbH und wollten sie sogar wieder abschaffen.[281] Die Argumente waren indes nicht neu. Neben dem Verweis auf den Grundsatz der unbeschränkten Vermögenshaftung wurde insbesondere die mit der beschränkten Haftung verbundene Überwälzung des Risikos auf die Gläubiger kritisiert. Die ordoliberale Kritik traf sich mit der nationalsozialistischen Reserve, welche die GmbH als Ausdruck der seinerzeit „herrschenden liberalistischen Wirtschaftsauffassung"[282] ansah und ihre Fortexistenz ernsthaft in Frage stellte.[283]

Auch der Ökonom *Walter Eucken*, neben *Franz Böhm* der Hauptvertreter der Freiburger Schule, setzte sich in seinen posthum veröffentlichten Grundsätzen der Wirtschaftspolitik mit der beschränkten Gesellschafterhaftung auseinander.[284] Auch er geht vom sog. Haftungsprinzip aus, wonach derjenige, „der für Pläne und Handlungen der Unternehmen (Betriebe) [...] verantwortlich ist, haftet."[285] Dies verbindet er mit dem Gedanken der Verantwortung als Korrelat des Nutzens („Wer den Nutzen hat, muß auch den Schaden tragen.")[286]. Begründet wird die Einheit von Lenkungsbefugnis und Haftung mit der „gesamtwirtschaftlichen Funktion" letzterer. In einer Wettbewerbsordnung ermögliche und erleichtere die (unbeschränkte) Haftung die Auslese der Betriebe und Leitungspersonen. Sie halte zur Vorsicht an und wirke der Verschleuderung von Vermögen entgegen. Ferner dämme sie schädliche Unternehmenskonzentration ein.[287]

Die Forderung nach der Einheit von Herrschaft und Haftung wurde auch in der Folge von Juristen in der Tradition des Ordoliberalismus vertreten. Zu nennen sind hier insbesondere die Namen *Ernst-Joachim Mestmäcker* und seines Schülers *Ulrich Immenga*, die das Prinzip für zwingend und sogar *de lege lata* gültig erachteten.[288]

---

281 S. *Großmann-Doerth*, Gutachten zum 5. DJT in der Tschechoslowakei, 1931, S. 165, 239; ders., HansRGZ 1934, Sp. 19, 40; ders., HansRGZ 1938, Sp. 209, 211; *F. Böhm*, Die Ordnung der Wirtschaft als geschichtliche Aufgabe und rechtsschöpferische Leistung, 1937, S. 102.
282 S. etwa *Vollweiler*, Jahrbücher für Nationalökonomie und Statistik, 147 (1938), 189, 192.
283 S. zur nationalsozialistischen Kritik an der GmbH sowie den Widerstand des Kölner Rechtsanwalts *Otto Schmidt* hiergegen den Überblick bei *Fleischer*, aaO (Fn. 237), Einl. Rn. 88 f. m.w.N.
284 *W. Eucken*, Grundätze der Wirtschaftspolitik, 1952 (7. Aufl. 2004), S. 279 ff.
285 *W. Eucken*, aaO (Fn. 284), S. 281.
286 *W. Eucken*, aaO (Fn. 284), S. 279.
287 *W. Eucken*, aaO (Fn. 284), S. 280 f.
288 S. *Mestmäcker*, Verwaltung, Konzerngewalt und Rechte der Aktionäre, 1958, S. 25; *Immenga*, Die personalistische Kapitalgesellschaft, 1970, S. 117 ff.; dazu wiederum *Fleischer/Hahn*, aaO (Fn. 278), S. 255, 267.

b) Zurückweisung durch das *Rektor*-Urteil des BGH und Kritik

Rechtspraktisch zerschellte das ordoliberale Postulat an den Klippen des BGH. Im berühmten *Rektor*-Fall beschieden die Richter, dass es sich bei dem Zusammenhang von Unternehmensleitung und persönlicher Haftung nicht um einen „zwingenden wirtschaftsverfassungsrechtlichen Grundsatz" handle.[289] Das Gericht argumentierte genuin juristisch mit der Dispositivität der vorliegend einschlägigen Regelungen über die KG und der andernfalls eintretenden Rechtsunsicherheit.[290] Es fügte hinzu: „[W]ie die Rechtsentwicklung der letzten 50–60 Jahre lehrt, ist die Führung eines Handelsgeschäfts mit einer nur beschränkten Haftung durch eine einzelne oder durch mehrere natürliche Personen aus unserem Rechtsleben überhaupt nicht mehr fortzudenken. Man braucht insoweit nur auf die Rechtsfiguren der Einmanngesellschaft und der GmbH und Co. zu verweisen."[291]

Die *Rektor*-Entscheidung wurde im Schrifttum überwiegend positiv aufgenommen. Die Reaktionen nahmen schon zuvor geäußerte Kritik auf. Im Zentrum Letzterer stand die fehlende Rechtsgeltung der ordoliberalen Forderung.[292] Hierauf wiesen berühmte Namen wie *Karsten Schmidt*, *H.P. Westermann* oder *Rudolf Wiethölter* in großer Klarheit hin und sparten dabei nicht mit Spott.[293] Die Debatte und ihr Ausgang wurden mit einigem zeitlichen Abstand von *Herbert Wiedemann* in seinem Grundlagenwerk zum Gesellschaftsrecht konzise aufbereitet. Auch hier steht am Ende: „Der Gleichlauf von Herrschaft und Haftung stellt sich ohne nähere Festlegung [...] noch nicht einmal als Rechtsprinzip dar, [... d]ie Diskussion um Schlagworte führt nicht weiter."[294] In funktional-ökonomischer Hinsicht wird heute darauf hingewiesen, dass die Freiburger Schule die disziplinierende Wirkung der „unerbittlichen Sühne" von Fehlleistungen durch Verluste und Konkurs[295] überbetont und dabei die investitionsfördernde Wirkung der beschränkten Haftung nicht ausreichend würdigt.[296] Darüber hinaus werden auch die weiteren Argu-

---

289 BGH, Urt. v. 17.3.1966 – II ZR 282/63, BGHZ 45, 204, 205 f.; dazu ausführlich *Fleischer/Hahn*, aaO (Fn. 278), S. 255 ff.
290 BGHZ 45, 204, 206. Zur Bedeutung von Vorüberlegungen des seinerzeit Vorsitzenden Richters *Robert Fischer* s. *Fleischer/Hahn*, aaO (Fn. 278), S. 255, 273.
291 BGHZ 45, 205, 207.
292 Zusammenfassend *Fleischer/Hahn*, aaO (Fn. 278), S. 255, 274 f.
293 Zur Kritik s. *K. Schmidt*, Die Stellung der oHG im System der Handelsgesellschaften, 1972, S. 111 ff.; *H.P. Westermann*, Vertragsfreiheit und Typengesetzlichkeit im Recht der Personengesellschaften, 1970, S. 273; *Wiethölter* in Centrale für GmbH (Hrsg.), Aktuelle Probleme der GmbH & Co. KG, 1970, S. 36.
294 *Wiedemann*, Gesellschaftsrecht, Bd. I, 1980, S. 543 ff., insb. 544.
295 *W. Eucken*, aaO (Fn. 284), S. 281.
296 S. etwa *Fleischer/Hahn*, aaO (Fn. 278), S. 255, 275 m.w.N.

mente *Euckens* als letztlich nicht schlagend erachtet. Die Art der Haftung sei kein außerhalb des Wettbewerbs liegender Faktor, sondern Teil desselben. Das Ausfallrisiko bilde sich im Preis (Zins) ab.[297] Schließlich sorge das Kartellrecht treffsicherer für eine Einhegung von Marktmacht.[298]

2. Grüße aus Amerika: die rechtsökonomische Rationalisierung der Debatte

Den größten Innovations- und Erkenntnisschub erlebte die Debatte um die beschränkte Gesellschafterhaftung im 20. Jhdt. in den USA. Dort hatten sich die *corporations* mit beschränkter Haftung als Unternehmensvehikel bereits in der ersten Hälfte des 19. Jhdt. nach rasanter Entwicklung fest etabliert.[299] Diese Entwicklung wird zumindest auch der Zuständigkeit der Gliedstaaten für das Gesellschaftsrecht zugeschrieben. Der hieraus resultierende Regulierungswettbewerb führte zu einer Liberalisierung der Gründung bei gleichzeitiger beschränkter Haftung der Gesellschafter.[300] So konnten *Joseph K. Angell* und *Samuel Ames* in ihrer *Treatise on the Law of Private Corporations Aggregate* bereits im Jahre 1832 feststellen: „No rule of law we believe is better settled, than that, in general, the individual members of a private corporate body are not liable for the debts, either in their person or in their property, beyond the amount of property which they have in the stock."[301]

a) Beschränkte Haftung als Baustein einer ökonomisch inspirierten „Theory of Corporations"

Für die weitere Debatte über die beschränkte Gesellschafterhaftung wird nun eine Besonderheit der U.S.-amerikanischen Rechtsdebatte bedeutsam. Sie ist gekennzeichnet durch eine große Skepsis gegenüber traditionellen rechtsdogmatischen Erklärungen (*formalism*) und einer Hinwendung zu sozio-ökonomischer Begrün-

---

297 *Grigoleit*, Gesellschafterhaftung für interne Einflussnahme im Recht der GmbH, 2006, S. 27; dazu einschränkend *Fischinger*, Haftungsbeschränkung im Bürgerlichen Recht, 2015, S. 270 ff.
298 *Fischinger*, aaO (Fn. 297), S. 265 ff.
299 *Bainbridge/Henderson*, aaO (Fn. 2), S. 31: „Within 50 years of the Founding, over 20,000 corporations were formed [...] and ‚America became the world's leader in [...] the number of corporations and the sophistication and flexibility of its innovative corporate law'."
300 *Bainbridge/Henderson*, aaO (Fn. 2), S. 32.
301 *Angell/Ames*, Treatise on the Law of Private Corporations Aggregate, 1832, S. 349 m. zahlr.N. aus der Rspr.; dazu *Bainbridge/Henderson*, aaO (Fn. 2), S. 38.

dung und Theorienbildung für das Recht. Diese Entwicklung beginnt bereits im ausgehenden 19. Jhdt., als etwa der große Denker und Bundesrichter *Oliver Wendell Holmes Jr.* seine berühmte *prediction theory of law* formulierte.[302] In den 1920er und 1930er Jahren verwies der *Legal Realism* dann auf empirische Methoden zur Gewinnung von Rechtserkenntnis.[303] Zu dieser Zeit wurde auch eines der wirkmächtigsten Bücher der Gesellschaftsrechtswissenschaft geschrieben, und zwar von Ökonomen. Gemeint ist das von *Adolf Berle* und *Gardiner Means* verfasste Werk *The Modern Corporation and Private Property* von 1932. Zur beschränkten Gesellschafterhaftung findet sich hier freilich nichts Nennenswertes. Das Erkenntnisinteresse betraf vielmehr die Veränderung von „ownership" angesichts der Abgabe von Kontrolle an professionelle Manager.[304]

Eine ökonomisch inspirierte „theory of corporations", in der die beschränkte Gesellschafterhaftung eine zentrale Rolle spielt, präsentierte hingegen *Henry G. Manne* in einem Zeitschriftenbeitrag von 1967.[305] Der „economic turn" in den U.S.-amerikanischen Rechtswissenschaften zeigt sich hier bereits deutlich.[306] Dabei unterscheidet *Manne* zwischen der *publicly traded corporation* und der *close corporation*. Erstere begreift er als Kapitalsammelbecken („function of the corporate form to amass the funds of investors"). Aus dieser ökonomischen Funktion ergebe sich „logischerweise" das Konzept der beschränkten Gesellschafterhaftung, die es für breite Kreise, insbesondere auch für vermögende Anleger erst attraktiv mache, auch kleinere Anteile an Gesellschaften zu erwerben. Eine alternative Pro-rata-Haftung leide hingegen an praktischen Durchsetzungsschwierigkeiten. *Manne* schließt: „Limited liability, of course, obviates all these questions, and directly shifts an easily recognizable risk to the corporation's creditors."[307] Es sei auch sinnvoll, das Insolvenzrisiko der Gesellschaft diesen Gläubigern zuzuweisen. Während die damit verbundenen Kosten für Investoren prohibitiv hoch sein könnten, seien sie für jene „probably relatively low". Jedenfalls werde von Vertragsgläubigern „the risk of insolvency regularly understood and, where significant, treated as any other cost." Für gesetzliche Gläubiger (*involuntary creditors*) stünden anderweitige Schutzmechanismen bereit, etwa für Arbeitnehmer (*bankruptcy law, unemployment*

---

302 S. *Holmes*, 10 Harv. L. Rev. (1897), 457 ff.
303 S. dazu etwa den Überblick bei *Frank*, Law and the modern mind, 1930, S. 46 ff.
304 S. *Berle/Means*, The Modern Corporation and Private Property, rev. ed. 1968 (1932), S. viii. Im Index des Werkes findet sich denn auch kein Eintrag zum Stichwort „liability".
305 *Manne*, 53 Va. L. Rev. (1967), 259.
306 Genuin juristische Beiträge werden gleich zu Beginn von *Manne* abgetan: „To attribute the success of the modern corporation specifically to law and lawyers is a professional conceit which will not bear scrutiny."
307 *Manne*, 53 Va. L. Rev. 259, 262 (1967).

compensation). „The solution to the industrial accident problem was simply shifted out of the corporate arena, and its modern counterpart, the auto accident, seems to place no special pressure on the limited liability concept."[308] Schließlich erhöhe die beschränkte Gesellschafterhaftung auch die Liquidität von Gesellschaftsanteilen ganz erheblich, was wiederum positive Investitionsanreize setze. All' dies gilt für die *publicly traded company.* Wenn sich *Manne* sodann der *close corporation* zuwendet, ist freilich von der *limited liability* nicht mehr die Rede. Das Thema bleibt unterbelichtet.

Dreizehn Jahre später knüpften *Paul Halpern, Michael Trebilcock* und *Stuart Turnbull* von der *University of Toronto* an die Ausführungen von *Manne* zur rechtsökonomischen Begründung der beschränkten Gesellschafterhaftung an und ergänzten sie noch um Aspekte der Kapitalmarkteffizienz. Ihr wesentlicher Punkt: Ohne beschränkte Gesellschafterhaftung wäre der Wert einer Gesellschaft und damit der Kurs ihrer Anteile von den Vermögensverhältnissen ihrer Gesellschafter abhängig. Ein einheitlicher Preis käme daher nicht zustande, sondern wäre abhängig von den Vermögensverhältnissen von Veräußerer und Erwerber.[309]

b) Beschränkte Gesellschafterhaftung in der *Contractarian Theory of Corporate Law*

Kurz zuvor hatten die Ökonomen *Michael C. Jensen* und *William H. Meckling* in ihrem Pionierbeitrag zur „Theory of the Firm"[310] die Argumentation von *Manne* als unvollständig entlarvt. Denn die beschränkte Haftung eliminiere das Ausfallrisiko der Gesellschaft nicht, sondern verschiebe es lediglich (auf die Gläubiger). Als Begründung für diese Verschiebung verweisen sie auf die vergleichsweise hohen Überwachungskosten der Gesellschafter.[311]

---

308 *Manne*, 53 Va. L. Rev. 259, 263 (1967).
309 *Halpern/Trebilcock/Turnbull*, 30 U.T.L.J. (1980), 117; zusammengefasst bei *Harris*, J. Inst. Econ. 16 (2020), 643, 659.
310 *Jensen/Meckling*, J. Fin. Econ. 3 (1976), 305 ff.
311 *Jensen/Meckling*, J. Fin. Econ. 3 (1976), 305, 331. Dies erinnert an den bereits von *A.E.F. Schäffle* in seiner Nationalökonomie von 1861 geäußerten, heute nachgerade modern anmutenden Gedanken, dass die Informationskosten hinsichtlich der Vermögensverhältnisse der Gesellschaft für deren Gläubiger niedriger seien als für die Aktionäre. S. *Schäffle*, Die Nationalökonomie, 1861, S. 209; dazu *J. Meyer*, aaO (Fn. 15), S. 985.

aa) Die *Contractarian Theory of Corporate Law*

Wiederum an die Gedanken von *Jensen* und *Meckling* zur Theorie des Unternehmens anknüpfend entwickelten *Frank H. Easterbrook*, Bundesrichter und Dozent an der *Law School* der *University of Chicago*, sowie *Daniel R. Fischel*, Professor an ebenjener Universität, die sog. *contractarian theory of corporate law*.[312] Diese wurde schnell das in den U.S.A. dominierende Konzept zum Verständnis des Gesellschaftsrechts, und sie ist es bis heute. Ihr Aufstieg drängte auch die traditionelle *concession theory* vollends an den Rand, welche die Gesellschaftsgründung (*incorporation*) noch als staatliches Privileg begriff und die damit verbundene beschränkte Gesellschafterhaftung als Subvention („social subsidy").[313] Die *contractarian theory* begreift die Gesellschaft als ein rechtliches Konstrukt, das tatsächlich ein komplexes Geflecht aus Vertragsbeziehungen zwischen verschiedenen Bezugsgruppen ist, die zu den produktiven Prozessen des Unternehmens beitragen.[314] Die Gesellschaft ist also nichts anderes als ein „nexus of contracts". Das Gesellschaftsrecht erscheint vor diesem Hintergrund als ermöglichende Infrastruktur (*enabling law*), die *default rules* in der Art eines Standardvertrages anbietet, um die private Regelung (*private ordering*) im Falle ansonsten zu hoher Transaktionskosten zu erleichtern.[315]

bb) Begründung und Kritik der Haftungsbeschränkung in der *public corporation*

Vor dem Hintergrund dieses Konzepts erscheint die beschränkte Gesellschafterhaftung jedenfalls in der *public corporation* als *majoritarian default rule*, welche das Ergebnis eines hypothetischen Aushandlungsprozesses zwischen den Gläubigern und den Gesellschaftern ist. Gläubiger – so das Argument – würden diesem Handel zustimmen, weil sie komparative Vorteile gegenüber den rational apathischen Gesellschaftern haben, wenn es um die Überwachung der Geschäftstätigkeit der Gesellschaft gehe. Die Gläubiger werden also als „cheapest cost avoider of moni-

---

312 *Easterbrook/Fischel*, 89 Colum. L. Rev. (1989), 1416; monographisch *dies.*, The Economic Structure of Corporate Law, 1991; s. ferner *Ulen*, 18 J. Corp. L. (1993), 301, 318–28.
313 S. dazu den Überblick bei *Bainbridge/Henderson*, aaO (Fn. 2), S. 68f. m.w.N. Dort auch zu aktuellen Versuchen, die *concession theory* zu reaktivieren. Sie dient nicht zuletzt dazu, den Gesellschaften quasi als Gegenleistung für die „Subvention" gemeinwohlverträgliches Verhalten abzuverlangen.
314 S. zusammenfassend *Bainbridge/Henderson*, aaO (Fn. 2), S. 54 m.w.N.
315 So die Zusammenfassung bei *Bainbridge/Henderson*, aaO (Fn. 2), S. 54. Bei *Easterbrook/Fischel*, 89 Colum. L. Rev. (1989), 1416, 1444 heißt es gleichbedeutend: „Corporate codes and existing judicial decisions supply the terms ‚for free' to every corporation, enabling the venturers to concentrate on matters that are specific to their undertaking."

toring services" angesehen.[316] Diese Argumentation setzt freilich voraus, dass die Verhandlungen zwischen Gläubigern und Gesellschaftern zu sozial erwünschten Ergebnissen führen, weil keine nennenswerten Externalitäten für Dritte im Raume stehen, die an dem hypothetischen Handel nicht mitwirken.

Für die gesetzlichen Gläubiger, insbesondere Deliktsgläubiger, blieb diese Argumentation indes nicht lange unwidersprochen. Anfang der 1990er Jahre sprachen sich *Henry Hansmann* (*Yale Law School*) und *Reinier Kraakman* (*Harvard Law School*) in ihrem Beitrag „Toward Unlimited Liability for Corporate Torts" für eine Pro-rata-Haftung der Gesellschafter bei *corporate torts* aus, um diese so zur Internalisierung der Risiken von deliktischen Massenklagen zu zwingen.[317] Freilich wurden auch hiergegen schnell Einwände erhoben. So verwies man zum einen auf die teils geradezu prohibitiv hohen Kosten für die prozessuale Durchsetzung eines solchen Haftungsregimes (*Cooper Alexander, Grundfest*).[318] Zum anderen – so der Einwand von *Mark R. Manning* – eine unbeschränkte Haftung den Eigenkapitalpuffer der Gesellschaft reduzieren, der als Mechanismus zur Kompensation von Gesellschaftsgläubigern das überlegene Instrument sei.[319] Schließlich sei unter der *Nexus-of-contracts*-Doktrin nicht hinreichend begründet, warum ausgerechnet die Gesellschafter für Massendelikte (*mass torts*) haften sollten. Hierfür müsste erst dargelegt werden, dass sie gerade das schädliche Verhalten kontrollieren könnten. Oder anders gewendet: „[L]ittle would be gained by eliminating limited liability. The core argument for doing so must be that shareholders monitoring managers will reduce the risk of mass torts."[320]

cc) Begründung und Kritik der Haftungsbeschränkung in der *close corporation*

Die *close corporation* bleibt wie schon bei *Manne* auch für die *contractarians* ein wunder Punkt. Denn hier üben die Gesellschafter typischerweise Kontrolle über die Geschäfte der Gesellschaft aus, so dass sie unmittelbar in Entscheidungen involviert sind, die zur Externalisierung von Risiken führen können.[321] Ferner sei auch die Haftungsdurchsetzung gegenüber den regelmäßig wenigen Gesellschaftern der

---

316 S. näher hierzu *Bainbridge/Henderson*, aaO (Fn. 2), S. 56 ff. m.w.N.
317 *Hansmann/Kraakman*, 100 Yale L.J. (1991), 1879.
318 *Janet Cooper Alexander*, 106 Harv. L. Rev.(1992), 387; *Joseph A. Grundfest*, 102 Yale L.J. (1992), 387; zusammenfassend *Bainbridge/Henderson*, aaO (Fn. 2), S. 71 f.
319 *Manning*, 5 Entrepreneurial Bus. L. J. (2010), 315, 325; dazu *Bainbridge/Henderson*, aaO (Fn. 2), S. 72.
320 *Bainbridge/Henderson*, aaO (Fn. 2), S. 73 ff., 75.
321 *Bainbridge/Henderson*, aaO (Fn. 2), S. 77 f. m.w.N. Dieser Einwand erinnert an die Kritik des GmbHG bei *Wieland* s. o. bei Fn. 269.

close corporation für den Gläubiger mit relativ niedrigen Kosten verbunden.[322] *Ian Ayres*, Professor an der *Yale Law School*, stellt die beschränkte Haftung gleichwohl nicht in Frage, sondern nimmt auch Regeln zu deren Relativierung, insbesondere das *veil-piercing* im Falle der Unterkapitalisierung, in den Blick und begreift diese als verhandlungsinduzierende *penalty default rules*.[323] *Bainbridge* und *Henderson* deuten hingegen das Prinzip der beschränkten Haftung bei der *close corporation* selbst als *penalty default rule* und halten den Anreiz für echte Verhandlungen zwischen Gesellschaftern und Vertragsgläubigern in diesem Kontext auch für hinreichend groß.[324]

Noch weniger überzeugend erscheint die *contractarian theory* in Bezug auf die beschränkte Haftung gegenüber gesetzlichen Gläubigern (insbesondere *tort creditors*). Hier ziehen sich die Anhänger der Theorie entweder auf eine Durchgriffshaftung (*veil-piercing*) zurück[325] oder verweisen auf die Idee, dass gesetzliche Gläubiger durch das Monitoring der Vertragsgläubiger reflexhaft mitgeschützt werden.[326]

Ganz allgemein erscheint das *veil-piercing* aus Sicht der *contractarians* als eine Rechtsfigur, die den Haftungsschirm der *corporation* in Abweichung von der Regel lüftet, wenn andernfalls Wohlfahrtsverluste drohen. *Bainbridge* und *Henderson* sehen die Doktrin, wie sie sich in ihrer Anwendung durch die Gerichte praktisch darstellt, indes für ungeeignet an, diese Aufgabe zu erfüllen.[327]

3. Die aktuelle Debatte im Schatten des politischen Zeitgeists

Die Debatte um die beschränkte Gesellschafterhaftung ist auch hierzulande nie ganz verstummt. So ist die von *Hansmann* und *Kraakman* in den U.S.A. losgetretene Debatte über einen ZGR-Beitrag von *Detlev Vagts*, Professor an der *Harvard Law*

---

322 *Bainbridge/Henderson*, aaO (Fn. 2), S. 78.
323 *Ayres*, 59 U. Chi. L. Rev. (1992), 1391, 1398–1399; grds. zum Konzept der *penalty default rules Ayres/Gertner*, 99 Yale L. J. (1989), 87; die Annahme von *Bainbridge/Henderson*, aaO (Fn. 2), S. 80 mit Fn. 118, *Ayres* deute den Grundsatz der beschränkten Haftung als *penalty default rule*, scheint auf einem Missverständnis zu beruhen.
324 *Bainbridge/Henderson*, aaO (Fn. 2), S. 80 f. mit Fn. 118.
325 So *Easterbrook/Fischel*, The economic structure of corporate law, 1996, S. 55 f., 58 f.; dazu *Bainbridge/Henderson*, aaO (Fn. 2), S. 83.
326 *Bainbridge/Henderson*, aaO (Fn. 2), S. 83.
327 *Bainbridge/Henderson*, aaO (Fn. 2), S. 302 ff. S. zur deutschen – hier nicht näher beleuchteten – Durchgriffsdebatte in Abhängigkeitslagen nur *J. Meyer*, aaO (Fn. 15), S. 663 ff.; *G. Bitter*, Konzernrechtliche Durchgriffshaftung bei Personengesellschaften, 1999, S. 82 ff.

School, recht schnell nach Deutschland gelangt.[328] Hieran knüpft auch die im Jahr 2000 veröffentlichte Habilitationsschrift „Haftungsbeschränkung im Recht der Handelsgesellschaften" von *Justus Meyer* an.[329] Sie stellt bis heute das Referenzwerk zum Thema dar und zeichnet sich durch einen kritischen Grundton aus. Im Ergebnis hält *Meyer* eine „sehr viel allgemeinere Einschränkung" der Haftungsbeschränkung für Unternehmergesellschafter einschließlich der – hier ausgeblendeten[330] – Konzernobergesellschaft für geboten.[331] Er schlägt daher *de lege ferenda* die Möglichkeit einer Nachschussanordnung gegenüber Unternehmergesellschaftern in der Unternehmensinsolvenz vor.[332]

a) Antikapitalistisches Momentum nach der Finanzkrise

Vereinzelte skeptische Stimmen, wie die von *Justus Meyer*, schwollen nach der Finanzkrise von 2007 zu einem veritablen Chor an. Die zunehmende Kritik ist nicht zuletzt auf ein im Nachgang der Krise anwachsendes antikapitalistisches Momentum (nicht nur) in der wissenschaftlichen Öffentlichkeit zurückzuführen, das durch die Transformationsdebatte im Schatten des Klimawandels noch verstärkt worden ist. Diesen Zeitgeist traf in der Wissenschaft das Werk „Le Capital au XXIe siècle" von *Thomas Piketty* aus dem Jahr 2013 in besonderer Weise. Allein der Titel ist ein unmissverständlicher Verweis auf *Karl Marx*. Für die Entwicklung seiner These des vergleichsweise schnelleren Wachstums von Kapitalerträgen und der daraus resultierenden Verschärfung materieller Ungleichheit spielte das Konzept der beschränkten Gesellschafterhaftung indes keine wesentliche Rolle.[333] Eine Analyse zur Bedeutung des Rechts für die Fehlentwicklungen des kapitalistischen Systems lieferte dann 2019 *Katharina Pistor*, eine in Deutschland ausgebildete Professorin der *Columbia Law School*, nach. In ihrer Monographie „The Code of Capital – How the Law creates Wealth and Inequality" erscheint die begrenzte Gesellschafterhaftung („loss shifting") neben dem *entity shielding* als Handlanger des großen Bösewichts mit Namen „Kapitalismus".[334] Auch hierzulande konnte man nicht widerstehen. *Chris Thomale*, nunmehr Rechtsprofessor an der Universität Wien,

---

328 *Vagts*, ZGR 1994, 227 ff.
329 *J. Meyer*, aaO (Fn. 15), S. 2–5.
330 S.o. unter I.1.
331 *J. Meyer*, aaO (Fn. 15), S. 1117.
332 *J. Meyer*, aaO (Fn. 15), S. 1118 ff.
333 S. *Piketty*, Capital in the Twenty-First Century, 2014. Dort findet sich lediglich ein kurzer Hinweis auf das Konzept auf S. 203.
334 S. *Pistor*, aaO (Fn.7), S. 54 ff., 59 ff.

taufte seine bereits eingangs angesprochene Habilitationsschrift aus dem Jahre 2017 „Kapital und Verantwortung". Die kurze Vorstellung seiner bisher leider noch nicht veröffentlichten Arbeit im AcP mündet in eine Fundamentalkritik des Konzepts beschränkter Gesellschafterhaftung:

> „In der Summe erweist sich die IH [scil. institutionelle Haftungsbeschränkung] als in ganz wesentlicher Hinsicht unfundiert. Das Trennungsprinzip kann sie weder in dogmengeschichtlicher noch in rechtspositivistischer Hinsicht stützen, und die *Nexus-of-contracts-* Lehre liefert ihr bei kritischer Analyse nicht nur keine Grundlage, sondern formuliert umgekehrt den zentralen Einwand gegen sie: Die IH ist, ökonomisch gesprochen eine negative Externalität, ein Vertrag zu Lasten Dritter. [...] Sozialkritisch gewendet: In der Kapitalgesellschaft entzieht sich das Kapital seiner gesamtgesellschaftlichen Verantwortung als Haftungsmasse für die Geschädigten derjenigen Unternehmen, deren Gewinne es privatisieren, deren Verluste es jedoch sozialisieren will."[335]

Thomale sieht sich mit diesem Verdikt in der Tradition von *Adam Smith, Walter Eucken* und dem Duo *Henry Hansmann* und *Reinier Kraakman*. Der hier geäußerte „sozialkritische" Impetus zeigt sich aber auch in der 2015 erschienenen Dissertation von *Andreas Conow,* die sich streckenweise wie ein politisches Manifest liest. Sie äußert gar verfassungsrechtliche Zweifel an § 5 Abs. 1 GmbHG und fordert eine Ergänzung des § 13 Abs. 2 GmbHG durch zusätzliche Gläubigerschutzmaßnahmen.[336] In der Tonalität ganz anders, aber in der Sache mit derselben Stoßrichtung lässt sich *Philipp Fischinger* in seiner im selben Jahr veröffentlichten Habilitationsschrift zur „Haftungsbeschränkung im Bürgerlichen Recht" ein. Er führt, insoweit ganz auf der Linie der im Wirtschaftsrecht herrschenden Anschauung, aus:

> „Die mit einer GmbH verbundene Haftungsbeschränkung auf das Gesellschaftsvermögen ist entgegen der Kritik vor allem der Freiburger Schule im Grundsatz sowohl rechtspolitisch und -dogmatisch legitim wie verfassungskonform, weil sie im volkswirtschaftlichen – und damit Allgemeinwohl- – Interesse durch das ‚Versprechen' einer Verschonung des Privatvermögens die Unternehmerinitiative und Investitionsbereitschaft samt der damit verbundenen Vorteile zu stärken verspricht. Das kann allerdings nur gelten, solange durch Gesetzgeber und Rechtsprechung ein effektiver Gläubigerschutz gewährleistet wird."[337]

Fischinger hält das Gläubigerschutzsystem der GmbH denn auch in der Tat für defizitär und macht Vorschläge zu seiner Verbesserung, wozu auch eine Versi-

---

335 *Thomale,* AcP 218 (2018), 685, 687.
336 *Conow,* aaO (Fn. 3); s. dazu die Rezension *Schmolke,* ZHR 180 (2016), 136 ff.
337 *Fischinger,* aaO (Fn. 297), S. 768 f.

cherungspflicht der GmbH, eine Schärfung des § 64 GmbHG oder die umsatzabhängige Pflicht zur Umwandlung der GmbH in eine AG gehört.[338]

b) Lücken in der herrschenden Erzählung

Die herrschende Erzählung von der beschränkten Gesellschafterhaftung weist tatsächlich empfindliche Lücken auf. Dies betrifft insbesondere die Haftung in der geschlossenen Kapitalgesellschaft. Die Debatte anlässlich des neuen GmbHG, aber auch die Kritik an der *contractarian theory of corporate law* zeigen die Schwachstellen deutlich auf. Dabei ließe sich der rechtstatsächliche Befund, dass angesichts regelmäßiger Anforderung zusätzlicher Personalsicherheiten der Gesellschafter „Wunsch und Wirklichkeit der Haftungsbeschränkung" häufig auseinanderklaffen[339], immerhin im Sinne der *Penalty-default*-These deuten.[340]

Aber auch für die offene Kapitalgesellschaft, hierzulande also die AG, wird die bisherige Erzählung von der beschränkten Haftung als Motor der Industrialisierung und der Entwicklung der Kapitalmärkte neuerdings in Frage gestellt. Bereits *Justus Meyer* wies darauf hin, dass sich für „die Zeit des *Bubble Act* [1720–1825...] insgesamt [feststellen lasse], daß die – weltweit am weitesten fortgeschrittene – industrielle Entwicklung Englands nicht von haftungsbeschränkenden Rechtsformen getragen war."[341] Auch lasse sich angesichts des regen Handels mit Anteilen an den Kolonialgesellschaften an den Börsen Englands und der Niederlande im 16. Jhdt. nicht sagen, dass das Konzept der Haftungsbeschränkung für einen funktionierenden Aktienmarkt unbedingt erforderlich sei.[342] Der Rechtshistoriker *Ron Harris* ließ sich erst kürzlich in ganz ähnlicher Weise ein.[343]

Hinzu treten schließlich aktuelle Änderungen der rechtlichen und tatsächlichen Verhältnisse, die möglicherweise eine Anpassung der Erzählung fordern, die beschränkte Haftung rechtfertige sich aus den komparativen Kontrollkostenvorteilen der (Vertrags-)Gläubiger gegenüber den Gesellschaftern.[344] In rechtlicher Hinsicht haben wir etwa nach der Finanzkrise Reformen zu verzeichnen, die sog. *shareholder engagement*, also die Rückkehr des Gesellschafters als zu lange „ab-

---

[338] *Fischinger*, aaO (Fn. 297), S. 769 f.
[339] S. *Fleischer*, aaO (Fn. 237), Einl. Rn. 20.
[340] S. dazu unter IV.2.b. bei Fn. 324
[341] *J. Meyer*, aaO (Fn. 15), S. 239.
[342] *J. Meyer*, aaO (Fn. 15), S. 205, 208. S. dazu bereits oben unter II.2.b.
[343] *Harris*, J. Inst. Econ. 16 (2020), 643, 659 f., 661.
[344] S. o. unter II.3.

wesender Gutsherr" (*absentee landlord*), fordern.³⁴⁵ Wenn aber zumindest einige der Anteilseigner damit zur Kontrolle der Gesellschaftstätigkeit aufgefordert sind, dürfte dies das Kostenkalkül verschieben. Dasselbe mag angesichts einer zunehmend digitalisierten Geschäftswelt mit Blick auf die bislang als hoch erachteten Rechtsdurchsetzungskosten einer persönlichen Aktionärshaftung gelten.

V. Was bleibt: wissenschaftliche Fortschritte und fortdauernder Diskurs

Die vorstehend skizzierte Debattengeschichte zeigt: Die mit (rechts-)wissenschaftlichen Argumenten geführte Diskussion um das Konzept der beschränkten Gesellschafterhaftung wird seit dem ausgehenden 18. Jhdt. mit großem Engagement geführt. Dabei hat man lange auch weit zurück in die Antike geschaut, um dogmengeschichtliche Argumente für und wider die Haftungsbeschränkung zu bergen. Auf rechtspolitischer Ebene war die Debatte bereits früh durch einen Regulierungswettbewerb der europäischen Mächte geprägt. Daher spielte auch die Rechtsvergleichung schon früh eine Rolle. Die großen Impulsgeber für den Durchbruch der Haftungsbeschränkung im 19. Jhdt. sowohl in der offenen wie in der geschlossenen Kapitalgesellschaft waren meist Politiker liberalen Geistes oder Vertreter von Wirtschaftsinteressen. Die theoretischen Argumente lieferten – dies gilt jedenfalls für England – zumeist (Proto-)Ökonomen. Die Rechtswissenschaft dieser Zeit verkämpfte sich in Deutschland teils in dogmengeschichtlichen Kontroversen. Auf der Höhe der Zeit war dann allerdings die „nachgeholte" Debatte um die neue GmbH im ausgehenden 19. Jhdt.

Spätestens im 20. Jhdt. setzte sich dann auch in Deutschland die Erkenntnis durch, dass für die Begründung der beschränkten Gesellschafterhaftung mit dogmengeschichtlichen Argumenten nichts zu gewinnen ist. *Bernhard Großfeld* beschrieb dies in seiner 1968 erschienenen Habilitationsschrift prägnant: „Die beschränkte Haftung hat daher historisch nicht die Bedeutung, die ihr in der juristischen Diskussion oft beigemessen wird. Sie ist nicht Ausdruck uralter Naturnotwendigkeit, sondern Ergebnis junger, positiver Zwecksatzung."³⁴⁶ Die U.S.-amerikanische Rechtswissenschaft hat sich anders als die deutsche im 20. Jhdt. in radikaler Weise von der traditionellen Rechtsdogmatik distanziert und sich insbesondere auf sozio-ökonomische Argumente und Konzepte für ihre Theoriebildung über rechtliche Institutionen fokussiert. Für das Gesellschaftsrecht im Allge-

---

345 *Ringe*, Eur Bus Org Law Rev 22 (2021), 87, 89.
346 *Großfeld*, aaO (Fn. 10), S. 105.

meinen und die Haftungsbeschränkung im Speziellen geben bis heute vor allem Ökonomen und ökonomisch vorgebildete Juristen den Ton an. Herrschend ist dabei seit den 1980/90er Jahren die *contractarian theory of corporate law* (auch: sog. *nexus-of-contracts theory*). Sie hat auch für die Begründung der beschränkten Gesellschafterhaftung einen konzeptionellen, mathematisch modellierbaren Rahmen geschaffen, der am normativen Maßstab sozialer Wohlfahrt Kosten-Nutzen-Vergleiche anstellt, die jedenfalls grundsätzlich empirisch überprüfbar sind. Der hiermit einhergehende Rationalisierungsschub in der wissenschaftlichen Debatte hat dazu geführt, dass dieses Konzept in der Rechtswissenschaft heute weltweite Aufmerksamkeit genießt und nicht mehr einfach übergangen werden kann. Der historische Rückblick zeigt zwar, dass bereits im 19. Jhdt. ähnliche Argumente ausgetauscht wurden, wie sie heutzutage von den *contractarians* vorgetragen werden. Indes fehlte es am elaborierten konzeptionellen Rahmen. Ungeachtet der mit der *contractarian theory of corporate law* verbundenen Errungenschaften weist auch sie unübersehbare Schwächen auf, wenn es um die Begründung der Haftungsbeschränkung in der geschlossenen Kapitalgesellschaft geht. Letztlich vertraut man darauf, dass sich die Anreize, welche die beschränkte Haftung zur Aufnahme unternehmerischer Tätigkeit setzen, in Wohlfahrtsgewinnen niederschlagen, welche die Kosten auf Seiten der Gläubiger übertreffen.

Die Überwindung dogmengeschichtlicher Argumentation führt dazu, dass man sich von den dogmatischen Idiosynkrasien einzelner Rechtsordnungen lösen kann. Dies klärt die Debatte in der Sache und erleichtert obendrein das internationale Rechtsgespräch. Konzediert man aber, dass die beschränkte Gesellschafterhaftung „Ergebnis positiver Zwecksatzung" ist, folgt daraus mit *Bainbridge* und *Henderson* auch:

> „[L]imited liability is not inherent to the corporate form, but rather depends upon the ends to which that form is applied. At times, whether in Ancient Rome or Modern America, that application demands the isolation of liabilities in the corporate entity, while at other times, the concept of shareholder liability for a corporation's creditors is a more sensible one."[347]

„Was die Zeiten erfordern", ist indes zumindest auch eine hochpolitische Frage, die sich immer wieder neu stellt. Auch wenn die Kräfte des internationalen Regulierungswettbewerbs stark zugunsten des Prinzips beschränkter Gesellschafterhaftung wirken, ist ein Ende der Debatte daher nicht in Sicht.

---

[347] *Bainbridge/Henderson*, aaO (Fn. 2), S. 20.

Jens Koch

§ 15 ESG – Zündstufen zum Megatrend

I. Einführung —— 589
II. ESG-Debatte in der Traditionslinie der Diskussion um das Leitungsermessen —— 591
    1. Vom Leitungsermessen zur Corporate Social Responsibility —— 591
    2. Annäherung der Ergebnisse —— 592
III. Menschenrechtsbezogene Sorgfaltspflichten —— 595
    1. Thematische Fokussierung —— 595
    2. Dogmatische Konstruktionsversuche —— 597
    3. Brückenschlag zur Compliance —— 598
IV. Erste gesetzliche Ansätze: die Nachhaltigkeitsberichterstattung —— 599
    1. Gesetzliche Inhalte —— 599
    2. Rechtliche Mechanismen und Auswirkungen —— 600
    3. Nebenwirkungen —— 602
V. Die begriffliche Neuausfüllung der Nachhaltigkeitsvorgabe in § 87 Abs. 1 S. 2 AktG —— 603
VI. Ausweitung der Kampfzone: die Eigentümer und ihre Helfer —— 605
    1. Einführung der §§ 134a ff. AktG —— 605
    2. Offenlegungs-VO, Taxonomie-VO, MiFID II —— 606
VII. Imponderabilien: Verschiebungen in der politischen Stimmungslage —— 609
VIII. Von der Ermessensoption zur Berücksichtigungspflicht —— 611
IX. Bestandsaufnahme in Gestalt einer Momentaufnahme —— 613

I. Einführung

„Tsunami"[1], „Zeitenwende"[2], „Megatrend"[3], „Revolution"[4], „Leitbegriff der ersten Hälfte des 21. Jahrhunderts"[5] – die deutsche Sprache scheint an Superlativen zu arm

---

Anmerkung: Ein Vorabdruck des Beitrags findet sich mit leichten Abweichungen bereits in AG 2023, 553 ff.

1 SCHÖN, ZfPW 2022, 207, 217.
2 ANDREJEWSKI, Audit Committee Quarterly 2019, 44, 45; LANFERMANN, WPg 2023, 350; WALDEN, NZG 2020, 50, 51; gemünzt auf die ESG-Herausforderungen für das Kartellrecht auch BRINKER, NZKart 2022, 301.
3 JUSTENHOVEN, WPg 2023, 344; zu einem gleichlautenden Befund zur CSR-Debatte vor bereits 14 Jahren s. aber noch die Ausführungen unter II 1.
4 Eine Revolution wurde im bisherigen Debattenverlauf gleich zwei Mal verkündet, zunächst von PETER HOMMELHOFF anlässlich der CSR-Richtlinie 2014 (vgl. HOMMELHOFF, FS Kübler, 2015, S. 297: „*Revolution übers Bilanzrecht*"), später von MARC-PHILIPPE WELLER und TIM FISCHER mit Blick

zu sein, um die Wirkungsmacht zu beschreiben, mit der die Nachhaltigkeitsdebatte das deutsche Gesellschaftsrecht durchpflügt. Über die Phase des Streits um das „Ob" ist die Nachhaltigkeitsdiskussion schon weit hinausgegangen. Stattdessen hat sich ein großer Nachhaltigkeitskonsens ausgebreitet, wofür sicherlich auch die Ubiquität des Begriffs durchaus hilfreich war (ausführlich dazu noch unter VI 2). Zwar erhält in den USA auch die Anti-ESG-Bewegung immer stärkere politische Unterstützung,[6] aber in Deutschland scheint diese Skepsis derzeit jedenfalls in offiziellen Verlautbarungen (ganz anders hinter vorgehaltener Hand) noch nicht angekommen zu sein. Wissenschaftliche Debatten entzünden sich nur noch an nachgelagerten Fragestellungen. Die Legitimität des Nachhaltigkeitsanliegens als (weitere) Richtschnur unternehmerischen Handelns wird dagegen derzeit in Deutschland kaum noch in Frage gestellt.

Aus diesem umfassenden juristischen, aber auch gesamtgesellschaftlichen Konsens ergibt sich eine Eigenheit der folgenden Darstellung. Anders als bei anderen Debatten, die in diesem Band geschildert werden, ist es beim Thema Nachhaltigkeit nicht so sehr das argumentative Hin und Her zwischen verschiedenen Meinungsblöcken, das dieser Diskussion ihr besonderes Gepräge gibt, sondern das eigentliche Faszinosum liegt in der außerordentlichen Vehemenz, mit der sie das gesellschaftsrechtliche Denken durchdringt. Aufgabe der folgenden Darstellung ist es deshalb vorrangig nicht, dem klassischen juristischen Diskussionsdreiklang aus herrschender Meinung, Mindermeinung und vermittelnder Meinung nachzuhorchen und die Auffassungswelt der meinungsführenden Debattanten auszuleuchten. Stattdessen sind bei diesem Thema vielmehr die unterschiedlichen Zündstufen von Interesse, derer es bedurfte, um der Nachhaltigkeit die Relevanz zu verleihen, die ihr heute unisono beigemessen wird. An ihnen soll sich die folgende Darstellung orientieren. Dabei ist allerdings schon vorab eine klaffende Unvollständigkeit einzuräumen: ESG ist ein globaler Trend, der dementsprechend nur sehr unzureichend dargestellt wird, wenn er ausschließlich aus der nationalen Froschperspektive geschildert wird. Trotzdem wird sich die folgende Darstellung im Wesentlichen auf diesen nationalen Debattenverlauf beschränken und die internationalen Aspekte

---

auf den CSDD-Richtlinienentwurf (vgl. WELLER/FISCHER, ZIP 2022, 2254: „nichts anderes als eine ‚Revolution' im Gesellschaftsrecht").
5 SCHÖN, ZfPW 2022, 207, 208.
6 Kurzüberblick bei BÖHRINGER/DÖDING, AG 2022, R 304 f.; radikale Gegenposition zur europäischen ESG-Debatte etwa bei VIVEK RAMASWAMY, Woke, Inc.: Inside Corporate America's Social Justice Scam, 2021; als Folge dieser Gegenbewegung hat etwa BlackRock-CEO Larry Fink mittlerweile angekündigt, den Begriff ESG nicht mehr zu verwenden – vgl. https://nypost-com.cdn.ampproject.org/c/s/nypost.com/2023/07/03/esg-is-on-its-way-out-now-that-investors-have-been-forced-to-wise-up/amp/.

nur als Impulse für die deutsche Diskussion beleuchten. Selbstverständlich muss daraus zwangsläufig eine erhebliche Unvollständigkeit resultieren, aber die Darstellung unterwirft sich insofern den Zwängen des Formats, das für eine globale Sicht keinen hinreichenden Raum lässt.

II. ESG-Debatte in der Traditionslinie der Diskussion um das Leitungsermessen

1. Vom Leitungsermessen zur Corporate Social Responsibility

Als erste Besonderheit der nationalen ESG-Diskussion begegnet der Umstand, dass bis heute noch keine rechte Einigkeit darüber besteht, ob es sich eigentlich um eine neue Fragestellung handelt oder um eine recht alte, die lediglich in einem etwas zeitgeistigeren Gewand neu vermarktet wird. Denn wer immer sich mit der Diskussion um Nachhaltigkeit und ESG intensiv auseinandersetzt, stößt doch schnell auf die Einsicht, dass es auch in der Vergangenheit schon eine sehr ähnliche Diskussion gegeben hat, nämlich die um das sog. Leitungsermessen.[7] Auch dabei geht es um das Verhältnis von unternehmerischen Belangen zu sonstigen sozialen Anliegen, doch wurde die Auseinandersetzung seinerzeit noch unter umgekehrten Vorzeichen geführt: Während in den Anfängen ausschließlich darüber diskutiert wurde, ob es dem Vorstand überhaupt gestattet sei, soziale Anliegen zu erfüllen, verschiebt sich der Debattenschwerpunkt heute zunehmend in die Richtung, inwiefern er dazu verpflichtet ist (ausführlich dazu noch unter VIII).

Die Debatte um das Leitungsermessen wurde im Rahmen dieses Werkes bereits umfassend dargestellt (vgl. dazu den Beitrag von *Holger Fleischer* in § 2). Sie erlebte erste Höhepunkte bereits in der Weimarer Republik[8] und wurde in den 1980er und 1990er Jahren unter den Schlagworten des Shareholder oder Stakeholder Value-Ansatzes mit verstärkt ökonomischen Argumentationsfiguren wieder aufgegriffen. Dabei kann man auch aus der Binnensicht dieser Debatte das Bild von einer weiteren „Zündstufe" verwenden. Es lässt sich nämlich im Verlauf dieser Auseinandersetzung das auch in anderen Zusammenhängen immer wieder begegnende Phänomen beobachten, dass eine rechtliche Diskussion einen ganz anderen Drive bekommt, sobald man sie mit einem schmissigen Etikett versieht.[9] Dieses Etikett

---
[7] Vgl. etwa den Überblick bei KOCH, AktG, 18. Aufl., 2024, § 76 Rn. 63 ff.
[8] FLEISCHER, in: BeckOGK z. AktG, Stand: 1.10.2023, § 76 AktG Rn. 46.
[9] Vgl. zu dieser Beobachtung – bezogen auf die Business Judgment Rule – bereits KOCH, in: Fleischer/Thiessen, Gesellschaftsrechts-Geschichten, 2018, S. 471, 477 ff.

trägt hier den Namen „Corporate Social Responsibility", das schon auf den ersten Blick etwas flotter daherkommt als die etwas spröd verwaltungsrechtlich angehauchte Terminologie des „Leitungsermessens".

Dieses Rebranding hat der Diskussion einen kräftigen neuen Impetus gegeben. Zugleich ist es unter diesem Etikett gelungen, dieses Thema von einer rein juristisch-akademischen Debatte in die Unternehmenspraxis hineinzukatapultieren. Dort wurde das Schlagwort der Corporate Social Responsibility nämlich schnell aufgegriffen und in den folgenden Jahren zunehmend in der Unternehmenskultur größerer Gesellschaften verankert. Mit einer solchen Verankerung erhält das, was bislang nur eine juristische Kategorie war, eine neue Qualität: Die Idee mutiert zu einer unternehmerischen Realität, die man dauerhaft nicht mehr ignorieren kann, weil sie beständig neue Fragen aufwirft, die aus der Praxis wieder in die wissenschaftliche Debatte zurückkehren, auch wenn diese längst erlahmt ist.

Als Ergebnis dieser Entwicklung umschrieb *Peter Mülbert* schon im Jahr 2009 Corporate Social Responsibility als „neuen globalen Megatrend".[10] Dieser Trend war aber – und das ist ein durchaus bemerkens- und bedenkenswerter Umstand – eine Entwicklung, die sich von gesetzlichen Vorgaben und juristischen Debatten losgelöst hatte. Die Unternehmen erstellten vielmehr aus eigener Initiative CSR-Berichte, räumten dem Thema CSR in ihren Internetauftritten große Aufmerksamkeit ein, riefen das Forum Nachhaltige Entwicklung der Deutschen Wirtschaft e.V. (ecosense) ins Leben und schufen über ihre Interessenverbände BDI und BDA gemeinsame Internetportale, um dort ihr soziales Engagement darzustellen.[11] Viele Jahre später hat *Wolfgang Schön* daran erinnert, dass es in der Tat auch so geht und dass der Gesetzgeber durchaus hätte erwägen können, das Thema Nachhaltigkeit getrost den Marktkräften zu überlassen, die sich ihm angesichts des verbreiteten öffentlichen Bewusstseinswandels nicht hätten entziehen können.[12] Man sollte deshalb diese Entwicklungslinie jenseits aller juristischen Debatten nicht aus den Augen verlieren, weil sie eindrucksvoll belegt, dass es nicht nur Regulierung ist, die Veränderungen anzustoßen vermag.

2. Annäherung der Ergebnisse

So erfolgreich sich der Gedanke der Corporate Social Responsibility in der Unternehmenswirklichkeit durchsetzte, so sehr ließ doch in der Folgezeit der Schwung

---

10 MÜLBERT, AG 2009, 766, 767.
11 MÜLBERT, AG 2009, 766, 767 unter Verweis auf das von BDI und BDA ins Leben gerufene Portal „www.csrgermany.de" sowie das europäische Pendant „www.csreurope.org".
12 SCHÖN, ZfPW 2022, 207, 256: *„Misstrauen in die Kraft der Märkte und der Innovation"*.

nach, mit dem die akademische Debatte um das Leitungsermessen geführt wurde.[13] Ein solch nachlassender Diskussionselan liegt bis zu einem gewissen Maße in der Natur einer jeden akademischen Debatte. Irgendwann ist der Punkt erreicht, an dem sich jeder geäußert hat, der zu dem Thema – tatsächlich oder vermeintlich – etwas zu sagen hat, und die Argumente ausgetauscht sind. Es bedarf dann eines neuen Impulses, am besten einer Gerichtsentscheidung, vielleicht sogar einer höchstrichterlichen, um der Diskussion neues Leben einzuhauchen. Daneben lässt sich in manchen Debatten aber auch noch eine weitere Ursache ausmachen, die der wissenschaftlichen Auseinandersetzung ein jähes Ende bereiten kann, und das ist ganz schlicht „die normative Kraft des Faktischen".[14] Wenn die Praxis sich von juristischen Einwänden nicht beeindrucken lässt, darin im Lichte der guten Sache womöglich auch durch die öffentliche Meinung noch bestärkt wird, dann entstehen unternehmerische Realitäten, denen eine eigene argumentative Überzeugungskraft innewohnt.[15] Ganz besonders gilt dieser Befund für das Aktienrecht, wo es aufgrund der recht strengen Begrenzung der Klagebefugnis im Falle von Pflichtverstößen häufig an einem Kläger fehlen wird, der die juristischen Bedenken gerichtlich geltend macht.

Dieses Schicksal hat auch der Shareholder Value-Ansatz erfahren: Je weiter sich die Unternehmen Wohltätigkeit und soziales Engagement weltweit auf die Fahnen schreiben, desto verschrobener wirken die Stimmen, die behaupten, dass diese solchermaßen geschaffene Unternehmenswirklichkeit in ihrer Gesamtheit unzulässig sei. Schon seit vielen Jahren wurde der Shareholder Value-Ansatz deshalb nur noch sehr selten in der ganz schneidigen Variante vertreten, der Vorstand müsse den Marktwert des Unternehmens im Anlegerinteresse maximieren.[16] Stattdessen musste er zunehmend um Kategorien wie die langfristige Betrachtung[17] oder den

---

13 Vgl. zu diesem Befund schon KOCH, in: Fleischer/Koch/Kropff/Lutter, 50 Jahre AktG, 2016, S. 65, 75. Zu dem Umstand, dass auch mit der neueren ESG-Debatte die Diskussion nicht fortgeführt, sondern als beendet vorausgesetzt wird, vgl. noch die Ausführungen unter VIII.
14 Vgl. zu diesem Begriff JELLINEK, Allgemeine Staatslehre, 3. Aufl., 7. Neudruck, 1960, S. 337 ff.
15 Eindrucksvoll konnte man das vor etwa sechs Jahren in der Diskussion um die Investorengespräche des Aufsichtsrats beobachten (Zusammenfassung der Diskussion m.w.Nachw. bei KOCH, AktG, 18. Aufl., 2024, § 111 Rn. 54 ff.). Obwohl die damals noch ganz herrschende Meinung solche Gespräche für unzulässig hielt, folgten die Unternehmen nicht den juristischen Bedenken, sondern gaben dem Druck der Investoren nach, die auf solche Gespräche pochten. Auch damit entstanden unternehmerische Realitäten, gegen die zunehmend schwer anzudiskutieren war.
16 So aber noch MÜLBERT, FS Röhricht, 2005, S. 421, 424 ff.; ähnlich auch heute noch ZETZSCHE, BörsenZ v. 9.3.2022: *„wirtschaftlicher Filter jeglicher Unternehmensentscheidung vorangestellt"*.
17 Vgl. dazu insbes. FLEISCHER, in: BeckOGK z. AktG, Stand: 1.10.2023, § 76 AktG Rn. 32, 38; zur näheren Einordnung: SEIBERT, FS Hoffmann-Becking, 2013, S. 1101, 1102: *„Kunstgriff"*; BACHMANN,

Gewichtungsvorsprung[18] angereichert werden, mit denen die Differenzen zur interessenpluralen Zielsetzung zunehmend verwischten. Insbesondere im Gefolge der Finanzkrise, die zeitlich mit der Wahl Barack Obamas zum US-Präsidenten einherging und die Occupy Wall Street-Bewegung nach sich zog, versuchten selbst Befürworter des Shareholder Value-Ansatzes die Vokabel Shareholder Value möglichst zu vermeiden, was die Propagierung nicht leichter machte.

Am Ende hatten sich aufgrund dieser Relativierungen – schon bevor die ESG-Debatte richtig in Schwung kam – die beiden Lager derart weit angenähert, dass es mittlerweile großen Spürsinns bedurfte, um noch verbleibende Unterschiede zu identifizieren.[19] Vornehmlich in der Frage nach der Zulässigkeit eines stillen Mäzenatentums ohne öffentlichkeitswirksamen Renommeezuwachs für das Unternehmen gibt es noch größere Differenzen, wenngleich die Fronten zwischen den beiden Lagern auch hier nicht ganz einheitlich verlaufen.[20] Auch bei der seit jeher umstrittenen Frage, ob wohltätige Belange nur dann verfolgt werden dürften, wenn sie sich unter dem Strich – zumindest in einer Langfristbetrachtung – rechnen, zeichnet sich neuerdings eine großzügigere Sichtweise ab.[21] Angesichts dieser praktischen Ergebnislosigkeit überrascht es nicht, dass die Leidenschaft, mit der diese Debatte geführt wird, sich doch deutlich abkühlte. Zwar haben einzelne Fragestellungen aus der Unternehmenspraxis, wie etwa die Stiftungsinitiative der

---

ZHR 187 (2023), 166, 178: *„Scheingefecht";* KOCH, in: Fleischer/Koch/Kropff/Lutter, 50 Jahre AktG, 2016, S. 65, 73 ff.
18 Vgl. zu dieser Figur SEIBT, in: K. Schmidt/Lutter, AktG, 4. Aufl., 2020, § 76 Rn. 40; DÖRRWÄCHTER, NZG 2022, 1083, 1089 ff.; in abgeschwächter Form auch übernommen von KOCH, AktG, 18. Aufl., 2024, § 76 Rn. 89.
19 So auch der Befund von FLEISCHER, Handbuch Corporate Governance, 2. Aufl., 2009, S. 185, 198: *„Nuancierungen in psychologischer Hinsicht";* ähnlich HOPT, GesRZ 2002, Sonderheft Corporate Governance, S. 4, 5: *„Das will nicht besagen, daß die erwähnte, vor allem im deutschen Aktienrecht bändefüllende Diskussion überflüssig ist, aber ihre praktischen Auswirkungen sind gering.";* ferner VERSE, in: Scholz, GmbHG, 12. Aufl., 2021, § 43 Rn. 52: *„Frage [war] in der Rechtsprechung zur Geschäftsleiterhaftung – soweit ersichtlich – noch kein einziges Mal von ausschlaggebender Bedeutung";* s. auch HARBARTH, AG 2022, 633 Rn. 9; KOCH, in: Fleischer/Koch/Kropff/Lutter, 50 Jahre AktG, 2016, S. 65, 75 f.
20 Streng insofern LG Essen v. 9.9.2013-44 O 164/10, juris-Rn. 1010 = BeckRS 2014, 22313: Unternehmen muss nach außen in Erscheinung treten; für großzügigere Sichtweise KOCH, AktG, 18. Aufl., 2024, § 76 Rn. 93; SEYFARTH, Vorstandsrecht, 2. Aufl., 2023, § 8 Rn. 15; HABERSACK, AcP 220 (2020), 594; J. VETTER, ZGR 2018, 338, 368 mit anschaulichem Beispiel auf S. 346: Übernahme der medizinischen Behandlungskosten für einen Arbeitnehmer oder dessen Angehörigen, bei der das Unternehmen eine Selbstbindung, der Betroffene eine öffentliche Diskussion der Krankheit vermeiden möchte.
21 KOCH, AktG, 18. Aufl., 2024, § 76 Rn. 93; SEYFARTH, Vorstandsrecht, 2. Aufl., 2023, § 8 Rn. 13 ff.; SIMONS, ZGR 2018, 316, 329 ff.; J. VETTER, ZGR 2018, 338 ff.

Deutschen Wirtschaft „Erinnerung, Verantwortung und Zukunft"[22] oder der Atomausstieg dem Thema immer mal wieder einen gewissen temporären Auftrieb gegeben,[23] aber alles in allem schien bei dieser Debatte doch ein gewisser dogmatischer Sättigungsgrad eingetreten[24] zu sein. Auch wenn es in den folgenden Jahren dazu noch manches zu lesen gab, hatte man doch selten das Gefühl, viel Neues zu lesen.

III. Menschenrechtsbezogene Sorgfaltspflichten

1. Thematische Fokussierung

Der hier gewählte Ansatz, den Verlauf einer Debatte anhand der unterschiedlichen Entwicklungsschübe zu schildern, die sie vorangetrieben haben, ist naturgemäß mit viel Spekulation und zahlreichen Unschärfen behaftet. Gerade dort, wo es an Gerichtsentscheidungen und gesetzgeberischen Initiativen fehlt, die am Ausgangspunkt einer Diskussion stehen, lassen sich Veränderungen im öffentlichen Debattenbewusstsein nur selten klar identifizieren und auf konkrete Ursachen zurückführen.

Bemüht man sich im Wissen um diese fehlende Präzision dennoch darum, einige Wegmarken auszumachen, die den Erfolgspfad des ESG-Themas gesäumt haben, so wird man als Nächstes die Debatte um die menschenrechtsbezogenen Sorgfaltspflichten nennen müssen.[25] Die gesellschaftsrechtliche Community hat sich dieser Frage äußerst zurückhaltend genähert. Einer der ersten juristischen Beiträge zu diesem Thema stammt aus der Feder von *Carsten Schäfer*, der seine

---

22 Vgl. dazu PHILIPP, AG 2000, 62 ff.; MERTENS, AG 2000, 157 ff.
23 Unter umgekehrtem Vorzeichen sind die Diskussionen zu nennen, inwiefern der Vorstand berechtigt ist, unpopuläre, aber ertragreiche Aktivitäten, wie etwa eine aggressive Steueroptimierung, zu unterlassen – vgl. dazu KOCH, AktG, 18. Aufl., 2024, § 76 Rn. 95; HAGER, FS Windbichler, 2020, S. 731, 735; KOCH, in: Fleischer/Koch/Kropff/Lutter, FS 50 Jahre AktG, 2016, S. 65, 75; SEIBT, DB 2015, 171, 173 ff.
24 Etwas unterbelichtet ist in der bisherigen Debatte allerdings die rechtspolitische Komponente geblieben, die sich insbesondere für legislative Kompetenzzuweisungen de lege ferenda als folgenreich erweisen kann: Wer die Aktiengesellschaft in erster Linie als eine den wirtschaftlichen Eigentümern dienende Veranstaltung sieht, wird eher geneigt sein, der Hauptversammlung zusätzliche Kompetenzen einzuräumen. Für diejenigen, die eine interessenplurale Ausrichtung befürworten, ist das nicht gleichermaßen selbstverständlich – vgl. zu diesem Befund bereits KOCH, in: Fleischer/Koch/Kropff/Lutter, 50 Jahre AktG, 2016, S. 65, 76.
25 Vgl. dazu C. SCHÄFER, FS Hopt I, 2010, S. 1297 ff.; SAAGE-MASS/LEIFKER, BB 2015, 2499 ff.; VOLAND, BB 2015, 67 ff.; WAGNER, RabelsZ 80, 717, 750 ff.; monographisch BRUNK, Menschenrechtscompliance, 2022.

Ausführungen in der Festschrift für *Klaus Hopt* aus dem Jahr 2010 seinerzeit mit folgendem Satz einleitete:

> „Eine für Gesellschaftsrechtler eher ungewöhnliche Fragestellung wird derzeit unter Nichtregierungsorganisationen lebhaft diskutiert: Können deutsche ‚Konzerne' darauf verpflichtet werden, in ihren Tochtergesellschaften, zumal den ausländischen, eine menschenrechtskonforme Geschäftspolitik durchzusetzen?"[26]

Dieser Satz lässt erkennen, wie weit sich die Diskussion seit diesen Tagen fortentwickelt hat. Dreizehn Jahre später wird man diese Fragestellung kaum noch als „ungewöhnlich" bezeichnen; die Verschiebung der gesetzlichen Grundlagen, namentlich die Einführung des Lieferkettensorgfaltspflichtengesetzes, hat dazu geführt, dass in jeder Konzernzentrale darüber nachgedacht werden muss.

Zugleich gibt dieser Satz aber auch Auskunft darüber, über welchen Treiber diese Fragestellung in die gesellschaftsrechtliche Diskussion hineingetragen wurde: über Nichtregierungsorganisationen. Dieser Diskussionsursprung hat die Debatte in gleich mehrfacher Weise beeinflusst und beschleunigt. Zum einen hat die Auseinandersetzung um das Leitungsermessen spätestens zu diesem Zeitpunkt eine sehr sichtbare politische Ausrichtung erhalten, was dazu führte, dass neben den Juristen nunmehr auch Aktivisten mit einer klaren Menschenrechts-Agenda in die Diskussion einbezogen waren, die sich von zu feinsinnig dogmatischen Argumenten nicht recht beeindrucken ließen. Zum anderen hat das Thema durch die Verknüpfung mit einigen Praxisfällen, wie namentlich dem KiK-Fabrikbrand in Pakistan,[27] ein mediales Bild und eine Emotionalisierung erfahren, aus denen sich ein wesentlich eindrücklicheres Narrativ ergibt als durch die bloße Subsumtion von Fakten unter Tatbestandsmerkmale.

Auch in den folgenden Jahren hat der Einfluss der Aktivisten auf die juristische Diskussion nicht nachgelassen, sondern sich sogar erheblich ausgedehnt, als sich die Debatte von den Menschenrechten auf das gesamte Spektrum der ESG-Thematik erweiterte (vgl. zu diesen expansiven Tendenzen noch die Ausführungen unter VII). Die Folgen machten sich neben der Ausübung politischen Einflusses auf die Gesetzgebung namentlich auf dem Forum der Hauptversammlung bemerkbar, die als teilöffentliche Großveranstaltung genau die Bühne bietet, die für die Propagierung entsprechender Anliegen gesucht wird. Die Folgewirkungen zeigen sich etwa in umfassenden Fragekatalogen, wie sie früher von Seiten räuberischer Aktionäre bekannt waren. Als neuere Erscheinungsform ist zu verzeichnen, dass sich auch größere aktivistische Investoren diese Anliegen zu Eigen machen und etwa Kam-

---

26 C. SCHÄFER, FS Hopt I, 2010, S. 1297.
27 Vgl. dazu LG Dortmund IPRax 2019, 317 Rn. 1 ff.

pagnen zur Eroberung von Sitzen in Verwaltungs- und Aufsichtsräten unterstützen oder nach § 122 Abs. 2 AktG Anträge auf Satzungsänderungen initiieren, die etwa auf die Abspaltung von emissionsintensiven Geschäftsbereichen oder ein Bekenntnis zu Menschenrechten in der Verbandssatzung abzielen.[28] Gegen die VW AG wurde ein Antrag eingebracht, die Lobbyaktivitäten des Konzerns in Bezug auf den Klimawandel offenzulegen.[29] Auch die Initiativen für ein Say on Climate werden überwiegend nicht von einzelnen Klimaaktivisten, sondern von größeren Investorengruppen getragen.[30]

2. Dogmatische Konstruktionsversuche

Diese Politisierung und Emotionalisierung führte zu etwas, was man auch in der Rückschau noch als deutlich erkennbaren „Konstruktionswillen" identifizieren kann. Auch wenn in der Diskussion durchaus einige valide dogmatische Herleitungen entwickelt wurden,[31] so begegnete teilweise doch ein wildes Durcheinander unterschiedlichster Pflichtengründe, die überwiegend aus völkerrechtlichen Verträgen oder bloßen Absichtserklärungen[32] eher behelfsmäßig zusammengeschustert waren.[33] Zum Teil wurde explizit für einen „weit verstandenen pluralistischen Rechtsbegriff" geworben oder ein „smart mix" propagiert, der zu einer Neufor-

---

28 Vgl. zu derartigen Folgeerscheinungen der ESG-Bewegung etwa FUHRMANN/DÖDING, AG 2022, R 168 ff.; JASPERS, AG 2022, R240; die Diskussion zum Bekenntnis zu Menschenrechten in der Verbandssatzung wird vornehmlich im Vereinsrecht geführt – vgl. dazu KOCH, AktG, 18. Aufl., 2024, § 82 Rn. 10; MOCK/MOHAMED, NZG 2022, 350 ff., 356; SHARAF, ZIP 2022, 1427 ff. – jew. in Auseinandersetzung mit LG München I NZG 2022, 371 (Verein).
29 Vgl. dazu AG Braunschweig AG 2023, 510; bestätigt durch OLG Braunschweig AG 2023, 589 m. Komm. VERSE, AG 2023, 578; FUHRMANN/RÖSELER, AG 2022, R153 f.; JASPERS, AG 2022, R240; ablehnend wegen fehlender HV-Zuständigkeit bereits KOCH, AktG, 18. Aufl., 2024, § 122 Rn. 18.
30 Ausführlich dazu HARNOS/HOLLE, AG 2021, 853 ff.; s. auch DRINHAUSEN, ZHR 186 (2022), 201 ff.; WELLER/HOPPMANN, AG 2022, 640 Rn. 23 ff.
31 Für eine Deliktsorganisationshaftung WELLER/THOMALE, ZGR 2017, 509, 520 ff.; vgl. ferner WELLER/KALLER/SCHULZ, AcP 216 (2016), 387 ff.; THOMALE/HÜBNER, JZ 2017, 385 ff.
32 Insbesondere sind zu nennen der Draft UN Code of Conduct on Transnational Corporations, der UN Global Compact, die Draft UN Norms on the Responsibilities of Transnational Corporations and Other Business Enterprises with regard to Human Rights, die UN Leitprinzipien für Wirtschaft und Menschenrechte sowie die OECD Leitsätze für multinationale Unternehmen.
33 Vgl. den Überblick bei BRUNK, Menschenrechtscompliance, 2022, S. 155 ff. mit insgesamt wohlwollenderer Gesamtwürdigung.

mulierung des „allgemein Üblichen" und damit zur haftungsrelevanten Verschiebung der „im Verkehr erforderlichen Sorgfalt" führen sollte.[34]

Die juristische Tragfähigkeit solcher Ansätze kann in diesem komprimierten Überblick nicht inhaltlich gewürdigt werden;[35] sie blieb aber in manchen Auswüchsen doch mit einem Fragezeichen versehen. Das Bewusstsein, im Dienst der guten Sache unterwegs zu sein, schien einen zum Teil eher nonchalanten Umgang mit juristischen Vorgaben zu rechtfertigen. Einer ersten juristischen Belastungsprobe im Fall des KiK-Fabrikbrands in Pakistan hielten diese Konstruktionsversuche jedenfalls nicht stand: Zumindest der dogmatischen Herleitung aus einem Vertrag zugunsten Dritter bzw. eines Vertrages mit Schutzwirkung zugunsten Dritter erteilte das LG Dortmund eine klare Absage.[36] Deliktsrechtliche Ansprüche konnten nach den Regeln des Internationalen Privatrechts nach überzeugender Auffassung des LG Dortmund ausschließlich nach pakistanischem Recht geltend gemacht werden, waren danach aber bereits verjährt.[37] Ob das pakistanische Recht eine materiell-rechtliche Grundlage für diese Ansprüche geboten hätte, musste deshalb nicht geprüft werden.[38]

3. Brückenschlag zur Compliance

Die Befürworter menschenrechtsbezogener Sorgfaltspflichten haben deshalb den Kampf um die judikative Anerkennung ihres Anliegens verloren, aber sie haben den wesentlich wichtigeren Kampf auf der rechtspolitischen Ebene klar gewonnen. Es ist ihnen mit ihren Vorstößen gelungen, das Thema dauerhaft zugleich auf der politischen und der juristischen Agenda zu verankern. Auf der politischen Agenda hat die Debatte naturgemäß erst einige Jahre später zu sichtbaren Erfolgen geführt, die hier allerdings besonders durchschlagend und weitreichend waren: Das Lieferkettensorgfaltspflichtengesetz hat genau die menschenrechtsbezogenen transnationalen und konzernweiten Sorgfaltspflichten statuiert, die man seinerzeit mit so großer Mühe aus dem allgemeinen Gesellschaftsrecht, dem Vertragsrecht, dem Deliktsrecht, dem Völkerrecht und internationalen Vereinbarungen abzuleiten

---

[34] Vgl. zu beiden Ansätzen SPIESSHOFER, NZG 2018, 441, 446; krit. gegenüber solchen Konstruktionsansätzen auch BACHMANN, ZHR 187 (2023), 166, 183 Fn. 89.
[35] Vgl. dazu die akribische Aufarbeitung von BRUNK, Menschenrechtscompliance, 2022, S. 155 ff.
[36] Vgl. dazu LG Dortmund IPRax 2019, 317 Rn. 40 ff.
[37] Vgl. dazu LG Dortmund IPRax 2019, 317 Rn. 27 ff.; für ein Bestimmungsrecht des Geschädigten zugunsten der Handlungsortanknüpfung nach Art. 4 Abs. 3 Rom II-VO dagegen WELLER/THOMALE, ZGR 2017, 509, 523 ff.
[38] Vgl. dazu LG Dortmund IPRax 2019, 317 Rn. 27.

suchte. Bislang ist die Regulierung ausschließlich auf nationaler Ebene erfolgt, doch zeichnet sich ab, dass ihr ein unionsweites Regelwerk folgen wird.[39] Damit hat sich zugleich auch die Diskussion um die juristische Tragfähigkeit der entsprechenden Konstruktionsversuche erledigt.

Aber schon vor dem Erlass dieses Gesetzes hatte die Diskussion in der Gesellschaftsrechtswissenschaft und vielleicht mehr noch in der Unternehmenspraxis sichtbare Spuren hinterlassen, die auch jenseits der Menschenrechtsthematik ihre Relevanz behalten. Es ist den Protagonisten der Debatte nämlich erstmals gelungen, dem Thema Corporate Social Responsibility eine ganz andere juristische Qualität zu verleihen. Weil die Diskussion unter dem Etikett der „Sorgfaltspflichten" verlief, wurde eine für den weiteren Debattenverlauf ganz entscheidende Brücke geschlagen, nämlich von der Corporate Social Responsibility zu dem anderen großen Modebegriff dieser Zeit: der Corporate Compliance, nunmehr in Gestalt der „Menschenrechtscompliance".[40] Die „Responsibility", die bislang ein rein moralischer Appell war und den Vorstand ausschließlich berechtigte, aber keinesfalls verpflichtete, wurde nunmehr erörtert als eine möglicherweise haftungsbewehrte rechtliche Verantwortung und damit potenzieller Gegenstand seiner Legalitätskontrollpflicht. Damit erlangte die Corporate Social Responsibility einen völlig anderen Stellenwert. Auch ein Vorstand, dem die Wahrung der Menschenrechte in anderen Ländern oder sonstiger sozialer Belange vielleicht nicht übermäßig am Herzen lag, wurde nunmehr nicht nur aus Reputationsgründen dazu angehalten, sich mit dem Thema auseinanderzusetzen, sondern auch aus Sorge um die eigene Haftungsbelastung.

IV. Erste gesetzliche Ansätze: die Nachhaltigkeitsberichterstattung

1. Gesetzliche Inhalte

Wenn die Debatte um menschenrechtsbezogene Sorgfaltspflichten daher als wichtiger Zwischenschritt zur heutigen Dominanz der ESG-Thematik identifiziert werden kann, so ist dennoch einschränkend zu konstatieren, dass die Diskussion jedenfalls in der gesellschaftsrechtswissenschaftlichen Community noch keine ganz

---

39 Vgl. dazu den Entwurf einer Lieferkettenrichtlinie (RL [EU] 2019/1937, COM [2022] 71 final) und dazu die Beiträge von LUTZ-BACHMANN/VORBECK/WENGENROTH, BB 2022, 835 ff.; SPINDLER, ZIP 2022, 765 ff.
40 Vgl. dazu aus neuerer Zeit die Monographie von BRUNK, Menschenrechtscompliance, 2022.

weiten Kreise zog. In den 2010er Jahren war sie in den üblichen gesellschaftsrechtlichen Gesprächsforen noch kein größeres Thema, sondern hatte eher in politisch geprägten Zirkeln eine hohe Prominenz. Das Verfahren zum KiK-Fabrikbrand in Pakistan vor dem LG Dortmund war namentlich für das Heidelberger Team um *Marc-Philippe Weller* Anlass, mögliche Rechtskonstruktionen intensiver auf ihre Belastbarkeit zu testen,[41] aber die ganz große Breitenwirkung blieb dem Thema auf der gesellschaftsrechtlichen Bühne doch vorerst noch versagt.[42]

Das änderte sich schlagartig mit der unionsrechtlich veranlassten Einführung der CSR-Nachhaltigkeitsberichterstattung. Sie trug das Nachhaltigkeitsthema aus einer etwas überraschenden Richtung in das Gesellschaftsrecht hinein, nämlich über die Jahresabschlussprüfung und -berichterstattung. Große kapitalmarktorientierte Gesellschaften[43] werden nunmehr durch § 289b HGB dazu verpflichtet, eine nichtfinanzielle Erklärung abzugeben, in der nach § 289c HGB auch der Umgang mit Umwelt-, Arbeitnehmer- und Sozialbelangen, mit Menschenrechten sowie die Maßnahmen zur Bekämpfung von Korruption und Bestechung zu schildern sind.[44]

2. Rechtliche Mechanismen und Auswirkungen

Im Rückblick kann die Einführung der Nachhaltigkeitsberichterstattung debattentechnisch recht deutlich als „Brandbeschleuniger" der ESG-Diskussion identifiziert werden. Zum damaligen Zeitpunkt war diese Relevanz aber keinesfalls allen Beteiligten klar. Zwar gab es prominente Stimmen, die aus den bilanziellen Pflichten konkrete Handlungspflichten ableiten wollten,[45] und wer aus diesem Blickwinkel

---

41 Vgl. dazu schon die Nachw. in Fn. 31.
42 Als weitere prominente Stellungnahme ist aber etwa auch die umfassende Untersuchung von WAGNER, RabelsZ 80 (2016), 717 ff. zu nennen; vgl. aus neuerer Zeit aber auch die allein dem Schutz von Menschenrechten gewidmete Ausgabe der ZVglRWiss 122 (2023).
43 Zur genauen Umschreibung des Anwendungsbereichs vgl. KOCH, AktG, 18. Aufl., 2024, § 170 Rn. 2c.
44 Für einen verknappten Überblick über diese Regeln vgl. KOCH, AktG, 18. Aufl., 2024, § 170 Rn. 2c f.; ausführlich zum Einfluss der Offenlegungspflichten auf die aktienrechtliche Zielkonzeption HELL, Offenlegung nichtfinanzieller Informationen, 2020, S. 257 ff.
45 Dafür namentlich HOMMELHOFF, FS Kübler, 2015, S. 291 ff.; HOMMELHOFF, FS von Hoyningen-Huene, 2014, S. 137 ff.; HOMMELHOFF, NZG 2017, 1361 ff.; ROTH-MINGRAM, NZG 2015, 1341, 1343 ff. Für eine Kapitalmarktinformationshaftung wegen fehlerhafter CSR-Berichte HARNOS, ZVglRWiss 122 (2023), 38, 48 ff.

auf das Thema schaute, musste ihm selbstverständlich größere Sprengkraft beimessen. Aber diese Stimmen sind doch deutlich in der Minderheit geblieben.[46]

Die Mehrheit verstand die Nachhaltigkeitsberichterstattung als einen reinen Nudging-Ansatz,[47] über dessen Erfolgsaussichten man geteilter Meinung war. Nicht wenige hielten es für einen validen legislativen Mechanismus, um sanften Druck zu erzeugen,[48] aber verbreitet war auch die Einschätzung, dass hier in Ermangelung schneidiger Sanktionsmechanismen ein zahnloser Papiertiger geboren wurde.[49] Das hat sich im Nachhinein als eklatante Fehleinschätzung erwiesen.[50] Die Wirkungsmacht des unionsrechtlichen Ansatzes ist in den vergangenen Jahren überdeutlich zutage getreten.

Naturgemäß lässt sich auch hier wieder nur darüber spekulieren, woher diese Wirkungsmacht rührt. Generell zeigt die Erfahrung, dass jede Form einer gesetzlichen Verankerung der Diskussion schon aus Gründen der Aktualität einen gewissen Schub verleiht. Zugleich wird ein klarer legislativer Referenzpunkt geschaffen, um den die Ausdeutung entsprechender Pflichten künftig kreisen kann.[51] Darüber hinaus kann die Einführung der CSR-Berichterstattung auch als Beleg dafür dienen, dass der Mechanismus des Nudging durchaus funktioniert. Die Pflicht zur Berichterstattung stärkt die eigene Reflexion über den Umgang mit ESG-Themen und schafft damit ein größeres Bewusstsein für solche Fragestellungen.[52] Allerdings muss diese positive Würdigung des Nudging-Effekts dahingehend relativiert werden, dass man durchaus Zweifel hegen kann, ob sich die neuen Regeln zur CSR-Berichterstattung tatsächlich in einem reinen Nudging erschöpfen. Denn der zu-

---

46 Dagegen KOCH, AktG, 18. Aufl., 2024, § 76 Rn. 79 ff.; BACHMANN, ZGR 2018, 231, 233 f.; FLEISCHER, AG 2017, 509, 522; HABERSACK, AcP 220 (2020), 594, 627 ff.; HARBARTH, FS Ebke, 2021, S. 307, 314 f.; HELL, Offenlegung nichtfinanzieller Informationen, 2020, S. 257 ff.; PAEFGEN, FS Seibert, 2019, S. 629, 649 ff.; SIMONS, ZGR 2018, 316, 322 ff.; VERSE/WIERSCH, EuZW 2016, 330, 334.
47 So ausdrücklich FLEISCHER, AG 2017, 509, 522; SCHÖN, ZHR (180) 2016, 279, 282 ff.; SEIBT, DB 2016, 2707, 2708; SPIESSHOFER, in: Gesellschaftsrechtliche Vereinigung, Gesellschaftsrecht in der Diskussion 2016, 2017, S. 69 ff.; s. auch den Hinweis von FLEISCHER, ZGR 2017, 411, 425.
48 Vgl. etwa SCHÖN, ZHR 180 (2016), 279, 283: *„raffinierter Wirkungsmechanismus"*.
49 Vgl. etwa HUMBERT, ZGR 2018, 295, 309 ff.: *„fraglich, inwieweit dadurch ein substantieller Mehrwert gegenüber dem status quo der bisherigen Gesetzeslage geschaffen wird."* Vgl. ferner den Diskussionsbericht von ZWIRLEIN, ZGR 2018, 334 ff.
50 So bereits KOCH, AktG, 18. Aufl., 2024, § 76 Rn. 87.
51 Vgl. zu diesem Befund bereits – bezogen auf die Kodifizierung der Business Judgment Rule in § 93 Abs. 1 S. 2 AktG – KOCH, in: Fleischer/Thiessen, Gesellschaftsrechts-Geschichten, 2018, S. 471, 477 ff. mit Ausführungen aber auch zu den gegenläufigen Risiken, die mit einer Kodifizierung verbunden sind.
52 Auch bei dieser Würdigung sollte man sich überdies des Umstands bewusst sein, dass jedenfalls in den Unternehmen das Bewusstsein für CSR-Themen nach verbreiteter Beobachtung schon zuvor vorhanden war – vgl. dazu die Ausführungen unter II 1 sowie die Nachw. in Fn. 11 bis 13.

grunde liegende Mechanismus bleibt eben nicht dabei stehen, im Wege der „choice architecture" ein bestimmtes gedankliches Umfeld für die Entscheidungsfindung pro und contra soziales Unternehmertum zu schaffen.[53] Vielmehr macht sich der Gesetzgeber zugleich das Reputationsanliegen der Unternehmen zunutze: Es will niemand in Berichtsform offenlegen, dass der unternehmerische Erfolg auf Kinderarbeit beruht. Durch diesen Reputationshebel wird nicht – wie es dem Nudging-Gedanken entspricht – nur sanft geschubst, sondern es wird tatsächlich erheblicher Druck ausgeübt.

3. Nebenwirkungen

Neben diesen unmittelbar intendierten Wirkungen hat die erstmalige gesetzliche Verankerung der Corporate Social Responsibility innerhalb der Berichtspflichten auch einige bemerkenswerte Nebeneffekte gezeigt, die der ESG-Debatte bis heute ihren Stempel aufdrücken. Sie beginnen bei der Vorsortierung der Debattenprotagonisten: *Peter Hommelhoff* verkündete die „Revolution über das Bilanzrecht"[54] und deshalb konnte es nicht verwundern, dass die führenden Köpfe der Revolution auch allesamt Kolleginnen und Kollegen waren, die neben dem Gesellschaftsrecht auch den Themen Jahresabschluss und Abschlussprüfung nahe standen: Neben *Peter Hommelhoff* seien – ohne Anspruch auf Vollständigkeit – etwa *Joachim Hennrichs* und *Wolfgang Schön* genannt, während viele übliche Verdächtige rein gesellschaftsrechtlicher Provenienz mit dem Thema lange Zeit fremdelten. Noch etwas erstaunlicher entwickelte sich das Personal der nichtprofessoralen Nachhaltigkeitsexperten: Wer sich unter dieser Gattung intuitiv eine junge Klimaaktivistin vorstellte, wurde schnell eines Besseren belehrt: Als ESG-Experten traten auf Tagungen und Symposien vornehmlich Wirtschaftsprüfer und Bilanzexperten auf, die man bis dahin nicht unbedingt mit diesem Thema gedanklich assoziiert hatte.

Dass insbesondere die Berufsgruppe der Wirtschaftsprüfer die Diskussion bis zum heutigen Tag prägt, hat darüber hinaus wohl auch etwas damit zu tun, dass sie sich nicht nur qua fachlicher Expertise für alle Fragen der Berichterstattung berufen fühlen, sondern das ESG-Thema mittlerweile auch als ertragreiches Geschäftsmodell identifiziert hat. Die CSR-Berichterstattung hat in Wirtschaftsprüferkreisen eine Goldgräberstimmung hervorgerufen, deren Berechtigung durch die Richtlinie zur Änderung der Corporate Sustainability Reporting Directive vom

---

53 Vgl. zu dieser Funktionsweise des Nudges THALER/SUNSTEIN, Nudge, 2008, S. 1 ff.
54 Vgl. schon den Nachweis oben in Fn. 4.

14. Dezember 2022 nochmals eindrücklich bestätigt wurde.[55] Denn auch das hat die Vergangenheit schon oft erwiesen: Wenig trägt so sehr zur Fortdauer einer Debatte bei wie unmittelbare wirtschaftliche Interessen, zumal sich nunmehr gleich für zwei Berufsstände neue Beratungsfelder erschlossen haben: Die Anwälte bespielen das Compliance-Feld (vgl. zu diesem Brückenschlag schon die Ausführungen unter III 3), während die Wirtschaftsprüfer die neuen Berichtsstandards vermessen.

V. Die begriffliche Neuausfüllung der Nachhaltigkeitsvorgabe in § 87 Abs. 1 S. 2 AktG

Einen weiteren Niederschlag im deutschen Aktienrecht hat das ESG-Thema auf eine etwas skurrile Art und Weise in § 87 Abs. 1 S. 2 AktG gefunden.[56] § 87 Abs. 1 S. 2 AktG enthielt schon seit vielen Jahren den Begriff der Nachhaltigkeit, der dort aber ausschließlich als Orientierung der Vergütungsstruktur am dauerhaften, periodenübergreifenden ökonomischen Erfolg des Unternehmens verstanden wurde, also als eine Pflicht zur „langfristigen" Betrachtung.[57] Mit dem Gesetz zur Umsetzung der zweiten Aktionärsrechterichtlinie (kurz: ARUG II) sollte dies nach der Vorstellung der Entwurfsverfasser im Gesetz klargestellt und der Begriff „nachhaltig" entsprechend der Terminologie der Richtlinie durch den Begriff „langfristig" ersetzt werden; eine inhaltliche Änderung gegenüber der Vorfassung sollte damit aber explizit nicht verbunden sein.[58]

Im politischen Prozess wurde diese Streichungsabsicht sodann aber im weiteren Verlauf des Gesetzgebungsverfahrens beanstandet, weil man auf keinen Fall den positiv besetzten Nachhaltigkeitsbegriff aus dem Gesetz verabschieden wollte. Also beließ man es bei der Tatbestandsvoraussetzung der Nachhaltigkeit und stellte

---

55 Richtlinie (EU) 2022/2464 des Europäischen Parlaments und des Rates vom 14. Dezember 2022 zur Änderung der Verordnung (EU) Nr. 537/2014 und der Richtlinien 2004/109/EG, 2006/43/EG und 2013/34/EU hinsichtlich der Nachhaltigkeitsberichterstattung von Unternehmen, ABl. L 322/15 v. 16.12.2022.
56 Vgl. zum Folgenden bereits KOCH, AktG, 18. Aufl., 2024, § 87 Rn. 25.
57 Vgl. dazu noch HÜFFER/KOCH, AktG, 13. Aufl., 2018, § 87 Rn. 11; DÖRRWÄCHTER, NZG 2022, 1083, 1086; FLEISCHER, AG 2017, 509, 523; MOCK, ZIP 2017, 1195, 1196f.; HOHENSTATT/KUHNKE, ZIP 2009, 1981, 1982; LOUVEN/INGWERSEN, BB 2013, 1219, 1220ff.; THÜSING, AG 2009, 507, 519f.
58 Die RegBegr. BT-Drs. 19/9739, S. 72 bezeichnete die durch das ARUG II geplante Wortlautänderung als „redaktionelle Anpassung", die „*keinerlei inhaltliche Änderungen bezweckt*"; vgl. auch den federführenden Referenten im BMJ SEIBERT, WM 2009, 1489, 1490: „*Der Begriff der ‚Nachhaltigkeit' ist schillernd und hat im vorliegenden Kontext nichts mit nachwachsenden Rohstoffen zu tun.*"; s. auch FLORSTEDT, ZIP 2020, 1, 3.

ihr den Begriff der Langfristigkeit schlicht an die Seite. Das wiederum hatte aus Gründen der systematischen Auslegung zur Folge, dass die Nachhaltigkeit nicht mehr wie bisher als Langfristigkeit verstanden werden konnte, weil sich der Begriff anderenfalls gedoppelt hätte.[59] Also musste ein neuer Begriffsinhalt her, für den der Rechtsausschuss auch gewisse Anhaltspunkte gab. Im Nachhaltigkeitsbegriff solle zum Ausdruck kommen, dass auch soziale und ökologische Gesichtspunkte „in den Blick zu nehmen" seien.[60]

Vor diesem Hintergrund haben sich an dem unverändert im Gesetz enthaltenen Nachhaltigkeitsbegriff mittlerweile in Wissenschaft und Praxis zum Teil abenteuerlichste Interpretationsphantasien entzündet. Der Begriff wird mit einer Vielzahl bunter ESG-Anliegen aufgefüllt, deren elaborierte Fülle zum Teil in einem auffälligen Widerspruch zur akzidentellen Entstehungsgeschichte steht.[61] Diese Diskrepanz illustriert allerdings sehr anschaulich, wie stark der ESG-Gedanke derzeit den Geist der Zeit durchtränkt: Wo sich ihm ein Einfallstor öffnet, und sei es nur noch so klein, da drängt er mit aller Macht zur Durchsetzung. *Victor Hugo* wird der Ausspruch zugeschrieben: *„Nichts ist so mächtig wie eine Idee, deren Zeit gekommen ist."* Die ESG-Debatte ist ein sehr eindrücklicher Beleg für die Richtigkeit dieser Beobachtung.

Seit dieser begrifflichen Neuausrichtung wird intensiv diskutiert, inwiefern sich aus § 87 Abs. 1 S. 2 AktG eine entsprechende Rechtspflicht zur Einbeziehung von ESG-Belangen ergibt. Im praktischen Ergebnis ist diese Frage letztlich ohne Relevanz. Selbst wenn man eine solche Pflicht annimmt,[62] wird ihr doch über die Kombination einer vom Rechtsausschuss extrem vorsichtigen Handlungsanleitung („in den Blick nehmen") mit dem Catch-all term „Nachhaltigkeit" und weitesten Ermessensspielräumen des Aufsichtsrats[63] jegliche Justiziabilität genommen.[64] Die zurückhaltende Äußerung des Rechtsausschusses macht jedenfalls deutlich, dass es

---

[59] S. auch FLORSTEDT, ZIP 2020, 1, 3: *„kein Pleonasmus"*.
[60] Rechtsausschuss, BT-Drs. 19/15153, S. 55.
[61] Namentl. unter Berufung auf das schon zuvor entwickelte Konzept von RÖTTGEN/KLUGE, NJW 2013, 900, 901: ökologisch-sozial-ökonomische Ausrichtung im Sinne eines Drei-Säulen-Modells; sympathisierend VELTE, NZG 2016, 297 ff.; VELTE, NZG 2020, 12 ff.; krit. dazu bereits KOCH, AktG, 18. Aufl., 2024, § 87 Rn. 27; KORT, in: Großkomm. z. AktG, 5. Aufl., 2015, § 87 Rn. 123; HARBARTH, ZGR 2018, 379, 385 ff.; LOUVEN/INGWERSEN, BB 2013, 1219 ff.
[62] Vgl. etwa C. ARNOLD/HERZBERG/ZEH, AG 2021, 141 Rn. 1 ff.; HOMMELHOFF, FS Hopt II, 2020, S. 467, 472 ff.; WALDEN, NZG 2020, 50, 57.
[63] Diese werden auch von den Befürwortern einer Rechtspflicht anerkannt – vgl. etwa HOMMELHOFF, FS Hopt II, 2020, S. 467, 472 ff.; WALDEN, NZG 2020, 50, 58 ff.
[64] So bereits KOCH, AktG, 18. Aufl., 2024, § 87 Rn. 25 unter Verweis auf C. ARNOLD/HERZBERG/ZEH, AG 2021, 141 Rn. 20, 22 f., die z. B. auch eine reine Festvergütung – zu Recht – weiterhin für zulässig halten.

sich allenfalls um eine prozedurale Berücksichtigungspflicht handelt,[65] die sich aber keinesfalls auch im Ergebnis niederschlagen muss.[66] Viel wichtiger als die Frage nach einer Pflichtenposition sind die Vorgaben von Investorenseite. Die großen deutschen Investoren DWS, Deka Investment, Union Investment und Allianz Global Investors drängen allesamt auf die Verankerung von Nachhaltigkeitsaspekten bzw. ESG-Zielen in der Vorstandsvergütung.[67] Diese mit einer entsprechenden Stimmmacht unterfütterte Erwartungshaltung wird den Aufsichtsrat auch ohne eine entsprechende Rechtspflicht hinreichend incentivieren, ESG-Belange mit einer angemessenen Gewichtung zu berücksichtigen.

VI. Ausweitung der Kampfzone: die Eigentümer und ihre Helfer

1. Einführung der §§ 134a ff. AktG

Ebenfalls mit dem ARUG II wurde ein weiterer Mechanismus in das deutsche Aktiengesetz eingeführt, der noch etwas subtiler, aber keinesfalls weniger wirkungsmächtig ist, um auf das Nachhaltigkeitsverhalten der Unternehmen Einfluss zu nehmen. Neben den Gesellschaftsorganen und dem Abschlussprüfer wurde nämlich noch ein weiterer Akteur mit mehr oder weniger nachdrücklichen Nudging-Ansätzen in die richtige Richtung geschubst: die Investorenseite.[68] Schon in der Festschrift für *Michael Hoffmann-Becking* hatte *Ulrich Seibert* prophezeit, dass sich die Corporate Governance-Diskussion künftig deutlich stärker auf die Eigentümer und ihre Helfer erstrecken würde.[69] Diese Prognose erfüllte sich mit der Einfügung der §§ 134a – 134d AktG, die institutionelle Anleger, Vermögensverwalter und

---

65 Zur Unterscheidung zwischen einer prozeduralen und einer Ergebnisvorgabe vgl. – in anderem Zusammenhang – HARBARTH, AG 2022, 633 Rn. 1 ff.; WELLER/FISCHER, ZIP 2022, 2253, 2260 ff.
66 Wie hier LOCHNER/BENEKE, in: Heidel/Hirte, Das neue Aktienrecht, 2020, § 87 Rn. 3; KOCH, AktG, 18. Aufl., 2024, § 87 Rn. 25; SEIBT, in: K. Schmidt/Lutter, AktG, 4. Aufl., 2020, § 87 Rn. 23; SPINDLER, in: Münchener Komm. z. AktG, 6. Aufl., 2023, § 87 Rn. 90; WEBER, in: Hölters/Weber, AktG, 4. Aufl., 2022, § 87 Rn. 30a; IHRIG/SCHÄFER, Rechte und Pflichten des Vorstands, 2. Aufl., 2020, § 12 Rn. 237 mit Fn. 169; DÖRRWÄCHTER, NZG 2022, 1083, 1087; SPINDLER, AG 2020, 61 Rn. 7; weitergehend FLEISCHER, in: BeckOGK z. AktG, Stand: 1.10.2023, § 87 AktG Rn. 36; HOMMELHOFF, FS Hopt II, 2020, S. 467, 472, 475 f.; VELTE, NZG 2020, 12, 14.
67 DÖRRWÄCHTER, NZG 2022, 1083.
68 Zur Frage, ob der Effekt mit „Nudging" richtig umschrieben ist, vgl. schon die Ausführungen unter IV 2.
69 SEIBERT, FS Hoffmann-Becking, 2013, S. 1101 ff.

Stimmrechtsberater verpflichtete, die Grundlagen ihrer Anlage- und Beratungsstrategie offenzulegen und damit Anleger und Endbegünstigte besser über die Ausübung der Aktionärsrechte und die Mitwirkung der von ihnen eingeschalteten Mittler im Rahmen der Corporate Governance zu informieren.[70] Im Mittelpunkt standen dabei keinesfalls vorrangig Nachhaltigkeitsgesichtspunkte, doch zählte Art. 3g Abs. 1 lit. a der geänderten Aktionärsrechte-Richtlinie als Berichtsgegenstände beispielhaft auch die sozialen und ökologischen Gesichtspunkte der Unternehmenstätigkeit auf.[71] Die nach § 134c Abs. 2 S. 2 Nr. 1 AktG zu machenden Angaben zur Berücksichtigung der mittel- bis langfristigen Entwicklung der (Portfolio-)Gesellschaft sollten nach der Gesetzesbegründung zum ARUG II ebenfalls finanzielle wie nicht-finanzielle Leistungen einbeziehen,[72] wozu auch ESG-Faktoren wie soziale und ökologische Auswirkungen und Corporate Governance zählen.[73] Auch in den Erwägungsgründen 14, 23 und 29 der Richtlinie wurde das Augenmerk der Regelungsadressaten auf ökologische, soziale und Governance-Faktoren gerichtet.

2. Offenlegungs-VO, Taxonomie-VO, MiFID II

Wesentlich erhöht wurde der Druck auf die Eigentümer- und Investorenseite schließlich durch die Offenlegungs-Verordnung[74] und die Taxonomie-Verordnung.[75] Beide Rechtsakte folgen dem im europäischen Bank- und Kapitalmarktrecht allgegenwärtigen und nach Auffassung der Regelsetzer trotz aller Kritik augenscheinlich

---

70 Vgl. dazu bereits RegBegr. BT-Drs. 19/9739, S. 98; KOCH, BKR 2020, 1 f.
71 Im Richtlinientext wird daneben auch in Art. 9a Abs. 5 im Vergütungskontext die „soziale Verantwortung der Gesellschaften" erwähnt.
72 RegBegr. BT-Drs. 19/9739, S. 103.
73 ILLHARDT, in: K. Schmidt/Lutter, AktG, 4. Aufl., 2020, § 134c Rn. 10; KOCH, AktG, 18. Aufl., 2024, § 134c Rn. 3; RIECKERS, in: BeckOGK z. AktG, Stand: 1.7.2023, § 134c Rn. 21; DÖRRWÄCHTER, NZG 2022, 1083, 1088.
74 Verordnung (EU) 2019/2088 des Europäischen Parlaments und des Rates v. 27.11.2019 über nachhaltigkeitsbezogene Offenlegungspflichten im Finanzdienstleistungssektor, ABl. EU 2019, L 317, 1.
75 Verordnung (EU) 2020/852 des Europäischen Parlaments und des Rates v. 18.6.2020 über die Einrichtung eines Rahmens zur Erleichterung nachhaltiger Investitionen und zur Änderung der Verordnung (EU) 2019/2088, ABl. EU 2020, L 198, 13. Vgl. zu beiden Rechtsakten BUEREN, WM 2020, 1611 ff., 1659 ff.; EBERIUS, WM 2019, 2143 ff.; GLANDER/LÜHMANN/JESCH, BKR 2020, 545 ff.; GLANDER/KROPF/LÜHMANN, BKR 2023, 28 ff.; HARBARTH, FS Ebke, 2021, S. 307, 310 ff.; IPSEN/RÖH, ZIP 2020, 2001 ff.; empirisch KAJÜTER/WOLFF, DB 2022, 2041 ff.

weiterhin alternativlosen „Informationsmodell".[76] Mit der Offenlegungs-VO werden Investmentfonds und Portfolioverwalter (im Sprachgebrauch der Offenlegungs-VO: „Finanzmarktteilnehmer") dazu verpflichtet, gegenüber ihren Kunden Transparenz über die Einbeziehung von Nachhaltigkeitsaspekten herzustellen. Zur Erleichterung dieser Aufgabe und zur Bekämpfung des Greenwashings wird durch die Taxonomie-VO ein Klassifikationssystem eingerichtet, mit dessen Hilfe festgelegt werden kann, ob Tätigkeiten und Investitionen nachhaltig sind oder nicht. Ergänzt wird das Ganze durch vertriebsbezogene Pflichten der Anlageberater und Portfolioverwalter, die durch Art. 54 der Delegierten VO (EU) 2017/565 verpflichtet werden, neben dem Anlagezweck, der Risikotoleranz und den Risikopräferenzen des Anlegers auch dessen Nachhaltigkeitspräferenzen abzufragen.

Auch die Tragweite dieses legislativen Ansatzes war augenscheinlich nicht jedermann von vornherein klar, was möglicherweise auch darauf zurückzuführen war, dass von den beiden grundlegenden Rechtsakten der eine einen völlig nichtssagenden Titel trägt (Offenlegungs-VO) und der zweite einen Titel, den kein Mensch versteht (Taxonomie-VO). Der Bruchteil der Bevölkerung, der das Wort Taxonomie in seinem aktiven oder auch nur passiven Wortschatz führt, dürfte bis zum heutigen Tage im unteren Promillebereich anzusiedeln sein. Der spröde unionsrechtliche Gesetzgebungsstil wird ein Weiteres dazu beigetragen haben, dass diejenigen, die sich nicht berufsmäßig mit dem Thema auseinandersetzen mussten, darum einen großen Bogen gemacht haben. Nach herkömmlichen bank- und kapitalmarktrechtlichen Standards ist der unionsrechtliche Gesetzgeber auch hier im Zuge des Lamfalussy-Verfahrens auf drei Ebenen vorgegangen:[77] Maßnahmen auf der ersten Ebene erschöpfen sich in generalklauselartigen und kaum subsumtionsfähigen Regelungszielen mit geringem Detaillierungsgrad, die sodann auf der zweiten Ebene durch detailreiche technische Regulierungsstandards[78] und auf der dritten Ebene durch Maßnahmen der Unionsorgane ergänzt werden, von denen die

---

76 HARNOS, ÖBA 2022, 882, 883 f.; ausführlich zum Informationsmodell als Instrument des Kapitalmarktrechts VEIL, in: Veil, Europäisches und deutsches Kapitalmarktrecht, 3. Aufl., 2022, § 2 Rn. 27 ff.; KÖNDGEN, FS K. Schmidt II, 2019, S. 671, 693 f.; MÖLLERS, ZHR 185 (2021), 881, 893 ff.
77 Ausf. zum Folgenden HARNOS, ÖBA 2022, 882, 884 f.
78 Als solche sind hier die „Level-2-Maßnahmen" in Gestalt der technischen Regulierungsstandards zur Offenlegungs-VO und zur Taxonomie-VO sowie die delegierten Richtlinien und Verordnungen zur MiFID II zu nennen. Sie ergänzen die Details, die auf der ersten Ebene fehlten, machen die Akte auf der ersten Ebene subsumtionsfähig, erweisen sich aber auch gerade deshalb als sehr sperrige, schwer zugängliche und erschöpfend ausführliche Rechtsakte; vgl. dazu WALLA, in: Veil, Europäisches und deutsches Kapitalmarktrecht, 3. Aufl., 2022, § 4 Rn. 6.

Letztgenannten zwar keine unmittelbare rechtliche Bindung ihrer Adressaten auslösen, aber als *soft law* erhebliche Prägewirkung auf die Praxis haben.[79]

Aufgrund dieser vielschichtigen Regelungstechnik ist auch dieser Bereich nur mit großer Mühe zu erschließen, doch dürfen diese Verständnishürden nicht über die juristische Tragweite hinwegtäuschen. Speziell die Aktiengesellschaft ist eine Kapitalsammelstelle und wenn den Kapitalgebern Anreize gesetzt werden, ihre Anlagen nach ESG-Kriterien vorzunehmen, dann kann das für die Gesellschaft noch wesentlich größere Bedeutung haben als eine Erklärung im Nachhaltigkeitsbericht. Der damit entstandene Rechtfertigungsdruck der Finanzdienstleister findet sodann über das Abstimmungsverhalten auf der Hauptversammlung Eingang in den Pflichtenkatalog der Gesellschaftsorgane.[80]

Darüber hinaus verliert durch die solchermaßen forcierten Investorenbekenntnisse zur Nachhaltigkeit auch der Shareholder Value-Ansatz immer weiter an Plausibilität. Denn seine Grundannahme ist es, dass Investoren vorrangig an Gewinnmaximierung interessiert seien.[81] Wenn nunmehr aber im Rahmen der genannten Erklärungen von Investorenseite immer wieder öffentlich betont wird, dass andere Prioritäten einen gleichwertigen oder gar höheren Stellenwert haben,[82] fällt es den Vertretern des Shareholder Value-Ansatzes zunehmend schwer, diese Verlautbarungen zu ignorieren. Tatsächlich zeigen diese verschlungenen Wirkungspfade, dass auch insofern das Kalkül des Unionsgesetzgebers eindrucksvoll aufgegangen ist, wonach schon reine Berichtspflichten genügen können, um die Unternehmenswirklichkeit ohne ein verbindliches Normengefüge tiefgreifend zu prägen.[83]

Zugleich sind namentlich durch die Klassifizierungsbemühungen aber auch erste Schwierigkeiten im praktischen Umgang mit dem Nachhaltigkeitsthema öffentlich sichtbar zutage getreten. Dass Nachhaltigkeit so einen guten Ruf hat, liegt auch darin begründet, dass der Begriff derart weit ist, dass ihn jeder mit ihm ge-

---

79 Vgl. dazu VEIL, ZBB 2018, 151 ff. Ohne Anspruch auf Vollständigkeit sind insofern die Q&A-Kataloge der Kommission zur Offenlegungs- VO (abrufbar unter https://www.esma.europa.eu/sites/default/files/library/c_2022_3051_f1_annex_en_v3_p1_1930070.pdf) zu nennen, der Financial Report „Guidelines on certain aspects of the MiFID II suitability requirements" (abrufbar unter https://www.esma.europa.eu/sites/default/files/library/esma35-43-3172_final_report_on_mifid_ii_guidelines_on_suitability.pdf) sowie die Sustainable Finance Roadmap 2022–2024 (abrufbar unter https://www.esma.europa.eu/sites/default/files/library/esma30-379-1051_sustainable_finance_roadmap.pdf).
80 Zum Niederschlag in Voting Guidelines von Stimmrechtsberatern vgl. KUTHE, AG 2023, R8, R9 f.; RIECKERS, DB 2022, 172, 178 f., 183; zum Say on Climate HARNOS/HOLLE, AG 2021, 853 ff.
81 J. VETTER, ZGR 2018, 338, 360 ff.
82 Beispiele und Nachweise bei BACHMANN, ZHR 187 (2023), 166, 172; J. VETTER, ZGR 2018, 338, 360 ff.
83 Zum insoweit veränderten Investorenverhalten vgl. BRELLOCHS, ZHR 185 (2021), 319, 363; HARNOS/HOLLE, AG 2021, 853 Rn. 1 ff.; LANGENBUCHER, ZHR 185 (2021), 414, 418 f.

nehmen Vorstellungen ausfüllen kann.[84] Umso größer fiel die Überraschung aus, als die Organe der Europäischen Union in Übereinstimmung mit einer Vielzahl von Mitgliedstaaten die keinesfalls jedem genehme Atomkraft als nachhaltig einstuften.[85] Erstmals wurde hier für eine breite Öffentlichkeit das Problem der Zielkonflikte des begrifflich kaum fassbaren Terminus der „Nachhaltigkeit" sichtbar,[86] die seitdem immer stärker die Diskussion prägen und die Rechtsanwender einigermaßen ratlos zurücklassen (zum Versuch, diese Zielkonflikte über die Figur des „Gewichtsvorsprungs" aufzulösen, vgl. noch die Ausführungen unter VII).

VII. Imponderabilien: Verschiebungen in der politischen Stimmungslage

Verschiebungen in einem Debattenverlauf lassen sich leicht identifizieren und einordnen, wenn sie auf konkrete Gesetzesänderungen, Gerichtsentscheidungen oder auch nur wissenschaftliche Publikationen zurückgeführt werden können. Viel schwerer fassbar sind solche Veränderungen, die sich aus einem schleichenden Wandel des öffentlichen Bewusstseins und der politischen Stimmungslage ergeben. Aber selbstverständlich dürfen gerade bei diesem speziellen Thema, das stärker als andere in diesem Werk behandelte Diskussionen eine politische und soziale Dimension hat, diese Verschiebungen keinesfalls unberücksichtigt gelassen werden.

Während das Thema Menschenrechtsverletzungen viele Bürger aufgewühlt hat, entzündete sich diese Aufregung doch oft nur an jeweils einzelnen Vorfällen, ließ aber auch wieder nach, sobald sich das öffentliche Interesse und der mediale Fokus anderen Themen zuwandten. Namentlich die Diskussion um den Klimawandel folgt aber offenkundig anderen Gesetzmäßigkeiten. Der Klimawandel ist mittlerweile in weiten Teilen der Bevölkerung, und gerade auch in jüngeren Bevölkerungsgruppen, als eine der zentralen Menschheitsherausforderungen identifiziert worden, der teilweise eine Bedeutung beigemessen wird, hinter der alle

---

[84] So bereits EKKENGA, WM 2020, 1664, 1667: *„Nachhaltigkeit ist überall und jeder hat eine andere Vorstellung davon."*

[85] Vgl. dazu die Pressemitteilung des Europäischen Parlaments v. 6.7.2022, in der auch auf eine entsprechende Positionierung der EU-Kommission Bezug genommen wird: https://www.europarl.europa.eu/news/de/press-room/20220701IPR34365/taxonomie-keine-einwande-gegen-einstufung-von-gas-und-atomkraft-als-nachhaltig; vgl. dazu BUEREN, WM 2020, 1611, 1613 f.; FLOR/KREISL, ZFR 2022, 321, 324 f.; HARNOS, ÖBA 2022, 882, 885; KLIMSCHA/LEHNER, NR 2021, 302, 306; WOLFBAUER, ZFR 2022, 412 f.

[86] Vgl. zum Problem der Zielkonflikte KOCH, AktG, 18. Aufl., 2024, § 93 Rn. 21; BACHMANN, ZHR 187 (2023), 166, 183 f., 193 ff.; C. KOCH/KNEFLOWSKI, BB 2022, 1963 ff.; SCHÖN, ZfPW 2022, 207, 243 f.

anderen Belange, und damit auch unternehmerische Erwägungen, zurückzustellen sind.

Auf die Nachhaltigkeitsdebatte hat sich dieser Stimmungswandel nicht nur durch eine größere Vehemenz der Diskussion und zunehmende legislative Interventionen ausgewirkt, sondern besonders sichtbar auch dadurch, dass sie unter einem neuen Schlagwort geführt wird. Denn auch wenn diese Debatte in dem vorliegenden Beitrag durchgängig als Nachhaltigkeits- oder ESG-Debatte betitelt wird, so sind diese Schlagwörter doch keineswegs die Überschriften, unter denen sie begann. Vielmehr wird der Debattenverlauf durch unterschiedliche Bezeichnungen geprägt, in denen sich abweichende Schwerpunktsetzungen manifestieren. Sehr subtil hat sich dieser Wandel beim Nachhaltigkeitsbegriff selbst vollzogen, weil dieser Terminus schon länger in der Diskussion und sogar im Gesetz enthalten war, man damit aber – wie bereits oben dargelegt – ursprünglich andere Inhalte verbunden hatte. Während der Begriff speziell im Kontext des § 87 Abs. 1 S. 2 AktG als unternehmerische Nachhaltigkeit verstanden wird, soll er nun einem grenzenlos verstandenen ESG-Spektrum tatbestandliche Heimat sein (vgl. dazu die Ausführungen unter V).

Noch viel augenfälliger manifestiert sich die Verschiebung der politischen Agenda allerdings in der Ablösung des Begriffs Corporate Social Responsibility durch die Schlagworte Environmental, Social, Governance. Mit diesem Wandel sollte insbesondere zum Ausdruck gebracht werden, dass sich der politische Fokus von den Menschenrechtsverletzungen auf den Klimaschutz ausgedehnt hat.[87] Auf den ersten Blick scheint der Dreiklang dieser Begriffe darauf hinzudeuten, dass der Klimaschutz gleichberechtigt neben den Schutz der Menschenrechte getreten ist, doch zeigen sich in der Wissenschaft schon Ansätze, die aus der Debatte um das Leitungsmessen bekannte Figur des „Gewichtungsvorsprungs"[88] auf die Nachhaltigkeitsdebatte zu übertragen.[89] Mit diesem Terminus soll umschrieben werden, dass dem Klimaschutz angesichts seiner mittlerweile überragenden politischen Bedeutung innerhalb der vielfältigen ESG-Zielsetzungen ein „gewisser" Vorrang eingeräumt werden soll. Die dogmatische Herleitung dieses Gewichtungsvorsprungs ist bislang noch einigermaßen dunkel geblieben. Selbst wenn man ihn anerkennt, wird die nähere Umschreibung als „gewisser" Vorsprung dem praktischen Rechtsanwender die Schweißperlen auf die Stirn treiben. Gerade in dieser

---

[87] WELLER/FISCHER, ZIP 2022, 2253, 2254 f.
[88] Dort begegnete der Begriff etwa bei SEIBT, in: K. Schmidt/Lutter, AktG, 4. Aufl., 2020, § 76 Rn. 40; WEBER, in: Hölters/Weber, AktG, 4. Aufl., 2022, § 76 Rn. 22b; DÖRRWÄCHTER, NZG 2022, 1083, 1091 – jeweils bezogen aber auf den Gewichtungsvorsprung der Shareholder-Interessen vor den Stakeholder-Interessen.
[89] Vgl. zum Folgenden WELLER/FISCHER, ZIP 2022, 2254, 2262.

eher politisch als juristisch geprägten Debatte scheint man sich an derartige dogmatische Unschärfen aber schon gewöhnt zu haben, so dass wohl auch diese neue Akzentsetzung ohne größeren Widerspruch hingenommen wird.

VIII. Von der Ermessensoption zur Berücksichtigungspflicht

Am vorläufigen Ende der Debatte steht eine deutlich höhere Pflichtendichte des Vorstands, die in erster Linie aus den breitflächigeren gesetzlichen Vorgaben resultiert. Über die grundsätzliche Frage, ob es dem Vorstand gestattet sei, Gemeinwohlbelange auch jenseits solcher Vorgaben zu berücksichtigen, wird nicht mehr ernsthaft gestritten. In der neueren ESG-Debatte wird die Diskussion um das Leitungsermessen letztlich nicht fortgeführt, sondern ihr Ausgang im Sinne der interessenpluralen Zielkonzeption vorausgesetzt. Sofern diese unbestreitbare Traditionslinie überhaupt herausgestellt wird (in jüngeren Darstellungen wird darauf zunehmend verzichtet), so wird in umfassenderen Darstellungen die interessenplurale Zielkonzeption gewissenhaft als ohnehin herrschende Meinung zitiert, die mit der ESG-Debatte fortgeschrieben werde.[90] Der Shareholder Value-Ansatz wird dagegen nur noch als überkommene Reminiszenz gewürdigt oder es wird darauf hingewiesen, dass er durch zunehmende Verwässerungen nicht zu unterschiedlichen Ergebnissen führe.

Stattdessen hat sich die Diskussion schleichend auf die Frage verlagert, inwiefern der Vorstand zu einer solchen Berücksichtigung von ESG-Belangen sogar verpflichtet sei. Die ersten Vorstöße in diese Richtung haben zwar keine Gefolgschaft gefunden,[91] doch zeichnet sich unübersehbar die Tendenz ab, die Vielzahl gesetzlicher Initiativen in einer gewaltigen Gesamtanalogie in eine Berücksichtigungspflicht umzudeuten.[92] Den vorläufigen Höhepunkt hat diese Debatte mit dem Kommissionsvorschlag zu einer neuen Corporate Sustainability Due Diligence-Richtlinie erreicht.[93] Hier findet sich in Art. 25 des Kommissionsentwurfs folgende Vorgabe:

---

90 Vgl. statt vieler HARBARTH, AG 2022, 633 Rn. 6 ff.
91 Zum einen sind hier die Ansätze aus der Debatte um die menschenrechtsbezogenen Sorgfaltspflichten zu nennen (vgl. dazu schon die Nachw. in Fn. 31 bis 38), zum anderen die Ansätze im Gefolge der CSR-Nachhaltigkeitsberichterstattung (vgl. dazu schon die Nachw. in Fn. 45 bis 47).
92 Ähnlicher Befund bei BACHMANN, ZHR 187 (2023), 166, 171: die Diskussion „kippt".
93 Vorschlag der EU-Kommission für eine Richtlinie des Europäischen Parlaments und des Rates über die Sorgfaltspflichten von Unternehmen im Hinblick auf Nachhaltigkeit und zur Änderung der

> „Die Mitgliedstaaten stellen sicher, dass die Mitglieder der Unternehmensleitung nach Artikel 2 Absatz 1 bei Ausübung ihrer Pflicht, im besten Interesse des Unternehmens zu handeln, die kurz-, mittel- und langfristigen Folgen ihrer Entscheidungen für Nachhaltigkeitsaspekte berücksichtigen, gegebenenfalls auch die Folgen für Menschenrechte, Klimawandel und Umwelt."

Namentlich *Marc-Philippe Weller* und *Tim Fischer* haben aus diesem Änderungsvorschlag eine sehr weitgehende Verschiebung der aktienrechtlichen Zielvorgaben für den Vorstand hergeleitet.[94] Jedenfalls nach Umsetzung der CSDD-Richtlinie sei von einer Leitungspflicht in dem Sinne auszugehen, dass die Geschäftsleiter nicht mehr nur aufgrund der Legalitätspflicht, sondern darüber hinaus verpflichtet seien, ESG-Belange auch auf Kosten des Gewinnziels zu verfolgen. Während es bisher nur eine CSR-Berichtspflicht gegeben habe, werde die Leitungspflicht durch die CSDD-Richtlinie um ESG-Belange dergestalt materiell aufgeladen, dass die Geschäftsleitung diese Belange künftig auch bei wirtschaftlicher Nachteiligkeit in den Abwägungsprozess einzustellen habe. Das bedeute zwar nicht, dass die ESG-Belange künftig eo ipso Vorrang vor wirtschaftlichen Erwägungen hätten. Sie seien aber mit einem justiziablen Mindestgewicht den wirtschaftlichen Belangen gegenüberzustellen. Verspreche eine Maßnahme nur relativ kleinen wirtschaftlichen Gewinn, könne dies einen erheblichen ESG-Nachteil nicht aufwiegen.

Diesen Thesen ist *Stephan Harbarth* entgegengetreten.[95] Art. 25 des CSDD-Richtlinienentwurfs sei im Wesentlichen in einem lediglich prozeduralen Sinne zu interpretieren und könne daher nahtlos in das bisherige interessenplurale Verständnis des Leitungsermessens eingepasst werden. Ein ergebnisbezogenes Mindestgewicht könne aus der Vorschrift hingegen nicht abgeleitet werden.

Welche Relevanz diesem Streit künftig noch zukommen wird, ist abschließend absehbar, doch gibt es sehr deutliche Signale, dass Art. 25 CSDD-Richtlinienentwurf nicht in geltendes Recht erwächst. In der Allgemeinen Ausrichtung des Rates[96] ist die Bestimmung ersatzlos gestrichen worden, doch hat das Europäische Parlament in seiner Stellungnahme vom Juni 2023 für eine Fassung plädiert, mit der die Unternehmen doch strenger in die Nachhaltigkeitsverantwortung genommen werden sollen.[97] In dieser Schwebelage ist der Entwurf in die Trilog-Verhandlungen gegangen, die zunächst in einer politischen, sodann in einer technischen Trilog-Ab-

---

Richtlinie (EU) 2019/1937 vom 23.2.2022 – COM(2022), 71 final (Corporate Sustainability Diligence-Richtlinienentwurf).
94 Vgl. zum Folgenden WELLER/FISCHER, ZIP 2022, 2253 ff.
95 Vgl. zum Folgenden HARBARTH, AG 2022, 633 Rn. 1 ff.
96 Allgemeine Ausrichtung des Rates v. 30.11.2022 (15024/1/22), S. 111.
97 https://www.europarl.europa.eu/doceo/document/TA-9-2023-0209_DE.html

stimmung mündeten, die beide eine dem Art. 25 CSDD Richtlinien-Entwurf entsprechende Vorschrift nicht mehr vorsahen.[98] Aber selbst wenn Art. 25 des Entwurfs demnach keinen Eingang in den Text der Richtlinie finden wird, ist der Trend zur zunehmenden Verrechtlichung und Materialisierung doch unübersehbar. Derzeit mögen die Dämme des Gesellschaftsrechts dieser unionsrechtlichen Flut noch standhalten. Wie lange es noch dauert, bis sie brechen, ist beim aktuellen Diskussionsstand kaum absehbar.

IX. Bestandsaufnahme in Gestalt einer Momentaufnahme

Geläufige Gestaltungen, um einen Beitrag zu beenden, sind ein Fazit oder ein Ausblick. Beides kann bei diesem speziellen Thema kaum sinnvoll geleistet werden. Ein Fazit verbietet sich, weil die Entwicklung nicht ansatzweise abgeschlossen erscheint, sondern man das Gefühl hat, dass sie gerade erst Fahrt aufnimmt. Auf der anderen Seite ist aber auch ein Ausblick nicht möglich, weil kaum absehbar ist, in welche Richtung die Fahrt tatsächlich geht. Es ist durchaus denkbar, dass der ESG-Zug seine Reise mit steigender Geschwindigkeit fortsetzt. Es ist aber auch nicht ausgeschlossen, dass die Anti-ESG-Kampagne aus den USA (vgl. dazu bereits die Ausführungen unter I) auch nach Deutschland überschwappt und die Geschwindigkeit deutlich drosselt. Speziell die Investorenseite, deren überragende Rolle für den Debattenverlauf unter VI gewürdigt wurde, kann aus dieser Richtung wirkungsmächtige Impulse erhalten. Setzt sich diese Entwicklungslinie durch, könnte damit der Shareholder Value-Ansatz eine Renaissance erleben, die man ihm aus rein nationaler Binnenperspektive derzeit kaum zutrauen mag.

Zu leisten ist bei dieser speziellen Fragestellung also allenfalls eine Bestandsaufnahme in der Gestalt einer Momentaufnahme. Insofern ist derzeit zu konstatieren, dass die in den USA mittlerweile erwachten Gegenkräfte in Europa augenscheinlich noch nicht angekommen sind. Hier steht die Debatte auch weiterhin unter dem Motto „Vorwärts immer, rückwärts nimmer". Allein in dem Bemühen, den Klimabelangen einen „Gewichtungsvorsprung" vor anderen Zielen einzuräumen (vgl. dazu die Ausführungen unter VII), lässt sich eine leichte Tendenz erkennen, den Belang, der einem wirklich am Herzen liegt, nicht im ESG-Allerlei untergehen zu lassen. Ansonsten aber verläuft die Diskussion zunehmend in die beschriebene Richtung, Abwägungsermächtigungen in Abwägungspflichten umzudeuten (vgl. dazu die Ausführungen unter VIII). Nur dort, wo die Untersuchungen

---

[98] Das entsprechende Ratsdokument ist noch nicht veröffentlicht, liegt dem Verfasser aber vor.

stärker ins Detail gehen und versucht wird, daraus praktische Handlungsanweisungen abzuleiten, merkt man, dass sich eine gewisse Ratlosigkeit breit macht, die den Verdacht nahelegt, dass die Nachhaltigkeitsbewegung doch mindestens teilweise von ihrem eigenen Erfolg erschlagen zu werden droht. Schon die Kernvokabel der Nachhaltigkeit hat sich in der praktischen Handhabung als Rechtsbegriff als kaum operabel erwiesen. Mit dem neuen Schlagwort ESG wird diesem Problem insofern abgeholfen, als die Leerformel Nachhaltigkeit mit konkreten Inhalten ausgefüllt wird. Aber diese Inhalte sind derart mannigfaltig, dass mittlerweile in der Diskussion ein allgegenwärtiges Phänomen begegnet: das Auftreten von Zielkonflikten.[99] Wie soll sich ein Vorstand verhalten, der Dutzenden unterschiedlichster E-, S- oder G-Zielsetzungen ausgesetzt ist, die ihm keineswegs stets die gleiche Aktivitätsrichtung weisen werden? Besteht nicht in der Tat die Gefahr, dass ein Vorstand, der allem verpflichtet ist, am Ende des Tages niemandem mehr verpflichtet ist? Genau dieser Maßstabslosigkeit einer umfassend interessenpluralen Zielsetzung sollte der Shareholder Value-Ansatz entgegenwirken, indem er in Gestalt der Gewinnmaximierung eine klare Leitlinie formuliert hat, an der das Vorstandsverhalten und damit auch die Vorstandsverantwortlichkeit bemessen werden können. Nun scheint dieser Ansatz in seiner augenscheinlich vollständigen Niederlage eine besonders eindrückliche Bestätigung zu erlangen. Die Mannigfaltigkeit des ESG-Begriffs treibt mittlerweile die ersten sehr erstaunlichen Blüten, die jedenfalls an der Weisheit einer derart allumfassenden Zielorientierung durchaus zweifeln lassen.[100] Auch diese Debatte ist deshalb wohl noch nicht zu Ende, sondern muss ihre Fortsetzung finden, um weiter auszuloten, wie der Wunsch nach einer größeren sozialen Verantwortung von Unternehmen in klarere Handlungs- und Zielvorgaben umgesetzt werden kann.

---

[99] Vgl. dazu schon die Nachw. in Fn. 89.
[100] Vgl. neben dem oben unter VI 2 wiedergegebenen Streit um die Einordnung der Atomkraft nur den empörten Aufschrei von ELON MUSK auf Twitter v. 7.5.2022: *„Yes! Stop the outrageous false ESG assessments, where Tesla gets a bad grade, but an oil company can get a good grade. Total gaming of the system!"*; ausführliche Darstellung der Hintergründe unter https://time.com/6180638/tesla-esg-index-musk/: „Why Tesla CEO Elon Musk is calling ESG a 'Scam'".

Philipp Maximilian Holle
§ 16 Missbräuchliche Anfechtungsklagen

I. Einführung —— 617
  1. Profil der Debatte —— 617
     a) Missbräuchliche Anfechtungsklagen als Ewigkeitsthema —— 617
     b) Praktische Erdung —— 618
     c) Legislative Prägung als Grund einer vorwiegend nationalen Debatte —— 619
  2. Ertrag einer Aufarbeitung und Vorgehen —— 619
     a) Prägewirkung, Anschauungsmaterial und Lerneffekte —— 619
     b) Chronologische Betrachtung wegen gesetzlicher Grundierung —— 620
II. Quell der Debatte —— 621
  1. Möglichkeit der Beschlussmängelklage als konzeptioneller Ausgangspunkt —— 621
  2. Faktoren für einen Missbrauch der Klagemöglichkeit —— 622
     a) Hohes Stör- und Schädigungspotential —— 622
     b) Anreiz zur Ausnutzung —— 623
  3. Hauptversammlungsbeschlüsse als Kulminationspunkt —— 624
III. Spurensuche in der aktienrechtlichen Frühzeit —— 625
  1. ADHGB 1861 und vage Überlieferungen von einem Missbrauch —— 625
  2. Fehlende Angriffsfläche aufgrund kaum entwickelten Binnenrechts —— 627
  3. Keine Verschiebungen durch die Aktienrechtsnovelle von 1870 —— 628
IV. Missbrauchsgefahren als leitendes Motiv bei der gesetzlichen Verankerung der Anfechtungsklage im Jahre 1884 —— 628
  1. Institutionalisierung des Stör- und Schädigungspotentials —— 628
  2. Weitsichtige Sorge vor Missbrauch —— 629
  3. Hohe Hürden für Anfechtungskläger —— 631
     a) Einführung der Anfechtungsfrist sowie des Präsenz- und Widerspruchserfordernisses —— 631
     b) Spezifische Bekämpfung „möglicher Chikane" —— 632
  4. Schon ein Thema: Flexibilisierung der Anfechtungsfolgen —— 633
V. Abbau der Missbrauchsbekämpfung und vergebliches Wehklagen —— 633
  1. Abschwächung der Missbrauchsbekämpfung durch das HGB 1897 —— 633
  2. Wehklagen auf Deutschen Juristentagen —— 634
     a) Überlieferungen von einem Missbrauch —— 634
     b) Forderung nach einem Mindestquorum und einer Haftungsverschärfung —— 636
  3. Zahnlose Rolle des Reichsgerichts —— 637
     a) Restriktive Handhabung der Möglichkeit zur Sicherheitsleistung —— 637
     b) Treuepflichtgestützte Missbrauchskontrolle im Einzelfall —— 638
VI. Hohe Hürden für querulatorische Aktionäre in der Gesetzgebung der Nationalsozialisten —— 640
  1. Fließrichtung damaliger Reformanstrengungen —— 640
  2. Keine Verblendung —— 641
VII. Naiver Nachkriegsgesetzgeber? —— 643
  1. Rechtstatsächliche Ausgangslage —— 643

2. Abbau der Missbrauchskautelen —— 643
   a) Stärkung von Kleinaktionären als allgemeine wirtschafts- und sozialpolitische Stoßrichtung des AktG 1965 —— 643
   b) Senkung des Streitwerts —— 644
   c) Abräumen von Schadensersatzhaftung und Sicherheitsleistung —— 645
   d) Absehen von einem Straftatbestand und Kodifizierung des Bestätigungsbeschlusses —— 646
3. Ausweitung der Anfechtungsmöglichkeiten —— 646

VIII. Höhepunkt der Debatte ab Mitte der 1980er Jahre —— 647
1. Ruhe vor dem Sturm —— 647
2. Missbrauchswelle der 1980er Jahre —— 648
   a) Hintergrund —— 648
      aa) Noch mehr Einbruchsstellen durch (generalklauselartigen) Ausbau der Minderheitenrechte —— 648
      bb) Flucht der Gesellschaften in die Öffentlichkeit —— 648
   b) Leading Cases —— 649
   c) Kampf mit offenem Visier —— 649
   d) Teilweise absurdes Gebaren —— 651
3. Positionierung der Rechtsprechung und Umgehungsstrategien auf Klägerseite —— 652
4. Intensive Aufarbeitung und Problemanalyse im Schrifttum —— 654

IX. Wissenschaftlich eskortierte und schrittweise Reaktionen des Gesetzgebers —— 655
1. Einführung des Freigabeverfahrens für ausgewählte Beschlüsse —— 655
2. Umfassende Modernisierung durch das UMAG mit ernüchternder Bilanz —— 657
   a) 63. Deutscher Juristentag und Regierungskommission Corporate Governance als Vorboten —— 657
   b) Bündel von Maßnahmen —— 658
   c) Verheerende Bilanz als Grund anhaltenden Drangs zu Verschärfungen —— 659
3. Nachschärfungen durch das ARUG mit durschlagendem Erfolg —— 660
   a) Beschleunigung des Freigabeverfahrens —— 660
   b) Neujustierung der Abwägungsentscheidung —— 661
   c) Satzumbau mit großen Folgen —— 662
4. Und dann auch noch das Finanzamt —— 663

X. Perfektion als neue Stoßrichtung —— 664
1. Blick auf die Dogmatik —— 664
   a) Wissenschaftliches Wehklagen —— 664
   b) Fehlende Konsistenz des bestehenden Rechtsrahmens —— 665
2. Von ewigen Wiedergängern zu neuen Ufern —— 666
   a) Repression und Quorum in altem und neuem Gewand —— 666
   b) Flexibilisierung der Rechtsfolgen begründeter Beschlussanfechtung —— 668
   c) Differenzierung zwischen kläger- und klagebezogenen Mechanismen im Rahmen einer Verhältnismäßigkeitsprüfung als neueste Errungenschaft —— 668

XI. Fazit und Ausblick —— 670
1. Fortschritt durch Austesten in Permanenz —— 670
2. Open End statt Happy End —— 672

I. Einführung

1. Profil der Debatte

a) Missbräuchliche Anfechtungsklagen als Ewigkeitsthema

Seit den Anfängen des Beschlusswesens diskutieren Juristen darüber, wie das Interesse von Gesellschaften an der Bestandskraft gefasster Beschlüsse und das Interesse ihrer Gesellschafter, gegen rechtswidrige Beschlussfassungen vorgehen zu können, auszutarieren sind.[1] Dabei handelt es sich im Ausgangspunkt um eine ganz grundsätzliche Frage, die daraus herrührt, dass der Beschluss seiner Natur nach ein Institut zur kollektiven Entscheidungsfindung innerhalb einer Handlungsorganisation ist und sich insofern vom herkömmlichen zweiseitigen Vertrag abhebt.[2] Zugleich ist die Diskussion aber auch stark durch das Phänomen missbräuchlicher Beschlussmängelklagen getrieben. Es umschreibt den Umstand, dass Gesellschafter sich das Schädigungspotential von Beschlussmängelklagen gezielt zu Nutze machen, um von der Gesellschaft finanzielle Vorteile für die Nichterhebung oder für die Rücknahme solcher Klagen zu erlangen.[3]

---

1 Im Rahmen der erstmaligen Normierung der Beschlussklagemöglichkeit bei der Aktiengesellschaft forderte der Gesetzgeber zu einer entsprechenden Diskussion geradezu auf, wenn er von einer allgemeinen „*Bestimmung darüber (...), welche Wirkungen die Ungültigkeitserklärung des Beschlusses auf die in Folge desselben etwa schon zur Ausführung gelangten Rechtshandlungen*" hat, „*ob sie auch die letzteren ungültig mache, und ob deren Ungültigkeit als von Anfang an eingetreten zu behandeln sei*" absah, weil die „*Maßregeln, welche auf Grund eines solchen Beschlusses von den Gesellschaftsorganen ergriffen werden können*" zu verschieden seien, vgl. Allgemeine Begründung zum Entwurf eines Gesetzes, betreffend die Kommanditgesellschaften auf Aktien und die Aktiengesellschaften vom 7. März 1884 (Aktenstück Nr. 21), abgedruckt in *Schubert/Hommelhoff*, Hundert Jahre modernes Aktienrecht, 1985, S. 468 f.
2 Eingehend *Holle*, Der privatrechtliche Beschluss, § 2, § 32 II 2 b (im Erscheinen); vgl. ferner *Koch*, Gutachten F zum 72. Deutschen Juristentag, 2018, S. 14 ff.
3 Gängige Definition in BGHZ 107, 296, 311 = NJW 1989, 2689 (Kochs Adler): Missbrauch ist gegeben, wenn ein Gesellschafter eine Beschlussmängelklage „*mit dem Ziel erhebt, die verklagte Gesellschaft in grob eigennütziger Weise zu einer Leistung zu veranlassen, auf die er keinen Anspruch hat und billigerweise auch nicht erheben kann.*" Der Kläger wird sich dabei „*im allgemeinen von der Vorstellung leiten lassen, die verklagte Gesellschaft werde die Leistung erbringen, weil sie hoffe, daß der Eintritt anfechtungsbedingter Nachteile und Schäden dadurch vermieden oder zumindest gering gehalten werden könne.*"

Intuitiv neigt man zu der Annahme, dass das Phänomen missbräuchlicher Beschlussmängelklagen vergleichsweise neuartig ist.[4] Präsent ist vor allem die missbrauchsumwitterte Klagelandschaft der späteren 1980er Jahre mit ihren (zweifelhaften) Gallionsfiguren, die die Klageerhebung zumindest phasenweise zu ihrem Beruf machten.[5] Tatsächlich aber reicht die Debatte über den Missbrauch des Rechts, gegen rechtswidrige Beschlussfassungen vorgehen zu können, ebenfalls weit zurück. Auf dem Zeitstrahl lässt auch sie sich bis ganz nach links zur Entstehung des beschlussbezogenen Anfechtungswesens zurückverfolgen[6] und nach rechts hin bleibt ihr Ende offen. Es ist eine *„Epidemie mit Dauerwirkung",*[7] ein Ewigkeitsthema[8] mit Abonnement auf dem Deutschen Juristentag als einem der Hauptschauplätze großer deutscher Debatten,[9] das in einer Reihe mit so grundlegenden Diskussionen wie derjenigen über die Rechtsnatur der Gesamthand steht.[10]

b) Praktische Erdung

Die Debatte über missbräuchliche Anfechtungsklagen verdankt ihren Platz im Kreise der großen Debatten des Gesellschaftsrechts aber nicht nur ihrer langen Historie. Sie besticht auch dadurch, dass sie sich nicht in dogmatischen Tiefen verliert, sondern ein Phänomen des tatsächlichen Wirtschaftslebens mit hohem Stör- und Schädigungspotential zum Gegenstand hat.[11] Dieser Umgang mit einer drängenden praktischen Herausforderung hat den üblichen wissenschaftlichen Diskurs, der primär darauf abzielt, ein Problem durch ein argumentatives Hin und

---

4 So dann wohl auch *Claussen*, AG 1990, 156: *„Eine Epidemie mit Dauerwirkung beherrscht seit etwa drei Jahren die gesellschaftsrechtliche Szene."*
5 Eingehend hierzu etwa *Timm* in Timm, Mißbräuchliches Aktionärsverhalten, RWS-Forum 4, 1990, S. 1, 9 ff.
6 Vgl. etwa *Baums*, Gutachten F zum 63. Deutschen Juristentag, 2000, S. 144: *„Die Befürchtung, daß die Anfechtungsklage mißbraucht werden könne, und wohl auch ihr tatsächlicher Mißbrauch haben die Anfechtungsklage seit ihrer Anerkennung begleitet und jede Reformdiskussion mitgeprägt";* Bayer, NJW 2000, 2609, 2613 und *Mathieu*, Der Kampf des Rechts gegen erpresserische Aktionäre, 2014, S. 27, 29: Räuberische Aktionäre treiben ihr Unwesen, seit es Aktiengesellschaften gibt; *Zöllner*, AG 2000, 145, 147: schon seit deutlich mehr als 100 Jahren diskutiert.
7 *Claussen*, AG 1990, 156.
8 *Fleischer*, JZ 2023, 365, 368 f.
9 *Fleischer*, JZ 2023, 365, 372.
10 Vgl. *Fleischer*, JZ 2023, 365, 368.
11 Vgl. auch *Fleischer*, JZ 2023, 365, 369.

Her zwischen verschiedenen Meinungsblöcken einer Lösung zuzuführen, die auch dogmatisch durchweg konsistent ist, lange Zeit sogar in den Schatten gestellt.[12]

c) Legislative Prägung als Grund einer vorwiegend nationalen Debatte

Viele große Debatten werden von Gelehrten, Richtern und herausragenden Vertretern aus Anwaltschaft und Notariat befeuert.[13] Die Debatte über den Missbrauch des Anfechtungsrechts ist demgegenüber seit jeher stark legislativ getrieben. Der Grund hierfür liegt darin, dass der deutsche Gesetzgeber immer wieder aufs Neue bestrebt war, das Interesse von Gesellschaften an der Bestandskraft gefasster Beschlüsse und das Interesse ihrer Gesellschafter, gegen rechtswidrige Beschlussfassungen vorgehen zu können, möglichst ideal auszutarieren. Das hat dann auch immer wieder aufs Neue den Raum für missbräuchliche Klagen aufgestoßen.

Dieses ständige Experimentieren des deutschen Gesetzgebers erklärt im Übrigen, warum in anderen Rechtsordnungen nicht annähernd so intensiv mit missbräuchlichen Beschlussmängelklagen gerungen wird.[14] Andere Rechtsordnungen sind in ihrem Vorgehen schlicht rigoroser: Sie erkennen ein individuelles Recht zur Beschlussanfechtung seit jeher entweder nur restriktiv an, setzen einer Klage konstant hohe Hürden oder sanktionieren einen Missbrauch durchweg scharf.[15] Während in anderen Rechtsordnungen daher allenfalls aus rechtsdogmatischer Sicht Anlass zur Diskussion über rechtsmissbräuchliche Klagen geboten ist, wurde ein solcher in Deutschland nicht nur immer wieder auf Neue durch den Gesetzgeber gegeben, sondern vor allem in steter Regelmäßigkeit noch durch eine schiere rechtspraktische Notwendigkeit ergänzt – kurzum: ideale Voraussetzungen für eine große Debatte.

2. Ertrag einer Aufarbeitung und Vorgehen

a) Prägewirkung, Anschauungsmaterial und Lerneffekte

Der Debatte um missbräuchliche Anfechtungsklagen umfassend nachzuspüren, bedeutet, weit in der Zeit zurückzureisen, zahlreiche Juristentage Revue passieren

---

12 Vgl. insoweit noch unten unter X 1.
13 Zu den klassischen Akteuren großer Debatten siehe *Fleischer*, JZ 2023, 365, 371 f.
14 Entsprechende Beobachtung schon bei *Fleischer*, JZ 2023, 365, 374; vgl. auch *Fleischer*, AG 2012, 765, 779: „Das Problem missbräuchlicher Anfechtungsklagen scheint eine ‚deutsche Krankheit' zu sein."
15 Rechtsvergleichender Überblick bei *Fleischer*, AG 2012, 765 ff.

zu lassen und sich durch unzählige Habilitationen, Dissertationen, Gutachten und Aufsätze zu wühlen.[16] Allemal lohnenswert ist dies aber zunächst deswegen, weil die Debatte das Beschlussmängelrecht wesentlich mitgeprägt hat[17] und vertiefte Kenntnisse über sie daher helfen, den Werdegang des Beschlussmängelrechts sowie den Sinngehalt der jeweiligen Vorschriften nachzuvollziehen. Zugleich bringt eine solche Zeitreise aber auch konkreten Aufschluss darüber, warum missbräuchliche Anfechtungsklagen gerade dem deutschen Recht immer wieder in so ausgeprägter Form zu schaffen machen. Eine Längsschnittbetrachtung liefert damit nicht nur interessantes Anschauungsmaterial, sondern kann auch davor bewahren, Lösungen, die sich in der Rechtspraxis nicht bewährt haben, im Rahmen der fortwährenden Debatte erneut anzustreben.[18] Anderen Rechtsordnungen mag das deutsche Recht zugleich als Labor dienen, in dem auf der Suche nach der idealen Lösung verschiedene Versuchsanordnungen in Permanenz durchgespielt und mit teilweise durchaus heftigen Reaktionen real erprobt wurden.

b) Chronologische Betrachtung wegen gesetzlicher Grundierung

Um sich der Debatte mit der notwendigen Expertise nähern zu können, ist es vonnöten, sich zunächst die beschlussrechtliche Ausgangslage vor Augen zu halten, die augenscheinlich nicht nur Raum, sondern auch Anreiz zum Missbrauch bietet (siehe hierzu unter II). Die Darstellung der Debatte erfolgt dann chronologisch (siehe III – X). Eine solche Herangehensweise ist bei der Darstellung von juristischen Auseinandersetzungen zwar nicht üblich, bei sich über längere Zeiträume hinziehenden Debatten aber durchaus sachgerecht. Mit Blick auf missbräuchliche Anfechtungsklagen drängt sich eine chronologische Darstellung aber vor allem deswegen auf, weil die gesetzliche Grundierung stetig in Bewegung war und sich die Debatte über die verschiedenen Zeiträume hinweg immer stark an dieser ausgerichtet hat. Der Beitrag schließt mit einem Fazit einschließlich eines Ausblicks auf den weiteren Verlauf der Debatte (XI).

---

16 *Theodor Baums* spricht allein mit Blick auf den Zeitraum 1988 bis 1991 von einer „*wahren Flut von Aufsätzen, Dissertation und Gerichtsentscheidungen*", vgl. *Baums* (Fn. 6), S. 148.
17 Siehe zu diesem Aspekt einer Debatte allgemein *Fleischer*, JZ 2023, 365, 366.
18 Vgl. auch zu diesem Aspekt einer Debatte allgemein *Fleischer*, JZ 2023, 365, 366.

II. Quell der Debatte

1. Möglichkeit der Beschlussmängelklage als konzeptioneller Ausgangspunkt

Die Debatte um missbräuchliche Anfechtungsklagen baut auf dem Recht auf, gegen gesetzes- oder statutenwidrige Beschlussfassungen vorgehen und die anfängliche Unwirksamkeit des Beschlusses erstreiten zu können. Diesem Recht kann man eine doppelte Funktion zuschreiben:[19] Einerseits gibt es dem Einzelnen die Möglichkeit, auf die Wahrung individueller Rechte zu pochen und sich gegen eine Übervorteilung durch die Mehrheit zur Wehr zu setzen. Andererseits kann ihm auch eine überindividuelle, institutionelle Bedeutung zukommen: Der Einzelne wird in die Lage versetzt, Beschlüsse einer Legalitätskontrolle durch die Gerichte zu unterziehen und hierdurch einen objektiven Beitrag zur Beschlusskontrolle zu leisten.

Für das Phänomen missbräuchlicher Beschlussmängelklagen im Ausgangspunkt nicht ausschlaggebend ist, wie das Beschlussmängelrecht bei der jeweiligen Gesellschaftsform konzipiert ist:

– Im Anfechtungsmodell müssen die Gesellschafter Beschlussmängel grundsätzlich binnen einer bestimmten Frist im Wege der Anfechtungsklage geltend machen, um das anfängliche und endgültige Nichteintreten der mit dem Beschluss anvisierten Rechtsfolgen zu bewirken.[20] Beim Vorliegen bloßer Anfechtungsgründe gilt ein Beschluss also bis zu einer gerichtlichen Kassation als vorläufig wirksam.[21] Mit Ablauf der Anfechtungsfrist beziehungsweise mit Klageabweisung wird er endgültig wirksam.

– Im Nichtigkeitsmodell sollen hingegen sämtliche Fehler eines Beschlusses dazu führen, dass die mit dem Beschluss anvisierten Rechtsfolgen von Anfang an, endgültig und von einer Geltendmachung unabhängig nicht eintreten. Diesen Beschlusszustand können Gesellschafter im Wege einer Klage gemäß § 256 Abs. 1 ZPO gerichtlich feststellen lassen.[22] Hierbei generiert man mittlerweile aber eine Art Anfechtungsbefugnis und -frist, indem man das erforderliche

---

19 Vgl. hierzu und zum Folgenden statt aller *Baums* (Fn. 6), S. 18 f.; *Schatz*, Der Missbrauch der Anfechtungsbefugnis durch den Aktionär und die Reform des aktienrechtlichen Beschlussmängelrechts, 2012, S. 15 ff.
20 Vgl. etwa *Hüffer*, ZGR 2001, 833, 850 f.
21 Eingehender zur vorläufigen Wirksamkeit *Noack*, DB 2014, 1851 ff.
22 Prägnant sowohl zum materiellen als auch zum prozessualen Aspekt *Koch* (Fn. 2), S. 68.

Feststellungsinteresse nur einem ausgewählten Personenkreis zuspricht[23] und im Fall verzögerter Klageerhebung großzügig eine Verwirkung bejaht[24].

Ob und vor allem wie weitreichend das Phänomen missbräuchlicher Beschlussmängelklagen Platz greift, hängt primär von dem Zusammenspiel zweier weiterer Faktoren ab,[25] nämlich einem hohen Stör- und Schädigungspotential auf der einen Seite[26] sowie dem Anreiz auf der anderen Seite, dieses Potential gezielt zum eigenen Vorteil auszunutzen.[27] Erst diese beiden Faktoren unterscheiden sich bei den verschiedenen Gesellschaftstypen dann teilweise in recht grundlegender Weise.

2. Faktoren für einen Missbrauch der Klagemöglichkeit

a) Hohes Stör- und Schädigungspotential

Das Potential, mit einer Beschlussmängelklage eine beträchtliche Störung oder gar Schädigung zu verursachen, beruht zunächst ganz allgemein auf dem Umstand, dass Beschlüsse in eine Handlungsorganisation hineinwirken.[28] Hierdurch betreffen sie zumeist eine Vielzahl in die Handlungsorganisation eingegliederter Individuen und bilden vermehrt die Grundlage aufeinander aufbauender Entscheidungen, deren Rückabwicklung nicht nur schwierig wäre, sondern die Handlungsorganisation auch in ihrem kontinuierlichen Wirken erheblich behindern kann.[29] Offensichtlich werden diese Begebenheiten insbesondere bei strukturändernden Beschlüssen und Wahlbeschlüssen: Strukturändernde Beschlüsse bilden ihrer Natur nach gerade das Fundament für das weitere Wirken der Handlungsorganisation im Rechtsverkehr, sodass dieses Wirken bei Wegfall entsprechender Beschlüsse unter Umständen in Gänze rückgängig gemacht werden

---

[23] Eindrücklich BGH NJW 2008, 69 Rn. 60, 64 (Verein); vgl. auch BGHZ 122, 342, 351 = NJW 1993, 2307 (Aufsichtsrat).
[24] Vgl. etwa BGH WM 1973, 100, 101 (Personengesellschaft); BGH WM 1991, 509, 510 (Personengesellschaft); BGHZ 122, 342, 351 f. = NJW 1993, 2307 (Aufsichtsrat); *Hüffer*, ZGR 2001, 833, 871 f. (Vorstand).
[25] Treffend *Schatz* (Fn. 19), S. 19.
[26] *Theodor Baums* spricht auch anschaulich von der „Hebelwirkung der Anfechtungsklage", vgl. *Baums* (Fn. 6), S. 155.
[27] Vgl. auch *Schatz* (Fn. 19), S. 19.
[28] Eingehender *Holle* (Fn. 2), § 32 II 2 b, § 38 II 2 (im Erscheinen); *Koch* (Fn. 2), S. 15 f.
[29] *Holle* (Fn. 2), § 32 II 2 b, § 38 II 2 (im Erscheinen); *Koch* (Fn. 2), S. 15 f.

müsste.³⁰ Wahlbeschlüsse wiederum prägen das Wirken der Handlungsorganisation, soweit es von dem Gewählten mit zu verantworten ist. Bei Wahlbeschlüssen bestünde im Fall einer Nichtigkeit daher das Problem, dass zumindest Teile des kontinuierlichen Wirkens der Handlungsorganisation von dem Beschluss „infiziert" würden und deshalb rückabzuwickeln wären.

Mit der Unsicherheit darüber, ob der Beschluss und damit auch auf ihm aufbauende Maßnahmen Bestand haben, mögen die für die Gesellschaft handelnden Personen noch umgehen können, wenn sie glauben, den Erfolg oder Misserfolg einer Beschlussklage abschätzen zu können. Dies hilft den handelnden Akteuren allerdings dort nicht weiter, wo eine Klage zur Folge hat, dass sich die mit dem Beschluss anvisierten Maßnahmen erst einmal nicht realisieren lassen. Das kann immer dann der Fall sein, wenn der Beschluss zu seiner Wirksamkeit der konstitutiven Eintragung in das Handelsregister bedarf. Dann blockiert in der Regel schon die bloße Ankündigung oder Erhebung der Beschlussmängelklage diese Registereintragung und damit das Wirksamwerden der beschlossenen Maßnahme. Denn der Registerrichter wird nicht vom Spruchrichterprivileg des § 839 Abs. 2 Satz 1 BGB erfasst³¹ und setzt eine Eintragung in der Praxis jedenfalls im Rahmen seiner Ermessensausübung daher in der Regel bis zur Entscheidung des Prozessgerichts vorsorglich aus (sog. faktische Registersperre).³²

b) Anreiz zur Ausnutzung

Das soeben skizzierte Stör- und Schädigungspotential ist nur einer der beiden Faktoren, die das Phänomen missbräuchlicher Anfechtungsklagen nach sich ziehen. Als weiterer Faktor noch hinzutreten muss, dass sich der Anreiz bietet, dieses Potential zum eigenen Vorteil auszunutzen und sich den Lästigkeitswert einer Beschlussmängelklage von der Gesellschaft abkaufen zu lassen.³³ Ein solcher Anreiz besteht vor allem bei Gesellschaftern, für die eine etwaige Beeinträchtigung ihrer

---

30 Vgl. auch *Hommelhoff*, ZHR 158 (1994), 11: Rückabwicklung strukturändernder Beschlüsse nach ihrem Vollzug wirft enorme rechtspraktische Probleme auf, wenn dies in der Weise geschehen muss, als habe der erfolgreich angefochtene oder gar nichtige Beschluss von Anfang an nicht bestanden.
31 Siehe statt aller *Boujong* in FS Kellermann, 1991, S. 1, 13; *Faßbender*, AG 2006, 872; *Poelzig/Meixner*, AG 2008, 196, 197.
32 Eingehend zur registerrechtlichen Blockadewirkung *Baums* (Fn. 6), S. 155 ff.; *Schatz* (Fn. 19), S. 19 ff.
33 Vgl. abermals *Schatz* (Fn. 19), S. 19.

Rechte und Interessen durch den Beschluss zweitrangig ist und denen es primär darum geht, mit ihrem Investment persönlich unmittelbar Kapital zu schlagen.

3. Hauptversammlungsbeschlüsse als Kulminationspunkt

Ausgehend von den skizzierten Faktoren für einen Missbrauch des Anfechtungsrechts lässt sich in der Theorie prognostizieren, was sich auch in der Unternehmenspraxis ganz klar widerspiegelt: Missbräuchliche Anfechtungsklagen sind primär ein aktienrechtliches Phänomen. Das liegt zunächst schon daran, dass das Stör- und Schädigungspotential missbräuchlicher Klagen bei der Aktiengesellschaft ob der regelmäßigen Größe der Unternehmung besonders ausgeprägt und der Lästigkeitswert einer Klage dementsprechend hoch ist. Hinzu kommt, dass eine Person sich ganz spezifisch mit Blick auf eine angekündigte Beschlussfassung und nahezu barrierefrei Aktien und damit die Möglichkeit verschaffen kann, die sich bietenden Anreize zum eigenen Vorteil auszunutzen.[34] Bereits der Erwerb einer einzigen Aktie eröffnet hier prinzipiell die Möglichkeit zur Beschlussanfechtung. So niedrig diese Zutrittsschwelle ist, so niedrig ist dann in der Regel auch das individuelle Interesse, das einer Ausnutzung des Schädigungspotentials entgegenläuft. Denn je geringer die Beteiligung ist, desto geringer sind sowohl das Interesse einer Beeinträchtigung von Rechten und Interessen durch den Beschluss tatsächlich entgegenzuwirken als auch das Interesse daran, dass die Gesellschaft den Beschluss reibungslos umsetzen kann.[35] Schon auf dem 15. Deutschen Juristentag im Jahre 1880 brachte *Hermann Makower* das Problem ganz allgemein mit Blick auf die Gewährung von Individualrechten auf den Punkt: *„Man muß nur nicht vergessen, daß jeder einzelne Actionär mit irgend einer geringen Summe betheiligt sein kann und es ihm dann für seinen Actienbesitz manchmal gleichgültig ist, ob das ganze Unternehmen untergeht oder nicht".*[36]

Beim Verein, der GmbH sowie den Personengesellschaften spielen missbräuchliche Beschlussmängelklagen hingegen kaum eine Rolle.[37] Zwar finden sich

---

34 Siehe auch *Koch* (Fn. 2), S. 27: besondere Missbrauchsrisiken innerhalb der beitrittsoffenen AG; *Schatz* (Fn. 19), S. 28: Anfechtungsrecht als kommerzialisierbares Gut kann sich Aktionär vergleichsweise günstig verschaffen; *Timm* in Timm (Fn. 5), S. 1 f.: „Eine solche *verhältnismäßig billig und unkompliziert erwerbbare 'Popularklagebefugnis'* vermittelt nach allen bisherigen Erfahrungen ein ganz erhebliches Erpressungspotential."
35 Siehe abermals *Schatz* (Fn. 19), S. 28: Lästigkeitswert einer Klage ungleich höher als Beeinträchtigung der Vermögensinteressen des Aktionärs durch den angegriffenen Beschluss.
36 *Makower* in Verhandlungen des 15. Deutschen Juristentags, Band 2, 1881, S. 172.
37 Vgl. mit Blick auf die GmbH auch *Koch* (Fn. 2), S. 68, 90.

in den gängigen Kommentaren auch dort Ausführungen zum Missbrauch des Klagerechts.[38] Diese sind aber vergleichsweise knapp und beinhalten zumeist die Feststellung, dass es sich beim Missbrauch insoweit um kein institutionalisiertes Phänomen handle, dessen Bekämpfung einer über die allgemeinen Grundsätze (§§ 138, 242 BGB) hinausgehenden – auch legislativen – Anstrengung bedürfe.[39] Grund für diese zutreffenden Beobachtungen ist, dass das Stör- und Schädigungspotential von Beschlussmängelklagen bei diesen – in der Regel doch eher kleineren – Gesellschaftsformen bisweilen von vornherein weitaus weniger ausgeprägt ist. Auch ist der Kreis der Mitglieder bei diesen Gesellschaftsformen zumeist beschränkt, sodass nicht wie bei der Aktiengesellschaft beliebig die Möglichkeit besteht, die Befähigung zur Klageerhebung – mit einem noch dazu geringen Kapitaleinsatz – gezielt zu erwerben oder durch ein breitflächiges und geschäftsmäßiges Vorgehen die Risiken gar zu diversifizieren und einzelne Verfahren durch andere quer zu subventionieren.[40]

III. Spurensuche in der aktienrechtlichen Frühzeit

1. ADHGB 1861 und vage Überlieferungen von einem Missbrauch

Die soeben angestellten abstrakten Überlegungen, wonach Raum für das Phänomen missbräuchlicher Anfechtungsklagen besteht, wo es einerseits Aktiengesellschaften und andererseits die Möglichkeit zur beschlussvernichtenden Klage gibt, lassen erahnen, dass man bis zu den Anfängen der Aktiengesellschaft und ihres beschlussbezogenen Anfechtungswesens zurückreisen muss, um die Debatte über den Missbrauch des Anfechtungsrechts und dementsprechend auch ihre Prägekraft vollständig einzufangen. Diese Zeitreise führt einen zurück zur ersten vereinheitlichenden Regelung des deutschen Aktienwesens in Form des ADHGB im Jahre 1861.[41] Das Recht, Beschlüsse der Aktionärsversammlung anzufechten, war seinerzeit zwar noch nicht im Gesetz geregelt, das Reichsoberhandelsgericht, das Reichsgericht und die Literatur hatten aber bereits in Grundzügen anerkannt, dass sich der einzelne Aktionär der Mehrheitsmacht nur innerhalb der durch Gesetz und

---

38 Stellvertretend für die GmbH etwa *Wertenbruch* in MünchKommGmbHG, 4. Aufl. 2023, Anh. § 47 Rn. 319 f.; zur OHG siehe *Otte/Dietlein* in BeckOGK, Stand: 15.10.2022, § 110 HGB Rn. 123.
39 Vgl. *Otte/Dietlein* (Fn. 38), § 110 HGB Rn. 123.
40 Siehe zu diesem Aspekt *Schatz* (Fn. 19), S. 30.
41 Gesetz-Sammlung für die Königlichen Preußischen Staaten, 1861, S. 449 ff.

Statut gesetzten Grenzen unterwerfe und sich andernfalls gegen Beschlussfassungen gerichtlich zur Wehr setzen könne.[42]

Wie weit der Missbrauch des Anfechtungsrechts dann bereits in dieser Frühzeit eines einheitlichen Aktienwesens um sich griff, lässt sich nur schwer einschätzen. Mitunter ist zu lesen, die Möglichkeit, das Anfechtungsrecht gewinnbringend zu nutzen, sei erst nach dessen gesetzlicher Kodifizierung erkannt worden.[43] Tatsächlich finden sich aber bereits in den Gesetzesmaterialien zur Kodifizierung aus dem Jahre 1884 Ausführungen, die von einem Missbrauch des Anfechtungsrechts berichten.[44] Die überlieferten Belege bleiben allerdings vage und lassen nicht auf einen institutionalisierten Missbrauch schließen. So führt der Gesetzgeber zwar eine Entscheidung[45] des Ober-Appellationsgerichts in Berlin aus dem Jahre 1868 an, in der das Gericht einem erschienenen Aktionär die Anfechtung versagte, der nicht sofort in der Versammlung protestiert hatte, da es einem Aktionär nicht gestattet sein könne, *„Verstöße einstweilen ungerügt hingehen zu lassen, um gelegentlich in späterer Zeit alle damit im Zusammenhang stehenden, ihm mißliebigen Akte der Gesellschaftsbehörden als ungültig anzufechten."*[46] Diese Entscheidung und deren Aufgreifen durch den Gesetzgeber zeugen schlussendlich aber eher von einem allgemeinen Unbehagen und gewisser Kritik gegenüber dem Ansatz, jedem Aktionär ein nicht näher eingehegtes Anfechtungsrecht zu gewähren als von einem handfesten Missbrauch. Kaum konkreter wird es, wenn es in den besagten Gesetzesmaterialien weiter heißt, es sei *„oft und noch in neuester Zeit hervorgetreten, wie unzureichend und schwankend solche Aushilfe ist und zu welchem Wirrwarr ein in die Willkür des Einzelnen gestelltes Anfechtungsrecht führt."*[47]

---

42 Vgl. etwa ROHGE 14, 354, 357: *„Daß ein Generalversammlungs-Beschluß (...) der Anfechtung unterliegt, erscheint selbstverständlich"*; ROHGE 23, 273, 275: *„Dieses Recht des Einzelaktionärs (...) kann im Princip als bestehend anerkannt werden"*; RGZ 3, 123, 126, 137 f.; Bekker, ZHR 17 (1873), 379, 430 ff.; zur Dogmatik knapp und präzise Bayer in Fleischer/Koch/Kropff/Lutter, 50 Jahre Aktiengesetz, 2016, S. 199, 200.
43 Emmerich, Die historische Entwicklung von Beschlußverfahren und Beschlußkontrolle im Gesellschaftsrecht der Neuzeit unter besonderer Berücksichtigung des Aktienrechts, 2000, S. 140.
44 Allgemeine Begründung zum Entwurf eines Gesetzes, betreffend die Kommanditgesellschaften auf Aktien und die Aktiengesellschaften vom 7. März 1884 (Fn. 1), S. 467.
45 Allgemeine Begründung zum Entwurf eines Gesetzes, betreffend die Kommanditgesellschaften auf Aktien und die Aktiengesellschaften vom 7. März 1884 (Fn. 1), S. 467.
46 Ober-Appellationsgerichts in Berlin, ZHR 15 (1870), 271, 273.
47 Allgemeine Begründung zum Entwurf eines Gesetzes, betreffend die Kommanditgesellschaften auf Aktien und die Aktiengesellschaften vom 7. März 1884 (Fn. 1), S. 467.

2. Fehlende Angriffsfläche aufgrund kaum entwickelten Binnenrechts

Dass es in der Frühzeit des Anfechtungsrechts noch keinen institutionalisierten Missbrauch gab und die Debatte hierüber dementsprechend noch kaum Fahrt aufgenommen hatte, ist einerseits durchaus überraschend, andererseits aber doch nachvollziehbar. Überraschend ist dieser Umstand, weil einer Klageerhebung seinerzeit quasi keine weiteren Grenzen gesetzt waren: Das Recht zur Beschlussanfechtung war nicht auf eine gesetzliche Grundlage gestützt und dementsprechend galt das Hauptaugenmerk von Rechtsprechung und Literatur erst einmal der Anerkennung eines solchen Klagerechts und weniger dessen Einhegung. Folge war, dass jeder Aktionär einen Beschluss anfechten konnte, ohne Rücksicht darauf, ob er in der Versammlung, welche den Beschluss gefasst hatte, zugegen war, ob der Beschluss schon ausgeführt war und ob die Ausführung gegebenenfalls noch rückgängig gemacht werden konnte.[48] Ebenso wenig waren eine zeitliche Grenze für die Anfechtung oder sonstige Schranken vorgesehen.[49]

Dass einem Missbrauch des Anfechtungsrechts trotz fehlender Kautelen keine größere Beachtung geschenkt wurde, wird dann allerdings nachvollziehbar, wenn man sich die Ausgangslage vor Augen hält, die ansonsten seinerzeit gegeben war: Aktiengesellschaften waren generell noch vergleichsweise gering verbreitet und die Aktionärsstruktur vorhandener Gesellschaften blieb meist überschaubar. Eine Rolle gespielt haben dürfte ferner, dass eine Klagemöglichkeit zwar anerkannt war, die Angriffspunkte für eine solche Klage aber gleichwohl kaum in allgemeingültiger Weise kartographiert waren. Denn die Regulierung der Aktiengesellschaft erfolgte seinerzeit allein über die für eine Gründung erforderliche staatliche Konzession, sodass die Ausgestaltung der inneren Verhältnisse der Gesellschaft im Ausgangspunkt nahezu vollständig dem jeweiligen Statut überlassen blieb.[50] Ein wenig entwickeltes allgemeinverbindliches Binnenrecht mag also schlicht zu wenige greifbare Fixpunkte geliefert haben, um (missbräuchliche) Anfechtungsklagen schon seinerzeit zu einem größeren Debattenthema zu machen.[51]

---

48 Siehe die Interpretation des Gesetzgebers von 1884, vgl. Allgemeine Begründung zum Entwurf eines Gesetzes, betreffend die Kommanditgesellschaften auf Aktien und die Aktiengesellschaften vom 7. März 1884 (Fn. 1), S. 467.
49 Vgl. abermals Allgemeine Begründung zum Entwurf eines Gesetzes, betreffend die Kommanditgesellschaften auf Aktien und die Aktiengesellschaften vom 7. März 1884 (Fn. 1), S. 467.
50 *Fehrenbach*, Der fehlerhafte Gesellschafterbeschluss in der GmbH, 2011, S. 20.
51 Vgl. insoweit auch *Emmerich* (Fn. 43), S. 107 f.

3. Keine Verschiebungen durch die Aktienrechtsnovelle von 1870

Die erste Aktienrechtsnovelle von 1870[52] brachte keine grundlegenden Verschiebungen. Sie vollzog zwar den Wechsel vom Konzessionssystem hin zum heute geltenden System der Normativbestimmungen. Der Gesetzgeber agierte aber noch sehr zurückhaltend und regelte nur das, was für die Hinwendung zum Normativsystem mit Blick auf den Gläubigerschutz und eine innere Verwaltung unbedingt notwendig erschien.[53] Die vergleichsweise noch immer sehr geringe Regelungsdichte zeigt sich schon daran, dass die Aufforstung des Normbestandes nicht so weit ging, mit Vorschriften zur Beschlussanfechtung die gerichtlichen Kontrollmöglichkeiten der Aktionäre gesetzlich zu verstetigen.[54]

IV. Missbrauchsgefahren als leitendes Motiv bei der gesetzlichen Verankerung der Anfechtungsklage im Jahre 1884

1. Institutionalisierung des Stör- und Schädigungspotentials

Die Folgen dieser gesetzgeberischen Zurückhaltung sind bekannt. Sie beflügelte zwar einerseits den Aufstieg der Aktiengesellschaft als Rechtsform, führte andererseits aber auch zu einer veritablen Gründerkrise.[55] Diese Krise zwang zu legislativen Nachbesserungen durch die Aktienrechtsnovelle 1884, die sich unter anderem dem im Jahre 1870 kaum berücksichtigten Schutz der Aktionäre annahm. Im Zuge dieser Nachbesserungen war es dann der Gesetzgeber selbst, der den Missbrauch des Anfechtungsrechts ins Kerzenlicht rückte und die Debatte hierüber ankurbelte.

Grund zu intensiver Auseinandersetzung bot dabei schon der Umstand, dass das Gesetz die Möglichkeiten der Aktionäre zementierte, sich gegen grundlegende Veränderungen der Gesellschaft zur Wehr zu setzen und damit notgedrungen auch deren Stör- und Schädigungspotential durch eine sich anschließende Anfech-

---

52 Gesetz, betreffend die Kommanditgesellschaften auf Aktien und die Aktiengesellschaften vom 11.6.1870, Bundes-Gesetzesblatt des Norddeutschen Bundes 1870, S. 375 ff.
53 Vgl. auch *Mathieu* (Fn. 6), S. 39.
54 Siehe auch *Emmerich* (Fn. 43), S. 108 f.
55 Anschaulich zu beidem *Mathieu* (Fn. 6), S. 41 ff.

tungsklage institutionalisierte.[56] Konkret sollten alle wesentlichen Entscheidungen wie Satzungsänderungen (Art. 215 Abs. 1 ADHGB 1884), Veränderungen des Grundkapitals (Art. 215a Abs. 2, 248 Abs. 1 ADHGB 1884) sowie die Wahl und Abberufung von Aufsichtsratsmitgliedern (Art. 224 i.V.m. Art. 191 Abs. 1 ADHGB 1884) zwingend der Generalversammlung vorbehalten bleiben und nicht mehr wie bis dato üblich mittels Beschlusses oder Statutes auf andere Organe delegiert werden können.[57]

2. Weitsichtige Sorge vor Missbrauch

Den eigentlichen Anlass für die Auseinandersetzung mit einem Missbrauch bot dann freilich die gesetzliche Verankerung des bis dato lediglich in der Rechtsprechung und in der Lehre anerkannten Anfechtungsrechts. Vor dem Hintergrund, dass die gesetzlichen Reformanstrengungen dahin gingen, die Selbstkontrolle zu stärken, scheint eine solche Verankerung nur konsequent[58] und man könnte annehmen, ein umsichtiger Gesetzgeber habe im Zuge dessen gleichsam en passant auch die Risiken eines Missbrauchs zur Debatte gemacht. Tatsächlich ging es dem Gesetzgeber aber weniger darum, das Recht zur Beschlussanfechtung gesetzlich zu verankern. Dieses erachtete er als in der Rechtsprechung ohnehin bereits durchweg anerkannt.[59] Stattdessen schienen dem – Individual- und Minderheitsrechten insgesamt noch sehr reserviert gegenüberstehenden[60] – Gesetzgeber die Gefahren eines Missbrauchs als derart ausgeprägt, dass seine gesamten Reformanstrengungen an dieser Stelle darauf ausgerichtet waren, das Aktionärsrecht zur Beschlussanfechtung zu begrenzen.[61]

---

56 Allgemeiner *Emmerich* (Fn. 43), S. 131: Ausbau der Aktionärskompetenzen.
57 Siehe zum Ganzen *Fleischer* in Bayer/Habersack, Aktienrecht im Wandel, Bd. II, 2007, Kap. 9 Rn. 6 f.
58 Vgl. *Schubert/Hommelhoff* (Fn. 1), S. 97: „größte Bedeutung".
59 Allgemeine Begründung zum Entwurf eines Gesetzes, betreffend die Kommanditgesellschaften auf Aktien und die Aktiengesellschaften vom 7. März 1884 (Fn. 1), S. 467; zuvor schon Gutachten des Reichs-Oberhandelsgerichts vom 31. März 1877, abgedruckt in *Schubert/Hommelhoff* (Fn. 1), S. 255.
60 Vgl. *Emmerich* (Fn. 43), S. 132; *Schubert/Hommelhoff* (Fn. 1), S. 97.
61 Siehe auch *Baums* (Fn. 6), S. 144; zuvor schon mahnend Gutachten des Reichs-Oberhandelsgerichts vom 31. März 1877, abgedruckt in *Schubert/Hommelhoff* (Fn. 1), S. 254: „*Soll auch den Einzelactionären die Möglichkeit der Geltendmachung berechtigter Interessen nicht versagt werden, so darf doch nicht vergessen werden, daß die gewährten Mittel auch zur Schikane und absichtlichen Schädigung der Gesellschaftsinteressen benutzt werden können.*"

Konkret empfand es der Gesetzgeber als *„höchst bedenklich"*[62], dass die Rechtsprechung ein Klagerecht anerkannt hatte, ohne es zugleich irgendwelchen Einschränkungen zu unterwerfen.[63] Bemerkenswert ist, dass es ihm dann bereits in diesem frühen Stadium mit Scharfsinn und großer Weitsicht gelang, das konzeptionelle Grundproblem, um das sich die Debatte noch heute dreht, umfänglich zu umreißen:

> „Die fortlaufende Ungewißheit über die Gültigkeit eines Beschlusses der Generalversammlung muß nothwendig zu einer Abschwächung der Verwaltung, kann sogar zu einem Stillstande derselben und einer völligen Zersetzung der Organisation führen. Das Recht eines Jeden zur Anfechtung ist ein zweischneidiges Mittel, welches Chikanen und Erpressungen Thür und Thor öffnet.[64] (...) jede derartige Anfechtungsklage [ist] mehr oder weniger geeignet, den Kredit der Gesellschaft zu schädigen."[65]

Angesichts dieser Einschätzung machte es sich der Gesetzgeber zur Aufgabe, das Anfechtungsrecht *„mit thunlichster Vorsicht"*[66] zu regeln und dabei die Anfechtungsbefugnis des Aktionärs nicht nur *„auf einen festen Boden zu stellen"*[67], sondern sie auch *„in einer dem allgemeinen Interesse entsprechenden Weise zu begrenzen."*[68] Das Ergebnis dieser Aufgabenstellung war ein Anfechtungsrecht mit allgemeinen Leitplanken, die bis heute wesensprägend für das Recht der Beschlussanfechtung in der Aktiengesellschaft sind[69] und im Rahmen der fortwährenden Debatte über das Austarieren des Anfechtungsrechts nicht mehr angetastet wurden. Der Argwohn des Gesetzgebers des Jahres 1884 gegenüber einem Individualklagerecht von Aktionären war freilich derart ausgeprägt, dass er es nicht bei einer allgemeinen Li-

---

62 Allgemeine Begründung zum Entwurf eines Gesetzes, betreffend die Kommanditgesellschaften auf Aktien und die Aktiengesellschaften vom 7. März 1884 (Fn. 1), S. 467.
63 Ungleich schärfer zur Individualanfechtungsbefugnis etwa *Loewenfeld*, Der Entwurf des neuen Actiengesetzes in seinen Grundzügen betrachtet, 1884, S. 56 f.: *„Wird ein Beschluß gefaßt, so kann jeder Lump, der sich eine Aktie geborgt hat, die Rechtsbeständigkeit bestreiten, Protest erheben, mit Klage drohen, den rechtlichen Bestand der Gesellschaft auf Monate in Zweifel ziehen, und sich zuletzt das wohlfeil erworbene Klagerecht abkaufen lassen."*
64 Allgemeine Begründung zum Entwurf eines Gesetzes, betreffend die Kommanditgesellschaften auf Aktien und die Aktiengesellschaften vom 7. März 1884 (Fn. 1), S. 467.
65 Allgemeine Begründung zum Entwurf eines Gesetzes, betreffend die Kommanditgesellschaften auf Aktien und die Aktiengesellschaften vom 7. März 1884 (Fn. 1), S. 468.
66 Allgemeine Begründung zum Entwurf eines Gesetzes, betreffend die Kommanditgesellschaften auf Aktien und die Aktiengesellschaften vom 7. März 1884 (Fn. 1), S. 468.
67 Allgemeine Begründung zum Entwurf eines Gesetzes, betreffend die Kommanditgesellschaften auf Aktien und die Aktiengesellschaften vom 7. März 1884 (Fn. 1), S. 467.
68 Allgemeine Begründung zum Entwurf eines Gesetzes, betreffend die Kommanditgesellschaften auf Aktien und die Aktiengesellschaften vom 7. März 1884 (Fn. 1), S. 467.
69 Vgl. auch *Emmerich* (Fn. 43), S. 135; *Fehrenbach* (Fn. 50), S. 28; *Schubert/Hommelhoff* (Fn. 1), S. 97.

nienführung beließ, sondern noch zusätzliche Vorkehrungen in das Gesetz einbaute, die sich ganz spezifisch gegen einen funktionswidrigen Einsatz der Anfechtungsklage richteten.

3. Hohe Hürden für Anfechtungskläger

a) Einführung der Anfechtungsfrist sowie des Präsenz- und Widerspruchserfordernisses

Den Ausgangspunkt der allgemeinen Linienführung bildete das den Aktionären nunmehr gesetzlich gewährte Recht, einen Generalversammlungsbeschluss anzufechten.[70] Dieses Recht wurde „*zwar jedem einzelnen Aktionär ohne Rücksicht auf die Zahl seiner Aktien zugesprochen*".[71] Eine gewisse faktische Einhegung war aber schon dadurch gewährleistet, dass der Erwerb des Klagerechts wirtschaftlich durchaus fordernd war, weil der Gesetzgeber den Mindestnennbetrag von Aktien seinerzeit auf 1000 Mark heraufgesetzt hatte (vgl. Art. 207a Abs. 1 ADHGB 1884), nachdem in Art. 207a ADHGB 1870 noch ein Mindestnennbetrag von 50 Talern bei Namens- und von 100 Talern bei Inhaberaktien vorgegeben war. Hintergrund der Heraufsetzung war, dass man weniger vermögende Personen von einer Beteiligung an einer Aktiengesellschaft abhalten wollte, weil man diesen fehlendes wirtschaftliches Verständnis unterstellte.[72]

Eine erste rechtliche Leitplanke setzte der Gesetzgeber dann mit der einmonatigen Befristung des Anfechtungsrechts ab dem Zeitpunkt der Beschlussfassung (Art. 222 i.V.m. Art. 190a Abs. 1 Satz 2 ADHGB 1884).[73] Diese knappe Befristung sah er als „*unabweislich geboten*" an, „*um die Ungewißheit über die Gültigkeit oder Anfechtbarkeit des Beschlusses zu beseitigen, und den Vorstand in die Lage*" zu versetzen, „*den Umständen entsprechend über die Ausführung oder Sistierung des Beschlusses zu befinden.*"[74]

---

70 Zu den Auswirkungen der Kodifikation auf die dogmatische Konzeption des Anfechtungsrechts präzise *Fehrenbach* (Fn. 50), S. 31 ff.
71 Allgemeine Begründung zum Entwurf eines Gesetzes, betreffend die Kommanditgesellschaften auf Aktien und die Aktiengesellschaften vom 7. März 1884 (Fn. 1), S. 467.
72 Eingehender *Hofer* in Bayer/Habersack, Aktienrecht im Wandel, Bd. 1, 2007, Kap. 11 Rn. 30 m.w.N.
73 (Einzig) eine Befristung anregend schon Gutachten des Reichs-Oberhandelsgerichts vom 31. März 1877, abgedruckt in *Schubert/Hommelhoff* (Fn. 1), S. 255 ff.; siehe dazu auch *Slabschi*, Die sogenannte rechtsmißbräuchliche Anfechtungsklage, 1997, S. 23 f.
74 Allgemeine Begründung zum Entwurf eines Gesetzes, betreffend die Kommanditgesellschaften auf Aktien und die Aktiengesellschaften vom 7. März 1884 (Fn. 1), S. 467.

Flankierend formulierte der Gesetzgeber die heute ebenfalls noch präsente Obliegenheit des einzelnen Aktionärs, in der Generalversammlung Widerspruch gegen den Beschluss zu Protokoll zu erklären (Art. 222 i.V.m. Art. 190a Abs. 1 Satz 3 ADHGB 1884). Diese Anwesenheits- und Widerspruchsobliegenheit rechtfertigte er damit, dass ein ordnungsgemäß geladener, aber gleichwohl nicht erschienener Aktionär sich im Voraus den Beschlüssen der Generalversammlung unterworfen und damit auf sein Anfechtungsrecht verzichtet habe beziehungsweise das Schweigen eines anwesenden Aktionärs als Billigung des Beschlusses gewertet werden müsse.[75]

b) Spezifische Bekämpfung *„möglicher Chikane"*

Diese allgemeine Linienführung ergänzte der Gesetzgeber dann um die schon angesprochenen zusätzlichen Vorkehrungen, die ganz spezifisch *„möglicher Chikane"* vorbeugen und *„die Erhebung der Klage zu Spekulationszwecken verhindern"* sollten.[76] So wurde erstens vorgegeben, dass ein klagender Aktionär seine Aktien während des Prozesses gerichtlich zu hinterlegen hatte, um seine (fortdauernde) Legitimation zur Klage abzusichern (Art. 222 i.V.m. Art. 190a Abs. 3 ADHGB).[77] Zweitens hatte jeder Kläger der Gesellschaft auf deren Verlangen hin wegen der ihr infolge der Anfechtung drohenden Nachteile eine nach freiem Ermessen des Gerichts zu bestimmende Sicherheit zu leisten (Art. 222 i.V.m. Art. 190a Abs. 3 ADHGB). Drittens war ein Anspruch der Gesellschaft auf Ersatz des Schadens vorgesehen, der durch eine unbegründete Anfechtungsklage verursacht wurde. Dieser Anspruch richtete sich gesamtschuldnerisch gegen all diejenigen Kläger, denen bei Erhebung der Klage eine *„bösliche Handlungsweise"* zur Last fiel (Art. 222 i.V.m. Art. 190b ADHGB).[78] Das bedeutete nach den bisherigen Maßstäben der Rechtsprechung, dass *„neben dem Dolus nicht allgemein die grobe Fahrlässigkeit"* ausreiche, sondern ein *„Frevelmut"* vorliegen musste, *„welcher sich der rechtswidrigen Folgen seines Verhaltens bewusst ist"*.[79]

---

75 Allgemeine Begründung zum Entwurf eines Gesetzes, betreffend die Kommanditgesellschaften auf Aktien und die Aktiengesellschaften vom 7. März 1884 (Fn. 1), S. 467.
76 Allgemeine Begründung zum Entwurf eines Gesetzes, betreffend die Kommanditgesellschaften auf Aktien und die Aktiengesellschaften vom 7. März 1884 (Fn. 1), S. 467.
77 Allgemeine Begründung zum Entwurf eines Gesetzes, betreffend die Kommanditgesellschaften auf Aktien und die Aktiengesellschaften vom 7. März 1884 (Fn. 1), S. 467.
78 Allgemeine Begründung zum Entwurf eines Gesetzes, betreffend die Kommanditgesellschaften auf Aktien und die Aktiengesellschaften vom 7. März 1884 (Fn. 1), S. 468.
79 RGZ 1, 22; vgl. auch schon ROHG 17, 296, 301.

4. Schon ein Thema: Flexibilisierung der Anfechtungsfolgen

Mit Blick auf den jüngsten Verlauf der Debatte durchaus bemerkenswert ist, was der Gesetzgeber von 1884 bewusst nicht vorgeben wollte, nämlich eine *„allgemeine Bestimmung darüber (...), welche Wirkungen die Ungültigkeitserklärung des Beschlusses auf die in Folge desselben etwa schon zur Ausführung gelangten Rechtshandlungen"* hat, *„ob sie auch die letzteren ungültig mache, und ob deren Ungültigkeit als von Anfang an eingetreten zu behandeln sei."*[80] Die derzeit intensiv diskutierte Frage, inwieweit bei den Rechtsfolgen begründeter Beschlussanfechtung von einer Ex-tunc-Unwirksamkeit Abstand genommen werden sollte,[81] hat der Gesetzgeber bei der Einführung der Anfechtungsklage also bereits thematisiert und bewusst offen gelassen. Als Begründung für seinen Standpunkt führte er aus, dass die *„Maßregeln, welche auf Grund eines solchen Beschlusses von den Gesellschaftsorganen ergriffen werden können"*, zu verschieden seien.[82]

V. Abbau der Missbrauchsbekämpfung und vergebliches Wehklagen

1. Abschwächung der Missbrauchsbekämpfung durch das HGB 1897

Mit der Lösung von 1884 hatte der Gesetzgeber das Interesse von Gesellschaftern, gegen rechtswidrige Beschlussfassungen vorzugehen, dem Interesse von Gesellschaften an der Bestandskraft gefasster Beschlüsse zwar nicht untergeordnet, dafür eine Klage aber insgesamt unattraktiv gemacht. Die Vorkehrungen gegen *„mögliche Chikane"* zeigten zwar Wirkung, sie schossen jedoch insofern über das Ziel hinaus, als sie dem Anfechtungsrecht, wie es von der Novelle von 1884 begründet worden war, insgesamt weitgehend ein Schattendasein bescherten.[83] Als unverhältnismäßig erwies sich insbesondere das gerichtliche Hinterlegungserfordernis, weil es den Aktionär während der oftmals langen Prozessdauer letztlich der Verfügungsgewalt

---

80 Allgemeine Begründung zum Entwurf eines Gesetzes, betreffend die Kommanditgesellschaften auf Aktien und die Aktiengesellschaften vom 7. März 1884 (Fn. 1), S. 468f.
81 Siehe hierzu noch unten unter X 2 b.
82 Allgemeine Begründung zum Entwurf eines Gesetzes, betreffend die Kommanditgesellschaften auf Aktien und die Aktiengesellschaften vom 7. März 1884 (Fn. 1), S. 469.
83 Vgl. etwa *Fehrenbach* (Fn. 50), S. 20; *Hueck* in FS 50 Jahre RG, Bd. IV, 1929, S. 167.

über seine Aktien beraubte.[84] Auch die Regelung zur Sicherheitsleistung erschien insofern überschießend, als die Gesellschaft diese ohne weitergehende Gründe einfordern konnte.[85]

Vor diesem Hintergrund nahm der Gesetzgeber die Neuverabschiedung des HGB im Jahre 1897 zum Anlass für Korrekturen.[86] Er kassierte das gerichtliche Hinterlegungserfordernis vollständig ein; die Regelung zur Sicherheitsleistung modifizierte er insofern, als nunmehr nicht mehr nur deren Höhe, sondern bereits deren Anordnung in das Ermessen des Gerichts gestellt wurden (vgl. § 272 Abs. 3 HGB 1897).[87] Von den drei einst spezifisch zur Missbrauchsbekämpfung errichteten Hürden ließ der Gesetzgeber somit nur den ohnehin an eine „*bösliche Handlungsweise*" und dementsprechend an strenge Voraussetzungen geknüpften Schadensersatzanspruch unangetastet (§ 273 Abs. 2 HGB 1897).

2. Wehklagen auf Deutschen Juristentagen

a) Überlieferungen von einem Missbrauch

Dieser kompensationslose Rückbau der Klageanforderungen blieb nicht ohne Folgen. Mit Beginn des 20. Jahrhunderts häuften sich gerichtliche Beschlussmängelstreitigkeiten und die Materie wurde zum Gegenstand intensiver Auseinandersetzungen auch im Schrifttum.[88] In diesem Kontext wurden dann erstmalig mit großer Regelmäßigkeit namhafte Stimmen laut, die einen Missbrauch beklagten und Vorschläge zur Abhilfe unterbreiteten. Eine Bühne hierfür bot wiederholt der Deutsche Juristentag mit seiner Zwecksetzung, auf wissenschaftlicher Grundlage die Notwendigkeit von Änderungen und Ergänzungen der Rechtsordnung zu untersuchen, Vorschläge zur Fortentwicklung des Rechts vorzulegen und auf Rechtsmissstände hinzuweisen;[89] aber auch losgelöst von diesem Forum finden sich Beiträge, die sich der Thematik annehmen.

---

84 Vgl. Denkschrift zum Entwurf eines Handelsgesetzbuches, Reichstag, 9. Legislatur-Periode, IV. Session 1895/97, S. 152 = *Hahn/Mugdan*, Gesammelte Materialien zu den Reichsjustizgesetzen, Bd. VI, 1897, S. 317; *Lehmann/Ring*, Das Handelsgesetzbuch für das Deutsche Reich, Bd. I, 1902, § 271 Nr. 11 (S. 539).
85 Vgl. *Lehmann/Ring* (Fn. 84), § 272 Nr. 4 (S. 539).
86 Knapper allgemeiner Überblick über die Änderungen bei der Anfechtungsklage bei *Emmerich* (Fn. 43), S. 139.
87 Vgl. auch RGZ 123, 194, 198 f.
88 Entsprechende Einschätzung bei *Fehrenbach* (Fn. 50), S. 20; *Flechtheim* in FS Zitelmann, 1913, S. 1, 5; *Hueck* (Fn. 83), S. 167.
89 Vgl. § 2 Abs. 1 Satzung DJT.

Auf dem 31. Deutschen Juristentag im Jahre 1912 war es der Justizrat *Simon*, der im Kontext des Themas, welche Grundsätze des deutschen Aktienrechts bei einer Kodifizierung des österreichischen Aktienrechts zu berücksichtigen sein werden, als Referent zu berichten wusste, dass das Recht der Anfechtung seiner Erfahrung nach in einer *„sehr großen Zahl der Fälle"* dazu benutzt werde, *„erpresserisch oder sonstwie in unlauterer Weise gegen Aktiengesellschaften oder deren Verwaltungen vorzugehen."*[90] Es bestehe *„eine außerordentlich große (...) Differenz"*, wenn man *„die Zahl derjenigen deutschen Generalversammlungen (...), in denen ein Aktionär Protest erhoben hat"* mit derjenigen vergleiche, *„in denen ein Protest durch Klage weiterverfolgt wurde".*[91] Man könne daher annehmen, *„daß in der überwiegenden Zahl derartiger Fälle die Zwischenzeit von dem betreffenden Aktionär mit oder ohne Erfolg dazu benutzt worden ist, um sich die Klage abkaufen zu lassen."*[92] *„Aber auch im Laufe der Prozesse"* gehe *„dieser Schacher mit Individualrechten weiter."*[93] Ihm seien Fälle bekannt, in denen sich *„selbst Juristen für einige tausend Mark eine Anfechtungsklage haben abkaufen lassen."*[94] Vor diesem Hintergrund hielt es *Simon* für *„unerträglich, dass nach deutschem Aktienrecht jeder, der auch nur den Besitz einer Aktie nachweist"*, die Beschlüsse der Generalversammlung anfechten könne.[95]

Zur gleichen Zeit wusste auch *Flechtheim* von einem *„erst recht nicht sympathischen"* Aktionärstypus zu berichten, *„der einen Beschluß anficht, nicht so sehr um die Anfechtungsklage durchzuführen, als um sich sein Widerspruchsrecht durch persönliche Vorteile abkaufen zu lassen".*[96] *Albert Pinner* diagnostizierte wenig später ein *„Handwerk"*, das einen Mann *„nährt".*[97] Für den Rechtsanwalt *Max Hachenburg* war es im Jahre 1918 dann ein *„offenes Geheimnis"*, dass Anfechtungsklagen *„meist nur zur Erreichung anderer Zwecke erhoben"* würden.[98] Jeder Aktionär könne *„in die Räder des Unternehmens hemmend eingreifen"* und müsse nur bei böslicher Handlungsweise haften.[99] In Großbetrieben gehe das Anfechtungsrecht weit über das Bedürfnis hinaus. De lege ferenda werde *„eine Beschränkung dieses Rechts sehr wohl am Platze sein."*[100]

---

90 *Simon* in Verhandlungen des 31. Deutschen Juristentages, Bd. III, 1912, S. 433, 445.
91 *Simon* (Fn. 90), S. 433, 445.
92 *Simon* (Fn. 90), S. 433, 445; kritisch gegenüber einer solchen Schlussfolgerung *Emmerich* (Fn. 43), S. 140.
93 *Simon* (Fn. 90), S. 433, 445.
94 *Simon* (Fn. 90), S. 433, 445.
95 *Simon* (Fn. 90), S. 433, 445.
96 *Flechtheim* (Fn. 88), S. 1, 5.
97 *Pinner*, LZ 1914, 226, 229.
98 *Hachenburg*, JW 1918, 16, 17.
99 *Hachenburg*, JW 1918, 16, 17.
100 *Hachenburg*, JW 1918, 16, 17.

Da sich das regulative Umfeld nicht änderte, kam Justizrat *Albert Pinner* als Berichterstatter auf dem 34. Deutschen Juristentag 1926, der sich mit einer Annäherung des deutschen an das englisch-amerikanische Recht auseinandersetzte, dann zu der wenig überraschenden Einschätzung, dass sich der Missbrauch des Anfechtungsrechts seit dem Referat von *Simons* „*nicht vermindert, sondern wohl noch vermehrt*" habe.[101] Er glaube aus seiner „*Erfahrung die Behauptung aufstellen zu können, daß derartige Anfechtungen vielfach geschehen, um mit der Anfechtung ein Geschäft zu machen*" und meist würden die Anfechtenden „*um den vielen Unannehmlichkeiten aus dem Wege zu gehen, abgefunden.*"[102] Wegen seiner disziplinierenden Wirkung auf die Verwaltung hielt *Albert Pinner* das Anfechtungsrecht des Aktionärs zwar weiterhin für grundsätzlich unverzichtbar, auch er riet aber zu Einschränkungen, um es vor Missbrauch zu schützen.[103] Auf dem 35. Deutschen Juristentag war es wiederum *Max Hachenburg*, der das Erpressungs- und Missbrauchspotential von Anfechtungsklagen andeutete.[104]

b) Forderung nach einem Mindestquorum und einer Haftungsverschärfung

Worauf die seinerzeit unterbreiteten Lösungsvorschläge dann konkret abzielten, lassen die zitierten Passagen bereits erahnen: Man fremdelte damit, dass auch Aktionäre, die marginal an einer Gesellschaft beteiligt waren, eine Anfechtungsklage erheben konnten. Die Stoßrichtung ging dementsprechend dahin, die Anfechtungsbefugnis an einen Mindestanteilsbesitz zu knüpfen. *Albert Pinner* etwa hielt „*als Mittelweg*"[105] einen Mindestanteilsbesitz von 5 Prozent des Grundkapitals für sämtliche Beschlussanfechtungen für zweckmäßig.[106] Er war der Auffassung, dass hierdurch einerseits Missbrauch verhindert, andererseits die Beschlussanfechtung aber auch nicht übermäßig erschwert würde, da es in denjenigen Fällen, in denen tatsächlich eine Schädigung der Aktionäre durch gesetzes- oder statutenwidrige Beschlüsse vorliege, nicht schwer sein werde, 5 Prozent des Grundkapitals für eine Anfechtung zusammenzufinden.[107] Um einer gleichwohl allzu sorglosen Klageerhebung vorzubeugen, schlug *Albert Pinner* darüber hinaus vor, die Haftung in Fällen unberechtigter Anfechtungsklagen auf den Fall fahrlässigen Verhaltens

---

101 *Pinner* in Verhandlungen des 34. Deutschen Juristentages, Bd. II, 1926, S. 615, 629.
102 *Pinner* (Fn. 101), S. 615, 629 f.
103 *Pinner* (Fn. 101), S. 615, 630.
104 *Hachenburg* in Verhandlungen des 35. Deutschen Juristentages, Bd. II, 1928, S. 40, 44.
105 *Pinner* (Fn. 101), S. 615, 630.
106 *Pinner* (Fn. 101), S. 615, 630.
107 *Pinner* (Fn. 101), S. 615, 630.

auszudehnen.[108] Denn eine „*bösliche Handlungsweise*" lasse sich „*fast nie*" beweisen.[109] Ihm sei jedenfalls kein Fall bekannt, „*in dem auch nur eine Klage aus § 273 erhoben*" sei.[110]

3. Zahnlose Rolle des Reichsgerichts

a) Restriktive Handhabung der Möglichkeit zur Sicherheitsleistung

Nicht in derart grundlegender Weise Abhilfe schaffen konnte die Rechtsprechung. Sie war es zwar, die das Recht zur Beschlussanfechtung einst aus der Taufe hob.[111] Nachdem der Gesetzgeber dieses im Jahre 1884 kodifiziert und konkretisiert hatte, war die Rechtsprechung aber an die entsprechenden Vorgaben gebunden und konnte das von ihr einst erschaffene Instrument nicht mehr nach Belieben an die praktischen Gegebenheiten anpassen und ausformen. Möglichkeit zum Eingreifen in die Debatte bestand für die Rechtsprechung letztlich nur über konkrete Fragen der Normanwendung und -auslegung sowie über den allgemeinen Rechtsgedanken, dass einer Rechtsausübung dort Grenzen gesetzt sind, wo ein Recht missbräuchlich eingesetzt wird.

Als sich im Jahre 1928 Gelegenheit bot, im Kontext der Anwendung des § 272 Abs. 3 HGB in die Debatte einzugreifen, zeigte sich die Rechtsprechung von dem verbreiteten Wehklagen zunächst wenig beeindruckt. Das Reichsgericht interpretierte die in der Vorschrift den Gerichten bereitgestellte Möglichkeit, auf Antrag der Gesellschaft die Leistung einer Sicherheit von Anfechtungsklägern verlangen zu können, restriktiv. Die Anordnung einer Sicherheitsleistung dürfe nur ergehen, wenn die beklagte Gesellschaft nicht nur glaubhaft gemacht habe, dass ihr infolge der Klageerhebung überhaupt Nachteile drohen, sondern auch, dass der Kläger ihr für diese Nachteile im Falle einer Klageabweisung nach § 273 Abs. 2 HGB (vormals § 190b ADHGB) oder sonstigen Vorschriften zu haften habe.[112] Dies stützten die Richter auf die Erwägung, dass das Recht der Beschlussanfechtung „*unerträglich*" beschränkt würde, wenn bereits eine bloße Gefährdung der Gesellschaft durch eine Anfechtungsklage die Anordnung einer Sicherheitsleistung nach sich ziehen würde.[113] Diese Sichtweise war mit Blick auf die Missbrauchsbekämpfung zwar nicht

---
108 *Pinner* (Fn. 101), S. 615, 616, 630.
109 *Pinner* (Fn. 101), S. 615, 630.
110 *Pinner* (Fn. 101), S. 615, 630.
111 Siehe oben unter III 1.
112 RGZ 123, 194, 197 ff.
113 RGZ 123, 194, 200.

zielführend. Schlussendlich füllte die Rechtsprechung ihre Rolle im System hiermit aber nur sachgerecht aus, indem sie das gesetzliche Gerüst konsequent ausdeutete und sich nicht zum Steigbügelhalter für rechtspolitische Vorstellungen machte.

Dieser Rolle verweigerte sich die Rechtsprechung im Kontext konkreter Normanwendung auch an anderer Stelle. So hätte die Rechtsprechung den Streitwert einer Anfechtungsklage an der wirtschaftlichen Bedeutung des Beschlusses für die Gesellschaft ausrichten können, um bereits auf der Ebene der Streitwertfestsetzung den Preis für den Kläger in die Höhe zu treiben. Stattdessen hielt sie aber an ihrer bereits früh eingeschlagenen Linie fest, den Streitwert mangels abweichender Vorgaben nach allgemeinen zivilprozessualen Grundsätzen (§ 3 ZPO) anhand des Klägerinteresses an der Beschlussvernichtung zu bestimmen und anzunehmen, dass dieses in jedem Falle durch den Nennwert des klägerischen Aktienbestandes begrenzt wird.[114]

b) Treuepflichtgestützte Missbrauchskontrolle im Einzelfall

Die allgemeine Keule des Rechtsmissbrauchs schwang die Rechtsprechung dann erst in einem Urteil aus dem Jahre 1935.[115] Dieses war zwar weitaus grundlegender als das Urteil aus dem Jahre 1928 und in seiner Zielrichtung gegenläufig, am Ende blieb es aber gleichwohl recht zahnlos.

Der dem Urteil zugrundeliegende Sachverhalt wich dabei etwas von den klassischen Berufskläger-Fällen ab. So soll sich der Kläger zwar in anderen Aktiengesellschaften *„zur Verschaffung gesellschaftsfremder Vorteile als gewerbsmäßiger Opponent betätigt"* haben, bei der beklagten Gesellschaft war er aber immerhin zuvor Aufsichtsratsmitglied gewesen.[116] Auch ging es ihm nach dem Vortrag der Beklagten nicht um einen Abkauf der Klage, sondern darum, Widerstand nur zu dem Zwecke zu leisten, Aktien an sich zu bringen, um seine Berufung in den Vorstand als Direktor oder doch wenigstens die Ausschüttung einer höheren Dividende zu erzwingen.[117]

Den Richtern reichte dann allerdings schon dieser Vortrag der Beklagten, um zu der Ansicht zu gelangen, dass ihm in den Vorinstanzen hätte nachgegangen werden müssen.[118] Zur Begründung verwiesen sie zunächst allgemein auf das Verbot un-

---

114 RGZ 24, 427, 428; siehe hierzu auch *Baums* in FS Lutter, 2000, S. 283, 293 f.
115 RGZ 146, 385, 394 ff.
116 Vgl. RGZ 146, 385, 395.
117 Vgl. RGZ 146, 385, 395.
118 RGZ 146, 385, 395.

zulässiger Rechtsausübung[119] sowie darauf, dass eine solche auch losgelöst von § 226 BGB (Schikaneverbot) angenommen werden könne.[120] Spezifisch wurden die Richter mit der Aussage, dass das Anfechtungsrecht zwar darauf abziele, die Wahrung der Rechts- und der Satzungsordnung durchzusetzen, es aber gleichwohl ein individueller Rechtsbehelf bleibe, dessen Ausübung der Treuepflicht und dem allgemeinen Gebot von Treu und Glauben (§ 242 BGB) unterliege.[121] Ein Aktionär habe sich *„bei allen seinen Maßnahmen als Glied der Gemeinschaft zu fühlen, der er angehört,"* und sei gehalten, *„die Treuepflicht gegenüber dieser Gemeinschaft zur obersten Richtschnur seines Handelns zu machen."*[122] Übe ein Aktionär das ihm an sich zustehende Anfechtungsrecht *„zu dem Zweck aus, um selbstsüchtig der Gesellschaft seinen Willen erpresserisch aufzuzwingen, also zu gesellschaftsfremden Zwecken"*, dann liege *„darin eine so gröbliche Verletzung der Treuepflicht, daß sich die Ausübung des Rechts als ein Rechtsmißbrauch"* darstelle, *„der von der Rechtsordnung nicht geduldet werden"* könne.[123]

Wenn diesem Urteil heute Berühmtheit attestiert wird,[124] so ist das sicherlich insofern berechtigt, als sich das Reichsgericht mit ihm erstmals zu einem rechtsmissbräuchlichen Einsatz der Anfechtungsklage äußerte. Auch spannt es den Bogen zu einer weiteren großen Debatte,[125] wenn es die Treuepflicht des Aktionärs bemüht, um einen Missbrauch zu konstruieren. Eben in dieser Bezugnahme auf dieses Instrument zum Austarieren ungeregelter Binnenkonflikte im Einzelfall[126] liegt dann allerdings auch der Grund dafür, dass das Urteil kaum imstande war, einen institutionalisierten Schutz zu leisten, der routinemäßig gegen missbräuchliche Anfechtungsklagen in Stellung gebracht werden konnte.[127] Das gilt umso mehr, als die Richter auch durchaus eindringlich zur Zurückhaltung mahnten: Der Behauptung einer missbräuchlichen Rechtsausübung sei *„in jedem einzelnen Falle mit besonderer Vorsicht zu begegnen"*.[128] Regelmäßig werde man davon ausgehen müssen,

---

119 RGZ 146, 385, 394 f., 396.
120 RGZ 146, 385, 396.
121 RGZ 146, 385, 395 ff.
122 RGZ 146, 385, 395.
123 RGZ 146, 385, 395 f.
124 So *Baums* (Fn. 6), S. 146.
125 Siehe *Harnos* in Fleischer/Koch/Schmolke, Great Debates, 2024, § 20 (Mitgliedschaftliche Treuepflicht).
126 Siehe zu dieser Zwecksetzung der Treuepflicht etwa *Koch*, AktG, 18. Aufl. 2024, § 53a Rn. 13.
127 Vgl. auch *Timm* in Timm (Fn. 5), S. 1, 9: *„Mit einem Kurieren an Symptomen beseitigt man den pathologischen Zustand nicht."*
128 RGZ 146, 385, 396.

„daß der Aktionär, dem das Gesetz das Recht zur Anfechtung zugesteht, auch befugt ist, von diesem Recht Gebrauch zu machen."[129]

VI. Hohe Hürden für querulatorische Aktionäre in der Gesetzgebung der Nationalsozialisten

1. Fließrichtung damaliger Reformanstrengungen

Obwohl ein Missbrauch des Anfechtungsrechts rege diagnostiziert und beklagt wurde und die Rechtsprechung keinen routinemäßigen Schutz garantieren konnte, vermochten die Mahner einer Reform über lange Zeit keinen rechtspolitischen Erfolg zu erzielen. Die Tendenz ging lange Zeit dahin, die Rechte der Aktionäre nicht zu beschränken.[130] So wurde im Jahre 1932 im vorläufigen Reichswirtschaftsrat der *„wiederholt ventilierte Gedanke"*, die Anfechtung von Generalversammlungsbeschlüssen nur einer qualifizierten Minderheit zuzusprechen, gar nicht erst weiter aufgegriffen, obwohl Konsens darüber herrschte, dass *„mit diesem Anfechtungsrecht des einzelnen Aktionärs schon sehr viel Unfug getrieben worden"* und dies auch *„schon wiederholt konstatiert"* worden sei.[131] Bei allen Besprechungen überwog aber der Gedanke, dass *„die Wichtigkeit des Anfechtungsanspruches, des einzigen Hilfsmittels, das der Aktionär vorläufig hat"*, derart ausgeprägt ist, *„daß wir trotz des Mißbrauchs zu einer Beschränkung nicht kommen können."*[132]

Es waren erst die Nationalsozialisten, die die Beschlussanfechtung im Zuge der Aktienrechtsreform im Jahre 1937 wieder erschwerten und die Kautelen gegen einen Missbrauch verschärften. Das ist keineswegs verwunderlich, passte der Ansatz, *„Quertreibern die Möglichkeit"* zu nehmen, *„durch Erhebung unbegründeter An-*

---

129 RGZ 146, 385, 396.
130 Zur Kritik an der präsenten Forderung nach einem Mindestquorum siehe etwa *Emmerich* (Fn. 43), S. 140 m.w.N.
131 Protokolle der Verhandlungen des Arbeitsausschusses des Vorläufigen Reichswirtschaftsrats zur Beratung des Entwurfs eines Gesetzes über Aktiengesellschaften und Kommanditgesellschaften auf Aktien, abgedruckt in *Schubert/Hommelhoff*, Die Aktienrechtsreform am Ende der Weimarer Republik, 1987, S. 585.
132 Protokolle der Verhandlungen des Arbeitsausschusses des Vorläufigen Reichswirtschaftsrats zur Beratung des Entwurfs eines Gesetzes über Aktiengesellschaften und Kommanditgesellschaften auf Aktien (Fn. 131), S. 585.

fechtungsklagen einen Druck auf die Verwaltung auszuüben",[133] doch allzu gut in die Fließrichtung der seinerzeitigen Bestrebung, der Verwaltung mehr freie Hand zu geben und die Aktiengesellschaft stärker als Institution zu konzipieren, die dem Gemeinwohl dient.

Zeitgeschichtliche Fundgrube, die die Reformdiskussionen einfängt, ist das Protokoll der 6. Sitzung des Aktienrechtsausschusses der Akademie für Deutsches Recht, die am 6. Oktober 1934 stattfand und an der die *„herausragenden Gesellschaftsrechtler der damaligen Zeit"*[134] wie etwa *Ernst Heymann, Friedrich Klausing, Franz Schlegelberger* und *Leo Quassowski* teilnahmen. Hier ist reichlich zu lesen von *„Störenfrieden"*, von Aktionären, die *„mit einer Aktie als Stänker und Erpresser"* auftreten, sowie davon, dass die Anfechtungsklage *„außerordentlich häufig mißbraucht wurde"* beziehungsweise *„in der Mehrzahl der Fälle (...) hart an Erpressung"* streife.[135] Präsent, aber nicht ohne Gegenwehr war hier vor allem wieder die rigide Forderung nach einem Mindestquorum.[136] Auch eine Mindestbesitzzeit[137] stand im Raum.

2. Keine Verblendung

Wie schon die seinerzeitigen Granden der Zunft operierte der Gesetzgeber von 1937 dann allerdings keineswegs politisch verblendet und einseitig, sondern durchaus mit Augenmaß und Sachverstand.[138] Er unterlag nicht etwa der Versuchung, aus dem „Führerprinzip" abzuleiten, dem Aktionär könne das Anfechtungsrecht vollständig genommen werden.[139] Auch griff er am Ende weder den hoch gehandelten Vorschlag auf, ein Mindestquorum vorzusehen[140], noch regelte er eine Mindestbesitzzeit[141] oder drehte das Rad durch Wiedereinführung des noch im ADHGB 1884 vorgesehenen gerichtlichen Hinterlegungserfordernisses bei Anfechtungsklagen zurück. Stattdessen erhoffte er sich, dass die Anfechtungsmöglichkeiten schon

---

133 Vgl. Sitzungsberichte des Ausschusses für Aktienrecht, Sitzung vom 25.10.1934, abgedruckt bei *Schubert/Schmid/Regge*, Akademie für Deutsches Recht 1933–1945, Protokolle der Ausschüsse, Bd. I, Ausschuss für Aktienrecht, 1986, S. 231, 256 f.
134 *Timm* in Timm (Fn. 5), S. 1, 3.
135 Sitzungsberichte des Ausschusses für Aktienrecht (Fn. 133), S. 231, 257 ff.
136 Sitzungsberichte des Ausschusses für Aktienrecht (Fn. 133), S. 231, 257 ff.
137 Sitzungsberichte des Ausschusses für Aktienrecht (Fn. 133), S. 231, 256 ff.
138 Vgl. allgemein *Emmerich* (Fn. 43), S. 150.
139 Vgl. auch *Baums* (Fn. 6), S. 146.
140 Vgl. abermals Sitzungsberichte des Ausschusses für Aktienrecht (Fn. 133), S. 231, 257 ff.
141 Siehe auch insoweit erneut Sitzungsberichte des Ausschusses für Aktienrecht (Fn. 133), S. 231, 257 ff.

durch eine Beschränkung der Zuständigkeiten der Hauptversammlung eingeschränkt würden[142] und begnügte sich bei der Regelung der Anfechtungsklage ansonsten mit drei Änderungen, wobei die erste die Klageanforderungen auf dem Papier erst einmal sogar herabsenkte.

So goutierte der Gesetzgeber zunächst die in Teilen „missbrauchsfreundliche" Rechtsprechung, indem er in Anlehnung an das Reichsgericht[143] nunmehr ausdrücklich vorgab,[144] dass eine Sicherheitsleistung durch den Kläger nur dann angeordnet werden konnte, wenn die Gesellschaft glaubhaft machte, dass ihr gegen den klagenden Aktionär ein Ersatzanspruch zustehe oder erwachsen könne (§ 199 Abs. 4 AktG 1937). Zur Missbrauchsbekämpfung setzte der Gesetzgeber dann an dem „Unwesen" an, „*daß für derartige, für das Leben der Gesellschaft einschneidende Klagen der Streitwert sich nach dem Wert einer Aktie eines oft vorgeschobenen Aktionärs richtet*"[145] und „verteuerte" die Beschlussanfechtung, indem der Streitwert sich fortan „*nach den gesamten im einzelnen Fall gegebenen Verhältnissen unter Berücksichtigung des Interesses der Gesellschaft an der Aufrechterhaltung des Beschlusses*" richten sollte (§ 199 Abs. 6 AktG 1937). Insoweit „überschrieb" der Gesetzgeber also die bisherige Rechtsprechung des Reichsgerichts, das den Streitwert bis dato mangels abweichender Vorgaben nach allgemeinen zivilprozessualen Grundsätzen (§ 3 ZPO) anhand des Klägerinteresses an der Beschlussvernichtung bestimmt und dabei angenommen hatte, dass dieses in jedem Falle durch den Nennwert des klägerischen Aktienbestandes begrenzt werde.[146] Daneben dehnte der Gesetzgeber die Haftung eines Anfechtungsklägers für der Gesellschaft aus unbegründeter Beschlussanfechtung entstandene Schäden aus, um auch auf repressiver Seite „*eine schärfere Handhabe gegen verantwortungslos erhobene Anfechtungsklagen zu haben*".[147] Auch insoweit widerstand er aber der Maximalforderung nach einer Haftung für schlichte Fahrlässigkeit und beschränkte sich stattdessen auf eine Ausweitung der Haftung auf Fälle grober Fahrlässigkeit (§ 200 Abs. 2 AktG 1937).

---

142 Vgl. insoweit die seinerzeitige Einschätzung von *Friedrich Klausing* in Sitzungsberichte des Ausschusses für Aktienrecht (Fn. 133), S. 231, 257: „*Ich glaube, daß die Bedeutung der Anfechtungsklage wesentlich zurückgehen wird, wenn das neue Aktiengesetz die Befugnisse der Generalversammlung entsprechend den hier gemachten Vorschlägen einschränkt*"; vgl. auch *Baums* (Fn. 6), S. 146.
143 RGZ 123, 194 ff.
144 Vgl. Amtl. Begründung AktG 1937, abgedruckt bei *Klausing*, Gesetz über Aktiengesellschaften und Kommanditgesellschaften auf Aktien (Aktien-Gesetz), 1937, S. 177.
145 Amtl. Begründung AktG 1937 (Fn. 144), S. 177 f.
146 RGZ 24, 427, 428; siehe hierzu auch *Baums* (Fn. 114), S. 283, 293 f.
147 Vgl. Amtl. Begründung AktG 1937 (Fn. 144), S. 178.

VII. Naiver Nachkriegsgesetzgeber?

1. Rechtstatsächliche Ausgangslage

Zeitgenössische Quellen deuten darauf hin, dass sich die mit dem AktG 1937 vollzogenen Änderungen im Anfechtungsrecht auszahlten.[148] In der aktienrechtlichen Literatur aus der Nachkriegszeit wurde nur vereinzelt von einem funktionswidrigen Gebrauch des Anfechtungsrechts berichtet.[149] Auch in der Rechtsprechung finden sich nur wenige Entscheidungen, in denen Gesellschaften (jeweils vergeblich) den Vorwurf eines Missbrauchs erhoben.[150] In der Begründung des Entwurfs zum AktG 1965 kamen die Verfasser dann gar zu dem Schluss, dass „*wirklich missbräuchliche*" Anfechtungsklagen in den letzten Jahren nicht bekannt geworden seien.[151]

2. Abbau der Missbrauchskautelen

a) Stärkung von Kleinaktionären als allgemeine wirtschafts- und sozialpolitische Stoßrichtung des AktG 1965

Ausgehend von dem seinerzeitigen rechtstatsächlichen Befund ist es nachvollziehbar, dass der Gesetzgeber des AktG 1965 keine Veranlassung sah, das Anfechtungsrecht weiter zu erschweren. Dass er die Vorkehrungen gegen einen Missbrauch dann sogar herabsetzte, hängt einerseits mit der Grundausrichtung der Reform und andererseits damit zusammen, dass sich die mit dem AktG 1937 vorgenommenen Änderungen teilweise als überschießend herausstellten.

Was die Grundausrichtung der Reform anbelangt, so ging es anders als in der Vergangenheit nicht darum, konkrete Defizite zu bekämpfen, sondern darum, auf Dauer angelegte, allgemeine wirtschafts- und sozialpolitische Ambitionen zu verfolgen.[152] Ziel war es, unter anderem den Kapitalmarkt durch eine breite Streuung

---

148 Anderer Zungenschlag bei *Baums* (Fn. 6), S. 147: „*Auch in der Folge wird in der Literatur von mißbräuchlichen Anfechtungsklagen berichtet.*"
149 *Boesebeck*, AG 1963, 203 ff.
150 Siehe vor allem BGH WM 1962, 456, 457; vgl. ferner BGHZ 36, 121, 135 ff. = NJW 1962, 104 (Missbrauch des Auskunftsrechts).
151 Begr. RegE AktG 1965, abgedruckt bei *Kropff*, Aktiengesetz, 1965, S. 333; dagegen *Bayer* (Fn. 42), S. 199, 205: Einschätzung traf bereits damals nicht zu.
152 Vgl. Begr. RegE AktG 1965 (Fn. 151), S. 13 ff.

des Aktienbesitzes (wieder) zu beleben, um breite Bevölkerungsschichten am Produktionsvermögen teilhaben zu lassen und der Monopolisierung des Kapitals bei einigen wenigen Großanlegern abzuhelfen.[153] Dies erforderte einen gesteigerten Schutz der Kleinaktionäre. Hierbei war die Vorstellung vom Aktionär als „wirtschaftlichem Eigentümer"[154] des Unternehmens leitend, der nur solchen Beschränkungen unterworfen werden darf, *„die wegen der Besonderheiten des aktienrechtlichen Mitgliedschaftsrechts als einer auf die Großwirtschaft und den Kapitalmarkt zugeschnittenen Erscheinungsform wirtschaftlichen Eigentums oder aus vorrangigen wirtschafts- und gesellschaftspolitischen Gründen gerechtfertigt sind."*[155]

b) Senkung des Streitwerts

Nicht nur, aber gerade von dieser Warte als überschießend angesehen werden musste hierbei insbesondere die Streitwertregelung des § 199 Abs. 6 AktG 1937. Konkret rührte der Überschuss daher, dass das Gesetz für die Bemessung des Regelstreitwerts allein auf das Interesse der Gesellschaft an der Aufrechterhaltung des Beschlusses abstellte. Das – so der Befund des Gesetzgebers – führte dazu, dass aufgrund des hohen Kostenrisikos praktisch keine Anfechtungsklagen von Kleinaktionären mehr erhoben worden waren.[156] Aber auch aus der Sicht der Unternehmen konnte sich diese Regelung als nachteilig erweisen, weil sie im Falle eines relativ mittellosen Klägers selbst bei einem gerichtlichen Erfolg die verauslagten Prozesskosten teilweise nicht ersetzt bekamen.[157]

Um Abhilfe zu schaffen, wurde im Gesetz klargestellt, dass der Regelstreitwert unter Berücksichtigung der Interessen *beider* Parteien nach billigem Ermessen zu bestimmen sei (vgl. § 247 Abs. 1 AktG).[158] Um auszuschließen, dass sich der Streitwert wegen der Bedeutung der Sache für die Gesellschaft zu stark erhöhte, führte man in § 247 Abs. 1 Satz 2 AktG eine Höchstgrenze für den Streitwert ein (Grundsatz: 1/10 des Grundkapitals beziehungsweise 1 Million Deutsche Mark).[159] Auch schuf

---

153 Begr. RegE AktG 1965 (Fn. 151), S. 14.
154 Begr. RegE AktG 1965 (Fn. 151), S. 14.
155 Begr. RegE AktG 1965 (Fn. 151), S. 14.
156 Begr. RegE AktG 1965 (Fn. 151), S. 334.
157 Begr. RegE AktG 1965 (Fn. 151), S. 334.
158 Vgl. Begr. RegE AktG 1965 (Fn. 151), S. 334.
159 Begr. RegE AktG 1965 (Fn. 151), S. 334. Konkret regelte § 247 Abs. 1 Satz AktG: *„Er [der Streitwert] darf jedoch ein Zehntel des Grundkapitals oder, wenn dieses Zehntel mehr als eine Million Deutsche*

man die Möglichkeit, den Streitwert an die wirtschaftlichen Verhältnisse der jeweiligen Partei anzupassen, sofern diese glaubhaft macht, dass die herkömmliche Streitwertfestsetzung ihre wirtschaftliche Lage erheblich gefährden würde (§ 247 Abs. 2, 3 AktG).

c) Abräumen von Schadensersatzhaftung und Sicherheitsleistung

Darüber hinaus wurden allerdings auch die Schadensersatzverpflichtung des Aktionärs bei unbegründeter Klageerhebung sowie die Möglichkeit gerichtlicher Anordnung einer Sicherheitsleistung für diesen Fall gestrichen. In beiden Vorschriften erblickte man eine sachlich nicht gerechtfertigte Benachteiligung des Anfechtungsklägers im Vergleich zu Klägern in anderen Verfahren, für die keine entsprechenden Vorschriften existierten, obwohl es auch dort zu schuldhaften Schädigungen des Beklagten durch die Klageerhebung kommen könne.[160] Eine Haftung wegen sittenwidriger Schädigung aus § 826 BGB gewähre insoweit hinreichenden Schutz.[161]

Mark beträgt, eine Million Deutsche Mark nur insoweit übersteigen, als die Bedeutung der Sache für den Kläger höher zu bewerten ist."
160 Begr. RegE AktG 1965 (Fn. 151), S. 333 und 335.
161 Begr. RegE AktG 1965 (Fn. 151), S. 335; *Wiedemann*, Gesellschaftsrecht, Bd. I, 1980, S. 409 Fn. 7 bezeichnet die bis dato im Gesetz geregelte Schadensersatzpflicht als *„makaber"*; eine Haftung nach § 826 BGB aufgreifend OLG Frankfurt NZG 2009, 222 ff. Bemerkenswert ist, dass der Gesetzgeber im Zuge der Finanzmarktkrise im Jahr 2009 im Rahmen des Finanzmarktstabilisierungsergänzungsgesetzes (FMStErgG, BGBl. 2009 I Nr. 18, S. 725 ff.) in § 7 Abs. 7 Satz 1 des Finanzmarktstabilisierungsbeschleunigungsgesetzes (FMStBG), der im Jahr 2020 durch das Wirtschaftsstabilisierungsfondsgesetz (WStFG, BGBl. 2020 I Nr. 14, S. 543 ff.) in § 7 Abs. 7 Satz 1 Wirtschaftsstabilisierungsbeschleunigungsgesetz überführt worden ist, wieder eine bereichsspezifische Sonderregelung zur Haftung eingeführt hat: *„Aktionäre, die eine für den Fortbestand der Gesellschaft erforderliche Kapitalmaßnahme, insbesondere durch ihre Stimmrechtsausübung oder die Einlegung unbegründeter Rechtsmittel, verzögern oder vereiteln, sind der Gesellschaft gesamtschuldnerisch zum Schadenersatz verpflichtet."* Nach den Gesetzesmaterialien soll die Regelung die Treuepflicht der Aktionäre gegenüber der Gesellschaft konkretisieren (vgl. Begr. RegE eines Gesetzes zur weiteren Stabilisierung des Finanzmarktes [FMStErgG], BT-Drucks. 16/12100, S. 12). Im Zuge der Überführung in § 7 Abs. 7 Satz 1 Wirtschaftsstabilisierungsbeschleunigungsgesetz änderte sich allerdings der Wortlaut: *„Aktionäre, die eine für den Fortbestand der Gesellschaft erforderliche Rekapitalisierungsmaßnahme, insbesondere durch ihre Stimmrechtsausübung oder die Einlegung unbegründeter Rechtsmittel, verzögern oder vereiteln, um dadurch ungerechtfertigte Vorteile für sich zu erlangen, sind der Gesellschaft gesamtschuldnerisch zum Schadensersatz verpflichtet."* Die Wendung *„um"* deutete nunmehr darauf hin, dass im Rahmen dieser Regelung ein vorsätzliches Handeln erforderlich ist, sodass ihr Mehrwert gegenüber einer

d) Absehen von einem Straftatbestand und Kodifizierung des Bestätigungsbeschlusses

Das Einzige, was der Gesetzgeber von 1965 den Gesellschaften zur Missbrauchsbekämpfung an die Hand gab, war die Möglichkeit, der mit einem laufenden Anfechtungsverfahren einhergehenden Ungewissheit[162] durch Fassung eines Bestätigungsbeschlusses Herr zu werden (§ 244 AktG). Allerdings war dieses Instrument keineswegs neu, sondern fußte bis dato mangels gesetzlicher Verankerung lediglich auf schwankendem Fundament.[163]

Nicht Gesetz geworden ist eine im Regierungsentwurf noch vorgesehene Regelung, die den entgeltlichen *„Abkauf"* von Anfechtungsrechten unter Strafe stellte.[164] Von ihr nahm der Gesetzgeber im Laufe des weiteren Gesetzgebungsverfahrens wieder Abstand, weil er ein derartiges Verhalten bereits durch die Straftatbestände der Nötigung und der Erpressung als adäquat erfasst ansah.[165] Obendrein befürchtete er, dass eine solche Regelung als Kollateralschaden jegliche Vergleiche der Gesellschaft mit Anfechtungsklägern unmöglich mache.[166]

3. Ausweitung der Anfechtungsmöglichkeiten

Der Abbau bestehender Vorkehrungen gegen einen Missbrauch war freilich nur ein Teil dessen, was die Aktienrechtsreform von 1965 mit Blick auf den weiteren Verlauf der Debatte bewirkte. Was nicht übersehen werden darf, ist, dass die wirtschafts- und sozialpolitische Stoßrichtung der Reform auch nach sich zog, dass Angriffsfläche und -wirkung erheblich ausgeweitet wurden. Zur Fronterweiterung gehört zunächst, dass das Auskunftsrecht des Aktionärs in der Hauptversammlung (§ 131 AktG) ausgebaut wurde[167] und eine auf eine Auskunftsverweigerung gestützte Klage nunmehr auch dann möglich sein sollte, wenn die beschlusstragende Mehrheit bekundet hatte, dass die versagte Information ihre Beschlussfassung nicht beeinträchtigt habe (243 Abs. 4 AktG 1965).[168] In der Sache ebenfalls als Ausweitung der

---

Verantwortlichkeit aus § 826 BGB jedenfalls mittlerweile primär in bloßer Symbolik liegen dürfte.
162 Insoweit durchaus sensibilisiert Begr. RegE AktG 1965 (Fn. 151), S. 331.
163 Vgl. Begr. RegE AktG 1965 (Fn. 151), S. 331.
164 Siehe noch § 389 RegE AktG 1965, abgedruckt bei *Kropff*, Aktiengesetz, 1965, S. 508.
165 Ausschussbericht AktG 1965, abgedruckt bei *Kropff*, Aktiengesetz, 1965, S. 508.
166 Ausschussbericht AktG 1965 (Fn. 165), S. 508.
167 Begr. RegE AktG 1965 (Fn. 151), S. 184 ff.
168 Begr. RegE AktG 1965 (Fn. 151), S. 330.

Anfechtungsmöglichkeiten und damit als Fronterweiterung gewertet werden muss, dass der Gesetzgeber den Mindestnennwert der Aktie auf 50 Deutsche Mark herabsenkte (§ 8 Abs. 1 Satz 1 AktG 1965), um die Attraktivität einer Beteiligung für Kleinanleger zu steigern.[169]

Noch weitaus folgenreicher war aber der Ausbau der Angriffswirkung durch Einführung einer Registersperre bei der Eingliederung (§ 319 Abs. 3 Satz 2 AktG 1965) und der Verschmelzung (§ 345 Abs. 2 Satz 1 AktG 1965) für den Fall, dass Anfechtungsklagen anhängig sind.[170] Denn dies eröffnete Anfechtungsklägern nunmehr die Möglichkeit, besonders bedeutsame und regelmäßig zeitkritische Maßnahmen durch die Erhebung auch offenkundig unzulässiger oder unbegründeter Anfechtungsklagen zu blockieren.[171]

VIII. Höhepunkt der Debatte ab Mitte der 1980er Jahre

1. Ruhe vor dem Sturm

Es lässt sich nicht exakt abschätzen, inwieweit die durch das AktG 1965 vorgenommenen Änderungen unmittelbar zur Folge hatten, dass sich missbräuchliche Anfechtungsklagen häuften. Einerseits ist für den Zeitraum von 1965 bis in die frühen 1980er Jahre von einer *„Zeit verhältnismäßiger Ruhe"* zu lesen.[172] Andererseits wird von Missbräuchen berichtet.[173] Allein das zuletzt Genannte erlaubt jedoch keine quantitativen Rückschlüsse, zumal sich die mehr oder minder ausgeprägte Praxis des Auskaufens opponierender Aktionäre zunächst jedenfalls weiterhin im Verborgenen abspielte.[174] Unter der Oberfläche dürfte es aber bereits gebrodelt haben.

---

169 Vgl. Begr. RegE sowie Ausschussbericht AktG 1965, abgedruckt bei *Kropff*, Aktiengesetz, 1965, S. 23.
170 Bemerkenswert ist, dass der Gesetzgeber auch für Unternehmensverträge das Erfordernis einer Negativerklärung vorsah, hiervon dann aber abgesehen wurde, nachdem der Wirtschafts- und Rechtsausschuss auf das Blockadepotential einer gesetzlichen Registersperre hingewiesen hatte, vgl. Begr. RegE sowie Ausschussbericht AktG 1965, abgedruckt bei *Kropff*, Aktiengesetz, 1965, S. 382 f. In den Gesetzesmaterialien finden sich dann allerdings keine Ausführungen zu der Frage, warum derartige Bedenken bei der Eingliederung und der Verschmelzung nicht durchgreifen.
171 Vgl. auch *Boujong* (Fn. 31), S. 1, 3 f.; *Schatz* (Fn. 19), S. 40 f.
172 *Mathieu* (Fn. 6), S. 68.
173 Siehe etwa *Baums*, Eintragung und Löschung von Gesellschafterbeschlüssen, 1981, S. 160.
174 So *Baums* (Fn. 6), S. 147.

2. Missbrauchswelle der 1980er Jahre

a) Hintergrund

aa) Noch mehr Einbruchsstellen durch (generalklauselartigen) Ausbau der Minderheitenrechte

Gesichert ist, dass die Zahl der Klagen ab Mitte der 1980er Jahre mit der bekannten Missbrauchswelle[175] deutlich anstieg. In der zeitgenössischen Literatur findet sich die – freilich nicht näher begründete – Schätzung von 70 missbräuchlichen Klagen bei 450 börsennotierten Aktiengesellschaften in der Zeit von 1987 bis 1990.[176]

Als innerer Grund für diesen Anstieg dürfte der Umstand mitverantwortlich sein, dass die normativen Anforderungen an Hauptversammlungsbeschlüsse und speziell der Minderheitenschutz durch Gesetzgeber und Rechtsprechung auch nach dem Jahr 1965 immer weiter ausgebaut und die Hauptversammlungsbeschlüsse dementsprechend (noch) fehleranfälliger wurden.[177] Zudem wurde diese Fehleranfälligkeit oder zumindest die Berechenbarkeit etwaiger Fehler noch dadurch gesteigert, dass die einschlägigen Rechtssätze ihrer Struktur nach teilweise generalklauselartig ausgestaltet waren (Treuepflicht) oder sich unbestimmter Rechtsbegriffe bedienten.[178]

bb) Flucht der Gesellschaften in die Öffentlichkeit

Gerade das plötzliche Hochschnellen der Zahl registrierter Missbrauchsfälle wird man aber auch auf den äußeren Grund zurückzuführen haben, dass zahlreiche Unternehmen einer Empfehlung der Börsenzeitung aus dem Jahre 1987 Folge leisteten, die dahin ging, Aktionäre, die ihre Klage zu erpresserischen Zwecken einsetzen, an den Pranger zu stellen.[179] Das bisherige Spiel im *„Halbschatten"* – so seinerzeit *Hans-Dieter Jähler* als Vorstandsvorsitzender der betroffenen Kochs Adler AG – sollte nunmehr *„unter Flutlicht"* stattfinden.[180] Die logischen Folgen dieser unternehmensseitigen Initiative waren, dass es einerseits zunehmend zu gerichtlichen Auseinandersetzungen gerade über den Einwand des Missbrauchs

---

175 *Baums* (Fn. 6), S. 147; *Jahn*, BB 2005, 5, 7.
176 *Claussen*, AG 1990, 156, 157; konkretere Zahlen bei *Baums/Vogel/Tacheva*, ZIP 2000, 1649, 1650.
177 Vgl. zu diesem Umstand auch *Schatz* (Fn. 19), S. 39.
178 Vertiefend *Schatz* (Fn. 19), S. 39.
179 Börsenzeitung vom 2. Juli 1987. Vgl. hierzu auch *Baums* (Fn. 6), S. 147. Der Vorschlag, „alle bedenklichen Fälle zu sammeln und das Ergebnis von Zeit zu Zeit der Öffentlichkeit bekannt zu geben", ist auch zuvor schon unterbreitet worden, vgl. *Boesebeck*, AG 1963, 203.
180 Vgl. Der Spiegel, Im Halbschatten, Heft 53/1987, 27. Dezember 1987.

kam und zum anderen Klientel und Gebaren der Berufskläger vor der Öffentlichkeit demaskiert wurden.[181]

b) Leading Cases

Zu den bekanntesten Verfahren jener Zeit zählen zunächst die Anfechtungsklagen gegen die Verschmelzungsbeschlüsse der Kochs Adler AG mit den Dürrkopp Werken[182] und der DAT mit der Altana AG.[183] Besondere Erwähnung verdient ferner die Anfechtungsklage gegen den Kapitalerhöhungsbeschluss der Aachen Münchener Beteiligungs-AG, der dem Ziel diente, eine Beteiligung an der Bank für Gemeinwirtschaft AG zu erwerben.[184] Hier wurde bereits vor Klageerhebung eine Summe von 1,5 Millionen Deutsche Mark an zwei Aktionäre ausbezahlt, die jeweils drei Aktien hielten.[185] Ansonsten bewegten sich die von den Berufsklägern jeweils geforderten und von den Gesellschaften teilweise gezahlten Beträge zumeist im fünf- bis sechsstelligen Bereich.[186] Der höchste soweit ersichtlich geforderte Betrag belief sich auf 10 Millionen DM.[187]

c) Kampf mit offenem Visier

Die Entscheidung vieler Gesellschaften, die Flucht in die Öffentlichkeit anzutreten, bewirkte, dass die – von *Marcus Lutter* mittlerweile mit dem eingängigen Begriff „*räuberische Aktionäre*" belegten[188] – Kläger unweigerlich ins Rampenlicht rückten. Das gilt umso mehr, als es sich bei ihnen um einen erstaunlich überschaubaren Kreis von unter zehn Personen handelte.[189] Dementsprechend waren es etwa in den Verfahren Kochs Adler AG und DAT auch nahezu identisch besetzte Gruppen von

---

181 Vgl. etwa die eingehenderen Fallstudien bei *Timm* in Timm (Fn. 5), S. 9 ff.
182 LG Bielefeld DB 1988, 385; OLG Hamm WM 1988, 1164; BGHZ 107, 296 = NJW 1989, 2689.
183 LG Köln AG 1988, 145; OLG Köln ZIP 1988, 1391; BGH ZIP 1989, 1388; BGH ZIP 1990, 168; BVerfG ZIP 1990, 228.
184 LG Köln ZIP 1988, 649; OLG Köln ZIP 1988, 967; BGH AG 1992, 317.
185 Vgl. BGH AG 1992, 317.
186 Vgl. *Diekgräf*, Sonderzahlungen an opponierende Kleinaktionäre im Rahmen von Anfechtungs- und Spruchstellenverfahren, 1990, S. 16 f.
187 Siehe BGH AG 1992, 86 (Deutsche Bank).
188 *Lutter* in FS 40 Der Betrieb, 1988, S. 194 ff.
189 Vgl. *Baums/Vogel/Tacheva*, ZIP 2000, 1649, 1651.

Kleinaktionären, die sich bereit erklärten, ihre Klagen gegen eine „Ausgleichszahlung" zurückzunehmen.¹⁹⁰

Einer, der seit dieser Zeit „seine Finger im Spiel" hat und der der Klientel der Berufskläger als Gallionsfigur mit gewissem Pionierstatus bis heute vorsteht, ist *Karl-Walter Freitag*. Unter Aktionären galt er schon im Jahr 1987 als eine Art Wunderknabe, der sich früh übte. In einem Spiegel-Artikel liest man in Bezug auf den Anfang der 1970er Jahre: *„Mit 16 Jahren besuchte der Rheinländer seine erste Hauptversammlung. Damals nervte er Vorstand und Aufsichtsrat der Busch-Jaeger AG in Lüdenscheid mit seinen Fragen. Der Aufsichtsrat Hans Graf von der Goltz wollte dem frechen Teenager den Mund verbieten. Minderjährige hätten kein Rederecht. Aber da kam der Graf an den Falschen. Er habe seine Busch-Jaeger-Aktien vom Taschengeld gekauft, dozierte der Jüngling ganz souverän. Nach Paragraph 110 des Bürgerlichen Gesetzbuches, dem sogenannten Taschengeldparagraphen, sei er in diesem Falle auch als Minderjähriger voll geschäftsfähig und bäte nun, ihm die gewünschten Auskünfte nicht länger zu verweigern."*¹⁹¹

Wie dick im Geschäft Herr *Freitag* jedenfalls seit dem Ende der 1980er Jahre war, belegt der Umstand, dass er an allen der drei oben gelisteten Verfahren beteiligt war und dementsprechend auch einer der zwei Aktionäre war, die sich bereits vor Klageerhebung 1,5 Millionen Deutsche Mark ausbezahlen ließen.¹⁹² Weiteres lässt ein Beitrag aus dem Jahr 1990 erahnen. Darin liest man, Herr *Freitag* habe *„kürzlich in einem Anfechtungsprozeß vortragen lassen, daß er an rund 50 Verfahren beteiligt ist oder war: In 22 Verfahren will er danach obsiegt haben, sechs seien durch außergerichtlichen Vergleich beendet worden, während die übrigen Verfahren noch anhängig seien."*¹⁹³

Knapp 20 Jahre später beschreibt die Wirtschaftswoche *Karl-Walter Freitag* unter Verweis auf Erzählungen aus der Praxis als *„Vorstandsschreck"* und als eine der umstrittensten Figuren der Szene.¹⁹⁴ Für die einen sei er ein eiskalter Abzocker, für andere ein brillanter Jurist mit hervorragendem Gespür für Schwachstellen.¹⁹⁵ Wenn *Karl-Walter Freitag* auf einer Hauptversammlung auftauche, breche den Managern der Schweiß aus.¹⁹⁶ Das Landgericht Köln habe ihm schon im Jahr 1993 beschieden, sich *„in einer Grauzone zwischen Cleverness und Kriminalität"* zu be-

---

190 Vgl. *Baums* (Fn. 6), S. 148.
191 Der Spiegel, Im Halbschatten, Heft 53/1987, 27. Dezember 1987.
192 Vgl. auch *Timm* in Timm (Fn. 5), S. 1, 10.
193 *Timm* in Timm (Fn. 5), S. 1, 9.
194 Wirtschaftswoche, Mit der Macht einer Aktie, 5. Juni 2009.
195 Wirtschaftswoche, Mit der Macht einer Aktie, 5. Juni 2009.
196 Wirtschaftswoche, Mit der Macht einer Aktie, 5. Juni 2009.

wegen.[197] Wie treffend diese Einschätzung ist, zeigt sich einerseits daran, dass *Karl-Walter Freitag* ein in der Causa Aachen Münchener Beteiligungs-AG gegen ihn eingeleitetes Strafverfahren wegen des Verdachts der Erpressung nur gegen Zahlung einer Geldauflage gemäß § 153a StPO abwenden konnte.[198] Andererseits täte man den seinerzeitigen Protagonisten um *Karl-Walter Freitag* aber eben auch Unrecht, wenn man sie als dumpfe Räuber ohne Sinn und Verstand abtäte. Immerhin wurden auch zahlreiche Grundsatzentscheidungen von Kleinaktionären, häufig den bekannten Räubern um *Karl-Walter Freitag*, erstritten,[199] sodass *„aus dem Kreis der Berufskläger"* durchaus *„ein wertvoller Beitrag zur Disziplinierung von Verwaltungen und Mehrheitsmacht sowie zu Rechtsfortbildung im Aktienrecht geleistet"* wurde.[200]

d) Teilweise absurdes Gebaren

Das grelle Scheinwerferlicht vermittelt freilich nicht nur einen klaren Blick auf die beteiligten Akteure und das von ihnen „Erreichte". Es legte auch offen, welche teilweise absurden Züge das Gebaren sowohl der Berufskläger als auch der Gesellschaften bis dato angenommen hatte. Anschaulich eingefangen wird dies in dem bereits angeführten Spiegel-Artikel aus dem Jahr 1987, der auf Aussagen des seinerzeitigen Vorstandsvorsitzenden der Kochs Adler AG Bezug nimmt:

> „Als bekannt wurde, daß Kochs Adler, eine Fabrik für Nähmaschinen, mit den ebenfalls in Bielefeld ansässigen Dürkoppwerken fusionieren wolle, seien auf der letzten Hauptversammlung im vergangenen Juni Leute aufgetreten, die früher nie dabei waren. Es waren die Aktionäre Freitag, Norbert Kind, der sein Handwerk bei einer Genossenschaftsbank im Westerwald gelernt hat, und ein Rechtsanwalt aus Baden-Baden namens Hans Götz. Alle drei legten Widerspruch gegen die geplante Fusion mit Dürkopp ein und drohten mit Klagen. Anwalt Götz handelte für seine Frau Christa, die nominell die Anteile an Kochs Adler hält.
> Die Manager von Kochs Adler ahnten, was da auf sie zukam. So versuchten sie zunächst einmal herauszubekommen, wie teuer es werden könnte, die lästigen Kläger zufriedenzustellen.
> Gleich nach der Hauptversammlung im vergangenen Juni luden sie Freitag und Kind zu einer Werksbesichtigung ein. Bei der Gelegenheit sollten auch die beiderseits interessierenden Fragen erörtert werden.

---

197 Wirtschaftswoche, Mit der Macht einer Aktie, 5. Juni 2009.
198 Vgl. *Jahn*, BB 2005, 5, 6; zu den Möglichkeiten, mit den Mitteln des Strafrechts gegen den Missbrauch des Klagerechts vorzugehen *Lüderssen* in FS Heinsius, 1991, S. 457 ff.
199 Nähere Auflistung bei *Bayer* (Fn. 42), S. 199, 203 f. mit Fn. 36.
200 *Bayer* (Fn. 42), S. 199, 203.

Drei Wochen später waren die beiden Aktionäre zur vereinbarten Besichtigung wieder in Bielefeld. Der Empfang war so, wie ihn sich Kleinanleger immer erträumen: Am Bahnhof stand ein Chauffeur mit dem Firmen-Mercedes bereit, im Werk geleitete der langjährige – inzwischen ausgeschiedene – Vorstandschef Alfred Zubler die beiden Besucher persönlich durch die neuen Produktionshallen."[201]

3. Positionierung der Rechtsprechung und Umgehungsstrategien auf Klägerseite

Anhand der Person des *Karl-Walter Freitag* sowie des vorstehend geschilderten Vorgehens lässt sich erahnen, wie herausfordernd und komplex der rechtliche Umgang mit den Berufsklägern seinerzeit gewesen ist. Das Aktiengesetz – noch auf dem Stand von 1965 – bot insoweit keine wirkliche Handhabe, um der Machenschaften der Berufskläger Herr zu werden. Der Rechtsprechung blieben nur zwei Wege: Der erste richtet sich gegen die Klage als solche und ist jener, den viele Jahre zuvor bereits das Reichsgericht vorgezeichnet hat, konkret also der Vorwurf unzulässiger Rechtsausübung. Diesen ging der BGH dann auch in der Kochs Adler-Entscheidung.[202] Der zweite Weg setzt bei der erpressten Abfindung an und führt über den Vorwurf einer verbotenen Einlagenrückgewähr und damit zu einem auf §§ 62, 57 AktG gestützten Anspruch der Gesellschaft auf Rückzahlung. Ihn beschritt die Rechtsprechung im Fall der Aachen Münchener Beteiligungs-AG.[203]

Im Zeitraum von 1980 bis 1999 soll es dann immerhin zu 18 auf einen Missbrauch des Anfechtungsrechts gestützten Klageabweisungen gekommen sein.[204] Aber auch im Zusammenspiel hatten beide Wege nicht den erhofften Befreiungsschlag zur Folge.[205] Der Weg zum Einwand des Rechtsmissbrauchs war bereits durch das Reichsgericht gespurt worden,[206] war also schon kein neuer, um das Problem missbräuchlicher Klagen nachhaltig zu lösen.[207] Er erwies sich dann jedenfalls dort als schmaler Grat, wo Berufskläger vom Kaliber eines *Karl-Walter Freitag* tatsächlich in der Lage waren, Schwachstellen anzuprangern und die

---

201 Der Spiegel, Im Halbschatten, Heft 53/1987, 27. Dezember 1987.
202 BGHZ 107, 296, 308 ff. = NJW 1989, 2689.
203 Vgl. BGH AG 1992, 317.
204 *Baums/Vogel/Tacheva*, ZIP 2000, 1649, 1655.
205 Vgl. auch *Baums* (Fn. 6), S. 148: nur scheinbares Abebben; vorrausschauend *Boujong* (Fn. 31), S. 1, 12 f.: *„Man kann sich daher der Einsicht nicht verschließen, daß mit der Zulassung des Einwands des Rechtsmißbrauchs nur in beschränktem Umfange dem oben geschilderten Unwesen der mit grob eigensüchtigen Zielen erhobenen Anfechtungsklagen entgegengewirkt werden kann."*
206 Vgl. abermals RGZ 146, 385, 394 ff.
207 Siehe schon oben unter V 3 b.

Kontrollfunktion der Anfechtungsklage daher durchaus auszufüllen vermochten.[208] Dementsprechend waren die Gesellschaften auch weiterhin gewillt, sich auf „andere Lösungen" einzulassen, als einen etwaigen Missbrauch in einem langen gerichtlichen Verfahren mit unklarem Ausgang klären zu lassen.[209] Den Weg über eine Rückforderung zu beschreiten, war demgegenüber schon deswegen ein Drahtseilakt, weil er das Eingeständnis voraussetzte, eine verbotene Zahlung geleistet zu haben.

Vor allem aber waren sowohl der Weg über den Missbrauchseinwand als auch derjenige über den Einwand verbotener Zahlung deswegen nicht hinreichend zielführend, weil sie von den Anfechtungsklägern ohne größere Hürden umgangen werden konnten, indem sie ihre Vorgehensweise an die geänderten „Rahmenbedingungen" anpassten.[210] So waren die Kläger bis dato mitunter explizit mit der Forderung eines Ausgleichs oder einer Vergütung als Gegenleistung für eine rasche Verfahrensbeendigung an die Gesellschaften herangetreten.[211] Teilweise suchten sie einen solchen Zusammenhang allenfalls oberflächlich zu kaschieren, indem sie der Gesellschaft ihre Aktien etwa zu überhöhten Preisen zum Kauf anboten[212] oder ihr Rechtsberatung zu in dem anhängigen Anfechtungsstreit auftretenden Fragen für ein überzogenes Honorar nahelegten.[213]

Mit Blick auf die ergangene Rechtsprechung gingen die Kläger fortan subtiler zu Werke.[214] So ließ sich das Risiko einer Rückforderung nach §§ 57, 62 Abs. 1 AktG dadurch minimieren, dass die Gegenleistung nicht direkt von der Gesellschaft, sondern von Dritten, etwa dem Hauptaktionär oder Tochterunternehmen der betreffenden Gesellschaft erbracht werden sollte.[215] Vor allem aber achtete man zunehmend darauf, dass ein missbräuchliches Ansinnen vor Gericht nicht beweisbar sein würde.[216] Das Abkaufen erfolgt bis heute daher zumeist im Rahmen der vergleichsweisen Vereinbarung der Kostentragungspflicht,[217] im Rahmen derer sich die Gesellschaft auch zur Tragung der außergerichtlichen Kosten des Klägers ver-

---

[208] Dementsprechend nüchtern fällt auch die Bilanz etwa bei *Boujong* (Fn. 31), S. 1, 10 f., 12 f. und *Schatz* (Fn. 19), S. 55 ff., 73 aus.
[209] Vgl. auch *Boujong* (Fn. 31), S. 1, 12.
[210] Vgl. auch *Baums* (Fn. 6), S. 148 f., 153.
[211] Näher *Baums* (Fn. 6), S. 153.
[212] *Baums* (Fn. 6), S. 153; *Diekgräf* (Fn. 186), S. 16.
[213] BGH AG 1992, 86 (Deutsche Bank); *Diekgräf* (Fn. 186), S. 16.
[214] *Baums* (Fn. 6), S. 148 f., 153.
[215] Vgl. *Diekgräf* (Fn. 186), S. 16.
[216] *Schiessl*, AG 1999, 442, 445: *"Die Anfechtungskläger sind geschickter geworden und vermeiden nachweisbare Aussagen, mit denen der Mißbrauch im Prozeß belegt werden kann."*
[217] *Baums/Keinath/Gajek*, ZIP 2007, 1629, 1645 ff.

pflichtet.²¹⁸ Zur entscheidenden Stellschraube der Entlohnung des Klägers wird dann die Bemessung des Vergleichswerts, aus dem sich die dem Kläger zu ersetzenden Kosten seines Prozessbevollmächtigten berechnen.²¹⁹ Die Streitwertdeckelung des § 247 Abs. 1 Satz 2 AktG steht dem nicht entgegen, weil die Gerichte einen von den Parteien vereinbarten Vergleichsmehrwert hier weitgehend beanstandungslos hinnehmen.²²⁰

4. Intensive Aufarbeitung und Problemanalyse im Schrifttum

Der rechtspraktische Anstieg missbräuchlicher Anfechtungsklagen sorgte für einen ähnlich explosiven Anstieg einschlägiger wissenschaftlicher Abhandlungen. Rückblickend wird von einer wahren Flut von Aufsätzen und Dissertationen gesprochen.²²¹ Augenfällig sind hierbei vor allem zwei Gesichtspunkte: Zum einen war ganz klar eine einheitliche Stoßrichtung erkennbar. Man war sich im Schrifttum weitgehend darüber einig, dass die gesetzliche Ausgangslage unbefriedigend ist, die Rechtsprechung nicht hinreichend Abhilfe leisten kann und daher zusätzliche Anstrengungen des Gesetzgebers vonnöten sind, um missbräuchliche Anfechtungsklagen zurückzudrängen. Auseinander ging das Meinungsspektrum lediglich bei der Frage, welche Maßnahmen sich empfehlen würden.

Zum anderen steckte die rechtstatsächliche Aufarbeitung der Szenerie missbräuchlicher Anfechtungsklagen trotz der intensiven Auseinandersetzung hiermit noch geraume Zeit über in den Kinderschuhen. Die ausstehende Aufarbeitung der rechtstatsächlichen Grundlagen leisteten erst die drei berühmten *Baums*-Studien, die auf die Jahre 2000, 2007 und 2011 datieren und detailliertes Anschauungsmaterial lieferten. Die erste Baums-Studie bezog sich auf den Zeitraum von 1980 bis 1999,²²² die zweite nimmt den Zeitraum von 2003 bis 2007²²³ in den Blick und die dritte widmet sich den Jahren 2007 bis 2011²²⁴.

---

218 *Baums/Keinath/Gajek*, ZIP 2007, 1629, 1645.
219 *Schatz* (Fn. 19), S. 43 f.
220 Vgl. *Schatz* (Fn. 19), S. 44; kritisch zu dieser Praxis *Baums/Keinath/Gajek*, ZIP 2007, 1629, 1646.
221 *Baums* (Fn. 6), S. 148.
222 *Baums/Vogel/Tacheva*, ZIP 2000, 1649 ff.
223 *Baums/Keinath/Gajek*, ZIP 2007, 1629.
224 *Baums/Drinhausen/Keinath*, ZIP 2011, 2329 ff.

IX. Wissenschaftlich eskortierte und schrittweise Reaktionen des Gesetzgebers

1. Einführung des Freigabeverfahrens für ausgewählte Beschlüsse

Wer – wie die Gesellschaften – darauf gehofft hatte, der Gesetzgeber würde dem scheinbar so plötzlich ausartenden Missbrauch des Anfechtungsrechts durch eine prompte und rigide Intervention ein ebenso plötzliches Ende bereiten, wurde enttäuscht. Zu sensibel war die Materie und zu vielschichtig waren die Stellungnahmen aus dem Schrifttum, zumal hier trotz der einheitlichen Stoßrichtung auch immer wieder betont wurde, welch hohen Stellenwert dem Recht des einzelnen Aktionärs, Beschlüsse der Hauptversammlung anfechten zu können, sowohl für einen subjektiven Rechtsschutz als auch für eine objektive Legalitätskontrolle zukommt.[225] Wiederholt nicht durchzusetzen vermochte sich daher insbesondere der immer wiederkehrende Vorschlag, den Preis für einen Missbrauch durch die Einführung eines Klagequorums in die Höhe zu treiben.[226] Gleiches gilt für den Vorschlag, das Anfechtungsrecht von einer Verletzung individueller Rechte abhängig zu machen.[227]

Stattdessen versuchte sich der Gesetzgeber in mehreren Anläufen punktueller Korrekturen, von denen jede für sich zwar eine gewisse Abhilfe schaffte, die dem Phänomen missbräuchlicher Klagen aber auch in der Gesamtschau am Ende nur bedingt Herr wurden. Den Auftakt machte das Gesetz zur Bereinigung des Umwandlungsrechts (UmwBerG)[228] aus dem Jahre 1994, das das Freigabeverfahren als Eilverfahren für Maßnahmen nach dem Umwandlungsgesetz sowie die Eingliederung einführte (vgl. § 16 Abs. 3 UmwG, § 319 Abs. 6 AktG).[229] Im Rahmen der Ein-

---

225 Vgl. etwa *Timm* in Timm (Fn. 5), S. 1, 29 f.
226 Siehe insoweit etwa *Boujong* (Fn. 31), S. 1, 14; *Hüffer* in FS Brandner, 1996, S. 57, 60 ff.
227 *Baums* (Fn. 6), S. 99 ff.; *Baums/Drinhausen*, ZIP 2008, 145, 149 f.; *Fiebelkorn*, Die Reform der aktienrechtlichen Beschlussmängelklagen, 2013, S. 342 ff.; zur Verbreitung des Erfordernisses einer materiellen Betroffenheit in ausländischen Rechtsordnungen und den hierbei stark variierenden Gestaltungsformen siehe zusammenfassend *Fleischer*, AG 2012, 765, 778.
228 Gesetz zur Bereinigung des Umwandlungsrechts (UmwBerG) vom 28. Oktober 1994, BGBl. 1994 I Nr. 77, S. 3210 ff.
229 Vgl. dazu RegE eines Gesetzes zur Bereinigung des Umwandlungsrechts (UmwBerG), BT-Drucks. 12/6699, S. 88 ff., 179.

führung des aktienrechtlichen Squeeze-outs[230] wurde das Freigabeverfahren dann auf diesen erstreckt (vgl. § 327e Abs. 2 AktG i.V.m. § 319 Abs. 6 AktG).[231] In der Sache knüpft das Freigabeverfahren an dem Umstand an, dass es das Gesetz bei Maßnahmen nach dem Umwandlungsgesetz, bei der Eingliederung sowie bei einem Squeeze-Out zu einer formellen Voraussetzung der Eintragung macht, dass keine fristgerecht erhobene Klage gegen den zugrundeliegenden Beschluss anhängig ist (vgl. § 16 Abs. 2 Satz 2 UmwG, § 319 Abs. 5 Satz 2 AktG, § 327e Abs. 2 AktG). Konkret zielt es dann darauf ab, diese gesetzliche Registersperre im Wege einer summarischen prozessgerichtlichen Prüfung zu überwinden, sodass der Beschluss trotz einer Anfechtungsklage in das Handelsregister eingetragen und damit wirksam werden kann.[232] Diese Eintragung ist endgültig, ist also auch bei einem späteren Erfolg des Klägers im Hauptsacheverfahren nicht rückgängig zu machen (vgl. auch § 16 Abs. 3 UmwG und § 319 Abs. 6 AktG jeweils letzter Satz). Im Gegenzug wird der Kläger auf die bloße gerichtliche Feststellung der Rechtswidrigkeit des Beschlusses sowie einen in Geld zu erstattenden Schadensersatzanspruch verwiesen (vgl. § 16 Abs. 3 letzter Satz UmwG und § 319 Abs. 6 vorletzter Satz AktG).

Den eigentlichen Ertrag des Freigabeverfahrens für die Missbrauchsbekämpfung erhoffte man sich dabei freilich weniger aus der summarischen Prüfung der Erfolgsaussichten der Anfechtungsklage, die einem Eilverfahren naturgemäß innewohnt. Weitaus mehr Geländegewinn für die Gesellschaften versprach man sich dadurch,[233] dass das Prozessgericht auch dann eine Eintragung veranlassen konnte, wenn die Anfechtungsklage voraussichtlich begründet ist, sofern „*das alsbaldige Wirksamwerden des Hauptversammlungsbeschlusses nach freier Überzeugung des Gerichts unter Berücksichtigung der Schwere der mit der Klage geltend gemachten Rechtsverletzungen zur Abwendung der vom Antragsteller dargelegten wesentlichen Nachteile für die Gesellschaft und ihre Aktionäre vorrangig erscheint.*"

---

230 Gesetz zur Regelung von öffentlichen Angeboten zum Erwerb von Wertpapieren und von Unternehmensübernahmen vom 20. Dezember 2001, BGBl. 2001 I Nr. 72, S. 3822 ff.
231 Vgl. dazu RegE eines Gesetzes zur Regelung von öffentlichen Angeboten zum Erwerb von Wertpapieren und von Unternehmensübernahmen, BT-Drucks. 14/7034, S. 73.
232 Vgl. dazu RegE UmwBerG (Fn. 229), S. 88 f.
233 Vgl. RegE UmwBerG (Fn. 229), S. 89 f.

2. Umfassende Modernisierung durch das UMAG mit ernüchternder Bilanz

a) 63. Deutscher Juristentag und Regierungskommission Corporate Governance als Vorboten

Das Freigabeverfahren wurde in der Wissenschaft sowie der Praxis seinerzeit als Schritt in die richtige Richtung gedeutet.[234] Sein Ziel, das Gewerbe der Anfechtungskläger vollständig still zu legen, verfehlte es allerdings bei Weitem.[235] Die erste Baums-Studie belegt vielmehr, dass die Zahl an Anfechtungsklagen auch in der Folgezeit hoch blieb.[236]

Gleichwohl dauerte es lange, bis der Gesetzgeber sich im Jahre 2005 entschloss, mit dem Gesetz zur Unternehmensintegrität und Modernisierung des Anfechtungsrechts (UMAG) weitere Regelungen in das Gesetz einzupflanzen.[237] Ziel war es wiederum, einerseits das mit der Anfechtungsklage einhergehende Missbrauchspotential weitergehend zu bekämpfen und andererseits die Anfechtungsklage als bedeutendes Schutzinstrument der Anteilseigner zu bewahren.[238]

Vorboten waren die Debatte auf dem 63. Deutschen Juristentag sowie die Arbeit der Regierungskommission Corporate Governance, die im Jahr 2000 eingesetzt wurde.[239] Auch insoweit war es ganz vorrangig *Theodor Baums*, der die Debatte nicht nur durch seine erste rechtstatsächliche Studie[240], sondern auch durch das Hauptgutachten zum Juristentag[241] sowie den Vorsitz der Kommission[242] mitprägte.

---

234 Vgl. *Mathieu* (Fn. 6), S. 70; *Schindler/Witzel*, NZG 2001, 577, 581: Freigabeverfahren hat sich in der Praxis bewährt; *Schiessl*, AG 1999, 442, 445: durchaus hilfreicher Mechanismus.
235 Vgl. auch *Mathieu* (Fn. 6), S. 70.
236 *Baums/Vogel/Tacheva*, ZIP 2000, 1649, 1650.
237 Gesetz zur Unternehmensintegrität und Modernisierung des Anfechtungsrechts (UMAG), BGBl I Nr. 60, S. 2802 ff.
238 Begr. RegE des Gesetzes zur Unternehmensintegrität und Modernisierung des Anfechtungsrechts (UMAG), BT-Drucks. 15/5092, S. 1 f., 10.
239 Vgl. Begr. RegE UMAG (Fn. 238), S. 29: „*Die Einführung des Freigabeverfahrens mit Bestandssicherung entspricht dem Grundanliegen der Regierungskommission Corporate Governance und des 63. Deutschen Juristentages, missbräuchliche Ausübungen des Anfechtungsrechtes zu Lasten der Gesellschaft zu beschränken.*"
240 *Baums/Vogel/Tacheva*, ZIP 2000, 1649.
241 *Baums* (Fn. 6): „*Empfiehlt sich eine Neuregelung des aktienrechtlichen Anfechtungs- und Organhaftungsrechts, insbesondere der Klagemöglichkeiten der Aktionäre?*"
242 Vgl. insoweit *Mathieu* (Fn. 6), S. 70.

b) Bündel von Maßnahmen

Inhaltlich knüpfte das Gesetz zur Unternehmensintegrität und Modernisierung des Anfechtungsrechts (UMAG) für die Missbrauchsbekämpfung zunächst dort an, wo der Gesetzgeber zuletzt aufgehört hat, indem es das Freigabeverfahren auf Konstellationen mit einer bloß faktischen Registersperre ausweitete. Anders als von der Regierungskommission angeregt,[243] erfolgte diese Ausweitung aber keineswegs flächendeckend, sondern blieb auf die anfechtungsträchtigen Kapitalmaßnahmen und Unternehmensverträge begrenzt (vgl. § 246a Abs. 1 AktG 2005).

Um zu verhindern, dass Aktien gezielt mit Blick auf anstehende Beschlussfassungen erworben werden, griff der Gesetzgeber ferner den Gedanken einer „Mindestbesitzzeit" auf. Dabei ließ er Augenmaß walten: Er knüpfte die Anfechtungsbefugnis entgegen früherer Erwägungen nicht an eine Besitzzeit von mehreren Monaten, sondern modifizierte § 245 Nr. 1 und Nr. 3 AktG dahin, dass „nur" derjenige Aktionär anfechten darf, der seine Anteile vor Bekanntmachung der Tagesordnung erworben hat.[244] Hierdurch vermied er den Kollateralschaden, dass ein neu hinzutretender Aktionär mit für ihn negativen Beschlussvorschlägen konfrontiert wird und sich gegen die gefassten Beschlüsse dann nicht durch Anfechtungsklage zu Wehr setzen kann.[245] Zudem passte der Gesetzgeber das Recht zur Nebenintervention insofern an das Klagerecht an, als sich ein Aktionär an einer Beschlussmängelklage nur noch binnen eines Monats nach deren Bekanntmachung beteiligen kann.[246] Auch wurde geregelt, dass börsennotierte Gesellschaften die Beendigung des Anfechtungsverfahrens und alle damit in Zusammenhang stehenden Abreden sowie Leistungen im elektronischen Bundesanzeiger veröffentlichen müssen, um ein heimliches Abkaufen der Klage vorbei an den §§ 57, 62 AktG zu verhindern (§ 248a Satz 1 und 2 i.V.m. § 149 Abs. 2, 3 AktG).[247]

Abgesehen von diesen allgemeinen Maßnahmen widmete sich der Gesetzgeber dem Rede- und Fragerecht. Da dieses häufig instrumentalisiert wurde, um Verfahrensfehler zu provozieren,[248] ermächtigte er den Versammlungsleiter, dieses in der Hauptversammlung zu begrenzen (§ 131 Abs. 2 Satz 2 AktG). Vor allem aber

---

243 Unterrichtung durch die Bundesregierung, Bericht der Regierungskommission „Corporate Governance", BT-Drucks. 14/7515, S. 78 Rn. 153.
244 Vgl. Begr. RegE UMAG (Fn. 238), S. 26 f.
245 Vgl. Begr. RegE UMAG (Fn. 238), S. 26; vgl. insofern auch schon den Bericht der Regierungskommission Corporate Governance (Fn. 243), S. 76 Rn. 146.
246 Begr. RegE UMAG (Fn. 238), S. 27; zur Problematik dieser Gleichstellung siehe *Holle* (Fn. 2), § 34 VI 2 b (im Erscheinen).
247 Begr. RegE UMAG (Fn. 238), S. 24.
248 Begr. RegE UMAG (Fn. 238), S. 17.

ergänzte der Gesetzgeber § 243 Abs. 4 AktG um einen Satz 2, der nunmehr vorgab, dass eine Anfechtungsklage nicht „*auf unrichtige, unvollständige oder unzureichende Informationen in der Hauptversammlung über die Ermittlung, Höhe oder Angemessenheit von Ausgleich, Abfindung, Zuzahlung oder über sonstige Kompensationen*" gestützt werden kann, „*wenn das Gesetz für Bewertungsrügen ein Spruchverfahren vorsieht.*" Hiermit folgte der Gesetzgeber einer Linie, die der Bundesgerichtshof im Falle der Verletzung von Informationspflichten im Zusammenhang mit formwechselnden Umwandlungen bereits vorgezeichnet hatte.[249] Ihr Ziel ist es, den Bestand eines Beschlusses gegen Informationspflichtverletzungen immun zu machen, wenn diese sich auf Fragen beziehen, für deren Aufklärung ein Spruchverfahren gesetzlich vorgesehen ist.[250]

c) Verheerende Bilanz als Grund anhaltenden Drangs zu Verschärfungen

Obgleich das Gesetz zur Unternehmensintegrität und Modernisierung des Anfechtungsrechts an vielen Stellen Anpassungen vorgenommen hatte, die zusätzlichen Schutz gegen missbräuchliche Anfechtungsklagen versprachen, blieb der erwartete Erfolg weiterhin aus.[251] Die zweite Baums-Studie aus dem Jahre 2007 zog eine ganz und gar ernüchternde Bilanz: Die Zahl der Anfechtungsklagen war im Vergleich zu dem Zeitraum vor der Reform auf ein neues Rekordhoch angewachsen.[252] Auch die Zahl der in der Studie als Berufskläger definierten Personen war im Vergleich zum Jahr 2000 von unter zehn auf über 40 Personen angestiegen.[253]

Dass das Thema weiterhin unter den Nägeln brannte, kam nicht zuletzt dadurch zum Ausdruck, dass es ohne Zutun der Programmverantwortlichen zum Gegenstand intensiver Diskussionen auf dem 67. Deutschen Juristentag in Erfurt wurde, der sich eigentlich mit der Frage beschäftigte, ob „*sich besondere Regeln für börsennotierte und für nicht börsennotierte Gesellschaften*" empfehlen.[254] Ein paar Aktienrechtler – so liest man es in einem Bericht in der FAZ – sollen gar kurz entschlossen ihre Zahnbürste eingepackt haben und in den Zug nach Erfurt gesprungen sein, nachdem sich herumgesprochen hatte, dass dort wider Erwarten

---

249 Begr. RegE UMAG (Fn. 238), S. 26.
250 Vgl. auch Begr. RegE UMAG (Fn. 238), S. 26.
251 Vgl. auch *Bayer* (Fn. 42), S. 199, 205.
252 *Baums/Keinath/Gajek*, ZIP 2007, 1629, 1633 f.
253 *Baums/Keinath/Gajek*, ZIP 2007, 1629, 1650.
254 Einen Überblick über seine Empfehlungen gibt der Gutachter *Walter Bayer* in NJW 2008, Beilage zu Heft 21, S. 21 ff.

intensiv über das Thema räuberische Aktionäre debattiert werde.[255] Essenz dieser Diskussionen war zunächst die altbekannte Forderung, ein Mindestquorum einzuführen.[256] Ferner sollten Anfechtungsklagen eine Registereintragung fortan nur blockieren, wenn ein Gericht die Registersperre anordnet (umgekehrtes Freigabeverfahren)[257] und das „Freigabeverfahren" sollte durch eine beschleunigte Eintragungsfreigabe im Hauptsacheverfahren ersetzt werden (Zwischenverfahren)[258]. Obendrein fand der Vorschlag Zustimmung, eine erstinstanzliche Zuständigkeit der Oberlandesgerichte in Beschlussmängelstreitigkeiten zu schaffen, um die Verfahren insgesamt zu beschleunigen.[259]

3. Nachschärfungen durch das ARUG mit durschlagendem Erfolg

a) Beschleunigung des Freigabeverfahrens

Der Gesetzgeber zeigte sich von diesen weitreichenden Anregungen wenig beeindruckt und nahm die im Jahr 2009 anstehende Umsetzung der Aktionärsrechterichtlinie (ARUG)[260] lediglich zum Anlass für weitaus kleinteiliger anmutende Nachschärfungen, die sich auf das Freigabeverfahren beschränkten und dessen grundsätzliche Konzeption auch nicht antasteten.[261] Insoweit griff er dann aber zumindest die Anregung auf, das Verfahren durch eine Verkürzung des Instanzenzugs zu beschleunigen, und normierte eine erst- und letztinstanzliche Zuständigkeit der Oberlandesgerichte (vgl. § 246a Abs. 1 Satz 3, Abs. 3 Satz 1 und 4 AktG, § 319 Abs. 6 Satz 7 bis 9 AktG, § 327e Abs. 2 AktG, § 16 Abs. 3 Satz 7 bis 9 UmwG).[262]

---

255 *Jahn*, Überraschendes Quorum, FAZ vom 30.09.2008.
256 Beschluss 15 der Abteilung Wirtschaftsrecht des 67. Deutschen Juristentages 2008, abgedruckt in ZIP 2008, 1896.
257 Beschluss 16 b der Abteilung Wirtschaftsrecht des 67. Deutschen Juristentages 2008, abgedruckt in ZIP 2008, 1896.
258 Beschluss 16 c der Abteilung Wirtschaftsrecht des 67. Deutschen Juristentages 2008, abgedruckt in ZIP 2008, 1896.
259 Beschluss 17 der Abteilung Wirtschaftsrecht des 67. Deutschen Juristentages 2008, abgedruckt in ZIP 2008, 1896.
260 Gesetz zur Umsetzung der Aktionärsrechterichtlinie (ARUG) vom 30. Juli 2009, BGBl I Nr. 50, S. 2479 ff.
261 In der Literatur ist bisweilen von einem „*minimalinvasiven Eingriff*" zu lesen, vgl. *Waclawik*, ZIP 2008, 1141, 1148.
262 Vgl. Beschlussempfehlung des Rechtsausschusses zum Gesetz zur Umsetzung der Aktionärsrechterichtlinie (ARUG), BT-Drucks. 16/13098, S. 41.

Zugleich ordnete er an, dass sich eine Prozessvollmacht im Hauptsacheverfahren automatisch auch auf das Freigabeverfahren bezieht (§§ 246a Abs. 1 Satz 2, § 319 Abs. 6 Satz 2 AktG, 327e Abs. 2 AktG, § 16 Abs. 3 Satz 2 UmwG jeweils i.V.m. §§ 82, 83 Abs. 1, 84 ZPO), um der Unsitte zu begegnen, die Zustellungen im Freigabeverfahren dadurch gezielt in die Länge zu ziehen, dass Auslandsadressen angegeben werden.[263] Ferner erlaubte es der neue § 246 Abs. 3 Satz 5 AktG der Gesellschaft, eine eingereichte Klage unmittelbar nach Ablauf der einmonatigen Anfechtungsfrist und damit gegebenenfalls vor deren Zustellung einzusehen (vgl. § 299 ZPO), sodass die Gesellschaft einen Freigabeantrag unabhängig von einer rechtzeitigen und vollständigen Einzahlung der Gerichtskosten durch die Kläger vorbereiten kann.[264]

b) Neujustierung der Abwägungsentscheidung

Weniger kleinteilig wirkt, dass der Gesetzgeber die Forderung nach einem Mindestquorum zumindest für das Freigabeverfahren aufgegriffen hat. Tatsächlich konnte sich der Gesetzgeber jedoch nur zu einem „Bagatellquorum" durchringen. So kann auf Antrag der Gesellschaft nunmehr zwar schon dann ein Freigabebeschluss ergehen, wenn der Aktionär nicht binnen einer Woche nach Zustellung des Freigabeantrags nachweist, dass er seit Bekanntmachung der Einberufung einen anteiligen Betrag von mindestens 1000 Euro hält (§§ 246a Abs. 2 Nr. 2 AktG, 319 Abs. 6 Satz 3 Nr. 2, 327e Abs. 2 AktG, § 16 Abs. 3 Satz 3 Nr. 2 UmwG). Wie der Gesetzgeber aber selbst zugestand, taugt ein solches Minimalquorum wohl vorwiegend nur dazu, das Anhängen von minimal bestückten Trittbrettfahrern ohne eigenständigen Vortrag an fremde Klagen zu erschweren.[265]

Auf den ersten Blick fast gar nur kosmetischer Natur schien dann die Klarstellung[266], die der Gesetzgeber an der Interessenabwägungsklausel der §§ 246a Abs. 2 Nr. 3, 319 Abs. 6 Satz 3 Nr. 3, 327e Abs. 2 AktG, § 16 Abs. 3 Satz 3 Nr. 3 UmwG vorgenommen hat. Die bisherige Vorgabe, wonach das Gericht eine Eintragung veranlassen konnte, wenn *„das alsbaldige Wirksamwerden des Hauptversammlungsbeschlusses nach freier Überzeugung des Gerichts unter Berücksichtigung der Schwere der mit der Klage geltend gemachten Rechtsverletzungen zur Abwendung*

---

263 Begr. RegE eines Gesetzes zur Umsetzung der Aktionärsrechterichtlinie (ARUG), BT-Drucks. 16/11642, S. 40f., 43, 44.
264 Begr. RegE ARUG (Fn. 263), S. 41.
265 Begr. RegE ARUG (Fn. 263), S. 41f., 43, 44; Beschlussempfehlung des Rechtsausschusses ARUG (Fn. 262), S. 41.
266 Begr. RegE ARUG (Fn. 263), S. 41, 43, 44; Beschlussempfehlung des Rechtsausschusses ARUG (Fn. 262), S. 42.

der vom Antragsteller dargelegten wesentlichen Nachteile für die Gesellschaft und ihre Aktionäre vorrangig erscheint", wurde nur geringfügig umsortiert. Fortan hat eine Freigabe zu ergehen, wenn *„das alsbaldige Wirksamwerden des Hauptversammlungsbeschlusses vorrangig erscheint, weil die vom Antragsteller dargelegten wesentlichen Nachteile für die Gesellschaft und ihre Aktionäre nach freier Überzeugung des Gerichts die Nachteile für den Antragsgegner überwiegen, es sei denn, es liegt eine besondere Schwere des Rechtsverstoßes vor."*

c) Satzumbau mit großen Folgen

Es war diese scheinbar nur kosmetische Änderung, die hauptverantwortlich dafür sein dürfte, dass die dritte Baums-Studie aus dem Jahre 2011 eine signifikante Abnahme von Anfechtungsklagen sowie von Freigabeverfahren und damit eine Umkehrung des bis zum Jahre 2009 bestehenden Trends auszumachen vermochte.[267] Der neue Gesetzeswortlaut erlaubt es dem Gericht nunmehr nämlich, ausschließlich das Bestandsinteresse der Gesellschaft an dem Beschluss zu dem Aufhebungsinteresse des Klägers in ein wirtschaftliches Verhältnis zu setzen (Verhältnismäßigkeitsprüfung).[268] Die mit der Klage geltend gemachte Rechtsverletzung spielt nur noch als *„letzte Rechtsschutzmöglichkeit"*[269] insofern eine Rolle, als sie eine Abwägung bei besonders schweren Rechtsverstößen ausschließt. Folge hiervon ist, dass jedenfalls der Aktionär mit geringer Beteiligung im Freigabeverfahren in steter Regel unterliegen wird, sofern nicht ausnahmsweise ein besonders schwerer Rechtsverstoß gegeben ist. Denn im Rahmen einer Abwägung seiner wirtschaftlichen Interessen gegen die wirtschaftlichen Interessen der Gesellschaft kann er sich schwerlich behaupten.[270]

Theodor Baums und seine Mitautoren sahen allerdings nicht nur Licht, sondern auch Schatten. Ihren positiven Befund empfanden sie dadurch getrübt, dass der *„Anteil der von ‚Berufsklägern' erhobenen Klagen und Nebeninterventionen gleich geblieben"* sei, „wobei sich die Anzahl der Personen in dieser Gruppe der Berufskläger nochmals vergrößert" habe.[271] Diese rechtstatsächliche Studienlage wurde

---

267 *Baums/Drinhausen/Keinath*, ZIP 2011, 2329, 2331 f.
268 Vgl. auch Begr. RegE ARUG (Fn. 263), S. 41, 43, 44; Beschlussempfehlung des Rechtsausschusses ARUG (Fn. 262), S. 42.
269 Beschlussempfehlung des Rechtsausschusses ARUG (Fn. 262), S. 42.
270 So explizit dann auch Beschlussempfehlung des Rechtsausschusses ARUG (Fn. 262), S. 42; vgl. auch Begr. RegE ARUG (Fn. 263), S. 41, 43, 44.
271 *Baums/Drinhausen/Keinath*, ZIP 2011, 2329, 2336.

zwei Jahre später dann allerdings von gewichtiger Seite in Zweifel gezogen.[272] *Walter Bayer* und *Thomas Hoffmann* sind bereits der Einschätzung entgegengetreten, dass die bloße „*Zahl der Berufskläger*" eine geeignete Evaluations- und Argumentationsgröße für die rechtspolitische Diskussion darstellt.[273] Darüber hinaus haben sie aufgezeigt, dass die Angaben zur Größe und Aktivität der Berufsklägergruppe in der dritten Baums-Studie in mehrfacher Hinsicht zu hoch angesetzt wurden.[274] Insgesamt kamen *Walter Bayer* und *Thomas Hoffmann* für das Jahr 2013 daher zu dem Befund, dass die Berufskläger weit weniger aktiv als noch vor Inkrafttreten des ARUG seien und die Eindämmung der Berufskläger daher „*jedenfalls weitgehend erfolgreich gewesen*" sei.[275] Dieser Befund deckt sich dann auch mit dem Eindruck, dass das Wehklagen über missbräuchliche Anfechtungsklagen vonseiten der Unternehmenspraxis merklich leiser geworden ist. Es hat den Anschein, als könne die Unternehmenspraxis mit der derzeitigen Rechtslage „*ganz gut leben*".[276]

4. Und dann auch noch das Finanzamt

Dort, wo das Gesetz zur Umsetzung der Aktionärsrechterichtlinie den räuberischen Anfechtungsklägern noch Raum für ihr Handwerk lässt, dürften diese sich zudem zunehmend mit dem Finanzamt konfrontiert sehen. Seit dem Jahr 2010 finden sich jedenfalls Entscheidungen, die sich auch der steuerrechtlichen Seite des Geschäftsmodells „Berufskläger" annehmen und zu Feststellungen gelangen, die nun auch den Klägern rechtsmissbräuchlicher Anfechtungsklagen einen gewissen „Lästigkeitswert" bescheren:[277] Das Geschäftsmodell, sich Anfechtungsklagen abkaufen zu lassen, führe zu Einkünften im Sinne des § 22 Nr. 3 EStG und unterliege daher der Einkommenssteuer.[278] Obendrein sei der Berufskläger als Unternehmer im Sinne des § 2 Abs. 1 UStG zu qualifizieren, der eine sonstige Leistung gemäß § 3 Abs. 9 UStG erbringe.[279] In der Literatur ist ferner eine Einordnung als Gewerbetreibender in Betracht gezogen worden: „*Je eindeutiger der räuberische Aktionär in der Rolle des ‚Berufsklägers' aufgeht, um so näher könnte es liegen, ihn (...) steuerlich*

---

272 *Bayer/Hoffmann*, ZIP 2013, 1193 ff.
273 *Bayer/Hoffmann*, ZIP 2013, 1193, 1194.
274 *Bayer/Hoffmann*, ZIP 2013, 1193, 1194 ff.
275 *Bayer/Hoffmann*, ZIP 2013, 1193, 1200 ff., 1204.
276 Diskussionsbeitrag von *Walter Bayer* zitiert nach *Harnos* in Fleischer/Koch/Kropff/Lutter, 50 Jahre Aktiengesetz, 2016, S. 223, 229.
277 FG Berlin-Brandenburg AG 2011, 387 f.; FG Köln NZG 2015, 1403 ff.
278 FG Köln NZG 2015, 1403 ff.
279 FG Berlin-Brandenburg AG 2011, 387 f.; FG Köln NZG 2015, 1403, 1406 f.

als Gewerbetreibenden zu qualifizieren mit der weitergehenden Folge auch der Gewerbesteuerpflicht der von ihm erzielten Einkünfte."[280]

Es ist wohl zu weitgehend, zu behaupten, eine Besteuerung könne am Ende gar effektiver sein als Strafe oder Schadensersatz.[281] Und doch gehört fortan in jede Beschreibung des Geschäftsmodells Berufskläger der Disclaimer *„dass die Konflikterledigung unerwünschte Steuerfolgen materiell-rechtlicher Art – Steuer(nach)belastungen – sowie verfahrensrechtlicher Art – Steuerprüfungen, Einsatz der Steuerfahndung – auslösen kann."*[282]

X. Perfektion als neue Stoßrichtung

1. Blick auf die Dogmatik

a) Wissenschaftliches Wehklagen

Der mit dem Gesetz zur Umsetzung der Aktionärsrechterichtlinie (ARUG) eingeleitete Rückgang missbräuchlicher Klagen legt die Vermutung nahe, dass die Debatte über missbräuchliche Anfechtungsklagen nunmehr merklich abklang. Tatsächlich wurde die Debatte trotz der sich ändernden rechtstatsächlichen Ausgangslage jedoch mit nahezu gleicher Intensität fortgeführt. Die Erklärung hierfür kann nicht darin gefunden werden, dass es nunmehr das andere Lager war, das Missstände zu beklagen hatte und die Debatte hierdurch weiter befeuerte. Der Gruppe der passionierten Berufskläger fehlt hierfür seit jeher die Lobby und auch der Umstand, dass von Seiten „neutraler Aktionärsschützer" oder der Wissenschaft mitunter bemängelt wurde, dass der Gesetzgeber das Rad zu Lasten der Kleinaktionäre überdreht habe,[283] vermochte die Debatte für sich genommen nicht mit nahezu ungebremster Vehemenz am Laufen zu halten.

Aufschluss über den eigentlichen Grund hierfür bringt die weitere Lektüre des Beitrags von *Walter Bayer* und *Thomas Hoffmann*. Trotz ihres positiven rechtstatsächlichen Befundes sahen auch diese nämlich *„– vor allem aus systematischen Erwägungen – noch Bedarf für eine weitere und umfassende Reform des Beschluss-*

---

280 *Olgemöller*, AG 2011, 547 f.
281 So erwägend aber *Olgemöller*, AG 2011, 547, 548.
282 *Olgemöller*, AG 2011, 547, 548.
283 Vgl. etwa *Zöllner* in Festschrift H.P. Westermann, 2008, S. 1631, 1641 ff., der bereits die weniger zu Lasten von Aktionären ausfallende Abwägungsvariante des Freigabeverfahrens aus dem Jahre 2005 als *„legislatives Unrecht"* (S. 1647) brandmarkt.

*mängelrechts."*²⁸⁴ Stoßrichtung der gegenwärtigen Debatte ist also weniger das Streben nach funktionierenden Rechtssätzen, sondern vielmehr das Streben nach einer auch in dogmatischer Hinsicht als vollkommen empfundenen Lösung. „*Statt in momentane Dramatik zu verfallen, sollten Wissenschaft, Praxis und Gesetzgeber vielmehr die Gelegenheit ergreifen, mit Bedacht und Besonnenheit ein in sich geschlossenes und konzeptionell stringentes System des Beschlussmängelrechts zu etablieren.*"²⁸⁵

b) Fehlende Konsistenz des bestehenden Rechtsrahmens

Die sich im gegenwärtigen Stadium der Debatte entladende Kritik am bestehenden Rechtsrahmen kommt nicht überraschend. Bereits im Jahr 2008 hatte eine Arbeitsgruppe die fehlende Konsistenz des Freigabeverfahrens reklamiert.[286] Sie störte sich daran, dass es die Anfechtungsbefugnis als solche unberührt lasse, im Bereich besonders wichtiger Entscheidungen das Anfechtungsrecht im Ergebnis dann aber doch faktisch ausschließe.[287] Aus dogmatischer Sicht vorzugswürdig sei insofern „*eine offene Diskussion über die inhaltliche Beschränkung des Anfechtungsrechts*".[288]

Auch andere Stimmen aus der rechtswissenschaftlichen Literatur erachten das Beschlussmängelrecht der Aktiengesellschaft deswegen als „*inkonsistent*", weil der materiell-rechtliche Aktionärsschutz und das prozessuale Rechtsschutzverfahren „*nicht mehr parallel*" laufen.[289] Das Freigabeverfahren sei überschießend, weil es über die zielgerichtete Bekämpfung der Berufskläger auch bei Mehrheits-Minderheitskonflikten zwischen „Paketaktionären" zur Anwendung gelange und nicht sichergestellt sei, dass die Gerichte hier zurückhaltender judizierten.[290] Gegebenenfalls sei es selbst einem Kläger, der mit 5 oder gar 25 Prozent an der Gesellschaft beteiligt sei, kaum möglich, die derzeit vorgesehene Abwägung des Bestandsinteresses der Gesellschaft gegen sein Aufhebungsinteresse für sich zu entscheiden und

---

284 *Bayer/Hoffmann*, ZIP 2013, 1193.
285 *Bayer/Hoffmann*, ZIP 2013, 1193, 1204.
286 Arbeitskreis Beschlussmängelrecht, AG 2008, 617. Dem Arbeitskreis Beschlussmängelrecht gehörten an: *Volker Butzke, Mathias Habersack, Peter Hemeling, Roger Kiem, Peter O. Mülbert, Ulrich Noack, Carsten Schäfer, Eberhard Stilz* und *Jochen Vetter.*
287 Arbeitskreis Beschlussmängelrecht, AG 2008, 617, 619.
288 Arbeitskreis Beschlussmängelrecht, AG 2008, 617, 619.
289 *Bayer/Fiebelkorn*, ZIP 2012, 2181, 2183; vgl. auch *Bayer* (Fn. 42), S. 199, 205 f.
290 *Bayer/Fiebelkorn*, ZIP 2012, 2181, 2183; siehe auch *Bayer* (Fn. 42), S. 199, 206.

damit den Vollzug des Beschlusses zu verhindern.[291] Insgesamt sei es eine Folge der Entwicklungen, dass das Beschlussmängelrecht mittlerweile zu sehr „auf die Perspektive der Aktivitäten der Berufskläger verengt" sei.[292] Auch insoweit bestünden dann aber noch Lücken, als bei Nicht-Strukturbeschlüssen nach wie vor jeder Aktionär gegen vermeintlich rechtswidrige Beschlüsse klagen könne, sodass sich etwa bei der Wahl des Aufsichtsrats und des Abschlussprüfers ein Betätigungsfeld für Berufskläger eröffne.[293]

2. Von ewigen Wiedergängern zu neuen Ufern

a) Repression und Quorum in altem und neuem Gewand

Die derzeitige Diskussion ist geprägt von Altem und Neuem. Vielfach bauen die Vorschläge, die zur Reform des Beschlussmängelrechts und zum Umgang mit missbräuchlichen Anfechtungsklagen präsentiert werden, auf Ansätzen auf, die sich schon früh in der Debatte herausgebildet haben. Dabei können die Reformer wegen der bewegten Gesetzesgeschichte auf einen großen Pool praxiserprobter Ansätze rekurrieren.

Zumindest im Rennen halten konnte sich hier bislang unter anderem der bis zum AktG 1965 stetig ausgebaute Repressionsansatz, der darauf abzielt, die Kläger durch Ersatzansprüche für Verzögerungsschäden der Gesellschaft von der Klage abzuschrecken.[294] Erhabenheit verleiht ihm sein „legislativer Wiedererkennungswert" sowie ein Blick in andere Rechtsordnungen, wo eine Prävention durch Repression entweder als Haftung für Vorsatz und grobe Fahrlässigkeit oder im Rahmen des einstweiligen Rechtsschutzes begegnet.[295] In seiner Stoßrichtung durchaus ähnlich liegt ein ebenfalls auslandserprobter[296] Ansatz, der am gesetzlich geregelten Freigabeverfahren andockt, dieses aber insofern „umkehrt", als fortan der Kläger die Aussetzung der Eintragung beantragen soll. Die Ähnlichkeit dieses Ansatzes zum Repressionsansatz rührt daher, dass ein solches „umgekehrtes Freigabeverfahren" nur dann zusätzlich Wirkungen verspricht, wenn die Initiativlast des

---

291 *Noack*, NZG 2008, 441, 446; aufgreifend *Koch* (Fn. 2), S. 28 f.
292 *Bayer/Fiebelkorn*, ZIP 2012, 2181, 2183.
293 *Bayer* (Fn. 42), S. 199, 206.
294 Hierfür etwa *Klaus-Peter Martens/Sebastian A.E.Martens*, AG 2009, 173, 174, 176 ff.; *Poelzig*, DStR 2009, 1151, 1153 f.
295 Siehe eingehender *Fleischer*, AG 2012, 765, 766, 773, 775.
296 Siehe auch insofern *Fleischer*, AG 2012, 765, 771, 772 f., 774.

Klägers mit einer Schadensersatzhaftung einhergeht.[297] Eine Prävention durch Repression schreckt allerdings auch redliche Kläger ab, was ein Grund dafür sein dürfte, dass sowohl der Gedanke einer Ersatzpflicht sowie derjenige einer Umkehrung des Freigabeverfahrens in der gegenwärtigen Debatte eine eher untergeordnete Rolle einnehmen.[298]

Als „*ewiger Wiedergänger*"[299] weitaus präsenter ist in der Debatte nach wie vor der Wunsch, ein Mindestquorum einzuführen.[300] Mit dieser Überlegung kehrte die Diskussion konzeptionell immer wieder bis ganz zu den Anfängen des Anfechtungsrechts zurück, indem sie das einst gerichtlich erschaffene und später vom Gesetzgeber kodifizierte individuelle Recht jedes Aktionärs zur Beschlussanfechtung in Frage stellt.[301] Dabei hat sich allerdings nicht nur der argumentative Hintergrund im Laufe der Zeit gewandelt, sondern auch die Stoßrichtung eines solchen Quorums. Während es zunächst eher ein allgemeines Unbehagen war, jedem einzelnen, noch so geringfügig beteiligten Aktionär eine so starke Position innerhalb der Gesellschaft einzuräumen und ein Quorum daher das Recht zur Anfechtung beschneiden sollte,[302] stützt sich die gegenwärtige – von *Walter Bayer* angeführte – Argumentation auf *„Erfahrungen und empirische Erkenntnisse aus über 100 Jahren Aktienrechtsgeschichte"*, die zeigten, dass Kleinaktionäre zur Legalitätskontrolle durch Beschlusskassation weder gewillt noch in der Lage seien und zielt dementsprechend (lediglich) darauf ab, sie auf einen bloßen Schutz ihres Vermögens zu verweisen.[303] Das einst so hoch gehandelte Anfechtungsquorum mutiert durch diesen „Leitbildwandel" zu einem weniger invasiven Kassationsquorum, wie es schon derzeit im Freigabeverfahren enthalten ist.[304]

---

297 Vgl. auch *Koch* (Fn. 2), S. 18: Ohne Haftungskonsequenzen spricht wenig dafür, mit diesem Modell zu experimentieren.
298 Eingehendere ablehnende Auseinandersetzung mit beiden Ansätzen zuletzt bei *Koch* (Fn. 2), S. 17 ff.
299 *Koch* (Fn. 126), § 245 Rn. 33.
300 Vgl. etwa *Bayer* (Fn. 42), S. 199, 207 f.; *Bayer/Fiebelkorn*, ZIP 2012, 2181, 2185 f.; *Bayer/Hoffmann/Sawada*, ZIP 2012, 897, 910 f.; *Bayer/Möller*, NZG 2018, 801, 803 ff.; *Grigoleit*, AG 2018, 645, 651 ff.
301 Siehe auch *Bayer/Fiebelkorn*, ZIP 2012, 2181, 2185 f. und *Bayer/Möller*, NZG 2018, 801, 803 ff.: „Die Forderung nach einem Mindestquorum für die Anfechtungsbefugnis ist so alt wie das Aktienrecht".
302 Siehe hierzu die oben unter V 2 a angeführten zeitgenössischen Zitate und deren Ausdeutung unter V 2 b.
303 *Bayer* (Fn. 42), S. 199, 207 f.; *Bayer/Fiebelkorn*, ZIP 2012, 2181, 2185 f.; *Bayer/Hoffmann/Sawada*, ZIP 2012, 897, 910 f.; *Bayer/Möller*, NZG 2018, 801, 804 f.
304 Für ein Anfechtungsquorum aber weiterhin *Grigoleit*, AG 2018, 645, 652 f.

b) Flexibilisierung der Rechtsfolgen begründeter Beschlussanfechtung

Zu neuen Ufern bewegt sich die Debatte mit Ansätzen, die die Anfechtbarkeit als solche neu definieren möchten. Auf den Punkt gebracht hat diese Überlegungen der Arbeitskreis Beschlussmängelrecht.[305] Er plädiert dafür, die Anfechtbarkeit, so wie sie bislang verstanden wird – nämlich als rückwirkende Vernichtung des Beschlusses im Wege einer kassatorischen Klage – auf besonders schwere Mängel zu begrenzen. Bei minderschweren Mängeln will der Arbeitskreis dem Prozessgericht stattdessen neben der Feststellung der Rechtswidrigkeit flexible Rechtsfolgen bereitstellen, die den Bestand des Beschlusses zwar nicht berühren, den Beschlussfehler aber anderweitig sanktionieren.[306] Hierzu zählt er etwa die Aufhebung der Beschlusswirkungen für die Zukunft, ein Rügegeld und die Anordnung der Veröffentlichung.[307] Hinter all dem steht letztlich die Überlegung, dass eine Beschlusskassation mit den an sie gegebenenfalls geknüpften schwerwiegenden Folgen für die Gesellschaft sowie ihrer vorauseilenden Blockadewirkung bei geringfügigen und insbesondere formellen Beschlussfehlern mitunter überschießend sein kann.

c) Differenzierung zwischen kläger- und klagebezogenen Mechanismen im Rahmen einer Verhältnismäßigkeitsprüfung als neueste Errungenschaft

Wie ertragreich die Debatte noch immer ist, zeigt sich daran, dass erst in den unmittelbar zurückliegenden Jahren im Rahmen einer neuerlichen Befassung des Juristentags mit dem Beschlussmängelrecht eine grundsätzliche Standortbestimmung gelungen ist, an der „*sich die weitere Diskussion um Einschränkungen der Möglichkeit, Beschlussmängel geltend zu machen, vorbehaltlos orientieren*" dürfte und sollte.[308] Konkret ist vom Gutachter *Jens Koch* herausgearbeitet worden, dass sowohl die Forderung nach einem Kassationsquorum als auch das Abstellen auf eine Folgenabwägung und die Schwere des Verstoßes das Ergebnis einer Verhältnismäßigkeitsprüfung sind,[309] diese Ansätze aber unterschiedlichen konzeptionel-

---

305 Arbeitskreis Beschlussmängelrecht, AG 2008, 617, 618, 619, 621 ff.
306 Arbeitskreis Beschlussmängelrecht, AG 2008, 617, 618, 619, 621 ff.; in diese Richtung ferner etwa *Koch* (Fn. 2), S. 37 ff.; monographisch zuletzt *Buchs*, Flexibilisierung der Beschlussmängelfolgen, 2020, passim.
307 Arbeitskreis Beschlussmängelrecht, AG 2008, 617, 618, 619, 621 ff.
308 *Mülbert*, NJW 2018, 2771, 2772.
309 *Koch* (Fn. 2), S. 20 ff.

len Ursprüngen folgen[310] und als solche wiederum zwar nicht miteinander vermengt, wohl aber hintereinander geschaltet werden können:[311]

Ein Quorumansatz richtet das Augenmerk auf den Kläger und empfindet es als unverhältnismäßig, dass die Rechtsfolge Beschlusskassation oder gar – so im Falle eines Anfechtungsquorums – überhaupt eine Rechtsfolge von dem konkreten Kläger ausgelöst werden kann.[312] Diese Unverhältnismäßigkeit muss dann allerdings nicht zwangsläufig aus der Unterschreitung einer gewissen Anteilsschwelle herrühren, sondern kann auch auf sonstigen Umständen aus der Sphäre des Klägers beruhen. Sie kann also etwa auch darin begründet liegen, dass der Kläger nicht materiell durch den Beschluss betroffen ist, ihm Missbrauchsabsicht zu unterstellen ist oder seine individuellen Nachteile nicht hinreichend gewichtig sind.[313] Das Abstellen auf eine Folgenabwägung und die Schwere des Verstoßes lenkt das Augenmerk demgegenüber auf die Klage und fragt, ob der Beschluss bei objektiver Betrachtung Bestand haben sollte.[314] Die Person des Klägers, seine Beteiligungshöhe, seine Betroffenheit, seine Motive, sowie seine individuellen Nachteile können insoweit keine Rolle spielen.[315]

Klägerbezogene Verhältnismäßigkeitsprüfung und klagebezogene Verhältnismäßigkeitsprüfung können miteinander kombiniert werden.[316] Geschieht dies jedoch dahingehend, dass beide Prüfungen nicht nur hintereinander zur Anwendung gebracht, sondern derart miteinander vermengt werden, dass auch im Rahmen der Folgenabwägung allein auf die subjektiven Belange des Klägers abgestellt wird, errichtet man für nahezu jeden Kläger durch die Hintertür eine Hürde, die für ihn kaum überwindbar ist, weil er mit seinen subjektiven Beeinträchtigungen selten gegen die objektiven Beeinträchtigungen auf Seiten der Gesellschaft ankommen können wird.[317] § 246a Abs. 2 AktG tut genau dies: Die Vorschrift sieht im Rahmen der Freigabeentscheidung nicht nur ein marginales Quorum vor (§ 246a Abs. 2 Nr. 2 AktG), sondern richtet auch die Folgenabwägung an den subjektiven Belangen des Klägers aus, indem allein dessen Interessen den Nachteilen für die Gesellschaft und ihre Aktionäre gegenübergestellt werden, sofern keine besondere Schwere des Rechtsverstoßes gegeben ist (§ 246a Abs. 2 Nr. 3 AktG). Die gegenwärtige Rechtslage lässt damit nicht nur den materiell-rechtlichen Aktionärsschutz und das prozes-

---

310 *Koch* (Fn. 2), S. 23 f.
311 *Koch* (Fn. 2), S. 30 ff.
312 *Koch* (Fn. 2), S. 24.
313 *Koch* (Fn. 2), S. 24.
314 *Koch* (Fn. 2), S. 24.
315 *Koch* (Fn. 2), S. 24.
316 Siehe dann auch *Koch* (Fn. 2), S. 30 ff.
317 Vgl. *Koch* (Fn. 2), S. 27 ff.

suale Rechtsschutzverfahren auseinanderklaffen. Sie beschneidet die Aktionärsrechte auch insofern durch die Hintertür, als sie im Rahmen des Freigabeverfahrens neben der ausdrücklichen Quorumvorgabe eine weitaus höhere faktische Hürde errichtet, wonach das individuelle Interesse des einzelnen Aktionärs das Gesellschaftsinteresse überwiegen muss.[318] Der 72. Deutsche Juristentag hat dies als unbefriedigend empfunden und auch vor diesem Hintergrund mit großer Mehrheit eine grundlegende Reform des aktienrechtlichen Beschlussmängelrechts angemahnt.[319]

XI. Fazit und Ausblick

1. Fortschritt durch Austesten in Permanenz

In der Gesamtschau steht die Debatte über missbräuchliche Anfechtungsklagen für ein ständiges Austesten in Form eines Herauf- und eines Herabsetzens der Hürden für eine Anfechtungsklage: Es begann in der aktienrechtlichen Frühzeit mit der bedingungslosen Anerkennung eines Anfechtungsrechts eines jeden Aktionärs. Im Rahmen der Aktienrechtsnovelle 1884 trat dann zunächst ein ausgesprochen argwöhnischer Gesetzgeber auf den Plan, der die von ihm errichteten Hürden aber bereits im Zuge der Neuverabschiedung des HGB im Jahre 1897 wieder absenkte. Die Gesetzgeber von 1937 und 1965 setzten dieses Auf und Ab fort, bis sich in Reaktion auf die große Missbrauchswelle der 1980er Jahre ein zwar behutsames, dafür aber umso stetigeres Heraufsetzen der Hürden einstellte, das bislang einer Gegenbewegung harrt.

Bei einem solchen Debattenverlauf gelangt man zu einem zweischneidigen Fazit. Einerseits finden sich entlang der Debattengeschichte immer wieder gröbere Fehltritte, sei es, dass man die Rechte der Aktionäre über Gebühr beschränkte, sei es, dass man einem Missbrauch zu viel Raum ließ. Mit der Kostenregelung des AktG 1937 und dem Freigabeverfahren in seiner derzeitigen Ausprägung waren und sind Regelungen gängig, die kleinere Aktionäre von der Anfechtung beziehungsweise der Rechtsfolge Beschlusskassation de facto ausschließen und damit auf eine verkappte und diffuse Quorumvorgabe hinauslaufen. In die entgegengesetzte Richtung geirrlichtert ist vor allem der Reformgesetzgeber des Jahres 1965. Ihm kann man zwar

---

318 Vgl. abermals *Koch* (Fn. 2), S. 28 ff.
319 Eingehende Nachlese bei *Koch* in FS E. Vetter, 2019, S. 317 ff.

keine vollkommene Blindheit, aber doch eine gehörige Naivität attestieren.[320] Auch wenn bei einer rückschauenden Einschätzung Vorsicht geboten ist, kommt man hier nicht um die Feststellung umhin, dass der Gesetzgeber von 1965 die seit jeher bestehende Anreizsituation für Berufskläger ausgeblendet und nahezu sämtliche Lehren aus der weiter zurückliegenden Vergangenheit missachtet hat, als er die Hürden für einen Missbrauch nahezu ebenerdig gesetzt hat und die Tore für einen Missbrauch sogar noch weiter aufstieß, indem er die Anfechtungsmöglichkeiten ausbaute und den Zugang zur Aktiengesellschaft erleichterte. Hierdurch ist beträchtlicher Schaden im System zur Eindämmung missbräuchlicher Klagen angerichtet worden, der in der Folgezeit in mühevoller Kleinarbeit wieder behoben werden musste. Mittlerweile scheint das Blatt zur anderen Seite hin überreizt, weil selbst Aktionäre, die in größerem (unternehmerischem) Umfang an der Gesellschaft beteiligt sind, eine Beschlusskassation bei Beschlüssen, die unter das Freigabeverfahren fallen, kaum mehr erreichen können. Vor allem aber wird das geltende System von der Wissenschaft als dogmatisch wenig konsistent gescholten.

Andererseits waren es dann aber gerade dieses ständige Ringen um die Ausrichtung der Hürden und deren rechtspraktisches Austesten in Permanenz, die der Debatte einen hohen Reifegrad und dem deutschen Recht eine im internationalen Vergleich hervorstechende rechtstatsächliche und rechtsdogmatische Durchdringung der Thematik beschert haben. Die Debattengeschichte lehrt, dass es sich ausländische Rechtsordnungen teilweise arg einfach machen, wenn sie meinen, der Problematik kurzerhand dadurch Herr geworden zu sein, dass sie ein individuelles Recht zur Beschlussanfechtung nur restriktiv anerkennen, einer Klage konstant hohe Hürden setzen oder einen Missbrauch scharf sanktionieren.[321] Denn sie zeugt nicht nur davon, wie komplex und vielschichtig das Problem ist, sondern lehrt auch, wie mannigfaltig zwar die Ansätze zu seiner Lösung sind, wie oft diese aber eben auch unter- oder übersteuern können beziehungsweise zumindest dogmatisch wenig stringent sind. Für das deutsche Recht obliegt es nun primär der Wissenschaft, die zutreffenden Schlüsse aus der Debattengeschichte zu ziehen und dem Gesetzgeber Reformvorschläge zu präsentieren, die die Hürden zum einen möglichst ideal setzen und zum anderen dogmatisch stringent sind.

---

320 Vgl. auch *Bayer* (Fn. 42), S. 199, 204 f.: Problematik der räuberischen Aktionäre „*massiv unterschätzt*", „*eklatante Fehleinschätzung des Gesetzgebers*".
321 Rechtsvergleichender Überblick bei *Fleischer*, AG 2012, 765 ff.

2. Open End statt Happy End

Der weitere Debattenverlauf lässt sich kaum prognostizieren. Den einen Ausweg, der allen beteiligten Interessen umfassend Rechnung trägt, den kann es bei dieser Debatte – so viel ist sicher – jedenfalls nicht geben.[322] Denn schlussendlich befindet sich der Gesetzgeber hier – so hat es *Wolfgang Zöllner* einst zutreffend festgestellt – schlicht in einem Dilemma:[323] Einerseits ist ein individuelles Recht zur Beschlussanfechtung wünschenswert, um die Interessen der Gesellschafter und die gesellschaftsrechtliche Ordnung aufrecht zu erhalten. Andererseits bietet die Natur der Aktiengesellschaft als „offene Kapitalsammelstelle" aber eben auch Anreiz dafür, dieses Instrument zum eigenen Vorteil zu missbrauchen.

Gerade dieses Dilemma dürfte sicherstellen, dass die Debatte weiterhin und immer wieder aufs Neue in ihren Bann zieht. Dass sich wie im Ausland eine Lösung einfindet, die Ruhe einkehren lässt, ist wenig wahrscheinlich. Zu viel ist hierzulande schon über den besten Ausweg gerungen worden und dementsprechend zu tief ist man schon in der Materie verstrickt. Und wie tiefgründig beinahe bodenlos die Materie ist, belegt der Umstand, dass es auch nach bereits über 100 Jahren andauernder Debattengeschichte noch immer gelingt, die Debatte dogmatisch auf neue Ebenen zu heben.

---

322 *Zöllner*, AG 2000, 145, 147.
323 *Zöllner*, AG 2000, 145, 147.

Dörte Poelzig

§ 17 Organhaftung – Ein ständiges Ringen zwischen Verschärfung und Begrenzung

I. Einleitung —— 673
II. Entwicklung der Organhaftung —— 675
   1. Gesetzesentwicklung —— 675
      a) Vom Code de Commerce über das ADHGB zum AktG —— 675
      b) Jüngere Reformen —— 678
   2. Praktische Bedeutung —— 679
      a) Phase der Deutschland AG: Ende des 19. Jahrhunderts —— 679
      b) Auflösung der Deutschland AG —— 680
III. Debatte um Vorstandshaftung im Wandel der Zeit —— 681
   1. Beginn der Debatte —— 682
   2. Pendel zwischen Haftungsbegrenzung und -ausweitung —— 682
      a) Haftungsbegrenzung durch unternehmerisches Ermessen —— 682
      b) Haftungsausweitung durch Effektuierung der Durchsetzung und Außenhaftung —— 683
         aa) Effektuierung der Durchsetzung —— 684
         bb) Organaußenhaftung —— 685
      c) Haftungsbegrenzung durch Haftungsbeschränkung —— 687
         aa) Haftungsbeschränkung bei Legalitätspflichtverletzungen —— 687
         bb) Haftungsbeschränkung zum Schutz vor existenzgefährdenden Risiken —— 688
      d) Zwischenstand —— 689
   3. Impulsgeber —— 690
      1. Akteure —— 690
      2. Methoden —— 692
         a) Rechtsvergleichung —— 692
         b) Rechtsökonomie —— 693
      3. Zwischenfazit —— 693
IV. (Kein) Ende der Debatte —— 694
   1. Nachhaltigkeit —— 694
   2. Digitalisierung —— 695
   3. Globalisierung —— 696
V. Fazit und Perspektiven —— 697

Anmerkung: Dr. iur. Dörte Poelzig ist Universitätsprofessorin an der Universität Hamburg. Alle zitierten Internetquellen wurden zuletzt abgerufen am 22.5.2024.

https://doi.org/10.1515/9783111395586-019

I. Einleitung

Die Organhaftung[1] gehört heute zu den Lieblingsthemen im gesellschaftsrechtlichen Schrifttum.[2] Die Zahl an Monographien, Kommentierungen und Aufsätzen zu diesem Thema ist inzwischen unüberschaubar.[3] Aber das war nicht immer der Fall. Dass die Debatte um die Organhaftung erst in der jüngeren Vergangenheit nahezu explodiert ist, wird besonders anschaulich, wenn man die Entwicklung der Kommentierungen zur Vorstandshaftung gem. § 93 AktG im Laufe der Zeit betrachtet. Während im Großkommentar zum AktG die 50 Jahre alte Kommentierung von *Wolfgang Schilling* 75 Randnummern umfasste und lediglich wenige Eintragungen im Literaturverzeichnis enthielt, ist die Kommentierung von *Klaus Hopt* und *Markus Roth* in der aktuellen Auflage auf mehr als 700 Randnummern angewachsen und verfügt über ein Literaturverzeichnis von mehr als 14 Seiten. Andere Kommentare haben eine vergleichbare Entwicklung erlebt: Der Umfang der aktuellen Auflage des Handkommentars zum AktG von *Jens Koch* aus dem Jahr 2023 ist fünfmal so groß wie die erste Auflage von *Uwe Hüffer* 30 Jahre zuvor. Die Vorstandshaftung hat damit in der wissenschaftlichen Debatte eine eindrucksvolle Entwicklung erlebt. Dabei stand und steht nicht das Ob der Vorstandshaftung im Streit, sondern das Wie. Dass sich Vorstände für Pflichtverletzungen zivilrechtlich verantworten müssen, war bereits früh vor der Kodifikation mit der Zweiten Aktienrechtsnovelle im ADHGB anerkannt. Damals und heute gibt es aber ein ständiges Ringen um die einzelnen Voraussetzungen und Rechtsfolgen der Organhaftung. Wie ein Pendel bewegt sich die Diskussion zwischen der Ausweitung der Haftung und der Stärkung ihrer Durchsetzung auf der einen Seite und der Begrenzung der Haftung auf der anderen Seite hin und her. Doch woher kommen die maßgeblichen Anstöße und wer sind die zentralen Impulsgeber in diesem Pendel der Debatte um die richtige Ausgestaltung der Organhaftung?

Nach einem kurzen Blick auf die gesetzliche und praktische Entwicklung der Organhaftung (B.) soll zunächst die Pendelbewegung der Debatte zwischen Haftungsausweitung und -begrenzung nachgezeichnet und die maßgeblichen Impulsgeber identifiziert (C.) sowie aktuelle Impulse beleuchtet werden (D.).

---

1 Da sich die Organhaftung von Aufsichtsräten gem. § 116 S. 1 AktG und von Geschäftsführern gem. § 43 Abs. 2 GmbHG vielfach an der Vorstandshaftung orientiert, soll im Folgenden vor allem die Vorstandshaftung gem. § 93 Abs. 2 AktG im Mittelpunkt stehen.
2 *Fleischer*, JZ 2023, 365, 367.
3 S. etwa nur das Literaturverzeichnis bei *Fleischer*, in BeckOGK, Stand: 01.02.2024, § 93 AktG.

II. Entwicklung der Organhaftung

1. Gesetzesentwicklung

a) Vom Code de Commerce über das ADHGB zum AktG

Die Geschichte der Organhaftung beginnt mit dem Code de Commerce von 1807, der für die Organpflichten und -haftung der Verwalter der societe anonyme (AG) zunächst auf das Auftragsrecht verwies.[4] Demnach hatte der Vorstand für Pflichtverstöße verschuldensabhängig einzustehen. Erste spezielle Regelungen zur Haftung der Geschäftsleitung wurden in das Allgemeine Deutsche Handelsgesetzbuch von 1861 aufgenommen.[5] So sah Art. 241 Abs. 2 ADHGB 1861 eine gesamtschuldnerische Haftung der Vorstandsmitglieder für Pflichtverletzungen vor.[6] Diese Haftungsregeln wurden mit der zweiten großen Aktienrechtsnovelle 1884 verschärft. Anlass hierfür waren die „bei der Gründung, der Verwaltung und dem geschäftlichen Betriebe von Actienunternehmen hervorgetretenen Uebelstände" und das Bedürfnis nach den „geeignetsten Mitteln zur Abhülfe derselben".[7] Nach dem Übergang vom Konzessions- zum Normativsystem kam es mit Blick auf die verstärkte Eigenkontrolle der Gesellschaft nicht selten vor, dass Vorstand und Aufsichtsrat die Gesellschaft und ihre Aktionäre gezielt übervorteilten. Dafür wurden nicht zuletzt auch die „unzureichende Sanktionierung von Pflichtverstößen" verantwortlich gemacht.[8] Daher wurde die Aktionärsminderheit gesetzlich ermächtigt, die Gesellschaft zur Durchsetzung von Organhaftungsansprüchen in bestimmten

---

[4] S. Abdruck in *Bösselmann*, Die Entwicklung des deutschen Aktienwesens im 19. Jahrhundert, Anhang 4.

[5] Hierzu *Hahn*, Commentar zum Allgemeinen Deutschen Handelsgesetzbuch, 1. Bd. zum 1.–3. Buch, 1863, S. 457 ff.

[6] „Mitglieder des Vorstandes, welche außer den Grenzen ihres Auftrages, oder den Vorschriften dieses Titels oder des Gesellschaftsvertrages entgegen handeln, haften persönlich und solidarisch für den dadurch entstandenen Schaden. Dies gilt insbesondere, wenn sie der Bestimmung des Artikels 217. entgegen an die Aktionaire Dividenden oder Zinsen zahlen, oder wenn sie zu einer Zeit noch Zahlungen leisten, in welchen ihnen die Zahlungsunfähigkeit der Gesellschaft hätte bekannt sein müssen.". In den Protokollen war von einer Vorstandshaftung indes noch keine Rede (*Lutz*, Protokolle der Commission zur Berathung eines Allgemeinen Deutschen Handelsgesetzbuches, 1858, S. 357 ff.).

[7] Gutachten des Reichs-Oberhandelsgerichts von 1877, abgedruckt in *Schubert/Hommelhoff*, Hundert Jahre modernes Aktienrecht – ZGR Sonderheft 4, S. S. 157, 159.

[8] *Hommelhoff*, in Schubert/Hommelhoff, Hundert Jahre modernes Aktienrecht – ZGR Sonderheft 4, S. S. 53, 86.

Fällen zu zwingen. Da auch der Aufsichtsrat seine Überwachungsaufgabe nur unzureichend erfüllte,[9] wurde zudem die Haftung der Aufsichtsratsmitglieder erstmals – wie noch heute – durch Verweis auf die Vorstandshaftung kodifiziert, um die Kontrollfunktion des Aufsichtsrats zu stärken.[10] Die Kodifikation sollte allerdings lediglich der Klarstellung dienen, da man davon ausging, dass die Haftung des Aufsichtsrats bis dato bereits auf auftragsrechtlicher Grundlage allgemein anerkannt war.[11]

Die Verantwortlichkeiten der Unternehmensleitung rückten erneut in den Blickpunkt mit der Weltwirtschaftskrise Ende der 1920er Jahre, die nicht zuletzt auch durch Aktienskandale und spektakuläre Unternehmenszusammenbrüche geprägt war.[12] Das Aktienwesen war infolge des Krieges und der Inflation aus den Fugen geraten und Missstände wurden offenbar. Angesichts der umfassenden Folgen für das Wirtschaftsleben musste in kürzester Zeit reagiert werden, was der Gesetzgeber u. a. mit der Notverordnung vom 19. September 1931 tat. Da die Notverordnung als Reaktion auf die in der Zeit der Weltwirtschaftskrise bekannt gewordenen Missstände in einzelnen Unternehmen gedacht war, wurden darin u. a. auch die für Organmitglieder geltenden Haftungs- und Strafvorschriften verschärft. So wurde insbesondere der Mehrheit der Aktionäre in § 268 HGB aF das Recht eingeräumt, auf Beachtung der gesetzlichen Organpflichten zu klagen. Der einzelne Aktionär konnte indes nur die strafrechtliche Verantwortlichkeit des Vorstands gem. §§ 312, 314 HGB aF geltend machen.

Da die Notverordnung die Lage naturgemäß nur vorübergehend beruhigen konnte, wurde die nach wie vor ausstehende Reform mit dem AktG 1937 vollzogen. Die Aktienrechtsreform 1937 war freilich erheblich durch die nationalsozialistische Ideologie geprägt;[13] die alliierte Kontrollbehörde ließ die Inhalte des AktG 1937 aber unbeanstandet.[14] Mit der Aktienrechtsnovelle 1937 sollte der Vorstand in seiner

---

9 Gutachten des Reichs-Oberhandelsgerichts von 1877, abgedruckt in *Schubert/Hommelhoff*, Hundert Jahre modernes Aktienrecht – ZGR Sonderheft 4, S. 208, 224.
10 S. bereits den Vorschlag von *Achenbach*, in Schubert, Vom Konzessions- zum Normativsystem, Stellungnahmen zur Aktienrechtsnovelle von 1870 und Reformvorschläge (1873/74), S. 194, 205.
11 Begründung des Entwurfs eines Gesetzes, betreffend die Kommanditgesellschaften auf Aktien und die Aktiengesellschaften vom 7. März 1884 (Aktenstück Nr. 21). Teil 2; abgedruckt in *Schubert/ Hommelhoff*, Hundert Jahre modernes Aktienrecht – ZGR Sonderheft 4, S. 447, 456: „eine gesetzliche Deklaration, nicht [...] eine sachliche Neuerung".
12 *Hommelhoff*, in Schubert/Hommelhoff, Hundert Jahre modernes Aktienrecht – ZGR Sonderheft 4, S. 71, 73 mit Verweis auf *Düringer/Hachenburg*, HGB, III. Band l. Teil, 3. Aufl. 1934, Einl., Anm. 32 ff., 43 ff.; *Schlegelberger/Quassowski/Schmölder*, VO über Aktienrecht, 1932, Vorwort.
13 So wurde die Unternehmensleitung neben dem Wohl der Gesellschaft und ihrer Gesellschafter auch auf das „Volkswohl" und damit auf externe Interessen verpflichtet.
14 Begründung zum AktG 1965, abgedruckt in *Kropff*, AktG, 1965, S. 13.

bereits mit der Notverordnung gestärkten Rolle weiter als oberstes Leitungsorgan ausgebaut werden. Um das im Publikum erschütterte Vertrauen zu den Aktiengesellschaften und zu den Unternehmensleitungen wiederherzustellen, wurde der Inhalt der Vorstandsverantwortlichkeit konkretisiert.[15] Außerdem wurde die Vorstandshaftung gegenüber Gläubigern weiter ausgebaut.

Zugleich wurde das Verschuldensprinzip kodifiziert, um zu verhindern, dass dem Vorstand durch die Androhung persönlicher finanzieller Konsequenzen „jeder Mut zur Tat"[16] bei geschäftspolitischen Entscheidungen genommen wird. Außerdem wurde in § 84 Abs. 2 S. 2 AktG 1937 (heute § 93 Abs. 2 S. 2 AktG) erstmals die Beweislastumkehr zur Sorgfaltspflichtverletzung in den Gesetzestext aufgenommen.[17] Dies hatte allerdings nur klarstellende Bedeutung, denn bereits zuvor entsprach es der ständigen Rechtsprechung, dass der Vorstand die Beweislast für die Beachtung der Sorgfalt eines ordentlichen und gewissenhaften Geschäftsleiters trägt.[18] Nachdem die Rechtsprechung die Beweislastumkehr schon früh aus dem auftragsähnlichen Verhältnis ableitete und zunächst mit der größeren Beweisnähe des Vorstands[19] und später dann mit dessen Rechenschaftspflicht begründete,[20] hielt der Gesetzgeber trotz entsprechender Forderungen[21] eine Kodifikation lange Zeit für

---

15 *Hommelhoff*, in Schubert/Hommelhoff, Hundert Jahre modernes Aktienrecht – ZGR Sonderheft 4, S. 71, 73 mit Verweis auf *Düringer/Hachenburg*, HGB, III. Band 1. Teil, 3. Aufl. 1934, Einl., Anm. 32 ff., 43 ff.; *Klausing*, Gesetz über Aktiengesellschaft (1937), S. 42; *Schlegelberger/Quassowski/Schmölder*, VO über Aktienrecht, 1932, Vorwort.
16 So die Amtliche Begründung zu § 84 AktG 1937, abgedruckt in *Klausing*, Gesetz über Aktiengesellschaft (1937), S. 71.
17 Näher hierzu *Danninger*, Organhaftung und Beweislast, 2020, S. 21 ff. S. bereits in den Verhandlungen zum AktG 1884 in Allgemeine Begründung zum Entwurf eines Gesetzes, betreffend die Kommanditgesellschaften auf Aktien und die Aktiengesellschaften vom 7. März 1884 (Aktenstück Nr. 21). Teil 2, abgedruckt in *Schubert/Hommelhoff*, Hundert Jahre modernes Aktienrecht – ZGR Sonderheft 4, S. 462.
18 S. bereits OAG Lübeck, Urt. v. 8.9.1845, Sammlung Hamburg Rspr. Bd. I, 446, 457 f. Sodann auch ROHGE 6, 215, 216 ff.; ROHGE 8, 31; ROHGE 10, 187; ROHGE 11, 146; ROHGE 11, 403; ROHGE 19, 211, 214.
19 OAG Lübeck, 8.9.1845, Sammlung Hamburg Rspr. Bd. I, 446, 457. So auch RGZ 20, 269; BGHZ 152, 280, 293.
20 Erstmals das Reichsoberhandelsgericht in ROHGE 6, 215, 216 ff.; ROHGE 8, 31; ROHGE 10, 187; ROHGE 11, 146; ROHGE 11, 403; ROHGE 19, 211, 214.
21 S. etwa Gutachten des Reichs-Oberhandelsgerichts von 1877, abgedruckt in *Schubert/Hommelhoff*, Hundert Jahre modernes Aktienrecht – ZGR Sonderheft 4, S. 157, 219. Später stellte *Levin Goldschmidt* in den Beratungen zum AktG 1884 den Antrag, die Beweislast auf die Organmitglieder kraft Gesetzes durch folgende Regelung zu übertragen: „Sie haben die Anwendung dieser Sorgfalt zu beweisen." (Verhandlungen der Aktienrechtskommission, 10. Sitzung v. 4.4.1882, abgedruckt in *Schubert/Hommelhoff*, Hundert Jahre modernes Aktienrecht – ZGR Sonderheft 4, S. 356). Im Schrifttum wurde die Regelungsbedürftigkeit jedoch vor allem von *Heinrich Wiener* bezweifelt, da die Beweislastumkehr „richtiger Auffassung des schon geltenden Rechts und den natürlichen Lebensverhältnissen" ent-

entbehrlich und verzichtete auf eine gesetzliche Regelung der Beweislastverteilung.[22] Dass die Beweislastumkehr schließlich doch Eingang in die Reformüberlegungen zum AktG 1937 fand, lässt sich wohl darauf zurückführen, dass sie hier als Kompromiss zwischen „einer erweiterten Haftung des Vorstandes"[23] durch Einführung einer Erfolgshaftung einerseits und der Beibehaltung als Verschuldenshaftung andererseits diente. Die Kodifikation präsentierte sich damit als ausgleichender „Mittelweg".[24] § 84 AktG 1937 wurde weitgehend unverändert in § 93 AktG 1965 übernommen und nur der Umfang der Verschwiegenheitspflicht wurde präzisiert. Das AktG 1965 hatte im Übrigen für die Regelung zur Sorgfaltspflicht und Organhaftung keine große Änderung bewirkt.

b) Jüngere Reformen

Das Aktiengesetz im Allgemeinen und die Organhaftung im Besonderen blieben seitdem zunächst lange Zeit unverändert. Erst als der BGH in der ARAG/Garmenbeck-Entscheidung im Jahr 1997 die Business Judgment Rule erstmals ausdrücklich anerkannt und einen Safe Harbour bei Handeln auf angemessener Informationsgrundlage in gutem Glauben geschaffen hatte,[25] entschloss sich der Gesetzgeber, mit dem KonTraG 1998 ein Gegengewicht zu setzen und führte das Recht der Minderheitsaktionäre ein, die Gesellschaft zur Durchsetzung der Organhaftungsansprüche zu zwingen. Hierdurch sollte der Druck auf die primär zur Rechtsdurchsetzung zuständigen Organe verstärkt werden, ohne dass damit aber zugleich „zu erhöhter Bürokratie, Verrechtlichung der Handlungsabläufe, geringerer unternehmerischer Entscheidungsfreude und zu Absicherungsstrategien" beizutragen.[26] Im Jahr 2004 präsentierte der Gesetzgeber als Antwort auf Missmanagement und Unternehmenszusammenbrüche am Neuen Markt während der Jahrtausendwende einen Entwurf für ein Kapitalmarktinformationshaftungsgesetz, das speziell für fehlerhafte Kapitalmarktinformationen im Interesse des Anlegerschutzes erstmals eine

---

spricht (*Wiener*, Der Aktiengesetz-Entwurf, 1884, S. 98). Eine Regelung der Beweislastumkehr fand schließlich keinen Eingang in die endgültige Fassung des AktG 1884 (s. Art. 226, 241 AktG 1884, abgedruckt in *Schubert/Hommelhoff*, Hundert Jahre modernes Aktienrecht – ZGR Sonderheft 4, S. 560, 595, 599 f.).

22 Ausführlich hierzu *Danninger*, Organhaftung und Beweislast, 2020, S. 27.
23 Siehe die Einleitung des Vorsitzenden *Kißkalt*, abgedruckt in Schubert (Hrsg.), Akademie für Deutsches Recht, Bd I Ausschuß für Aktienrecht, 1986, S. 139.
24 Siehe die Einleitung des Vorsitzenden *Kißkalt*, abgedruckt in Schubert (Hrsg.), Akademie für Deutsches Recht, Bd I Ausschuß für Aktienrecht, 1986, S. 139.
25 BGHZ 135, 244.
26 RegBegr. KonTraG BT Drucks. 13/9712, S. 21.

Organaußenhaftung gegenüber geschädigten Anlegern vorsah.[27] Nach lautstarker Kritik vor allem aus der Anwaltschaft[28] wurde der bereits weit gediehene Entwurf allerdings wieder zurückgezogen.[29]

Ein Jahr später kam der Gesetzgeber dann im Rahmen des UMAG 2005 der vielfach – etwa auch auf dem 63. Deutschen Juristentag 2000 – geäußerten Forderung nach, die durch den BGH einige Jahre zuvor in ARAG-Garmenbeck anerkannte Business Judgment Rule zu kodifizieren.[30] Zugleich aber verschärfte der Gesetzgeber wiederum als Gegengewicht zur Entschärfung der Organhaftung auf materieller Ebene die Durchsetzung der Organhaftung, indem er die Aktionärsklage in § 148 AktG einführte.[31]

Vorläufig letztmalig nahm der Gesetzgeber die Finanzkrise 2008 zum Anlass, um die Organhaftung noch einmal zu verschärfen: Mit dem VorstAG von 2009 wurde der obligatorische Selbstbehalt bei Abschluss einer D&O-Versicherung in § 93 Abs. 2 S. 3 AktG vorgeschrieben und mit dem Restrukturierungsgesetz die Verjährungsfristen für die Organhaftung verlängert.[32] Insgesamt aber bleibt festzuhalten, dass die gesetzliche Regelung der Organhaftung weit über 100 Jahre seit seiner Kodifikation im ADHGB und später im AktG vergleichsweise stabil geblieben ist. Es waren vor allem Skandale sowie Krisen und der damit verbundene öffentliche Druck, die den Gesetzgeber zum Tätigwerden und Gesetzesänderungen veranlasst haben.

2. Praktische Bedeutung

a) Phase der Deutschland AG: Ende des 19. Jahrhunderts

Obgleich wie gesehen das Recht der Organhaftung weit zurückreicht, fristete es lange Zeit bis Mitte der 1990er Jahre sowohl in der rechtswissenschaftlichen Wahrnehmung als auch in der Rechtspraxis ein Schattendasein[33] und galt als totes

---

27 Abgedruckt in NZG 2004, 1042.
28 Siehe vor allem DAV-Handelsrechtsausschuss NZG 2004, 1099.
29 S. BGHZ 192, 90 Rn. 17.
30 RegBegr. UMAG BT Drucks. 15/5092, S. 11.
31 RegBegr. UMAG BT Drucks. 15/5092, S. 22 f.
32 Gesetz zur Restrukturierung und geordneten Abwicklung von Kreditinstituten, zur Errichtung eines Restrukturierungsfonds für Kreditinstitute und zur Verlängerung der Verjährungsfrist der aktienrechtlichen Organhaftung (Restrukturierungsgesetz) vom 9.12.2010 (BGBl. I 2010, 1900).
33 Vgl. *Wiedemann*, Gesellschaftsrecht, Bd. I, 1980, § 11 III 2 a, S. 624; *von Werder*, DB 1987, 2265; *O. Lange*, D&O-Versicherung und Managerhaftung, 1. Aufl., 2014, § 1 Rn. 47; *Paetzmann*, ZVersWiss 2008, 177, 181.

Recht.[34] Ursächlich hierfür war auch die sog. Deutschland AG, die gegen Ende des 19. Jahrhunderts parallel zur Entwicklung der großen Aktiengesellschaften und zum Managerkapitalismus entstand. Die Deutschland AG war dadurch gekennzeichnet, dass sich die deutschen Aktiengesellschaften fest in den Händen von Großaktionären befanden und dadurch enge wechselseitige Verflechtungen zwischen den größten Unternehmen in Deutschland bestanden.[35] Das enge Beziehungsgeflecht verpflichtete zu Wohlverhalten und beeinträchtigte dadurch die Kontrollintensität des Aufsichtsrats.[36] Streckenweise wurde im Schrifttum konstatiert, dass es seinerzeit schlichtweg nicht zum gesellschaftlichen Leitbild gehörte, seine eigenen Manager zu verklagen.[37] Dem Aufsichtsrat wurde eine „Beißhemmung" bei der tatsächlichen Durchsetzung von Ersatzansprüchen attestiert.[38] Die Organhaftung spielte daher in der Praxis keine große Rolle.

b) Auflösung der Deutschland AG

Das sollte sich mit Beginn der 1990er Jahre ändern: Unter dem Druck der Kapitalmärkte veränderte sich die Eigentümerstruktur in deutschen Aktiengesellschaften.[39] An die Stelle anderer deutscher Unternehmen als typische Anteilseigner sind institutionelle, nicht selten ausländische Investoren getreten, die die Mehrheit der Anteile an vielen großen Aktiengesellschaften halten und an der Maximierung ihrer Rendite interessiert sind. Mit dem Ende der Deutschland AG und der Internationalisierung des Aktionärskreises veränderte sich auch die personelle Zusammensetzung der Aufsichtsräte in den Gesellschaften.[40] Zudem führten der Zusammenbruch des Neuen Marktes, die Finanzmarktkrise und zahlreiche Korruptionsfälle aus jüngerer Zeit zu einem Bewusstseinswandel in der öffentlichen Wahrneh-

---

34 *Wiedemann*, Gesellschaftsrecht, Bd. I, 1980, § 11 III 2 a, S. 624: „Die Haftungsvorschriften verkörpern kein ‚lebendes' Recht, da Haftungsklagen in Großunternehmen und Publikumsgesellschaften in der Bundesrepublik nicht erhoben werden.". Vgl. etwa *Adams*, AG-Sonderheft 1997, 9, 10; *Baums*, Gutachten F zum 63. DJT 2000, F 246 ff.; *Lutter*, JZ 1998, 50, 52.
35 Dazu näher z. B. *Schwetzler/Sperling*, AG 2008, R 468 ff.; siehe auch *Adams*, AG 1994, 148 ff.; *Assmann*, GK AktG, 4. Aufl. 1992, Einl. Rn. 322; *Lutter*, ZHR 159 (1995), 287, 301.
36 *E. Vetter*, in Fleischer/Koch/Kropff/Lutter, 50 Jahre Aktiengesetz, 2015, S. 103, 105.
37 *Thümmel*, Persönliche Haftung von Managern und Aufsichtsräten, 2016, Rn. 453.
38 *Ulmer*, in FS Canaris II, 2007 S., 451; ähnlich bereits *Peltzer*, WM 1981, 346, 348 f.: „Bisssperre".
39 *Andres/Betzer/van den Bongard*, Kredit und Kapital 2011, S. 185 ff.
40 *E. Vetter*, in Fleischer/Koch/Kropff/Lutter, 50 Jahre Aktiengesetz, 2015, S. 103, 106.

mung.⁴¹ Die Öffentlichkeit, Investoren und Aufsichtsbehörden erwarten in stärkerem Maße, dass die Verantwortlichen in den Chefetagen zur Verantwortung gezogen werden. Fehlverhalten gerät nicht zuletzt dank des Internets und sozialer Medien schneller und mit aller Macht in die Öffentlichkeit. Als wesentlicher „Haftungstreiber"⁴² trug aber vor allem auch die Anerkennung und zunehmende Verbreitung der D&O-Versicherung zu einem erhöhten Haftungsaufkommen bei.⁴³ War der Abschluss einer D&O-Versicherung bis Mitte der 1990er Jahre noch unüblich,⁴⁴ ist die D&O-Versicherung heute trotz einer fehlenden Rechtspflicht allgemein üblich.⁴⁵ Nach der Devise „Deckung schafft Haftung" werden auch solche Haftungsprozesse geführt, die ohne eine solche Versicherung nicht stattfinden würden.⁴⁶ So wurden im Zeitraum zwischen 2002 und 2020 fast 50 pressebekannte Fälle verzeichnet.⁴⁷

III. Debatte um Vorstandshaftung im Wandel der Zeit

Schon die Darstellung der gesetzlichen Entwicklung hat erkennen lassen, dass die Ausgestaltung der Organhaftung ein ständiges Ringen um Haftungsausweitung und -begrenzung ist. Wurde die Haftung in der Vergangenheit vor allem nach Krisen und Skandalen durch den Gesetzgeber verschärft, folgten Einschränkungen gleichsam auf den Fuß oder wurden jedenfalls durch mäßigende Stimmen eingefordert. Dieses Ringen um ein ausgleichendes Maß an Haftung zeigt sich auch in der wissenschaftlichen Debatte. Sie pendelt zwischen den Polen der Haftungsausweitung und -begrenzung hin und her.

---

41 Ausführlich *Bachmann*, Gutachten E zum 70. DJT 2014, E 19; *Hopt*, ZIP 2013, 1793 f.; *Hopt/Roth* in Großkomm AktG, 5. Aufl., 2015, § 93 Rn. 39 ff.; *Koch*, AktG, 17. Aufl., 2023, § 93 Rn. 1; *Paefgen*, AG 2014, 554 f.
42 *Bachmann*, Gutachten E zum 70. DJT 2014, E 20
43 *Bachmann*, Gutachten E zum 70. DJT 2014, E 20.
44 Von Unüblichkeit sprachen noch *Schneider/Ihlas*, DB 1994, 1123, 1125. Vgl. auch *Hopt*, in FS Mestmäcker, 1996, S 909, 919, der darauf hinweist, dass die D&O-Versicherung seit 1986 auch in Deutschland ganz allmählich Fuß fasst.
45 *Dreher/Thomas*, ZGR 2009, 31, 32; vgl. OLG München WM 2006, 45.
46 *Habersack*, ZHR 177 (2013) 782, 798; *Hemeling*, Verhandlungen zum 69. DJT 2012, Bd. II/1, N31/38; *Hoffmann-Becking*, ZHR 181 (2017), 737, 744.
47 *Lange*, D&O-Versicherung und Managerhaftung, 2. Aufl. 2022, Rn. 831 ff.

1. Beginn der Debatte

Die Wissenschaft hat spät, nämlich mehr als hundert Jahre nach den ersten gesetzlichen Regelungen, aber umso intensiver ihre Leidenschaft für die Organhaftung entdeckt. Den Anstoß für die wissenschaftliche Diskussion gab der BGH mit der bereits erwähnten Grundsatzentscheidung in ARAG/Garmenbeck im Jahr 1997.[48] Darin setzte das Gericht das Pendel der Debatte in Richtung Haftungsverstärkung in Gang, indem es darin erstmals ausdrücklich die Pflicht des Aufsichtsrats aussprach, den Vorstand im Namen der Gesellschaft auf Schadensersatz in Anspruch zu nehmen. Damit machte der BGH die Relevanz der Organhaftung deutlich und rückte sie so nicht nur in das Bewusstsein der Unternehmen, sondern vor allem auch in den Fokus der wissenschaftlichen Debatte. Seither ist die Zahl der Veröffentlichungen zur Organhaftung sprunghaft angestiegen. Beleg für die ungebrochene wissenschaftliche Aufmerksamkeit, die die Organhaftung seither erfährt, ist auch die große Zahl an Qualifikationsarbeiten, die sich dem Thema widmen.[49]

2. Pendel zwischen Haftungsbegrenzung und -ausweitung

a) Haftungsbegrenzung durch unternehmerisches Ermessen

Nachdem der BGH mit der Verfolgungspflicht des Aufsichtsrats das Pendel in Richtung Haftungsverschärfung in Gang gesetzt hatte, wendete sich die Diskussion im Schrifttum aber zunächst in die entgegengesetzte Richtung und widmete sich dem Ermessensspielraum der Geschäftsleitung bei unternehmerischen Entscheidungen. Obwohl die Diskussion um eine Business Judgment Rule erst nach der Entscheidung des BGH in ARAG/Garmenbeck im Jahr 1997 so richtig begann, wurde die Notwendigkeit, Sorgfaltspflichtverletzungen von bloßen Versäumnissen und Irrtümern abzugrenzen, schon sehr früh erkannt. Bereits Ende des 19. Jahrhunderts betonte der Gesetzgeber, dass Organe, die leitend für ein Unternehmen tätig werden, nicht für jegliches wirtschaftliches Versagen, das in ihrem Verantwortungsbereich auftritt, haften sollten.[50] Dass die Business Judgment Rule (erst) mehr als 100 Jahre später vom BGH in der Entscheidung ARAG/Garmenbeck ausdrücklich anerkannt und später dann kodifiziert wurde, ist nicht zuletzt auf rechtsvergleichende Vorarbeiten in der Literatur zurückzuführen. *Klaus Hopt* hat in einem

---

48 BGHZ 135, 244.
49 *Fleischer*, ZGR 2022, 191, 202.
50 Nochmals Amtliche Begründung *Klausing*, Aktiengesetz, 1937, S. 71 zu § 84 AktG.

Beitrag in der Festschrift für *Ernst Mestmäcker* die Voraussetzungen und Folgen des Ermessens bei unternehmerischen Entscheidungen auf der Grundlage der U.S.-amerikanischen Business Judgment Rule entwickelt.[51] Im Anschluss an die ARAG/Garmenbeck-Entscheidung fand die höchstrichterliche Anerkennung des unternehmerischen Ermessensspielraums des Vorstands in der wissenschaftlichen Literatur geradezu explosionsartig Beachtung, was – wie *Jens Koch* zutreffend betont hat – angesichts der Tatsache überrascht, dass das Gericht nur in ähnlicher Weise wiederholte, was schon sehr früh gesagt worden war.[52]

Auch bei der anschließenden Kodifizierung der Business Judgment Rule im Jahr 2005 spielte die Wissenschaft eine zentrale Rolle. Insbesondere *Peter Ulmer* forderte den Gesetzgeber zur Kodifikation auf und legte einen ersten Vorschlag vor.[53] Nachdem dieser Vorschlag vom Deutschen Juristentag 2000 mehrheitlich befürwortet wurde, griff ihn der Gesetzgeber im Jahr 2005 auf und kodifizierte die Business Judgment Rule. Im Schrifttum gilt die gesetzliche Regelung heute weitgehend als Erfolgsgeschichte.[54] Beleg dafür ist, dass seit der Kodifikation nur sehr wenige Änderungswünsche laut wurden. Die Debatte um die Business Judgment Rule ist somit ein eindrucksvolles Beispiel für das erfolgreiche Zusammenspiel von Wissenschaft, Rechtsprechung und Gesetzgebung.

b) Haftungsausweitung durch Effektuierung der Durchsetzung und Außenhaftung

Nachdem das Gericht in der Rechtssache ARAG/Garmenbeck einen „Haftungsfreiraum im Bereich qualifizierter unternehmerischer Entscheidungen"[55] und damit einen sicheren Hafen für Vorstandsmitglieder durch die Business Judgment Rule errichtet hatte, schwenkte das Pendel anschließend in die andere Richtung zurück. Anlass für den Stimmungswandel waren vor allem die „Übertreibungen und Skandale an den Aktienmärkten in den Jahren 1999 und 2000", was „durch die kritischen Stimmen im Schrifttum und nicht zuletzt durch die Empfehlungen der wirtschaftsrechtlichen Abteilung des 63. Deutschen Juristentages Leipzig 2000 dokumentiert wird".[56]

---

51 *Hopt* in FS Mestmäcker, 1996, S. 909, 919 ff.
52 *Koch* in Fleischer/Thiessen, Gesellschaftsrechts-Geschichten, 2018, S. 471, 477.
53 *Ulmer*, ZHR 163 (1999), 290, 299
54 *Bachmann*, ZHR 177 (2013), 1; *Fleischer* in BeckOGK, Stand: 01.02.2024, § 93 AktG Rn. 86; *Hemeling*, ZHR 175 (2011), 368, 379 f.; *Ihrig/Schäfer*, Rechte und Pflichten des Vorstands Rn. 1528.
55 RegBegr. UMAG 2005 BT-Drs. 15/5092, 10.
56 RegBegr. UMAG 2005 BT-Drs. 15/5092, 20.

aa) Effektuierung der Durchsetzung

Es begann eine intensive Diskussion über die verstärkte Durchsetzung der Organhaftung. Im Schrifttum herrschte der Eindruck vor, der Haftungstatbestand sei zwar ausreichend streng, werde aber zu selten durchgesetzt.[57] Die Durchsetzung allein in den Händen des Aufsichtsrats galt als unzureichend, da typischerweise davon auszugehen ist, dass der Aufsichtsrat das Gesellschaftsinteresse an der Durchsetzung von Organhaftungsansprüchen zurückstellt, wenn es eigenen Interessen zuwiderläuft[58]. Davon ist aber bei Haftungsansprüchen gegen Vorstandsmitglieder regelmäßig auszugehen, wenn und weil der Aufsichtsrat mit einer Klage Gefahr läuft, dass eigene Versäumnisse bei der Kontrolle des Vorstands aufgedeckt werden.[59] An dieser Stelle wird nicht selten Hermann Josef Abs zitiert, der gesagt haben soll, es sei leichter, eine Sau am eingeseiften Schwanz festzuhalten als Organmitglieder haftbar zu machen.[60]

Daher wurde nun intensiv diskutiert, ob und inwieweit die Durchsetzung durch eine Stärkung der Klagerechte der Aktionäre verbessert werden sollte. Die Vorarbeiten in der Literatur stützten sich vor allem rechtsvergleichend auf die U.S. Derivative Suits.[61] Nachdem der Ruf nach einer effektiveren Durchsetzung der Organhaftung im Schrifttum immer lauter wurde, nahm der Gesetzgeber im Jahr 2005 mit dem UMAG die Aktionärsklage in § 148 AktG auf. Begleitet wurde die Kodifizierung von Warnungen vor unverdienten Streikklagen, „Haftungstourismus" und dem „Öffnen der Büchse der Pandora".[62] Ähnliche Warnungen hatte der Gesetzgeber im Jahr 1884 noch zum Anlass genommen, von Aktionärsklagerechten Abstand zu nehmen. Er befürchtete, dass „eine völlige Anarchie die Stabilität der Organisation, die Tätigkeit der Gesellschaftsorgane gefährden und Erpressungen aller Art Vorschub leisten würde [...] und die Energie und Verantwortlichkeit des Vorstandes und des Aufsichtsrates lähmen würde".[63] Diese und ähnliche Prognosen und Befürchtungen sollten sich jedoch nicht erfüllen. Im Gegenteil: Die Aktionärsklage ist als bloßes „law on the books" faktisch bedeutungslos.[64] Daher ist es nicht verwunderlich, dass die Debatte um die Effektuierung der Vorstandshaftung mit

---

57 *G. Wagner*, ZHR 178 (2014) 227, 240.
58 S. auch RegBegr. UMAG 2005 BT-Drs. 15/5092, 20.
59 S. nur *Schmolke*, ZGR 2011, 398, 401.
60 S. etwa *Baums*, ZIP 1995, 11, 13; *Raiser*, NJW 1996, 2257.
61 Näher hierzu *Schmolke*, ZGR 2011, 398, 411; *Siems*, ZVglRWiss 104 (2005), 376, 378; siehe auch bereits *Ulmer*, ZHR 163 (1999), 290 ff.
62 Hierzu *Seibert*, NZG 2007, 841.
63 Allgemeine Begründung abgedruckt in *Schubert/Hommelhoff*, Hundert Jahre modernes Aktienrecht – ZGR Sonderheft 4, S. 404, 469.
64 *Schmolke*, ZGR 2011, 398, 399.

der Kodifikation der Aktionärsklage in § 148 AktG nicht beendet war, sondern nach der Finanzkrise erneut aufflammte und eine weitere Verstärkung der Durchsetzung gefordert wurde. Doch obwohl auf den folgenden drei Deutschen Juristentagen 2010, 2012 und 2014 jeweils auch eine intensive Debatte zu diesem Thema geführt wurde, scheiterten alle konkreten Vorschläge zur Stärkung der Aktionärsklage. Die Frage der effektiven Durchsetzung der Organhaftung kann daher nach wie vor als „unlösbare Aufgabe"[65] oder auch als „Quadratur des Kreises" bezeichnet werden.[66]

bb) Organaußenhaftung

Neben der Effektuierung der Durchsetzung wurde auch über die Ausweitung der Organhaftung durch Erweiterung der Aktivlegitimation diskutiert. Mit den Skandalen am Neuen Markt zur Jahrtausendwende rückte die Haftung der Organe gegenüber außenstehenden Dritten in den Fokus: Da eine Vielzahl von Anlegern durch falsche Versprechungen am Kapitalmarkt geschädigt wurde, wurde u.a. eine Haftung der Organe für fehlerhafte Kapitalmarktinformationen gegenüber geschädigten Anlegern gefordert. Entsprechende Forderungen im Schrifttum und auf dem 64. DJT im Jahr 2004, die auf dem Gutachten von *Holger Fleischer* beruhten[67] und von einer knappen Mehrheit unterstützt wurden,[68] mündeten in den letztlich gescheiterten Entwurf für ein Kapitalmarktinformationshaftungsgesetz (s. bereits B. I. 2.). Doch auch diese Diskussion war nicht gänzlich neu: Bereits unter Geltung des ADHGB war die Haftung der Organe gegenüber Dritten umstritten. Während eine Außenhaftung für Schäden außenstehender Dritter nach ständiger Rechtsprechung zu Art. 241 Abs. 2 ADHGB 1861 angesichts des uneingeschränkten Wortlauts bejaht wurde, schränkte der Gesetzgeber die Haftung gegenüber Dritten im ADHGB 1884 ein.[69] In Vorbereitung der Aktienrechtsnovelle wurde zwar erkannt, dass „die Handlungen und Erklärungen des Vorstands, insbesondere diejenigen, welche durch eine vorgeschriebene Veröffentlichung oder eine nicht vermeidliche Öffentlichkeit einem größeren Publikum zugänglich werden, [...] auf die Entschließung von Personen dahin wirken, daß diese erst in ein Rechtsverhältnis zu der Gesellschaft, sei es durch Actienkauf oder Eintritt in ein Gläubigerverhältniß treten".[70] Eine generelle Organaußenhaftung wurde aber für das ADHGB 1884

---

65 *Bachmann*, Gutachten zum 70. DJT 2014, E78.
66 *Peltzer* in FS Schneider, 2011, S. 953, 964; *K. Schmidt*, NZG 2005, 796.
67 *Fleischer*, Gutachten zum 64. DJT 2002, S. F 101 ff.
68 Vgl. Beschluss 1.11 in: Verhandlungen des DJT, Bd. II/1, 2003, S. P 88 (27 Ja-Stimmen und 26 Nein-Stimmen).
69 Allgemeine Begründung zum Entwurf 1883, S. 223 f.
70 Gutachten des Reichs-Oberhandelsgerichts von 1877, abgedruckt in *Schubert/Hommelhoff*, Hundert Jahre modernes Aktienrecht – ZGR Sonderheft 4, S. 157, 208, 218.

gleichwohl abgelehnt, weil damit „das bloße Versehen geeignet sein [würde], unnütze Verpflichtungen zu erzeugen".[71] Der Gesetzgeber entschied sich damit bewusst für die Ausgestaltung der Organhaftung als Innenhaftung,[72] da „das Gesetz in eigenen Angelegenheiten sorgsame Personen nicht abschrecken soll, die Functionen der Mitglieder von Gesellschaftsorganen zu übernehmen".[73]

Eine Außenhaftung der Organe schlich sich aber später durch die Hintertür über das Deliktsrecht ein.[74] Als das „große Schreckgespenst der Organaußenhaftung"[75] gilt die Baustoffentscheidung des gesellschaftsrechtsfernen XI. Senats aus dem Jahr 1989.[76] Sie prägt die „rechtswissenschaftliche Grundsatzdebatte" bis heute.[77] Darin führt der XI. Senat aus, dass der Geschäftsführer einer GmbH gegenüber Dritten deliktsrechtlich gem. § 823 Abs. 1 BGB haftet, wenn er den Schaden des Dritten selbst durch eine unerlaubte Handlung verursacht hat.[78] Einer deliktsrechtlichen Haftung der Organe für Pflichtverletzungen bei ihrer organschaftlichen Tätigkeit widersprachen sowohl der II. Senat des BGH[79] als auch große Teile im Schrifttum.[80] Die überwiegende Auffassung lehnt seither eine Haftung der Organwalter gegenüber Dritten grundsätzlich ab.[81] Eine Organaußenhaftung würde dem Prinzip der im AktG angelegten „Haftungskonzentration" auf die Gesellschaft widersprechen und könne daher allenfalls eine „begründungsbedürftige Ausnahme" sein.[82] Trotz zahlreicher „Krisen" – wie etwa die Skandale am Neuen Markt zur Jahrtausendwende, die Finanzmarktkrise oder die Bilanzfälschungen um Wirecard vor wenigen Jahren – konnte sich auch der Gesetzgeber (bisher) nicht zur Kodifikation einer Organaußenhaftung verantwortlicher Vorstandsmitglieder für feh-

---

71 Gutachten des Reichs-Oberhandelsgerichts von 1877, abgedruckt in *Schubert/Hommelhoff*, Hundert Jahre modernes Aktienrecht – ZGR Sonderheft 4, S. 157, 208, 219.
72 *Fleischer*, ZGR 2004, 437, 440.
73 Gutachten des Reichs-Oberhandelsgerichts von 1877, abgedruckt in *Schubert/Hommelhoff*, Hundert Jahre modernes Aktienrecht – ZGR Sonderheft 4, S. 157, 208, 218.
74 Zur historischen Entwicklung *Schirmer*, Das Körperschaftsdelikt, 2015, S. 131 ff.
75 *Bachmann*, Gutachten E zum 70. DJT, 2014, E 118.
76 BGHZ 109, 297; jüngst zum 30-jährigen Jubiläum *Dieckmann*, ZGR 2020, 1039.
77 *Fleischer*, MüKoGmbHG, 4. Aufl., 2023, § 43 Rn. 429.
78 Vgl. BGHZ 109, 297; fortgesetzt in BGHZ 166, 84 sowie jüngst OLG Dresden NZG 2022, 335. Kritisch hierzu *Fleischer* in Fleischer/Thiessen, Gesellschaftsrechts-Geschichten, 2018, S. 763, 765.
79 Vgl. BGHZ 125, 366, 375–376; kritisch auch *Goette*, DStR 1996, 1015.
80 Zum Baustoffurteil kritisch *Dreher*, ZGR 1992, 22; *Lutter*, ZHR 157 (1993), 464; *Medicus*, ZGR 1998, 570; *Mertens/Mertens*, JZ 1990, 488; befürwortend *Brüggemeier*, AcP 191 (1991) 33, 63 ff; *Foerste*, VersR 2002, 1.
81 Näher *Schirmer*, Das Körperschaftsdelikt, 2015, S. 216 ff.; ferner *Fleischer* in MüKoGmbHG, 4. Aufl., 2023 § 43 Rn. 428, 442; *Medicus*, ZGR 1998, 570, 578; *Verse*, ZHR 170 (2006), 398, 407; *Pöschke* in BeckOK GmbHG, Stand: 01.06.2023, § 43 Rn. 247.
82 *Fleischer*, in BeckOGK, Stand: 01.02.2024, § 93 AktG Rn. 392.

lerhafte Kapitalmarktinformation entschließen.⁸³ Die Haftung gegenüber Dritten gehört damit zu den Dauerbrennern des Organhaftungsrechts, die auch heute noch kontrovers diskutiert wird.⁸⁴

c) Haftungsbegrenzung durch Haftungsbeschränkung

Nachdem sich die wissenschaftliche Debatte lange Zeit der Effektuierung der Durchsetzung der Organhaftung widmete, schlug das Pendel vor einigen Jahren erneut zurück in die andere Richtung. Seither wird eine intensive Debatte über die Begrenzung der Organhaftung nicht nur, aber vor allem bei Rechtsverstößen geführt.

aa) Haftungsbeschränkung bei Legalitätspflichtverletzungen

Obwohl schon sehr früh Einigkeit darüber bestand, dass sich Vorstands- und Aufsichtsratsmitglieder auch in ihrer organschaftlichen Rolle an die geltenden Regeln halten müssen, trat die Bedeutung der Corporate Compliance für die Organhaftung erst Anfang der 2000er mit aller Macht in den Fokus der wissenschaftlichen Debatte. Anlass hierfür war der weltweite Korruptionsskandal bei Siemens im Jahr 2006, der die Bedeutung des Korruptionsverbots und die Haftungsrisiken für Organmitglieder deutlich machte.⁸⁵ Seitdem sind die regulatorischen Anforderungen an Unternehmen, etwa im Kartell-, Wertpapier-, Bank- und Versicherungsrecht, noch weiter gestiegen und damit auch die Pflichten und Haftungsrisiken von Organmitgliedern. Vor diesem Hintergrund verlagerte sich die Diskussion zunehmend auf die Begrenzung der Organhaftung. Intensiv diskutiert wurde beispielsweise, ob es eine Legal Judgment Rule analog § 93 Abs. 1 S. 2 AktG gibt⁸⁶ oder ob ein Verschulden des Organmitglieds wegen Rechtsirrtums ausgeschlossen ist, wenn es sich bei unsicherer Rechtslage auf einen Rechtsrat verlässt.⁸⁷ Obwohl der BGH schon zuvor an anderer Stelle die Gelegenheit hatte, über den Ausschluss des Verschul-

---

83 *Fleischer* in Fleischer/Thiessen, Gesellschaftsrechts-Geschichten, 2018, S. 763, 778.
84 S. nur *Schirmer*, Körperschaftsdelikt, 2015, S. 32 f. einerseits und *Dieckmann*, ZGR 2020, 1039 ff. andererseits.
85 Näher hierzu Süddeutsche Zeitung v. 11. Mai 2010 „Chronik einer Krise" (abrufbar unter https://www.sueddeutsche.de/wirtschaft/siemens-affaere-chronik-einer-krise-1.496650).
86 So etwa *Ott*, ZGR 2017, 149, 158 f.; *Spindler* in 1. FS Canaris, II, 2007, 403, 414 f.; Spindler, in MüKoAktG § 93 Rn. 95. In diese Richtung auch *Fleischer* in BeckOGK, Stand: 01.02.2024, § 93 AktG Rn. 40 f.
87 So *Harnos*, Geschäftsleiterhaftung bei unklarer Rechtslage, 2013, 129 ff., 149 ff., 253 ff.; *Holle*, Legalitätskontrolle, 2014, 62 ff.; *Koch* in FS Bergmann, 2018, 413 ff.; *Verse*, ZGR 2017, 174.

dens des Geschäftsführers wegen falscher Rechtsauskunft zu entscheiden, hat er sich erst 2011 zu dieser Frage geäußert und die Anforderungen in ISION konkretisiert.[88] Diese Entscheidung hat in der Literatur besondere Beachtung gefunden. Es folgten zahlreiche Monographien und Aufsätze zu diesem Thema.

bb) Haftungsbeschränkung zum Schutz vor existenzgefährdenden Risiken

Die Diskussion über die Beschränkung der Organhaftung intensivierte sich nach einer weiteren Grundsatzentscheidung im Jahr 2013. Bemerkenswert ist, dass es sich diesmal nicht um eine höchstrichterliche Entscheidung des BGH, sondern des Landgerichts München I handelte. Das LG München I verurteilte im Dezember 2013 ein ehemaliges Vorstandsmitglied der Siemens AG, *Heinz-Joachim Neubürger*, zum Schadensersatz iHv. 15 Mio. Euro, was in dieser Größenordnung bis dato einmalig war. Das Gericht ging davon aus, dass der ehemalige Finanzvorstand durch Verstoß gegen die Legalitätskontrollpflicht die weltweite Korruptionsaffäre, insbesondere Schmiergeldzahlungen in Nigeria unterstützt und dadurch zum Schaden der Siemens AG in Form der Geldstrafen von über 100 Mio. Euro beigetragen hat.[89] Dieses Urteil wird im Schrifttum als „Paukenschlag"[90] und „Iconic Case"[91] bezeichnet. Nicht nur dass darin erstmals in der Geschichte ein Zivilgericht die Pflicht des Vorstands zur Gesetzestreue ausdrücklich anerkannt hat, was der Entscheidung die Bezeichnung als „'Stunde Null' der deutschen Compliance" einbrachte.[92] Das Urteil hat auch deutlich gemacht, dass ein Verstoß gegen die Organpflichten empfindliche Konsequenzen für Organmitglieder nach sich ziehen kann. Diese Entscheidung gilt daher auch als Wendepunkt in der Debatte über die Organhaftung, nicht zuletzt wegen ihres tragischen Ausgangs außerhalb des Gerichtssaals.[93] *Neubürger* nahm sich knapp ein Jahr später das Leben.

Seit der Siemens/Neubürger-Entscheidung werden unterschiedliche Ansätze diskutiert, um die Haftungsrisiken zu begrenzen. Einen Ansatzpunkt bildet der Versuch, die durch den BGH in ARAG/Garmenbeck statuierte Verfolgungspflicht des Aufsichtsrats zu relativieren und dadurch die Durchsetzung wieder etwas zu entschärfen.[94] Diskutiert werden außerdem unterschiedliche Vorschläge zur materiell-rechtlichen Begrenzung der Organhaftung, z. B. eine Regressreduzierung über die

---

88 BGH AG 2011, 876 Rn. 16; ferner BGH NZG 2015, 792 Rn. 28.
89 LG München I NZG 2013, 345.
90 *Bachmann*, ZIP 2014, 579.
91 *Fleischer*, NZG 2014, 321.
92 *Bachmann* in Fleischer/Thiessen, Gesellschaftsrechts-Geschichten, 2018, S. 691, 722.
93 *Bachmann* in Fleischer/Thiessen, Gesellschaftsrechts-Geschichten, 2018, S. 691, 722.
94 Kritisch hierzu *Koch*, NZG 2014, 934 („schleichende Erosion der Verfolgungspflicht nach ARAG/Garmenbeck").

Grundsätze betrieblich veranlasster Tätigkeit auf Grundlage der Fürsorgepflicht der AG,[95] die Kodifizierung von Haftungsgrenzen[96] oder die Ermöglichung satzungsmäßiger Vereinbarungen von Haftungsbeschränkungen.[97] Der Deutsche Juristentag 2014 lehnte mit großer Mehrheit eine gesetzliche Begrenzung der Organhaftung ab, entschied sich aber für die Einräumung statutarischer Gestaltungsspielräume zur Haftungsbeschränkung.[98] Eine Umsetzung der Beschlüsse durch den Gesetzgeber ist bislang indes nicht erfolgt.

d) Zwischenstand

Die Debatte um die Organhaftung ist bis heute ein ständiges Ringen um das richtige Maß zwischen einer ausreichend strengen Haftung und wirksamen Durchsetzung einerseits und einer Vermeidung unverhältnismäßig großer Haftungsrisiken andererseits. Vor allem nach Unternehmenskrisen und -skandalen wurden in der Vergangenheit immer wieder Forderungen nach strengeren Regeln für die Organhaftung laut, die aber gleichsam durch Warnungen vor einer zu weitgehenden Haftung begleitet wurden. Dies war bereits Ende des 19. Jahrhunderts der Fall, als „die „bei der Gründung, der Verwaltung und dem geschäftlichen Betriebe von Actienunternehmen hervorgetretenen Uebelstände" zum Anlass genommen wurden, um die Organhaftung im Zuge der zweiten großen Aktienrechtsnovelle 1884 zu verschärfen (s. B. I. 1.). Zugleich wurde dort bereits daran erinnert, „nicht aus den Augen [zu] verlieren, daß das Gesetz in eigenen Angelegenheiten sorgsame Personen nicht abschrecken soll, die Funktionen der Mitglieder von Gesellschaftsorganen zu übernehmen".[99] Wie real die Gefahren einer (zu) weitreichenden Organhaftung sein können, sind in jüngerer Vergangenheit mit der Siemens/Neubürger-Entscheidung in besonders tragischer Weise ins Bewusstsein gerückt. Vor diesem Hintergrund wird im Zusammenhang mit der Organhaftung über Haftungsverschärfungen und Enthaftung häufig in einem Atemzug diskutiert.[100] Derzeit scheint

---

95 Eingehend *Koch* in GS M. Winter, 2011, S. 327 ff.; *Koch*, AG 2012, 429 ff.
96 S. etwa *Bayer/Scholz*, NZG 2014, 926, 930 ff.; *Hemeling*, ZHR 178 (2014), 221, 224; *Semler* in FS Goette, 2011, 499, 510; *Peltzer* in FS Hoffmann-Becking, 2013, 861, 865; *Spindler*, AG 2013, 889, 895.
97 In diese Richtung *Bachmann*, Gutachten E zum 70. DJT 2014, E 58 ff., E 62 ff.; *Grunewald*, AG 2013, 813, 815 ff.; *Haarmann/Weiß*, BB 2014, 2115, 2116; *Habersack*, ZHR 177 (2013), 782, 804; *Spindler*, AG 2013, 889, 895 f.; *E. Vetter*, NZG 2014, 921, 923 ff.
98 Vgl. DJT, Beschlüsse der Abteilung Wirtschaftsrecht des 70. DJT 2014, I. 1–3.
99 Gutachten des Reichs-Oberhandelsgerichts von 1877, abgedruckt in *Schubert/Hommelhoff*, Hundert Jahre modernes Aktienrecht – ZGR Sonderheft 4, S. 157, 217 f.
100 S. *Bachmann*, Gutachten zum 70. DJT 2014, E38 (Haftungsverschärfung) und E41 (Enthaftung).

das Pendel der Debatte um die Organhaftung etwas zur Ruhe zu kommen und die Amplitude der Debatte kleiner zu werden. Auf der einen Seite steht nach wie vor die offene Frage nach einer möglichst effektiven Durchsetzung der Organhaftung und auf der anderen Seite das Bedürfnis nach Haftungsbeschränkung angesichts der Vielzahl an Compliance-Pflichten.

3. Impulsgeber

1. Akteure

Zu den zentralen Akteuren, die die Debatte um die Organhaftung im Vordergrund beeinflussen, gehören vor allem Wissenschaft, Rechtsprechung und Gesetzgebung. Die Rolle der Akteure und ihr Einfluss sind allerdings nicht statisch, sondern haben sich im Laufe der Zeit verändert. Während die Debatte über die Organhaftung ursprünglich vom nationalen Gesetzgeber dominiert wurde (s. B), ist sie in jüngerer Zeit maßgeblich durch grundlegende Gerichtsentscheidungen beeinflusst worden. Grundsatzurteile – wie ARAG/Garmenbeck, ISION oder Siemens/Neubürger – haben die Debatte entscheidend mitgeprägt. Aber auch die Wissenschaft spielt eine zentrale Rolle, auch wenn diese freilich „keine eigenständige Rechtsquelle, sondern lediglich eine Quelle der Rechtserkenntnis" ist.[101] Zwar war die Rechtswissenschaft schon früh in den Gesetzgebungsprozess eingebunden, etwa zur Vorbereitung der Aktienrechtsnovelle 1884 namentlich durch *Levin Goldschmidt* oder *Heinrich Wiener*,[102] ihre Begeisterung für die Organpflichten und -haftung hat sie aber erst spät, dafür jedoch umso intensiver entdeckt. Die Wissenschaft reagierte in der Vergangenheit vor allem auf Gerichtsentscheidungen, die wichtige Wendepunkte in der Debatte darstellen: War die ARAG/Garmenbeck-Entscheidung der Ausgangspunkt für die wissenschaftliche Debatte über die effektive Durchsetzung der Organhaftung, so war es die Siemens/Neubürger-Entscheidung, die das Pendel in die andere Richtung lenkte und Möglichkeiten der Haftungsbegrenzung in den Fokus rückte.

Neben Wissenschaft, Rechtsprechung und Gesetzgebung, die die Entwicklung der Organhaftung im Vordergrund maßgeblich prägen, beeinflussen aber vor allem auch wirtschaftliche Interessen im Hintergrund die Debatte (s. hierzu auch im Zusammenhang mit ESG Koch, in diesem Buch, § 15). So haben nicht zuletzt die Öffentlichkeit, aber auch die Praxis auf die Debatte um die Organhaftung nicht unerheblich Einfluss genommen. Der Einfluss der Öffentlichkeit wird vor allem im

---

[101] *Fleischer*, NZG 2019, 921, 927.
[102] S. Schriften des Vereins für Socialpolitik „Zur Reform des Aktiengesellschaftswesens",1873.

Zusammenhang mit publikumswirksamen Skandalen ersichtlich. So ist der Gesetzgeber häufig nach Unternehmensskandalen und -krisen tätig geworden und wurde nicht zuletzt durch den Druck der Öffentlichkeit zum Handeln motiviert. Dass die Debatte darüber hinaus auch von der Praxis maßgeblich beeinflusst wird, zeigt sich beispielhaft am Schicksal des Kapitalmarktinformationshaftungsgesetzes, das eine Organaußenhaftung für fehlerhafte Kapitalmarktinformationen vorsah. Während der Entwurf im Wesentlichen auf Vorarbeiten aus dem Schrifttum beruhte[103] und von Stimmen aus der Wissenschaft auch grundsätzlich positiv aufgenommen wurde,[104] scheiterte er nicht zuletzt an erheblicher Kritik aus der Praxis, insbesondere der Anwaltschaft.[105]

Die Organhaftung war auch Thema auf den klassischen „Diskursplattformen".[106] So stand sie in mehr als 160 Jahren wiederholt auf dem Programm des Deutschen Juristentags.[107] Eine erste kleinere Welle, während der die Organhaftung allerdings jeweils nur am Rande behandelt wurde, begann mit dem 27. DJT 1904 in Innsbruck und dem 34. DJT 1926 in Köln. Vergleichsweise lang – nämlich 74 Jahre – sollte es bis zum 63. DJT in Leipzig im Jahr 2000 dauern, auf dem die Organhaftung wieder und erstmals grundsätzlich unter dem Titel „Empfiehlt sich eine Neuregelung des aktienrechtlichen Anfechtungs- und Organhaftungsrechts?" Thema sein sollte,[108] was den Gesetzgeber später mit dem Gesetz zur Unternehmensintegrität und Modernisierung des Anfechtungsrechts (UMAG) im Jahr 2005 zur bis dato umfassendsten Reform veranlasste.[109] Nachdem sich der 64. DJT mit der Außenhaftung der Organmitglieder für fehlerhafte Kapitalmarktinformationen beschäftigte,[110] der Ruf nach einer verstärkten Organhaftung unter dem Eindruck der Finanzmarktkrise auf dem 68. DJT laut wurde[111] und schließlich auf dem 69. DJT diverse Vorschläge zur Verbesserung der Aktionärsklage diskutiert wurden,[112]

---

103 Vor allem auf dem Gutachten von *Fleischer* zum 64. DJT 2002, F 101 ff.
104 *Möllers*, JZ 2005, 75, 79 ff.; *Schäfer*, NZG 2005, 985 ff.; *Veil*, BKR 2005, 91, 92 ff. Anders *Spindler*, WM 2004, 2089, 2093.
105 S. vor allem DAV-Handelsrechtsausschuss NZG 2004, 1099; *Semler/Gittermann*, NZG 2004, 1081; *Sünner*, DB 2004, 2460.
106 Hierzu *Fleischer*, NZG 2019, 921, 925.
107 Zur allgemeinen Bedeutung des DJT als „enorm wertvoller ‚Gehilfe des Gesetzgebers'" im rechtspolitischen Diskurs *Fleischer*, NZG 2019, 921, 928. Zur Bedeutung des DJT im Gesellschafts- und Kapitalmarktrecht *Bayer*, Gesellschafts- und Kapitalmarktrecht in den Beratungen des Deutschen Juristentages, 2010.
108 S. *Baums*, Gutachten F zum 63. DJT 2000.
109 S. RegBegr. UMAG BT Drucks. 15/5092, S. 11.
110 S. *Fleischer*, Gutachten F zum 64. DJT 2002, F 101 ff.
111 S. *Hemeling*, Gutachten E zum 68. DJT 2010, E 51.
112 S. *Habersack*, Gutachten E zum 69. DJT 2012, E 91 ff.

rückte die Organhaftung dann ganzheitlich und grundsätzlich in den Fokus, als der 70. DJT 2014 der Frage nach einer umfassenden Reform der Organhaftung nachging.[113]

2. Methoden

Neben den maßgeblichen Akteuren beeinflussen auch methodische Impulse die Debatte. Sie gehen vor allem von der Rechtsvergleichung und der ökonomischen Analyse des Rechts aus.

a) Rechtsvergleichung

Obgleich im Schrifttum der Gesellschaftsrechtsdogmatik eine grundsätzlich „fehlende Auslandssensibilität" mit einzelnen Ausnahmen[114] konstatiert wird,[115] lässt sich dies für die wissenschaftliche Debatte um die Organhaftung jedenfalls so nicht unterschreiben. Die Organhaftung ist ein Paradebeispiel gelebter Rechtsvergleichung und ein Spielfeld für Legal Transplants.[116] Schon früh – etwa im Vorfeld der Aktienrechtsnovelle 1884 – spielten rechtsvergleichende Bezüge eine zentrale Rolle; vor allem das französische und belgische Recht standen hierbei im Fokus.[117] Später wendete sich dann der Blick – wie vor allem die Business Judgment Rule[118] oder auch die Anerkennung der D&O-Versicherung zeigen – dem U.S.-amerikanischen Recht zu.[119] Die besondere Anlehnung an das U.S.-amerikanische Recht ist nicht zufällig: Da viele Organhaftungsfälle erst auf Initiative U.S.-amerikanischer Behörden initiiert wurden,[120] erscheint es nur konsequent, wenn die Ausweitung der Organhaftung durch Haftungsbegrenzungen nach dem Vorbild des U.S.-amerika-

---

113 S. *Bachmann*, Gutachten E zum 70. DJT 2014.
114 Verwiesen wird auf *Fleischer*, Zur Zukunft der gesellschafts- und kapitalmarktrechtlichen Forschung, ZGR 2007, 500, 501.
115 *Weller* in Zimmermann, Zukunftsperspektiven der Rechtsvergleichung, 2016, S. 191, 210.
116 Rechtsvergleichender Überblick zur Organhaftung bei *Bachmann*, ZIP 2013, 1946 ff.
117 S. etwa vor allem mit Blick auf das belgische und französische Recht in Verhandlungen des Vereins für Socialpolitik am 12. und 13. October, Bd. IV, 1874, S. 60 ff. und später im Gutachten des Reichs-Oberhandelsgerichts von 1877, abgedruckt in Schubert/Hommelhoff, Hundert Jahre modernes Aktienrecht – ZGR Sonderheft 4, S. 157, 208, 214 f.
118 Vgl. RegBegr. BT-Drs. 15/5092, 11; rechtsvergleichend jüngst *Merkt*, ZGR 2017, 129.
119 Allgemein hierzu *Fleischer*, NZG 2004, 1129; monographisch u *Hein*, Die Rezeption US-amerikanischen Gesellschaftsrechts in Deutschland, 2008.
120 Das betrifft den Fall Siemens/Neubürger ebenso wie den Abgasskandal um VW oder Bilfinger u. a (hierzu *Bachmann* in Fleischer/Thiessen, Gesellschaftsrechts-Geschichten, 2018, S. 691, 724).

nischen Rechts – wie im Rahmen der Business Judgment Rule – kompensiert werden.[121]

b) Rechtsökonomie
Mit dem Vordringen der rechtsökonomischen Analyse als anerkannte Methode im Gesellschaftsrecht[122] wurde zunehmend auch die Organhaftung auf ihre ökonomische Legitimation hinterfragt.[123] Auf Grundlage der Agency Theory,[124] die das Verhältnis von Aktionären und Management als ein klassisches Prinzipal-Agenten-Verhältnis betrachtet, ist die Organhaftung als Instrument der Prävention und Verhaltenssteuerung inzwischen anerkannt und rechtsökonomische Überlegungen sind in der Debatte inzwischen selbstverständlich.[125] Die Diskussion wird dementsprechend nicht nur unter Juristen, sondern auch interdisziplinär geführt. So schaltete sich beispielsweise auch der 67. Deutsche Betriebswirtschafter-Tag im Jahr 2013 unter dem Titel „Unsicherheitsfaktor Organhaftung" in die Debatte ein.[126]

3. Zwischenfazit

Die bisherige Entwicklung der Organhaftung ist durch vielfältige und variable Impulse verschiedener Akteure und Methoden geprägt. Sie ist damit ein anschaulicher Beleg für die ausgefeilte Diskurskultur zwischen allen Beteiligten, die *Holger Fleischer* als „German Approach" bezeichnet hat.[127]

---

121 *Bachmann* in Fleischer/Thiessen, Gesellschaftsrechts-Geschichten, 2018, S. 691, 724.
122 Hierzu vor allem *Fleischer/Zimmer* (Hrsg.), Effizienz als Regelungsziel im Handels- und Wirtschaftsrecht, 2008; *Fleischer/Zimmer* (Hrsg.), Beitrag der Verhaltensökonomie (Behavioral Economics) zum Handels- und Wirtschaftsrecht, 2011.
123 Ausführlich zur ökonomischen Analyse *Mathis*, Mechanismen zur Kontrolle von Managern in großen Kapitalgesellschaften, 1992; *Arnold*, Die Steuerung des Vorstandshandelns, 2007, S. 172 ff.; im Zusammenhang mit dem Unternehmen in der Insolvenz *Redenius-Hövermann*, Verhalten im Unternehmensrecht, 2019, S. 254 ff.
124 Grundlegend *Jensen/Meckling*, 3 J. Fin. Econ. 305 (1976). Grundlegend zum Phänomen der „starken Manager und schwachen Eigentümer" *Berle/Means*, The Modern Corporation and Private Property, 1932.
125 Exemplarisch *Bachmann*, Gutachten zum 70. DJT, 2014, E 21 ff.; E 73 ff.
126 Programm abrufbar unter https://www.schmalenbach.org/images/stories/dokumente/67. Deutscher Betriebswirtschafter-Tag 2013 Programmheft.pdf.
127 *Fleischer*, NZG 2019, 921, 924.

IV. (Kein) Ende der Debatte

Ein Ende der Debatte um die Organhaftung ist nicht in Sicht. So zeichnen sich am Horizont bereits neue Impulse ab, die dem Pendel der Organhaftung zwischen Begrenzung und Ausweitung wieder neuen Schwung verleihen werden. Dazu gehören vor allem die großen Themen unserer Zeit: Nachhaltigkeit, Digitalisierung und Globalisierung.

1. Nachhaltigkeit

Aktuell im Fokus stehen Organpflichten und -haftung im Zusammenhang mit Nachhaltigkeit und ESG. Die allgemein stärkere Inpflichtnahme von Unternehmen, die vornehmlich durch Nichtregierungsorganisationen und durch den besonders tragischen Kik-Fall vorangetrieben wurde (vgl. hierzu Koch, in diesem Buch, § 15), macht nicht an den Außengrenzen des Unternehmens halt, sondern wirkt sich auch auf die interne Pflichtenbindung und Haftung der Organe aus. Ihren einstweiligen Höhepunkt hat diese Entwicklung erreicht, indem die europäische Kommission in dem Entwurf für eine Corporate Sustainability Due Diligence-Richtlinie zunächst eine Regelung aufgenommen hatte, wonach „die Mitglieder der Unternehmensleitung [...] bei Ausübung ihrer Pflicht, im besten Interesse des Unternehmens zu handeln, die kurz-, mittel- und langfristigen Folgen ihrer Entscheidungen für Nachhaltigkeitsaspekte berücksichtigen [müssen], gegebenenfalls auch die Folgen für Menschenrechte, Klimawandel und Umwelt". Die geplante Indienstnahme der Organe hat in Praxis und Wissenschaft große Aufmerksamkeit erregt. So ist von nicht weniger als einem „Paradigmenwechsel" die Rede.[128] Auch wenn diese Regelung, die nach dem Willen der Kommission ohnehin nur klarstellenden Charakter haben sollte,[129] mit der Allgemeinen Ausrichtung des Rates aus dem Entwurf wieder gestrichen wurde,[130] hat sich das Pendel bereits in Bewegung gesetzt und eine lebhafte Debatte über eine „Nachhaltigkeitspflicht"[131] de lege lata und de lege ferenda ausgelöst.[132] Nachdem vor allem von Seiten der Praxis die Befürchtung einer

---

[128] *Weller/Fischer*, ZIP 2022, 2253; *Mittwoch*, Nachhaltigkeit und Unternehmensrecht, 2022, S. 240. Relativierend Bachmann, ZHR 187 (2023), 166, 195 f.
[129] ErwGr 63 CSDDD-E.
[130] Allgemeine Ausrichtung des Rates v. 30.11.2022 (15024/1/22).
[131] Zu dem Begriff *Bachmann*, ZHR 187 (2023), 166, 196.
[132] Für eine Leitungspflicht zur Verfolgung von ESG-Belangen einerseits *Weller/Fischer*, ZIP 2022, 2253 und für eine allenfalls prozedurale Berücksichtigungspflicht andererseits *Harbarth*, AG 2022, 633 Rn. 1 ff.

spürbaren Haftungsverschärfung laut wurde,[133] ließ auch der Ruf nach einer Modifikation der haftungsbeschränkenden Business Judgment Rule im Interesse der Nachhaltigkeit nicht lange auf sich warten. So wird etwa eine Ergänzung der Business Judgment Rule gefordert, wonach der Vorstand den Schutz des sicheren Hafens „nur nach angemessener Identifizierung und Abschätzung ökologischer und sozialer Nachhaltigkeitsrisiken" erreichen soll.[134] Es würde nach dem bisherigen Verlauf der Debatte in der Vergangenheit nicht überraschen, wenn es auch in diesem Zusammenhang künftig ein Ringen um Haftungsverschärfung und -begrenzung geben wird.

2. Digitalisierung

Der zweite Impuls, der auf die Debatte um die Organhaftung derzeit einwirkt, ist die Digitalisierung, etwa durch die umfassende Anwendung von Informationstechnologien, moderne Formen flächendeckender Datengenerierung und -auswertung oder den Einsatz Künstlicher Intelligenz. Da die Digitalisierung nicht nur Chancen, sondern auch Gefahren birgt und damit als „Chefsache" erhöhte Organpflichten mit sich bringt,[135] bleibt davon auch die Organhaftung nicht unberührt. Die Digitalisierung wirkt sich daneben aber auch unmittelbar auf die Debatte um die Ausgestaltung der Organhaftung aus: So wird de lege ferenda gefordert, die Beweislastumkehr gem. § 93 Abs. 2 S. 2 AktG zu streichen[136] oder jedenfalls auf das Verschulden oder amtierende Organmitglieder zu beschränken.[137] Die Forderung nach Abschaffung oder jedenfalls Einschränkung der Beweislastumkehr wird damit

---

133 *Birkholz*, DB 2022, 1306, 1313; *Dörrwächter*, NZG 2022, 1083, 1088. Teilweise auch aus der Wissenschaft *J. Schmidt*, NZG 2022, 481.
134 *Sustainable Finance Beirat* (SFB), Shifting the Trillions: Ein nachhaltiges Finanzsystem für die Große Transformation – 31 Empfehlungen des Sustainable-Finance Beirats an die Bundesregierung, 2021, S. 96. S. bereits der ähnliche Vorschlag der Fraktion Bündnis 90/Die Grünen im Jahr 2012 zur Ergänzung der Business Judgment Rule des § 93 Abs. 1 Satz 2 AktG um einen neuen Satz 3, wonach eine Pflichtverletzung des Vorstands nicht vorliegt, „wenn das Vorstandsmitglied eine unternehmerische Entscheidung auf Grundlage menschenrechtlicher, sozialer und ökologischer Standards getroffen hat, zu deren Einhaltung sich die Bundesrepublik Deutschland völkerrechtlich verpflichtet hat" (BT-Drs. 17/11686). Ablehnend *Bachmann*, ZHR 187 (2023), 166, 200 f.; *Habersack*, AcP 220 (2020) 594, 645; zweifelnd *Weller/Benz*, ZGR 2022, 541, 586.
135 Eingehend hierzu *Berberich/Geber* in Krieger/Schneider, Handbuch Managerhaftung, 4. Aufl. 2023, § 45.
136 *v. Falkenhausen*, NZG 2012, 644, 650 f.; *Hopt* in FS W.H. Roth, 2015, 225, 232 ff.; *Reichert*, ZGR 2017, 671, 678 f.; eingehend hierzu *Danninger*, Organhaftung und Beweislast, 2020, 175 ff.
137 *Habersack*, ZHR 177 (2013), 792, 805; *Hopt*, ZIP 2013, 1793, 1799 f. Zurückhaltend *Fleischer* in BeckOGK, Stand: 01.02.2024, § 93 AktG Rn. 280 f.

gerechtfertigt, dass der Vorstand im „Zeitalter der Digitalisierung" dem Beweis nicht mehr näher stünde als die Gesellschaft und damit die ursprüngliche Rechtfertigung für die Beweislastumkehr (s. B. I. 1.) entfallen sei. Die Gesellschaft könne den Nachweis mindestens ebenso gut, wenn nicht besser erbringen als das (ausgeschiedene) Vorstandsmitglied. Auf dem 70. Deutschen Juristentag hat sich dementsprechend auch eine Mehrheit für eine Neuregelung der Beweislastumkehr ausgesprochen.[138] Andere vorsichtigere Stimmen lehnen eine Änderung hingegen ab.[139] Abzuwarten bleibt, wie sich diese Debatte weiter entwickeln wird.

3. Globalisierung

Neben der Digitalisierung und der Nachhaltigkeit ist die Globalisierung ein weiterer Trend unserer Zeit und damit zugleich ein dritter potentieller Wendepunkt in der Debatte um die Organhaftung. Allerdings wird die Internationalisierung im Schrifttum zum Teil als Achillesverse des Gesellschaftsrechts markiert.[140] Vor allem „für das Megathema der Compliance" wird erheblicher Nachholungsbedarf konstatiert, da – und insoweit herrscht wohl Einigkeit – für „den grenzüberschreitenden Kontext [...] hier praktisch noch alles unklar" ist.[141] Obgleich die Frage nach der Organverantwortlichkeit für die Einhaltung ausländischen Rechts zur Lebenswirklichkeit grenzüberschreitend tätiger Aktiengesellschaften gehört und von besonderer praktischer Relevanz ist,[142] rückt diese Frage erstaunlich langsam in den Fokus der Debatte.[143] So konnte auch die Tatsache, dass es in der Siemens/Neubürger-Entscheidung um Schmiergeldzahlungen in Nigeria und damit um Verstöße gegen ausländisches Recht ging, die Amplitude allenfalls geringfügig erhöhen. Auch an dieser Stelle bleibt gespannt abzuwarten, ob und wann sich das Pendel der Organhaftung wieder in Bewegung setzt.[144]

---

138 Vgl. DJT, Beschlüsse der Abteilung Wirtschaftsrecht des 70. DJT 2014, I. 6.
139 *Fleischer* in FS Thümmel, 2020, 157, 170; *Fleischer/Danninger*, AG 2020, 193, 199.
140 S. etwa *Weller* in Zimmermann, Zukunftsperspektiven der Rechtsvergleichung, 2016, S. 191, 210.; *Lieberknecht*, Die internationale Legalitätspflicht, 2021, S. 4 f.
141 *Weller* in Zimmermann, Zukunftsperspektiven der Rechtsvergleichung, 2016, S. 191, 210. S. auch zum Ausgangsbefund *Lieberknecht*, Die internationale Legalitätspflicht, 2021, S. 4.
142 *Bicker*, AG 2014, 8, 12 („für die Praxis wichtigen Frage"); *Cichy/Cziupka*, BB 2014, 1482 („bedeutende Frage").
143 S. aber *Fleischer*, in BeckOGK, Stand: 01.02.2024, § 93 AktG Rn. 33 ff.
144 Optimistisch stimmt die Monographie von *Lieberknecht*, Die internationale Legalitätspflicht, 2021.

V. Fazit und Perspektiven

1. Die Organhaftung ist seit inzwischen fast 30 Jahren eines der Lieblingsthemen des deutschen Gesellschaftsrechts. Die Debatte wird in einem erkenntnisreichen Dialog zwischen Wissenschaft, Gesetzgebung und Rechtsprechung geführt. Während der Gesetzgeber vor allem nach Unternehmensskandalen und -krisen die Initiative ergreift, fühlt sich die Wissenschaft in erster Linie durch (höchstrichterliche) Entscheidungen angesprochen.

2. Methodische Impulse liefern nicht selten rechtsvergleichende und rechtsökonomische Überlegungen. Während in der Anfangsphase vor allem das französische Recht dem Gesetzgeber zur Orientierung diente, wird in jüngerer Zeit am U.S.-amerikanischen Recht Maß genommen.

3. Die Debatte über die Organhaftung gleicht einem Pendel, das zwischen strengeren Haftungsregeln zur Bekämpfung missbräuchlicher Geschäftspraktiken einerseits und einer Begrenzung der Haftungsrisiken zur Vermeidung zu weitreichender Abschreckung andererseits schwankt. Da das richtige Gleichgewicht in hohem Maße von den wirtschaftlichen und sozialen Gegebenheiten beeinflusst wird, scheint dieser Abwägungsprozess nie abgeschlossen zu sein.

4. Auch wenn viele Details im Recht der Organhaftung durch Rechtsprechung und Gesetzgebung geklärt sind, ist ein Ende der Debatte über die Organhaftung nicht in Sicht. Jeder Unternehmensskandal erweckt die Diskussion zu neuem Leben. Aktuelle Impulse üben vor allem die Megathemen unserer Zeit – Nachhaltigkeit bzw. ESG, Digitalisierung und Globalisierung – aus. Die Organhaftung hat daher das Potenzial, ein Ewigkeitsthema[145] zu werden.

---

145 Hierzu *Fleischer*, JZ 2023, 365, 368.

Klaus Ulrich Schmolke

§ 18 Hinauskündigungs- und Abfindungsklauseln im Personengesellschafts- und GmbH-Recht – Ein Pas de deux zwischen Rechtsprechung und Schrifttum

I. Thema – Zwei Debatten oder eine? —— **700**
II. Ausschließung und Abfindung des Gesellschafters – Der gesetzliche Befund —— **701**
    1. Regelungen zum Ausschluss des Gesellschafters —— **701**
    2. Regelungen zur Abfindung des ausgeschiedenen Gesellschafters —— **703**
III. Die Debatte um die Zulässigkeit freier Hinauskündigungsklauseln —— **704**
    1. Die Entwicklungen in Rspr. und Literatur zum Ausschluss aus der Personengesellschaft —— **705**
        a) Die Rspr. von ROHG und RG zur Ausschließung nach dem ADHGB —— **705**
        b) Kontroverse im Schrifttum und Rechtsprechungswende des RG zum HGB —— **706**
        c) Die Reaktion des Schrifttums auf die liberale Rspr. des späten RG —— **709**
        d) Vorläufige Fortführung der RG-Rspr. durch den BGH —— **709**
        e) Zustimmung zur Rspr. im Schrifttum der frühen Bundesrepublik —— **710**
        f) Die Rechtsprechungswende des BGH in den 1970er Jahren —— **711**
        g) Das unmittelbare Echo auf die Rechtsprechungswende im Schrifttum —— **714**
    2. Die Übertragung der Rspr. auf das GmbH-Recht —— **716**
    3. Kritik des Schrifttums an der neuen BGH-Rspr. und alternative Konzepte der Literatur —— **717**
        a) Kritik an der Rspr. zur Sittenwidrigkeit freier Hinauskündigungsklauseln —— **717**
            aa) Inkonsistenz der Rspr. —— **717**
            bb) Keine Sittenwidrigkeit aus Gründen des Gesellschafterschutzes —— **718**
            cc) Keine Sittenwidrigkeit wegen Dysfunktionalität der Gesellschaft —— **719**
            dd) „Damoklesschwert"-Argument und angemessene Abfindung —— **720**
            ee) Überschießende Wirkung des Nichtigkeitsverdikts —— **720**
            ff) Zweifelhaftigkeit der Sittenwidrigkeit im internationalen Vergleich —— **720**
        b) Alternative Konzepte des Schrifttums —— **721**
            aa) Die Lehre vom Gesellschafter minderen Rechts (*Flume*), ihre Kritik und Weiterentwicklung —— **721**
            bb) Geltungserhaltende Reduktion und Ausschließung aus sachlichem Grund —— **722**
            cc) Zulässigkeit bei angemessener Abfindung —— **722**
            dd) Rückkehr zur bloßen Ausübungskontrolle —— **723**
IV. Die Debatte um die Zulässigkeit sog. Abfindungsklauseln —— **724**

Anmerkung: Wesentliche Vorarbeiten zu nachfolgendem Text finden sich in *Schmolke*, Grenzen der Selbstbindung im Privatrecht, 2014, S. 534 ff. sowie *Schmolke*, ECFR 9 (2012), 380 ff.

1. Frühe Rspr. und Literatur —— 725
2. Die Rspr. von 1978 bis 1993 —— 727
3. Die Kritik der Literatur —— 729
4. Die Korrektur der Rspr. im Jahre 1993 —— 731
5. Reaktion des Schrifttums —— 733
6. Die Folgerechtsprechung bis heute —— 734
7. Einvernehmen mit der Rspr. und (einstweilen) vergebliche Kritik —— 736
    a) Grundsätzliche Sittenwidrigkeit des Abfindungsausschlusses —— 736
    b) Grundsätzliche Sittenwidrigkeit bei anfänglichem groben Missverhältnis —— 737
    c) Unwirksamkeit wegen Verstoßes gegen zwingendes Kündigungsrecht? —— 738
    d) Ausübungskontrolle und Klauselanpassung —— 739
V. Neuere Impulse und Variationen der Debatte(n) —— 741
    1. Übertragung der Debatte auf Rechtstransplantate der Kautelarpraxis —— 742
    2. Die rechtspolitische Debatte zum 71. DJT im Jahre 2016 —— 743
    3. Sonderfall Familienunternehmen? —— 744
    4. Verhaltensökonomische Erklärungsansätze —— 745
VI. Die MoPeG-Reform: Festlegung auf die Linie der Rspr.? —— 746
    1. Der Mauracher Entwurf und seine Kritiker —— 746
    2. Das MoPeG und seine Begründung —— 747
    3. Bewertung durch das Schrifttum —— 748
VII. Schluss —— 749

I. Thema – Zwei Debatten oder eine?

Die Frage nach der Zulässigkeit von Hinauskündigungs- und Abfindungsklauseln im Personengesellschafts- und GmbH-Recht hat die Rechtsgemeinde durch die Zeitläufte immer wieder beschäftigt. Ein ganz wesentlicher Impulsgeber war die Rspr., die mit markanten Richtungswechseln wiederholt Reize setzte, die eine entsprechende Reaktion im Schrifttum provozierten. Der zu diesem Thema geführte Diskurs gehört damit ganz sicher zu den juristischen Ewigkeitsdebatten.[1]

Dabei stellt sich sogleich die Frage, ob es sich hierbei tatsächlich um eine oder nicht doch um zwei Debatten handelt, nämlich eine zu den sog. „freien" Hinauskündigungsklauseln, die den Gesellschafterausschluss nach freiem Ermessen ermöglichen sollen, und eine (andere) zu Abfindungsklauseln. In der Tat lassen sich beide Themenkreise trennen und entsprechend separat darstellen. Indes besteht hier doch ein enger sachlicher Zusammenhang – das Ausscheiden des Gesellschafters löst grundsätzlich den gesetzlichen Abfindungsanspruch aus –, der sich

---

[1] S. zu dieser Kategorie allgemein *Fleischer*, JZ 2023, 365, 368 f. sowie im ersten Kapitel dieses Buches auf S. 9 ff.

auch in der Verschränkung der Debatten beider Themenkreise offenbart. Besonders deutlich wird diese Verschränkung in der Diskussion um die Frage, inwieweit eine volle oder angemessene Abfindung den Verlust der Mitgliedschaft durch freie Hinauskündigung kompensieren kann.[2] Auch betrifft die von der Rspr. eingezogene Kontrolle sowohl von Ausschluss- als auch von Abfindungsklauseln gleichermaßen das Grundsatzthema der Grenzen der Gestaltungsfreiheit im Gesellschaftsrecht zum Schutze der Gesellschafter vor ihren eigenen Entscheidungen (paternalistisches Gesellschaftsrecht).[3] Auch aufgrund dieses sachlichen Konnexes werden beide Themenkreise nicht nur häufig zusammen diskutiert und ähnliche Konzepte auf sie angewandt, sondern es sind häufig auch dieselben Akteure, die sich zu beiden Fragen äußern.[4] Schließlich zeigen die Rechtsentwicklungen zur Zulässigkeit beider Klauselarten deutliche Parallelen auf, die Ausdruck der sich in der Zeit verändernden Anschauungen zur Geltung des Grundsatzes „stat pro ratione voluntas" sind. Vor diesem Hintergrund werden im folgenden beide Diskurse in einem gemeinsamen Rahmen präsentiert, um ein vollständigeres Bild über die Debatte(n) zu zeichnen.

Wie bereits angedeutet ist die Entwicklung der wissenschaftlichen Diskussion ganz wesentlich durch Impulse aus der Rspr. beeinflusst. Umgekehrt hat die Rspr. im Schrifttum formulierte Positionen und Argumente aufgegriffen, um die eigene Linie zu korrigieren und fortzuentwickeln.[5] Diesen „Pas de deux" zeichnet der vorliegende Beitrag auch in der Darstellung nach. Neben der Wissenschaft kommt daher auch die Rspr. ausführlich zu Wort.

II. Ausschließung und Abfindung des Gesellschafters – Der gesetzliche Befund

1. Regelungen zum Ausschluss des Gesellschafters

Gesetzliche Regelungen zum Ausschluss von Gesellschaftern einer Personengesellschaft finden sich seit dem 1. Januar 2024 für die GbR in § 727 BGB und für die OHG in § 134 HGB, auf den § 161 Abs. 2 HGB für die KG sowie § 9 Abs. 1 PartGG für die

---

2 S. dazu noch näher unten unter III.1.e. und III.3.b.cc. und öfter.
3 S. insofern anschaulich *Schmolke*, ECFR 8 (2012), 380 ff.
4 S. beispielsweise *Flume*, NJW 1979, 902 ff. und DB 1986, 629 ff. S. zu seinen Einlassungen und zur von ihm angewandten Lehre vom Gesellschafter minderen Rechts noch näher im folgenden Text.
5 S. zum viel gerühmten Dialog zwischen dem II. Zivilsenat und der Rechtswissenschaft etwa unter IV.

PartG verweisen.[6] Die Regelungen übernehmen im Wesentlichen den Inhalt der Vorgängernormen in § 737 S. 1 und 2 BGB a.F. bzw. § 140 Abs. 1 HGB a.F.[7] Materiellrechtlich setzen sowohl § 727 BGB als auch § 134 HGB das Vorliegen eines *wichtigen Grundes* voraus (s. insofern auch §§ 727 S. 2 BGB, 134 S. 2 HGB). Dieser muss gerade in der Person des betroffenen Gesellschafters liegen.[8] Der Unterschied zwischen § 727 BGB und § 134 HGB liegt lediglich darin, dass bei der GbR ein Ausschluss nicht durch Klage, sondern durch Beschluss erfolgt, der dem Betroffenen mitzuteilen ist.

Eine dem § 134 HGB ganz ähnliche Regelung galt bereits unter dem ADHGB. Dessen Art. 128 formulierte: „Wenn die Auflösung der Gesellschaft aus Gründen gefordert werden darf, welche in der Person eines Gesellschafters liegen (Art. 125), so kann anstatt derselben auf Ausschließung dieses Gesellschafters erkannt werden, sofern die sämmtlichen übrigen Gesellschafter hierauf antragen." Der in Bezug genommene Art. 125 ADHGB benannte in Abs. 3 als solche in der Person eines Gesellschafters liegende „wichtige Gründe" etwa die Unredlichkeit eines Gesellschafters bei der Geschäftsführung oder bei der Rechnungslegung (Nr. 2), die Nichterfüllung der ihm obliegenden wesentlichen Verpflichtungen (Nr. 3), den Missbrauch der Firma oder des Vermögens der Gesellschaft für die eigenen Privatzwecke (Nr. 4) oder die Unfähigkeit zur Erledigung der ihm obliegenden Geschäfte (Nr. 5).

Für die GmbH wird ein entsprechendes Recht zur klageweisen Ausschließung aus wichtigem Grund im Wege der Rechtsfortbildung *praeter legem* in Anlehnung an die Regelungen in § 34 GmbHG sowie §§ 127 BGB, 134 HGB (≈ §§ 737 BGB, 140 HGB a.F.) hergeleitet.[9] Daneben sieht § 34 GmbHG die Möglichkeit zur Einziehung von Geschäftsanteilen vor. Diese führt zur Vernichtung des Geschäftsanteils und kann mit einer Ausschließung verbunden werden.[10] Nach § 34 GmbHG ist die Einziehung zulässig, wenn sie im Gesellschaftsvertrag geregelt ist und – bei fehlender Zustimmung des betroffenen Gesellschafters – die „Voraussetzungen derselben" ge-

---

6 Gesetz zur Modernisierung des Personengesellschaftsrechts (MoPeG) v. 10.8.2021, BGBl. I 2021, S. 3436; s. dazu noch näher unter VI.

7 Begr. RegE MoPeG, BT-Drs. 19/27635, S. 174f. und S. 245; zur weiterhin erforderlichen Mitteilung an den betroffenen Gesellschafter (vgl. § 737 S. 3 a.F.) s. nur *Retzlaff* in Grüneberg, BGB, 83. Aufl. 2024, § 727 Rn. 4.

8 S. etwa *Retzlaff* in Grüneberg, BGB, 83. Aufl. 2024, § 727 Rn. 5; ferner *Roth* in Hopt, HGB, 43. Aufl. 2024, § 134 Rn. 3.

9 Vgl. BGH, Urt. v. 1.4.1953 – II ZR 235/52, BGHZ 9, 157, 164: „allgemeines Rechtsprinzip, das in § 34 GmbHG, §§ 737 BGB, 140 HGB seinen Niederschlag gefunden hat"; 16, 317, 322; 80, 346, 349ff.; dazu etwa *Gehrlein*, NJW 2005, 1969; *Kersting* in Noack/Servatius/Haas, GmbHG, 23. Aufl. 2022, Anh. § 34 Rn. 1f.; *Raiser/Veil*, Recht der Kapitalgesellschaften, 6. Aufl 2015, § 40 Rn. 73 mit 81ff. jew. m.w.N.

10 S. statt aller hier nur *Kersting* in Noack/Servatius/Haas, GmbHG, 23. Aufl. 2022, § 34 Rn. 2; aus der Rspr. etwa BGH, Urt. v. 24.1.2012 – II ZR 109/11, BGH NZG 2012, 259; BGH, Urt. v. 24.9.2013 – II ZR 216/11, DB 2013, 2675.

sellschaftsvertraglich festgelegt sind, und zwar bereits vor dem Anteilserwerb des Betroffenen (§ 34 Abs. 2 GmbHG). Hierfür wird ein „sachlicher Grund" verlangt, der nicht das Gewicht eines wichtigen Grundes haben muss.[11]

2. Regelungen zur Abfindung des ausgeschiedenen Gesellschafters

Scheidet ein Gesellschafter aus, so bestimmen die neuen § 728 Abs. 1 S. 1 BGB für die GbR sowie § 135 Abs. 1 S. 1 HGB (i.V.m. § 161 Abs. 2 HGB) für OHG und KG, dass die Gesellschaft verpflichtet ist, dem „ausgeschiedenen Gesellschafter [...] eine dem Wert seines Anteils angemessene Abfindung zu zahlen", „[s]ofern im Gesellschaftsvertrag nichts anderes vereinbart ist". Die Gesellschafter haften für diese Verbindlichkeit akzessorisch gem. § 721 BGB bzw. § 126 (i.V.m. § 161 Abs. 2) HGB. Die Regelung entspricht weitgehend der Vorgängerbestimmung in § 738 Abs. 1 S. 2 BGB a.F. (i.V.m. §§ 105 Abs. 3, 161 Abs. 2 HGB).[12] Der ausdrückliche Hinweis auf gesellschaftsvertragliche Abweichungen soll nunmehr klarstellen, dass die Ansprüche – wie schon bisher – „grundsätzlich zur Disposition der Gesellschafter stehen".[13] Freilich macht sich die Begründung des Regierungsentwurfs zum MoPeG die bisherige BGH-Rspr. zu den Zulässigkeitsgrenzen von Abfindungsklauseln zu eigen.[14] Mit Blick auf die Bemessung der „angemessenen Abfindung" sprach § 738 Abs. 1 S. 2 BGB a.F. davon, dass an den ausgeschiedenen Gesellschafter dasjenige zu zahlen sei, „was er bei der Auseinandersetzung erhalten würde, wenn die Gesellschaft zur Zeit seines Ausscheidens aufgelöst worden wäre". Ungeachtet dessen berechnet der BGH im Einklang mit der h.L. den Abfindungsbetrag regelmäßig anhand des Ertragswerts des von der Gesellschaft getragenen Unternehmens.[15] Die Neuregelungen in § 728 BGB und § 135 HGB enthalten sich in Bezug auf die Bewertungsmethode bewusst jeder Festlegung.[16]

---

[11] S. aus der Literatur wiederum nur *Kersting* in Noack/Servatius/Haas, GmbHG, 23. Aufl. 2022, § 34 Rn. 9f.
[12] Begr. RegE MoPeG, BT-Drs. 19/27635, S. 175 und 245.
[13] Begr. RegE MoPeG, BT-Drs. 19/27635, S. 175 unter Verweis auf BGH, Urt. v. 2.6.1997 – II ZR 81/96, juris Rn. 9 = BGHZ 135, 387.
[14] Begr. RegE MoPeG, BT-Drs. 19/27635, S. 175f.; s. dazu noch näher unten unter VI.
[15] S. etwa BGH, Urt. v. 1.7.1982 – IX ZR 34/81, NJW 1982, 2441; BGH, Urt. v. 24.9.1984 – II ZR 256/83, NJW 1985, 192, 193; BGH, Urt. v. 24.5.1993 – II ZR 36/92, NJW 1993, 2101, 2103 und st.Rspr.; für die h.L. etwa *Wiedemann*, Gesellschaftsrecht, Bd. II, 2004, S. 1477.
[16] S. Begr. RegE MoPeG, BT-Drs. 19/27635, S. 175f.: keine Verknüpfung mehr mit dem fiktiven Auseinandersetzungsanspruch.

In der Sache ganz ähnlich wie in § 738 Abs. 1 S. 2 BGB a.F. hieß es bereits in Art. 131 Hs. 1 ADHGB: „Ein ausgeschiedener oder ausgeschlossener Gesellschafter muß sich die Auslieferung seines Antheils am Gesellschaftsvermögen in einer den Werth desselben darstellenden Geldsumme gefallen lassen".[17]

Auch dem ausscheidenden GmbH-Gesellschafter steht nach allg.M. ein Abfindungsanspruch gegen die GmbH zu, gleich ob sein Anteil eingezogen, der Gesellschafter ausgeschlossen wird oder er selbst austritt.[18] Mangels gesetzlicher Bestimmung wendet die h.L. § 728 Abs. 1 S. 1 BGB (§ 738 Abs. 1 S. 2 BGB a.F.) analog an.[19] Andere gehen von einer gewohnheitsrechtlichen Geltung aus,[20] während wieder andere den Abfindungsanspruch im Wege der Auslegung des Gesellschaftsvertrags zu begründen suchen[21]. Auch von diesem GmbH-rechtlichen Abfindungsanspruch kann durch Gesellschaftsvertrag bzw. Satzungsbestimmung abgewichen werden.[22]

III. Die Debatte um die Zulässigkeit freier Hinauskündigungsklauseln

Die Debatte um die Zulässigkeit freier Hinauskündigungsklauseln ist durch eine Rechtsprechungsentwicklung gekennzeichnet, die zwischen weitestgehender Gestaltungsfreiheit der Gesellschafter und überschießender Einschränkung ebendieser Freiheit oszilliert. Das Schrifttum hat dabei zunehmend in die Rolle des kritischen Begleiters gefunden und alternative Lösungskonzepte zur Rspr. entwickelt.

---

17 S. dazu hier nur *Fleischer/Bong*, WM 2017, 1957, 1960 m.w.N.
18 S. etwa BGH, Urt. v. 1.4.1953 – II ZR 235/52, BGHZ 9, 157, 168; BGH, Urt. v. 16.12.1991 – II ZR 58/91, BGHZ 116, 359, 364 ff.; vgl. für die Einziehung auch BGH, Urt. v. 24.1.2012 – II ZR 109/11, NZG 2012, 259 Rn. 14 und ff.; aus der Literatur statt aller nur *Kersting* in Noack/Servatius/Haas, GmbHG, 23. Aufl. 2022, § 34 Rn. 22.
19 S. etwa *Kersting* in Noack/Servatius/Haas, GmbHG, 23. Aufl. 2022, § 34 Rn. 22.
20 S. etwa *Kesselmeier*, Ausschließungs- und Nachfolgeregelung in der GmbH-Satzung, 1989, S. 116 ff.; auch *Strohn* in MünchKommGmbHG, 4. Aufl. 2022, § 34 Rn. 218.
21 Vgl. *Westermann* in Scholz, GmbHG, 11. Aufl. 2010, § 34 Rn. 25.
22 S. nur *Kersting* in Noack/Servatius/Haas, GmbHG, 23. Aufl. 2022, § 34 Rn. 22.

1. Die Entwicklungen in Rspr. und Literatur zum Ausschluss aus der Personengesellschaft

a) Die Rspr. von ROHG und RG zur Ausschließung nach dem ADHGB

Die zum ADHGB ergangenen Entscheidungen des ROHG und des RG standen Ausschließungsklauseln der Gesellschafter mit erheblicher Reserve gegenüber. Freilich haben sie sich unmittelbar zur eigentlichen Rechtsfrage nach der Zulässigkeit freier Hinauskündigungsklauseln nicht verhalten, sondern betrafen die Zulässigkeit der Ausschließung durch bloßen Gesellschafterbeschluss anstatt durch die im Gesetz vorgesehene Klage.

Die Entscheidung des ROHG v. 3. Oktober 1876 betraf eine Bestimmung im Gesellschaftsvertrag einer OHG, nach der „jedes Mitglied wegen Nichterfüllung seiner Pflichten durch einen Beschluß von Zweidritteln aller Socien ausgeschlossen werden könne [...]; zugleich war dem so Ausgeschlossenen ‚die Berufung auf richterliches Gehör' versagt".[23] Das Gericht erachtete die Klausel als ungültig, weil es den in Art. 128 ADHGB eröffneten Rechtsweg („so kann ... erkannt werden") als zwingend ansah. In der Tendenz dürfte hierin aber auch eine Reserve gegen die „freie Hinauskündigung" aufscheinen. Das ROHG hielt es nämlich anders als die Vorinstanz auch für unzulässig, die gerichtliche Prüfung auf die Einhaltung bloß formaler vertraglicher Ausschließungsvoraussetzungen zu beschränken. Denn im Falle eines solchen Verzichts auf „eine Prüfung [...], ob die Entscheidung selbst nach Gesetz und Vertrag materiell begründet sei [...], würde einerseits [...] anerkannt werden, daß die Entscheidung über die Erfüllung des Vertrags lediglich dem Willen einer Partei überlassen werden dürfe, andererseits damit diesem einseitigen Parteiwillen die Autorität und der Zwang des Staates verliehen und so die Selbsthilfe sanctionirt werden."[24]

Das RG konzedierte dann zunächst in einem *obiter dictum* immerhin, dass es den Gesellschaftern freistehe, „einen [...] absoluten Ausschließungsgrund[, der jede Erwägung des erkennenden Richters ausschlösse,] im Gesellschaftsvertrag aufzustellen".[25] In einem Urteil v. 15. Januar 1897 entschied es dann auch in der Sache über eine „in dem Gesellschaftsvertrage einer offenen Handelsgesellschaft getroffene[n] Bestimmung, daß ein Gesellschafter durch einstimmigen Beschluß der übrigen Gesellschafter ausgeschlossen werden kann".[26] Das RG hielt eine solche Bestim-

---

23 So die wörtliche Wiedergabe in ROHG, Urt. v. 3.10.1876 – Rep. 872/76, ROHGE 21, 84.
24 ROHG, Urt. v. 3.10.1876 – Rep. 872/76, ROHGE 21, 84, 87.
25 RG, Urt. v. 18.9.1889 – I 154/89, RGZ 24, 136, 140.
26 So die eingangs formulierte Rechtsfrage der Entscheidung des RG, s. RG, Urt. v. 15.1.1897 – II 270/96, RGZ 38, 119.

mung für „rechtsunwirksam". Diese Bewertung beruhte „auf der Anschauung, daß nach den Grundsätzen des Handelsgesetzbuches die Ausschließung eines Mitgliedes einer offenen Handelsgesellschaft gegen seinen Willen lediglich der richterlichen Entscheidung zugewiesen und daher der Willkür der Parteien entzogen" sei.[27] Diese Auffassung sei bereits durch das hier beschriebene Urteil des ROHG entwickelt und „auch von der Doktrin durchweg als richtig anerkannt worden".[28]

Eine kontroverse Debatte dieser Entscheidungen scheint es im Schrifttum tatsächlich nicht gegeben zu haben. Grund hierfür mag sein, dass man sich an die in den Protokollen zum ADHGB niedergelegten Ausführungen gebunden sah. Dort war vom freien Ermessen des Gerichts in der Entscheidung für Auflösung oder (beantragten) Ausschluss die Rede.[29]

b) Kontroverse im Schrifttum und Rechtsprechungswende des RG zum HGB

Das RG hielt die restriktive Haltung zu Art. 128 ADHGB zunächst auch unter dem seit dem 1. Januar 1900 geltenden HGB aufrecht. Zur Frage, ob „im Gesellschaftsvertrag vereinbart werden [kann], daß die Übernahme des Geschäfts ohne Liquidation mit Aktiven und Passiven im Falle schwerer Verfehlungen des einen Gesellschafters durch Erklärung des schuldlosen Gesellschafters wirksam werde"[30], verweist das Gericht in einer Entscheidung v. 21. Oktober 1924 auf die zwingende Natur der §§ 140, 133 HGB.[31]

Tatsächlich war die Frage, ob die Ausschließung eines Gesellschafters nach freiem Ermessen der beschließenden Mehrheit wirksam im Gesellschaftsvertrag vereinbart werden konnte, in den 1920er und 1930er Jahren in der Literatur heftig umstritten.[32] Gegen die Zulässigkeit einer solchen Vertragsgestaltung wandte sich etwa *Karl Wieland* in seinem 1921 erschienenen Handbuch zum Handelsrecht. Seine Ausführungen muten aus heutiger Sicht geradezu „modern" an:

---

27 RG, Urt. v. 15.1.1897 – II 270/96, RGZ 38, 119, 121 unter Verweis auf die Vorinstanz.
28 RG, Urt. v. 15.1.1897 – II 270/96, RGZ 38, 119, 121 unter Verweis auf Staub zu Art. 128 ADHGB, § 6; *Makower*, ADHGB, 8. Aufl. 1880, Art. 128 Anm. 13 c.; *Behrend*, Lehrbuch des Handelsrechts, Bd. 1, § 80 Anm. 5.
29 S. dazu *Makower*, aaO (Fn. 28), Art. 128 Anm. 13 a.
30 RG, Urt. v. 21.10.1924 – II 606/23, RGZ 109, 80.
31 RG, Urt. v. 21.10.1924 – II 606/23, RGZ 109, 80, 82 unter Verweis auf RG, Urt. v. 15.1.1897 – II 270/96, RGZ 38, 119 sowie *Könige* in Staub, HGB, 9. Aufl. 1912, § 140 Anm. 4 und 6. RG, Urt. v. 23.3.1938 – II 149/37, ZAkDR 1938, 818, 819 bezieht diese Aussage zwar auf § 142 HGB, unterliegt hierbei aber wohl einem Missverständnis; vgl. auch *H. Lehmann*, Handelsrecht II, 1949, S. 119.
32 S. zum Streitstand *A. Hueck*, FS Heymann, Bd. 2, 1931, S. 700, 722 ff. m.w.N.

„Unzulässig ist die Vereinbarung, daß die Gesellschafter selbst oder deren Mehrheit darüber entscheiden sollen, ob ein zur Ausschließung berechtigender wichtiger Grund vorliegt[...], ebenso die Festsetzung, wonach die Mehrheit oder die sämtlichen übrigen Gesellschafter nach freiem Belieben die Ausschließung verhängen können. Der Grund hierfür liegt nicht in der Unzulässigkeit des Rechtswegs[...]. Wohl aber würden die der Vertragsfreiheit immanenten Schranken überschritten, könnte ein Gesellschafter der Willkür der übrigen preisgegeben werden und wäre es den Gesellschaftern gestattet, vielleicht aus unlauteren Beweggründen, Maßnahmen über einen von ihnen zu verhängen, die so tief in das wirtschaftliche und persönliche Dasein des Betroffenen einschneiden[...]."[33]

Auf der anderen Seite der Auseinandersetzung stand insbesondere *Alfred Hueck*, der sich in einem Festschriftenbeitrag von 1931 für die Zulässigkeit freier Hinauskündigungsklauseln aussprach:

„[D]ie dagegen geltend gemachten Bedenken [können] nicht als durchschlagend angesehen werden. Die Unzulässigkeit einer solchen Vereinbarung kann insbesondere nicht aus [...] § 140 HGB hergeleitet werden. [...] Dagegen spricht für die Zulässigkeit der fraglichen Vereinbarung einmal die Tatsache, daß die Gesellschafter den gleichen Erfolg auf einem anderen Wege doch erreichen könnten[, nämlich durch Auflösung und Neugründung ohne den missliebigen Gesellschafter. ...]. Für die hier vertretene Ansicht spricht ferner die Analogie zum Verein[...]. Entscheidend ist aber, daß es sich bei der Ausschließung eines Gesellschafters lediglich um das Verhältnis der Gesellschafter unter einander handelt und Interessen Dritter nicht in Frage stehen. Es greift daher der Grundsatz der Vertragsfreiheit in vollem Umfange. Die Aufnahme eines Ausschließungsrechtes in den Gesellschaftsvertrag wäre daher nur dann unzulässig, wenn sie durch Gesetz verboten wäre oder gegen die guten Sitten verstieße. [... Es kann aber nicht] als sittenwidrig angesehen werden, daß bei einem auf gegenseitigem Vertrauen beruhenden Vertrage jederzeitige Lösung des Verhältnisses durch Mehrheitsbeschluss vorgesehen wird. [...] Nur eine Einschränkung ist zu machen[...], wenn eine entschädigungslose Ausschließung vorgesehen würde."[34]

Ganz ähnlich äußerte sich *Julius Flechtheim* im Düringer-Hachenburg-Kommentar:

„Der unrichtige Ausgangspunkt der Gegenmeinung liegt darin, daß sie der Ausschließung einen pönalen Charakter beilegt [...]. Derartige Vereinbarungen liegen vielmehr durchaus im Rahmen der auch sonst grundsätzlich zugelassenen Autonomie. [...] Unterwirft sich ein Gesellschafter der Möglichkeit, durch das Machtwort eines oder mehrerer anderer Gesellschafter seine Stellung zu verlieren, so hat das Gesetz keinen Anlaß, dieser Abrede die Wirkung zu versagen."[35]

---

33 *Wieland*, Handelsrecht, I. Band, 1921, S. 717; s. dazu viel später etwa *Schilling*, ZGR 1979, 419, 421.
34 A. *Hueck*, aaO (Fn. 32) S. 723 ff.
35 *Flechtheim* in Düringer/Hachenburg, HGB, Bd. II/2, 3. Aufl. 1932, § 140 Anm. 15.

Die markante Rechtsprechungswende läutete das RG mit einer Entscheidung v. 23. März 1938 ein.[36] Der zugehörige Sachverhalt ist nicht veröffentlicht. Dem Vernehmen nach ging es um den Ausschluss eines Gesellschafters wegen dessen „Zugehörigkeit zum Judentum".[37] In der Entscheidungsbegründung liest man hierzu freilich nichts. Sie beschränkt sich auf eine abstrakte Erörterung der rechtlichen Fragen. Das Gericht stellt hierbei zunächst fest, dass auch § 140 HGB der abweichenden Regelung im Gesellschaftsvertrag zugänglich sei. Das dort geregelte Verfahren zur Ausschließung eines Gesellschafters aus der OHG sei nicht der einzig gangbare Weg. Vielmehr könne den Gesellschaftern „nicht verwehrt werden, im Gesellschaftsvertrag zu bestimmen, wann und auf welche Weise ein Gesellschafter ausgeschlossen werden dürfe." Es stehe „nichts entgegen, seine Entfernung aus der Gesellschaft in das Belieben eines oder mehrerer Mitgesellschafter zu stellen oder von einem Beschluß aller verbleibenden Gesellschafter abhängig zu machen, eine Ausschließung jederzeit und ohne einen weiteren sie rechtfertigenden Grund stattfinden zu lassen". Alles dies verstoße „weder gegen zwingende Vorschriften des Gesellschaftsrechts noch gegen öffentlich-rechtl[iche] Belange."[38] Der erkennende Senat hält also freie Hinauskündigungsklauseln für zulässig und stellt sich hierbei ausdrücklich gegen seine frühere Rspr. Auch sei es verfehlt, der Ausschließung „strafartigen Charakter" zuzuschreiben. Mit einer solchen Annahme sei es nicht vereinbar, „daß sie keineswegs nur auf Grund eines von dem Auszuschließenden verschuldeten Umstandes beruhen" müsse.[39]

Diese liberale Rspr. hat das RG in einem Beschluss v. 7. Dezember 1942 über die Ausschließung eines Komplementärs aus einer KG „auch für die sudetendeutschen Gebiete und die des ehemaligen österreichischen Bundesstaates" bestätigt.[40] Zugleich wies es aber darauf hin, dass dem Gericht „die Möglichkeit offengehalten [wird], die Gesetzmäßigkeit und Vertragsmäßigkeit der Ausschließung auf die Klage hin zu überprüfen und ihr gegebenenfalls die rechtliche Anerkennung zu versagen, wenn Bestimmungen des Gesellschaftsvertrags nicht eingehalten wurden oder in der Geltendmachung des Ausschließungsrechtes ein gegen Treu und Glauben im redlichen Verkehr verstoßender Mißbrauch liegen würde (§ 914 ABGB.). Eine Ausschließung des Rechtsweges überhaupt, sei es auch nur in Form der Anrufung eines vereinbarten Schiedsgerichtes, wäre allerdings unzulässig."[41]

---

36 RG, Urt. v. 23.3.1938 – II 149/37, ZAkDR 1938, 818 f.
37 So *Gehrlein*, NJW 2005, 1969, 1970.
38 RG, Urt. v. 23.3.1938 – II 149/37, ZAkDR 1938, 818.
39 RG, Urt. v. 23.3.1938 – II 149/37, ZAkDR 1938, 818, 819.
40 RG, Urt. v. 23.3.1938 – II 149/37, DR 1943, 808.
41 RG, Beschl. v. 7.12.1942 – II 110/42, DR 1943, 808, 809 m. zust. Anm. *Barz*.

c) Die Reaktion des Schrifttums auf die liberale Rspr. des späten RG

Die Rechtsprechungswende des RG wurde zumeist wohlwollend vom Schrifttum aufgenommen. *Hans Großmann-Doerth* feierte sie als „den Sieg der Vertragsfreiheit auf einem Gebiet, auf welchem sie bisher ohne berechtigten Grund unterdrückt worden ist."[42] Alle Klauseln, „welche das Ausschließungsrecht nach der materiellrechtlichen Seite erweitern", würden vom RG „in Bausch und Bogen als zulässig anerkannt". Dies geschehe zu Recht, wenn auch die Begründung dürftig sei. Der Ausschließung komme zwar Strafcharakter zu, entscheidend sei jedoch, dass es sich hier um „Verabredungen unter Vollkaufleuten" handele und man auch eine Kombination aus Kündigungsrecht und Recht zur Übernahme des Geschäfts mit Aktiven und Passiven zulasse.[43] Andere nahmen die Rechtsprechungswende vergleichsweise nüchtern zur Kenntnis und verwiesen auf die Möglichkeit der Klage bei „offenbarem Mißbrauch".[44]

d) Vorläufige Fortführung der RG-Rspr. durch den BGH

Der BGH führte zunächst die liberale Linie der späten RG-Rspr. fort. Entsprechend verneinte der BGH in einer Entscheidung v. 16. Dezember 1960 die Sittenwidrigkeit einer gesellschaftsvertraglichen Klausel, welche die Verpflichtung des Kommanditisten einer KG zur kaufweisen Andienung des ihm schenkweise überlassenen Kommanditanteils auf Verlangen des Komplementärs vorsah.[45] Der II. Zivilsenat begründete dies seinerzeit wie folgt: „Wenn der Inhaber eines Einzelhandelsgeschäfts seine nahen Familienangehörigen unentgeltlich in sein Geschäft als Teilhaber aufnimmt und ihnen einen namhaften Kapitalanteil aus seinem Vermögen zuweist, so stellt es keine unbillige oder gar sittenwidrige Belastung dieser Familienangehörigen dar, wenn er sich dabei zugleich das Recht vorbehält, das Ausscheiden einzelner oder auch aller Mitgesellschafter gegen Zahlung eines vorgesehenen Entgelts zu verlangen. [Namentlich bei einer Aufnahme als Kommanditisten ohne persönliche Haftung haben d]ie Familienangehörigen [...] nämlich in jedem Fall einen materiellen Vorteil."[46] Weitere Entscheidungen, welche den Ausschluss

---

42 *Großmann-Doerth*, ZAkDR 1938, 819.
43 *Großmann-Doerth*, ZAkDR 1938, 819.
44 S. *Haupt*, Gesellschaftsrecht, 4. Aufl. 1944, S. 68.
45 BGH, Urt. v. 16.12.1960 – II ZR 162/59, NJW 1961, 504, 505 = BGHZ 34, 80.
46 BGH, Urt. v. 16.12.1960 – II ZR 162/59, NJW 1961, 504, 505; insoweit nicht abgedruckt in BGHZ 34, 80.

von Kommanditisten aus einer Familien-KG betrafen, die ihre Gesellschafterstellung durch Erbschaft erlangt hatten, bestätigten diese Rechtsprechung.[47]

Der II. Zivilsenat weitete diese permissive Rspr. in seinem Urteil v. 7. Mai 1973 noch aus.[48] In der Entscheidung ging es um eine gesellschaftsvertragliche Klausel, nach der die Kommanditisten der Gesellschaft aufgrund eines mit Dreiviertelmehrheit gefassten Gesellschafterbeschlusses und eines einstimmigen Beschlusses des Verwaltungsrats aus der Gesellschaft ausgeschlossen werden konnten, ohne dass hierfür ein wichtiger Grund vorausgesetzt wurde. Das Gericht stellte klar, dass der freie Ausschluss von Kommanditisten nicht nur in Fällen zulässig sei, in denen zu Lasten der betroffenen Kommanditisten von vorneherein ein einseitiges Ausschlussrecht vereinbart war, die ausgeschlossenen Gesellschafter also bereits nach dem Gesellschaftsvertrag nur eine „minderberechtigte Stellung" innehatten. Vielmehr sei der Gesellschafterausschluss ohne wichtigen Grund auch dann möglich, wenn es sich um grundsätzlich gleichberechtigte Gesellschafter handelt, bei denen im Zeitpunkt des Vertragsschlusses noch ungewiss sei, wen von ihnen eine spätere Ausschließung treffe. Auch habe die mögliche Unzulässigkeit der Abfindungsregelung keine Bedeutung für die Wirksamkeit des Ausschlusses.[49]

e) Zustimmung zur Rspr. im Schrifttum der frühen Bundesrepublik

Das Schrifttum der 1950er, 1960er und frühen 1970er Jahre befürwortete die liberale Rechtsprechungslinie des BGH. So liest man in der siebenten Auflage des Lehrbuchs von *Julius v. Gierke* kurz und bündig: „Nach heute herrschender, richtiger Lehre ist § 140 nicht zwingend. Es kann im Gesellschaftsvertrage ausgemacht werden, daß der Ausschluß durch Mehrheitsbeschluß und ohne wichtigen Grund erfolgen darf. Nur darf nicht gegen § 138 BGB verstoßen werden; insbesondere nicht ein Ausschluß ohne Abfindung festgesetzt werden".[50] Und noch 1972, also gleichsam am Vorabend der grundlegenden Änderung der Rspr. des II. Zivilsenats zur Zulässigkeit von Hinauskündigungsklauseln[51], hieß es bei *Alfred Hueck* in seinem Lehrbuch zum Gesellschaftsrecht:

---

[47] BGH, Urt. v. 29.1.1962 – II ZR 172/60, WM 1962, 462, 463; BGH, Urt. v. 18.3.1968 – II ZR 26/66, WM 1968, 532, 533 f.; vgl. auch BGH, Urt. v. 23.10.1972 – II ZR 31/70, NJW 1973, 651 f.
[48] BGH, Urt. v. 7.5.1973 – II ZR 140/71, NJW 1973, 1606.
[49] BGH, Urt. v. 7.5.1973 – II ZR 140/71, NJW 1973, 1606 f.
[50] *J. v. Gierke*, Handelsrecht und Schiffahrtsrecht, 7. Aufl. 1955, S. 218.
[51] S. dazu sogleich unter III.1.f.

„Durch den Gesellschaftsvertrag kann das Ausschließungsrecht eingeschränkt oder ausgeschlossen, aber auch erweitert und umgestaltet werden. [...] Eine Grenze für solche Bestimmungen des Gesellschaftsvertrages bildet lediglich § 138 BGB; aber es ist noch nicht sittenwidrig, wenn der Ausschluß vom freien Ermessen der Mehrheit der Gesellschafter abhängig gemacht wird. Vielmehr kann es einen guten Sinn haben, daß die Gesellschafter nur solange zusammen arbeiten wollen, als wirklich Vertrauen unter ihnen herrscht, [...] und daß die Gesellschafter selbst nach freiem Ermessen beurteilen wollen, wann [dies nicht mehr der Fall ist]. [...] Die Frage war früher sehr umstritten [...]. Heute ist die hier vertretene Ansicht herrschend geworden. Es führt zu falschen Folgerungen, wenn man in dem Ausschluß eines Gesellschafters eine Art Bestrafung erblickt [...]. Sondern die übrigen Gesellschafter bringen dadurch lediglich zum Ausdruck, daß sie aus irgendwelchen Gründen die Gesellschaft mit dem Auszuschließenden nicht mehr fortsetzen wollen. Darin braucht für ihn keinerlei Kränkung zu liegen, genauso wenig, wie in der Kündigung irgendeines Vertrages eine Bestrafung des Vertragsgegners liegt. Nur darf der Ausschluß nicht dazu führen, daß sich die übrigen Gesellschafter auf Kosten des Ausscheidenden unbillig bereichern. [...] Eine [...] Bestimmung des Gesellschaftsvertrages, die jeden Gesellschafter nicht nur in der Zugehörigkeit zur Gesellschaft, sondern auch hinsichtlich seiner Vermögensbeteiligung vollständig von der Willkür der Mehrheit abhängig machen würde, wäre sittenwidrig und deshalb nichtig."[52]

f) Die Rechtsprechungswende des BGH in den 1970er Jahren

Die (erneute) Rechtsprechungswende nahm mit der Entscheidung des II. Zivilsenats v. 20. Januar 1977 ihren Anfang.[53] Der BGH verneinte hier die Wirksamkeit eines mehrheitlich gefassten Ausschließungsbeschlusses gegen einen Kommanditisten ohne wichtigen Grund. Der BGH gab hierfür eine doppelte Begründung: Zum einen ergäbe sich die Ermächtigung der (qualifizierten) Gesellschaftermehrheit zu einem solchen Ausschluss nicht zweifelsfrei aus dem Gesellschaftsvertrag. „Es hätte aber einer unzweideutigen gesellschaftsvertraglichen Regelung bedurft, wenn die Ausschließung durch Gesellschafterbeschluß auch ohne den Nachweis eines wichtigen Grundes hätte zulässig sein sollen. Denn für eine solche außergewöhnliche Regelung mit ihrer weittragenden, in die Rechtsstellung des einzelnen Gesellschafters eingreifenden Bedeutung muß ein dahingehender Vertragswille eindeutig feststellbar sein."[54] Zum anderen könne ein „derart von der gesetzlichen Regelung abweichendes und erweitertes, in so schwerwiegender Weise in die Gesellschafterstellung eingreifendes und die wirtschaftliche und persönliche Freiheit einschränkendes Gestaltungsrecht [...] nur dann als zulässig angesehen werden, wenn

---

52 *A. Hueck*, Gesellschaftsrecht, 16. Aufl. 1972, S. 42 f., 85, der hier unverkennbar auch auf Argumente und Gedanken aus seinem Festschriftenbeitrag von 1931 [s. dazu o. unter III.1.b bei Fn. 34] zurückgreift.
53 BGH, Urt. v. 20.1.1977 – II ZR 217/75, BGHZ 68, 212.
54 BGH, Urt. v. 20.1.1977 – II ZR 217/75, BGHZ 68, 212, 215 sowie Ls. a).

wegen ganz besonderer Umstände Gründe bestünden, die für eine solch ungewöhnliche Regelung eine sachliche Rechtfertigung bilden könnten."[55] Solche außergewöhnlichen personellen und sonstigen Verhältnisse hätten – so das Gericht – in den bisher entschiedenen Fällen auch vorgelegen, nicht aber im vorliegenden Fall.[56]

Diese neue Rspr. hat der BGH in seinem Grundsatzurteil v. 13. Juli 1981[57] bestätigt und weiter präzisiert: Bei einer Kommanditgesellschaft – so der Leitsatz der Entscheidung –, die im Wesentlichen dem gesetzlichen Regeltyp entspreche, sei eine gesellschaftsvertragliche Bestimmung, die den persönlich haftenden Gesellschaftern das Recht einräume, die Mitglieder nach freiem Ermessen aus der Gesellschaft auszuschließen, nichtig, es sei denn, dass eine solche Regelung wegen außergewöhnlicher Umstände sachlich gerechtfertigt sei. Die grundsätzliche Nichtigkeit freier Hinauskündigungsklauseln begründet das Gericht mit den „immanenten Grenzen der Vertragsfreiheit". Da der Gesellschaftsvertrag im Unterschied zum reinen Austauschvertrag „auf ein gedeihliches Zusammenwirken der Gesellschafter zur Erreichung eines gemeinsamen Zweckes angelegt" sei und die „persönlichen Beziehungen zwischen den Gesellschaftern in besonderem Maße auf gegenseitigem Vertrauen beruhten, ergäben sich diese Grenzen nicht nur aus den allgemeinen Grundsätzen der Rechtsordnung (§ 138 BGB), sondern auch aus dem gesellschaftsrechtlichen Grundprinzip der Treuepflicht. Durch das Recht zur freien Hinauskündigung werde aber eine Abhängigkeit begründet, welche die Entscheidungsfreiheit der Kommanditisten in gesellschaftlichen Belangen derart beeinflusse, dass die Gefahr bestehe, dass diese von ihren gesellschaftsvertraglichen Rechten keinen Gebrauch machten und ihren Gesellschafterpflichten nicht nachkämen.[58] Es reiche daher nicht aus, erst den Ausschließungsbeschluss selbst oder die Kündigungserklärung unter dem Gesichtspunkt des Missbrauchs der eingeräumten Machtstellung zu überprüfen. Das „Damoklesschwert der Hinauskündigung" schwebe über dem vom Ausschluss bedrohten Gesellschafter auch dann, wenn davon letztlich kein Gebrauch gemacht werde.[59] Hieran ändere sich – so das Gericht unter Bezugnahme auf *Wiedemann* – auch durch die Vereinbarung einer angemessenen Abfindung für den Kündigungsfall nichts, da diese den von der Kündigungsklausel ausgehenden Druck nur mindern, im Allgemeinen aber nicht ausschließen könne.[60]

---

55 BGH, Urt. v. 20.1.1977 – II R 217/75, BGHZ 68, 212, 215 und Ls. b).
56 BGH, Urt. v. 20.1.1977 – II R 217/75, BGHZ 68, 212, 215.
57 BGH, Urt. v. 13.7.1981 – II ZR 56/80, BGHZ 81, 263.
58 BGH, Urt. v. 13.7.1981 – II ZR 56/80, BGHZ 81, 263, 266–268.
59 BGH, Urt. v. 13.7.1981 – II ZR 56/80, BGHZ 81, 263, 268.
60 BGH, Urt. v. 13.7.1981 – II ZR 56/80, BGHZ 81, 263, 268 unter Verweis auf *Wiedemann*, ZGR 1980, 147, 153. S. zu letzterem sogleich unter g).

Die Nichtigkeit freier Hinauskündigungsklauseln gilt nach Ansicht des BGH aber nur im Grundsatz. Denn es seien durchaus „Fallgestaltungen denkbar [...], die die Aufnahme einer gesellschaftsvertraglichen Bestimmung über die Hinauskündigung ohne Begründung (nach freiem Ermessen) als gerechtfertigt erscheinen lassen."[61] Eine abschließende Entscheidung zu der Frage, welche Umstände den Ausschluss nach freiem Ermessen grundsätzlich rechtfertigen können, sei „beim gegenwärtigen Stand der wissenschaftlichen Diskussion" nicht angebracht.[62]

Diese Rspr. hat der II. Zivilsenat in der Folge präzisiert und ergänzt. So stützt er die Nichtigkeit freier Hinauskündigungsklauseln seit einer Entscheidung aus dem Jahre 1985 nicht mehr auf einen Verstoß gegen die gesellschafterliche Treuepflicht, sondern auf die Sittenwidrigkeit der Vereinbarung gem. § 138 Abs. 1 BGB.[63] Er hat ferner klargestellt, dass die gleichen Maßstäbe für neben dem Gesellschaftsvertrag getroffene schuldrechtliche Vereinbarungen gelten, die zu einer freien Ausschließbarkeit von Mitgesellschaftern führen sollen.[64]

Im Laufe der Zeit reichte der BGH dann nähere Auskünfte darüber nach, wann eine freie Hinauskündigung ausnahmsweise sachlich gerechtfertigt sein kann, freilich nicht ohne darauf hinzuweisen, dass es immer auf den konkreten Fall ankomme.[65] Er bejahte die Zulässigkeit etwa in folgenden Konstellationen: (1) Treuhandähnliche Verhältnisse[66], (2) Prüfung gedeihlicher Zusammenarbeit („Probezeit")[67], (3) Beendigung der für die Beteiligung maßgeblichen Zusammenarbeit (insbesondere sog. Manager- und Mitarbeitermodelle)[68], (4) Bestimmung durch den Erblasser[69].[70]

---

61 BGH, Urt. v. 13.7.1981 – II ZR 56/80, BGHZ 81, 263, 269.
62 BGH, Urt. v. 13.7.1981 – II ZR 56/80, BGHZ 81, 263, 269.
63 BGH, Urt. v. 25.3.1985 – II ZR 240/84, NJW 1985, 2421, 2422 f. (KG); s. ferner BGHZ 105, 213, 216 f. (GmbH & Co. KG); st. Rspr.
64 S. etwa BGH, Urt. v. 19.9.2005 – II ZR 173/04, BGHZ 164, 98 Ls. a) a.E.
65 S. BGH, Urt. v. 9.7.1990 – II ZR 194/89, BGHZ 112, 103, 108 (GmbH). Die im folgenden angesprochenen Entscheidungen betreffen teilweise die GmbH. S. grds. zur Hinauskündigung eines GmbH-Gesellschafters noch unter III.2.
66 BGH, Urt. v. 9.7.1990 – II ZR 194/89, BGHZ 112, 103 Ls. 1.b) (GmbH).
67 BGH, Urt. v. 8.3.2004 – II ZR 165/02, ZIP 2004, 903 (Gemeinschaftspraxis von Laborärzten); zur Aufnahme in eine bisher allein geführte Arztpraxis s. BGH, Urt. v. 7.5.2007 – II ZR 281/05, ZIP 2007, 1309.
68 BGH, Urt. v. 14.3.2005 – II ZR 153/03, ZIP 2005, 706; BGH, Urt. v. 19.9.2005 – II ZR 173/04, BGHZ 164, 98 (Managermodell – GmbH); BGH, Urt. v. 19.9.2005 – II ZR 342/03, BGHZ 164, 107 (Mitarbeitermodell – GmbH).
69 BGH, Urt. v. 19.3.2007 – II ZR 300/05, ZIP 2007, 862.
70 S. hierzu ausführlicher *Schmolke*, Grenzen der Selbstbindung, 2014, S. 540 ff.

Soweit freie Hinauskündigungsklauseln danach ausnahmsweise wirksam sind, unterzieht der BGH sie des Weiteren einer Ausübungskontrolle am Maßstab des § 242 BGB.[71]

g) Das unmittelbare Echo auf die Rechtsprechungswende im Schrifttum

Die Rechtsprechungswende des II. Zivilsenats zu freien Hinauskündigungsklauseln fand in *Herbert Wiedemann* einen prominenten Fürsprecher. Er begriff sie als „rechtsethisch" fundierte Korrektur einer im Nachkriegsdeutschland zunächst notwendigen (Über-)Betonung der Privatautonomie:

> „Sicher darf man das Gesellschaftsrecht nicht als bloßes Organisationsrecht auffassen, das der Wirtschaft Instrumente zur Verfügung stellt. Die Vertragsfreiheit, die nach dem zweiten Weltkrieg und in der Zeit des Wiederaufbaus großzügig gehandhabt werden mußte, kann heute nicht nur auf die Grenzen der Willkürlichkeit oder Sittenwidrigkeit stoßen. Wissenschaft und Rspr. haben in den vergangenen Jahren eine Reihe rechtsethischer Prinzipien entwickelt, die die verbandsrechtliche Gestaltungsfreiheit unter verschiedenen Gesichtspunkten einschränken. Die instrumentale Betrachtungsweise hat keine Zukunft – weder im allgemeinen Zivilrecht noch im Gesellschaftsrecht[...]. Als Nachweis dafür darf hier auf eine Rspr. des Bundesgerichtshofs eingegangen werden, die eine Absage an die überzogene Freiheit zur Vertragsgestaltung darstellt, nämlich die Urteile zum willkürlichen Ausschluß aus der Personengesellschaft."[72]

Zugleich betonte er, dass der vollen Abfindung keine rechtfertigende Wirkung für die freie Hinauskündigung zukomme:

> „Bei der Feststellung, ob ein sachlicher Grund für den Ausschluß vorliegt, spielt es in Zukunft keine Rolle, wie das Abfindungsguthaben vom Gesellschaftsvertrag ausgestaltet ist. Selbst wenn dem ausgeschlossenen Gesellschafter der volle Vermögenswert nach § 738 BGB zur Verfügung gestellt wird, ist ein ‚Ausbooten' aus der Gesellschaft ohne sachlichen Grund rechtswidrig."[73]

Dies ergänzte er später um den Hinweis, dass die Notwendigkeit voller Abfindung „kein ausreichendes psychologisches Hemmnis für ein unsachliches Hinausdrängen eines Teilhabers" sei.[74] Hierauf hat sich der BGH später in seiner Entscheidung v. 13. Juli 1981 berufen.[75]

---

71 S. BGH, Urt. v. 8.3.2004 – II ZR 165/02, ZIP 2004, 903, 905 f.
72 *Wiedemann*, FS Fischer, 1979, S. 883, 896 f.
73 *Wiedemann*, aaO (Fn. 72), S. 898.
74 *Wiedemann*, ZGR 1980, 147, 153.
75 BGH, Urt. v. 13.7.1981 – II ZR 56/80, BGHZ 81, 263, 268; s. dazu oben unter III.1.f.

In seiner Kölner Rektoratsrede v. 19. Oktober 1979 über „Rechtsethische Maßstäbe im Unternehmensrecht" legte *Wiedemann* noch einmal nach und wandte sich insbesondere gegen die Lehre vom Gesellschafter minderen Rechts[76], der er überindividuelle Gerechtigkeitsvorstellungen und seine Skepsis gegenüber der Selbstbestimmtheit des Einzelnen im rechtsgeschäftlichen Verkehr entgegenhielt:

> „Das Problem liegt nicht in der Gleichbehandlungspflicht, sondern in der Antinomie zwischen Gestaltungsfreiheit und Vertragskontrolle, zwischen dem Recht auf Selbstbestimmung – das auch das Recht auf Irrtum und Fehleinschätzung beinhaltet – und den Anforderungen der Gerechtigkeit, die ohne und möglicherweise gegen den Willen der Privatpersonen durchzusetzen sind. [... O]b wirkliche *Freiwilligkeit* die uns interessierenden Vertragsbestimmungen legitimieren könnte, kann letztlich offenbleiben. In unserer Generation ist man gegenüber der Freiwilligkeit von Verzichtserklärungen recht skeptisch. In der Rechtswirklichkeit trifft man denn auch nicht auf Spielernaturen, die bewußt ein Risiko eingehen wollen, sondern in allen bekanntgewordenen Fällen entweder Familienbindungen oder auf andere Abhängigkeitsverhältnisse."[77]

Ulrich Huber sah demgegenüber Problem und Lösung der freien Hinauskündigungsklausel in der Abfindungsregelung. Gerichtlichem Paternalismus zum vermeintlichen Schutz des Gesellschafters stand er hingegen kritisch gegenüber:

> „Das Kernproblem aller Ausschlußklauseln ist die Abfindungsregelung. Hier besteht offensichtlich die Gefahr der Übervorteilung bei Vertragsabschluß und des Mißbrauchs bei Ausübung des Ausschließungsrechts. [...] Der Zwang, den Kommanditisten im Fall des Ausschlusses in voller Höhe abzufinden, ist hier das richtige Korrektiv. Der Kommanditist wird vor Mißbrauch und Willkür geschützt. Man darf erwarten, daß die Mehrheit oder die bevorrechtigte Gesellschaftergruppe von dem Ausschließungsrecht nur in Ausnahmefällen und nur aus jedenfalls subjektiv anerkennenswerten Gründen Gebrauch machen wird, wenn sie weiß, daß sie Abfindung zum vollen Wert leisten muß [...]. Das Ausschließungsrecht kann [...] nicht schon an sich, auch bei richtiger Abfindung, als sittenwidrig angesehen werden. [...] Der Tendenz, insbesondere Kommanditisten als sozusagen von Natur vermindert geschäftsfähige Personen unter gerichtliche Kuratel zu nehmen, sollte man nicht nachgeben. Im Grundsatz verdient nach alledem die Entscheidung des RG in ZAkDR 1938, 818 vor BGHZ 68, 212 den Vorzug[...]."[78]

---

76 S. dazu näher noch unter III.3.b.aa.
77 *Wiedemann*, ZGR 1980, 147, 152 ff.
78 *U. Huber*, ZGR 1980, 177, 210 f.

Werner Flume widersprach der neuen Rspr. im Grundsätzlichen und verwies auf die von ihm vertretene Lehre vom minderberechtigten Gesellschafter.[79] Zugleich spießte er eine Schwäche der Rspr. auf, die sich später noch deutlicher zeigen sollte:

> „Stellt man [...] darauf ab, daß durch die Ausschlußklausel nach freiem Ermessen der Komplementäre die Entscheidungen der Kommanditisten in unzulässiger Weise beeinflußt werden, [...] ist [...] nicht zu sehen, wieso es möglich sein soll, daß eine solche Regelung wegen außergewöhnlicher Umstände gerechtfertigt ist'. Es müßten ja doch Umstände sein, durch welche der ‚Druck', dem nach der Entscheidung der Kommanditist in unzulässiger Weise ausgesetzt ist, beseitigt würde. Wenn dies aber nicht einmal der Anspruch auf volle oder jedenfalls angemessene Abfindung vermag, so sind keine ‚Fallgestaltungen denkbar', welche die Ausschlußklausel nach freiem Ermessen ‚als gerechtfertigt erscheinen lassen'.[80]

2. Die Übertragung der Rspr. auf das GmbH-Recht

Der BGH hat seine Rspr. zur Sittenwidrigkeit freier Hinauskündigungsklauseln zügig auf den Ausschluss eines GmbH-Gesellschafters übertragen. In der maßgeblichen Entscheidung v. 9. Juli 1990 heißt es im amtlichen Leitsatz 1.a): „Eine vertragliche Vereinbarung, die einem Gesellschafter das Recht einräumt, die Gesellschafterstellung eines Mitgesellschafters nach freiem Ermessen zu beenden, ist auch im GmbH-Recht nichtig, es sei denn, daß eine solche Regelung wegen der besonderen Umstände sachlich gerechtfertigt ist".[81] In seiner weiteren Judikatur hat der II. Zivilsenat diesen Gleichlauf der Prüfungsmaßstäbe für Ausschlussrechte teilweise sogar in der Leitsatzformulierung zum Ausdruck gebracht.[82] Die Literatur sieht hier ebenfalls keinen Grund für eine Differenzierung.[83]

---

79 *Flume*, DB 1986, 629 ff. Zur Lehre vom Gesellschafter minderen Rechts s. noch unten unter III.3.b.aa.
80 *Flume*, DB 1986, 629, 630 f.
81 BGH, Urt. v. 9.7.1990 – II ZR 194/89, BGHZ 112, 103. S. ferner BGH, Urt. v. 19.9.2005 – ZR II 173/04, BGHZ 164, 98, 101; BGH, Urt. v. 19.9.2005 – II ZR 342/03, BGHZ 164, 107. Im Zuge dessen hat er seine Vertragskontrolle auch auf schuldrechtliche Ausschlußvereinbarungen ausgeweitet.
82 Vgl. BGH, Urt. v. 19.9.2005 – II ZR 173/04, BGHZ 164, 98 Ls. a.
83 S. hier nur *Schmolke*, aaO (Fn. 70), S. 543 ff., 671 ff. m.w.N.

3. Kritik des Schrifttums an der neuen BGH-Rspr. und alternative Konzepte der Literatur

Die Rspr. des BGH zur grundsätzlichen Nichtigkeit freier Hinauskündigungsklauseln ist bis auf den heutigen Tag außerordentlich umstritten. Die Debatte kreist im Wesentlichen um drei Fragenkomplexe. (1) Ist dem BGH in seiner Annahme der grundsätzlichen Nichtigkeit freier Hinauskündigungsklauseln zuzustimmen? Bejaht man (1) stellen sich die Folgefragen: (2) Ändert eine volle oder jedenfalls angemessene Abfindung im Kündigungsfalle die rechtliche Beurteilung? (3) Wann liegen besondere Umstände vor, die eine freie Hinauskündigungsklausel ausnahmsweise rechtfertigen?

a) Kritik an der Rspr. zur Sittenwidrigkeit freier Hinauskündigungsklauseln

Die Rspr. des BGH zur grundsätzlichen Sittenwidrigkeit freier Hinauskündigungsklauseln hat viele Befürworter vor allem in der Kommentarliteratur gefunden.[84] Indes ist der BGH für seine Linie seit den späten 1970er Jahren bis in die Gegenwart auch immer wieder kritisiert worden. Seit Mitte der „Nullerjahre" hat diese Opposition gegen den II. Zivilsenat noch einmal deutlich zugenommen. Die breite Kritik aus dem Schrifttum hat das Gericht zwar bis heute völlig unbeeindruckt gelassen.[85] Dies liegt aber nicht an einem Mangel an Argumenten von Gewicht. Die Überlegungen des Schrifttums lassen sich wie folgt skizzieren.[86]

aa) Inkonsistenz der Rspr.

Anknüpfend an die Anerkennung immer neuer „sachlicher Rechtfertigungsgründe" wird der Rspr. Inkonsistenz vorgeworfen. Insbesondere die Entscheidung v. 19. März 2007, in welcher der BGH die freie Hinauskündigung des Miterben mit der Testierfreiheit des Erblassers sachlich rechtfertigt[87], stelle dessen Rspr. zu den Hinauskündigungsklauseln grundsätzlich in Frage. Das vom Gericht vorgebrachte Argument, dass der mit dem Hinauskündigungsrecht belastete Erbe es auch hätte

---

[84] S. etwa *Roth* in Hopt, HGB, 43. Aufl. 2024, § 134 Rn. 27 f.; *K. Schmidt/Fleischer* in MünchKommHGB, 5. Aufl. 2022, § 140 Rn. 100; ferner aber etwa auch *Nasall*, NZG 2008, 851 ff.; *Raiser/Veil*, aaO (Fn. 9), § 40 Rn. 81 und ff.; *Wedemann*, Gesellschafterkonflikte in geschlossenen Kapitalgesellschaften, 2013, S. 486 ff., die auf dem Boden der BGH-Rspr. für eine vorsichtige Ausweitung der sachlich gerechtfertigten Konstellationen eines Hinauskündigungsrechts plädiert.
[85] Hier *Goette*, DStR 1997, 1090 ff.
[86] S. zum Ganzen bereits *Schmolke*, aaO (Fn. 70), S. 543 ff.
[87] BGH, Urt. v. 19.3.2007 – II ZR 300/05, ZIP 2007, 862, 864 Rn. 12.

hinnehmen müssen, überhaupt nicht an der Gesellschaft beteiligt zu werden, ließe sich letztlich auch auf Fälle des entgeltlichen Anteilserwerbs übertragen.[88] Die geleistete Einlage sei in Bezug auf das „Damoklesschwert"-Argument ohne Bedeutung und könne bei den Anforderungen an die Abfindung berücksichtigt werden.[89] Letztlich sieht diese Kritik die seinerzeitige Prognose von *Flume* bestätigt.[90]

Darüber hinaus zeige die hohe Zahl von Ausnahmen, die das vom BGH behauptete Regel-Ausnahme-Verhältnis verkehre, dass der Grundsatz der Sittenwidrigkeit von Hinauskündigungsklauseln zu weit gehe.[91] Der II. Zivilsenat nehme in Wahrheit auch gar keine Sittenwidrigkeitsprüfung i. S. d. § 138 Abs. 1 BGB vor, sondern führe eine Angemessenheits- oder Billigkeitskontrolle im konkreten Fall durch.[92] Dies zeige sich auch in der zentralen Bedeutung des „Damoklesschwert"-Arguments, das lediglich eine abstrakte Missbrauchsgefahr beschreibe.[93]

Schließlich gebe die aus der Sittenwidrigkeit folgende Nichtigkeit der Klausel dem betroffenen Gesellschafter „Steine statt Brot". Denn bei konsequenter Anwendung des § 139 BGB und einem entsprechenden Einheitlichkeitswillen sei dann auch der Beitritt des Gesellschafters von vorneherein unwirksam.[94]

bb) Keine Sittenwidrigkeit aus Gründen des Gesellschafterschutzes

Die Kritiker der BGH-Rspr. bestreiten zudem, dass sich die Sittenwidrigkeit mit dem Schutz des betroffenen Gesellschafters vor einer „Selbstentmündigung" begründen lasse.[95] Ein Fall der „strukturellen Unterlegenheit" i. S. d. BVerfG-Rspr. liege nicht vor. Der betroffene Gesellschafter stehe typischerweise keiner wirtschaftlich, intellektuell oder anderweitig übermächtigen Partei gegenüber.[96] Dies gelte insbesondere

---

88 Daher gegen diese Ausnahme *Armbrüster*, ZGR 2014, 333, 361.
89 *Verse*, DStR 2007, 1822, 1824f.; vgl. auch *Schäfer* in MünchKommBGB, 8. Aufl. 2020, § 737 Rn. 19; *ders.* in Staub, HGB, 5. Aufl. 2009, § 140 Rn. 63.
90 S. o. unter III.1.g.
91 S. etwa *Drinkuth*, NJW 2006, 410, 411; *Verse*, DStR 2007, 1822, 1825; vgl. auch *Kilian*, WM 2006, 1567, 1574.
92 So oder ähnlich *Kilian*, WM 2006, 1567, 1574; *Verse*, DStR 1822, 1827; vgl. auch *Benecke*, ZIP 2005, 1437, 1441; ferner *Peltzer*, ZGR 2006, 702, 716.
93 Vgl. *Drinkuth*, NJW 2006, 410, 411 unter Verweis auf den Ursprung des Arguments bei *Schilling*, ZGR 1979, 419, 426; dazu bereits o. unter III.1.f.
94 *Benecke*, ZIP 2005, 1437, 1439; *Verse*, DStR 2007, 1822, 1827; genau dies hatte das OLG Frankfurt a. M., Urt. v. 23.6.2004 – 13 U 89/03, NZG 2004, 914 (Vorinstanz zu BGH, Urt. v. 19.9. 2005 – II ZR 173/04, BGHZ 164, 98) angenommen; näher hierzu *Peltzer*, ZGR 2006, 702, 705.
95 In diesem Sinne aber der ehemalige Vorsitzende des II. Zivilsenats *Goette*, ZGR 2008, 436, 441ff., 442; s. auch *Nasall*, NZG 2008, 854f., der die BGH-Rspr. mit der gestörten Vertragsparität zwischen den Gesellschaftern begründet.
96 *Verse*, DStR 2007, 1822, 1825.

vor dem Hintergrund, dass die betroffenen Gesellschafter zumeist anwaltlich vertreten seien und es bei der GmbH für Hinauskündigungsklauseln zudem noch der notariellen Form bedürfe.[97]

Auch lasse sich die Rspr. des BGH nicht mit dem Schutz der „beruflichen Tätigkeit und Lebensgrundlage" des Gesellschafters begründen.[98] Dies ergäbe sich aus einem Vergleich mit der Situation eines GmbH-Fremdgeschäftsführers oder nicht dem KSchG unterliegenden Arbeitnehmern, denen auch kein Kündigungsschutz zugute komme.[99]

cc) Keine Sittenwidrigkeit wegen Dysfunktionalität der Gesellschaft
Im Zuge seiner Rechtsprechungswende begründete der BGH die Unwirksamkeit von Hinauskündigungsklauseln zunächst auch mit dem Funktionsschutz in der Gesellschaft: Das über dem belasteten Gesellschafter hängende „Damoklesschwert" der freien Hinauskündbarkeit treffe „die nach dem Gesellschaftsvertrag erforderliche Zusammenarbeit der Gesellschafter im Kern", weil es die unbefangene Erfüllung der dem einzelnen Gesellschafter obliegenden Aufgaben gefährde.[100] Dieser Begründungsstrang ist im Schrifttum aufgegriffen und ausgebaut worden.[101] Ganz ähnlich wird teilweise auf den „Institutionenschutz" verwiesen.[102]

Auch diese Begründungslinie sieht sich Einwänden ausgesetzt. So ließen sich die zahlreichen Fälle der ausnahmsweisen Wirksamkeit freier Hinauskündigungsklauseln nicht mit dem Funktionsschutz der Gesellschaft erklären.[103] Zudem sei ein von den Individualinteressen des betroffenen Gesellschafters sowie anderer Bezugsgruppen abstrahierter Schutz der Gesellschaft als solcher eine höchst fragwürdige Legitimationsgrundlage für den vom BGH vorgenommenen Eingriff in die Privatautonomie.[104] Zudem sei die BGH-Lösung mit ihren Unsicherheiten möglicherweise für die Funktionsfähigkeit der Gesellschaft ungünstiger als eine ver-

---

97 S. *Kilian*, WM 2006, 1567, 1569 f.; *Drinkuth*, NJW 2006, 410, 412.
98 In diesem Sinne BGH, Urt. v. 25.3.1985 – II ZR 240/84, NJW 1985, 2421, 2422; vgl. auch *Wiedemann*, Gesellschaftsrecht I, 1980, S. 387.
99 S. etwa *Verse*, DStR 2007, 1822, 1825; *Drinkuth*, NJW 2006, 410, 411; s. bereits *Koller*, DB 1984, 545, 546; *Flume*, DB 1986, 629, 632; zu letzteren bereits unter III.1.g.
100 S. nur BGH, Urt. v. 13.7.1981 – II ZR 56/80, BGHZ 81, 263, 266.
101 S. etwa *Behr*, ZGR 1985, 475, 493; *ders.*, ZGR 1990, 370, 377; *Fastrich*, Funktionales Rechtsdenken am Beispiel des Gesellschaftsrechts, 2001, S. 8 f., 13 f.; aus neuerer Zeit etwa *Miesen*, RNotZ 2006, 522, 524 m.w.N.
102 So etwa *Armbrüster*, ZGR 2014, 333, 360 ff.
103 S. bereits oben unter III.3.a.bb.; ferner *Verse*, DStR 2007, 1822, 1826 unter Verweis auf BGH, Urt. v. 19.3.2007 – II ZR 300/05, ZIP 2007, 862; krit. auch *Enderlein*, Rechtspaternalismus und Vertragsrecht, 1996, S. 378.
104 *Verse*, DStR 2007, 1822, 1826.

tragliche Lösung, die eine schnelle Trennung im Falle des Konflikts unter den Gesellschaftern ermögliche.[105]

dd) „Damoklesschwert"-Argument und angemessene Abfindung

Kritik hat auch die vollständige Ausblendung einer angemessenen Abfindung für die Frage der Sittenwidrigkeit einer freien Hinauskündigungsklausel durch den BGH provoziert. Insbesondere verliere das für die Rspr. zentrale „Damoklesschwert"-Argument erheblich an Gewicht, wenn der Ausschluss durch eine zumindest angemessene Abfindung kompensiert werde. Für den zur Hinauskündigung berechtigten Gesellschafter bzw. die Gesellschaftermehrheit bestehe dann angesichts der wirtschaftlichen Folgen kein Anreiz mehr, einen Mitgesellschafter „willkürlich", d.h. aus sachfremden Motiven auszuschließen. Das Damoklesschwert hänge dann nicht mehr an einem Rosshaar, sondern an einem „ganzen Pferdeschweif".[106] Der Zusammenhang zwischen Ausschlussrecht und Gesellschafterschutz (allein) durch eine angemessene Abfindung zeige sich auch in der aktienrechtlichen Regelung des § 327a Abs. 1 AktG zum Squeeze-out.[107]

ee) Überschießende Wirkung des Nichtigkeitsverdikts

Vor allem die wachsende Anhängerschaft einer bloßen Ausübungskontrolle bei grundsätzlicher Wirksamkeit freier Hinauskündigungsklauseln sieht das Sittenwidrigkeitsverdikt als überschießenden, mithin unverhältnismäßigen Eingriff in die Vertragsfreiheit der Gesellschafter an.[108] *Karl-Georg Loritz* hat dies anschaulich beschrieben: Der BGH habe das „Damoklesschwert der Hinauskündigung" durch das „Fallbeil der Unwirksamkeit" der Kündigungsklausel ersetzt.[109]

ff) Zweifelhaftigkeit der Sittenwidrigkeit im internationalen Vergleich

Das kritische Schrifttum weist schließlich darauf hin, dass die rechtliche Bewertung freier Hinauskündigungsklauseln jenseits der Landesgrenzen kein einheitliches

---

105 *Verse*, DStR 2007, 1822, 1826.
106 So das inzwischen berühmte Diktum von *Drinkuth*, NJW 2006, 410, 411; zust. *Verse*, DStR 2007, 1822, 1826; gleichsinnig bereits *U. Huber*, ZGR 1980, 177, 203; a.A. *Wiedemann*, ZGR 1980, 147, 153; s.o. unter III.1.f.
107 *Drinkuth*, NJW 2006, 410, 411 unter Verweis auf BVerfG, Beschl. v. 27.4.1999 – 1 BvR 1613/94, BVerfGE 100, 289, 290 f. – DAT/Altana.
108 S. etwa *Benecke*, ZIP 2005, 1437, 1439 m.w.M.; ferner *Verse*, DStR 2007, 1822, 1826.
109 *Loritz*, JZ 1986, 1073, 1075.

Bild liefert.[110] Insbesondere das U.S.-amerikanische und das englische Recht der *(limited) partnership* lassen freie Hinauskündigungsklauseln zu und beschränken sich auf eine gerichtliche Ausübungskontrolle.[111] Angesichts solcher permissiver Regelungen in Rechtsordnungen mit einem elaborierten und erfahrungsgesättigten Gesellschaftsrecht könne von einem evidenten Verstoß gegen das Anstandsgefühl aller billig und gerecht Denkenden keine Rede sein. Einen solchen Verstoß setze § 138 Abs. 1 BGB aber voraus.[112]

b) Alternative Konzepte des Schrifttums

Das Schrifttum hat sich indes nicht mit einer bloßen Kritik an der Rspr. begnügt, sondern zugleich auch alternative Konzepte zum Umgang mit freien Hinauskündigungsklauseln entwickelt.

aa) Die Lehre vom Gesellschafter minderen Rechts (*Flume*), ihre Kritik und Weiterentwicklung

Werner Flume hat in Auseinandersetzung mit der BGH-Rspr. bereits früh die Lehre vom Gesellschafter minderen Rechts entwickelt.[113] Danach ist eine freie Hinauskündigungsklausel zulässig, wenn einem oder einzelnen Gesellschaftern das Recht zur Ausschließung des insofern „minderberechtigten" Mitgesellschafters als von vorneherein im Gesellschaftsvertrag vereinbartes Individualrecht zusteht. Hiervon zu unterscheiden sei der Fall, in dem die „Gesellschaft als Gruppe der einander gleichberechtigten Gesellschafter" über die Ausschließung in Ausübung ihres korporativen Sozialrechts befinde. Hier verstoße eine freie Ausschlussklausel gegen den Gleichbehandlungsgrundsatz. Die Ausübung des zulässigen Individualrechts zur Hinauskündigung könne aber ihrerseits im konkreten Fall rechtsmissbräuchlich sein.

Das Konzept von *Flume* hat seinerseits Kritik erfahren. Insbesondere die Begründung der Unzulässigkeit des freien Ausschlusses durch Beschluss mit dem Verstoß gegen den Gleichbehandlungsgrundsatz wird – zu Recht – als unzutreffend abgelehnt. Denn die gesellschaftsvertragliche Vereinbarung genießt insofern Vor-

---

110 S. den konzisen Überblick bei *Verse*, DStR 2007, 1822, 1826 f.; daran anknüpfend auch *Schmolke* (aaO Fn. 70), S. 547 ff.
111 S. näher hierzu die in vorstehender Fn. genannten Nachweise.
112 S. *Verse*, DStR 2007, 1822, 1827.
113 S. auch zum Folgenden *Flume*, Allgemeiner Teil des Bürgerlichen Rechts, Bd. I/1, 1977, § 10 III (S. 137 ff.); *ders.*, NJW 1979, 902, 903 f; *ders.*, DB 1986, 629, 633; ihm folgend *Altmeppen* in GmbHG, 6. Aufl. 2009, § 34 Rn. 41 f.

rang.[114] Eine neuere Variante der Lehre hält es daher ganz allgemein für zulässig, im Gesellschaftsvertrag von vorneherein „entziehbare Mitgliedschaften" zu schaffen, unterscheidet also nicht zwischen Individualrecht und Ausschluss qua Gesellschafterbeschluss.[115]

bb) Geltungserhaltende Reduktion und Ausschließung aus sachlichem Grund

Der frühere BGH-Richter *Markus Gehrlein* hat in einem Zeitschriftenaufsatz versucht, „seinem" II. Zivilsenat eine Brücke zu einer liberaleren Position zu freien Hinauskündigungsklauseln zu bauen.[116] Er schlägt vor, die wegen Sittenwidrigkeit nichtige Hinauskündigungsklausel „mit dem Inhalt aufrechtzuerhalten, dass dem Berechtigten die Kündigung aus einem in der Satzung nicht benannten, nachgeschobenen, allgemein anerkannten sachlichen Grund gestattet wird."[117] *Gehrlein* selbst will dieses Ergebnis mithilfe des § 139 BGB und in „Fortentwicklung" der Entscheidung BGHZ 105, 213ff. erreichen. Andere schlagen hingegen „in Abweichung von § 139 [BGB]" den Weg über die ergänzende Vertragsauslegung vor.[118]

cc) Zulässigkeit bei angemessener Abfindung

Zahlreiche Stimmen aus der Literatur halten in Abweichung von der Rspr. des BGH freie Hinauskündigungsklauseln für zulässig, wenn der durch den Ausschluss herbeigeführte Verlust der Mitgliedschaft durch eine angemessene Abfindung kompensiert wird. Dabei ist für einige die angemessene Abfindung *condicio sine qua non* für die Zulässigkeit freier Hinauskündigungsklauseln.[119] Andere wollen freie Hinauskündigungsklauseln jedenfalls oder doch zumindest in aller Regel zulassen,

---

114 S. hierzu nur *Verse*, DStR 2007, 1822, 1829; *ders.*, Der Gleichbehandlungsgrundsatz im Recht der Kapitalgesellschaften, 2006, S. 4 ff., 207 f., 320 ff.
115 So *K. Schmidt/Fleischer* in MünchKommHGB, 5. Aufl. 2022, § 140 Rn. 103; zust. *Priester*, FS Hopt, Bd. 1, 2010, S. 1139, 1146.
116 S. auch zum Folgenden *Gehrlein*, NJW 2005, 1969, 1972. *Gehrlein* war bis 2007 Angehöriger des II. Zivilsenats und wechselte dann an den IX. Zivilsenat.
117 *Gehrlein*, NJW 2005, 1969, 1972.
118 So *Schäfer* in MünchKommBGB, 8. Aufl. 2020, § 737 Rn. 19; *ders.* in Staub, HGB, 5. Aufl. 2009, § 140 Rn. 62.
119 So etwa *Grunewald*, Der Ausschluss aus Gesellschaft und Verein, 1987, S. 221 f. (für Gesellschaften mit geringer Mitgliederzahl); *ders.*, FS Priester, 2007, S. 123, 131; vgl. ferner bereits *U. Huber*, ZGR 1980, 176, 203 ff.; für Fälle, in denen einem Berufsträger die Grundlage seines Lebensunterhalts entzogen wird, auch *Henssler*, FS Konzen, 2006, S. 267, 283.

wenn eine solche Kompensation vorgesehen ist, sehen die Zulässigkeit von Hinauskündigungsklauseln jedoch nicht hierauf beschränkt.[120]

dd) Rückkehr zur bloßen Ausübungskontrolle
Eine zunehmend an Bedeutung gewinnende Ansicht verwirft die Rspr. des BGH schon im Ausgangspunkt. Sie sieht freie Hinauskündigungsklauseln grundsätzlich als wirksam an. Anstelle einer abstrakten Inhaltskontrolle spricht sie sich für eine auf den konkreten Fall bezogene Ausübungskontrolle aus.[121] Dies führt dazu, dass der ausgeschlossene Gesellschafter im Prozess darlegen und ggf. beweisen muss, warum die Ausübung des vertraglich vereinbarten Ausschlussrechts im konkreten Fall nicht zulässig ist.[122] Ferner vermeidet diese Lösung die Nichtigkeitsfolge des § 138 BGB und in der Folge auch die Anwendung des § 139 BGB.[123]

Hinsichtlich des bei der Ausübungskontrolle anzulegenden Prüfmaßstabs ergibt sich folgendes Meinungsbild: Noch weitgehende Einigkeit dürfte darüber bestehen, dass eine schikanöse Ausschließung mit dem alleinigen Ziel, dem betroffenen Gesellschafter zu schaden, gem. § 226 BGB unzulässig ist.[124] Auch eine Sittenwidrigkeit der Ausübung (!) der Hinauskündigungsklausel gem. § 138 Abs. 1 BGB in krassen Ausnahmefällen dürfte weithin außer Streit stehen.[125] Theoretisch mag auch einmal § 313 BGB eingreifen, etwa wenn das freie Hinauskündigungsrecht an eine Abfindungsregelung gekoppelt ist.[126] Die mit Abstand größte praktische Bedeutung dürfte jedoch der Schranke missbräuchlicher Rechtsausübung nach § 242 BGB zukommen. In den Worten *Friedrich Küblers* ist eine solche (nur) gegeben, „wenn eine formale Rechtsposition in einer Weise ausgenutzt w[erde...], die

---

120 S. etwa *Verse*, DStR 2007, 1822, 1829 unter Verweis auf BGH, Urt. v. 19.9. 2005 – II ZR 173/04, BGHZ 164, 98 ff. und BGH, Urt. v. 19.9. 2005 – II ZR 342/03, BGHZ 164, 107 ff.; vgl. auch *Benecke*, ZIP 2005, 1437, 1441 f.
121 S. *Benecke*, ZIP 2005, 1437, 1441 ff.; *Drinkuth*, DStR 2006, 410, 412; *Grunewald*, DStR 2004, 1750, 1751; *Hey*, Freie Gestaltung in Gesellschaftsverträgen und ihre Schranken, 2004, S. 214 ff.; *Kübler*, FS Sigle, 2000, S. 183, 197 ff.; *Priester*, aaO (Fn. 115), S. 1146; *Verse*, DStR 2007, 1822, 1827 ff.; ferner *Schockenhoff*, ZIP 2005, 1009, 1016, der für die Ausübungskontrolle allerdings auf die gesellschafterliche Treuepflicht und nicht auf § 242 BGB rekurriert.
122 S. dazu etwa *Verse*, DStR 2007, 1822, 1827; sowie bereits *Kübler*, aaO (Fn. 121), S. 199.
123 S. etwa *Benecke*, ZIP 2005, 1437, 1441; *Verse*, DStR 2007, 1822, 1827; im Ergebnis auch *Becker*, Die Zulässigkeit von Hinauskündigungsklauseln nach freiem Ermessen im Gesellschaftsvertrag, 2010, S. 91 ff., 120, 127.
124 S. *Verse*, DStR 2007, 1822, 1828 unter Verweis auf die ähnliche Rspr. der US-Gerichte zur Unzulässigkeit eines Ausschlusses mit einem *predatory purpose*. Anders allerdings *Becker*, aaO (Fn. 123), S. 119.
125 S. wiederum *Verse*, DStR 2007, 1822, 1828.
126 Vgl. *Kübler*, aaO (Fn. 121), S. 199.

mit den in den Vertrag eingegangenen Zielvorstellungen der Beteiligten unvereinbar" sei.[127] Hierzu zählt er etwa den Einsatz des Ausschlussrechts zur Hinderung des betroffenen Gesellschafters an der Ausübung seiner Gesellschafterrechte, etwa um eigenes Fehlverhalten zu vertuschen.[128]

Streitig ist unter den Proponenten einer ausschließlichen Ausübungskontrolle hingegen, ob und in welchem Umfang der Ausschluss wegen Verstoßes gegen die gesellschafterliche Treuepflicht unzulässig sein kann. Eine Fraktion nimmt eine solche Unzulässigkeit an, wenn zwar ein schützenswertes Interesse von Gesellschaft und Mitgesellschaftern am Ausschluss besteht, eine umfassende Abwägung von Mehrheits- und Minderheitsinteressen aber zu dem Ergebnis führe, dass die Interessen des ausgeschlossenen Gesellschafters überwiegen.[129] Hierfür werden die Wertungsgesichtspunkte herangezogen, welche der BGH bei der Prüfung einer ausnahmsweisen Zulässigkeit freier Hinauskündigungsklauseln anwendet. Die Gegenansicht befürwortet demgegenüber einen großzügigeren Prüfungsmaßstab, der nicht auf eine nachträgliche Korrektur von Ungleichheiten angelegt ist und insbesondere grundsätzliche Differenzen i.S. eines ernstlichen Zerwürfnisses als hinreichenden Grund für eine Hinauskündigung genügen lässt.[130]

IV. Die Debatte um die Zulässigkeit sog. Abfindungsklauseln

Mit der Debatte um die Wirksamkeit freier Hinauskündigungsklauseln auf das Engste verknüpft ist die Diskussion um die Zulässigkeit der gesellschaftsvertraglichen Beschränkung der Abfindung des ausscheidenden Gesellschafters.[131]

---

[127] *Kübler*, aaO (Fn. 121), S. 199; zust. *Verse*, DStR 2007, 1822, 1928. Anders *Becker*, aaO (Fn. 123), S. 119 ff., der den einzig relevanten Fall unzulässiger Rechtsausübung in der Kündigung zur Unzeit sieht.
[128] *Kübler*, aaO (Fn. 121), S. 199 in Fn. 81; ähnlich *Verse*, DStR 2007, 1822, 1928.
[129] So – mit Unterschieden im Einzelnen – *Benecke*, ZIP 2005, 1437, 1440 ff.; *Henssler*, aaO (Fn. 119), S. 267, 282 ff.; nicht eindeutig *Drinkuth*, NJW 2006, 410, 412; ablehnend hingegen *Kübler*, aaO (Fn. 121), S. 197 ff.; kritisch auch *Grunewald*, FS Priester, 2007, S. 123, 129 f.; *Verse*, DStR 2008, 1822, 1828.
[130] S. *Kübler*, aaO (Fn. 121), S. 199; *Verse*, DStR 2007, 1822, 1928.
[131] Zur letzteren erst kürzlich *Fleischer*, WM 2024, 621 ff. Zu den Wechselwirkungen zwischen Ausschließungstatbestand und Abfindungsregelung s. hier nur *Henze*, FS K. Schmidt, 2009, S. 619, 627 f.; zuvor etwa *Heckelmann*, Abfindungsklauseln in Gesellschaftsverträgen, 1973, S. 124 ff.

1. Frühe Rspr. und Literatur

Abfindungsklauseln, die für den Fall des Ausscheidens eines Gesellschafters eine Abfindung vorsehen, die hinter der gesetzlich vorgesehenen „vollen" Abfindung nach dem anteiligen Fortführungswert des von der Gesellschaft getragenen Unternehmens[132] zurückbleibt, galten der ganz h.M. bis in die 1970er Jahre als rechtlich unbedenklich. Insbesondere Buchwertklauseln wurden grundsätzlich als zulässig angesehen.[133] So ordnete etwa *Alfred Hueck* das Problem der erheblichen Abweichung des Buchwerts vom wahren Wert des Anteils bei zuvor vereinbarter Buchwertklausel in der 1971 erschienenen 4. Aufl. seiner systematischen Darstellung des OHG-Rechts der unzulässigen Rechtsausübung bei Anwendung der Buchwertklausel zu.[134] Einzelne, auch prominente Gegenstimmen hat es freilich immer gegeben. So bewertete etwa *Würdinger* in einem Beitrag aus den 1930er Jahren Abfindungsklauseln, die nicht die volle Abfindung zum wahren Anteilswert vorsehen, als unwirksam.[135]

Sogar der gänzliche Abfindungsausschluss wurde unter dem Gesichtspunkt der Sittenwidrigkeit für zulässig erachtet. Das galt nach unbestrittener Ansicht jedenfalls bei Ausscheiden durch Versterben des Gesellschafters.[136] Für den Abfindungsausschluss bei Ausscheiden unter Lebenden ergab sich indes ein differenziertes Bild: Auch dieser wurde teils als unproblematisch angesehen, jedenfalls im Grundsatz.[137] Anderes sollte hingegen gelten, wenn ein solcher Abfindungsausschluss mit einer freien Hinauskündigungsklausel zusammentraf. Hier ging man mehrheitlich von einer Sittenwidrigkeit wegen der „wirtschaftlichen Auslieferung"

---

132 S. bereits o. II.2; vgl. hier nur *Roth* in Hopt, HGB, 43. Aufl. 2024, § 134 Rn. 8 und ff.
133 S. dazu *Ulmer*, NJW 1979, 81; *Rasner*, NJW 1983, 2905, 2907 jew. m.w.N.
134 *Hueck*, Das Recht der Offenen Handelsgesellschaft, 4. Aufl. 1971, S. 366.
135 *Würdinger*, AcP 144 (1938), 129, 146; s. dazu auch *Rasner*, NJW 1983, 2905, 2908, 2910 f.
136 S. BGH, Urt. v. 22.11.1956 – II ZR 222/55, BGHZ 22, 186, 194; BGH, Urt. v. 29.1.1962 – II ZR 172/60, WM 1962, 462; RG, Urt. v. 23.10.1934 – II 129/34, RGZ 145, 289, 294; RG, Urt. v. 23.10.1934 – II 129/34, RGZ 171, 345, 350; aus dem Schrifttum etwa *Buchwald*, JR 1955, 173, 174; *Eiselt*, AcP 158 (1959), 319, 332; *Finger*, JR 1969, 409, 410; *Sudhoff*, DB 1968, 648, 652; *Goroncy*, Gesellschaftsrechtliche Probleme der Zugewinngemeinschaft, 1965, S. 83 und 159; *Haehling von Lanzenauer*, Die Bedeutung der Gestaltungsmöglichkeiten der Erbfolge für die Erhaltung der Unternehmung, 1966, S. 190 f.; *Hinke*, Der Pflichtteil bei dem Tod des Gesellschafters einer offenen Handelsgesellschaft, 1966, S. 41; *Wiedemann*, Die Übertragung und Vererbung von Mitgliedschaftsrechten, 1965, S. 171. Zum Ganzen *Heckelmann*, Abfindungsklauseln in Gesellschaftsverträgen, 1973, S. 104 f.
137 S. *Glunz*, Vertragliche Regelungen des Abfindungsanspruches bei der Offenen Handelsgesellschaft in den Fällen des Ausscheidens unter Lebenden, 1963, S. 221 f.; *Schwandt*, Der Zugewinnausgleich als Gegenstand vertraglicher Regelung im Recht der Personalgesellschaften, 1966, S. 84.

des betroffenen Gesellschafters „an die Willkür seiner Mitgesellschafter" aus.[138] Teils nahm man dies – wie etwa *Alfred Hueck* oder *H.P. Westermann* – auch bereits bei unangemessen geringer Abfindung an.[139] Als sittenwidrig wurden darüber hinaus auch von der Rspr. bereits früh solche Abfindungsklauseln angesehen, die zu einer Benachteiligung der Gesellschaftergläubiger führten, weil sie bei Pfändung des Gesellschaftsanteils oder der Insolvenz des Gesellschafters die Einziehung des Anteils gegen eine unterwertige und im Vergleich zu anderen Ausscheidensgründen niedrigere Abfindung vorsehen.[140]

Neben die Sittenwidrigkeit nach § 138 Abs. 1 BGB trat als möglicher Unwirksamkeitsgrund von Abfindungsklauseln die mittelbare Beschränkung des zwingenden Kündigungsrechts des betroffenen Gesellschafters (vgl. §§ 344, 723 Abs. 3 BGB, 133 Abs. 3 HGB a.F.).[141] Schon das RG sah früh Abfindungsregelungen, die den Charakter einer Vertragsstrafe annehmen, als mit dem zwingenden Kündigungsrecht unvereinbar an.[142] Später ging es mit Blick auf § 723 Abs. 3 BGB a.F. allgemein davon aus, dass „die Abfindung des Ausscheidenden nicht so geregelt sein [dürfe], daß darin für ihn ein erheblicher Nachteil wirtschaftlicher Art liegt gegenüber dem, was ihm die Auflösung bringen würde; das Ausscheiden [dürfe...] ihm nicht ungebührlich erschwert werden".[143] Die Literatur ist dem im Ausgangspunkt nahezu einhellig gefolgt.[144] Freilich wurden bei der Feststellung, ob eine solch ungebührliche Erschwernis vorliegt, teils Wertungsgesichtspunkte herangezogen, die man

---

138 So die Formulierung bei *Heckelmann*, aaO (Fn. 136), S. 105. Für eine Sittenwidrigkeit in diesen Fällen etwa *A. Hueck*, aaO (Fn. 32), S. 725; *J. v. Gierke*, Handelsrecht und Schifffahrtsrecht, 8. Aufl. 1958, S. 219; *Nitschke*, Die körperschaftlich strukturierte Personengesellschaft, 1970, S. 347; *Schwandt*, aaO (Fn. 137), S. 122 f.
139 S. etwa *Hueck*, aaO (Fn. 134), (S. 435 m. Fn. 4); *Schwandt*, aaO (Fn. 137), S. 122; *H.P. Westermann*, Vertragsfreiheit und Typengesetzlichkeit im Recht der Personengesellschaften, 1970, S. 246.
140 S. etwa BGH, Urt. v. 7.4.1960 – II ZR 69/58, BGHZ 32, 151, 155 f.; BGH, Urt. v. 12.6.1975 – II ZB 12/73, BGHZ 65, 22, 68 f.; aus neuerer Zeit etwa auch BGH, Urt. v. 24.5.1993 – II ZR 36/92, WM 1993, 1412; BGH, Urt. v. 19.6.2000 – II ZR 73/99, BGHZ 144, 365, 366 ff.; ferner zum Ganzen knapp *Henze*, aaO (Fn. 131), S. 626 f.
141 S. dazu aus etwa *U. Huber*, Vermögensanteil, Kapitalanteil und Gesellschaftsanteil an Personalgesellschaften des Handelsrechts, 1970, S. 326 ff.
142 S. RG, Urt. v. 9.10.1905 – Rep. I. 133/05, RGZ 61, 328, 329 zu § 723 Abs. 3 BGB a.F.; zuvor bereits zu einem genossenschaftsrechtlichen Fall RG, Urt. v. 21.1.1893 – Rep. IV 265/12, RGZ 30, 81, 83.
143 RG, Urt. v. 17.1.1940 – II 126/39, RGZ 162, 388, 393; s. ferner zuvor RG, Urt. v. 25.3.1924 – II 306/23, Das Recht 1924; JW 1938, 521, 522.
144 S. etwa *Hinke*, aaO (Fn. 136), S. 41; *Huber*, aaO (Fn. 141), S. 328; *Hueck*, aaO (Fn. 134), S. 366; *Wiedemann*, aaO (Fn. 136), S. 92; vgl. ferner die Darstellung des Meinungsstands bei *Heckelmann*, aaO (Fn. 136), S. 126 m.w.N. und dem Hinweis auf nicht unerhebliche Abweichungen innerhalb der ganz h.M. (s. insofern auch *ders.*, ebenda S. 128 und ff.).

heute eher dem § 138 Abs. 1 BGB zuordnen würde.[145] So meint etwa *Ulrich Huber* in seiner Habilitationsschrift von 1970, dass „aus Sinn und Zweck des Kündigungsrechts nach § 723 Abs. 3 BGB [immerhin] so viel [folge], daß der Gesellschaftsvertrag die Abfindung nicht überhaupt ausschließen und auch nicht in willkürlicher, offenbar unbilliger Weise zum Nachteil des kündigenden Gesellschafters festsetzen darf".[146]

Eine grundlegende Bestandsaufnahme des in der Debatte um die Zulässigkeit von Abfindungsklauseln bisher Erreichten legte *Dieter Heckelmann* im Jahre 1973 in seiner Habilitationsschrift „Abfindungsklauseln in Gesellschaftsverträgen" vor.[147] Das Werk avancierte in der Folgezeit schnell zum Referenzwerk. Als Ergebnis seiner Untersuchung hielt er fest:

„Für Abfindungsklauseln bestehen praktisch keine Gestaltungsschranken im Verhältnis des ausscheidenden zu den verbleibenden Gesellschaftern und zur OHG. Insoweit ist ein Bestandsschutz zugunsten der OHG voll erreichbar. [...] Abfindungsklauseln begründen bis auf extrem gelagerte Ausnahmefälle keinen Sittenverstoß. [...] Das Verbot von Kündigungsbeschränkungen [...] begrenzt die Gültigkeit von Abfindungsklauseln, soweit die Abfindungskürzung die Entschlußfreiheit zur Ausübung eines vorhandenen Kündigungsrechts ausschließt.[...] Abfindungsklausel sind gegenüber Gesellschafter-Gläubigern nur beschränkt rechtsbeständig."[148]

2. Die Rspr. von 1978 bis 1993

Ausgehend von seiner Entscheidung v. 29. Mai 1978 beurteilte der BGH gesellschaftsvertragliche Abfindungsbeschränkungen deutlich kritischer als zuvor und unterzog sie einer strikteren Prüfung.[149] Zwar bestätigte er zunächst im Grundsatz seine bisherige Linie zur Zulässigkeit von Buchwertklauseln. Für den vorliegenden Sonderfall der Hinauskündigung eines Gesellschafters ohne wichtigen Grund legte er indes strengere Maßstäbe an.[150] Hier fordere ein rechtlich vertretbarer Interessenausgleich zwischen dem Ausscheidenden und den in der Verbleibenden „im Regelfalle" die Zubilligung einer „angemessenen" Abfindung. Hieraus ergebe sich,

---

145 Kritisch *Heckelmann*, aaO (Fn. 136), S. 128 m.w.N. in Fn. 23. S. auch noch unten unter IV.7.c).
146 *Huber*, aaO (Fn. 141), S. 328.
147 *Heckelmann*, aaO (Fn. 136). Aus demselben Jahre stammt die Schrift von *Dieter Reuter*, Privatrechtliche Schranken der Perpetuierung von Unternehmen, die sich mit der Abfindungsbeschränkung auf den S. 287 ff. auseinandersetzt.
148 *Heckelmann*, aaO (Fn. 136), S. 274 f.
149 BGH, Urt. v. 29.5.1978 – II ZR 52/77, NJW 1979, 104 (KG).
150 Vgl. insofern auch bereits BGH, Urt. v. 23.10.1972 – II ZR 31/70, NJW 1973, 651 f.

dass in Abwesenheit besonderer Umstände, etwa mit Blick auf die Art und Weise des Anteilserwerbs oder die besondere Situation der Gesellschaft, eine vertragliche Abfindungsklausel „im Kern" der gesetzlichen Regelung entsprechen und im Wesentlichen zur Abgeltung des vollen Wertes des Gesellschaftsanteils führen müsse. Eine Buchwertklausel führe indes „zwangsläufig zu einer erheblichen Beschränkung des Abfindungsanspruchs". Daher sei eine Klausel, die auch bei Ausscheiden eines Gesellschafters aufgrund „freier" Hinauskündigung dessen Abfindung „auf der Grundlage der Buchwerte" bestimme, „nach § 138 BGB als nichtig anzusehen". Dieses Ergebnis wurde im Wesentlichen mit den perversen Anreizen solcher Regelungen begründet: Sie „führen" – so der BGH – „zu einer Bereicherung der bevorzugten Gesellschafter und begründen damit einen besonderen Anreiz und die Gefahr, daß die [...] Gesellschafter [...] von ihren Ausschließungsrechten aus sachfremden Erwägungen und willkürlich Gebrauch machen."[151]

Im Anschluss an diese Entscheidung entwickelte der BGH eine zweistufige Wirksamkeitskontrolle von Abfindungsklauseln, die den gesetzlichen Abfindungsanspruch zum vollen Verkehrswert beschränken: (1) Zum einem prüfte sie die Wirksamkeit der Klausel am Maßstab des § 138 Abs. 1 BGB. Eine Klausel ist danach als sittenwidrig anzusehen, „wenn die mit ihr verbundene Einschränkung des Abflusses von Gesellschaftskapital vollkommen außer Verhältnis zu der Beschränkung steht, die erforderlich ist, um im Interesse der verbleibenden Gesellschafter den Fortbestand der Gesellschaft und die Fortführung des Unternehmens zu sichern."[152] Die Sittenwidrigkeit der Klausel setzte allerdings voraus, dass dieses grobe Missverhältnis bereits bei Vereinbarung der betreffenden Regelungen bestanden hatte.[153] Eine Ausnahme vom Sittenwidrigkeitsverdikt sei dann aber auch nicht für den Fall zu machen, dass der ausgeschiedene Gesellschafter den Gesellschaftsanteil schenkweise erhalten habe und ihm zudem aus wichtigem Grund gekündigt worden sei.[154]

Zur Sittenwidrigkeitsprüfung trat zum anderen (2) die Prüfung am Maßstab des § 723 Abs. 3 BGB a.F. (≈ 725 Abs. 6 BGB n.F.). Der BGH betrachtete eine Abfindungsklausel als eine mit § 723 Abs. 3 BGB a.F. unvereinbare, mittelbare Beschränkung des Kündigungsrechts, wenn diese zu einem groben Missverhältnis zwischen dem vertraglichen und dem nach dem Verkehrswert bemessenen Abfindungsanspruch führte. Die maßgebliche Prüffrage lautete, ob die Klausel typischerweise geeignet sei, den kündigungswilligen Gesellschafter in seiner Be-

---

151 BGH, Urt. v. 29.5.1978 – II ZR 52/77, NJW 1979, 104 (KG) unter Verweis auf BGH, Urt. v. 23.10.1972 – II ZR 31/70, NJW 1973, 651.
152 So Ls. c) der Entscheidung BGH, Urt. v. 16.12.1991 – II ZR/91, BGHZ 116, 359.
153 BGH, Urt. v. 16.12.1991 – II ZR/91, BGHZ 116, 359, 368.
154 BGH, Urt. v. 9.1.1989 – II ZR 83/88, ZIP 1989, 770, 771 ff. (GmbH & Co. KG).

schlussfreiheit zu beeinträchtigen.[155] Rechtsfolge war die Unwirksamkeit der Klausel. Diese konnte auch erst später eintreten, wenn das grobe Missverhältnis erst im Laufe der Zeit auftrat. An die Stelle der vertraglichen Abfindungsregelung sollte im Wege der ergänzenden Vertragsauslegung ein Anspruch auf angemessene Abfindung treten, der die Zwecke der Klausel und zugleich die zwischenzeitlich veränderten Verhältnisse berücksichtigte. Dasselbe Ergebnis erreichte der BGH für die GmbH, indem er sich auf den Grundsatz des unverzichtbaren Mitgliedschaftsrechts zur Kündigung aus wichtigem Grund als einem Grundprinzip des Verbandsrechts berief.[156]

3. Die Kritik der Literatur

Die Rechtsprechungsänderung des BGH zur Wirksamkeit von Abfindungsklauseln ist im zeitgenössischen Schrifttum auf uneinheitliche Resonanz gestoßen. Unmittelbar an die Entscheidung v. 29. Mai 1978 knüpften etwa Stellungnahmen von *Peter Ulmer*, *Werner Flume* oder *Wolfgang Schilling* an. *Peter Ulmer* nahm die Entscheidung zum Anlass „neuere Entwicklungen" zu betrachten, die den „lange Zeit vorherrschenden Konsens" über die Wirksamkeitsgrenzen von Abfindungsklauseln in Frage stellen würden. Neben der „generell ansteigenden Bereitschaft des *Gesellschaftsrechtssenats des BGH*, gegen unangemessene Gestaltungen in Gesellschaftsverträgen anzugehen und ihnen die Wirksamkeit zu versagen", gehörten hierzu „die Entwicklung des Geldwerts" der letzten Jahrzehnte, die zu einem Auseinanderklaffen von Buchwert und realem Anteilswert geführt hätten, sowie die Erbschaftssteuerreform von 1974. Vor diesem Hintergrund „dürfte in nicht seltenen Fällen der Einwand der weggefallenen oder geänderten Geschäftsgrundlage naheliegen".[157] Im Ergebnis hielt er fest, dass sich „der Satz von der grundsätzlichen Unbedenklichkeit der Buchwertklausel so nicht mehr aufrecht erhalten" lasse.[158]

Scharfe Kritik handelte sich der BGH mit seiner Rechtsprechungswende hingegen von *Werner Flume* ein.[159] Er schickte vorweg, dass es keinen einheitlichen Aktstyp „Gesellschaft" gebe, für den man allgemein eine „richtige" Regelung statuieren könnte. Sodann entfaltete er sein Konzept von der „minderberechtigten

---

155 BGH, Urt. v. 24.9.1984 – II ZR 256/83, WM 1984, 1506 (KG); BGH, Urt. v. 17.4.1989 – II ZR 258/88, ZIP 1989, 768 (KG); obiter bereits BGH, Urt. v. 23.10.1972 – II ZR 31/70, NJW 1973, 651, 652 (OHG).
156 BGH, Urt. v. 16.12.1991 – II ZR/91, BGHZ 116, 359, 369.
157 *Ulmer*, NJW 1979, 81, 81 f.
158 *Ulmer*, NJW 1979, 81, 86.
159 *Flume*, NJW 1979, 902 ff.

Beteiligung"¹⁶⁰ und verwies auf Konstellationen, in denen sich eine Abfindung nach Buchwert mit freier Hinauskündigung als „sachgerechte Regelung der Unternehmensnachfolge" darstelle, und nannte die Nachfolge in die Unternehmensbeteiligung im Todesfalle sowie das später sog. Manager-Modell. Das Sittenwidrigkeitsverdikt sei hier unangemessen, zumal die Beschränkung der Abfindung auf den buchmäßigen Kapitalanteil der gesetzlichen Regelung für den „typischen" stillen Gesellschafter entspreche.¹⁶¹ Vor diesem Hintergrund stelle die neue Rspr. des BGH eine „Verkennung des Wesens der Beteiligung minderen Rechts" dar. Der II. Zivilsenat mache sich falsche Vorstellungen vom Wert einer solchen Beteiligung, der von vorneherein durch den mangelnden Bestandsschutz und den beschränkten Abfindungsanspruch gemindert sei. Die Vorstellung des BGH, „als ob dem Wert der Beteiligung ein anteiliger Liquidationswert zuzurechnen sei, obwohl der Gesellschafter durch den Gesellschaftsvertrag gerade von der Beteiligung an dem Liquidationswert ausgeschlossen ist", sei „abwegig".¹⁶² Allerdings könne die Buchwertklausel hinfällig werden, wenn sich nachträglich die Verhältnisse derart änderten, dass „die Abfindung zum Buchwert nicht mehr dem Sinn der vertraglichen Regelung entspricht". Auch dann werde aber die ergänzende Vertragsauslegung nicht zur Geltung der gesetzlichen Regelung führen.¹⁶³

Der Mannheimer Rechtsanwalt *Wolfgang Schilling* wies – vergleichsweise milde im Ton – darauf hin, dass die vom BGH ausgesprochene Nichtigkeitsfolge wegen Verstoßes der Abfindungsklausel gegen die guten Sitten „Schwierigkeiten [...] bereiten [dürfte], wenn die die Abfindungsbeschränkung rechtfertigenden besonderen Umstände erst im Zeitpunkt der Kündigung gegeben sind. Wie sollen sie angesichts der Nichtigkeit dann noch zur Geltung gebracht werden können?"¹⁶⁴ Die *Flume*'sche Vorstellung eines Gesellschafters minderen Rechts wies er zugleich unter Verweis auf die *Feldmühle*-Entscheidung des BVerfG¹⁶⁵ zurück. Die Rspr. des BGH sei lediglich eine Übertragung der dort niedergelegten Grundsätze zum Minderheitenschutz auf das Personengesellschaftsrecht.¹⁶⁶

Die Kritik des Schrifttums daran, *wie* der BGH diese Übertragung vorgenommen hatte, riss danach indes nicht mehr ab. Dies betraf insbesondere die Fälle eines erst nachträglich eintretenden Missverhältnisses zwischen Abfindung und Verkehrswert des Gesellschaftsanteils und der Lösung des BGH über § 723 Abs. 3 BGB

---

160 S. dazu bereits oben unter III.3.b.aa.
161 *Flume*, NJW 1979, 902, 903 f.
162 *Flume*, NJW 1979, 902, 904.
163 *Flume*, NJW 1979, 902, 905.
164 *Schilling*, ZGR 1979, 419, 425.
165 BVerfG, Urt. v. 7.8.1962 – 1 BvL 16/60, BVerfGE 14, 263, 283.
166 *Schilling*, ZGR 1979, 419, 426.

(analog).[167] Hingewiesen wurde hier insbesondere darauf, dass eine bei Vertragsschluss zulässige Abfindungsklausel nicht aufgrund später eintretender Schwankungen des Beteiligungswerts „heute wirksam, morgen nichtig und übermorgen wieder wirksam sein" könne.[168] Zudem liefere § 723 Abs. 3 BGB keinerlei Maßstab dafür, wann ein „grobes Missverhältnis" vorliege, das die Kündigung unzulässig erschwere. In Wahrheit greife die h.M. hierfür denn auch auf die Bewertungskriterien der §§ 138, 242 BGB zurück.[169]

Eine bei Vertragsschluss wirksame Klausel sollte daher nach Ansicht dieser kritischen Stimmen ausschließlich an der „beweglichen Ausübungsschranke" des § 242 BGB gemessen werden.[170] Uneinigkeit bestand dann aber darüber, ob hierfür auf die Grundsätze des Wegfalls oder der Änderung der Geschäftsgrundlage oder auf den Einwand unzulässiger Rechtsausübung (Rechtsmissbrauch) abzustellen sei. Entsprechend unterschieden sich auch die Maßstäbe für diese Ausübungskontrolle.[171] Besonders offen zeigte sich hier *Hermann Büttner*, der sowohl für die Frage des „Ob" einer Vertragskorrektur als auch für die Frage des „Wie" eine umfassende Abwägung der Umstände des Einzelfalles vorschlug.[172]

4. Die Korrektur der Rspr. im Jahre 1993

Die Kritik des Schrifttums ließ den II. Zivilsenat nicht unbeeindruckt. Er reagierte mit einer Entscheidungstrias in den Jahren 1993/94.[173] Danach unterschied das Gericht nunmehr klarer zwischen Wirksamkeits- und Ausübungskontrolle.

Für erstere nutzte es weiterhin die Maßstäbe in § 138 Abs. 1 BGB und § 723 Abs. 3 BGB a.F. Nichtigkeit der Abfindungsklausel wegen Sittenwidrigkeit ist nach Ansicht des Gerichts (nur) anzunehmen, wenn zwischen der vertraglich vereinbarten Abfindung und dem Verkehrswert der Beteiligung im Zeitpunkt des Vertragsschlusses

---

167 S. zu Folgendem insbesondere *Rasner*, NJW 1983, 2905 ff.; *Büttner*, FS Nirk, 1992, S. 119 ff.; im Überblick bereits *Schmolke*, aaO (Fn. 70), S. 566 f.
168 S. vor allem *Rasner*, NJW 1983, 2905, 2908; *Büttner*, aaO (Fn. 167), S. 124 ff.; auch *Flume*, DB 1986, 629, 634; später zust. *Ulmer/Schäfer*, ZGR 1995, 134, 136 ff.; *Ulmer*, ZGR 1984, 313, 339.
169 *Büttner*, aaO (Fn. 168), S. 125 f.
170 So *Büttner*, aaO (Fn. 168), S. 119, 126, 127 ff.; *Rasner*, NJW 1983, 2905, 2908 f.; anders *Flume*, DB 1986, 629, 635: ergänzende Vertragsauslegung.
171 S. *Büttner*, aaO (Fn. 168), S. 126, 127 ff. einerseits; *Rasner*, NJW 1983, 2905, 2908 f. andererseits; näher hierzu *Schmolke*, aaO (Fn. 70), S. 567.
172 *Büttner*, aaO (Fn. 168), 119, 128 ff.
173 BGH, Urt. v. 24.5.1993 – II ZR 36/92, ZIP 1993, 1160 (OHG); BGH, Urt. v. 20.9.1993 – II ZR 104/92, BGHZ 123, 281 (GmbH & Co. KG); BGH, Urt. v. 13.6.1994 – II ZR 38/93, BGHZ 126, 226 (BGB-Innengesellschaft); ausführlicher hierzu *Schmolke*, aaO (Fn. 70), S. 568 ff.

ein grobes Missverhältnis bestanden hat. Denn (erst) dann drohe dem Gesellschafter bei der Veräußerung der Anteile ein finanzieller Verlust, der allgemein geeignet sei, seine wirtschaftliche Bewegungsfreiheit in einem Maße ganz oder teilweise zu beseitigen, das zur Erreichung der vertraglich gesteckten Ziele von der Rechtsordnung nicht mehr hingenommen werden könne.[174] Ferner sei die Klausel wegen Verstoßes gegen den § 723 Abs. 3 BGB a.F. zugrundeliegenden, zwingenden „allgemeinen Rechtsgedanken" nichtig, nach dem es „mit der persönlichen Freiheit von Vertragschließenden unvereinbar ist, persönliche oder wirtschaftliche Bindungen ohne zeitliche Begrenzung und ohne Kündigungsmöglichkeit einzugehen".[175] Dies beschränke sich auf die Fälle, „in denen die Entschließungsfreiheit des Ausscheidungswilligen dadurch in schwerwiegender Weise beeinträchtigt wird, daß ihm [...] bei seinem Ausscheiden lediglich ein unangemessener finanzieller Ausgleich gewährt wird."[176]

Die eigentliche Korrektur nahm der II. Zivilsenat bei der Ausübungskontrolle vor. Unter Verweis auf die Kritik des Schrifttums und entgegen seiner bisherigen Rspr. stellte er fest, dass eine Abfindungsklausel nicht deshalb unwirksam werde, weil sie infolge eines im Laufe der Zeit eingetretenen groben Missverhältnisses zwischen vertraglich vorgesehenem Abfindungsanspruch und vollem Anteilswert geeignet sei, das Kündigungsrecht des Gesellschafters in tatsächlicher Hinsicht zu beeinträchtigen. Vielmehr gehe es darum, ob die Gesellschafter, „wenn sie die Entwicklung der Verhältnisse in Betracht gezogen hätten, es gleichwohl bei der vereinbarten Regelung belassen oder ob sie [...] jener Entwicklung durch eine anderweitige vertragliche Bestimmung Rechnung getragen hätten".[177] Sei letzteres zu bejahen, dann sei der Inhalt der vertraglichen Abfindungsregelung durch ergänzende Vertragsauslegung nach den Grundsätzen von Treu und Glauben unter angemessener, auch objektiver Abwägung der Interessen der Gesellschaft und des ausscheidenden Gesellschafters und unter Berücksichtigung aller Umstände des konkreten Falles entsprechend den veränderten Verhältnissen neu zu ermitteln.[178] Dabei nennt das Gericht als in die Abwägung einfließende Umstände ausdrücklich (1) das konkrete Wertverhältnis zwischen Abfindungsbetrag und Anteilswert, (2) die Dauer der Mitgliedschaft des Ausgeschiedenen in der Gesellschaft, (3) dessen Anteil am Aufbau und Erfolg des Unternehmens, (4) den Anlass des Ausscheidens (ein-

---

174 BGH, Urt. v. 13.6.1994 – II ZR 38/93, BGHZ 126, 226, 240 f.
175 BGH, Urt. v. 13.6.1994 – II ZR 38/93, BGHZ 126, 226, 230 f.
176 BGH, Urt. v. 13.6.1994 – II ZR 38/93, BGHZ 126, 226, 237.
177 BGH, Urt. v. 20.9.1993 – II ZR 104/92, BGHZ 123, 281, 285.
178 BGH, Urt. v. 20.9.1993 – II ZR 104/92, BGHZ 123, 281, Ls. b) und S. 286; s. ferner BGH, Urt. v. 13.6.1994 – II ZR 38/93, BGHZ 126, 226, 241 ff.; s. bereits mit stärkerem Akzent auf § 242 BGB BGH, Urt. v. 24.5.1993 – II ZR 36/92, ZIP 1993, 1160 (OHG).

schließlich eines allfälligen Vertretenmüssens), (5) die tatsächliche Einschränkung des Kündigungsrechts, (6) das Angewiesensein des Ausgeschiedenen auf die Verwertung des Anteils, (7) die Kapitaldecke der Gesellschaft und ihre Fähigkeit den Abfluss eines über dem Buchwert des Anteils liegenden Betrags zu verkraften und (8) die vereinbarte Auszahlungsweise und die der Gesellschaft hierdurch entstehende Belastung.[179]

5. Reaktion des Schrifttums

Die Reaktion des Schrifttums auf diese Rechtsprechungskorrektur fielen gemischt aus: Kaum überraschend wurde die Aufgabe der bisherigen Entscheidungspraxis, soweit sie für die Beurteilung der Unwirksamkeit der Abfindungsklausel nach § 723 Abs. 3 BGB (analog) auf den Zeitpunkt des Ausscheidens und nicht auf den des Vertragsschlusses abstellte, einhellig begrüßt.[180] Hingegen stieß auch die neue Rspr. des BGH auf verbreitete Kritik. Die h.L. hielt diese nämlich für einen „Etikettenschwindel": Der BGH nehme unter dem Etikett der Vertragsauslegung tatsächlich eine nachträgliche Vertragskontrolle vor, die dogmatisch als auf den Einwand der unzulässigen Rechtsausübung (§ 242 BGB) gestützte Ausübungskontrolle einzuordnen sei.[181] In diesem Zusammenhang wurde auch die vom BGH im Anschluss an *Büttner*[182] praktizierte doppelte Interessenabwägung anhand aller Umstände des konkreten Einzelfalls kritisiert, weil sie ein hohes Maß an Rechtsunsicherheit mit sich bringe und Prozesse provoziere.[183]

Peter Ulmer und *Carsten Schäfer* forderten in ihrem wirkmächtigen Beitrag aus dem Jahr 1995 daher, zumindest hinsichtlich des „Ob" einer Vertragskorrektur verstärkt auf das (Miss-)Verhältnis von Abfindungsbetrag und Anteilswert abzustellen. Konkret schlugen sie die Formel vor, dass einer grob einseitigen Abfindungsklausel der Einwand unzulässiger Rechtsausübung entgegengehalten werden kann, wenn die Abfindungsklausel gegen § 138 Abs. 1 BGB oder § 723 Abs. 3 BGB a.F. verstoßen würde, wäre sie im Zeitpunkt des Ausscheidens oder der beabsichtigten

---

[179] Vgl. die anhand der Ausführungen in BGH, Urt. v. 20.9.1993 – II ZR 104/92, BGHZ 123, 281, 284 ff. zusammengestellte Liste bei *Ulmer/Schäfer*, ZGR 1995, 134, 149.
[180] S. etwa *Dauner-Lieb*, ZHR 158 (1994), 271, 289 f.; *Ulmer/Schäfer*, ZGR 1995, 134, 136 ff.
[181] So etwa *Ulmer/Schäfer*, ZGR 1995, 134, 144 und ff.; *Kort*, DStR 1995, 1961, 1966; *G. Müller*, ZIP 1995, 1561, 1570.
[182] S. o. unter IV.3. bei Fn. 167.
[183] *Ulmer/Schäfer*, ZGR 1995, 134, 146 f.; gleichsinnig *Dauner-Lieb*, ZHR 158 (1994), 271, 286 f.; *dies.*, GmbHR 1994, 836, 842.

Kündigung vereinbart worden.[184] Dabei sollten von der Rspr. zu entwickelnde Richtgrößen, die freilich keine starre Grenze darstellen, größere Rechtssicherheit herbeiführen.[185] *Peter Ulmer* und *Carsten Schäfer* schlugen hierfür eine Differenzierung nach dem Abfindungsanlass vor: Liege eine „kündigungsrelevante", d. h. an § 723 Abs. 3 BGB a.F. zu messende Konstellation vor, so müsse bei einem Abfindungsbetrag, der um mehr als 1/3 unter dem Abfindungsbetrag liege, mit einer richterlichen Vertrags- und Ausübungskontrolle gerechnet werden. In den übrigen Fällen (Maßstab: § 138 Abs. 1 BGB) erscheine es hingegen vertretbar, den tendenziellen Grenzwert der hinnehmbaren Abfindungskürzung auf die Hälfte des Anteilswertes abzusenken.[186]

6. Die Folgerechtsprechung bis heute

Der II. Zivilsenat baute seine in den 1990er Jahren neu ausgerichtete Rspr. zur richterlichen Kontrolle von Abfindungsklauseln in der Folgezeit weiter aus, ohne grundlegende Änderungen vorzunehmen.[187]

So hat der BGH klargestellt, dass Klauseln, die einen *gänzlichen Abfindungsausschluss* vorsehen, grundsätzlich sittenwidrig sind und nur ausnahmsweise zulässig.[188] Als Ausnahmefälle in diesem Sinne hat das Gericht anerkannt: (1) Die Verfolgung eines ideellen Zwecks durch die Gesellschaft[189], (2) Abfindungsklauseln auf den Todesfall[190] sowie (3) auf Zeit abgeschlossene Mitarbeiter- oder Managermodelle ohne Kapitaleinsatz[191].[192] Den sachlichen Grund für die ausnahmsweise

---

184 *Ulmer/Schäfer*, ZGR 1995, 134, 144 ff. Ihre Konkretisierungsvorschläge für den Abwägungsprozess haben im Schrifttum viel Zustimmung erhalten. S. dazu noch unten unter V.3.
185 *Ulmer/Schäfer*, ZGR 1995, 134, 152 f., die auch einen früheren Vorstoß von *Erman*, FS Westermann, 1974, S. 75, 78 f in Bezug nehmen; letzteres strikt ablehnend etwa *Flume*, aaO (Fn. 113), S. 187 in Fn. 51; *Büttner*, aaO (Fn. 168), S. 129.
186 *Ulmer/Schäfer*, ZGR 1995, 134, 153; zust. etwa *Kort*, DStR 1995, 1961, 1967.
187 S. hierzu etwa den Überblick bei *Schmolke*, aaO (Fn. 70), S. 572 ff., sowie die Nachweise in *Retzlaff* in Grüneberg, BGB, 83. Aufl. 2024, § 728 Rn. 12. Bündig *Fleischer*, WM 2024, 621, 623: „Zu Beginn der 1990er Jahre entwickelte der BGH [...] ein zweistufiges Prüfprogramm, das er seither beständig anwendet."
188 BGH, Urt. v. 2.6.1997 – II ZR 81/96, BGHZ 135, 387, 390 (GbR); BGH, Urt. v. 29.4.2014 – II ZR 217/13, BGHZ 201, 65 Rn. 12 (GmbH).
189 BGH, Urt. v. 2.6.1997 – II ZR 81/96, BGHZ 135, 387, 390; s. dazu auch *Schmolke*, aaO (Fn. 70), S. 572 f.
190 S. die Verweise in BGH, Urt. v. 29.4.2014 – II ZR 217/13, BGHZ 201, 65 Rn. 13 auf ältere Entscheidungen aus den 1950er und 1970er Jahren.
191 BGH, Urt. v. 19.9.2005 – II ZR 173/04, BGHZ 164, 98, 104; BGH, Urt. v. 19.9.2005 – II ZR 342/03, BGHZ 164, 107, 115 f. (beide GmbH); dazu auch *Schmolke*, aaO (Fn. 70), S. 573 f.
192 Zusammenfassend BGH, Urt. v. 29.4.2014 – II ZR 217/13, BGHZ 201, 65 Rn. 13.

Zulässigkeit des Abfindungsausschlusses in diesen Fällen sieht der BGH darin, „dass die ausscheidenden Gesellschafter kein Kapital eingesetzt haben oder bei der Verfolgung eines ideellen Ziels von vorneherein auf eine Vermehrung des eigenen Vermögens zugunsten des uneigennützigen Zwecken gewidmeten Gesellschaftsvermögens verzichtet haben."[193] Demgegenüber sah das Gericht die Einziehung des Geschäftsanteils wegen grober Verletzung der Interessen der Gesellschaft nicht als einen solchen Ausnahmefall an und entschied damit eine Kontroverse in der Literatur über diese Frage.[194] Schließlich gilt für *Freiberufler-Sozietäten* in st. Rspr. eine Sonderrechtsprechung des II. Zivilsenats, nach der auch der Ausschluss eines Abfindungsanspruchs grundsätzlich unbedenklich ist, wenn der Vertrag auf eine Mandantenschutzklausel oder ein entsprechendes Wettbewerbsverbot zu Lasten des Ausscheidenden verzichtet, dieser seine Mandanten oder Patienten also „mitnehmen" kann.[195]

Auch für die Sittenwidrigkeit von *Abfindungsbeschränkungen unterhalb des Abfindungsausschlusses* wegen groben Missverhältnisses von vereinbartem Abfindungsbetrag und Anteilswert gelten nach der Rspr. für Freiberuflersozietäten insofern Besonderheiten, als der II. Zivilsenat in st. Rspr. bis heute davon ausgeht, dass „eine Vereinbarung im Gesellschaftsvertrag einer Freiberuflersozietät, nach der die Sachwerte geteilt und dem ausscheidenden Gesellschafter das rechtlich nicht beschränkte Recht zur Mitnahme von Mandanten (Patienten) eingeräumt wird, als angemessene Art der Auseinandersetzung" anzusehen ist.[196]

Auch Abfindungsbeschränkungen in Form nachteiliger *Veränderung der Auszahlungsbedingungen*, insbesondere Zahlungsaufschub oder Ratenzahlungsvereinbarungen, sind nach der Rspr. an § 138 Abs. 1 BGB zu messen. So hatte bereits eine vor der Rechtsprechungswende ergangene Entscheidung des BGH eine 15-jährige Auszahlungsfrist als sittenwidrig angesehen, auch wenn eine angemessene Verzinsung des Abfindungsguthabens erfolge.[197] Nach der Rechtsprechungswende sind zu diesem Fragenkreis lediglich obergerichtliche Entscheidungen ergangen. Danach werden Auszahlungsfristen von bis zu fünf Jahren als regelmäßig unbedenklich

---

[193] BGH, Urt. v. 29.4.2014 – II ZR 217/13, BGHZ 201, 65 Rn. 13.
[194] BGH, Urt. v. 29.4.2014 – II ZR 217/13, BGHZ 201, 65 Ls. und Rn. 14ff. m.zahlr.N. zum damaligen Meinungsstand.
[195] S. etwa BGH, Urt. v. 14.6.2010 – II ZR 135/09, DStR 2010, 1897 Rn. 9; zuvor etwa schon BGH, Urt. v. 28.5.1979 – II ZR 217/78, WM 1979, 1064, 1065; allgemein zur Sonderrspr. des BGH für Freiberuflersozietäten *Goette*, ZGR 1997, 426, 435ff. m.zahlr.N.
[196] S. BGH, Urt. v. 7.4.2008 – II ZR 181/04, ZIP 2008, 1276 Rn. 21 und st. Rspr.; s. dazu auch *Goette*, ZGR 2017, 426, 435ff. m.zahlr.N. aus der Rspr.
[197] BGH, Urt. v. 9.1.1989 – II ZR 83/88, NJW 1989, 2685, 2686 (GmbH & Co. KG).

eingestuft.[198] Eine Regelung, welche die Auszahlung auf drei nach fünf, acht und zehn Jahren zu zahlende verzinsliche Raten streckt, soll hingegen sittenwidrig sein.[199]

Daneben hat der BGH seit seiner Rechtsprechungswende wiederholt die Wirksamkeit von Abfindungsklauseln am Rechtsgedanken des § 723 Abs. 3 BGB a.F. (*faktische Kündigungsbeschränkung*) scheitern lassen.[200] Er bleibt also bei der Zweispurigkeit der Wirksamkeitskontrolle.

7. Einvernehmen mit der Rspr. und (einstweilen) vergebliche Kritik

Soweit die neuere Literatur der Rspr. nicht zustimmt, blieb es zumeist bei der bereits aus den 1990er Jahren bekannten Kritik, bevor dann nach der Jahrtausendwende neue Impulse die Debatte belebten (dazu noch unter V.).

a) Grundsätzliche Sittenwidrigkeit des Abfindungsausschlusses

Die Rspr. des BGH zur *Sittenwidrigkeit des Abfindungsausschlusses* erfährt bis auf den heutigen Tage weithin Beifall in der Literatur.[201] Dies gilt auch für die von ihm anerkannten Ausnahmefälle[202] einschließlich der Sonderrechtsprechung zu den Freiberuflersozietäten.[203] Die Reichweite zulässiger Abfindungsausschlüsse in Familienunternehmen ist hingegen noch Gegenstand der Diskussion, die in den letzten Jahren an Dynamik gewonnen hat.[204]

---

198 OLG München, Urt. v. 1.9.2004 – 7 U 6152/99, NZG 2004, 1055.
199 OLG Dresden, Urt. v. 18.5.2000 – 21 U 3559/99, NZG 2000, 1042.
200 S. etwa BGH, Urt. v. 19.9.2005 – II ZR 342/03, BGHZ 164, 107, 116; BGH, Urt. v. 7.4.2008 – II ZR 181/04, ZIP 2008, 1276; BGH, Urt. v. 14.6.2010 – II ZR 135/09, DStR 2010, 1897; s. zu diesen Entscheidungen auch *Schmolke*, aaO (Fn. 70), S. 574–576.
201 S. etwa *Schäfer* in MünchKommBGB, 9. Aufl. 2024, § 728 Rn. 43; *K. Schmidt/Fleischer* in MünchKommHGB, 5. Aufl. 2022, § 131 Rn. 184.
202 *Schäfer* in MünchKommBGB, 9. Aufl. 2024, § 728 Rn. 60 f.; *K. Schmidt/Fleischer* in MünchKommHGB, 5. Aufl. 2022, § 131 Rn. 194 ff.; *Roth* in Hopt, HGB, 43. Aufl. 2024, § 135 Rn. 28.
203 S. nur *Schäfer* in MünchKommBGB, 9. Aufl. 2024, § 728 Rn. 66; *Roth* in Hopt, HGB, 43. Aufl. 2024, § 135 Rn. 21, 28.
204 S. dazu noch V.3; aus dem älteren Schrifttum insbesondere *Sigle*, ZGR 1999, 659, 672 f.; *Ulmer*, ZIP 2010, 805, 809 ff.; s. auch *K. Schmidt/Fleischer* in MünchKommHGB, 5. Aufl. 2022, § 131 Rn. 198.

b) Grundsätzliche Sittenwidrigkeit bei anfänglichem groben Missverhältnis

Auf breite Zustimmung trifft die Rspr. auch mit ihrer Feststellung, dass Abfindungsbeschränkungen bei einem *groben Missverhältnis* zwischen dem vertraglich geschuldeten und dem gesetzlich vorgesehenen Abfindungsbetrag im Zeitpunkt der Vereinbarung grundsätzlich sittenwidrig sind.[205] Die Literatur hat hier auch die Formel der Rspr. weithin übernommen, nach der ein grobes Missverhältnis vorliegt, wenn der an dem Unternehmenswert auszurichtende volle wirtschaftliche Wert der Beteiligung die vereinbarte Abfindung erheblich übersteigt und die mit der Abfindungsklausel verbundene Einschränkung des Abflusses von Gesellschaftskapital vollkommen außer Verhältnis zu der Beschränkung steht, die erforderlich ist, um im Interesse der verbleibenden Gesellschafter den Fortbestand der Gesellschaft und die Fortführung des Unternehmens zu sichern.[206] In der Literatur wird teils indes gemahnt, dass die Sittenwidrigkeitskontrolle nicht zu einer Angemessenheitsprüfung degenerieren dürfe, und daher für eine restriktivere Linie geworben.[207] Im Rahmen der Abwägung sind die Auszahlungsmodalitäten zu berücksichtigen.[208] Keine Bedeutung soll – jedenfalls grundsätzlich – dem Rechtsgrund des Anteilserwerbs zukommen. Dies gilt insbesondere für die Frage, ob der Anteil unentgeltlich erlangt worden ist oder nicht.[209] Auf prozentuale Richtwerte, wie sie *Peter Ulmer* und *Carsten Schäfer* vorgeschlagen haben[210], hat sich die Rspr. nie eingelassen.[211] Auch im Schrifttum herrschte von Beginn an Skepsis, die sich zunehmend verfestigt hat. *Flume* verwarf derlei Richtgrößen bereits in den 1970er

---

[205] S. statt vieler nur *K. Schmidt/Fleischer* in MünchKommHGB, 5. Aufl. 2022, § 131 Rn. 183 m.w.N.
[206] S. BGH, Urt. v. 16.12.1991 – II ZR 58/91, BGHZ 116, 359 Ls. c) (GmbH); BGH, Urt. v. 9.1.1989 – II ZR 83/88, NJW 1989, 2685, 2686 (KG); BGH, Urt. v. 13.6.1994 – II ZR 38/93, BGHZ 126, 226, 239 f. (GbR); für die hieran Maß nehmende Literatur etwa *Roth* in Hopt, HGB, 43. Aufl. 2024, § 135 Rn. 26; *Kleindiek* in Hommelhoff/Lutter, GmbHG, 21. Aufl. 2023, § 34 Rn. 167; *K. Schmidt/Fleischer* in MünchKommHGB, 5. Aufl. 2022, § 131 Rn. 183; *Schmolke*, aaO (Fn. 70), S. 685.
[207] S. etwa *Dauner-Lieb*, ZHR 158 (1994), 271, 288 (nur Evidenzfälle); *dies.*, GmbHR 1994, 836, 839; *Sigle*, ZGR 1999, 659, 666 f.
[208] *K. Schmidt/Fleischer* in MünchKommHGB, 5. Aufl. 2022, § 131 Rn. 188 ; *Roth* in Hopt, HGB, 43. Aufl. 2024, § 135 Rn. 29 f.; *Kersting* in Servatius, GmbHG, 23. Aufl. 2022, § 34 Rn. 27; *Strohn* in MünchKommGmbHG, 4. Aufl. 2022, § 34 Rn. 242 m.w.N.
[209] S. dazu etwa *Fleischer/Bong*, WM 2017, 1957, 1966; *K. Schmidt/Fleischer* in MünchKommHGB, 5. Aufl. 2022, § 131 Rn. 196; *Roth* in Hopt, HGB, 43. Aufl. 2024, § 135 Rn. 28; a.A. *Schmolke*, aaO (Fn. 70), S. 684.
[210] S. zu diesen oben unter IV.5. bei Fn. 186; ähnlich *Geißler*, GmbHR 2006, 1173, 1180 f.; ferner etwa *Kort*, DStR 1995, 1961, 1966; *Sanders*, Statischer Vertrag und dynamische Vertragsbeziehung, 2008, S. 340 f., 346 f.; früh bereits *Erman*, FS Westermann, 1974, S. 75, 78 f; vgl. auch *K. Schmidt* in MünchKommHGB, 3. Aufl. 2011, § 131 Rn. 168.
[211] Vgl. auch OLG Oldenburg, Urt. v. 15.6.1995 – 1 U 126/90, GmbHR 1997, 503, 505.

Jahren in gewohnt deutlichen Worten als „Kadi-Erwägungen".²¹² Und auch die heute h.L. lehnt sie als (zu) „schematisch" bzw. als „gegriffene Größen" ab.²¹³

c) Unwirksamkeit wegen Verstoßes gegen zwingendes Kündigungsrecht?

Die wohl noch h.L. pflichtet der Rspr. zudem darin bei, dass §§ 723 Abs. 3 BGB, 133 Abs. 3 HGB (analog) (= §§ 725 Abs. 6 BGB, 139 Abs. 2 HGB n.F.) bzw. der in den Vorschriften manifestierte Grundgedanke eine Wirksamkeitsschranke für Abfindungsbeschränkungen errichtet.²¹⁴ Zunehmend machen sich Zweifel breit.²¹⁵ Eine aktuell an Einfluss gewinnende, auf *Karsten Schmidt* zurückgehende Ansicht lehnt sie aus rechtshistorischen, systematischen, rechtsökonomischen und rechtsvergleichenden Gründen ab.²¹⁶ In der Sache bedeutet dies eine dogmatische Bereinigung, die keine empfindlichen Schutzlücken reißt. Denn bei Lichte besehen ist der Rückgriff auf §§ 725 Abs. 6 BGB, 139 Abs. 2 HGB n.F. (analog) für den Schutz des ausgeschiedenen bzw. ausscheidenswilligen Gesellschafters überhaupt nicht erforderlich, wenn man die potenzielle Einschüchterungswirkung der Abfindungsklausel im Rahmen der Sittenwidrigkeitsprüfung berücksichtigt und hierbei auch den Schutzzweck der gesetzlichen Kündigungsregeln in die notwendige Wertung einbezieht.²¹⁷ Die noch h.L. beruhigt sich derweil gerade damit, dass der zusätzliche Nichtigkeitsgrund aus §§ 725 Abs. 6 BGB, 139 Abs. 2 HGB n.F. (analog) ohnehin keine nennenswerte praktische Bedeutung habe.²¹⁸

---

212 S. bereits *Flume*, aaO (Fn. 113), S. 187 in Fn. 51: „Als rechtliche Argumentation sind diese Kadi-Erwägungen schwerlich einzuordnen."
213 S. etwa *Kersting* in Noack/Servatius/Haas, GmbHG, 23. Aufl. 2022, § 34 Rn. 27; reserviert auch *Roth* in Hopt, HGB, 43. Aufl. 2024, § 135 Rn. 26; *K. Schmidt/Fleischer* in MünchKommHGB, 5. Aufl. 2022, § 131 Rn. 184; *Strohn* in MünchKommGmbHG, 4. Aufl. 2022, § 34 Rn. 240; ferner etwa *Fleischer/Bong*, WM 2017, 1957, 1966; *Fleischer*, WM 2024, 621, 627.
214 S. für die h.L. etwa *Schäfer* in MünchKommBGB, 9. Aufl. 2024, § 725 Rn. 77; *Schöne* in Bamberger/Roth/Hau/Poseck, 5. Aufl. 2023, § 723 Rn. 35.
215 Vgl. etwa die Reserve bei *Roth* in Hopt, HGB, 43. Aufl. 2024, § 135 Rn. 23.
216 Näher hierzu *Fleischer/Bong*, WM 2017, 1957, 1965; *Fleischer*, WM 2024, 621, 625; *K. Schmidt/Fleischer* in MünchKommHGB, 5. Aufl. 2022, § 131 Rn. 170; i. Erg. ebenso *Schmolke*, aaO (Fn. 70), S. 682 f.
217 So zuerst *K. Schmidt*, etwa in MünchKommHGB, 3. Aufl. 2011, § 131 Rn. 156; darauf aufbauend *Fleischer/Bong*, WM 2017, 1957, 1965; *Fleischer*, WM 2024, 621, 625; *K. Schmidt/Fleischer* in MünchKommHGB, 5. Aufl. 2022, § 131 Rn. 170; *Schmolke*, aaO (Fn. 70), S. 682 f.
218 S. für die h.L. etwa *Strohn* in MünchKommGmbHG, 4. Aufl. 2022, § 34 Rn. 245; ähnlich *Schäfer* in MünchKommBGB, 9. Aufl. 2024, § 728 Rn. 47; aus der Rspr. etwa OLG Köln, Urt. v. 19.12.1997 – 4 U 31/97, NZG 1998, 779, 780.

In der Tat sind die Rechtsfolgen der Nichtigkeit der Abfindungsklausel nach § 138 Abs. 1 BGB oder §§ 725 Abs. 6 BGB, 139 Abs. 2 HGB n.F. (analog) die gleichen. Die Lücke im Vertragsprogramm wird durch einen Rückgriff auf das dispositive Gesetzesrecht geschlossen.[219] Vereinzelte Vorstöße aus dem Schrifttum, hier stattdessen dem Parteiwillen durch ergänzende Auslegung Rechnung zu tragen, haben sich nicht durchsetzen können.[220]

d) Ausübungskontrolle und Klauselanpassung

Nach alledem unterliegen wirksame Abfindungsklauseln nach der Rspr. Durchsetzungsschranken, die sich aus nach Vertragsschluss eintretenden Veränderungen ergeben können. Eine dahingehende richterliche Ausübungskontrolle der Abfindungsklausel kommt aber nach unbestrittener Ansicht erst „nach Ausschöpfung aller dem Willen der Beteiligten Rechnung tragenden Möglichkeiten" in Betracht.[221] Es besteht mithin ein Vorrang der Vertrags*auslegung* vor der Vertrags*kontrolle*.[222] Die Literatur weist hier die allzu großzügige Rspr. beharrlich darauf hin, dass die ergänzende Auslegung eine Vertragslücke voraussetzt, die sich nicht allein aus der erheblichen Diskrepanz zwischen vereinbartem Abfindungsbetrag und Anteilswert ergibt. Vielmehr bedarf es der Feststellung, dass die Parteien etwas anderes vereinbart hätten, hätten sie die spätere Entwicklung vorausgesehen. Diese Feststellung ist jedoch im Nachhinein voraussetzungsvoll; Zweifel gehen im Abfindungsprozess regelmäßig zu Lasten des ausscheidenden Gesellschafters.[223] Die Rspr. ist freilich bis heute nicht von der Vorstellung abgerückt, dass sich die fehlende Voraussicht der Vertragsparteien und damit die notwendige Vertragslücke aus der „Lebenserfahrung" ergebe.[224]

---

219 S. etwa BGH, Urt. v. 18.9.2006 – II ZR 137/04, NJW 2007, 295 Rn. 14; BGH, Urt. v. 22.5.2012 – II ZR 205/10, ZIP 2012, 1599 Rn. 22.
220 Hierfür etwa *Henssler/Michel*, NZG 2012, 401, 409 m.w.N.; so selbst bei Sittenwidrigkeit der Klausel *Kamanabrou*, FS Buchner, 2009, S. 401, 406.
221 S. *K. Schmidt/Fleischer* in MünchKommHGB, 5. Aufl. 2022, § 131 Rn. 171.
222 Unstr., eindringlich hierzu bereits *Dauner-Lieb*, ZHR 158 (1994), 271 ff.; *dies.*, GmbHR 1994, 836 ff.; ferner etwa *Schulze-Osterloh*, JZ 1993, 45; *Richter*, Die Abfindung ausscheidender Gesellschafter unter Beschränkung auf den Buchwert, 2002, S. 95 f.
223 S. zum Ganzen bereits *Rasner*, ZHR 158 (1994), 292, 298; *Dauner-Lieb*, ZHR 158 (1994), 271, 283 f.; *Ulmer/Schäfer*, ZGR 1995, 134, 141, 143; später etwa auch *Vollmer*, DB 1998, 2507, 2510; *Richter*, aaO (Fn. 222), S. 104 f. m.w.N.; klar auch *Kamanabrou*, aaO (Fn. 220), S. 409; *Schmolke*, aaO (Fn. 70), S. 687 f.; *K. Schmidt/Fleischer* in MünchKommHGB, 5. Aufl. 2022, § 131 Rn. 191.
224 Der Rspr. in BGH, Urt. v. 13.6.1994 – II ZR 38/93, BGHZ 126, 226, 244 insofern zustimmend insb. *Schulze-Osterloh*, JZ 1993, 45, 46.

Nach der h.L. kommt nach alledem bei nachträglich auftretendem groben Missverhältnis zwischen Abfindungsbetrag und Beteiligungswert regelmäßig nur eine Klauselkorrektur durch richterliche Ausübungs- bzw. Durchsetzungskontrolle in Betracht. Ganz mehrheitlich zieht sie hierfür allein oder doch zumindest vorrangig § 242 BGB wegen unzulässiger Rechtsausübung bzw. Rechtsmissbrauch heran.[225] § 313 BGB sowie die gesellschafterliche Treuepflicht treten demgegenüber in den Hintergrund.[226] Während die unzulässige Rechtsausübung in den hier interessierenden Fällen regelmäßig unter die Fallgruppe des fehlenden schutzwürdigen Eigeninteresses subsumiert wird, begreift *Anne Sanders* die Prüfung anhand von § 242 BGB in ihrer Dissertation von 2008 als „Instrument der entwicklungsorientierten Vertragskontrolle", das letztlich auf dem Gedanken der „Überforderung der Selbstverantwortung" ruht.[227]

Im konkreten Zugriff werden zahlreiche *Abwägungsfaktoren* diskutiert, die im Rahmen der Prüfung nach § 242 BGB zu berücksichtigen sind bzw. sein sollen. Hierher gehören insbesondere (1) der Anlass des Ausscheidens, (2) die Dauer der Mitgliedschaft, (3) der Anteil am Aufbau und Erfolg des Unternehmens, (4) die wirtschaftliche Situation des Unternehmens, (5) die persönliche und wirtschaftliche Situation des Ausscheidenden, (6) das vorgängige Verhalten des Ausscheidenden, (7) das vorgängige Verhalten der verbleibenden Gesellschafter sowie (8) das nachvertragliche Verhalten. Weithin einig ist man sich in Rspr. und Literatur indes nur über die Berücksichtigung der Faktoren (1) und (2).[228] Auch hier werden Richtgrößen für die Ermittlung der Missbräuchlichkeit der Rechtsausübung mehrheitlich abgelehnt.[229]

Was schließlich die Rechtsfolge der Vertragsanpassung betrifft, wenn die buchstabengetreue Umsetzung der Abfindungsklausel an § 242 BGB scheitert, so

---

225 S. statt vieler *K. Schmidt/Fleischer* in MünchKommHGB, 5. Aufl. 2022, § 131 Rn. 193; *Roth* in Hopt, HGB, 43. Aufl. 2024, § 135 Rn. 32; *Strohn* in MünchKommGmbHG, 4. Aufl. 2022, § 34 Rn. 255, jew. m.w.N.; auch *Schmolke*, aaO (Fn. 70), S. 587f. m.w.N.
226 S. dazu hier nur *Schmolke*, aaO (Fn. 70), S. 586f. m.w.N.
227 *Sanders*, Statischer Vertrag und dynamische Vertragsbeziehung, 2008, S. 313ff., 379. S. zur verhaltensökonomischen Fundierung der Vertragskontrolle noch unten unter V.4.
228 S. hierzu m.zahlr.N. den Überblick bei *Schmolke*, aaO (Fn. 70), S. 590ff.; ferner etwa *K. Schmidt/Fleischer* in MünchKommHGB, 5. Aufl. 2022, § 131 Rn. 191; *Strohn* in MünchKommGmbHG, 4. Aufl. 2022, § 34 Rn. 256.
229 Für eine Orientierung an solchen Richtgrößen indes etwa *Ulmer/Schäfer*, ZGR 1995, 134, 153f.; *Kort*, DStR 1995, 1961, 1967; *Lutter* in Hommelhoff/Lutter, GmbHG, 20. Aufl. 2020, § 34 Rn, 175; *Mecklenbrauck*, BB 2000, 2001, 2005; *ders.*, Abfindung zum Buchwert, 2000, S. 170ff.; ausdrücklich hiergegen etwa *Richter*, aaO (Fn. 222), S. 166 sowie die in Fn. 213 Genannten.

besteht ebenfalls keine Einigkeit. Der BGH[230] und die ihm folgende Lehre[231] nehmen für das „Wie" der Vertragsanpassung erneut eine Abwägung mithilfe der auch für das „Ob" der Rechtsmissbräuchlichkeit relevanten Faktoren[232] vor und zielen damit auf eine in Ansehung der Interessen von Gesellschaft und ausscheidendem Gesellschafter „angemessenen" Abfindung. Eine starke Literaturansicht hält hingegen „das Zuendedenken des vertraglichen Regelungsplans, freilich unter Außerachtlassung des mit §§ 138 Abs. 1, 723 Abs. 3 BGB unvereinbaren Parteiwillens" für den zutreffenden Ansatz zur Ermittlung des Abfindungsbetrags. Hiermit soll der Eingriff in die Privatautonomie auf das unbedingt Nötige reduziert werden. Dies läuft im Ergebnis auf eine Abfindung hinaus, die gerade noch tolerabel ist.[233]

V. Neuere Impulse und Variationen der Debatte(n)

Sowohl Hinauskündigungs- als auch Abfindungsdebatte haben in den letzten ein, zwei Dekaden trotz einer weitgehend unveränderten Rspr. in verschiedener Hinsicht neue Impulse aus der Praxis und dem Schrifttum erfahren. Zu nennen sind hier insbesondere (1.) die Debatte um die Wirksamkeit und Durchsetzbarkeit von Rechtstransplantaten aus der U.S.-amerikanischen Kautelarpraxis, (2.) die rechtspolitische Debatte um die Wirksamkeit von Ausschluss- und Abfindungsklauseln anlässlich des 71. DJT in Essen, (3.) die Diskussion um Besonderheiten des Ausschlusses und der Abfindung von Gesellschaftern in Familienunternehmen sowie – grundsätzlicher – (4.) die verhaltensökonomische Fundierung der Kontrolle von Ausschluss- und Abfindungsregeln. Die unter (2.) und (3.) zu skizzierenden Debatten sind wiederum Teil der allgemeinen Debatte zur Reform des Personengesellschaftsrechts, die wiederum in das zum 1. Januar 2024 in Kraft getretene MoPeG mündete. Zu den durch das MoPeG herbeigeführten Veränderungen und die sich hierum rankende, aktuelle Debatte wird noch gesondert Stellung genommen (dazu VI.).

---

230 S. BGH, Urt. v. 20.9.1993 – II ZR 104/92, BGHZ 123, 281, 289 im Anschluss an *Büttner*, aaO (Fn. 168), S. 119, 135 ff.; s. ferner BGH, Urt. v. 16.12.1991 – II ZR 58/91, BGHZ 116, 359, 371.
231 S. etwa *Retzlaff* in Grüneberg, BGB, 83. Auflage 2024, §728 Rn. 13.
232 S. soeben bei Fn. 228.
233 Grundlegend *Ulmer/Schäfer*, ZGR 1995, 134, 152; zust. etwa *Richter*, aaO (Fn. 222), S. 173; wohl auch *Roth* in Hopt, HGB, 43. Aufl. 2024, § 135 Rn. 32; im Ergebnis auch *Schmolke*, aaO (Fn. 70), S. 692; *Schäfer* in MünchKommBGB, 9. Aufl. 2024, § 728 Rn. 75; *K. Schmidt/Fleischer* in MünchKommHGB, 5. Aufl. 2022, § 131 Rn. 192.

1. Übertragung der Debatte auf Rechtstransplantate der Kautelarpraxis

Nach der Jahrtausendwende beschäftigte sich das Schrifttum mit dem Abgleich zunehmend auch in Deutschland gebräuchlicher Regelungen der anglo-amerikanischen Kautelarpraxis mit der Rspr. zur Wirksamkeit freier Hinauskündigungsklauseln.[234] Dies betraf insbesondere die Zulässigkeit sog. *Drag-along-* und *Call-option-*Klauseln als Baustein von Venture-Capital-Verträgen oder von *Russian-roulette-* und *Texas-shoot-out-*Klauseln als Bestandteil von Joint-Venture-Verträgen. Schließlich diskutierte man die Rechtmäßigkeit sog. *Leaver-*Klauseln, die regelmäßig bei Private-Equity-Transaktionen verwandt werden.[235]

Besonders hervorzuheben sind an dieser Stelle *Russian-roulette-* oder *Shoot-out-*Klauseln, die nicht nur Gegenstand einer obergerichtlichen Entscheidung geworden sind, sondern sehr anschaulich die rechtliche Verschränkung von freier Hinauskündigung und Abfindungsregelung aufzeigen. Das OLG Nürnberg hatte über die Wirksamkeit einer „freien", d. h. nicht an ein spezifisches Auslöseereignis geknüpften *Russian-roulette-*Klausel zu entscheiden.[236] Diese sah vor, dass jeder der in gleichem Umfang an einer GmbH & Co. KG beteiligten Kommanditisten berechtigt ist, dem jeweils anderen unter Nennung eines bestimmten Preises den eigenen Anteil zum Kauf anzubieten. Sollte der andere dieses Angebot nicht binnen sechs Monaten annehmen, so war er verpflichtet, dem Anbietenden seinen Anteil zum gleichen Preis zu verkaufen. Unter dem Gesichtspunkt der faktischen Kündigungsbeschränkung oder Sittenwidrigkeit wegen allzu niedriger „Abfindung" werden solche Klauseln, auch wenn der initiale Zug nicht als Verkaufs- sondern als Kaufangebot ausgestaltet ist, weithin als unproblematisch angesehen.[237] Allenfalls könne einmal eine unzulässige Rechtsausübung der wirksamen Klausel vorliegen, wenn im konkreten Fall die finanzielle Überlegenheit gegenüber einem finanziell

---

234 Der Pionierbeitrag im deutschen Schrifttum stammt soweit ersichtlich von den Anwälten *Schulte/Sieger*, NZG 2005, 24 ff.
235 S. dazu neben dem bereits genannten Aufsatz von *Schulte/Sieger* etwa *Drinkuth*, NJW 2006, 410, 413; *Fleischer/Schneider*, DB 2010, 2713 ff.; *dies.*, DB 2012, 961 ff.; *Priester*, aaO (Fn. 115), S. 1139 ff.; ferner *Becker*, aaO (Fn. 123), S. 135 ff.; *Wedemann*, aaO (Fn. 84), S. 483 ff., 492 ff., 502 ff.; *Schmolke*, aaO (Fn. 70), S. 554 ff.; jüngst *Baumann*, Ausstieg aus einem paritätischen Equity-Joint-Venture, 2024.
236 OLG Nürnberg, Urt. v. 20.12.2013 – 12 U 49/13, ZIP 2014, 171; dazu *Schmolke*, ZIP 2014, 897 ff.; *Hug*, BB 2014, 470; *Schaper*, DB 2014, 821 ff.
237 S. hier statt vieler etwa *Fleischer/Schneider*, DB 2010, 2713, 2716 f.; *Schulte/Sieger*, NZG 2005, 24, 29; Schmolke, ZIP 2014, 897, 899 f.

anderweitig gebundenen Mitgesellschafter ausgenutzt werde.[238] *Russian-roulette-* bzw. *Shoot-out*-Klauseln wird auch ein der freien Hinauskündigungsklausel vergleichbares Einschüchterungspotenzial („Damoklesschwert") weithin abgesprochen.[239] Das OLG Nürnberg hielt „aufgrund des mit [ihr ...] verfolgten Zwecks – die Auflösung der Möglichkeit einer Selbstblockade der Gesellschaft durch zwei gleich hoch beteiligte Gesellschafter – die Verwendung einer derartigen Klausel [für] sachlich gerechtfertigt".[240] Es fügte ergänzend hinzu: „Das grundsätzlich stets bestehende Missbrauchsrisiko rechtfertigt nicht das Eingreifen des Sittenwidrigkeitsverdikts; will sich eine Vertragspartei diesem Risiko nicht aussetzen, so darf sie sich nicht auf das Russian-Roulette-Verfahren einlassen."[241] Das ist freilich eine allgemeinere Erwägung, die nicht nur für *Russian-roulette*-Klauseln gilt.

2. Die rechtspolitische Debatte zum 71. DJT im Jahre 2016

Einen weiteren Impuls erhielt die Debatte um Zulässigkeitsgrenzen von Ausschluss- und Abfindungsklauseln im Zuge der allgemeinen Diskussion um die Reform des Personengesellschaftsrechts, die letztlich im 2021 verabschiedeten MoPeG mündete. Ein wesentlicher Schritt auf dem Weg der Gesetzesreform war das Gutachten von *Carsten Schäfer*, das er für den 71. DJT in Essen zu der Frage erstellt hatte: „Empfiehlt sich eine grundlegende Reform des Personengesellschaftsrechts?"[242] Hierbei beschäftigte er sich auch damit, ob es einer Korrektur der Rspr. zu Abfindungsbeschränkungen und Hinauskündigungsklauseln bedürfe, verneinte die Frage indes. Die Anerkennung von Besonderheiten für bestimmte Gesellschaftstypen, etwa große Familienunternehmen, könne der Rspr. überlassen werden. Eine Erweiterung der gesellschaftlichen Gestaltungsfreiheit sei nicht veranlasst.[243] Die Vertreter der Praxis wollten indes weiter gehen. *Hartmut Wicke*, Notar in München, empfahl in seinem Referat mit Blick auf das liberalere *partnership law* und die Bedürfnisse der Praxis sowohl für Hinauskündigungs- als auch für Abfindungs-

---

238 S. insb. *Fleischer/Schneider*, DB 2010, 2713, 2717 unter Verweis auf US-amerikanisches Schrifttum, etwa *Brooks/Landeo/Spier*, RAND J. Econ. 41 (2000), 649, 665: „predatory potential of Texas Shootouts"; auch schon *Schulte/Sieger*, NZG 2005, 24, 30.
239 S. für Einzelheiten etwa *Fleischer/Schneider*, DB 2010, 2713, 2718; *Schmolke*, ZIP 2014, 897, 901 f. jew. m.w.N.; *K. Schmidt/Fleischer* in MünchKommHGB, 5. Aufl. 2022, § 140 Rn. 108.
240 OLG Nürnberg, Urt. v. 20.12.2013 – 12 U 49/13, ZIP 2014, 171, 173 sub B.II.2.c); vorsichtiger *Schaper*, DB 2014, 821, 823.
241 OLG Nürnberg, Urt. v. 20.12.2013 – 12 U 49/13, ZIP 2014, 171, 173.
242 *C. Schäfer*, Verhandlungen des 71. DJT, Bd. I: Gutachten, 2016, Gutachten E.
243 *C. Schäfer*, aaO (Fn. 242), E 49 f.

klauseln einen Vorrang der Ausübungs- vor der Wirksamkeitskontrolle.[244] Der Rechtsanwalt *Jochen Vetter* ging in einem Diskussionsbeitrag noch weiter und schlug vor, für einen Zeitraum von 10 Jahren auch eine Ausübungskontrolle auszuschließen.[245] Der Vorschlag von *Wicke* gelangte schließlich zur Abstimmung. Dabei stimmte eine knappe Mehrheit für ein entsprechendes Vorgehen bei Abfindungsklauseln, während ihm eine knappe Mehrheit für seinen Parallelvorschlag zu den Hinauskündigungsklauseln die Gefolgschaft verweigerte (Beschlüsse 11. a) und b)).

3. Sonderfall Familienunternehmen?

Die Debatte um eine weitergehende Zulässigkeit von Hinauskündigungs- und Abfindungsklauseln in Familienunternehmen wird zwar schon seit längerem geführt, hat aber nach der Jahrtausendwende noch einmal eine Belebung erfahren. Ein maßgeblicher Impuls hierfür waren zwei im Jahre 2010 erschienene Aufsätze von *Peter Ulmer* zur großen, generationenübergreifenden Familiengesellschaft, von denen sich einer speziell mit der vertraglichen Gestaltung von Austritt und Abfindung beschäftigte.[246] *Ulmer* sieht die typischen Besonderheiten solcher Gesellschaften in der treuhänderähnlichen Stellung der durch Vererbung oder Schenkung zu Gesellschaftern berufenen Familienmitglieder, die weitgehende Beschränkung lebzeitiger Anteilsübertragung sowie die der Selbstfinanzierung der Gesellschaft dienende Thesaurierung erheblicher Teile des Jahresüberschusses zu Lasten der den Gesellschaftern dauerhaft zufließenden Gewinne.[247] Aufgrund dieser Besonderheiten vergrößere sich dementsprechend „aus Sicht der § 138 Abs. 1, § 723 Abs. 3 BGB [...] der rechtlich zulässige Gestaltungsspielraum für die vertraglich festgelegte Abfindung kündigungsbedingt ausscheidender Gesellschafter". Diese orientiere sich nicht am anteiligen Ertragswert, sondern „an der Höhe der den Gesellschaftern nachhaltig zufließenden Gewinnausschüttung".[248]

---

244 *Wicke*, Verhandlungen des 71. DJT, Bd. II/1: Sitzungsberichte – Referate und Beschlüsse, 2016, O 39 ff.; s. ferner *ders.*, DNotZ 2017, 261, 269 ff. mit dem Vorschlag der Einfügung einer entsprechenden Regelung in einem neuen § 140 Abs. 3 HGB.
245 *J. Vetter*, Verhandlungen des 71. DJT, Bd. II/2: Sitzungsberichte – Diskussion und Beschlussfassung, 2016, O 158 f.; hiergegen *Kersting*, Verhandlungen des 71. DJT, Bd. II/2: Sitzungsberichte – Diskussion und Beschlussfassung, 2016, O 165, O 166.
246 *Ulmer*, ZIP 2010, 549 ff.; *ders.*, ZIP 2010, 805 ff.
247 *Ulmer*, ZIP 2010, 805, 816.
248 *Ulmer*, ZIP 2010, 805, 816.

Ulmers Thesen sind im neueren Schrifttum jedenfalls im Grundsatz auf viel Zustimmung gestoßen.[249] Auch hat sich am Vorabend der MoPeG-Reform ein mit prominenten Vertretern aus Wissenschaft und Praxis besetzter „Hamburger Kreis Recht der Familienunternehmen" für eine Neuregelung des Abfindungsrechts eingesetzt, die sich an die von *Wicke* vorgeschlagene und vom 71. DJT beschlossene Liberalisierung[250] anlehnt.[251]

4. Verhaltensökonomische Erklärungsansätze

Die Rspr. des BGH zu freien Hinauskündigungs- und Abfindungsklauseln stellt einen Eingriff in die Vertragsfreiheit dar, der einer materiellen Rechtfertigung bedarf. Seit Beginn des noch jungen Jahrhunderts schickt sich eine Reihe von Rechtswissenschaftlern an, eine solche Rechtfertigung auf ein verhaltensökonomisches Fundament zu stellen und dabei zugleich die Grenzen legitimer Eingriffe in die Vertragsfreiheit aufzuzeigen. Den Kerngedanken dieser Denkrichtung hat *Holger Fleischer* in einem Pionierbeitrag von 2001 speziell für Abfindungsklauseln wie folgt formuliert:

„[Eine] überzeugende Sachbegründung [für die Vertragskontrolle durch die Gerichte ...] läßt sich mit aller gebotenen Vorsicht aus dem empirisch erhärteten Gedanken begrenzter Rationalität gewinnen: Danach weichen Individuen in bestimmten Entscheidungssituationen von rationalen Verhaltensmustern ab, weil sie nicht in der Lage sind, Zustände der Gegenwart und Zukunft sachgerecht miteinander zu vergleichen. Wie die psychologische Entscheidungsforschung belegt, neigen sie vielmehr dazu, den gegenwärtigen Nutzen zu überschätzen und zukünftige Kosten und Risiken systematisch zu unterschätzen. Wegen dieser unzureichenden teleskopischen Fähigkeiten, die häufig mit einem übermäßigen Optimismus einhergehen, verliert die vielberufene Richtigkeitsgewähr frei ausgehandelter Verträge in dem Maße an Überzeugungskraft, in dem es um antizipierte Ereignisse und bedingte Wahrscheinlichkeiten geht. Das gilt auch und gerade im Gesellschaftsrecht, wo zwischen dem Abschluß des Gesell-

---

[249] S. vor allem *Fleischer/Bong*, WM 2017, 1657, 1966; *Fleischer*, WM 2024, 621, 629; *Schäfer* in MünchKommBGB, 9. Aufl. 2024, § 728 Rn. 58, aber etwa auch *Holler*, DStR 2019, 931, 941; *Krämer*, Das Sonderrecht der Familienunternehmen, 2019, S. 322 ff.; *Lieder* in Erman, BGB, 17. Aufl. 2023, § 728 Rn. 20; a.A. hingegen *Wolf*, MittBayNot 2013, 9, 14 f.
[250] S. dazu oben unter V.2.
[251] *Hamburger Kreis Recht der Familienunternehmen*, Familienunternehmen und die Reform des Personengesellschaftsrechts: Plädoyer für eine Neuregelung des Abfindungsrechts, abgedruckt in NZG 2020, 104 f.

schafts- oder Beitrittsvertrages und dem Zeitpunkt des Ausscheidens häufig Jahre und nicht selten Jahrzehnte liegen."[252]

Diese Überlegungen haben *Fleischer* und andere in der Folge ausgebaut.[253] Im Ergebnis liefert dieser Ansatz eine schlüssige Legitimation für die im Kern paternalistische Intervention der Rspr. im Wege einer Vertragskontrolle. Er zeigt aber auch die überschießende Wirkung der Rspr. des BGH auf. Denn zumindest das Sittenwidrigkeitsverdikt des II. Zivilsenats gegenüber freien Hinauskündigungsklauseln ist für den angemessenen Schutz des in der Vertragsabschlusssituation rational defizitär entscheidenden Gesellschafters nicht erforderlich.[254]

VI. Die MoPeG-Reform: Festlegung auf die Linie der Rspr.?

1. Der Mauracher Entwurf und seine Kritiker

Die vom Bundesministerium der Justiz und für Verbraucherschutz im August 2018 eingesetzte Expertenkommission für die Modernisierung des Personengesellschaftsrechts hat die vorgenannten Vorstöße zur Ausweitung der von der Rspr. allzu eng gezogenen Grenzen der gesellschafterlichen Vertragsgestaltung von Ausschluss und Abfindung indes nicht aufgegriffen.[255] Der von ihr vorgelegte Mauracher Entwurf sprach sich im Zusammenhang mit der Neuregelung der §§ 723 Abs. 3, 738 BGB immerhin klar dafür aus, die Wirksamkeit von Abfindungsklauseln – jedenfalls mit Blick auf die faktische Beschränkung der ordentlichen (!) Kündigung – allein noch am Maßstab des § 138 Abs. 1 BGB zu prüfen.[256] Ansonsten verweist die Entwurfsbegründung auf die geltende Rspr.[257] Auch weist § 728 BGB-E, anders als § 738 BGB

---

252 *Fleischer*, ZGR 2001, 1, 5 f. unter Verweis etwa auf *Eisenberg*, 47 Stanford L. Rev. 211 (1995); *S. Smith*, 59 Md. L. Rev. 167 (1996) sowie die grundlegende Arbeit von *Tversky/Cahnemann*, Judgment Under Uncertainty: Heuristics and Biases, 1982 [die Fn. sind im hiesigen Zitat ausgelassen].
253 *Fleischer*, FS Immenga, 2004, S. 575, 581 f.; ders., WM 2024, 621, 625 ff.; *Schmolke*, aaO (Fn. 70), S. 626 ff., 655 ff., 671 ff., 679 ff.; ders., ECFR 8 (2012), 380 ff.
254 Näher hierzu *Schmolke*, aaO (Fn. 70), S. 671 ff.
255 S. zu Abfindungsklauseln BMJV, Bericht über die Tätigkeit und den Gesetzentwurf der vom Bundesministerium der Justiz und für Verbraucherschutz eingesetzten Expertenkommission für die Modernisierung des Personengesellschaftsrechts, April 2020, S. 23.
256 Begr. MauracherE MoPeG, S. 122, 124 (zu § 725 Abs. 5 und § 728 Abs. 1).
257 S. etwa Begr. MauracherE MoPeG, S. 122, 124 (zu § 725 Abs. 5 und § 728 Abs. 1), 287 (zu § 130 Abs. 1).

a.F., ausdrücklich auf die grundsätzlich bestehende Gestaltungsfreiheit der Gesellschafter bei der Bemessung der Abfindung hin.

Der Mauracher Entwurf ist für seine Zurückhaltung, insbesondere in Bezug auf die Gestaltungsmöglichkeiten von Abfindungsklauseln, kritisiert worden.[258] Der Handelsrechtsausschuss des DAV und weitere Literaturstimmen monieren die hierdurch fortbestehende Rechtsunsicherheit.[259] Zur Linderung dieser Rechtsunsicherheit wurde die Einführung einer Ausschlussfrist zur Geltendmachung der Nichtigkeit von Abfindungsklauseln vorgeschlagen. Dies schaffe zumindest im Ergebnis einen Gleichlauf mit dem GmbH-Recht, wo die Heilungsmöglichkeit analog § 242 Abs. 2 S. 1 AktG helfe.[260]

2. Das MoPeG und seine Begründung

Der Gesetzgeber hat sich von der Kritik nicht beeindrucken lassen. Vielmehr schlägt sich die Zurückhaltung des Mauracher Entwurfs in Bezug auf die Ausweitung des Gestaltungsspielraums für Hinauskündigungs- und Abfindungsklauseln weitgehend unverändert im MoPeG nieder. So bestimmt das Gesetz in den § 723 Abs. 2 BGB, § 130 Abs. 2 HGB n.F. lediglich, dass im Gesellschaftsvertrag weitere Gründe für das Ausscheiden des Gesellschafters vereinbart werden können. Die Gesetzesbegründung stellt insoweit klar, dass die „von der Rspr. [für Hinauskündigungsklauseln ...] herausgearbeiteten Kriterien [...] unberührt" bleiben.[261]

Zur Wirksamkeit von Abfindungsklauseln nimmt die Gesetzesbegründung den Passus aus dem Mauracher Entwurf auf und bestimmt zu §§ 725 Abs. 6 BGB, 132 Abs. 6 HGB n.F., „dass Vereinbarungen, die das Recht zur ordentlichen Kündigung nach Absatz 1 ausschließen oder beschränken, sich nicht an der starren Schranke des § 725 Absatz 6 BGB-E messen lassen müssen, sondern an der beweglichen Schranke des § 138 BGB, wobei die Wertung des § 725 Abs. 6 BGB-E Eingang in die Sittenwidrigkeitsprüfung findet."[262]

---

[258] S. hierzu den Überblick bei *Fleischer*, WM 2024, 621, 625.
[259] DAV Handelsrechtsausschuss, NZG 2020, 1133 Rn. 75; aus der Literatur ferner *Heckschen/Nolting*, BB 2020, 2256, 2262.
[260] *Bochmann* in Modernisierung des Personengesellschaftsrechts (ZGR Sonderheft 23), 2021, S. 221, 244.
[261] Begr. RegE MoPeG, BT-Drs. 19/27635, S. 287.
[262] Begr. RegE MoPeG, BT-Drs. 19/27635, S. 201, 290. S. dazu etwa auch *Schäfer* in MünchKommBGB, 9. Aufl. 2024, § 728 Rn. 48; *Lieder* in Erman, BGB, 17. Aufl. 2023, § 728 Rn. 19.

Die Gesetzesbegründung zu § 728 Abs. 1 BGB, § 135 Abs. 1 HGB n.F. erteilt allen Vorstößen für einen Vorrang der Ausübungskontrolle von Abfindungsklauseln eine Absage. Dort heißt es:

> „Gesetzlich klarzustellen ist, dass die Ansprüche grundsätzlich zur Disposition der Gesellschafter stehen, was bereits der geltenden Rechtslage entspricht [...]. Vereinbarungen insbesondere über die Modalitäten und die Höhe des Abfindungsanspruchs sind aber zu beanstanden, wenn sie im Sinne des § 138 BGB gegen die guten Sitten verstoßen. Weitere gesetzliche Regelungen sind nicht geboten. Der von dem 71. Deutschen Juristentag empfohlene Vorrang einer Ausübungs- vor einer Wirksamkeitskontrolle wird in dem Entwurf nicht aufgegriffen [...]. Die im Gesetz angelegte Wirksamkeitskontrolle bezweckt eine Verhaltenssteuerung, insoweit sie die Gesellschafter zu einem zurückhaltenden Umgang mit Abfindungsbeschränkungen anregt. Der Bundesgerichtshof hat dazu zu Beginn der 1990er Jahre ein zweistufiges Prüfprogramm entwickelt, das er seither beständig anwendet."[263]

3. Bewertung durch das Schrifttum

Nach Verabschiedung und Inkrafttreten des MoPeG hat sich die Debatte um Hinauskündigungs- und Abfindungsklauseln vorerst beruhigt. Mit Blick auf die Wirksamkeit von Hinauskündigungsklauseln hat der Gesetzgeber davon abgesehen, die vielfach als überschießend bewertete Rspr. des BGH zu korrigieren. Hier ist also einstweilen „alles beim Alten" geblieben.[264] Freilich lässt sich dem Gesetz auch nicht entnehmen, dass es die Rspr. festschreiben und damit dem II. Zivilsenat die Möglichkeit zur Selbstkorrektur nehmen wollte.[265]

Für die Zulässigkeit von Abfindungsklauseln diskutiert man immerhin, ob die Änderungen in §§ 725 Abs. 6 BGB, 132 Abs. 6 HGB n.F. gegenüber den Vorgängerregeln in §§ 723 Abs. 3 BGB, 133 Abs. 3 HGB (analog) a.F. zu einer Liberalisierung geführt hat.[266] Die Frage bezieht sich freilich vor allem auf die Ausdehnung der Frist für den zeitweiligen Ausschluss der ordentlichen Kündigung.[267] Für die Abfindung „unter Wert" als indirekte, „faktische" Kündigungsbeschränkung gibt die Neuregelung nichts für eine ergebniswirksame Liberalisierung her. Dies gilt jedenfalls dann, wenn man – wie es die Gesetzesbegründung auch fordert – die Wertungen

---
263 Begr. RegE MoPeG, BT-Drs. 19/27635, S. 203f., 290.
264 Vgl. etwa die Kommentierung von *Roth* in Hopt, HGB, 43. Aufl. 2024, § 134 Rn. 27ff.; *Schäfer* in MünchKommBGB, 9. Aufl. 2024, § 728 Rn. 73.
265 S. allgemein zur Kodifikation von Richterrecht im Gesellschaftsrecht *Fleischer/Wedemann*, AcP 209 (2009).
266 S. dazu etwa *Noack*, NZG 2020, 581, 584; *Schöne* in BeckOK BGB, 68 Ed. (1.1.2024), § 728 Rn. 18; zurückhaltend *Hölscher*, notar 2023, 296, 300.
267 S. *Bochmann*, aaO (Fn. 260), S. 238ff.

des neuen § 725 Abs. 6 BGB in die weiterhin erforderliche Sittenwidrigkeitsprüfung einbezieht.[268]

Bochmann hatte dem Gesetzgeber im Rahmen der Debatte über den Mauracher Entwurf empfohlen, keine die Rechtsentwicklung hemmenden Festlegungen zu treffen:

> „Im Übrigen erscheint es [...] wünschenswert, wenn die Gesetzesbegründung die künftige Rechtsentwicklung möglichst unbeeinflusst ließe, indem sie insbesondere keine Aversion gegen den Vorschlag eines Vorrangs der Ausübungskontrolle[...] zu erkennen gibt."[269]

Der Gesetzgeber – oder besser: die Ministerialbürokratie – ist dieser Empfehlung wie gesehen nicht gefolgt.[270] Was bedeutet dies nun für die „künftige Rechtsentwicklung"? Bei Lichte besehen wohl recht wenig. Denn es ist zwar richtig, dass die Lektüre der Gesetzesbegründung die Chance erhöht, „eine Norm so auszulegen, wie sie gedacht war."[271] Indes kommt der Gesetzesbegründung auch keine Bindungswirkung für die Normauslegung zu.[272] Insofern lässt sich auch berücksichtigen, dass die Ministerialen letztlich nur den Begründungstext aus dem Mauracher Entwurf übernommen haben.[273] Inwiefern die Wirksamkeitskontrolle von Abfindungsbeschränkungen „im Gesetz angelegt" ist, können Gerichte und Wissenschaft mithin weiter unbelastet von der Gesetzesbegründung zu § 728 Abs. 1 BGB n.F. diskutieren.

VII. Schluss

Die Debatte um die Zulässigkeit von Hinauskündigungs- und Abfindungsklauseln ist ein Musterbeispiel für die in den 1970er Jahren beginnende „Materialisierung"[274] des Gesellschaftsrechts. Die sich hierin spiegelnde Skepsis gegenüber der Kompetenz menschlicher Entscheider, sämtliche Folgen ihrer Selbstbindung im Rechtsverkehr zu überblicken und richtig zu bewerten, hat durch die Einsichten der

---

268 Im Ergebnis ebenso *Fleischer*, WM 2024, 621, 625; *Bochmann*, aaO (Fn. 260), S. 244 f. (zum Mauracher Entwurf).
269 *Bochmann*, aaO (Fn. 260), S. 245.
270 S. o. unter VII.2. bei Fn. 263.
271 S. *Thiessen* in Fleischer (Hrsg.), Mysterium „Gesetzesmaterialien", 2013, S. 45, 74.
272 S. etwa *G. Wagner*, JZ 2002, 1092, 1093; dazu wiederum *Thiessen*, aaO (Fn. 271), S. 49. Für einen aufschlussreichen, die Annahme der Nichtbindung aber unbedingt stützenden Einblick in die Absichten und Ziele der Ministerialbürokratie bei Abfassung der Begründung s. *Seibert* in Fleischer (Hrsg.), Mysterium „Gesetzesmaterialien", 2013, S. 111 ff.
273 S. Begr. MauracherE, S. 124.
274 Vgl. zum Begriff hier nur *Canaris*, AcP 200 (2000), 273 ff.

psychologischen und verhaltensökonomischen Forschung eine empirische Grundlage erhalten. Diese empirische Grundlage zeigt aber im Verein mit dem verfassungsrechtlichen Gebot der Erforderlichkeit auch die Grenzen des Rechts sowie seiner Anwendung durch die Gerichte für Eingriffe in die Gestaltungsfreiheit der Gesellschafter auf.[275] Vor diesem Hintergrund erklärt sich auch die anhaltende Kritik des Schrifttums an der Rspr. des II. Zivilsenats zur gesellschaftsrechtlichen Klauselkontrolle. Das Gericht war freilich in den letzten Jahrzehnten nicht geneigt, auf diese Kritik zu reagieren, sondern behilft sich mit konkreten Ausnahmen im Einzelfall. Der „Pas de deux" wandelt sich daher zunehmend in eine Stasis. Die Kritiker des Status quo müssen sich daher einstweilen in Geduld üben und auf einen Sinneswandel der Bundesrichter hoffen. Der MoPeG-Gesetzgeber hat Letzteren jedenfalls die Möglichkeit hierzu belassen.

---

275 Zum Ganzen ausführlich und in größerem Zusammenhang *Schmolke*, aaO (Fn. 70).

Patrick C. Leyens

§ 19 Deutscher Corporate Governance Kodex:
Für und Wider

I. Einführung —— 751
II. Entstehung, Hintergründe und Stand —— 753
    1. Einführung und Ziele der Kodexebene —— 753
    2. Erfahrungen mit Kodexwerken in Deutschland, dem UK und den USA —— 756
    3. Verhaltenssteuerung durch Transparenz (Kodexerklärung als Informationskanal) —— 758
    4. Begründung von Nichtbefolgungen (comply or explain) —— 760
    5. Kodex zwischen Selbstregulierung, Investorendruck und Unionsrecht —— 762
III. Für und Wider —— 764
    1. Kodexregeln zur Stärkung der Corporate Governance —— 764
        a) Hohe Befolgungsraten aber unsicherer Einfluss auf den Unternehmenswert —— 764
        b) Vermeidung bloß mechanischer Kodexbefolgung (box-ticking) —— 766
        c) Verzahnung von Kodex und Erklärungspflicht (partielles apply and explain) —— 768
    2. Compliance-Kosten —— 771
        a) Jährliche Erklärung —— 771
        b) Unterjährige Aktualisierung —— 772
        c) Alternativen zur Aktualisierungspflicht —— 774
    3. Rechtswirkungen der Kodexebene —— 774
        a) Eigenständigkeit der Kodexebene und Gefahr überschießender Wirkungen —— 774
        b) Kodex als Vorbote neuer Pflichten (Pflichtenentwicklungsrisiko) —— 776
        c) Forderung nach stärkerer gesetzlicher Absicherung —— 779
    4. Durchsetzung der Erklärungspflicht (Beschlussanfechtung) —— 779
        a) Beschlussanfechtung —— 779
        b) Weitere private Rechtsdurchsetzung —— 781
        c) Hoheitliche Rechtsdurchsetzung als Alternative —— 781
IV. Offene Grundsatzfragen —— 783
    1. Fortentwicklung der Corporate Governance durch Kodexanregungen? —— 783
    2. Mitbestimmung als Tabu? —— 784
    3. Ausblenden der Informationsintermediäre? —— 785
    4. Nutzen des DCGK im Gefüge internationaler Regeln zu ESG? —— 787
    5. Ausrichtung des DCGK (allein) an Aktionärsinteressen? —— 788
V. Zusammenfassende Bemerkungen —— 789

I. Einführung

Zu den großen Debatten des Gesellschaftsrechts gehört die um das Für und Wider von Corporate Governance Kodizes. Der von einer gleichnamigen Regierungskommission verwaltete Deutsche Corporate Governance Kodex (DCGK) gilt nach rund 20 Jahren seit seiner Erstveröffentlichung als verfestigter Bestandteil im Regelungsgefüge der Unternehmensführung und -überwachung kapitalmarktorientierter Unternehmen. Die Einführung der Pflicht zur Abgabe einer jährlichen Entsprechenserklärung zum DCGK datiert auf das Jahr 2002. Schon 2006 folgte auf Ebene des Unionsrechts die Reform der Bilanz-RL, infolge derer die Begründung der Nichtbefolgung erforderlich wurde. International war der Einsatz von Kodexwerken in der Corporate Governance zum Zeitpunkt der Einführung des DCGK bereits üblich, wie die vom European Corporate Governance Institute geführte Datenbank zeigt.[1] Institutionelle Investoren und Vermögenverwalter erwarten ein Kodexwerk. Wohl schon deshalb wird der DCGK von deutschen Unternehmen – bei aller Kritik im Einzelnen – weitgehend akzeptiert.

Zur Klärung der Grundsatz- und Praxisprobleme hat die Abteilung Wirtschaftsrecht des 69. Deutschen Juristentags 2012 gestützt auf das Gutachten von Mathias Habersack zum Thema „Staatliche und halbstaatliche Eingriffe in die Unternehmensführung" beigetragen.[2] Gemessen am Ausmaß der rechtswissenschaftlichen Aufarbeitung steht der DCGK einem Gesetz aber auch sonst kaum nach.[3] Unternehmensleiter und ihre Überwacher kommen an der Auseinandersetzung mit den Kodexregeln nicht vorbei.[4] Die durch den DCGK versuchte Selbstregulierung und Bindung durch Publizität bleibt gleichwohl Forschungsfeld.[5] Ernst wurde es, als der BGH in zwei Leitentscheidungen aus dem Jahr 2009 die Anfechtung von Hauptversammlungsbeschlüssen auf Grundlage von Fehlern der Entsprechenserklärung zuließ.[6]

Der vorliegende Beitrag zeichnet zunächst Entstehung, Hintergründe und Stand der Debatte nach (II.). Sodann geht es um eine Auswahl der großen Streit-

---

[1] Das ECGI ist im Jahr 2002 aus dem ein Jahr zuvor gegründeten Europe Corporate Governance Network hervorgegangen und erfährt heute auch in den USA und international große Aufmerksamkeit. Auf https://www.ecgi.global findet sich die führende Literatur zu Recht und Wirtschaft der Corporate Governance (law series, finance series) und eine Datenbank der Kodexwerke (aktuelle und frühere, nach Ländern geordnet).
[2] Habersack, Gutachten E, 69. DJT 2012, Bd. I., 2012, S. E1 ff. Referenten waren Hemeling, Leyens und Weber-Rey; s. Bd. II/1, 2013, S. N1ff.
[3] Ausgewählte Literatur bei Leyens/Köhnlein, in: Hommelhoff/Hopt/Leyens (Hrsg.), Unternehmensführung durch Vorstand und Aufsichtsrat, 2024, § 51 (S. 1271–1316) Rn. 1.
[4] Kley, in: Hommelhoff/Hopt/Leyens (Hrsg.), Unternehmensführung durch Vorstand und Aufsichtsrat, 2024, § 2 Rn. 10, 25; Suckale, in: Hommelhoff/Hopt/Leyens (Hrsg.), Unternehmensführung durch Vorstand und Aufsichtsrat, 2024, § 8 Rn. 1 ff.
[5] Bachmann, Private Ordnung, 2006, S. 33 ff.; Leyens, AcP 215 (2015), 611, 631 zu den konkreten Bindungsmustern der Selbstregulierung.
[6] Näher Abschn. III.4.a.

fragen der untergesetzlichen Kodexebene (III.), darunter das Ziel der Stärkung der Corporate Governance, Compliance-Kosten, (vermeintliche) Rechtswirkungen und Möglichkeiten der Rechtsdurchsetzung. Der Beitrag schließt mit kurzen Bemerkungen zu den offenen Grundsatzfragen (IV.). Zu diesen zählen die Fortentwicklung der Corporate Governance durch Kodewerke, die zweifelhafte Aussparung der Arbeitnehmermitbestimmung, die ausbaufähige Berücksichtigung der Rolle von Informationsintermediären, der Geltungsanspruch des DCGK im Gefüge aus nationalen, internationalen und transnationalen ESG-Regeln und die Frage nach der Ausrichtung des DCGK (allein) auf die Aktionärsinteressen.

II. Entstehung, Hintergründe und Stand

1. Einführung und Ziele der Kodexebene

Die Einführung des DCGK zu Anfang der 2000er Jahre folgte auf eine Zeit, in der die Bewältigung von Unternehmenskrisen, darunter die Pleite des Bauunternehmens Holzmann, im Vordergrund der Reformdebatte gestanden hatte.[7] Mit dem KonTraG von 1998 hatte der Gesetzgeber bereits verpflichtende Regeln zur Verbesserung der Überwachung durch den Aufsichtsrat erlassen, darunter zur Kommunikation der Organe über die Unternehmensplanung (§ 90 Abs. 1 Nr. 1 AktG), zur Überwachung bestandsgefährdender Risiken (§ 91 Abs. 2 AktG), zur (weiteren) Begrenzung der Höchstzahl gleichzeitig ausgeübter Mandate (§ 100 Abs. 2 Satz 3 AktG) und zur Vergabe des Prüfungsauftrags an den Abschlussprüfer nicht mehr durch den Vorstand, sondern fortan durch den Aufsichtsrat (§ 111 Abs. 3 Satz 3 AktG).

Das TransPuG von 2002 führte sodann mit § 161 AktG die Pflicht zur Abgabe der Entsprechenserklärung zum DCGK ein, der noch parallel zu erarbeiten war. Das TransPuG geht auf die Empfehlung im Abschlussbericht der von Theodor Baums geleiteten Regierungskommission Corporate Governance von Anfang Juli 2001 zurück.[8] Diese Kommission war von der Bundesregierung nur rund ein Jahr zuvor eingesetzt worden, um Vorschläge zum Ausbau der Stärken und zur (weiteren) Behebung möglicher Defizite der Corporate Governance zu entwickeln.[9]

---

7 Bericht der Regierungskommission „Corporate Governance", BT-Drs. 14/7515, S. 3; Peemöller/Krehl/Hofmann/Lack, Bilanzskandale, 2020, S. 99 zum Fall Holzmann; Bayer/Hoffmann/Selentin, in: Hommelhoff/Hopt/Leyens (Hrsg.), Unternehmensführung durch Vorstand und Aufsichtsrat, 2024, § 3 Rn. 19 zur Einordnung des DCGK als Reaktion.
8 Bericht der Regierungskommission „Corporate Governance", BT-Drs. 14/7515, siehe S. 6.
9 Bericht der Regierungskommission „Corporate Governance", BT-Drs. 14/7515, S. 3.

Zum Zeitpunkt der Einführung des DCGK waren Kodexwerke zur Corporate Governance in anderen Ländern bereits üblich.[10] Auf europäischer Ebene sprach sich die High Level Group of Company Law Experts in ihrem Abschlussbericht von 2002 gestützt auf eine vergleichende Studie von Weil, Gotshal & Manges[11] für die Einführung untergesetzlicher Kodexwerke auf nationaler (nicht unionsrechtlicher) Ebene aus.[12] Für einen europäischen Kodex waren (und sind) die Aktienrechte und die existierenden Kodexwerke zu verschieden.[13] Außerdem unterscheiden sich die von den Kodexwerken zu erfüllenden Aufgaben zwischen Information und Verhaltenssteuerung.[14] Die Europäische Kommission folgte dieser Empfehlung in ihrem umfassend angelegten Aktionsplan von 2003, der für die Corporate Governance eine Systembildung wie in kaum einem anderen Bereich des Wirtschaftsrechts einläutete.[15]

Bei Einführung des DCGK ging es also zwar auch darum, den Rückgewinn des infolge von Unternehmenskrisen verlorenen Vertrauens weiter zu betreiben. Vor allem zielte der Kodex aber darauf ab, den Anschluss an die internationale Entwicklung nicht zu verpassen.[16] Druck hierzu baute sich auch national angesichts der seit der Millenniumswende fortschreitenden Auflösung der sog. Deutschland AG auf. Die Präsenz institutioneller Investoren bzw. von Vermögensverwaltern im Aktionariat stieg an,[17] ebenso die Bedeutung der Anlageleitlinien dieser häufig aus dem Ausland stammenden Akteure. Gewöhnt sind die Marktteilnehmer an die in-

---

10 Kremer, in: Hommelhoff/Hopt/Leyens (Hrsg.), Unternehmensführung durch Vorstand und Aufsichtsrat, 2024, § 9 Rn. 5.
11 Weil, Gotshal & Manges, Comparative Study of the Corporate Governance Codes relevant to the European Union and its Member States, January 2002, S. 74 ff. (Divergence and Convergence).
12 Report of the High Level Group of Company Law Experts on a Modern Regulatory Framework for Company Law in Europe, Brussels, 4.11.2002, item/recommendation III.1., S. 45.
13 Fleischer, ZGR 2012, 160, 182 f.; Hopt/Leyens, ZGR 2019, 929, 943.
14 Hopt, ZHR 175 (2011) 444, 460 zur Rechtsvergleichung.
15 Modernisierung des Gesellschaftsrechts und Verbesserung der Corporate Governance in der Europäischen Union – Aktionsplan, Mitteilung der Kommission an den Rat und das Europäische Parlament, KOM(2003) 284 endg., 21.5.2023, S. 13. Näher Jung/Stiegler in: Jung/Krebs/Stiegler (Hrsg.), Gesellschaftsrecht in Europa, § 33 Rn. 25 ff. Zur Herausbildung gemeinsamer Grundsätze der Corporate Governance in der EU Hopt, ZGR 2000, 779, 783.
16 Begr. RegE TransPuG, BT-Drs. 14/8769, S. 10.
17 DIRK/S&P Global, Who owns the German DAX?, 2022, S. 8, 13 (abrufbar unter: https://www.dirk.org/wp-content/uploads/2022/06/Dax-Studie-Investoren-der-Deutschland-AG-9.0.pdf). Zur EU Gugler/Peev, The European Corporation: Ownership and Control after 25 Years of Corporate Governance Reforms, 2023.

ternational vorherrschende einstufige Verwaltung durch den Board of Directors.[18] Auf deutsche Besonderheiten des zweistufig organisierten Aufsichtsratsmodells nehmen die Anlageleitlinien und in der Folge auch die Investoren und Vermögensverwalter bei ihrem Abstimmungsverhalten in der Hauptversammlung nicht zwingend Rücksicht.

Auf Vorschlag der Regierungskommission Corporate Governance entschied sich der TransPuG-Gesetzgeber gegen die Alternative eines Sonderaktienrechts der Börsengesellschaften und stattdessen für die Einführung der Kodexebene.[19] Die Kodexebene soll der Information über die deutsche Corporate Governance und insbesondere das Aufsichtsratsmodell dienen. Die monistisch organisierte, also ohne Aufsichtsrat auskommende, Societas Europaea (SE) spart der Kodex allerdings bis heute aus.[20] Dies und die bestehende Rechtsunsicherheit darüber, ob die SE überhaupt von der Erklärungspflicht des § 161 AktG erfasst ist, kann den Gang an die Börse unnötig erschweren.[21]

Darüber hinausgehend soll der DCGK Steuerungskraft entfalten. Nach Vorstellung des Gesetzgebers sorgen bei kapitalmarktorientierten Gesellschaften die Marktkräfte dafür, dass die Kodexebene ohne ein staatlicher Normsetzung entsprechendes Maß an Verbindlichkeit auskommt.[22] Daneben verband der Gesetzgeber mit der Kodexebene die Hoffnung auf Chancen der Deregulierung. In der Folgezeit setzte sich allerdings die bereits in den 1990er Jahren beobachtete „Aktienrechtsreform in Permanenz"[23] fort. Die nach Einführung des DCGK verabschiedeten Reformgesetze sollten gleichwohl nicht vorschnell als Beleg für ein (vollständiges) Scheitern des Deregulierungsziels gewertet werden. Denn seit Einführung der Entsprechenserklärung zum DCGK lagen vermittelt durch die unter Leitung von Axel v. Werder durchgeführten jährlichen Erhebungen des Berlin Center of Corporate Governance[24] empirische Daten zu den von deutschen Unter-

---

18 Hopt/Leyens, in: Afsharipour/Gelter (Hrsg.), Comparative Corporate Governance, 2021, S. 116 mit Vergleichung zum UK und zu den USA; Hopt/Leyens, ECFR 2004, 135, 149 und 156 mit Vergleichung zum UK, Frankreich und Italien.
19 Begr. RegE TransPuG, BT-Drs. 14/8769, S. 21.
20 Kritisch Hopt/Leyens, ZGR 2019, 929, 940.
21 Leyens, in: Großkomm. z. AktG, 5. Aufl., 2018, § 161 Rn. 128 zu den Zweifelsfragen.
22 Begr. RegE TransPuG, BT-Drs. 14/8769, S. 21.
23 Zöllner, AG 1994, 336; aufgegriffen von Seibert, AG 2002, 417; ders. AG 2015, 593 (50 Jahre AktG).
24 Seit 2021 ist das Berlin Center of Corporate Governance an der Mannheim Business School (Alexandra Niessen-Ruenzi und Jens Wüstemann) untergebracht, https://www.mannheim-business-school.com/de/die-mannheim-experience/fakultaet-forschung/bccg/.

nehmen geübten best practices vor, die fortan gegen die Dringlichkeit gesetzlicher Regeln eingewandt werden konnten.²⁵

2. Erfahrungen mit Kodexwerken in Deutschland, dem UK und den USA

Die bis zur Einführung des DCGK mit unverbindlichen Empfehlungskatalogen, Selbstverpflichtungen und weiteren Formen der Selbstregulierung gesammelten Erfahrungen waren eher verhalten ausgefallen. Die Insiderhandels-Richtlinien von 1970 fanden wenig Zuspruch, beim Übernahmekodex von 1995 bestanden Zweifel an der Belastbarkeit im Ernstfall.²⁶ Positiv wahrgenommen wird aber etwa der in Reaktion auf den Zusammenbruch der Herstatt-Bank vom Bundesverband deutscher Banken im Jahr 1976 errichtete freiwillige Einlagensicherungsfonds, der sich seitdem als wirkungsvolle Ergänzung der gesetzlichen Mindestsicherung erwiesen hat.²⁷

Spezifisch zur Corporate Governance hatten die Frankfurter Grundsatzkommission und der Berliner Initiativkreis erst im Jahr 2000 Empfehlungswerke veröffentlicht.²⁸ Der Vorschlag mit dem DCGK, statt auf miteinander konkurrierende Kodexwerke besser auf einen einheitlichen Kodex zu setzen, stieß auf erheblichen Zuspruch.²⁹ Unter dem Vorsitz von Gerhard Cromme, dem seinerzeitigen Vorstandsvorsitzenden von ThyssenKrupp, legte die Regierungskommission DCGK am

---

25 Zuletzt v. Werder/Danilov/Schwarz, DB 2021, 2097. Diese und weitere Ausgaben des Corporate Governance Report (2003 bis 2011: „Kodex Report") sind abrufbar unter: https://www.mannheim-business-school.com/de/die-mannheim-experience/fakultaet-forschung/bccg/bccg-code-monitoring/ (kostenpflichtig).

26 Insiderhandels-Richtlinien, zuletzt von Juni 1988; Übernahmekodex der Börsensachverständigenkommission beim Bundesministerium der Finanzen, 14.7.1995; abgedruckt und kurz kommentiert bei Hopt, in: Baumbach/Hopt, HGB, bis 29. Aufl. 1995 bzw. bis 30. Aufl. 2000 unter (16) Insiderhandels-RL bzw. (18) Übernahmekodex. Dazu Kirchner/Ehricke, AG 1998, 105.

27 Bigus/Leyens, Einlagensicherung und Anlegerentschädigung, 2008, S. 19, 81 zu Grundsatz- und Reformfragen aus rechtsvergleichender und ökonomischer Sicht.

28 Der erste stärker juristisch, der zweite stärker betriebswirtschaftlich geprägt: Frankfurter Grundsatzkommission Corporate Governance, Corporate Governance Grundsätze (Code of Best Practice); abgedruckt mit einleitenden Bemerkungen bei U.H. Schneider/Strenger, AG 2000, 106; Berliner Initiativkreis, German Code of Corporate Governance; abgedruckt mit einleitenden Bemerkungen bei Peltzer/v. Werder, AG 2001, 1; auch bei v. Werder (Hrsg.), German Code of Corporate Governance (GCCG), 2. Aufl., 2000, S. 63 ff. mit ausführlichen Erläuterungen.

29 Bericht der Regierungskommission „Corporate Governance", BT-Drs. 14/7515, S. 28.

26. Februar 2002 die erste Fassung des Kodexwerks vor, die im Archiv der Regierungskommission DCGK gespeichert und dort online abrufbar ist.[30]

Deutlich weiter war man im UK, das als Mutterland der Kodexbewegung gilt.[31] Seit 1968 setzte man dort auf den Code on Take-overs and Mergers (sog. City Code), dessen Durchsetzung mittels wirkmächtiger Instrumente wie der öffentlichen Anprangerung von Fehlverhalten (naming and shaming)[32] durch ein gleichnamiges Panel erfolgt.[33] Auf eine Reihe von Unternehmenszusammenbrüchen, an der Spitze der Wirtschaftsprüfungsskandal im Fall Caparo, formierte sich sodann das von Sir Adrian Cadbury geleitete Committee on the Financial Aspects of Corporate Governance.[34] Der Abschlussbericht von 1992 enthielt als Anhang den Code of Corporate Governance (Cadbury Code), der als Ausgangspunkt der europäischen Kodexbewegung gilt. Der 2010 in UK Corporate Governance Code umbenannte Kodex wird durch das halbstaatliche Financial Reporting Committee (FRC) verwaltet, das zugleich für den UK Stewardship Code verantwortlich ist, der sich an die Investorenseite richtet. Finanziert wird das FRC durch den Berufsstand der Wirtschaftsprüfer. Der UK Corporate Governance Code wurde Mitte Januar 2024 mit Wirkung ab 2025 neu gefasst.[35] Die wenigen Änderungen betreffen die wirkungsbezogene Berichterstattung über die Corporate Governance (section 1 principle C.) und die neu eingefügte Erklärung zur Wirksamkeit der internen Kontrollsysteme (section 4 provision 29). Einige Vorgaben zum Prüfungsausschuss (audit committee) konnten entfallen, weil sie bereits in den neuen Mindeststandards enthalten sind.[36] Zurückgeführt wird der Erfolg der Kodexregulierung im UK maßgeblich auf die in der Londoner City (Square Mile) eng konzentrierte Finanz- und Beratungsindustrie.[37] Die Akzeptanz der Kodexwerke ist aber auch Folge einer Abwägung der Akteure

---

30 Die einzelnen Fassungen sind abrufbar unter: https://www.dcgk.de/de/kodex/archiv.html.
31 Hopt, FS Seibert 2019, S. 389; Petow, Selbstregulierung und Konvergenz durch Corporate-Governance-Kodizes, 2024, i.E., zu Großbritannien, Frankreich und Deutschland.
32 P. Koch, Naming and shaming im Kapitalmarktrecht, 2019, S. 223 ff.
33 The Panel on Takeovers and Mergers, The City Code on Takeovers and Mergers, Stand: 30.4.2024, abrufbar unter: http://www.thetakeoverpanel.org.uk. Dazu Baum, RIW 2003, 421 ff.; Hoeren, Selbstregulierung im Banken- und Versicherungsrecht, 1995, S. 199; Roßkopf, Selbstregulierung von Übernahmeangeboten in Großbritannien, 2000, S. 86.
34 Report of the Committee on The Financial Aspects of Corporate Governance, 1992; in Teilen abgedruckt bei Hopt/Wymeersch (Hrsg.), Comparative Corporate Governance – Essays, 1997, S. M1. Aus der Sicht des Kommissionsvorsitzenden auf die anfänglich überwiegend positiven Erfahrungen Cadbury, in: Patfield (Hrsg.), Perspectives on Company Law, 1995, S. 23.
35 Abrufbar unter: https://www.frc.org.uk.
36 FRC, Audit Committees and the External Audit: Minimum Standard, 2023.
37 Brian R. Cheffins, Company Law, 1997, 364 ff., 386 ff.; Winner, ZGR 2012, 246, 247 ff. zur Bedeutung der Aktionärs- bzw. Marktstruktur.

gegenüber der Alternative schärfer eingreifender gesetzlicher Maßnahmen (self-regulation in the shadow of the law).[38]

Die Herangehensweise in den USA steht gleichsam am anderen Ende im Spektrum des Rechtsvergleichs.[39] Dort existieren zwar durchaus Empfehlungswerke zur Corporate Governance, beispielsweise die Principles of Corporate Governance des einflussreichen Business Roundtable.[40] Es gibt aber eben kein einheitliches Kodexwerk und auch keine allgemeine Pflicht zur Abgabe einer Wohlverhaltenserklärung.[41] Als möglicher Grund wird über ein generell geringeres Vertrauen in die Selbstregulierung spekuliert, was denkbar ist. Greifbarer ist die Erklärung aus der hervorgehobenen Rolle von Delaware, wo über 50% der US-amerikanischen Unternehmen inkorporiert sind. Wenn es zu einem Kodex kommen sollte, müsste dieser von Delaware ausgehen. Anlass dazu, einer privaten Kommission die Regelsetzung zur Corporate Governance zu übertragen, sieht man in Delaware nicht. Vielmehr besteht dort ein vergleichsweise stark ausgeprägtes Vertrauen in die Gerichte als Moderator und Treiber der Corporate Governance US-amerikanischer Unternehmen.[42] Nicht minder bedeutsam dürfte die Rolle der föderal organisierten Finanzaufsicht durch die wirkmächtige Securities Exchange Commission (SEC) sein, in deren Zuständigkeit die Verwaltung der Börsenregeln (Listing Rules) fällt.[43]

3. Verhaltenssteuerung durch Transparenz (Kodexerklärung als Informationskanal)

Als regulatorischer Hebel dient dem DCGK die Pflicht zur jährlichen Abgabe einer Entsprechenserklärung nach § 161 AktG, also eine die Marktmechanismen ansprechende Publizitätspflicht. Zu erklären ist, wie in der Vergangenheit mit den Kodexempfehlungen umgegangen „wurde" und welcher Umgang jetzt, also für die Zukunft, gewählt „wird". Die Erklärung ist von „Vorstand und Aufsichtsrat" abzugeben, die sich zumindest abzustimmen haben.[44] Vermittelt durch die Entspre-

---

[38] Mnookin/Kornhauser, 88 Yale L.J. 950, 968 (1979) zur Verwendung der Metapher (bargaining in the shadow of the law); Leyens, ZEuP 2016, 388, 399 ff., 417 ff. mit Beispielen.
[39] Bachmann, FS Windbichler 2020, S. 495, 504 ff., zu möglichen Gründen.
[40] Business Roundtable, Principles of Corporate Governance, 2016.
[41] Leyens, ZEuP 2016, 388, 394.
[42] Buxbaum, FS Baums 2017, S. 141, 148 ff.
[43] Merkt, US-amerikanisches Gesellschaftsrecht, 3. Aufl., 2013, S. 139, 168 zu den Grundlagen.
[44] Zum Vorgehen bei fehlender Einigung Leyens, in: Großkomm. z. AktG, 5. Aufl., 2018, § 161 Rn. 177 ff., 180 ff.

chenserklärung werden dem Markt Informationen zur Verfügung gestellt, die angesichts des DCGK als Referenzgröße vergleichbar und damit kostengünstig auszuwerten sind (Entsprechenserklärung als geordneter Informationskanal).[45]

Die Steuerungswirkung ergibt sich daraus, dass die Verhaltenswahl von den Marktteilnehmern beobachtbar wird. Wenn auch nicht im Kleinen messbar (unten Abschn. III.1.a), wirken sich solche Marktsignale doch im Großen auf die Eigenkapitalkosten aus.[46] Am Grad der Kodexbefolgung wird die eigene Bereitschaft zur Pflege hoher Verhaltensstandards (best practice) erkennbar. Das Unternehmen zeigt dadurch seine Zugehörigkeit zu einer Vergleichsgruppe mit entsprechendem Wohlverhaltensniveau (peer group), was auch eine wettbewerb(srecht)liche Dimension aufweist.[47] Die Wahl des Verhaltens bleibt frei, verpflichtend ist nur die ordnungsgemäße Offenlegung in der Entsprechenserklärung (Informationsmodell des Gesellschaftsrechts). Im Falle der unterjährigen Verhaltensänderung ist die Entsprechenserklärung allerdings zu aktualisieren (unten III.2.b.).

Die Steuerungsintensität dieser Form der Kodexregulierung fällt tendenziell moderat aus (zur Begründungspflicht bei Abweichungen Abschn. II.4).[48] Als noch zurückhaltender, weil ohne Transparenzhebel, erweisen sich gesetzliche Kann-Bestimmungen wie die des § 107 AktG zur Einsetzung von Aufsichtsratsausschüssen (Abs. 3 Satz 1), spezieller zur Einsetzung eines Prüfungsausschusses und zu dessen Aufgaben (Abs. 3 Satz 2 f.). In Reaktion auf den Wirecard-Skandal durch das FISG von 2021 wurden die nach § 161 AktG erklärungspflichtigen Unternehmen sogar zur Einrichtung eines Prüfungsausschusses verpflichtet (Abs. 4 Satz 1).[49] Weiter als die für den DCGK gewählte Regulierungsform gehen vertragliche Selbstverpflichtungen, z.B. auf die Einhaltung der in einem Lieferantenkodex (§ 4 LkSG) niedergelegten Erwartungen, weil eine einseitige Abstandnahme ausscheidet bzw. Pflichtverletzung (§ 280 Abs. 1 BGB) wäre.[50]

---

[45] Leyens, in: Großkomm. z. AktG, 5. Aufl., 2018, § 161 Rn. 44.
[46] Tröger, ZHR 175 (2011) 746, 752 m.w.N. Zum Signalling Effect v. Werder, FS Hopt 2010, S. 1471, 1483.
[47] Paschos, in: Habersack/Mülbert/Schlitt (Hrsg.), Hdb. Kapitalmarktinformation, 3. Aufl., 2020, § 30 Rn. 305 Fn. 704 zum Verstoß gegen § 1 UWG bei bewusst fehlerhafter Entsprechenserklärung.
[48] Leyens, AcP 215 (2015), 611, 631.
[49] Hopt/Kumpan, AG 2021, 129 Rn. 14; Roth, NZG 2022, 53, 56. Zum Wirecard-Skandal Bayer/Hoffmann/Selentin, in: Hommelhoff/Hopt/Leyens (Hrsg.), Unternehmensführung durch Vorstand und Aufsichtsrat, 2024, § 3 Rn. 40.
[50] Leyens, in: Hopt, HGB, 43. Aufl., 2024, (2) LkSG § 6 Rn. 14, 21 m.w.N.; ders., AcP 215 (2015), 611, 625 zum vertraglichen Bindungsmuster.

4. Begründung von Nichtbefolgungen (comply or explain)

Nach dem für den DCGK gewählten Transparenzmodell bestimmen sich mögliche Regelungserfolge, neben der Verlässlichkeit und Vergleichbarkeit, nach Art und Tiefe der bereitzustellenden Information. Anfänglich waren die möglichen Nuancen des Transparenzmodells noch nicht bekannt. In seiner Ursprungsfassung verlangte § 161 AktG lediglich die Offenlegung der Abweichungen vom Kodex (comply or disclose).[51] Gleichwohl wurde angenommen, das deutsche Recht schließe bereits dadurch zu dem im UK etablierten Befolge oder Begründe auf (comply or explain).[52] Dies schaffte erst die Einführung der Pflicht zur Begründung von Abweichungen.

Die Pflicht zur Begründung möglicher Abweichungen vom DCGK (comply or explain) wurde erst in Umsetzung von Art. 46a Abs. 1 lit. b Abänderungs-RL zur Bilanz-RL von 2006 eingeführt.[53] Die Umsetzung erfolgte durch das BilMoG von 2009.[54] Seitdem haben Vorstand und Aufsichtsrat ggf. auch zu erklären, warum eine oder mehrere Empfehlungen des DCGK nicht angewendet wurden oder werden. Dem Unionsgesetzgeber ging es hierbei nicht um abstrakte Zielbeschreibungen, sondern um „leicht zugängliche Schlüsselinformationen über die *tatsächlich* angewandten Unternehmensführungspraktiken".[55]

Weder Gesetz, noch Kodex bieten spezifische Anleitung zur erforderlichen Tiefe der Begründung einer Nichtbefolgung. In der Praxis fallen Begründungen tendenziell kurz und häufig wenig informativ aus, was de lege lata zulässig, wenngleich wenig befriedigend, ist.[56] Die Möglichkeiten des Regelungsmodells werden auf diese Weise nicht ausgeschöpft. Das Problem ist auch im UK bekannt. Zwar stehen dort seit längerer Zeit Hinweise des FRC zur Gestaltung von Abwei-

---

51 Leyens, in: Großkomm. z. AktG, 5. Aufl., 2018, § 161 Rn. 3, 46.
52 Begr. RegE TransPuG, BT-Drs. 14/8769, S. 29 („Comply-or-explain"). Siehe weiter Bericht der Regierungskommission „Corporate Governance", BT-Drs. 14/7515, S. 27; Baums, in: Hommelhoff/Lutter/Schmidt/Schön/Ulmer (Hrsg.), Corporate Governance, Gemeinschaftssymposium der Zeitschriften ZGR/ZHR, ZHR-Beih. 71, 2002, S. 22.
53 Richtlinie 2006/46/EG des Europäischen Parlaments und des Rates vom 14. Juni 2006 zur Änderung der Richtlinien des Rates 78/660/EWG über den Jahresabschluss von Gesellschaften bestimmter Rechtsformen, 83/349/EWG über den konsolidierten Abschluss, 86/635/EWG über den Jahresabschluss und den konsolidierten Abschluss von Banken und anderen Finanzinstituten und 91/674/EWG über den Jahresabschluss und den konsolidierten Abschluss von Versicherungsunternehmen, ABl. L 224 vom 16.8.2006, S. 1.
54 In Kraft seit 29.5.2009. Überwiegend kritische Stimmen, statt vieler Ihrig, ZIP 2009, 853; Hoffmann-Becking/Krieger, ZIP 2009, 904; v. Falkenhausen/Kocher, ZIP 2009, 1149, 1150.
55 Erwägungsgrund 10, Kursivdruck hinzugefügt. Näher Jung/Stiegler, in: Jung/Krebs/Stiegler (Hrsg.), Gesellschaftsrecht in Europa, 2019, § 33 Rn. 79 ff.
56 Nonnenmacher, AG 2022, 97 Rn. 5.

chungsbegründungen bereit und auch das dortige Kodexwerk selbst gibt Anleitung.[57] In seinen Jahresberichten weist das FRC aber immer wieder auf noch bestehende Schwächen hin.[58] Den regelmäßigen Untersuchungen der Unternehmensberatung Grant Thornton zufolge waren zum Jahr 2022 Verbesserungen zu beobachten.[59]

In den USA wurde durch den Dodd-Frank Act von 2010 in Reaktion auf die Finanzkrise eine Pflicht zur öffentlichen Begründung sowohl bei Kombination als auch bei Trennung der Positionen von CEO und Chairman of the Board eingeführt.[60] Dabei geht es nicht um grundsätzliche Überlegungen zum Nutzen der besonders in den USA seit je her umstrittenen Rollentrennung, sondern vielmehr darum, wie im betreffenden Unternehmen Machtakkumulationen vermieden werden, ohne zugleich auf ein hohes Informationsniveau im Board verzichten zu müssen.[61] Beispielsweise GM weist auf die Ernennung eines lead independent director als Gegengewicht zur board chairperson/CEO hin, was offenbar als ausreichende Begründung aufgefasst wird.[62] An diesem Beispiel lässt sich zeigen, dass eine gehaltvolle Abweichungsbegründung nicht unbedingt umfangreich zu sein braucht und den Erklärungspflichtigen auch nicht per se zu viel abverlangt. Aus der knappen Aussage von GM wird die vorausgegangene Auseinandersetzung mit der Zielsetzung der Vorgabe deutlich, die darin besteht, schädliche Machtakkumulationen zu vermeiden.

Für den DCGK könnte eine vergleichbare Tiefe der Abweichungsbegründungen zu fordern sei. Aus Sicht der Funktionsweise und Zwecke des Transparenzmodells erschiene das nicht als zu weitgehend. Dahingehende Vorstöße konnten sich noch

---

57 FRC, Improving the quality of 'comply or explain' reporting, February 2021 (mit Beispielen). Seit 2012 finden sich Erläuterungen im UK Corporate Governance Code, 2024, S. 4.
58 FRC, Review of Corporate Governance Reporting, November 2022, S. 8.
59 Grant Thornton, Corporate Governance Review 2022, S. 8.
60 Securities Exchange Act 1934, 15 U.S. C. 78a et seq., sec. 14B; eingefügt durch The Dodd-Frank Wall Street Reform and Consumer Protection Act, Pub. L. 111–203, July 21, 2010, § 972.
61 In jüngerer Zeit verdichten sich Forderungen nach einer Aufgabentrennung; Subodh Mishra (ISS), Investors Press U.S. Boards To Separate Chair, CEO Roles, 12.10.2023, abrufbar unter: https://corpgov.law.harvard.edu. Zu den Ausgangspunkten Leyens, RabelsZ 67 (2003), 59, 72, 79 mit Vergleich des deutschen Trennungsmodells zum US-amerikanischen Kombinationsmodell und dem Trennungsmodell im UK.
62 GM Proxy Statement, 2023, S. 29: „[...] the Board recombined the positions of Board Chair and CEO [...] and designated an Independent Lead Director [...] therefore, combining the role of Board Chair and CEO while electing a strong Independent Lead Director results in the optimal Board leadership structure for GM at this time."

nicht durchsetzen, so dass die (auch von der Regierungskommission beklagte) Aussageschwäche der Abweichungsbegründungen ein Schwachpunkt bleibt.[63]

5. Kodex zwischen Selbstregulierung, Investorendruck und Unionsrecht

Der DCGK beansprucht einen Platz zwischen Selbstregulierung, Investorendruck und Unionsrecht. Die Verwaltung des DCGK ist nach § 161 Abs. 1 Satz 1 AktG der Regierungskommission Corporate Governance übertragen, deren Mitglieder zwar vom Bundesministerium der Justiz und für Verbraucherschutz ernannt werden, die ihre Aufgabe aber ohne ersichtlichen Einfluss des Staats wahrnimmt. Es handelt sich um eine Form gesetzlich angeordneter Selbstregulierung.[64] Allgemein verbinden sich hiermit Hoffnungen auf eine passgenauere Regelsetzung nach Maßgabe von Regulierungsbedürfnissen der privaten Akteure und auf damit einhergehende höhere Befolgungsanreize.[65] Hinzu kommt die hohe Flexibilität, sowohl auf der Seite der Adressaten, die sich für oder gegen die Befolgung entscheiden können als auch der des Regelsetzers, der im Vergleich zum Gesetzgeber deutlich schneller reagieren kann.[66] Im Einzelnen sind diese Wirkungen nicht leicht fassbar. Angesichts des Themenspektrums moderner Kodexwerke lässt sich stets ein Beispiel für und auch gegen vorgenannte Annahmen finden.[67]

Für den DCGK ist die Behauptung seiner Position vis-à-vis den Leitlinien der institutionellen Investoren, Vermögensverwalter und ihrer Berater keine einfache Aufgabe. Zwar wird allseits von der Existenz eines Kodexwerks ausgegangen, deshalb werden aber die eigenen Beurteilungen noch nicht zwingend am DCGK ausgerichtet.[68] Früher war häufig der Vorwurf zu vernehmen, die jeweils zugrunde gelegten Leitlinien seien an US-amerikanischen Verhältnissen ausgerichtet und ignorierten die Besonderheiten der deutschen Corporate Governance, insbesondere die Aufteilung von Leitung und Überwachung auf Vorstand und Aufsichtsrat. Zwischenzeitlich haben die führenden Stimmrechtsberater eigenständige Regel-

---

[63] Nonnenmacher, AG 2022, 97 Rn. 5.
[64] Buck-Heeb/Diekmann, Selbstregulierung im Privatrecht, 2010, S. 35, 99.
[65] Baldwin/Cave/Lodge, in: dies. (Hrsg.), The Oxford Handbook of Regulation, 2010, S. 3, 9; Coglianese/Mendelson in: ebd., S. 146, 147.
[66] Bachmann, FS Windbichler 2020, S. 495, 501f.; ders., Private Ordnung, 2006, S. 54; Cheffins, Company Law, 1997, S. 378 ff.
[67] Hopt/Leyens, in: Hommelhoff/Hopt/Leyens (Hrsg.), Unternehmensführung durch Vorstand und Aufsichtsrat, 2024, § 1 Rn. 52 mit Beispielen zum Übergang auf gesetzliche Pflichten.
[68] Poelzig, ZHR 185 (2021) 373, 385; Hopt/Leyens, ZGR 2019, 929, 945 ff. jew. mit Beispielen.

werke zu Ländergruppen vorgelegt und sind in größerem Maße bestrebt, den Systemunterschieden Rechnung zu tragen. In der Folge sind auch die Unterschiede zum DCGK, z.B. bei der Höchstzahl der Aufsichtsratsmandate (Stichwort: Overboarding), kleiner geworden.[69] Streitpunkt bleiben die Vorgaben zur Unabhängigkeit, die den international führenden Stimmrechtsberatern nicht weit genug gehen.[70]

Der DCGK ist schon qua Herkunft stärker auf die (zu Recht oder Unrecht bestehenden) Eigenheiten deutscher Unternehmen ausgerichtet. Zwar können sich die Unternehmen dem Investorendruck nicht mit dem schlichten Hinweis auf die Befolgung des DCGK entziehen. Der Kodex kann aber Regeln zum Umgang mit Investoren aufstellen, darunter auch zum Investorendialog des Aufsichtsrats(-vorsitzenden), zur Vergleichbarkeit und Bildung von peer groups beitragen sowie insgesamt das Niveau der deutschen Corporate Governance aufzeigen, vermitteln und auch anheben helfen. Die Plausibilität einer am DCGK ausgerichteten Unternehmensführung und -überwachung werden die Investoren und ihre Stimmrechtsberater den deutschen Unternehmen nicht grundsätzlich absprechen wollen, wenngleich die Meinungen bei Einzelfragen wie der Vorstandsvergütung auseinandergehen können.[71] Die Kodexbefolgung bietet also einen gewissen Schutz vor Kritik, allein reicht sie zur Überzeugung des Markts aber nicht immer aus.

Auf den Kodex zu verzichten, wie nur noch vereinzelt erwogen,[72] wäre schon vor diesem Hintergrund wenig überzeugend.[73] Vor allem ergäbe sich keine Befreiung von den unionsrechtlichen Berichtspflichten. Zwar schreibt das Unionsrecht keinen (halbstaatlichen) Kodex vor. Angesichts der Üblichkeit in den Mitgliedstaaten geht die Europäische Kommission in ihrer Empfehlung von 2014 zur Berichtsqualität[74] aber nicht zu weit, einen solchen Kodex gleichsam vorauszuset-

---

69 Hopt/Leyens, ZGR 2019, 929, 947.
70 Kremer, in: Hommelhoff/Hopt/Leyens (Hrsg.), Unternehmensführung durch Vorstand und Aufsichtsrat, 2024, § 9 Rn. 40; Roth, in: ebd., § 22 Rn. 74.
71 Hopt/Leyens, ZGR 2019, 929, 989.
72 Pointiert noch Timm, ZIP 2010, 2125, 2129; Waclawik, ZIP 2011, 885, 891; zurückhaltender Spindler, NZG 2011, 1007, 1013. Weitere Nachweise bei Seibt/Mohamed, AG 2022, 357 die sich selbst aber nicht gegen den DCGK aussprechen.
73 Hopt/Leyens, in: Hommelhoff/Hopt/Leyens (Hrsg.), Unternehmensführung durch Vorstand und Aufsichtsrat, 2024, § 1 Rn. 50; Hopt, FS Hoffmann-Becking 2013, S. 563; 571f. Siehe bereits Habersack, Gutachten E, 69. DJT 2012, Bd. I, 2012, S. E54f.; auch Bd. II/1, 2013, S. N86, Beschluss Nr. 6a (73:0:6). Aus der Kommentarliteratur Bayer/Scholz, in: BeckOGK AktG, Stand: 1.7.2023, § 161 Rn. 42; mit Kritik im Einzelnen auch Goette, in: Münchener Komm. z. AktG, 5. Aufl., 2022, § 161 Rn. 21.
74 Empfehlung der Europäischen Kommission vom 9. April 2014 zur Qualität der Berichterstattung über die Unternehmensführung („Comply or Explain"), ABl. 2014 L 109 vom 12.4.2014, S. 43; Großkomm. z. AktG, 5. Aufl., 2018, § 161 Rn. 118a zu Einzelheiten m.w.N.

zen.⁷⁵ In Art. 46a Bilanz-RL i.d.F. der Abänderungsrichtlinie von 2006 sind drei Möglichkeiten der Stellungnahme zur Corporate Governance vorgesehen: Anstelle der erstens in Betracht kommenden Bezugnahme auf ein Empfehlungswerk wie den DCGK kann zweitens zu einem selbstgewählten Kodexwerk Stellung bezogen oder es können drittens die relevanten Unternehmensführungspraktiken, die über die Anforderungen des nationalen Rechts hinaus angewendet werden, ohne Bezugnahme auf ein Referenzwerk dargestellt werden.

Ohne den DCGK als Referenzpunkt wäre allerdings mit einem beachtlichen Abfallen der Signalwirkung zu rechnen, schon weil es der Vergleichbarkeit fehlte. Die Lücke könnte zwar durch Empfehlungswerke von Verbänden oder eben gleich durch den Rückgriff auf die Leitlinien von Stimmrechtsberatern geschlossen werden. Unternehmen bliebe dann aber kaum etwas anderes übrig, als mit mehreren Referenzwerken zu arbeiten, abzugleichen, Inkohärenzen in Kauf zu nehmen und ein insgesamt größeres Risiko des Vorwurfs fehlerhafter Berichterstattung zu schultern. Als Zwischenfazit bleibt damit festzuhalten, dass der DCGK trotz fortdauernder Diskussion von Für und Wider einen festen Platz im Recht kapitalmarktorientierter Unternehmen einnimmt und verdient.

III. Für und Wider

1. Kodexregeln zur Stärkung der Corporate Governance

a) Hohe Befolgungsraten aber unsicherer Einfluss auf den Unternehmenswert

In den Anfängen beanspruchten empirische Studien, einen Zusammenhang zwischen der Befolgung von Corporate Governance Kodizes und dem Unternehmenswert ermitteln zu können.⁷⁶ Vielzitiert sind die McKinsey-Studien, denen zufolge eine gute Corporate Governance einen Kursaufschlag von 20 % zur Folge haben solle.⁷⁷ Schon 2005, also bloß drei Jahre nach seiner Einführung, wurde dem DCGK demgegenüber jeglicher Einfluss auf den Unternehmenswert abgesprochen.⁷⁸ Andere Studien wollten zumindest einen gewissen Zusammenhang zwischen der Ko-

---

75 Seibt/Mohamed, AG 2022, 357 nicht zu weitgehend; auch Bachmann, ZHR 186 (2022), 641, 644.
76 Überblick bei Leyens, in: Großkomm. z. AktG, 5. Aufl., 2018, § 161 Rn. 48 ff.
77 Nachw. ebd. Kritisch Hopt, in: Hommelhoff/Lutter/Schmidt/Schön/Ulmer (Hrsg.), Corporate Governance, Gemeinschaftssymposium der Zeitschriften ZHR/ZGR, ZHR-Beih. 71, 2002, S. 27, 52 sowie Nowak/Rott/Mahr, ZGR 2005, 261 f. m.w.N. zur Rezeption.
78 Nowak/Rott/Mahr, ZGR 2005, 252, 278 sowie Mahr/Nowak/Rott, 172 JITE 475 (2016).

dexbefolgung und positiven Kursentwicklungen ausmachen.[79] Für die rechtswissenschaftlich ausgerichtete Rezeption galt es zu erkennen, dass die zugrunde liegende Methodik von vornherein bloß auf die Herausarbeitung von Korrelationen abzielte. Aussagen zur Kausalität und damit Antworten auf Rechtsfragen zum Pflichtenmaßstab, ggf. auch der Haftung, sind aus solchen Forschungsprojekten nicht abzuleiten.[80] Korrelationen können zwar als Ausgangsbeobachtungen für Kausalitätszusammenhänge herangezogen werden. Mit Blick auf Ursachsenzusammenhänge zwischen Kodexbefolgung und Börsenpreis besteht methodisch das nicht überwindliche Problem wechselseitiger Abhängigkeit der herangezogenen Beobachtungen (Endogenität):[81] Gute Corporate Governance kann ein Treiber für den Unternehmenswert sein, aber eben auch umgekehrt.[82]

Aus Sicht beider Ziele, Steuerungs- und Informationszweck, misst sich der Erfolg des DCGK an den hohen Befolgungsraten.[83] Nach der letzten Messung des Berlin Center of Corporate Governance von 2021 werden die Kodexempfehlungen von 85 % der insgesamt 128 in Prime Standard und General Standard notierten Gesellschaften befolgt.[84] Der höchste Befolgungsgrad findet sich im DAX mit 95,4 %, gefolgt vom MDAX mit 93,6 und etwas schwächer aber immer noch hoch im SDAX mit 85,2 %. Nach einer auf die DAX-40-Gesellschaften konzentrierten Studie erklärten im Jahr 2022 rund 34 % die vollständige Befolgung.[85] Niedrigere Befolgungsraten finden sich im sonstigen Prime Standard mit 71,4 %, noch weiter darunter im General Standard mit 62,6 %. Die Befolgungsraten der Anregungen bieten ein ähnliches Bild. Diese Verteilung und ebenso die Unterschiede zwischen den Segmenten sind seit den Anfängen nahezu unverändert.[86]

Im Großen und Ganzen entspricht dies der Lage im UK. Bei der Messung der Kodexbefolgung ist die Fragestellung dort aber anders. Im Vordergrund der jährlichen Erhebung durch das FRC steht die Zählung derjenigen Unternehmen, die eine vollständige Befolgung angeben. In den letzten Jahren ist diese Zahl gesunken, von

---

79 Jahn/Rapp/Strenger/Wolf, ZCG 2011, 64 mit Blick auf Gesellschaften im Streubesitz. Zur Schweiz Beiner/Drobetz/Schmid/Zimmermann, 12 Europ. Fin. Management 249 (2006).
80 Talaulicar, in: Hommelhoff/Hopt/Leyens (Hrsg.), Unternehmensführung durch Vorstand und Aufsichtsrat, 2024, § 4 Rn. 31 f. zum Forschungsstand.
81 Wintoki/Linck/Netter, 105 J. Fin. Econ. 581 (2012); Talaulicar, in: Hommelhoff/Hopt/Leyens (Hrsg.), Unternehmensführung durch Vorstand und Aufsichtsrat, 2024, § 4 Rn. 31 f. zum Stand.
82 Ebenso zum UK Cheffins/Reddy 22 J. Corp. L. Stud. 709, 725 (2022).
83 Kremer, in: Hommelhoff/Hopt/Leyens (Hrsg.), Unternehmensführung durch Vorstand und Aufsichtsrat, 2024, § 9 Rn. 10.
84 V. Werder/Danilov/Schwarz, DB 2021, 2097, 2099.
85 Redenius-Hövermann/Strenger, ZIP 2023, 2121 zählen 13 von 38.
86 V. Werder, in: Kremer/Bachmann/Favoccia/v. Werder, DCGK, 9. Aufl., 2023, Teil 4 Rn. 130 ff.

58 im Jahr 2020 auf 36 im Jahr 2021 bis herab auf 27 im Jahr 2022.[87] Diese Zahlen eignen sich nicht für einen Vergleich, weil schon die Nichtbefolgung nur einer einzigen Empfehlung ausreicht, um das Verhältnis zu verändern. Einer Untersuchung von Ernst & Young aus dem Jahr 2020 zufolge lag der Anteil der vollständigen Befolgung bei den Unternehmen des FTSE 350 bei 61%.[88] Von den Unternehmen, die den Kodex nicht vollständig befolgten, wendeten sich aber 80% bloß gegen eine einzige Bestimmung (nicht immer gegen dieselbe). Der Grund für die unterschiedliche Ausgangsfrage bei der Befolgungsmessung dürfte darin zu sehen sein, dass die Kodexebene im UK bereits länger anerkannt ist und die Akzeptanz nicht mehr als solche in Frage steht.

b) Vermeidung bloß mechanischer Kodexbefolgung (box-ticking)

Im Jahr 2012 wurde die Präambel des DCGK um den Satz ergänzt: „Eine gut begründete Abweichung von einer Kodexempfehlung kann im Interesse einer guten Unternehmensführung liegen."[89] Eine ähnliche, wenngleich etwas konkretere Formulierung findet sich auch beim britischen Pendant: „An alternative to complying with a Provision may be justified in particular circumstances based on a range of factors, including the size, complexity, history and ownership structure of a company."[90] Die Möglichkeit, von Empfehlungen abzuweichen, bestand seit je her, ihre Betonung in der Präambel des DCGK diente also bloß der Verdeutlichung und war wohl dem Druck aus der fortwährenden Kritik an einer (vermeintlichen) Quasi-Verbindlichkeit des DCGK geschuldet.[91]

Ebenso wenig wie die fälschliche Annahme eines Befolgungszwangs passt eine mechanische Befolgung (box ticking) zu den Zielen der Kodexebene. Erwartet werden eine kritische Auseinandersetzung der Organe mit der Passgenauigkeit der Empfehlungen und die bewusste Wahl des unternehmensindividuellen Umgangs mit den Kodexempfehlungen und -anregungen.[92] Gegnern der Kodexebene zufolge

---

87 FRC, Review of Corporate Governance Reporting, November 2022, S. 6.
88 E&Y, Almost two-thirds of FTSE350 companies fully compliant with new FRC UK Corporate Governance Code, Press release, 23.9.2020, abrufbar unter: https://www.ey.com.
89 Abs. 4 Satz 5.
90 UK Corporate Governance Code 2018 Introduction S. 2 Abs. 3 Satz 2.
91 V. Werder, in: Kremer/Bachmann/Favoccia/v. Werder, DCGK, 9. Aufl., 2023, Präambel Rn. 42; Bachmann, FS Hoffmann-Becking 2013, S. 75, 82 ff. mit Einzelheiten und Diskussion.
92 Begr. RegE TransPuG, BT-Drs. 14/8769, S. 21. Siehe bereits Bericht der Regierungskommission „Corporate Governance", BT-Drucks. 14/7515, Erläuterung von Empfehlung Nr. 10, S. 30: „zunächst einmal nur, dass sich Vorstand und Aufsichtsrat wegen der Pflicht zur Abgabe von Erklärungen mit den Empfehlungen des Kodex auseinandersetzen."

soll sich an hohen Befolgungsraten zeigen, dass diese Ziele nicht erreicht werden.[93] Das leuchtet nicht ohne Weiteres ein, denn aus hohen Befolgungsquoten allein lässt sich noch keine mechanische Befolgung ableiten.

Die verbreitete Annahme einer Quasiverbindlichkeit oder mechanischen Befolgung des DCGK findet keine so starke Stütze, wie weithin angenommen.[94] Von den im DAX-40 notierten Gesellschaften unterfallen 37 der Erklärungspflicht des § 161 AktG.[95] Zum Jahreswechsel 2021/22 erklärten 11 die vollständige Befolgung (Befolgungsmodell) und 26 eine teilweise Befolgung (Selektionsmodell), wobei sich die Einschränkungen auf unterschiedliche Empfehlungen bezogen, vor allem Empfehlungen zur Unabhängigkeit des Aufsichtsrats, zur Höchstzahl der Aufsichtsratsmandate und zur Vergütungsgestaltung.[96] In den weiteren Börsensegmenten fallen die Befolgungsquoten, wie angesprochen, seit je her niedriger aus als bei den DAX-Unternehmen.[97]

Ein gewisses Maß an Abweichungen steht den Zielen des Regelungsmodells nicht entgegen.[98] Die Regierungskommission wollte mit der genannten Ergänzung der Präambel auf eine so genannte „Abweichungskultur" hinwirken.[99] Rund zehn Jahre später stellt sich diese Hoffnung – mit den Worten des Vorsitzenden der Regierungskommission Corporate Governance – als „Fiktion" dar.[100] Verwunderlich ist dies nicht. Regelungsansatz und Funktionsweise der transparenzgestützten Kodexregulierung sind auf eine solche Abweichungskultur nicht angelegt. Die Unverbindlichkeit von Kodexregeln trägt dem Umstand Rechnung, dass die gesetzlichen Spielräume im Zeichen einer guten Corporate Governance im einzelnen Unternehmen abweichend von der Norm auszufüllen sein können (no one-size-fits-all). Dies darf umgekehrt aber nicht darüber hinwegtäuschen, dass eine übergreifende best practice aus Unternehmens-, wie Investorensicht (selbstverständlich) beschreibbar ist und, wie die Unternehmen spätestens aus den Leitlinien der Stimmrechtsberater erkennen müssen, ihnen auch mit Nachdruck abverlangt

---

93 Goette, in: Münchener Komm. z. AktG, 5. Aufl., 2022, § 161 Rn. 19 m.w.N. Zum UK Reddy, 82 Mod. L. Rev. 692, 697 (2019).
94 Kremer, in: Hommelhoff/Hopt/Leyens (Hrsg.), Unternehmensführung durch Vorstand und Aufsichtsrat, 2024, § 9 Rn. 10.
95 Auf Airbus, Linde und Quiagen ist § 161 AktG mangels eines Sitzes in Deutschland nicht anwendbar.
96 Zum hier zitierten Zahlenmaterial v. Werder/Danilov/Schwarz, DB 2021, 2097, 2099 ff.
97 Oben Abschn. III.1.a.
98 J. Koch, AG 2022, 2 Rn. 6 („vielbeschworene und allseits für zentral erachtete Abweichungskultur").
99 V. Werder, in: Kremer/Bachmann/Favoccia/v. Werder, DCGK, 9. Aufl., 2023, Präambel Rn. 42 m.w.N.
100 Nonnenmacher, AG 2022, 97 Rn. 5.

wird.[101] Der DCGK beschreibt diese best practice, kann eine Steuerungswirkung oder Informationsziele aber nur dann erreichen, wenn seine Empfehlungen bei der Mehrheit der erklärungspflichtigen Unternehmen auf Zustimmung stoßen.

Das Regelungsmodell des comply or explain bezieht seine Wirkkraft aus hohen Befolgungsraten und ist darauf ausgerichtet, diese hervorzubringen. Hohe Befolgungsraten sollten dann nicht, jedenfalls nicht per se, als unkritische Kodexbefolgung gedeutet werden. Für die Erklärungspflichtigen ist es leichter, die Befolgung zu erklären, als den Weg einer begründeten Abweichung zu wählen. Die Befolgung wird auch deshalb geradezu automatisch zum Regelfall. Genau hierin besteht die als „sanfter Druck"[102] beschriebene Steuerungswirkung. Die Kodexebene schiebt sich zwischen die normative Unverbindlichkeit des Marktgeschehens und die zwingende Verpflichtung durch das Gesetz. Über die Zeit wächst, vermittelt durch die Vergleichsgruppen, der Druck auf die Umsetzung bestimmter Empfehlungen an (peer pressure). Ein der Vergleichsgruppe entsprechendes Verhalten kann nicht einfach als mechanisches Imitieren abgetan werden.

c) Verzahnung von Kodex und Erklärungspflicht (partielles apply and explain)

Für Informations- wie Steuerungswirkungen des DCGK kommt es über die Zeit darauf an, inwieweit das Kodexwerk als Referenzpunkt der Entsprechenserklärung dazu geeignet ist, vergleichbare, darüber hinaus aber auch gehaltvolle Signale an den Markt anzuleiten. Eine wichtige Rolle hierbei spielt die Kodexstruktur und ihre Verzahnung mit der gesetzlichen Entsprechenserklärung.[103] In der aktuellen Fassung gliedert sich der DCGK auf in 26 Grundsätze, 132 Empfehlungen und 6 Anregungen.[104] Von diesen drei Arten der Kodexbestimmungen löst nach § 161 AktG nur die Ebene der Empfehlungen die Erklärungspflicht aus.

Für die Entsprechenserklärung sieht § 161 AktG ein binäres System aus Befolgungs- oder Abweichungserklärung vor, letztere mit der bereits angesprochenen Begründungspflicht (comply or explain). Im Vorfeld der Kodexreform 2020 hatte sich die Regierungskommission für die Einführung des Befolge und Begründe (apply and explain) ausgesprochen.[105] Der Vorschlag war zum Teil begrüßt wor-

---

101 Moore, 9 J. Corp. Leg. Stud. 95, 100, 118 (2009) zum box-ticking auf Druck von Stimmrechtsberatern und Ratingagenturen.
102 Aus jüngerer Zeit J. Koch, AG 2022, 2 Rn. 1.
103 Leyens, in: Großkomm. z. AktG, 5. Aufl., 2018, § 161 Rn. 99.
104 V. Werder, in: Kremer/Bachmann/Favoccia/v. Werder, DCGK, 9. Aufl., 2023, Präambel Rn. 40.
105 Regierungskommission DCGK, Entwurf eines geänderten Corporate Governance Kodex, 25.10.2018, mit Vorschlag des apply or explain in Präambel Abs. 3 und Empfehlung A.19, Begründung

den.[106] Überwiegend stieß er allerdings auf Widerspruch.[107] Dies lag auch an Unsicherheiten, die sich daraus ergaben, dass die Erläuterungspflicht nach dem Entwurfstext auf den Umgang mit der neuen Kategorie der Grundsätze beschränkt sein sollte, die Regierungskommission in ihrer Begründung zum Entwurf aber offenbar die Erstreckung der Erläuterungspflicht auch auf sämtliche Empfehlungen und Anregungen vor Augen hatte.[108] In Richtung einer solchen umfassenden Erläuterungspflicht zielte schon die bereits angesprochene Empfehlung der Europäischen Kommission von 2014, die auch bei der Regierungskommission auf Ablehnung gestoßen war.[109]

Im UK findet sich schon länger eine ausdifferenzierte Kodex- und Erklärungsstruktur. Dort war das bereits angesprochene Problem des box ticking schon drei Jahre nach Einführung des Cadbury Code in den Fokus der Diskussion gerückt. Auf die Vorschläge des Hampel Committee von 1995 nahm das ab 1998 als Combined Code erscheinende Empfehlungswerk neben den provisions erstmals principles auf.[110] Die Higgs Review von 2003 fügte supporting principles hinzu, also eine Zwischenkategorie, die allerdings ohne großes Aufsehen im Jahr 2008 wieder gestrichen wurde.[111] Die bis heute zu findenden principles sind eher generell gehalten, fordern keinen Widerspruch heraus und geben bisweilen lediglich geltendes Recht (redundant) wieder.

Nach den UK Listing Rules ist zu erklären *wie* den principles gerecht geworden wurde (apply *and* explain; auch: comply *and* explain) und – gewissermaßen nachgeordnet – *ob* die provisions befolgt wurden bzw. warum von einer provision abgewichen wurde (comply *or* explain). Diese gezielte Kombination aus narrativer Beschreibung der im Unternehmen geübten Corporate Governance (Wie der Be-

---

S. 47, 57; abgedruckt in Großkomm. z. AktG, 5. Aufl., 2018, Anhang zu Band 5, S. 1807. Zur Reformagenda bereits der Kommissionsvorsitzende Nonnenmacher, WPg 2018, 709. Einordnend Bachmann, in: Kremer/Bachmann/Favoccia/v. Werder, DCGK, 9. Aufl., 2023, Einl. Rn. 128.
106 Baums, FS Marsch-Barner 2018, S. 29, 31; v. Werder DB 2019, 1721, 1724.
107 DAV, NZG 2019, 252, 253 (Überschreitung des Mandats der Kommission); VGR, NZG 2019, 220, 221. Aus der weiteren Literatur Hommelhoff, BB 2019, Heft 1/2, S. I (erste Seite); Hohenstatt/Seibt, ZIP 2019, 11 f.; Krämer/Kiefner, Der Aufsichtsrat 2019, 18.
108 Einerseits DCGK-E 2018 (Fn. 105) Präambel Abs. 3 und Empfehlung A.19 und andererseits Begründung S. 47, 57.
109 Laut Ziff. 8 lit. e) der Empfehlung der Europäische Kommission (oben Fn. 74) sollen die Erklärungspflichtigen „die anstelle der empfohlenen Vorgehensweise gewählte Maßnahme beschreiben und erläutern, wie diese Maßnahme zur Erreichung des eigentlichen Ziels der betreffenden Empfehlung oder des Kodexes insgesamt beiträgt, oder präzisieren, wie diese Maßnahme zu einer guten Unternehmensführung beiträgt".
110 Committee on Corporate Governance (Hampel), Final Report, January 1998, Rn. 1.11 ff. (S. 10 ff.) zur Gefahr des box ticking und zum Nutzen der principles.
111 FRC, The Combined Code on Corporate Governance, Juni 2008, S. 1, 'Preamble' para 3.

folgung von principles) und zu Einzelfragen gewählter Gestaltungen (Ob der Befolgung von provisions, ggf. Begründung der Nichtbefolgung) zielt auf eine stärker qualitative und modalitätenbezogene Berichterstattung ab.[112] Anders als bei dem früher durch Ziff. 3.10 a.F. geforderten Corporate Governance Bericht handelte es sich aber stets um eine verzahnte und nicht eine separat nebeneinander stehende Berichterstattung. Auch deshalb hatte sich der Arbeitskreis Corporate Governance Reporting (mehrfach) für die Abschaffung des Corporate Governance Berichts ausgesprochen, zu der es bei der großen Kodexrevision von 2020 schließlich kam.[113]

Das binäre System des comply or explain auf Grundlage nur einer Regelungsebene steht für ein hohes Maß an Vergleichbarkeit und damit für die Herausbildung von peer groups. Demgegenüber verschafft ein System aus unterschiedlichen Erklärungspflichten, darunter auch apply and explain, das an unterschiedlichen Regelungsebenen ausgerichtet ist, eine größere Beschreibungstiefe sowie eine bessere Detailgenauigkeit und vermag ein insgesamt genaueres Verständnis der im Unternehmen gelebten Corporate Governance zu vermitteln, dies alles jedoch zu nicht unerheblich erhöhten Kosten der Unternehmen.[114]

Der DCGK setzt auch nach Wegfall des noch in Ziff. 3.10 DCGK 2017 empfohlenen Corporate Governance Berichts auf eine solche Kombination, und zwar indem er Empfehlungen zur Erläuterung der Befolgung aufstellt (kodeximmanente Erläuterungsvorgaben).[115] Dadurch kommt es zu einem partiellen Übergang auf das Erklärungsmodell des Befolge und Begründe (apply and explain).[116] Erläuterungsvorgaben finden sich zu neun Empfehlungen: Gemeinsame langfristige Nachfolgeplanung (B.2.), Altersgrenzen für Vorstandsmitglieder (B.5) und Aufsichtsratsmitglieder (C.2), Qualifikationsmatrix für den Aufsichtsrat (C.1), Einstufung eines Aufsichtsratsmitglieds als unabhängig trotz gegenteiliger Indizien (C.8), namentliche Nennung von Ausschussmitgliedern und Ausschussvorsitzendem generell (D.2)[117] und insbesondere der Mitglieder des Prüfungsausschusses, wobei zusätzlich auf deren Sachverstand einzugehen ist (D.3), Ob und Wie einer Selbstbeurteilung des Aufsichtsrats (D.12) sowie Kodexabweichungen infolge gesetzlicher Bestimmung (F.4).

---

112 Leyens, in: Großkomm. z. AktG, 5. Aufl., 2018, § 161 AktG Rn. 99.
113 Arbeitskreis Corporate Governance Reporting der Schmalenbach-Gesellschaft e.V., DB 2016, 2130; ders., DB 2018, 2125; ders., DB 2019, 317.
114 V. Werder, in: Kremer/Bachmann/Favoccia/v. Werder, DCGK, 9. Aufl., 2023, Grd. 23 Rn. 19 zu Themen, die aus Sachgründen eine Erläuterung erfordern.
115 Leyens, in: Großkomm. z. AktG, 5. Aufl., 2018, § 161 AktG Rn. 324 (Begriff), 472 und 474 (Anfechtungsrelevanz).
116 Befürwortend VGR, NZG 2019, 220, 221.
117 Es reicht die Bezeichnung, weitere Erläuterungen sieht der DCGK nicht vor.

Bei Abweichung von der kodeximmanenten Erläuterungsvorgabe, liegt eine Abweichung von einer Empfehlung vor, die nach § 161 AktG anzugeben und zu begründen ist. Zu begründen wäre dann, warum von einer Erläuterung abgesehen wurde. Dieses Vorgehen erscheint wenig opportun, so dass die kodeximmanente Erläuterungsvorgabe in ihrer Wirkung der gesetzlichen Anordnung des Befolge und Begründe (apply and explain) kaum nachstehen dürfte.

2. Compliance-Kosten

a) Jährliche Erklärung

Wie jedes der weiteren Berichtsinstrumente zur Corporate Governance müssen sich auch DCGK und gesetzliche Entsprechenserklärung an den Compliance-Kosten messen lassen. Da ein Wegfall der Kodexebene nicht ernsthaft in Betracht zu ziehen ist, kommt es insoweit auf eine kosteneffiziente Ausgestaltung an. Kostenerhöhend wirken sich ein bereits anfänglich großer oder anwachsender Umfang des Kodexwerks sowie häufige Änderungen seines Inhalts aus. Hinsichtlich seines Umfangs erscheint der DCGK mit seinen 20 Druckseiten auch gemessen an den (häufig längeren) Kodexwerken anderer Mitgliedstaaten angemessen.[118] Über den auf bloß zwei Seiten untergebrachten, allerdings recht unspezifischen Empfehlungen im Anhang des Cadbury Report von 1992 geht der DCGK freilich ebenso wie der heutige UK Corporate Governance Code und andere moderne Kodexwerke hinaus.[119]

Mit einem gewissen zeitlichen Abstand erscheinen Aus- und Rückbau von Corporate Governance Codes als ein fortlaufendes Experiment. Im UK wurde der bis zum Jahr 2003 von den genannten 2 Seiten der Ursprungsfassung auf 83 Seiten angewachsene Combined Code wegen seines Umfangs scharf kritisiert. Bei der Kritik nicht außer Betracht bleiben durfte, dass die für die Erklärungspflicht relevanten Passagen auf den ersten 24 Seiten zu finden waren. Im heutigen UK Corporate Governance Code sind die immerhin noch erklärungspflichtigen 18 principles und 41 provisions auch nach der Reform von 2024 auf deutlich knapperen rund 15 Druckseiten untergebracht.

Für das UK haben Brian R. Cheffins und Bobby V. Reddy die (sehr weitgehende) Befürchtung geäußert, der dortige Kodex trage gar zum Verfall des britischen Kapitalmarkts bei. Er verursache zu hohe Kosten, erweise sich aber im Übrigen als

---

118 Hopt/Leyens, ZGR 2019, 929, 933.
119 Becker/v. Werder, AG 2016, 761, 766.

irrelevant, weil er bestenfalls eine mechanische Befolgung hervorbringe.[120] Dass sich dieser Zusammenhang nicht vollständig belegen lässt, räumen die Kritiker selbst ein. Schon die Plausibilität des Arguments mag man in Zweifel ziehen: Wo ein bloß mechanisches Verhalten ausreicht, entstehen keine erheblichen Kosten. Wenn umgekehrt ein Kodex wegen der durch ihn verursachten Compliance-Kosten zu Abstoßungsreaktionen bis hin zum drohenden Verfall eines Börsenplatzes wie London führen könnte, wäre dieser Kodex keineswegs irrelevant. Die vermeintlich zu hohen Kosten wären dann Kosten aus dem Abgleich des gewählten Verhaltens mit der vom Kodex vorgeschlagenen best practice. Diesen Prozess anzustoßen und durch Beschreibung der best practice anzuleiten, ist gerade Sinn und Zweck einer auf Transparenz gestützten Kodexregulierung. Zur Untermauerung der Irrelevanzhypothese bliebe folglich nur, ein Desinteresse der Investorenschaft zu belegen. Jedenfalls soweit es den deutschen DCGK anbelangt, hat die Beteiligung an der Konsultation vor der großen Kodexreform von 2020 gezeigt, dass von Desinteresse keine Rede sein kann.[121]

b) Unterjährige Aktualisierung

Für Kosten und Nutzen des DCGK ist angesichts der insgesamt stark angestiegenen Berichtspflichten zur Corporate Governance wohl nicht die jährliche Entsprechenserklärung, sondern die Pflicht zur Abgabe einer unterjährigen Aktualisierungserklärung ausschlaggebend. Die Entsprechenserklärung wird als Dauererklärung verstanden, die jederzeit zutreffen muss.[122] Weichen die Organe vom Erklärten ab, ist eine Aktualisierungserklärung erforderlich. Daraus entsteht ein kontinuierlicher und in seinem Ausmaß nicht unbeachtlicher Aufwand. Zwar muss die Entsprechenserklärung nicht schon im Falle einer unterjährigen Kodexänderung aktualisiert werden. Die Organe müssen aber bei jeder ihrer Entscheidungen prüfen, ob sich eine erklärungspflichtige Abweichung von der Entsprechenserklärung ergibt. Das erfordert im Mindestmaß eine entsprechende Compliance-Organisation (z.B. Corporate Governance Beauftragter).[123]

---

120 Cheffins/Reddy 22 J. Corp. L. Stud. 709, 733 (2022). Kritische Auseinandersetzung hiermit bei Marchetti/Passador, Bocconi Legal Studies Research Paper No. 4269661, abrufbar unter: https://ssrn.com/abstract=4269661.
121 Die 110 Stellungnahmen sind abrufbar unter: www.dcgk.de unter: „Konsultation 2018/19".
122 Nachw. sogleich.
123 J. Koch, AktG, 17. Aufl., 2023, § 161 Rn. 14; bereits Peltzer, Deutsche Corporate Governance, 2. Aufl., 2004, Rn. 378 ff. zeitlich schon vor der höchstrichterlichen Rechtsprechung zur Einordnung der Entsprechenserklärung als Dauererklärung.

Das Verständnis von der Entsprechenserklärung als Dauererklärung zeichnete sich bereits in den Anfängen ab.[124] Verfestigung erlangte es durch die Rechtsprechung des BGH aus dem Jahr 2008 zu den Fällen Kirch/Deutsche Bank und Umschreibungsstopp, die das Gericht 2011 im Fall Fresenius fortführte.[125] Bis in die jüngere Zeit ist diese Rechtsprechung kritisiert worden.[126] Am weitesten geht der Einwand, eine Aktualisierung sei nicht nur nicht erforderlich, sondern sogar unzulässig.[127]

Zutreffend ist, dass bei einer Aktualisierung der nach § 161 Abs. 2 AktG im Internet vorzuhaltenden Entsprechenserklärung fortan eine andere Erklärung zugänglich ist als die ursprüngliche Erklärung. Problematisch ist dies nur, wenn die Erklärung nach § 289f Abs. 1 Satz 1 AktG als Teil der Erklärung zur Unternehmensführung in den Lagebericht aufgenommen wurde. Das Problem stellt sich hingegen nicht, wenn die Alternative aus § 289f Abs. 1 Satz 2f. HGB gewählt wurde, in den Lagebericht also ein Verweis und die Entsprechenserklärung selbst auf die Website aufgenommen wird.

Ins Auge sticht weiterhin, dass die Erklärung zur Unternehmensführung (§ 289f HGB), deren Bestandteil die Entsprechenserklärung ist, nach allgemeiner Ansicht nicht unterjährig zu aktualisieren ist. Wertungsmäßig will sich außerdem nicht einfügen, dass die in der Entsprechenserklärung enthaltenen Angaben zum Umgang mit dem DCGK (überhöhend) sämtlich auf eine Stufe mit denjenigen Informationen gehoben werden, die wegen ihrer Kursrelevanz die Ad-hoc-Pflichtpublizität auslösen (Art. 17 MAR).[128]

Es gibt jedoch auch Unterschiede zu den weiteren Informationen des Lageberichts, die dafür sprechen, dass der BGH sich von der Annahme einer Aktualisierungspflicht nicht abbringen lassen sollte. Beispielsweise die Informationen des Lageberichts über Chancen und Risiken, also ebenfalls Informationen mit Zukunftsbezug, werden aus dem Status Quo heraus beurteilt. Demgegenüber steht der zukunftsgerichtete Teil der Entsprechenserklärung für eine Selbstbindung der Organe. Die Entsprechenserklärung hat infolgedessen anders als der Lagebericht nicht nur eine Beschreibung zum Gegenstand, sondern eben auch die Kundgabe einer Absicht zu künftigem Verhalten.[129]

---

124 Seibert, BB 2002, 581, 583
125 BGHZ 180, 9 = NJW 2009, 2207 – Kirch/Deutsche Bank; BGHZ 182, 272 = NZG 2009, 1270 – Umschreibungsstopp; BGHZ 194, 14 = NJW 2012, 3235 – Fresenius.
126 Leuering, ZGR 2023, 298, 300. Zuvor bereits Theusinger/Liese, DB 2008, 1419, 1421; Heckelmann, WM 2008, 2146, 2148; Kocher/Bedkowski, BB 2009, 235.
127 Leuering, ZGR 2023, 298, 307, 313.
128 Leuering, ZGR 2023, 298, 311.
129 J. Koch, AktG, 17. Aufl., 2023, § 161 Rn. 20.

c) Alternativen zur Aktualisierungspflicht

Die im Wesentlichen für den Compliance-Aufwand verantwortliche Aktualisierungspflicht könnte de lege ferenda beseitigt werden. Die Europäische Kommission hat sich in ihrer Empfehlung von 2014 zur Verbesserung der Berichtsqualität nicht mit der Aktualisierungspflicht befasst.[130] Im Ergebnis stünde das Unionsrecht wohl auch im Übrigen nicht entgegen. Gegen einen Verzicht sprach sich jedoch der 69. DJT 2012 aus, wenngleich mit bloß knapper Mehrheit.[131] Bei Absehen von der Aktualisierungspflicht müsste die Verlässlichkeit des zukunftsgerichteten Teils der Entsprechenserklärung anderweitig sichergestellt werden, um auch weiterhin die Wirkung einer Selbstbindung zu erzielen. Unterbunden werden müsste, dass Befolgungsabsichten stichtagsbezogen erklärt werden, die Organe aber schon am Tag darauf im Stillen von ihrer Selbstbindung Abstand nehmen könnten und dies auch dürften. Immerhin gelangte die Abweichung dem Markt durch die nächste turnusgemäße Entsprechenserklärung zur Kenntnis. Daraus ergäbe sich auch schon anfänglich eine gewisse Steuerungswirkung, die als ausreichend erachtet werden könnte. Eine fortlaufende Überwachung durch eine Aufsichtsbehörde erwiese sich demgegenüber als einschneidender (dazu III.4.c).

3. Rechtswirkungen der Kodexebene

a) Eigenständigkeit der Kodexebene und Gefahr überschießender Wirkungen

Erst Anfang 2023 hielt der IV. Strafsenat des BGH eine „strafrechtliche Ausfüllung [der zur Verwirklichung des Tatbestands von § 266 Abs. 1 StGB notwendigen] Vermögensbetreuungspflicht durch weitere – namentlich vermögensschützende – Vorschriften [wie] den vom LG [Braunschweig] herangezogenen Deutschen Corporate Governance Kodex oder hierzu abgegebene Entsprechenserklärungen [...] aus Rechtsgründen nicht [für] erforderlich."[132] Die Klärung der Rechtswirkungen des DCGK war zwar nicht entscheidungserheblich. Es ist aber ungünstig, dass der Strafsenat es nicht als erforderlich erachtet hat, auf die Überlegungen der Vorin-

---

130 Oben Fn. 74.
131 Der Verzicht auf die Aktualisierungspflicht wurde abgelehnt (35:40:8); Verhandlungen des 69. DJT 2012, Band II/2, 2013, S. N231 Beschluss 7 e). Vorausgegangen Habersack, Gutachten E, 69. DJT 2012, Bd. I, 2012, S. E66; Leyens, Referat, 69. DJT 2012, Bd. II/1, 2013, S. N20.
132 BGH, NZA 2023, 301 Rn. 19 zu Ziff. 4.3.2 DCGK aF. Siehe bereits BGH, NStZ-RR 2018, 349, 350 zum Public Corporate Governance Kodex. Zu den Unterschieden Teichmann, in: Hommelhoff/Hopt/Leyens (Hrsg.), Unternehmensführung durch Vorstand und Aufsichtsrat, 2024, § 50 Rn. 9.

stanz zur strafrechtlichen Relevanz des DCGK einzugehen. Im vorausgegangenen Urteil des LG Braunschweig heißt es: „Die Regelung in Ziff. 4.3.2. des Deutschen Corporate Governance Kodexes führt zu einer inhaltlichen Konkretisierung des Sorgfaltsmaßstabs eines ordentlichen Geschäftsleiters aus § 93 Abs. 1 AktG und ein Verstoß gegen seine Regelungen, soweit sie einen Vermögensschutz bezwecken, stellt einen Anknüpfungspunkt bzw. ein Indiz für eine Pflichtwidrigkeit i. S. d. § 266 Abs. 1 StGB dar".[133]

Diese Überlegung muss trotz der gemäßigten Formulierung mit den Begriffen „Anknüpfungspunkt" und „Indiz" auf Kritik stoßen. Der Regierungskommission fehlt jedwede Kompetenz dazu, eine verbindliche Auslegung gesetzlicher Regeln vorzunehmen.[134] Jedenfalls im Strafrecht wären die Grenzen des Art. 103 Abs. 2 GG überschritten. In der strafrechtlichen Literatur wird dies gleichwohl anders gesehen, was verwundern muss.[135] Der Kodex ist das Ergebnis der Beratungen eines öffentlich bestellten Sachverständigengremiums, also eine Expertenmeinung.[136] Diese Meinung zielt darauf ab, eine best practice für die Ausfüllung gesetzlich gewährter Gestaltungsspielräume aufzuzeigen und anzuleiten, nicht ein einzig richtiges Verhalten zu umschreiben. Auch stünde es den Zielen des DCGK entgegen, (indirekt) von einer gesetzesgleichen oder -konkretisierenden Wirkung von seiner Regeln auszugehen. Denn dann bliebe nur die unbedingte Befolgung. Die positiven aus der Abwägung der Passgenauigkeit der Kodexregeln für das betreffende Unternehmen und der Wahl eines den unternehmensindividuellen Besonderheiten Rechnung tragenden Maßes an Kodexbefolgung gingen verloren.

An der dargestellten Spruchpraxis der Strafgerichte zeigt sich die Gefahr eines überschießenden Kodexverständnisses. Diese Gefahr stellt aber nicht die Kodexebene als solche in Frage, sondern verdeutlicht die Aufgabe, den richtigen Umgang mit ihr weiter abzusichern.[137] Vergleichbare Herausforderungen ergeben sich im Wirtschaftsrecht allerorts und sind für sich genommen nichts Besonderes. In der Zivilrechtslehre ist man sich über die Eigenständigkeit der Kodexebene und auch

---

[133] LG Braunschweig, Urt. v. 28.9.2021 – 16 KLs 406 Js 59398/16 (85/19) – Rn. 679 (juris) und unter Hinweis auf Waßmer, in: Graf/Jäger/Wittig (Hrsg.), Wirtschafts- und Steuerstrafrecht, 2. Aufl., 2017, § 266 StGB Rn. 93e m.w.N.
[134] Hopt/Leyens, ZGR 2019, 929, 949 (zur DCGK-Kategorie der Grundsätze).
[135] Waßmer, in: Graf/Jäger/Wittig (Hrsg.), Wirtschafts- und Steuerstrafrecht, 3. Aufl., 2024, § 266 StGB Rn. 131; C. Schlitt, DB 2007, 326 ff., 330. Eingehend Klüppelberg, Die Untreuestrafbarkeit des Vorstands bei Verstößen gegen den Deutschen Corporate Governance Kodex und § 161 AktG, 2014.
[136] Leyens, in: Großkomm. z. AktG, 5. Aufl., 2018, § 161 Rn. 101.
[137] Bachmann, ZHR 186 (2022), 641, 643; tendenziell strenger Koch/Kudlich/Thüsing, ZIP 2022, 1, 3.

die daraus zu ziehenden Schlüsse weitgehend einig:[138] Die Kodexbefolgung kann keine Pflichtenentlastung mit sich bringen, schon weil Gesetz, Rechtsprechung und Kodex eigene Geschwindigkeiten haben können. So wurde der DCGK beispielsweise im Fall Siemens/Neubürger durch das fortentwickelte Verständnis der Compliance-Verantwortung des Vorstands überholt.[139] Es kann also geboten sein, über den Kodex hinauszugehen. Umgekehrt kann es geboten sein, die Kodexempfehlungen und -anregungen nicht zu befolgen. Zu denken ist an Sonderlagen der Corporate Governance wie Unternehmenskrisen oder auch darauffolgende Restrukturierungen mit vom Kodex abweichenden Anforderungen beispielsweise an die Aufsichtsratsbesetzung.[140]

Entscheidend ist, dass gegen den Kodex nicht in einem dem Wort sonst zukommenden Sinne „verstoßen" werden kann.[141] Wie § 161 Abs. 1 AktG zeigt, ist die Nichtbefolgung eine von zwei gesetzlich vorgesehenen Formen des Umgangs mit den Empfehlungen des DCGK. Im eigentlichen Sinne „verstoßen" werden kann nur gegen die gesetzliche Erklärungspflicht. Die Wahl eines vom Kodex abweichenden Verhaltens kann gleichwohl, wenn auch mehr theoretisch, einen Verstoß gegen die Geschäftsleiterpflichten darstellen. Wäre es anders, könnte die Regierungskommission durch Aufnahme einer Kodexregel gar Verhaltensweisen von der Haftung ausnehmen. Der Verstoß ist dann aber eben keiner gegen den Kodex, sondern gegen die gesetzlichen Sorgfaltspflichten, also gegen §§ 116, 93 AktG.[142] Dass es sich insoweit um ein theoretisches Problem handelt, folgt schon aus dem Sinn und Zweck von Kodexregeln, der (lediglich) darin besteht, Entscheidungsspielräume auszufüllen. Konkrete Umstände oder Konstellation, bei denen sich das Ermessen im Umgang mit einer bestimmten Kodexregel zur Pflicht verdichten könnte, sind bislang nicht bekannt geworden.

b) Kodex als Vorbote neuer Pflichten (Pflichtenentwicklungsrisiko)

Der DCGK ist Teil des kapitalmarktorientierte Unternehmen betreffenden Regelungsgefüges, dass sich fortlaufend und (sehr) rasch fortentwickelt. Kodexregeln

---

138 Bayer/Scholz, in: BeckOGK AktG, Stand: 1.7.2023, § 161 Rn. 18 f.; Vetter, in: Henssler/Strohn, GesR, 5. Aufl., 2021, § 161 AktG Rn. 4; J. Koch, AktG, 17. Aufl., 2023, § 161 Rn. 3; Goette, in: Münchener Komm. z. AktG, 5. Aufl., 2022, § 161 Rn. 22 ff.; Leyens, in: Großkomm. z. AktG, 5. Aufl., 2018, § 161 Rn. 100.
139 Hopt/Leyens, in: Hommelhoff/Hopt/Leyens (Hrsg.), Unternehmensführung durch Vorstand und Aufsichtsrat, 2024, § 1 Rn. 63 m.w.N.
140 Leyens, in: Großkomm. z. AktG, 5. Aufl., 2018, § 161 Rn. 582.
141 Treffend Nonnenmacher, AG 2022, 97 Rn. 5; ihm folgend J. Koch, AG 2022, 1 Rn. 4.
142 Leyens, in: Großkomm. z. AktG, 5. Aufl., 2018, § 161 Rn. 102 f.

können den Akteuren helfen, in der Entwicklung befindliche Pflichten zu erkennen (Pflichtenentwicklungsrisiko).[143] Eine solche Entwicklung kann sich bei Hochstufung einer Kodexanregung zur -empfehlung und damit Unterwerfung unter die gesetzliche Entsprechenserklärung nach § 161 AktG andeuten.[144] Für solche Hochstufungen gibt es mehrere Beispiele, darunter die frühere Anregung von Sitzungen des Aufsichtsrats ohne den Vorstand.[145] Die Hochstufung zur Empfehlung war schon in den ersten Jahren des DCGK eingefordert worden und erfolgte schließlich im Jahr 2012.[146] Diese Entwicklung steht im Zeichen der insgesamt gestiegenen Anforderungen an die Überwachung durch den Aufsichtsrat. Gesetzlich ist zuletzt durch das FISG von 2021 mit dem neuen § 109 Abs. 1 Satz 3 AktG 2021 eine weitere Regel zur Sitzungsteilnahme hinzugekommen. Danach darf der Vorstand nur auf Verlangen von Aufsichtsrat oder Aufsichtsratsausschuss an einer Sitzung teilnehmen, zu der der Abschlussprüfer als Sachverständiger hinzugezogen wird. In der Rückschau zeigt sich sich, dass sich die Anforderungen an die Sitzungsorganisation verdichtet haben und die Tragfähigkeit der im Aufsichtsrat geübten Praktiken auch in Vorausschau auf künftige Entwicklungen im Blick zu behalten und gegebenenfalls kritisch zu hinterfragen ist.

Die Überführung von Kodexregeln in das zwingende Aktienrecht ist auf die Kritik gestoßen, der DCGK diene bloß als „Testballon für den Gesetzgeber".[147] Als ein solcher könnte der DCGK aber nur fungieren, wenn die Regierungskommission sich von der Politik instrumentalisieren ließe. Dafür fehlen die Anhaltspunkte. Das gilt auch für das der Kritik zugrunde liegende Beispiel der individualisierten Offenlegung der Vorstandsbezüge. Im Jahr 2003 erfolgte die Hochstufung von der Anregung zur Empfehlung und 2005, also bloß zwei Jahre später, die Einführung einer gesetzlichen Pflicht.[148] Zwischenzeitlich hatte sich auch im Ausland das Bedürfnis nach gesetzlichen Regeln verdichtet.[149] Hinzu kam, dass die Europäische Kommission mit ihrer Empfehlung zur Vergütung von 2004 ihre eigene Befassung und damit

---

143 Hopt/Leyens, in: Hommelhoff/Hopt/Leyens (Hrsg.), Unternehmensführung durch Vorstand und Aufsichtsrat, 2024, § 1 Rn. 53.
144 V. Werder, in: Kremer/Bachmann/Lutter/v. Werder, DCGK, 7. Aufl., 2018, Präambel Rn. 177–212 (bis 7. Aufl.) ausführlich zur Entwicklung der Anregungen und Empfehlungen des DCGK.
145 V. Werder, FS Hommelhoff 2012, S. 1299, 1304.
146 Leyens, Information des Aufsichtsrats, 2006, S. 245 (Mindestorganisation), 348 und 356 (Informationsordnung), 436 (Reformvorschlag zum DCGK).
147 E. Vetter/Menold, ZIP 2004, 1527 mit zur Frage des DCGK als „Testballon für den Gesetzgeber?".
148 Hopt/Leyens, in: Hommelhoff/Hopt/Leyens (Hrsg.), Unternehmensführung durch Vorstand und Aufsichtsrat, 2024, § 1 Rn. 55, 130.
149 Leyens, JZ 2007, 1061, 1064 zum UK.

auch die des Unionsgesetzgebers mit dem Vergütungsthema verdeutlicht hatte.[150] Vor diesem Hintergrund konnten richtigerweise weder die Aufnahme der Kodexregel, noch der Übergang auf die Gesetzesebene überraschend oder kritikwürdig erscheinen.[151]

Aus den weiteren Beispielen[152] stechen die aus Sicht der Gleichstellungspolitik wichtigen Regeln zur Stärkung der Geschlechterparität hervor. In den Kodex wurden im Jahr 2010 (eher zurückhaltende) Empfehlungen aufgenommen. Durch die dann folgende Gleichstellungsgesetzgebung (FüPoG I und II) wurden die Regeln fixiert, u. a. in § 76 Abs. 4 AktG zu Zielgrößen des Frauenanteils in den beiden Führungsebenen unterhalb des Vorstands.[153] Wiederum steht mit der Geschlechterbalance-RL von 2022, um die rund zehn Jahre gerungen wurde, eine Entwicklung auf Unionsebene im Hintergrund.[154] Zwischenzeitlich ist die Geschlechterparität und (weiter gefasst) die diversity lang nicht mehr bloß rechtspolitisches Desideratum, sondern gängige Erwartung am Kapitalmarkt. Institutionelle Investoren und Vermögensverwalter haben über die Berücksichtigung der damit zusammenhängenden Fragen durch ihre Portfoliogesellschaften i.R.d. Offenlegungs-VO Bericht zu erstatten.[155]

Insgesamt erscheint der DCGK damit weniger als Urheber des Risikos neu entstehender Pflichten der Unternehmen und mehr als Vorbote einer Verdichtung der best practice zur gesetzlichen Pflicht. Inhaltlich mögen die vorausgehenden Kodexregeln genauso wie die dann kommenden gesetzlichen Vorgaben umstritten sein und bleiben. Die rechtzeitige Aufnahme in den Kodex ermöglicht es den Betroffenen aber (wenigstens), die erforderlichen Organisationsstrukturen rechtzeitig anzulegen.

---

150 Empfehlung der Kommission vom 14. Dezember 2004 zur Einführung einer angemessenen Regelung für die Vergütung von Mitgliedern der Unternehmensleitung börsennotierter Gesellschaften, ABl. 2004 L 385 vom 29.12.2004, S. 55.
151 Leyens, ZEuP 2016, 388, 413 zum Zusammenspiel der Entwicklung mit EU-Empfehlungen; ders., in: du Plessis/Varottil/Veldman (Hrsg.), Globalisation of Corporate Social Responsibility and its Impact on Corporate Governance, 2018, S. 157, 166 zu „law making patterns".
152 U. a. Abkühlungsperiode vor Überwechseln des Vorstands in den Aufsichtsrat.
153 Bachmann, in: Kremer/Bachmann/Favoccia/v. Werder, DCGK, 9. Aufl., 2023, Einl. Rn. 122.
154 Richtlinie (EU) 2022/2381 des Europäischen Parlaments und des Rates vom 23.11.2022 zur Gewährleistung einer ausgewogeneren Vertretung von Frauen und Männern unter den Direktoren börsennotierter Gesellschaften und über damit zusammenhängende Maßnahmen, ABl. 2022 L 315 vom 7.12.2022, S. 44. Einordnung bei Schmidt, BB 2022, 1859, 1863.
155 Art. 4 Offenlegungs-VO (VO (EU) 2019/2088 vom 27.11.2019 über nachhaltigkeitsbezogene Offenlegungspflichten im Finanzdienstleistungssektor, ABl. 2019 L 317 vom 9.12.2019, S. 1) und Art. 4ff. und Anhang I Tabelle 1 Nr. 13 RTS zur Offenlegungs-VO (Del. VO (EU) 2022/1288 der Kommission vom 6.04.2022, ABl. 2022 L 196 vom 25.7.2022, S. 1).

c) Forderung nach stärkerer gesetzlicher Absicherung

An dem faktisch großen Einfluss des DCGK ändern diese Beobachtungen nichts. In den Anfängen war häufiger eine mögliche Verfassungswidrigkeit in den Raum gestellt worden.[156] Die Kritik ist heute verhaltener, aber der beachtliche faktische Einfluss des DCGK fordert aus Sicht mancher ein größeres Maß an gesetzlicher Absicherung des DCGK und vor allem der ihn verwaltenden Regierungskommission.[157] Ein Zugewinn an Rechtsstaatlichkeit soll durch eine gesetzliche Formulierung der Aufgaben und Anforderungen an die Regierungskommission zu erreichen sein.[158] Diese Vorschläge können schon angesichts der Parallelität zum privaten Rechnungslegungsgremium des § 342q HGB ein hohes Maß an Einpassungsfähigkeit für sich beanspruchen.

Der wichtigste, durch eine stärkere gesetzliche Fundierung zu unterstützende Erfolgsfaktor dürfte in der Akzeptanz des Kodexwerks bei den Marktteilnehmern liegen. Auf Ablehnung stoßen meist nur Annäherungen an hierzulande noch nicht verfestigte, international aber bereits übliche Standards, etwa bei der Unabhängigkeit im Aufsichtsrat oder Vergütung des Vorstands und ihrer Transparenz.[159] Dass sich die Akzeptanz der darauf bezogenen Kodexregeln durch eine eher formale gesetzliche Absicherung, etwa durch die vorgeschlagene Ergänzung des § 161 AktG, signifikant erhöhen könnte, lässt sich nicht belegen. Eine gegenteilige Wirkung ist nicht unwahrscheinlich. Dem ist im Folgenden nachzugehen.

4. Durchsetzung der Erklärungspflicht (Beschlussanfechtung)

a) Beschlussanfechtung

Ein auf Marktinformation setzendes Regelungsmodell wie das aus DCGK und § 161 AktG muss die Integrität und Verlässlichkeit der dem Markt zur Verfügung gestellten Angaben sicherstellen. Ohne dies wird das Signal entwertet, der Ressour-

---

[156] Entkräftend Bachmann, ZHR 186 (2022), 641, 643; ders., FS Hoffmann-Becking 2013, S. 75, 82, 89. Überblick bei J. Koch, AktG, 17. Aufl., 2023, § 161 Rn. 4; Fleischer, in: BeckOGK AktG, Stand: 1.10.2023, § 93 Rn. 62 (dahingestellt); Leyens, in: Großkomm. z. AktG, 5. Aufl., 2018, § 161 Rn. 54.
[157] Hommelhoff, in: Hommelhoff/Kley/Verse (Hrsg.), Reform des Aufsichtsratsrechts, ZGR-Sonderh. 25, 2021, S. 273, 298 ff.
[158] Hommelhoff, in: Hommelhoff/Kley/Verse (Hrsg.), Reform des Aufsichtsratsrechts, ZGR-Sonderh. 25, 2021, S. 273, 302.
[159] Hommelhoff, in: Hommelhoff/Kley/Verse (Hrsg.), Reform des Aufsichtsratsrechts, ZGR-Sonderh. 25, 2021, S. 273, 281 ff.

ceneinsatz auf Unternehmensseite geht ins Leere und es drohen Marktstörungen, also Fehlleitungen von Kapital. Seit den beiden Entscheidungen des gesellschaftsrechtlichen Senats des BGH in den Sachen Kirch/Deutsche Bank und Umschreibungsstopp[160] von 2009 ist die Anfechtbarkeit von Hauptversammlungsbeschlüssen bei Fehlern der Entsprechenserklärung im Grundsatz anerkannt.[161] Der BGH stützt die Anfechtbarkeit auf § 243 Abs. 1, 4 S. 1 AktG, fordert also, dass der Verstoß gegen § 161 AktG einen wesentlichen Informationsfehler zufolge hat. Das ist auch aus Sicht des auf Transparenz bauenden Regelungsmodells überzeugend, weil nicht jeder kleinste, sondern nur ein wesentlicher Informationsfehler die Unwirksamkeitsfolge auslösen sollte und § 243 Abs. 4 S. 1 AktG genau diesen Filter vorsieht.[162]

Bei erfolgreicher Anfechtung eines Entlastungsbeschlusses, kommt es (lediglich) zu einem Signal an den Markt. Das passt zum Informationsmodell der Kodexregulierung. Bei der Anfechtung der Wahl eines Aufsichtsratsmitglieds erscheint demgegenüber die vom BGH im Jahr 2018 eingenommene Sichtweise, nach der es mangels Informationsrelevanz des Wahlvorschlags nicht zur Unwirksamkeit der Aufsichtsratswahl kommt, zwar möglicherweise nicht in der Begründung, wohl aber im Ergebnis zielführend.[163] Die Abschlussprüferbestellung sollte ebenfalls nicht wegen Fehlern der Entsprechenserklärung unwirksam werden.[164] Höchstrichterliche Rechtsprechung hierzu steht aus. Der Ausgleich zwischen der erforderlichen Kontrolle und der Rechtssicherheit für die Unternehmen wäre aber letztlich nur durch den gesetzlichen Ausschluss der Anfechtbarkeit von Wahlbeschlüssen wegen Fehlern der Entsprechenserklärung zu schaffen (bei Beibehaltung der Anfechtbarkeit von Entlastungsbeschlüssen), wie vom 69. DJT 2012 befürwortet.[165]

---

160 Nachw. oben Fn. 125.
161 J. Koch, AktG, 17. Aufl., 2023, § 161 Rn. 31; Goette, in: Münchener Komm. z. AktG, 5. Aufl., 2022, § 161 Rn. 88. Siehe bereits Ulmer, ZHR 166 (2002), 150, 165.
162 Leyens, in: Großkomm. z. AktG, 5. Aufl., 2018, § 161 Rn. 36, 478.
163 BGHZ 220, 36 = NZG 2019, 262; zur (scharfen) Kritik Goette, in: Münchener Komm. z. AktG, 5. Aufl., 2022, § 161 Rn. 94; Habersack, NJW 2019, 675; Bayer, JZ 2019, 677.
164 Hopt/Leyens, in: Hommelhoff/Hopt/Leyens (Hrsg.), Unternehmensführung durch Vorstand und Aufsichtsrat, 2024, § 1 Rn. 62 m.w.N.
165 Leyens, Referat, 69. DJT 2012, Bd. II/1, 2013, S. N21 ff, N24, Thesen 10 f. und Beschlüsse S. N88 ff., 10 a) zur Anfechtbarkeit von Entlastungsbeschlüssen (angenommen mit 58:20:5), 10 b) zur Anfechtbarkeit von Wahlbeschlüssen (abgelehnt 27:44:12). Überzeugend gegen den vollständigen Ausschluss des Anfechtungsrechts Goette, in: Münchener Komm. z. AktG, 5. Aufl., 2022, § 161 Rn 88; Habersack, Gutachen E, 69. DJT 2012, Bd. I, 2012, S. E54, E61; Seibt, AG 2002, 249, 254.

b) Weitere private Rechtsdurchsetzung

Mit Blick auf die Gewährleistung der Ordnungsmäßigkeit der Entsprechenserklärung erweisen sich die bekannten Formen der privaten Rechtsdurchsetzung zwangsläufig als unvollkommen. Bei der Beschlussanfechtung ergibt sich dies schon daraus, dass sich nicht für jeden Erklärungsfehler ein Anfechtungskläger finden wird, umgekehrt jedoch den notorisch klagewilligen Aktivisten ein zusätzlicher Anknüpfungspunkt geliefert wird.[166] Ähnlich wäre es bei der Haftung, wobei diese aber vor allem an der schlecht nachweisbaren Kausalität des Erklärungsfehlers für die Vermögenseinbuße scheitern würde.[167]

Als Zwischenform privater und staatlicher Rechtsdurchsetzung käme die Einbeziehung der Entsprechenserklärung in die Abschlussprüfung in Betracht, ggf. mit abgesenktem Prüfungsmaßstab.[168] Diesem schon früh diskutierten Vorschlag wird entgegengehalten, dass die Kodexbefolgung von außenstehenden Dritten nur eingeschränkt überprüft werden kann.[169] Das gilt insbesondere für den zukunftsgerichteten Teil der Entsprechenserklärung und die Frage, ob die dafür erforderlichen Absichten von den Organen, bzw. genauer, von ihren einzelnen Mitgliedern gebildet wurden. Hiervon zu unterscheiden ist die als sinnvoll zu bewertende Empfehlung aus D.10 DCGK, wonach der Abschlussprüfer dem Aufsichtsrat oder dessen Prüfungsausschuss über Unrichtigkeiten der Entsprechenserklärung berichten soll, die er bei Durchführung der Prüfung beobachtet.[170]

c) Hoheitliche Rechtsdurchsetzung als Alternative

Weiter ginge eine hoheitliche oder quasi-hoheitliche Rechtsdurchsetzung durch Betrauung einer Behörde oder auch einer privaten Institution mit der Überprüfung der Ordnungsmäßigkeit der Entsprechenserklärung. Der 69. DJT 2012 sprach sich gegen ein zweistufiges Enforcement-Verfahren mit einer behördlichen Kontrolle durch die BaFin auf zweiter Stufe aus.[171] Wenig erforscht sind die möglichen mit-

---

166 Leyens, in: Großkomm. z. AktG, 5. Aufl., 2018, § 161 Rn. 36, 477.
167 Paschos, in: Habersack/Mülbert/Schlitt (Hrsg.), Hdb. Kapitalmarktinformation, 3. Aufl., 2020, § 29 Rn. 277; Leyens, in: Großkomm. z. AktG, 5. Aufl., 2018, § 161 Rn. 540 m.w.N.
168 Zum Stand J. Koch, AktG, 17. Aufl., 2023, § 161 Rn. 35; Goette, in: Münchener Komm. z. AktG, 5. Aufl., 2022, § 161 Rn. 81.
169 Leyens, in: Großkomm. z. AktG, 5. Aufl., 2018, § 161 Rn. 36, 479.
170 Simons, AG 2022, 217 Rn. 75 zurückhaltend.
171 Beschluss 10 d) abgelehnt (9:75:10); Verhandlungen des 69. DJT 2012, Bd. II/1, 2013, S. N88. Vorausgegangen Habersack, Gutachten E, 69. DJT 2012, Bd. I, 2012, S. E63 f.

telbaren Wirkungen einer solchen Annäherung an die US-amerikanische Corporate Governance. Im UK könnte sich mit der Errichtung der Audit, Reporting and Governance Authority (ARGA), die das FRC ersetzen soll, ein solcher Wandel vollziehen.[172] Die Umsetzung ist ins Stocken geraten, wohl auch weil die Annäherung an den Regelungsansatz des US-amerikanischen Sarbanes-Oxley Act von 2002 durch die bisweilen als „UK SOX" bezeichnete Gesetzgebung nicht frei von Kritik ist. Hierzulande würden vergleichbare Vorhaben wohl die altbekannte Drohkulisse des Aktienamts hervorziehen.

Wichtiger als die pauschale Ablehnung einer behördlichen Durchsetzung erscheint, dass die Folgen eines solchen Übergangs vom private enforcement auf das public enforcement nicht im Einzelnen vorhersehbar sind. Im UK bestehen Erfahrungen mit dem FRC, das sich der Aufgabe periodischer oder anlassbezogener Untersuchungen der Ordnungsmäßigkeit von Entsprechenserklärungen zum UK Stewardship Code, also dem an Investoren, Vermögensverwalter und Stimmrechtsberater gerichteten Verhaltenskodex annimmt.[173] Der UK Stewardship Code verfolgt den Regelungsansatz des apply and explain,[174] lässt also, anders als der UK Corporate Governance Code und der DCGK, keine Abweichungen zu.

Das FRC wurde auch angesichts solcher Überprüfungen zunehmend als eine eher staatliche, denn private Stelle empfunden, die in der Sache ein regulatorisches Interesse verfolgt und sich von der ursprünglichen Idee der Selbstregulierung immer weiter entfernt.[175] Die Betrauung einer privaten oder öffentlichen Stelle mit der Einhaltung des Kodexwerks führt jedenfalls faktisch zur Übertragung der Auslegungshoheit auf die betreffende Stelle. Das passt nicht zu der trotz Wahl eines offiziösen Kommissionsnamens auch für die Errichtung der Regierungskommission DCGK ausschlaggebenden Idee, das beim Gesetzgeber nicht vorhandene oder jedenfalls nicht schnell zugreifbare Praxiswissen in die Corporate Governance einzubringen.

Zu erwarten (und dann wohl auch gerechtfertigt) wären die bislang zu Recht kritisierten Rückgriffe von (Straf-)Gerichten auf den DCGK als Auslegungshilfe (oben III.3.a). Der z.B. dadurch verstärkte Eindruck einer staatlich delegierten Rechtssetzung dürfte sich für die Ziele des DCGK als kontraproduktiv erweisen. Ohne Not sollte nicht von der Überzeugung abgerückt werden, dass der Dialog über die gute Corporate Governance nicht mit einer Behörde, sondern mit dem Markt zu führen ist.

---

172 FRC, Financial Reporting Council: 3-Year Plan, März 2023, S. 2.
173 Leyens, FS Hopt 2019, S. 709, 714 m.w.n. zu den Einzelheiten.
174 Oben III.1.c).
175 Cheffins/Reddy 22 J. Corp. L. Stud. 709, 714 f., 732 f. (2022).

IV. Offene Grundsatzfragen

1. Fortentwicklung der Corporate Governance durch Kodexanregungen?

Ein Kodex, mit dessen Befolgung ein hohes Niveau der Corporate Governance deutscher Unternehmen auch und gerade gegenüber Investoren aus dem Ausland signalisiert werden soll, muss sich neuen Themen der nationalen und internationalen Diskussion zeitnah stellen. Den Anspruch des DCGK, den Stand der Corporate Governance nicht bloß abzubilden, sondern auch proaktiv Fortentwicklungen anzustoßen, lässt seine Präambel an verschiedenen Stellen erkennen.[176] Dieses Selbstverständnis ist verschiedentlich auf Kritik gestoßen.[177] U.a. wurde eine Beschränkung der Autonomie des Aufsichtsrats erkannt, an den sich ja die meisten Kodexempfehlungen richten.[178] Im Einzelnen kann die Regierungskommission DCGK durchaus über das Ziel hinausschießen. In der Sache richtig, aber eben gegen geltendes Recht geht Grundsatz 23, der die Erklärung zur Unternehmensführung auch in die Verantwortung des Aufsichtsrats gestellt wissen will, obgleich sich § 289f HGB der aktienrechtlichen Systematik folgend (derzeit) allein an den Vorstand richtet.[179] Der Mitunterzeichnung durch den Aufsichtsrat steht aber nichts entgegen und dieses Vorgehen erweist sich angesichts der Mit- und teilweise Alleinverantwortung des Aufsichtsrats für die berichteten Inhalte auch als sinnvoll.[180]

Nach dem Regelungsmodell des § 161 und der kodexinternen Systematik steht die Ebene der Anregungen für die Möglichkeit einer proaktiven Rolle des Kodexwerks oder legt eine solche Rolle gar an. Erklärungspflichtig ist nach § 161 AktG nur der Umgang mit den Empfehlungen, nicht aber mit den Anregungen. Die Annahme, Anregungen könnten in den DCGK aufgenommen werden, ohne dass daraus Kosten entstünden, dürfte jedoch zu kurz greifen. Ein Unternehmen steht in seiner Corporate Governance zurück, wenn die Anregung in der Vergleichsgruppe überwie-

---

[176] Präambel Abs. 1 S. 2, Abs. 3 S. 2 DCGK. Näher v. Werder, in: Kremer/Bachmann/Favoccia/v. Werder, DCGK, 9. Aufl., 2023, Präambel Rn. 2; befürwortend Bachmann, ZHR 186 (2022), 641, 643.
[177] BDI, Stellungnahme zu Änderungsvorschlägen der Regierungskommission zum DCGK-Entwurf v. 21.1. 2022, Stand: 9.3.2022, S. 2.
[178] Hommelhoff, in: Hommelhoff/Kley/Verse (Hrsg.), Reform des Aufsichtsratsrechts, ZGR-Sonderh. 25, 2021, S. 273 Rn. 51f.
[179] Grottel, in: Beck Bil-Komm., 13. Aufl., 2022, § 289f HGB Rn. 70; Merkt, in: Hopt, HGB, 44. Aufl. 2025 i.E., § 289f Rn. 2.
[180] Arbeitskreis Corporate Governance Reporting der Schmalenbach-Gesellschaft für Betriebswirtschaft e.V., DB 2019, 317; eingehend Leyens, FS Vetter 2019, S. 397, 398.

gend befolgt wird, und Schweigen wird kritische Fragen von Investoren und Vermögensverwaltern auslösen.

Dennoch ist es primär die Ebene der Anregungen, die mit Blick auf eine proaktive Rolle des DCGK in den Diskussionsfokus rückt, denn von der erklärungspflichtigen Empfehlung wird die Regierungskommission ohne eine gewisse Verfestigung des betreffenden Verhaltens in aller Regel absehen. Anregungen bringen die Auffassung der Regierungskommission DCGK zum Ausdruck, dass sich eine bislang noch nicht auf breiter Front verfestigte Praxis künftig durchsetzen könnte oder sollte.[181] Ohne dass dies nachweisbar wäre, ist denkbar, dass die Anregungsebene vor allem der kommissionsinternen Konsensfindung dient.[182] Angesichts der stark zurückgegangenen Anzahl von aktuell lediglich sechs Anregungen ist aber die Abschaffung der Ebene der Anregungen erwogen worden.[183]

Die Abteilung Wirtschaftsrecht des 69. Deutschen Juristentags 2012 sprach sich allerdings mit deutlicher Mehrheit dafür aus, dass der Kodex die best practice nicht nur wiedergeben, sondern (auch) auf der Ebene der Anregungen eigenständig fortentwickeln solle.[184] Für die Beibehaltung der Anregungsebene spricht insoweit, dass sie ein flexibleres Herantasten der DCGK-Kommission an neue Entwicklungen und künftige Standards ermöglicht und dabei die Belastung der Unternehmen in Grenzen hält.[185] Wie gezeigt kann einer sich fortentwickelnden Bedeutung des betreffenden Regelungsthemas durch Hoch-, Herabstufung und Löschung der betreffenden Anregung Rechnung getragen werden, was auch und gerade bei internationalen oder unionsrechtlichen Entwicklungen im Sinne des DCGK als Frühwarnsystem für das Pflichtenentwicklungsrisiko von Nutzen sein kann (oben III.3.b.).[186]

2. Mitbestimmung als Tabu?

Das Thema der Arbeitnehmermitbestimmung war schon von der Regierungskommission Corporate Governance ausgespart worden.[187] Das war zwar auch der (sehr)

---

[181] V. Werder, in: Kremer/Bachmann/Favoccia/v. Werder, DCGK, 9. Aufl., 2023, Präambel Rn. 54.
[182] V. Werder, FS Hommelhoff 2012, S. 1299, 1302.
[183] V. Werder, DB 2019, 1721, 1723.
[184] Zur Fortentwicklung der best practice durch den DCGK siehe Beschluss 6. b) (65:7:8), gegen Abschaffung der Anregungen Beschluss 7. b) (18:49:18).
[185] Hopt/Leyens, ZGR 2019, 929, 933.
[186] Zur Hochstufung von der Anregung auf die Empfehlung oben III.3.b.
[187] Bericht der Regierungskommission „Corporate Governance", BT-Drs. 14/7515, S. 26, 33: Mitbestimmung bewusst ausgespart.

kurzen Bearbeitungszeit geschuldet, aber muss doch als verpasste Chance erscheinen.[188] Den DCGK entlastet dies jedenfalls nicht in Bezug auf seine Aufgabe, die Rahmenbedingungen der Corporate Governance zu erfassen und auszufüllen.

Bis zur Fassung von 2017 regte der Kodex an, dass Anteilseigner- und Arbeitnehmerseite die Sitzungen des Aufsichtsrats gesondert vorbereiten.[189] Das Vorgehen als solches ist nicht problematisch. Besser angestanden hätte es dem DCGK aber, Vorschläge zur Überwindung der faktischen Aufspaltung des Aufsichtsrats zu unterbreiten.[190] Auch im mitbestimmten Aufsichtsrat ist es mit der Überwachungsverantwortung unvereinbar, wenn eine der beiden Seiten ihre Rolle als Vertreter anderer Interessen als der des Unternehmens auffasst. Die Negativbeispiele wie der Schulterschluss des früheren VW-Aufsichtsratsvorsitzenden Piëch mit der Arbeitnehmerseite bei der Ernennung eines neuen Personalvorstands gegen die Anteilseignervertreter und gegen den Vorstandsvorsitzenden im Jahr 2004 sind bekannt.[191]

Die zweite Kodexgeneration ab dem DCGK 2020 verzichtet auf die genannte Bestimmung. Am Grundverständnis hat sich jedoch nichts geändert. Das zeigt sich an dem mit „Unabhängigkeit der Aufsichtsratsmitglieder" überschriebenen Teil C.II., der aus Sicht internationaler Investoren von besonderer Bedeutung ist. Für diese völlig unverständlich, nimmt Empfehlung C.6 die Arbeitnehmer von den Anforderungen an die Unabhängigkeit aus, indem sie das Postulat einer angemessenen Anzahl unabhängiger Mitglieder auf die Anteilseignerseite beschränkt.[192]

3. Ausblenden der Informationsintermediäre?

Der DCGK widmet sich in Abschnitt D.III. der „Zusammenarbeit mit dem Abschlussprüfer." Auf die weiteren die Corporate Governance prägenden Intermediäre, also besonders Stimmrechtsberater, aber auch Ratingagenturen und Finanzanalysten, geht der Kodex nicht ein. Das überrascht, zumal für Vorstand und Aufsichtsrat die in Aussicht gestellte oder voraussichtliche Beurteilung durch In-

---

188 Hopt, in: Hommelhoff/Lutter/Schmidt/Schön/Ulmer (Hrsg.), Corporate Governance, Gemeinschaftssymposium der Zeitschriften ZGR/ZHR, ZHR-Beih. 71, 2002, S. 27, 42.
189 Ziff. 3.6 DCGK 2017.
190 Kort, AG 2008, 137, 141: Kooperation, nicht Konfrontation.
191 Hopt, Der Aufsichtsrat 2006, 2, 3. Weitere Beispiele bei Hopt/Leyens, in: Afsharipour/Gelter (Hrsg.), Comparative Corporate Governance, 2021, S. 116, 141.
192 Hopt/Leyens, ZGR 2019, 929, 938.

termediäre die entscheidende Handlungsaufforderung sein kann und häufig sein wird.[193]

Deutlich geworden ist diese Problematik an der (blinden) Befolgung der Empfehlungen von Stimmrechtsberatern durch institutionelle Investoren.[194] In Umsetzung der zweiten Aktionärsrechterichtlinie verpflichten die §§ 134b und 134c AktG nun institutionelle Investoren, Vermögensverwalter und auch Stimmrechtsberater selbst, Informationen zur Anlage- und Mitwirkungspolitik bzw. zur Erstellung von Empfehlungen für die Stimmrechtsausübung offenzulegen. Über die Offenlegung hinausgehende Verhaltensregeln, wie sie der UK Stewardship Code 2010 für Investoren und Stimmrechtsberater aufstellt, finden sich hingegen nicht und die Einführung eines vergleichbaren Kodexwerks ist derzeit nicht abzusehen.[195] Es bleibt bei Branchenregeln wie denen des BVI für die Investorenseite oder der Best Practice Principles Group für die Stimmrechtsberatung.[196]

Die Stimmrechtsberater und weiteren Intermediäre zählen nicht zu den Adressaten des DCGK. Für den Kodex kann es insoweit nicht um Empfehlungen an diese, außerhalb des Unternehmens stehende, Dritte, sondern nur um Fragen gehen, die das Verhalten der Kodexadressaten, also von Vorstand und Aufsichtsrat, betreffen. Mit Blick auf die Stimmrechtsberatung steht letztlich die Kommunikation mit den Investoren in Rede, der sich der Kodex noch etwas (zu) zurückhaltend mit der bloßen Anregung des sogenannten Investorendialogs bereits widmet.[197] Mit Blick auf den Abschlussprüfer zielte die noch nach Ziff. 7.2.1. DCGK 2017 einzuholende Unabhängigkeitserklärung auch und gerade auf die Vermeidung von Beeinträchtigungen der Unabhängigkeit des Prüfers durch Beratungsleistungen ab. Ihr Wegfall im DCGK 2020 kam überraschend. Nebenleistungen wie die Beratung erweisen sich bei allen Informationsintermediären als Quelle möglicher Beeinträchtigungen der Unabhängigkeit. Beim Abschlussprüfer obliegt die Erteilung des Prüfungsauftrags und damit auch des Prüfungsvertrags seit dem KonTraG von 1998 dem Aufsichtsrat und die weitere Überwachung nach Vorstellung des DCGK dem

---

193 V. Randow, ZBB 1995, 85, 88 zum Druckpotenzial der Ratingagenturen; übergreifend Leyens, Informationsintermediäre des Kapitalmarkts, 2017, S. 25 ff., 35.
194 Poelzig, ZHR 185 (2021), 373 zu Stimmrechtsberatern; übergreifend Binder, ZGR 2022, 502, 521; zuvor bereits Fleischer, ZGR 2012, 160, 163 ff., 191.
195 Leyens, FS Hopt 2020, S. 709, 729 ff.
196 The Review Committee – Best Practice Principles Group, Best Practice Principles for Providers of Shareholder Voting Research & Analysis, 2019, entwickelt unter Mitwirkung von Dirk Zetzsche; vgl. Zetzsche/Preiner, AG 2014, 685.
197 Hemeling, in: Hommelhoff/Hopt/Leyens (Hrsg.), Unternehmensführung durch Vorstand und Aufsichtsrat, 2024, § 39 Rn. 35 ff.; Reichert, ZHR 187 (2023) 739, 752 jew. zum Meinungsspektrum und zur Ausgestaltung; Redenius-Hövermann/Strenger, ZIP 2023, 2121 für die Hochstufung zur Empfehlung; J. Koch, AG 2017, 131, 133 zurückhaltend.

Prüfungsausschuss des Aufsichtsrats. An der Beauftragung des externen Bonitätsratings ist der Aufsichtsrat hingegen nicht ohne Weiteres beteiligt. Die Einbindung des Prüfungsausschusses könnte aber durch den DCGK angeleitete best practice werden.[198]

4. Nutzen des DCGK im Gefüge internationaler Regeln zu ESG?

Die Frage nach der proaktiven Rolle des DCGK stellt sich neuerdings verstärkt in Bezug auf die ESG-Bewegung, deren Themenspektrum und normative Bezüge durch internationale Strömungen und transnationale Verfestigungen geprägt sind, die sich nationaler Regelsetzung entziehen.[199] Die Rechtsentwicklung zu ESG schreitet rasch voran, national und auf Ebene des Unionsrechts. Als Stichworte genannt seien nur die Offenlegungs-VO von 2019 und die Taxonomie-VO von 2020 sowie das LkSG von 2021, die CSRD von 2022 und die CSDDD 2024.[200]

Überlegt wird, ob der DCGK sich in Zurückhaltung üben sollte, weil die Regierungskommission die Entwicklung der best practice in diesen Bereichen nicht „orchestrieren" könne.[201] Mit einer Regelungsabstinenz wäre aber nicht viel zu gewinnen. Eine Rolle der Regierungskommission, die neue Herausforderungen erfasst, mögliche Unsicherheiten aufspürt und, wo geboten, zunächst lediglich auf Anregungsebene Vorschläge zu einem angemessenen Umgang unterbreitet, schöpft die Möglichkeiten besser aus.[202] Nachzudenken sein wird jedenfalls über Organisationsregeln wie die Anregung eines Nachhaltigkeitsexperten, die sich dann (ggf. rasch) zur Empfehlung verdichten könnte.[203] Darin läge eine gewisse Steigerung zur Forderung nach Nachhaltigkeitsexpertise im Aufsichtsrat i. S. v. Empfehlung C.1 Satz 3 DCGK, die (bald) als allgemeine Mindestanforderung gelten dürfte und für eine best practice bei der Bewältigung der Nachhaltigkeitsaufgabe nicht mehr ausreichen wird. In Betracht käme beispielsweise schon länger auch die Anregung oder Empfehlung eines Transformationsplans, den internationale Investoren und

---

[198] Leyens, Informationsintermediäre des Kapitalmarkts, 2017, S. 702 mit Vorschlägen zur Einbindung des Prüfungsausschusses in die Vergütungsverhandlung und zu einen Zustimmungsvorbehalt des Aufsichtsrats für Nebenleistungen.
[199] Spießhofer, in: Nietsch (Hrsg.), Corporate Social Responsibility Compliance, 2021, § 2 Rn. 3; eingehend dies., Unternehmerische Verantwortung, 2017, S. 285, 596.
[200] Harbarth/Reichenbach, in: Hommelhoff/Hopt/Leyens (Hrsg.), Unternehmensführung durch Vorstand und Aufsichtsrat, 2024, § 6 Rn. 5.
[201] Spießhofer, NZG 2022, 435, 439.
[202] Hopt/Leyens, in: Hommelhoff/Hopt/Leyens (Hrsg.), Hdb. Unternehmensführung durch Vorstand und Aufsichtsrat, 2023, § 1 Rn. 66.
[203] Mock/Velte, AG 2022, 885 Rn. 11.

Vermögensverwalter ohnehin einfordern, dessen Aufstellung aber infolge der anstehenden Umsetzung von Art. 22 Abs. 1 CSDDD ohnehin verbindlich werden wird.

5. Ausrichtung des DCGK (allein) an Aktionärsinteressen?

Die aufgeworfenen Fragen nach einerseits der proaktiven Rolle des DCGK und andererseits seiner Ausrichtung auf ESG-Belange zusammengezogen, stellt sich die wohl wichtigste Grundsatzfrage der Unternehmensführung auch für den DCGK: Dürfen und sollen über die Interessen von Aktionären (shareholder value) hinausgehend die Interessen weiterer Bezugsgruppen (stakeholder value) einbezogen werden und, wenn ja, inwieweit?

In den Ursprüngen sollten Corporate Governance Codes zur Lösung oder zumindest Abmilderung des Prinzipal-Agenten-Problems beitragen.[204] Seit dem Aufkommen der ESG-Bewegung mit ihren (vielen) Paukenschlägen, darunter der Klimabeschluss des BVerfG,[205] werden die Forderungen immer lauter, die Unternehmensführung nicht nur optional, sondern zwingend auf gesellschaftliche und gesellschaftspolitische Ziele auszurichten.[206] Dabei geht es um mehr als die Achtung der gesellschaftlichen Regeln des Zusammenlebens (good corporate citizenship). Die Regierungskommission DCGK kommt nicht umhin, zu entscheiden, ob und wie sie den Kodex auf den schwankenden Planken der ESG-Bewegung positioniert.

Möglicherweise ist die Herausforderung, zumal auf der unverbindlichen Kodexebene, aber nicht so groß, wie es angesichts der grundsätzlichen Bedeutung von Maximen der Unternehmensführung zu vermuten wäre.[207] Nach Stand der Debatte wird hinsichtlich der Pflichten der Organe Vorstand und Aufsichtsrat von einer abgemilderten Form des Shareholder-value-Ansatzes ausgegangen, unter dessen Geltung sich Erfolge für die Aktionäre aus der Förderung anderer Bezugsgruppen auch erst über die Zeit einstellen dürfen.[208] Dieses Verständnis kann von vorneherein nur in Konstellationen auf den Prüfstand geraten, in denen sich die zur

---

204 Als pars pro toto Cadbury Report (Fn. 34).
205 BVerfGE 157, 30 = NJW 2021, 1723.
206 Ernst & Young, Study on Directors' Duties and Sustainable Corporate Governance, 2020, Abschnitt 5.7 (S. 147ff.).
207 Harbarth/Reichbach, in: Hommelhoff/Hopt/Leyens (Hrsg.), Unternehmensführung durch Vorstand und Aufsichtsrat, 2024, § 6 Rn. 4. Weitergehende Vorschläge zu gesetzlichen Regelungen bei Mittwoch, Nachhaltigkeit und Unternehmensrecht, 2022, S. 360.
208 Mit Unterschieden im Einzelnen Mülbert, AG 2009, 766, 772ff.; Fleischer, in: BeckOGK AktG, Stand: 1.10.2023, § 76 Rn. 38; J. Koch, AktG, 17. Aufl., 2023, § 76 Rn. 30ff.; Kort, in: Großkomm. z. AktG, 5. Aufl., 2018, § 76 Rn. 99.

Förderung von Umwelt- oder Sozialzielen eingesetzten Ressourcen nicht zugleich als Förderung finanzieller Ziele verbuchen lassen. Beispielsweise werden sich Maßnahmen, die sich günstig auf die Widerstandsfähigkeit gegenüber politik- oder umweltbezogenen Veränderungen (corporate resilience) auswirken, meist einen Nettoertrag versprechen, also zumindest potenziell Aktionärsinteresse dienen.[209] Dann besteht, wie wohl zumeist, von vornherein kein Konflikt.[210]

Entscheidungen, die einen Mitteleinsatz bedingen, der über einen geldwerten Vorteil, darunter auch einen Zuwachs an (geldwerter) Reputation hinausgehen, sind also eher die Ausnahme. Der Streit verengt sich infolgedessen auf Entscheidungen, bei denen sich der Einsatz von Mitteln des Unternehmens überhaupt nicht in ein betriebswirtschaftliches Wertmaximierungskonzept einordnen lässt.

Nur für diese Fälle müsste der DCGK die Abwägung zwischen einer allein auf Aktionärsinteressen ausgerichteten und einer auch die Interessen sonstiger Bezugsgruppen einbeziehender Unternehmensführung anleiten. Vor allem die Position, nach der eine Verpflichtung (nicht bloß Berechtigung) von Vorstand und Aufsichtsrat bestehen soll, andere als Aktionärsinteressen zu fördern, steht vor dem bislang nicht gelösten Problem, dass die Leitungs- und Überwachungspflichten ohne Zentrierung auf das Aktionärsinteresse ihre Konturen verlören.[211] Es ließe sich praktisch jeder Misserfolg unter dem Gesichtspunkt der Förderung (irgendeines) Interesses rechtfertigen. Die negative Anreizsteuerung über die Verweigerung der Entlastung, die Abberufung aus wichtigem Grund, natürlich die Haftung, oder der Druck aus einer gerade nicht nach Belieben des Vorstands abzuwehrenden Übernahmedrohung verlören ihre Wirkung.

V. Zusammenfassende Bemerkungen

1. Kodexwerke zur Corporate Governance wie der DCGK zählen heute zum verfestigten Bestand der normativen Steuerungsinstrumente in Deutschland und der Europäischen Union. Die Zielsetzung des DCGK beschränkt sich (und muss sich beschränken) auf die Herausbildung von Standards zur bestmöglichen Ausfüllung von Gestaltungsspielräumen (best practice). Informationen über die geübten Praktiken werden vom Markt eingefordert. Die Entsprechenserklärung zum einheitlichen DCGK schafft den auch aus Sicht des Wettbewerbs um die

---

[209] Seibt, AG 2022, 833 Rn. 7.
[210] Leyens, in: du Plessis/Varottil/Veldman (Hrsg.), Globalisation of Corporate Social Responsibility and its Impact on Corporate Governance, 2018, S. 157, 159 f.
[211] Fleischer, in: BeckOGK AktG, Stand: 1.10.2023, § 76 Rn. 34; J. Koch, AktG, 17. Aufl., 2023, § 76 Rn. 33.

Corporate Governance erforderlichen geordneten Informationskanal mit einheitlichem Referenzpunkt.
2. Die Akzeptanz des Kodexwerks und damit Aussagekraft der Entsprechenserklärung ist durch eine mit den in der Praxis gestellten Anforderungen vertraute Expertengruppe wie die Regierungskommission DCGK zu gewährleisten.
3. Der hohe Befolgungsgrad des DCGK sollte als Erfolg der im Regelungsmodell angelegten diskursiven Auseinandersetzung und Standardbildung eingeordnet werden.
4. Die Regierungskommission DCGK muss das richtige Maß zwischen der einerseits gewünschten Vorreiterrolle und der andererseits gebotenen Selbstbeschränkung finden. Die Aufnahme von Kodexanregungen und die Hochstufung zu Empfehlungen bieten Möglichkeiten zur Fortentwicklung der Corporate Governance. Grundsatzfragen des Gesellschaftsrechts sind aber nur de lege zu klären. Insbesondere kann sich der DCGK nicht in den Dienst von Forderungen stellen, die einen Übergang auf eine das Aktionärsinteresse nur sekundär berücksichtigende Unternehmensführung zum Gegenstand haben.
5. Seinen Informations- und Steuerungszielen wird der DCGK nur gerecht, wenn er die rechtstatsächlich bedeutsamen Prozesse und Zusammenhänge abbildet. Nicht ausgeblendet werden sollten Fragen der Nachhaltigkeit, wenngleich die treibenden Kräfte international oder transnational wirken und von der Regierungskommission nicht moderiert werden können. Ein Manko ist die fehlende Anleitung in Bezug auf die Arbeitnehmermitbestimmung. Ausbaufähig ist die Behandlung von Informationsintermediären wie Ratingagenturen.

Rafael Harnos

§ 20 Mitgliedschaftliche Treuepflicht zwischen Sittlichkeit, Rechtsethik und rechtsökonomischem Utilitarismus

I. Heutiger Entwicklungsstand der Treuepflichtdogmatik —— 792
II. Treuepflicht als fester Bestandteil des Personengesellschaftsrechts —— 794
    1. Entwicklung der reichsgerichtlichen Rechtsprechung —— 794
    2. Dogmatisierungsprozess im Schrifttum —— 798
        a) Rezeption der Reichsgerichtsrechtsprechung in der (Kommentar-)Literatur —— 798
        b) Dreischritt *Alfred Huecks* —— 800
            aa) „Der Treuegedanke im Recht der offenen Handelsgesellschaft" —— 800
            bb) „Der Treuegedanke im modernen Privatrecht" —— 802
            cc) „Das Recht der offenen Handelsgesellschaft" —— 804
    3. Ausbau der Treuepflichtdogmatik nach dem Zweiten Weltkrieg —— 805
III. Laute Debatte um die Treuepflicht in der Aktiengesellschaft —— 808
    1. Fünf Diskussionsphasen im Überblick —— 808
    2. Erste Phase: Sittenwidrigkeit als selten benutztes Korrektiv der Mehrheitsmacht —— 809
        a) Das Idealbild der Aktiengesellschaft —— 809
        b) Stimmverbote und Sittenwidrigkeit in der reichsgerichtlichen Rechtsprechung —— 811
        c) Erste Rufe des Schrifttums nach mehr Unternehmens- und Minderheitenschutz —— 815
    3. Zweite Phase: von der Sittenwidrigkeit zur Treuepflicht in der Weimarer Republik —— 817
        a) Strukturwandel der Aktiengesellschaft als Treibstoff für Konflikte —— 817
        b) Wandel der reichsgerichtlichen Rechtsprechung zur Sittenwidrigkeit —— 819
            aa) Fortschreibung der Hibernia-Rechtsprechung durch den II. Zivilsenat —— 819
            bb) V. Zivilsenat des Reichsgerichts als Linotype-Vorläufer —— 820
            cc) Materialisierungstendenzen in der Rechtsprechung des II. Zivilsenats —— 822
            dd) Keine Beschränkung der Minderheitenmacht —— 824
        c) Treuepflichtdebatte im Schrifttum —— 825
            aa) Standpunkt der Traditionalisten —— 825
            bb) Kritik an der Sittenwidrigkeitsdogmatik des Reichsgerichts —— 827
            cc) Einfluss des Gesellschafts- und Unternehmensinteresses auf den Treuegedanken —— 828
            dd) Erste Schritte auf dem Weg zur aktienrechtlichen Treuepflichtdogmatik —— 830
    4. Dritte Phase: Treuegedanke in der nationalsozialistischen Rechtsordnung —— 833
        a) Anerkennung der Treuepflicht in der reichsgerichtlichen Rechtsprechung —— 833
        b) Fortentwicklung der Treuepflichtdogmatik im Schrifttum —— 834
            aa) Einfluss des nationalsozialistischen Gedankenguts —— 834
            bb) Unterscheidung zwischen vertikaler und horizontaler Treuepflicht —— 837
            cc) Intensität und Rechtsfolgen der Treuepflicht —— 839
    5. Vierte Phase: Zurück in die zweite Phase —— 841
        a) Grundlegung im *Huecks* Referat von 1946 —— 841
        b) Gleichbehandlungs- und Sittengebot als Korrektive in der BGH-Rechtsprechung —— 841
        c) Treuepflichtdebatte im Schrifttum —— 842

      6. Fünfte Phase: Wiederentdeckung der Treuepflicht —— 844
          a) Stimmführer im Schrifttum der 1960er bis 1980er Jahre —— 844
          b) Langsamer Wandel der BGH-Rechtsprechung —— 847
          c) Literaturflut nach Linotype- und Girmes-Urteilen —— 849
IV. Stille Entwicklung der Treuepflicht in der GmbH —— 851
    1. Treuegedanke bis zum Zweiten Weltkrieg —— 851
    2. Intensivierung der Treuepflichtdebatte nach dem Zweiten Weltkrieg —— 854
V. Wandel der Treuepflicht: vom rechtsethischen Gebot zum rechtsökonomischen Werkzeug —— 857

I. Heutiger Entwicklungsstand der Treuepflichtdogmatik

Die mitgliedschaftliche Treuepflicht ist eine Rechtsfigur, die zwar nicht ausdrücklich im Gesetz geregelt ist, aber trotzdem zum harten Kern des Gesellschaftsrechts gehört. Will man den aktuellen Entwicklungsstand skizzieren, kann man sie als eine Generalklausel umschreiben, die rechtsformübergreifend gilt[1] und in zwei Stoßrichtungen Wirkung entfaltet: zum einen im Vertikalverhältnis zwischen der Gesellschaft und den Gesellschaftern, zum anderen im Horizontalverhältnis zwischen den Gesellschaftern.[2] Dabei kann die Treuepflicht (negative) Unterlassungs- und (positive) Handlungspflichten begründen.[3] Ihre Intensität hängt von der Realstruktur der Gesellschaft[4] und davon ab, ob sie im Zusammenhang mit eigennüt-

---

[1] Zur rechtsformübergreifenden Geltung der Treuepflicht s. nur *Hüffer*, FS Steindorff, 1990, S. 59, 62 f., 75 f.; *Lieder*, in: Erman, BGB, 17. Aufl. 2023, § 705 Rdn. 110; *Tröger*, in: Westermann/Wertenbruch, Handbuch Personengesellschaften, 74. Lieferung 2019, Rdn. I 157.

[2] Hierzu statt vieler und rechtsformübergreifend *Hofmann*, Der Minderheitsschutz im Gesellschaftsrecht, 2011, S. 28 f.; *Hüffer*, aaO (Fn. 1), S. 59, 64 ff.; zum Verhältnis der beiden Pflichten *Lutter*, ZHR 162 (1998), 164, 176 ff. Kritisch zu dieser Zweiteilung und für einen einheitlichen Treuepflichttatbestand im Vertikalverhältnis *Harnos*, Gerichtliche Kontrolldichte im Gesellschaftsrecht, 2021, S. 544 ff.; in diese Richtung auch bereits *Netter*, FS Pinner, 1932, S. 507, 591 f.; s. ferner *Fechner*, Die Treubindungen des Aktionärs, 1942, S. 103: „*[E]ine die Aktionäre untereinander bindende Treuepflicht [ist]* nicht erforderlich, um dem Rechtsmißbrauch im Aktienrecht zu begegnen."

[3] Geht es um Unterlassungspflichten, pflegt man im Anschluss an *Ernst Keßler* von der Schrankenfunktion der Treuepflicht zu sprechen, vgl. *Keßler*, in: Staudinger, BGB, 1979, Vor § 705 Rdn. 40, 42, 50; s. ferner *C. Schäfer*, in: MünchKomm z. BGB, 9. Aufl. 2023, § 705 Rdn. 275.

[4] Rechtsformübergreifend *Hofmann*, aaO (Fn. 2), S. 29 f.; s. ferner *Lieder*, aaO (Fn. 1), § 705 Rdn. 116; *C. Schäfer*, aaO (Fn. 3), § 705 Rdn. 277; *M. Winter*, Mitgliedschaftliche Treubindungen im GmbH-Recht, 1988, S. 185 ff.

zigen oder uneigennützigen Rechten geltend gemacht wird.[5] Ein Verstoß gegen die Treuepflicht kann mannigfaltige Rechtsfolgen nach sich ziehen: Unwirksamkeit der Rechtsausübung, Erfüllungsansprüche, Schadensersatzansprüche oder Fehlerhaftigkeit eines treuepflichtwidrigen Beschlusses.[6] Als besondere Ausprägungen der Treuepflicht gelten das Wettbewerbsverbot, das für Personenhandelsgesellschaften in §§ 117f. HGB kodifiziert ist, und die Geschäftschancenlehre.[7]

Diese weitgehende Übereinstimmung im Grundsätzlichen darf nicht darüber hinwegtäuschen, dass die heute vorherrschende Treuepflichtdogmatik das Ergebnis einer langen Rechtsentwicklung ist. Bis sich die Treuepflicht als ein eigenständiges Institut des Gesellschaftsrechts von allgemeinen zivilrechtlichen Geboten – allen voran von den Grundsätzen von Treu und Glauben nach § 242 BGB – emanzipierte und in sämtlichen Rechtsformen etablierte, mussten Jahre vergehen. Namentlich im Aktienrecht hatte der Treuegedanke einen schweren Stand. Die leidenschaftlichen Auseinandersetzungen rund um die Treuepflicht der Aktionäre spiegeln das wandelnde Verständnis des Gesellschaftsrechts im Allgemeinen und des Aktienrechts im Besonderen wider. Vor diesem Hintergrund ist *Herbert Wiedemann* zuzustimmen, der hinsichtlich der Treuepflicht feststellte, dass ihre „*[d]ogmatische Grundlage, Rechtsnatur und erst recht Inhalt [...] von jeder Generation neu zu bestimmen*" sind.[8]

In diesem Sinne wird im Folgenden der Umgang der früheren Generationen mit der mitgliedschaftlichen Treuepflicht dargestellt. In einem ersten Schritt wird die Entwicklung der Treuepflichtdogmatik im Personengesellschaftsrecht beleuchtet (unter II.), um sich darauf aufbauend der Debatte über die mitgliedschaftliche Treuepflicht im Aktienrecht zu widmen (unter III.). Da die aktienrechtliche Diskussion mit der höchsten Intensität geführt wurde, im Laufe der Zeit einige Wendungen nahm und sich daher besonders gut als Beispiel für die Bedeutung des Treuegedankens im Gesellschaftsrecht eignet, liegt darin der Schwerpunkt des Beitrags. Sodann wird die Treuepflichtdebatte im GmbH-Recht skizziert (unter IV.). Auf dieser Grundlage wird ein rechtsübergreifender Aspekt der Treuepflicht her-

---

5 Grundlegend zu dieser Unterscheidung *A. Hueck*, FS R. Hübner, 1935, S. 72, 81f. (der von Pflichtrechten und uneigennützigen Rechten sprach – s. noch unter II. 2. b) aa)). Aus dem heutigen Schrifttum vgl. etwa *Geibel*, in: BeckOGK z. BGB, Stand 01.05.2019, § 706 Rdn. 66; *Lutter*, ZHR 162 (1998), 164, 168.
6 Überblick bei *Lieder*, aaO (Fn. 1), § 705 Rdn. 132; *C. Schäfer*, aaO (Fn. 3), § 705 Rdn. 291 ff.; *Wiedemann*, Gesellschaftsrecht, Band 2, 2004, S. 204 ff.
7 Knapper Überblick bei *Koch/Harnos*, in: Koch, Personengesellschaftsrecht Kommentar, 2023, § 705 BGB Rdn. 61. Zum Zusammenhang zwischen geschriebenem Wettbewerbsverbot und Treuepflicht s. noch unter II. 2. b) cc) mit Nachw. in Fn. 73 und 75.
8 *Wiedemann*, aaO (Fn. 6), S. 198.

ausgegriffen, nämlich ihr teleologisches Fundament, das im Laufe der Jahre schleichend ausgetauscht wurde (unter V.).

II. Treuepflicht als fester Bestandteil des Personengesellschaftsrechts

1. Entwicklung der reichsgerichtlichen Rechtsprechung

Die Untersuchung beginnt im Personengesellschaftsrecht, in dem die Treuepflicht seit jeher anerkannt ist.[9] Die Einstimmigkeit hinsichtlich des „Ob" der Treuepflicht erlaubt es nicht, insoweit von einer großen Debatte zu sprechen. Dennoch ist ein näherer Blick auf Rechtsprechung und Schrifttum zum Personengesellschaftsrecht hilfreich, um die kontroversen Auseinandersetzungen über die Bedeutung des Treuegedankens für die Körperschaften einzuordnen. Sucht man nach den Ursprüngen, ist namentlich eine Auswertung der reichsgerichtlichen Spruchpraxis unerlässlich. Auch wenn die Treuepflichten der Gesellschafter schon im römischen Recht eine Rolle spielten[10] und in der (handelsrechtlichen) Literatur des 19. Jahrhunderts erste Hinweise zum Treuegedanken zu finden sind,[11] waren es doch die Gerichte, die den ungeschriebenen Grundsatz des Gesellschaftsrechts seit Beginn des 20. Jahrhunderts schrittweise fortentwickelten. Zudem dienen die reichsge-

---

9 Deutlich *Wiedemann*, aaO (Fn. 6), S. 198: „Die Treuepflicht ist im deutschen Personengesellschaftsrecht nie auf ernsthaften Widerspruch gestoßen, gilt vielmehr weithin geradezu als Symbol dieses Rechtsgebiets, und deshalb als eine auf dem Vertrag beruhende Hauptpflicht, die jeder Gesellschafter dem anderen und der Gesellschaftergesamtheit schuldet." Vgl. ferner *Löhlein*, JR 1950, 497: „Daß Gesellschafter einer Personengesellschaft im Hinblick auf das ihnen gemeinsame Ziel der gesellschaftlichen Tätigkeit durch eine besonders starke mitgliedschaftliche Treuepflicht miteinander verbunden werden, ist Gegenstand schon sehr alter Rechtserkenntnis und wird wohl kaum von irgend einer Seite bestritten."; *Lutter*, ZHR 162 (1998), 164, 167 f. Die Bedeutung des Treuegedankens relativierend aber *Flume*, Allgemeiner Teil des Bürgerlichen Rechts, Erster Band, Erster Teil: Die Personengesellschaft, 1977, S. 261: „So wichtig der Treuegedanke für das Gesellschaftsverhältnis ist und so oft er immer wieder in Literatur und Rechtsprechung für das Gesellschaftsverhältnis berufen wird, er ist keine Zauberformel, durch welche für die rechtliche Beurteilung von Widerstreit von Privatautonomie und Pflichtbindung zu lösen wäre."
10 Vgl. *S. Lepsius*, in: HKK z. BGB, 2013, §§ 705–740 Rdn. 102; *Löhlein*, JR 1950, 497.
11 Siehe *Gad*, Handbuch des Allgemeinen Deutschen Handelsrechts, 1863, S. 44: „Das gegenseitige Vertrauen, welches die persönlich haftenden Gesellschafter zusammenführte, muß jeder – wenn schon dies im Vertrage nicht besonders hervorgehoben ist, – durch persönliche *treue* Förderung des Gesellschaftszweckes rechtfertigen." [kursive Hervorhebung des Verf.].

richtlichen Entscheidungen als Anschauungsmaterial für die Elastizität des Treuegedankens.

Als Beginn der Treuepflichtrechtsprechung gilt das Urteil des Reichsgerichts vom 3. April 1908.[12] Gegenstand der Entscheidung ist ein Fall, in dem es Beklagte aufgrund des Gesellschaftsvertrags verpflichtet gewesen war, 100 Aktien einer Fabrik zum Kurs von 100 % zu kaufen. Der Beklagte hatte der Klägerin erklärt, er habe die Gelegenheit, 30 der Aktien, die damals einen Kurswert von 135 % hatten, zum Kurs von 100 % zu kaufen. Tatsächlich hatte der Beklagte die Aktien zum Kurs von 75 % gekauft. Der Prozess drehte sich um die Frage, ob der Beklagte verpflichtet gewesen war, die Aktien zum Selbstkostenpreis in die Gesellschaft bürgerlichen Rechts einzulegen, und ob er der Klägerin den Unterschied zwischen dem Einlagekurs und dem Erwerbspreis zu bezahlen hatte. Das Reichsgericht bejahte diese Fragen unter Rückgriff auf auftragsrechtliche Grundsätze.[13] Bevor es sich aber mit den Einzelheiten des Auftragsrechts, auf das § 713 BGB i.d.F. vor dem MoPeG[14] verwies, auseinandersetzte, stellte es einleitend fest, dass „Gesellschaftsverträge, die auf besonderem Vertrauen zu beruhen pflegen, in einem erhöhten Maße von den Grundsätzen von Treu und Glauben beherrscht sein" müssen. Unter den Gesellschaftern müsse in Gesellschaftsangelegenheiten Offenheit und Ehrlichkeit die Richtschnur bilden. Die Vertragstreue verbiete es bei einem Gesellschaftsverhältnis, das auf der Grundlage gleichen Gewinnes und Verlustes beruhe, dass ein Gesellschafter unter Verheimlichung vor dem anderen sich einen besonderen Vorteil, einen „Schnitt" verschaffe.[15] Zwar fällt der Begriff der Treuepflicht in den Entscheidungsgründen nicht ausdrücklich, das Urteil darf aber wegen der deutlichen Hervorhebung der Grundsätze von Treu und Glauben als ein Grundstein der Generalklausel angesehen werden. Zugleich klingt in der Entscheidung die Geschäftschancenlehre an: Der beklagte Gesellschafter verstieß gegen seine Pflichten,

---

12 RG Warn. 1908 Nr. 464. Zum Teil verweist das Schrifttum auf RG Warn. 1908, Nr. 511 (so etwa *Rob. Fischer*, in: Staub, HGB, 3. Aufl. 1973, § 105 Anm. 31a; *Hüffer*, aaO [Fn. 1], S. 59, 60 Fn. 4; *C. Schäfer*, in: Staub, HGB, 5. Aufl. 2009, § 105 Rdn. 229 Fn. 691; *Ulmer*, in: Staub, HGB, 4. Aufl. 1988, § 105 Rdn. 234 Fn. 472). Dieses Urteil betraf aber den wichtigen Grund zur vorzeitigen Auflösung eines auf längere Zeit eingegangenen Vertragsverhältnisses, das in besonderem Maße auf gegenseitigem Vertrauen beruhte, und handelte nicht von einer spezifisch gesellschaftsrechtlichen Treueverbindung.
13 Das Auftragsrecht zog das Reichsgericht in einem vergleichbaren Fall heran, in dem ein stiller Gesellschafter durch seine beiden Mitgesellschafter übervorteilt wurde, s. RGZ 82, 10 ff. Auf die Grundsätze von Treu und Glauben oder die Treuepflicht nahm das Reichsgericht in diesem Urteil vom 7. März 1913 aber keinen Bezug.
14 Gesetz zur Modernisierung des Personengesellschaftsrechts v. 10.8.2021, BGBl. I, S. 3436.
15 Vgl. RG Warn. 1908 Nr. 464.

weil er eine Geschäftschance, die er auf die Gesellschaft hätte überleiten können, für sich ausgenutzt hatte.[16]

Die soeben skizzierte Entscheidung aus dem Jahr 1908 griff das Reichsgericht in einem Urteil vom 13. April 1912[17] auf. Zwar ist der genaue Sachverhalt nicht überliefert,[18] so dass sich die rechtlichen Erläuterungen nicht kontextualisieren lassen,[19] die Ausführungen des Reichsgerichts sind aber dennoch aufschlussreich: Bei einer Gesellschaft bürgerlichen Rechts sei es den Gesellschaftern nicht erlaubt, ihren Sonderinteressen vor dem Gesellschaftsinteresse Vorzug zu geben oder gar die Interessen dritter, außerhalb der Gesellschaft stehenden Personen vor denjenigen der Gesellschaft zu berücksichtigen. Es beruhe auf einem Rechtsirrtum, wenn das Berufungsgericht ausführe, der Gesellschafter sei nicht ohne Weiteres verpflichtet, den Gesellschaftszweck auch in der Weise zu fördern, dass er seine eigenen Interessen hintansetze und die Interessen der Gesellschaft fördere.[20] Das Reichsgericht schien damit einen absoluten Vorrang des Gesellschaftszwecks vor den Sonderinteressen der Gesellschafter zu propagieren.

Ein weiterer Meilenstein ist die Entscheidung des Reichsgerichts vom 5. Oktober 1912.[21] Schon in der Überschrift, die wohl die Redaktion der Juristischen Wochenschrift dem Urteil voranstellte, kehrt der Satz wieder, der aus dem Reichsgerichtsurteil vom 3. April 1908 bekannt ist: „Der Gesellschaftsvertrag muß in erhöhtem Maße gegenüber anderen Verträgen von den Grundsätzen von Treu und Glauben beherrscht sein." Die griffige Formel findet sich auch in den Entscheidungsgründen, in denen abermals das Urteil vom 3. April 1908 zitiert wurde.[22] Die Bezugnahme auf diese Entscheidung lag bereits deshalb nahe, weil es sich ebenfalls um eine Konstellation handelte, in der der Beklagte dem Kläger einen Umstand verheimlicht hatte, um zu Lasten der Gesellschaft einen Vorteil – im konkreten Fall ging es um eine Provision – zu erlangen.[23] Das Reichsgericht ordnete die Provision – ganz auf

---

16 Die Grundsätze der Geschäftschancenlehre klingen zudem in RGZ 82, 10, 12, 14 an.
17 RG LZ 1912, 545 unter Nr. 23.
18 Die knappen Erläuterungen in RG LZ 1912, 545 deuten darauf hin, dass es sich um die Pflichten des Mitglieds eines Hauptkonsortiums gehandelt haben dürfte, die mit den Pflichten jenes Mitglieds in seiner Eigenschaft als Gesellschafter einer GbR kollidierten.
19 Zur Bedeutung des Sachverhalts und der Kontextualisierung in der gesellschaftsrechtlichen Forschung s. *Fleischer*, NZG 2015, 769 ff.
20 RG LZ 1912, 545 unter Nr. 23.
21 RG JW 1913, 29.
22 RG JW 1913, 29, 30.
23 Der Fall betraf – legt man die heutige Dogmatik zugrunde – eine Vorgesellschaft, die der Kläger mit dem Beklagten im Vorfeld einer GmbH-Gründung eingegangen war. Die GmbH sollte ein Fabrikunternehmen betreiben, das der Kläger im Vertrauen auf die GmbH-Gründung in seinem Namen erworben hatte und in die GmbH einbringen sollte. Diese entstand jedoch nicht, weil sich die

der Linie der Entscheidung vom 3. April 1908 – der Gesellschaft zu. Neu war dabei, dass das Reichsgericht nunmehr ausdrücklich von einer „Treuepflicht als Gesellschafter" sprach, die der Beklagte durch das Verschweigen der Provisionsvereinbarung und den Einbehalt der Provision verletzt hatte.[24]

Den Begriff der Treuepflicht verwendete das Reichsgericht ferner in einer Entscheidung, in der es die Generalklausel als eine Schranke der *actio pro societate* in der oHG aufstellte.[25] In weiteren Urteilen fiel der Treuepflichtbegriff zwar nicht ausdrücklich, das Reichsgericht knüpfte aber an die Formel an, wonach der Gesellschaftsvertrag in erhöhtem Maße von den Grundsätzen von Treu und Glauben beherrscht ist.[26] Die Sachverhalte zeigen eindrücklich, in welch unterschiedlichen Konstellationen die Treuepflicht aufgegriffen werden kann. In den Fällen ging es etwa um die Aufklärungspflichten in einer KG,[27] um die Gewinnermittlung bei einem gesellschaftsähnlichen Verlagsvertrag,[28] um die Kündigung eines Patentlizenzvertrags, der gesellschaftsrechtlichen Regeln unterworfen war,[29] um die Beschränkung des Einsichtsrechts aus § 716 BGB a.F.[30] oder um die Bestimmung der

---

Parteien über die Satzung und Verwaltung der GmbH nicht einigen konnten. Der Beklagte erhielt jedoch von dem Verkäufer der Fabrik eine Provision in Höhe von 10 % des Kaufpreises, den der Kläger entrichtet hatte. Das Urteil streifte am Rande einen weiteren Klassiker des Gesellschaftsrechts, nämlich die Vor-GmbH, insb. die Formvorgaben an den Vorvertrag im Hinblick auf § 2 GmbHG.

24 RG JW 1913, 29, 30.
25 RGZ 171, 51, 54, 57. Als Rechtsausübungsschranke verwendete das Reichsgericht ferner § 242 BGB in einem Fall, in dem eine Gesellschafterin einer GbR das im Gesellschaftsvertrag verankerte Recht ausüben wollte, zur Geschäftsleitung zugelassen zu werden, vgl. RG JW 1924, 671, 672 mit krit. Anm. von *Hoeniger*, JW 1924, 671 („Das Urteil macht etwas Kopfzerbrechen. Man sieht nicht recht, warum das RG. nicht einfachere Wege geht. Man könnte versucht sein, dem Urteil eine besonders große Tragweite für die Anwendung des § 242 BGB. beizumessen. Doch kommt ihm wohl solche Bedeutung nicht zu." und „Es wird demnach in dem Urteil mit einer bisher selten beobachteten Schärfe festgelegt: Auf Grund des § 242 BGB. können im Vertrage ausdrücklich festgelegte Rechte abgesprochen werden. § 242 BGB. kann der Vertragskorrektur dienen.").
26 Auffällig ist, dass das Reichsgericht in den späteren Urteilen davon sprach, dass das Gesellschaftsrecht – und nicht wie früher „nur" der Gesellschaftsvertrag – in erhöhtem Maße von den Grundsätzen von Treu und Glauben beherrscht ist (so RGZ 142, 212, 215 f.; RGZ 162, 388, 394). Die Entscheidungen stammen aus einer Zeit, in der das Reichsgericht die Treuepflicht über das Personengesellschaftsrecht hinaus anerkannte; s. dazu noch unter III. 4. und IV. 1.
27 RG LZ 1913, 229 unter Nr. 6. Bemerkenswert ist in diesem Urteil, dass das Reichsgericht deutlicher als in anderen Entscheidungen, in denen die Treuepflicht anklang, differenzierte zwischen dem Grundsatz von Treu und Glauben im Allgemeinen und der durch das Vertragsverhältnis besonders begründeten Verpflichtung, dem Mitgesellschafter gegenüber Treu und Glauben zu betätigen.
28 RGZ 81, 233, 235.
29 RGZ 142, 212, 215 f.
30 RGZ 148, 278, 280 ff.

Kündigungsfolgen dergestalt, dass der treuwidrig handelnde Gesellschafter[31] keine Vorteile aus einem ihm vertraglich zustehenden Übernahmerecht ziehen konnte.[32] In manchen Entscheidungen verwendete das Reichsgericht weder den Begriff der Treuepflicht noch griff es die vorgenannte Formel auf, sondern es verwies schlicht auf § 242 BGB.[33] Dies nährt die Vermutung, dass es noch nicht scharf zwischen den Grundsätzen von Treu und Glauben, § 242 BGB und der Treuepflicht differenzierte. Überraschend ist dieser Befund nicht: Die dogmatische Trennung zwischen dem allgemeinen Treuegebot des § 242 BGB und der spezifisch gesellschaftsrechtlichen Treuepflicht sollte sich erst nach dem Zweiten Weltkrieg unter dem Einfluss von *Alfred Hueck* durchsetzen.[34]

2. Dogmatisierungsprozess im Schrifttum

a) Rezeption der Reichsgerichtsrechtsprechung in der (Kommentar-)Literatur

Die (Kommentar-)Literatur vor dem Zweiten Weltkrieg trug nur wenig zur Entwicklung der Treuepflichtdogmatik bei. Die BGB-Kommentatoren wendeten die Grundsätze von Treu und Glauben bereits vor dem Reichsgerichtsurteil vom 3. April 1908 auf das Gesellschaftsverhältnis an.[35] Dies lag insoweit nahe, als die GbR nach dem damaligen Entwicklungsstand ein reines Schuldverhältnis war,[36] das man ohne dogmatische Verrenkungen § 242 BGB unterwerfen konnte. Gleichwohl beschränkten sich die Ausführungen auf wenige Zeilen und arbeiteten die gesellschaftsrechtlichen Besonderheiten des Treuegedankens nicht heraus. Später wurde die reichsgerichtliche Rechtsprechung rezipiert und systematisch geordnet;[37] in

---

31 Es handelte sich um einen besonders gravierenden Treuepflichtverstoß: Der beklagte Gesellschafter hatte dem Kläger anlässlich einer Geschäftsprüfung einen Messerstich in den Unterleib versetzt und wurde wegen Totschlagsversuchs zu einer Gefängnisstrafe von einem Jahr und sechs Monaten verurteilt, s. RGZ 162, 388, 390.
32 RGZ 162, 388, 394.
33 Siehe RG JW 1913, 429, 430; RG JW 1924, 671, 672. Auf einen Verstoß gegen die Gesellschaftstreue im Zusammenhang mit einem willkürlichen Widerspruch stellten ab: RGZ 158, 302, 310 f.; RGZ 165, 35, 39.
34 Hierzu unter II. 2. b) bb).
35 *Kober*, in: Staudinger, BGB, 3./4. Aufl. 1908, 5./6. Aufl. 1910 und 7./8. Aufl. 1912, § 705 unter Ziff. VI. 2. b) und c); *Planck*, BGB, 1. und 2. Aufl. 1900, § 705 unter Ziff. 2. a).
36 Monographisch etwa *Schroth*, Der Aufbau der Gesellschaft des BGB als Schuldverhältnis und als Gemeinschaftsverhältnis, 1931, S. 54 ff., der auf S. 96 ein Konkurrenzverbot und auf S. 105 ff. einen allgemeinen Anspruch auf Wahrnehmung des Gesellschaftsinteresses entwickelte.
37 Vgl. *Geiler*, in: Staudinger, BGB, 9. Aufl. 1929, Vor § 705 unter Ziff. II. 2. und § 705 unter Ziff. IV. 2. c): Treuepflicht unter Bezugnahme auf RG LZ 1912, 545; RG JW 1913, 29 Nr. 17; RG JW 1917, 194; RGZ 107, 171;

manchen Werken fiel – neben der Bezugnahme auf § 242 BGB – der Begriff der Treuepflicht.[38]

Die HGB-Kommentatoren zitierten die reichsgerichtlichen Entscheidungen, setzten sich aber mit der Treuepflicht nicht vertieft auseinander.[39] Auffällig ist, dass in den HGB-Kommentaren, die vor der oben skizzierten Rechtsprechung des Reichsgerichts erschienen sind, der Begriff der Treuepflicht und die Formel vom Gesellschaftsvertrag, der in erhöhtem Maße von den Grundsätzen von Treu und Glauben beherrscht ist, soweit ersichtlich noch nicht vorkamen. Sie wurden erst nach der Veröffentlichung der ersten Treuepflicht-Urteile des Reichsgerichts aufgegriffen.[40] Dies lässt den vorsichtigen Schluss zu, dass die mitgliedschaftliche Treuepflicht – ungeachtet der ersten Andeutungen im Schrifttum des 19. Jahrhunderts[41] und der Bezugnahme der frühen BGB-Kommentatoren auf § 242 BGB – eine Schöpfung des Reichsgerichts ist.

RG JW 1924, 671 Nr. 4; ausgebaut in der Folgeauflage, s. *Geiler*, in: Staudinger, BGB, 10. Aufl. 1943, § 705 Rdn. 57.
38 *Ebbecke*, in: RGRK BGB, 4. Aufl. 1922 und 5. Aufl. 1923, Vor § 705 unter Ziff. 4 (im Wesentlichen fortgeführt von *Sayn*, in: RGRK BGB, 6. Aufl. 1928 und 7. Aufl. 1929, Vor § 705 unter Ziff. 4 sowie *Oegg*, in: RGRK BGB, 8. Aufl. 1934, Vor § 705 unter Ziff. 4; ausgebaut von *Oegg*, in: RGRK BGB, 9. Aufl. 1939, Vor § 705 unter Ziff. 4); *Planck*, BGB, 4. Aufl. 1928, § 705 unter Ziff. 5; *O. von Gierke*, Deutsches Privatrecht, Dritter Band: Schuldrecht, 1917, S. 836, der festhielt, dass bei der Beurteilung des Schuldinhalts der Maßstab von Treu und Glauben dadurch eine besondere Bedeutung gewinne, dass aus dem Wesen der GbR eine gegenseitige Treuepflicht folge. Vgl. ferner *Friesecke*, in: Palandt, BGB, 2. Aufl. 1939, § 705 unter Ziff. 7: Gedanke der gesellschaftlichen Treue. Zur Gesellschaftstreue auch *Scherling*, in: Lindemann/Soergel, BGB, 2. Aufl. 1923, § 705 unter Ziff. 4; ausgebaut in *Scherling*, in: Soergel, BGB, 3. Aufl. 1926 und 5. Aufl. 1931, § 705 unter Ziff. 4.
39 Vgl. etwa *Flechtheim*, in: Düringer/Hachenburg, HGB, 3. Aufl. 1932, § 109 Anm. 1; *Goldschmit*, HGB, 1929, § 109 unter Ziff. 3. a); *Lehmann*, Handelsrecht, 2. Aufl. 1912, S. 301; *Pinner*, in: Staub, HGB, 12. und 13. Aufl. 1926, § 109 Anm. 1 sowie 14. Aufl. 1932, § 109 Anm. 1; *Schwarz*, in: Neufeld, HGB, 1931, § 109 Anm. 2 a.E. Etwas ausführlicher war die Kommentierung von *Carl Ritter*, der – von § 708 BGB a.F. ausgehend – die Treueverhältnisse in den größeren Kontext der Dauerschuldverhältnisse einordnete, vgl. *Ritter*, HGB, 2. Aufl. 1932, § 109 unter Ziff. 2. c); eingehender auch *Weipert*, in: Großkomm. z. HGB, 1942, § 105 Anm. 31.
40 Als Beispiel mag der Kommentar von *Carl Ritter* dienen, der in der 1. Aufl. 1910 in der Kommentierung des § 109 HGB sich zu Treuepflichten nicht äußert, dies aber in der 2. Aufl. 1932, § 109 unter Ziff. 2. c) nachholt.
41 Siehe dazu oben unter II. 1. mit Fn. 11.

b) Dreischritt *Alfred Huecks*

aa) „Der Treuegedanke im Recht der offenen Handelsgesellschaft"

Auch wenn man das Reichsgericht als den Schöpfer der Treuepflicht ansieht, so muss man doch konstatieren, dass die Rechtsprechung nur eine griffige Formel schuf, das Institut der Treuepflicht aber nicht näher ausformte. Dieses Verdienst gebührt *Alfred Hueck*,[42] der die Treuepflichtdogmatik insbesondere in zwei Abhandlungen prägte, deren Grundaussagen in seiner Monographie zum Recht der offenen Handelsgesellschaft konzise wiedergegeben sind. In einem in der Festschrift für *Rudolf Hübner* 1935 erschienenen Beitrag zum Treuegedanken im Recht der offenen Handelsgesellschaft stellte *Hueck* einleitend fest, dass die Treuepflicht der Gesellschafter untereinander in einer ganz besonders engen persönlichen Verbundenheit wurzele, die für die oHG kennzeichnend sei.[43] Die argumentative Verknüpfung der Treuepflicht mit und dem persönlichen Band zwischen den Gesellschaftern ist für den Dogmatisierungsprozess zentral, weil sie sich nicht nur durch spätere Abhandlungen *Huecks* wie ein roter Faden zieht, sondern Generationen der Gesellschaftsrechtler in ihrem Denken über die Treuepflicht beeinflussen wird.[44]

Im Anschluss an diese Grundlegung widmete sich *Hueck* der Frage, „welche Bedeutung der Treuegedanke für die Ausübung der den Gesellschaftern auf Grund des Gesellschaftsvertrages zustehenden Rechte und Befugnisse hat",[45] und formulierte die Antwort am Beispiel des Widerspruchsrechts des geschäftsführenden Gesellschafters aus § 115 Abs. 1 HGB a.F. Dabei positionierte sich *Hueck* in einer im Schrifttum geführten Diskussion darüber, ob der Gesellschafter das Widerspruchsrecht nach freiem oder bestem Ermessen auszuüben habe,[46] dahingehend, dass die Ausübung des Widerspruchsrechts eine Geschäftsführungsmaßnahme sei, die nach bestem Ermessen erfolgen müsse, und „daß das Widerspruchsrecht vollständig vom Treuegedanken beherrscht wird. Die Gesellschaftstreue verlangt, dass

---

[42] Zum Einfluss *Huecks* etwa *Fleischer*, GesRZ 2017, 362; *C. Schäfer*, aaO (Fn. 3), § 705 Rdn. 273. Freilich stand *Hueck* nicht alleine. Auch andere Autoren, die das Meinungsbild allerdings weniger stark prägten, befassten sich mit der Treuepflicht näher als die Kommentarliteratur. Zu nennen ist etwa das Lehrbuch von *Würdinger*, Gesellschaften, 1. Teil: Recht der Personalgesellschaften, 1937, in dem auf S. 38 f. mehrere Reichsgerichtsentscheidungen skizziert wurden, um den Inhalt der Treuepflicht zu konkretisieren.

[43] *A. Hueck*, aaO (Fn. 5), S. 72 f.

[44] Siehe insb. unter V.

[45] *A. Hueck*, aaO (Fn. 5), S. 72, 73.

[46] Zum damaligen Meinungsstand s. *A. Hueck*, aaO (Fn. 5), S. 72, 74 f. Zum Ermessen bei Ausübung des Widerspruchsrecht aus heutiger Perspektive und unter Heranziehung der Business Judgment Rule (§ 93 Abs. 1 Satz 2 AktG analog) s. *Harnos*, aaO (Fn. 2), S. 453 ff.

der Gesellschafter von diesem Recht nur im Interesse der Gesellschaft Gebrauch macht. Ein pflichtwidrig erhobener Widerspruch ist ein Verstoß gegen die Gesellschaftstreue, er braucht von den anderen Gesellschaftern nicht berücksichtigt zu werden, und verpflichtet, falls er doch zur Unterlassung einer sachdienlichen Maßnahme geführt hat, zum Schadensersatz."[47]

Darauf aufbauend entwickelte *Hueck* eine Differenzierung, die bis heute ein fester Bestandteil der Treuepflichtdogmatik ist: Der Umfang der Treuepflicht hänge davon ab, ob der Gesellschafter Pflichtrechte – heute würden wir von uneigennützigen Gesellschafterrechten sprechen[48] – oder eigennützige Gesellschafterrechte geltend mache.[49] Die Pflichtrechte – zu denen *Hueck* die Geschäftsführungsbefugnis sowie Entscheidungen über ungewöhnliche Geschäfte und Geltendmachung der Ansprüche wegen Verletzung des Konkurrenzverbots zählte[50] – mache der Gesellschafter im Interesse der Gesellschaft geltend. Aufgrund der Gesellschaftstreue sei der Gesellschafter verpflichtet, nach besten Kräften den Gesellschaftszweck zu fördern. Dabei wies *Hueck* darauf hin, dass „beim Gesellschaftsvertrag das Treueband ein stärkeres ist als bei anderen Verträgen, insbesondere bei den üblichen Austauschverträgen. Das ergibt sich daraus, dass der Gesellschaftsvertrag nicht zu einem bloßen Austausch von Leistungen, sondern zu gemeinsamer Zusammenarbeit zur Erreichung eines gemeinsamen Ziels verpflichtet, daß er die Grundlage einer auf besonderen Vertrauen beruhenden Gemeinschaft ist."[51] Die eigennützigen Rechte – hierzu zählten nach *Hueck* das Recht auf Gewinnverteilung und Entnahme von Geldbeträgen, das Informations- und Kontrollrecht, das Recht zur Kündigung der Gesellschaft und Erhebung der Auflösungsklage sowie die Mitwirkung an der Beschlussfassung über den Entzug der Geschäftsführungsbefugnis und der Vertretungsmacht, über den Gesellschafterausschluss sowie über Änderungen des Gesellschaftsvertrags[52] – könne der Gesellschafter grundsätzlich im eigenen

---

47 *A. Hueck*, aaO (Fn. 5), S. 72, 73 ff. mit Zitat auf S. 78.
48 Vgl. bereits oben unter I. und Fn. 5.
49 Zu dieser Differenzierung *A. Hueck*, aaO (Fn. 5), S. 72, 81. Erste Ansätze für diese Unterscheidung finden sich im GmbH-rechtlichen Kontext bei *Hachenburg*, LZ 1907, 460, 466 (darauf hinweisend *Fleischer*, GesRZ 2017, 362, 379 und *C. Schäfer*, aaO [Fn. 3], § 705 Rdn. 276 Fn. 710), dessen Ausführungen indes weder die begriffliche Schärfe noch den Tiefgang *Huecks* aufweisen. Zum Einfluss *Hachenburgs* auf die Entwicklung der Treuepflichtdogmatik im Recht der Körperschaften s. noch unter III. 2. b) und c), III. 3. c) dd) und IV. 1.
50 *A. Hueck*, aaO (Fn. 5), S. 72, 82 ff.
51 *A. Hueck*, aaO (Fn. 5), S. 72, 80.
52 *A. Hueck*, aaO (Fn. 5), S. 72, 85 ff. Eine vergleichbare Kategorisierung uneigennütziger und eigennütziger Rechte findet sich etwa bei *Habermeier*, in: Staudinger, BGB, 2003, § 705 Rdn. 51.

Interesse geltend machen, dürfe aber die Mitgesellschafter nicht in unbilliger, gegen Treu und Glauben verstoßender Weise schädigen.[53]

bb) „Der Treuegedanke im modernen Privatrecht"

Die zweite wegweisende Abhandlung *Huecks* ist die Schriftfassung eines Vortrags vor der Bayerischen Akademie der Wissenschaften vom 6. September 1946, der den Treuegedanken im modernen Privatrecht zum Gegenstand hatte. Darin standen die Personengesellschaften zwar nicht im Fokus, die Untersuchung ist aber für die Entwicklung der Treuepflichtdogmatik insoweit wichtig, als *Hueck* die Denkweise über die mitgliedschaftliche Treuepflicht und ihr teleologisches Fundament im gesamten Gesellschaftsrecht stark prägte.[54]

Zu Beginn seines Vortrags distanzierte sich *Hueck* von der rechtswissenschaftlichen Literatur im Zeitalter des Nationalsozialismus, die eine „starke Vorliebe für hochtrabende Worte und tönende Phrasen" hatte. Er bemängelte, dass „unter dem Schwall von Phrasen die Schärfe und Klarheit der Rechtsbegriffe gelitten hat", und stellte fest, dass der Nationalsozialismus „zum mindesten auf dem Gebiet des Privatrechts eine Verweichlichung des Denkens, eine unklare Gefühlsjurisprudenz und im Gefolge davon Rechtsunsicherheit und Willkür mit sich gebracht hat".[55] Ausgehend von diesem Befund forderte *Hueck*, „daß wir uns von der Herrschaft der Phrase befreien, daß wir zu nüchternem, ehrlichem Denken, zu klaren und scharfen Begriffen zurückkehren", und widmete sich sodann der Treuepflicht, die er als „[e]ins der beliebtesten Schlagworte der hinter uns liegenden Zeit" bezeichnete.[56] Gleichwohl lag es *Hueck* fern, die Bedeutung des Treuegedankens für das Privatrecht zu leugnen; „wer dies täte, würde wertvollste Errungenschaften der deutschen Rechtsentwicklung preisgeben."[57] Stattdessen wollte er – auch im Hinblick auf seine früheren Untersuchungen – der Neigung zu „eine[r] übermäßige[n] Verwendung des Treuebegriffs" und damit der Gefahr vorbeugen, die „wirklich wertvolle Bedeutung *[des Treuebegriffs* – Hinzufügung des *Verf.]* herabzusetzen und den hohen sittlichen Gehalt der Treue in bedenklicher Weise zu verflachen".[58] Die Forschungsaufgabe konkretisierte er dahin, „den Umfang des

---

53 A. *Hueck*, aaO (Fn. 5), S. 72, 82.
54 Dazu noch III. 5. a). Vgl. ferner *Hüffer*, aaO (Fn. 1), S. 59, 70 mit der zutreffenden Bemerkung, dass die Diskussion infolge des Begründungsansatzes von *Hueck* nicht glücklich verlaufen sei.
55 A. *Hueck*, Der Treuegedanke im modernen Privatrecht, 1947, S. 3. Dazu auch *Keßler*, aaO (Fn. 3), Vor § 705 Rdn. 39. Differenzierter *J. von Gierke*, ZHR 111 (1948), 190, 192 f.
56 Zum Ausbau der aktienrechtlichen Treuepflichtdogmatik in der NS-Zeit s. noch unter III. 4.
57 A. *Hueck*, aaO (Fn. 55), S. 4.
58 A. *Hueck*, aaO (Fn. 55), S. 5, der als Beispiel für die Verflachung den Versuch nennt, jedes Schuldverhältnis als ein Gemeinschaftsverhältnis zu qualifizieren, das von beiderseitigem Ver-

Anwendungsgebiets des Treuegedankens richtig abzugrenzen"[59] sowie „diejenigen Rechtsverhältnisse zu bestimmen, für die vom ethischen Standpunkt aus eine besondere Treue zu fordern ist, und dann zu prüfen, ob dieser ethischen Pflicht auch eine Rechtspflicht entspricht und welchen Inhalt sie hat."[60]

Sodann widmete sich *Hueck* dem Verhältnis zwischen Recht und Sittlichkeit,[61] um auf dieser Grundlage herauszuarbeiten, dass zwischen drei sittlichen Maßstäben zu differenzieren sei: dem allgemeinen Maßstab der guten Sitten, den Grundsätzen von Treu und Glauben nach § 242 BGB und der „echte*[n]* Treuepflicht im eigentlichen Sinne".[62] Die letztgenannte Pflicht wollte *Hueck* nur auf Fälle der engen persönlichen Beziehung zwischen den Beteiligten im Sinne einer personenrechtlichen Gemeinschaft anwenden.[63] Als Beispiele für Gemeinschaftsverhältnisse, die vom Treuegedanken im engeren Sinn beherrscht sind, nannte er die Ehe, Familie und Volksgemeinschaft, aber auch die Gesellschafts-[64] und Arbeitsverhältnisse.[65] Damit baute *Hueck* das teleologische Fundament aus, das die Entwicklung der Treuepflichtdebatte nach dem Zweiten Weltkrieg maßgeblich prägen sollte.

Den Inhalt der Treuepflicht wollte *Hueck* von der Natur des jeweiligen Gemeinschaftsverhältnisses abhängig machen. Man findet in dem Vortrag Aussagen, die an die moderne Konkretisierung der Treuepflicht anhand der Realstruktur der Gesellschaft[66] erinnern.[67] Zugleich formulierte *Hueck* eine abstrakte Formel, die

---

trauen und von gegenseitiger Treue beherrscht wird (s. dazu etwa die Nachw. in Fn. 241); vgl. ferner *J. von Gierke*, ZHR 111 (1948), 190, 194 f.
59 *A. Hueck*, aaO (Fn. 55), S. 6.
60 *A. Hueck*, aaO (Fn. 55), S. 7. Hierzu im Kontext der Treuepflicht im Aktienrecht bereits *Fechner*, aaO (Fn. 2), S. 14 ff.
61 *A. Hueck*, aaO (Fn. 55), S. 7 ff.
62 *A. Hueck*, aaO (Fn. 55), S. 9 ff. mit Zitat auf S. 12 und aufschlussreicher Zusammenfassung auf S. 18 f.
63 Schon frühzeitig kritisch gegenüber dieser Einschränkung *J. von Gierke*, ZHR 111 (1948), 190, 194.
64 Zur Ausklammerung der AG s. noch unter III. 5. a).
65 *A. Hueck*, aaO (Fn. 55), S. 12 ff. Auf Parallelen zwischen Gesellschafts- und Arbeitsverhältnissen hinsichtlich der Treuepflicht ging *Hueck* bereits 1935 ein, s. *A. Hueck*, aaO (Fn. 5), S. 72, 80 mit Fn. 6. Im neueren Schrifttum griff etwa *Andreas Cahn* diese Parallele auf, vgl. *Cahn*, FS Wiese, 1998, S. 71. Auf arbeitsrechtliche Abhandlungen im Zusammenhang mit Treuepflicht und Gleichbehandlungsgrundsatz im Aktienrecht ging *Fechner*, aaO (Fn. 2), S. 93 Fn. 2 ein.
66 Dazu bereits oben unter I. mit Nachw. in Fn. 4.
67 Vgl. *A. Hueck*, aaO (Fn. 55), S. 13: Die Treuepflicht „ist eine andere bei der Gelegenheitsgesellschaft als bei der Dauergesellschaft, und sie wird besonders bedeutsam bei umfassenden Gemeinschaften wie etwa der offenen Handelsgesellschaft, die in ihrer normalen Gestalt gleichzeitig Arbeits-, Vermögens-, Haftungs- und Risikogemeinschaft ist, also die Gesellschafter ganz besonders eng aneinander bindet." Und weiter auf S. 15: „*[E]*benso unterscheiden sich die Treuepflichten des offenen

noch heute als eine schlagwortartige Umschreibung der Treuepflicht aufgegriffen werden kann: „Jeder Beteiligte ist verpflichtet, jede Schädigung der Interessen der Gemeinschaft und der durch den Gemeinschaftszweck umfaßten Interessen der Mitbeteiligten zu unterlassen und darüber hinaus diese Interessen im Rahmen der durch die Gemeinschaft bedingten Tätigkeit zu fördern."[68]

cc) „Das Recht der offenen Handelsgesellschaft"

Die Erkenntnisse *Huecks* aus dem Festschriftenbeitrag für *Rudolf Hübner* und dem Vortrag vor der Bayerischen Akademie der Wissenschaften finden sich in gebündelter Form in einer Monographie zum Recht der offenen Handelsgesellschaft wieder, die 1946 in der ersten Auflage erschienen ist.[69] Dort differenzierte *Hueck* klarer als in den beiden anderen Schriften zwischen positiven Treuepflichten – die in erster Linie von geschäftsführenden Gesellschaftern zu beachten seien, aber auch die nicht geschäftsführenden Gesellschafter (etwa bei Beschlüssen über ungewöhnliche Geschäfte)[70] treffen könnten – und Unterlassungspflichten, die für alle Gesellschafter gelten und auf ein Schädigungsverbot hinauslaufen würden.[71] Weniger deutlich kam hingegen die Unterscheidung zwischen eigennützigen und uneigennützigen Rechten zum Ausdruck. Sie ist zwar der Sache nach in den Erläuterungen zu den Grenzen der Treuepflicht zu finden,[72] es fehlt aber die begriffliche Schärfe, mit der *Hueck* die zeitlose Differenzierung im Festschriftenbeitrag für *Hübner* herausgearbeitet hatte.

Eindeutiger als in anderen Abhandlungen, die sich mit Personenhandelsgesellschaften befassten, fiel die Einordnung des Wettbewerbsverbots als Spezialfall der Treuepflicht aus.[73] Diesen systematischen Schritt, der heute selbstverständlich erscheint,[74] wagte die (Kommentar-)Literatur vor dem Zweiten Weltkrieg noch nicht flächendeckend.[75] Nur kurz beschäftigte sich *Hueck* mit den Rechtsfolgen der

---

Handelsgesellschafters, des Kommanditisten, des stillen Gesellschafters und des Gesellschafters nach bürgerlichem Recht."
68 *A. Hueck*, aaO (Fn. 55), S. 15. Vergleichbar sind etwa die Umschreibungen der Treuepflicht bei: *Henze/Notz*, in: Großkomm. z. AktG, 5. Aufl. 2022, § 53a Rdn. 239; *Geibel*, aaO (Fn. 4), § 706 Rdn. 66; *Hüffer*, aaO (Fn. 1), S. 59, 68; *Schöne*, in: BeckOK zum BGB, Stand 01.08.2023, § 705 Rdn. 102; *Schultze-v Lasaulx*, in: Soergel, BGB, 10. Aufl. 1969, § 705 Rdn. 66.
69 Vgl. *A. Hueck*, Das Recht der offenen Handelsgesellschaft, 1946, S. 57 f., 105 ff.
70 Dazu bereits *A. Hueck*, aaO (Fn. 5), S. 72, 83 f.
71 Siehe *A. Hueck*, aaO (Fn. 69), S. 105 f.
72 *A. Hueck*, aaO (Fn. 69), S. 106.
73 Vgl. *A. Hueck*, aaO (Fn. 69), S. 107 ff.
74 Siehe oben unter I. mit Nachw. in Fn. 5.
75 Ein Hinweis auf die Treuepflicht fehlt etwa bei: *Flechtheim*, aaO (Fn. 39), § 112 Anm. 1 ff.; *Pinner*, in: Staub, HGB, 12. und 13. Aufl. 1926, § 112 Anm. 1 ff. sowie 14. Aufl. 1932, § 112 Anm. 1 ff. Auch in der

Treuepflichtverletzung;[76] die dogmatische Arbeit auf der Rechtsfolgenseite sollte den künftigen Generationen vorbehalten bleiben.[77]

3. Ausbau der Treuepflichtdogmatik nach dem Zweiten Weltkrieg

Die Folgegenerationen schlossen in der Tat die (wenigen) Lücken, die *Hueck* trotz seiner umfassenden Abhandlungen hinterlassen hatte. Der BGH knüpfte nahtlos an die Tradition des Reichsgerichts an und griff dessen Formeln und Argumentationsmuster auf.[78] Bei der Sichtung der Kommentierungen fällt auf, dass die Ausführungen zur Treuepflicht geradezu explodierten.[79] Aus Einzeilern in den älteren Kommentaren, die sich schlicht auf § 242 BGB und die rechtsgerichtliche Recht-

---

Dissertation von *Leitmeyer*, Das Eintrittsrecht des Prinzipals und der Handelsgesellschaften, 1927, der §§ 112, 113 HGB auf S. 40 ff. thematisierte, blieb die Treuepflicht unerwähnt. Für die Einordnung des Wettbewerbsverbots als Unterfall der Treuepflicht sprachen sich aber aus: *J. von Gierke*, Handelsrecht und Schiffahrtsrecht, 4. Aufl. 1933, S. 219; *Lehmann*, aaO (Fn. 39), S. 301; *Weipert*, in: Großkomm. z. HGB, 2. Aufl. 1950, § 112 Anm. 1; *Würdinger*, aaO (Fn. 42), S. 38 f. und S. 114. Aus dem Gebot von Treu und Glauben leitete *Kober*, aaO (Fn. 35), § 705 unter Ziff. VI. 2. c) ein Konkurrenzverbot für die Gesellschafter einer GbR her, der unter Ziff. VI. 2. b) im Kontext des Treuegebots §§ 112, 113 HGB a.F. zitierte.

76 *A. Hueck*, aaO (Fn. 69), S. 107: „Ein Verstoß gegen die Treuepflicht hat die gleichen Folgen wie eine sonstige Vertragsverletzung. Ein schuldhafter Verstoß verpflichtet zum Schadensersatz, schwere Verletzungen können einen Grund für Maßnahmen nach §§ 117, 127, 133, 140 bilden."

77 Siehe dazu etwa *Wiedemann*, aaO (Fn. 6), S. 204 ff.

78 Deutlich BGHZ 25, 47, 53 = NJW 1957, 1348: „Die vorstehenden Gesichtspunkte sind für das Recht der Personalgesellschaften von einer besonderen Bedeutung, da der Inhalt gesellschaftsrechtlicher Ansprüche mit Rücksicht auf die gesellschaftliche Treuepflicht in einem besonderen Maße von den Grundsätzen von Treu und Glauben bestimmt wird. Das Verhältnis der Gesellschafter einer Personalgesellschaft fußt zudem auf dem rechtlichen Grundsatz des gegenseitigen Vertrauens. Das bedeutet, daß jeder Gesellschafter verpflichtet ist, einem ihm von dem anderen Gesellschafter entgegengebrachten Vertrauen auch gerecht zu werden."

79 Nur wenige Zeilen lang sind – dem Zuschnitt des Kommentars entsprechend – die Ausführungen im „Palandt" geblieben, s. *Gramm*, in: Palandt, BGB, 18. Aufl. 1959, § 705 unter Ziff. 5; *Thomas*, in: Palandt, BGB, 35. Aufl. 1976, § 705 unter Ziff. 7. Bemerkenswert ist, dass die Palandt-Kommentatoren aus der Treuepflicht kein Konkurrenzverbot herleiten wollten (so schon *Friesecke*, in: Palandt, BGB, 2. Aufl. 1939, § 705 unter Ziff. 7). Knapp auch *Stürner*, in: Jauernig, BGB, 2. Aufl. 1981, § 705 Anm. 1, der ein Wettbewerbsverbot und eine Pflicht zur Mitwirkung bei Geschäftsführungsmaßnahmen und Vertragsänderungen bejahte (dazu auch §§ 709–713 Anm. 2a und 4c). Heutzutage sind auch die Kurzkommentare etwas ausführlicher geworden, s. *Sprau*, in: Grüneberg, BGB, 82. Aufl. 2023, § 705 Rdn. 27 (der trotz der Umbenennung des Kommentars ganz traditionsbewusst einem Konkurrenzverbot im GbR-Recht weiterhin zurückhaltend gegenübersteht); *Stürner*, in: Jauernig, BGB, 19. Aufl. 2023, § 705 Rdn. 3.

sprechung bezogen hatten,⁸⁰ wurden mehrseitige Erläuterungen, die sich nicht mit der bloßen Wiedergabe der höchstrichterlichen Rechtsprechung begnügten, sondern die Gerichtsentscheidungen und Stellungnahmen im Schrifttum breit diskutierten und systematisierten.⁸¹ Auch die Lehrbücher räumten – dem Beispiel *Huecks* folgend – den mitgliedschaftlichen Treuebindungen mehr Platz ein.⁸² Wie in sonstigen Rechtsbereichen wuchs auch die Anzahl der Beiträge und Monographien, die sich der Treuepflicht im Personengesellschaftsrecht widmeten und deren Aufzählung dem Autor erlassen sei.⁸³

Die Erweiterung der Bibliotheksregale mit Abhandlungen zur mitgliedschaftlichen Treuepflicht korrespondiert mit der fortschreitenden Verfeinerung der Treuepflichtdogmatik. Rechtsprechung und Schrifttum entdeckten immer wieder

---

80 Vgl. oben unter II. 2. a). Den bisherigen Umfang behielt aber etwa die Kommentierung von *Oegg*, in: RGRK BGB, 10. Aufl. 1953, Vor § 705 unter Ziff. 4, die nur unwesentlich ausgebaut wurde durch *Rob. Fischer*, in: RGRK BGB, 11. Aufl. 1960, § 705 Anm. 17 und *von Gamm*, in: RGRK BGB, 12. Aufl. 1978, § 705 Rdn. 17.

81 Siehe etwa aus den Großkommentaren (in chronologischer Reihenfolge) *Weipert*, aaO (Fn. 75), § 105 Anm. 31 (ca. 3/4 einer Druckseite); *Erdsiek*, in: Soergel, BGB, 8. Aufl. 1952, § 705 unter Ziff. 5 (halbe Druckseite); *Keßler*, in: Staudinger, BGB, 1958, Vor § 705 Rdn. 32 ff. (fünf Druckseiten); *Schultze-v. Lasaulx*, in: Soergel, BGB, 9. Aufl. 1962, § 705 Rdn. 39 ff. (1,5 Druckseiten); *Schultze-v. Lasaulx*, aaO (Fn. 68), § 705 Rdn. 66 ff. (drei Druckseiten); *Rob. Fischer*, aaO (Fn. 12), § 105 Anm. 31a ff. (vier Druckseiten); *Keßler*, aaO (Fn. 3), Vor § 705 Rdn. 38 ff. (sechs Druckseiten); *Hadding*, in: Soergel, BGB, 11. Aufl. 1985, § 705 Rdn. 58 ff. (fünf Druckseiten); *Ulmer*, in: MünchKomm z. BGB, 2. Aufl. 1986, § 705 Rdn. 181 ff. (sieben Druckseiten); *Ulmer*, aaO (Fn. 12), § 105 Rdn. 232 ff. (elf Druckseiten); *Emmerich*, in: Heymann, HGB, 1989, § 109 Rdn. 5 ff. (zwei Druckseiten); insgesamt acht Druckseiten bei *K. Schmidt*, in: Schlegelberger, HGB, 5. Aufl. 1992, § 105 Rdn. 161 ff. und *Martens*, in: Schlegelberger, HGB, 5. Aufl. 1992, § 109 Rdn. 22 ff., § 119 Rdn. 44 ff.; *Habermeier*, aaO (Fn. 52), § 705 Rdn. 50 ff. (zwei Druckseiten); *Ulmer*, in: MünchKomm z. BGB, 3. Aufl. 1997, § 705 Rdn. 181 ff. (8,5 Druckseiten); insgesamt sechs Druckseiten bei *K. Schmidt*, in: Münchener Komm. z. HGB, 2004, § 105 Rdn. 188 ff. und *Enzinger*, in: MünchKommHGB, 2004, § 109 Rdn. 22, § 119 Rdn. 23 ff.; *Ulmer*, in: MünchKomm z. BGB, 3. Aufl. 1997, § 705 Rdn. 221 ff. (neun Druckseiten); *Hadding*, in: Soergel, BGB, 12. Aufl. 2007, § 705 Rdn. 58 ff. (sechs Druckseiten); *C. Schäfer*, aaO (Fn. 12), § 105 Rdn. 228 ff. (13 Druckseiten); *Ulmer*, in: MünchKomm z. BGB, 5. Aufl. 2009, § 705 Rdn. 221 ff. (zehn Druckseiten); *Hadding/Kießling*, in: Soergel, 13. Aufl. 2011, § 705 Rdn. 58 ff. (fünf Druckseiten); insgesamt 12 Druckseiten bei *Fleischer*, in: Münchener Komm. z. HGB, 5. Aufl. 2022, § 105 Rdn. 302 ff. und *Enzinger*, in: Münchener Komm. z. HGB, 5. Aufl. 2022, § 109 Rdn. 22, § 119 Rdn. 23 ff.; *C. Schäfer*, GbR/PartG, 9. Aufl. 2023, § 705 Rdn. 273 ff. (12 Druckseiten).

82 Vgl. etwa (in chronologischer Reihenfolge) *Lehmann*, Gesellschaftsrecht, 2. Aufl. 1959, S. 79–81; *Lehmann/Dietz*, Gesellschaftsrecht, 3. Aufl. 1970, S. 97–100, 139–140; *Wagner*, Gesellschaftsrecht, 1970, S. 52–55, 107–114; *Reinhardt*, Gesellschaftsrecht, 1973, Rdn. 155 f.; *Wiedemann*, Gesellschaftsrecht, Band 1, 1980, S. 431–435; *Kübler*, Gesellschaftsrecht, 1981, S. 48, 68–69, 97; *K. Schmidt*, Gesellschaftsrecht, 3. Aufl. 1997, S. 588–596; *Wiedemann*, aaO (Fn. 6), S. 191–208.

83 Vgl. etwa *Fleischer*, aaO (Fn. 81), § 105 Schrifttum unter 5. Speziell zu familiengesellschaftlichen Besonderheiten *Fries*, Familiengesellschaft und Treuepflicht, 1971, passim.

neue Anwendungsfelder für die Generalklausel und führten Debatten über Detailfragen.[84] So wurde etwa kontrovers darüber gestritten, ob aus dem Treuegedanken heraus die Pflicht hergeleitet werden kann, einer Vertragsänderung zuzustimmen. Während einzelne Autoren sich in Zurückhaltung übten,[85] hielt die herrschende Ansicht eine solche Zustimmungspflicht in Ausnahmefällen für denkbar;[86] auch insoweit spielte *Hueck* im Dogmatisierungsprozess eine wichtige Rolle.[87] Wie intensiv der Treuegedanke sein kann, wird deutlich, wenn man bedenkt, dass er einen Eingriff in den Schutzbereich eines „mitgliedschaftlichen Grundrechts" aus § 710 BGB[88] rechtfertigen kann: Die Gesellschafter müssen unter – freilich nur selten gegebenen – Umständen einer Beitragserhöhung zustimmen.[89] Denkbar ist ferner eine „Treuepflicht zur Zustimmung zum eigenen Rauswurf",[90] was der BGH 2009 im „Sanieren oder Ausscheiden"-Urteil zeigte.[91]

In neuerer Zeit wurden die Anwendungsfelder der Treuepflicht abermals erweitert: Nach der Aufgabe des Bestimmtheitsgrundsatzes und der Kernbereichslehre durch den BGH, die mit dem OTTO-Urteil im Jahr 2007 begann,[92] erfolgt die materielle Kontrolle der Gesellschafterbeschlüsse über Änderungen des Gesellschaftsvertrags am Maßstab der mitgliedschaftlichen Treuepflicht.[93] Die letztgenannten Beispiele zeigen eine bemerkenswerte Entwicklung des Treuegedankens:

---

84 Eine höchstrichterlich nicht entschiedene, aber im Schrifttum lebhaft diskutierte Frage betrifft die Abdingbarkeit der Treuepflicht; s. dazu *Fleischer*, aaO (Fn. 81), § 105 Rdn. 326 ff. m.w.N.; *Hellgardt*, FS Hopt, 2010, S. 765; *Klöhn*, AcP 216 (2016), 281, 316 ff.; *Lieder*, aaO (Fn. 1), § 705 Rdn. 114; *Mann*, Abdingbarkeit und Gegenstand der gesellschaftsrechtlichen Treuepflicht, 2018; im GmbH-Kontext auch *M. Winter*, aaO (Fn. 4), S. 190 ff.; zur AG *Henze/Notz*, aaO (Fn. 68), § 53a Rdn. 320 ff.
85 So etwa *Kollhosser*, FS H. Westermann, 1974, S. 275 ff.; *Kollhosser*, FS Bärmann, 1975, S. 533 ff.; *Konzen*, AcP 172 (1972), 317, 338 ff.; skeptisch auch *Schultze-v. Lasaulx*, aaO (Fn. 68), § 705 Rdn. 69. Aus neuerer Zeit zur Zurückhaltung mahnend *C. Schäfer*, aaO (Fn. 3), § 705 Rdn. 284.
86 Aus der Rechtsprechung BGH NJW 1960, 434; BGH NJW 1961, 724; BGHZ 44, 40, 41 f. = NJW 1965, 1960; BGHZ 64, 253, 257 = NJW 1975, 1410; BGH NJW 1985, 974; BGH NJW 1987, 952; aus dem Schrifttum *Geibel*, aaO (Fn. 4), § 706 Rdn. 88 ff.; *Wagner*, aaO (Fn. 82), S. 54; *M. Winter*, aaO (Fn. 4), S. 30 ff.
87 Sehr zurückhaltend noch *A. Hueck*, aaO [Fn. 5], S. 72, 89: „Wie es keine Pflicht zum Beitritt zu einer OHG gibt, so auch keine Pflicht zur Abänderung der gesellschaftlichen Grundlagen."; großzügiger *A. Hueck*, ZGR 1972, 237, 240 ff.
88 Zur Bezeichnung des Mehrbelastungsverbots als „Grundrecht" BGH NZG 2007, 381 Rdn. 12.
89 Siehe BGH NZG 2005, 753, 754; BGH NZG 2006, 306 Rdn. 23 ff.; BGH NZG 2006, 379 Rdn. 23 ff.; BGH NZG 2007, 382 Rdn. 37 ff. (in den konkreten Fällen jeweils verneint).
90 So der Titel des Beitrags von *Escher-Weingart*, WM 2016, 1569.
91 BGHZ 183, 1 = NJW 2010, 65; fortgeführt in BGH NJW 2011, 1667 und BGH NJW 2015, 2882.
92 BGHZ 170, 283 = NJW 2007, 1685. Ausführlich dazu *Wertenbruch*, in: Fleischer/Thiessen, Gesellschaftsrechts-Geschichten, 2018, S. 637 ff. mit Hinweis auf die Treuepflicht auf S. 650.
93 Hierzu *Harnos*, aaO (Fn. 2), S. 555 ff.; relativierend aber *C. Schäfer*, in aaO (Fn. 3), § 714 Rdn. 47; aus rechtsökonomischer Perspektive *Klöhn*, AcP 216 (2016), 281, 309 ff.

Aus einer griffigen Formel im Urteil des Reichsgerichts vom 3. April 1908, die immer wieder verwendet wurde, ist über die Jahre ein Werkzeug geworden, das eingesetzt werden kann, um das Gesellschaftsverhältnis grundlegend zu verändern.[94]

III. Laute Debatte um die Treuepflicht in der Aktiengesellschaft

1. Fünf Diskussionsphasen im Überblick

Während die Geltung der Treuepflicht im Personengesellschaftsrecht seit jeher anerkannt war, herrschte im Aktienrecht ein regelrechter Kampf um die Frage, ob die Aktionäre und die Gesellschaft sowie – was besonders umstritten war – die Aktionäre untereinander zur gegenseitigen Treue verpflichtet sind. Im Zentrum der Debatte stand die Beschränkung der Stimmrechtsmacht und der Einsatz der Treuepflicht als ein Instrument zur Lösung von Mehrheit-Minderheit-Konflikten. Die Diskussion lässt sich grob in fünf Phasen aufteilen:

- Die erste Phase bis zum Ende des Ersten Weltkriegs war durch die Vorstellung beeinflusst, dass die Aktiengesellschaft ein von den Aktionären losgelöstes, fiktives Gebilde ist und auch die Aktionäre untereinander nicht verbunden sind, so dass sie ihre individuellen Interessen weitgehend ohne Rücksicht auf die Gruppe verfolgen dürfen. Im Rahmen dieser individualistischen Konzeption gab es keinen Raum für die mitgliedschaftliche Treuepflicht; als ein (vom Reichsgericht selten benutztes) Korrektiv der Mehrheitsmacht wurde die Sittenwidrigkeit diskutiert (dazu unter 2.).
- Die zweite Phase war durch die (Hyper-)Inflation und die andauernde wirtschaftliche Krise in der Weimarer Republik geprägt, die einen Strukturwandel der Aktiengesellschaft und die Diskussion um den Minderheitenschutz[95] im Aktienrecht befeuerten. Das Reichsgericht hielt zwar begrifflich an der Sittenwidrigkeit als Korrektiv der Stimmrechtsmacht fest, rückte aber schrittweise von der streng individualistischen Konzeption der Aktiengesellschaft ab und erinnerte die Aktionäre in manchen Entscheidungen daran, bei der Beschlussfassung das Gesellschaftswohl im Blick zu behalten. Im Schrifttum mehrten sich Stimmen, die auf die Grundsätze von Treu und Glauben bzw. die

---

94 Dies hat bereits *Hoeniger*, JW 1924, 671 prophezeit, s. Zitat zur Möglichkeit der Vertragskorrektur in Fn. 25.
95 Zum umgekehrten Fall des Schutzes der Mehrheit vor der Minderheit s. unter III. 3. b) dd).

Treuepflicht abstellen wollten, statt die Mehrheit-Minderheit-Konflikte mit der Sittenwidrigkeitsschranke zu lösen (dazu unter 3.).
- Die dritte Phase war eng mit nationalsozialistischem Rechtsdenken verbunden, das einerseits den Treuepflichtbegriff – im Einklang mit der Bestrebung, die Treuebindungen in einer völkischen Rechtsgemeinschaft zu verankern – überstrapazierte,[96] andererseits aber die Treuepflichtdogmatik vorantrieb: Die mitgliedschaftliche Treuepflicht wurde häufiger von den Grundsätzen von Treu und Glauben losgelöst und als ein spezifisch gesellschaftsrechtliches Instrument behandelt. Der Unterschied zwischen vertikaler und horizontaler Treuepflicht wurde bewusster wahrgenommen und die Rechtsfolgen einer Treuepflichtverletzung wurden ausführlicher behandelt (dazu unter 4.).
- In der vierten Phase, die in etwa die ersten 30 Jahre nach dem Zweiten Weltkrieg erfasst, trennte sich die Aktienrechtspraxis – auch unter Einfluss *Huecks* – von der mitgliedschaftlichen Treuepflicht und fiel damit ein Stück weit in die zweite Phase zurück (dazu unter 5.).
- Die fünfte Phase, die sich teilweise mit der vierten Phase überschneidet und namentlich von *Wolfgang Zöllner, Herbert Wiedemann* und *Marcus Lutter* stark beeinflusst wurde, ist durch die Wiederentdeckung der mitgliedschaftlichen Treuepflicht im Aktienrecht gekennzeichnet, deren „Siegeszug"[97] bis heute anhält (dazu unter 6.).

2. Erste Phase: Sittenwidrigkeit als selten benutztes Korrektiv der Mehrheitsmacht

a) Das Idealbild der Aktiengesellschaft

Wie bereits erläutert, stand im Zentrum der ersten Debattenphase die Beschränkung der Stimmrechtsmacht des Aktionärs. Prägend war dabei das damals herrschende Idealbild der unabhängigen Aktiengesellschaft als einer Organisationsform für zahlreiche (Klein-)Aktionäre,[98] die – anders als Gesellschafter von Personengesellschaften als einer durch die Grundsätze von Treu und Glauben geprägten Arbeits- und Haftungsgemeinschaft[99] – nicht miteinander verbunden waren und

---

96 Vgl. dazu die Kritik *Alfred Huecks*, die oben unter II. 2. b) bb) dargestellt wurde.
97 Vgl. *Immenga*, FS 100 Jahre GmbHG, 1992, S. 189; *Verse*, in: Aktienrecht im Wandel, Band II, 2007, Kap. 13 Rdn. 18.
98 Vgl. im Zusammenhang mit den Stimmverboten *Bondi*, Die Rechte der Aktionäre, 1930, S. 200.
99 Generell wurde damals die Trennlinie zwischen den Körperschaften mit eigener Rechtspersönlichkeit einerseits und den Personengesellschaften andererseits deutlich schärfer gezogen als

die in der Generalversammlung ihre individuellen Interessen durchzusetzen versuchten,[100] wobei die Machtverhältnisse von der Kapitalbeteiligung abhingen.[101] Im Hinblick auf dieses individualistische Konzept,[102] das im römischen Recht verwurzelt war,[103] die Interessen der Gesellschaft ausblendete[104] und in einem gewissen Spannungsverhältnis mit der Begründung zur Aktienrechtsnovelle 1884 stand,[105] überrascht es nicht, dass der Begriff der Treuepflicht – die die Ver-

---

heutzutage; zum Meinungsstand im 19. Jahrhundert *L. Goldschmidt*, System des Handelsrechts, 3. Aufl. 1981, S. 119 ff. Einige Stimmen bezweifelten, dass die Aktiengesellschaft eine Gesellschaft ist, s. etwa *W. Horrwitz*, JW 1930, 2637, 2639 mit Fn. 18: „Nach herrschender, in Rechtsprechung und Schrifttum vertretener Ansicht ist die AktG. jedoch trotz ihres Namens keine Gesellschaft, sondern ein Verein." Zum Zusammenhang zwischen Systematisierung privatrechtlicher Verbände und Treuepflichtdebatte s. noch unter III. 3. c) cc).

100 Deutlich *Primker*, in: Endemann, Handbuch des deutschen Handels-, See- und Wechselrechts, Erster Band, 1881, S. 557: „Der Aktionär ist weder zur Annahme einer Wahl noch zum Besuch der Gesellschaftsversammlungen oder zu irgend einer persönlichen Mitwirkung behufs Erreichung des Gesellschaftszwecks verpflichtet. Er ist nicht schuldig die Gründe seiner Abstimmung anzugeben oder zu rechtfertigen oder bei der Abstimmung irgend eine Sorgfalt (culpa in abstracto oder in concreto) zu prästiren."; pointiert auch *W. Horrwitz*, JW 1930, 2637, 2639: „Wer Aktien erwirbt, tut dies zu seinem eigenen Nutzen, nicht zusammen mit anderen Aktionären, die er meistens nicht kennt und mit denen er kein Interesse hat, einen gemeinsamen Zweck zu fördern."; vgl. ferner *Bodenheimer*, Das Gleichheitsprinzip im Aktienrecht, 1933, S. 50 (Liberalismus); *Bondi*, aaO (Fn. 98), S. 89 (Egoismus); *Dorpalen*, ZHR 102 (1936), 1, 8 f.; *Geiler*, FS Pinner, 1932, S. 254, 276, 279 (hemmungsloser Aktionärsindividualismus); *Herzfelder*, Stimmrecht und Interessenkollision, 1927, S. 42; *A. Hueck*, RGPrax, Band 4, 1929, S. 167, 174; *Netter*, aaO (Fn. 2), S. 507, 537.

101 Zum demokratischen Charakter der damaligen AG etwa *Bondi*, aaO (Fn. 98), S. 184; *Möser*, Die Generalversammlung der Aktiengesellschaft, 1925, S. 59; *Nord*, Grundlinien der Machtverteilung zwischen Verwaltung und Aktionär, 1930, S. 43; aus neuerer Zeit *Nicolussi*, AG 2022, 753 Rdn. 5. Speziell zur Proportionalität zwischen Kapitalbeteiligung und Stimmrecht *Passow*, Der Strukturwandel der Aktiengesellschaft, 1930, S. 2. Vgl. ferner *Theis*, Grundfragen der Rechtsstellung des Aktionärs im Gemeinschaftsrecht, 1940, S. 35 ff.

102 Die Anhänger der deutschrechtlichen Genossenschaftslehre positionierten sich freilich anders, s. nur *O. von Gierke*, Die Genossenschaftstheorie und die deutsche Rechtsprechung, 1887, S. 261: Der Aktionär soll „das Stimmrecht lediglich im Interesse des Ganzen und nicht im eigenen oder fremden Sonderinteresse handhaben."

103 Zum Einfluss der römischen Rechtsauffassung der Societas im Kontext der Aktionärskonflikte vgl. etwa *Netter*, Probleme des lebenden Aktienrechts, 1929, S. 36; im Zusammenhang mit Treu und Glauben auch *Filbinger*, Die Schranken der Mehrheitsherrschaft im Aktienrecht und Konzernrecht, 1942, S. 101.

104 Gegen die Berücksichtigung von Gesellschaftsinteressen in einem Urteil aus dem Jahr 1881 RGZ 3, 123, 126.

105 Im Zusammenhang mit der Strafvorschrift in Art. 249e ADHGB („Wer sich besondere Vortheile dafür hat gewähren oder versprechen lassen, daß er bei einer Abstimmung in der Generalversammlung von Kommanditisten oder Aktionären in einem gewissen Sinne stimme, wird mit Geldstraft bis zu dreitausend Mark oder mit Gefängniß bis zu einem Jahre bestraft.") führte die

bandsmitglieder an die Verfolgung des gemeinsamen Zwecks erinnern soll – zunächst nicht in der Diskussion auftaucht. Gerungen wurde vielmehr um die Reichweite des Stimmverbots in § 252 Abs. 3 HGB a.F.[106] und die Anwendung der allgemeinen zivilrechtlichen Schranken in §§ 138, 226, 826 BGB im Rahmen von Beschlussmängelprozessen nach § 271 HGB a.F. Ein kurzer Blick auf die Handhabung dieser Instrumente, die *Zöllner* in seiner Habilitationsschrift aus dem Jahr 1963 als starre und bewegliche Schranken der Stimmrechtsmacht etikettieren und damit den Anstoß für die fünfte Phase der Treuepflichtdebatte geben wird,[107] schafft eine Verständniskulisse für die späteren Phasen der Debatte um die mitgliedschaftliche Treuepflicht in der Aktiengesellschaft.

b) Stimmverbote und Sittenwidrigkeit in der reichsgerichtlichen Rechtsprechung

Das Reichsgericht legte § 252 Abs. 3 HGB a.F. eng im Sinne einer erschöpfenden Aufzählung aus.[108] Namentlich bezog sich das Stimmverbot für Beschlüsse über

---

Begründung aus: „Nur unter der Annahme, daß alle Aktionäre sich bei der Abstimmung in der Generalversammlung durch das Interesse der Gesellschaft leiten lassen, rechtfertigt es sich, die Generalversammlung als dasjenige Organ der Gesellschaft anzusehen, in welcher der wahre Wille der Gesellschaft zum Ausdruck kommt."; zitiert nach *Schubert/Hommelhoff*, Hundert Jahre modernes Aktienrecht, ZGR-Sonderheft 4, 1985, S. 517.

106 § 252 Abs. 3 HGB a.F. lautete: „Wer durch Beschlußfassung entlastet oder von einer Verpflichtung befreit werden soll, hat hierbei kein Stimmrecht und darf ein solches auch nicht für andere ausüben. Dasselbe gilt von einer Beschlußfassung, welche die Vornahme eines Rechtsgeschäfts mit einem Aktionär oder die Einleitung oder Erledigung eines Rechtsstreits zwischen ihm und der Gesellschaft betrifft."

107 *Zöllner*, Die Schranken mitgliedschaftlicher Stimmrechtsmacht bei den privatrechtlichen Personenverbänden, 1963, S. 93; vgl. dazu noch unter III. 5. a). Freilich wurde der Unterschied zwischen der Reichweite des Stimmverbots nach § 252 Abs. 3 HGB a.F. und den inhaltlichen Grenzen der Stimmrechtsfreiheit, die durch §§ 138, 226, 826 BGB gezogen wurden, bereits vor dem Zweiten Weltkrieg erkannt. So differenzierte etwa *Herzfelder*, aaO (Fn. 100), S. 43 zwischen absoluten und relativen Stimmverboten; vgl. ferner *Hachenburg*, LZ 1907, 460, 465 ff.; *W. Horrwitz*, JW 1930, 2637, 2638.

108 Deutlich RGZ 68, 235, 242: „Denn das Stimmrecht der Aktionäre kann nicht weiter beschränkt werden, als das Gesetz dies anordnet, weil jede Beschränkung des Stimmrechts eine Ausnahme von dem in § 252 an die Spitze gestellten vornehmlichsten Rechte des Aktionärs in sich schließt, dass jede Aktie das Stimmrecht gewährt. Ausnahmen hiervon, die das Gesetz nicht vorsieht, dürfen nicht gemacht werden." Vgl. ferner *Brodmann*, Aktienrecht, 1928, § 252 HGB unter Ziff. 5. a): „Der Abs III regelt die Frage, in welchen Fällen ein Aktionär von der Ausübung des Stimmrechts ausgeschlossen ist, erschöpfend. Ausdehnende Auslegung ist unzulässig; (...)."; so auch *Flechtheim*, JW 1925, 564, 565; *Harmening*, in: Ring/Schachian, Die Praxis der Aktiengesellschaft, 1929, S. 383.

Rechtsgeschäfte zwischen der Gesellschaft und einem Aktionär nach seiner Auffassung, die im Schrifttum überwiegend auf Beifall stieß,[109] nur auf Konstellationen, in denen der Aktionär der Gesellschaft gegenüber wie ein Dritter gegenüberstand. Auf innergesellschaftliche Vorgänge wendete das Reichsgericht § 252 Abs. 3 HGB a.F. hingegen auch dann nicht an, wenn der Aktionär einem Interessenkonflikt unterlag.[110] Dies führte dazu, dass Aktionäre etwa über ihre eigene Bestellung und Abberufung als Gesellschaftsorgane mitstimmen durften.[111] Auch konnten sie bezugsrechtslose Kapitalerhöhungen (mit-)beschließen, von denen sie selbst profitierten.[112]

Auch wenn die Ausklammerung innergesellschaftlicher Vorgänge aus dem Anwendungsbereich des § 252 Abs. 3 HGB a.F. im Ausgangspunkt überzeugte, schuf das Reichsgericht die Gefahr, dass Mehrheitsaktionäre die Minderheit übervorteilen

---

109 Vgl. etwa *Rud. Fischer*, in: Ehrenberg, Handbuch des gesamten Handelsrechts, 3. Band, I. Abteilung, 1916, S. 188; *J. von Gierke*, aaO (Fn. 75), S. 349 ff. (der zwischen Individualgeschäften und sozialrechtlichen Akten differenzierte und die reichsgerichtliche Rechtsprechung eher im Detail kritisierte); *Harmening*, aaO (Fn. 108), S. 384 f.; *Lehmann*, in: Düringer/Hachenburg, HGB, 3. Aufl. 1933, § 252 Anm. 44 ff.; *Pinner*, in: Staub, HGB, 14. Aufl. 1933, § 252 Anm. 26 (anders aber noch *Pinner*, Das Deutsche Aktienrecht, 1899, § 252 HGB unter Ziff. VI. 1.). Zurückhaltender *Goldschmit*, aaO (Fn. 39), § 252 unter Ziff. 23. Ohne Wertung *Friedländer*, Aktienrecht, 1932, § 252 HGB unter Ziff. III. 2. Kritisch *Brodmann*, aaO (Fn. 108), § 252 HGB unter Ziff. 5. c); *A. Hueck*, aaO (Fn. 100), S. 167, 168: Die Praxis habe § 252 Abs. 3 HGB a.F. fast völlig illusorisch gemacht; *Sontag*, Die Aktiengesellschaften im Kampfe zwischen Macht und Recht, 1918, S. 54 ff. Zur Entwicklung *Flechtheim*, JW 1925, 564, 565 ff.; *Herzfelder*, aaO (Fn. 100), S. 27 ff.
110 Grundlegend RGZ 60, 172, 173 f.; vgl. ferner RGZ 68, 235, 242; RGZ 81, 37, 38. In der letztgenannten Entscheidung vom 29. November 1912 fasste das Reichsgericht die Begründung für seine Differenzierung konzise zusammen: „Wo es sich um die inneren Angelegenheiten der Gesellschaft, um Akte des gesellschaftlichen Lebens handelt, würde ein Stimmenthaltungsgebot eher zum Schaden als zum Nutzen der Gesellschaft gereichen. Es könnte dadurch bewirkt werden, daß die durch die Größe ihres Aktienbesitzes in erster Linie zur Verwaltung berufenen Personen von der Mitarbeit ausgeschlossen würden und den minder interessierten Kleingesellschaftern den Platz räumen müßten."; dazu auch *Bondi*, aaO (Fn. 98), S. 200.
111 Vgl. RGZ 60, 172 (Aufsichtsratswahl); RGZ 81, 40 (Abberufung eines Aufsichtsratsmitglieds). Gegen das Stimmrecht in diesen Fällen aber *Ritter*, HGB, 1910, § 252 unter Ziff. 2. c). Einschränkend für die Abberufung des Vorstands aus wichtigem Grund RGZ 75, 234, 237: Der I. Zivilsenat des Reichsgerichts (der aber nicht für Gesellschaftsrecht zuständig war!) bejahte ein Stimmverbot, weil er im streitgegenständlichen Generalversammlungsbeschluss zugleich die Einleitung einer Rechtsstreitigkeit zwischen dem Aktionär und der Gesellschaft sah; ein solcher Fall lag noch innerhalb des Wortlauts des § 252 Abs. 3 HGB a.F.
112 Ein solcher Fall lag – jedenfalls nach Auffassung des Fiskus, der eine Beschlussmängelklage gegen den streitgegenständlichen Generalversammlungsbeschluss erhoben hatte – dem Hibernia-Urteil zugrunde, bei dem indes hinsichtlich des Stimmverbots die Besonderheit zu berücksichtigen war, dass nicht die Generalversammlung, sondern der Vorstand über die Zuteilung der neuen Aktien entscheiden sollte, s. RGZ 68, 235, 241 f.

konnten. Dies war ihm durchaus bewusst. Im Urteil vom 29. November 1912 führte es aus: „Soviel muss der Revision zugegeben werden: auch die hier vertretene Ansicht hat unter Umständen Mißlichkeiten im Gefolge."[113] Die Schutzlücken, die die restriktive Handhabung des Stimmverbots nach sich zog, versuchte das Reichsgericht mit Hilfe der §§ 138, 226, 826 BGB zu schließen.[114] Die meisten Entscheidungen, in denen die Anwendung des § 252 Abs. 3 HGB a.F. abgelehnt wurde, beschäftigten sich im Anschluss mit der Sittenwidrigkeit des Generalversammlungsbeschlusses.[115] Gleichwohl stufte das Gericht die Beschlüsse selten als sittenwidrig ein.[116]

Besonders deutlich kommt diese Haltung des Reichsgerichts im Hibernia-Urteil zum Vorschein. Der II. Zivilsenat ging in der Entscheidung vom 8. April 1908 – also nur fünf Tage nach dem Urteil, in dem er die besondere Bedeutung der Grundsätze von Treu und Glauben im Personengesellschaftsrecht zum ersten Mal deutlich hervorgehoben hatte[117] – im Zusammenhang mit einer bezugsrechtslosen Kapitalerhöhung vom strengen Mehrheitsprinzip[118] aus und lehnte die Anwendung des § 138 BGB[119] ab:[120] Die mit der erforderlichen Stimmenzahl gefassten Beschlüsse der Mehrheit seien für die Minderheit auch dann maßgebend, wenn sie dieser als verkehrt, wirtschaftlich nachteilig und die Bestrebungen der Minderheit schädi-

---

113 RGZ 81, 37, 39. Vgl. ferner *Dorpalen*, ZHR 102 (1936), 1, 10: AG als „Schauplatz erbitterter Machtkämpfe einzelner Interessengruppen."; s. auch *Lehmann*, aaO (Fn. 109), § 252 Anm. 19.
114 Zur Sittenwidrigkeit als Korrektiv für die enge Auslegung des § 252 HGB a.F. etwa *Brodmann*, aaO (Fn. 108), § 252 HGB unter Ziff. 5. a); *A. Hueck*, aaO (Fn. 100), S. 167, 168 f.; *Goldschmit*, aaO (Fn. 39), § 252 unter Ziff. 23.
115 Zur Bedeutung der §§ 138, 826 BGB pointiert *A. Hueck*, aaO (Fn. 100), S. 167, 168: „Es ist fast zur Regel geworden, daß in all den Kämpfen um die Gültigkeit von Generalversammlungsbeschlüssen als letzter Trumpf die Nichtigkeit des Beschlusses wegen Sittenwidrigkeit ausgespielt wird."
116 Dies konstatiert auch *Rud. Fischer*, aaO (Fn. 109), S. 201 Fn. 2. Ausführliche Analyse der reichsgerichtlichen Rechtsprechung bei *A. Hueck*, aaO (Fn. 100), S. 167, 168 ff.; Überblick bei *Nord*, Das Recht des Aktionärs auf Mitverwaltung, 1927, S. 7 ff.
117 RG Warn. 1908 Nr. 464; s. dazu oben unter II. 1.
118 Dazu auch bereits in einer Entscheidung des I. Zivilsenats vom 19. Februar 1881, RGZ 3, 123, 125.
119 Freilich entschied das Reichsgericht schon vor dem Hibernia-Urteil, dass die Anwendung des § 138 BGB auf Generalversammlungsbeschlüsse denkbar sei, vgl. etwa RGZ 52, 287, 293. In diesem Urteil vom 15. Oktober 1902 hielt das Reichsgericht allerdings den streitgegenständlichen Beschluss nicht für sittenwidrig und wendete den Gleichbehandlungsgrundsatz an. Zur praktischen Bedeutungslosigkeit dieser Entscheidung *Sontag*, aaO (Fn. 109), S. 28.
120 Die Besonderheit des Falles lag darin, dass die Pläne des klagenden Fiskus nicht im Einklang mit dem Gesellschaftsinteresse standen. Die Bergwerksgesellschaft Hibernia war nämlich Teil eines Syndikats, mit dem der Fiskus konkurrierte, vgl. *Sontag*, aaO (Fn. 109), S. 49. Der Umstand, dass die bezugsrechtslose Kapitalerhöhung dem Schutz der Gesellschaft vor dem Fiskus dienen sollte, könnte ein Grund gewesen sein, der das Reichsgericht dazu bewog, den Beschluss der Generalversammlung als nicht sittenwidrig zu beurteilen, s. *H. Horrwitz*, Das Recht der Generalversammlung der Aktiengesellschaften und Kommanditgesellschaften auf Aktien, 1913, S. 424 f.

gend erscheinen würden. Dies sei eine unabwendbare Folge des gesetzlich anerkannten Grundsatzes, dass die Mehrheit der Anteilseigner über die Verwaltung der Gesellschaft[121] und darüber entscheide, was im Interesse der Gesellschaft und ihrer Aktionäre zu tun und zu lassen sei. Mit dieser Tatsache müsse sich jeder abfinden, der Aktien erwerbe.[122]

Auf der Linie des Hibernia-Urteils lagen weitere Judikate, in denen das Reichsgericht der Stimmausübungsfreiheit der Aktionäre den Vorzug einräumte. In einem Urteil vom 1. Mai 1908 erwog das Reichsgericht die Anwendung des § 826 BGB auf einen Entlastungsbeschluss der Generalversammlung, mit dem ein Verzicht auf Regressansprüche einherging, es hatte aber nicht genügend Anhaltspunkte, um eine vorsätzliche sittenwidrige Schädigung durch die Mehrheit zu bejahen.[123] 1913 lehnte das Reichsgericht den Rückgriff auf § 138 BGB in einem Fall ab, in dem die Generalversammlung einer Aktiengesellschaft, die aus zwei Aktionären bestand, mit den Stimmen des Großaktionärs die Zusammenlegung von Aktien zu einem Verhältnis beschlossen hatte, das zum Ausschluss des Minderheitsaktionärs geführt hatte.[124] Für nicht sittenwidrig hielt das Reichsgericht 1914 eine Gestaltung, in der ein Aktionär seine Aktien – die bei einem Verschmelzungsbeschluss dem Stimmverbot nach § 252 Abs. 3 HGB a.F. unterlägen – an einen Dritten übertragen hatte, der sodann im Sinne des Aktionärs abstimmte.[125]

Mit den Grundsätzen von Treu und Glauben beschäftigte sich das Reichsgericht in einem Urteil vom 29. November 1912, in dem es die Frage zu beantworten hatte, ob ein Aktionär in der Generalversammlung mitstimmen darf, wenn es sich um den Widerruf seiner Bestellung zum Aufsichtsratsmitglied handelt. Es lehnte zunächst die Anwendung des § 252 Abs. 3 HGB a.F. auf den Beschluss über eine innergesellschaftliche Angelegenheit in gewohnter Manier ab, um sich sodann mit einem Ansatz auseinanderzusetzen, den *Max Hachenburg* 1907 im GmbH-rechtlichen Kontext vorgeschlagen hatte: die Einschränkung der Stimmrechtsausübung gem.

---

121 Die Entscheidung stammt aus einer Zeit, in der die Generalversammlung (und nicht der Vorstand) jedenfalls auf dem Papier das Leitungsorgan der AG war, s. *Bayer/Engelke*, in: Aktienrecht im Wandel, Band I, 2007, Kap. 15 Rdn. 79 (auch zur Diskrepanz zwischen dem gesetzlichen Leitbild und der Praxis); vgl. ferner *Brodmann*, aaO (Fn. 108), § 250 HGB unter Ziff. 1. a); *Rud. Fischer*, aaO (Fn. 109), S. 184 f.; *Haff*, RGPrax, Band 2, 1929, S. 178, 180 f., 187 f.; *Möser*, aaO (Fn. 101), S. 17 ff.; *Passow*, Die Aktiengesellschaft, 2. Aufl. 1922, S. 323 ff., 470 ff.
122 RGZ 68, 235, 245 f. Dies bekräftigte das Reichsgericht 1914 in RGZ 85, 170, 172 f.
123 RGZ 68, 314, 317. Im Schrifttum wurde bezweifelt, ob das Reichsgericht diesen Fall nach der Rechtsprechungswende in der zweiten Debattenphase (s. dazu noch unter III. 2. a) genauso entschieden hätte, vgl. *A. Hueck*, aaO (Fn. 100), S. 167, 181.
124 Berichtet vom *Langsdorff*, LZ 1914, 273, 274 f.
125 RGZ 85, 170, 172 ff.

§ 157 BGB durch die Grundsätze von Treu und Glauben.[126] Das Reichsgericht schloss sich dem Vorschlag *Hachenburgs* nicht an, auch um dem Einzug größter Unsicherheit in die Betätigung des gesellschaftlichen Lebens vorzubeugen. Stattdessen verwies es auf die Möglichkeit, § 226 BGB anzuwenden, was es aber im konkreten Fall freilich nicht tat.[127] An diesen Aussagen hielt das Reichsgericht – trotz der in der zweiten Debattenphase einsetzenden Rechtsprechungswende[128] – noch 1928 fest.[129]

c) Erste Rufe des Schrifttums nach mehr Unternehmens- und Minderheitenschutz

Die herrschende Auffassung im Schrifttum rezipierte die reichsgerichtliche Praxis ohne größere Widersprüche. Die meisten Autoren gingen wie das Reichsgericht vom strikten Mehrheitsprinzip aus und sahen über die Anwendung der allgemeinen zivilrechtlichen Schranken der §§ 138, 226, 826 BGB hinaus keinen Anlass für Korrekturen mehrheitlich gefasster Generalversammlungsbeschlüsse.[130] Wer – wie etwa *Rudolf Fischer* – die Möglichkeit der Generalversammlungsmehrheit, ihre Sonderinteressen zulasten der Gesellschaft zu verfolgen, erkannte und problematisierte, zog meistens weder die Grundsätze von Treu und Glauben noch die Treuepflicht als Korrektiv der Mehrheitsmacht in Erwägung. Stattdessen verwies *Fischer* auf die im Gesetz verankerten Minderheitenrechte.[131]

---

126 Vgl. dazu *Hachenburg*, LZ 1907, 460, 465 ff.; dafür auch (ohne nähere Begründung) *Stranz*, DJZ 1908, 799, 801.
127 RGZ 81, 37, 40. Vgl. ferner *Flechtheim*, JW 1925, 564, 565, der – wie das Reichsgericht – den Vorstoß *Hachenburgs* ablehnte, um Unsicherheiten zu vermeiden, die Anwendung des § 226 BGB aber für praktisch ausgeschlossen hielt; dem im Grundsatz folgend *Lehmann*, aaO (Fn. 109), § 252 Anm. 18 (der aber in Anm. 19 f. rechtspolitischen Handlungsbedarf konstatierte); *Pinner*, JW 1928, 2593, 2595 f.
128 Zur reichsgerichtlichen Rechtsprechung in der zweiten Phase der Treuepflichtdebatte s. unter III. 3. b).
129 RGZ 119, 386, 387. Zu diesem Urteil s. noch unter III. 3. b) dd).
130 Vgl. etwa *Rud. Fischer*, aaO (Fn. 109), S. 201 f.; *H. Horrwitz*, aaO (Fn. 120), S. 120 f., 424 f.; *Litthauer/ Mosse*, HGB, 14. Aufl. 1911, § 251 unter Ziff. 5. sowie 15. Aufl. 1915 und 16. Aufl. 1920, § 251 unter Ziff. 6.; *Ritter*, aaO (Fn. 111), § 271 unter Ziff. 1. b). Vor dem Hibernia-Urteil für das strikte Mehrheitsprinzip *Pinner*, aaO (Fn. 109), § 271 HGB unter Ziff. I. 1.: „Die Beschlüsse einer Aktiengesellschaft werden begrifflich durch die Majorität der Aktionäre gefaßt; wer einer Gesellschaft als Aktionär beitritt, unterwirft sich diesen Majoritätsbeschlüssen, selbst wenn er dem Beschlusse nicht zustimmt." – Ausführungen zur Sittenwidrigkeit der Generalversammlungsbeschlüsse sucht man in der Kommentierung vergebens.
131 Siehe *Rud. Fischer*, aaO (Fn. 109), S. 199 ff. Vgl. ferner *Litthauer/Mosse*, aaO (Fn. 130), § 251 unter Ziff. 5: keine Nichtigkeit wegen Verstoßes gegen gute Sitten bei bloßer Verletzung der Interessen der Minderheit.

Nur vereinzelt wurden Rufe nach einem verstärkten Schutz des Unternehmens und der Aktionärsminderheit gegen die Mehrheitsmacht[132] sowie nach der Anwendung der §§ 157, 242 BGB erhoben. Neben dem soeben erwähnten Vorstoß *Hachenburgs*[133] ist etwa der Beitrag von *Felix Bondi* zu nennen, der in einer Besprechung des Hibernia-Urteils[134] zwar von „eiserner Strenge" und „brutale[r] Macht der Aktienmehrheit gegenüber der Minderheit" sprach, aber die Verbesserung des Minderheitenschutzes nur *de lege ferenda* erwog.[135] Später schloss sich *Bondi* der Ansicht *Hachenburgs* an, ohne aber § 157 BGB oder die Grundsätze von Treu und Glauben ausdrücklich zu nennen.[136] Die analoge Anwendung des § 242 BGB auf Generalversammlungsbeschlüsse hielt *Hugo Horrwitz* für möglich, der sich aber in erster Linie mit der Sittenwidrigkeit befasste.[137] Auch *Walther Rathenau* zog in der vielzitierten Abhandlung „Vom Aktienwesen" einen Verstoß gegen Treu und Glauben in Betracht, wenn „eine gewissenlose Mehrheit in gesellschaftsfremdem oder feindlichem Interesse Vorteile sucht", befürwortete aber zugleich das Mehrheitsprinzip, solange die Zwecke der Mehrheit auf das gemeinsame Gesellschaftsinteresse beschränkt blieben.[138]

---

[132] Dazu bereits früh *Klein*, Die neueren Entwicklungen in Verfassung und Recht der Aktiengesellschaft, 1904, S. 46. Das starre Mehrheitsprinzip kritisierend *Sontag*, aaO (Fn. 109), S. 17: „Die Kalkulation des Gesetzgebers, daß bei der Mehrheit naturgemäß die Interessen der Aktiengesellschaft stets am besten aufgehoben seien, war also falsch. Die Mehrheit hat diese Interessen verraten und ist doch dabei auf ihre Kosten gekommen." *Sontag*, der in den geschilderten Praxisfällen von „treulose[r] Mehrheit" (S. 20) und „Vergewaltigung der Minderheit" (S. 24, 26) sprach sowie auf das zwischen den Aktionären bestehende Rechtsband (S. 26) verwies, zog aber die Anwendung der §§ 157, 242 BGB nicht in Erwägung, sondern plädierte für eine „weitherzige Auslegung des § 252 Abs. 3 HGB" (S. 54 ff. mit Zitat auf S. 62).
[133] *Hachenburg*, LZ 1907, 460, 465 ff.
[134] RGZ 68, 235. Dazu oben unter III. 2. b).
[135] *Bondi*, DJZ 1908, 1006, 1007.
[136] Siehe *Bondi*, DJZ 1914, 908, 910.
[137] Vgl. *H. Horrwitz*, aaO (Fn. 120), S. 80 f.
[138] *Rathenau*, Vom Aktienwesen, 1917, S. 30. Zur Bedeutung dieser Abhandlung im Kontext der Treuepflicht und des Unternehmensinteresses s. noch unter III. 3. c) cc.

3. Zweite Phase: von der Sittenwidrigkeit zur Treuepflicht in der Weimarer Republik

a) Strukturwandel der Aktiengesellschaft als Treibstoff für Konflikte

Nach dem Ersten Weltkrieg nahm die Intensität der Debatte um die Beschränkung der Stimmrechtsmacht zu. Dies hing eng mit dem ökonomischen Zustand der Weimarer Republik zusammen, der den Strukturwandel der Aktiengesellschaft befeuerte.[139] Aufgrund der (Hyper-)Inflation[140] und der andauernden wirtschaftlichen Krise kam es in der Unternehmenslandschaft zu einer starken Konzentration des Kapitals, was sich auf die Zusammensetzung der Generalversammlungen auswirkte: Der Streubesitz wurde verdrängt zugunsten von Großaktionären, die in Verwaltungsorganen vertreten waren;[141] die Verflechtungen zwischen den Unternehmen und die Zahl der Konzerne nahmen zu.[142] Verbreitet waren überdies die sog. Schutzaktien, die in Gestalt der Verwaltungsaktien[143] (ggf. mittelbar) Mitgliedern des Vorstands und Aufsichtsrats gehörten und – jedenfalls nach Auffassung der Verwaltungsorgane[144] – dem Zweck dienten, die Gesellschaft vor der sog. in-

---

[139] Ausführlich dazu etwa *Hachenburg*, in: Düringer/Hachenburg, HGB, 3. Band, 3. Aufl. 1932, Einl. I. I. Kapitel 3. Abschnitt (Anm. 12 ff.); s. ferner *Lifschütz*, DJZ 1928, 1649 ff.; im internationalen Kontext *Bondi*, aaO (Fn. 98), S. 53 ff.; skeptisch aber *Nord*, aaO (Fn. 101), S. 30 ff.

[140] Speziell zu den Auswirkungen der Inflation *Müller-Erzbach*, Die Entartung des deutschen Aktienwesens seit der Inflationszeit, 1926, passim; im Kontext der Aktionärsrechte *Nord*, aaO (Fn. 116), S. 20 f. Zurückhaltender *Wilmersdoerffer*, LZ 1931, 1417, 1430: „Tatsache ist, daß der Strukturwandel im Aktienrecht nicht etwa nur eine Folge der Inflation ist".

[141] Deutlich *J. von Gierke*, aaO (Fn. 75), S. 274: „Die A.G. verliert ihren demokratischen Charakter. Der Kleinaktionär wird von der Verwaltung zurückgedrängt."; s. ferner *Baumbach*, AktG, 5. Aufl. 1944, Einl. Ziff. 2. B.: „Der Einfluss der Kleinaktionäre trat immer mehr zurück."; *Geiler*, aaO (Fn. 100), S. 254, 276 f., der insoweit von der Entindividualisierung der AG sprach.

[142] Zur Konzernbildung in der Nachkriegszeit etwa *Brodmann*, Die Sanierung unseres Aktienwesens, 1931, S. 27 ff.; *Haußmann*, Vom Aktienwesen und vom Aktienrecht, 1928, S. 18 ff.; *A. Hueck*, aaO (Fn. 100), S. 167; *Netter*, aaO (Fn. 2), S. 507, 530, 532; *Passow*, aaO (Fn. 101), S. 5 f.; *Weisbart*, in: Ring/Schachian, Die Praxis der Aktiengesellschaft, 1929, S. 419 ff.

[143] Zu Begrifflichkeiten (Verwaltungsaktie, Stimmrechtsaktie, Vorratsaktie und Schutzaktie) und Zusammenhang mit der wirtschaftlichen Entwicklung nach dem Ersten Weltkrieg s. etwa *Brodmann*, aaO (Fn. 108), § 185 HGB unter Ziff. 4.; *H. Horrwitz*, Schutz- und Vorratsaktien, 1926, S. 1 f.; zu Verwaltungsaktien im Kontext der Konzernierung s. *Weisbart*, aaO (Fn. 142), S. 460 ff.; aus neuerer Zeit *Spindler*, in: Aktienrecht im Wandel, Band I, 2007, Kap. 15 Rdn. 21 ff.

[144] Zum inflationären Gebrauch des Überfremdungsbergriffs als (lediglich vorgetäuschte) Rechtfertigung *Nord*, aaO (Fn. 116), S. 23; s. ferner *Winckler-Krämer*, Der aktienrechtliche Minderheitenschutz, 1928, S. 75. Zu fehlenden Rechtstatsachen hinsichtlich der Eignung der Verwaltungsaktien als Instrument des Überfremdungsschutzes *Passow*, aaO (Fn. 101), S. 13.

neren und äußeren Überfremdung zu bewahren.[145] Namentlich sollten die Schutzaktien das ausländische Kapital von – wegen der Inflation günstigen – Investitionen in deutsche Unternehmen fernhalten.[146] Generalversammlungen und Verwaltungsorgane erledigten auf privatrechtlicher Basis Aufgaben, die heute von der Wirtschaftspolitik und Wirtschaftsverwaltung nach Maßgabe des Außenwirtschaftsrechts gemeistert werden.[147]

Der Überfremdungsschutz qua Verwaltungsaktien, die nicht selten als Vorzugsaktien mit Mehrstimmrechten[148] ausgestaltet waren,[149] hatte eine Nebenwirkung auf die Machtverhältnisse in der Generalversammlung: Personen, die eine Handvoll Aktien hielten, waren in der Lage, sich in Abstimmungen gegen die Kapitalmehrheit durchzusetzen.[150] Der früher herrschende Grundsatz der Proportionalität zwischen Kapitalbeteiligung und Stimmrecht galt nicht mehr; es bildete

---

145 Vor dem Ersten Weltkrieg waren solche Aktien „eine verhältnismäßig seltene Erscheinung", s. *Winckler-Krämer*, aaO (Fn. 144), S. 74.
146 Zum Überfremdungsschutz in der Inflationszeit pointiert *Brodmann*, aaO (Fn. 108), § 185 HGB unter Ziff. 4.: „Es war die Befürchtung, es könnten Ausländer den Verfall unserer Währung ausnutzen, um sich durch massenhaften Ankauf der sie so gut wie nichts kostenden Aktien des überwiegenden Einflusses oder gar der Alleinherrschaft in der Gesellschaft zu bemächtigen, welche diese absonderliche Art von Aktien vielleicht ihren Ursprung, jedenfalls ihre schnelle und große Verbreitung, ihre Zulassung vor dem Forum des Reichsgerichts und schließlich auch die zwar nicht ausdrückliche, aber mittelbare Anerkennung in der Gesetzgebung oder doch in der Verordnungsgewalt der Reichsbehörden verdankt."; s. ferner *Cosack*, Lehrbuch des Handelsrechts, 10. und 11. Aufl. 1923, S. 511; *H. Horrwitz*, aaO (Fn. 143), S. 2 f.; *Möser*, aaO (Fn. 101), S. 57 ff.; *Müller-Erzbach*, aaO (Fn. 140), S. 10 f.; *Nußbaum*, Aktionär und Verwaltung, 1928, S. 10 f.; *Weisbart*, aaO (Fn. 142), S. 458; *Wieland*, Handelsrecht, II. Band, 1931, S. 234 f. Aus neuerer Zeit *Spindler*, in: Aktienrecht im Wandel, Band I, 2007, Kap. 15 Rdn. 17 ff.
147 Zum volkswirtschaftlichen Interesse des Staates an den Schutzaktien *Nicolussi*, AG 2022, 753 Rdn. 7.
148 Zu Mehrstimmrechtsaktien als Gegenstand großer Debatten s. *Kalss/Nicolussi*, in: Fleischer/Koch/Schmolke, Gesellschaftsrecht im Spiegel großer Debatten, § 11. Zur Einbettung der Mehrstimmrechtsaktien in das aktienrechtliche Regelungsumfeld der Weimarer Zeit aufschlussreich *Kalss*, ZHR 187 (2023), 438, 473 f.
149 Hierzu *Hachenburg*, aaO (Fn. 139), Einl. I. Anm. 12 ff.; *Harmening*, aaO (Fn. 108), S. 386 ff.; *Passow*, aaO (Fn. 121), S. 335 ff.; *Pinner*, in: Staub, Handelsgesetzbuch, 12. und 13. Aufl. 1926, Einl zu § 185; *Weisbart*, aaO (Fn. 142), S. 455 ff. Rechtstatsachen bei *Müller-Erzbach*, aaO (Fn. 140), S. 12 f.; *Nußbaum*, aaO (Fn. 146), S. 2.
150 Darauf hinweisend *Wieland*, aaO (Fn. 146), S. 235; mit Rechenbeispiel *Winckler-Krämer*, aaO (Fn. 144), S. 75 f.; s. ferner *H. Horrwitz*, aaO (Fn. 143), S. 3 f.: „In der Tat wurde sehr bald zum Vorwand und Mißbrauch, was ursprünglich vielleicht begründet und legitim war."; *Lifschütz*, DJZ 1928, 1649, 1652; aus neuerer Zeit auch *Nicolussi*, AG 2022, 753 Rdn. 9.

sich eine Verwaltungsoligarchie.[151] Diese Entwicklungen führten zu vermehrten rechtlichen Auseinandersetzungen, die den Blick des Schrifttums für die Mehrheit-Minderheit-Konflikte zwischen den Aktionären schärften und deren rechtliche Lösung stärker als vor dem Ersten Weltkrieg durch ökonomische Gegebenheiten beeinflusst wurde.[152]

b) Wandel der reichsgerichtlichen Rechtsprechung zur Sittenwidrigkeit

aa) Fortschreibung der Hibernia-Rechtsprechung durch den II. Zivilsenat

Von der wirtschaftlichen Entwicklung und dem Strukturwandel der Aktiengesellschaft – namentlich der Verbreitung von Schutzaktien – ließ sich das Reichsgericht zunächst nicht beeinflussen. Ganz auf der Linie des Hibernia-Urteils entschied der II. Zivilsenat in einem Urteil vom 17. November 1922, dass ein Bezugsrechtsausschluss zulasten der Minderheitsaktionäre nicht sittenwidrig sei.[153] Dies bestätigte der Senat in einer Entscheidung vom 19. Juni 1923, wobei er zugleich die Ausgabe von Vorzugsaktien an ein Bankhaus unter der Bedingung, dass das Bankhaus die Aktien innerhalb einer Sperrfrist von zehn Jahren nicht am Markt anbietet und das Stimmrecht im Einklang mit der Verwaltung ausübt, für unbedenklich hielt.[154]

---

151 Pointiert *Passow*, aaO (Fn. 101), S. 2. Vom oligarchischen Charakter der AG sprachen auch: *Bondi*, aaO (Fn. 98), S. 64 f.; *J. von Gierke*, aaO (Fn. 75), S. 284. Einen Schritt weiter ging *Bodenheimer*, aaO (Fn. 100), S. 51: Die AG sei autokratisch geworden. Sehr kritisch *Nußbaum*, aaO (Fn. 146), S. 4: „Vor dem Kriege sicherte sich die Verwaltung die Kontinuität durch eigene Kapitalbeteiligung und durch Tüchtigkeit. Heute bedarf sie weder der einen noch der anderen."; s. ferner *Marx*, Die Bedeutung der Interessenkollision für das Aktienstimmrecht und die Rechtsgültigkeit von Generalversammlungs-Beschlüssen, 1927, S. 116 f.; *Nord*, aaO (Fn. 116), S. 25 ff.
152 Eine Korrelation zwischen starker Zunahme von aktienrechtlichen Entscheidungen des Reichsgerichts und der Wirtschaftskrise stellen etwa fest: *A. Hueck*, aaO (Fn. 100), S. 167; *Lifschütz*, DJZ 1928, 1649, 1650 f.
153 RGZ 105, 373, 375 f.: „Die Generalversammlung hat, indem sie das Bezugsrecht der Aktionäre ausschloß, nur von dem ihr in § 282 Abs. 1 HGB. ausdrücklich eingeräumten, nach ihrem freien Ermessen auszuübenden Rechte Gebrauch gemacht. In einem solchen Falle liegt die Möglichkeit, daß das Verhältnis der Aktionäre untereinander sich durch den Hinzutritt der neuen Aktien mehr oder minder verschiebt, in der Natur der Sache. Diese Möglichkeit kann deshalb noch nicht dazu führen, in dem gesetzlich zulässigen Beschluß etwas Sittenwidriges zu erblicken."
154 RGZ 107, 67, 70 f. Auch 1927 betonte das Reichsgericht die Unbedenklichkeit des Bezugsrechtsausschlusses und verwies auf die Sittenwidrigkeit als Schranke, vgl. RGZ 118, 67, 71: „Das gesetzliche Bezugsrecht der Aktionäre ist demnach kein unbedingtes ‚Sonderrecht' der Aktionäre. Es kann vielmehr von der Generalversammlung nach ihrem Ermessen im Kapitalerhöhungs-Beschluss ganz oder teilweise ausgeschlossen werden. Die Generalversammlung ist dabei nur an die Schranken der

bb) V. Zivilsenat des Reichsgerichts als Linotype-Vorläufer

Indes sollte diese Rechtsprechungslinie schon wenige Monate später bröckeln. Am 20. Oktober 1923 erging ein Urteil des V. Zivilsenats des Reichsgerichts, das einen Beschluss einer Bergbaugewerkschaft[155] zum Gegenstand hatte und dessen Tatbestand an die Linotype-Entscheidung[156] – in der der BGH 65 Jahre später die horizontale Treuepflicht der Aktionäre anerkennen wird[157] – erinnert: Die Gewerkenversammlung hatte beschlossen, die Gewerkschaft aufzulösen und ihr Vermögen für eine Gegenleistung, die der spätere Kläger für deutlich zu niedrig hielt, auf eine andere Gewerkschaft zu übertragen. Das Berufungsgericht ging – durchaus im Einklang mit der aktienrechtlichen Rechtsprechung des II. Zivilsenats des Reichsgerichts – davon aus, dass es nicht zu beanstanden sei, wenn die Gewerken bei der Abstimmung nur ihre Interessen im Auge gehabt hätten; „für den einzelnen Gewerken bestehe keine Verpflichtung, das Gesamtinteresse der Gewerkschaft als solcher zu wahren."[158]

Dem trat der V. Zivilsenat entgegen und setzte dabei die Akzente anders als der II. Zivilsenat, der bislang das starre Mehrheitsprinzip betonte. Auch wenn der V. Senat nicht ausdrücklich von der Treuepflicht sprach,[159] sondern mit der Sittenwidrigkeitsschranke arbeitete, sind in den Urteilsgründen einige Elemente enthalten, die bis heute zur Begründung der Loyalitätsbindung von Aktionären vorgebracht werden und deshalb eine ausführlichere Wiedergabe verdienen: Wenn auch in einer Reihe von Entscheidungen auf dem Gebiet der Handelsgesellschaften die Auffassung vertreten gewesen sei, dass die Mehrheit des Aktienbesitzes oder der Geschäftsanteile darüber zu bestimmen habe, was im Interesse der Gesellschaft liege, und dass die Minderheit sich dem Willen der Mehrheit unterwerfen müsse, so sei damit keineswegs zugleich ausgesprochen, dass die Mehrheit die Macht schrankenlos ausbeuten und vorsätzlich zum Nachteil der Gesellschaft handeln dürfe. Vielmehr sei es anerkannt, dass eine Ausbeutung der Mehrheitsrechte gegenüber der Minderheit und die Verfolgung eigensüchtiger Interessen hierbei unter bewusster Hintansetzung des Wohles der Gesellschaft einen Verstoß gegen die

---

§§ 138, 826, 226 BGB. gebunden; darüber hinaus hat sie freie Hand." Gleichsinnig in demselben Jahr RGZ 119, 248, 254.

155 Zu dieser körperschaftlich strukturierten Rechtsform s. etwa *Brassert/Gottschalk*, Allgemeines Berggesetz für die preußischen Staaten, 2. Aufl. 1914, S. 354 ff.

156 BGHZ 103, 184 = NJW 1988, 1579.

157 Vgl. dazu noch unter III. 6. b).

158 Vgl. die Wiedergabe des Berufungsurteils in RGZ 107, 202, 204.

159 Im Schrifttum wurde trotzdem vertreten, dass das Reichsgericht mit dieser Entscheidung die Treuepflicht des Aktionärs gegenüber dem Unternehmen bejahte, vgl. *Netter*, aaO (Fn. 103), S. 45; s. auch *Friedländer*, aaO (Fn. 109), § 271 HGB unter Ziff. III. 2.; *Kropff*, in: Geßler/Hefermehl/Eckardt/Kropff, AktG, 1974, § 117 Rdn. 4.

guten Sitten enthalten könne. Der Gesellschafter leite seine Rechte aus dem Gesellschaftsvertrag her; seine Befugnisse seien ihm in seiner Eigenschaft als Gesellschafter verliehen; bei der Ausübung seiner Rechte habe er sich daher grundsätzlich von dem Interesse der Gesellschaft und nicht von seinen privaten außerhalb der Gesellschaft liegenden Sonderinteressen leiten zu lassen.[160]

Die Entscheidung des V. Senats – die auf den Pfaden der deutschrechtlichen Genossenschaftslehre wandelt, ohne sich aber zu dieser Lehre ausdrücklich zu bekennen[161] – war ein wichtiger Schritt zur Abkehr der Rechtsprechung von der streng individualistischen Konzeption körperschaftlich strukturierter Verbände hin zu einer mehr auf den gemeinsamen Verbandszweck fokussierten Sichtweise.[162] Es liegt nicht gänzlich fern, dass diese Wende mit der Geschäftsverteilung im Reichsgericht zusammenhing: Der V. Senat war nicht für gesellschaftsrechtliche Streitigkeiten zuständig, sondern (neben dem Grundstücksrecht) u. a. für Rechtsstreitigkeiten in Bergrechtssachen. Insoweit ist es nicht völlig unplausibel anzunehmen, dass er zwar in den Entscheidungsgründen die Urteile des II. Zivilsenats zitierte,[163] sich aber nicht an die tradierte gesellschaftsrechtliche Rechtsprechungslinie gebunden fühlte. Vor diesem Hintergrund darf die bergwerkrechtliche Entscheidung als ein Beispiel für eine Debatte zwischen Reichsgerichtssenaten verstanden werden. Auffällig ist dabei, dass ein Teil der zeitgenössischen Literatur das Urteil des V. Senats als einen Ausreißer aus der sonst gleichförmigen höchstrichterlichen Rechtsprechung zur Sittenwidrigkeit der Generalversammlungsbeschlüsse einstufte, aber die Diskrepanzen zwischen den unterschiedlichen Reichsgerichtssenaten nicht hervorhob und das Reichsgericht augenscheinlich als einen

---

160 RGZ 107, 202, 204 mit weitergehenden Ausführungen zur Anwendung dieser Grundsätze auf den konkreten Fall auf S. 205 f. Allerdings sah sich der V. Senat nicht im Stande, das Urteil der Sittenwidrigkeit aufgrund des ihm vorliegenden Sachverhalts zu fällen, und verwies die Sache zu näherer Aufklärung an die Vorinstanz. Zu psychologischen Hürden, einen Generalversammlungsbeschluss als sittenwidrig zu qualifizieren, s. noch unter III. 3. c) bb) mit Nachw. in Fn. 193. Zur Verallgemeinerung der reichsgerichtlichen Aussagen auf Fusionsfälle s. A. *Hueck*, aaO (Fn. 100), S. 167, 180.
161 Die Ausführungen in RGZ 107, 202, 204 zur Stimmrechtsausübung im Interesse der Gesellschaft erinnern an die Aussagen von *O. von Gierke*, aaO (Fn. 102), S. 261 (s. dazu bereits oben unter III. 2. a)).
162 Den Wandel der reichsgerichtlichen Rechtsprechung stellten etwa fest: *Bodenheimer*, aaO (Fn. 100), S. 50; *Friedländer*, aaO (Fn. 109), § 271 HGB unter Ziff. III. 2. (der in Reichsgerichtsurteilen der 1920er Jahre ein Bekenntnis zur Treuepflicht erblickte); *Hayum*, Die Grenzen der Mehrheitsherrschaft in der Generalversammlung der Aktiengesellschaft, 1927, S. 52, 56 ff.; A. *Hueck*, aaO (Fn. 100), S. 167, 177 f. (der die Rechtsprechungswende schon in früheren Entscheidungen kommen sah); *Pinner*, aaO (Fn. 109), § 185 Anm. 11c. Vgl. ferner *Dorpalen*, ZHR 102 (1936), 1, 11 f. Andere relativierten die Bedeutung des Urteils, s. W. *Horrwitz*, JW 1930, 2637, 2638; vgl. ferner *Hachenburg*, JW 1924, 1150: „Neu ist nur die scharfe Ablehnung der Sonderinteressen des Gesellschafters und das Verlangen, sich grundsätzlich von den Interessen der Gesellschaft leiten zu lassen."
163 Vgl. RGZ 107, 202, 204.

einheitlichen Spruchkörper betrachtete.[164] Heute ist die Sensibilität für die Dissonanzen zwischen den BGH-Senaten stärker ausgeprägt.[165]

cc) Materialisierungstendenzen in der Rechtsprechung des II. Zivilsenats

Der II. Zivilsenat des Reichsgerichts schloss sich der Entscheidung des V. Zivilsenats vom 20. Oktober 1923 zwar zunächst nicht ausdrücklich an, zeigte aber, dass er eine Überschreitung der Schranken der Stimmrechtsmacht durch die Mehrheit für denkbar hielt. In einem Urteil vom 18. Januar 1924 sprach er von einem Verstoß „gegen das Gebot einer billigen und gerechten Behandlung der Aktionäre bei Ausgabe neuer Aktien" anlässlich einer bezugsrechtslosen Kapitalerhöhung, bei der die Aktien trotz eines höheren Kurses zu pari an eine bevorzugte Aktionärsgruppe abgegeben wurden.[166] Ob das Reichsgericht darin einen Verstoß gegen das Sittengebot oder den Gleichbehandlungsgrundsatz erblickte, lässt sich den Entscheidungsgründen indes nicht mit hinreichender Sicherheit entnehmen.

In den Folgejahren standen Schutzaktien im Fokus der reichsgerichtlichen Judikatur.[167] In einer Reihe von Urteilen billigte das Reichsgericht die Ausgabe solcher Aktien als ein Instrument des Überfremdungsschutzes,[168] was im Schrifttum auf (teilweise sehr harsche) Kritik stieß.[169] Anders als in den Entscheidungen, die vor

---

[164] Vgl. etwa *W. Horrwitz*, JW 1930, 2637, 2638; *A. Hueck*, aaO (Fn. 100), S. 167, 178; *Netter*, aaO (Fn. 103), S. 38 f.

[165] Als Beispiel mag die Analyse der Rechtsprechung des II. und XI. Zivilsenats zu Konkurrenzen im Prospekthaftungsrecht dienen; vgl. dazu etwa *Assmann*, AG 2023, 189 ff.; *Buck-Heeb/Dieckmann*, ZIP 2023, 501 ff.; *Wilhelm*, BKR 2023, 341 ff.

[166] RGZ 108, 41, 43.

[167] Überblick über die reichsgerichtliche Rechtsprechung zur Zulässigkeit und Sittenwidrigkeit der Schutzaktien bei *Pinner*, aaO (Fn. 109), § 185 Anm. 11c ff.; systematisierende Überlegungen bei *A. Hueck*, aaO (Fn. 100), S. 167, 181 ff.

[168] Siehe etwa RGZ 113, 188, 191 ff. Gleichwohl erkannte das Reichsgericht die mit den Schutzaktien verbundenen Probleme, zog sich aber *de lege lata* zurück und überließ die Lösung dem Gesetzgeber, vgl. RGZ 119, 248, 252: Gegen die Zulässigkeit von Schutzaktien seien nach der Rechtsprechung keine rechtlichen Bedenken zu erheben. „Ob und inwieweit es im Hinblick auf zutage getretene Mißstände etwa als zweckmäßig oder geboten erscheint, in der einen oder anderen Richtung gewisse besondere Sicherungen und Schranken zu schaffen, ist ein Problem der Gesetzgebung."; dies im Grundsatz begrüßend *Nußbaum*, JW 1928, 625, 626; vgl. ferner *Harmening*, aaO (Fn. 108), S. 391: (Mehr-)Stimmrechtsaktie als Problem der Gesetzgebung; für richterliches Eingreifen aber *Lifschütz*, JW 1928, 628, der den Gleichbehandlungsgrundsatz bemühte. Zu den Vorschlägen *de lege ferenda* ausführlich *H. Horrwitz*, aaO (Fn. 143), S. 14 ff.; zur Einführung einer aktienrechtlichen Generalklausel s. noch Fn. 192.

[169] Deutlich *Brodmann*, aaO (Fn. 108), § 185 HGB unter Ziff. 4.: „All diese Gebilde sind über uns gekommen, wie der Dieb über Nacht. Freiwillige und streitige Gerichtsbarkeit haben sich den Tatsachen gefügt. (...) Vom rechtswissenschaftlichen Standpunkt aus sind alle diese Aktien, sofern es

dem Ersten Weltkrieg gefällt wurden, stellte der II. Zivilsenat aber nicht allein auf das Mehrheitsprinzip ab, sondern bemühte das Gesellschaftswohl, um die Beeinträchtigung der Minderheiteninteressen als nicht sittenwidrig einzustufen;[170] die formelle Begründung wurde durch materielle Elemente angereichert. Zudem zog das Reichsgericht der Ausgabe der Schutzaktien engere Grenzen. So hielt es in einem Urteil vom 23. Oktober 1925 die Zuteilung von Gratisaktien an die Mitglieder der Verwaltungsorgane für sittenwidrig und nicht mit dem Gleichbehandlungsgebot zu vereinbaren, weil es darin keine Maßnahme zur Förderung der Gesellschaftsinteressen sah.[171]

Diese Rechtsprechung entwickelte der II. Senat im Victoria-Urteil vom 31. März 1931 fort. In dem streitgegenständlichen Fall ging es um einen Kapitalerhöhungsbeschluss, mit dem Schutzaktien ohne Bezugsrecht geschaffen werden sollten, ohne dass die Gesellschaft einen Kapitalbedarf hatte. Das Reichsgericht sah in dieser Gestaltung einen Gesetzesverstoß, weil die Kapitalerhöhung seiner Ansicht nach nur dem Zweck diente, „die Stellung der Mehrheit gegenüber der von der Klägerin geführten Minderheit zu stärken und so eine der Beklagten angeblich schädliche Einflußnahme der Klägerin auf die Gesellschaft auszuschalten und unmöglich zu machen".[172] Mancherorts wird in der Entscheidung die Geburtsstunde der mitgliedschaftlichen Treuepflicht[173] erblickt,[174] doch zeigt die nüchterne Lektüre der

---

sich tatsächlich um Verwaltungsaktien in diesem Sinne handelt, mit zwingenden Vorschriften des Gesetzes in Widerspruch und nichtig." Skeptisch auch *Cosack*, aaO (Fn. 146), S. 511: „Wie soll aber eine Gewähr dafür geschaffen werden, daß nun nicht gerade umgekehrt sie Inhaber jener Vorzugsaktien mit dem ihnen vertrauensvoll eingeräumten Vorzugsstimmrecht Mißbrauch treiben?".
170 RGZ 108, 322, 327 (Vorzugsaktien mit mehrfachem Stimmrecht); RGZ 113, 188, 193 ff. (Stammaktien); RGZ 119, 248, 255 ff. (Vorzugs-, Vorrats- und Schutzaktien). Kritisch zu dieser Begründung *Lifschütz*, JW 1928, 628, 629.
171 RGZ 112, 14, 19: „Im Ergebnis nähert sich daher die ganze Maßnahme der Zuwendung von Gratisaktien an den Vorstand und Aufsichtsrat. In solcher einseitigen Verfolgung der eigenen Interessen auf Kosten der Minderheit ohne gleichzeitige Förderung der Interessen der Gesellschaft konnte ohne Rechtsirrtum ein Verstoß gegen die guten Sitten erblickt werden, der zugleich eine Verletzung des Grundsatzes der gleichmäßigen Behandlung aller Aktionäre darstellt."
172 RGZ 132, 149, 161 mit weiterführenden Ausführungen auf S. 162 ff.
173 Die Grundsätze von Treu und Glauben und § 242 BGB wendete das Reichsgerichts allerdings in einem Urteil vom 6. Februar 1932 an, um die Möglichkeit der Heilung einer unwirksamen Sachgründung durch spätere Satzungsänderung zeitlich zu begrenzen, s. RG JW 1932, 1647, 1648 mit zust. Anm. *Hachenburg*. Ob das Gericht bereit war, § 242 BGB auf die Lösung von Mehrheit-Minderheit-Konflikten anzuwenden, lässt sich der Entscheidung indes nicht entnehmen.
174 Vgl. *Dorpalen*, ZHR 102 (1936), 1, 12; *Hirte*, Bezugsrechtsausschluss und Konzernbildung, 1986, S. 14 mit Fn. 56; *Kropff*, aaO (Fn. 159), § 117 Rdn. 4; *Lieder/V. Müller*, in: Fleischer/Thiessen, Gesellschaftsrechts-Geschichten, 2018, S. 285, 295; *Timm*, NJW 1988, 1582, 1583; *Wiedemann*, aaO (Fn. 82), S. 432; *M. Winter*, aaO (Fn. 4), S. 40 („spezifisch gesellschaftsrechtliche Rücksichtnahmepflicht"),

Urteilsgründe, dass das Reichsgericht nach wie vor mit der Schranke der Sittenwidrigkeit arbeitete.[175] Allerdings sind im Victoria-Urteil erste Ansätze der Verhältnismäßigkeitsprüfung zu finden,[176] die heute zum Standard der materiellen Beschlusskontrolle in Fällen der bezugsrechtslosen Kapitalerhöhung gehört.[177] Das Reichsgericht löste zwar das Etikett der Sittenwidrigkeit nicht ab, passte aber schleichend den Inhalt seiner Rechtsprechung an, um mit der wirtschaftlichen Entwicklung und dem damit verbundenen Strukturwandel im Aktienrecht Schritt zu halten.[178]

dd) Keine Beschränkung der Minderheitenmacht

Die vorstehend skizzierten Urteile hatten eine Gemeinsamkeit: Sie betrafen Konstellationen, in denen die Generalversammlungsmehrheit Beschlüsse fasste, die die Interessen der Minderheit beeinträchtigen konnten. Seltener äußerte sich das Reichsgericht zum umgekehrten Fall einer Minderheit, die über Sperrminorität verfügt und ihren Willen der Mehrheit aufzwingen will. Ein solcher Sachverhalt lag dem Urteil vom 10. Januar 1928 zugrunde: Die Generalversammlung der beklagten Aktiengesellschaft beschloss die Liquidation, ohne die Gegenstimmen des klagenden Aktionärs zu berücksichtigen. Rechnete man die Stimmen des Klägers hinzu, verfehlte der Liquidationsbeschluss die erforderliche Dreiviertel-Mehrheit. Der II. Zivilsenat sah sich nicht veranlasst, den Kläger einem Stimmverbot zu unter-

---

Verse, Der Gleichbehandlungsgrundsatz im Recht der Kapitalgesellschaften, 2006, S. 23 („moderne Beschreibung der Treuepflicht, nur unter dem Etikett des Sittengebots").

175 Dazu *Harnos*, aaO (Fn. 2), S. 522 Fn. 19; ähnlich die Deutung des Victoria-Urteils bei *W. Goette*, ZGR 2012, 505, 508 f.

176 Vgl. RGZ 132, 149, 163: „Schon aus dem Gesagten ergibt sich, daß Maßnahmen wie die Schaffung von Schutzaktien in Form von Stammaktien wegen der damit in der Regel verbundenen Beeinträchtigung der besonderen kapitalistischen Minderheitsrechte für Verwaltung und Mehrheit eine sorgfältige und gewissenhafte Prüfung in der Richtung nötig machen, ob sich der verfolgte Zweck nicht auch in sehr viel schonenderer Form erreichen lässt. Aus der Befugnis, im Wege des Mehrheitsbeschlusses zugleich auch für die Minderheit zu beschließen und damit mittelbar über deren in der Gesellschaft gebundene Vermögensrechte zu verfügen, ergibt sich ohne weiteres die gesellschaftliche Pflicht der Mehrheit, im Rahmen des Gesamtinteresses auch den berechtigten Belangen der Minderheit Berücksichtigung angedeihen zu lassen und deren Rechte nicht über Gebühr zu verkürzen." Bei Lichte besehen beschrieb das Reichsgericht den horizontalen Prinzipal-Agent-Konflikt (dazu *Harnos*, aaO [Fn. 2], S. 128 m.w.N.) und hielt eine Erforderlichkeitsprüfung für geboten (s. dazu auch *M. Winter*, aaO [Fn. 4], S. 40).

177 Ähnlich der Befund bei *Schmolke*, in: Fleischer/Thiessen, Gesellschaftsrechts-Geschichten, 2018, S. 435, 450. Zum Grundsatz sachlicher Rechtfertigung nach dem Kali+Salz-Urteil (BGHZ 71, 40, 44 ff. = NJW 1978, 1316) s. noch unter III. 6. b.)

178 Vgl. dazu auch *Dorpalen*, ZHR 102 (1936), 1, 11: „äußerliches Festhalten an den überkommenen Normen".

werfen, und führte aus: „*[I]n der Ausübung des Stimmrechts ist der Aktionär nach § 252 HGB. völlig frei. Er kann sich dabei von Rücksichten auf das Wohl der Gesellschaft, aber auch von seinen eigenen Interessen leiten lassen und braucht über seine Abstimmung niemand Rechenschaft abzulegen.*"[179] Die Materialisierungstendenzen, die in den Entscheidungen zu Schutzaktien durchschimmerten,[180] galten also für die Minderheitenmacht augenscheinlich nicht. An dieser Auffassung sollte die höchstrichterliche Rechtsprechung – sieht man von der Einschränkung des Anfechtungsrechts durch die Treuepflicht ab[181] – bis zum Girmes-Urteil des BGH festhalten.[182]

c) Treuepflichtdebatte im Schrifttum

aa) Standpunkt der Traditionalisten

Auch wenn das Reichsgericht schrittweise von der individualistischen Konzeption abrückte und das Gesellschaftswohl als Kriterium im Rahmen der Beschlusskontrolle am Sittenwidrigkeitsmaßstab entdeckte, spiegelten seine Entscheidungen die im Schrifttum mit viel Verve ausgefochtene Debatte um das richtige Instrument zur Lösung von Mehrheit-Minderheit-Konflikten nicht wider. Sieht man von Einzelfällen wie der Diskussion mit *Hachenburg* im Urteil vom 29. November 1912[183] ab, waren die Wiedergabe der und die Auseinandersetzung mit den Auffassungen im Schrifttum noch keine *best practices*. Umso wichtiger ist es, das Schrifttum der 1920er Jahre auszuwerten. Dabei merkt man schnell, dass die juristische Diskussion deutlich komplexer war und weit über die Frage hinausging, wann das Stimmverbot des § 252 Abs. 3 HGB a.F. eingreift und in welchen Fällen ein Generalversammlungsbeschluss sittenwidrig ist.

Ein Großteil des Schrifttums stand auf der Seite des Reichsgerichts und verwies auf das Mehrheitsprinzip sowie die Sittenwidrigkeit als Schranke der Stimmrechtsausübung.[184] Freilich war es umstritten, wann ein Generalversammlungsbe-

---

179 RGZ 119, 386, 389.
180 Siehe oben unter III. 3. b) cc).
181 Dazu unter III. 4. a). Die Beschränkung des Anfechtungsrechts durch die Grundsätze von Treu und Glauben erwog das Reichsgericht in einem Halbsatz schon in einem Urteil vom 11. Mai 1917, s. RGZ 90, 206, 208. Zu missbräuchlichen Anfechtungsklagen s. *Holle*, in: Fleischer/Koch/Schmolke, Gesellschaftsrecht im Spiegel großer Debatten, § 16.
182 Dazu noch unter III. 6.
183 Vgl. einerseits *Hachenburg*, LZ 1907, 460, 465 ff., andererseits RGZ 81, 37, 40; s. dazu auch bereits oben unter III. 2. b).
184 Siehe etwa *Flechtheim*, aaO (Fn. 39), § 185 Anm. 23; *Friedländer*, aaO (Fn. 109), § 271 HGB unter Ziff. III. 1.; *J. von Gierke*, aaO (Fn. 75), S. 374; *Goldschmit*, aaO (Fn. 39), § 252 unter Ziff. 15 und § 271

schluss sittenwidrig ist[185] sowie wann der Sittenverstoß zur Nichtigkeit und wann „nur" zur Anfechtbarkeit des Beschlusses führt.[186] Manche Autoren lehnten die Treuepflicht der Aktionäre als einen Fremdkörper in der kapitalistisch strukturierten Aktiengesellschaft ab[187] und postulierten – ganz im Einklang mit dem römisch-rechtlich geprägten Bild der Aktiengesellschaft als einer Sammlung von nicht miteinander verbundenen Individuen[188] – eine weitgehende Freiheit der Abstimmung im Aktienrecht.[189] Einige Stimmen hoben hervor, dass die Gerichte nicht zu der Entscheidung berufen und befähigt seien, was im Gesellschaftsinteresse liege[190] – ein Gedanke, der die Diskussion über die gerichtliche Kontrolle gesellschaftlicher Maßnahmen bis heute beherrscht.[191]

---

unter Ziff. 16; *Harmening*, aaO (Fn. 108), S. 383; *Haußmann*, aaO (Fn. 142), S. 55; *A. Hueck*, aaO (Fn. 100), S. 167, 173 ff.; *Lehmann*, aaO (Fn. 109), § 252 Anm. 18 f.; *Marx*, aaO (Fn. 151), S. 117 f.; *Pinner*, in: Staub, HGB, 12. und 13. Aufl. 1926, § 271 Anm. 3 (mit zurückhaltender Tendenz hinsichtlich Bejahung der Sittenwidrigkeit); *Pinner*, aaO (Fn. 109), § 178 Anm. 23 („Das Schicksal der Gesellschaft ist nach geltendem Recht in die Hand der Mehrheit der Aktionäre im Rahmen der ‚guten Sitten' gelegt."), § 252 Anm. 26b, § 271 Anm. 17a; *Pinner*, JW 1928, 2593, 2594 ff. Vgl. ferner *Weisbart*, aaO (Fn. 142), S. 471 ff., der zwar von der Sittenwidrigkeit als Korrektiv ausging, aber stärker als die vorgenannten Autoren darauf abstellte, ob der Aktionär bei der Abstimmung den Gesellschaftszweck im Blick behielt (s. dazu sogleich unter III. 3. c) cc)); ähnlich *Wilmersdoerffer*, LZ 1931, 1417, 1427 f., der die Wandlung des Sittenwidrigkeitsbegriffs im Aktienrecht und die Entwicklung des Treuegedankens erkannte.
185 Systematisierung nach Fallgruppen bei *A. Hueck*, aaO (Fn. 100), S. 167, 171 ff.
186 Details bei *Brodmann*, aaO (Fn. 108), § 271 HGB unter Ziff. II. 2. und 3.; *Friedländer*, aaO (Fn. 109), § 271 HGB unter Ziff. III. 1.; *J. von Gierke*, aaO (Fn. 75), S. 374 f.; *Harmening*, aaO (Fn. 108), S. 416; *Pinner*, aaO (Fn. 109), § 271 Anm. 17a f. Generell für Nichtigkeit (vorbehaltlich einer Zustimmung geschädigter Aktionäre) etwa *A. Hueck*, aaO (Fn. 100), S. 167, 183 ff.; mit Verweis auf die Reichsverfassung auch *H. Horrwitz*, JW 1930, 1353.
187 Deutlich *Pinner*, aaO (Fn. 109), § 178 Anm. 23: „Eine Treuepflicht des Aktionärs gegenüber der Gesellschaft gibt es nicht."; *Flechtheim*, aaO (Fn. 39), Vor § 210 Anm. 2: „Die Lehre *[von der Treuepflicht – Hinzufügung des Verf.]* hat im Gesetz keine Grundlage und führt zu Ergebnissen, die dem Sinne des geltenden Aktienrechts widersprechen und praktisch unannehmbar sind." Anders aber etwa *Friedländer*, aaO (Fn. 109), § 271 HGB unter Ziff. III. 2.
188 Dazu oben unter III. 2. a).
189 So *W. Horrwitz*, JW 1930, 2637, 2639 ff., der auf Grundlage der individualistischen Konzeption der AG (dazu oben unter III. 2. a) mit Zitat in Fn. 100) vom freien, pflichtgemessen Ermessen des Aktionärs sprach und die Ermessensgrenzen erst bei willkürlicher Missachtung der Gesellschaftsinteressen überschritten sah. Gleichwohl hielt er auf S. 2642 die Heranziehung des Sittengebots als Instrument zur Lösung aktienrechtlicher Streitigkeiten für verfehlt. Von einer Freiheit bei der Stimmrechtsausübung ging auch *Herzfelder*, aaO (Fn. 100), S. 49, aus, der aber dennoch § 157 BGB im Aktienrecht anwenden wollte.
190 Dazu etwa *A. Hueck*, aaO (Fn. 100), S. 167, 176; *W. Horrwitz*, JW 1930, 2637, 2640; *Pinner*, JW 1928, 2593, 2596; dies relativierend *Hayum*, aaO (Fn. 162), S. 78; *Möser*, aaO (Fn. 101), S. 93 f.
191 Siehe im Kontext der Vorstandskontrolle *Koch*, AktG, 17. Aufl. 2023, § 93 Rdn. 27.

bb) Kritik an der Sittenwidrigkeitsdogmatik des Reichsgerichts

Anders als in der ersten Diskussionsphase stellten zahlreiche Stimmen die reichsgerichtliche Rechtsprechung nach dem Ersten Weltkrieg in Frage. Die Kritik galt namentlich dem dogmatischen Instrument, das das Reichsgericht im Rahmen der Beschlusskontrolle herangezogen hatte. Einige Autoren wiesen darauf hin, dass es nicht überzeugend sei, die Generalversammlungsbeschlüsse daraufhin zu überprüfen, ob sie dem Anstandsgefühl aller billig und gerecht Denkenden entsprechen würden.[192] Aus einer rechtspraktischen Perspektive wurde auf die psychologischen Hürden aufmerksam gemacht, vor denen ein Richter stünde, der Parteien wirtschaftspolitischer Konflikte mit dem Makel der Sittenwidrigkeit stigmatisieren solle.[193] Manche empfanden die Auffassung des Reichsgerichts als zu eng.[194] Zudem

---

[192] *De lege ferenda* schlug die vom 34. Deutschen Juristentag eingesetzte Kommission vor, in § 252 HGB a.F. eine (in groben Zügen mit den heute geltenden §§ 117, 243 Abs. 2 AktG vergleichbare) aktienrechtliche Generalklausel einzuführen: „Die Ausübung des Stimmrechts ist unzulässig, wenn der Aktionär durch diese unter Verletzung der offenbaren Interessen der Gesellschaft gesellschaftsfremde Sondervorteile für sich oder einen Dritten verfolgt. Der Abstimmende haftet der Gesellschaft gegenüber für den durch seine Abstimmung herbeigeführten Schaden, soweit ihm dabei Vorsatz zur Last fällt."; vgl. Bericht der durch den 34. Juristentag zur Prüfung einer Reform des Aktienrechts eingesetzten Kommission, 1928, S. 27 ff. mit Ausführungen zu den Beweggründen auf S. 28: „Der Begriff des Verstoßes gegen die guten Sitten ist aber für derartige wirtschaftlichen Interessenstreite nicht geeignet und nicht ausreichend." *Homburger*, Neugestaltung des Aktienrechts, 1931, S. 71 f. sah in der Generalklausel „die Festlegung des rein gesellschaftsrechtlichen Grundsatzes der Treupflicht"; zur Bedeutung dieser Vorschrift als Instrument zur Lösung von Interessenkonflikten s. auch *Bondi*, aaO (Fn. 98), S. 201 f.; *A. Goldschmidt*, in: Dem XXIV. Deutschen Anwaltstag, 1929, S. 209, 213 f.; *Hachenburg*, DJZ 1928, 1372, 1375; *Netter*, JW 1931, 3030, 3032. Als zu eng kritisierte die Generalklausel *Lifschütz*, JW 1930, 609, 610; *Lifschütz*, Die Generalklausel im Aktienrecht, 1931, S. 18 ff. Gegen die Einführung der Generalklausel wiederum *Pinner*, JW 1928, 2593, 2595, der weiterhin die Schranke der Sittenwidrigkeit befürwortete; skeptisch auch *Nord*, aaO (Fn. 101), S. 40 ff.; *Passow*, aaO (Fn. 101), S. 48.

[193] *A. Goldschmidt*, aaO (Fn. 192), S. 209, 211; im Zusammenhang mit der Generalklausel (Fn. 192) vgl. *Hachenburg*, DJZ 1928, 1372, 1375, der von Schwierigkeiten sprach, die Sittenwidrigkeit richtig zu fassen, und feststellte: „Der Richter scheute sich, gegen die die Majorität bildenden angesehenen Männer einen solchen Vorwurf in das Urteil zu schreiben"; in die gleiche Richtung *Lifschütz*, aaO (Fn. 192), S. 10: „Gegen eine solche Feststellung, also gegen die Belastung mit dem Stigma der Unanständigkeit, wie es der Bericht der Aktienrechtskommission formuliert hat, werden sich auch stets in der Seele des Richters Hemmungen auftun, und er wird daher nur in ganz kraß gelagerten Ausnahmefällen zu einer Anwendung der Vorschriften der §§ 826, 138 BGB. kommen."; s. ferner *Hayum*, aaO (Fn. 162), S. 63 ff.; *W. Horrwitz*, JW 1930, 2637, 2642; *Nord*, aaO (Fn. 116), S. 27 ff.; *Nord*, aaO (Fn. 101), S. 58 („der ethische Gesichtspunkt versagt"); *Nußbaum*, JW 1928, 625, 626.

[194] *Lifschütz*, DJZ 1928, 1649, 1665; *Möser*, aaO (Fn. 101), S. 91 ff. Vgl. ferner *Lifschütz*, JW 1930, 609, 610: „Wer gegen die offenbaren Interessen der Gesellschaft handelt, verletzt das Verbot des § 138 – darin hat das RG und *Pinner* recht –, wer die Rechts- und Interessensphäre seiner Mitgesellschafter mißachtet um eigener egoistischer Vorteile willen, braucht noch durchaus nicht sittenwidrig zu

wurde der Begriff der guten Sitten als „labil"[195] oder „primitiv"[196] bezeichnet; auch vom unsicheren Gefühlsmaßstab[197] und von irrationalen Gesinnungsmomenten[198] war die Rede.

Ohne ins Reißerische zu gleiten, arbeitete *Hermann Isay* in einem rechtstheoretischen und rechtsgebietsübergreifend angelegten Werk „Rechtsnorm und Entscheidung" heraus, dass es sich bei innergesellschaftlichen Konflikten zwischen Mehrheit und Minderheit nicht um Fragen der Sittlichkeit handele, sondern um Kollisionen widerstreitender Interessen, die im Rahmen einer Interessenabwägung zu lösen seien.[199] Zwar postulierte er weder die Anwendung der Grundsätze von Treu und Glauben im Aktienrecht noch die Anerkennung einer mitgliedschaftlichen Treuepflicht, seine Abhandlung legte aber offen, welches materielle Problem sich hinter den vom Reichsgericht entschiedenen Fällen verbirgt und mit welchem Instrument es gelöst werden kann. Damit gebührt *Isay* das Verdienst, die Funktionsweise der Treuepflicht zu umschreiben, ohne sie entdeckt und begrifflich umrissen zu haben.

cc) Einfluss des Gesellschafts- und Unternehmensinteresses auf den Treuegedanken

Zudem hob eine wachsende Zahl der Autoren – auch im Hinblick auf die zunehmende Konzernierung und Verbreitung von Schutzaktien[200] – hervor, dass die Aktionäre bei der Abstimmung in der Generalversammlung nicht nur ihre egoistischen Interessen verfolgen dürften, sondern auf das Interesse des Unternehmens

---

handeln, läßt aber in solchem Tun die durch das gemeinsame Gesellschaftsband gebotene Rücksicht vermissen, handelt also gegen Treu und Glauben – gegen seine Pflicht zur Gesellschaftstreue!" Zur Abstufung zwischen der Intensität des Sitten- und Treuegebots *Lifschütz*, aaO (Fn. 192), S. 13 ff. Die oben unter II. 2. b) bb) dargestellte Ausdifferenzierung *A. Huecks*, aaO (Fn. 55), S. 9 ff. kann als eine Verfeinerung der Gedanken von *Lifschütz* angesehen werden.

195 *Netter*, aaO (Fn. 103), S. 44.
196 *Lifschütz*, aaO (Fn. 192), S. 12: „Denn die Gerichte hatten lediglich mit einem primitiven Maßstab gemessen, der einem verfeinerten Rechtsempfinden nicht mehr entspricht."
197 *Müller-Erzbach*, aaO (Fn. 140), S. 12; s. ferner *Bodenheimer*, aaO (Fn. 100), S. 51 f.
198 *Geiler*, aaO (Fn. 100), S. 254 (auch in Bezug auf Treu und Glauben).
199 *Isay*, Rechtsnorm und Entscheidung, 1929, S. 139 ff. (insb. S. 139: „Die Entscheidungen des RG. arbeiten überall nur mit dem Begriff des Verstoßes gegen die guten Sitten, auch da, wo es sich in Wahrheit nicht um den Wert des Rechten, der Gerechtigkeit, sondern um den Nützlichkeitswert, im Fall der Kollision zweier Interessen also um die Höherbewertung des einen Interesses gegenüber dem anderen aus Nützlichkeitsgründen, und nicht aus Gerechtigkeitsgründen, handelt."); vgl. ferner *Bodenheimer*, aaO (Fn. 100), S. 51 f.; *Lifschütz*, aaO (Fn. 192), S. 16.
200 Deutlich auf die Konzernierung abstellend *Netter*, JW 1931, 3030, 3031 f. Die Rechtfertigung der Schutzaktien unter Rückgriff auf das Gesellschaftswohl kritisierend *Lifschütz*, JW 1928, 628, 629.

Rücksicht nehmen müssen.[201] Die Betonung des Unternehmensinteresses als Orientierungspunkt für die Stimmrechtsausübung hing eng mit der wirkungsmächtigen Idee des „Unternehmens an sich" zusammen, die – in begrifflicher Hinsicht zu Unrecht[202] – mit *Rathenau* assoziiert wird.[203] Wer – wie etwa *Oskar Netter* – im Anschluss an *Rathenau* das Unternehmen als eine zu schützende Einheit verstand, war bereit, die (Treue-)Pflicht des Aktionärs anzuerkennen, die auf den Schutz des Unternehmens vor schädlichen Handlungen der Generalversammlung abzielte.[204]

---

201 *Geiler*, aaO (Fn. 100), S. 254, 279: „Vielmehr ist nach wie vor jeder Aktionär berechtigt, seine eigenen Interessen innerhalb der Gesellschaft wahrzunehmen. Aber gegenüber dem früheren hemmungslosen Aktionärsindividualismus erhebt sich auch hier die soziale Schranke, daß der Einzelaktionär weder seinen Stimmrechtseinfluß noch seinen sonstigen Einfluß bewußt zum Schaden des Unternehmens als Gesamtorganismus geltend machen darf, um sich oder Dritten gesellschaftsschädliche Sondervorteile zu verschaffen."; *Haußmann*, aaO (Fn. 142), S. 55: „Es ist ein ungeschriebenes Rechtsprinzip des Aktienrechts, das wiederum auf die Autonomie im Rahmen der Aktiengesellschaft hinleitet, daß jeder seinen Einfluß in der Aktiengesellschaft nur im Interesse des Unternehmens ausüben darf."; *Netter*, aaO (Fn. 103), S. 49: „Das Mehrheitsprinzip findet daher seine Grenze, wo seine Ausübung gegen das Wohl der Gesellschaft erfolgt."; s. auch *A. Goldschmidt*, aaO (Fn. 192), S. 209, 213; *Hayum*, aaO (Fn. 162), S. 75 ff.; *Marx*, aaO (Fn. 151), S. 117 f.; *Netter*, aaO (Fn. 2), S. 507, 537 f. Für eine Orientierung am Gesellschaftszweck *Weisbart*, aaO (Fn. 142), S. 472 ff. A.A. etwa *Herzfelder*, aaO (Fn. 100), S. 42: „Es gibt auch nicht etwa einen Rechtssatz, nach dem die Mitglieder von Körperschaften verpflichtet wären, ihr Stimmrecht nur im Interesse der Körperschaft auszuüben."; dennoch wollte *Herzfelder* die Grundsätze von Treu und Glauben in der AG anwenden. Gegen die vorschnelle Annahme der Sittenwidrigkeit eines Beschlusses, dessen Ausführung die Gesellschaft schädigt, *A. Hueck*, Anfechtbarkeit und Nichtigkeit von Generalversammlungsbeschlüssen bei Aktiengesellschaften, 1924, S. 119. Zwiegespalten zwischen dem Recht der Aktionäre auf Verfolgung eigener Interessen und Unternehmensschutz *Wilmersdoerffer*, LZ 1931, 1417, 1426 ff.
202 *Rathenau* verwendete diese schlagwortartige Formulierung in seiner 1917 erschienenen Abhandlung „Vom Aktienwesen" nicht. Vielmehr sprach *Fritz Haußmann*, der sich mit den Gedanken *Rathenaus* äußerst kritisch auseinandersetzte, vom „Unternehmen an sich", vgl. *Haußmann*, aaO (Fn. 142), S. 27 ff. Zur irreführenden Begriffsbildung *Haußmanns* s. *Fleischer*, JZ 2017, 991, 992 f.; *Netter*, aaO (Fn. 2), S. 507, 546.
203 Zum Zusammenhang zwischen *Rathenaus* Thesen und Treuepflicht s. *Wilmersdoerffer*, LZ 1931, 1417, 1424; vgl. auch im Kontext der Sittenwidrigkeit *Bodenheimer*, aaO (Fn. 100), S. 50 f.; zur Diskussionsentwicklung aufschlussreich *Riechers*, Das „Unternehmen an sich", 1996, S. 55 ff., 124 ff. Auf das „Unternehmen an sich" eingehend, ohne aber *Rathenau* zu erwähnen, *Fleischmann*, Die Treuepflicht der Mitglieder von Kapitalgesellschaften, 1937, S. 19 ff. (s. noch das Zitat in Fn. 254).
204 Vgl. *Netter*, aaO (Fn. 103), S. 43 f.; *Netter*, JW 1931, 3030, 3032 f.; *Netter*, aaO (Fn. 2), S. 507, 540, 592; im Kontext der Interessenkollision auch *Geiler*, aaO (Fn. 100), S. 254, 277 f. Freilich lehnten manche Autoren die Thesen *Rathenaus* ab, hielten aber das Unternehmensinteresse trotzdem für die Schranke der Stimmrechtsausübung; vgl. z.B. *Haußmann*, aaO (Fn. 142), S. 55. Kritisch auch (als Befürworter der Treuepflicht!) *Lifschütz*, aaO (Fn. 192), S. 25 („Das persönliche Moment ist bei diesem Vorschlag ausgeschaltet.") und S. 37 („Eine Treuepflicht gegenüber von Gegenständen oder einem Inbegriff von solchen gibt es nicht. Auch nicht gegenüber einem fiktiven Ueber-Individuum."). Generell gegen das Abstellen auf den Schutz des Unternehmens *A. Hueck*, aaO (Fn. 100), S. 167,

Stand man *Rathenaus* Thesen kritisch gegenüber, konnte man den Gedanken, dass die Versammlungsmehrheit bei der Beschlussfassung das Gesellschaftsinteresse im Blick behalten muss, auf die Begründung zur Aktienrechtsnovelle 1884 verweisen,[205] die in der Treuepflichtdiskussion der 1920er Jahre aber in Vergessenheit geraten war.[206] Nach der Aktienrechtsnovelle vom 19. September 1931 ließ sich die Leitfunktion des Gesellschaftswohls auf gesetzliche Bestimmungen stützen. Der Gesetzgeber hat nämlich das Interesse der Gesellschaft zum Tatbestand der neu eingeführten § 260a Abs. 4 HGB a.F.[207] und § 262b Abs. 2 S. 1 HGB a.F.[208] erhoben. Diese Entwicklung wurde teilweise aufgegriffen, um die Aktionäre generell anzuhalten, ihr Stimmrecht im Interesse der Gesellschaft auszuüben.[209]

dd) Erste Schritte auf dem Weg zur aktienrechtlichen Treuepflichtdogmatik

Die dogmatischen Schwächen der Sittenwidrigkeitsschranke und die Erkenntnis, dass die Aktionäre das Gesellschaftswohl im Rahmen der Beschlussfassung berücksichtigen müssen, bereiteten den Boden für die Anerkennung der mitgliedschaftlichen Treuepflicht. Am prononciertesten traten *Alexander Lifschütz* und *Netter* dafür ein, die Grundsätze von Treu und Glauben auch im Aktienrecht anzuwenden. Sie entwickelten ihre Positionen in mehreren Zeitschriftenbeiträgen und Monographien,[210] die von anderen Autoren aufgegriffen wurden.[211]

Die Bereitschaft, Treuebindungen auch im Aktienrecht zu bejahen, stand zunächst im Zusammenhang mit der Kategorisierung privatrechtlicher Verbände:

175, der – von der Rechtsprechung des Reichsgerichts ausgehend – die Schädigung der Aktionäre für die zentrale Voraussetzungen des Sittenverstoßes hielt; W. *Horrwitz*, JW 1930, 2637, 2639 mit Fn. 19.
205 Vgl. bereits oben unter III. 2. a) mit Zitat in Fn. 105.
206 Die Novellenbegründung zog aber heran W. *Horrwitz*, JW 1930, 2637, 2641 f.; vgl. ferner in der dritten Phase (dazu unter III. 4.) *Dorpalen*, ZHR 102 (1936), 1, 10.
207 § 260a Abs. 4 HGB a.F. betraf die Berichterstattung über die (Vermögens-)Verhältnisse der AG und lautete: „Die Berichterstattung hat den Grundsätzen einer gewissenhaften und getreuen Rechenschaftsablegung zu entsprechen. Sie kann nur insoweit unterbleiben, als das überwiegende Interesse einer der Gesellschaften oder der Allgemeinheit es erfordert."
208 § 262b Abs. 2 S. 1 HGB a.F. betraf die Auswahl der Bilanzprüfer und lautete: „Der Vorstand, der Aufsichtsrat oder eine Minderheit, deren Anteile den zehnten Teil des Grundkapitals erreichen, sind berechtigt, im Interesse der Gesellschaft gegen die Auswahl der Bilanzprüfer zum Protokoll der Generalversammlung Widerspruch zu erheben."
209 Zum Zusammenhang zwischen Aktienrechtsnovelle 1931 und Gesellschaftswohl als Maßstab der Beschlusskontrolle etwa *Friedländer*, aaO (Fn. 109), § 271 HGB unter Ziff. III. 2.
210 Vgl. *Lifschütz*, DJZ 1928, 1649, 1665; *Lifschütz*, JW 1930, 609, 610; *Lifschütz*, aaO (Fn. 192), S. 34 ff.; *Netter*, aaO (Fn. 103), S. 68 ff.; *Netter*, JW 1931, 3030, 3033.
211 Siehe etwa *Homburger*, aaO (Fn. 192), S. 37, der sich *Lifschütz* ausdrücklich anschloss.

Wer die Aktiengesellschaft nicht als eine Gesellschaft,[212] sondern mit der traditionellen Ansicht als einen – seinem Wesen nach grundverschieden strukturierten – „Aktienverein" einordnete, lehnte die Treubindungen im Aktienrecht konsequent ab.[213] Wer hingegen – was in der zweiten Phase der Debatte keine Seltenheit war – die Gemeinsamkeiten zwischen Personengesellschaften und Körperschaften in den Vordergrund stellte[214] sowie in der Aktiengesellschaft eine echte Gesellschaft sah,[215] hatte weniger Vorbehalte, den Treuegedanken im Aktienrecht fruchtbar zu machen.[216]

Überdies kann die Auseinandersetzung um die mitgliedschaftliche Treuepflicht im Aktienrecht als eine Verlängerung der Debatte zwischen den Befürwortern der Fiktionstheorie und der Lehre von der realen Verbandsperson verstanden werden:[217] Wer in dogmatischer Fortschreibung der Fiktionstheorie die Aktiengesellschaft als eine Kreation des Gesetzgebers ansah, die von ihren Mitgliedern streng abstrahiert war, leugnete eine besondere Verbindung zwischen den Aktionären und

---

212 Deutlich *Goldschmit*, Die Aktiengesellschaft, 1927, § 178 HGB unter Ziff. 5.: „Die AG. ist keine Gesellschaft."
213 So *W. Horrwitz*, JW 1930, 2637, 2639 mit Fn. 18 (vgl. auch das Zitat aus *W. Horrwitz* in Fn. 99).
214 Grundlegend *Wieland*, Handelsrecht, I. Band, 1921, S. 402 ff. mit Zusammenfassung auf S. 425: „Sämtliche Handelsgesellschaften, so läßt sich das Ergebnis der neueren Rechtsentwicklung zusammenfassen, sind Gesellschaften, insofern sie sich auf Vertrag gründen, Gemeinschaften zur gesamten Hand, insofern ihr Vermögen gemeinsames Vermögen der Mitglieder ist, juristische Personen, insofern sie nach außen nach gewissen Richtungen hin nach Art selbständiger Rechtsträger rechtlich behandelt werden."; s. ferner *Lifschütz*, aaO (Fn. 192), S. 43, der davon sprach, dass die Grenze zwischen Personal- und Kapitalgesellschaften gefallen sei. Parallelen zwischen Körperschaften und Personengesellschaften sah auch *Herzfelder*, aaO (Fn. 100), S. 45, relativierte sie aber auf S. 47 f. Konservativ mit Verweis auf geschriebenes Recht etwa *Haff*, aaO (Fn. 121), S. 178, 184.
215 So *Netter*, aaO (Fn. 103), S. 49: „Die Aktiengesellschaft ist eine Gesellschaft."; *Wieland*, Handelsrecht, I. Band, 1921, S. 407: „Vielmehr hören die Handelsgesellschaften dadurch, daß ihnen Rechtsfähigkeit verliehen wird, nicht auf, Gesellschaften im wahren Sinne des Wortes zu sein." Vgl. ferner *Lifschütz*, JW 1928, 628, 629: „Das Rechtsverhältnis zwischen den Aktionären ist ein Vertrag; auch die gesellschaftsrechtlichen Vertragsverhältnisse werden beherrscht vom Gebot von Treu und Glauben!"; auf das „gemeinsame Gesellschaftsband" abstellend *Lifschütz*, JW 1930, 609, 610; s. ferner *Lifschütz*, aaO (Fn. 192), S. 11, 38.
216 Vgl. etwa *Lifschütz*, DJZ 1928, 1649, 1665 (der von der „Erreichung eines gemeinsamen kommerziellen Ziels" sprach, was wohl als eine Anspielung auf § 705 BGB verstanden werden kann); *Netter*, aaO (Fn. 103), S. 49; *Weisbart*, aaO (Fn. 142), S. 472 (der im aktienrechtlichen Kontext ausdrücklich auf § 705 BGB abstellte); *Wieland*, aaO (Fn. 146), S. 248 f. Interessanterweise wagten die Befürworter der Treuepflicht im Aktienrecht nicht den Schritt, ihre Auffassung mit einem Verweis auf reichsgerichtliche Entscheidungen zu den Grundsätzen von Treu und Glauben im Personengesellschaftsrecht (dazu oben unter II. 1.) zu begründen. Gegen die Heranziehung des § 705 BGB im Aktienrecht *Wilmersdoerffer*, LZ 1931, 1417, 1426.
217 Dazu im Kontext großer Debatten im Gesellschaftsrecht *Fleischer*, RabelsZ 87 (2023), 5 ff.

der Gesellschaft und – noch mehr – zwischen den Aktionären untereinander. Die Treuepflichten der Aktionäre kurzerhand zu bestreiten, war von diesem Standpunkt aus konsequent. Wer hingegen die Aktiengesellschaft als eine reale Verbandsperson verstand, erkannte ein Band zwischen der Korporation und ihren Mitgliedern sowie zwischen den Mitgliedern und konnte ohne dogmatische Verrenkungen aus dem Gemeinschaftsgedanken heraus eine mitgliedschaftliche Treueverbindung herleiten.[218]

Trotz dieser Entwicklungen lag es damals noch fern, die Treuepflicht als ein eigenständiges Institut des Gesellschaftsrechts zu begreifen. Vielmehr setzten die meisten Autoren ein Gleichheitszeichen zwischen der Treuepflicht und dem Gebot von Treu und Glauben. Sie verwiesen im Anschluss an *Hachenburg*[219] darauf, dass §§ 157, 242 BGB auch auf aktienrechtliche Verhältnisse anzuwenden seien, und sprachen in einem Atemzug von der Treuepflicht.[220] Dies überrascht indes nicht, wenn man bedenkt, dass die Treuepflicht und die Grundsätze von Treu und Glauben in dieser Zeit auch im Personengesellschaftsrecht gleichgestellt wurden. Wie bereits dargestellt, arbeitete *Hueck* die Unterschiede zwischen § 242 BGB und der gesellschaftsrechtlichen Generalklausel erst nach dem Zweiten Weltkrieg scharf heraus.[221]

Der Umstand, dass eine Vielzahl von Autoren im Schrifttum der Anerkennung der Loyalitätsbindungen im Aktienrecht offen gegenüberstand, darf nicht darüber hinwegtäuschen, dass das Lager der Treuepflichtbefürworter gespalten war. Greift man auf die heute übliche Kategorisierung zurück, sprach sich der Großteil der Stimmen für die vertikale Treuepflicht zwischen den Aktionären und der Gesellschaft aus.[222] Dies dürfte damit zusammenhängen, dass die Pflicht zur Berücksichtigung des Gesellschaftsinteresses im Rahmen der Beschlussfassung der maßgebliche Grund für die Anerkennung des Treuegebots war.[223] Nur *Lifschütz* bekannte sich ausdrücklich zu einer horizontalen Treuepflicht zwischen den Aktionären.[224] Er wies darauf hin, dass §§ 242, 157 BGB auch Gesetze im Sinne des § 271

---

218 Zur Genossenschaftslehre und Grenzen der Stimmrechtsausübung s. bereits oben unter III. 2. a) in Fn. 102.
219 *Hachenburg*, LZ 1907, 460, 465 ff.
220 So etwa *Lifschütz*, DJZ 1928, 1649, 1664 ff. Vgl. ferner *Herzfelder*, aaO (Fn. 100), S. 42 ff.
221 Dazu oben unter II. 2. b).
222 So *Netter*, JW 1931, 3030, 3033. In diese Richtung auch *Herzfelder*, aaO (Fn. 100), S. 45, der einen Verstoß gegen das Treuegebot aber erst dann bejahen wollte, wenn „eine offenbare und unmittelbare Gefahr besteht, daß ein Mitglied durch seine Abstimmung die Körperschaft erheblich schädigen oder gefährden wird." (Zitat auf S. 50). Vgl. ferner *Wilmersdoerffer*, LZ 1931, 1417, 1426.
223 Zur Bedeutung des Gesellschaftsinteresses s. oben unter III. 3. c) cc).
224 Er dürfte auch der erste Autor gewesen sein, der die Unterscheidung zwischen horizontaler und vertikaler Treuepflicht im aktienrechtlichen Kontext deutlich herausarbeitete, s. *Lifschütz*, aaO

HGB a.F. seien, deren Verletzung zur Anfechtbarkeit des Beschlusses führen würde, und hob hervor, dass das Verhältnis zwischen den Aktionären deshalb genauso vom Gebot von Treu und Glauben beherrscht werde wie andere Rechtsverhältnisse.[225] Im Zusammenhang mit dem Vorschlag einer Aktienrechtskommission, in § 252 HGB a.F. eine Generalklausel einzuführen, die einer gesellschaftsschädigenden Stimmrechtsausübung und Verfolgung von Sondervorteilen entgegenwirken sollte,[226] führte *Lifschütz* aus: „Es kommt beim Verstoß gegen das Treuegebot weniger auf die Sphäre der Gesellschaft als auf die der Gesellschafter an!"[227] Es mussten knapp 60 Jahre vergehen, bis sich dieser Gedanke in Rechtsprechung und Schrifttum durchgesetzt hatte.[228]

4. Dritte Phase: Treuegedanke in der nationalsozialistischen Rechtsordnung

a) Anerkennung der Treuepflicht in der reichsgerichtlichen Rechtsprechung

Was sich wesentlich schneller etablieren konnte, war die vertikale Treuepflicht, die nach der Machtergreifung durch die Nationalsozialisten Eingang in die reichsgerichtliche Rechtsprechung fand.[229] In einem Urteil vom 4. Dezember 1934, das einen Generalversammlungsbeschluss über die (von der Mehrheit abgelehnte) Einsetzung einer Revisionskommission gem. § 266 Abs. 1 S. 2 HGB a.F.[230] zum Gegenstand hatte, sprach der II. Zivilsenat von einem Treueverhältnis der Aktionäre gegenüber der Aktiengesellschaft.[231] Im Urteil vom 22. Januar 1935 wies derselbe Senat darauf hin, dass das Anfechtungsrecht eines Aktionärs (§ 271 HGB a.F.) seine Schranke in der Treuepflicht finden könne, die jedem Aktionär der Gesellschaft gegenüber oblie-

---

(Fn. 192), S. 34 ff. Auf die Notwendigkeit, Aktionärsinteressen neben dem abweichenden Gesellschaftsinteresse zu schützen, wies bereits *Klein*, aaO (Fn. 132), S. 48 hin.
225 *Lifschütz*, DJZ 1928, 1649, 1665; *Lifschütz*, JW 1930, 609, 610.
226 Dazu bereits oben unter III. 3. c) bb) Fn. Fn. 192.
227 *Lifschütz*, JW 1930, 609, 610; s. ferner *Lifschütz*, aaO (Fn. 192), S. 35 ff.
228 Ausdrücklich gegen die horizontale Treuepflicht etwa *Wilmersdoerffer*, LZ 1931, 1417, 1426: Die AG „kennt keine Bindungen der Aktionäre untereinander."
229 Freilich arbeitete das Reichsgericht nach wie vor mit der Sittenwidrigkeitsschranke, vgl. RG JW 1935, 1773 Nr. 7: „Der Erwerb einer Aktienmajorität ist sittenwidrig, wenn er aus verwerflichen Beweggründen geschieht, z. B. um einen anderen Großaktionär zu schädigen und kalt zu stellen."
230 § 266 Abs. 1 S. 2 HGB a.F. entsprach im Wesentlichen dem heute geltenden § 142 Abs. 1 S. 2 AktG.
231 RGZ 146, 71, 76. Kritisch zum Verweis auf die Aktienrechtsnovelle als Begründung *Klausing*, FS Schlegelberger, 1936, S. 405, 412.

ge.[232] An diese Rechtsprechung, die das zeitgenössische Schrifttum teilweise als eine „Wendung" bezeichnete[233] und in ihrer Grundtendenz begrüßte,[234] knüpfte er im Urteil vom 1938 an, in dem er ausführte: „Der Aktionär hat sich bei allen seinen Maßnahmen als Glied der Gemeinschaft zu fühlen, der er angehört, und ist gehalten, die Treuepflicht gegenüber dieser Gemeinschaft zur obersten Richtschnur seines Handelns zu machen."; im gleichen Atemzug verneinte das Reichsgericht aber die horizontale Treuepflicht zwischen den Aktionären.[235]

b) Fortentwicklung der Treuepflichtdogmatik im Schrifttum

aa) Einfluss des nationalsozialistischen Gedankenguts

In den soeben skizzierten Urteilen stellte das Reichsgericht wiederholt auf den Gemeinschaftsgedanken ab, um die Treuepflicht der Aktionäre zu begründen. Dies war dem Zeitgeist geschuldet: Es gehörte zu den Zielen nationalsozialistischer Juristen, sich auch im Zivil- und Wirtschaftsrecht von dem römisch-rechtlichen Individualismus[236] und normativistisch-abstrakten Denken zu trennen und die Bindung an die Volksgemeinschaft zur Leitmaxime der gesamten Rechtsordnung zu erheben.[237] Im Gesellschaftsrecht kam diese Entwicklung namentlich darin zum

---

232 RGZ 146, 385, 395 f. In der zweiten Phase (s. oben unter III. 3.) wurde noch die Sittenwidrigkeit als Schranke für die Anfechtungsklage bemüht, vgl. *Brodmann*, aaO (Fn. 108), § 271 HGB unter Ziff. 4. d). Als die räuberischen Aktionäre die Hauptversammlungsbühne betreten haben, bemühte namentlich *Lutter*, ZHR 153 (1989), 446, 466 die Treuepflicht, um sie zu bändigen. Zu missbräuchlichen Anfechtungsklagen s. *Holle*, aaO (Fn. 181), § 16.
233 So *Klausing*, aaO (Fn. 231), S. 405, 407. Vgl. ferner *Klausing*, DJZ 1935, 1135, 1136 Fn. 3, der von der organischen Umbildung des Aktienwesens sprach; *Filbinger*, aaO (Fn. 103), S. 110, der darauf hinwies, dass die Entscheidung „klar und unzweideutig die allgemeine Geltung des Treuegedankens auf das ganze Aktienrecht" aussprach; einen „bedeutungsvollen Schritt" verzeichnete *Fleischmann*, aaO (Fn. 203), S. 29. Den Unterschied zur reichsgerichtlichen Rechtsprechung der 1920er Jahre betonten auch: *Claren*, ZAkDR 1937, 490, 491; *Teichmann/Koehler*, AktG, 2. Aufl. 1939, § 48 unter Ziff. 3. c).
234 Vgl. etwa *Siebert*, DJZ 1935, 713 ff. Kritisch gegenüber der Begründung aber *Fechner*, aaO (Fn. 2), S. 53 ff., der auf S. 56 keinen Fortschritt gegenüber der Rechtsprechung zur Sittenwidrigkeit erkannte; auf S. 100 f. stellte *Fechner* die Eignung der Treuepflicht als Schranke des Anfechtungsrechts in Frage. Nach dem Zweiten Weltkrieg ebenfalls kritisch *A. Hueck*, aaO (Fn. 55), S. 15 Fn. 45.
235 RGZ 158, 248, 254. So auch die Deutung des Urteils bei *Fechner*, aaO (Fn. 2), S. 52 Fn. 6 und S. 91; vgl. ferner *A. Hueck*, aaO (Fn. 55), S. 15 Fn. 45 (auf S. 27): „Die Entscheidung bringt also nichts Neues zugunsten der Treuepflicht."
236 Hierzu speziell im Kontext der Treuepflicht *von Godin/Wilhelmi*, AktG, 1937, § 1 unter Ziff. 2; *Fleischmann*, aaO (Fn. 203), S. 21, 32 ff.; *Hesse*, Die Treupflicht des Aktionärs, 1938, S. 9.
237 Anschaulich zum Umbau des zivilistischen Systems ein juristischer Architekt des Dritten Reichs: *Siebert*, DRW 1936, 204 ff. Zur Bedeutung der Gemeinschaft s. auch *Stoll*, DJZ 1936, 414 ff.

Ausdruck, dass die (vom individualistischen Rechtsdenken geprägte) Fiktionstheorie abgelehnt wurde; die Theorie der realen Verbandsperson und die deutschrechtliche Genossenschaftslehre standen dem nationalsozialistischen Verständnis der privaten Verbände deutlich näher.[238] Vor diesem Hintergrund überrascht es nicht, dass im Schrifttum die Forderung erhoben wurde, die Trennung zwischen Körperschaften und Personengesellschaften wenn nicht zu überwinden, dann zumindest aufzuweichen.[239] Dies lag namentlich nach der Einführung des Aktiengesetzes von 1937 nahe, das die Aktiengesellschaft in seinem § 1 ausdrücklich als Gesellschaft bezeichnete.[240]

Auf diesem rechtspolitischen Boden konnte der Treuegedanke nicht nur im Bürgerlichen Recht,[241] sondern auch im Aktienrecht gedeihen.[242] Dies macht die

---

Gegen die Herleitung der Treuepflicht aus der Volksgemeinschaft heraus aber *Fechner*, aaO (Fn. 2), S. 58 ff.

238 *Claren*, ZAkDR 1937, 490, 491; *Dorpalen*, ZHR 102 (1936), 1, 6 ff., 15; *Fleischmann*, aaO (Fn. 203), S. 7 ff., 42 ff.; *Klausing*, aaO (Fn. 231), S. 405, 426 ff. (mit Ausführungen zum personenrechtlichen Charakter der Aktiengesellschaft auf S. 419 ff.); *Siebert*, DJZ 1935, 713, 716 ff.; *Theis*, aaO (Fn. 101), S. 86 ff. Im größeren Kontext des gesamten Zivilrechts auch *Siebert*, DRW 1936, 204, 258 ff. Ohne Bezüge zum nationalsozialistischen Gedankengut *Heymann*, FG Wieland, 1934, S. 221, 230 f., der darauf hinwies, dass die Anerkennung der Treuepflicht „aus der genossenschaftlichen Struktur der Aktiengesellschaft" folge, und im Hinblick auf die Bindung der Aktionäre an das Gesellschaftsinteresse feststellte: „Der übertriebene Ausbau der rein körperschaftlichen Stellung der Mitglieder, der auf der anderen Seite in der Uebertreibung des Stimmrechts jedes Einzelnen hervorgetreten ist, hat im Lauf des 19. Jahrhunderts dies zeitweise verdunkelt."

239 Vgl. *Siebert*, DRW 1936, 204, 259 f. In diese Richtung auch *A. Hueck*, aaO (Fn. 5), S. 72, 73, der allerdings gerade im Hinblick auf die Intensität der Treubindungen die Unterschiede zwischen Personengesellschaften und Körperschaften betonte; ähnlich *Filbinger*, aaO (Fn. 103), S. 104 ff.; *Schlegelberger/Quassowski*, AktG, 3. Aufl. 1939, § 1 Anm. 4. Die Parallelen zwischen Personen- und Aktiengesellschaften im Kontext der Treuepflicht relativierend *Bergmann*, ZHR 105 (1938), 1, 10.

240 Vgl. *von Godin/Wilhelmi*, aaO (Fn. 236), § 1 unter Ziff. 2, die aus der Einordnung der AG als Gesellschaft ein „bleibendes Treueverhältnis" in vertikaler und horizontaler Hinsicht herleiten wollten. Für die Unerheblichkeit der Qualifizierung der AG als Gesellschaft im Kontext der Treuepflicht *Gadow*, in: Großkomm. z. AktG, 1939, § 1 Anm. 3; deutlich gegen die Einordnung der AG als Gesellschaft i. S. d. § 705 BGB *Danielcik*, AktG, 1937, § 1 unter Ziff. 3; *Fechner*, aaO (Fn. 2), S. 40 (der aber auf S. 42 f. den strikten Gegensatz zwischen AG und Personengesellschaften doch ein Stück weit überwinden wollte); *Hesse*, aaO (Fn. 236), S. 17 ff.; *Ritter*, AktG, 2. Aufl. 1938, § 1 unter Ziff. 2. Für die Anerkennung eines Vertragsverhältnisses zwischen Aktionären *de lege ferenda Zahn*, Wirtschaftsführertum und Vertragsethik im neuen Aktienrecht, 1934, S. 148.

241 Hierzu etwa *Müller*, DJZ 1935, 269 f.: „Der Gedanke, daß das ganze Recht von den Grundsätzen von Treu und Glauben beherrscht sei, führte zur Ausdehnung der genannten Treupflicht auf alle gesetzlichen Schuldverhältnisse und zu einer starken Ausbreitung der Einrede der Arglist." (S. 270); „Die allgemeine Treupflicht, für die im liberalen Staat erst eine besondere Rechtsgrundlage konstruiert werden muß, ist im nationalsozialistischen Staat selbstverständlicher oberster Grundsatz." (S. 272); s. ferner *Stoll*, DJZ 1936, 414, 417 f.

Zahl der Abhandlungen deutlich, die sich schon ihrem Titel nach der Treuepflicht der Aktionäre widmeten[243] oder den mitgliedschaftlichen Treuebindungen im Aktienrecht einen breiten Raum gewährten.[244] Außerdem fand die Rechtsfigur – anders als noch in der zweiten Debattenphase[245] – Eingang in die Kommentarliteratur zum 1937 erlassenen Aktiengesetz.[246] Aus einer dogmatischen Perspektive ist festzuhalten, dass manche Autoren ein Gespür entwickelten für die Unterscheidung zwischen dem allgemeinen zivilrechtlichen Treuegebot, das aus § 242 BGB resultierte, und der Treuepflicht als einer gesellschaftsrechtlichen Figur.[247] Freilich

---

242 Zum Zusammenhang zwischen dem politischen Umbruch und der Anerkennung der Treuepflicht s. *Klausing*, aaO (Fn. 231), S. 405, 410 ff. sowie die von *Klausing* betreute Dissertation von *Fleischmann*, aaO (Fn. 203), S. 32 ff.; vgl. auch *Ritter*, aaO (Fn. 240), Vor § 1 unter Ziff. 4. b): der Treuegedanke sei der heutigen Staatsauffassung gerecht; ähnlich *Crisolli*, JW 1935, 8, 13; ferner *Würdinger*, Gesellschaften, 2. Teil: Recht der Kapitalgesellschaften, 1943, S. 13: allgemeines rechtspolitisches Prinzip. Deutlich auch *Danielcik*, aaO (Fn. 240), § 114 unter Ziff. 3: „Die freie Stimmrechtsausübung hat aber ihre Grenze in den allgemeinen Grundsätzen des neuen Rechts, das keine ‚absolute' Freiheit kennt. Jede Freiheit ist vielmehr pflichtgebunden derart, daß jedes subjektive Recht eine Pflicht in sich trägt. Dies gilt auch für das Stimmrecht und darüber hinaus für die Stellung des Aktionärs in der AG. überhaupt.", der zudem auf das allgemeine nationalsozialistische Recht verwies; daran anknüpfend *Nalbach*, Die Stimmbindungsverträge im neuen Aktienrecht unter besonderer Berücksichtigung der Treuepflicht, 1941, S. 27.
243 Vgl. etwa *Claren*, ZAkDR 1937, 490 („Die Treuepflicht des Aktionärs"); *Dorpalen*, ZHR 102 (1936), 1 („Die Treuepflicht des Aktionärs"); *Fechner*, Die Treubindungen des Aktionärs, 1942; *Fleischmann*, Die Treuepflicht der Mitglieder von Kapitalgesellschaften, 1937; *Hesse*, Die Treupflicht des Aktionärs, 1938; *Klausing*, aaO (Fn. 231), S. 405 („Treuepflicht des Aktionärs?"); *Lenssen*, Das Stimmrecht des Aktionärs unter besonderer Berücksichtigung der Treupflicht, 1938.
244 *Bergmann*, ZHR 105 (1938), 1, 9 ff.; *Filbinger*, aaO (Fn. 103), S. 100 ff.; *Theis*, aaO (Fn. 101), S. 120 ff. Nur knapp *A. Hueck*, aaO (Fn. 5), S. 72, 73.
245 Dazu III. 3. c) aa) mit Nachw. in Fn. 184 und 187.
246 Vgl. etwa *Baumbach*, aaO (Fn. 141), § 1 unter Ziff. 1., Vor § 48 unter Ziff. 2. B., § 114 unter Ziff. 2. C.; *Gadow*, aaO (Fn. 240), § 1 Anm. 3; *von Godin/Wilhelmi*, aaO (Fn. 236), § 1 unter Ziff. 2; *Ritter*, aaO (Fn. 240), Vor § 1 unter Ziff. 4. b); *Weipert*, in: Großkomm. z. AktG, 1939, § 84 Anm. 74 (zur Lösung des Konkurrenzproblems bei Schadensersatzansprüchen der AG und der Aktionäre gegen pflichtvergessene Vorstandsmitglieder – mit eher zurückhaltender Tendenz), § 197 Anm. 13 (zur Beschränkung des Anfechtungsrechts – in Anm. 14 wollte *Weipert* die Beschlüsse augenscheinlich weiterhin am Maßstab der Sittenwidrigkeit kontrollieren und sprach insoweit nicht von der Treuepflicht). Zur Treuepflicht auch unter Geltung des AktG 1937 ferner *Filbinger*, aaO (Fn. 103), S. 122 ff. Zurückhaltend aber *Schlegelberger/Quassowski*, aaO (Fn. 239), § 1 Anm. 5.
247 So etwa *Bergmann*, ZHR 105 (1938), 1, 11 (mit einer griffigen Differenzierung: einerseits Treu und Glauben als die Art und Weise, wie eine andere Verpflichtung zu bewirken ist, andererseits die Treuepflicht als „Leistungsgegenstand" und „selbständiger Inhalt des Schuldverhältnisses" sowie das Treuverhalten als „Kernleistung"); *Fechner*, aaO (Fn. 2), S. 77 ff.; *Hesse*, aaO (Fn. 236), S. 20 ff.; *Klausing*, aaO (Fn. 231), S. 405, 418; *Theis*, aaO (Fn. 101), S. 121.

wurde die Treuepflicht von einigen nach wie vor mit dem Grundsatz von Treu und Glauben gleichgesetzt.[248]

bb) Unterscheidung zwischen vertikaler und horizontaler Treuepflicht
Was die Begründung und die Wirkungsrichtung[249] der Treuepflicht angeht, war sich das Schrifttum allerdings nicht einig. Weitgehend anerkannt war die vertikale Treuepflicht, über ihren Geltungsgrund und die konkrete Ausgestaltung herrschte jedoch Streit: Verbreitet war die Auffassung, dass die Treuepflicht im Vertikalverhältnis zur Aktiengesellschaft gilt.[250] Ein Teil der Autoren leitete die Treuepflicht aus der Zugehörigkeit zu einer Gemeinschaft natürlicher Personen her[251] und lehnte auf dieser Grundlage die Treubindungen zwischen den Aktionären und der Aktiengesellschaft als juristischer Person ab.[252] Stattdessen sollte die Treuepflicht ge-

---

248 So *Dorpalen*, ZHR 102 (1936), 1, 4 f., 12 ff.; augenscheinlich auch *Filbinger*, aaO (Fn. 103), S. 104, der aber auf S. 119 von einer „eigene*[n]* aktienrechtliche*[n]* Kategorie" sprach; *Fleischmann*, aaO (Fn. 203), S. 39 ff.; *Ritter*, aaO (Fn. 240), Vor § 1 unter Ziff. 4. c), § 197 unter Ziff. 3. a); *Teichmann/ Koehler*, aaO (Fn. 233), § 48 unter Ziff. 5; *Weipert*, aaO (Fn. 246), § 197 Anm. 13. In diese Richtung wohl auch *Nalbach*, aaO (Fn. 242), S. 30 ff.
249 Ein aufschlussreicher Überblick über den damaligen Meinungsstand bei *Fechner*, aaO (Fn. 2), S. 36 ff.
250 *Danielcik*, aaO (Fn. 240), § 114 unter Ziff. 3; *Hesse*, aaO (Fn. 236), S. 21 ff.; *Ritter*, aaO (Fn. 240), Vor § 1 unter Ziff. 4. b); *Teichmann/Koehler*, aaO (Fn. 233), § 48 unter Ziff. 3. c) (die auf die Mitgliedschaft abstellten); wohl auch *von Godin/Wilhelmi*, aaO (Fn. 236), § 1 unter Ziff. 2. Für eine – im Vergleich zu Personengesellschaften abgeschwächte – Treuepflicht der Aktionäre gegenüber der Körperschaft *Filbinger*, aaO (Fn. 103), S. 115; *A. Hueck*, aaO (Fn. 5), S. 72, 73; so wohl auch *Theis*, aaO (Fn. 101), S. 112, der aber auf S. 129 auch von der Treuepflicht gegenüber dem Unternehmen sprach; s. ferner *Bergmann*, ZHR 105 (1938), 1, 12: Treuepflicht gegenüber der Gesellschaft.
251 Dafür *Claren*, ZAkDR 1937, 490, 491 f., der aber auf S. 493 zugleich betonte, „daß die Berufung auf die Treupflicht nicht dazu führen darf, etwa in wirtschaftlichen Fragen die Freiheit einer verantwortungsbewußten Abstimmung einzuengen oder auszuschließen." Vgl. ferner *Dorpalen*, ZHR 102 (1936), 1, 18 ff., der zudem auf die Treuhänderstellung des Aktionärs abstellte (dagegen *Fechner*, aaO [Fn. 2], S. 50 f.). Den Gemeinschaftsgedanken hoben hervor: *Baumbach*, aaO (Fn. 141), Vor § 48 unter Ziff. 2. B.; *Danielcik*, aaO (Fn. 240), § 114 unter Ziff. 3; *Hesse*, aaO (Fn. 236), S. 20 ff.; *Lehmann*, FS Hedemann, 1938, S. 399, 408; *Lenssen*, aaO (Fn. 243), S. 37 f.; *Nalbach*, aaO (Fn. 242), S. 30 f.; *Theis*, aaO (Fn. 101), S. 108 ff. Das menschliche Miteinander betonend *Fechner*, aaO (Fn. 2), S. 21 ff., der auf S. 53 ff. das Abstellen auf die Gemeinschaft im Aktienrecht indes als lebensfremd kritisierte.
252 In diese Richtung *Baumbach*, aaO (Fn. 141), Vor § 48 unter Ziff. 2. B.; *Fechner*, aaO (Fn. 2), S. 24 („Einer juristischen Person kann man keine Treue schulden.") und S. 35 („Es muss in Zweifel gezogen werden, ob sie *[die AG – Ergänzung des Verf.]* auch befähigt ist, Endpunkt von Treubindungen zu sein."); *Schlegelberger/Quassowski*, aaO (Fn. 239), § 1 Anm. 5 mit Plädoyer für Anwendung des Gebots von Treu und Glauben statt Rückgriffs auf eine besondere Treuepflicht.

genüber dem Unternehmen bestehen[253] – eine Idee, die bereits in den 1920er Jahren im Schrifttum angedeutet wurde[254] und die *Erich Fechner* 1942 ausbaute.[255] Teilweise wurde der Treuegedanke in §§ 101, 197 Abs. 2 AktG 1937, die die Verfolgung von schädigenden Sondervorteilen sanktionieren sollten,[256] hineingelesen.[257] Dabei betonten manche Autoren mit Verweis auf § 197 Abs. 2 AktG 1937, dass auch die Aktionärsminderheit bei der Abstimmung mitgliedschaftlichen Treuebindungen unterliegen könne.[258]

Während die vertikale Treuepflicht weitgehend anerkannt war, herrschte ein lebhafter Streit darüber, ob die Treuebindungen auch zwischen den Aktionären bestehen. Eine Ansicht wies – auf einer Linie mit dem Reichsgericht[259] – darauf hin, dass ein persönliches Band zwischen den Aktionären nicht der Realität entspre-

---

253 Dafür *Klausing*, DJZ 1935, 1135, 1136; *Klausing*, aaO (Fn. 231), S. 405, 425 ff.; wohl auch *Danielcik*, aaO (Fn. 240), § 1 unter Ziff. 6. c) auf S. 5. Vgl. ferner *Siebert*, DRW 1936, 204, 259, der statt von der Treuepflicht von der Mitgliedschaftspflicht sprechen wollte. Zum Schutz des Unternehmens vor „anonyme[n] verantwortungslose[n] Majoritäten" als Aufgabe des Aktienrechts s. *Schlegelberger*, Die Erneuerung des deutschen Aktienrechts, 1935, S. 6 ff. Dezidiert gegen das Abstellen auf das Unternehmen *Hesse*, aaO (Fn. 236), S. 23 f.
254 Vgl. dazu oben unter III. 3. c) cc). Deutlich gegen die Heranziehung der Unternehmenstheorie aber *Fleischmann*, aaO (Fn. 203), S. 19 ff., der – was den nationalsozialistischen Einfluss auf die Entwicklung des Treuegedankens in der damaligen Zeit deutlich macht – auf S. 20 f. feststellt: „Durch die Zugehörigkeit dieser Theorie zu der überwundenen liberalistischen Epoche erübrigt es sich, die jüdischen Schriftsteller, die diese Auffassung vertreten oder ihr nahe gestanden haben, anzuführen."
255 *Fechner*, aaO (Fn. 2), S. 62 ff. mit prägnanter Umschreibung auf S. 105: „Die Treupflicht schützt das Unternehmen als reale Einheit unmittelbar gegen Übergriffe der Aktionäre, soweit diese eine Rechtsmacht über seinen personalen und materiellen Bestand ausüben."
256 Die Vorschriften entsprachen im Wesentlichen den heute geltenden §§ 117, 243 Abs. 2 AktG.
257 So *Bergmann*, ZHR 105 (1938), 1, 9 f., der die Treuepflicht im Kontext der §§ 101, 197 Abs. 2 AktG 1937 als eine gesetzliche Folge der gesellschaftlichen Machtstellung ansah und der Ansicht war, dass sie sich „aus der Verpflichtung gegenüber der Volksgemeinschaft selbst" ergebe (Zitat auf S. 10); ähnlich *Filbinger*, aaO (Fn. 103), S. 125, 128 ff., der überdies auf S. 120 zur Rechtslage nach HGB a.F. feststellte: „Der Fall des Verfolgens gesellschaftsfremder Sondervorteile ist ein Unterfall des Handelns gegen die Treuepflicht."; s. ferner *Danielcik*, aaO (Fn. 240), § 101 unter Ziff. 2 (anders aber § 114 unter Ziff. 3); *von Godin/Wilhelmi*, aaO (Fn. 236), § 1 unter Ziff. 2; *Ritter*, aaO (Fn. 240), § 197 unter Ziff. 3. a). A.A. *Baumbach*, aaO (Fn. 141), § 101 unter Ziff. 1.; *Fechner*, aaO (Fn. 2), S. 77; *A. Hueck*, aaO (Fn. 55), S. 15 Fn. 46; *Schlegelberger/Quassowski*, aaO (Fn. 239), § 101 Anm. 1. Letztgenannte Autoren konnten sich auf die amtliche Begründung berufen, die § 101 AktG nicht als Haftung wegen Verletzung der Treuepflicht einordnete, s. *Klausing*, Amtliche Begründung zum AktG, S. 87; dagegen wiederum *Filbinger*, aaO (Fn. 103), S. 128 f.
258 *Claren*, ZAkDR 1937, 490, 492 mit einem Vorschlag zur beschlussmängelrechtlichen Behandlung solcher Fälle, der heute unter dem Schlagwort „positive Beschlussfeststellungsklage" behandelt wird; s. ferner *Fechner*, aaO (Fn. 2), S. 100 f.
259 RGZ 158, 248, 254; s. dazu bereits oben unter III. 4. a) a.E.

che²⁶⁰ und eine horizontale Treuepflicht deshalb abzulehnen sei.²⁶¹ Manche schlugen vor, stattdessen den Gleichbehandlungsgrundsatz heranzuziehen, um einen wirksamen Aktionärsschutz sicherzustellen.²⁶² Allerdings waren im Schrifttum immer mehr Stimmen zu vernehmen, die eine horizontale Treuepflicht zwischen den Aktionären befürworteten.²⁶³ Dies überrascht nicht, wenn man sich vor Augen führt, dass die Aktionäre – ganz im Einklang mit der nationalsozialistischen Doktrin – als eine Gemeinschaft eingestuft wurden.²⁶⁴ Diejenigen Autoren, die eine horizontale und vertikale Treuebindungen der Aktionäre anerkannten, versuchten auch das Verhältnis der beiden Institute zu bestimmen. So stand etwa *Friedrich Klausing* auf dem Standpunkt, dass der Treuepflicht gegenüber der Gesellschaft der Vorrang gebühre und die Treuepflicht zwischen den Aktionären subsidiär sei.²⁶⁵

cc) Intensität und Rechtsfolgen der Treuepflicht

Ungeachtet der dogmatischen Streitigkeiten über die Wirkungsrichtung der Treuepflicht wuchs das Verständnis der Literatur dafür, dass die Intensität der Treuepflicht von der Realstruktur des Verbands abhänge²⁶⁶ und dass der konkrete

---

260 Deutlich *Schlegelberger*, aaO (Fn. 253), S. 5: „Es wäre ebenso weltfremd wie aussichtslos, wenn man etwa versuchen wollte, ein persönliches Band unter den Aktionären zu knüpfen."
261 Insbesondere *Fechner*, aaO (Fn. 2), S. 83 ff.; gegen die Treuepflicht gegenüber einem einzelnen Mitaktionär auch *Baumbach*, aaO (Fn. 141), Vor § 48 unter Ziff. 2. B.; *Nalbach*, aaO (Fn. 242), S. 32 f.
262 Dafür namentlich *Fechner*, aaO (Fn. 2), S. 83 ff., insb. S. 93 ff. So auch bereits *Bodenheimer*, aaO (Fn. 100), S. 52 ff. Für einen solchen Ansatz im neueren Schrifttum *Verse*, aaO (Fn. 174), S. 62 f.
263 *Bergmann*, ZHR 105 (1938), 1, 12; *Danielcik*, aaO (Fn. 240), § 114 unter Ziff. 3; *Dorpalen*, ZHR 102 (1936), 1, 27 ff.; *Filbinger*, aaO (Fn. 103), S. 115 ff.; *Fleischmann*, Die Treuepflicht der Mitglieder von Kapitalgesellschaften, 1937, S. 46 ff.; *von Godin/Wilhelmi*, aaO (Fn. 236), § 1 unter Ziff. 2; *Hesse*, aaO (Fn. 236), S. 24; *Klausing*, DJZ 1935, 1135, 1141; *Klausing*, aaO (Fn. 231), S. 405, 425 ff.; *Lehmann*, aaO (Fn. 251), S. 399, 408; *Lenssen*, aaO (Fn. 243), S. 39 ff.; *Siebert*, DRW 1936, 204, 259; *Theis*, aaO (Fn. 101), S. 121. De lege ferenda auch *Crisolli*, JW 1935, 8, 13. Unklar *Ritter*, aaO (Fn. 240), Vor § 1 unter Ziff. 4. d); *Würdinger*, aaO (Fn. 242), S. 13 (der einerseits von einer Treuepflicht der Mitglieder untereinander sprach, andererseits aber den dogmatischen Mehrwert dieser Figur bezweifelte).
264 Darauf abstellend *Klausing*, DJZ 1935, 1135, 1141; *Siebert*, DRW 1936, 204, 259; *Theis*, aaO (Fn. 101), S. 121 ff.; vgl. auch bereits *Siebert*, DJZ 1935, 713, 716.
265 *Klausing*, aaO (Fn. 231), S. 405, 432 sprach von primären und sekundären Rechtsbehelfen, die die Gesellschaft bzw. der Aktionär im Fall einer Schädigung geltend machen kann; aus neuerer Zeit ähnlich *Lutter*, ZHR 162 (1998), 164, 176 ff., insb. 183; vgl. ferner *Dorpalen*, ZHR 102 (1936), 1, 28 f.; *Hesse*, aaO (Fn. 236), S. 24 f. (der die Treuepflicht gegenüber der AG für vorrangig hielt). Ohne ein Rangverhältnis der Treuepflichten gegenüber unterschiedlichen Subjekten aufzustellen *Theis*, aaO (Fn. 101), S. 129.
266 Vgl. *Baumbach*, aaO (Fn. 141), Vor § 48 unter Ziff. 2. B., § 114 unter Ziff. 2. C.; *Filbinger*, (Fn. 103), S. 102 ff.

Inhalt der Treuebindung im Einzelfall im Rahmen einer Interessenabwägung[267] zu ermitteln sei.[268] Zudem investierte das Schrifttum mehr Energie in die Bestimmung der Rechtsfolgen einer Treuepflichtverletzung. So wurde die Schrankenfunktion des Treuegedankens deutlicher akzentuiert.[269] Ferner wurde herausgearbeitet, dass ein Treuepflichtverstoß nicht nur beschlussmängelrechtliche Folgen nach sich ziehen,[270] sondern auch zu Schadensersatzansprüchen,[271] Entziehung der Verwaltungsrechte,[272] oder gar einem Ausschluss aus der Gesellschaft führen könne.[273] *Hans Filbinger* – der eher wegen seiner Beteiligung an Todesurteilen während des Zweiten Weltkriegs und der politischen Karriere danach[274] als wegen seiner wissenschaftlichen Leistung im Aktien- und Konzernrecht bekannt sein dürfte – diskutierte das Verhältnis zwischen dem Treuegedanken und dem allgemeinen Missbrauchsverbot.[275]

---

267 Zur Interessenabwägung als Instrument zur Lösung von Mehrheit-Minderheit-Konflikten s. bereits oben unter III. 3. c) bb).
268 Siehe *Filbinger*, aaO (Fn. 103), S. 114.
269 Vgl. *Baumbach*, aaO (Fn. 141), § 114 unter Ziff. 2. C.; *Bergmann*, ZHR 105 (1938), 1, 11 f.; *Dorpalen*, ZHR 102 (1936), 1, 22 ff., der zugleich betonte, dass aus der Treuepflicht keine positiven Pflichten hergeleitet werden könnten; *Hesse*, aaO (Fn. 236), S. 26 ff., 41 ff.; *Lenssen*, aaO (Fn. 243), S. 38 ff.; *Nalbach*, aaO (Fn. 242), S. 33 („negative Treuepflicht"); *Würdinger*, aaO (Fn. 242), S. 13, der überdies aus der Treuepflicht den Gleichbehandlungsgrundsatz herleiten wollte (dafür auch *Teichmann/Koehler*, aaO [Fn. 233], § 48 unter Ziff. 5. a); aus neuerer Zeit *Verse*, aaO [Fn. 174], S. 87 ff.); *Filbinger*, aaO (Fn. 103), S. 105 f., der von der negativen Verbindlichkeit sprach; s. ferner *Theis*, aaO (Fn. 101), S. 127 f., der es aber in Fn. 46 für denkbar hielt, aus der Treuepflicht positive Verpflichtungen der Aktionäre herzuleiten.
270 Die Rechtsprechung des Reichsgerichts zur Beschränkung des Anfechtungsrechts qua Treuepflicht (RGZ 146, 385, 395 f.) begrüßend etwa *Dorpalen*, ZHR 102 (1936), 1, 16; s. auch *Fleischmann*, aaO (Fn. 203), S. 50 f.; kritisch hingegen *Fechner*, aaO (Fn. 2), S. 100 f. Speziell zu Beschlussmängelklagen *Hesse*, aaO (Fn. 236), S. 43 ff.; zum Stimmrechtsausschluss *Lenssen*, aaO (Fn. 243), S. 42 ff.; zum Zusammenhang zwischen Treuepflicht und Stimmbindungsverträgen *Nalbach*, aaO (Fn. 242), S. 33 ff.
271 Siehe etwa *P. Fischer*, Die Aktiengesellschaft in der nationalsozialistischen Wirtschaft, 1936, S. 81; *Lenssen*, aaO (Fn. 243), S. 41 f.
272 Speziell dazu *Fleischmann*, aaO (Fn. 203), S. 52 ff.; *Hesse*, aaO (Fn. 236), S. 33 ff.
273 Ausführlich zu den Rechtsfolgen *Klausing*, aaO (Fn. 231), S. 405, 435 ff.; vgl. ferner *Claren*, ZAkDR 1937, 490, 492 f.; *Fechner*, aaO (Fn. 2), S. 79 ff. Gegen den Aktionärsausschluss aber *Baumbach*, aaO (Fn. 141), Vor § 48 unter Ziff. 2. B.; zurückhaltend auch *Fleischmann*, aaO (Fn. 203), S. 52 f.
274 Siehe etwa die bibliographische Skizze unter https://www.kas.de/de/web/geschichte-der-cdu/personen/biogramm-detail/-/content/hans-karl-filbinger.
275 *Filbinger*, aaO (Fn. 103), S. 111 ff.; s. dazu ferner *Fechner*, aaO (Fn. 2), S. 103 ff.; *Hesse*, aaO (Fn. 236), S. 28 ff. (Treuepflicht als verfeinerter Begriff der guten Sitten) und S. 37 ff.

5. Vierte Phase: Zurück in die zweite Phase

a) Grundlegung im *Huecks* Referat von 1946

Nach dem Zweiten Weltkrieg vollzog die Diskussion um Treuepflichten im Aktienrecht abermals eine Wende, die – wie im Personengesellschaftsrecht[276] – eng mit Abhandlungen von *Hueck* verbunden war. Während *Hueck* eine vertikale Treuepflicht 1935 noch für möglich gehalten hatte,[277] stellte er sich in seinem 1946 gehaltenen Vortrag zum Treuegedanken im modernen Privatrecht auf den Standpunkt, dass im Aktienrecht kein Raum für eine Treuebindung sei, die über die Grundsätze von Treu und Glauben nach § 242 BGB hinausreiche. Stattdessen verwies er auf die allgemeinen Missbrauchsschranken, namentlich auf die Sittenwidrigkeit.[278] An dieser Ansicht hielt er – in Abkehr von der Auffassung, die *Adolf Baumbach* in der Vorauflage vertreten hatte[279] – im Kommentar zum Aktiengesetz fest,[280] und zwar auch nach dem Erlass des Aktiengesetzes 1965.[281] Die Begründung war innerhalb des *Hueck'schen* Systems konsequent: „Die Zusammenfassung der nur mit einer Kapitalanlage beteiligten Aktionäre in der Aktiengesellschaft ist keine echte, keine personenrechtliche Gemeinschaft."[282]

b) Gleichbehandlungs- und Sittengebot als Korrektive in der BGH-Rechtsprechung

Die herrschende Auffassung folgte *Hueck*.[283] Zwar ging der BGH in einer Entscheidung zum GmbH-Recht vom 9. Juni 1954 in einem Halbsatz auf die Treuepflicht der Aktionäre ein,[284] stellte aber in den Minimax-Urteilen, die u. a. bezugsrechtslose

---

276 Hierzu bereits oben unter II. 2. b).
277 *A. Hueck*, aaO (Fn. 5), S. 72, 73.
278 *A. Hueck*, aaO (Fn. 55), S. 14 f.
279 Siehe *Baumbach*, aaO (Fn. 141), § 1 unter Ziff. 1., Vor § 48 unter Ziff. 2. B., § 114 unter Ziff. 2. C.
280 Vgl. *Baumbach/Hueck*, 6. Aufl. 1949, § 1 unter Ziff. 1., Vor § 48 unter Ziff. 2. B.
281 Vgl. *A. Hueck*, in: Baumbach/Hueck, 13. Aufl. 1968, § 1 Rdn. 3, § 54 Rdn. 11; s. ferner *A. Hueck*, ZGR 1972, 237, 250.
282 *A. Hueck*, aaO (Fn. 55), S. 15. Dagegen in der Besprechung des Vortrags *J. von Gierke*, ZHR 111 (1948), 190, 196 ff.; s. ferner *J. von Gierke*, Handelsrecht und Schiffahrtsrecht, 8. Aufl. 1958, S. 312, 339.
283 Zum Einfluss *Huecks* auf die Diskussion *Verse*, aaO (Fn. 97), Kap. 13 Rdn. 19 f.
284 BGHZ 14, 25, 38 = NJW 1954, 1401: „Die Treupflicht der Gesellschafter einer GmbH ist größer und stärker als die Treupflicht der Aktionäre, da die Beziehungen der Gesellschafter einer Gesellschaft mbH untereinander und zur Gesellschaft in der Regel enger sind als dies bei der Aktiengesellschaft

Kapitalerhöhungen zum Gegenstand hatten und damit für eine höchstrichterliche Auseinandersetzung mit dem Treuegedanken gut geeignet gewesen wären, auf die Sittenwidrigkeit[285] und das Gleichbehandlungsgebot[286] ab; die Treuepflicht oder die Grundsätze von Treu und Glauben erwähnte der II. Zivilsenat in den Minimax-Urteilen mit keinem Wort.[287] Deutlich lehnte der BGH die horizontale Treuepflicht der Aktionäre im AUDI/NSU-Urteil vom 16. Februar 1976 ab. In dem streitgegenständlichen Fall ging es um den Erwerb von 15 % der Aktien der AUDI/NSU AG durch die VW AG als Großaktionärin der AUDI/NSU AG von der Israel-British-Bank zu einem Preis, der über dem früheren Abfindungsangebot an die außenstehenden Aktionäre und dem Börsenkurs der AUDI/NSU AG lag. Der klagende Aktionär, der seine Aktien zu einem niedrigeren Preis als die Israel-British-Bank verkauft hatte, nahm die VW AG auf Ausgleichszahlung in Anspruch und stützte sich u. a. auf die Verletzung der Treuepflicht, die der BGH aber nicht anerkannte.[288]

c) Treuepflichtdebatte im Schrifttum

Auch das Schrifttum lehnte besondere, über § 242 BGB hinausgehende Treuebindungen im Aktienrecht verbreitet ab und verwies in Fällen des Rechtsmissbrauchs auf die Anwendung der §§ 101, 197 Abs. 2 AktG 1937 bzw. §§ 117, 243 Abs. 2 AktG 1965 sowie der allgemeinen zivilrechtlichen Schranken in §§ 138, 226, 826 BGB.[289] Wie

---

der Fall ist. Darum wird der Stimmrechtsausübung der GmbH-Gesellschafter eher als Aktionären der Einwand der unzulässigen Rechtsausübung entgegengesetzt werden können."
285 BGHZ 21, 354, 358 = NJW 1956, 1753 – Minimax I.
286 BGHZ 33, 175, 186 ff. = NJW 1961, 26 – Minimax II.
287 Von einer aktienrechtlichen Treuepflicht distanzierte sich der BGH offenbar auch in BGHZ 18, 365 = NJW 1955, 1919.
288 BGH JZ 1976, 561, 562: „Die Verletzung einer gesellschaftsrechtlichen Treuepflicht scheidet als Anspruchsgrundlage ebenfalls aus, weil eine solche Treuepflicht im Sinne einer über die allgemeinen Rechtsgrundsätze der §§ 226, 242, 826 BGB hinausgehenden Bindung zwischen Aktionären im allgemeinen nicht besteht oder jedenfalls keine Haftung für Vermögensnachteile jenseits des innergesellschaftlichen Bereichs auslösen kann, wie sie hier mit der Klage geltend gemacht werden. Die gemeinsame Zugehörigkeit zu einer Aktiengesellschaft begründet für sich allein keine gegenseitigen Rechtsbeziehungen, aus denen sich eine solche Haftung herleiten ließe."
289 Deutlich *W. Schmidt/Meyer-Landrut*, in: Großkomm. z. AktG, 2. Aufl. 1961, § 1 Anm. 8b: „Es scheint aber überhaupt verfehlt, in Beziehungen der kapitalistisch organisierten Aktiengesellschaft einen juristisch nicht greifbaren Treuebegriff einzuführen, es sei denn, es soll damit nichts anderes gesagt werden, als daß jede Rechtsausübung den Grundsätzen von Treu und Glauben (§ 242 BGB) unterliegt, auch natürlich im Aktienrecht.", die überdies in § 114 Anm. 42 eine weitgehende Freiheit der Stimmrechtsausübung postulierten. Fortgeführt von *Meyer-Landrut*, in: Großkomm. z. AktG, 3. Aufl. 1973, § 1 Anm. 34; ausgebaut und modifiziert von *Barz*, in: Großkomm. z. AktG, 3. Aufl. 1973,

schon in den früheren Phasen der Treuepflichtdebatte wurde zur Begründung zum einen auf die Natur der Aktiengesellschaft als fiktive juristische Person abgestellt. Zum anderen wurde auf die Möglichkeit des Gesellschafterwechsels hingewiesen, die für den Zuschnitt der Aktiengesellschaft prägend sei und der Bildung von Rechtsbeziehungen zwischen den Aktionären entgegenstehe.[290]

Gleichwohl waren einige Autoren der Ansicht, dass der Treuegedanke auch für das Aktienrecht eine Rolle spielen könne.[291] Hervorzuheben ist *Wolfgang Schilling*, der aber den Begriff der Treuepflicht tunlichst mied[292] und stattdessen vom

---

§ 134 Anm. 36 ff., dessen Grundtendenz aber gleich blieb. Gegen die Treuepflicht ferner *Gessler*, AktG, 3. Aufl. 1970, § 54 Anm. 1; *Lehmann*, aaO (Fn. 82), S. 262 f. (der auf den „vorwiegend kapitalistischen Charakter der AG" abstellte, aber bei „einer neben der AG bestehenden engeren sozialen Gemeinschaft" die Treuepflichten der Aktionäre für denkbar hielt); *Wagner*, aaO (Fn. 82), S. 246 ff.; zurückhaltend auch *Berg*, AG 1960, 92, 93; s. zudem die in Fn. 320 genannten Kommentare.

290 Vgl. dazu *Wilhelmi*, in: von Godin/Wilhelmi, AktG, 4. Aufl. 1971, § 1 Anm. 3 ff.; zum Fehlen von Rechtsbeziehungen zwischen Aktionären auch *W. Schmidt/Meyer-Landrut*, aaO (Fn. 289), § 1 Anm. 8b unter Ziff. 3; ähnlich *Reinhardt*, aaO (Fn. 82), Rdn. 441. Sehr zurückhaltend *Baltzer*, Die gesellschaftliche Treupflicht im Recht der AG und GmbH, 1967, S. 159 ff., der die Anwendung der Treuepflicht als verdeckte Ausübung richterlichen Ermessens bezeichnete; s. ferner *Serick*, Rechtsform und Realität juristischer Personen, 1955, S. 34 Fn. 1, S. 177 Fn. 1, der aber immerhin die Ansicht von *Fechner*, aaO (Fn. 2), eine vertikale Treuepflicht zwischen Aktionären und Unternehmen anzuerkennen (s. dazu den Nachw. in Fn. 255), für vertretbar hielt; sehr kritisch auch *Keßler*, aaO (Fn. 81), Vor § 705 Rdn. 36a, der die reichsgerichtlichen Urteile zur Treuepflicht der Aktionäre (dazu oben unter III. 4. a)) als „Übertreibungen gewisser damaligen Zeitumstände" qualifizierte. Gegen die Anerkennung von Rechtsbeziehungen zwischen Aktionären schließlich *Ballerstedt*, Kapital, Gewinn und Ausschüttung bei Kapitalgesellschaften, 1949, S. 155.

291 Vgl. *Löhlein*, JR 1950, 497, 498, der die Schrankenfunktion der Treuepflicht bei der Ausübung des Anfechtungs-, Auskunfts- und Stimmrechts durch den Aktionär sowie die Bindung an das Gesellschaftsinteresse hervorhob; ähnlich *Lehmann/Dietz*, aaO (Fn. 82), S. 362 ff.; s. ferner *J. von Gierke*, ZHR 111 (1948), 190, 196 ff. (genossenschaftliche Treuepflicht); *J. von Gierke*, aaO (Fn. 282), S. 312, 339; *Mestmäcker*, Verwaltung, Konzerngewalt und Rechte der Aktionäre, 1958, S. 148 ff.; *Teichmann/Koehler*, AktG, 3. Aufl. 1950, § 48 unter Ziff. 5. b) (die Ausführungen entsprechen im Wesentlichen der Kommentierung in der 2. Aufl. 1939 – s. dazu insb. Fn. 250); im Zusammenhang mit Vermeidung freier Spitzen bei bezugsloser Kapitalerhöhung bezog sich *Rob. Fischer*, in: Großkomm. z. AktG, 1965, § 153 Anm. 17 a.E. auf Treu und Glauben; *Hans Würdinger* sprach vom rechtspolitischen Prinzip (*Würdinger*, Aktienrecht, 1959, S. 45) und vom „Wertmaßstab, nach dem sich die Grenzen der Rechtsausübung bzw. der Rechtsmissbrauch beurteilen." (*Würdinger*, Aktien- und Konzernrecht, 2. Aufl. 1966, S. 49 f. sowie 3. Aufl. 1973, S. 45).

292 Ob sich *Schilling* durch die Begriffswahl deutlich von der NS-Zeit distanzieren wollte, lässt sich der Kommentierung nicht mit hinreichender Sicherheit entnehmen, ist aber nicht völlig unplausibel, wenn man seine Ausführungen im GmbH-rechtlichen Kontext in die Betrachtung einbezieht, s. *Schilling*, in: Hachenburg, GmbHG, 6. Aufl. 1956, Einl. Anm. 4 und § 14 Anm. 27: „Das Reichsgericht (...) hat den Begriff *[der Treuepflicht – Ergänzung des Verf.]* völlig entwertet, als es ganz allgemein eine Treuepflicht des Gesellschafters, auch des Aktionärs, annahm."

Grundsatz der Gesellschaftstreue sprach.[293] Dabei machte er allerdings nicht deutlich, ob er lediglich § 242 BGB im Aktienrecht anwenden oder eine eigenständige gesellschaftsrechtliche Pflicht statuieren wollte.[294] Drei Gesichtspunkte deuten darauf hin, dass er sich nicht mit der Anwendung der allgemeinen zivilrechtlichen Gebote begnügen wollte: Erstens bezog er sich auf § 70 AktG 1937 und damit auf die zentrale Vorschrift der aktienrechtlichen Organisationsverfassung, um die Hauptversammlung in der Beschlusssituation zur Abwägung der Interessen der Aktionäre, der Belegschaft, des Unternehmens und der Allgemeinheit anzuhalten.[295] Zweitens differenzierte er deutlich zwischen den Pflichten der Mehrheit und der Minderheit.[296] Drittens setzte er sich mit richterlichen Kontrollbefugnissen und unternehmerischem Ermessen der Hauptversammlung auseinander.[297] Diese Ausführungen waren spezifisch auf Konfliktsituationen in der Aktiengesellschaft zugeschnitten, deren Bewältigung der Grundsatz der Gesellschaftstreue dienen sollte. Zugleich waren sie ausdifferenzierter als die noch etwas grobmaschige Treuepflichtdogmatik in der zweiten Diskussionsphase, die noch in §§ 157, 242 BGB wurzelte.[298]

6. Fünfte Phase: Wiederentdeckung der Treuepflicht

a) Stimmführer im Schrifttum der 1960er bis 1980er Jahre

Die ablehnende Haltung des BGH und des Schrifttums gegenüber der (horizontalen) Treuepflicht der Aktionäre stieß im Schrifttum auf Kritik. Unter den Befürwortern der Treuebindungen im Aktienrecht stachen mit *Lutter*, *Wiedemann* und *Zöllner* drei Stimmführer hervor. Das Fundament legte *Zöllner* mit der von *Hueck* betreuten und 1963 erschienenen Habilitationsschrift, in der er die Schranken mitgliedschaftlicher Stimmrechtsmacht bei den privatrechtlichen Personenverbänden untersuchte und dabei die Treuebindungen, die er als bewegliche Schranken einstufte,

---

[293] Vgl. im Kontext des § 197 Abs. 2 AktG 1937 *Schilling*, in: Großkomm. z. AktG, 2. Aufl. 1965, § 197 Anm. 13 ff.
[294] Für das Erste *Schilling*, aaO (Fn. 293), § 197 Anm. 13a, für das Zweite Anm. 15b („gesellschaftliche Pflicht der Mehrheit").
[295] *Schilling*, aaO (Fn. 293), § 197 Anm. 15b Abs. 2. Heute würden wir sagen, dass *Schilling* das interessenpluralistische Zielkonzept (*stakeholder value*) auf die Hauptversammlung anwenden wollte und dass er die horizontale Treuepflicht befürwortete.
[296] *Schilling*, aaO (Fn. 293), § 197 Anm. 15a f.
[297] *Schilling*, aaO (Fn. 293), § 197 Anm. 13b unter d) und Anm. 15b.
[298] Zum Einfluss *Schillings* auf die Treuepflichtdogmatik *Ulmer*, ZHR 158 (1994), 1, 3.

näher beleuchtete.[299] Dabei betonte er, dass Treuepflichten auch in körperschaftlich strukturierten Verbänden eine Rolle spielen könnten[300] und dass die Intensität der Treuebindung nicht nur von personenrechtlichen Elementen und dem Vertrauensmoment, sondern vor allem von „der Stärke der eingeräumten Macht, in fremde Interessen einzugreifen" abhänge.[301] Was die horizontale Treuepflicht angeht, rückte *Zöllner* den Verhältnismäßigkeits- und Erforderlichkeitsgrundsatz in den Vordergrund.[302] Auf dieser Grundlage löste er das Problem der (für die Minderheitsaktionäre besonders einschneidenden) bezugsrechtslosen Kapitalerhöhung,[303] das bereits in den früheren Phasen der aktienrechtlichen Treuepflichtdebatte die Rechtsprechung wie das Schrifttum beschäftigt hatte.[304] Für dogmatisch denkbar, aber praktisch kaum relevant hielt *Zöllner* die positive Stimmpflicht der Aktionäre.[305] Erst über 30 Jahre später wird sich im Girmes-Fall zeigen, dass *Zöllner* die Wirkungsmacht des Treuegedankens insoweit unterschätzte.

In den folgenden Jahren setzten sich *Wiedemann*, dessen Dissertation *Hueck* betreut hatte,[306] und *Lutter* in mehreren Beiträgen für die Anerkennung der mitgliedschaftlichen Treuepflicht im Aktienrecht ein. Hervorzuheben sind namentlich drei Beiträge aus dem 1976er Jahrgang der JuristenZeitung,[307] in denen *Lutter* und *Wiedemann* im Kontext des AUDI/NSU-[308] und ITT-Falls[309] die Grundlagen für die Treuepflicht zwischen den Aktionären schufen.[310] In den 1980er Jahren legte *Lutter*

---

299 *Zöllner*, aaO (Fn. 107), S. 335 ff.
300 *Zöllner*, aaO (Fn. 107), S. 338 f.
301 Dazu *Zöllner*, aaO (Fn. 107), S. 342 f.
302 *Zöllner*, aaO (Fn. 107), S. 351 f.
303 *Zöllner*, aaO (Fn. 107), S. 352 f. Dass der BGH im Kali+Salz-Urteil (BGHZ 71, 40, 44 ff. = NJW 1978, 1316; s. dazu noch unter III. 6. b)) diese grundlegenden Ausführungen nicht zitierte, ist *Zöllner* freilich nicht entgangen, s. *Zöllner*, AG 2002, 585, 586; s. auch das Zitat in Fn. 322.
304 Dazu oben unter III. 2.–4. mit Nachw. in Fn. 112, 153, 166, 172, 285 und 286.
305 *Zöllner*, aaO (Fn. 107), S. 354 f. mit Ausführungen zur Stimmpflicht in anderen Personenverbänden.
306 *Wiedemann*, Das Arbeitsverhältnis als Austausch- und Gemeinschaftsverhältnis, 1966.
307 Freilich nahm *Wiedemann* schon zuvor die Treuepflicht eines Aktionärs mit Machtstellung an, s. *Wiedemann*, in: FS Barz, 1974, S. 561, 568 f. (mit dem zutreffenden wie plastischen Hinweis, dass der Mehrheitsgesellschafter einer Personengesellschaft bei Umwandlung in eine GmbH oder AG seine Pflichtenstellung nicht an der Garderobe abgebe; s. dazu auch *Wiedemann*, aaO [Fn. 82], S. 433 f.). Vgl. ferner *Wiedemann*, Minderheitenschutz und Aktienhandel, 1968, S. 51 ff., wo sich *Wiedemann* auf S. 55 zwar begrifflich (augenscheinlich unter dem Einfluss von *Alfred Hueck*, s. dort Fn. 89) von der Treuepflicht distanzierte, aber von einer „körperschaftlichen Amtspflicht" des Mehrheitsaktionärs sprach.
308 Dazu bereits oben unter II. 5. b) mit Fn. 288.
309 Diese GmbH-rechtliche Entscheidung wird noch unter IV. 2. dargestellt.
310 Vgl. *Lutter*, JZ 1976, 225, 227 ff.; *Lutter*, JZ 1976, 562 f.; *Wiedemann*, JZ 1976, 392, 393 f.

insbesondere mit der Schriftfassung seines Vortrags auf der Berner Zivilrechtslehrertagung von 1979 zur Theorie der Mitgliedschaft[311] nach, in dem er mit dem Ballonfahrt-Beispiel[312] das Bild der Gesellschaft als eines nach vorne offenen Verbands prägte[313] und die Bedeutung der Treuepflicht – die er allerdings als mitgliedschaftliche Förderpflicht bezeichnen wollte[314] – für das Verbandsleben auch innerhalb der Aktiengesellschaft hervorhob.[315] Nahezu zeitgleich arbeitete *Wiedemann* in seinem Großlehrbuch zum Gesellschaftsrecht heraus, dass die Treuepflicht ein rechtsformübergreifendes Instrument des Minderheitenschutzes sei, das auch im Aktienrecht Geltung beanspruche.[316]

Deutlich weniger progressiv als die drei Stimmführer, die im Sinne der gesellschaftsrechtlichen Institutionenbildung[317] die Unterschiede zwischen Personengesellschaften und Körperschaften für überwindbar hielten und die Gemeinsamkeiten der privaten Personenverbände in den Vordergrund stellten,[318] zeigte sich die aktienrechtliche Kommentarliteratur. Zwar fand der Treuegedanke wieder Eingang in die Kommentare,[319] einige Autoren folgten aber weiterhin der tradierten Ansicht

---

311 *Lutter*, AcP 180 (1980), 84 ff.
312 An der Ballonfahrt teilnehmen durfte neben *Lutter* und *Zöllner* auch *Peter Ulmer*, der die Treuepflichtdogmatik vor allem im Personengesellschaftsrecht und GmbH-Recht prägte, vgl. nur die Angaben in Fn. 81 und *Ulmer*, NJW 1976, 192; *Ulmer*, ZHR 148 (1984), 391, 416 ff.; *Ulmer*, ZHR 161 (1997), 102, 125 f.
313 *Lutter*, AcP 180 (1980), 84, 92.
314 Zum teleologischen Hintergrund dieser Umetikettierung s. noch unter V.
315 Vgl. *Lutter*, AcP 180 (1980), 84, 102 ff., der die Unterscheidung zwischen aktiven und passiven Förderpflichten betonte und sich auf S. 120 ff. insbesondere den Pflichten im Horizontalverhältnis widmete.
316 *Wiedemann*, aaO (Fn. 82), S. 431 ff. Hinzuweisen ist ferner auf Ausführungen zum Minderheitenschutz in *Wiedemanns* Rektoratsrede vom 19. Oktober 1979, die in ZGR 1980, 147, 155 ff. verschriftlicht wurden; s. hierzu noch im Kontext des teleologischen Fundaments der Treuepflicht unter V.
317 Es überrascht nicht, dass der einflussreiche Verfechter des rechtsformübergreifenden Denkens ebenfalls für die Geltung der mitgliedschaftlichen Treuepflicht im gesamten Gesellschaftsrecht plädierte, s. *K. Schmidt*, Gesellschaftsrecht, 1986, S. 436 ff.; vorsichtig in diese Richtung auch *Kübler*, aaO (Fn. 82), S. 179 f.
318 Zur vergleichbaren Entwicklung in der zweiten Debattenphase s. oben unter III. 3. c) dd).
319 Im Zusammenhang mit der Stimmrechtsausübung *Schilling*, in: Großkomm. z. AktG, 3. Aufl. 1973, § 243 Anm. 18 f., der den Vorrang des Gesellschaftsinteresses gegenüber dem widerstreitenden Aktionärsinteresses sowie das Erforderlichkeits- und Verhältnismäßigkeitsprinzip betonte, aber auch darauf hinwies, dass die Mehrheit gem. § 243 Abs. 2 S. 2 AktG durch Gewährung eines Ausgleichs an die Minderheit die Anfechtbarkeit des Beschlusses verhindern könne. Gegen die Treuepflicht, aber für Beschlusskontrolle am Maßstab der Erforderlichkeit und Verhältnismäßigkeit in Anlehnung an das Kali+Salz-Urteil (BGHZ 71, 40, 44 ff. = NJW 1978, 1316; s. dazu noch unter III. 6. b)) *Hüffer*, in: Geßler/Hefermehl/Eckardt/Kropff, AktG, 1984, § 243 Rdn. 49 ff.

und stützten sich dabei – wie schon in den früheren Phasen der Treuepflichtdiskussion – auf den kapitalistischen Charakter der Aktiengesellschaft als Aktienverein.[320]

b) Langsamer Wandel der BGH-Rechtsprechung

Auch der BGH ließ sich von den Befürwortern der Treuepflicht zunächst nicht beeindrucken. Allerdings vollzog er mit dem Kali+Salz-Urteil vom 13. März 1978 eine Rechtsprechungswende, die an das Vorgehen des Reichsgerichts in der ersten und zweiten Phase der Treuepflichtdebatte erinnert.[321] Der II. Zivilsenat schuf nämlich den Grundsatz sachlicher Rechtfertigung,[322] der im Rahmen einer bezugsrechtslosen Kapitalerhöhung beachtet werden müsse. Der Bezugsrechtsausschluss müsse im Gesellschaftsinteresse liegen und verhältnismäßig sein.[323] Bei Lichte besehen handelt es sich beim Grundsatz sachlicher Rechtfertigung um ein funktionales Äquivalent der Treuepflicht,[324] das der BGH – der sich noch 1976 vom Treuegedanken im Aktienrecht im AUDI/NSU-Urteil deutlich distanzierte,[325] was schon aus

---

320 Ausgehend von der Einordnung der AG als Aktienverein *Eckardt*, in: Geßler/Hefermehl/Eckardt/Kropff, AktG, 1973, § 1 Rdn. 50: „Ferner hat der Aktionär keine Treuepflicht gegenüber den Mitaktionären, wie sie ein Gesellschafter einer Gesellschaft des BGB gegenüber seinen Mitgesellschaftern hat." Mit Verweis auf die „rein kapitalistische Struktur der AG" *Hefermehl/Bungeroth*, in: Geßler/Hefermehl/Eckardt/Kropff, AktG, 1983, Vor § 53 Rdn. 19, die aber in eng begrenzten „Ausnahmefällen auf Grund außergewöhnlicher Umstände" die vertikale Treuepflicht für denkbar hielten (Rdn. 20 f.); eine horizontale Treuepflicht lehnten sie kategorisch ab (Rdn. 22 ff.). Gegen die Treuepflicht der Aktionäre auch *Keßler*, aaO (Fn. 3), Vor § 705 Rdn. 45. Sehr zurückhaltend *Würdinger*, Aktienrecht und das Recht der verbundenen Unternehmen, 4. Aufl. 1981, S. 51 f.
321 Vgl. dazu auch *Timm*, NJW 1988, 1582, 1583.
322 Relativierend aber *Zöllner*, AG 2002, 585, 586: „Es ist eine Legende, dass diese Erfordernisse *[Übereinstimmung mit dem Gesellschaftsinteresse und Erforderlichkeit – Ergänzung des Verf.]* erst vom BGH in der Kali- und Salz-Entscheidung aufgestellt worden seien. Die genauere Ausformulierung dieses Erfordernisses und seine Kombination mit dem Grundsatz der Verhältnismäßigkeit ist auf dem Boden der reichsgerichtlichen Rechtsprechung in einer Habilitationsschrift aus dem Jahr 1963 erfolgt, deren Verfasser ich nicht nenne, weil auch der BGH in Kali- und Salz und viele namhafte Rechtswissenschaftler sie insoweit nicht zitiert haben."
323 BGHZ 71, 40, 44 ff. = NJW 1978, 1316. Hierzu ausführlich *Lieder/V. Müller*, aaO (Fn. 174), S. 285, 286 ff.
324 Zur Einordnung des Grundsatzes sachlicher Rechtfertigung als Unterfall der Treuepflicht etwa *Henze/Notz*, aaO (Fn. 68), § 53a Rdn. 203; *Koch*, aaO (Fn. 191), § 53a Rdn. 20 ff.; *C. Schäfer*, in: Münchener Komm. z. AktG, 5. Aufl. 2021, § 243 Rdn. 57 ff. Zu den Unterschieden aus verfassungsrechtlichem Blickwinkel aber *Oechsler*, AG 2023, 604 Rdn. 6; s. ferner *Fleischer*, GesRZ 2017, 362, 366, 371; *K. Schmidt*, in: Großkomm. z. AktG, 4. Aufl. 2013, § 243 Rdn. 47; *Verse*, aaO (Fn. 97), Kap. 13 Rdn. 25.
325 Dazu oben unter III. 6. c) und BGH JZ 1976, 561, 562.

psychologischen Gründen einer Rechtsprechungsänderung nach nur zwei Jahren entgegenstehen dürfte[326] – umetikettierte, so wie das Reichsgericht in der zweiten Debattenphase unter dem Deckmantel des Sittengebots einige Elemente der Treuepflichtdogmatik in die Lösung aktienrechtlicher Fälle implementiert hatte.[327] Freilich war der methodische Weg der obersten Gerichte unterschiedlich: Während der Grundsatz sachlicher Rechtfertigung ein Produkt der Rechtsfortbildung durch den BGH ist,[328] wendete das Reichsgericht allgemeine zivilrechtliche Generalklauseln an. Dies ändert aber nichts daran, dass sowohl der BGH als auch das Reichsgericht nach einem Ausweg aus der argumentativen Sackgasse suchten, in die sie sich wegen der kategorischen Ablehnung der Treuepflicht begaben.

Aus dieser Sackgasse konnte sich der BGH erst 1988 mit dem Linotype-Urteil herausmanövrieren. Gegenstand der Entscheidung war ein Auflösungsbeschluss, der mit Stimmen des Großaktionärs, der nach vorheriger Absprache mit dem Vorstand die Vermögensgegenstände der Gesellschaft übernehmen sollte, gefasst wurde. Der II. Zivilsenat erkannte im Linotype-Urteil die horizontale Treuepflicht zwischen den Aktionären an,[329] wobei er den Grund für die gegenseitigen Rücksichtnahmepflichten nicht in der persönlichen Nähebeziehung der Gesellschafter sah,[330] sondern in der Möglichkeit des Mehrheitsgesellschafters, durch Einflussnahme auf die Geschäftsführung die Interessen der Mitgesellschafter zu beeinträchtigen.[331] Diese Ausführungen, die der Sache nach auch in späteren BGH-Entscheidungen zu finden sind,[332] knüpften an die Abhandlungen *Lutters*, *Wiedemanns* und *Zöllners* zur Beschränkung der Mehrheitsmacht an, die der II. Zivilsenat in der Urteilsbegründung zitierte.[333]

Ein weiterer Meilenstein[334] der Treuepflichtdogmatik war das Girmes-Urteil vom 20. März 1995,[335] in dem der BGH ausführte, dass auch dem Minderheitsak-

---

326 Zur Bedeutung der zeitlichen Dimension s. auch *Henze/Notz*, aaO (Fn. 68), § 53a Rdn. 203.
327 Hierzu oben unter III. 2. b) bb) und cc).
328 Vgl. *Hirte*, aaO (Fn. 174), S. 19; referierend *Schürnbrand/Verse*, in: Münchener Komm. z. AktG, 5. Aufl. 2019, § 186 Rdn. 94.
329 Überdies griff der BGH in der Tradition der reichsgerichtlichen Rechtsprechung den Missbrauchsgedanken auf, verneinte aber im konkreten Fall ein missbräuchliches Verhalten des Mehrheitsaktionärs, s. BGHZ 103, 184, 191 ff. = NJW 1988, 1579.
330 Freilich konzedierte der II. Zivilsenat, dass eine AG eine personalistische Struktur haben könne und die Anerkennung der horizontalen Treuepflicht schon deshalb geboten sein könne, s. BGHZ 103, 184, 195 = NJW 1988, 1579.
331 BGHZ 103, 184, 194 f. = NJW 1988, 1579.
332 Vgl. etwa BGHZ 142, 167, 169 ff. = NJW 1999, 3197; BGHZ 153, 47, 51 = NJW 2003, 1032.
333 BGHZ 103, 184, 195 = NJW 1988, 1579.
334 In der Zwischenzeit bejahte der BGH die Treuepflicht der Gesellschaft gegenüber dem Aktionär, was aber nach dem Linotype-Urteil eher unspektakulär war. Im Fall ging es um den Anspruch des

tionär eine Treupflicht gegenüber seinen Mitaktionären obliege.[336] Sie verpflichte ihn, seine Mitgliedrechte, insbesondere seine Mitverwaltungs- und Kontrollrechte, unter angemessener Berücksichtigung der gesellschaftsbezogenen Interessen der anderen Aktionäre auszuüben. Insbesondere sei es dem einzelnen Aktionär nicht erlaubt, eine sinnvolle und mehrheitlich angestrebte Sanierung der Gesellschaft – einschließlich einer zum Sanierungskonzept gehörenden Kapitalherabsetzung – aus eigennützigen Gründen zu verhindern.[337] Zugleich machte der BGH deutlich, dass eine vorsätzliche Verletzung der mitgliedschaftlichen Treuepflicht im Rahmen der Stimmrechtsausübung eine Schadensersatzhaftung der pflichtvergessenen Aktionäre nach sich ziehen kann.[338]

c) Literaturflut nach Linotype- und Girmes-Urteilen

Im Schrifttum wurde das Girmes-Urteil als ein „Schlussstein" bezeichnet, der „fest und richtig im Gewölbe unseres Aktienrechts" sitzt.[339] Einerseits ist man geneigt, dem zustimmen, weil die Entscheidung die Treuepflichtdogmatik im Aktienrecht auf die Spitze trieb.[340] Andererseits kurbelte der BGH die Treuepflichtdebatte erst

---

Aktionärs der BMW AG auf Abschrift vom Hauptversammlungsprotokoll, s. BGHZ 127, 107 = NJW 1994, 3094; s. dazu etwa *Verse*, aaO (Fn. 97), Kap. 13 Rdn. 26; generell zur Treuepflicht der AG *Henze/Notz*, aaO (Fn. 68), § 53a Rdn. 272 ff. Nicht angewendet hat der BGH die Treuepflicht auf einen Fall, in dem die privaten Interessen des Aktionärs betroffen waren, s. BGH NJW 1992, 3167, Leitsatz 4 und S. 3171.
335 Hierzu, insb. zu Klageziel und Prozessgeschichte, bereits ausführlich *Schmolke*, aaO (Fn. 177), S. 435, 447 ff.
336 Dass gelegentlich auch die Mehrheit vor der Minderheit geschützt werden muss, wurde schon zwischen den Weltkriegen hervorgehoben, vgl. im Kontext der Stimmrechtsausübung *Hachenburg*, DJZ 1928, 1372, 1375; *W. Horrwitz*, JW 1930, 2637, 2641. Nach dem Linotype-Urteil auch etwa *Lutter*, ZHR 153 (1989), 446, 467 f. (der sich ausdrücklich auf den Girmes-Fall bezog); *K. Schmidt*, Gesellschaftsrecht, 2. Aufl. 1991, S. 486.
337 BGHZ 129, 136, 142 ff. = NJW 1995, 1739.
338 BGHZ 129, 136, 162 ff. = NJW 1995, 1739.
339 So *Lutter*, JZ 1995, 1053, 1056.
340 Ob das Girmes-Urteil heute noch eine große Rolle in der Praxis spielt, mag bezweifelt werden. Zwar sind Treuepflichten in Sanierungssituationen Gegenstand von Gerichtsurteilen und Abhandlungen (s. etwa OLG München AG 2014, 546, 547 f.; *Koch*, aaO [Fn. 191], § 222 Rdn. 15a; *C. Schäfer*, FS Hommelhoff, 2012, 939, 949 ff.; *Seibt*, ZIP 2014, 1909, 1912 ff.), inzwischen dürften aber Sanierungs- und Restrukturierungspläne nach §§ 217 ff. InsO, §§ 5 ff. StaRUG das Mittel der Wahl sein, um etwaigen Widerstand der Minderheitsaktionäre zu brechen; zu strategischer Insolvenz nach ESUG *Seibt/Bulgrin*, ZIP 2017, 353 ff.; zu Wirkungen des Restrukturierungsplans nach StaRUG *Thole*, ZIP 2023, 563 ff.; zu Gestaltungsoptionen des Gesetzgebers vor dem StaRUG *Korch*, ZIP 2020, 446 ff.

richtig an.³⁴¹ Manche Autoren stellten sich auch nach dem Girmes-Urteil auf den Standpunkt, dass die Treuepflicht im Aktienrecht nichts zu suchen habe.³⁴² Hervorzuheben ist *Werner Flume*, der statt auf die Treuepflicht auf das Verbot der Verfolgung von Sondervorteilen abstellen und den Aktionären im Lichte der Privatautonomie³⁴³ das Recht auf törichte Entscheidung gewähren wollte.³⁴⁴ Diese Positionierung verwundert nicht, wenn man bedenkt, dass *Flume* ein Romanist war und dass das römisch-rechtliche Rechtsdenken ein wesentlicher Grund dafür war, dass sich die Treuepflicht in der ersten und zweiten Phase der Debatte nicht durchsetzen konnte.³⁴⁵

Die überwiegende Zahl der Autoren folgte dem BGH und bemühte sich um eine Konkretisierung der Generalklausel.³⁴⁶ Mit welcher Faszination das aktienrechtliche Schrifttum der mitgliedschaftlichen Treuepflicht begegnet, zeigt die Flut der Monographien, die nach den Linotype- und Girmes-Urteilen erschienen sind.³⁴⁷ Die Kommentierungen sind umfangreicher, aber auch leserfreundlicher geworden: Während man in früheren Zeiten die Aussagen zur Treuepflicht an unterschiedlichsten Stellen zusammensuchen musste, gehört es heutzutage zur *best practice*,

---

341 Dies stellte auch *Lutter* fest, der vom „Anfang eines ganz neuen Problemkreises" sprach, s. *Lutter*, JZ 1995, 1053.
342 *Fastrich*, Funktionales Rechtsdenken am Beispiel des Gesellschaftsrechts, 2001, S. 17 ff.; *Mülbert*, Aktiengesellschaft, Unternehmensgruppe und Kapitalmarkt, 1995, S. 225 ff.; *Mülbert*, AcP 214 (2014), 188, 245 ff. In neuerer Zeit sehr kritisch *Geiger*, Mitgliedschaftseingriff und Normprägung, 2020, S. 309 ff.
343 Zum Spannungsverhältnis zwischen Treuepflicht und Privatautonomie s. *Flume*, aaO (Fn. 9), S. 257 ff.; *Immenga*, aaO (Fn. 97), S. 189, 202 ff.
344 Zum Girmes-Urteil kritisch *Flume*, ZIP 1996, 161, 165 ff.; allgemeiner bereits *Flume*, Allgemeiner Teil des Bürgerlichen Rechts, Erster Band, Zweiter Teil: Die juristische Person, 1983, S. 212.
345 Vgl. dazu bereits oben unter III. 2. a) mit Nachw. in Fn. 103.
346 Gewohnt kreativ *Lutter*, ZHR 153 (1989), 446, 458 ff.; *Lutter*, ZHR 162 (1998), 164, 168 ff.; zurückhaltender *Verse*, aaO (Fn. 97), Kap. 13 Rdn. 39 ff.; s. auch *Hennrichs*, AcP 195 (1995), 221, 244 ff.; *Henze/Notz*, aaO (Fn. 68), § 53a Rdn. 283 ff. Neuerdings wird der Versuch unternommen, die AG in Delisting-Fällen qua Treuepflicht dazu anzuhalten, auch die Interessen der Aktionäre zu berücksichtigen und ein Delisting nur dann zu beschließen und durchzuführen, wenn den Aktionären ein Pflichtangebot mit angemessener Gegenleistung vorgelegt wurde, s. *von Bernuth*, FS Strenger, 2023, S. 52, 56 ff. Bei Lichte besehen ist der Rückgriff auf die Treuepflicht nicht erforderlich: Der Vorstand einer AG darf einen Delisting-Antrag nach § 39 Abs. 2 Satz 1 BörsG aus einer aktienrechtlichen Perspektive ohnehin nur dann stellen, wenn dies dem Gesellschaftsinteresse entspricht. Dabei hat er auch die Aktionärsinteressen zu berücksichtigen. Dies ist nach der interessenmonistischen Zielkonzeption geradezu selbstverständlich (s. dazu *Fleischer*, in: BeckOGK z. AktG, Stand 01.07.2023, § 76 Rdn. 36 ff.), nach der interessenpluralistischen Zielkonzeption ebenfalls im Rahmen der Abwägung geboten (s. dazu *Koch*, aaO [Fn. 191], § 76 Rdn. 28 ff.); aufschlussreich zum Gesellschaftsinteresse und Delisting s. *Wieneke/Schulz*, AG 2016, 809, 815 ff. mit Ausführungen zum Interesse der Aktionäre auf S. 816.
347 Vgl. die Aufzählung bei *Henze/Notz*, aaO (Fn. 68), § 53a Rdn. 186 Fn. 590.

die Auswirkungen des Treuegedankens auf das Aktienrecht in oder vor § 53a AktG zu beleuchten,[348] wo seit 1978 der Gleichbehandlungsgrundsatz kodifiziert ist. Wie im Personengesellschaftsrecht geht es auch im Aktienrecht nunmehr nicht um das „Ob", sondern in erster Linie um das „Wie" der Treuepflicht.[349]

IV. Stille Entwicklung der Treuepflicht in der GmbH

1. Treuegedanke bis zum Zweiten Weltkrieg

Während die Geltung der Treuepflicht im Personengesellschaftsrecht konsentiert und im Aktienrecht heftig umstritten war, fristete die Diskussion über die Treuebindung der GmbH-Gesellschafter lange Zeit ein Schattendasein.[350] Das Reichsgericht befasste sich in erster Linie mit der Reichweite des Stimmverbots in § 47 Abs. 4 GmbHG, das es – wie im aktienrechtlichen Kontext – eng auslegte,[351] und der Sittenwidrigkeit der Gesellschafterbeschlüsse.[352] Allerdings fanden die Grundsätze

---

348 Mit 80 Druckseiten besonders umfangreich *Henze/Notz*, aaO (Fn. 68), § 53a Rdn. 180 ff.; vgl. ferner *Cahn/v. Spannenberg*, in: BeckOGK z. AktG, Stand 01.08.2023, § 53a Rdn. 38 ff.; *Drygala*, in: Kölner Komm. z. AktG, 3. Aufl. 2011, § 53a Rdn. 81 ff.; *Fleischer*, in: K. Schmidt/Lutter, AktG, 4. Aufl. 2020, § 53a Rdn. 42 ff.; *Götze*, in: Münchener Komm. z. AktG, 5. Aufl. 2019, Vor § 53a Rdn. 19 ff.; *Janssen*, in: Heidel, Aktienrecht und Kapitalmarktrecht, 5. Aufl. 2020, § 53a AktG Rdn. 26 ff.; *Koch*, aaO (Fn. 191), § 53a Rdn. 13 ff.; *Lutter*, in: Kölner Komm. z. AktG, 2. Aufl. 1988, Vor § 53a Rdn. 6; *Mayer/Albrecht vom Kolke*, in: Hölters/Weber, 4. Aufl. 2022, § 53a Rdn. 14 ff.; *Servatius*, in: Wachter, 4. Aufl. 2022, § 53a Rdn. 36 ff.; *H.P. Westermann*, in: Bürgers/Körber/Lieder, 5. Aufl. 2020, § 53a Rdn. 12 ff. Andere systematische Verortung bei *Grigoleit*, AktG, 2. Aufl. 2020, § 1 Rdn. 45 ff.
349 Zur Ausdifferenzierung des Prüfungsmaßstabs als Aufgabe der Praxis und Wissenschaft *Fleischer*, GesRZ 2017, 362, 370 ff.; Versuch einer Konkretisierung unter Heranziehung des § 93 Abs. 1 Satz 2 AktG bei *Harnos*, aaO (Fn. 2), S. 564 ff.
350 So auch der Befund von *Immenga*, aaO (Fn. 97), S. 189: „Treuepflichten waren noch nicht entdeckt".
351 Vgl. RGZ 64, 14; RGZ 74, 276, 278 f. mit Ausführungen zum Missbrauch des Stimmrechts, allerdings ohne dogmatische Einbettung. Aus dem Schrifttum etwa *Feine*, in: Ehrenberg, Handbuch des gesamten Handelsrechts, 3. Band, III. Abteilung, 1929, S. 528 ff.; *Liebmann*, GmbHG, 6. Aufl. 1921, § 47 Anm. 9; *Parisius/Crüger*, GmbHG, 5. Aufl. 1911, § 47 unter Ziff. 4; *Scholz*, GmbHG, 1928, § 47 unter Ziff. IV. 3. b).
352 Vgl. RGZ 80, 385, 390 f. zum Satzungsänderungsbeschluss, mit dem ein Konkurrent der GmbH von der persönlichen Teilnahme an der Gesellschafterversammlung ausgeschlossen werden sollte. Das Reichsgericht verneinte die Sittenwidrigkeit und berief sich dabei u.a. auf das Gesellschaftsinteresse (S. 391). Zur Sittenwidrigkeit einer Gesellschaftervereinbarung über die Aufsichtsratswahl wegen einer zu starken Selbstbindung des Gesellschafters s. bereits RGZ 57, 205, 208. Zur Sitten-

von Treu und Glauben früher Eingang in die reichsgerichtliche Rechtsprechung als im Aktienrecht. Das Reichsgericht zog sie in einem Urteil vom 7. Februar 1930 heran, um die Kündbarkeit einer Nebenleistungspflicht zu begründen. Dabei betonte es, dass das Gesellschaftsrecht jenen Grundsätzen in besonderem Maße unterworfen sei.[353] Diese Formulierung erinnert an reichsgerichtliche Entscheidungen zum Personengesellschaftsrecht, die in den Urteilsgründen allerdings nicht zitiert sind.[354] Der Begriff der Treuepflicht hielt in der NS-Zeit Einzug in die Entscheidungspraxis des Reichsgerichts. Die Urteile betrafen die Auflösung der GmbH wegen persönlicher Zerwürfnisse der Gesellschafter,[355] die Beschränkung des statutarischen Entsendungsrechts,[356] den Gesellschafterausschluss[357] und eine komplexe Streitigkeit um die Besetzung des Geschäftsführerpostens.[358]

Das Schrifttum beschäftigte sich deutlich weniger intensiv mit den Treuebindungen des GmbH-Gesellschafters, obwohl *Hachenburg* mit dem grundlegenden Aufsatz in der Leipziger Zeitschrift für Handels-, Konkurs- und Versicherungsrecht, in dem er die Anwendung des § 157 BGB und des Treuegedankens auf Gesellschafterbeschlüsse in einer GmbH propagierte, das Fundament für die Ausbreitung der Treuepflicht im Recht der Körperschaften legte.[359] Neben *Hachenburg* hielt es *Julius Flechtheim* für denkbar, die Grundsätze von Treu und Glauben auf eine personalistisch strukturierte GmbH anzuwenden.[360] Die Handbuch- und Kommentarliteratur stand der Heranziehung der §§ 157, 242 BGB hingegen skeptisch

---

widrigkeit einer empfindlichen Schmälerung der Dividendenrechte RG JW 1916, 575, 576 mit zust. Anm. *Pinner*.
353 RGZ 128, 1, 16.
354 Bemerkenswert ist der Umstand, dass der I. Zivilsenat des Reichsgerichts in einem Urteil zur GbR vom 11. November 1933, das gesellschaftsrechtliche Fragen bei Einräumung einer Patentlizenz betraf, auf RGZ 128, 1, 16 verwies (RGZ 142, 212, 215 f.). Augenscheinlich hielt der Senat die Grenzen zwischen Personengesellschaften und Körperschaften für durchlässiger, als ein Großteil der Rechtswissenschaft es tat. Wie bei der Entscheidung des V. Zivilsenats vom 20. Oktober 1923, in der die Bindung der Gesellschafter an das Gesellschaftsinteresse hervorgehoben wurde, könnte der Umstand, dass der I. Zivilsenat nicht für das Gesellschaftsrecht zuständig war, auch hier eine Rolle gespielt haben (s. dazu bereits oben unter III. 3. b) cc)).
355 RGZ 164, 257, 262.
356 RGZ 165, 68, 79 f.
357 RGZ 169, 330, 333 f.
358 RGZ 170, 358, 373, 377 ff. Auf S. 379 stellt das Reichsgericht einen Bezug zwischen der Treuepflicht und dem gesunden Volksempfinden her, was die Verwurzelung im nationalsozialistischen Denken nahelegt.
359 *Hachenburg*, LZ 1907, 460, 465 ff.; vgl. ferner *Hachenburg*, in: Staub, GmbHG, 3. Aufl. 1909, 4. Aufl. 1913 und 5. Aufl. 1927, § 47 Anm. 21.
360 *Flechtheim*, JW 1925, 564, 565.

gegenüber und bevorzugte andere Schutzinstrumente.[361] Wie im Aktienrecht wurde die Freiheit der Stimmrechtsausübung betont.[362] Erst unter dem Einfluss des nationalsozialistischen Rechtsdenkens und der reichsgerichtlichen Rechtsprechung fand die Treuepflicht Eingang in Abhandlungen zum GmbH-Recht,[363] die Intensität der Auseinandersetzung mit der Generalklausel war aber mit der kontroversen Diskussion im Aktienrecht nicht vergleichbar.[364]

Diese Zurückhaltung des Schrifttums überrascht, wenn man bedenkt, dass die Gesellschaft mit beschränkter Haftung im Lichte der in der Treuepflichtdebatte vorgebrachten Argumente ein ideales Untersuchungsobjekt ist, weil sie zwei (scheinbare) Gegensätze in sich vereint: Auf dem Papier ist sie als die „kleine Schwester" der Aktiengesellschaft eine Körperschaft mit eigener Rechtspersönlichkeit, was nach einer verbreiteten Auffassung vor dem Zweiten Weltkrieg ein Grund war, den Rückgriff auf den Treuegedanken zu versperren. In der wirtschaftlichen Realität steht ihre Organisation den Personenhandelsgesellschaften näher,[365] was die Annahme einer persönlichen Bindung und damit auch die Entwicklung der Treuepflicht ermöglicht.[366] Dieses argumentative Spannungsverhältnis hätte ein Denkanstoß sein können, sich mit den eigenen Begründungslinien kritisch auseinanderzusetzen. Indes blieb die Selbstreflexion aus; ein Großteil des Schrifttums betrieb weiterhin „Begriffsjurisprudenz oder Rechtsmystik."[367]

---

361 Für Anwendung des § 61 GmbHG *Liebmann*, GmbHG, 6. Aufl. 1921, § 47 Anm. 9 (der überdies in § 45 Anm. 6 die Nichtigkeit des Gesellschafterbeschlusses wegen Sittenwidrigkeit für möglich hielt); fortgeführt von *Liebmann/Saenger*, GmbHG, 7. Aufl. 1927, § 47 Anm. 9. Für Anwendung des § 226 BGB *Brodmann*, GmbHG, 2. Aufl. 1930, § 47 unter Ziff. 6. b) (und mit Ausführungen zur Sittenwidrigkeit in § 47 unter Ziff. 4. e) und f)); *Scholz*, GmbHG, 1928, § 47 unter Ziff. IV. 5. Für Anwendung der §§ 138, 226, 826 BGB sowie § 61 GmbH *Feine*, aaO (Fn. 351), S. 530 f.
362 Vgl. *Brodmann*, aaO (Fn. 361), § 47 unter Ziff. 3. a): „In der Ausübung des Stimmrechts ist der einzelne grundsätzlich ganz frei. Er kann sich darin völlig durch seine persönlichen Interessen leiten lassen, der Gesellschaft oder den übrigen Gesellschaftern braucht er in dieser Beziehung Rechenschaft nicht abzulegen (RG 80, 391)."
363 Vgl. etwa *Scholz*, Ausschließung und Austritt eines Gesellschafters aus der GmbH, 1942, S. 20 ff. mit ausdrücklicher Nennung der Treuepflicht als gesellschaftsrechtlicher Besonderheit auf S. 23.
364 Als Beispiel mag die Dissertation von *Fleischmann*, aaO (Fn. 203), dienen, die sich dem Titel nach mit Kapitalgesellschaften befasst, aber den Schwerpunkt doch auf das Aktienrecht legt; die GmbH kommt nur vereinzelt vor (vgl. etwa S. 31 f.).
365 Eine solche Annahme stützen Rechtstatsachen zur Zahl der Gesellschafter und Gesellschafter-Geschäftsführer, die etwa bei *Fleischer*, in: Münchener Komm. z. GmbHG, 4. Aufl. 2022, Einl. Rdn. 207 f. zu finden sind; zur personalistischen GmbH s. auch *Fleischer*, aaO, Einl. Rdn. 37 ff.
366 Auf die Parallelen zwischen GmbH und Personengesellschaften stellte schon frühzeitig (wenn auch nur knapp) *Flechtheim*, JW 1925, 564, 565 ab. Vgl. ferner *J. von Gierke*, ZHR 111 (1948), 190, 198.
367 So die deutlichen Worte von *Wiedemann*, JZ 1976, 392, 393.

Die weitgehende Vernachlässigung der GmbH und die Konzentration des Schrifttums auf das Aktienrecht dürfte weniger mit der Rechtsdogmatik als mit dem Umstand zusammenhängen, dass öffentlichkeitswirksame Gesellschafterstreitigkeiten eher in den als Aktiengesellschaften organisierten Großunternehmen ausgetragen wurden; die Wissenschaft gehorchte schon damals der Macht der Aufmerksamkeitsökonomie.

2. Intensivierung der Treuepflichtdebatte nach dem Zweiten Weltkrieg

Nach dem Zweiten Weltkrieg beschäftigten sich sowohl die Gerichte als auch das Schrifttum intensiver mit der Treuepflicht der GmbH-Gesellschafter. In einem Urteil vom 1. April 1953, das den Ausschluss eines Gesellschafters aus wichtigem Grund zum Gegenstand hatte, führte der II. Zivilsenat aus, dass den Gesellschaftern einer GmbH eine echte, nicht bloß den Grundsatz von Treu und Glauben (§ 242 BGB) beinhaltende Treupflicht obliege, weil die Beziehungen des Gesellschafters zur GmbH und seinen Mitgesellschaftern nicht rein kapitalistisch, sondern auch persönlicher Art seien.[368] Ein Jahr später thematisierte er die Treuepflicht als Schranke der Stimmrechtsausübung und des Anfechtungsrechts, ohne aber ein treuwidriges Verhalten des Gesellschafters festzustellen.[369] Die horizontale Treuepflicht zwischen den GmbH-Gesellschaftern bejahte der BGH im ITT-Urteil vom 5. Juni 1975, das im Schrifttum als „ein bedeutsamer Markstein in der neueren gesellschaftsrechtlichen Judikatur des *II. Zivilsenats*" bezeichnet wurde.[370] Dabei stützte sich der BGH zum einen auf die personalistische Struktur der GmbH und die damit einhergehenden engeren persönlichen Bindungen zwischen den Gesellschaftern, die mit den Verhältnissen in einer Personengesellschaft vergleichbar seien. Zum anderen hob er die Möglichkeit der Gesellschaftermehrheit hervor, durch Einflussnahme auf die Geschäftsführung die Interessen der Mitgesellschafter zu beeinträchtigen.[371]

Das ITT-Urteil, das die Treuepflicht als einen „wesentliche[n] Pfeiler eines GmbH-Konzernrechts"[372] etablierte,[373] konnte sich auf einige Vorarbeiten im

---

[368] BGHZ 9, 157, 163 f. = NJW 1953, 780.
[369] BGHZ 14, 25, 38 = NJW 1954, 1401.
[370] So die einleitenden Worte von *Peter Ulmer* in der Urteilsanmerkung in der NJW 1976, 192.
[371] BGHZ 65, 15, 18 f. = NJW 1976, 191.
[372] So *Immenga*, aaO (Fn. 97), S. 189, 197. Vor dem ITT-Urteil noch ohne Erwähnung der Treuepflicht oder der Grundsätze von Treu und Glauben *W. Schmidt/Goerdeler*, in: Hachenburg, GmbHG, 6. Aufl. 1959, Anh zu § 47.

Schrifttum stützen. Die Kommentarliteratur war zwar zum Teil konservativ und arbeitete – wie im Aktienrecht und unter Rückgriff auf ältere reichsgerichtliche Rechtsprechung – mit §§ 138, 826 BGB[374] oder zog die Grundsätze von Treu und Glauben heran,[375] es waren aber erste Stimmen zu vernehmen, die über § 242 BGB hinausgehende Treuepflichten in einer personalistisch strukturierten GmbH anerkennen wollten; auch insoweit gab *Hueck* den Ton an.[376] Zudem befürworteten einige Monographien den Rückgriff auf die mitgliedschaftliche Treuepflicht als ein spezifisch GmbH-rechtliches Institut. Neben der (bereits im aktienrechtlichen Kontext erwähnten) Habilitationsschrift von *Zöllner*[377] setzten sich auch *Kurt Ballerstedt* und *Ulrich Immenga* für die Anerkennung des Treuegedankens im GmbH-Recht ein.[378]

Nachdem der BGH im ITT-Urteil die Geltung der horizontalen Treuepflicht im GmbH-Recht anerkannt und in weiteren Entscheidungen bestätigt hatte,[379] be-

---

373 Zur Bedeutung des ITT-Urteils im konzernrechtlichen Kontext s. nur *Immenga*, aaO (Fn. 97), S. 189, 196 f.; *Rehbinder*, ZGR 1976, 386 ff.; aus der Kommentarliteratur *Seibt*, in: Scholz, 13. Aufl. 2022, § 14 Rdn. 116 ff. Generell zur Treuepflicht als Grundlage des Konzernrechts monographisch *Tröger*, Treuepflicht im Konzernrecht, 2000; zum restriktiven Einsatz des Treuegedankens im Aktienkonzernrecht mahnend *Verse*, aaO (Fn. 97), Kap. 13 Rdn. 45 ff.; s. ferner *Henze/Notz*, aaO (Fn. 68), § 53a Rdn. 249 ff.; *Schilling*, in: FG Hengeler, 1972, S. 226 ff.
374 Auf die Sittenwidrigkeit abstellend *Vogel*, GmbHG, 2. Aufl. 1956, § 45 unter Ziff. 2 a.E.
375 Im Kontext der Stimmrechtsausübung vgl. *W. Schmidt/Goerdeler*, in: Hachenburg, GmbHG, 6. Aufl. 1959, § 47 Anm. 28, die zusätzlich § 226 BGB heranzogen; für Heranziehung des § 266 BGB auch *Schaudwet/Paul*, GmbHR 1970, 5, 6; s. ferner *Scholz*, GmbHG, 2. Aufl. 1950, 3. Aufl. 1951 und 5. Aufl. 1964, § 47 Anm. 14, der überdies in § 45 Anm. 18 a.E. das Anfechtungsrecht mit Hilfe der Grundsätze von Treu und Glauben einschränken wollte.
376 Vgl. *Baumbach/Hueck*, GmbHG, 5. Aufl. 1951, Vor § 13 unter Ziff. 2. B. (fortgeführt bis 11. Aufl. 1964); der Einfluss *Huecks* ist etwa bei *Schilling*, aaO (Fn. 292), Einl. Anm. 4 und § 14 Anm. 26 f. erkennbar (deutlich ausgebaut in der Folgeauflage, s. *Schilling*, in: Hachenburg, 7. Aufl. 1979, § 14 Anm. 23 ff.). Überdies wurde *Huecks* Differenzierung zwischen eigennützigen und uneigennützigen Rechten (dazu oben unter II. 2. b) aa)) auch im GmbH-Recht aufgegriffen, s. etwa *Immenga*, aaO (Fn. 97), S. 189, 199 ff.
377 Dazu bereits oben unter III. 6. a).
378 *Ballerstedt*, aaO (Fn. 290), S. 181 ff., insb. S. 184; *Immenga*, Die personalistische Kapitalgesellschaft, 1970, S. 261 ff. mit Ausführungen zu vertikaler (S. 264 ff.) und horizontaler (S. 270 ff.) Treuepflicht. Vgl. ferner *Lehmann/Dietz*, aaO (Fn. 82), S. 433; *H.M. Schmidt*, GmbHR 1960, 136; *Wagner*, aaO (Fn. 82), S. 316 f.
379 Siche etwa zum Wettbewerbsverbot im GmbH-Konzern BGHZ 89, 162 = NJW 1984, 1351; zur Zustimmungspflicht der GmbH-Gesellschafter, die Beschlüsse blockieren konnten BGHZ 88, 320, 328 f. = NJW 1984, 489; BGHZ 98, 276, 279 ff. = NJW 1987, 189. Aus neuerer Zeit ist das Media/Saturn-Urteil hervorzuheben, in dem der BGH die Zustimmungspflichten qua Treuebindungen thematisierte, s. BGH NJW 2016, 2739 mit einem prägnanten amtlichen Leitsatz: „Aufgrund der Treuepflicht muss der Gesellschafter einer Maßnahme zustimmen, wenn sie zur Erhaltung wesentlicher Werte, die die Gesellschafter geschaffen haben, oder zur Vermeidung erheblicher Verluste, die die Ge-

schleunigte sich der Dogmatisierungsprozess im Schrifttum. Neben den Kommentierungen, die dem Treuegedanken immer mehr Platz einräumten,[380] und zahlreichen Fest- und Zeitschriftenbeiträgen[381] ist die 1988 erschienene Dissertation von *Martin Winter* hervorzuheben,[382] der zum einen das dogmatische Fundament der mitgliedschaftlichen Treuebindungen im GmbH-Recht verstärkte,[383] zum anderen die Anwendungsfelder[384] und Rechtsfolgen[385] der Treuepflicht systematisierte und fortentwickelte. Auch widmete er sich ausführlicher als andere Autoren der Abdingbarkeit der Treuepflicht[386] und trug damit maßgeblich zur Fortentwicklung der Treuepflichtdogmatik bei.

---

sellschaft bzw. die Gesellschafter erleiden könnten, objektiv unabweisbar erforderlich ist und den Gesellschaftern unter Berücksichtigung ihrer eigenen schutzwürdigen Belange zumutbar ist, also wenn der Gesellschaftszweck und das Interesse der Gesellschaft gerade diese Maßnahme zwingend gebieten und der Gesellschafter seine Zustimmung ohne vertretbaren Grund verweigert."

380 Vgl. etwa *G. Hueck*, in: Baumbach/Hueck, GmbHG, 1988, § 13 Rdn. 21 ff.; *Hüffer*, in: Großkomm. z. GmbHG, 8. Aufl. 1997, § 47 Rdn. 192 ff.; *Meyer-Landrut*, in: Meyer-Landrut/Miller/Niehus, 1987, § 14 Rdn. 25 ff.; *Raiser*, in: Großkomm. z. GmbHG, 8. Aufl. 1992, § 14 Rdn. 52 ff.; *Rowedder*, in: Rowedder u.a., 1985, § 13 Rdn. 12 ff.; *K. Schmidt*, in: Scholz, 6. Aufl. 1978/83, § 47 Rdn. 24 ff.; *Seibt*, aaO (Fn. 373), § 14 Rdn. 64 ff. mit aufschlussreicher Fallgruppenbetrachtung in Rdn. 89 ff.; *H. Winter*, in: Scholz, 6. Aufl. 1978/83, § 47 Rdn. 36 ff. Als „Klein-Kommentar" entsprechend knapp *Scholz/Fischer*, GmbHG, 8. Aufl. 1977, § 13 unter Ziff. 5; ausgebaut durch (nicht mehr als „Klein-Kommentar" firmierenden) *Fischer/Lutter*, GmbHG, 11. Aufl. 1985, § 14 Rdn. 9 ff. und *Lutter/Hommelhoff*, GmbHG, 14. Aufl. 1995, § 14 Rdn. 15 ff.; nunmehr ausführlich *Bayer*, in: Lutter/Hommelhoff, 21. Aufl. 2023, § 14 Rdn. 29 ff. Knapp auch *G.H. Roth*, GmbHG, 1983, § 13 unter Ziff. 5.3.; ausführlicher *Altmeppen*, GmbHG, 11. Aufl. 2023, § 13 Rdn. 29 ff. Wenige Zeilen bei *Bartl/Henkes*, GmbHG, 1980, Rdn. 244; weiterhin knapp *Bartl*, in: Heidelberger Komm. z. GmbHG, 8. Aufl. 2019, § 14 Rdn. 12 f.

381 Ohne Anspruch auf Vollständigkeit: *Dreher*, DStR 1993, 1632; *Immenga*, aaO (Fn. 97), S. 189; *Martens*, GmbHR 1984, 265; *Raiser*, ZHR 151 (1987), 422; *Rehbinder*, ZGR 1976, 386; *Timm*, GmbHR 1981, 177; *Ulmer*, NJW 1976, 192; *H.P. Westermann*, GmbHR 1976, 77; *Wiedemann*, JZ 1976, 392; *Wiedemann/Hirte*, ZGR 1986, 163; *M. Winter*, ZGR 1994, 570. Rechtsformübergreifend *Hüffer*, aaO (Fn. 1), S. 59; *Flume*, ZIP 1996, 161.

382 *M. Winter*, aaO (Fn. 4).

383 *M. Winter*, aaO (Fn. 4), S. 63 ff. identifizierte die Satzung als Quelle der Treuepflicht.

384 Vgl. dazu *M. Winter*, aaO (Fn. 4), S. 130 ff.: Beschlusskontrolle im Sinne des Verhältnismäßigkeitsgrundsatzes als Hauptanwendungsfall; außerdem ging *Winter* u.a. ein auf: Zustimmungspflichten (S. 167 ff.); Wettbewerbsverbot (S. 239 ff.); Gewinnverwendung (S. 276 ff.).

385 Siehe *M. Winter*, aaO (Fn. 4), S. 295 ff. zum Beschlussmängelrecht und S. 306 ff. zur Schadensersatzhaftung.

386 *M. Winter*, aaO (Fn. 4), S. 190 ff. Zu dieser für die Praxis noch offenen Frage s. bereits oben in Fn. 84.

V. Wandel der Treuepflicht: vom rechtsethischen Gebot zum rechtsökonomischen Werkzeug

Lässt man die Ausführungen zur Entwicklung der Treuepflicht Revue passieren, ist der heutige Entwicklungsstand der Treuepflichtdogmatik ein Beleg dafür, dass sich die Generalklausel von ihrem Ursprung – den Grundsätzen von Treu und Glauben nach § 242 BGB[387] – weitgehend losgelöst hat. Auch wenn der Geltungsgrund der Treuepflicht bis heute umstritten ist,[388] macht ein Blick in Gerichtsentscheidungen und Abhandlungen deutlich, dass die Treubindungen im Gesellschaftsrecht, wie von *Hueck* herausgearbeitet,[389] eine andere Intensität und Qualität haben als die Grundsätze von Treu und Glauben in anderen Schuldverhältnissen. Allerdings hat sich die teleologische Grundlage für die Unterscheidung zwischen dem allgemeinen zivilrechtlichen Gebot des § 242 BGB und der spezifisch gesellschaftsrechtlichen Generalklausel über die Jahre gewandelt. Mit diesem Wandel ging die Ausweitung des Anwendungsbereichs der Treuepflicht auf alle Gesellschaftsformen einher.

Lange Zeit wurde die Treuepflicht als ein Beispiel für die Verrechtlichung des Sittengebots genannt[390] und als eine rechtliche Verlängerung der Ethik[391] verstanden.[392] Teilt man dieses Verständnis, das namentlich *Hueck* prägte,[393] wurzelt die Treuepflicht in einer Gemeinschaft, deren Mitglieder enge persönliche Beziehungen miteinander pflegen. Im Hinblick darauf wundert es nicht, dass Wissenschaft und Praxis die Anerkennung der mitgliedschaftlichen Treuepflicht im Aktienrecht jahrelang für problematisch hielten und dass Autoren, die den Einzug des Treuegedankens ins Aktienrecht befürworteten, mit mehr oder weniger überzeugenden

---

387 Zur synonymen Verwendung der Begriffe „Treu und Glauben" und „Treuepflicht" in den frühen Entwicklungsphasen s. oben unter II. 1. und 2. a) sowie III. 3. c) dd).
388 Überblick bei *C. Schäfer*, aaO (Fn. 3), § 705 Rdn. 274, der pragmatisch feststellt, dass es auf diese Frage angesichts der Übereinstimmung über vertragliche Wurzel der Treuepflicht nicht ankomme; ähnlich *Fleischer*, aaO (Fn. 81), § 105 Rdn. 304.
389 Dazu oben unter II. 2. b) bb).
390 *Fechner*, aaO (Fn. 2), S. 21 ff. („Die Treue als Verbindung von Sittlichkeit und Recht"), *A. Hueck*, aaO (Fn. 55), S. 9 („von Haus aus ein sittlicher Begriff, der aber rechtliche Bedeutung gewonnen hat"); *J. von Gierke*, ZHR 111 (1948), 190, 196 („gesteigerte sittlich-rechtliche Pflicht"), 199 („sozialrechtliche Gesichtspunkte"). Vgl. ferner *Geiler*, aaO (Fn. 100), S. 254, 278: abstrakte und konkrete rechtsethische Gebote. Im Kontext des Minderheitenschutzes und der materiellen Beschlusskontrolle auch *Wiedemann*, ZGR 1980, 147, 155 ff.
391 Deutlich *Bergmann*, ZHR 105 (1938), 1, 11: Treuepflicht als Ausfluss des rechtsethischen Begriffs der Treue. Vgl. ferner *Lifschütz*, aaO (Fn. 192), S. 14 f.
392 Manche wollten dieses Verständnis mit etymologischen Untersuchungen unterfüttern, vgl. etwa *Fechner*, aaO (Fn. 2), S. 6 ff.; dagegen *A. Hueck*, aaO (Fn. 55), S. 18.
393 *A. Hueck*, aaO (Fn. 55), S. 12.

Argumenten versuchten, eine Gemeinschaft zwischen den Aktionären zu beschwören. Ebenfalls ist es nicht überraschend, dass die mitgliedschaftliche Treuepflicht in der – vom völkischen Gemeinschaftsdenken geprägten – NS-Zeit Einzug in das Aktienrecht hielt[394] und in der Nachkriegszeit zunächst als eine nationalsozialistische Aberration verworfen wurde.[395] Erst als prominente, ideologisch nicht belastete Stimmen für mehr Sozialethik und Sittlichkeit im Unternehmensrecht plädierten und dabei die Beschränkung der Machtposition an Stelle der persönlichen Gemeinschaft in den Vordergrund rückte,[396] konnte der Treuegedanke im Recht der Körperschaften nachhaltig Wurzeln schlagen.

Der Marathon zur Anerkennung der mitgliedschaftlichen Treuepflicht in den Körperschaften wäre ein Sprint gewesen, wenn Wissenschaft und Praxis schon zu Beginn des 20. Jahrhunderts bereit gewesen wären, den Treuegedanken von Fragen der Ethik und Sittlichkeit zu entkoppeln. Zwar wurde bereits in den 1920er Jahren herausgearbeitet, dass die Sittenwidrigkeitsschranke nicht das richtige Mittel ist, um die Mehrheit-Minderheit-Konflikte im Gesellschaftsrecht zu lösen,[397] darauf folgte aber nicht der Schritt, die Treuepflicht als ein sozialethisch neutrales Instrument einzusetzen, das nicht in einer personenrechtlichen Gemeinschaft wurzelt, sondern aus utilitaristischen Motiven anzuerkennen ist. Erst deutlich später stellte *Lutter* in seiner Theorie der Mitgliedschaft überzeugend fest, dass „mit der ‚Verletzung der Treuepflichten' ein gewisser Geschmack verbunden *[ist]*, der sich eigentlich für die (schlichte) Nichterfüllung einer korporativen Hauptpflicht nicht recht ziemt".[398] Auch andere Autoren standen der sozialethischen Aufladung der Treuepflicht zurückhaltend gegenüber.[399]

---

394 Dazu oben unter III. 4. b) aa) und bb).
395 Dazu oben unter III. 5.
396 Hierzu gehört vor allem *Wiedemann*, der seine Rektoratsrede den rechtsethischen Maßstäben im Unternehmens- und Gesellschaftsrecht widmete, s. *Wiedemann*, ZGR 1980, 147. Ein weiterer Befürworter des Treuegedankens im Aktienrecht, *Wolfgang Zöllner*, zeigte sich (indes im mitbestimmungsrechtlichen Kontext) vom „Defizit an Sittlichkeit, das unser deutsches Handels- und Gesellschaftsrecht für fast ein ganzes Jahrhundert auszeichnet" erschrocken, s. *Zöllner*, ZGR 1977, 319, 330.
397 Zur Rolle von *Isay* vgl. bereits oben unter III. 3. c) bb) mit Nachw. in Fn. 199. Hervorzuheben ist ferner *Heinrich Friedländer*, der 1932 die Tendenz begrüßte, aktienrechtliche Machtkämpfe nach dem Gesichtspunkt der Interessenabwägung und nicht nach ethischen Gesichtspunkten zu beurteilen, vgl. *Friedländer*, aaO (Fn. 109), § 271 HGB unter III. 1.
398 *Lutter*, AcP 180 (1980), 84, 105, der zudem auf S. 104 die Gefahr der Inflationierung ethischer Begriffe beschwor.
399 Als ein prominenter Gegner des Treuegedankens im Gesellschaftsrecht deutlich *Flume*, aaO (Fn. 344), S. 212: „Die Begriffe der Treue oder der ‚Verantwortungsethik' sind zu hoch gegriffen und sind zu sehr an dem Urteil über das subjektive Verhalten des oder der das Mehrheitsstimmrecht Ausübenden orientiert."; s. ferner *Flume*, ZIP 1996, 161, 165; kritisch zudem *Altmeppen*, aaO (Fn. 379), § 47 Rdn. 81; *Geiger*, aaO (Fn. 342), S. 292 Fn. 378; *Kübler*, aaO (Fn. 82), S. 48.

Die Entkoppelung des Treuegedankens von der Ethik und Sittlichkeit wäre wahrscheinlich früher möglich gewesen, wenn die Wissenschaft über das rechtsökonomische Instrumentarium verfügt hätte, das inzwischen aus dem Unternehmensrecht nicht mehr wegzudenken ist. Hierzu gehört namentlich die Kategorie der unvollständigen Verträge.[400] In diese Kategorie fällt auch der Gesellschaftsvertrag,[401] auf dessen Grundlage die Gesellschafter einen – in Worten *Lutters* – „nach vorne offenen" Verband[402] konstituieren. Dabei können Gesellschaftsverträge wegen der Rationalitätsdefizite der Gesellschafter und der Transaktionskosten, die mit der Ausarbeitung eines perfekten Vertrags einhergingen, nicht für alle potenziellen Konfliktfälle eine Regelung enthalten. Auch der Gesetzgeber ist nicht in der Lage, alle Mehrheit-Minderheit-Konflikte durch subsumtionsfähige Tatbestände im Vorfeld zu entschärfen.[403] Zugleich ist es für das Gesellschaftsverhältnis – unabhängig von der Rechtsform – typisch, dass ein Gesellschafter oder eine Gesellschaftergruppe am längeren Hebel sitzt. Deshalb bedarf es einer flexiblen Generalklausel,[404] die opportunistischem Verhalten entgegenwirken kann, indem sie die Gesellschafter an die Verfolgung gemeinsamer Interessen und gegenseitige Rücksichtnahme erinnert.[405]

---

400 In der (Rechts-)Ökonomie ist auch von relationalen Verträgen die Rede, vgl. dazu etwa *Cziupka*, GS Unberath, 2015, S. 51, 56 f.; *Fleischer*, ZGR 2001, 1, 4 f.; *Klöhn*, AcP 216 (2016), 281, 298 ff.; *Richter/Furubotn*, Neue Institutionenökonomik, 4. Aufl. 2010, S. 184 ff.; *Ruffner*, Die ökonomischen Grundlagen eines Rechts der Publikumsgesellschaft, 2000, S. 211 ff.; *Schmolke*, Grenzen der Selbstbindung im Privatrecht, 2014 S. 605 ff.
401 Zu den Besonderheiten des Gesellschaftsvertrags bereits *M. Winter*, aaO (Fn. 4), S. 13 f.
402 Hierzu bereits oben unter III. 6. a).
403 Darauf hinweisend *Henze/Notz*, aaO (Fn. 68), § 53a Rdn. 189. Rechtsökonomische Untersuchung zu Vorzügen kasuistischer Gesetzgebungstechnik und Generalklauseln bei *Morell*, AcP 217 (2017), 61 (am Beispiel des Delistings).
404 Freilich wurden die Vorzüge einer Generalklausel gegenüber kasuistischen Vorschriften bereits früh erkannt und im Zusammenhang mit den Grundsätzen von Treu und Glauben thematisiert, vgl. *Hachenburg*, LZ 1907, 460, 467; *Hachenburg*, DJZ 1928, 1372, 1375. Auch *Alfred Hueck* betonte die Elastizität der Rechtsanwendung, die Generalklauseln erlauben, vgl. im Kontext der Sittenwidrigkeit *A. Hueck*, aaO (Fn. 100), S. 167, 168: „Es liegt auf der Hand, daß die Gerichte derartigen Aufgaben nicht mit Hilfe von mehr oder weniger formal ausgestalteten Einzelvorschriften lösen können, sondern daß in solchen Übergangszeiten allgemein gefaßte Vorschriften grundsätzlicher Art, die die nötige Elastizität und Anpassungsfähigkeit an die veränderten Umstände besitzen, von ganz besonderer Bedeutung werden."; im Zusammenhang mit der Treuepflicht auch *A. Hueck*, aaO (Fn. 55), S. 19. *Huecks* Treuepflichtlehre war aber zu stark im Gemeinschaftsdenken verwurzelt, um die rechtsökonomische Funktion des Treuegedankens als Instrument gegen Ex-post-Opportunismus in den Vordergrund zu stellen.
405 Zu dieser Funktion der Treuepflicht *Fleischer*, ZGR 2001, 1, 4 f.; *Harnos*, aaO (Fn. 2), S. 541; *Hüffer*, aaO (Fn. 1), S. 59, 68 f.; *Klöhn*, AcP 216 (2016), 281, 309 ff.; *Tröger*, aaO (Fn. 1), Rdn. I 157.

Die rechtsökonomische Funktion der Treuepflicht lässt sich am Beispiel der zweiten, besonders intensiven Phase der aktienrechtlichen Treuepflichtdebatte verdeutlichen. Der unter III. 3. a) beschriebene Strukturwandel der Aktiengesellschaft hing eng mit den Mehrstimmrechtsaktien zusammen, deren Einführung mit der Aktienrechtsnovelle 1884 gestattet wurde.[406] Die Mehrstimmrechte fristeten über 35 Jahre lang ein Schattendasein, um sich während der Inflationszeit in der Weimarer Republik rasant zu verbreiten.[407] Dass sie unter dem Deckmantel des Überfremdungsschutzes zweckentfremdet werden könnten, bedachte der Gesetzgeber im späten 19. Jahrhundert augenscheinlich nicht. Als die „Entartung des deutschen Aktienwesens"[408] voll im Gange war, dauerte der parlamentarische Reformprozess zu lange.[409] Zudem verstanden es die Nutznießer der Schutzaktie, den *Status quo* zu verteidigen. Die in rechtsethischen und sittlichen Kategorien denkenden Gerichte, die ein Stück weit zum gesetzeswortlautgetreuen Formalismus neigten,[410] waren nicht in der Lage, Gestaltungen, die dem modernen Verständnis von guter Corporate Governance eklatant widersprechen, Einhalt zu gebieten. Hätten die Apostel des Treuegedankens wie *Lifschütz* oder *Netter* schon in den 1920er Jahren über das heute vorhandene rechtsökonomische Werkzeug verfügt, dann hätten sie den Boden für die Einpflanzung der Treuepflicht im Aktienrecht besser vorbereiten können. Die große Debatte über die Treuepflicht der Aktionäre wäre dann allerdings ausgeblieben.

---

406 Hierzu statt vieler *Nicolussi*, AG 2022, 753 Rdn. 6.
407 Dazu bereits oben unter III. 3. a), insb. Fn. 145.
408 So der Titel der Abhandlung von *Müller-Erzbach*, aaO (Fn. 140).
409 Das (damals nicht absolute) Verbot der Mehrstimmrechte und die aktienrechtlichen Generalklauseln wurden erst mit dem AktG 1937 eingeführt; zu § 12 Abs. 2 AktG 1937 s. *Kalss*, ZHR 187 (2023), 438, 475 f.; *Nicolussi*, AG 2022, 753 Rdn. 10; zu §§ 101, 197 Abs. 2 AktG 1937 s. *Drescher*, in: BeckOGK z. AktG, Stand 01.07.2023, § 243 Rdn. 200 f.; *Spindler*, in Münchener Komm. z. AktG, 6. Aufl. 2023, § 117 Rdn. 7 ff. Zwischen dem Bericht der Aktienrechtskommission, die die Einführung der Generalklausel in § 252 HGB a.F. empfohlen hatte (s. dazu Fn. 192), und dem Inkrafttreten der §§ 101, 197 Abs. 2 AktG 1937 sind zehn Jahre vergangen.
410 Siehe etwa die Aussagen des Reichsgerichts in Fn. 113 und in Fn. 168.

Eckart Bueren
§ 21 Short-termism

- I. Der Gegenstand der Debatte —— 862
   1. Die AG als Kapitalpumpe durch Fristenüberbrückung —— 862
   2. Gründe für Sorgen vor Short-termism —— 864
   3. Definition von Short-termism —— 865
- II. *Short-termism* als eine große Debatte (u.a.) des Aktienrechts —— 867
   1. Ewigkeitsthema —— 868
   2. Amorphie —— 868
   3. Interdisziplinarität —— 869
   4. Internationalität —— 869
   5. Meta-Charakter —— 871
   6. Abwesenheit der Gerichte —— 872
- III. Der ökonomische Zweig der Short-termism-Debatte —— 873
   1. Ideengeschichte —— 873
      - a) Klassik —— 873
      - b) Neoklassik —— 874
      - c) Keynes —— 875
   2. Moderne *Short-termism*-Theorie —— 877
      - a) Einführung —— 877
      - b) Allokationsineffiziente Aktien- und Kapitalmärkte —— 879
      - c) Ineffizienzen des Managerarbeitsmarktes —— 880
      - d) Fluid Capital —— 881
      - e) Unzulänglichkeiten des Managements —— 882
      - f) Verhaltensökonomische Faktoren —— 884
      - g) Wechselwirkungen —— 884
      - h) Schlussfolgerungen —— 885
   3. Empirische Evidenz —— 887
      - a) Schwierigkeiten der Messung —— 887
      - b) Populäre allgemeine Evidenz —— 889
      - c) Short-termism in typischen Konstellationen —— 890
      - d) *Short-termism*-Abschlag im Gesamtmarkt —— 893
      - e) Diskussion der Befunde —— 894
- IV. *Short-termism*-Debatten im Rechtsvergleich —— 896
   1. USA —— 896
      - a) 1980er Jahre —— 896
      - b) Jahrtausendwende —— 899
      - c) Finanzkrise 2007/2008 —— 900
   2. Großbritannien —— 902
      - a) 1930er bis 1970er Jahre —— 902
      - b) 1980er und 1990er Jahre —— 904
      - c) Jahrtausendwende —— 906
      - d) Finanzkrise 2007/2008 —— 906

3. Deutschland —— 908
   a) Weimarer Republik, Nationalsozialismus —— 908
   b) 1980er bis 2000er Jahre —— 911
   c) Mitte 2000er —— 912
   d) Finanzkrise 2007/2008 —— 913
4. Frankreich —— 916
5. Europäische Union —— 919
V. Schlussbetrachtung —— 921

I. Der Gegenstand der Debatte

1. Die AG als Kapitalpumpe durch Fristenüberbrückung

Die Sorge um übermäßig kurzfristige Orientierung (*short-termism, court-termisme*) im Gesellschafts- und Kapitalmarktrecht ist nahezu so alt wie die moderne Aktiengesellschaft selbst. Im Zuge der Finanz- und Wirtschaftskrise von 2007 hat sie sogar weltweit für mehr als eine Dekade zu den am häufigsten und heftigsten diskutierten Gegenwartsproblemen gehört. Seit einigen Jahren verbindet sie sich zunehmend mit Bestrebungen, neben Langfristigkeit auch ökologisch-soziale Nachhaltigkeit zu fördern. Im Kern geht es um ein funktionsschützendes Anliegen: Die klassische Funktion der Aktiengesellschaft wird als ein Pumpwerk umschrieben, das Kapitalien aus aller Welt und allen Säckeln zu sammeln weiß.[1] Sie verwandelt die Ersparnisse vieler privater Haushalte in dauerhaft[2] gebundenes Kapital, um privatwirtschaftliche Großprojekte zu befördern.[3] Damit das gelingt, müssen die langfristigen Planungs- und Kapitalbedürfnisse der Unternehmung mit den

---

[1] So die bekannte Formulierung von *Schmalenbach*, Die Aktiengesellschaft, 7. Aufl. 1950, S. 12. Bereits zu den Handelskompanien *Smith*, in: ders., An inquiry into the nature and causes of the wealth of nations, hrsg. v. Campbell/Skinner, 2004, S. 545, 741 Rn. 18: „This [der Aktionäre einer joint stock company] total exemption from trouble and from risk, beyond a limited sum, encourages many people to become adventurers in joint-stock companies, who would, upon no account, hazard their fortunes in any private copartnery."

[2] Historisch wurden börsennotierte Gesellschaften zunächst für eine bestimmte, in der Satzung festgelegte Zeit gegründet, siehe GK AktG/*Assmann*, 4. Aufl. 2012, Einl. Rn. 16. Heute wird aber in der unbeschränkten Dauer ein Schlüsselmerkmal der börsennotierten Kapitalgesellschaft gesehen, *Bainbridge*, Corporation law and economics, 2002, S. 4 i.V.m. S. 11. § 262 I Nr. 1 AktG hat dementsprechend kaum praktische Bedeutung, *Windbichler/Bachmann*, Gesellschaftsrecht, 25. Aufl. 2024, § 28 Rn. 50.

[3] *Lowenstein*, 83 Colum. L. Rev. 249, 259–260 (1983); *Blair*, 51 UCLA L. Rev. 387 (2003).

kurzfristigen Anlagebedürfnissen der Kapitalgeber harmonisiert werden, die ihrerseits zwar eine Erfolgsbeteiligung erhalten, aber finanziell flexibel bleiben wollen.[4] Diese Quadratur des Kreises soll dadurch bewerkstelligt werden, dass die Aktionäre ihre Anteile auf einem liquiden Sekundärmarkt ohne Haftungsrisiko veräußern können (Mobilisierung).[5] Das Mittel der Wahl hierzu ist eine Börsennotierung.[6] Sie ermöglicht es, nahezu beliebig kurz sowie mit kleinen Beträgen (diversifiziert) in eine auf Dauer angelegte, unternehmenstragende Gesellschaft zu investieren.[7] Diese soll währenddessen – so das Konzept – langfristig agieren, denn die Übertragung von Aktien beeinflusst als solche weder die Kapitalausstattung[8] noch die Kreditwürdigkeit der Gesellschaft,[9] soweit die Einlage geleistet ist.[10] Die angestrebte Entkopplung der Zeithorizonte spiegelt sich gesellschaftsrechtlich heute[11] auch darin wieder, dass die Verwaltung von Gesetzes wegen befugt ist, die Gesellschaft unter eigener Verantwortung zu leiten.[12] Die Geschäftsleitung der AG

---

4 *Kübler/Assmann*, Gesellschaftsrecht, 6. Aufl. 2006, S. 8 (aus historischer Perspektive), S. 164 f. (allg. Funktion).
5 *Schmalenbach*, (Fn. 1), S. 13; prägnant *ders.*, Finanzierungen, 1. Teil, 5. Aufl. 1932, S. 102–103 („Was sich leicht löst, bindet sich leicht."); aus heutiger Sicht *Isaksson/Çelik*, Corporate Governance in Equity Markets, 2013, S. 9; *Lowenstein*, 83 Colum. L. Rev. 249, 259–260 (1983).
6 Zu denkbaren Abstufungen *Armour/Hansmann/Kraakman u. a.*, in: Kraakman (Hrsg.), The anatomy of corporate law. A comparative and functional approach, 3. Aufl. 2017, S. 1, 10–11.
7 Prägnant *Berle/Means*, The modern corporation, 1932, S. 299: „Third, these markets afford the only substantial means by which an investor can withdraw his capital either for other capital employment, or for personal expenditures. (...)". Aus heutiger Sicht *Isaksson/Çelik* (Fn. 5), S. 9; zum Aspekt der Diversifizierung *Armour/Hansmann/Kraakman u. a.* (Fn. 6), S. 1, 10.
8 *Bainbridge* (Fn. 2), S. 11; *Windbichler/Bachmann* (Fn. 2), § 27 Rn. 25; *Hommelhoff*, in: Schubert/Hommelhoff (Hrsg.), Hundert Jahre modernes Aktienrecht, 1985, S. 53, 58; *Schmalenbach*, Finanzierungen, 4. Auflage 1928, S. 102 („Die Beweglichkeit des Anteils ersetzt die Abfindung.").
9 *Armour/Hansmann/Kraakman u. a.* (Fn. 6), S. 1, 11.
10 Außerdem sorgt § 65 I, II AktG (Zahlungspflicht der Vormänner) in der Regel dafür, dass eine Aktienübertragung die Einbringlichkeit der Einlage nicht verschlechtert. Zur historischen Erfahrung hinter dieser Regelung *Rothweiler/Greyer*, in: Bayer/Habersack (Hrsg.), Aktienrecht im Wandel, 2007, S. 23, 56.
11 Zur Entwicklung *Siems*, Die Konvergenz der Rechtssysteme im Recht der Aktionäre, 2005, S. 199 f.
12 Aus rechtsvergleichender Perspektive variiert die Bedeutung der (Mit-)Entscheidungsrechte der Aktionäre zwar erheblich. Der Einfluss der Aktionäre erstreckt sich aber in aller Regel nicht auf die laufende Geschäftstätigkeit. In den meisten Ländern ist die Verwaltung der Gesellschaft der zentrale Akteur (zum Ganzen *Hopt*, ZHR 175 (2011), 444, 465, 498; *Hopt*, in: Hopt/Fleckner (Hrsg.), Comparative corporate governance, 2013, S. 3, 28, 68; *Armour/Hansmann/Kraakman u. a.* (Fn.6), S. 1, 12; *Cools*, 30 Del. J. Corp. L. 697, 738–750 (2005); *Lowenstein*, 83 Colum. L. Rev. 249, 260 (1983)). Dementsprechend obliegt die Geschäftsführung im Ausgangspunkt der Unternehmensleitung (*Siems* (Fn. 11), S. 200).

scheint damit auf den ersten Blick von dem Zeithorizont der Aktionäre und Investoren unabhängig[13] und also in der Lage, langfristig zu agieren.

2. Gründe für Sorgen vor Short-termism

Die Überbrückung der Fristen durch Mobilisierung weist allerdings Schwachstellen auf. „It is jejune to demand that CEOs and boards manage for the long term when the stockholders who can replace them[14] buy and sell based on short-term stock price movements, rather than the long-term prospects of firms."[15] Gleiches gilt, wenn andere Faktoren, etwa die Unternehmensberichterstattung, aktuelle Entwicklungen in den Vordergrund rücken. Ein kurzer Horizont droht dann doch auf die Geschäftsleitung durchzuschlagen und langfristiges Wirtschaften zu torpedieren.[16] Dies hat seit dem Aufkommen der modernen kapitalmarktorientierten Aktiengesellschaft zu der Sorge geführt, dass diese unter ein Diktat kurzfristiger Einflüsse geraten könnte, zum Schaden von Wirtschaft und Gesellschaft. Inhaltlich geht es insoweit im Kern darum, Akteure der Corporate Governance, vor allem Aktionäre, Investoren und Manager, stärker anzuhalten, dass Aktiengesellschaften gemäß ihrem ursprünglichen Zweck als Kapitalsammelstellen für große Investitionen mit langfristigem volkswirtschaftlichem Nutzen eingesetzt werden. Hierbei besteht eine zwiespältige Beziehung zwischen Aktien- und Börsengesetzgebung: Die „Entfaltung des Aktienwesens setzt leichten Ab- und Umsatz von Aktien, eine aufnahmefähige Börse, einen lebhaften Effektenhandel voraus, aber dieser erleichtert zugleich Realisierung von Gründergewinnen, das Spiel in Aktien, das Marktmachen und Kursbewegungen, die außer allem Zusammenhange mit dem Geschäftsbetriebe und dem Geschäftsgange stehen. Und es ist bekanntlich keineswegs gerade immer von Vorteil für eine Aktiengesellschaft, wenn die Spekulation sich ihrer Glieder bemächtigt."[17]

---

13 Im deutschen Aktienrecht fällt diese Entkopplung besonders pronounciert aus, indem nicht die Aktionäre (Investoren), sondern der Aufsichtsrat den Vorstand bestellt und abberuft, siehe *Hirt/Hopt/Mattheus*, AG 2016, 725, 728.
14 Im monistischen System können die Aktionäre die Geschäftsleitung (geschäftsführende Direktoren) unmittelbar wählen und abwählen, im dualistischen System können sie die Besetzung des Vorstands mittelbar beeinflussen, siehe *Windbichler/Bachmann* (Fn. 2), § 31 Rn. 1–2; zum Mehrheitsaktionär *Heuser*, Shareholder activism, 2012, S. 18; allg. *Armour/Enriques/Hansmann u.a.*, in: Kraakman (Hrsg.), The anatomy of corporate law, 3. Auflage 2017, S. 49, 50–57.
15 *Strine, Jr.*, 66 Bus. Law. 1, 17 (2010).
16 Siehe modelltheoretisch *Bolton/Scheinkman/Xiong*, 73 Rev. Ec. Stud. 577 ff. (2006).
17 *Klein*, Die neueren Entwicklungen in Verfassung und Recht der Aktiengesellschaft, 1904, S. 57.

Die Debatten um *Short-termism* gehen allerdings über diesen Zielkonflikt hinaus. Ihre wechselvollen Verläufe lassen sich sogar oft weniger aus dieser Sachfrage heraus verstehen als vielmehr aus den zeit-, wirtschafts- und ideengeschichtlichen Hintergründen sowie aus Kämpfen rivalisierender Interessen um die Ausgestaltung des Aktien- und Kapitalmarktrechts. Das hat im Wesentlichen zwei Ursachen: Erstens bestand und besteht die Neigung, die beschriebene Short-termism-Sorge auf wirtschaftliche Abstiegsängste und Krisen, Unternehmensskandale sowie sonstige unliebsamen Veränderungen wie etwa eine „Überfremdung" des Aktionariats durch ausländisches Kapital zu projizieren. Hieraus resultierten und resultieren immer wieder Diskussionswellen, die ein Amalgam aus teils berechtigten Sorgen vor kurzfristigen Fehlsteuerungen und anderen zeitgeschichtlichen Sorgen oder Interessen sind, die mit dem eingängigen Short-termism-Topos aufgeladen werden und dabei rückblickend zumeist deutlich überzeichnet erscheinen.

Zweitens bieten *Short-termism*-Debatten Einfallstore für Machtkämpfe zwischen Interessengruppen, weil mögliche Kautelen gegen kurzfristige Einflüsse auf oder in (Aktien-)Gesellschaften zumeist beachtliche Nebenwirkungen auf wirtschaftliche Belange haben. Dabei berührt sich die Auseinandersetzung stellenweise mit einer breiteren politischen Diskussion über die sozioökonomische Organisation der Gesellschaft, die vor allem seit den 1970er Jahren tendenziell mit dem politischen Spektrum links der Mitte verbunden ist.[18] Demgegenüber sind vor allem im angloamerikanischen Raum konservative Parteien in Regierungsverantwortung entschiedenen Reformen oft entgegengetreten. Hierzulande war der Short-termism-Topos nicht vor einer Indienstnahme durch protektionistisch-nationalistische Interessen und die NS-Ideologie gefeit.

3. Definition von Short-termism

Wann genau eine kurzfristige Orientierung „übermäßig" wird, liegt nicht auf der Hand. Juristische oder rechtspolitische Beiträge führen die Debatte häufig im Sinne des geflügelten Wortes „I know it when I see it".[19] Dies erklärt sich auch aus der oft zyklisch und krisengetrieben verlaufenen Ideengeschichte der *Short-termism*-Debatte, so dass für zeitgenössische Diskutanten Bezugspunkt und Gegenstand intuitiv klar erschienen. Eine fehlende Konkretisierung begünstigt aber eine thematisch

---

18 Vgl. *Frentrop*, Short-Termism of Institutional Investors and the Double Agency Problem, abrufbar unter: <http://papers.ssrn.com/sol3/papers.cfm?abstract_id=2249872>.
19 Siehe *Coffee, Jr./Palia*, ACG 1 (2016), 1, 40; *Marston/Craven*, Eur. J. Financ. 4 (1998), 233, 234; *Ball*, National Westminster Bank Quarterly Review 8 (1991), 20.

unklare und diffuse Diskussionsführung in einem komplexen Finanzsystem, in dem kurzfristiges Handeln oft individuell rational ist.

Noch am häufigsten findet man in der Literatur Versuche, *Short-termism* bezogen auf bestimmte Treiber,[20] Akteure[21] oder Anwendungsfelder[22] zu definieren. Dies kann zwar den Zugang zur Modellwelt der modernen *Short-termism*-Theorie (III.2.) erleichtern, erlaubt aber nicht, einen Maßstab für übermäßige Kurzfristigkeit herzuleiten.

Weiterführend ist insoweit eine ökonomische Problemdefinition. Sie muss für die rechtliche Debatte nicht in jeder Hinsicht abschließend oder verbindlich sein, trägt aber wesentlich zum funktionalen Verständnis des Problems bei. Dazu greift man heute im Anschluss an die angloamerikanische Debatte der 1980er und 1990er Jahre meist auf die dynamischen Investitionsrechnung zurück, ein Teilgebiet der Allgemeinen Betriebswirtschaftslehre. Sie bewertet Investitionen im Grundmodell anhand ihres Kapitalwertes, der sich ergibt, wenn man die (Anschaffungs-)Auszahlung der Investition mit dem Gegenwartswert (Barwert) zukünftiger Rückflüsse saldiert, die hierzu mit den Kapitalkosten auf die Gegenwart abgezinst (diskontiert) werden.[23] Auf diese Weise wird dem sprichwörtlichen Umstand Rechnung getragen, dass Zeit Geld ist, wenn das eingesetzte Kapital (Opportunitäts-)Kosten verursacht (z. B. Kreditzinsen). Fällt der Kapitalwert positiv aus, ist das Projekt gewinnbringend und sollte durchgeführt werden.[24] Setzt man den Abzinsungsfaktor ohne sachlichen Grund höher an als die Kapitalkosten, werden zukünftige Gewinne übermäßig kleingerechnet. Dadurch wird der Kapitalwert von Projekten umso stärker unterbewertet, je weiter ihre Rückflüsse in der Zukunft liegen. Auf diese Weise kann man *Short-termism* als normatives Problem zumindest abstrakt-theoretisch präzise definieren: *Short-termism* liegt vor, wenn erstens künftige Erträge in Relation zu einem präskriptiven Modell exzessiv diskontiert (übermäßig gering bewertet) werden, zweitens die hieraus hervorgehende Entscheidung nachweislich (auch unter Einbeziehung von Risiko/Unsicherheit) suboptimal ist und wenn drittens ein solches Muster kurzsichtiger intertemporaler Entscheidungen wiederholt auftritt und institutionalisiert wird, also nicht nur als sporadischer Fehler, sondern systematisch bei bestimmten Entscheidungen auftritt. Hiermit lässt sich die *Short-termism*-

---

20 So etwa *Stein*, QJE 104 (1989) 655, 667f.; *Ruffner*, Die ökonomischen Grundlagen eines Rechts der Publikumsgesellschaft, 2000, S. 385–391; *Laverty*, AMR 21 (1996), 825, 831–835.
21 *Roe*, 68 Bus. Law. 977, 985f. (2013); *Moore/Walker-Arnott*, 41 J.L. & Soc'y 416, 424–427 (2014).
22 *Inci*, Shareholder Engagement, 2017, S. 45–51.
23 *Wöhe/Döring/Brösel*, Einführung in die Allgemeine Betriebswirtschaftslehre, 26. Aufl. 2016, S. 487 ff.
24 *Thommen/Achleitner/Gilbert/Hachmeister/Kaiser*, Allgemeine Betriebswirtschaftslehre, 8. Aufl. 2017, S. 350.

Debatte auch von anderen Problemkreisen abgrenzen. Dies betrifft vor allem die Diskussion um *Corporate Social Responsibility* (CSR), die ideengeschichtlich sowie im analytischen Ausgangspunkt überwiegend von der *Short-termism*-Problematik zu trennen ist. In den letzten Jahren sind die Diskussionen um CSR sowie um *Short-termism* dessen ungeachtet immer enger zusammengewachsen.[25] Dies erklärt sich daraus, dass von (Aktien-)Gesellschaften ein Handeln nicht mehr nur im Sinne des langfristigen Prosperierens des von ihnen getragenen Unternehmens sowie seiner unmittelbaren Anspruchsgruppen erwartet wird, sondern gem. dem Drei-Säulen-Modell auch im Sinne des langfristigen Wohlergehens von Menschheit und Umwelt („Profit, People, Planet"). Dadurch erweitert sich der Bezugspunkt von als kurzfristig beanstandetem Verhalten von und in Unternehmen, allerdings ohne dass dies notwendig dieselben Ursachen impliziert.

II. *Short-termism* als eine große Debatte (u. a.) des Aktienrechts

Großen Debatten im Gesellschaftsrecht beschäftigen die deutsche Rechtswissenschaft als eigenständiger Forschungsgegenstand vertiefend erst in jüngerer Zeit.[26] Geführt hat man sie naturgemäß aber seit jeher. *Holger Fleischer* hat sie jüngst chronologisch in Generationenthemen und Ewigkeitsthemen, nach ihrem Gegenstand in rechtsdogmatische, rechtsethische und rechtspolitische Debatten sowie nach ihrer Reichweite in nationale Idiosynkrasien sowie transnationale Rechtsgespräche unterteilt.[27] Die Debatte um übermäßig kurzfristige Orientierung (*short-termism, court-termisme*) hat im illustren Kreis der *great debates* dabei in mehrfacher Hinsicht einen Sonderstatus. Zwar können alle vorgenannten Kriterien auch auf die Short-termism-Debatte bezogen werden. Indes lässt sie sich auf diese Weise nur unvollkommen fassen. Das hängt mit sechs spezifischen Eigenschaften der Short-termism-Debatte zusammen, welche sie in dieser Kombination mit kaum einer anderen „great debate" teilt und die sie in der Summe zu einer Art Meta-Debatte des (Aktien-)Gesellschaftsrechts machen.

---

25 Siehe Bueren, ZGR 2019, 813, 854.
26 *Bueren*, Short-termism im Aktien- und Kapitalmarktrecht, 2022 (der vorliegende Beitrag basiert auf dieser Arbeit); *Fleischer*, RabelsZ 87 (2023), 5; konzeptionell grundlegend *Fleischer*, JZ 2023, 365.
27 *Fleischer*, JZ 2023, 365, 367–368, 371, 373–374.

1. Ewigkeitsthema

Erstens handelt es sich bei der Problematik kurzfristiger Orientierung um ein veritables Ewigkeitsthema der modernen börsennotierten Aktiengesellschaft. Die Wogen der Short-termism-Debatte haben ihre Ursprünge bereits in der Zeit der Handelskompagnien des 18. Jahrhunderts (III.1.). Die Debattenverläufe sind dabei alsbald enorm zyklisch geworden. Pointiert lässt sich sagen, dass *Short-termism* als Ursache für nahezu jede größere Finanz- und Wirtschaftskrise seit dem 20. Jahrhundert genannt worden ist,[28] ebenso wie für eine Reihe spektakulärer Unternehmensskandale. Solche Krisen erzeugten und erzeugen immer neue Diskussionswellen, die für sich betrachtet Initialzündungen und Schlusspunkte haben. Die Short-termism-Debatte selbst resultiert aber aus dem Konstruktionsprinzip der (insb.: kapitalmarktorientierten) (Aktien-)Gesellschaft und hat dementsprechend keine außerhalb ihrer selbst liegende Initialzündung und bis heute keinen absehbaren Schlusspunkt (oben I.).

2. Amorphie

Zweitens hat die Short-termism-Debatte aus juristischer Sicht einen in besonderem Maße amorphen Gegenstand. Er ist zwar rechtsdogmatisch, -ethisch und -politisch bedeutsam, zumal er sich in jüngerer Zeit vermehrt gesetzlich niedergeschlagen hat (siehe § 87 I 2, 87a I Nr. 2, II 2 AktG, § 134c I, II 1 Nr. 1, § 134c IV 1, 2 Nr. 1, 3 sowie § 162 I Nr. 1 AktG). Zugleich lässt sich übermäßig kurzfristige Orientierung als solche aber nicht eigenständig (abschließend) juristisch erfassen (oben I.3.). Hierin liegt ein wesentlicher Unterschied zu anderen großen Debatten des Gesellschaftsrechts, die ebenfalls einen Meta-Charakter haben, wie jene um die Unternehmenszielbestimmung sowie um die Rechtsnatur der juristischen Person. Dementsprechend ist die Short-termism-Debatte aus juristischer Sicht anders als die beiden vorgenannten Debatten bemerkenswert theorielos. In keiner Rechtsordnung gibt es eine oder gar zwei bis vier[29] widerstreitende etablierte juristische „Short-termism-Theorie(n)", sondern nur dominierende oder konkurrierende Kurzerzählungen zu möglichen Ursachen. Diese partielle rechtswissenschaftliche Leerstelle füllen Nachbarwissenschaften, allen voran die Ökonomie (oben I.3., unten III.).

---

28 *Helms/Fox/Kenagy*, 23 I.C.C.L.R. 45 (2012).
29 Dazu, dass im juristischen Diskurs oft zwei Ansichten in scharfer Frontstellung gegenüberstehen und bei vier oft eine Sättigungsgrenze erreicht ist *Fleischer,* JZ 2023, 365, 370.

3. Interdisziplinarität

Gemäß dem Vorstehenden ist die juristische Short-termism-Debatte – das ist ihre dritte Besonderheit – nicht nur in Folgenbetrachtungen oder einzelnen Argumentationssträngen, sondern bereits im Kern ihres Gegenstandes interdisziplinär. Dementsprechend ist die Problematik übermäßig kurzfristiger Orientierung in Gesellschaften neben den Rechtswissenschaften (insbesondere) auch in der Wirtschaftswissenschaft sowie in der Soziologie Gegenstand intensiver Forschung. Dies bedeutet in der oben wiedergegebenen Klassifikation der Reichweite (national – transnational) eine zusätzliche dritte Dimension. Damit gehen erhebliche Herausforderungen einher. In Deutschland wird die Debatte überwiegend von Juristen geprägt, während in den USA, abgeschwächt zudem in Großbritannien, der juristische Diskurs stärker von ökonomischen Argumenten geprägt und teils von Ökonomen mitgeführt wird. In den Rechtswissenschaften bedarf es dabei mit zunehmender methodischer und inhaltlicher Ausdifferenzierung in den Nachbarwissenschaften großer Anstrengung in der Grundlagenforschung, um die Ergebnisse der jeweils anderen Disziplin gesamthaft für die eigene zu erschließen und sachgerecht in juristische Schlussfolgerungen zu übersetzen. Wo entsprechende Grundlagen fehlen, drohen Gefahren, wie historisch eine Vereinnahmung des Short-termism-Topos durch wirtschaftliche, protektionistische, nationalistische und gar nationalsozialistische Interessen verdeutlicht. Aus Sicht der Nachbardisziplinen können methodische und inhaltliche Ausdifferenzierung umgekehrt dazu verführen, eigene Modell-Multiversen ohne Blick für deren externe Validität zu entwerfen und in empirischen Studien die rechtlichen Grundlagen fehlerhaft zu erfassen (unten III.3a)). Die Short-termism-Debatte ist damit Brennglas für Nutzen und Gefahren von Interdisziplinarität.

4. Internationalität

Bis zur Weltfinanzkrise 2007/2008 waren Debatten um übermäßig kurzfristige Orientierung im Kern national geprägt. Zwar schaute man schon in wichtigen früheren Episoden der Debatte auf andere Rechtsordnungen (etwa in den 1930er Jahren in Großbritannien auf Deutschland, in den 1980er Jahren in den USA auf Deutschland und Japan, in den 1990er Jahren in Deutschland auf die USA), woraus in den 1990er Jahren grundlegende Arbeiten der Corporate-Governance-System-Vergleichung hervorgingen.[30] Dabei konzentrierte man sich aber auf eine unilaterale

---

30 *Porter*, Capital choices, 1992; *Charkham*, Keeping good company, 1994.

Analyse der anderen Seite, typischerweise mit Blick auf (volks-)wirtschaftliche Rivalität. Darstellungen wurden zumeist überzeichnet, sei es positiv-idealisierend (so die Wahrnehmung von Deutschland und Japan im Großbritannien der 1930er und den USA der 1980er Jahre) oder negativ (so die Wahrnehmung des US-Kapitalismus im Deutschland der 1990er Jahre). Die Short-termism-Debatte ist damit auch Brennglas für Nutzen und Gefahren von Corporate-Governance-Systemvergleichung als Anwendungsfall der Rechtsvergleichung.

Seit der Weltfinanzkrise 2007/2008 ist die Diskussion indes mehr als je zuvor international geworden. Im „Regulierungstsunami"[31] nach der Finanzkrise bildete die Eindämmung exzessiv kurzfristiger Orientierung (*Short-termism*) erstmals weitgehend zeitgleich in verschiedenen Rechtskreisen einen zentralen rechtspolitischen Topos im Gesellschafts- und Kapitalmarktrecht.[32] Exzessiven Kurzfristigkeitsdruck auf Aktiengesellschaften haben einflussreiche Berufsverbände und Think Tanks,[33] Investorenikonen und Wirtschaftslenker,[34] das International Corporate Governance Network (ICGN),[35] das Weltwirtschaftsforum,[36] Initiativen von Beratungsgesellschaften[37] und die weltgrößte Fondsgesellschaft BlackRock[38] erörtert. Diese global ausgerichteten privaten Trendsetter verbanden sich mit Aktivitäten der OECD,[39] der G 20[40] sowie fortwirkenden Eigenheiten nationaler Debatten.

---

31 *Mülbert*, ZHR 176 (2012), 369 ff.
32 *McCahery/Vermeulen/Hisatake*, 10 Eur. Co. Financ. Law Rev. 117, 126 (2013); in der Sache ebenso *Helms/Fox/Kenagy*, 23 I.C.C.L.R. 45, 54 (2012).
33 Siehe aus den USA die Initiative des CFA (Chartered Financial Analysts) Institute zusammen mit dem Business Roundtable, der Vereinigung US-amerikanischer Vorstände *Krehmeyer/Orsagh/ Schacht*, Breaking the Short-Term Cycle, 2006; aus Frankreich *Institut de l'entreprise*, Favoriser une meilleure prise en compte du long terme, 2010; *Schweitzer/Ferrand*, Investir dans l'avenir, 2012.
34 Siehe den Aufruf des *Aspen Institute*, Overcoming Short-termism, 09.09.2009, unterzeichnet unter anderem von dem weltbekannten, hochangesehenen Value-Investor Warren Buffett, dem Vanguard-Gründer John C. Bogle, dem CEO von CalSTRS als einem der weltgrößten Pensionsfonds, zwei Professoren der Harvard Business School, einem ehemaligen Weltbankpräsident sowie ehemaligen hochrangigen Führungskräften aus der Wirtschaft (IBM, Xerox, Lucent, Goldman Sachs); *Aspen Institute*, Long-Term Value Creation, Juni 2007.
35 *International Corporate Governance Network* (ICGN), Statement on the Global Financial Crisis, 10.11.2008, S. 1 f., abrufbar unter: <www.iasplus.com/de/binary/resource/0811icgn.pdf>.
36 *World Economic Forum*, Future of Long-term Investing, 2011, besonders deutlich S. 43.
37 *Barton*, Harv. Bus. Rev. 89 (2011), 85 ff.; *Barton/Wiseman*, Harv. Bus. Rev. 92 (2014), 44 ff.; *Barton/ Wiseman/Kuntz*, Perspectives on the Long Term, 2015.
38 *Fink*, Text of letter sent by Larry Fink, BlackRock's Chairman and CEO, encouraging a focus on long-term growth strategies, 21.03.2014, abrufbar unter: <https://www.shareholderforum.com/access/Library/20140321_BlackRock-letter.pdf >; *Fink*, Corporate Governance Letter 2015, 31.03.2015, abrufbar unter: <http://www.wlrk.com/docs/S31Duplica15040911540.pdf>.
39 Beginnend mit *OECD Steering Group on Corporate Governance*, Corporate Governance and the Financial Crisis, Juni 2009, S. 10, 12, 17, 20, 53; *Kirkpatrick/Lehuedé/Hoki*, The Role of Institutional

Für mehrere Jahre standen Maßnahmen gegen *Short-termism* so international auf allen politischen Agenden.[41]

Zwar kann weiterhin noch nicht im eigentlichen Sinne von einem transnationalen Rechtsgespräch die Rede sein. Das Stadium rein nationaler Debatten ist gleichwohl beendet. Begünstigt durch das Internet werden namhafte Publikationen und Entwicklungen insb. im transatlantischen Verhältnis heute besser wahrgenommen und gegenseitig intensiver kommentiert als zuvor. Zwei maßgeblich durch die Short-termism-Debatte geprägte Gestaltungen haben so einen weltweiten Siegeszug angetreten: das in Großbritannien entwickelte Stewardship-Konzept[42] sowie Mehrstimmrechte.[43] Mittlerweile ist die Debatte vorerst wieder etwas abgeebbt. Die momentan im Fokus stehende Frage, wie das Gesellschafts- und Kapitalmarktrecht zu der ökologischen Transformation der Wirtschaft beitragen kann bzw. soll, ist allerdings mit der *Short-termism*-Debatte verwandt und bereits vor längerer Zeit mit dieser verbunden worden.

5. Meta-Charakter

Der amorphe, interdisziplinäre Gegenstand bedeutet mitnichten, dass die Short-termism-Debatte an sich ajuristisch wäre. Übermäßig kurzfristige Orientierung ist ein Grundthema, das mit wechselnden Akzenten mehrere andere große Debatten des Gesellschaftsrechts angetrieben, beeinflusst oder sogar geprägt hat. Letzteres gilt vor allem für die Debatte um Mehrstimmrechte inkl. Treuestimmrechte sowie für jene um die Unternehmenszielbestimmung einschließlich ihrer jüngeren Ableger. Zur Diskussion um Nachhaltigkeit und CSR bestehen wichtige Schnittstellen. Bei Debatten um die Unternehmensberichterstattung (Fair Value, Quartalsbericht-

---

Investors in Promoting Good Corporate Governance, 2011, S. 10 f., 15, 44 f., 47; Heft 1/2011 des „OECD Journal: Financial Market Trends"; später etwa *OECD Directorate for Financial and Enterprise Affairs*, Institutional Investors and Long-term Investment, Mai 2014.

40 *Organisation for Economic Co-operation and Development* (OECD), G20/OECD High Level Principles of Long-Term Investment Financing by Institutional Investors, September 2013, abrufbar unter: <http://www.oecd.org/daf/fin/private-pensions/G20-OECD-Principles-LTI-Financing.pdf>; *G20/OECD Task Force on Institutional Investors and Long-Term Financing*, Report on Effective Approaches to Support Implementation of the G20/OECD High-level Principles on Long-term Investment Financing by Institutional Investors, September 2014, abrufbar unter: < https://web-archive.oecd.org/2014-09-21/317141-G20-OECD-Report-Effective-Approaches-LTI-Financing-Sept-2014.pdf>.

41 *Brauer*, J. Bis. Ec. & Manage. 14 (2013), 386, 386 f.

42 *Hirt*, in: Hermes EOS (Hrsg.), Public Engagement Report Q4 2015, 2016, S. 10; *Bueren* (Fn. 25), 979 ff.

43 Eingehend dazu aus rechtsvergleichender und ökonomischer Perspektive *Bueren/Crowder*, RabelsZ 88 (2024), 87.

erstattung, Nachhaltigkeitsberichterstattung), die Vorstandsvergütung, sowie Aktionärsrechte und Investorenpflichten (inkl. Stewardship) ist der Short-termism-Topos ebenfalls sehr präsent. Die Short-termism-Debatte lässt sich damit nicht nur als eine Great Debate, sondern darüber hinaus als eine Art Meta-Debatte des (Kapital-)Gesellschaftsrechts beschreiben, deren Schwerpunkte insbesondere in der Rechtspolitik liegen.

6. Abwesenheit der Gerichte

Die beiden vorgenannten Merkmale spiegeln sich in einer sechsten Besonderheit wider: Anders als in vielen anderen großen Debatten des Gesellschaftsrechts[44] sind die Gerichte als Spruchkörper in der Short-termism-Debatte praktisch abwesend, und zwar in allen Rechtsordnungen. Im Übrigen unterscheiden sich die Debattenakteure teilweise: In Deutschland kommen sie vorrangig aus Wissenschaft und Politik, in den USA, Frankreich und England zudem aus der Wirtschaft, aus Think Tanks sowie aus (weiteren) Lobbygruppen. In den USA trifft man zudem publizistisch tätige Richter aus Delaware. In allen Rechtsordnungen beteiligten sich Anwälte am Diskurs.

Die treibenden Akteure bestimmen die maßgeblichen Diskussionsforen: In Kontinentaleuropa dominieren wissenschaftliche Veröffentlichungsorgane sowie Berichte von Kommissionen und Think Tanks. In den USA wird heutzutage zudem substanziell über – teils äußerst scharf geschriebene – Blogartikel diskutiert, die, soweit Wissenschaftler schreiben, oft deren Fachveröffentlichungen aufbereiten. Generell gilt, dass Debatten um Short-termism häufig schärfer geführt werden, als es der üblichen Diskurskultur in der jeweiligen Rechtsordnung entspricht (Heuschreckendebatte in Deutschland, in den USA die Kontroverse zwischen Bebchuk und Lipton[45]). Der rechtspolitische Schwerpunkt trägt vermutlich hierzu bei.

---

[44] *Fleischer*, JZ 2023, 365, 371 f.
[45] Siehe exemplarisch *Lipton/Savitt*, 93 Va. L. Rev. 733 (2007) (Titel: The Many Myths of Lucian Bebchuk); *Bebchuk/Brav/Jiang*, Still Running Away from the Evidence: A Reply to Watchell Lipton's Review of Empririal Work, abrufbar unter: < https://corpgov.law.harvard.edu/2014/03/05/still-run ning-away-from-the-evidence-a-reply-to-wachtell-liptons-review-of-empirical-work/>.

III. Der ökonomische Zweig der Short-termism-Debatte

1. Ideengeschichte

a) Klassik

In der Short-termism-Debatte berühren sich Rechts- und Wirtschaftswissenschaft vielfältig und nahezu durchgängig. Dies wird umso deutlicher, je weiter man zurückschaut, weil Rechts- und Wirtschaftswissenschaft im 18. Jahrhundert fachlich noch nicht wie heute getrennt waren.[46]

Mit dieser Maßgabe setzt sich die Ökonomie – heute ist das abgesehen von einem gelegentlichen *argumentum ad verecundiam* weitgehend in Vergessenheit geraten – seit langem mit übermäßig kurzfristiger Orientierung auseinander. Bereits für die Urform der modernen Aktiengesellschaft, die Handelskompanien des 17. und 18. Jahrhunderts, berichtete *Adam Smith* in seinem wegweisenden Werk der klassischen Ökonomie von Governance-Reformen, konkret einer längeren Amtszeit und gestaffelten Neuwahl der Direktoren, damit Anteilseigner und Direktoren mit mehr Würde und Beständigkeit handeln als gewöhnlich zuvor.[47] Diese institutionellen Rahmenbedingungen stehen auch heutzutage weiter mit Blick auf kurzsichtiges Verhalten in der Diskussion.[48] Darüber hinaus erörterte *Smith* in seinem zweiten Hauptwerk, *The Theory of Moral Sentiments*, eine menschliche Neigung zu kurzsichtigem Verhalten als Hindernis für (wirtschaftliches) Fortkommen.[49] Hier-

---

46 So hielt Adam Smith, der als Begründer der Nationalökonomie gilt, auch Vorlesungen zu Themen, die man heute den Rechtswissenschaften zuordnen würde, siehe *Smith*, Lectures on justice, police, revenue and arms, delivered in the university of Glasgow, 1896, insb. Part I, Division II, III.
47 *Smith* (Fn. 1), S. 545, 752 Rn. 26. Für aussichtsreich hielt Smith die Maßnahme freilich nicht, weil den Beteiligten im konkreten Kontext die nötigen Anreize für sachgerechtes Verhalten fehlten (a.a.O., S. 752f. Rn. 26, 28).
48 Siehe aus jüngerer Zeit etwa *Roe*, 68 Bus. Law. 977, 983 (2013); *Jacobs*, 68 Wash. & Lee L. Rev. 1645, 1658–1663 (2011); *Dallas*, 37 J. Corp. L. 265, 356–357 (2012).
49 *Smith*, in: ders., The theory of moral sentiments, hrsg. v. Raphael/MacFie, 1976, S. 1, 215. Beide Ansätze stehen bei Adam Smith – wie scheinbar generell die beiden Hauptwerke – unverbunden nebeneinander, worin die Literatur zeitweise ein Adam-Smith-Problem ausgemacht hat, dazu *Overhoff*, Jahrbuch für Wirtschaftsgeschichte 46 (2005), 181, 183; sehr kritisch *Raphael/MacFie*, in: Smith (Fn. 47), S. 1, 20 m.w.N. („[...] pseudo- problem based on ignorance and misunderstanding."); eingehend *Patzen*, in: Meyer-Faje/Ulrich (Hrsg.), Der andere Adam Smith. Beiträge zur Neubestimmung von Ökonomie als Politischer Ökonomie, 1991, S. 21.

auf beruft sich heute der verhaltensökonomische Zweig der modernen ökonomischen *Short-termism*-Theorie.[50]

b) Neoklassik

Nachfolgend gingen auch die Leitfiguren der neoklassischen Mikroökonomie, *William Stanley Jevons*[51] und *Alfred Marshall*,[52] ebenso wie die neoklassische Zins- und Kapitaltheorie[53] von einer problematischen menschlichen Neigung zu kurzsichtigem Verhalten aus. Vor dem Hintergrund der subjektiven Wertlehre der neoklassischen Konsumtheorie wurde dies aber ausschließlich als individuell psychologisch begründetes Phänomen thematisiert. Weder die Klassiker[54] noch die Neoklassiker fragten nach den Auswirkungen der konstatierten Neigung auf Handelskompagnien bzw. Aktiengesellschaften.

Den ersten großen Schritt in diese Richtung ging der Protagonist der neoklassischen Wohlfahrtsökonomik, *Arthur Cecile Pigou*. Er untersuchte nach der Wende zum 20. Jahrhundert erstmals eingehend, ob der börsenmäßige Handel (*stock exchange devices*) die „fehlerhafte teleskopische Fähigkeit" des Menschen überwinden könne. Anders als später die Vertreter der *efficient capital market hypothesis* meinte *Pigou*, dass dies nicht der Fall sei, da sich Titel nicht jederzeit friktionslos handeln ließen.[55] Dies und *Pigous* Empfehlungen sind im rechtshistorischen Kontext zu sehen. Dessen ungeachtet steht der Aspekt noch heute im Zentrum wichtiger moderner *Short-termism*-Modelle.

Zwischenzeitlich führte allerdings ein anderer Übergang für mehrere Jahrzehnte eine Wende herbei: (Fast) Alle führenden klassischen und neoklassischen Vertreter gingen von einem kardinalen Nutzenkonzept aus, das es erlaubt, Nut-

---

50 So in einer Rede vor dem Oxford China Business Forum *Haldane*, Patience and Finance, 02.09.2010, abrufbar unter <https://www.bankofengland.co.uk/-/media/boe/files/speech/2010/patience-and-finance-speech-by-andrew-haldane.pdf>, S. 3, 5; allg. siehe den plakativen Titel des Beitrags von *Ashraf/Camerer/Loewenstein*, J. Econ. Persp. 19 (2005), 131 ff.: „Adam Smith, Behavioral Economist".
51 *Jevons*, The Theory of Political Economy, 3. Aufl. 1888, S. 33–35.
52 *Marshall*, Principles of Economics, 8. Aufl. 1920, S. 120.
53 *Von Böhm-Bawerk*, Kapital und Kapitalzins (II-1), 4. Aufl. 1921, S. 332 ff.; *Fisher*, The Theory of Interest, 1930, S. 62 ff.
54 Für das Gesellschaftsrecht lag eine Verbindung beider Ansätze zu Smiths Zeit allerdings noch wenig nahe. Insbesondere waren die Handelskompanien meist befristet und der Börsenhandel ihrer Anteile eine noch begrenzte Erscheinung.
55 *Pigou*, The Economics of Welfare, 4. Aufl. 1932, S. 27; siehe dazu auch a.a.O. S. 149 f. zur mangelnden Transparenz der Bücher von Unternehmen zur damaligen Zeit.

zenwerte quantitativ zu messen und interpersonell zu vergleichen. Dies stützten sie auf psychologische Überlegungen, die sie zugleich zu der These führten, dass sich Menschen systematisch kurzsichtig verhalten. Es zeigte sich allerdings relativ bald, dass das kardinale Nutzenkonzept zu anspruchsvoll war.[56] Der Ausweg bestand in einer Konsumtheorie auf Grundlage eines ordinalen Nutzenbegriffs, welcher nur qualitative, intrapersonelle Vergleiche zulässt.[57] Die Ökonomen, welche sich mit diesem Konzept durchsetzten, lehnten eine psychologische Nutzendefinition entschieden ab.[58] Die bis dato verbreitete, psychologisch begründete Annahme kurzsichtigen Verhaltens wurde deshalb recht sang- und klanglos aufgegeben.[59] Das Modell des Konsumenten als rationaler Nutzenmaximierer stellte sodann die Basis für praktisch alle Arbeiten der Konsumtheorie bis Anfang der 1990er Jahre dar. Erst in jüngerer Zeit ist es wieder um psychologische Erwägungen ergänzt worden,[60] einschließlich der Annahme psychologisch bedingt kurzsichtigen Verhaltens.

c) Keynes

Zwischenzeitlich rückte die ökonomische Forschung zu schädlicher kurzsichtiger Orientierung institutionelle Faktoren in den Vordergrund. Prägenden Einfluss hat dabei *John Maynard Keynes*' „General Theory of Employment, Interest and Money" entwickelt, die institutionelle Kurzsichtigkeitstreiber am Kapitalmarkt mit eingängigen Schilderungen und Vergleichen herausstellte. *Keynes* bemerkte unter dem Eindruck der Weltwirtschaftskrise, langfristiges Investieren werde am Kapitalmarkt Opfer eines kurzfristigen „Wettkampf[s] der Gerissenheit" (engl.: battle of

---

[56] *Söllner*, Die Geschichte des ökonomischen Denkens, 3. Aufl. 2012, S. 52.
[57] Dieses Konzept findet sich bereits in der Dissertation *Irving Fishers* (Mathematical investigations in the theory of value and price[s], 1892), sowie bei *Vilfredo Pareto* (Manuel d'Économie Politicique, 1909). Es wird aber erst *John R. Hicks* zugeschrieben, mit seinem 1939 erschienenen Hauptwerk „Value and Capital" die Umstellung der Konsumtheorie auf einen ordinalen Nutzenbegriff durchgesetzt zu haben.
[58] *Fisher*, Mathematical investigations in the theory of value and price[s] (1892); Appreciation and interest (1896), 1961, S. 11: „To fix the ideal of utility the economist should go no farther than is serviceable in explaining *economic* facts. It is not his province to build a theory of psychology."
[59] *Hicks*, Value and capital, 2. Aufl. 1946, S. 17–24 stellt die Vorteile des ordinalen gegenüber dem kardinalen Konzept dar, geht aber nicht mehr auf die zuvor verbreitete psychologische Fundierung ein, ebenso wenig wie auf die vormals verbreitete Annahme kurzsichtigen Verhaltens.
[60] *Mankiw*, Makroökonomik, 6. Aufl. 2011, S. 653–654 i.V. m. S. 650–651 zu *Robert Halls* Random-Walk-Hypothese.

wits),[61] und zwar umso mehr, je besser die Investmentmärkte organisiert sind.[62] Keynes schilderte pointiert und praxisnah, warum bei liquidem Börsenhandel mit Unternehmensanteilen der relativ sichere kurzfristige Geschäftsstand das Investitionsverhalten prägt. Keynes sah darin ein zweischneidiges Schwert: Einerseits sind liquide Handelsbedingungen unabdingbar zur Kapitalsammlung. Ein auf die kurze Frist fixiertes Handelsverhalten erweist sich dabei als in gewisser Weise willkürliche, aber rationale Heuristik zur Investitionsbewertung unter Unsicherheit. Andererseits geraten langfristige Werttreiber in den Hintergrund, die schwerer zu prognostizieren, aber volkswirtschaftlich vorrangig sind. Überdies wird das Kapitalmarktklima labil, genährt durch die ständige Sorge, neue Umstände könnten die herkömmliche Bewertungskonvention erschüttern.

Wichtige Teile der modernen *Short-termism*-Debatte lassen sich als Formalisierung bzw. Weiterführung dieser *Keynesschen* Überlegungen interpretieren. Seit Beginn entsprechender Bemühungen wird Keynes auch explizit als Inspiration für einschlägige Modelle genannt sowie mit prägnanten Aussagen zitiert.[63] Die große Wahrnehmung dieser Ausführungen in der *Short-termism*-Debatte erklärt sich erstens daraus, dass Keynes „General Theory" aufgrund ihres Beitrags zur Makroökonomie wissenschaftlich hoch angesehen ist.[64] Davon haben die vorstehend resümierten Passagen profitiert, obwohl sie selbst außerhalb der wegweisenden makroökonomischen Abschnitte stehen. Dass sich ähnliche Ausführungen zuvor schon in Deutschland bei *Schmalenbach*[65] und im Ansatz bei *Rathenau*[66] fanden, wurde hingegen kaum beachtet. Zweitens kam der Wahrnehmung zugute, dass Keynes' Werk eine direkte Reaktion auf die Große Depression darstellte, welche 1929 durch einen Crash an der Wall Street ausgelöst wurde,[67] und außerdem unter

---

61 *Keynes*, Allgemeine Theorie der Beschäftigung, des Zinses und des Geldes, 11. Aufl. 2009, S. 132–133.
62 *Ders.* (Fn.58), S. 135.
63 Siehe aus der Ökonomie etwa *Scharfstein/Stein*, Am. Ec. Rev. 80 (1990), 465; *Froot/Scharfstein/Stein*, J. Fin. 47 (1992), 1461, 1462; *Rappaport*, 61 Financial Analysts J. 65, 66 inkl. Fn. 3 (2005); *Bogle*, Portfolio Management 37 (2011), 14, 22–23, 26–27; *Kraft/Vashishtha/Venkatachalam*, Acc. Rev. 93 (2018), 249, 254; aus der rechtswissenschaftlichen Diskussion in den USA etwa *Lowenstein*, 83 Colum. L. Rev. 249, 277 (1983); *Loescher*, Q. Rev. Econ. Bus. 24 (1984), 8, 14–16; aus Großbritannien etwa *Cosh/Hughes/Singh*, in: Cosh/Hughes/Singh/Carty/Plender (Hrsg.), Takeovers and short- termism in the UK, 1990, S. 8, 13, 19; *Weedon*, in: Prentice (Hrsg.), Contemporary issues in corporate governance, 1993, S. 97, 98 mit einem indirekten Zitat; *Kay*, Kay Review Final Report, July 2012, S. 40 Rn. 5.18, S. 42 Rn. 5.30.
64 Zu Keynes' großem Comeback im Sog der Finanzkrise 2008: *Conway*, 50 Schlüsselideen Wirtschaftswissenschaft, 2011, S. 41.
65 *Schmalenbach* (Fn.5), S. 2 f.
66 *Rathenau*, Vom Aktienwesen, 1917, S. 24 f., 32 f., 36, 60.
67 *Conway* (Fn. 60), S. 38.

dem Eindruck beständiger Haussen und Baissen in der Entwicklung des englischen Gesellschafts- und Kapitalmarktrechts stand. Durch diesen Fokus auf der Bewältigung von Wirtschaftskrisen weist das Buch einen natürlichen Bezug zu der krisengetriebenen *Short-termism*-Debatte auf.

2. Moderne *Short-termism*-Theorie

a) Einführung

Die ökonomische Problembestimmung (I.3.) ermöglicht es, für die Akteure im Zentrum der *Short-termism*-Debatte Theorien herauszuarbeiten, wann und warum systematisch ineffizient kurzfristiges Verhalten auftreten kann. Die hiermit verbundene *Short-termism*-Theorie ist maßgeblich durch die US-Debatte der 1980er und 1990er Jahre (IV.1.) sowie durch *Keynes* inspiriert worden und hat sich parallel zu und in engem Zusammenspiel mit der juristischen Debatte bis zur Finanzkrise entwickelt.

Eine Rechenschaft der Geschäftsleitung auch für kurzfristige Ergebnisse und Kursreaktionen ist an sich durchaus erwünscht, bescheinigt man doch den Kapitalmärkten, Informationen über Unternehmen in einem Ausmaß und einer Komplexität zu verarbeiten, die keine andere Institution, geschweige denn eine Einzelperson, erreicht,[68] und dadurch zu einer effizienten Allokation von Produktivkapital beizutragen.[69] Zugleich und damit verbunden soll externe Corporate Governance über die Kapitalmärkte etwaigen Mängeln der Unternehmensführung entgegenwirken können.[70] Allerdings steht zu befürchten, dass kurzfristige Einflüsse auf die Unternehmensführung Nebenwirkungen mit hohen privaten und gesellschaftlichen Kosten erzeugen. Die vielfältige moderne *Short-termism*-Theorie bietet dafür mannigfaltige Erklärungen an, indem Modelle jeweils einzelne Erscheinungsformen von *Short-termism* eruieren und ausleuchten. Das führt in ein

---

[68] *Ruffner* (Fn. 20), S. 371.
[69] *Windbichler/Bachmann* (Fn. 2), § 27 Rn. 28. Dies gilt unabhängig von der umstrittenen Frage, inwieweit die Kapitalmärkte im Einzelnen informations- und allokationseffizient sind, inwieweit sie also zu einer *optimalen* Allokation beitragen (dazu *Fama*, J. Fin. Ec. 49 (1998), 283 ff.; *Rau*, in: Baker/Nofsinger (Hrsg.), Behavioral finance, 2010, S. 333 ff.), solange kein alternativer Mechanismus zur Verfügung steht, der bessere Ergebnisse erzielt (im Ergebnis ebenso *Hopt*, Europäisches Übernahmerecht, 2012, S. 86).
[70] Hierzu eingehend *von Hein*, Die Rezeption US-amerikanischen Gesellschaftsrechts in Deutschland, 2008, S. 639 ff.; speziell mit Blick auf Übernahmen *Hopt* (Fn. 65), S. 84–88; grundlegend *Manne*, J. Pol. Econ. 73 (1965), 110 ff.

faszinierendes Theorie-Multiversum, welches die möglichen Einbruchstellen für systematisch kurzfristige Orientierung von Unternehmensleitung, Aktionären, Investoren, Fondsmanagern und Fremdkapitalgebern im Kontext des Gesellschafts- und Kapitalmarktrechts mit stringenter, mathematisch gestützter Gedankenführung offenlegt. Folgearbeiten prüfen, wie die Ergebnisse zu interpretieren bzw. wie robust sie gegenüber geänderten Annahmen sind.

Besonders einflussreiche Modelle – nicht alle – lassen sich auf einen einheitlichen Grundmechanismus zurückführen, die sog. *information gap hypothesis*[71]. Sie fußt im Kern auf vier plausiblen Annahmen, wobei die Verhältnisse eines konkreten Marktes bzw. Unternehmens bestimmen, inwieweit diese in der Realität erfüllt sind. Erstens besteht eine Bewertungsproblematik dergestalt, dass am betreffenden Markt Unklarheit über den (langfristigen) „wahren" bzw. „inneren Wert" einer wirtschaftlich bedeutsamen Einheit herrscht (insb. Unternehmen, Unternehmenssparte, Investitionsprojekt, Manager). Zweitens hat das kurzfristige Ergebnis der zu bewertenden Einheit einen gewissen, aber unvollkommenen Vorhersagewert für ihren unbekannten inneren Wert (imperfekte Indizwirkung). Drittens bestehen Informationsasymmetrien über bewertungsrelevante Umstände der Einheit. Viertens haben Akteure divergierende Zeithorizonte, sei es aufgrund unterschiedlicher Aktivitätsdauern und/oder uneinheitlicher Startzeitpunkte. Unter diesen Voraussetzungen wird es möglich, erst langfristig wertsteigernde Ausgaben, die für Außenstehende intransparent (nicht sofort verifizierbar) sind (Annahme 3.), zu kürzen oder zu verschieben, hierdurch das kurzfristige Ergebnis hochzutreiben, und so den Markt zu veranlassen, den „wahren" Wert zeitweilig höher einzuschätzen (dazu Annahme 2.). Das kann sich aufgrund unterschiedlicher Zeithorizonte (Annahme 4.) für einzelne Akteure lohnen, selbst wenn der Effekt nur vorübergehend ist und im Vergleich zum optimalen Zustand (*first best*) eine Wohlfahrtseinbuße bedeutet. Überdies kann es – unter weiteren Annahmen – für gut informierte Akteure erschwert oder unmöglich werden, eine langfristige Unterbewertung per Arbitrage auszunutzen und dadurch abzubauen, soweit sie dafür Gelder uninformierter Anleger einwerben müssen.

Die einzelnen Modelle lassen sich unterschiedlich ordnen – nach Märkten, nach Akteuren, nach den zugrundeliegenden Ursachen oder der modelltheoretischen Einteilung. Um die Erkenntnisse für die Rechtswissenschaft zu erschließen, eigenen sich vor allem die ersten drei.

---

[71] Zum Folgenden *Stein/Froot/Perold*, J. Corp. Fin. 5 (1992), 42, 49.

b) Allokationsineffiziente Aktien- und Kapitalmärkte

Gemäß der *Takeover-threats*-Hypothese[72] signalisieren Manager angesichts einer drohenden Übernahme unter Wert zum Schutz ihrer Aktionäre einen höheren Unternehmenswert, indem sie langfristige, schlecht kommunizierbare Ertragspotentiale kostspielig in die Gegenwart vorziehen (reale Bilanzpolitik). In einem sog. *Signal-jamming*-Gleichgewicht[73] tun sie selbiges, um nicht – zu Recht oder zu Unrecht – abgewertet zu werden (Gefangenendilemma), weil Investoren solche Bilanzpolitik standardmäßig einpreisen. Beide Modelle sind mit Blick auf ihre Sensitivität für Annahmen,[74] die (In-)Stabilität der Effekte[75] sowie die Interpretation der Ursachen von *myopia*[76] umstritten. Die Kritik greift im Ergebnis nicht durch, mahnt aber zur Vorsicht bei Schlüssen aus *Short-termism*-Modellen.

Der *Costly-trade*-Theorie[77] zufolge hindern hohe Kapitalkosten fremdkapitalfinanzierte Arbitrageure langfristige Fehlbewertungen vollständig zu beseitigen, während kurzfristige Fehlbewertungen leichter abgebaut werden. Diese Grenzen der Arbitrage ergeben sich im Kern daraus, dass die Anleger Befähigung und Strategie der Fondsmanager nicht kennen und sich daher bei der Mittelzuteilung an deren kurzfristigen Ergebnissen orientieren. In der Folge können Aktivisten bzw. (drohende) Übernahmen Unternehmen zu kurzfristigen Strategien drängen, weil die Umwandlung einer langfristigen Anlage in eine kurzfristige Anlage Arbitrage erleichtert und Fehlbewertungen verringert. Für den Aktivisten kann das profitabel sein, selbst wenn überlegene langfristige Projekte geopfert werden.

Nach der *Breach-of-trust*-Hypothese[78] ermöglichen es Kontrollwechsel, insbesondere durch feindliche Übernahmen, kurzfristig spezifische Investitionen von Stakeholdern[79] auszubeuten. Dadurch geht wertvolles Reputationskapital verloren und wertsteigernde spezifische Investitionen werden für die Zukunft (langfristig) stark erschwert. Auch an dieser Vorstellung gibt es Kritik, die aber letztlich nicht

---

72 *Stein*, J. Pol. Econ. 96 (1988), 61 ff. (Übernahmemarkt).
73 *Stein*, 104 QJE 655 (1989) (Bewertung am Kapitalmarkt, signal jamming).
74 Dazu etwa *Bebchuk/Stole*, J. Fin. 48 (1993), 719 ff.; *Bizjak/Brickley/Coles*, J. Accounting & Ec. 16 (1993), 349 ff.
75 Dazu *Bohlin*, J. Bus. Fin. & Acc. 24 (1997), 197, 219.
76 Instruktiv *Carmel*, J. Economics & Management Strategy 17 (2008), 541.
77 *Shleifer/Vishny*, AEA Papers and Proceedings 80 (1990), 148 ff.; *dies*. J. Fin. 52 (1997), 35 ff.
78 *Shleifer/Summers*, in: Auerbach (Hrsg.), Corporate takeovers, 1988, S. 33 ff.
79 Speziell für Manager *Schnitzer*, J. Ind. Ec. 43 (1995), 229 ff. sowie aus der rechtswissenschaftlichen Literatur *Coffee, Jr.*, 85 Mich. L. Rev. 1, 74–75 (1986); zu Arbeitnehmern *ders.*, 84 Colum. L. Rev. 1145, 1223 (1984).

durchgreift.[80] Als Gegenmittel kommen Abwehrinstrumente[81] oder, soweit Manager betroffen sind, finanzielle Absicherungsklauseln[82] in Betracht, die aber Nebenwirkungen haben.[83]

c) Ineffizienzen des Managerarbeitsmarktes

Gemäß der *Career-concerns*-Hypothese[84] bevorzugt ein Manager Investments mit schneller Rückzahlung gegenüber profitableren langfristigen Investitionen, um seinen Wert am Arbeitsmarkt zu steigern. Eine bindende Lohnuntergrenze verhindert, dass seine Vergütung genügend hinausgeschoben werden kann, um dies unattraktiv zu machen. Der Anreiz nimmt allerdings mit zunehmender Vertrags- und Tätigkeitsdauer ab, ebenso bei hoher Volatilität des Geschäfts. Zudem tritt er nicht auf, wenn die Aktionäre so gut über die Verhältnisse des Unternehmens informiert sind, dass sie nicht anhand kurzfristiger Ergebnisse auf die Fähigkeit des Managers schließen müssen.

In ähnlicher Weise können Aufsichtsräte/Aktionäre gegenüber Vorständen[85] sowie Geschäftsleiter gegenüber nachgeordneten Managern[86] suboptimal kurzfristige Investitionen bevorzugen, wenn die erwarteten Vorteile daraus, die Fähigkeit der betreffenden Person früher anhand von Ergebnissen einschätzen zu können, die erwarteten Nachteile der suboptimalen Investments – tatsächlich oder vermeintlich – überwiegen. Die an sich sinnvolle Empfehlung, auf langfristige Verträge zu setzen, kann also mit dem rationalen Interesse der Anteilseigner und Geschäftsleiter kollidieren, schlechte Manager zeitnah zu erkennen und auszusortieren.

---

80 Zu dieser insb. *Holmström*, in: Auerbach (Hrsg.), Corporate takeovers, 1988, S. 56; *Romano*, in: Hopt/Wymeersch (Hrsg.), European takeovers, 1992, S. 3, 17–19; zudem *Black*, 39 UCLA L. Rev. 811, 683 f. (1992).
81 Siehe empirisch mit Blick auf Beziehungen zu Großkunden, abhängigen Lieferanten und strategischen Allianzen *Johnson/Karpoff/Yi*, J. Fin. Ec. 117 (2015), 307 ff.; *Cremers/Litov/Sepe*, J. Fin. Ec. 126 (2017), 422 ff. (Großkunden, strategische Allianzen); *Cen/Dasgupta/Sen*, Management Science 62 (2016), 2820 ff. (Großkunden).
82 Zu goldenen Fallschirmen *Coffee, Jr.*, 85 Mich. L. Rev. 1, 75–81 (1986); *Schnitzer*, J. Ind. Ec. 43 (1995), 229 ff., 252.
83 Siehe *Bayer/Meier-Wehrsdorfer*, AG 2013, 477, 477 f., 485 f.
84 *Narayanan*, J. Fin. 40 (1985), 1469 ff.; *ders.*, J. Fin. 42 (1987), 1103; darauf aufbauend *Campbell/Marino*, Int. Economic Rev. 35 (1994), 855.
85 Mit Blick auf ein gestreutes Aktionariat *Burkart/Gromb/Panunzi*, QJE 112 (1997), 693.
86 *Thakor*, A theory of efficient short-termism, 2016, abrufbar unter: <https://dx.doi.org/10.2139/ssrn.2821162>.

Spiegelbildlich wird ein risikoneutraler Manager ab einer gewissen Kündigungswahrscheinlichkeit seinerseits bevorzugt in Projekte mit kurzfristigen Rückflüssen investieren statt in überlegene langfristige Vorhaben, wenn er bei letzteren riskierte, vom Ertrag seiner Mühen nicht mehr (hinreichend) zu profitieren (*horizon problem*).[87] Rechtstatsächlich ist dies durch eine steigende Fluktuation der Geschäftsleiter großer börsennotierter Aktiengesellschaften seit den 1990er Jahren zunehmend bedeutsam.[88]

Weiterhin liegt es nahe, dass ein Manager mit der Zeit durch spezifisches Humankapital immer wertvoller für das Unternehmen wird. Mit diesem Pfund kann er in Vertragsnachverhandlungen umso besser wuchern, je langfristiger er investiert hat. Auch aus diesem Grund können die Aktionäre auf eine kurzfristige Investitionspolitik drängen (*Holdup-Losses*-Hypothese).[89]

d) Fluid Capital

In der Ideengeschichte der Short-termismDebatte spielt im angloamerikanischen Raum die Vorstellung eine große Rolle, dass den heimischen Firmen nur kurzfristiges *fluid capital* zur Verfügung stehe, im Gegensatz zu den von *dedicated* oder *patient capital* verwöhnten Unternehmen in Japan und Deutschland (dazu noch III.2.d)). Mit Blick auf Eigenkapitelfinanzierung führt das zu Modellen, die in einer gestreuten statt konzentrierten Beteiligungsstruktur und damit, so die Annahme, einem schlechter statt besser informierten Aktionariat eine Erklärung für *Short-termism* suchen.[90] Weiterhin kann eine Beurteilung anhand kurzfristiger Gewinne durch Finanziers stattfinden, die frisches (Fremd-)Kapital für Investitionsprojekte bereitstellen und die Projektqualität screenen wollen.[91] Außerdem können sich Finanziers bei Informationsasymmetrien über den Nutzen bzw. Ertrag eines zu finanzierenden Projekts unter bestimmten Annahmen zu einem Mischzins gehalten sehen, der mit der Projektlaufzeit zunimmt und so langfristige Investitionen unattraktiv(er) macht.[92] Informationsasymmetrien werden dabei teils als gegeben

---

87 *Palley*, J. Ec. Beh. & Org. 32 (1997), 547.
88 Siehe *Lucier/Kocourek/Habbel*, strategy+business 43 (2006), 1, 6; *Aguirre/Karlsson/Neilson*, strategy+business 83 (2016), 1, 4.
89 *Noe/Rebello*, J. of Bus. 70 (1997), 385; zusammenfassend *Lundstrum*, J. Corp. Fin. 8 (2002), 353, 355, 358.
90 *Burkart/Gromb/Panunzi*, QJE 112 (1997), 693; die Erklärung scheitert naturgemäß, wenn man gut informierte institutionelle Investoren annimmt, siehe *Edmans*, J. Fin. 64 (2009), 2481 ff.
91 Siehe *Thadden*, Rev. Ec. Stud. 62 (1995), 557 ff.
92 *Milbradt/Oehmke*, J. Fin. Ec. 118 (2015), 553.

(exogen) angenommen,[93] teils durch individuell rationales Verhalten im Modell (endogen) erklärt, dergestalt, dass Unternehmen optimale, aber sehr langfristige und daher nicht finanzierbare Projekte gegen zweitbeste Projekte austauschen, ohne dass der Finanzier den Akt des Auswechselns erkennt.[94]

e) Unzulänglichkeiten des Managements

Fehlerhafte Managementtechniken können anerkanntermaßen übermäßigen Druck zu schnellen Renditen erzeugen. Die in der Praxis verbreiteten[95] hohen Diskontierungssätze, Mindestrenditen und Payback-Kriterien sind allerdings entgegen einer vor allem in den 1980er Jahren bis zur Jahrtausendwende verbreiteten Meinung[96] wohl meist kein Ausdruck übermäßiger Kurzfristigkeit.[97]

Dafür kann *Short-termism* entstehen, wenn die Unternehmenszentrale Ressourcen auf einzelne Sparten anhand (kurzfristiger) ROA- oder ROI-Kennzahlen verteilt. Dies stand in der US-Diskussion der 1980er Jahre im Vordergrund[98] und sprach berechtigte Punkte an. Die dahinterstehenden Sachprobleme sind nach wie vor nicht abschließend gelöst.[99]

Außerdem könnte die Kultur der Gesellschaft und vor allem die Unternehmenskultur kurzfristig egoistisches Verhalten und damit *Short-termism* begünsti-

---

93 So bei *Thadden*, Rev. Ec. Stud. 62 (1995), 557.
94 *Milbradt/Oehmke*, J. Fin. Ec. 118 (2015), 553 ff.
95 *Poterba/Summers*, Sloan Manag. Rev. 37 (1995), 43, 49 f.; *Segelod*, Int. J. Production Economics 63 (2000), 243, 248; *Liljeblom/Vaihekoski*, Int. J. Production Economics 117 (2009), 427, 430, 435 f.
96 Siehe für die USA *Hayes/Abernathy*, Harv. Bus. Rev. 58 (1980), 67; *Hayes/Garvin*, Harv. Bus. Rev. 60 (1982), 70, 76; aus dem Vereinigten Königreich etwa *Trade and Industry Committee*, Second report: Competitiveness of UK manufacturing industry, April 1994, S. 55 ff.; *Demirag*, Eur. J. Fin. 1 (1995), 180, 194, 201; *Laverty*, Acad. Manage. Rev. 21 (1996), 825, 831 f.; *Segelod*, Int. J. Production Economics 63 (2000), S. 243 f., 245, mit Nachweisen zu einschlägigen Beiträgen in Endnoten 3, 7, 10, 37–39, 42–44; aus neuerer Zeit etwa *Jackson/Petraki*, in: Vitols/Kluge (Hrsg.), The sustainable company. A new approch to corporate governance, 2011, S. 199, 203.
97 *Thakor*, J. L. Econ. & Org. 6 (1990), 129; *Dobbs*, Manage. Acc. Res. 20 (2009), 117; *Jagannathan/Meier*, Financial Management 31 (2002), 55; empirisch *Jagannathan/Matsa/Meier/Tarhan*, J. Fin. Ec. 120 (2016), 445.
98 Siehe *Dearden*, Harv. Bus. Rev. 47 (1969), 124, 125, 132 f.; *Rappaport*, Harv. Bus. Rev. 56 (1978), 81, 82, 85; *Hayes/Abernathy*, Harv. Bus. Rev. 58 (1980), 67, 70, 72 f., 77; *Kaplan*, Acc. Rev. 59 (1984), 390, 408 ff.; *Baysinger/Hoskisson*, Acad. Manag. J. 32 (1989), 310, 314.
99 Zum ROI aus heutiger Sicht *Ewert/Wagenhofer*, Interne Unternehmensrechnung, 8. Aufl. 2014, S. 473–478, 519–523; *Picot/Dietl/Franck/Fiedler/Royer*, Organisation, 8. Aufl. 2020, S. 313 f.; *Thommen/Achleitner u. a.*, Allgemeine Betriebswirtschaftslehre, 8. Aufl. 2020, S. 320 f., 412 f.; zu fortbestehender Kritik etwa *Admati*, J. Econ. Persp. 31 (2017), 131, 135, 137 f.

gen. Mit Blick auf letzteres steht die Forschung indes noch relativ am Anfang.[100] Nach derzeitigem Stand lassen sich kaum mehr als allgemein plausible Schlüsse über einen Zusammenhang von Unternehmenskultur und *Short-termism* ziehen.[101] Ein Fokus auf der gesellschaftlichen Kultur passt historisch dazu, dass Kritik an exzessivem *Short-termism* eng mit der Sorge verbunden war und ist, die eigene Volkswirtschaft falle gegenüber ausländischen Konkurrenten zurück (so in der angloamerikanischen Debatte) oder werde durch fremde Störfaktoren in der bewährten heimischen Corporate Governance gefährdet (so etwa in der Weimarer Republik, der Heuschreckendebatte und in Frankreich nach der Finanzkrise). Soweit danach ein volkswirtschaftsweites Phänomen in Rede steht, liegt es nahe, die Ursache in Faktoren mit ähnlichem Wirkungskreis zu suchen. In den 1990er Jahren wurde diese Vorstellung in mehrere wegweisende Modelle integriert: In der Corporate-Governance-Systemvergleichung prägte *Porter* die Dichotomie von „fluid capital" in den USA versus „patient capital" in Deutschland und Japan.[102] Eine grob ähnliche Dichotomie entwickelte *Michel Albert* aus kontinentaleuropäischer Sicht in „Capitalisme contre Capitalisme" (IV.3.b)), wobei er sich spezifischer auf die Organisation der Wirtschaft, ihre Finanzstrukturen und die Form des sozialen Ausgleichs bezog.[103] *Hofstede* integrierte eine ähnliche Vorstellung in sein bis heute weit verbreitetes Kulturmodell, indem er einen Zusammenhang zwischen der als lang oder kurzfristig charakterisierten Kultur einer bestimmten Gesellschaft einerseits sowie der kurz oder langfristigen Ausrichtung von Managern und Unternehmen andererseits herstellte und dem – später allerdings eingeschränkt – einen wesentlichen Einfluss auf das Wirtschaftswachstum zusprach.[104] Indes erklären Konzepte, die stabile kulturelle Merkmale postulieren, nicht den zyklischen Charakter der *Short-termism*-Debatte.

---

100 Grundlegend *Laverty*, Acad. Manage. Rev. 21 (1996), 839–842, 844–846.
101 Siehe etwa *Barnett/Schubert*, J. Bus. Ethics 36 (2002), 279, 288f.; *Dallas*, 37 J. Corp. L. 265, 355f. (2012); ders., 35 Rutgers L. J. 1, 29–31, 36 (2003). Für erste empirische Arbeiten siehe *Laverty*, Management Decision 42 (2004), 949; *Marginson/McAulay*, Strat. Mgmt. J. 29 (2008), 273.
102 *Porter*, J. Corp. Fin. 5 (1992), 4, 8.
103 *Albert*, Kapitalismus contra Kapitalismus, 1992; *Albert*, Capitalisme contre capitalisme, 1991.
104 *Hofstede*, Cultures and organizations, 1991, S. 159ff., noch mit der Bezeichnung „Confucian Dynamism"; näher, auch zur Entstehungsgeschichte und zu vorherigen abweichenden Begrifflichkeiten *Hofstede/Minkov*, Asia Pacific Bus. Rev. 16 (2010), 493, 493–496; *Hofstede/Hofstede/Minkov*, Cultures and organizations, 3. Aufl. 2010, S. 235–276; *Fang*, Int. J. Cross Cult. Manage. 3 (2003), 347, 348–350, 351–354. Zu nachfolgenden Validierungsbemühungen *Hofstede/Minkov*, Asia Pacific Bus. Rev. 16 (2010), 493, 496ff.

f) Verhaltensökonomische Faktoren

Schließlich können verhaltensökonomische Effekte auf unterschiedliche Weise Short-termism erzeugen: *Verlustaversion*[105] oder *hyperbolisches Diskontieren*[106] kann zu einer Geringschätzung langfristiger Vorteile verleiten. Untersucht ist vor allem ersteres,[107] wobei viele offene Fragen und Kritik verbleiben. *Überoptimismus* mancher Anleger kann sogar rationale Aktionäre veranlassen, kurzfristig-spekulative Kurskomponenten hochzutreiben, um profitabel zu verkaufen.[108] Zudem dient Überoptimismus in verschiedener Hinsicht als Argument für, aber auch gegen Maßnahmen der Short-termism-Bekämpfung, etwa mit Blick auf Stewardship[109] und die Abwehr von Übernahmen.[110] Weiterhin kann die *Verfügbarkeitsheuristik* eine Short-termism-Illusion erzeugen, wenn entsprechende Befürchtungen mental besonders präsent sind. Ähnlich wie bei einer *Fata Morgana* kann eine solche Wahrnehmungstäuschung das reale Verhalten beeinflussen.[111] Diese Hypothese lässt sich allerdings schwer und vor allem nicht isoliert nachprüfen. In einem komplexen Finanzmarkt können schließlich verschiedene lang- und kurzfristige Biases unterschiedlicher Akteure zusammentreffen. Das kann ggf. bestimmte schädliche Effekte abmildern, lässt sich rechtspolitisch aber kaum hinreichend steuern.[112]

g) Wechselwirkungen

Zu alledem treten mögliche Interaktionseffekte und Feedback-Schleifen, bei denen verschiedene Erklärungsansätze in einem bestimmten institutionellen Kontext

---

105 *Benartzi/Thaler*, QJE 110 (1995), 73.
106 *Laverty* (Fn. 92), 842 f., 852; *Nohria*, in: Barton/Wiseman/Kuntz (Hrsg.), Perspectives on the Long Term. Building a Stronger Foundation for Tomorrow, 2015, S. 36, 38; siehe auch *Laibson*, QJE 112 (1997), 443.
107 Zur Diskussion des Ansatzes von *Benartzi/Thaler*, QJE 110 (1995), 73 zusammenfassend *Bueren* (Fn. 25), 497 ff.
108 *Bolton/Scheinkman/Xiong*, Rev. Ec. Stud. 73 (2006), 577; *dies.*, J. Corp. L. 30 (2005), 721.
109 Befürwortend Kay, Kay Review Final Report, July 2012, S. 62 Rn. 8.27 mit Recommendation 4.
110 Gegen eine Abschottung des Managements vor Übernahmen Roe, 68 Bus. Law. 977, 996 f. (2013).
111 *Aspara/Pajunen/Tikkanen u. a.*, Socio-Ec. Rev. 12 (2014), 667, 668 f., 682 f. *Hirshleifer*, Eur. Financial Management 14 (2008), 856, 867 ff.
112 Für ein einschlägiges Modell hierzu siehe *Barzuza/Talley*, Short-termism and Long-termism, abrufbar unter: <http://dx.doi.org/10.2139/ssrn.2731814>; für eine verbale Darstellung wesentlicher Elemente der Gedankenführung *Barzuza/Talley*, 2020 Colum. Bus. L. Rev. 104 (2020).

zusammenwirken.¹¹³ Erste Beiträgen aus der Soziologie¹¹⁴ und der Systemtheorie¹¹⁵ unternehmen es, ökonomische Modelle und verhaltensökonomische Effekte zu einem Gesamtbild der Entstehung von *Short-termism* zusammenzufügen. In der bisherigen Form laufen sie damit aber Gefahr, eine sorgfältige Berücksichtigung von Reichweite und Grenzen der Erklärungskraft der zusammengefügten Teile mit suggestiver Plausibilität zu überdecken.

Weiterhin ist zu beachten, dass Faktoren, die eine übermäßige kurzfristige Orientierung erzeugen können, oft zugleich mit positiven wirtschaftlichen Effekten verbunden sind. Zumindest in zwei Konstellationen kann man aber unproblematisch von schädlicher kurzfristiger Orientierung sprechen:¹¹⁶ Erstens, wenn die positiven und negativen Folgen bei derselben Person auftreten und der Saldo negativ ausfällt; zweitens, wenn sich die positiven Folgen mit anderen Mitteln bei geringeren Nebenwirkungen erreichen lassen. Erheblich komplexer wird es, wenn beides nicht der Fall ist und positive wie negative Wirkungen verschiedene Personen treffen. Eine eindeutige Beurteilung bleibt dann nur möglich, wenn man wohlfahrtstheoretisch einen interpersonellen Nutzenvergleich, etwa basierend auf dem Kaldor-Hicks-Kriterium¹¹⁷, zulässt. Bei alledem muss zudem einbezogen werden, wie wahrscheinlich einzelne Effekte sind. Nicht nur aus juristischer Sicht kann schließlich bedeutsam sein, wie sich Profiteure und Verlierer auf bestimmte soziale Gruppen konzentrieren.¹¹⁸

h) Schlussfolgerungen

Die diversen Ansätze des *Short-termism*-Theorie-Multiversums verdeutlichen, dass es nicht „das" eine Modell zur Erklärung von *Short-termism* gibt, tragen aber erheblich zu einem besseren Verständnis der Problematik bei. Sie können weitgehend

---

113 *Laverty* (Fn. 92), 840 f.
114 *Aspara/Pajunen/Tikkanen/Tainio*, Socio-Ec. Rev. 12 (2014), 667.
115 *Fusso*, Management Res. Rev. 36 (2012), 805.
116 *Stein/Froot/Perold*, J. Corp. Fin. 5 (1992), 42, 58.
117 Zu diesem etwa *Schmolke*, Grenzen der Selbstbindung im Privatrecht, 2014, S. 150 f., 171; allg. zu Inhalt, Begründung und Kritik dieses Kriteriums *Schäfer/Ott*, Lehrbuch der ökonomischen Analyse des Zivilrechts, 6. Aufl. 2020, S. 20 ff.; *Mathis*, Effizienz statt Gerechtigkeit?, 3. Aufl. 2009, S. 56 ff.
118 Siehe in anderem Zusammenhang mit ökonomischen Argumenten *Craswell*, 43 Stan. L. Rev. 361, 376 f. (1991). Im neueren deutschen Schrifttum wird dazu eine Art Kaldor-Hicks-Kriterium mit normativ bestimmten Gewichtungskoeffizienten vorgeschlagen, die sich an rechtlichen Wertungen ausrichten, letztlich aber einzelfallgebunden im demokratischen Prozess auf gesellschaftlicher Ebene bestimmt werden sollen, *Hacker*, Verhaltensökonomik und Normativität, 2017, S. 917–925.

nebeneinander bestehen, dergestalt, dass je nach Situation mal dem einen und mal dem anderen Modell der höhere Erklärungsgehalt zukommt.

Probleme bereiten neben der theoretischen Ausdifferenzierung und Streitigkeiten im Detail die oft diametralen normativen Implikationen sowie unerforschte Wechselwirkungen, insbesondere in organisationalen Kontexten. Das mahnt zu Vorsicht bei rechtspolitischen Schlussfolgerungen. Denn das Gesellschafts- und Kapitalmarktrecht wird abstrakt-generell gesetzt und bedarf daher besonders robuster Gestaltung, um sich gegenüber dem Einfallsreichtum der Praxis sowie den wandelbaren Verhältnissen in Wirtschaft und Gesellschaft bewähren zu können. Zudem darf man sich in den Rechtswissenschaften nicht vorschnell dem wechselhaften Zeitgeist der Nachbarwissenschaft unterwerfen,[119] weil auch die Wirtschaftswissenschaft – wie die Rechtswissenschaft – nicht frei von Moden ist.

Dessen ungeachtet ist die ökonomische *Short-termism*-Theorie in dreierlei Hinsicht wertvoll: Erstens sind ausgefeilte und robuste theoretische Erklärungsansätze essenziell, um Gegenmaßnahmen *de lega lata* und *de lege ferenda* hinsichtlich Effektivität, Kohärenz und Nebenwirkungen einschätzen und bewerten zu können. Zweitens bildet eine solide Theorie die unverzichtbare Basis für empirische Tests sowie dafür, die Validität empirischer oder anekdotischer Argumente zu beurteilen. Drittens ermöglicht es die ökonomische *Short-termism*-Theorie, anfällige und weniger anfällige Bereiche abzugrenzen. Dies betrifft vor allem die Gegensatzpaare für Externe sichtbarer und unsichtbarer Unternehmensinvestitionen,[120] reife und junge Unternehmen[121] sowie große börsennotierte und geschlossene Gesellschaften, darunter insbesondere, wenngleich mit gewissen Abstrichen, Familiengesellschaften.[122] Dies bestätigt im Wesentlichen der ideengeschichtliche Befund. Die herkömmlich verbreitete Gegenüberstellung von angloamerikanischem und kontinentaleuropäischem Rechtskreis[123] verliert hingegen angesichts fortschreitender Hybridisierung und Segmentierung der Corporate-Governance-Praktiken[124] zunehmend ihre Grundlage.[125] Auch durch die Ideengeschichte wird sie nur bedingt gestützt.

---

119 Zum Unterwerfungsfehler *Fleischer*, RabelsZ 75 (2011), 700, 725 m.w.N.
120 Für eine grobe Zuordnung zu Industriezweigen siehe *Demirag/Tylecote*, Eur. Manag. J. 14 (1996), 201, 201 f.
121 *Bohlin*, J. Bus. Fin. & Acc. 24 (1997), 197, 237; *Hirshleifer*, Financial Management 22 (1993), 145, 151.
122 *Zellweger*, Fam. Bus. Rev. 20 (2016), 1, 3 f.; näher dazu *Bueren* (Fn. 25), 538 ff.
123 Siehe etwa *Swedish Corporate Governance Board*, Annual Report 2015, S. 13; *Williams*, National Westminster Bank Quarterly Review 8 (1991), 31; *Parkinson*, Corporate power and responsibility, 1994, S. 151 im Anschluss an *Coffee*, 91 Colum. L. Rev. 1277, 1304 (1991), dieser im Anschluss an *Kallfass*, 1988 Colum. Bus. L. Rev. 775, 790 (1988); *Charkham* (Fn. 29), S. 327–331, 357–359; in Frankreich und Deutschland im Kern gleichsinnig *Albert* (Fn. 99).
124 *von Hein* (Fn. 66), 367 ff., 395.

3. Empirische Evidenz

Die von der ökonomischen *Short-termism*-Theorie aufgezeigten Wirkungsketten sagen nicht unmittelbar etwas darüber aus, inwieweit tatsächlich suboptimal kurzfristiges Verhalten auftritt. Dies versucht eine reichhaltige empirische Forschung zu beantworten. Sie unternimmt es, meist anhand von US-Daten, mit verschiedenen, teil ingeniösen Identifikationsstrategien auf Bestehen und Umfang von *Short-termism* zu testen. Die hierzu vorliegende Literatur ist nicht minder komplex als das *Short-termism*-Theorie-Multiversum und überdies in ständiger Wandlung begriffen, weil der Datenbestand kontinuierlich anwächst, weil die ökonometrische Methodik der Studien laufend verfeinert wird und weil neue rechtliche und wirtschaftliche Entwicklungen in unerschöpflicher Weise Anlässe zu immer weiteren Untersuchungen bieten. Bedenkt man zudem die kontroverse Ideengeschichte der *Short-termism*-Debatte, verwundert es nicht, dass die Befunde der empirischen Forschung uneinheitlich sind und dass sich praktisch jede befürwortende oder ablehnende Einschätzung auf empirische Argumente beruft. Die erheblichen Schwierigkeiten einschlägiger Studien werden dabei oft unzureichend beachtet.

a) Schwierigkeiten der Messung

Etwaigen *Short-termism* verlässlich empirisch zu messen, ist ein diffiziles Unterfangen. Die Probleme beginnen damit, dass empirische Studien zentrale Variablen, welche die *Short-termism*-Theorie aufzeigt, oft nicht direkt beobachten, sondern als sogenannte latente Variablen nur mittels imperfekter Platzhalter (Proxies) messen können. Das betrifft vor allem Ausgaben eines Unternehmens, die kurzfristig Kosten und langfristig Nutzen einbringen, und daher dann, wenn sie für Externe schwer beobachtbar oder bewertbar sind, besonders anfällig für *Short-termism* sein sollten.[126] Die empirische Forschung verwendet meist Ausgaben für Forschung & Entwicklung (F&E) aus der Unternehmensrechnung[127] sowie in jüngerer Zeit Daten über Patente.[128] Allerdings sind viele F&E-Ausgaben nicht besonders langfristig,[129]

---

125 *Bueren* (Fn. 25), 550 ff.
126 *Stein/Froot/Perold*, J. Corp. Fin. 5 (1992), 54; *Stein*, in: Constantinides/Harris/Stulz (Hrsg.), Handbook of the Economics of Finance. Volume 1, Part A: Corporate Finance, 2003, S. 112, 131.
127 Siehe exemplarisch *Hall*, Bus. Hist. Rev. 68 (1994), 110, 113; deutlich auch *Black*, 39 UCLA L. Rev. 811, 862 (1992): „Research and development is a quintessential longterm investment."; *Bushee*, Acc. Rev. 73 (1998), 305, 306.
128 Zur Begründung *Fang/Tian/Tice*, J. Fin. 69 (2014), 2085, 2090.

F&E-Posten und Patente nicht in allen Branchen verbreitet[130] und zudem Patentierungen auch von anderen Umständen und Motiven abhängig.[131]

Hinzu kommen methodische Schwierigkeiten im Bereich der Ökonometrie. So wirken sich Grenzen bei der Möglichkeit, langfristige risikoadjustierte abnormale Renditen hinreichend genau zu schätzen,[132] unmittelbar auf Untersuchungen über längere Perioden aus. Weiterhin ist es oft eine große Herausforderung, den ubiquitär anzutreffenden Wechselwirkungen zwischen verschiedenen Elementen der Corporate Governance so Rechnung zu tragen, dass ein Problem sogenannter Endogenität vermieden wird.[133]

Außerdem birgt die interdisziplinäre Analyse komplexer Corporate-Governance-Zusammenhänge viele Fehlerquellen. Mangelndes Rechtsverständnis kann beispielsweise zu einer falschen Datenkodierung und Modellspezifikation führen. Evaluationsarbeiten legen nahe, dass dies überraschend oft der Fall ist, selbst bei Studien in sehr renommierten ökonomischen Zeitschriften.[134] Wenn Untersuchungen breiter für Corporate-Governance-Merkmale kontrollieren wollen, nutzen sie hierzu oft Indizes, die ihrerseits heftiger juristischer Kritik ausgesetzt sind, etwa mit Blick auf die additive Erfassung von Gestaltungen zur Abwehr von Übernahmen.[135]

Weiterhin bestehen bei der unvermeidlichen Aggregation der Daten und der Interpretation der Befunde Fallstricke und Irreführungsgefahren. Sie ergeben sich zunächst wiederum aus ökonometrischen Aspekten, etwa wenn die Ergebnisse

---

129 *Laverty*, Acad. Manage. Rev. 21 (1996), 825, 839; *Brauer*, J. Bis. Ec. & Manage. 14 (2013), 386, 389; *Souder/Bromiley*, Strat. Mgmt. J. 33 (2012), 550, 552 rechte Spalte oben; *Poterba/Summers*, Sloan Manag. Rev. 37 (1995), 43, 45.
130 Zu F&E-Ausgaben *Brauer*, J. Bis. Ec. & Manage. 14 (2013), 386, 389; zu Patenten *Mcgregor*, abrufbar unter: <https://www.bloomberg.com/news/articles/2007-05-04/are-patents-the-measure-of-innovation-businessweek-business-news-stock-market-and-financial-advice>.
131 *Mazzucato*, Das Kapital des Staates, 2014, S. 72 f.
132 Vgl. im Kontext der Short-termism Debatte *Mizik*, J. Marketing Res. 47 (2010), 594, 601; allgemein *Bhagat/Romano*, in: Polinsky/Shavell (Hrsg.), Handbook of Law and Economics, 2007, S. 945, 953 f., 956.
133 Allg. dazu *Roberts/Whited*, in: Constantinides/Harris/Stulz (Hrsg.), Handbook of the economics of finance, 2013, S. 493.
134 *Klausner*, 65 Stan. L. Rev. 1325, 1351 f., 1355–1357 (2013); *Catan/Kahan*, 68 Stan. L. Rev. 629 (2016) mit vernichtendem Fazit S. 655: „[...] the fact that the three papers from top journals that we reviewed all arrived at results that did not withstand closer scrutiny suggests that some skepticism may be warranted in dealing with empirical studies, especially if their results make little theoretical sense. [...] Parts III through V discuss three problems that, to our knowledge, affect all studies of ATSs [antitakeover statutes]."
135 *Klausner*, 65 Stan. L. Rev. 1363 ff. (2013); zur umfassenden rechtsvergleichenden Kritik am Index von LaPorta et al. etwa *Cools*, 30 Del. J. Corp. L. 697 (2005); *Vagts*, FS Druey, 2002, S. 595, 600 ff.

davon abhängen, dass Länderdurchschnitte statt Firmendaten verwendet werden.[136] Außerdem ist die Eignung bestimmter Kennzahlen umstritten. Insbesondere wirft man dem Tobin'schen Q vor, Unterinvestment zu übersehen.[137] Bei Mittelwerten bzw. durchschnittlichen Effekten ist stets zu prüfen, ob sie wichtige Merkmale der Verteilung kaschieren, wie es Kritiker mit Blick auf Hedgefonds-Aktivismus beanstanden.[138]

Schließlich sind abweichende Bewertungsraster in Ökonomie und Recht zu beachten. Sie betreffen erstens den Umgang mit atypischen Fällen: Die Ökonometrie lässt sie typischerweise außen vor, während sie die juristische Debatte, die Rechtspolitik und die öffentliche Meinung häufig stark beeinflussen.[139] Zweitens ist bei der Definition von „lang" und „kurz" ein Horizont von drei Jahren für viele ökonometrische Studien angesichts der Grenzen ökonometrischer Schätzungen schon sehr lang, während Juristen ebenso wie der Gesetzgeber in größeren Zeiträumen denken müssen.[140]

b) Populäre allgemeine Evidenz

In der Debatte darüber, ob es überzeugende empirische Belege für *Short-termism* gibt, wird häufig auf bestimmte allgemeine Entwicklungen als populäre Evidenz für ein zunehmendes *Short-termism*-Problem verwiesen, namentlich sinkende durchschnittliche Haltedauern bzw. steigende Handelsvolumina börsengehandelter Aktien,[141] den Hochfrequenzhandel[142] und verbreitete Aktienrückkäufe.[143] Bei ge-

---

136 *Holderness*, CFR 5 (2016), 1.
137 *Allaire/Dauphin*, Int. J. Discl. & Gov. 13 (2016), 279, 292–294, 304; *Dybvig/Warachka*, Tobin's q Does Not Measure Firm Performance: Theory, Empirics, and Alternatives, March 5 2015, abrufbar unter: <https://dx.doi.org/10.2139/ssrn.1562444>.
138 *Coffee, Jr.*, Hedge Fund Activism: New Myths and Old Realities, abrufbar unter: <http://clsbluesky.law.columbia.edu/2014/05/19/hedge-fund-activism-new-myths-and-old-realities/>; *Coffee, Jr./Palia* (Fn. 19), S. 1, 58; *Allaire/Dauphin*, Int. J. Discl. & Gov. 13 (2016) 286f.
139 *Bueren* (Fn. 25), 595f.
140 Pointiert *Strine, Jr*, 119 Harv. L. Rev. 1759, 1774 (2006); *Cooper*, Colum. Bus. L. Rev. Online, 2014.
141 Etwa *Loescher*, Q. Rev. Econ. Bus. 24 (1984), 8, 15f.; *Rappaport*, Financial Analysts J. 61 (2005), 65, 66; *Dallas*, 37 J. Corp. L. 265, 355f., 297 (2012); *Europäische Kommission*, Grünbuch Europäischer Corporate Governance-Rahmen, KOM(2011) 164/3, 05.04.2011, 14.
142 So etwa *Pasquale*, 36 Cardozo L. Rev. 2085, 2087, 2113, 2121, 2124 unten, 2127 oben (2015); ohne Stellungnahme auch *Dallas*, 37 J. Corp. L. 265, 302 (2012).
143 So insb. *Lazonick*, Bus. Hist. Rev. 84 (2010), 675, 695–700; *ders.*, Harv. Bus. Rev. 92 (2014), 46ff.; *Coffee, Jr./Palia* (Fn. 19) S. 1, 40; dagegen *Fried/Wang*, Harv. Bus. Rev. 96 (2018), 88; *Fried/Wang*, Rev. Corp. Fin. Stud. 8 (2019), 207.

nauerem Hinsehen sind diese Phänomene aber schwierig zu interpretieren und als Prüfsteine für *Short-termism*-Wirkungsketten wenig geeignet.[144]

c) Short-termism in typischen Konstellationen

Vielversprechender erscheinen die zahlreichen Ansätze, welche die empirische ökonomische Forschung entwickelt hat und fortlaufend verfeinert, um etwaiges suboptimal kurzfristiges Handeln zu identifizieren und zu messen. Dieses Forschungsfeld kann hier nur ausschnitthaft vorgestellt werden. Die große Mehrheit der einschlägigen Studien geht etwaiger schädlicher kurzfristiger Orientierung in bestimmten typischen Konstellationen nach. Diese Arbeiten verstehen sich zumeist als empirische Tests einzelner Modelle der *Short-termism*-Theorie oder sind von diesen inspiriert. Besonders bekannte und angesehene Arbeiten stammen aus dem angloamerikanischen Raum. Ihre Resultate können, müssen aber nicht auf die Verhältnisse kontinentaleuropäischer Corporate Governance übertragbar sein.

Zu den besonders häufig zitierten mutmaßlichen Belegen für *Short-termism* gehören Umfragen bei Unternehmensmanagern. Sie liegen für verschiedene Rechtsordnungen und Zeiträume vor,[145] erlauben also Vergleiche im Quer- und Längsschnitt. Überwiegend untermauern sie Bedenken gegen *Short-termism*, kämpfen aber mit geringen Rücklaufquoten und Zweifeln an der Glaubwürdigkeit der Antworten.

Verhaltensexperimente sind bisher relativ selten unternommen worden,[146] zumal sie nur bedingt geeignet sind, komplexe, zeitlich länger gestreckte Vorgänge

---

144 Im Einzelnen *Bueren* (Fn. 25), 602 ff.
145 In den USA wohl erstmals von wissenschaftlicher Seite *Lorsch/MacIver*, Pawns or Potentates, 1989, IX, 44–49; sodann stark beachtet *Poterba/Summers*, Sloan Manag. Rev. 37 (1995), 43; erstmals zum Aspekt Unternehmenskultur *Laverty*, Management Decision 42 (2004); besonders einflussreich über die USA hinaus *Graham/Harvey/Rajgopal*, J. Accounting & Ec. 40 (2005), 3; nach der Finanzkrise etwa *Beyer/Larcker/Tayan*, Study on How Investment Horizon and Expectations of Shareholder Base Impact Corporate Decision-Making, abrufbar unter: <https://www.gsb.stanford.edu/sites/gsb/files/publication-pdf/cgri-survey-2014-investment-horizon.pdf>;
Für Großbritannien von wissenschaftlicher Seite etwa *Grinyer/Russell/Collison*, Br. J. Management 9 (1998), 13; *Demirag*, Brit. Acc. Rev. 27 (1995), 247; *ders.*, Eur. J. Fin. 1 (1995), 41; *ders.*, Eur. J. Fin. 4 (1998), 195.
Für Deutschland *Dill/Jirjahn/Smith*, Do Foreign Owners Favor Short-Term Profit? Evidence from Germany, May 2014; ferner *Flotow/Kachel*, Nachhaltigkeit und Shareholder Value aus Sicht börsennotierter Unternehmen, 2011.
Für Skandinavien *Liljeblom/Vaihekoski* (Fn. 91); *Liljeblom/Vaihekoski*, Finnish J. of Bus. Ec. 59 (2010), 239; *Brunzell/Liljeblom/Vaihekoski*, J. Int. Fin. Manage. & Acc. 26 (2015), 223.
146 Für ein Beispiel *Bhojraj/Libby*, Acc. Rev. 80 (2005), 1.

der Corporate-Governance abzubilden und außerdem je nach Umsetzung ähnlich wie Umfragestudien unter mangelnder Repräsentativität und Verlässlichkeit leiden.

Die meisten Studien untersuchen, wie bestimmte, mutmaßlich *short-termism*-förderliche Umstände der Corporate Governance mit Ausgaben für Forschung und Entwicklung[147] sowie anderen Ausgabenarten zusammenhängen, bei denen sich argumentieren lässt, dass die Kosten tendenziell kurzfristig anfallen, während der Nutzen tendenziell erst langfristig sichtbar wird. Dieses Forschungsfeld umfasst zahlreiche Untergruppen, die oft auf problematisches kurzfristiges Verhalten hinweisen.[148] Allerdings entwickelt sich der Forschungsstand in einigen wichtigen Gebieten sehr dynamisch, wodurch immer wieder, in jüngerer Zeit etwa mit Blick auf Abwehrinstrumente gegen Übernahmen,[149] Erkenntnisse ins Wanken geraten, die Vielen schon als weitgehend gesichert galten. Auch deshalb sind bedeutsame Felder wie die Bewertung von Übernahmehindernissen anhaltend umstritten. Ebenso anhaltend kontrovers sind dies- wie jenseits des Atlantiks die kurz- und längerfristigen Effekte von Aktionärsaktivismus.[150] Andere Fragen sind noch nicht abschließend geklärt, insbesondere für Kontinentaleuropa. Dies betrifft etwa die Folgen einer höheren Aktienliquidität[151] sowie Vergleiche des Investitionsverhal-

---

[147] F&E-Ausgaben sind besonders anfällig für Informationsasymmetrien, die der Nukleus vieler Short-termism-Modelle sind, zu den Gründen hierfür siehe *Aboody/Lev*, J. Fin. 55 (2000), 2747, 2748 ff.
[148] Zusammenstellung bei *Bueren* (Fn. 25), S. 643 ff.
[149] Zum Meinungsspektrum siehe einerseits *DeAngelo/Rice*, J. Fin. Ec. 11 (1983), 329; *Jarrell/Poulsen*, J. Fin. Ec. 19 (1987), 127; *Meulbroek/Mitchell/Mulherin/Netter/Poulsen*, J. Pol. Econ. 98 (1990), 1108; *Mahoney/Sundaramurthy/Mahoney*, Manage. Decis. Econ. 18 (1997), 349; *Atanassov*, J. Fin. 68 (2013), 1097; andererseits *Coffee, Jr./Palia* (Fn. 132); *Knoeber*, Am. Ec. Rev. 76 (1986), 155; *Cremers/Litov/Sepe*, J. Fin. Ec. 126 (2017), 422; *Catan*, J. Legal Stud. 48 (2019), 1. Überblick bei *Straska/Waller*, J. Financ. Quant. Anal. 49 (2014), 933.
[150] Siehe aus den USA einerseits skeptisch *Coffee, Jr./Palia* (Fn. 19), S. 1 ff. und andererseits wohlwollend *Bebchuk/Brav/Jiang*, 115 Colum. L. Rev. 1085 (2015); übergreifend *Athanassiou* (Hrsg.), Research Handbook on Hedge Funds, Private Equity and Alternative Investments, 2012; *Fung/Hsieh*, in: Cōnstantinidēs/Harris/Stulz (Hrsg.), Handbook of the economics of finance, 2013, S. 1063 ff. Aus dem deutschen Schrifttum übergreifend etwa *Schmidt/Spindler*, Finanzinvestoren aus ökonomischer und juristischer Perspektive, 2008; *Heuser* (Fn. 18), S. 19–78; für eine eingehende Auswertung empirischer Studien zu Hedgefonds-Aktivismus *Stadler*, Shareholder-Aktivismus durch Hedge Fonds, 2010, S. 27–59. Vorrangig unter juristischen Gesichtspunkten etwa *Wenninger*, Hedge Fonds im Spannungsfeld des Aktien und Kapitalmarktrechts, 2009; *Schmies*, Die Regulierung von Hedgefonds, 2010; *Brass*, Hedgefonds als aktive Investoren, 2010. Für empirische Studien zu Deutschland *Achleitner/Betzer/Gider*, Eur. Financial Management 16 (2010), 805; *Mietzner/Schweizer/Tyrell*, Schmalenbach Bus. Rev. 63 (2011), 151; *Bessler/Drobetz/Holler*, Eur. Financial Management 21 (2015), 106.
[151] Überblick über das Forschungsfeld bei *Rojahn*, in: Kaluza/Braun/Beschorner/Rolfes (Hrsg.), Betriebswirtschaftliche Fragen zu Steuern, Finanzierung, Banken und Management, 2017, S. 349. Für einzelne empirische Studien mit Bezug auch zur *Short-termism*-Problematik *Fang/Tian/Tice*, J. Fin. 69

tens börsennotierter und geschlossener Gesellschaften.¹⁵² Bei letzterem sprechen die vorliegenden Studien zwar dafür, dass nach dem Kapitalbedarf einer Industrie zu differenzieren ist; Im Übrigen weichen zentrale Befunde für die USA und Europa aber voneinander ab, wobei der Stand der Corporate Governance sowie die Größe des heimischen Kapitalmarktes eine Rolle spielen könnten.

Weitere Arbeiten betrachten typische Konstellationen, in denen sich der Entscheidungshorizont der Geschäftsleitung verkürzt. Vor allem zur Managervergütung ist gut belegt, dass manche Gestaltungen kurzsichtiges Verhalten fördern.¹⁵³ Demgegenüber sind andere Konstellationen wie eine nahende Pensionierung weniger klar, weil Korrekturmechanismen der Corporate Governance offenbar besser eingreifen.¹⁵⁴ Mit Blick auf die Dauer der Amtszeit zeigen Studien zu den USA, wo sich Bestellungs- und Abberufungsregelungen von Kontinentaleuropa unterscheiden, einerseits eine *Short-termism*-Bedeutung kurzer Amtszeiten,¹⁵⁵ andererseits

---

(2014), 2085; *Norli/Ostergaard/Schindele*, Rev. Financ. Stud. 28 (2015), 486; zu den Folgen einer Rücknahme von Leerverkaufsbeschränkungen *Grullon/Michenaud/Weston*, Rev. Financ. Stud. 28 (2015), 1737.

152 Die Pionierstudie verwendet britische Daten und stammt von *Mayer/Alexander*, Stock Markets and Corporate Performance: A Comparison of Quoted and Unquoted Firms, August 1991; mit Daten aus Westeuropa *Mortal/Reisel*, J. Financ. Quant. Anal. 48 (2013), 77; mit Daten aus den USA *Asker/Farre-Mensa/Ljungqvist*, Rev. Financ. Stud. 28 (2015), 342; *Acharya/Xu*, J. Fin. Ec. 124 (2017), 223; mit Daten aus Großbritannien *Davies/Haldane/Nielsen/Pezzini*, J. Fin. Stability 12 (2014), 16; methodische Kritik an dieser Studie bei *Bueren* (Fn. 25), S. 665 Fn. 627.

153 Insbesondere veranlasst eine kurzfristig leistungsabhängige Vergütung, vor allem bei sog. *cliff vesting*, Vorstände / CEOs, Ergebnisse kurzfristig-opportunistisch mittels Bilanzpolitik hochzutreiben, wenn dies die eigene Vergütung steigert. Das ist eingehend für Boni als Element der Barvergütung untersucht und im Kern bestätigt worden, auch wenn der Forschungsstand nicht ganz einheitlich interpretiert wird, siehe *Bergstresser/Philippon*, J. Fin. Ec. 80 (2006), 511; etwas zurückhaltender *Dechow/Schrand*, Earnings quality, 2004. Deutlich jedenfalls jüngere Studien zum Zusammenhang von kurzfristigen Vergütungskomponenten und Bilanzpolitik, etwa *Gopalan/Milbourn/Song/Thakor*, J. Fin. 69 (2014), 2777; *Edmans/Fang/Lewellen*, Rev. Financ. Stud. 30 (2017), 2229–2271; *Ladika/Sautner*, Rev. of Finance 24 (2020), 305. Beachte aber, dass Aktienoptionen bei richtigem Einsatz durchaus langfristiges Investitionsverhalten fördern können, dazu etwa *Rapp/Wolff/Schaller*, ZfB 82 (2012), 1057; *Kang/Kumar/Lee*, J. of Bus. 79 (2006), 1127.

154 Vielbeachtete Pionierstudie von *Dechow/Sloan*, J. Accounting & Ec. 14 (1991), 51 Für kurze Überblicke zur weiteren Forschung *Kalyta*, Acc. Rev. 84 (2009) 1553, 1555 f. m.w.N.; *Huson/Tian/Wiedman* u.a., Acc. Rev. 87 (2012) 231, 232 m.w.N.; *Roe*, 68 Bus. Law. 977, 996 f. (2013). Für einzelne Arbeiten etwa einerseits *Lundstrum*, J. Corp. Fin. 8 (2002), 353 ff. sowie andererseits etwa *Murphy/Zimmerman*, J. Accounting & Ec. 16 (1993), 273 ff. Siehe aber mit gewichtigen methodischen Bedenken gegen Studien mit Querschnittsbetrachtungen *Cazier*, J. Corp. Fin. 17 (2011), 584.

155 *Chen/Cheng/Lo/Wang*, Acc. Rev. 90 (2015), 1871; *Dikolli/Kulp/Sedatole*, J. Manage. Acc. Res. 25 (2013), 199; *Antia/Pantzalis/Park*, J. Corp. Fin. 16 (2010), 288.

aber auch, dass längere Amtszeiten interne Kontrollmechanismen der Corporate Governance schwächen.[156]

Schließlich untersucht ein interessanter Forschungsstrang, wie sich ein eher kurz- bzw. langfristiges Aktionariat einer Gesellschaft auf Parameter auswirkt, die als anfällig für *Short-termism* gelten. In den USA werden Investoren dazu typischerweise basierend auf Quartalsdaten zur Fondsfamilie aus dem Formular 13F der SEC als langfristig-engagiert, passiv oder kurzfristig eingeordnet.[157] Die reichhaltige Studienlage deutet hier überwiegend auf Vorteile langfristig engagierter institutioneller Aktionäre im Vergleich zu kurzfristigen und passiven institutionellen Anlegern,[158] wobei allerdings einzelne prominent veröffentlichte Arbeiten zum gegenteiligen Befund gelangen.[159] Zudem stehen die Ergebnisse unter dem Vorbehalt der Grenzen einer exakten Investorenklassifikation mit 13F-Daten.[160] Noch weitgehend offen ist, wie es sich in Kontinentaleuropa mit seiner abweichenden Aktionärsstruktur verhält. Mangels einer zum Form 13F vergleichbaren Datenquelle müssen Studien hier eigene Ansätze entwickeln. Bisher greift man auf Einstufungen kommerzieller Datenbanken zurück, die methodisch indes oft eher intransparent sind.[161]

d) *Short-termism*-Abschlag im Gesamtmarkt

Eine relativ kleine Gruppe von Untersuchungen versucht, das Ausmaß von etwaigem *Short-termism* auf dem Aktienmarkt einer Volkswirtschaft gesamthaft zu quantifizieren und gegebenenfalls mit anderen Volkswirtschaften zu vergleichen.

---

156 *Pan/Wang/Weisbach*, Rev. Financ. Stud. 29 (2016), 2955.
157 Für die USA grundlegend *Bushee*, Acc. Rev. 73 (1998), 305; zusammenfassende Beschreibung bei *ders.*, J. Corp. Fin. 16 (2004), 28, 29 f.; seinen Ansatz haben zahlreiche Studien übernommen; für einen weiteren, im Vergleich deutlich einfacheren Qualifikationsansatz *Gaspar/Massa/Matos*, J. Fin. Ec. 76 (2005), 135; diesen leicht modifizierend *Derrien/Kecskés/Thesmar* J. Financ. Quant. Anal. 48 (2013), 1755; einen weiteren Ansatz, der jene von *Bushee* sowie *Gaspar/Massa/Matos* inkorporiert, entwickeln *Cremers/Pareek*, Rev. of Finance 19 (2015), 1649.
158 Eingehende Darstellung bei *Bueren* (Fn. 25), S. 684 ff.
159 *Wahal/McConnell*, J. Corp. Fin. 6 (2000), 307; *Aghion/van Reenen/Zingales*, Am. Ec. Rev. 103 (2013), 277.
160 13F-Angaben erfassen keine Leerverkaufspositionen, werden nur einmal im Quartal erhoben, vernachlässigen also unterperiodische Handelsaktivitäten, beziehen sich nur auf die Fondsfamilie und enthalten Ungenauigkeiten, zu alledem *Bueren* (Fn. 25), S. 690 ff., zu letzterem *Anderson/Brockman*, J. of Fin. Res. 41 (2018), 295.
161 Etwa *Brossard/Lavigne/Erdem Sakinc*, Industrial and Corporate Change 22 (2013), 1031; *Bena/Ferreira/Matos/Pires*, J. Fin. Ec. 126 (2017), 122 knüpfen immerhin ähnlich wie Gaspar u. a. maßgeblich an die Umschlagsrate an.

Zu diesem Zweck entwickeln die Studien Bewertungsmodelle, die den „wahren" inneren Wert börsennotierter Gesellschaften im Lichte auch langfristiger Ertragspotentiale schätzen. Das Ergebnis vergleichen die Studien mit der tatsächlichen Bewertung am Markt. Auf diese Weise haben sie überwiegend Anzeichen für – teils äußerst starken – *Short-termism* ermittelt,[162] erscheinen damit aber wenig verlässlich.[163]

e) Diskussion der Befunde

Nimmt man zusammenfassend die reichhaltige Studienlage, die methodischen und praktischen Herausforderungen sowie den Umstand in den Blick, dass Tests von *Short-termism*-Theorien jeweils rechtsordnungsbezogen in komplexen Corporate-Governance-Systemen mit einem sich ständig wandelnden Rechtsrahmen erfolgen müssen, kommt die systematische Überprüfung aller möglichen Wirkungsketten einer Sisyphusarbeit gleich. Dessen ungeachtet liefert die empirische Forschung viele mosaikartige Befunde, die Modelle der *Short-termism*-Theorie untermauern, auch wenn genauere Aussagen zu Reichweite, Ausmaß und Folgen nur punktuell möglich sind. Dies reicht zwar nicht, um die Streitfragen zu entscheiden, welche die Ideengeschichte der *Short-termism*-Debatte aufwirft. Gegen die Existenz von *Short-termism* gerichtete pauschale Einwände überzeugen indes nicht: Soweit sie auf hohe Bewertungen von Technologiefirmen und hohe Investitionen börsennotierter Internetunternehmen verweisen,[164] geht es gerade um Gesellschaften, die sich unter Berufung auf *Short-termism* stark vom Einfluss des Kapitalmarktes abgeschottet haben.[165] Ohnehin sagt die *Short-termism*-Theorie kurzsichtige Sparmaßnahmen vor allem dort voraus, wo aktuelle Gewinne ein dominanter Bewertungsparameter sind – dies trifft auf meist relativ junge Internet- bzw.

---

[162] Als erste veröffentlichte Arbeit *Miles*, Ec. J. 103 (1993), 1379 (zu Großbritannien); ergänzend *ders.*, Ec. J. 105 (1995), 1224; *Cuthbertson/Hayes/Nitzsche*, Ec. J. 107 (1997), 986 (zu Großbritannien); *Abarbanell/Bernard*, J. Acc. Res. 38 (2000), 221 (zu den USA); *Black/Fraser*, J. Multinatl. Financ. Manag. 12 (2002), 135 (vergleichend für Australien, Deutschland, Japan, USA und Großbritannien); *Davies/Haldane/Nielsen/Pezzini*, J. Fin. Stability 12 (2014), 16 (zu Großbritannien und den USA); *Elsner*, CF 2014, 453; *ders.*, CF 2014, 501 (Westeuropa, basierend auf STOXX).
[163] Im Einzelnen *Bueren* (Fn. 25), S. 704 ff.
[164] *Roe*, 68 Bus. Law. 977, 980, 993–996, 1001 f. (2013); ihm folgend *Strand*, 22 Colum. J. Eur. L. 15, 28 (2015); *Mauboussin/Callahan*, J. Corp. Fin. 27 (2015), 70, 76 f.
[165] Eingehend zur Mehrstimmrechtsstruktur von Google sowie deren prägenden Einfluss auf andere Internetunternehmen *Bueren/Crowder*, in: Fleischer/Mock (Hrsg.), Große Gesellschaftsverträge aus Geschichte und Gegenwart, 2021, S. 911.

Technologiefirmen gerade nicht zu.[166] Der gelegentliche Verweis auf hohe Investitionen von Rohstoffgesellschaften verfängt ebenfalls nicht, weil solche Investitionen relativ gut extern beobachtbar und bewertbar und daher keine Kandidaten für kurzsichtige Einsparungen sind. Bewertungsblasen wie die dotcom-Blase sind weiterhin, anders als gelegentlich behauptet,[167] gerade kein Fall von *Long-termism*, sondern vielmehr ein Paradefall kurzfristig orientierten Handelns.[168] Schließlich übersehen Autoren, die *Short-termism* vorrangig als Problem von Managern, nicht als solches von Investoren bzw. des Aktienmarktes anerkennen,[169] dass auch Manager-*Short-termism*-Modelle auf einer kurzfristigen Bewertung durch Aufsichtsräte und Investoren fußen, die über Einstellung und Vergütung von Managern entscheiden. Hinzu kommt, dass Modelle zum Managerarbeitsmarkt grundsätzlich für börsennotierte und geschlossene Gesellschaften gelten und deshalb nicht (vollständig) erklären können, warum sich die *Short-termism*-Debatte ganz überwiegend auf erstere konzentriert.

Richtig ist allerdings, dass empirische Test auf *Short-termism* für sich genommen oft nichts darüber aussagen, ob, und wenn ja, welche Gegenmaßnahmen rechtspolitisch angebracht sind. Erstens können sie etwaige Zielkonflikte oft nicht beleuchten, die in erheblichem Umfang bestehen.[170] Hier ist eine sorgfältige Beachtung der theoretischen Grundlagen anzumahnen. Zweitens können sich – vorbehaltlich regulatorischer Grenzen – Korrekturmechanismen bereits am Markt herausbilden.[171] Empirische Studien zeigen dies etwa bei der Unternehmenskommunikation, mit der sich eher lang- oder kurzfristige Investoren anziehen lassen,[172] sowie bei der Pensionierung des Geschäftsleiters, die bei einem gleitenden Übergang Anreize zu kurzfristigem Verhalten vermeiden kann.[173] Nahe liegt auch ein

---

166 *Bueren* (Fn. 25), S. 715 f. Ferner gilt: Wenn der Akt des Investierens beobachtbar ist und als Wertindikator dient, führt Short-termism zu Overinstment, nicht wie sonst zu Underinvestment, siehe die Modelle von *Bebchuk/Stole*, J. Fin. 48 (1993), 719 ff. und *Bizjak/Brickley/Coles*, J. Accounting & Ec. 16 (1993), 349 ff.; zum erstgenannten Modell auch *Stein*, in: Constantinides/Harris/Stulz (Hrsg.), Handbook of the Economics of Finance, 2003, S. 112, 122 f. sowie in größerem Zusammenhang *Hirshleifer*, Financial Management 22 (1993), 145, 150–153, 155.
167 *Roe*, 68 Bus. Law. 977, 980, 995 (2013).
168 Siehe *Fenzl*, Die Massenpsychologie der Finanzmarktkrise, 2009, S. 36; *Kay*, Kay Review Final Report, July 2012, S. 33–34 Rn. 4.6; beispielhaft auch *Bolton/Scheinkman/Xiong*, Rev. Ec. Stud. 73 (2006), 577, 579 Fn. 7.
169 So tendenziell *Roe*, 68 Bus. Law. 977, 979 f. (2013); *Chatard*, Treuestimmrechte, 2023, S. 94 f.
170 Zu dieser Problematik, auch mit Blick auf Nebenwirkungen, *Bueren* (Fn. 25), S. 439, 713, 716, 721, 723, 962, 964, 1023, 1031.
171 *Roe*, 68 Bus. Law. 977, 980, 987, 989, 993 (2013).
172 *Bushee/Noe*, J. Acc. Res. 38, Supplement (2000), 171 ff.; zusammenfassend *Bushee*, J. Corp. Fin. 16 (2004), 28, 33 f.
173 *Dechow/Sloan*, J. Accounting & Ec. 14 (1991), 68 f.

Rückzug von der Börse,[174] woran indes deutlich wird, dass privatautonome Reaktionen gegen *Short-termism* neue Nachteile aufwerfen können und deshalb rechtspolitischen Handlungsbedarf nicht notwendig entfallen lassen.[175] Zudem besteht die Möglichkeit privatautonomer Abhilfe nicht generell bzw. umfassend. Im Rahmen der Managervergütung ergibt sich das etwa daraus, dass die Rechtsordnung und übliche Vermögensverhältnisse nur eine begrenzte langfristige Bindung des Managers durch negative Vergütungselemente zulassen.[176] Abwehrinstrumente gegen Übernahmen (*takeover threats*) sind Gesellschaften gegebenenfalls teilweise rechtlich verwehrt, Frequenz und (Mindest)Inhalte der Unternehmensberichterstattung mindestens teilweise detailliert vorgegeben. Ein rechtspolitisches Eingreifen wird jedenfalls eher naheliegen, wenn private Maßnahmen gegen *Short-termism* ausscheiden oder mit starken Nebenwirkungen verbunden sind.

IV. *Short-termism*-Debatten im Rechtsvergleich

Reformdiskussionen mit Blick darauf, dass Entwicklungen der Corporate Governance unternehmerisches Handeln in Kapitalgesellschaften unter ein Diktat kurzfristiger Einflüsse stellen, treten bereits seit vielen Jahrzehnten wellenartig in Industriestaaten auf (II.1., II.4.).

1. USA

a) 1980er Jahre

In den USA ist kurzsichtiges Handeln (*Short-termism*) ab den 1980er Jahren intensiv in mehreren, unterschiedlich ausgeprägten Wellen diskutiert worden. Die gängige Meinung zur Frage von *Short-termism* in der Corporate Governance korrelierte dabei mit der volkswirtschaftlichen Entwicklung, welche die Debatte um kurzfristige Einflüsse mehrfach bei einem schlechtem Lagebefund befeuert und später bei Wiedererstarken der Wirtschaft abgedrosselt hat.

Die erste Diskussionswelle der 1980er Jahre trieben vor allem zwei Umstände an: Zum einen die relativ schlechte Entwicklung traditioneller Industrien gegenüber Deutschland und Japan, deren augenscheinlich langfristige Corporate Gover-

---

174 *Roe*, 68 Bus. Law. 977, 980, 987f. (2013).
175 Siehe *Bueren/Crowder*, RabelsZ 88 (2024), 87, 92ff., 126ff. zu Bestrebungen, durch die Zulassung von Mehrstimmrechten mehr Börsengänge anzuregen.
176 Dazu *Campbell/Marino*, Int. Economic Rev. 35 (1994), 864ff.

nance man idealisierend wahrnahm,[177] zum anderen eine ausgeprägte Welle oft rabiat vollzogener Übernahmen.[178] Dementsprechend erörterte man kurzsichtige Orientierung erstens als Managementfehler, insbesondere im Verhältnis zu anderen Rechtskreisen.[179] Dieser Themenkreis betraf vor allem bestimmte Managementtechniken im Zusammenhang mit der Spartenorganisation (*M-Form*) multidivisionaler Konzerne, welche mit ROI-basierten und an Bilanzzahlen orientierten Kennzahlen von Quartal zu Quartal gesteuert wurden (*management by the numbers*).[180] Zweitens stritt man um kurzsichtige Orientierung als investorenverantworteter Defekt, insbesondere mit Blick auf Übernahmen und institutionelle Investoren (*takeover controversy*).[181] In dieser im Grunde bis heute andauernden Kontroverse um die Bewertung von Übernahmen standen auf der einen Seite die *Chicago School*,[182] die damalige marktliberale *Reagan*-Administration mit Investmentbankern und *corporate raiders* sowie auf der anderen Seite die Gliedstaaten mit ihrer lokalen Wirtschaft und Anwaltschaft.[183] Die Gliedstaaten änderten verbreitet ihre Gesellschaftsrechte, um heimische Unternehmen vor Einflüssen des als kurzfristig kritisierten Übernahmemarktes zu schützen.[184] Auf Bundesebene wehrte die *Reagan*-Administration hingegen eine Vielzahl von Regulierungsvorha-

---

[177] *Hayes/Abernathy*, Harv. Bus. Rev. 58 (1980), 67; *Hayes/Garvin* (Fn. 92); *Blair*, Ownership and control, 1995, S. 6 f.; aus Historikerperspektive *Heideking/Mauch*, Geschichte der USA, 5. Aufl. 2007, S. 362.
[178] Zu den einzelnen Wellen *Chandler*, Bus. Hist. Rev. 68 (1994), 1, 18, 20–23; *Sudarsanam*, Creating value from mergers and acquisitions, 2. Aufl. 2010, S. 19 f.; zu bust-up takeovers *Mitchell/Mulherin*, J. Fin. Ec. 41 (1996), 193, 194; *Lipton/Brownstein*, 40 Bus. Law. 1403, 1411 f. (1985).
[179] Stark beachtet *Hayes/Abernathy*, Harv. Bus. Rev. 58 (1980), 67; *Deming*, Out of the crisis, 2000(erstmals erschienen 1982); *Johnson/Kaplan*, Relevance lost, 1987.
[180] *Hayes/Abernathy*, Harv. Bus. Rev. 58 (1980), 67, 70; ähnlich *Reich*, The next American frontier, 1983, S. 140–141 (paper entrepreneurialism); *Rappaport*, Harv. Bus. Rev. 56 (1978), 81–83, 85; *Baysinger/Hoskisson*, Acad. Manag. J. 32 (1989), 310, 314.
[181] Grundegend und bis heute agendaprägend *Lipton*, 35 Bus. Law. 101 (1979).
[182] Grundlegend *Manne*, 62 Colum. L. Rev. 399, 410–413, 431 (1962); *ders.*, J. Pol. Econ. 73 (1965), 110; *Easterbrook/Fischel*, 94 Harv. L. Rev. 1161 (1981); *Jensen*, Harv. Bus. Rev. 62 (1984), 109, 110; *Macey*, 89 Cornell L. Rev. 394, 407 (2004).
[183] Dazu *Romano*, 57 U. Cin. L. Rev. 457, 462–465 (1988); *Roe*, in: Blair (Hrsg.), The Deal Decade, 1993, S. 321, 343–344; allg. zum hohen Einfluss der Anwaltschaft auf die gesellschaftsrechtliche Gesetzgebung in den USA *Awrey/Clarke/Griffith*, 35 Yale J. Reg. 1, 59–63 (2018).
[184] Mit Statistik sowie zu den Gründen *Romano*, 57 U. Cin. L. Rev. 457, 460 (1988); protektionistische Interessen sahen etwa *Gilson*, in: Hopt/Wymeersch (Hrsg.), European takeovers, 1992, S. 49; *Kaufman/Zacharias*, Bus. Hist. Rev. 66 (1992), 523, 571; *Roe* (Fn. 177), S. 321, 332–333, 339–340; *Hazen*, 23 Wake Forest L. Rev. 77, 108 (1988); a.A. *Romano*, 57 U. Cin. L. Rev. 457, 461–463 (1988).

ben ab. Dabei trat die SEC mit empirischen Studien hervor,[185] deren methodische Mängel[186] oft übersehen wurden.

Die Auseinandersetzung verstummte vorübergehend, als die US-Wirtschaft wieder an Kraft gewann, während das bis dato idealisierte Japan in eine Wirtschaftskrise geriet.

Die inhaltlichen Frontlinien in der US-Diskussion der 1980er Jahre waren stark vom damaligen Zeitgeist geprägt. Dessen ungeachtet lieferte diese Phase der Debatte wichtige Erträge: In der Ökonomie regte sie viele grundlegende Arbeiten der modernen *Short-termism*-Theorie an.[187] In der Rechtswissenschaft brachte sie erstens einen Schub für die Vergleichung unterschiedlicher Corporate-Governance-Systeme. Viele der dabei entwickelten Konzepte und Topoi wirken bis heute fort, etwa *Porters* Gegenüberstellung von *patient* und *fluid capital*[188] sowie die zeitliche Dimension in *Hofstedes* grundlegendem Kulturmodell, die unter dem Eindruck der *Short-termism*-Debatte der 1980er Jahre hinzugefügt wurde.[189] Zweitens beförderte sie die rechtswissenschaftliche Untersuchung von Übernahmen, wobei die Frontlinien und Argumente der *takeover controversy* die Diskussion weit über die USA hinaus geprägt haben und weiter prägen.

---

185 *Office of the Chief Economist*, Securities and Exchange Commission, The Impact of Targeted Share Repurchases (Greenmail) on Stock Prices, September 11, 1984, (S. 2–4, 15–17); *dass.*, Institutional ownership, tender offers, and longterm investments, April 19, 1985 (gegen die Short-termism-These zu institutionellen Investoren); *dass.*, The economics of any-or-all, partial, and two-tier tender offers: a study, 1985 (S. 26–27); *dass.*, Shark Repellents and Stock Prices: The Effects of Antitakeover Amendments Since 1980, July 24, 1985; *dass.*, The effects of poison pills on the wealth of target shareholders, October 23, 1986 (S. 4–5, 40–43); *dass.*, Shareholder wealth effects of Ohio legislation affecting takeovers, 1987.
186 *Scherer*, in: Corporate Takeovers (part 1), Hearings before the Subcommittee on Telecommunications, Consumer Protection and Finance of the Committee on Energy and Commerce, Ninety-Ninth Congress, First Session, February 27, March 12, April 23, and May 22, 1985, 1986, S. 403, 403–406; sehr stark gerafft *ders.*, J. Econ. Persp. 2 (1988), 69, 80.
187 *Narayanan*, J. Fin. 40 (1985), 1469 ff.; *ders.*, J. Fin. 42 (1987), 1103 f.; *Stein*, J. Pol. Econ. 96 (1988), 61 ff.; *ders.*, QJE 104 (1989) 655; *Shleifer/Vishny*, AEA Papers and Proceedings 80 (1990), S. 148 ff.; *Thakor*, J. L. Econ. & Org. 6 (1990), 129 ff.; *Bebchuk/Stole*, J. Fin. 48 (1993), 719 ff.; *Holden/Subrahmanyam*, Rev. Financ. Stud. 9 (1996), 691 ff.; rückblickend *Wahal/McConnell*, J. Corp. Fin. 6 (2000), 307, 308; systematisierend *Bohlin*, J. Bus. Fin. & Acc. 24 (1997), 197.
188 *Porter* (Fn. 29).
189 *Hofstede* (Fn. 100), S. 159 ff., noch mit der Bezeichnung „Confucian Dynamism"; näher *Hofstede/Minkov*, Asia Pacific Bus. Rev. 16 (2010), 493, 493 ff.

b) Jahrtausendwende

Die nächste Diskussionswelle lösten um die Jahrtausendwende einer Reihe spektakulärer Bilanzskandale aus (Enron, Worldcom), infolge derer in den USA eine Debatte über *Short-termism* als Regulierungs- und Steuerungsfehler entbrannte. Übermäßige Kurzfristigkeit erschien hier als Folge unzureichender Kontrollen durch Wirtschaftsprüfer und Wertpapieranalysten[190] sowie fehlgeleiteter Anreize, die (Unternehmens-)Manager[191] und Intermediäre[192] kurzfristige egoistische Interessen zum Nachteil der Investoren verfolgen ließen, bis hin zu kriminellem Verhalten.[193] In diesem Zusammenhang gerieten Corporate-Governance-Missstände durch aktienbasierte Instrumente der Managervergütung und Analystenerwartungen[194] als *Short-termism*-Treiber ins Visier. Damit verband sich grundsätzliche *Short-termism*-Kritik an der Effizienzmarkthypothese,[195] dem Markt für Unternehmenskontrolle[196] sowie an der Shareholder-Value-Maxime, bei der die einen eher Defizite der praktischen Umsetzung sahen, während andere schon das theoretische Konzept angriffen.[197] Zudem erweiterten einige Stimmen die *Short-ter-*

---

[190] Zu den Rechtstatsachen in Bezug auf die Unternehmensberichterstattung *United States Government Accountability Office* (GAO), Financial Statement Restatements, October 2002, S. 4f.; dass., Financial Restatements, July 2006, S. 4.
[191] Die Ursachen dieser *executive compensation explanation* waren strittig, siehe *Bratton*, 76 Tul. L. Rev. 1275, 1327–1328 (2002); *Healy/Palepu*, J. Econ. Persp. 17 (2003), 3, 13–14; *Coffee*, 89 Cornell L. Rev. 269, 297–298, 308 (2004); *Bebchuk/Fried*, Pay without performance, 2004, S. 183–184 (im Rahmen ihrer managerial power hypothesis); knapp *Bebchuk/Fried/Walker*, 69 U. Chi. L. Rev. 751, 829–830 (2002); *Bolton/Scheinkman/Xiong*, 30 J. Corp. L. 721 (2005) (optimal contracting kurzfristiger Aktionäre).
[192] Dazu *Coffee*, 89 Cornell L. Rev. 269, 298–300, 308–309 (2004); *Macey*, 89 Cornell L. Rev. 394, 407–410 (2004); *Healy/Palepu*, J. Econ. Persp. 17 (2003), 3, 18–19; auch zu weiteren Agency-Problemen und verhaltensökonomischen Effekten, die Analystenprognosen beeinflussen könnten, *Langenvoort*, 97 Nw. U. L. Rev. 135, 149–152 (2002).
[193] *Coates, IV*, J. Econ. Persp. 21 (2007), 91, 101.
[194] Siehe o.A., H.R. 3763 – The Corporate and Auditing Accountability, Responsibility and Transparency Act of 2002, Hearings before the Committee on Financial Services, U. S. House of Representatives, One Hundred Seventh Congress, Second Session, March 13, 20; April 9, 2002, S. 67–68.
[195] Eingehend *Langenvoort*, 97 Nw. U. L. Rev. 135 (2002); *Gordon*, 69 U. Chi. L. Rev. 1233, 1235–1236 (2002); *Strine, Jr.*, 57 Bus. Law. 1371, 1400 (2002); *Gevurtz*, 30 William Mitchell L. Rev. 1261, 1270 (2004); *Stout*, 60 Bus. Law. 1435, 1436, 1439–1444 (2005).
[196] Befürworter: *Gordon*, 19 Cardozo L. Rev. 511 (1997); *Gilson*, 26 Del. J. Corp. L. 491 (2001); *Bebchuk/Ferrell*, 87 Va. L. Rev. 111 (2001); *Bebchuk*, 152 U. Penn. L. Rev. 713 (2003); Gegner: *Lipton/Rowe*, 27 Del. J. Corp. L. 1 (2002); *Lipton*, 69 U. Chi. L. Rev. 1037 (2002).
[197] Für ersteres *Bratton*, 76 Tul. L. Rev. 1275 (2002); weitergehend *Blair/Stout*, 85 Va. L. Rev. 247, 253–254 (1999); radikal *Mitchell*, 48 Vill. L. Rev. 1189 (2003); *Mitchell*, Corporate irresponsibility, 2001.

mism-Diskussion erstmals um Aspekte sozial verantwortlichen Unternehmertums.[198]

Gegenmaßnahmen konnten sich zu dieser Zeit kaum durchsetzen: Der Sarbanes-Oxley Act bekämpfte mit betrügerischen Bilanzen eher ein mutmaßliches Symptom kurzfristigen Handelns als dessen Ursache. Eine Initiative der SEC, Aktionären mit wesentlicher Beteiligung und zweijähriger Haltedauer eine Nominierung von Board-Kandidaten zu erleichtern (*proxy access*)[199] scheiterte, auch weil man die vergangene Haltedauer für ungeeignet befand, um künftige Anreize zu kurzfristigem Verhalten auszuschließen. Die Managementvergütung wurde vor dem Kongress wenig zusammenhängend als Ursache von *Short-termism* diskutiert.[200] Maßnahmen unterblieben, zumal die Problemfelder wissenschaftlich sehr umstritten waren – und es bis heute sind.

c) Finanzkrise 2007/2008

Im Zuge und nach der Finanzkrise spielte *Short-termism* zunächst in Anhörungen vor Senat und Repräsentantenhaus im Vorfeld des Dodd-Frank Act eine herausgehobene Rolle.[201] Dies geschah – erneut – vor allem mit Blick auf kurzfristige Anreize aus leistungsabhängiger Vergütung sowie kurzfristige Aktieninvestoren.[202] In den Anhörungen zum Dodd-Frank Act selbst tauchte der Aspekt hingegen eher selten auf. Dafür wurde ein gesondertes Hearing zu *Short-termism* auf dem Finanzmarkt abgehalten, in dem diametrale Ansichten zu den Ursachen zutage traten.[203]

---

198 Dazu *Duruigbo*, 100 Ky. L. J. 531, 540 (2012).
199 Securities and Exchange Commission (SEC), Security Holder Director Nominations, proposed Oct. 23, 2003, 68 Fed. Reg. 60784, reprinted in [2003–2004 Transfer Binder] Fed. Sec. L. Rep. (CCH) ¶ 87101 (Oct. 23, 2003).
200 *Bueren* (Fn. 25), S. 144 ff. m.w.N.
201 Siehe beispielhaft o. A., Enhancing Investor Protection and the Regulation of Securities Markets: Hearing before the Committee on Banking, Housing, and Urban Affairs, United States Senate, One Hundred Eleventh Congress, First Session, on examining what went wrong in the securities markets, how we can prevent the practices that led to our financial system problems, and how to protect investors, March 10, 2009; o. A., Compensation structure and systemic risk: Hearing before the Committee of Financial Services, U. S. House of Representatives, One Hundred Eleventh Congress, First Session, June 11, 2009.
202 *Bueren* (Fn. 25), S. 741–742 m.w.N.
203 O.A., Short-termism in Financial Markets, Hearing before the Subcommittee on Economic Policy of the Committee on Banking, Housing and Urban Affairs, United States Senate, One Hundred Eleventh Congress, Second Session, April 29, 2010.

Wissenschaftlich hat sich *Short-termism* in den USA seit der Finanzkrise stärker als eigenständiges Hauptthema etabliert. Dabei wird *Short-termism* verschiedentlich breiter verstanden und erörtert, unter Einbeziehung von Umwelt- und Sozialbelangen sowie komplexer Fragen der Finanzmarktregulierung.[204] Zentrale Debattenstränge führen aber im Kern den aus der *takeover controversy* altbekannten Streit um das richtige Maß von Einflussrechten der Aktionäre (*shareholder primacy*) gegenüber dem Board (*director primacy*) fort. Dabei reichen die hochumstrittenen Standpunkte von Ansichten, die eine rechtspolitische Relevanz von *Short-termism* vollständig verneinen,[205] bis zu Stimmen, die eine Vielzahl teils tiefgreifender Reformvorschläge unterbreiten,[206] deren Erfolgsaussichten aber meist gering erscheinen. Meinungsstarke Richter aus Delaware reihen sich in die zweite Gruppe ein,[207] mehrere Professoren der Harvard Law School in die erste.[208] Sie stehen in bemerkenswertem Kontrast zu ihren Kollegen an der Harvard Business School, die mit dem Harvard Business Review, wenngleich weniger ausgeprägt als in den 1980er Jahren, ein zentrales Publikationsorgan für *Short-termism*-Sorgen und Reformvorschläge stellt.[209]

Durchgesetzt hat sich in der Praxis nach einigen rechtlichen Volten, die ein Lehrstück über die konkurrierenden bundes- und einzelstaatlichen Kräfte in der US-amerikanischen Corporate Governance bieten,[210] der zuvor nicht erfolgreiche Ansatz, Aktionären mit substantieller mehrjähriger Beteiligung Zugang zu den Stimmrechtsunterlagen der Gesellschaft zu geben, um kostengünstig eigene Board-Kandidaten aufzustellen (*proxy access*).[211] Andere Initiativen, etwa eine Verschärfung der Beteiligungstransparenz,[212] waren nicht erfolgreich.

---

204 Etwa *Dallas*, 37 J. Corp. L. 265 (2012).
205 *Bebchuk*, 113 Colum. L. Rev. 1637 (2013); *Roe*, 68 Bus. Law. 977 (2013); im Überblick *Bebchuk/Weisbach*, Rev. Financ. Stud. 23 (2010), 939, 943.
206 *Dallas*, 37 J. Corp. L. 265 (2012); *Stout*, The Shareholder Value Myth, 2012; *Duruigbo*, 100 Ky. L. J. 531 (2012); *ders.*, 33 Cardozo L. Rev. 1733 (2012); *Anabtawi/Stout*, 60 Stan. L. Rev. 1255 (2008); *Mitchell*, 66 Wash. & Lee L. Rev. 1635 (2009).
207 *Strine, Jr.*, 66 Bus. Law. 1 (2010); *Jacobs*, 68 Wash. & Lee L. Rev. 1645 (2011).
208 *Roe*, 68 Bus. Law. 977 (2013); *Bebchuk*, 113 Colum. L. Rev. 1637 (2013).
209 *Barton*, Harv. Bus. Rev. 89 (2011), 85 ff.; *Samuelson/Preisser*, Harv. Bus. Rev. 84 (2006), 62 ff.
210 Siehe *Dearlove/Werrett*, 69 Bus. Law. 155 (2013); *Fisch*, 61 Emory L. J. 435 (2012).
211 *Securities and Exchange Commission* (SEC), Facilitating Shareholder Director Nominations, September 16, 2010, 75 Fed. Reg. 56668; konziser Überblick über die Kernelemente bei *Sharfman*, 37 J. Corp. L. 387, 394–395 (2011); teilweise aufgehoben durch *Business Roundtable v. SEC*, 647 F.3d 1144, 1151–1152 (D. C. Cir. 2011).
212 *Wachtell, Lipton, Rosen & Katz*, Petition for Rulemaking Under Section 13 of the Securities Exchange Act of 1934, 07.03.2011, abrufbar unter <http://www.sec.gov/rules/petitions/2011/petn4-624.pdf>.

Die Dynamik zu Änderungen in der Praxis dauert in verschiedener Hinsicht an, wobei beide Meinungspole gewisse Teilerfolge verbuchen: die Gegner von *Short-termism*-Thesen eine weitgehende Zurückdrängung von *staggered boards* in großen Unternehmen,[213] die Anhänger eine Verbreitung des Stewardship-Gedankens[214] sowie von Mehrstimmrechten. Letztere erfreuen sich insbesondere unter jungen Technologieunternehmen großer Beliebtheit und haben sich auch gegen zeitweilig entschiedenen Widerstand institutioneller Investoren (vorübergehender Versuch einer „corporate governance by index exclusion"[215]) in der Praxis behauptet.[216]

2. Großbritannien

a) 1930er bis 1970er Jahre

Die Auseinandersetzung in Großbritannien weist gewisse Gemeinsamkeiten mit derjenigen in den USA auf, aber auch wichtige Eigenheiten: Sie begann früher, verlief kontinuierlicher und stand im Zeichen von Abstiegssorgen sowie eines Konfliktes zwischen Londoner *City* und peripherer *industry*. Bereits Anfang der 1930er Jahre diskutierte das *Macmillan Committee* eine kurzfristige Orientierung des britischen Systems der Unternehmensfinanzierung zum Nachteil kleiner und mittlerer Unternehmen, während es in Deutschland die Beziehungen zwischen Banken und Industrie von hilfreichem langfristigem Engagement geprägt sah.[217]

---

213 *Gallagher/Grundfest*, Did Harvard Violate Federal Securities Law? The Campaign Against Classified Boards of Directors, 2014.
214 Siehe *International Business Council of the World Economic Forum*, abrufbar unter <https://web.archive.org/web/20161213023702/http://www.amgovcollege.org/uploads/7/8/4/7/78472964/international-business-council-of-the-world-economic-forum-the-new-paradigm.pdf>; *Armour/Barra/Breen/ Buffett/Dimon/Erdoes/Fink/Gorsky/Hewson/Machin/McAdam/McNabb/Moynihan/O'Hanley/Quincey/ Rometty/Rogers/Scharf/Stephensen/Taylor/Ubben/Weisler/Whitmarsh*, abrufbar unter <https://www.governanceprinciples.org/>; *Investor Stewardship Group*, abrufbar unter <https://www.isgframework.org/corporate-governance-principles/>; *dies.*, abrufbar unter <https://www.isgframework.org/stewardship-principles/>; dazu *Wilcox*, abrufbar unter <https://corpgov.law.harvard.edu/2017/03/30/the-investor-stewardship-group-an-inflection-point-in-u-s-corporate-governance/>; *Lipton*, abrufbar unter <https://corpgov.law.harvard.edu/2017/02/01/promoting-long-term-value-creation-the-launch-of-the-investor-stewardship-group-isg-and-isgs-framework-for-u-s-stewardship-and-governance/>.
215 *Hirst/Kastiel*, 99 B.U. L. Rev. 1229 (2019).
216 *Bueren/Crowder*, RabelsZ 88 (2024), 87, 91 f., 110 f.
217 *Committee on Finance and Industry* (*Macmillan Committee*), Report, June 1931, S. 162–165, Rn. 378–381, 384; dazu *Frost*, Oxf. Econ. Pap. 6 (1954), 181.

Das Komitee wollte dies durch eine Mittelstands-Finanzierungsgesellschaft ausgleichen,[218] die aber nur verzögert vorwiegend privat verwirklicht wurde.[219]

Die Diskussion um kurzsichtiges Handeln auf dem Aktien- und Kapitalmarkt entwickelte sich sodann daraus, dass die heimische Industrie ihre internationale Führungsrolle ab der Wende vom 19. zum 20. Jahrhundert schrittweise einbüßte[220] und ab ca. 1970 hinter Deutschland und Japan zurückfiel.[221] Dies nährte große Sorgen vor einem nationalen Abstieg (*declinism*[222]), den man insbesondere auf eine zu kurzfristige heimische Corporate Governance schob. Zugleich stiegen hierdurch Spannungen zwischen der Londoner Finanzwirtschaft („City") und der peripheren Industrie.

In der Folgezeit verschob sich der Schwerpunkt der Debatte von unzureichender langfristiger Finanzierung hin zu einem Vorwurf kurzfristigen Denkens der Kapitalgeber, wobei beide Aspekte weniger eng verwoben waren als heute. Zudem spielte mangelnde Risikobereitschaft eine Rolle. In diesem Sinne stritten Ende der 1970er Jahre anlässlich des umfassenden *Wilson Review*[223] die Gewerkschaften auf der einen und Vertreter der *City*, aber auch der Großindustrie auf der anderen Seite.[224] Bereits damals wurden Forderungen nach mehr langfristigem Engagement institutioneller Investoren laut, zu denen sich das zerstrittene *Wilson* Komitee aber nicht klar positionierte.

Einiges spricht dafür, dass von 1971 bis 1983 in Großbritannien schlicht relativ schwierige wirtschaftliche Bedingungen die Innen- und Außenfinanzierung von

---

218 *Committee on Finance and Industry* (*Macmillan Committee*) (Fn. 210), S. 174 Rn. 404; dazu *Stamp* Ec. J. 41 (1931), 424, 430 f.; *Frost*, Oxf. Econ. Pap. 6 (1954), 181 f.
219 Näher Baron Piercy of Burford, J. R. Statist. Soc. A 118 (1955), 1, 2–3.
220 *Busch*, in: Kastendiek/Sturm (Hrsg.), Länderbericht Großbritannien. Geschichte, Politik, Wirtschaft, Gesellschaft, 2006, S. 410, 411.
221 *Patel/Pavitt*, Natl. Inst. Econ. Rev. 122 (1987), 72 ff.; *Pavitt/Patel*, Oxf. Rev. Econ. Policy 4 (1988), 35, 40 ff.; *Sharp/Walker*, Political Quarterly 62 (1991), 318, 324–327; *O'Mahony*, Natl. Inst. Econ. Rev. 139 (1992), 46 ff.; *Prentice*, in: ders. (Hrsg.), Contemporary issues in corporate governance, 1993, S. 25, 31; *Demirag*, Eur. J. Fin. 1 (1995), 41 m. w. N.; *Eltis*, Ec. J. 106 (1996), 184, 184–193; *Singh*, Camb. J. Econ. 13 (1989), 103, 108 ff.; *Gamble/Kelly*, in: Parkinson/Gamble/Kelly (Hrsg.), The political economy of the company, 2000, S. 21, 43.
222 Zu den Entwicklungslinien dieser Diskussion *Tomlinson*, Econ. Hist. Rev. 49 (1996), 731 ff.
223 Abschlussbericht: *Wilson Committee*, Report, 1980.
224 *Wilson Committee*, Progress Report on the Financing of Industry and Trade, 1977, S. 10–11 Rn. 32–34; *Wilson Committee*, Report, 1980, S. 140 ff. Rn. 485 ff.; *TUC*, The Role of the Financial Institutions, 1979, S. 19–21, insb. Rn. 38; *City Capital Markets Committee*, Evidence to the Wilson Committee on the supply of funds to industry and trade, 1977, S. 14–15, 28–30.

Unternehmen erschwerten. Zudem ist sehr zweifelhaft, dass die Wirtschaft wirklich eine grundlegende Änderung des Corporate-Governance-Systems wünschte.[225]

b) 1980er und 1990er Jahre

In den 1980er Jahren erhielt die britische *Short-termism*-Diskussion starken Auftrieb durch die Deindustrialisierung, den Aufstieg der Finanzwirtschaft unter *Thatcher* (sog. Big Bang)[226], die unter anderem dadurch weiter befeuerte *Declinism*-Debatte, immer größere Übernahmewellen[227] sowie durch die Rezeption US-amerikanischer Beiträge.[228] Vor allem ab 1987 zeugten hiervon zunächst zahlreiche, teils bis heute einflussreiche Publikationen von Interessenverbänden,[229] parallel und anschließend ökonomische Beiträge,[230] sowie zuletzt rechtswissenschaftliche Monographien und Sammelbände, die an eine Pionierarbeit von *Parkinson* anschlossen.[231]

Inhaltlich drehte sich die britische Debatte der 1980 Jahre vor allem um die Effizienz des Kapitalmarktes. Diskutiert wurden erstens kurzfristige Einflüsse durch Übernahmen, die man als nützliches, aber kostspieliges Kontrollinstrument durch eine stärkere unternehmensinterne Governance entbehrlich zu machen suchte, vor allem durch nicht-geschäftsführende Direktoren.[232] Zweitens erörterte man kontrovers *Short-termism* institutioneller Investoren samt möglicher Gegen-

---

225 *Lomax*, in: Dimsdale/Prevezer (Hrsg.), Capital markets and corporate governance, 1994, S. 161, 173, 176–178.
226 Zu dieser Verschiebung *Sharp/Walker*, Political Quarterly 62 (1991), 318, 318–320.
227 *Cosh/Hughes/Lee u. a.*, Int. J. Ind. Org. 7 (1989), 73, 75; *Franks/Mayer*, Econ. Policy 5 (1990), 189, 195–196; *Cosh/Hughes/Singh*, in: Cosh/Hughes/Singh/Carty/Plender (Hrsg.), Takeovers and short-termism in the UK, 1990, S. 8, 10.
228 Siehe exemplarisch *Marsh*, Short-termism on Trial, 1990, S. 1.
229 Siehe *Marsh*, Short-termism on Trial, 1990; *CBI City/Industry Task Force*, Investing for Britain's future, 1987; für die Gegenseite etwa *Cosh/Hughes/Singh u. a.*, Takeovers and short-termism in the UK, 1990; ausgewogen National Association of Pensions Funds (NAPF) (Hrsg.), Creative tension?, 1990.
230 Näher *Bueren* (Fn. 25), S. 196 ff.
231 Grundlegend *Parkinson* (Fn. 117); nachfolgend etwa *Prentice* (Hrsg.), Contemporary issues in corporate governance, 1993; *Dimsdale/Prevezer* (Hrsg.), Capital markets and corporate governance, 1994; *Stapledon*, Institutional Shareholder and Corporate Governance, 1996.
232 *Dimsdale*, in: Dimsdale/Prevezer (Hrsg.), Capital markets and corporate governance, 1994, S. 13, 28–30; allg. *Sykes*, in: Dimsdale/Prevezer (Hrsg.), Capital markets and corporate governance, 1994, S. 111, 113; *Franks/Harris*, in: Fairburn/Kay (Hrsg.), Mergers and merger policy, 1989, S. 148, 170–171.

maßnahmen.[233] Drittens stritt man um die Unternehmenszielbestimmung zwischen Shareholder- und Stakeholder-Theorie.[234]

Einflussreiche Stimmen, darunter *Cadbury*, meinten aber, dass institutionelle Investoren als große Anteilseigner ohnehin Anreize hätten, sich langfristig zu engagieren.[235] Die überwiegende Ansicht, vor allem aus Finanzwirtschaft und Verbänden der Großindustrie, erachtete daher nur Maßnahmen zur Verbesserung der Investorenkommunikation und der Qualität des Board für geboten. Tiefergreifende Kritik aus dem linken politischen Denkspektrum[236] konnte sich nicht durchsetzen. Daneben gab es frühzeitig Stimmen, die Probleme durch kurzfristige Anlagestrategien vorbrachten und auf Brüche zu Grundannahmen des Companies Act hinwiesen.[237]

In vielen Aspekten der britischen Corporate-Governance-Debatte um *Short-termism* blickte man auf Deutschland und Japan. Dort waren feindliche Übernahmen (noch) unbekannt, Unternehmen eng mit Banken verbunden und die Wirtschaft florierte zunächst. An den Auflagen des führenden, rechtstatsächlich gut fundierten Buches von *Charkham*[238] lässt sich ablesen, wie stark die vergleichende Bewertung der Systeme den Zeitgeist der *Short-termism*-Debatte atmete und sich mit ihm und dem relativen Erfolg der Volkswirtschaften veränderte.

Ab 1985 erfasste die Kontroverse zunehmend Exekutive und Legislative. Während die Labour-Opposition sowie das Ober- und Unterhaus für Regulierung und Industriepolitik warben,[239] bevorzugte die bis 1997 konservative Regierung eine privatautonome Reaktion.[240] Dieser Handlungsdruck traf sich mit einer allgemei-

---

233 *Dimsdale* (Fn. 224), S. 13, 27–32; *Charkham* (Fn. 29), S. 330–331, 335–336; *Davies*, in: Prentice (Hrsg.), Contemporary issues in corporate governance, 1993, S. 69; *Prentice* (Fn. 213), S. 25, 29–30; *Davies*, 57 Brook. L. Rev. 129, 135–136 (1991); eingehend *Charkham/Simpson*, Fair shares, 1999.
234 *Gamble/Kelly*, in: Parkinson/Gamble/Kelly (Hrsg.), The political economy of the company, 2000, S. 21, 42 ff.
235 *Cadbury*, in: NAPF (Hrsg.), Creative tension?, 1990, S. 27, 28–29; *Ball*, National Westminster Bank Quarterly Review 8 (1991), 20 ff.; *Holland*, Corporate Governance 6 (1998), 249, 261; im Ergebnis auch *King*, in: Fairburn/Kay (Hrsg.), Mergers and merger policy, 1989, S. 99, 115 Fn. 6; vorsichtig *Prentice* (Fn. 213), S. 25, 32–33.
236 *Trade Union Congress* (*TUC*), (Fn. 21); *Labour Party*, Making the City Safe, March 1987.
237 *Charkham*, in: NAPF (Hrsg.), Creative tension?, 1990, S. 34, 35–36.
238 *Charkham* (Fn. 29); deutliche Verschiebungen später in *Charkham/Ploix*, Keeping better company, 2. Aufl. 2005.
239 *Trade and Industry Committee* (Fn. 92), S. 80–81, 112–114; *Kinnock*, in: Commons Sitting of Wednesday 12 November 1986, House of Commons Hansard, Sixth Series, Volume 105, cc 1–104, Column 15, abrufbar unter <https://hansard.parliament.uk/commons/1986-11-12/debates/9427e033-23e1-4bef-921d-b5ba17aebada/CommonsChamber>.
240 *United Kingdom Government*, Civil Research and Development, Juli 1987, S. 6 Rn. 25; *Department of Trade and Industry* (*DTI*), Innovation in Manufacturing Industry, June 1991, S. 3, 8.

nen juristischen, skandalgetriebenen Debatte um gute Corporate Governance. Sie mündete ab 1992 in eine dichte Abfolge von Corporate-Governance-Berichten und Kodizes, beginnend mit den Beratungen zum grundlegenden Cadbury Report[241], deren Komitees sich unterschiedlich zu *Short-termism* verhielten. Sie gewichteten das Problem aber jedenfalls geringer als Agency-Konflikte zwischen Aktionären und Management und erachteten weiterhin eine bessere Kommunikation zwischen den beteiligten Akteuren für ausreichend.[242]

c) Jahrtausendwende

Im Zuge des Company Law Review schlugen sich die Inhalte der *Short-termism*-Debatte schließlich im Gesetz nieder. Insbesondere in der Variante der *Breach-of-trust*-Hypothese trugen sie mitentscheidend dazu bei, das Unternehmensziel des *Enlightened-Shareholder-Value*-Ansatzes in sec. 172 Companies Act 2006 zu kodifizieren.[243] Der als „other side of the bargain" hierzu konzipierte Operating and Financial Review (OFR), der die langfristige Orientierung ebenso wie Stakeholder-Belange durch Transparenz absichern sollte, wurde allerdings umgehend wieder abgeschafft.[244]

d) Finanzkrise 2007/2008

Im Vereinigten Königreich wurde die *Short-termism*-Debatte seit dem Myners Report kontinuierlicher weitergeführt als in den USA und unmittelbar vor der Finanzkrise vor allem von Gewerkschaftsseite angetrieben.[245] Nach der Finanzkrise

---

[241] *Committee on the Financial Aspects of Corporate Governance (Cadbury Committee)*, The Financial Aspects of Corporate Governance, 1996; *Study Group on Directors' Remuneration/Greenbury*, Directors' Remuneration, 1995; *Committee on Corporate Governance (Hampel Committee)*, Final Report, January 1998; *Myners*, Institutional Investment in the United Kingdom: A Review, 06.03.2001; *Higgs*, Review of the role and effectiveness of non-executive directors, January 2003.
[242] Im Einzelnen *Bueren* (Fn. 25), S. 240 ff.
[243] Siehe den Vorschlag der *Company Law Review Steering Group*, Modern Company Law For a Competitive Economy, February 1999, S. 36 ff.; weitgehend übernehmend *Secretary of Trade and Industry*, White Paper 1 Vol. 1, July 2002, S. 26–28 Rn. 3.4–3.14, i. V. m. S. 107 Rn. 304, mit Ausnahme des Vorschlags, bestimmte Pflichten gegenüber Gläubigern im Vorfeld einer Insolvenz zu regeln.
[244] *Williams/Conley*, 31 Wm. & Mary Envtl. L. & Pol'y Rev. 317, 335–348 (2007); *Johnston*, EBOR 7 (2006), 817, 818, 831–832, 841–842.
[245] *TUC*, Investment Chains, 21.12.2005.

ging sie mit dem Walker Review[246] und dem radikal auftretenden Kay Report[247] in zwei vielbeachtete Untersuchungen ein. Beide widmeten sich insbesondere der Rolle institutioneller Investoren in der Corporate Governance und wollten diese zum Wohle der Endanleger zu mehr langfristigem Engagement bewegen. Mit der Einführung des UK Stewardship Code im Jahr 2010[248] gelang es, diese Zielsetzung griffig und zeitgemäß neu zu verkörpern. Das Ergebnis hat sich trotz harscher Kritik und einer als gering eingeschätzten Wirksamkeit im Mutterland rasch als Exportschlager erwiesen und einen Siegeszug auf mehreren Kontinenten angetreten. Vor allem in Asien und der EU, zunehmend aber auch in den USA, hat das Konzept enormen Anklang gefunden, teils mit innovativen Modifikationen.[249] Zunehmend sollen auf diesem Wege zudem Nachhaltigkeitsbelange gefördert werden. Weitergehende Vorschläge des Kay Report zur Umgestaltung von Treuepflichten (*fiduciary duty*) in der Investitionskette scheiterten am entschiedenen Widerspruch der Law Commission.[250] Viele andere, oft sehr zurückhaltende Maßnahmen wurden umgesetzt.

Bei näherem Hinsehen blieben diese Maßnahmen der herkömmlichen britischen *Short-termism*-Diskussion verhaftet und weitgehend deren Instrumenten treu. Vor diesem Hintergrund unterbreiteten Initiativen etwa des House of Commons,[251] der Labour Party,[252] des Chefvolkswirtes der Bank of England[253] sowie einer übergreifenden Initiative aus Wirtschaft und Wissenschaft[254] Anregungen für weitere Schritte. Diese haben sich 2017 im UK Corporate Governance Code niedergeschlagen. Er betont seitdem die Bedeutung eines *purpose* der Gesellschaft, rückt stärker das Ziel in den Vordergrund, eine langfristige Unternehmenskultur zu fördern, verlangt vom Board einen jährlichen Bericht, wie den in Sec. 172 Companies Act genannten Interessen Rechnung getragen worden ist und nennt drei Alternativen zur institutionellen Verankerung von Engagement mit der Arbeitneh-

---

246 *Walker*, Walker Review, Final Recommendations, 26.11.2009.
247 *Kay*, Kay Review Final Report, July 2012.
248 *Financial Reporting Council* (FRC), The UK Stewardship Code, July 2010.
249 *Hirt* (Fn. 41); *Chiu*, ZVglRWiss 2015, 121 ff.; *Hill*, 41 Seattle U. L. Rev. 496 (2018).
250 *Law Commission*, Fiduciary duties of investment intermediaries, 2014, S. 207 Rn. 11.6; zur harschen Kritik der Law Commission *Davies/Worthington/Hare/Micheler*, Gower principles of modern company law, 2021, S. 440 f. Rn. 12–016.
251 *House of Commons Business, Energy and Industrial Strategy Committee*, Corporate governance, 30.03.2017, S. 3, 11–14, 27, 39–41.
252 *Cox*, Overcoming Short-termism within British Business, February 2013; *Williamson/Driver/Kenway*, Beyond Shareholder Value, July 2014.
253 *Haldane/Davies*, The Short Long, 2011; *Haldane*, Patience and Finance, 02.09.2010.
254 *The Purposeful Company Task Force & Steering Group*, Interim Report, May 2016; *Chapman/Edmans/Gosling u.a.*, The Purposeful Company, Policy Report, February 2017.

merschaft. Die Managervergütung bleibt ein fortwährendes Streitthema.[255] Der UK Corporate Governance Code verlangt eine Ausrichtung an langfristigen Aktionärsinteressen,[256] wobei der empfohlene Zeitrahmen 2017 von drei auf fünf Jahre erhöht wurde. Mit der Umsetzung der nicht-finanziellen Berichterstattung der CSR-RL wurden zudem in gewisser Weise Elemente des OFR doch noch in anderem Gewand eingeführt.[257] Hinzu tritt eine Umgestaltung des Stewardship Code: Eine erste Revision 2012 versuchte, die Anforderungen stärker auszuformen, konnte aber nicht verhindern, dass der Kodex mit seinem bisherigen Ansatz weitgehend als gescheitert gilt.[258] Auch ein sog. Tiering der Unterzeichner durch den FRC ab 2016 half nicht. Es wurde im Zuge der Reform 2020 wieder aufgegeben,[259] die grundlegende Änderungen gebracht hat: Insbesondere gilt statt „comply or explain" nun wie für den UK Corporate Governance Code „apply or explain", Berichtspflichten sind deutlich ausgeweitet sowie stärker auf Ergebnisse von Engagement ausgerichtet worden. Außerdem sollen die erweiterten Adressaten des Kodex nun auch darüber berichten, wie sie systemische Risiken sowie ESG-Faktoren einbeziehen, womit sich das Verständnis von Stewardship geändert hat.[260] Den Ertrag dieser Neuerungen wird die im Februar 2024 begonnene Überprüfung[261] zeigen.

3. Deutschland

a) Weimarer Republik, Nationalsozialismus

Deutschland erlebte eine erste große aktienrechtliche Diskussionswelle um kurzfristige Orientierung in der Weimarer Republik. Sie ereignete sich vor dem Hintergrund einer wirtschaftlichen Achterbahnfahrt mit spekulativem Gründerboom, Gründerkrach und zwischenzeitlichen Besserungen, die als Trugbilder zwischen

---

255 *Davies/Worthington/Hare/Micheler* (Fn. 242), Rn. 11–13.
256 *Financial Reporting Council* (*FRC*), UK Corporate Governance Code, January 2024, Section 5 Rn. 36.
257 Vgl. *Davies/Worthington/Hare/Micheler* (Fn. 242), Rn. 22–024 iVm 10–028.
258 *Davies*, FS Hopt, 2020, S. 131, 134 ff.; *Financial Reporting Council* (*FRC*), Independent Review of the Financial Reporting Council (Kingman Review), 2018, S. 8, 45–46.
259 *Simmons & Simmons*, abrufbar unter <https://www.simmons-simmons.com/en/publications/ck2m5eymbwcry0b71b2g972ze/stewardship-sustainability-the-revised-uk-stewardship-code>.
260 Instruktiv *Davies* (Fn. 250), 143 ff., mit pointiertem Untertitel: „From Saving the Company to Saving the Planet?".
261 *Moriarty*, Statement: FRC policy update - launch of the UK Stewardship Code 2020 review, abrufbar unter <https://www.frc.org.uk/news-and-events/news/2024/02/statement-frc-policy-update-launch-of-the-uk-stewardship-code-2020-review/>.

(Hyper-)Inflation und Weltwirtschaftskrise erschienen.[262] Ein Leitmotiv bildete die Sorge vor einer „Überfremdung" deutscher Aktiengesellschaften, vor allem durch ausländisches Kapital, aber auch durch unerwünschte inländische Erwerber.[263] Mit beiden verband man einen negativen Einfluss kurzfristiger spekulativer Anleger („Nomadenaktionäre").[264] Dabei kamen nationalistisch-revisionistisches Gedankengut und wirtschaftliche Erfahrungen zusammen, durch die dem börsenmäßigen Aktienhandel der Hautgout kurzfristiger Spekulation anhaftete.

Vor diesem Hintergrund unterschied man zunehmend, *de lege lata* wie *de lege ferenda*, zwischen „guten" langfristig orientierten und „schlechten" kurzfristigen und/oder ausländischen Aktionären, wobei die letztgenannten Merkmale oft verbunden wurden. In *Walter Rathenaus* Schrift „Vom Aktienwesen" von 1917 spielte dieser Gedanke eine zentrale Rolle.[265] Anschließend nahmen ihn Industrie und Rechtswissenschaft auf.[266]

In der Folgezeit spitzte sich die Debatte vor allem auf Mehrstimmrechts-, Verwaltungs- und Schutzaktien zu. Diese Gestaltungen diskutierten kontrovers der 33.[267] und 34. Juristentag[268], eine anschließende Reformkommission,[269] das Schrifttum mit bis heute lesenswerten Überlegungen[270] sowie eine Enquetekommission beim vorläufigen Reichswirtschaftsrat.[271] In dem Reformentwurf von 1930

---

262 *Herbert,* Geschichte Deutschlands im 20. Jahrhundert, 2014, S. 266.
263 Dazu instruktiv *Zeißig,* Mitgliedschaft und Stimmrechtsmacht in der Aktiengesellschaft, 1996, S. 53–55.
264 *Müller-Erzbach,* Die Umgestaltung der Aktiengesellschaft zur Kerngesellschaft verantwortungsvoller Großaktionäre, 1929, S. 19; dazu *Zeißig* (Fn. 255), S. 55 ff.; zeitgenössischer Überblick bei *Ohlendorf,* Das Stimmrecht der Aktiengesellschaft nach lebendem Recht und der Schutz des Unternehmens, 1931, S. 80 ff.
265 *Rathenau* (Fn. 62).
266 Siehe etwa *Hueck,* Vorzugsaktien mit mehrfachem Stimmrecht, 1922, S. 26 f.; in der Sache auch *Geiler,* Beiträge zum modernen Recht, 1933, S. 119, 124, 127–128.
267 *Flechtheim,* Verhandlungen 33. DJT, 1925, S. 386, 386–388, 394 und *Hachenburg,* Verhandlungen 33. DJT, 1925, S. 407, 408.
268 *Solmssen,* Verhandlungen 34. DJT – Stenographischer Bericht, 1927, S. 678, 718, ders., Probleme des Aktienrechts, 2. Aufl. 1928, S. 54, 64, 115–120 versus *Pinner,* Verhandlungen 34. DJT – Stenographischer Bericht, 1927, S. 615, 658 f., vermittelnd *Lehmann,* Verhandlungen 34. DJT – Gutachten, 1926, S. 258, 260 ff. und *Heymann,* Verhandlungen 34. DJT – Stenographischer Bericht, 1927, S. 742 ff.
269 *Hachenburg/Heinitz/Durig/Flechtheim/Geiler/Giesele/Goldschmidt/Heymann/Nußbaum/Pinner/Rießer/Ring/Schmalenbach/Solmssen/Simon/Wolff,* in: Schubert (Hrsg.), Quellen zur Aktienrechtsreform der Weimarer Republik (1926–1931), 1999, S. 161.
270 Insbesondere *Müller-Erzbach* (Fn. 256).
271 *Ausschuss zur Untersuchung der Erzeugungs- und Absatzbedingungen der deutschen Wirtschaft,* in: Schubert (Hrsg.), Quellen zur Aktienrechtsreform der Weimarer Republik (1926–1931), 1999, S. 741, 757–760 (9–12), 766–771 (18–23).

spielte die anerkannte negative Bewertung kurzfristiger und die positive Beurteilung langfristiger Einflüsse in der Corporate Governance indes kaum noch eine Rolle, nachdem eine Fragebogenaktion des Reichsjustizministeriums[272] mit Blick auf den Schutzbedarf für Dauerinteressen bei wichtigen Stellungnahmen auf keine oder gespaltene Resonanz gestoßen war.

In den nachfolgenden aktienrechtlichen Reformüberlegungen unter dem NS-Regime lebte die Absicht, die langfristige Orientierung von AG und Aktionären zu stärken, im Zusammenhang mit dem Ziel wieder auf, das anonyme Verhältnis zwischen Aktionären und Gesellschaft samt spekulativem Handel, eigennütziger Ausübung von Rechten und internationalen Einflüssen zu beseitigen.[273] Der Aktienausschuss der Akademie für deutsches Recht diskutierte hierzu Maßnahmen, insbesondere zeitabhängige Mehrstimmrechte[274], die ideologisch an sich unbelastete Überlegungen aus der Weimarer Zeit[275] aufgriffen. Diese wollten die Generalversammlung zu einem kleinen Gremium sachverständiger Aktionäre umgestalten[276] und deckten sich hierin mit späteren Forderungen des NS-nahen Schrifttums.[277]

Letztlich setzte sich das Unterfangen aber nur mit Blick auf die (Wieder-)Erhöhung des Aktienmindestbetrags und des Mindestkapitals durch. Hingegen lehnte der Gesetzgeber des Aktiengesetzes von 1937 eine Unterscheidung nach dem Anlagehorizont dezidiert ab. Das entsprach dem Diskussionsstand nach einer Rede *Hjalmar Schachts*.[278]

Der Fortgang der Weimarer Diskussion nach 1930 verdeutlicht brennglasartig die Gefahr einer ideologischen Aufladung und Indienstnahme von Bestrebungen zur Abwehr kurzfristigen Denkens. Im konkreten Fall ergaben sie sich daraus, dass ein stabiles, stärker personalisiertes Aktionariat leichter staatlich zu kontrollieren und zu beeinflussen ist.

---

272 *Reichsjustizministerium*, in: Schubert (Hrsg.), Quellen zur Aktienrechtsreform der Weimarer Republik (1926–1931), 1999, S. 209.
273 Zu diesem Ziel *Feder*, Das Programm der N.S.D.A.P. und seine weltanschaulichen Grundgedanken, 25. Aufl. 1930, S. 25, 31, 47; *P. Fischer*, Die Aktiengesellschaft in der nationalsozialistischen Wirtschaft, 1936, S. 53; *Bachmann*, Die Deutsche Volkswirtschaft 1934, S. 590, 591.
274 *Kißkalt*, in: Schubert (Hrsg.), Ausschuß für Aktienrecht, 1986, S. 474, 481 f., 497, 501.
275 Siehe *Heilbrunn*, Zur Reform des Aktienrechts, 1930, S. 17, 22; *von Falkenhausen* Bank-Archiv 33 (1933), S. 107, 109 ff.
276 *Müller-Erzbach* (Fn. 256).
277 Siehe etwa *von Heyl zu Herrnsheim*, Der deutsche Volkswirt 1934, 943, 944 f.; *C. Fischer*, Die Deutsche Volkswirtschaft 1934, 1004; *ders.*, Der praktische Betriebswirt 1935, 135; *ders.*, ZfB 1936, 180, 191 Fn. 44; *Heiser*, Der praktische Betriebswirt 1934, 499, 504; *Dix*, Der deutsche Volkswirt 1933, 242, 244; *Bachmann*, Die Deutsche Volkswirtschaft 1933, 264, 267.
278 *Schacht*, ZAkDR 3 (1936), 35, 36 f.

b) 1980er bis 2000er Jahre

Die Debatte um kurzfristiges Denken in der Wirtschaft erhielt erstmals eine europäische Dimension, als der französische Wirtschaftswissenschaftler und Manager *Michel Albert* 1991 in „Capitalisme contre Capitalisme"[279] seine vielbeachtete These vom zeitgenössischen Kapitalismus als ein bipolares System veröffentlichte. Als Antagonisten stellte er den kurzfristigen, individualistischen, an der Finanzwirtschaft ausgerichteten „neo-amerikanischen" dem langfristigen, konsensualen, industrieorientierten „Rheinischen Kapitalismus" gegenüber. *Alberts* Buch erklärt sich aus der zeitgenössischen französischen Politik und Sozialdemokratie. Seine Prognosen haben sich nicht bewahrheitet. In der akademischen Welt dominiert heute die verwandte These der *varieties of capitalism*.[280] Dessen ungeachtet hat *Alberts* Werk die Wahrnehmung der Problematik kurzfristiger Orientierung im Kapitalgesellschaftsrecht in Kontinentaleuropa und die darüber geführte Debatte nachhaltig beeinflusst.[281]

Vor dem Hintergrund aufkommender feindlicher Übernahmen in Kontinentaleuropa und Bestrebungen zu einer hochkontroversen EU-Übernahmerichtlinie entbrannte in Deutschland ab Ende der 1980er bis in die erste Hälfte der 1990er Jahre eine lebhafte rechtspolitische Diskussion über Übernahmen und Abwehrinstrumente. Meinungspole und Kurzfristigkeitskritik ähnelten frappierend der US-*takeover controversy*.[282] Rechtlich bedeutsam war die Debatte vor allem für die Beurteilung von Höchststimmrechten börsennotierter Gesellschaften.[283] Die Vorteile und Gefahren eines aktiven Übernahmemarktes mussten allerdings in Deutschland bis auf Weiteres eher hypothetisch erscheinen. Wohl auch deswegen setzte sich im kapitalmarkt- und übernahmerechtlichen Schrifttum einstweilen ein übernahmefreundlicher Grundtenor durch. Eine solche Haltung prägte auch die parlamentarische Debatte zum WpÜG von 2002,[284] das sich selbst aber neutral verhalten sollte.[285]

---

279 *Albert* (Fn. 99).
280 Grundlegend *Hall/Soskice*, Varieties of Capitalism, 2001; instruktiver Überblick in deutscher Sprache bei *Hall*, FS Streeck, 2006, S. 181; zum Stand der darauf bezogenen empirischen Forschung etwa *Schneider/Paunescu*, Socio-Ec. Rev. 10 (2012), 731; *Herrigel/Zeitlin*, Bus. Hist. Rev. 84 (2010), 667.
281 *Bueren* (Fn. 25), S. 326 f.
282 Siehe etwa *Werner*, Probleme „feindlicher" Übernahmeangebote im Aktienrecht, 1989; *von Falkenhausen*, FS Stiefel, 1987, S. 163, 191 ff. versus *Adams*, AG 1990, 243; *Hahn*, ZBB/JBB 1990, 10, 11 ff.
283 Pro: *Schneider*, AG 1990, 56; *Zöllner/Noack*, AG 1991, 117; contra: *Adams*, AG 1990, 63; *Baums*, AG 1990, 221; *Zätzsch*, Das Wertpapier 1989, 656; *Graf Lambsdorff*, Das Wertpapier 1989, 656.
284 Siehe *Deutscher Bundestag*, Stenographischer Bericht, 192. Sitzung, Berlin, Donnerstag, den 11. Oktober 2001, 11.10. 2001, S. 18824–18828, und dort insbesondere die zu Protokoll gegebenen Reden von *Nina Hauer* (SPD) (S. 18824 in Absätzen (B) und (C)), *Hartmut Schauerte* (CDU/CSU) (S. 18824 in

Demgegenüber erschien und wirkte die deutsche Position auf Unionsebene eher gegenteilig. Die Geschichte der Übernahmerichtlinie von 2004 lässt sich dabei als „Capitalisme contre Capitalisme" im Sinne *Michel Alberts* interpretieren, dergestalt, dass Regelungsinteressen des rheinischen Modells mit solchen des angloamerikanischen Kapitalismus kollidierten.[286]

Mit dem KonTraG des Jahres 1998 stärkte der deutsche Gesetzgeber dann aber in dreifacher Weise den Einfluss des Kapitalmarktes auf Aktiengesellschaften (Abschaffung von Mehrstimmrechten,[287] erleichterter Rückerwerb eigener Aktien,[288] Förderung aktienbasierter Vergütung[289]) und wandte sich so dem Shareholder-Value-Konzept zu.[290] Damit stärkte er in mehrfacher Hinsicht kontroverse mutmaßliche Treiber kurzfristigen Denkens.[291]

c) Mitte 2000er

Mitte der 2000er setzte die SPD auf Kapitalismuskritik und entwickelte die Heuschreckenmetapher,[292] die sich international als Schlagwort für Kritik an kurzfristigen Finanzinvestoren etablierte.[293] Außerdem nahmen hierzulande nach Auflösung der Deutschland AG Einflussmöglichkeiten aktivistischer Investoren

---

Abs. (D), S. 18825 in Absätzen (A) bis (C), S. 18826 in Abs. (D)), *Rainer Funke* (FDP) (S. 18827). Zu dieser Einstellung der deutschen Politik in größerem Zusammenhang auch *Cioffi*, L. & Pol. Int. Bus. 24 (2002), 355, 388.

285 *Bundesregierung*, Gesetzentwurf WpÜG, BRDrucks. 574/01, 17 08. 2001, S. 65: Insbesondere soll das Wertpapiererwerbs und Übernahmegesetz „Leitlinien für ein faires und geordnetes Angebotsverfahren schaffen, ohne Übernahmen zu fördern oder zu verhindern, [...]."
286 *Clift*, JCMS 47 (2009), 55, 62–63; *Clarke*, Int. & Comp. Corp. L. J. 10 (2013), 80, 81–82.
287 Begründung KonTraG, BT-Drucks. 13/9712, S. 12, 20.
288 Begründung KonTraG, BT-Drucks. 13/9712, S. 13.
289 Begründung KonTraG, BT-Drucks. 13/9712, S. 23–24; zum US-amerikanischen Vorbild und relevanten Unterschieden *von Hein* (Fn. 66), S. 232 ff.
290 *Ulmer*, AcP 202 (2002), 143, 158; *Mülbert*, FS Röhricht, 2005, S. 421, 435; *Fleischer*, ZIP 2006, 451, 454; zurückhaltender *Seibert*, AG 2002, 417, 419; zu weitgehend *Berrar*, Die Entwicklung der Corporate Governance in Deutschland im internationalen Vergleich, 1. Aufl. 2001, S. 54.
291 *Bueren* (Fn. 25), S. 353 f.
292 *Müntefering*, in: SPD-Parteivorstand (Hrsg.), Tradition und Fortschritt. Start der Programmdebatte, Januar 2005, S. 10, 17 f.; zum politischen Hintergrund *Münnich*, in: Geis/Nullmeier/Daase (Hrsg.), Der Aufstieg der Legitimitätspolitik, 2012, S. 283, 288.
293 *Schäfer*, Die Wahrheit über die Heuschrecken, 2006; *Seifert/Voth*, Invasion der Heuschrecken, 2007; auch zur Fortwirkung des Topos *Bayaz*, 'Heuschrecken' zwischen Rendite, Reportage und Regulierung, 2014.

angloamerikanischer Prägung zu.[294] Das gab Anlass zu hinterfragen, wie ihr Engagement zu beurteilen und ob der Rechtsrahmen adäquat war. Vor diesem Hintergrund entwickelte und diskutierte man erneut diverse Möglichkeiten, um zwischen „guten" langfristigen und „schlechten" kurzfristigen Aktionären zu unterscheiden oder die Kräfteverhältnisse zugunsten der Verwaltung zu verschieben.[295] Die Überlegungen reichten von zeitabhängigen (Mehr-)Stimmrechten[296] über das Depotstimmrecht[297], Abstimmungsmodalitäten und Präsenzprämien[298] bis zu einer Virtualisierung der Hauptversammlung.[299] Der Gesetzgeber wählte eine moderate zweigleisige Strategie, die eine Förderung privaten Beteiligungskapitals[300] mit gewissen Erschwernissen für Aktivismus (insbesondere: höhere Beteiligungstransparenz, verschärftes Acting in Concert)[301] verband.[302]

d) Finanzkrise 2007/2008

Im Zuge der Finanzkrise befeuerten in Deutschland vor allem Entwicklungen auf Unionsebene die gesellschafts- und kapitalmarktrechtliche Auseinandersetzung mit kurzfristiger Orientierung. Dies erklärt sich aus der relativ geringen wirtschaftlichen Betroffenheit. Die Bestrebungen auf Unionsebene trafen zunächst auf viel Widerspruch,[303] das Ziel der *Short-termism*-Bekämpfung fand aber zunehmend

---

[294] Zu Private Equity: *Mietzner/Schweizer*, in: Cumming (Hrsg.), The Oxford Handbook of Private Equity, 2012, S. 495, 506; *Eidenmüller*, ZHR 171 (2007), 644, 651 ff.; zu Hedgefonds: *Bessler/Drobetz/Holler*, Eur. Financial Management 21 (2015) 106, 108, 114–116; *Mietzner/Schweizer/Tyrell*, Schmalenbach Bus. Rev. 63 (2011) 151, 153, 158–161.
[295] *Seibert*, FS Westermann, 2008, S. 1505.
[296] Dafür etwa *Storck/Schneider*, AG 2008, 700, 706.
[297] *Lenz*, AG 2006, 572, 573 mit ablehnender Stellungnahme auf S. 574–576; *Seibert*, FS Westermann, 2008, S. 1505, 1511–1513; *Dauner-Lieb*, WM 2007, 9, 10, 15–16.
[298] *Schneider/Burgard*, FS Beusch, 1993, S. 783, 798–799, 800–803; *Noack*, BB 17.10.2005, I (Heft 42); *Perlitt*, Finanzplatz 2006, 18; *Hocker*, Finanzplatz 2006, 23.
[299] Konziser Überblick über Vorschläge und Maßnahmen mit kritischer Beurteilung bei *Dauner-Lieb*, WM 2007, 9, 11–12.
[300] Wagniskapitalbeteiligungsgesetz, Novelle des Gesetzes über Unternehmensbeteiligungsgesellschaften.
[301] Transparenzrichtlinien-Umsetzungsgesetz, Risikobegrenzungsgesetz.
[302] *Franke*, in: Leible/Lehmann (Hrsg.), Hedgefonds und Private Equity – Fluch oder Segen?, 2009, S. 47, 51 ff.
[303] Siehe etwa *Hopt*, EuZW 2010, 561; *Buschmann*, NZG 2011, 87, 87–88, 91; *Mülbert*, EBOR 10 (2009), 411, 411, 412, 420–422, 427; *ders.*, ZHR 173 (2009), 1, 7; *ders.*, ZHR 174 (2010), 375, 378–380, 384; *Bachmann*, in: Ständige Deputation des Deutschen Juristentages (Hrsg.), Verhandlungen des 68. Deutschen Juristentages. Berlin 2010, 2011, S. P13, P16; *Hemeling*, in: Ständige Deputation des Deutschen Jurist-

Anerkennung.[304] Zu erheblichen Änderungen kam es bei Quartalsberichterstattung und Managervergütung.

In Deutschland hielten seit den späten 1990er Jahren Quartalsberichtspflichten auf privatrechtlichem Wege Einzug, allerdings änderten sich Grundlage, Reichweite und Anforderungen mehrfach.[305] Dabei stand neben der Kostenbelastung vor allem für kleinere Unternehmen und Qualitätsmängeln[306] möglicher Druck zu kurzfristigem Wirtschaften im Vordergrund.[307] Letzterer wurde noch zur Jahrtausendwende überwiegend verneint.[308] Juristisch war der Aspekt ab 2003 im Streit um öffentlich-rechtlich eingekleidete Quartalsberichtspflichten im Prime Standard bedeutsam, die das vierte Finanzmarktförderungsgesetz ermöglicht hatte,[309] und die der Hessische Verwaltungsgerichtshof letztlich billigte.[310] Nach der Reform der Transparenzrichtlinie mit ihrer Kehrtwende bei der Quartalsberichterstattung[311] entschied die Frankfurter Börse indes, für viele überraschend, aber aus der jüngeren Geschichte nachvollziehbar, ihre Vorgaben zeitgleich mit dem deutschen Umsetzungsgesetz[312] abzusenken.[313] Dies ist verbreitet als Eindämmung kurzfristiger Orientierung begrüßt worden.[314] Einiges deutet darauf hin, dass die Libera-

---

entages (Hrsg.), Verhandlungen des 69. Deutschen Juristentages. München 2012, 2013, S. N 31, N 33, 35; *Jahn*, AG 2011, 454, 454–455, 457; *Peltzer*, NZG 2011, 961, 962 f.

304 Insbesondere von *Hopt*, ZGR 2013, 163, 208; später vorsichtiger *Hopt*, 12 N.Y.U. J. L. & Bus., 139, 173 f. (2015); zumindest partiell *Birkmose*, ECFR 11 (2014), 214, 239; im Ausgangspunkt *Freitag*, AG 2014, 647, 648 f.

305 *Bueren* (Fn. 25), S. 924 ff.

306 *Hanft/Kretschmer*, AG 2001, 84, 87; *Bode*, Anlegerschutz und Neuer Markt – eine empirische Untersuchung des Publizitätsverhaltens ausgewählter Unternehmen des Neuen Marktes, 2006, S. 301 ff.

307 *Spindler*, WM 2003, 2073, 2080; *Hawranek*, Der Spiegel 02.06.2001, 110 (Interview mit Wiedeking); *Ganzer/Borsch*, BKR 2003, 484–488, 485; schon zu den vorherigen privatrechtlichen Berichtspflichten NZZ 14.06.2001, 33.

308 Siehe die Forderungen nach einer zwingenden Vorgabe von *Regierungskommission Corporate Governance*, Bericht, BT-Drucks. 14/7515, Rn. 269–270; *Arbeitskreis Externe Unternehmensrechnung der Schmalenbach-Gesellschaft für Betriebswirtschaft*, DB 2001, 160, 161; *Merkt/Göthel*, RIW 2003, 23, 32.

309 §§ 63 I, V, 78 BörsO FWB a.F. Zu der juristischen Diskussion um deren Zulässigkeit etwa *Hammen*, WM 2003, 997, 999 ff.; *Spindler*, WM 2003, 2073.

310 Hess. VGH, Urt. v. 28.03.2007–6 N 3224/04, WM 2007, 1264 = ESVGH 57, 179 mit zustimmender Anmerkung *Mülbert*, WuB, I G 7 Börsen und Kapitalmarktrecht 3.07.

311 RL 2013/50/EU, ABl. EU 2013 Nr. L 294, S. 13–27.

312 Gesetz zur Umsetzung der Transparenzrichtlinie-Änderungsrichtlinie vom 20. November 2015, BGBl. I Nr. 46/2015, S. 2029–2052.

313 Börsenrat FWB, 13. Änderungssatzung BörsO FWB, 12.11.2015.

314 *Böckem/Rabenhorst*, IRZ 2016, 89, 93; *Hillmer*, KoR 2016, 585, 588 f.; *Eisenschmidt*, IRZ 2016, 469, 470.

lisierung tatsächlich geholfen hat, bei kurzen Berichtsperioden Besonderheiten verschiedener Emittenten und Adressaten besser Rechnung zu tragen.[315] Insgesamt veranschaulicht die wechselhafte Entwicklung aber die schwere Suche nach einer optimalen Regelung ebenso wie die schwankende Einstellung der herrschenden Ansicht zu Effizienzmarkthypothese, Kostenbedenken und Kurzfristigkeitskritik.

Im Bereich der Managervergütung wurden die Maßnahmen schrittweise entschiedener: Während das VorstOG[316] noch primär die Aktionärskontrolle stärken wollte und dabei die Bedeutung langfristiger Vergütungskomponenten zwar sichtbar, aber unverbindlich herausstrich, setzte das VorstAG[317] auf eine verbindliche Vorgabe von Vergütungsstrukturen für eine „nachhaltige Unternehmensentwicklung" in § 87 I 2 AktG a.F., worin die ganz herrschende Ansicht eine Langfristigkeits- und Beständigkeitsvorgabe erblickte.[318] Diese warf rasch eine Fülle von Unklarheiten und Streitfragen auf,[319] die sich in der Praxis aber nicht groß auswirkten. Seit dem ARUG II[320] ist die Vergütung auf eine „nachhaltige und langfristige" Entwicklung auszurichten, worin sich der internationale Trend zur Verbindung von Short-termism-Bekämpfung und ESG-Förderung widerspiegelt. Auch „Say on Pay" hat so Einzug in das Aktienrecht gehalten (§ 120a AktG), ebenso wie Stewardship-Pflichten institutioneller Aktionäre (§ 134a bis § 134c AktG). Die Ausbreitung des englischen Stewardship-Gedankens im Vorfeld der Umsetzung des ARUG II hat dabei eine Kontroverse über Investorenkontakte des Aufsichtsrats ausgelöst, die sich auch im DCGK niedergeschlagen hat (Anregung A.6 DCGK 2022, aufgenommen mit der Fassung vom 7.2.2017).[321] Die Debatte um Finanzinvestoren hat so einen anderen Akzent erhalten: Private-Equity-Fonds, die Aktiengesellschaften durch Delisting unter ihre Fittiche nehmen, gelten mittlerweile als Ansatzpunkt, um kurzfristiges Denken auf dem Kapitalmarkt zu überwinden.[322] Dabei herrscht kein besonderer Optimismus, im Vordergrund stehen aber die Chancen: Ziel ist – wie schon lange in Großbritannien – eine sorgsame Aktivierung erwünschten Engagements mit langfristigem Zeithorizont.[323] Die Debatte ist damit zugleich zu einem Kernthema der Diskussion um kurzfristige Orientierung in der Weimarer Republik zurückgekehrt.

---

315 *Eisenschmidt*, IRZ 2016, 419, 421–423, 425; *Böckem/Rabenhorst*, BB 2016, 1578, 1581.
316 BGBl. I Nr. 47/2005, S. 2267.
317 BGBl. I Nr. 50/2009, S. 2509–2511; zum Gesetzgebungsverfahren *Seibert*, FS Goette, 2011, S. 487.
318 A.A. im Sinne einer ESG-Interpretation allein *Röttgen/Kluge*, NJW 2013, 900.
319 Umfangreiche Nachweise bei *Bueren* (Fn. 25), S. 956 f.
320 BGBl. I Nr. 50/2019, S. 2637.
321 *Fleischer/Bauer/Wansleben*, DB 2015, 360; *Koch*, BB 2016, I; *Hirt/Hopt/Mattheus*, AG 2016, 725; *Krämer*, AR 2017, 18; *Koch*, AG 2017, 129; *Mense/Klie*, GWR 2017, 1.
322 *Otto*, AG 2013, 357, 372; *Weber-Rey/Reps*, ZGR 2013, 597, 601.
323 Zu den Rahmenbedingungen *Winkler*, Die Verantwortung institutioneller Anleger als Aktionäre in Publikumsgesellschaften in Deutschland und den USA, 2008; *Keltsch*, Aktionärsrechte und

2023 haben Gedanken aus der Short-termism-Debatte bei der Wiedereinführung von Mehrstimmrechten (§§ 12 Abs. 2, 135a AktG) durch das Zukunftsfinanzierungsgesetz[324] eine Rolle gespielt: Mehrstimmrechte sollen es Gründern nun auch in Deutschland ermöglichen, ihre langfristige Vision vor dem kurzfristigen Einfluss das Kapitalmarktes zu schützen.[325] Zugleich wirkt hier ein internationaler Wettbewerb um Listings insb. junger (Internet-)Technologieunternehmen, der viele Regelgeber in Zeiten zurückgehender Börsennotierungen zu einer Liberalisierung in Bezug auf Mehrstimmrechte bewogen hat.[326]

4. Frankreich

Die französische Auseinandersetzung mit *court-termisme* nach der Finanzkrise nahm ihren Ausgangspunkt in Bestrebungen zur Belebung des Wirtschaftswachstums, die unter verschiedenen Gesichtspunkten Kurzfristigkeitsbedenken vortrugen.[327] Die Diskussion befeuerte sodann neben Gewerkschaften[328] auch und gerade die Wirtschaft, der es geschickt gelang, über Denkfabriken eigene rechtspolitische Wünsche einzuspeisen.[329] Im französischen Wahlkampf um Präsidentschaft und Nationalversammlung um den Jahreswechsel 2011/2012, den die *partie socialiste* gewann, erhielt die Debatte um *court-termisme* das entscheidende politische Momentum. Es entstand vor allem durch die Affäre um ein Stahlwerk in *Florange*, das bald nach der Übernahme durch ein indisches Stahlunternehmen geschlossen

---

Nachhaltigkeit, 2012; *Bassler,* Die Bedeutung von institutionellen Anlegern für die interne Corporate Governance ihrer Beteiligungsunternehmen, 2015.
324 Gesetz zur Finanzierung von zukunftssichernden Investitionen (Zukunftsfinanzierungsgesetz – ZuFinG) vom 11. Dezember 2023, BGBl. I Nr. 54/2023.
325 *Bundesregierung,* BR-Drucks. 362/23, 131; grundlegend dazu *Goshen/Hamdani,* 125 Yale L.J. 560 (2016).
326 Eingehend *Bueren/Crowder,* RabelsZ 88 (2024) 87.
327 *Attali,* Rapport de la Commission pour la libération de la croissance française, Janvier 2008, S. 216; *Attali,* Une ambition pour dix ans, 2010, S. 111 ff.
328 *Conseil national de l'industrie,* Rapport annuel 2013, 2014, 25, Contributions complémentaires des organisations membres du CNI au rapport 2013 du CNI, Contributions de la CGT.
329 *Institut de l'entreprise* (Fn. 32); *Schweitzer/Ferrand* (Fn. 32); beide Berichte beeinflussten den von Premierminister Ayrault in Auftrag gegebenen Bericht von *Gallois,* Pacte pour la compétitivité de l'industrie française, 5 novembre 2012; sodann mit Übernahme einiger Vorschläge aus dem Report Gallois, aber breiter angelegt *Clément/Houillon,* Rapport d'Information déposé en application de l'article 145 du règlement par la Commission des Lois constitutionelles, de la législation et de l'administration générale de la République, en conclusion des travaux d'une mission d'information sur la transparence de la gouvernance des grandes entreprises, 20.02.2013.

wurde.³³⁰ Dagegen liefen die Gewerkschaften Sturm. Arbeitgeber und Arbeitnehmer schlossen daraufhin zwar als Kompromiss einen *accord national interprofessionell* zum weiteren Vorgehen.³³¹ Politisch resultierte Anfang 2014 aus dem Vorgang aber gleichwohl ein pejorativ *Loi Florange* genanntes Reformpaket³³² mit Maßnahmen, die über verschiedene Berichte und Programmschriften im Zusammenspiel vor allem der *partie socialiste* und der (Groß-)Industrie entwickelt worden waren. Es nahm unter der Flagge der Bekämpfung kurzfristiger Orientierung wichtige Änderungen im Gesellschafts- und Übernahmerecht vor:³³³ Der Gesetzgeber wertete das bereits bestehende zeitabhängige Doppelstimmrecht von einer Opt-in- zu einer Opt-out-Regel auf,³³⁴ senkte die Pflichtangebotsschwelle,³³⁵ schuf ein Mindestannahmequorum für Übernahmeangebote,³³⁶ schaffte die Neutralitätspflicht der Geschäftsleitung ab,³³⁷ erleichterte Belegschaftsaktien³³⁸ und band den Betriebsrat stärker bei Übernahmeangeboten ein.³³⁹

Die Umgestaltung des Treue-Doppelstimmrechts zu einer Opt-out-Regelung hat in Frankreich viele Rechtsfragen und einige praktische Probleme aufgeworfen.³⁴⁰ Ihre Zielsetzung, ein langfristiges Aktionariat zu fördern, hat zwar verschiedentlich Beifall erhalten, die deutlich überwiegende Ansicht im französischen Schrifttum bewertet die Regelung rechtspolitisch aber negativ.³⁴¹ Dessen ungeachtet hat die

---

330 *Faure*, La filière Acier en France et l'avenir du site de Florange, 27 juillet 2012, S. 60, 65–69.
331 *Emery-Dumas*, Rapport fait au nom de la commission des affaires sociales (1) sur la proposition de loi, Adopté par l'Assemblée Nationale après engagement de la procédure accélérée, visant à reconquérir l'économie réelle, 29 janvier 2014, S. 12 ff.
332 Loi n° 2014–384 du 29 mars 2014 visant à reconquérir l'économie réelle.
333 Dazu aus der Entstehungsgeschichte *Valter*, Rapport n° 1283, 17 juillet 2013; aus der reichhaltigen Literatur etwa *Pérès*, RTDF 2014, 139 ff.; *Barrière/de Reals*, Revue des Sociétés 2014, 279 ff.; *Noury*, La Semaine Juridique – Entreprise et Affaires 2014, 36 ff.; *Mouial-Bassilana/Parachkévova*, Bulletin Joly Sociétés 2014, 314 ff.; *Goyet/Rontchevsky/Storck*, RTDCom. 2014, 363 ff.
334 Jetzt Art. L22–10–46 Code de Commerce.
335 Art. L433–3 Abs. 1 Code monétaire et financier.
336 Art. L433–1–2 Abs. 1 Code monétaire et financier.
337 Art. L233–32 iVm Art. L233–33 Code de commerce.
338 Art. L225–197–1 Abs. 1 UAbs. 3 Code de commerce.
339 Art. L2323–35 bis Art. L2323–44 Code du travail.
340 Namentlich welche Voraussetzungen für die Abschaffung bestehen, ob die Statuten weitere Voraussetzungen für die Ausübung eines Doppelstimmrechts aufstellen dürfen, ob ein Aktionär auf ein Doppelstimmrecht verzichten kann (bedeutsam mit Blick auf die Pflichtangebotsschwelle) und ob, wie vor der Loi Florange, Statuten weiterhin auch längere Haltedauern als die standardmäßigen zwei Jahre für das Entstehen eines Doppelstimmrechts vorgeben können, zum Ganzen *Bueren* (Fn. 25), S. 824 ff.
341 *Barrière*, Bulletin Joly Bourse 2014, 508, 509, 516; *Couret*, Bulletin Joly Bourse 2014, 488, 488 f.; *Martin/Angel*, La Semaine Juridique – Entreprise et Affaires 2014, 21, 24; *Torck*, Droit des Sociétées 2014, 18, 19 f.; siehe aber auch *Tézenas du Montcel/Benoit*, La Semaine Juridique – Entreprise et

Maßnahme Nachahmer in Italien, Belgien sowie Spanien gefunden[342] und genießt Sympathien jenseits des Atlantiks.[343]

Vor allem die Änderungen im Übernahmerecht befriedigten nach verbreiteter Wahrnehmung in der Sache eher protektionistische Bestrebungen, wie sie historisch in Kurzfristigkeitsdiskussionen wiederholt begegnet sind. Dies hat im französischen Schrifttum – neben handwerklichen Fehlern des Gesetzes – viel Kritik erfahren.[344] Die praktischen Auswirkungen sind aber offenbar eher gering.

Der nächste Reformschritt im Kontext der Court-termisme-Debatte, der ebenfalls auf Reformvorschläge unter dem Eindruck der Finanzkrise zurückgeht,[345] folgte im Mai 2019 mit der Loi PACTE.[346] Mit ihr hat der französische Gesetzgeber das Unternehmensinteresse (*intérêt social*) zusammen mit einer Berücksichtigung sozialer und umweltbezogener Belange als Leitlinie für die Geschäftsführung verankert,[347] es Gesellschaften ermöglicht, eine *raison d'être* in der Satzung niederzulegen[348] und diese optional als sog. *société à mission* mit Blick auf ein statuarisch konkretisiertes gesellschaftliches oder umweltbezogenes Ziel institutionell abgesichert zu verfolgen.[349] Wichtigste unmittelbare Inspirationsquelle für das Gesetz war der von mehreren Ministern in Auftrag gegebene sog. Rapport *Notat/Senard*, der als einen zentralen Ausgangspunkt seiner Überlegungen den Einfluss von court-termisme sowie „financiarisation" auf Unternehmen beklagte[350] und die vorgenannten Änderungen als Gegenmaßnahmen vorstellte,[351] ähnlich wie sodann der Gesetzentwurf.[352] Rechtsvergleichend werden damit Art. 172 des Companies Act sowie die benefit corporation rezipiert.[353]

Affaires 2015, 18; *Autorité des marchés financiers (AMF)*, Rapport 2015 de l'AMF sur le gouvernement d'entreprise et la rémunération des dirigeants, 9 novembre 2015, S. 46 f.

342 *Bueren/Crowder*, RabelsZ 2024, Online First 2/2024, IV.5.b) bis d).
343 *Barton*, Harv. Bus. Rev. 89 (2011), 85, 91; *Belinfanti* 38 Del. J. Corp. L. 789, 847, 860 (2014).
344 *Pietrancosta*, RTDF 2014, 42, 43; *Barrière/de Reals*, Revue des Sociétés 2014, 279; *Mouial-Bassilana/Parachkévova*, Bulletin Joly Sociétés 2014, 314, 314, 317; *Goyet/Rontchevsky/Storck*, RTDCom. 2014, 363, 364.
345 Näher *Fleischer/Chatard*, FS Kronke, 2020, S. 1723, 1724 f.
346 Loi n° 2019–486 du 22 mai 2019 relatif à la croissance et la transformation des entreprises. Instruktiv dazu *Fleischer/Chatard* (Fn. 337).
347 Art. 1833 Code civil.
348 Art. 1835 Code civil.
349 Art. L-210–10 Code de commerce.
350 *Notat/Senard*, L'entreprise, objet d'intérêt collectif, 9 mars 2018, S. 3–4, 17–19.
351 *Dies.*, S. 4, 30–31, 42–43, 45, 49, 68.
352 *Assemblée Nationale*, Projet de loi relatif à la croissance et la transformation des entreprises, 19.06.2018, N° 1088, S. 3, 59 (Exposé des motifs), 542–543, 884 (étude d'impact).
353 *Notat/Senard* (Fn. 342), 46 f.; *Fleischer/Chatard* (Fn. 337), S. 1728.

5. Europäische Union

Die Europäische Kommission hat den *Short-termism*-Topos (jedenfalls auch) als *purposeful opportunist*[354] strategisch genutzt, um über ein schwer überschaubares Stakkato von Grünbüchern,[355] Aktionsplänen,[356] Mitteilungen[357] und Richtlinien-Evaluationen[358] ein breites Harmonisierungsprogramm in Gang zu setzen, das sich anschließend teilweise von seinem Ausgangszweck entfernte, Treiber kurzfristiger Orientierung in der Corporate Governance einzudämmen. *Short-termism* ist dementsprechend im Verlauf zugunsten anderer Aspekte zurückgetreten. Dies betrifft insbesondere die Kapitalmarktunion und Nachhaltigkeitsziele, letztere zunächst in der CSR-Richtlinie, zu welcher man im deutschen Schrifttum Implikationen für die Unternehmenszielbestimmung diskutiert.[359] Dessen ungeachtet ist eine langfristige Ausrichtung zwecks Eindämmung von *Short-termism* zu einem auslegungsrelevanten Leitbild des europäischen Gesellschafts- und Kapitalmarktrechts avanciert. Am deutlichsten präsent ist das Anliegen in drei Rechtsakten: erstens in der reformierten Transparenzrichtlinie (2013)[360] bei der grundsätzlichen Abschaffung

---

354 *Camisão/Guimarães*, JCMS 55 (2017), 223, 223–226 m.w.N.
355 *Europäische Kommission*, Grünbuch Corporate Governance in Finanzinstituten und Vergütungspolitik, KOM(2010) 284 endgültig, 02.06.2010, S. 2, 8 f.; *dies.*, Grünbuch Europäischer Corporate Governance-Rahmen, KOM(2011) 164/3, 12.12.2012, 05.04.2011, S. 3–4, 13; *dies.*, Grünbuch langfristige Finanzierung der europäischen Wirtschaft, COM(2013) 150 final/2, 09.04.2013; *dies.*, Grünbuch Schaffung einer Kapitalmarktunion, COM(2015) 63 final, 18.02.2015.
356 *Europäische Kommission*, Aktionsplan: Europäisches Gesellschaftsrecht und Corporate Governance, COM(2012) 740 endgültig; *dies.*, Aktionsplan zur Schaffung einer Kapitalmarktunion, COM(2015) 468 final, 30.09.2015.
357 *Europäische Kommission*, Eine neue EU-Strategie (2011–14) für die soziale Verantwortung der Unternehmen (CSR), KOM(2011) 681 endgültig, 25.10.2011; *dies.*, Mitteilung langfristige Finanzierung, 27.03.2014.
358 *Mazars/Marccus Partners*, Transparency Directive Assessment Report, 2009; dazu *Europäische Kommission*, Anwendung der TransparenzRL, KOM(2010)243 endgültig, 27.05.2010; *Marccus Partners/Centre for European Policy Studies* (CEPS), Takeover Bids Directive Assessment Report, 2012; dazu *Europäische Kommission*, Anwendung der RL 2004/25/EG, COM(2012) 347 final, 28.06.2012.
359 *Hommelhoff*, NZG 2015, 1329, 1330; *ders.*, NZG 2017, 1361; zurückhaltender *Schön*, ZHR 180 (2016), 279, 283; *Fleischer*, AG 2017, 509, 522.
360 Richtlinie 2013/50/EU des Europäischen Parlaments und des Rates vom 22. Oktober 2013 zur Änderung der Richtlinie 2004/109/EG des Europäischen Parlaments und des Rates zur Harmonisierung der Transparenzanforderungen in Bezug auf Informationen über Emittenten, deren Wertpapiere zum Handel auf einem geregelten Markt zugelassen sind, der Richtlinie 2003/71/EG des Europäischen Parlaments und des Rates betreffend den Prospekt, der beim öffentlichen Angebot von Wertpapieren oder bei deren Zulassung zum Handel zu veröffentlichen ist, sowie der Richtlinie 2007/14/EG der Kommission mit Durchführungsbestimmungen zu bestimmten Vorschriften der Richtlinie 2004/109/EG, ABl. EU 2013 Nr. L 294, S. 13–27.

von legislativen Quartalsberichtspflichten, mit der Kommission und Richtlinie in das Lager jener gewechselt sind, die *Short-termism*-Kritik an Quartalsberichten teilen; zweitens in der ELTIF-Verordnung,[361] die ein neues Vehikel für langfristige Anlagen bereitgestellt hat; drittens in der reformierten Aktionärsrechterichtlinie (2017)[362] bei der Vergütungspolitik und der geänderten Stewardship-Verhaltenserwartung an Aktionäre, wobei die Kommission im Entstehungsprozess von einem Shareholder- und das Parlament von einem Stakeholder-Ansatz ausging.[363] Bedingt durch den *purposeful opportunism* der Kommission ist ihr Regulierungsprogramm gegen kurzfristige Orientierung aber lückenhaft. Insbesondere spart es die Übernahmerichtlinie aus, wohl mit Blick auf deren Entstehungsgeschichte, obgleich *Short-termism* in diesem Zusammenhang vielfach diskutiert worden ist.[364]

Insbesondere auf Unionsebene ist die rechtspolitische Entwicklung weiterhin in vollem Gange. In den letzten Jahren steht die Förderung von Nachhaltigkeit und damit verbunden die (langfristige) Finanzierung grüner Investitionen im Vordergrund. Hierzu sind umfangreiche Berichts- und Transparenzpflichten geschaffen worden, welche die mit der RL 2022/2464 (CSRD) erweitern. Hinzu tritt die im Trilog in ihrem Anwendungsbereich freilich erheblich eingeschränkte Richtlinie des Europäischen Parlaments und des Rates über die Sorgfaltspflichten von Unternehmen im Hinblick auf Nachhaltigkeit und zur Änderung der Richtlinie (EU) 2019/1937 (Fn.: Annahme Trilogeinigung: Legislative Entschließung des Europäischen Parlaments vom 24. April 2024, P9_TA(2024)0329), Unternehmen (auch) unionsrechtlich auf Nachhaltigkeit in der Lieferkette und darauf bezogener Berichterstattung verpflichtet, welche typischerweise durch die CSRD abgedeckt wird. In der Gesamtbetrachtung ergibt sich daraus eine komplexe Regelungslandschaft nachhaltigkeits- und unternehmensführungsbezogener Publizitätspflichten (Fn.: Für einen Überblick Bueren/Crowder, RTDF 3-2023, 6 ff.). Der Short-termism-Topos schwingt stellenweise mit, hat aber an Prominenz verloren.[365] Eine klare gesetzgeberische Zielkonzeption steht freilich aus.[366]

---

361 Verordnung (EU) 2015/760 über europäische langfristige Investmentfonds, ABl. EU 2015 Nr. L 123, S. 98.
362 Richtlinie (EU) 2017/828 des Europäischen Parlaments und des Rates vom 17. Mai 2017 zur Änderung der Richtlinie 2007/36/EG im Hinblick auf die Förderung der langfristigen Mitwirkung der Aktionäre, ABl. EU 2017 Nr. L 132, S. 1–25.
363 Siehe *Strand*, 22 Colum. J. Eur. L., 15, 22 (2015).
364 *Bueren* (Fn. 25), S. 337–345, 865–867.
365 Zum Ganzen *Bueren*, § 38, Die Lieferkettensorgfalt im System nachhaltigkeits- und unternehmensführungsbezogener Publizitätspflichten, in: Seibt/Leyens (Hrsg.), Lieferkettenrecht, 2024, im Erscheinen.
366 Instruktiv *Schön*, ZHR 180 (2016), 279.

V. Schlussbetrachtung

Die interne und externe Governance der Aktiengesellschaft müssen stets aufs Neue mit den sich wandelnden Verhältnissen in Wirtschaft und Recht abgestimmt werden. Dieses funktionenschützende Anliegen, der Widerstreit der hiervon betroffenen Interessen sowie damit verknüpfte Konflikte zwischen verschiedenen Anspruchsgruppen unter dem Einfluss von Entwicklungen in Wirtschaft, Geistesleben und Politik erklären *Short-termism* als eine der *great debates in company law*. Ein tieferes Verständnis der genannten Einflüsse bildet zugleich den Schlüssel zu einem sachgerechten Umgang mit *Short-termism*-Argumenten, weil es wesentlich dazu beiträgt, das oft zeitgeistgebundene Meinungsspektrum adäquat einzuordnen, Versuche der Vereinnahmung zu erkennen sowie das ökonomische und rechtsvergleichende Erfahrungsmaterial gewinnbringend zu nutzen. Dies gilt insbesondere aus drei Gründen:

Erstens wird die Debatte um übermäßige kurzfristige Orientierung häufig stark krisengetrieben und damit zyklisch diskutiert – dies ist Ausdruck eines allgemeineren Phänomens.[367] Das Aktienrecht wird dabei zu einer Projektionsfläche von Sorgen und Interessen, welche sich oft aus als disruptiv empfundenen Entwicklungen ergeben. Das kann zu vorschnellen Reaktionen und Verallgemeinerungen verführen und mahnt daher tendenziell zu Vorsicht gegenüber eilfertigen Regulierungsvorschlägen.

Zweitens prallen in *Short-termism*-Debatten mitunter in schroffer, gar polemischer Weise diametrale Standpunkte zu der Frage aufeinander, ob und inwiefern (mutmaßliche) kurzsichtige Orientierung im Gesellschaftsrecht rechtspolitisch beachtlich ist. Hierin liegt meist keine geeignete Grundlage für dogmatische oder rechtspolitische Erwägungen. Besonders entschiedene Standpunkte wirken vielmehr später oft aus der Zeit gefallen.

Drittens weisen *Short-termism*-Debatten nicht selten Bezüge zu grundlegenden sozioökonomischen und gesellschaftspolitischen Gestaltungszielen auf, neuerdings etwa zu ökologisch-sozialen Nachhaltigkeitszielen. Tatsächlich ist kurzsichtige Orientierung aber ebenso von Bankiers, Industrievertretern, bestimmten institutionellen Investoren und Managern wie von Gewerkschaftsführern und Politikern als Argument genutzt worden, wobei sich in einzelnen Rechtsordnungen deutliche Pfadabhängigkeiten zeigen.

Die Regulierungsstrategien, die im Verlauf der Ideengeschichte eine Rolle gespielt haben und weiter spielen, konzentrieren sich im Gesellschafts- und Kapitalmarktrecht auf die Ebene der Aktionäre, wobei zwischen Maßnahmen für alle

---

[367] Instruktiv *Fleischer*, FS Priester, 2007, S. 75.

Aktionäre und solchen speziell für institutionelle Aktionäre zu unterscheiden ist, die Ebene des Vorstands (geschäftsführender Direktoren), des Aufsichtsrats (nichtgeschäftsführender Direktoren) und der Unternehmensberichterstattung. Dogmatisch betreffen zentrale Stellschrauben vor allem das Übernahmerecht einschließlich der kapitalmarktrechtlichen Beteiligungstransparenz, die Unternehmensberichterstattung, die Verankerung der amtierenden Unternehmensleitung, ihre Vergütung, (zeitabhängige) Mehrstimmrechte oder sonstige Vorrechte für langfristige Aktionäre, umgekehrt eine mehr oder wenig strenge Inpflichtnahme bestimmter Aktionäre durch stärker langfristig ausgerichtete Treuepflichten für institutionelle Aktionäre oder erweiterte Treuepflichten für aktivistische Investoren, eine „Erziehung" institutioneller Aktionäre zu langfristigem Engagement, sowie das Unternehmensleitbild. Daneben sind Maßnahmen im Steuerrecht sowie speziell nach der Finanzkrise das Finanzaufsichtsrecht angesprochen worden.

Nimmt man neben der Rechtsdogmatik auch Rechts-, Wirtschafts- und Ideengeschichte sowie Rechtsvergleichung und Ökonomie in den Blick, eröffnet dies Zugang zu einer Vielzahl oftmals zeitloser Rechtsideen und Reformvorschläge. Insgesamt erscheint es indes unwahrscheinlich, dass einer der Ansatzpunkte das *silver bullet* liefern wird, welches zukünftige Diskussionen und Anpassungen mit Blick auf Sorgen um kurzfristige Orientierung entbehrlich macht.

Verzeichnis der Autorinnen und Autoren

Prof. Dr. Walter **Bayer**, Inhaber des Lehrstuhls für Bürgerliches Recht, Handels- und Gesellschaftsrecht, Privatversicherungsrecht und Internationales Privatrecht, Friedrich-Schiller-Universität Jena

Prof. Dr. Eckart **Bueren**, Dipl.-Volkswirt, Inhaber des Lehrstuhls für Bürgerliches Recht, Kartellrecht, Handels- und Gesellschaftsrecht sowie Rechtsvergleichung an der Georg-August-Universität Göttingen

Prof. Dr. Dr. h.c. Dr. h.c. Holger **Fleischer**, LL.M. (Michigan), Direktor am Max-Planck-Institut für ausländisches und internationales Privatrecht in Hamburg, Affiliate Professor an der Bucerius Law School

Prof. Dr. Johannes W. **Flume**, Universitätsprofessor für Bürgerliches Recht und Unternehmens- und Kapitalmarktrecht am Fachbereich Privatrecht der Paris Lodron Universität Salzburg

Prof. Dr. Rafael **Harnos**, Inhaber des Lehrstuhls für Bürgerliches Recht, Handels- und Wirtschaftsrecht der Universität Passau

Dr. Raphael **Hilser**, LL.M. (LSE), Rechtsreferendar am Landgericht Stuttgart

PD Dr. Philipp Maximilian **Holle**, Privatdozent an der Rechtswissenschaftlichen Fakultät der Universität zu Köln

Prof. Dr. Dr. h.c. Susanne **Kalss**, LL.M. (Florenz), Inhaberin des Lehrstuhls für Unternehmensrecht an der Wirtschaftsuniversität Wien, Vorständin des Instituts für Unternehmensrecht, Wirtschaftsuniversität Wien

Prof. Dr. Jens **Koch**, Direktor des Instituts für Arbeits- und Wirtschaftsrecht, des Instituts für Gesellschaftsrecht und des Instituts für Nachhaltigkeit, Unternehmensrecht und Reporting (INUR) an der Universität zu Köln

Prof. Dr. Stefan **Korch**, LL.M. (Harvard), Inhaber des Lehrstuhls für Bürgerliches Recht, Gesellschafts-, Kapitalmarkt- und Insolvenzrecht an der Universität Münster

Prof. Dr. Lars **Leuschner**, Inhaber des Lehrstuhls für Bürgerliches Recht, Handels- und Gesellschaftsrecht an der Universität Osnabrück

Prof. Dr. Patrick C. **Leyens**, LL.M. (London), Inhaber des Lehrstuhls für Bürgerliches Recht, Handels- und Gesellschaftsrecht an der Universität Bremen

Prof. Dr. Markus **Lieberknecht**, LL.M. (Harvard), Juniorprofessur für Bürgerliches Recht und Zivilprozessrecht im digitalen Wandel an der Universität Osnabrück

Prof. Dr. Jan **Lieder**, LL.M. (Harvard), Direktor der Abteilung Wirtschaftsrecht des Instituts für Wirtschaftsrecht, Arbeits- und Sozialrecht der Albert-Ludwigs-Universität Freiburg, Richter am Schleswig-Holsteinischen Oberlandesgericht

Prof. Dr. Julia **Nicolussi**, Assistenzprofessorin, Lehrstuhlinhaberin für Handelsrecht, Gesellschaftsrecht, Wirtschaftsrecht und Rechtsvergleichung an der Universität Zürich

Prof. Dr. Dörte **Poelzig**, M.Jur. (Oxon.), Inhaberin des Lehrstuhls für Bürgerliches Recht, Handels- und Gesellschaftsrecht an der Universität Hamburg

Prof. Dr. Alexander **Schall**, M.Jur. (Oxon.), Inhaber des Lehrstuhls für Deutsches, Europäisches und Internationales Privat- und Unternehmensrecht sowie Rechtsvergleichung an der Leuphana Universität Lüneburg

Prof. Dr. Klaus Ulrich **Schmolke**, LL.M. (NYU), Inhaber des Lehrstuhls für Bürgerliches Recht, Handels- und Wirtschaftsrecht sowie Rechtsvergleichung an der Johannes-Gutenberg-Universität Mainz

Prof. Dr. Christoph **Teichmann**, Inhaber des Lehrstuhls für Bürgerliches Recht, Deutsches und Europäisches Handels- und Gesellschaftsrecht an der Julius-Maximilians-Universität-Würzburg

Prof. Dr. Chris **Thomale**, LL.M. (Yale), Professor für Internationales Unternehmens- und Wirtschaftsrecht, Universität Wien, und Professor für Rechtsvergleichung, Università Degli Studi Roma Tre.

Prof. Dr. Dirk A. **Verse**, M.Jur. (Oxford), Direktor des Instituts für deutsches und europäisches Gesellschafts- und Wirtschaftsrecht an der Ruprecht-Karls-Universität Heidelberg

Prof. Dr. Marc-Philippe **Weller,** Inhaber des Lehrstuhls für Bürgerliches Recht, Handelsrecht, Internationales Privatrecht und Rechtsvergleichung der Ruprecht-Karls-Universität Heidelberg, Direktor am Institut für ausländisches und internationales Privat- und Wirtschaftsrecht der Ruprecht-Karls-Universität Heidelberg

Printed in the USA
CPSIA information can be obtained
at www.ICGtesting.com
JSHW022000290724
67224JS00001B/4

9 783111 388311